中国低碳年鉴

(2013)

总第 4 卷

《中国低碳年鉴》编辑委员会

北 京
冶 金 工 业 出 版 社
2014

内容简介

为全面记载我国应对气候变化和低碳发展的历程，促进转变经济发展方式，由国务院相关部委应对气候变化和低碳发展主管司局及省（自治区、市）发展和改革委员会等共同编辑出版大型低碳发展典籍《中国低碳年鉴2013》。

《中国低碳年鉴2013》主要载述2012年国家应对气候变化和低碳发展的法律法规、政策文件、国家各部委与各省、自治区、直辖市应对气候变化和低碳发展报告，重点领域低碳发展报告，以及有关数据资料、案例，内容全面、丰富、详实，具有权威性、可靠性和较高的实用价值，可作为各级党政机关、企事业单位、院校、科研院所、专家学者及有关人员在政策决策、规划制订、科研、教学、管理等工作中的查考应用。

图书在版编目（CIP）数据

中国低碳年鉴. 2013 / 《中国低碳年鉴》编委会编
—北京：冶金工业出版社, 2013.12
ISBN 978-7-5024-6505-6
Ⅰ. ①中… Ⅱ. ①中… Ⅲ. ①气候变化—影响—中国
经济—经济发展—2013—年鉴 Ⅳ. ①F124-54
中国版本图书馆CIP数据核字(2013)第301843号

出版人 谭学余
地址 北京北河沿大街嵩祝院北巷39号，邮编100009
电话 (010) 64027926 电子信箱 yjcbs@cnmip.com.cn
责任编辑 曾 媛 美术编辑 孔令刚 版式设计 孔令刚
责任校对 张 之
ISBN 978-7-5024-6505-6
廊坊市长岭印务有限公司印刷；冶金工业出版社出版发行；各地新华书店经销
2013年12月第1版，2013年12月第1次印刷
880mm×1230mm；彩：32页；49.75印张；字数：1872千字；页数：761页
560.00元
冶金工业出版社投稿电话：(010)64027932 投稿信箱：tougao@cnmip.com.cn
冶金工业出版社发行部 电话：(010)64044283 传真：(010)64027893
冶金书店 地址：北京东四西大街46号(100010) 电话：(010)65289081(兼传真)

(本书如有印装质量问题，本社发行部负责退换)

必须更加自觉地把全面协调可持续作为深入贯彻落实科学发展观的基本要求，全面落实经济建设、政治建设、文化建设、社会建设、生态文明建设五位一体总体布局，促进现代化建设各方面相协调，促进生产关系与生产力、上层建筑与经济基础相协调，不断开拓生产发展、生活富裕、生态良好的文明发展道路。

建设生态文明，是关系人民福祉、关乎民族未来的长远大计。面对资源约束趋紧、环境污染严重、生态系统退化的严峻形势，必须树立尊重自然、顺应自然、保护自然的生态文明理念，把生态文明建设放在突出地位，融入经济建设、政治建设、文化建设、社会建设各方面和全过程，努力建设美丽中国，实现中华民族永续发展。

坚持节约资源和保护环境的基本国策，坚持节约优先、保护优先、自然恢复为主的方针，着力推进绿色发展、循环发展、低碳发展，形成节约资源和保护环境的空间格局、产业结构、生产方式、生活方式，从源头上扭转生态环境恶化趋势，为人民创造良好生产生活环境，为全球生态安全作出贡献。

——胡锦涛在中国共产党第十八次全国代表大会上的报告

我们要继续推进生态文明建设，坚持节约资源和保护环境的基本国策，把生态文明建设放到现代化建设全局的突出地位，把生态文明理念深刻融入经济建设、政治建设、文化建设、社会建设各方面和全过程，从根本上扭转生态环境恶化趋势，确保中华民族永续发展，为全球生态安全作出我们应有的贡献。

——习近平在党的十八届一中全会上的讲话

生态环境保护是功在当代、利在千秋的事业。要清醒认识保护生态环境、治理环境污染的紧迫性和艰巨性，清醒认识加强生态文明建设的重要性和必要性，以对人民群众、对子孙后代高度负责的态度和责任，真正下决心把环境污染治理好、把生态环境建设好，努力走向社会主义生态文明新时代，为人民创造良好生产生活环境。

建设生态文明，关系人民福祉，关乎民族未来。党的十八大把生态文明建设纳入中国特色社会主义事业五位一体总体布局，明确提出大力推进生态文明建设，努力建设美丽中国，实现中华民族永续发展。这标志着我们对中国特色社会主义规律认识的进一步深化，表明了我们加强生态文明建设的坚定意志和坚强决心。

推进生态文明建设，必须全面贯彻落实党的十八大精神，以邓小平理论、“三个代表”重要思想、科学发展观为指导，树立尊重自然、顺应自然、保护自然的生态文明理念，坚持节约资源和保护环境的基本国策，坚持节约优先、保护优先、自然恢复为主的方针，着力树立生态观念、完善生态制度、维护生态安全、优化生态环境，形成节约资源和保护环境的空间格局、产业结构、生产方式、生活方式。

要正确处理好经济发展同生态环境保护的关系，牢固树立保护生态环境就是保护生产力、改善生态环境就是发展生产力的理念，更加自觉地推动绿色发展、循环发展、低碳发展，决不以牺牲环境为代价去换取一时的经济增长。

——习近平在中共中央政治局第六次集体学习时的讲话

全面深化改革的总目标是完善和发展中国特色社会主义制度，推进国家治理体系和治理能力现代化。必须更加注重改革的系统性、整体性、协同性，加快发展社会主义市场经济、民主政治、先进文化、和谐社会、生态文明，让一切劳动、知识、技术、管理、资本的活力竞相迸发，让一切创造社会财富的源泉充分涌流，让发展成果更多更公平惠及全体人民。

建设生态文明，必须建立系统完整的生态文明制度体系，实行最严格的源头保护制度、损害赔偿制度、责任追究制度，完善环境治理和生态修复制度，用制度保护生态环境。

——中共中央关于全面深化改革若干重大问题的决定

2012年11月8日，中国共产党第十八次全国代表大会报告将“生态文明建设”作为中国特色社会主义事业“五位一体”总体布局组成部分，着力推进绿色发展、循环发展、低碳发展，大力推进生态文明建设，努力建设美丽中国。

中国共产党第十八届中央委员会第三次全体会议通过的《中共中央关于全面深化改革若干重大问题的决定》指出，加快发展社会主义市场经济、民主政治、先进文化、和谐社会、生态文明。建设生态文明，必须建立系统完整的生态文明制度体系，实行最严格的源头保护制度、损害赔偿制度、责任追究制度，完善环境治理和生态修复制度，用制度保护生态环境。

2012年11月21日，在国务院新闻办举行的发布会上，国家发展和改革委员会发布《中国应对气候变化的政策与行动2012年度报告》，全面介绍了中国为减缓、适应气候变化采取的重大政策措施。国家发改委副主任解振华表示，我国将努力控制二氧化碳等温室气体排放。

2012年11月，国家发展改革委在北京市、上海市、海南省和石家庄市、青岛市、武汉市、广州市等30个省市开展第二批国家低碳省区和低碳城市试点工作。

2012年，北京、上海、广东碳排放交易试点相继全面启动，标志我国碳排放交易进入实施阶段。

农业部于2012年下半年组织开展了“全国农村妇女沼气使用知识竞赛”，共有28支代表队84名选手参加了分区决赛，参与选拔的农村妇女达1.2万人。

2012年7月10日，中科院合肥物质研究院宣布，中国新一代“人造太阳”实验装置EAST顺利结束2012年度物理实验，创造了两项托克马克运行的世界纪录，为未来国际热核聚变实验堆（ITER）提供了一条高效实现高约束放电的新途径。标志着中国在稳态高约束等离子体研究方面走在国际前列。

2012年8月3日，中国科学院北京延庆太阳能热发电实验电站首次太阳能热发电实验在系统贯通后获得成功。这是我国太阳能热发电领域的重大自主创新成果，使我国成为继美国、德国、西班牙之后世界上第四个实现大型太阳能热发电的国家。

《中国低碳年鉴》顾问委员会

名誉顾问

陈至立 全国人大常务委员会原副委员长

陈昌智 全国人大常务委员会副委员长

徐匡迪 第十届全国政协副主席、中国工程院主席团名誉主席

顾　　问

解振华 国家发展和改革委员会副主任

李毅中 全国政协经济委员会副主任、工业和信息化部原部长

周生贤 环境保护部部长

仇保兴 住房和城乡建设部副部长

李盛霖 交通运输部原部长

张桃林 农业部副部长

汪　洪 水利部总工程师

宋秀岩 全国妇联书记处第一书记

贾治邦 全国政协人口资源环境委员会主任、国家林业局原局长

郑国光 中国气象局局长

林左鸣 中国航空工业集团公司董事长

徐锭明 国务院参事、原国家发改委能源局局长

秦大河 全国政协人口环资委副主任、中国科学院院士、国家气象局原局长

牛文元 国务院参事、中国科学院可持续发展战略研究组组长

金　涌 清华大学化工科学与技术研究院院长、中国工程院院士

《中国低碳年鉴》编辑委员会

苏　伟　国家发展和改革委员会应对气候变化司司长

孙翠华　国家发展和改革委员会应对气候变化司副司长

李　高　国家发展和改革委员会应对气候变化司副司长

高广生　国家发展和改革委员会应对气候变化司巡视员

孙　桢　国家发展和改革委员会应对气候变化司副巡视员

田成川　国家发展和改革委员会应对气候变化司战略规划处处长

马爱民　国家发展和改革委员会应对气候变化司综合处处长

蒋兆理　国家发展和改革委员会应对气候变化司国内处处长

黄问航　国家发展和改革委员会应对气候变化司对外合作处处长

华　中　国家发展和改革委员会应对气候变化司战略规划处副处长

马燕合　科学技术部社会发展科技司司长

沈建忠　科技部社会发展科技司综合与气候变化处处长

周长益　工业和信息化部节能与综合利用司司长

杨铁生　工业和信息化部节能与综合利用司副司长

王文远　工业和信息化部节能与综合利用司节能处处长

熊跃辉　环境保护部科技标准司司长

於俊杰　环境保护部科技标准司气候变化应对处副调研员

韩爱兴　住房和城乡建设部建筑节能与科技司副司长

仝贵婵　住房和城乡建设部建筑节能与科技司处长

魏　东　交通运输部政策法规司副司长

柯林春　交通运输部政策法规司副司长

李树栋　交通运输部政策法规司节能减排处处长

田中兴　水利部农村水电及电气化发展局局长

付自龙　水利部农村水电及电气化发展局农电处处长

王衍亮　农业部科技教育司副司长

李　波　农业部科技教育司资源环境处处长

王祝雄　国家林业局造林绿化管理司司长

章升东　国家林业局造林绿化管理司应对气候变化处副调研员

罗云峰　中国气象局科技与气候变化司司长

袁佳双　中国气象局科技与气候变化司气候处处长

张小媛　中华全国妇女联合会巡视员兼宣传部长
白　荷　中华全国妇女联合会宣传部文化处处长
李俊峰　国家应对气候变化战略研究中心主任
潘　荔　中国电力产业联合会电力环保与应对气候变化中心主任
孙伟善　中国石油和化学工业联合会副秘书长兼产业发展部主任
李永亮　中国石油和化学工业联合会产业发展部处长
洪继元　北京市发展和改革委员会委员
张玉梅　北京市发展和改革委员会应对气候变化处处长
张志强　天津市发展和改革委员会主任
田国栋　天津市发展和改革委员会资源节约和环境气候处处长
吴晓华　河北省发展和改革委员会副主任
黄建梅　河北省发展和改革委员会应对气候变化处副处长
王晓胜　山西省发展和改革委员会副主任
武东升　山西省发展和改革委员会应对气候变化处处长
李　琳　山西省发展和改革委员会应对气候变化处副处长
文　民　内蒙古自治区发展和改革委员会副主任
迟瑞平　内蒙古自治区发展和改革委员会应对气候变化处处长
马国爱　内蒙古自治区发展和改革委员会应对气候变化处副处长
王金笛　辽宁省发展和改革委员会主任
吕　鹏　辽宁省发展和改革委员会应对气候变化处处长
宋　刚　吉林省发展和改革委员会副主任
吕继辉　吉林省应对气候变化与节能减排工作领导小组办公室主任
郑丽萍　黑龙江省发展和改革委员会副主任
芦玉春　黑龙江省发展和改革委员会地区经济处处长
常建华　河南省发展和改革委员会副主任
王汉春　江苏省发展和改革委员会副主任
张宪华　江苏省发展和改革委员会资源节约与环境保护处处长
缪　军　江苏省发展和改革委员会资源节约与环境保护处副处长
孔晓宏　安徽省发展和改革委员会副主任
徐禾生　安徽省应对气候变化办公室主任

李安泽　江西省发展和改革委员会主任

沈　丰　江西省发展和改革委员会应对气候变化处处长

李乐成　湖北省发展和改革委员会主任

田　啟　湖北省发展和改革委员会应对气候变化处处长

林回福　海南省发展和改革委员会主任

冯　燕　海南省发展和改革委员会区域经济和资源节约环境保护处处长

沈晓钟　重庆市发展和改革委员会主任

董晓川　重庆市发展和改革委员会资源环境和应对气候处处长

代永波　四川省发展和改革委员会副主任

陈波涛　四川省发展和改革委员会环资处处长

高　鸿　贵州省发展和改革委员会党组成员、省西部开发办公室副主任

付野秋　贵州省发展和改革委员会应对气候变化处处长

杨锦昆　云南省发展和改革委员会副主任

袁千禾　云南省发展和改革委员会应对气候变化处处长

孙本拉　西藏自治区发展和改革委员会副主任

拉　卓　西藏自治区气象局局长

索朗卓嘎　西藏自治区发展和改革委员会资源节约和环境保护处处长

杜　军　西藏自治区气候中心副主任

陈　江　甘肃省发展和改革委员会副主任

李俨钧　甘肃省发展和改革委员会资环处处长

张晓容　青海省发展和改革委员会副主任

黄建雄　青海省发展和改革委员会资源节约和环境保护处处长

袁进琳　宁夏回族自治区发展和改革委员会主任

霍振祥　宁夏回族自治区发展和改革委员会资源节约与环境保护处处长

孙永建　新疆维吾尔自治区发展和改革委员会副主任

徐卫新　新疆维吾尔自治区发展和改革委员会地区经济处处长

刘军国　新疆生产建设兵团发展和改革委员会副主任

杨安民　新疆生产建设兵团发展和改革委员应对气候变化处副处长

蔡　羽　深圳市发展和改革委员会副主任

柯志敏　厦门市经济发展局局长
叶怡锻　厦门市经济发展局环境和资源综合利用处处长
尹绪龙　保定市发展和改革委员会副主任
谷树忠　国务院发展研究中心资源与环境政策研究所副所长
周宏春　国务院发展研究中心社会发展研究部室主任
王　毅　中国科学院科技政策与管理科学研究所副所长
潘家华　中国社会科学院城市发展与环境研究所所长
庄贵阳　中国社会科学院可持续发展研究中心副秘书长
齐　晔　清华大学气候变化与低碳发展政策研究中心主任
罗　勇　中国气象局国家气候中心副主任
赵新峰　首都师范大学管理学院院长
杨　志　中国人民大学气候变化与低碳经济研究所所长
诸大建　同济大学可持续发展与管理研究所所长
刘兴利　北京现代循环经济研究院院长
孟赤兵　北京现代循环经济研究院常务副院长
韩　冰　北京现代循环经济研究院副院长
苟在坪　北京现代循环经济研究院副院长
徐怡珊　中国环境监测总站高级工程师
杜绍中　北京环境交易所董事长
王　靖　天津排放权交易所总经理
林　健　上海环境能源交易所总经理
李正希　广州碳排放权交易所董事长
郑文泰　海南兴隆热带花园（植物园）董事长
胡士勇　江苏华宏科技股份有限公司董事长
张维世　神华准格尔能源有限公司董事长

低碳工业编

主编单位：工业和信息化部节能与综合利用司

主　　编：杨铁生　工业和信息化部节能与综合利用司副司长

副 主 编：王文远　工业和信息化部节能与综合利用司节能处处长

低碳交通编

主编单位：交通运输部政策法规司

主　　编：魏　东　交通运输部政策法规司副司长

副 主 编：柯林春　交通运输部政策法规司副司长

李树栋　交通运输部政策法规司节能减排处处长

执行副主编：高建刚　交通运输部政策法规司节能减排处副调研员

张婧嫄　交通运输部政策法规司节能减排处

低碳建筑编

主编单位：住房和城乡建设部建筑节能与科技司

主　　编：韩爱兴　住房和城乡建设部建筑节能与科技司副司长

副 主 编：仝贵婵　住房和城乡建设部建筑节能与科技司国际科技合作处处长

执行副主编：侯文峻　住房和城乡建设部建筑节能与科技司国际科技合作处

低碳农业编

主编单位：农业部科技教育司

主　　编：王衍亮　农业部科技教育司副司长

副 主 编：李　波　农业部科技教育司资源环境处处长

闫　成　农业部科技教育司资源环境处调研员

执行副主编：曹子祎　陈　明　韩允垒　郝先荣　仲鹭勍　黄　涛

于秀娟　张　勇　陈建光　黎光华

《中国低碳年鉴》编辑部

编辑部地址： 北京现代循环经济研究院

北京市安外大街136号皇城国际大厦A座611室

编辑部电话： 010-84119310（传真）

电子邮箱： zgdtjjnj@126.com

编辑说明

应对气候变化事关中华民族和全人类的长远利益，走低碳发展之路是积极应对气候变化的迫切要求，也是体现以人为本、全面协调可持续的发展导向、建设创新型国家的客观要求。

树立绿色低碳发展理念，大力发展以低碳排放、循环利用为内涵的绿色经济，逐步建立以低碳排放为特征的工业、建筑、交通体系和低碳社会生活，积极探索具有中国特色的低碳发展道路，有效控制温室气体排放，为推进中国和世界可持续发展作出积极贡献，已成为中国的一项基本国策，并已纳入了国民经济和社会发展第十二个五年规划纲要。

为全面记载我国应对气候变化和低碳发展的历程和实际状况，加快走低碳发展之路的步伐，特编辑出版《中国低碳年鉴》。这个构想一经提出，立即得到从中央到地方、国家各重点行业及其协会、低碳试点与实践单位的各方面的高度关注和坚决支持，全国人大、国务院各有关部委和部门，各省市区发改委、专家学者应邀担当顾问、编委，积极撰写和提供文稿、资料、图片，并提出了许多指导意见，给了我们努力做好《中国低碳年鉴》的编辑出版工作以巨大的鼓舞和鞭策。

一、《中国低碳年鉴 2013》基本内容为2012 年中国应对气候变化和低碳发展状况、重要信息数据、基本经验和主要成效。为增强《年鉴》的时效性和适用性，适当收录了2013年我国应对气候变化和低碳发展的部分政策文件和内容。

二、《中国低碳年鉴 2013》在编辑出版全过程中，坚持以邓小平理论和"三个代表"重要思想为指导，贯彻落实科学发展观。在体例上，采用文章、条目、报表和图片相结合。

三、《中国低碳年鉴 2013》具有一些明显的特点。强化了综合分析力度，收入了国家发展和改革委发布的《中国应对气候变化政策与行动年度报告》（2012年度和2013年度），约请国务院有关部委局、重点行业和领域、省区市、专家等撰写了30多篇应对气候变化和低碳发展报告或专题发展报告，大大丰富了《年鉴》内容，增强了《年鉴》的可读性、使用价值与历史价值。国家工业和信息化部、住房和城乡建设部、交通运输部、农业部等部委（局）设置了专编。载入的事件、信息、数据、资料、图片等都来自官方和公开出版物，具有权威性、真实性，历史价值和保存、使用、查考价值都较高；涵盖内容全面、广泛、系统，从中央到地方、企业、园区、行业、领域，涉及言论、重大活动和事件、法规、政策、科技、典型案例以及国外概况，多层次、全方位，涵盖低碳发展的各个方面，全书达160 多万字，规模之大、内容丰富、详实、完备，为前所少见；图文并茂，具有较强的可视性、生动性和可读性。

四、诚挚感谢全国人大、全国政协、国务院各有关部委（局）、省市区发改委、国家各重点行业协会、低碳试点与实践单位、专家学者等在《中国低碳年鉴 2013》的编辑出版中给予的支持！

五、《中国低碳年鉴》编辑部设在北京现代循环经济研究院。

六、由于我们缺乏经验，水平有限，对于书中存在的疏漏乃至错误，敬请不吝指正。

Editing Instructions

Climate change relates to the long-term interests of Chinese nation and all mankind, so taking the low-carbon development way is an urgent demand to actively respond to climate change, an embodying in the direction of People First, Overall Coordination and Sustainable Development, and also the inherent and objective requirement of building an innovative country as well.

It has already became a China's basic state policy and incorporated into Twelfth Five-Year Plan for National Economic and Social Development of People's Republic of China to establish green low-carbon development concept, to strongly develop green economy with the connotation of low-carbon emissions and recycling usage, and to radually set up the industry, construction and transportation systems with low-carbon emission and low-carbon social life, and to actively explore the low-carbon development road with Chinese characteristics, and to effectively

control greenhouse gas emissions, as well as to positively contribute to promoting sustainable development of both China and the world.

For the purpose of comprehensively recording the course and actual situation of Chinese low-carbon development, and speeding up the low-carbon development, China Low-Carbon Yearbook was specially published.

Great attention and firm support were given from all involved parties such as from the central to locals, each national key industry and its association, and the low-carbon pilot and practice units. The consultants and editors were invited from the relevant ministries and commissions (bureaus) of National People's Congress and the State Council, and the provincial and municipal National Development and Reform Commission, and relevant experts and scholars. All of them positively wrote and provided manuscripts, the information and pictures, and gave many guidance suggestions. All mentioned above encouraged and spur us to make great efforts to edit China Low-Carbon Yearbook 2013 well.

China Low-Carbon Yearbook 2013 basic content focuses on China low-carbon development status and actions in dealing with climate change, important information/data, experience and major a chievement in 2011. To improve the timeliness of China Low-Carbon Yearbook, we collected important policy documents and related contents referring to China's actions in dealing with climate change and low carbon development in 2013.

The Deng Xiaoping Theory and Three Representative Important Thought were adhered to and followed, and Scientific Development Outlook was applied and implemented during editing of China Low-Carbon Yearbook 2013, which combined articles, items, statements and pictures in style.

China Low-Carbon Yearbook 2012 has some obvious features as follow: Efforts to strengthen the comprehensive analysis of income of the National Development and Reform Commission issued the "China's National Climate Change Policy and Action Annual Report" (2012 and 2013 years), invite the relevant ministries and commissions of the State Council, key industries and areas, provinces, experts authored more than 30 papers and other climate change and low carbon development and thematic development report, which greatly enriched the "Yearbook" content, and enhance the "Yearbook" readability, use value and historical value. Exclusive column for Ministry of Industry and Information Technology, Ministry of Transport, Ministry of Housing and Urban-Rural Development, Ministry of Agriculture, and several other ministries and bureaus; the incidents, information, data, materials, pictures and etc. recorded are all from the official and open publications with authority and authenticity, which have high historical value , and high storage, usage and reference values; contents covered are more comprehensive, broad and systematic, from the central to locals, so as enterprises, parks, each industry and field, speech and views, major activities and events, regulations, policies, science and technology, and typical cases and foreign profiles, involving each aspect of low-carbon development at multi-level and all-dimension. The book with more than 2 million characters is rear before owing to its large scale and rich, accurate and complete content; excellent pictures and texts, with strong visibility, vitality and readability.

Sincerely thanks to the related ministries and commissions (bureaus) of National People's Congress and the State Council, every provinces and cities, the national key industries and their associations, low-carbon pilot and practice units, experts and scholars etc. for their supports in the editing and publishing of China Low-Carbon Yearbook 2013!

We are of inexperience and of limited level, for the omissions and errors existing in the book, please point out without stint.

目 录

低碳建筑编 …… 373

低碳发展单位展示

天津子牙循环产业区　拉法基瑞安水泥有限公司　保定市　天津排放权交易所　广元市　神华准能集团公司　海南兴隆热带花园　成都成发科能动力工程有限公司　杭州桐庐洪风新技术新燃料开发有限公司　重庆国际投资咨询集团有限公司　北京现代循环经济研究院　河海大学低碳经济与技术研究所　大连松木岛化工园区

党和国家领导人重要论述

中国低碳年鉴

胡锦涛重要论述（2012年）

在十一届全国人大五次会议江苏代表团审议时的讲话（节录）

要按照发展新阶段的新要求和国际产业演进的新趋势，深入推进产业结构调整，巩固和增强实体经济优势，形成具有国际竞争力的现代产业体系。要巩固扩大节能减排成果，加快发展循环经济、绿色产业、低碳技术，不断提高生态文明水平。要完善创新机制，优化创新环境，实施科技创新工程，强化企业创新主体地位，促进产学研紧密结合，着力打造创新高地，努力引领创新趋势，全面提升经济发展的质量、效益、竞争力。

（2012年3月5日）

参加首都义务植树时的讲话（节录）

开展全民义务植树活动，是应对气候变化、改善生态环境、实现绿色增长的有效途径。我们要年复一年地把全民义务植树活动开展下去，广泛动员干部群众，充分发挥科技作用，积极扩大绿化面积，努力巩固植树成果，为祖国大地披上美丽绿装，为科学发展提供生态保障。

北京要真正成为首善之区，必须在绿化美化工作中走在前面。希望你们加快绿色北京建设步伐，全面提升城市环境质量，让生态文明建设成果更好地惠及全市人民。

（2012年4月3日）

在中共中央政治局第三十三次集体学习时的讲话（节录）

新中国成立以来特别是改革开放以来，我们在长期实践中探索和走出了中国特色新型工业化道路，我国工业建设取得举世瞩目的成就，建成了门类齐全、独立完整的现代工业体系和国民经济体系，实现了从农业大国向工业大国的历史性转变。同时，我们也必须看到，我国工业发展长期依靠高投入、高消耗，存在着发展方式粗放、结构不合理、核心技术受制于人、资源环境约束强化、区域发展不平衡等深层次矛盾和问题。这些矛盾和问题解决不好，不仅会影响我国工业健康发展，而且会给整个经济发展带来不利影响。

工业是实体经济的主体，也是转变经济发展方式、调整优化产业结构的主战场。坚持走中国特色新型工业化道路，走出一条科技含量高、经济效益好、资源消耗低、环境污染少、人力资源优势得到充分发挥的新型工业化路子，是加快转变经济发展方式的重要途径，是全面建设小康社会的必然要求，是提高我国综合国力和国际竞争力的重要保障。

要着力推进现代产业体系建设，根据工业转型升级总体要求，围绕改造提升制造业、培育发展战略性新兴产业、大力发展生产性服务业，瞄准重点领域和方向，集中力量尽快取得实质性突破，提高工业制造基础能力、新产品开发能力、品牌创建能力、产业集中度，促进全产业链整体升级，切实提高产业核心竞争力和经济效益，增强工业可持续发展能力。要着力推进创新驱动，抓住新一轮世界科技革命带来的战略机遇，深入实施科教兴国战略和人才强国战略，加快建设创新型国家，大力增强科技创新能力，为坚持走中国特色新型工业化道路奠定坚实科技和人力资源基础。

（2012年5月28日）

在中国科学院第十六次院士大会、中国工程院第十一次院士大会上的讲话（节录）

两年来，两院院士和广大科技工作者紧紧围绕我国发展重大战略需求，瞄准世界科技前沿，开拓进取，锐意创新，奋勇拼搏，我国科技工作取得一系列新成就新进展。天宫一号与神舟八号交会对接成功，蛟龙号载人潜水器创下5188米的下潜记录，实现了我国空间海洋技术新跨越。首座实验快堆成功并网运行，“天河一号”超级计算机研制成功，煤制乙二醇和甲醇制烯烃实现工业化应用，风能、光伏发电、储能电池等关键技术取得新突破，宽带无线移动互联网、量子通信实用化取得新进展。

当前，世界主要国家为了摆脱国际金融危机影响和推动经济复苏增长，克服全球共同面临的能源资源环境等重大问题，纷纷加大科技投入，抢占科技制高点，争取发展主动权。科技竞争在综合国力竞争中的地位更加突出，科学技术日益成为经济社会发展的主要驱动力。信息技术、生物技术、纳米科技、认知科技呈现群发突破的生动景象，知识创新、技术创新和产业创新深度融合催生新一代技术群和新产业生长点。能源资源科技将推动能源结构战略性调整、促进可持续能源和资源体系的形成，材料和制造技术将加速绿色化、智能化、可再生循环的进程，空间海洋和平利用和开发将为可持续发展提供巨大增量资源，生态环境保护能力提升将有力促进人与自然和谐相处。量子世界的调控，暗物质、暗能量的探测，生命现象系统整体的认知，都有可能引发科学知识体系的结构性变革。

要牢固树立服务发展意识，更加积极地投身经济社会发展主战场。要面向重点产业转型升级，加强系统集成创新，推进信息化与工业化融合，实现关键工艺技术、高端产品研发重大突破，从根本上扭转重点产业关键核心技术严重依赖国外的局面。要面向培育发展高技术产业和新兴产业，加快科技成果转移转化，促进高技术产业向技术创新引领型转变，从产业链低端向产业链高端延伸，力争在战略性新兴产业若干方面引领世界技术和产业发展方向。要面向推进农业现代化，推动农业发展方式转变，发展高产、优质、高效、绿色农业，满足对农产品总量、质量、安全和多功能需求，延伸农业产业链，提高农业综合生产力。要面向建设可持续能源资源体系，加快科技创新和成果应用，促进能源结构调整，加强传统化石能源高效清洁安全利用，加快新能源产业化，提高油气资源、重要矿产资源、水资源的勘探、开发、综合利用能力。

（2012年6月11日）

沿着中国特色社会主义伟大道路奋勇前进（节录）

推进生态文明建设，是涉及生产方式和生活方式根本性变革的战略任务，必须把生态文明建设的理念、原则、目标等深刻融入和全面贯穿到我国经济、政治、文化、社会建设的各方面和全过程，坚持节约资源和保护环境的基本国策，着力推进绿色发展、循环发展、低碳发展，为人民创造良好生产生活环境。

（7月23日在省部级主要领导干部专题研讨班上的讲话）

出席发展中国家科学院第十二次学术大会暨第二十三届院士大会开幕式上致词（节录）

前瞻全球现代化发展大势，广大发展中国家正在为改变自身命运、改善人民生活而不懈努力，世界正经历着从少数人口享受现代化生活到多数人口追求现代化的历史性变革。这一前所未有的伟大变革，使人类社会发展面临新的发展机遇，也面临一系列严峻挑战。经济社会发展与自然资源供给能力和生态环境承载能力的矛盾日益凸显，能源资源安全、粮食安全、生态环境、人口健康、自然灾害、气候变化等全球性重大问题需要世界各国携手应对，需要更加广泛地发挥科技的支撑和引领作用。

中国确定了科技创新的主攻方向和战略重点，正在积极推进。我们将着力在物质科学、生命科学、空间海洋、地球科学、纳米科技等可能出现革命性突破的前沿领域加强前瞻布局，致力于取得原始性突破。我们将着力在关系未来长远发展的信息技术、生物技术、能源技术等关键领域加强先导技术研究，致力于推动变革性创新。我们将着力加强系统集成创新，推进信息化和工业化融合，实现关键工艺技术、高端产品研发重大突破，支撑产业结构调

整合转型升级。我们将着力在节能环保、新一代信息技术、生物、高端装备制造、新能源、新材料、新能源汽车等领域促进新兴科技和新兴产业深度融合，培育和发展战略性新兴产业。我们将着力发展高产、优质、高效、绿色农业，延伸农业产业链，提高农业综合生产力，满足中国１３亿人对农产品总量、质量、安全和农业多功能性的需求。我们将着力促进能源结构调整，加强传统化石能源高效清洁安全利用，加快新能源产业化，提高油气资源、重要矿产资源、水资源的勘探、开发、综合利用能力，保证能源资源有效供给。我们将着力加强关系人民衣食住行的科技创新，解决食品安全、饮水安全、空气质量的科技问题，研发多发病、常见病、急性传染病诊断技术和治疗药物，让人民生活得更健康、更幸福。我们将着力发展城乡环境保护、治理、修复技术，解决环境污染、垃圾处理等突出问题，提高自然灾害监测预报和防灾减灾能力。

（2012年9月18日）

在天津考察时的讲话（节录）

新能源是具有广阔发展前景的战略性新兴产业。希望你们面向市场需求，推进自主创新，着力攻克核心关键技术，使锂离子电池的性能不断提高、成本不断降低，在推动我国新能源产业发展中再创佳绩。

（2012年9月18日）

在中国共产党第十八次全国代表大会上的报告（节录）

二、夺取中国特色社会主义新胜利

中国特色社会主义道路，就是在中国共产党领导下，立足基本国情，以经济建设为中心，坚持四项基本原则，坚持改革开放，解放和发展社会生产力，建设社会主义市场经济、社会主义民主政治、社会主义先进文化、社会主义和谐社会、社会主义生态文明，促进人的全面发展，逐步实现全体人民共同富裕，建设富强民主文明和谐的社会主义现代化国家。

三、全面建成小康社会和全面深化改革开放的目标

……

——资源节约型、环境友好型社会建设取得重大进展。主体功能区布局基本形成，中国特色社会主义伟大实践，这是党领导人民在建设社会主义长期实践中形资源循环利用体系初步建立。单位国内生产总值能源消耗和二氧化碳排放大幅下降，主要污染物排放总量显著减少。森林覆盖率提高，生态系统稳定性增强，人居环境明显改善。

八、大力推进生态文明建设

建设生态文明，是关系人民福祉、关乎民族未来的长远大计。面对资源约束趋紧、环境污染严重、生态系统退化的严峻形势，必须树立尊重自然、顺应自然、保护自然的生态文明理念，把生态文明建设放在突出地位，融入经济建设、政治建设、文化建设、社会建设各方面和全过程，努力建设美丽中国，实现中华民族永续发展。

坚持节约资源和保护环境的基本国策，坚持节约优先、保护优先、自然恢复为主的方针，着力推进绿色发展、循环发展、低碳发展，形成节约资源和保护环境的空间格局、产业结构、生产方式、生活方式，从源头上扭转生态环境恶化趋势，为人民创造良好生产生活环境，为全球生态安全作出贡献。

（一）优化国土空间开发格局。国土是生态文明建设的空间载体，必须珍惜每一寸国土。要按照人口资源环境相均衡、经济社会生态效益相统一的原则，控制开发强度，调整空间结构，促进生产空间集约高效、生活空间宜居适度、生态空间山清水秀，给自然留下更多修复空间，给农业留下更多良田，给子孙后代留下天蓝、地绿、水净的美好家园。加快实施主体功能区战略，推动各地区严格按照主体功能定位发展，构建科学合理的城市化格局、农业发展格局、生态安全格局。提高海洋资源开发能力，发展海洋经济，保护海洋生态环境，坚决维护国家海洋权益，建设海洋强国。

（二）全面促进资源节约。节约资源是保护生态环境的根本之策。要节约集约利用资源，推动资源利用方式根本转变，加强全过程节约管理，大幅降低能源、水、土地消耗强度，提高利用效率和效益。推动能源生产和消费革命，控制能源消费总量，加强节能降耗，支持节能低碳产业和新能源、可再生能源发展，确保国家能源安全。加强水源地保护和用水总量管理，推进水循环利用，建设节水型社会。严守耕地保护红线，严格土地用途管制。加强矿产资源勘查、保护、合理开发。发展循环经济，促进生产、流通、消费过程的减量化、再利用、资源化。

（三）加大自然生态系统和环境保护力度。良好生态环境是人和社会持续发展的根本基础。要实施重大生态修复工程，增强生态产品生产能力，推进荒漠化、石漠化、水土流失综合治理，扩大森林、湖泊、湿地面积，保护生物多样性。加快水利建设，增强城乡防洪抗旱排涝能力。加强防灾减灾体系建设，提高气象、地质、地震灾害防御能力。坚持预防为主、综合治理，以解决损害群众健康突出环境问题为重点，强化水、大气、土壤等污染防治。坚持共同但有区别的责任原则、公平原则、各自能力原则，同国际社会一道积极应对全球气候变化。

（四）加强生态文明制度建设。保护生态环境必须依靠制度。要把资源消耗、环境损害、生态效益纳入经济社会发展评价体系，建立体现生态文明要求的目标体系、考核办法、奖惩机制。建立国土空间开发保护制度，完善最严格的耕地保护制度、水资源管理制度、环境保护制度。深化资源性产品价格和税费改革，建立反映市场供求和资源稀缺程度、体现生态价值和代际补偿的资源有偿使用制度和生态补偿制度。积极开展节能量、碳排放权、排污权、水权交易试点。加强环境监管，健全生态环境保护责任追究制度和环境损害赔偿制度。加强生态文明宣传教育，增强全民节约意识、环保意识、生态意识，形成合理消费的社会风尚，营造爱护生态环境的良好风气。

我们一定要更加自觉地珍爱自然，更加积极地保护生态，努力走向社会主义生态文明新时代。

（2012年11月8日）

习近平重要论述（2012年）

参加十一届全国人大五次会议上海代表团审议时的讲话（节录）

坚定不移走科学发展之路，继续扎实抓好转型发展。进一步在全市各级干部中形成一个共识：不能以牺牲环境和资源为代价、不能以积累社会矛盾为代价、不能以增加历史欠账为代价一味追求快速发展；进一步在全市各级干部中坚定一个信念：在坚持科学发展道路上即使遇到的困难有千万重，抓好创新驱动、转型发展一刻也不能松，在保持经济平稳较快发展过程中，加快建设“四个中心”，加快智慧城市和郊区新城建设以及生态文明建设。

（2012年3月5日）

参加十一届全国人大五次会议山东代表团审议时的讲话（节录）

要着力发展实体经济、培育现代产业体系,在转方式、调结构中,通过一手抓战略性新兴产业培育、一手抓传统产业转型升级,一手抓资本技术密集型产业、一手抓劳动密集型产业,做优做强实体经济,真正走出一条科技含量高、经济效益好、资源消耗低、环境污染少、人力资源优势得到充分发挥的新型工业化道路。要着力抓好节能减排和环境保护,着眼于形成节约资源能源和保护生态环境的产业结构、增长方式、消费模式,加快建立生态环境和资源补偿惩罚机制。同时继续以“让江河湖泊休养生息示范省”建设为抓手,巩固提高流域治污成果,重点抓好大气污染治理,建设好天更蓝、地更绿、水更清、人民群众更幸福的生态山东,实现好、维护好人民群众生态权益。

（2012年3月7日）

参加十一届全国人大五次会议福建代表团审议时的讲话（节录）

经济发展这边风景独好，环境和空气质量，我们这边实在还是成问题。富裕了，发达了，最后追求什么？文明指数还离不开生态，离不开天更蓝，水更绿，绿水青山。在建设生态文明方面，要更加重视和加强对森林资源的建设和开发，同时还要注重加强海洋管理，保护海洋环境。希望福建在新的一年里加深对建设资源节约型、环境友好型社会的重要性认识，以对历史负责、对人民负责、对子孙后代负责的态度，深入贯彻节约资源和保护环境的基本国策，努力在环境保护和生态建设上取得新的成效

（2012年3月7日）

在党的十八届一中全会上的讲话

我们要继续推进生态文明建设，坚持节约资源和保护环境的基本国策，把生态文明建设放到现代化建设全局的突出地位，把生态文明理念深刻融入经济建设、政治建设、文化建设、社会建设各方面和全过程，从根本上扭转生态环境恶化趋势，确保中华民族永续发展，为全球生态安全作出我们应有的贡献。

(2012年11月15日)

会见日本国际贸易促进协会访华团时的谈话

日本正在推进灾后重建和经济振兴，在节能环保、绿色循环经济和高新科技等领域有独特优势，中国在相关领

域有巨大市场。新形势下，双方互补优势更加突出，合作潜力进一步增大，应从扩大共同利益的角度出发，更加积极地拓展经贸合作，把两国关系的经济盘子做得更大。

（2012年4月24日）

在十八届中共中央政治局第一次集体学习时的讲话

中国特色社会主义道路，是实现我国社会主义现代化的必由之路，是创造人民美好生活的必由之路。中国特色社会主义道路，既坚持以经济建设为中心，又全面推进经济建设、政治建设、文化建设、社会建设、生态文明建设以及其他各方面建设；既坚持四项基本原则，又坚持改革开放；既不断解放和发展社会生产力，又逐步实现全体人民共同富裕、促进人的全面发展。

深刻领会建设中国特色社会主义的总依据、总布局、总任务。党的十八大强调，建设中国特色社会主义，总依据是社会主义初级阶段，总布局是五位一体，总任务是实现社会主义现代化和中华民族伟大复兴。这“三个总”的概括，高屋建瓴，提纲挈领，言简意赅。深刻领会和把握这个新概括，有助于我们深刻领会和把握中国特色社会主义的真谛和要义。

强调总依据，是因为社会主义初级阶段是当代中国的最大国情、最大实际。我们在任何情况下都要牢牢把握这个最大国情，推进任何方面的改革发展都要牢牢立足这个最大实际。不仅在经济建设中要始终立足初级阶段，而且在政治建设、文化建设、社会建设、生态文明建设中也要始终牢记初级阶段；不仅在经济总量低时要立足初级阶段，而且在经济总量提高后仍然要牢记初级阶段；不仅在谋划长远发展时要立足初级阶段，而且在日常工作中也要牢记初级阶段。

强调总布局，是因为中国特色社会主义是全面发展的社会主义。我们要牢牢抓好党执政兴国的第一要务，始终代表中国先进生产力的发展要求，坚持以经济建设为中心，在经济不断发展的基础上，协调推进政治建设、文化建设、社会建设、生态文明建设以及其他各方面建设。随着我国经济社会发展不断深入，生态文明建设地位和作用日益凸显。党的十八大把生态文明建设纳入中国特色社会主义事业总体布局，使生态文明建设的战略地位更加明确，有利于把生态文明建设融入经济建设、政治建设、文化建设、社会建设各方面和全过程。这是我们党对社会主义建设规律在实践和认识上不断深化的重要成果。我们要按照这个总布局，促进现代化建设各方面相协调，促进生产关系与生产力、上层建筑与经济基础相协调。

强调总任务，是因为我们党从成立那天起，就肩负着实现中华民族伟大复兴的历史使命。我们党领导人民进行革命建设改革，就是要让中国人民富裕起来，国家强盛起来，振兴伟大的中华民族。按照现代化建设“三步走”的战略部署，建设富强民主文明和谐的社会主义现代化国家，是我们党和国家在整个社会主义初级阶段的奋斗目标。我们党的庄严使命、改革开放的根本目的、我们国家的奋斗目标，都聚焦于这个总任务、归结于这个总任务。我们要紧紧扭住这个总任务，一代一代锲而不舍干下去。

（2012年11月17日）

吴邦国重要论述（2012年）

在十一届全国人大五次会议作的常委会上的工作报告（节录）

常委会高度重视加快转变经济发展方式，每年都选择不同侧重点听取审议工作报告、开展执法检查和专题调研。去年听取审议了加快转变经济发展方式、环境保护、旅游业发展等报告，开展了合理调整国民收入分配关系、促进民族地区经济社会发展等专题调研。大家指出，当前我国经济社会发展总体保持良好态势，国民经济继续朝着宏观调控预期方向发展。同时也要清醒地看到，我国发展中不平衡不协调不可持续问题仍然突出，制约科学发展的体制机制障碍仍然较多。大家强调，面对复杂多变的国际政治经济环境和国内经济运行新情况新变化，要化挑战为机遇，变压力为动力，把中央关于转方式、调结构的决策部署真正落实到具体措施上、体现在实际工作中。当前应重点做好以下工作：一是着力扩大内需特别是消费需求，把扩大内需的重点更多放在保障和改善民生、加快发展服务业、提高中等收入者比重上来，推动经济增长更多依靠内需拉动。二是加快科技进步和自主创新步伐，加大科技投入，引导支持创新要素向企业聚集，培育发展战略性新兴产业，改造提升传统产业，促进产业结构优化升级，推动经济增长更多依靠创新驱动。三是坚持不懈地推进节能减排，强化法律规范、政策引导，加强重点领域节能减排和生态保护，坚决淘汰落后产能，抑制高耗能高污染产业过快增长，促进清洁生产，发展绿色产业和循环经济，完善生态补偿机制，推动经济增长建立在可持续发展的基础上。

（2012年 3 月 9 日）

在河南调研时的讲话（节录）

要坚持发展是硬道理。建设中原经济区，促进中部地区崛起，关键靠发展。要深入贯彻落实科学发展观，坚持在发展中转变，以转变促发展，更加注重把握投资导向，更加注重质量和效益，更加注重生态环境保护，把更多精力放在结构调整和优化升级上。充分发挥劳动力、土地、资源丰富的优势，有序承接东部地区产业转移，积极发展战略性新兴产业，引导和支持创新要素向企业聚集，加快构建激励创新的体制机制，大力培养创新团队和领军人物，推动经济发展更多依靠创新驱动。

（2012年4月12~17日）

在十一届全国人大常委会第二十六次会议上的讲话（节录）

近年来我国农田水利建设虽然取得长足发展，但基础薄弱、投入不足、利用率低、管理不到位的问题仍然比较突出。大家强调，国务院及其有关部门要认真贯彻去年中央一号文件和中央水利工作会议精神，把农田水利建设作为农村基础设施建设的重点任务，加快扭转农田水利建设滞后局面，努力走出一条中国特色农村水利建设的路子。一要建立健全以公共财政为主的多元投入稳定增长机制，加大对粮食主产区农田水利建设投入力度，尽快出台土地出让收益用于农田水利建设的具体办法，加强对水利投资的统筹安排和监督管理，提高资金使用效益。二要实行严格的水资源管理制度和节约用水制度，推进农业灌溉用水总量控制和定额管理，大力研发和推广现代节水灌溉技术和设备，培育和发展抗旱作物品种，提高水资源利用率。三要深化小型农田水利工程产权制度改革，通过明确所有权、使用权，充分调农民和各方面建设水利、管护水利、有效利用水利的积极性和责任感。

（2012年 4 月27日）

在黑龙江调研时的讲话（节录）

要坚持把生态文明理念贯穿于经济社会发展全过程，大力实施生态环境建设保护工程，加强重点生态功能区和生态环境脆弱区保护，加大黑土区水土流失治理力度，大力发展循环经济，倡导低碳、绿色生产消费理念，对林区湿地和水源地要严格环保审批，防止产生新的污染，切实保护好黑龙江的蓝天碧水和林海雪原。

（2012年7月16日至21日）

在第五届中国西部国际合作论坛上的演讲（节录）

我们要把加强实体经济合作作为深化经贸合作的重要抓手，促进实体经济合作与各自产业转型升级有机融合，努力形成优势互补、携手并进、共享繁荣的发展格局。要强化基础设施建设合作，以交通、能源、通信为重点，推动铁路、公路、水路、航空和管道网络建设，促进跨区域跨国境基础设施互联互通。要扩大产业合作，挖掘现代农业、战略性新兴产业、先进制造业和现代服务业等领域的合作潜力，联合开发新能源和可再生能源，加强技术研发合作和转让，推动绿色经济、循环经济发展。

（2012年 9 月26日）

在山西调研时的讲话（节录）

要继续推动转型发展。山西煤炭产业在全国占有举足轻重的地位，经过近年来大力整合重组，规模化、集约化、机械化、现代化水平大幅提高。要在巩固结构调整成效的基础上，进一步优化资源配置，提高产业集中度，依靠科技进步，提高煤炭资源回采率和综合利用效率，大力发展煤炭循环经济，加快煤层气产业化发展，推进输气、输电通道建设，把煤炭这篇大文章做实做好。

要抓好生态文明建设。党的十八大把生态文明建设纳入中国特色社会主义总体布局，既是我国经济持续发展的内在要求，也是落实科学发展观的重大举措。要把生态文明建设摆在更加突出的战略地位，加快淘汰落后产能，扎实推进节能减排，促进清洁生产和资源循环利用，抓好造林绿化、污染防治和生态修复工程，着力推进绿色发展、循环发展、低碳发展，加快建设资源节约型、环境友好型社会。

(2012年11月19~23日）

温家宝重要论述（2012年）

互利共赢的中欧经贸合作前途光明（节录）

推进科技交流与合作。加强科技创新政策对话与合作，召开中欧空间科技合作大会，拓展空间技术领域合作，支持双方中小企业开展能源科技创新合作，加强知识产权合作。

深化能源和环保合作。尽快召开中欧高层能源会议，确定合作的方向和重点领域。继续开展政策对话，启动新的环保合作项目，加强汽车领域合作，联合开发电动汽车，实现节能减排的共同目标。

积极开展城镇化合作。在城市规划、智能交通、建筑节能、垃圾处理等领域开展合作，召开中欧市长论坛，使之成为中欧交流探讨的重要平台。

（2012年2月14日在第七届中欧工商峰会上的讲话）

2012年政府工作报告（节录）

(二)加快转变经济发展方式，提高发展的协调性和产业的竞争力。我们坚持有扶有控，促进结构调整和优化升级，增强发展后劲。

加快产业结构优化升级。大力培育战略性新兴产业，新能源、新材料、生物医药、高端装备制造、新能源汽车快速发展，三网融合、云计算、物联网试点示范工作步伐加快。企业兼并重组取得新进展。

支持重点产业振兴和技术改造，中央预算投资安排150亿元，支持4000多个项目，带动总投资3000亿元。加快发展信息咨询、电子商务等现代服务业，新兴服务领域不断拓宽。交通运输产业快速发展，经济社会发展的基础进一步夯实。

推进节能减排和生态环境保护。发布实施“十二五”节能减排综合性工作方案、控制温室气体排放工作方案和加强环境保护重点工作的意见。清洁能源发电装机达到2.9亿千瓦，比上年增加3356万千瓦。加强重点节能环保工程建设，新增城镇污水日处理能力1100万吨，5000多万千瓦新增燃煤发电机组全部安装脱硫设施。加大对高耗能、高排放和产能过剩行业的调控力度，淘汰落后的水泥产能1.5亿吨、炼铁产能3122万吨、焦炭产能1925万吨。

实施天然林保护二期工程并提高补助标准，实行草原生态保护奖补政策，开展湖泊生态环境保护试点。植树造林9200多万亩。

促进区域经济协调发展。深入实施区域发展总体战略和全国主体功能区规划。出台实施促进西藏、新疆等地区跨越式发展的一系列优惠政策。制定实施新10年农村扶贫开发纲要和兴边富民行动规划。区域发展协调性进一步增强，中西部和东北地区主要经济指标增速高于全国平均水平，东部地区产业转型升级步伐加快。

（四）加快转变经济发展方式

解决发展不平衡、不协调、不可持续的问题，关键在于加快转变经济发展方式，推进经济结构战略性调整，这既是一个长期过程，也是当前最紧迫的任务。

促进产业结构优化升级。推动战略性新兴产业健康发展。建立促进新能源利用的机制，加强统筹规划、项目配套、政策引导，扩大国内需求，制止太阳能、风电等产业盲目扩张。发展新一代信息技术，加强网络基础设施建设，推动三网融合取得实质性进展。大力发展高端装备制造、节能环保、生物医药、新能源汽车、新材料等产业。扩大技改专项资金规模，促进传统产业改造升级。

以汽车、钢铁、造船、水泥等行业为重点，控制增量，优化存量，推动企业兼并重组，提高产业集中度和规模效益。落实并完善促进小型微型企业发展的政策，进一步减轻企业负担，激发科技型小型微型企业发展活力。实施有利于服务业发展的财税、金融政策，支持社会资本进入服务业，促进服务业发展提速、比重提高、水平提升。

推进节能减排和生态环境保护。节能减排的关键是节约能源，提高能效，减少污染。要抓紧制定出台合理控制能源消费总量工作方案，加快理顺能源价格体系。综合运用经济、法律和必要的行政手段，突出抓好工业、交通、建筑、公共机构、居民生活等重点领域和千家重点耗能企业节能减排，进一步淘汰落后产能。加强用能管理，发展智能电网和分布式能源，实施节能发电调度、合同能源管理、政府节能采购等行之有效的管理方式。

优化能源结构，推动传统能源清洁高效利用，安全高效发展核电，积极发展水电，加快页岩气勘查、开发攻关，提高新能源和可再生能源比重。加强能源通道建设。深入贯彻节约资源和保护环境基本国策。开展节能认证和能效标识监督检查，鼓励节能、节水、节地、节材和资源综合利用，大力发展循环经济。加强环境保护，着力解决重金属、饮用水源、大气、土壤、海洋污染等关系民生的突出环境问题。努力减少农业面源污染。严格监管危险化学品。

今年在京津冀、长三角、珠三角等重点区域以及直辖市和省会城市开展细颗粒物（PM2.5）等项目监测，2015年覆盖所有地级以上城市。推进生态建设，促进生态保护和修复，巩固天然林保护、退耕还林还草、退牧还草成果，加强草原生态建设，大力开展植树造林，推进荒漠化、石漠化、坡耕地治理，严格保护江河源、湿地、湖泊等重要生态功能区。加强适应气候变化特别是应对极端气候事件能力建设，提高防灾减灾能力。坚持共同但有区别的责任原则和公平原则，建设性推动应对气候变化国际谈判进程。我们要用行动昭告世界，中国绝不靠牺牲生态环境和人民健康来换取经济增长，我们一定能走出一条生产发展、生活富裕、生态良好的文明发展道路。

（2012年3月5日）

参加十一届全国人大五次会议广西代表团审议时的讲话（节录）

加强基础设施建设和生态环境保护。这既是促进民族边疆地区可持续发展的重要任务，也是改善民生的重要措施。要在继续推进大型基础设施建设的同时，加大与群众生活密切相关的农村公路、水、电、通讯的基础设施建设；继续加强生态建设和环境保护，加大山区造林的力度，推进石漠化综合治理，加快珠江防护林、近海防护林建设，加强沿海红树林、海草床、河口港湾湿地等重要海洋生态系统的保护和修复。

（2012年3月9日）

在湖南省考察调研时的讲话（节录）

湖南山川秀丽，自古就有“芙蓉国”的美誉。在促进经济发展的同时，要下大力气保护好锦绣河山，这是我们对子孙后代应尽的责任和义务。湖南刚刚颁布了《绿色湖南建设纲要》，这是符合世界潮流的重要举措，值得充分肯定。我们要看到，优美的环境、清新的空气也是竞争力，而且已经成为衡量一个国家和地区经济成长能力和文明程度的重要标志。推动绿色发展正在成为世界性趋势，国家在“十二五”规划中也有明确部署。发展绿色经济，不仅有利于节能减排，而且能有效地扩大市场需求，提供新的就业岗位，提高发展的质量和效益，是保护环境与发展经济的重要结合点，是促进发展、转变方式的重要引擎。目前，湖南全省上下已经形成走“两型”发展之路的共识，“两型”理念正向经济社会的各个方面渗透。要加快推进长株潭试验区第二阶段建设，大力发展资源节约型、环境友好型的产业体系，促进产业高新化、集约化、清洁化和循环化。继续推进节能减排，大力发展绿色建筑，依法推进建筑节能、交通节能，引导商业和民用节能。大力发展循环经济，探索地区、企业、园区等不同类型的循环经济发展模式。切实落实节能、节水、环保产品消费政策，倡导绿色消费理念。建立推进节能减排的价格及补偿机制，推进主要污染物排污权交易和生态补偿试点。要加强环境保护和生态建设，加快实施《绿色湖南建设纲要》，着力构建以洞庭湖为中心，以武陵—雪峰、南岭、罗霄—幕阜山为架构，以湘、资、沅、澧水系为脉络的“一湖三山四水”生态安全屏障。加强湘江流域综合治理，以重金属污染治理为重点，实行全流域、全方位、多功能综合治理。保护好东江等重要水源地，确保洞庭湖等流域的水环境、水生态安全。湖南森林覆盖率超过57%，居全国前列，要巩固提高退耕还林成果，进一步加强森林资源管护。要使三湘大地在山更青、水更绿的前提下，实现经济社会平稳较快发展。

（2012年5月25~27日）

在联合国可持续发展大会高级别圆桌会上的发言（节录）

中国是可持续发展理念的坚定支持者。上世纪７０年代以来，从斯德哥尔摩到里约热内卢，中国参加了可持续发展理念形成和发展过程中历次重要国际会议，并作出积极贡献。进入新世纪，中国结合国内外实践，提出以人为本、全面协调可持续的科学发展观，建设资源节约型、环境友好型社会和生态文明，走新型工业化道路，这些先进理念，充分体现了中国特色，也吸取了有益的国际经验。

中国是可持续发展战略的积极实践者。我们注重统筹兼顾经济发展、社会进步和环境保护。在经济发展方面，过去34年国内生产总值年均增长9.9的国家。中国实行最严格的耕地和水资源保护制度，用占全球不到10%的耕地和人均仅有世界平均水平28%的水资源，养活了占全球１/５的人口。在社会建设方面，全面实现免费义务教育，不断深化养老保障制度改革，初步建立覆盖城乡居民的基本养老和基本医疗保障体系。在环保领域，全面推进节能减排，过去６年单位国内生产总值能源消耗降低了21%，相当于减少二氧化碳排放约１６亿吨，主要污染物排放总量减少了15%左右。建成世界上最大的人工林，面积达62万平方公里。我们用行动履行了对本国人民和国际社会的庄严承诺。

中国是可持续发展国际合作的有力推动者。我们积极推进南北合作，与发达国家在环境保护、气候变化、能源资源等领域形成了制度化的合作机制。我们积极参与国际组织的活动，认真履行国际公约，承担了与自身能力相符的责任与义务。

展望未来，中国推进可持续发展任重道远。中国仍是一个发展中国家，虽然经济总量较大，但人均国民收入还排在世界的90位左右，按照新的扶贫标准，还有１亿多人处于贫困线以下，资源环境压力不断增大，发展中不平衡不协调不可持续的问题依然突出。

我们将全面实施“十二五”规划，凝聚全社会力量，采取综合性措施，加快转变经济发展方式，调整优化经济结构，合理控制能源消费总量，大力建设节约资源、保护环境的生产生活方式和消费模式，努力完成2015年比2010年单位国内生产总值二氧化碳排放下降17%、能源消耗下降16%、非化石能源比重提高到11.4%、主要污染物排放总量降低8%到10%的约束性指标，提高发展质量，实现绿色繁荣。

（2012年6月20日 里约热内卢）

在发展中加强环境保护　在保护中促进经济发展（节录）

中国致力于处理好发展与保护的关系，在经济发展中推进环境保护，在保护环境中推进经济发展。

中国20年的环境保护可以用污染控制、环境管理、转变经济发展方式来概括。“十二五”期间，我们还将加大力度，推动发展方式转变和经济结构调整，力争在发展绿色经济方面有新突破。国合会不仅促进各国与中国的环境合作，而且有着重要的世界影响。中国是一个负责任的大国。我们坚持共同但有区别的责任原则，履行作为一个发展中大国应尽的责任。

如何有效利用自然资源，中国人感受很深。中国用占世界９%的耕地和人均占世界平均水平28%的淡水，养活了占世界1/5的人口。正是因为如此，我们十分重视对水资源和土地的集约使用。我们提出建设生态文明是与政治文明、经济文明、社会文明相关联的大概念，它的实质是人与自然的和谐相处。低碳经济是生态文明的重要特征。

改革开放以来，中国经济年均增长9.9%。发展过程中，我们高度重视生态文明建设。“十一五”期间，我们实现单位国内生产总值能耗降低1%9。在此基础上，我们又提出“十二五”期间单位国内生产总值能耗降低16%的目标。这一指标已经全国人民代表大会审查和批准，是一个约束性指标。

我们聚集在里约商讨世界可持续发展的重大问题，目的是为了采取行动。摆在我们面前的有三项重要任务：一是发展。通过发展解决１３亿人的就业和生活问题。二是实现脱贫目标。三是实现绿色和可持续发展。我们既要促进经济社会发展，不断提高人民生活水平，还要实现节能环保目标，坚持绿色和可持续发展，这是中国面临的重大而长期的任务。

我忘不了哥本哈根的美人鱼，更忘不了参加哥本哈根气候变化大会的经历。在城市化进程加快的情况下，更要重视城市环境友好和可持续发展。有三件事非常重要：一是大力发展城市公共交通。二是解决城市垃圾处理问题。三是给农民工平等待遇，不要出现贫民窟。

荷兰风能和太阳能有很强的实力，与中国有着很好的合作。近年来，中国太阳能和风能发展也很快，产能居世界首位。但是也遇到了一些问题：第一是技术问题。也就是如何更好解决太阳能和风电上网的问题。第二是电价问题，这涉及到电价机制改革。第三是贸易壁垒问题。一些国家对中国太阳能产品出口采取了“反倾销、反补贴”措施。即使这样，我们仍然认为，太阳能和风能是有前途的。当然，需要调整结构。

融资还要进行，不过应该有正确的导向，银行要对绿色经济发展给予支持。中国已经采取了一系列支持可持续发展的措施，比如对节能家电、节能汽车和家电、汽车以旧换新，财政给予补贴，银行给予融资支持。

中德今年8月将举行政府间磋商，环境问题是一项重要内容。德国制定了可再生能源计划，实现这个目标需要金融和财政支持。发展绿色经济，一方面金融界要有战略眼光，另一方面政府财政要予以支持。希望两国央行行长也能参加这次会议。

（2012年6月21日 在中国环境与发展国际合作委员会成立20周年主题边会上的讲话，里约热内卢）

在两院院士大会上的讲话（节录）

历史经验表明，经济最困难的时期，往往也是技术和产业革命酝酿的关键时期；而科学发明和技术创新，又为经济发展开辟出新的领域，推动社会发生革命性的变化。回顾２００多年来发生的几次科技革命，无论电力和内燃机的广泛应用，还是信息技术的跨越，都是在世界经济面临新一轮周期性调整时期酝酿的。正是科技上的重大突破和创新，推动经济结构的重大调整，提供新的增长引擎，使经济重新恢复平衡并提升到更高的水平。谁能在科技创新方面占据优势，谁就能够掌握发展的主动权，率先复苏并走向繁荣。

面对这场国际金融危机，各国正在进行抢占科技制高点的竞赛，全球将进入空前的创新密集和产业振兴时代。美国着眼于可持续发展和高质量就业，两次发布“美国创新战略”，提出将研发投入提高到占GDP３％这一历史最高水平，力图在新能源、无线网络、先进车辆、医疗卫生信息技术、基础科学和航天等领域取得突破；最近又提出科技创新的主攻方向，包括节能环保、智慧地球、大数据、重振制造业等。欧盟提出智慧增长、包容增长、可持续增长，支持卓越科学研究，保障产业创新领导力，宣布2013年前投资1050亿欧元发展绿色经济，保持在绿色技术领域的世界领先地位。德国一方面竭力维持其在重型机械、高端制造等领域的世界领先地位，另一方面大力发展风能、生物能等可再生能源和各类节能环保技术，明确提出2020年绿色能源将占其能源总需求的35%。英国从高新科技特别是生物制药、绿色能源等方面，加强产业竞争的优势，发展知识密集型产业。日本重点开发能源、环境技术和老龄化相关科技。俄罗斯提出促进经济由资源型向创新型转变，开发纳米和核能技术。我们必须目光远大，把握机遇，在这场竞争中努力实现跨越式发展，缩小与发达国家在经济和科技方面的差距。

（2012年７月２日）

在江苏省考察时讲话（节录）

必须从国家层面对整个光伏产业进行统筹研究和规划，通过重组整合，提高企业竞争力。要把产业发展与上网应用联系起来，这需要突破关键技术。

风电装备、光伏电池都符合产业发展方向，一定程度上也属于高新技术产业，但是当前都出现了产能过剩。为什么会这样？就是不以市场为导向，这是我们应该深刻总结的教训。因此我主张要整合，要兼并重组。企业研发关键要以市场为导向，要有前瞻性。

现在工业产值和利润下降，不完全是因为市场份额减少，更重要的是反映出某些行业产能过剩。我们提出稳增长，绝不是一个短期的应对措施。一方面要支持有竞争力的产业和企业发展，一方面要坚决淘汰落后和过剩产能，要两手并举。稳增长一定要同调结构紧密结合起来，促进企业增加研发投入和技改投入，提高企业技术水平；促进企业加快淘汰落后产能，调整产品结构，提高经济效益。

（2012年7月6~8日）

在第四届中非企业家大会开幕式上的讲话（节录）

中方愿与非洲深化中非应对气候变化伙伴关系，加强在气候变化领域的政策对话与合作；将在森林保护、防灾减灾、荒漠化治理、生态保护、环境管理等领域向非洲提供更有力的支持；继续增加对非援助规模，实施更多有利于改善民生和提升可持续发展能力的项目；呼吁国际社会重视可持续发展领域执行力不足的问题，敦促发达国家兑现对非洲国家的援助承诺。

（2012年7月18日，北京）

在2012年夏季达沃斯论坛上的致辞（节录）

坚持节约资源和保护环境，着力增强可持续发展能力。这十年，中国践行可持续发展理念的一个重大的标志性举措，是把建设资源节约型、环境友好型社会确定为国家发展的重要战略。我们把节能减排作为约束性指标纳入国民经济和社会发展规划，加大资金投入，加快构建有利于节约能源资源和保护生态环境的产业结构、生产方式和消费模式，大力发展绿色经济，促进人与自然的和谐统一。单位国内生产总值能耗和二氧化碳排放显著下降；今年修订了环境空气质量标准，增加了细颗粒物（PM2.5）等监测指标；森林覆盖率由2003年的18.21%上升到2011年的20.36%。发布实施应对气候变化国家方案，在“共同但有区别的责任”原则下，积极开展应对气候变化国际合作。

国际社会一定要进一步加强宏观经济政策协调，推进全球治理体系改革，坚决反对贸易投资保护主义，提升贸易投资自由化、便利化水平，共同推动世界经济尽快稳定复苏。希望各国企业家大力加强技术研发、产品创新，大力发展节能环保等绿色产业，创造新的市场需求，培育新的经济增长点，实现企业成长、行业壮大、经济发展和社会进步的多赢目标。

（2012年9月11日）

李克强重要论述（2012年）

与工程科技界院士、专家座谈时的讲话（节录）

我国发展面临的能源资源瓶颈制约日益突出，保障能源资源安全是现代化进程中始终面临的一个重大挑战。要坚持立足国内，推进地质找矿技术创新，加大密度、拓展深度，努力实现新突破，提高能源资源的国内保障水平，同时加强国际能源资源合作。破解能源资源难题，节约势在必行，也是必由之路。要把节能减排当作一场持久战来打，把循环经济的理念转化为各方面的实际行动，不断提高能源资源利用效率。

保护环境是民生福祉之所在，是优化经济发展的重要抓手。要在发展中保护，在保护中发展，在结构调整中构建清洁高效的产业体系，在增强经济实力中为环保提供财力支撑。抓好与人民生活息息相关的水、空气、土壤等污染防治，努力破解流域水污染难题，进一步加强空气污染治理，稳步有序推进PM2.5监测标准发布和分期实施工作，实现发展与环境双赢，改善城乡居民生活质量，维护人民群众健康权益。

（2012年1月6日）

在国务院南水北调工程建设委员会第六次全体会议上的讲话（节录）

干旱缺水是我国很多地区经济社会发展的重大制约，特别是近年来北方干旱频率加大，去年入冬至今年3月中，京津地区降水较常年同期偏少四成以上，地下水得不到补充，问题十分突出，而且这会是一个较长的过程。要从根本上破解缺水的困局，实现可持续发展，必须加快转变经济发展方式和调整经济结构，在大力节水和治污的同时，加快推进南水北调这样的优化我国水资源配置的重大战略工程。

（2012年3月20日）

在考察比利时优美科集团电子垃圾处理厂时的讲话（节录）

中国加强电子垃圾处理，事关加快建设资源节约型、环境友好型社会，事关改善民生。比利时这方面技术先进。中比双方在电子垃圾处理领域的合作前景广阔。希望优美科集团在与中方多年以来开展合作的基础上，同中方有关企业积极探讨推进在处理电子垃圾领域的互利合作，共同研发、推广并示范应用先进技术，为促进两国经济社会可持续发展作出积极贡献。

（2012年 5 月 2 日　布鲁塞尔）

在中欧高层能源会议闭幕式上的讲话（节录）

中国作为世界上主要经济体之一和最大的发展中国家，始终高度重视能源供应和能源安全，因为能源是经济社会发展的基本条件。我们实施能源节约优先战略，立足国内增加能源供给，不断优化能源结构，在互利共赢的基础上积极开展能源国际合作。过去 6 年单位国内生产总值能源消耗降低21%，目前水电和风电装机规模已居世界第一位。下一步，中国将继续推动能源生产和利用方式变革，合理控制能源消费总量。“十二五”时期，中国单位国内生产总值能源消耗将再降低16%；到2020年，非化石能源消费占全部能源消费的比重将达到15%。我们正在为此做坚持不懈的努力。

“十二五”时期，中国城镇化比重将提高 4 个百分点左右，意味着超过5000万的人口将从农村转移到城镇；节能环保产业产值累计将达到15万亿元左右，新能源发展的市场空间十分广阔，城市和农村可再生能源开发利用都有很大潜力。另一方面，欧洲在新能源、节能环保上处于领先地位，在能源科技上具有突出优势。去年初我访欧时，看了电动汽车、与可再生能源相配套的智能电网、建筑节能、波浪发电等先进技术，留下了深刻印象。双方在城镇化与新能源和节能环保的结合上具有很强的战略互补性。

合理利用能源、节约利用能源，不懈探索能源发展之路，是人类文明进步的重要标志。加强能源合作是保障能源安全的重要基础。中欧携手深化能源合作，有利于扩大彼此务实合作，有利于进一步发展双方战略合作关系，必将更好地造福中国和欧洲各国人民，也会对世界和平、发展与进步作出更大贡献。

（2012年5月3日）

在中欧城镇化伙伴关系高层会议开幕式上的讲话（节录）

面向未来，中欧应把城镇化作为务实合作的新平台、新亮点，突出加强节能环保、新能源等领域的合作，分享中国城镇化和欧洲高技术产业化带来的巨大效益，为中欧合作发展注入新动力。为此，我愿提出以下建议：

首先，共促绿色发展。这是各国城市应对挑战、赢得未来的新举措。目前中国建筑能耗接近总能耗的40%，而城镇节能建筑占既有建筑的比重还不到25%,大量既有建筑需要进行节能改造，还需要新建一大批节能建筑。“十二五”期间，中国环保投入累计将超过5万亿元人民币，环保产业发展具有巨大潜力。我们愿与欧方携起手来，加强在新能源和可再生能源、节能环保产业、循环经济以及废弃物利用等方面的合作，共同建设绿色城市、低碳城市。

第二，深化项目合作。中国正处于城市建设与发展的快速时期，欧盟许多国家也面临着城市再造与重塑的任务。中欧在城市道路管网、智能交通、垃圾污水处理等基础设施建设方面，在城市产业特别是服务业发展方面，在城市景观保护与营造方面，在智慧城市、网络城市发展方面，都有很大合作潜力。双方应放宽市场准入，发挥企业作用，加大知识产权保护力度，加强投资建设项目合作，提高城市发展水平。

（2012年5月3日 布鲁塞尔）

在中国生物多样性保护国家委员会第一次会议上的讲话（节录）

保护生物多样性是保护环境、实现可持续发展的重要任务和基本内容，要按照科学发展的要求，弘扬生态文明理念，加大生物多样性保护力度，推进绿色发展，建设人与自然和谐相处的美好家园。

生物多样性是人类赖以生存的条件，是经济社会可持续发展的基础，关系到当代及子孙后代的福祉。中国是世界上生物多样性最丰富的国家之一，也是生物多样性受到最严重威胁的国家之一，加强保护尤为重要而紧迫。生物多样性具有很高的生态环境价值，能够涵养水源、调节气候、净化空气、维持生态平衡。生物多样性丰富的地方，往往也是生态环境比较好的地方。现在已有越来越多的地方把水里是不是有鱼、天上的鸟是不是增加，作为判别生态环境好转的重要标准。要通过保护生物多样性，不断改善生态环境和宜居空间，提高人民生活质量。

生物资源是重要的经济和战略资源，生物工程处在现代科技发展的前沿，生物产业是战略性新兴产业，其潜在价值难以估量。在保护中科学合理开发利用生物多样性资源，正在引领新一轮科技和产业革命，已经成为衡量一个国家竞争力和可持续发展能力的重要标志。因此，要把保护生物多样性作为自觉主动的战略抉择，实现生物多样性有效保护、可持续利用和惠益共享。这不仅是我们建设生态文明的需要，也是参与国际竞争、保障长远发展的需要。

当前和今后一个时期，要统筹生物多样性保护和经济社会发展。坚持在发展中保护、在保护中发展，保护是为了更好的发展。要突出加强重点区域、重点物种的生物多样性保护，推进自然保护区、生物遗传资源库等重大工程建设。对重要生态功能区、生态环境敏感区和脆弱区等，应划定生态红线，禁止与保护无关的开发活动。项目建设应充分考虑保护生物多样性的因素，落实生态恢复责任。

生物多样性保护涉及面广，事关人人。要提高全社会参与环保和生物多样性保护的意识，把短期措施与长期机制建设结合起来，鼓励和引导企业、家庭等积极参与保护活动，为保护我们共同家园做出自己的贡献。

（2012年6月5日）

在北京人民大会堂会见孟祥民先进事迹报告团时的讲话（节录）

要按照科学发展和加快转变经济发展方式的要求，把经济社会发展与环境保护更好地结合起来，在发展中保护，在保护中发展，在全社会弘扬生态文明理念，促进转型发展和民生改善。

资源相对不足、环境容量有限，是我国在新的发展阶段的基本国情。如果不能有效突破环境资源的瓶颈，现代化进程和可持续发展就会受到很大的制约。因此，必须加快转变经济发展方式，以加强生态环境保护为重要抓手，探索走出一条发展与环保相得益彰、发展质量和效益不断提高的新路，这是实现我国长远发展的必然要求。同时，生态环保建设需求巨大，也是稳增长的重要引擎。“十二五”期间仅环保投资预计就可达数万亿元，并可带动更大规模的相关基础设施、技术、设备和服务需求，推动节能环保绿色产业的发展，形成新的经济增长点，这对于激发内需、优化结构、拓展发展空间、建设生态文明能够发挥多重、叠加和持久的效应。

环境保护与民生密切相关，基本环境质量是一种公共产品，是政府应当提供的公共服务。随着生活水平不断提高，广大群众对改善环境越来越关注、越来越期待。要着力解决损害群众健康的突出环境问题，特别是水、空气、重金属污染等问题，逐步补上长期积累的环境历史欠账，不断改善人们生存发展的环境质量。应当看到，宜居安康的生态环境，是一个国家、一个地方极具吸引力的“名片”。加强生态环境保护可以增进群众身心健康，降低因污染而带来的事后治理等方面的成本，因而也是生产力，可以促进生态效益和经济效益、社会效益的同步提升。

环境保护、建设生态文明人人有责，政府、企业、社会要共同努力，广大环保工作者更肩负着重要使命。希望大家以孟祥民同志为榜样，积极作为，严格执法，作环保理念的宣传者、环保监管的践行者、环保安全的捍卫者。环保工作者大多在基层、在一线，具体工作中会面临不少压力，各级政府要关心他们的工作和生活，帮助解决实际困难。

（2012年 9 月 5 日）

在会见联合国气候变化多哈会议主席等的讲话（节录）

气候变化需要国际社会携手合作应对。各国应在促进世界经济复苏的过程中，要加快结构调整，推动节能环保和发展低碳经济，同时，要坚持联合国气候变化框架公约的原则和规定，特别是公平原则和“共同但有区别的责任”原则，充分考虑发展中国家所处发展阶段和未来发展空间，优先落实已达成的共识。

（2012年 9 月 1 7 日）

学习党的十八大精神 促进经济持续健康发展和社会进步（节录）

资源环境是可持续发展的基本支撑。面对能源资源和环境制约经济社会发展的严峻形势，我们必须高度警觉，增强危机意识和紧迫感。要坚持节约资源、保护环境的基本国策，坚持节约优先、保护优先、自然恢复为主的方针，落实节能减排的目标和任务，推动能源生产和利用方式变革，加大污染治理和生态环保力度，全面节约利用资源，大力发展节能环保产业。“十二五”期间，大规模推进节能环保，将对技术、装备、服务等产生巨大需求，催生具有战略意义的新兴产业，开拓新的增长领域。

（2012年11月21日 人民日报）

在北京中南海紫光阁会见世界银行行长金墉时的讲话（节录）

我们推进城镇化，是要走工业化、信息化、城镇化、农业现代化同步发展的路子，要保证粮食安全，中国的粮食要立足自身，不可能靠世界市场解决，要更加注重绿色发展，加强环保节能，还要深化改革，加强社会建设，推进完善基本公共服务等。这些都需要国际视野和世界经验，这有利于我们成功跨越中等收入陷阱。

（2012年11月28日）

建设一个生态文明的现代化中国

生态文明源于对发展的反思，也是对发展的提升。人类发展史就是一部文明进步史，也是一部人与自然的关系史。历史上，一些古代文明因生态良好而兴盛，也有的文明因生态恶化而衰败。近３００年来，人类在工业化中创造了巨大的物质财富，但也付出了沉重的资源环境代价。２０世纪下半叶后，国际社会开始思考“增长的极限”、“只有一个地球”等问题，提出了循环经济、绿色发展、生态文明等理念。联合国先后召开四次环境与发展大会，达成了促进可持续发展、应对气候变化等共识，并逐步转化为各国的行动。可以说，生态文明是对农业文明、工业文明的继承和创新，符合人类文明发展的方向。

中国自古以来就有“道法自然”、“天人合一”等生态思想，这些智慧对今天的发展仍有启示。从上世纪７０年代起，中国就注重加强污染防治，并积极参与世界环境与发展事业。改革开放３０多年来，中国推进现代化建设，实行节约资源、保护环境的基本国策，采取了一系列有效措施，使生态环境恶化的趋势有所减缓。但我们清醒地看到，中国面临的生态环境形势依然严峻。资源相对不足、环境容量有限，已经成为新的基本国情，成为发展的“短板”。我们大力推进生态文明建设，正是要打破这一瓶颈制约。

朝着生态文明的现代化中国迈进，是摆在我们面前的一项全新课题，是全面建成小康社会的应有之义。我们既要继续发展工业文明，又要大力弘扬生态文明。在中国这样一个１３亿多人口的大国实现现代化，人类历史上没有先例可循。在广阔的国土上保护生态环境，也是世界性难题。我们面临前所未有的发展机遇和风险挑战，既要有“走钢丝”的忧患意识，也要有“登高峰”的必胜信心。发达国家几百年里逐步实现的工业化、城镇化，在我国正加快推进；发达国家上百年间逐步出现的资源环境矛盾，在我国也集中显现。借鉴国际上的成功经验，汲取一些失败的教训，发挥新兴国家的后发优势，可以避免重复“先污染、后治理”的老路，探索出一条新的发展路径。中国将进一步树立尊重自然、顺应自然、保护自然的生态文明理念，把生态文明建设融入整个现代化建设之中，加快转变经济发展方式，在发展中保护、在保护中发展，通过转型发展，实现发展经济、改善民生、保护生态共赢。

建设生态文明的现代化中国，重点需要从以下几个方面加大努力。

一是转型发展。中国作为世界上最大的发展中国家，推动经济社会发展是第一要务。环境问题说到底是在发展中产生的，也应在发展中加以解决。同时，发展应是可持续发展、科学发展，要走生态文明的现代化道路。良好的生态环境是买不来、借不到的财富。山清水秀但贫穷落后不行，殷实小康但环境退化也不行。我们将优化国土空间开发格局，形成合理的生产空间、生活空间、生态空间。我们将推进重大生态工程、环保工程、节能工程建设，“十二五”期间中国生态环保投入将达到3.4万亿元。我们将以节能减排作为结构调整和创新转型的重要突破口，到2015年使单位国内生产总值二氧化碳排放比2010年降低17%。只有把发展建立在资源可接续、环境可承载的基础之上，才能过好今天、不忧明天，在转型中实现国家的永续发展。

二是惠及民生。无论是推进现代化，还是建设生态文明，都是为了人、为了人的全面发展。随着生活水平的提高，人们对良好生态环境的需求更加迫切。环境问题已成为重要的民生问题。人民希望安居、乐业、增收，也希望天蓝、地绿、水净。作为政府，有责任调动各方面力量加大污染防治力度，不欠新账、多还旧账，在充分提供物质产品、文化产品的同时，更多提供生态产品。从今年开始，中国在京津冀、长三角、珠三角区域及直辖市、省会城市开展PM2.5监测并公布信息，同时采取针对性措施加强治理，力争经过一段时期的努力，逐步使空气质量有所改善。保护生态环境，有利于民族和社会，也有利于个人和子孙后代。生态环境美好的家园是人民共同的家园，也需要人民共同来建设。全社会都要增强生态意识、营造良好氛围，每个人从自己做起、从身边事做起，点点滴滴的保护行动就可以汇成蓬蓬勃勃的生态文明建设力量。

三是拓展市场。扩大国内需求是中国发展的战略基点，同步推进工业化、城镇化、信息化、农业现代化，蕴藏着巨大的内需潜能。我们要实现的新型工业化、城镇化，必然是生态文明的工业化、城镇化。它孕育着前景无限的市场空间，催生着规模庞大的生态产业。无论是可再生能源应用，还是建筑节能改造，或是污水垃圾处理，都会形成新的经济增长点。以光伏电池为例，目前国内安装总量不到年产量的10%，开拓国内市场的潜力很大。我们将结合城镇化建设，采取鼓励太阳能发电设备应用、支持分布式发电并网等措施，在国内开拓更大市场，促进光伏产业持续健康发展。预计2020年，中国太阳能发电装机将达到5000万千瓦。如果说绿色环境是难以估值的宝地，生态产业就是挖掘不尽的宝藏。我们需要巩固农业、做强制造业、做大服务业，形成发展新优势；也需要大力发展循环经济、节能环保产业、绿色低碳产业，抢占经济新高地。

四是深化改革。改革开放是发展特别是转型发展的必由之路，是现代化的强大动力。推进生态文明建设，需要物质支撑、精神驱动，更需要改革和制度创新。节能环保是生产生活方式的深刻变革，涉及理念的更新和利益的调整，必须发挥体制机制这一杠杆的撬动作用，摆脱对传统发展路径的依赖。这就需要加快价格、财税、金融、行政管理以及企业等改革，完善资源有偿使用、环境损害赔偿、生态补偿等制度，健全评价考核、行为奖惩、责任追究等机制，加强资源环境领域法制建设，以体制激励和约束企业，用法律调节和规范行为，使改革这个最大“红利”更多地体现在生态文明建设上，体现在科学发展、转型发展上。

五是加强合作。环境与发展问题是全球面临的共同挑战，促进绿色发展是各国利益汇合点。中国作为一个幅员辽阔的经济大国，解决好这方面问题，是对全人类的一大贡献。我们将把生态环保作为对外开放的重要领域，继续加强同其他国家、国际组织的环境合作，引进并吸收先进理念、治理技术、管理模式和有益经验。我们的市场是开放的市场、公平竞争的市场，欢迎国外企业来华发展生态产业。中国是一个负责任的国家，我们将深入推进国际环境公约的履约工作，按照共同但有区别的责任原则、公平原则、各自能力原则，承担自己应尽的国际义务，共同应对全球气候变化，共同推动人类环境与发展事业。

环境保护是生态文明建设的主阵地。希望环境保护、发展改革等有关部门同各地方密切协作，促进区域协调发展，做生态文明建设的引领者、推动者、实践者，抓紧制定生态文明建设的目标体系和推进办法，完善体制机制和政策措施，为国家发展和民生改善做出新贡献。

国合会已经走过20年历程，参与并见证了中国环发事业的发展进步，针对中国环境与发展中的现实问题进行了大量研究，在生态补偿、循环经济、清洁发展、低碳发展等方面提出了许多好的政策建议，促进了中国相关工作的开展，取得了积极成效。

今天的会议，标志着新一届国合会扬帆起航。希望各位委员、专家进一步发挥环境国际合作的桥梁与纽带作用，不断拓展研究领域，更加注重成果分享，造福中国和全世界的可持续发展事业。

（在中国环境与发展国际合作委员会二〇一二年年会开幕式上的讲话，2012年12月12日）

贾庆林重要论述（2012年）

在北京调研时的讲话 （节录）

要深入贯彻党的十七届六中全会和中央经济工作会议精神，坚持科学发展这个主题和加快转变经济发展方式这条主线，牢牢把握稳中求进的工作总基调，充分发挥统一战线和人民政协的优势，加快推进经济结构战略性调整，大力发展实体经济，加强生态环境建设，促进首都经济平稳较快发展和社会和谐稳定，以优异成绩迎接党的十八大胜利召开。

要继续扎实推进节能减排，大力发展天然气等清洁能源，进一步降低单位产值的能耗、水耗和污染物排放水平，确保完成节能减排任务。要大力开展植树造林，加强对湿地的保护与建设，不断改善生态环境，增强可持续发展能力。要坚持源头治理，加强协调配合，打好治理ＰＭ２．５攻坚战，切实改善北京的空气质量，进一步推进生态文明建设。

（2012年2月14~15日）

参加十一届全国人大五次会议北京代表团审议政府工作报告时的讲话（节录）

加快转变经济发展方式，推进经济结构战略性调整，这既是一个长期过程，也是当前最紧迫的任务。要大力发展实体经济，坚持以制造业特别是高端制造业为主体，坚持以促进中小企业发展为基础，坚持以增强科技创新能力为支撑，引导人才和资金更多投向实体经济，妥善处理好实体经济与虚拟经济的关系，使虚拟经济更好地服务于实体经济发展。要积极推进生态文明建设，大力开展植树造林，全面防治大气污染，突出抓好节能减排，大力发展清洁能源，特别是要采取更有力的措施，做好细颗粒物（PM2.5）的监测治理工作，切实改善首都空气质量。要坚持统筹城乡发展的方针政策，推动投资重点、建设重点、发展重点向郊区转移，促进高端要素向郊区转移、聚集，加大城乡结合部改造力度，大力发展都市型现代农业，让更多的农民就地城镇化，加快实现城乡一体化新格局。

（2012年3月5日）

在中国人民政治协商会议全国委员会常务委员会工作报告（节录）

要坚持把推动科学发展作为履行职能的第一要务。以“大力发展实体经济，保持经济平稳较快发展”为议题召开专题议政性常委会议。协调民主党派、工商联组织、政协专门委员会、地方政协等力量，针对扩大国内消费需求、保持物价总水平基本稳定、增强农产品供给保障能力、加快产业结构优化升级、深入实施西部大开发战略、加强自主创新和节能减排、支持小型微型企业发展、水资源节约与污染防治、积极应对气候变化、深化财税金融等重点领域和关键环节改革、提高对外开放水平、加强国防建设等方面的重大问题进行深入研究，积极建言献策。

（2012年3月3日）

在山东调研时的讲话（节录）

要加强生态文明建设，扎实推进节能减排，大力发展循环经济，在积极发展海洋经济的同时切实搞好海洋生态保护，加快形成节约能源资源和保护生态环境的产业结构、增长方式和消费模式，切实走出一条生产发展、生活富裕、生态良好的文明发展道路。

（2012年3月23~28日）

在会见2011绿色公益盛典活动代表时的讲话（节录）

加强国土绿化，建设生态文明，是功在当代、利在千秋的伟大事业。党和政府一直高度重视林业生态建设，持续开展全民义务植树活动，深入推进集体林权制度改革，相继实施了一大批重大生态工程，实现了生态保护和林业产业协调发展。但也要看到，我国生态状况依然脆弱，林业和生态建设依然任重道远。当前我国正处于全面建设小康社会的关键时期，林业和生态建设也面临着新的形势和任务。我们要进一步增强责任感和紧迫感，坚持走科学发展道路，依靠群众、依靠科技、依靠改革，最大限度地调动社会力量，推动林业和生态建设取得更大成绩，为提高生态文明水平，建设资源节约型、环境友好型社会作出应有贡献。要加快转变林业发展方式，坚持数量和质量并重，充分发挥科学技术在林业发展中的促进作用，全面抓好林业生态体系、产业体系和生态文化体系建设，推动林业全面协调可持续发展，为社会提供丰富的生态产品、物质产品和文化产品。要加大植树造林力度，坚持多林种、多树种、多形式、多层次造林，切实抓好重点工程造林，积极推进碳汇造林，广泛开展社会造林，积极发展封山育林、封沙育林育草和飞播造林，加大荒漠化防治力度，多管齐下，推进造林绿化又好又快发展，为改善生态环境和应对气候变化作出贡献。要坚持全国动员、全民动手，进一步拓宽公民参与全民义务植树的渠道，提高义务植树的公民参与度和林木成活率，尽职尽责抓好部门绿化和行业绿化，大力推进身边增绿、护绿活动，形成建设绿色家园的合力。

（2012年6月5日）

在河北调研时的讲话 （节录）

要着力加强生态环境建设，全面落实各项节能减排政策措施，加快发展循环经济，加强污染防治，深入开展植树造林，切实增强可持续发展能力。

（7月12日至18日）

在黑龙江调研时的讲话（节录）

推进生态文明建设，是涉及生产方式和生活方式根本性变革的战略任务。要坚持不懈抓好生态建设，深入开展植树造林，大力实施生态修复工程，强化重点生态功能区保护管理，不断改善生态环境质量。要扎实推进节能减排，牢固树立绿色发展、低碳发展理念，进一步降低单位产值的能耗、水耗和污染物排放水平。要完善生态型产业体系，大力发展林下经济，加快发展生态旅游产业，实现生态效益与经济效益的双赢，推动黑龙江由生态资源大省向生态经济强省跨越。

（2012年7月27~30日）

在甘肃调研时的讲话（节录）

要切实加强生态建设和环境保护，做好防沙治沙工作，培育壮大循环经济，着力推进绿色发展、循环发展、低碳发展，为人民创造良好生产生活环境。要依托丰富的文化资源，大力发展文化事业和文化产业，加强文化遗产保护，打造国内外知名的文化品牌，努力形成文化建设与经济建设相互促进协调发展的良好局面。

（2012年8月24~29日）

在江苏调研时的讲话（节录）

要牢固树立绿色、低碳发展理念，积极推进生态建设和环境保护，加强重点生态功能区的保护和管理，切实改善城乡人居环境，努力建设资源节约型、环境友好型社会。

（2012年9月20日）

>>>

言论

关于2011年国民经济和社会发展计划执行情况与2012年国民经济和社会发展计划草案的报告（节录）

张　平

一、2011年国民经济和社会发展计划执行情况

（四）经济结构调整积极推进。

自主创新能力增强，战略性新兴产业发展势头良好。创新2020工程开始实施。高技术制造业增加值增长16.5%，比规模以上工业增加值增速高2.6个百分点。产业转型升级加快，基础保障能力提升。新的产业结构调整指导目录颁布实施。中央预算内投资安排重点产业振兴和技术改造专项资金150亿元，支持了4000多个企业技术改造项目。装备制造业快速发展，重大技术装备自主化水平明显提高。淘汰落后产能工作积极开展，淘汰落后的水泥产能1.5亿吨、炼铁产能3122万吨、焦炭产能1925万吨、煤矿产能2463万吨，关闭小火电机组超过700万千瓦，均超额完成计划目标。交通基础设施建设加快推进，新建铁路投产里程2167公里，京沪高铁投入运营；新增公路通车里程7.14万公里，改扩建国省道完成 2 万公里；改善内河航道里程1091公里；新增运输机场5个。能源特别是可再生能源和清洁能源加快发展，新增非化石能源电力装机超过3400万千瓦，占全部新增装机的三分之一以上。全年原煤产量35.2亿吨，增长8.7%；原油产量2.04亿吨，增长0.3%；发电量47001亿千瓦小时，增长11.7%。

（五）节能减排和生态环境保护工作进一步加强。

节能工作积极推进。全年单位国内生产总值能耗下降2.01%，虽然没有完成计划目标，但工作力度继续加大，政策措施不断完善。“十二五”节能减排综合性工作方案颁布实施。支持重点节能项目924个，建成后可形成2200多万吨标准煤的年节能能力。节能产品惠民工程深入实施，推广高效节能空调1600多万台、电机500多万千瓦、节能灯1.6亿只。节能与新能源汽车示范推广试点工作进展顺利。半导体照明应用工程试点在37个城市开展。合同能源管理政策进一步落实。支持循环经济和资源节约重大项目415个，建成后可形成年节水9.2亿吨、废物循环利用量7240万吨的能力。国家“城市矿产”示范基地、产业园区循环化改造、餐厨废弃物资源化利用进展顺利，再制造产业化取得初步成效。

生态环境保护得到加强。长江黄河上中游水土保持、天然林资源保护二期、京津风沙源治理、岩溶地区石漠化综合治理、小流域治理、防护林体系建设等重点工程继续推进，坡耕地水土流失综合治理试点扩大，退耕还林成果进一步巩固，退牧还草政策进一步完善，开展湖泊生态环境保护试点。植树造林610多万公顷。塔里木河、石羊河近期治理任务基本完成，太湖等重点流域水环境综合治理积极推进。城镇污水垃圾处理设施建设力度加大，新增城镇污水日处理能力1100万吨、垃圾日处理能力11万吨。5000多万千瓦新增燃煤发电机组全部安装脱硫设施。80%以上的铅蓄电池企业已关闭或停产。全年二氧化硫排放量、化学需氧量排放量分别下降2.2%和2%，超额完成计划目标0.7个和0.5个百分点；氨氮排放量下降1.52%，完成计划目标；氮氧化物排放量上升5.73%，没有完成计划目标；万元工业增加值用水量82立方米，下降8.9%，完成计划目标；工业固体废物综合利用率66.74%，没有完成计划目标；城市污水处理率和生活垃圾无害化处理率分别达到82.6%和78%，超额完成计划目标。

应对气候变化工作务实推进。“十二五”控制温室气体排放工作方案颁布实施，在七省市开展碳排放权交易试点，积极参加联合国气候大会德班会议等国际谈判，加强应对气候变化国际合作和人才培训。

二、2012年经济社会发展的总体要求和主要目标

——经济结构优化升级。进一步增加科技投入，研究与试验发展经费支出占国内生产总值比例进一步提高；稳定发展农业，提高农产品供给能力；大力发展战略性新兴产业，推动信息化与工业化的深度融合，传统产业改造升级取得新进展；加快发展服务业，提高服务业增加值占国内生产总值的比重；切实加大节能减排工作力度，单位国内生产总值能耗下降3.5%左右，二氧化碳排放强度降幅更大一些，化学需氧量、二氧化硫排放量均下降2%，氨氮排放量下降1.5%，氮氧化物排放量实现零增长。主要考虑是：国内外经济环境的发展变化，给我国经济发展带来不少困难和挑战，同时也对调整经济结构形成一种“倒逼机制”。要按照主题主线的要求，依靠科技和体制创新推动产业升级，促进三次产业在更高水平上协同发展，健全节能减排激励约束机制，推动经济结构调整向纵深发展，增强发展的平衡性、协调性和可持续性。

三、2012年经济社会发展的主要任务和措施

（五）加快推进经济结构调整，提高发展的质量和效益。（1）加快培育发展战略性新兴产业和高技术产业。

（２）促进传统产业转型升级。2012年，拟安排中央预算内投资160亿元支持重点产业振兴和技术改造，比上年计划增加10亿元。推进煤炭、钢铁、水泥、有色、石化、装备、船舶、汽车等产业跨区域、跨行业、跨所有制兼并重组。鼓励和支持实体经济发展。发布实施重点产业生产力布局和调整规划。支持产业结构调整重点项目。继续依法淘汰落后产能。积极推动能源生产和利用方式变革，加快现代能源产业和综合交通运输体系建设。2012年，预期新增铁路营业里程3666公里、公路通车里程１０万公里、运输机场４个，新增水电发电量５６０亿千瓦时、核电107亿千瓦时。

（六）下大力气推进节能减排和环境保护，加快建设资源节约型环境友好型社会。（１）严格落实目标责任。抓紧制订出台合理控制能源消费总量工作方案。开展对省级政府节能减排目标责任评价考核。推进节能减排绩效管理，完善评价考核机制和奖惩制度。（２）突出抓好重点领域。实施万家企业节能低碳行动，开展重点用能单位能源消耗在线监测体系建设试点。推进能效标识和节能产品认证。实施绿色节能建筑行动方案，加快既有建筑节能改造，推进新型墙体材料发展。搞好新能源汽车示范推广。大力支持公共交通发展，鼓励老旧汽车报废更新。实行最严格水资源管理制度。继续深入开展节能减排全民行动。（３）加快重点工程建设。加大节能技术改造、节能技术产业化示范、节能产品惠民、合同能源管理推广和节能能力建设等重点工程实施力度。推进城镇生活污水和垃圾处理设施建设，加强脱硫脱硝设施建设和运行监管。２０１２年，拟安排中央预算内投资１４５亿元，用于城镇污水垃圾处理设施及污水管网工程建设；城市污水处理率、生活垃圾无害化处理率分别达到８３％和７９％，提高０．４个和１个百分点。（４）大力发展循环经济。扩大循环经济专项资金规模，加快实施产业园区循环化改造，加强“城市矿产”示范基地建设，深化再制造示范试点，推进餐厨废弃物利用，实施资源综合利用“双百”工程。加大清洁生产技术产业化示范和推广力度，实施重点污染物产生量削减工程。推进海水淡化示范工程。２０１２年，万元工业增加值用水量下降７．２％，工业固体废物综合利用率提高１．０２个百分点。（５）强化政策引导。加大差别电价、惩罚性电价实施力度，试行电厂烟气脱硝电价，适当提高氮氧化物等污染物排放收费标准。严格执行固定资产投资项目节能评估和审查制度。开展节能量交易试点。积极支持非化石能源发展，在确保安全的基础上高效发展核电。（６）加强生态环境保护。积极推进重金属污染、农村面源污染和重点流域特别是大江大河大湖水污染防治，搞好农作物秸秆综合利用，加强海洋污染治理。强化大气污染治理，推进重点区域联防联控。继续实施巩固退耕还林成果专项、天然林资源保护二期、防护林体系、青海三江源自然保护区、西藏生态安全屏障等重点生态保护工程，加强长江黄河上中游、京津风沙源、石漠化地区、黄土高原、南方崩岗地区、东北黑土区等重点区域生态治理。继续推进石羊河流域综合治理、敦煌水资源合理利用与生态保护工程。开展天然草原退牧还草工作。抓好生态补偿机制立法和生态文明示范工程试点。加大汛期和重点区域地质灾害防治力度。2012年，综合治理水土流失面积５万平方公里，新增造林面积600万公顷以上。（７）扎实做好应对气候变化工作。落实“十二五”控制温室气体排放工作方案，推进低碳发展试验试点，探索建立碳排放交易市场，加快建立温室气体排放统计核算体系，实施全社会低碳行动。积极参与应对气候变化的国际合作。认真做好联合国可持续发展大会参会筹备工作。

（张平：国家发展和改革委员会主任，2012年３月５日代表国家发改委在在第十一届全国人民代表大会第五次会议上所作的报告）

继往开来 共创应对气候变化国际合作互利共赢

——在联合国气候变化多哈会议高级别会议上的发言

解振华

中国完全支持阿尔及利亚代表“77国集团+中国”所作的发言。

二十年前，各国领导人齐聚里约，共同缔结了联合国气候变化框架公约，确立了“共同但有区别的责任”原则，开启了国际合作应对全球气候变化挑战的历史进程。二十年后，各国领导人再聚里约，坚定重申要按照“共同但有区别的责任及各自能力”原则，敦促各方充分履行公约的原则和规定。这些政治共识为我们合作应对气候变化和实现可持续发展，提供了重要指导和基础，应予以认真落实。我谨借此机会发表四点意见：

一、坚持原则，巩固制度基石。公约及其京都议定书是各国经过长期艰苦努力取得的成果，公平原则、共同但有区别的责任及各自能力原则凝聚了各方的广泛共识，是国际合作应对气候变化的法律基础和行动指南，必须倍加珍惜、巩固发展。多哈会议应该在公约和议定书的框架下继续前行，必须坚持公约和议定书的基本原则，必须不断巩固应对气候变化国际合作的制度基石。

二、牢记使命，落实巴厘授权。2007年，我们共同达成了“巴厘路线图”，同意按照“巴厘行动计划”，通过长期合作行动重点解决减缓、适应、技术和资金问题，并确定了关于议定书第二承诺期的谈判工作安排，开启了双轨谈判进程，肩负起了推进公约和议定书全面、有效和持续实施的重要使命。我们应同心协力，不辱使命，在多哈最终确立议定书第二承诺期并确保其从2013年1月1日起实施，全面落实“巴厘行动计划”各项任务，为我们5年前开启的巴厘进程作出一个圆满的交待。

三、履行承诺，增强合作互信。在哥本哈根和坎昆会议成果基础上，去年的德班会议启动了绿色气候基金，细化了适应、技术、能力建设的机制安排。我们必须珍惜这些来之不易的成果，发达国家应切实兑现承诺，有效大幅度减少自身温室气体排放，加强对发展中国家的资金、技术转让和能力建设支持，特别是真正落实300亿快速启动资金，解决2013-2020年提供资金的明确计划，确保到2020年达1000亿美元的融资额，增强国际社会合作应对气候变化的信心。广大发展中国家也将在可持续发展的框架下，在发达国家资金、技术、能力建设支持下，为应对全球气候变化作出贡献。

四、共创未来，加强公约实施。二十年来，世界经济持续发展，全球排放也在不断增加，但发达国家长期大量历史累积排放造成全球气候变化的基本事实并未根本改变，世界人民期盼建立一个公平合理的国际气候制度的愿望从未改变。为此，我们应不懈努力，按照公约的原则和框架，在德班平台上采取进一步合作行动加强公约的全面、有效和持续实施，实现公约的最终目标，共创人类永续发展的美好未来。

作为一个发展中国家，中国仍处在工业化、城镇化和农业现代化进程中，面临着发展经济、消除贫困、改善民生、保护环境、应对气候变化等多重挑战，人均国内生产总值刚达到5000美元，还有约1.2亿贫困人口。但中国政府一贯高度重视气候变化问题，郑重宣布到2020年单位国内生产总值二氧化碳排放比2005年下降40-45%的自主行动目标，尽管实现此目标存在很多困难和挑战，但我们实现这个目标的决心和信心不会改变。

刚刚闭幕的中国共产党第十八次全国代表大会，将生态文明建设放在了突出的地位，并融入经济建设、政治建设、文化建设、社会建设各方面和全过程。我们将坚持节约资源和保护环境的基本国策，积极推进发展方式和生活方式的转变，着力推进绿色发展、循环发展、低碳发展，促进经济结构调整、产业结构升级、能源结构优化，努力实现节能减排目标，为中国人民创造良好的生产生活环境，为全球生态安全作出贡献。

作为一个发展中国家，中国对其他发展中国家遭受的气候变化严重不利影响感同身受，在不久前召开的联合国可持续发展大会上，温家宝总理宣布安排2亿元人民币开展为期三年的气候变化南南合作，该合作项目的执行已经为非洲国家、最不发达国家和小岛屿国家应对气候变化提供了实实在在的支持和帮助。

中方坚定支持卡塔尔按照缔约方驱动、公开透明、广泛参与和协商一致的原则办好多哈会议。我们将一如既往，继续发挥积极建设性作用，与各方一道，共同推动多哈会议取得圆满成功。

（解振华：中国代表团团长、国家发展和改革委员会副主任，2012年12月5日）

加强国际交流合作 促进生态文明建设

解振华

国合会自1992年成立至今已经20年，我经历了国合会的酝酿、筹备、创建和运行的全过程，对国合会充满了感情。国合会始终得到我国政府的高度重视，每届主席都由国务院领导亲自担任，国合会委员曾经与李鹏、朱镕基、温家宝、乔石、李瑞环、李克强、宋健等党和国家领导人直接对话交流。20年来，国合会每年根据中国的实际需要和国际趋势，通过专家建议、委员对话等形式，将国内外环境与发展领域的成功做法和经验教训加以总结提高，为中国政府提出前瞻性、战略性、预警性的政策建议，许多建议被国务院及有关部门和地方政府吸收。国合会为中国经济发展和环境保护做出了特殊贡献。借此机会，我对国合会各位委员、各位专家多年来的卓越工作和特殊贡献表示衷心的感谢！

妥善处理经济发展、社会进步与能源资源、生态环境、气候变化的关系，是世界各国面临的共同挑战，也是事关中国经济社会发展全局和人民福祉的重大问题。中国作为最大的发展中国家，正处于工业化、城镇化和农业现代化加快发展、全面建成小康社会的关键阶段，人均国内生产总值刚刚超过5000美元，加上发展很不平衡，还有上亿贫困人口，发展经济、保护环境、改善民生的任务十分艰巨。我国人口众多、资源相对不足、生态环境脆弱，发展方式比较粗放，资源环境对发展的约束越来越明显，支撑发展的战略性资源，如淡水、耕地、铁矿石、煤炭、石油、天然气等人均占有量分别为世界平均水平的28%、43%、17%、67%、7%、7%，明显偏低。同时，资源利用效率不高，2010年我国资源产出率与日本相比只及日本的1/7-1/5（主要资源种类不同），2011年我国GDP占世界的比重不到10%，但能源消费量却占全球的20%左右，主要工业产品单位产品能耗比国际先进水平高10%-20%。由于高投入、高消耗、高排放、低产出、少循环，不可持续的发展方式造成严重的环境污染和生态破坏，虽然已经采取了许多积极的政策措施，抑制和减缓了一些环境污染和生态破坏，但生态环境恶化的总体趋势没有得到根本扭转。发达国家一二百年工业化过程中分阶段出现并逐步解决的环境问题在我国快速发展的30年里集中显现，呈压缩型、复合型特点，增加了我国环境问题治理的难度和复杂性。在气候变化领域，我国已成为世界温室气体第一排放国，人均排放也达到世界平均水平，虽然近10年我国碳强度已经明显下降，但仍处于工业化、城市化进程之中，温室气体排放还会合理、有控制地增长。面对全球气候变化影响和危害越来越突出，从德班平台谈判开始，我国减排压力日益增大。因此，在现有发展阶段、技术水平、管理能力基础上实现到2020年全面建成小康社会的宏伟目标，就要切实转变发展方式，调整经济结构，不再走发达国家传统工业化、城市化的发展道路，而必须走一条符合中国国情的新型工业化、城市化的科学发展之路。

中国政府历来高度重视资源节约和环境保护工作，在各个五年规划期都提出明确要求，且工作不断深化，领域不断拓展，约束不断强化。“九五”、“十五”期间，在环境治理方面主要解决重点流域、重点领域突出的环境问题；在资源节约方面，突出节能降耗和资源综合利用。“十一五”期间，第一次将节能减排确定为国民经济和社会发展的约束性指标，大力发展循环经济，通过一系列强有力的政策措施，实现了单位GDP能耗下降19.1%，节能6.3亿吨标准煤，减排二氧化碳14.6亿吨，二氧化硫、化学需氧量排放总量分别减少14.29%、12.45%，资源产出率有所提高，以能源消费年均6.6%的增速支撑了国民经济年均11.2%的增长，扭转了能源消耗强度和主要污染物排放量大幅上升的势头，为经济平稳较快发展提供了有力支撑。与此同时，通过节能减排、发展循环经济还培育出一个初具规模的节能环保循环经济产业，2011年我国节能环保循环经济产业总产值约2.3万亿元，从业人数达2800万人。“十二五”时期，主要是要推动绿色循环低碳发展，提高生态文明水平。

不久前召开的中国共产党十八大，把生态文明建设放在突出地位，要求融入经济、政治、文化、社会建设各方面和全过程，形成五位一体总体布局，努力建设美丽中国，实现中华民族永续发展。这是对科学发展理念的深化和提炼，是对大自然的体恤和呵护，是对子孙后代的历史责任，也是缓解资源环境对经济社会发展制约、实现全面小康社会的必然选择，对生态文明的重视程度达到前所未有的高度。

“十二五”是中国全面推进生态文明建设的重要时期，我们要牢固树立生态文明理念，坚持节约资源和保护环境基本国策，在工业化、城镇化、农业现代化过程中坚持绿色发展、循环发展、低碳发展，加快构建资源节约、环境友好的生产方式和消费模式，确保实现节能减排、碳强度降低、提高可再生能源比重和森林覆盖率等约束性指标，控制能源消费总量和提高资源产出率，从源头上扭转生态环境恶化趋势，加快建设美丽中国，为人民创造良好的生产生活条件。同时，以生态文明建设为契机，如期兑现到2020年，单位GDP二氧化碳排放比2005年降低40%-

45%的庄严承诺。推进生态文明建设，必须扎扎实实加以具体化实践。我委已起草提出《关于加快推进生态文明建设的意见》，将会同有关部门一道，做好生态文明建设的顶层设计，切实推动绿色循环低碳发展。“十二五”期间重点采取以下政策措施：

一是优化空间布局。加快实施主体功能区战略，逐步形成与人口、经济、资源、环境相协调的国土空间开发格局，构建科学合理的城市化格局、农业发展格局、生态安全格局。到2020年，林地保有量增加到312万平方公里，草原面积所占比例保持在40%以上，河流、湖泊、湿地面积有所增加,绿色生态空间进一步扩大。

二是调整产业结构。大力发展服务业和节能环保等战略性新兴产业，到2015年，服务业增加值比重提高4个百分点，达到47%；战略性新兴产业增加值比重达到8%左右，其中节能环保产业增加值比重达到2%左右，总产值约4.5万亿元。提高行业准入门槛，严格落实固定资产投资项目节能评估审查和环境影响评价，严控高耗能、高排放行业过快增长，继续加快淘汰落后产能。

三是强力推进节能减排。强化节能减排目标责任，定期考核，强化考核结果运用。全面推进工业、建筑、交通运输、公共机构等重点领域节能。开展万家企业节能低碳行动，到2015年节能2.5亿吨标准煤。实施节能重点工程，5年形成3亿吨标准煤节能能力。加快实施节能产品惠民工程，今年中央财政安排500多亿元支持高效节能产品及设备的推广应用，节能2000多万吨标准煤。确保实现“十二五”单位GDP能耗下降16%的目标。

四是加快发展循环经济。按照“减量化、再利用、资源化”的原则，在生产、流通、消费各环节大力发展循环经济，组织开展重点工程、城市、企业和园区的循环经济示范行动，建立“城市矿产”示范基地和餐厨废弃物资源化利用和无害化处理体系，培育大宗废弃物综合利用示范基地和骨干企业，推进农作物秸秆综合利用，加快构建覆盖全社会的资源循环利用体系，到2015年资源产出率提高15%。

五是大力调整能源结构。推进能源多元清洁发展，大力发展非化石能源，到2015年，全国水电装机容量达到2.9亿千瓦，核电投入运行机组容量达到4000万千瓦，并网风电装机容量达到1亿千瓦，太阳能发电装机容量达到2100万千瓦，生物质发电装机容量达到1300万千瓦，实现非化石能源占一次能源的比重达到11.4%。

六是加大环境保护力度。以解决饮用水不安全和空气、土壤污染等损害群众健康的突出环境问题为重点，加强综合整治，明显改善环境质量。全面推进水源地环境整治，加强工业污染治理和重点流域、重点区域水污染防治。深化细颗粒物（PM10、PM2.5）污染防治。推进土壤和重金属污染治理。做好城市生活污水、垃圾治理。加强农村环境综合整治。到2015年，二氧化硫、化学需氧量、氨氮、氮氧化物等4种主要污染物排放总量分别减少8%-10%。

七是促进生态保护和修复。加强重点生态功能区保护和管理，构建生态安全战略格局。实施天然林保护、加强公益林建设和后备林管理。继续实施退耕还林还草和防护林工程，开展风沙源治理，做好草原生态保护和建设，推进重点地区生态保护与建设等重点工程。到2015年，森林覆盖率达到21.66%，森林蓄积量达到143亿立方米。

八是积极应对气候变化。通过调整产业结构、节能提高能效、优化能源结构、增加碳汇等手段，控制温室气体排放，到2015年，二氧化碳排放强度下降17%。努力提高重点领域应对气候变化能力，减轻气候变化对经济社会发展和人民生产生活的不利影响。在不同发展水平的地区开展低碳省、城市试点和碳排放权交易试点，目前试点工作已取得进展。积极建设性参与应对气候变化国际谈判，推动建立公平合理的国际气候制度，为保护全球生态安全做出贡献。

九是加快完善政策机制。实施分类管理的区域政策，根据地区不同生态功能要求，实施不同的投资、产业、财政、土地、人口、环境等政策，实行各有侧重的绩效评价。深化资源性产品价格改革。建立健全有利于生态保护、污染防治、降低二氧化碳排放在税收和市场制度。加大财政政策支持力度，完善“以奖代补”、“以奖促治”、转移支付、生态补偿等机制制度，大力支持绿色循环低碳技术和产业发展。推行能效“领跑者”标准、合同能源管理、能效标识和节能产品认证等市场化机制。

十是广泛开展全民行动。培育生态文化，倡导生态文明主流价值观。深入开展节能减排全民行动，组织好全国节能宣传周、低碳日、世界环境日等主题宣传活动，发挥媒体导向作用，营造良好舆论氛围。鼓励和引导消费者购买节能节水产品，倡导绿色出行，减少使用一次性用品，反对商品过度包装，逐步形成文明、节约、绿色、低碳的消费模式和生活方式。

推动绿色循环低碳发展，努力提高生态文明水平，不仅是中国新时期可持续发展的重大战略任务，也符合世界各国共同利益，关系全球可持续发展。我们愿意利用国合会这个平台，加强与各国在环境与发展领域的交流与合作，也希望各位委员、专家继续为中国绿色低碳发展、生态文明建设献计献策。让我们携起手来，本着对中国和人类社会高度负责的精神，立足现实，着眼未来，推动可持续发展，共创经济繁荣、人民富裕、社会和谐、环境优美、空气清新、生态良好、气候宜人的美好未来。

（解振华：国家发展和改革委员会副主任，在中国环境与发展国际合作委员会2012年年会上的讲话，2012年12月12日）

紧紧抓住重大战略机遇 努力实现创新驱动发展

万 钢

胡锦涛总书记在全国科技创新大会上指出：科技创新和产业发展的相互结合，经济全球化和信息化的交叉发展，为我们带来了必须抓住和用好的重要机遇。当前，世界范围内以科技创新为引领的产业变革正在蓬勃兴起，与我国的转型发展出现了历史性交汇，为我国科技创新提供了难得的重大历史机遇。2008年以来的国际金融危机更多地表现出结构性危机的特点，主要体现在实体经济和虚拟经济失调，全球产业结构和经济运行模式与知识技术密集的绿色、低碳、可持续发展的价值取向不相适应。同时，发展中国家，特别是“金砖国家”近30亿人口的经济发展和生活改善，将给全球资源分配和利用带来重大挑战。只有通过信息网络、节能环保等新科技的快速发展，对全球发展理念、经济运行模式和生产生活方式进行革命性转变，才能适应未来人类发展的需求。因此，各主要国家纷纷调整科技发展战略，优化相应制度安排，大力发展知识技术密集的新兴产业，抢抓科技和产业变革的重大机遇。

我国依靠科技应对国际金融危机，做到早见识、早部署、早行动。国际金融危机爆发伊始，中央就敏锐把握先机，果断决策，把科技创新作为应对危机的措施之一，大力发展战略性新兴产业，在新能源、电动汽车、信息产业等新兴产业领域密集部署，以技术创新带动产业发展，为我国经济率先回升向好作出了重要贡献，为世界各国作出了良好表率。

全国科技创新大会和《意见》对新形势下加快创新型国家建设作出全面部署，提出了一系列新任务、新举措和新要求。我们要全面贯彻落实，努力取得突出成效。

一是着力解决关系经济社会发展的重大科技问题，切实发挥科技的支撑引领作用。深入实施国家科技重大专项，突出战略任务的系统性和集成性，完善组织实施机制，集中优势力量打好攻坚战，加快重点领域的跨越发展。深入实施国家技术创新工程，加强企业在技术创新中的主体地位，支持企业牵头实施国家重大科技项目，构建面向企业的技术创新服务平台，构建大中小企业、产学研用协同创新的机制。加大重大创新产品的应用示范，深入实施“十城千辆（节能与新能源汽车）”、“十城万盏（半导体照明）”、“金太阳（太阳能光伏发电）”、“数控一代（数控化机械产品）”、“三网融合（电信网、有线电视网和互联网）”等应用示范工程，为经济平稳较快增长提供有力支撑。

（万钢：科学技术部部长，《求是》杂志2012年第16期）

把握科技创新机遇 实施新能源汽车战略

万 钢

汽车产业已经成为我国国民经济发展的重要支柱产业，为我国的经济发展、扩大就业、拉动内需改善出口结构等方面发挥着越来越重要的作用。

进入21世纪面对全球能源紧缺、环境保护、人口健康、气候变化的严峻挑战，党中央、国务院审时度势，制订和发布了国家中长期科技发展规划，确定了自主创新、重点跨越、支撑发展、引领未来的工作方针。先后在国民经济和民生事业的重点领域启动了一批重大科研专项，开辟了建设创新型国家的新进程。

经过两个五年规划的有组织、大规模、高强度的持续研发和综合示范，我们基本掌握了电动汽车整车动力系统平台以及关键零部件的核心技术，基本建立了电动汽车“三纵三横”和三大基础平台构成的矩阵式的技术创新体系，先后研发出700余款节能与先能源汽车以及零部件总成的产品，车用动力电池的研发与规模化生产能力居世界前列，公共交通领域电动车示范规模和应用水平世界领先，确定了新能源汽车战略性新兴产业的地位，探索了分工合理，利益均衡科技与金融紧密结合的电动汽车产业价值链。

政府各部门联动，颁布了市场培育的政策法规，建立了能够基本满足于新能源汽车研发和生产的标准体系，搭建了若干电动汽车整车动力平台、电池、电机等检测平台。探索了适合于新能源市场推广的商业模式，确立了中德新能源汽车战略伙伴关系，倡议并率先启动了电动汽车国际综合示范计划。

据最新的统计，全国25个试点城市的公共交通领域内累计投入了示范运行的节能与新能源汽车运行总里程超过4.7亿公里。

未来几年是全球汽车转型升级的重要战略机遇期。电动汽车的社会化前景光明，但也是道路曲折。我国的汽车产业转型既面临着难得的历史机遇，也面临着严峻的挑战，新形势下需要我们的电池、电机、能源、材料相关产业在开放合作的环境中共同努力应对挑战。

在新能源汽车发展的方面，我想以下五个方面需要我们共同关注：

第一，坚持正确的技术路线，加强新能源汽车共性关键技术的研究和开发。“十二五”电动汽车科技发展专项总体专家组和企业研究人员提出了发展主要以电机提供驱动功率的纯电驱动的战略取向，明确了以插电征程式混合动力和燃料电池汽车以电池、电机电控关键技术，三大技术平台形成了“三纵三横”的技术路线。经过了产业界半年多的研究和论证，这条技术路线被全行业普遍认可，纯电驱动发展战略，被国务院颁发的节能与新能源汽车产业确定为新能源汽车产业发展的主要战略取向。十多年的实践告诉我们，正确的选择技术路线是发展战略性新兴产业的关键。

在新能源汽车的创新实践中，纯电驱动的战略取向要一以贯之，长期坚持。在节能与新能源汽车产业规划中，把常规混合动力列入节能汽车的范畴并给以重点支持，它表明了我们十多年来在混合动力，在电池电机的关键技术上所做的努力进入了汽车产业的发展。今后的实践中，我们还要继续地坚持节能与新能源汽车过渡与转型并行互动相互促进，共同发展的总体原则。

第二，要建立和完善电动汽车技术的创新链和产业链，实现技术创新和产业推进的深度结合，协同发展的取向。为落实全国科技创新大会的精神，在电动汽车科技创新的过程中，更加明确了企业是技术创新的决策，研发投入和科研组织以及成果转化的应用的主体。同时要加强协同创新，提高科研院所和高等院校的创新能力，充分发挥他们在基础研究前沿探索共性技术研发中的重要作用。对于汽车产业来说，纯电驱动的转型是战略发展的机遇。我们同样面临着新的挑战，电池电机电控和系统集成技术的发展，融合了电力、电子、电化学、材料学等大量新的知识，带动了部件系统和制造技术的创新，关键零部件系统集成、基础设施等将更新和延长我们的产业链。创新的方法生产组织、运行模式、以至于汽车产业运行结构都会发生重要的变化，我们要以更宽阔的胸怀，支持和吸纳那些从事新兴研发生产的后来者。纵观历史，在产业变革的时期，后来者中不乏引领潮流的创新者，我们要鼓励和支持他们在同等条件下的有序竞争，后来居上。

第三，建立科技资源的开放共享机制，加大科技资源开放共享和服务的力度。新能源汽车涉及众多的新技术新部件，实验测试的需求十分旺盛。相关高校研究机构和有条件的企业都要加强科学仪器、检测设备实验平台的开放共享。国家要支持技术优势单位和技术转移和研发服务的能力建设，我们要主动地培育和扶持中小型科技企业，要支持并建立技术创新成果供需对接信息交流的沟通机制。国家重点实验室、国家工程中心、大型仪器设备、科学数据和文件资料，以及国家财政经费支持的科研活动所获得的信息资料，都应该向企业、向社会开放，积极为企业的技术创新提供服务。

第四，要继续推进新能源汽车的综合应用示范，创新新型的商业模式，加快基础设施的规划和建设。我国的新能源汽车仍然处于产业化的初级阶段，仍然需要国家政策的有力和持续的支持。我们将遵循公交优先的原则，继续扩大公共领域中新能源汽车商业化的示范，总结和立足当前技术进展和商业运行的经验，我们在推动大客车的同时，还要更加注意出租车、城市物流车等领域，拓展以小型电动汽车为代表的商业化示范。规划并建设与车辆示范运行相适应的能源基础设施，探索和创新商业运行模式。

在私人领域示范运营中，许多城市出台了鼓励政策，一些企业开展了规模化的销售和服务的试点工作，在服务过程中积累了经验提高了产品质量，推进了产品研发过程。例如江淮汽车公司，他们对他们近两年销售的2400多辆纯电动汽车进行了全方位的连续的跟踪调查和服务，逐步摸清了用户的消费习惯，改善了服务模式，完善了整车、电池和电机系统，提高了可靠性和耐久性，也赢得了用户的信任。我们还要在有条件的区域和行业领域中继续推进燃料电池汽车的小规模示范运营考核。

实践的经验告诉我们，商业化示范的目的不仅仅是为了用户体验和性能考核，更重要的是探索商业模式和构建能源供应体系，通过用户服务和质量跟踪，整车企业可以不断地完善服务质量，提高产品的水平，新能源汽车的产业化和商业化，正是在客户需求、商业模式、产品完善、政策优化不断的磨合中不断地推进。

第五，要继续加强新能源汽车领域的国际合作，提高科技创新的国际化水平。抓住全球创新资源加快流动和重组的机遇，加强在电动汽车的基础科学、关键技术、示范运营、商业模式等方面的多层次、多形式的合作与交流，继续深化和提升中美、中德电动汽车合作的水平，积极推动在政策机制标准测试、数据分析、效果评估等支撑环境中的政府间的深层次合作。

电动汽车的发展除了技术、产业、基础设施、商业模式、政策扶持以外，最重要的还是要得到广大用户的认可和支持。我们的科技工作者，要多做科学普及，我们的企业要多做解疑，我们的媒体要深度宣传。我相信通过社会各界坚持不懈地努力，我们一定能够实现我们预定的目标。

（2012年8月31日在“2012中国汽车产业发展（泰达）国际论坛”上的报告）

推进生态文明 建设美丽中国

周生贤

中国共产党第十八次全国代表大会把生态文明建设纳入中国特色社会主义事业五位一体的总体布局，强调树立尊重自然、顺应自然、保护自然的生态文明理念，把生态文明建设融入经济建设、政治建设、文化建设、社会建设各方面和全过程，努力建设美丽中国，实现中华民族永续发展，为全球生态安全作出贡献。这昭示着，大力推进生态文明，建设美丽中国，是当代中国环保人新的时代责任。广大环保工作者要做推进生态文明、建设美丽中国的引领者、推动者、实践者，当好表率、走在前列。

生态文明是人类为保护和建设美好生态环境而取得的物质成果、精神成果和制度成果的总和，是一种人与自然、人与人、人与社会和谐相处的社会形态，是贯穿于经济建设、政治建设、文化建设、社会建设各方面和全过程的系统工程。建设生态文明，以尊重自然规律为前提，以人与自然、环境与经济、人与社会和谐共生为宗旨，以资源环境承载力为基础，以建立节约环保的空间格局、产业结构、生产方式、生活方式以及增强永续发展能力为着眼点，以建设资源节约型、环境友好型社会为本质要求。

美丽中国是生态文明的中国。美丽中国是生态文明建设的目标指向，建设生态文明是实现美丽中国的必由之路。建设生态文明，先进的生态伦理观念是价值取向，发达的生态经济是物质基础，完善的生态文明制度是激励约束机制，可靠的生态安全是必保底线，改善的生态环境质量是根本目的。建设美丽中国与建设生态文明主要方向一致、进程基本同步。美丽中国的最根本标志就是生态文明建设取得显著成效。

美丽中国是可持续发展的中国。自20世纪六七十年代人类生态环境意识开始觉醒以来，人类对生态环境问题的认识，以1972年联合国首次人类环境会议、1992年联合国环境与发展大会、2002年可持续发展世界首脑会议以及今年6月的联合国可持续发展大会为标志，发生了四次历史性飞跃。这也为我国推进美丽中国建设提供了新鲜观念和学习借鉴。

当今世界，以绿色经济、低碳技术为代表的新一轮产业和科技变革方兴未艾，可持续发展已成为时代潮流，绿色、循环、低碳发展正成为新的趋向。与此紧密联系、高度契合，我国政府提出建设生态文明和美丽中国的战略构想，要求从文明进步的新高度来把握和统筹解决资源环境等一系列问题，从经济、政治、文化、社会、科技等领域全方位着眼着力，在更高层次上实现人与自然、环境与经济、人与社会的和谐，为增强可持续发展能力、实现中华民族永续发展提供了更为科学的理念和方法论指导。

建设美丽中国，核心是按照生态文明要求，通过形成资源节约和环境保护的空间格局、产业结构、生产方式、生活方式，构建全社会共同参与大格局，加快推进资源节约型、环境友好型社会建设，实现经济繁荣、生态良好、人民幸福，给自然留下更多修复空间，给农业留下更多良田，给子孙后代留下天蓝、地绿、水净的美好家园。

中国政府一直高度重视环境保护，特别是近年来，把环境保护摆上更加突出的战略位置，将主要污染物减排作为经济社会发展的约束性指标，提出建设生态文明、推进环境保护历史性转变、积极探索环境保护新道路等战略思想，着力解决影响科学发展和损害群众健康的突出环境问题，推动我国生态环境保护领域从认识到实践发生重要变化。在“十一五”环境保护取得显著成绩的基础上，今年以来环保工作又取得新的成效。

一是主要污染物减排工作扎实推进。以“六厂(场)一车”(火电厂、钢铁厂、水泥厂、造纸厂、城镇污水处理厂、畜禽养殖场和机动车)为重点，严格落实减排任务。核查核算的结果显示，今年上半年与去年同期相比，我国化学需氧量排放量下降2.11%，氨氮下降1.98%，二氧化硫下降2.72%，氮氧化物下降0.24%。

二是环境保护优化经济发展的作用得到进一步发挥。严格建设项目环评审批，对“两高一资”项目执行严格的环境准入条件，对满足环保准入条件的民生工程、基础设施、生态环境建设等项目，加快审批，为稳增长调结构贡献力量。今年截至11月，我们按程序和条件批复项目环评197个，总投资11200多亿元。对不符合要求的21个项目暂缓审批、退回报告书或不予批复，涉及总投资940亿元。当前，我国环境影响评价工作面临不少新情况新问题，需要加大改革创新力度，加强完善环境影响评价制度。我们正在实行最重要的四项措施。第一，依法依规加强环评工作。第二，扩大公众参与范围和有效性。第三，最大限度地实行政务信息公开。实行项目受理情况和报告书简本、项目审批情况和政府承诺公开、项目环评批复和验收文件“三公开”。第四，重大建设项目必须同步开展社会风险评估。

三是民生环境问题综合整治成效显现。国务院常务会议审议通过并发布新修订的《环境空气质量标准》，增加

PM2.5、臭氧(O_3)8小时平均浓度等监测指标。我们已在京津冀、长三角、珠三角等重点区域以及直辖市和省会城市开展监测并公布信息。重金属、化学品、持久性有机物等领域的污染防治深入推进。开展PM2.5监测，公布信息，并着手进行综合防治，标志着中国污染防治已从单纯防治一次污染的阶段，过渡到既防治一次污染又防治二次污染的新阶段。

四是重点流域区域污染防治取得新进展。根据《重点流域水污染防治规划(2011~2015年)》，对长江流域中下游8省(区、市)水污染防治规划实施情况开展全面考核，推进松花江等江河湖泊休养生息。国务院批准重点区域大气污染防治“十二五”规划，要求加快调整产业结构和能源消费结构，实施多污染物协同控制，开展多污染源管理，加强区域联防联控。

五是农村环境保护和生态保护得到切实强化。印发《全国农村环境综合整治“十二五”规划》，明确总体目标、主要任务和保障措施。国务院成立中国生物多样性保护国家委员会，审议通过《关于实施〈中国生物多样性保护战略与行动计划(2011~2030年)〉的任务分工》和《联合国生物多样性十年中国行动方案》，把生物多样性保护提升为国家的战略行动。

环境保护是生态文明建设的主阵地和根本措施，是建设美丽中国的主干线、大舞台和着力点。推进绿色、循环、低碳发展，加快生态文明建设步伐，为人民创造良好生产生活环境，关键要在环境保护上取得突破性进展。环境保护取得的任何成效，都是对建设生态文明和美丽中国的积极贡献。

一是积极探索在发展中保护、在保护中发展的中国环保新道路。我国正处于并将长期处于社会主义初级阶段，发展不足和保护不够的问题同时存在。忽视资源环境保护，经济建设难以搞上去，即使一时搞上去最终也要付出沉重代价。顺应这一形势，应当探索走出一条在发展中保护、在保护中发展的环境保护新道路，这也是通往建成美丽中国的一个路标。探索环保新道路，需要坚持在发展中保护、在保护中发展的指导思想，遵循代价小、效益好、排放低、可持续的基本要求，加快构建与我国国情相适应的环境保护宏观战略体系、全面高效的污染防治体系、健全的环境质量评价体系、完善的环境保护法规政策和科技标准体系、完备的环境管理和执法监督体系、全民参与的社会行动体系。

二是形成节约环保的空间格局、产业结构、生产方式、生活方式。国土空间开发布局对生态环境保护具有战略意义，进一步凸显了生态环境在国家经济社会发展顶层设计的基础性、前提性地位。按照人口资源环境相均衡、经济社会生态效益相统一的原则，控制开发强度，调整空间结构，促进生产空间集约高效、生活空间宜居适度、生态空间山清水秀。加快实施主体功能区战略和环境功能区划，在重要生态功能区、陆地和海洋生态环境敏感区、脆弱区，划定并严守生态红线，推动各地区严格按照主体功能定位发展，构建科学合理的城镇化格局、农业发展格局、生态安全格局。

三是全力完成主要污染物减排任务。按照“十二五”节能减排综合性工作方案，强化结构减排，细化工程减排，实化监管减排。在实现总量控制的同时，积极探索新的改革办法，既要兼顾总量减排任务，又要考虑持久推进，既要考虑防治各种污染因子，又要考虑改善环境质量，更要防范环境风险。将重点减排工程项目和保障措施落实到“六厂(场)一车”，全面提升城镇污水处理水平，加大造纸等重点行业水污染治理力度。持续推进电力行业污染减排，加快钢铁、水泥等非电重点行业脱硫脱硝进程，加强机动车氮氧化物排放控制。强化污染减排目标责任考核，实行严格的责任追究。

四是着力解决影响科学发展和损害群众健康的突出环境问题。环境保护既要为科学发展固本强基，又要为人民健康增添保障。保障和改善环境质量是环境保护工作的永恒主题，也是根本出发点和落脚点。在当前经济形势下，我们更要密切关注和从严控制“两高一资”、低水平重复建设和产能过剩项目，决不放松环境保护要求。继续深入开展整治违法排污企业保障群众健康环保专项行动，严厉查处各类环境违法行为。全力做好突发环境事件应急处置工作，减少人民群众生命财产损失和生态环境损害。

享有良好的生态环境是人民群众的基本权利，是政府应当提供的基本公共服务。必须确保人民群众饮水安全，集中力量解决重金属、化学品、危险废物、细颗粒物和持久性有机污染物等关系民生的环境问题。这里，我专门强调一下细颗粒物(PM2.5)污染综合防治问题。今年以来，按照国务院同意新修订的《环境空气质量标准》分三步走的实施方案，第一步在京津冀、长三角、珠三角等重点区域以及直辖市和省会城市开展PM2.5与O_3监测并公布数据。今年9月底国务院批复了《重点区域大气污染防治“十二五”规划》，明确提出“协同、综合、联动”的一揽子防治政策措施，治理以PM2.5为特征的灰霾污染。第一，明确防治目标。到2015年，重点区域PM2.5年均下降5%，对京津冀、长三角、珠三角区域提出更高要求，年均浓度下降6%。第二，采取综合措施。统筹区域环境资源、优化产业结构与布局。加强能源清洁利用，控制区域煤炭消费总量。实施多污染物协同控制，既注重防治一次污染，又注重防治二次污染。在开展二氧化硫、氮氧化物总量控制的基础上，新增烟粉尘与挥发性有机污染物(VOCs)的控制要求，并提出八大减排工程，共计1.3万个减排项目，将有效削减各项污染物排放量。第三，完善联防联控。健全“统一规划、统一监测、统一监管、统一评估、统一协调”的区域大气污染联防联控工作机制，全面提升重点区域大气污染联防联控管理能力。

五是深入推进生态示范创建。2000年以来，我国组织开展了生态省、市、县创建活动。目前，已有15个省(区、市)开展生态省建设，13个省颁布生态省建设规划纲要，1000多个县(市、区)开展生态县建设。坚持典型引路、试点示范，因地制宜、循序渐进，全面开展生态省(市、县)、环境保护模范城市、环境优美乡村、环境友好企业、绿色社区等创建活动，着力打造生态文明建设的细胞工程，形成全社会共同推进建设生态文明和美丽中国的良好局面。

六是加快建立有利于生态文明建设的体制机制。保护生态环境必须依靠制度。建立和完善职能有机统一、运转协调高效的生态环境保护综合管理体制。以建设生态文明为导向，建立健全法律法规体系，加强规划和政策引导，综合运用财税、价格等经济杠杆，建立健全生态补偿机制，深化资源性产品价格改革，完善资源环境经济配套政策。去年，我国氮氧化物排放总量不降反升。通过实施每度电补贴8厘钱的脱硝电价优惠政策，到今年上半年，氮氧化物排放总量首次呈现下降态势。实践再次证明，正确的经济政策就是正确的环境政策。加强环境监管，健全生态环境保护责任追究制度和环境损害赔偿制度。抓紧制定实施生态文明建设目标指标体系和推进办法，纳入地方各级政府绩效考核。

（周生贤：环境保护部部长，在中国环境与发展国际合作委员会2012年年会上的讲话 2012年12月12日）

保护好生命之源、生产之要、生态之基（节录）

陈 雷

水是生命之源、生产之要、生态之基。今年1月，国务院出台了《关于实行最严格水资源管理制度的意见》（以下简称《意见》），对实行最严格水资源管理制度作出了全面部署和具体安排，充分体现了中央对水资源管理的高度重视和坚定决心，标志着实行最严格水资源管理制度已经上升为国家战略，必将对我国水资源可持续利用和经济社会可持续发展起到巨大的推动作用，产生深远的历史影响。

一、深刻认识实行最严格水资源管理制度的重大意义

随着工业化、城镇化快速发展和全球气候变化影响加大，我国水资源短缺、水污染严重、水生态环境恶化等问题日益突出，已成为制约经济社会可持续发展的主要瓶颈。这就要求我们下决心实行最严格水资源管理制度，像重视国家粮食安全一样重视水资源安全，像严格土地管理一样严格水资源管理，像抓好节能减排一样抓好节水工作。

实行最严格水资源管理制度，是破除水资源瓶颈制约的根本途径。我国是世界上最大的发展中国家，也是水资源短缺的国家，发展需求与水资源条件之间的矛盾十分突出，节水是根本性出路。

实行最严格水资源管理制度，是加快转变经济发展方式的战略举措。我国传统经济发展方式付出的代价过高，部分流域水资源开发利用已接近或超过水资源承载能力。转变经济发展方式，必须转变用水方式。

实行最严格水资源管理制度，是保障国家粮食安全的关键环节。民以食为天，食以水为先。我国粮食连续多年增产增收之后，保障粮食安全的水利基础亟待巩固。我国人均耕地面积和耕地亩均水资源量只有世界平均水平的40%和50%，人增地减水缺的矛盾十分突出，加之一些地方农业用水粗放，农业受制于水的状况将长期存在。只有建设节水高效的现代农业，才能有力保障国家粮食安全。

实行最严格水资源管理制度，是加快推进生态文明建设的迫切需要。长期以来，由于一些地方片面追求经济增长，对水资源和水环境缺乏有效保护，导致水生态环境持续恶化。只有从源头上扭转水生态环境恶化趋势，才能推动全社会走上生产发展、生活富裕、生态良好的文明发展道路。

二、准确把握实行最严格水资源管理制度的总体要求

《意见》明确了实行最严格水资源管理制度的指导思想、基本原则、目标任务和重大举措，是指导当前和今后一个时期我国水资源工作的纲领性文件。

指导思想。核心是围绕水资源配置、节约和保护“三个环节”，通过健全制度、落实责任、提高能力、强化监管“四项措施”，严格用水总量、用水效率、入河湖排污总量“三项控制”，加快节水型社会建设，促进水资源可持续利用和经济发展方式转变，推动经济社会发展与水资源水环境承载能力相协调。

基本原则。一要坚持以人为本，着力解决人民群众最关心最直接最现实的水资源问题，保障饮水安全、供水安全和生态安全，这是实行最严格水资源管理制度的出发点和落脚点；二要坚持人水和谐，尊重自然和经济社会发展规律，处理好水资源开发与保护关系，以水定需、量水而行、因水制宜，这是实行最严格水资源管理制度的核心理念；三要坚持统筹兼顾，协调好生活、生产和生态用水，协调好上下游、左右岸、干支流、地表水和地下水关系，这是实行最严格水资源管理制度的内在要求；四要坚持改革创新，完善水资源管理体制和机制，改进管理方式和方法，这是实行最严格水资源管理制度的根本保障；五要坚持因地制宜，实行分类指导，注重制度实施的可行性和有效性，这是实行最严格水资源管理制度的有效途径。

主要目标。在水资源开发利用控制方面，按照保障合理用水需求、适度从紧控制的原则，在强化节水的前提下，提出到2030年全国用水高峰时用水总量控制在7000亿立方米以内；在用水效率控制方面，按照高效用水、经济合理、技术可行的原则，提出到2030年用水效率达到或接近世界先进水平，万元工业增加值用水量降低到40立方米以下，农田灌溉水有效利用系数提高到0.6以上；在水功能区限制纳污方面，到2030年全国主要污染物入河湖总量控制在水功能区纳污能力范围之内，水功能区水质达标率提高到95%以上。为实现上述目标，《意见》还进一步明确了2015年和2020年水资源管理的阶段性目标。这些目标既充分体现了约束性，又充分考虑了可行性，通过努力是完全可以实现的。

重大举措。一是加强水资源开发利用控制红线管理，严格规划管理、水资源论证、水量分配、取水许可和水资源有偿使用制度，促进水资源可持续利用；二是加强用水效率控制红线管理，通过全面节水、定额管理、理顺水价和节水技术改造，推进节水型社会建设；三是加强水功能区限制纳污红线管理，严格水功能区监督管理和饮用水水源保护，推进水生态系统保护和修复，改善水环境质量；四是落实严格水资源管理的责任考核、计量监控、管理体制、投入机制、政策法规等保障措施，推动最严格水资源管理制度落到实处。同时，为充分发挥红线的约束作用，《意见》明确了取水许可和入河湖排污口限批、地下水禁采限采等一系列刚性要求和禁止性规定，极大地提高了最严格水资源管理制度的约束力、执行力和威慑力。

三、真抓实干推动最严格水资源管理制度落到实处

制度的生命力在于实施。当前，实行最严格水资源管理制度的当务之急是狠抓落实，在强化制度执行上下功夫、在严格红线约束上动真格、在促进水资源可持续利用上见成效。

一要抓紧分解“三条红线”控制指标。加快分解落实水资源开发利用控制、用水效率控制、水功能区限制纳污“三条红线”控制指标，尽快建立覆盖流域和省市县三级行政区域的红线控制指标体系。加快制定主要江河流域水量分配方案，力争用5年时间基本完成全国主要跨省江河水量分配工作。加快制定高耗水工业和服务业用水定额国家标准，抓紧修订完善区域用水定额标准，提高用水定额的先进性、约束性和实用性。依据《全国重要江河湖泊水功能区划》和各省区水功能区划，抓紧对水功能区水域纳污能力进行复核，提出各流域区域水功能区限制排污总量意见。

二要着力强化水资源统一调度。按照兴利服从防洪、区域服从流域、电调服从水调的原则，制订完善主要江河水资源调度方案、应急调度预案和调度计划，全面实施水资源统一调度。认真组织开展河北山西向北京调水、引黄济津济冀济淀等水量应急调度工作，确保重要城市、重点地区供水安全与生态安全。加强水利工程联合调度特别是梯级水库群联合调度，合理确定不同水利工程蓄泄过程，最大程度发挥水利工程的综合调配作用。

三要全面加强水资源开发利用管理。严格规划管理、建设项目水资源论证和取水许可审批，加快开展国民经济和社会发展规划、城市总体规划、重大建设项目布局等水资源论证，严格控制水资源短缺地区、生态脆弱地区发展高耗水项目。严格实行地下水取用水总量控制和水位控制，尽快核定并公布地下水禁采和限采范围，编制实施南水北调东中线受水区、地面沉降区、海水入侵区地下水压采方案，逐步实现地下水采补平衡。

四要全面加快节水防污型社会建设。实施全国“十二五”节水型社会建设规划，强化用水定额和用水计划管理，严格落实节水“三同时”制度，制定实施节水强制性标准，大力推行清洁生产和节水技术改造，积极发展污水处理、中水回用、雨水、海水等非常规水源开发利用。综合运用产业政策、财税政策、价格杠杆等手段建立节水激励机制。加快建立和完善国家水权制度，积极培育水市场，鼓励水权转让，运用市场机制合理配置水资源。

五要加快江河湖库水系连通工程建设。综合采取调水引流、清淤疏浚、生态修复等措施，科学合理建设河湖水系连通工程，加快构建引排顺畅、蓄泄得当、丰枯调剂、多源互补、调控自如的江河湖库水网体系。加快大中型水库和西南重点水源工程建设，积极推进一批跨流域、跨区域调水工程，因地制宜建设城市应急备用水源。加快推进南水北调东中线一期工程及配套工程建设，加快南水北调西线工程前期工作，抓紧研究健全后续管理体制机制，确保工程如期通水并持续发挥效益。

六要切实加强水资源保护和水生态修复。加强水功能区和入河湖排污口的监督管理，建立水功能区水质达标评价体系，实施入河湖排污总量的动态监控，建立取水许可和排污口设置管理联动机制，进一步强化水质管理。加快完善饮用水水源地核准和安全评估制度，深入开展重要饮用水水源地安全保障达标建设，强化饮用水水源地应急管理。加强重要生态保护区、水源涵养区、江河源头区和湿地的保护，推进生态脆弱河流和地区水生态修复，开展水生态保护示范区建设，定期组织开展全国重要河湖健康评估。

七要大力推进水资源管理法制化进程。进一步完善水资源规划体系，强化规划的执行和监督检查，加快节约用水、地下水管理、水资源论证等方面立法工作，为严格水资源管理提供规划依据和法律保障。细化实化最严格水资源管理各项制度，确保水资源开发利用和节约保护各项工作有章可循、有规可依。会同有关部门尽快出台最严格水资源管理制度考核办法、责任追究办法，建立水资源领域重大违法违规问题行政问责制度。

八要强化水资源监控能力和科技支撑。以国家水资源监控能力项目建设为重点，加强省界等重要控制断面、水功能区和地下水的水质水量监测能力建设，完善取水、排水、入河湖排污口计量监控设施，逐步建立中央、流域和地方水资源监控管理平台，全面提高水资源监控、预警和管理能力。深入开展水资源领域重大问题研究和关键技术研发和推广，全面提高水资源管理的科技水平。

九要不断创新水资源管理体制和机制。继续深化水务管理体制改革，实现城乡涉水事务一体化管理。健全流域管理与行政区域管理相结合的水资源管理体制，明确流域与区域管理事权划分，积极搭建流域水事协商与协调平台，进一步完善水资源保护和水污染防治协调机制。加快推进水价改革，完善水价形成机制，合理制定征费标准，促进水资源节约与保护。

十要广泛凝聚水资源管理工作合力。实行最严格水资源管理制度，需要全社会共同努力。各级水利部门要切实增强责任感和使命感，认真履职，敢抓严管；主动当好党委政府参谋，加强与有关部门的协调配合；广泛深入开展基本水情宣传教育，为制度实施营造良好氛围。

（陈雷：水利部部长，2012年7月17日《求是》杂志刊发署名文章）

生态文明和生态自觉

冯之浚

建设生态文明，是关系人民福祉、关乎民族未来的长远大计。中共“十八大”报告首次单篇论述生态文明，把生态文明建设纳入建设中国特色社会主义的总体布局，体现了我国生态文明建设的自觉性不断增强，对中国特色社会主义建设规律的认识达到了新的高度。

一、迎接社会主义生态文明新时代

生态文明建设是建设中国特色社会主义的本质要求和理性选择。建设中国特色社会主义的总依据是我国处于社会主义初级阶段，总布局是以生

态文明建设牵头的经济、政治、文化、社会和生态文明建设“五位一体”，总任务是实现社会主义现代化和中华民族伟大复兴，因此，从总依据、总布局、总任务这“三总”的角度来看，极大地提高了生态文明建设的战略地位。当前我国仍然处于社会主义初级阶段这个范畴，我国基本国情没有变、社会主要矛盾没有变、国际地位没有变，这是对我国国情所作的总体性、根本性判断，建设中国特色社会主义首先要从这个最大的实际出发，生态文明建设也要从这个实际出发；从以往经济、政治、文化和社会建设“四位一体”的总体布局，到目前拓展成为“五位一体”，把生态文明建设提升到更高的战略层面，凸显其重要的地位，生态文明建设是前提，没有它，其他建设就会失去自然载体和生态环境；在实现社会主义现代化和中华民族伟大复兴这个总任务之中，如果没有生态文明建设，不能实现中华民族永续发展，我们就会陷入生存和发展的危机，已有的发展成果也必定会化为泡影，现代化和民族复兴的目标也将无法实现。

中共“十八大”对我国生态文明建设的形势分析是科学的，我国生态文明建设近些年来的确取得了重要进展，但依然处于社会主义初级阶段，经济发展面临着越来越突出的资源环境制约，人民群众对良好生态环境的要求越来越迫切，生态环境、资源能源状况不容乐观。

1.资源能源难以支撑。我国的资源总量和人均资源都严重不足，而资源消耗的增长速度却十分惊人。在资源总量方面，我国石油储量仅占世界1.8%，天然气占0.7%，铁矿石不足9%，铜矿不足5%，铝土矿不足2%。在人均资源量方面，我国人均45种主要矿产资源为世界平均水平的1/2，人均耕地、草地资源为1/3，人均水资源为1/4，人均森林资源为1/5，人均石油占有量仅为1/10。我国的国内资源已难以支撑传统工业的持续增长，现实的状况要求我们必须通过加快转变经济发展方式，缓解经济增长中环境代价太大的问题。

2.生态环境难以承受。当前，我国所面临的环境形势十分严峻。现有荒漠化土地面积已占国土总面积的27.9%，而且每年仍在增加1万多平方公里；我国七大江河水系，劣五类水质占27%，75%的湖泊出现不同程度的富营养化；我国尚有3.6亿农村人口喝不上符合卫生标准的水；2012年上半年环保重点城市空气污染物监测中，有近三成的城市空气质量劣于国家二级标准；全国酸雨面积约占国土面积的12.6%，人民身体健康受到一定损害。我国的生态环境已临近阈值，难以支撑当前的高污染、高消耗、低效益生产方式的扩张。

3.国家竞争力难以提升。从目前情况看，我国仍处在“成本优势”为主的阶段，必须加强原始自主创新，尽快向“技术优势”和“品牌优势”过渡。若不如此，我们的“打工经济”在生产过程中消耗的大量能源和造成的环境污染等过度的生态透支，与所获得利润相比将得不偿失。特别是我国加入世贸组织以后，国际上各式各样严格的法规和标准接踵而来，资源环境因素在国际贸易中的作用日益突显，形成了事实上的贸易壁垒，这种“绿色壁垒”成为我国扩大出口面临最多也是最难突破的问题。

4.国家安全难以保障。目前，我国对外技术依存度高达50%，美国、日本仅为5%左右；我国的设备投资有60%以上要靠进口。更何况涉及战略需求的核心技术，就是花再多的钱别人也不会卖给我们。同时，我国重要资源对外依存度也不断上升。目前我国先进技术和主要资源的对外依赖度已经达到了一个相当高的水平，国家的能源安全、经济安全受到严重的威胁。

生态文明要求我们以尽可能少的资源环境代价实现经济社会可持续发展，但目前，我国要加强生态文明建设尚面临着不少障碍，具有一定难度，这里既涉及到体制机制方面的原因，更与我国处于社会主义初级阶段所处的国情有关。我国目前所处阶段的诸多特点，不允许我们走发达国家过去的老路，必须探索中国特色发展之路。

其一，随着经济全球化的深入发展，国际产业分工加快重组，国际产业结构不断调整，我国由于经济整体素质不高，在国际产业链中，处于不利的分工地位。我国在国际产业分工与竞争中，缺乏自主知识产权，缺少世界知

名品牌，出口商品中贴牌产品居多，不得不依靠廉价劳动力比较优势换来微薄的利润，成为低端产品的“世界工厂”，承受随之而来的资源、环境代价。

其二，我国进入工业化中期，特点是“重化工业”加速发展，导致资源能源消费增加。先期实现工业化的国家，如英国、美国、日本大都走过一条大量消耗资源能源、先污染后治理的路子。前车之鉴，我国已实行新型工业化政策，要走出一条有别于先期工业化国家的资源节约型、环境友好型的社会主义新路。这就要求我们必须重视重化工业的层次提升和节能减排的结构调整与技术进步，避免少数地方盲目发展和引进重化工业中的高能耗、高污染项目，造成资源能源的双重压力。

其三，中国特色社会主义道路要求工业化与城镇化同时并举。西方发达国家在实现现代化的过程中，工业化与城镇化之间是有一段间隔的。但我们根据中国国情，需要实现城乡统筹发展，工业化和城镇化不可偏废。工业化进程的加速，如果不提高科技含量，调整产业结构，势必导致资源能源消费量迅速增长，同时城镇化进程加快，城市人口增加，基础设施规模加大，人均生活能源消费量较快增长，加之生活模式明显改变，消费结构不断提升，以住房和汽车消费为标志的能源消费升级，是导致能源消费强度上升的主要原因之一。

其四，政府职能的改革与市场经济的完善。如何配臵资源合理利用能源，减少环境污染既是政府的职能，也是市场经济完善的表征之一，应避免政府失灵和市场失灵并存的现象。我们过去实行计划经济，认为计划经济能够有力地解决经济增长方式的转变，随着计划经济色彩的逐渐淡化，政府职能的转变成为改革中的重要问题，要努力建设服务型、法治型、廉政型政府。同时，不能过于迷信市场，市场并非万能的，它对自动配臵资源、合理利用能源的调节是有限的，因此，必须要对市场经济加以引导和完善。

因此，要建设社会主义生态文明的任务仍然艰巨，不可能一蹴而就，也不会一帆风顺，但这条道路的方向是正确的，必须要坚定不移地走下去。

中共“十八大”第一次提出“生态文明新时代”的概念，这是将生态文明提升到了人类社会发展的一个特定高度，要求我们更加自觉地珍爱自然，更加积极地保护生态，努力走向社会主义生态文明的新时代。为此，必须坚持走中国特色社会主义生态文明发展道路。这条道路的实质就是要实现“低投入、低消耗、低排放、可循环、高效益、可持续”的发展。要坚持节约资源和保护环境的基本国策，着力推进绿色发展、循环发展、低碳发展，形成节约资源和保护环境的空间格局、产业结构、生产方式、生活方式，加大节能减排、环境保护、提高能效力度，加强传统产业的改造和提升以及产业结构的调整和升级。当前，需要着重抓好四个基本任务：

一是优化国土空间开发格局，加快实施主体功能区战略，这是解决我国国土空间开发中存在问题的根本途径，也是当前生态文明建设的紧迫任务。

二是全面促进资源节约。坚持把节约放在优先地位，通过多种手段切实节约能源资源，同时加强对新能源和可再生能源的开发利用；三是加大自然生态系统和环境保护力度。实施重大生态修复工程，增强生态产品生产能力，强化水、大气、土壤等污染防治。四是加强相关制度建设。创新管理体制机制，税收、生态补偿、绿色贸易等政策，加强环境保护的立法与执法，建立科学的政绩考核体系和干部考核标准。建设生态文明，进入社会主义生态文明新时代，光靠科学技术、经济手段是不够的，还必须提升对生态文明理念的觉悟，改变人对自然、对生态的认识。

二、人与自然关系的反思

生态文明建设关键是要处理好人与自然、人与生态的关系。关于人与自然的关系研究，一直以来都是人类安身立命的重要命题。人类在处理与自然的关系上，经历了三个阶段：崇拜自然、征服自然和协调自然，标志着人类对自然界认识不断深化，人类的文化积淀不断增加，以及人类素质的提高和人生境界的升华。

崇拜自然。在人类社会的早期，由于生产力极其低下，原始人群在生产中软弱乏力，因而，同自然界之间的关系是十分狭隘的。他们看到有些自然现象给人们带来意外的享受，同时，有些自然现象却给他们带来灾害和恐惧。人们虽然想尽办法企图克服自然界带来的灾难，可是所能办到的却极其有限。在这种背景下就产生了一种对自然界崇拜的原始宗教。人们将大自然的日月星辰、风雨雷电、土地山河、凶禽猛兽等，无不加以神化并对它们崇拜。祈祷日神、月神、雷公、电母等神灵以及各种图腾保佑平安，帮助人们战胜无法预料又无力抵御的灾祸，其实质是对大自然的恐惧和依附。

就在崇拜自然的人类社会早期，先民们已经开始凭简陋的工具、坚韧的意志和不断增长的智慧与险恶的自然环境搏斗。人们在生产斗争中获得了驾驭自然的能力，这些知识鼓励人们作进一步的尝试。在漫长的石器时代，火的使用和农耕的发明是人类历史上的两件具有划时代意义的伟大创造。人类先后又发明了青铜器和铁器，生产力水平有了质的飞跃，社会发展速度逐渐加快，人类的生存、发展能力也不断增强。当人类的历史进入16世纪时期，揭开了近代科学的帷幕，人类逐渐以大自然的征服者的英雄姿态出现在世界舞台上。

征服自然。随着资本主义的发展和第一次工业革命的出现，西方主客二分、主客对立的哲学思维的主导，人类进入了大规模征服自然的阶段。征服自然的阶段近400年来，人类依靠科学技术的力量，不断发展生产力。社会生产力从蒸汽机时代进入电气化时代，继而又步入以电子计算机、核能开发、空间技术、生物技术为标志的高科技时代。若从历史的跨度进行比较：人类的历史约有300万年，人类的文明史约有6000年，科学技术的历史约有2500年，近代科学的历史约400年，现代科学技术的历史还不到100年，然而，这短短的四五百年中，人类社会发生了迅速而巨大的变化。有学者估计，今天社会在3年内所发生的变化相当于本世纪初30年内的变化、牛顿以前时代的300年内的变化、石器时代的3000年内的变化。

科学技术的进步是推动社会发展的强大动力，然而，片面、单纯地把科技作为征服自然的利器，在取得重大成就的同时，绝对人类中心主义蔓延，忽视了人文精神，导致了蔑视自然、虐待自然思想的抬头，把自然界当作取之不尽并可肆意挥霍的材料库和硕大无比的垃圾桶，巧取豪夺，竭泽而渔的大规模征服自然的做法，终于导致了自然大规模的报复，环境污染、生态失调、能源短缺、城市臃肿、交通紊乱、人口膨胀和粮食不足等一系列问题，日益严重地困扰着人类。

协调自然。《红楼梦》有言，“身后有余忘缩手，眼前无路想回头”。严酷的事实，迫使人类对自己对待自然界的态度，作一次全面的反省。事实教育并警告人们，把自然界看作是人类的对立物或被统治的观点是错误的，只有合理地利用自然界，才能维持和发展人类所创造的文明。人类的科技和经济发展的目标，应当向协调人与自然界关系作战略转移，人类应该进入人与自然协调发展的新阶段。

眼界原从经历来，地球至今存在了46亿年，生命诞生于30亿年前，人类出现了约200万年，产业革命不到300年，人类还太年轻，经历还太浅，因此，人类逐渐认识到，对待自然既不能妄自菲薄，也不能过于张扬，要充分发挥人的聪明才智，不断升华境界，提高自身的素质，达成“人与自然共同发展”的思想共识，既注意代内需求，更应当关心代际公平，以求得人类能同自然协调和谐，共生共荣。

就我国生态文明建设而言，协调自然就是要着力推进绿色发展、循环发展、低碳发展，这是一种新的经济发展范式。不同的范式拥有不同的前提假设、概念体系、理论方法和社会实践。由此，借鉴范式理论来探讨人与自然的关系，我们可以探索和总结出不同范式，以往常见的是生产过程末端治理范式。在人与自然相处的早期阶段，人类从自然中获取资源，又不加任何处理地向环境排放废弃物，但由于人类对自然的开发能力有限，环境本身的自净能力也还较强，人类活动对环境的影响不很明显。后来随着工业的发展、生产规模的扩大和人口的增长，环境的自净能力削弱乃至丧失，环境问题日益严重，资源短缺的危机愈发突出。于是，人类开始注意环境问题，但其具体做法是“先污染，后治理”，强调在生产过程的末端采取措施治理污染。结果，治理的技术难度很大，不但是治理成本畸高，而且生态恶化难以遏制，经济效益、社会效益和生态效益都很难达到预期目的。在现阶段，许多国家和地区的经济发展范式仍然以生产过程末端治理为主，这一范式曾经对于遏止环境污染的迅速扩展发挥了历史性作用。但是环境恶化、资源枯竭无法从根本上得到遏止，因此，必须以一种新的范式取代末端治理范式，通过“范式革命”，避免新的环境危机和生存危机。

随着人类进入协调自然阶段，一种新的经济发展范式也在逐渐成熟，这种倡导绿色发展、循环发展、低碳发展的范式要求遵循生态学规律，合理利用自然资源，实现经济活动的生态化。自然资源包括一切具有现实价值和潜在价值的自然因素，是人类赖以生存的重要基础,对于人类的生存与发展、满足人类多方面的需求，有着极其重要的功用价值。除了显而易见的经济价值外，其功能和用途还具有多样性，主要体现在：（1）自然生态为人类提供最基本的生活与生存需要的“维生价值”；（2）自然资源作为人类利用自然、改造自然的对象物，为人类提供“经济价值”；（3）自然资源为人类提供“经济”作用的同时，还提供“生态价值”。虽不能直接在市场上进行交换，体现的是潜在价值、间接使用价值，如森林所提供的防护、救灾、净化、涵养水源等生态价值；（4）自然为人类满足精神及文化上的享受而提供“精神价值”，体现的是存在价值或文化价值，如自然景观、珍稀物种、自然遗产等所体现的精神性价值；（5）自然为满足人类探索未知而提供“科学研究价值”等。人类的活动不能只顾及自然资源的经济价值，还要十分重视自然资源的生态价值、社会价值等。要充分发挥自然资源的作用，既要通过向自然资源投资来恢复和扩大自然资源存量，又要运用生态学模式重新设计工业，还要通过开展服务和流通经济，改变原来的生产和消费方式。

三、树立科学的生态观

基于对人与自然关系的理解和认识，人类在关于生态观的理论上也在不断演化。在对自然、对生态的认识问题上，人类经历了从自在到自为、从自发到自觉的过程。面对生态恶化的现状，人类积极寻找与自然和谐相处的新的生产方式和发展模式，我国提出的生态文明建设正是生态观念向自为、自觉的一种理性回归。

实现生态文明需要我们从认识上树立科学生态观，弘扬生态文明理念，提升生态自觉意识。科学的生态观的主旨是要正确处理人与自然关系。从历史沿革来看，人类经历了从“人类中心主义”到“生命中心主义”，再到“生态中心主义”三个阶段。

人类中心主义生态观认为，人类是世界存在最高目标，人类的价值是最崇高的且是唯一的，其他物种的价值只有在人类使用它们的时候才表现出来，也就是它们自身并没有价值。因而一切从人类的利益出发，维护人的价值和权利就成为人类活动的最根本的出发点或最终价值依据，按照这样的出发点和价值标准来衡量人的行为，只是看它能否给人类带来好处，至于是否伤害了其它物种均可不予理睬。人类经过多年的努力，将生态视野范围逐渐自人类扩展至非人类，即所谓对自然界的生物体给予道德考虑，此类学说通称为生命中心主义，认为所有生命都有价值，特别是动物，判别善恶应以是否伤害生命为标准的，导致生物痛苦的行为是不道德的。后来，生态观又有了新的发展，产生了生态中心主义的主张，认为天下万物都是有价值的，包括无生命的岩石等，生态系统是一个整体，休戚与共，对局部或个体的破坏就是对整体的伤害，不能够为了局部的利益伤害整体。

各个生态观从不同的视角思考生态文明的问题，既有合理的因素，又有不足的方面。现代人类中心主义生态观以人类利益为标准，高扬对人类包括子孙后代利益的关心，高扬人类理性和智慧，信仰人类的伟大潜力，

发挥人类的主动性和创造积极性，这是完全正确的。但是人类中心主义大多只承认人类价值，否认自然价值，这在理论上有不完善之处。生命中心主义的生态观推崇尊重生命，信奉生物平等主义，这是一种高尚的道德境界。这种理论认识对于人类的道德完善是必要的，但是这种生命中心主义世界观缺乏可操作性。生态中心主义以生物共同体的健全为标准，它认为判断一件事情时，如果有助于保护生物共同体的和谐、稳定和美丽，那就是正确的，否则就是错误的。生态中心主义基于生态系统整体性观点，对人类道德提供了一种科学的整体论思维，但是它的物种和生态系统优先的道德原则，同样带有太多信仰成分。

目前，人类中心主义生态观的影响相对更大、更深，因而形成了大量生产、大量消费、大量污染的传统生产消费范式，结果导致了资源严重枯竭、环境恶化和生态灾难频繁发生。在人们意识到了问题的严重性之后，开始从环境污染的末端着手治理，依靠行政、法律和经济等多种手段并用，短期内的确取得了较好的效果，使环境问题在一定程度上得到了遏制。但从长期来看，这种末端治理的方式不能从根本上缓和与遏止资源日趋枯竭的进程，人与自然的矛盾仍然日益突出。为了使地球上现有为人类所认识的资源能够被使用更长的时间，将地球资源的有限性和人类繁衍、文明进步的无限性协调统一起来，实现人类社会的可持续发展，生态文明作为一种新的发展理念应运而生。

生态文明理念并不是简单地等同于生态中心主义，它要求不同的生态观从分立走向整合，建立以人与人、人与自然和谐发展为目标的新的生态观，这应该是一种开放的、统一的、包容的理论，它需要科学与人文的整合与提升。上述三大生态观存在整合的基础，又具有各自的合理成分。在这样的条件下，发挥不同理论的优势，综合它们合理的内核，建立一种同

时包含人类中心主义、生命中心主义和生态中心主义的合理成分，弥补其不完善的方面，形成既开放又统一的科学生态观，是必要的和可能的。

生态文明理念所具有的生态观，应该是兼容平衡与发展两种取向，既符合人类利益，又符合生态规律的要求。也就是说，人类行为既要有益于维护生态平衡，维护地球基本生态过程，保护生物多样性；又要有益于维护人类利益．益于人类生存，改善人类生活质量。它强调“生态价值”的全面回归，主张在生产领域和消费领域向生态化转向，主张遵循和正确运用生态规律尊重自然、顺应自然、保护自然，坚持在发展中保护、在保护中发展。

四、继承和弘扬天人和谐思想的合理内核

生态环境的变迁对人类文明的起落、文化的兴衰有着重大影响。著名历史学家汤因比在其代表作《历史研究》向世人公布了他的统计研究成果：世界古往今来共有26个文明，并断言在这26个文明中，5个发育不全，13个已经消亡，7个明显衰弱。而在其最后一部著作《人类与大地母亲》中，汤因比十分重视并着重论述了文明形成和发展的地理、气候、水利、交通条件等外部生态环境。汤因比深刻地注意到不适当的行为对大自然的毁坏所造成的恶果，他关注着人类将与自然环境建立怎样的关系。在汤因比所论述的26个文明中，衰落的特别是那些消亡的，都直接或间接地与人与自然关系的不协调、生态文明遭遇破坏有关，由于人口膨胀、盲目开垦、过度砍伐森林等造成的对资源的破坏性使用是其中的主要原因。举其要者，诸如玛雅文明、苏美尔文明和复活节岛上的文明的失落都有力地证明了这个判断的正确性。这些古文明消失的教训值得人类对长期以来沿袭的人与自然的关系模式进行深刻的反思，今天日趋严重的生态危机已向人类敲响了警钟。

中华民族，是惟一一个以国家形态同根同种同文延续数千年的民族，一个重要原因就是中华文化自古重视人与自然关系的和谐。我国自古以来，探索人与自然关系的学问，也称为天人之学，与义理之学、会通之学并称为三大学问。探索人与自然的关系是中国文化首要研究的问题。汉代司马迁提出了“究天人之际，通古今之变，成一家之

言”的命题，这里所讲的“际”，就是关系，特别是人与自然的关系。在生态文明建设中，可以从中国古代天人关系思想中寻找理论支撑，坚持继承而不泥古，创新而不离宗，不断丰富和扩大生态文明建设的思想源泉。

从先秦时代到明清时期，我国大多数思想家、哲学家都有自己的“天人观”，这是中国传统文化的一个独特现象。纵观中国传统文化的天人观，主要有三种：一是老子的“见素抱扑”、“回归自然”的“顺天说”；一是荀子的“制天命而用之”的“制天说”；一是《易传》提出的天人和谐说。百家争鸣，百花齐放，观点各有差异，但主张天人和谐是一致的。

《易传》在天人关系上提出了一系列精辟的思想，它强调人与自然协调统一，既改造自然，又顺应自然；既不屈从于自然，又不破坏自然。人既不是大自然的主宰，也不是大自然的奴隶，而是大自然的朋友，要参与大自然造化养育万物的活动。概括起来，有以下几个重要观点：人是自然界的一部分。

《易传》认为，人类和万物一样，是天地自然而然的产物，人类社会是自然发展的结果，人是自然的一部分，《序卦》说：“有天地，然后有万物；有万物，然后有男女；有男女，然后有夫妇；有夫妇，然后有父子……”这就是说，天地是万物的根源，有万物，然后才有男女、夫妇、父子、君臣、上下的社会关系，才有人类社会。因此，人是自然的产物，是自然界的一部分。但同时，《易传》认为，人有卓越的地位，不等同于自然界的万物。“盈天地之间者唯万物”（《序卦》），这万物之中，只有人，才可与天地相提并论，合称“三材”。“有天道焉，有人道焉，有地道焉。兼三材而两之，故六。六者非它也，三材之道。”（《系辞上》）又说：“天地设位，圣人成能”（《系辞上》），天地生养万物之功能，要靠人去成就。《易传》突出了人在自然界中的卓越地位，肯定了人的价值。

自然界有普遍规律，人也要服从普遍规律。

《易传》认为，天有天之道，地有地之道，人有人之道。“立天之道曰阴与阳，立地之道曰柔与刚，立人之道曰仁与义”（《说卦》）。天地之道，即指自然界阴阳刚柔的变化法则、规律。人道指的是道德准则和治国原则。人道应当效法天道，也就是说，人要服从普遍规律。《系辞上》说：“天生神物，圣人则之；天地变化，圣人效之。”主张人道应该效法自然之道，顺天而行。然后，这种效法又不是被动的，而是要自强不息有所作为。正如《象传》所说：“天行健，君子以自强不息。”“地势坤，君子以厚德载物。”

人生的理想是天人和谐。

《易传》主张天人和谐。要达到天人和谐，首先要解决“穷神知化”的问题。《系辞上》说：“夫《易》，圣人之所以极深而研几也。唯深也，故能通天下之志；唯几也，故能成天下之务。”深，指万物变化之神妙；几，指事物运动变化的苗头。极深研几，即“穷神知化”。这就是说，无论怎样的幽深不测，怎么的变化细微，都要穷研而知之。惟此，方能通天下之志，成天下之务。在古代就能提出“穷神知化”的观点，对于人类自然、认识自身、揭示大自然的奥秘，无疑是一个极大的推动力量。

人既要遵循自然法则，又要自强不息，有所作为，以达到天人和谐的境界。为此，《易传》又提出“裁成辅相”说：“天地交泰。后以财成天地之道，辅相天地之宜，以左右民”（《象传》）。就是说应在认识自然规律的基础上，对自然加以辅助、节制或调整，使其更加符合人类的要求。“裁成辅相”的观点，既要求深刻地认识自然，又要求能动地协调自然，朴素地表达了人与自然的辨证统一关系。与此同时，《易传》又提出“范围天地之化而不过，曲成万物而不遗”（《系辞上》）的思想。即节制、调整自然的变化而又不违反其本性，普遍成就万物而无所遗漏。一方面强调尊重自然规律，“顺天休命”、“辅相天地之宜”；另一方面又强调要充分发挥人的能动作用，“裁成天地之道”，“范围天地之化”，在大自然面前有所作为。

《易传》认为人生的理想应当是与天地相合，达到天人和谐的最高境界。人要“与天地相似，故不违；知周乎万物而道济天下，故不过；旁行而不流，尔天知命，故不忧；安土孰乎仁，故能爱；范围天地之化而不过，曲成万物而不遗，通乎昼夜之道而知”（《系辞上》）。主张人与自然的关系“不违”、“不过”，讲究天人和谐，比较正确地解决了人与自然的关系问题。

《易传》认为，自然是宇宙普遍生命大化流行的境域。由于大自然养育了人类及万物，所以天有德、有善，有“无穷极之仁”。而“仁”集中表现在大自然永恒的创造力之中，“天地感而万物化生”（《咸象》），“天地之大德曰生”（《系辞上》）。一个“生”字，概括了宇宙的根本法则，天地以此心，普及万物，使整个宇宙充满了生机、活力，成为生生不息、日新月异的大化流行过程，生命始终流畅不滞，盎然不竭。

中国传统文化中的天人和谐思想是一种处理人与自然关系的和谐模式，一方面强调天、地、人相统一，另一方面强调人的特殊性，将人与自然的关系定位在一种积极的和谐关系上，不主张片面征服自然。它肯定天道之创造力充塞宇宙，而人则“与天地合其德，与日月合其明，与四时合其序”（《文言》），并能够将仁的精神推广及于天下，泽及草木禽兽有生之物，达到天地万物人我一体的境界，天、地、人合德并进，圆融无间。这些思想启示我们，人与自然“本是同根生，相煎何太急”，人类应以对大自然真诚的爱心，理智地控制自己的行为，恢复人与自然的亲密和谐关系，把自然看作人类的伙伴，在高度的物质基础上，进入更高层次的精神境界，如此，才能实现“天人和谐”的生态文明目标。

总之，天人和谐思想不仅对于解决当代中国由于工业化和无限制地征服自然而带来的环境污染、生态失衡等问题，具有重要的现实意义，而且对于当今人类由于异化和无限制地膨胀欲望而带来的道德污染、心态失衡等问题，具有重要的启迪意义。

所谓“生态”，从字面上通俗理解就是人对生活的态度、生物的态度、生命的态度和对生态环境态度，只有将生态自觉提升到文明理智的更高境界，才能培养出与自然和谐共处的新人类，实现生态文明建设的目标，达到生态自觉。我国生态文明建设的目标是要实现“美丽中国”的梦想，给自然留下更多修复空间，给农业留下更多良田，给子孙后代留下天蓝、地绿、水净的美好家园。这里的美丽并不是我们日常所说的美丑之美，更多的体现了一种价值取向和生态自觉，强调人与自然和谐相处，强调人与自然和谐的现代化。从“GDP中国”到“美丽中国”不仅是观念的转型，也是社会前进的转型，更是社会文明的提升。

（冯之浚：国务院参事，第十届全国人大环资委副主任，原载《中国软科学》）

全力推进小水电代燃料工程建设（节录）

胡四一

一、完善制度，多措并举，小水电代燃料工程进展顺利

经过试点和扩大试点，从2009年开始，小水电代燃料生态保护工程进入全面实施阶段，建设范围扩大到全国22个省（自治区、直辖市）和新疆生产建设兵团，4年来累计安排了204个项目，全部建成后可新增代燃料装机容量51.5万千瓦，解决170万农村居民的生活燃料问题，保护森林面积630万亩。截至目前，已有52个项目建成发电，新增代燃料装机容量12.3万千瓦，解决了40多万农村居民的生活燃料问题，保护森林面积150多万亩。通过实施小水电代燃料，项目区老百姓用上了低价的代燃料电，生产生活条件不断改善，生活质量明显提高，森林植被得到有效保护，生态环境明显改善，农村面貌焕然一新。小水电代燃料建设取得的成绩是党中央、国务院的高度重视、各有关部门通力协作的结果，是地方各级党委政府直接领导、广大水利干部职工辛勤努力的结果。

在总结试点和扩大试点经验的基础上，根据新形势和新任务的要求，各地创造性地开展工作，积累了宝贵的经验。

一是加强制度建设，规范了代燃料项目建设和管理。

二是加强项目前期工作，提高了代燃料工程质量。

三是出台扶持政策，确保了代燃料项目顺利实施。

四是落实配套资金，加大了财政支持力度。

五是健全监督体系，农民得到了实惠。

虽然这几年小水电代燃料工作取得很大成绩，但在建设中也还存在一些问题，一是小水电代燃料项目区比较分散，总体效果还不十分明显；二是部分省省级配套资金落实得不够好；三是一些地方代燃料供电体制机制问题还没有很好解决，一些代燃料电站建成后，项目区没有及时按照代燃料电价供电等。各地要增强紧迫感，努力解决存在的困难和问题。

二、提高认识，理清思路，进一步明确小水电代燃料工作重点和要求

当前和今后一个时期，是我国全面建设小康社会、加快推进现代化建设的关键时期。中央要求深入贯彻落实科学发展观，加快转变经济发展方式。为积极应对国际金融危机，国家把稳增长调结构放在重要位置，进一步加大了节能环保、民生工程等的投资力度，加大了对贫困地区的扶持力度。小水电是国际公认的清洁可再生能源，国家鼓励支持小水电发展。国家能源局印发的全国《水电发展“十二五”规划》要求，继续支持资源丰富地区开发小水电，到2015年，建成一批小水电大省和小水电强省，同时也强调要解决生态环境特别脆弱、以烧柴为主的140多万户农民的生活燃料问题。小水电代燃料是山区百姓期盼的德政工程、民心工程，国家确定的14个集中连片特殊困难地区大部分都有较为丰富的农村水能资源，实施小水电代燃料工程对于促进这些地区农民生产生活条件改善，加快脱贫致富步伐具有十分重要的意义。我们要把握有利形势，抓住历史机遇，加快小水电代燃料工程建设。

今后一段时期小水电代燃料工程建设，要继续以保护和改善生态环境为目标，以改善民生为根本，以保障代燃料农户长期稳定用电为重点，进一步优化项目布局，继续加强项目前期工作，创新体制机制，严格建设管理，规范供用电管理，加快小水电代燃料工程建设步伐。

一要优化工程布局，集中连片推进项目建设。各地要根据区域发展战略、现有水能资源开发条件和规划实施进展情况，在不突破原规划目标的前提下，进一步优化布局，在生态特别脆弱的贫困地区适当集中安排代燃料项目，整村整乡连片推进，提高小水电代燃料规模效益，扩大社会影响。全国将优选一批条件好的县逐步组织开展全县实施小水电代燃料的试点。各省（区、市）要统筹考虑本地区农村水能资源开发程度和潜力、现有电站规模和体制、生态环境保护要求和组织实施能力，挑选可整体推进的县组织编制实施方案。各级水行政主管部门要将此项工作作为下一阶段小水电代燃料工作的重要内容，加强指导，明确责任，落实措施，出台政策。

二是严格审查审批，提高前期工作质量。小水电代燃料能否顺利实施，前期工作是关键。各地要继续严格执行国家基本建设程序，按照国家发改委和水利部联合发文和《小水电代燃料项目管理办法》的要求，高度重视实施方案的编制和审批工作。要选择有资质、技术强、信誉好的单位承担项目可行性研究报告和初步设计报告等技术文件的编制工作，水行政主管部门要把好技术审查关。要增强生态环境保护意识，制定保证河流生态基流的措施。

三是规范建设管理，创建农村水电优质工程。要严格执行项目法人负责制、招标投标制、建设监理制，严格落

实环境保护设施、水土保持设施等的三同时制度。在设计施工、设备选型等各个环节，要按照水利部《小水电代燃料项目技术进步和标准化管理指导意见》的要求，积极采用先进适用的新技术、新材料、新工艺和新设备，大力推进技术进步和标准化。要优化设计、科学施工、保证质量、安全运行，统一标志标识，切实把小水电代燃料工程建设成为农村水电的示范和样板工程。

四是统筹各方资金，加强项目区建设。各地要在代燃料电站建设的同时，认真做好项目区改造和建设的有关工作，要统筹代燃料电站和项目区建设，电站投产要和项目区供电同步。要在当地政府的组织下，做好项目区的规划，调动农民群众改善家居环境的积极性和主动性，整合新农村建设各渠道资金，集中开展水、电、路和农村环境综合整治，进一步改善农民的生产生活条件，提高农民生活质量。关于供电方式，目前实施代燃料供电主要有过网供电、直供和电费补贴等三种方式。各地要因地制宜，积极探索实施有效的供电方式。

五是完善体制机制，确保代燃料效果。要按照“所有权、经营权、使用权”三权分设的要求，严格国家投资出资人制度，明确国家投资出资人代表，确保对国家投资及其收益监管到位，保证代燃料电站长期稳定运行。对因项目区农民用电水平低，暂时未使用的国家投资收益要实行专户储存、以丰补枯，也可部分用于项目区水利基础设施等民生事业建设。要发挥项目区代燃料户用电协会的作用，对代燃料电站的建设、运营、供电等进行全过程监督。

三、精心组织，团结协作，圆满完成小水电代燃料建设各项任务

《2009-2015年全国小水电代燃料工程规划》，实施时间过半，但全国已建在建小水电代燃料项目装机容量仅占规划的36.8%，任务十分艰巨。我们要切实加强对小水电代燃料工作的领导，采取有效措施，保障规划任务的完成。

（一）明确工作责任。各地要把小水电代燃料工作纳入当地政府的议事日程，作为水利工作年度考核内容的重要指标。水行政主管部门主要领导亲自过问，分管领导具体负责，及时解决建设中的困难和问题，制定分年度实施计划，落实工作措施，加强督促检查。

（二）落实建设资金。各地要按照国家发改委和水利部的要求，足额落实省级配套资金。积极与中国农业发展银行等金融机构联系沟通，争取金融支持。有条件的地区可以利用政府融资平台，降低贷款成本、提高贷款效率。各地还可以通过其他途径多渠道筹集资金，保证项目建设的资金需求。

（三）搞好部门协调。要充分发挥代燃料领导小组的组织协调作用，主动加强与发改、物价、财政等有关部门的沟通协调，争取对代燃料工作的支持。要借鉴兄弟省的成功经验和做法，联合有关部门积极出台小水电代燃料供电、电价等政策。

（四）严格监督检查。各级水行政主管部门要加强对代燃料项目的监督检查，发现问题，及时整改。对存在较大难度的项目，要建立督办机制，确保安排投资的项目能开工，开工的项目能早日建成，建成的项目及时投入代燃料供电。要监督项目法人严格执行实施方案规定的供电范围、代燃料电价和电量，切实保护农民利益。

（五）加强舆论宣传。小水电代燃料工作涉及面广，做好宣传工作，动员全社会力量积极支持非常重要。各地要紧扣代燃料改善生态、服务民生的特点，利用电视、网络等新闻媒体，宣传鲜活的典型，扩大工程实施的社会影响，在全社会营造关心、重视的良好氛围。

（胡世一：水利部副部长，2012年10月16日在全国小水电代燃料工程建设现场会上的讲话）

全面提升生态林业和民生林业发展水平 为建设生态文明和美丽中国贡献力量（节录）

赵树丛

一、紧紧围绕生态文明建设目标任务，切实担当起林业在生态文明建设中的重大职责

建设生态文明，昭示着人与自然的和谐相处，意味着生产方式、生活方式的根本改变，是关系人民福祉、关乎民族未来的长远大计，也是全党全国的一项重大战略任务。党中央、国务院多次强调，要把发展林业作为建设生态文明的首要任务，林业部门承担的责任更加重大。我们一定要发扬勇于担当的精神，切实承担起建设生态文明的历史使命。

（一）承担起保护自然生态系统的重大职责。陆地自然生态系统主要包括森林、湿地、荒漠、草原四大生态系统，林业部门负责保护、建设、管理森林、湿地、荒漠三大自然生态系统，同时承担着保护和维护生物多样性的职责，覆盖范围占近2/3的国土面积，在保障人类生存与发展中具有不可替代的重要作用。虽然我国生态建设取得了重大成就，但是自然生态系统退化、生态布局不平衡、生态承载力低、生物多样性减少的问题依然十分严峻。森林分布碎片化和质量不高、功能不强的问题尤为突出，森林作为陆地生态系统主体的功能没有充分发挥。湿地生态系统还有一半尚未得到保护，面积减少、功能退化的趋势仍在持续。荒漠生态系统问题更加严重，沙化土地面积占国土面积的18%，土地沙化已成为我国最大的生态问题。总的看，我国山清水秀宜居的美好家园十分有限，需要大力保护的生态脆弱区域十分广阔。各级林业部门一定要牢固树立保护第一的思想，切实保护好自然生态系统，全面增强自然生态系统功能，为建设生态文明提供基础保障。

（二）承担起实施重大生态修复工程的重大职责。我国发动群众、集中力量办大事的制度优越性，在自然生态修复领域得到了充分发挥。1978年以来，国家先后启动了16项重大生态修复工程。这些工程涉及森林、湿地、荒漠三大自然生态系统和生物多样性，覆盖范围之广、建设规模之大、投资额度之巨，堪称世界之最，在我国生态修复工程中处于主导地位。但是，我国生态欠账很多，生态修复任务仍十分艰巨。党的十八大提出，要实施重大生态修复工程，增强生态产品生产能力，推进荒漠化、石漠化、水土流失治理，扩大森林、湖泊、湿地面积，保护生物多样性。林业部门要认真实施好现有重大生态修复工程，谋划启动新的生态修复工程，实现生态修复工程全覆盖，真正发挥生态修复的主体作用，全面提升人与自然和谐水平。

（三）承担起构建生态安全格局的重大职责。一个国家、一个地区的生态安全是有底线的，这就需要科学的生态安全格局来保障。党的十八大提出，要加快实施主体功能区战略，构建科学合理的生态安全格局。国家主体功能区战略划定了优化开发、重点开发、限制开发、禁止开发四类区域，并要求加快构建青藏高原生态屏障、黄土高原-川滇生态屏障和东北森林带、北方防沙带、南方丘陵山地带即以“两屏三带”为主体的生态安全战略格局。为落实国家主体功能区战略，林业发展“十二五”规划确定，要构建东北森林屏障、北方防风固沙屏障等十大生态屏障，形成国家生态安全格局的基本骨架。我们一定要加快建设十大生态屏障，努力实现到2020年森林面积比2005年增加4000万公顷、森林蓄积比2005年增加13亿立方米的目标，坚决守住国家生态安全的底线，不断优化和拓展中华民族生存发展空间。

（四）承担起推进绿色发展的重大职责。党的十八大提出，要着力推进绿色发展、循环发展、低碳发展。推进绿色发展，必须坚持循环发展、低碳发展。林业具有可循环性和低碳性，是规模最大的循环产业、潜力巨大的低碳产业，是推进绿色发展的优势所在、潜力所在。要通过做大做强林业，充分发挥林业在推动绿色、循环、低碳发展中不可替代的作用。推进绿色发展，要注重林业的深度开发，大力发展精深加工，提升综合利用水平和附加值，以最少的资源换取最大的经济价值。要发挥林业产业的丰富性和多样性，不断开发新产品，满足社会的新需求。推进绿色发展，要大力发展林业十大主导产业，这既是实现农民“收入倍增”目标的最大潜力，又是推进绿色发展的最佳途径。各级林业部门一定要充分认识、大力挖掘林地资源、物种资源和林产品市场的巨大潜力，壮大产业规模，提升产业素质，增加绿色经济总量，为推进绿色发展、循环发展、低碳发展作出更大贡献。

（五）承担起建设美丽中国的重大职责。党的十八大首次提出了建设美丽中国的宏伟蓝图。建设美丽中国要坚持绿色为本。绿色是美丽中国的基本色调和核心元素，只有绿化才能美化，只有山青才能水秀。建设美丽中国要坚持以人为本，强化身边增绿，让人们享受到优美的生活空间和更多更好的生态产品。建设美丽中国要不断创新平台

和载体。近几年来，各地在美丽中国建设中，启动实施了许多标志性工程。福建的“四绿”工程建设，浙江的森林城市、美丽乡村建设，广东的绿道建设，湖南的绿色湖南建设，山东的水系生态建设，北京的平原地区百万亩造林工程，安徽的千万亩森林增长工程，江西的“一大四小”工程，广西的绿满八桂工程，辽宁的青山工程，河南的生态省提升工程，青海的村庄绿化行动，山西的身边增绿行动，都取得了显著成效。各级林业部门一定要创造性地开展工作，继续加快城乡绿化美化步伐，尽快为祖国大地披上美丽绿装。

（六）承担起为应对全球气候变化作贡献的重大职责。党的十八大提出，以更加积极的姿态参与国际事务，发挥负责任大国作用，共同应对全球性挑战。当前，林业部门承担着气候变化框架公约、防治荒漠化公约、湿地公约、濒危野生动植物种国际贸易公约、生物多样性公约、植物新品种公约等六大国际生态公约和国际森林文书的履约任务，是应对全球生态危机的重要力量。森林的碳汇功能在《京都议定书》和哥本哈根、德班、多哈等多次联合国气候变化大会中受到高度重视。在世界森林资源总体下降的情况下，我国实现了森林面积和森林蓄积双增长，为应对气候变化等全球生态危机作出了重要贡献。各级林业部门要按照“共同但有区别的责任”原则、公平原则和各自能力原则，继续加强森林资源培育，严厉打击毁林行为，不断增加森林碳汇，充分发挥林业在应对气候变化中的特殊作用，为维护全球生态安全作出更大贡献。

二、科学谋划林业工作总体思路，着力构建推进生态文明建设六大体系

今年7月召开的全国林业厅局长会议上，提出了发展生态林业和民生林业的理念，得到了各方面的广泛认同和积极响应。大家认为，大力发展生态林业和民生林业，符合国家战略大局，契合人民群众期待，顺应林业发展趋势，与十八大关于建设生态文明和美丽中国的要求高度一致。经国家林业局党组研究，当前和今后一个时期全国林业工作要坚持以下总体思路：高举中国特色社会主义伟大旗帜，以邓小平理论、“三个代表”重要思想、科学发展观为指导，全面落实党的十八大精神，紧紧围绕主题主线，深入实施以生态建设为主的林业发展战略，以建设生态文明为总目标，以改善生态改善民生为总任务，加快发展现代林业，着力构建六大体系，努力建设美丽中国，推动我国走向社会主义生态文明新时代。

（一）着力构建国土生态空间规划体系。十八大要求，优化国土空间开发格局。我国林地、湿地和荒漠化土地总面积超过90亿亩，约占国土面积的63%，是生态文明建设的重要空间载体，在优化国土生态空间中承担着主要任务。一要编制《国家林业局推进生态文明建设规划纲要》，进一步明确林地、湿地和需要保护与治理的沙化土地等生态用地，力争划定生态安全红线，并明确生态空间的功能定位、目标任务和管理措施，形成全国林业推进生态文明建设的总体布局。各省也要制定林业推进生态文明建设的规划，并争取由省级人民政府批准实施，在全国形成林业部门推进生态文明建设的强大合力。二要根据国家主体功能区战略，加快编制25个重点生态功能区生态保护与建设规划，逐步形成适应各类主体功能区要求的生态空间格局。三要完善森林增长和国土绿化空间规划。在《全国林地保护利用规划纲要》和《全国造林绿化规划纲要》的基础上，着眼长远，充分挖掘林地、农田防护林、草原防护林、水系防护林、路网防护林、城镇绿化等用地的潜力。四要完善湿地空间规划。在《全国湿地保护工程“十二五”实施规划》和全国湿地调查的基础上，完善全国湿地空间规划。五要完善全国防沙治沙和石漠化治理规划。在《全国防沙治沙规划》和《岩溶地区石漠化综合治理规划大纲》的基础上，根据最新监测结果，对可治理沙地、需要封禁保护的沙地和石漠化土地做出长远和阶段性治理规划。六要完善林业专项规划。该制订的制订，该修订的修订。对一些候鸟迁徙通道、特殊生态系统和濒危物种栖息地，也要有相应的规划。据初步估算，全国林业生态空间规划可达到80多个，将与各地的生态空间规划一起，形成科学系统的国土生态空间规划体系，进一步优化生态布局，拓展生态空间，增加生态总量，为建设生态文明奠定坚实的基础。

（二）着力构建重大生态修复工程体系。重大生态修复工程是维护国家生态安全的战略支撑，林业实施的重点工程是国家生态修复工程的重中之重。一要继续实施好现有重大工程。目前，正在组织实施的重大生态修复工程，要按照更高的要求，落实工程规划，提高工程质量。二要谋划启动一批新的重大工程。尽快启动国家木材战略储备基地建设等工程，并针对一些特殊的生态区位、特殊的生态需求，谋划一批新的生态修复工程。三要各地根据当地实际，谋划实施一批省级、市级和县级重点生态修复工程。通过健全和完善生态工程布局，形成国家和地方互为补充的生态修复工程体系，以重大工程推动全国自然生态系统的全面修复。

（三）着力构建生态产品生产体系。林业是生产生态产品的主体。林业的生态产品包括两大类，一是有形的、二是无形的。无论是有形的，还是无形的，都是最短缺的产品，社会需求和生产潜力巨大。有形的生态产品，主要是指林产品，具有生态性和商品性。要科学布局、优化结构、提高品质、保障供给，既满足需求，又不过度开发，实现可持续利用。无形的生态产品，既十分丰富，又不可替代，主要包括吸收二氧化碳、制造氧气、涵养水源、净化水质、保持水土、防风固沙、降低噪声、调节气候、吸附粉尘、生态疗养，等等。无论是生产有形的林业产品，还是生产无形的生态产品，都要遵循自然规律、经济规律和市场规律。基于生态产品的公益性，提高生态产品生产能力应坚持两条，一条是对经营主体给予足够的支持和保护，另一条是让消费主体支付一定的成本。对能够由市场配置资源的，要充分发挥市场机制的作用；对不能由市场配置资源的，要作为公共产品纳入公共财政支持范围。要通过构建生态产品生产体系，最大限度地提升生态产品生产能力，为推动绿色发展、循环发展、低碳发展发挥特殊作用。

（四）着力构建支持生态建设的政策体系。加强生态建设、维护生态安全是政府必须提供的公共服务。一要健全和完善公共财政支持政策。健全生态效益补偿制度，完善林业补贴制度，扩大现有财政专项资金投入规模，加大转移支付力度，为林业改革发展和生产生态产品提供有力支持，充分调动经营主体生产积极性，引导经营主体扩大经营规模，增强发展动力，激发发展活力，释放发展潜力，提升质量效益。二要完善基础设施投入政策。逐步提高林业基本建设投资标准，扩大资金规模。将林区基础设施纳入相关规划，加大投入力度，改善林区生产生活条件。三要完善金融和税收扶持政策。建立健全鼓励发展林业十大绿色产业的支持政策，对林下经济发展、国家木材战略储备基地建设等生态产业给予扶持，加快建立林权抵押贷款管理制度，完善生态产业贷款财政贴息、保险保费财政补贴、税收优惠减免政策。四要加大对林业能力建设支持力度。完善科技、教育和人才支持政策，确保科教兴林、人才强林战略顺利实施。要通过构建政策体系，建立与经济发展水平相适应的投入渠道和增长机制，确保生态建设有长期、稳定、有力的政策和资金支持。

（五）着力构建维护生态安全的制度体系。健全的制度是生态文明建设的重要保障。当前，林地、湿地、沙地被侵占和破坏的现象十分严重，对生态造成的破坏，有的需要几代人甚至几十代人才能恢复，有的不可逆转。构建维护生态安全的制度体系，当务之急是要构建完善的法律法规制度。一要加强国家立法。修订完善《森林法》等现有林业法律法规，研究制定一批加强生态保护与建设的法律法规、部门规章和规范性文件。二要加强地方立法。对已颁布的国家林业法律法规，地方应制订相应的法规。对国家层面立法难度较大的领域，各地要积极争取先出台地方性法规。要通过加强立法，形成体现生态文明理念的法律法规体系，并做到有法可依、有法必依、执法必严、违法必究，坚决维护生态正义。

（六）着力构建生态文化体系。生态文化是树立和形成生态文明理念的基础。如果说生态文明是大厦，那么生态文化就是大厦的地基。一要培育崇尚自然的文化。摒弃人类破坏自然、征服自然、主宰自然的理念和行动，构建人与自然平等、和谐共生的关系，树立热爱自然、尊重自然、顺应自然、保护自然的生态文明理念。二要培育节约文化。充分认识自然资源的禀赋和有限性，不以牺牲生态为代价换取经济增长，不以索取自然为代价换取过度消费，形成节约优先、集约利用、适度消费的文化取向。三要培育生态道德。弘扬生态文化，要从小事抓起，从娃娃抓起，通过一点一滴的熏陶和积累，让青少年从小养成良好的生态道德和习惯。四要丰富生态文化载体。大力发展森林公园、湿地公园、自然保护区，建设一批生态文化博物馆、科技馆、标本馆，开展森林城镇创建活动，推进美丽乡村、城市绿道建设，完善基础设施，创建传播平台，创新传播形式。要通过构建生态文化体系，广泛普及生态知识，使人与自然和谐的理念，成为社会主义核心价值观的组成部分，成为全社会的主流道德观。

发挥妇联组织在绿色消费和节能减排中的作用

孟晓驷

对生态环境的关爱正是妇女发挥母爱大地的特质。大家一定记得，2009年12月在哥本哈根召开了世界气候大会，会场上图瓦卢女代表“让地球60亿人向他们道歉”的痛心发言，裴济女代表泪洒会场的一幕，至今令人不能忘怀。自然环境的日益恶化已不再是令人耸听的危言，而是呈现在每个地球人面前活生生的现实，环境的问题早已超过一国的国界，成为全球人面临的普遍问题。在此，我代表全国妇联，与大家交流分享妇联在组织倡导绿色消费推动节能减排中的所做的工作。

绿色消费是人们保护环境、节约能源资源、保障生命健康、促进可持续发展的高层次理性消费。国家“十二五”规划纲要就推广绿色消费模式专门作出阐述，指出“倡导文明、节约、绿色、低碳消费理念，推动形成与我国国情相适应的绿色生活方式和消费模式。”妇女和家庭是推动节能减排、开展绿色消费中的一支不可或缺的重要力量。妇女在家庭生活中尤其在家庭消费中起着主导作用。如果每位妇女、每个家庭节约一度电、一吨水、一张纸，全国6.5亿妇女，3.7亿家庭将会聚沙成塔、聚水成河，产生巨大的节能减排成效。同时，母亲的身体力行，对儿童在节能减排方面的影响至关重要。在广大妇女和家庭中深入开展节能减排活动对培养公民节能减排意识、形成绿色消费习惯意义深远。

2007年，国家发展和改革委员会联合包括全国妇联在内的17家单位开展节能减排全民行动，全国妇联高度重视。立足于妇联的组织网络优势，充分发挥200多万专兼职妇女工作者的队伍优势，致力于推动节能减排家庭社区行动，大力开展“低碳家庭•时尚生活”主题活动，积极倡导将绿色消费理念融入消费全过程,并开展了扎实有效的工作，为推动绿色消费方式、节能减排理念在家庭和社区中的普及发挥了积极作用。

一是面向广大家庭，倡导实施“家庭低碳计划十五件事”。全国妇联向全国广大家庭发出了“使用节水器具，使用节能电器，使用无磷洗衣粉，使用菜篮子、布袋子，拒绝过度包装，注意一水多用”；“使用节能灯，随手关灯、拔插头；使用节水型洁具，循环用水；随身自备饮水杯，不用一次性纸杯；外出用餐自备筷、勺等便携餐具”等“家庭低碳计划十五件事”的倡议，具体、简洁、生动地倡导广大家庭从现在做起、从身边小事做起，践行绿色消费、树立节能减排理念。

二是开展系列主题活动，推动绿色消费理念深入人心。我们了解到，我国部分家庭虽然已经树立节能减排、绿色消费的意识，但真正转化为绿色消费行为还有一定的差距。为促进理念向行动的转化，我们开展了系列主题活动。以编辑出版的《家庭节能减排100问》、《低碳生活知多少》等书籍为蓝本，开展知识竞赛活动，两次竞赛活动共回收问卷170多万份，强化了家庭节能减排意识，扩大了活动的影响面。积极参与家庭生活垃圾分类工作，在北京、上海、杭州等部分省市，组织巾帼志愿者入户宣传指导垃圾分拣，开展垃圾分类监督和环保宣传教育等工作，引导广大家庭自觉进行垃圾分类，提高了家庭成员的节能环保意识和家庭道德水平。在广大家庭中开展低碳小档案活动，记录家庭衣食住行的节能减排情况，据统计，建档家庭每户平均每月节电近10度，节水近0.66吨，节约煤气约0.28立方米，为节约能源资源做出了家庭的贡献。

三是加大宣传工作力度，营造良好社会氛围。我们积极与平面、网络、电视等各种媒体合作，普及节能环保知识，大力倡导家庭节能减排和绿色消费模式，产生了良好的社会效果。在中国妇女报、婚姻与家庭杂志等平面媒体推出了一系列有深度、有影响，面向基层、贴近家庭的专题报道，在中国妇女网、人民网中国妇联新闻等网络媒体上深化节能减排主题活动，推出了节能减排家庭社区行动和低碳家庭•时尚生活的专题网页，及时向广大家庭传播节能减排理念、绿色消费方法、各地节能减排信息，低碳生活的金点子和小窍门等。与此同时，我们注重典型宣传，发挥节能减排先进典型的示范作用，推选近千个低碳生活创新明星，在社区交流推广家庭节能减排和绿色消费的体会和经验，激发广大家庭成员低碳生活、绿色消费的热情。

以环境保护优化经济增长是全社会的共同责任。全国妇联将继续充分发挥自身的组织优势，进一步动员广大妇女和家庭积极参与环境保护的伟大实践，广泛深入地倡导绿色消费，大力推动家庭节能减排。我们衷心希望在广大妇女的积极参与下，还天空一片蓝色，还大地一片绿色，还空气一片清新，让人类在大自然的怀抱里，尽情地呼吸，幸福地生活。推动整个社会走上生产发展、生活富裕、生态良好的文明发展道路。

（孟晓驷：全国妇联副主席、书记处书记，2012年6月5日）

战略 白皮书 公报

中国低碳年鉴

关于印发国家适应气候变化战略的通知

发改气候[2013]2252号

各省、自治区、直辖市及计划单列市、新疆生产建设兵团发展改革委，财政厅（局），住建厅（委、局），交通厅（局、委），水利（务）厅（局），农业厅（委、局），林业厅（局），气象局，海洋厅（局）：

为积极应对全球气候变化，统筹开展全国适应气候变化工作，国家发展改革委、财政部、住房城乡建设部、交通运输部、水利部、农业部、林业局、气象局、海洋局联合制定了《国家适应气候变化战略》（以下简称《战略》）。现印发你们，请认真贯彻实施。

各省、自治区、直辖市及新疆生产建设兵团发展改革委要根据《战略》要求编制省级适应气候变化方案，并会同有关部门组织实施。适应试点示范工程所在的省、自治区、直辖市要先行先试，在方案中明确开展试点的相关工作安排，做好组织实施。

国家发展改革委 财政部 住房城乡建设部
交通运输部 水利部 农业部
林业局 气象局 海洋局

国家适应气候变化战略

二〇一三年十一月

前言

全球气候变化是人类共同面临的巨大挑战。应对气候变化，不仅要减少温室气体排放，也要采取积极主动的适应行动，通过加强管理和调整人类活动，充分利用有利因素，减轻气候变化对自然生态系统和社会经济系统的不利影响。

根据最新科学研究报告，在1880年至2012年期间，全球陆地和海洋表面平均温度上升了0.85℃，气候变化导致极端天气气候事件频发，冰川和积雪融化加剧，水资源分布失衡，生态系统受到威胁。气候变化还引起海平面上升，海岸带遭受洪涝、风暴等自然灾害影响更为严重，一些海岛和沿海低洼地区甚至面临被淹没的风险。气候变化对农、林、牧、渔等经济活动和城镇运行都会产生不利影响，加剧疾病传播，威胁社会经济发展和人民群众身体健康。根据政府间气候变化专门委员会报告，温度上升超过2.5℃时，全球所有区域都可能遭受不利影响；温度上升超过4℃时，则可能对全球生态系统带来不可逆的损害，造成全球经济重大损失，发展中国家所受损失将更为严重。

我国是发展中国家，人口众多、气候条件复杂、生态环境整体脆弱，正处于工业化、信息化、城镇化和农业现代化快速发展的历史阶段，气候变化已对粮食安全、水安全、生态安全、能源安全、城镇运行安全以及人民生命财产安全构成严重威胁，适应气候变化任务十分繁重，但全社会适应气候变化的意识和能力还普遍薄弱。

《中华人民共和国国民经济和社会发展第十二个五年规划纲要》明确提出要增强适应气候变化能力，制定国家适应气候变化战略。中国共产党第十八次全国代表大会把生态文明建设放在突出地位，对适应气候变化工作提出了新的要求。本战略在充分评估气候变化当前和未来对我国影响的基础上，明确国家适应气候变化工作的指导思想和原则，提出适应目标、重点任务、区域格局和保障措施，为统筹协调开展适应工作提供指导。本战略目标期到2020年，在具体实施中将根据形势变化和工作需要适时调整修订。

一、面临形势

（一）影响和趋势

我国气候类型复杂多样，大陆性季风气候特点显著，气候波动剧烈。与全球气候变化整体趋势相对应，我国平均气温明显上升。近100年来，年平均气温上升幅度略高于同期全球升温平均值，近50年变暖尤其明显。降水和水资源时空分布更加不均，区域降水变化波动加大，极端天气气候事件危害加剧。20世纪90年代以来，我国平均每年因极端天气气候事件造成的直接经济损失超过2000多亿元，死亡2000多人。

气候变化已经和持续影响到我国许多地区的生存环境和发展条件。区域性洪涝和干旱灾害呈增多增强趋势，北方干旱更加频繁，南方洪涝灾害、台风危害和季节性干旱更趋严重，低温冰雪和高温热浪等极端天气气候事件频繁发生。基础设施的建设和运行安全受到影响，农业生产的不稳定性和成本增加，水资源短缺日益严重，海平面不断上升，风暴潮、巨浪、海岸侵蚀、土壤盐渍化、咸潮等对海岸带和相关海域造成的损失更为明显，森林、湿地和草原等生态系统发生退化，生物多样性受到威胁，多种疾病特别是灾后传染性疾病发生和传播风险增大，对人体健康威胁加大。预计未来气温上升趋势更加明显，不利影响将进一步加剧，如不采取有效应对措施，极端天气气候事件引起的灾害损失将更为严重。

（二）工作现状

我国政府重视适应气候变化问题，结合国民经济和社会发展规划，采取了一系列政策和措施，取得了积极成效。

适应气候变化相关政策法规不断出台。1994年颁布的《中国二十一世纪议程》首次提出适应气候变化的概念，2007年制定实施的《中国应对气候变化国家方案》系统阐述了各项适应任务，2010年发布的《中华人民共和国国民经济和社会发展第十二个五年规划纲要》明确要求“在生产力布局、基础设施、重大项目规划设计和建设中，充分考虑气候变化因素。提高农业、林业、水资源等重点领域和沿海、生态脆弱地区适应气候变化水平”。农业、林业、水资源、海洋、卫生、住房和城乡建设等领域也制定实施了一系列与适应气候变化相关的重大政策文件和法律法规。

基础设施建设取得进展。“十一五”期间，新增水库库容381亿立方米，新增供水能力285亿立方米，新建和加固堤防17080公里，完成专项规划内6240座大中型及重点小型病险水库除险加固任务。开展农田水利基本建设与旱涝保收标准农田建设，净增农田有效灌溉面积5000万亩。

相关领域适应工作有所进展。推广应用农田节水技术4亿亩以上，“十一五”期间全国农田灌溉用水有效利用系数提高到0.50。推广保护性耕作技术面积8500万亩以上，培育并推广高产优质抗逆良种，推广农业减灾和病虫害防治技术。开展造林绿化，全国完成造林面积2529万公顷，森林面积达到1.95亿公顷，森林覆盖率达到20.36%，草原综合植被盖度达到53%，新增城市公园绿地面积15.8万公顷，城市建成区绿地率达到34.47%，城市建成区绿化覆盖率达到38.62%。加强城乡饮用水卫生监督监测，保障居民饮用水安全。出台自然灾害卫生应急预案，基本建立了快速响应和防控框架。开展气象灾害风险区划、气候资源开发利用等系列工作，建立了较完善的人工增雨体系。开展生态移民，加强气候敏感脆弱区域的扶贫开发。

生态修复和保护力度得到加强。保护森林、草原、湿地、荒漠生态系统和生物多样性。“十一五”期间，退耕还林工程完成造林542万公顷，退牧还草工程累计实施围栏建设3240万公顷，草原综合植被盖度达到53%，新增湿地保护面积150万公顷，恢复各类湿地8万公顷，新增水土流失治理面积23万平方公里，治理小流域2万多个。建立各级各类自然保护区和野生动物疫源疫病监测站。开展红树林栽培移种、珊瑚礁保护、滨海湿地退养还滩等海洋生态恢复工作。

监测预警体系建设逐步开展。开展极端天气气候事件及其次生衍生灾害的综合观测、监测预测及预警。开展全国沿海海平面变化影响调查和海平面观测。

（三）薄弱环节

我国适应气候变化工作尽管取得了一些成绩，但基础能力仍待提高，工作中还存在许多薄弱环节。

适应工作保障体系尚未形成。适应气候变化的法律法规不够健全，各类规划制定过程中对气候变化因素的考虑普遍不足。应急管理体系亟需加强，各类灾害综合监测系统建设与适应需求之间还有较大差距，部分地区灾害监测、预报、预警能力不足。适应资金机制尚未建立，政府财政投入不足。科技支撑能力不足，国家、部门、产业和区域缺乏可操作性的适应技术清单，现有技术对于气候变化因素的针对性不强。

基础设施建设不能满足适应要求。基础设施建设、运行、调度、养护和维修的技术标准尚未充分考虑气候变化的影响，供电、供热、供水、排水、燃气、通信等城市生命线系统应对极端天气气候事件的保障能力不足。农业、林业基础设施建设滞后，部分农田水利基础设施老化失修，水利设施的建设和运行管理对气候变化的因素考虑不足，渔港建设明显滞后，难以满足渔港避风需要。

敏感脆弱领域的适应能力有待提升。农业产业化、规模化和现代化程度不够，种植制度和品种布局不尽合理，农情监测诊断能力不足，现有技术和装备防控能力不足以应对农业灾害复杂化和扩大化趋势。一些区域水资源战略配置格局尚未形成，城乡供水保障能力不高，大江大河综合防洪减灾体系尚不完善，主要易涝区排涝能力不足。森林火灾与林业有害生物监测预警系统、林火阻隔系统以及应急处置系统建设有待提升，湿地、荒漠生态系统适应气候变化能力和抗御灾害能力有待加强。采矿、建筑、交通、旅游等行业部门防范极端天气气候事件能力不足。人体健康受气候变化影响的监测、评估和预警系统尚未建立，现有传染病防控体系不能满足进一步遏制媒介传播疾病的需求。

生态系统保护措施亟待加强。土地沙化、水土流失、生物多样性减少、草原退化、湿地萎缩等趋势尚未得到根本性扭转，区域生态安全风险加大。对沿海低洼地区和海岛海礁淹没及海岸带侵蚀风险缺乏有效应对措施，滨海湿地面积减少、红树林浸淹死亡、珊瑚礁白化等生态问题未能得到有效遏制。

二、总体要求

（一）指导思想和原则

以邓小平理论、“三个代表”重要思想、科学发展观为指导，贯彻落实党的十八大精神，大力推动生态文明建设，坚持以人为本，加强科技支撑，将适应气候变化的要求纳入我国经济社会发展的全过程，统筹并强化气候敏感脆弱领域、区域和人群的适应行动，全面提高全社会适应意识，提升适应能力，有效维护公共安全、产业安全、生态安全和人民生产生活安全。

我国适应气候变化工作应坚持以下原则：

突出重点。在全面评估气候变化影响和损害的基础上，在战略规划制定和政策执行中充分考虑气候变化因素，重点针对脆弱领域、脆弱区域和脆弱人群开展适应行动。

主动适应。坚持预防为主，加强监测预警，努力减少气候变化引起的各类损失，并充分利用有利因素，科学合理地开发利用气候资源，最大限度地趋利避害。

合理适应。基于不同区域的经济社会发展状况、技术条件以及环境容量，充分考虑适应成本，采取合理的适应措施，坚持提高适应能力与经济社会发展同步，增强适应措施的针对性。

协同配合。全面统筹全局和局部、区域和局地以及远期和近期的适应工作，加强分类指导，加强部门之间、中央和地方之间的协调联动，优先采取具有减缓和适应协同效益的措施。

广泛参与。提高全民适应气候变化的意识，完善适应行动的社会参与机制。积极开展多渠道、多层次的国际合作，加强南南合作。

（二）主要目标

适应能力显著增强。主要气候敏感脆弱领域、区域和人群的脆弱性明显降低；社会公众适应气候变化的意识明显提高，适应气候变化科学知识广泛普及，适应气候变化的培训和能力建设有效开展；气候变化基础研究、观测预测和影响评估水平明显提升，极端天气气候事件的监测预警能力和防灾减灾能力得到加强。适应行动的资金得到有效保障，适应技术体系和技术标准初步建立并得到示范和推广。

重点任务全面落实。基础设施相关标准初步修订完成，应对极端天气气候事件能力显著增强。农业、林业适应气候变化相关的指标任务得到实现，产业适应气候变化能力显著提高。森林、草原、湿地等生态系统得到有效保护，荒漠化和沙化土地得到有效治理。水资源合理配置与高效利用体系基本建成，城乡居民饮水安全得到全面保障。海岸带和相关海域的生态得到治理和修复。适应气候变化的健康保护知识和技能基本普及。

适应区域格局基本形成。根据适应气候变化的要求，结合全国主体功能区规划，在不同地区构建科学合理的城市化格局、农业发展格局和生态安全格局，使人民生产生活安全、农产品(000061,股吧)供给安全和生态安全得到切实保障。

三、重点任务

针对各领域气候变化的影响和适应工作基础，制定实施重点适应任务，选择有条件的地区开展试点示范，探索和推广有效的经验做法，逐步引导和推动各项适应工作。

（一）基础设施

加强风险管理。建立气候变化风险评估与信息共享机制，制定灾害风险管理措施和应对方案，开展应对方案的可行性论证，提高气候变化风险管理水平。在项目申请报告或规划内的“环境和生态影响分析”等篇章中，考虑将气候变化影响和风险作为单独内容进行分析。

修订相关标准。根据气候条件的变化修订基础设施设计建设、运行调度和养护维修的技术标准。对有关重大水利工程进行必要的安全复核，考虑地温、水分和冻土变化完善铁路路基等建设标准，根据气温、风力与冰雪灾害的变化调整输电线路、设施建造标准与电杆间距，根据海平面变化情况调整相关防护设施的设计标准。

专栏1 上海城市基础设施极端天气气候事件防御适应试点示范工程

针对上海极端天气气候事件损失加大、海平面上升等问题开展试点示范工程，以气象、海洋灾害防护标准修订及配套设施建设为重点，推广大城市加强基础设施防御极端天气气候事件能力的经验。

在城市规划建设中充分考虑气候变化因素，开展城市防护标准修订，重点修订上海的城市防洪、排水、供电、供水、供气和通信等基础设施的气象灾害防护标准，对已有和在建基础设施按照新标准进行改造。

完善灾害应急系统。建立和完善保障重大基础设施正常运行的灾害监测预警和应急系统。向大中型水利工程提供暴雨、旱涝、风暴潮和海浪等预警，向通信及输电系统提供高温、冰雪、山洪、滑坡、泥石流等灾害的预警，向城市生命线系统提供内涝、高温、冰冻的动态信息和温度剧变的预警，向交通运输等部门提供大风、雷电、浓雾、暴雨、洪水、冰雪、风暴潮、海浪、海冰等灾害的预警等。完善相应的灾害应急响应体系。

专栏2 广东城市灾害应急系统建设适应试点示范工程

针对广东台风、风暴潮等灾害影响更为复杂、损害更为严重等问题开展试点示范工程，以加强城市灾害的监测预警和风险管理、减轻灾害影响为重点，推广城市防御极端天气气候事件应急系统建设的经验。

开展台风监测预警，完善卫星、雷达、海上浮标、沿岸海洋站、地面气象站、应急机动观测设施等组成的台风监测系统，研发台风数值预报和综合预报技术系统，增强台风预警预报能力，加强台风信息的及时发布。健全应急指挥和社会联动的台风响应机制，建立多部门协作应急防御体系，编制城市防御台风预案，落实到学校、街道、社区等，向市民普及防御台风知识。

专栏3 云南农村灾害应急系统建设适应试点示范工程

针对云南山洪、滑坡、泥石流等灾害发生风险增大、灾害损失增加等问题开展试点示范工程，以农村监测预警体系、灾害应急响应系统、防治灾害信息化等系统建设为重点，推广农村防御极端天气气候事件应急系统建设的经验。

完善灾害监测、预报与预警体系，建设灾害应急响应信息服务平台，编制和修订乡镇级、村级灾害应急预案并组织演练。加强灾害应急救援和抢险队伍建设，建立应急设备与物资贮备制度，建设布局合理的灾害应急避难场所。建立灾害风险评估体系，加强灾害发生信息、动态管理数据库、灾害防治技术库和专家库等的建设。

科学规划城市生命线系统。科学规划建设城市生命线系统和运行方式，根据适应需要提高建设标准。按照城市内涝及热岛效应状况，调整完善地下管线布局、走向以及埋藏深度。根据气温变化调整城市分区供暖、供水调度方案，提高地下管线的隔热防潮标准等。

专栏4 河北城市水系统建设适应试点示范工程

针对河北城市供水系统能力薄弱、地下水严重超采、地面沉降、海水入侵等问题开展试点示范工程，以开展河湖水系连通和水源优化配置、引黄补淀、地下水回灌等工程措施为重点，推广气候变化条件下城市综合配置水资源的经验。

开展环城水系综合配置工程，调整改造城市水系，在城市周边合理兴建必要的蓄水河道、人工湿地、防洪生态工程及防风防沙绿色屏障等，优化调整人工河湖规模；开展城市集雨工程建设。开展地下水回灌工程，利用雨洪泄水等回灌补充地下水，利用现有石津渠和沙河灌区等灌溉渠道补充城市和生态环境用水，在总干渠七里河、白马河、滹沱河、沙河和濮阳河利用退水闸补充地下水。

（二）农业

加强监测预警和防灾减灾措施。运用现代信息技术改进农情监测网络，建立健全农业灾害预警与防治体系。构建农业防灾减灾技术体系，编制专项预案。加强气候变化诱发的动物疫病的监测、预警和防控，大力提升农作物病虫害监测预警与防控能力，加强病虫害统防统治，推广普及绿色防控与灾后补救技术，增加农业备灾物资储备。

提高种植业适应能力。继续开展农田基本建设、土壤培肥改良、病虫害防治等工作，大力推广节水灌溉、旱作农业、抗旱保墒与保护性耕作等适应技术。到2020年，农作物重大病虫害统防统治率达到50%以上，农田灌溉用水有效利用系数提高到0.55以上，作物水分利用效率提高到1.1千克/立方米以上。

专栏5 吉林粮食主产区黑土地保护治理适应试点示范工程

针对吉林中西部黑土地水土流失、肥力下降等威胁粮食生产的问题开展试点示范，以治理水土流失、恢复土壤肥力等综合性措施为重点，推广黑土地适应气候变化的经验。

开展农田保育建设，增施有机肥、培肥土壤和恢复地力，建设高标准基本农田和有机肥加工厂，全面提升黑土地耕地质量。开展生态修复建设，加强坡耕地治理和生态防护林建设，科学配置工程、技术、生物措施，控制水土流失，恢复和重建植被，维护黑土地可持续耕种。开展农田水利建设，加快灌区续建配套与节水改造，全面推进节水型农业建设，提高黑土地耕种水平。

利用气候变暖增加的热量资源，细化农业气候区划，适度调整种植北界、作物品种布局和种植制度。在熟制过渡地区适度提高复种指数，使用生育期更长的品种。加强农作物育种能力建设，培育高光效、耐高温和抗寒抗旱作物品种，建立抗逆品种基因库与救灾种子库。

专栏6 黑龙江农业利用气候变化有利因素适应试点示范工程

针对黑龙江积温增加、作物生长期延长等气候变化有利影响开展试点示范，以调整种植结构和选育作物品种、推广应用抗旱保墒技术等农业适应技术为重点，推广农业生产利用气候变化有利因素的经验。

开展种植结构调整与新品种选育，重新进行积温带划分，调整农作物种植结构与品种布局；选育耐干旱、耐高温的适应性作物新品种，拓宽品种资源；建立并完善新品种选育、引进、繁殖、推广紧密衔接的现代种子产业体系。开展农业适应技术研发推广，采取适应气候变化的作物栽培集成技术，调整以适应抽穗期变动为核心的“生产技术规程”，开发综合配套生产技术。积极推行农田抗旱保墒措施和具有保水、保土、培肥、增产综合作用的保护性耕作技术，加大生物有机肥料投入。

引导畜禽和水产养殖业合理发展。按照草畜平衡的原则，实行划区轮牧、季节性放牧与冬春舍饲。加大草场改良、饲草基地以及草地畜牧业等基础设施建设，鼓励农牧区合作，推行易地育肥模式。修订畜舍与鱼池建造标准，构建主要农区畜牧养殖适应技术体系。合理调整水产养殖品种、密度、饲养周期，合理布局海洋捕捞业，加强水环境保护、鱼病防控和泛塘预警。加强渔业基础设施和装备建设。

专栏7 内蒙古典型草原畜牧业发展适应试点示范工程

针对内蒙古典型草原受气候暖干化影响产生的退化和沙化等问题开展试点示范工程，以退化草原的修复与保护为重点，采取政策、经济、工程等措施，综合治理退化草原，推广气候变化条件下基于草畜平衡的草原畜牧业发展经验。

结合实施退牧还草工程和草原生态保护补助奖励机制，开展退化草地生态恢复建设，加强草地资源与环境监测、水资源利用与管理，采取耐旱牧草与适应性牲畜品种推广等措施，推进草地畜牧业适度规模经营与合作牧场制度建设。开展牧区基础设施与民生建设，加强牧场饮水点、饲草料库、高效节水灌溉饲草料基地、牧户太阳能、风能利用等基础设施建设，完善极端天气气候事件监测预警信息服务等系统建设。

加强农业发展保障力度。促进农业适度规模经营，提高农业集约化经营水平。扩大农业灾害保险（放心保）试点与险种范围，探索适合国情的农业灾害保险制度。加强农民适应技术培训，到2020年农村劳动力实用适应技术培训普及率达到70%。

（三）水资源

加强水资源保护与水土流失治理。加强水功能区管理和水源地保护，合理确定主要江河、湖泊生态用水标准，保证合理的生态流量和水位。加强水环境监测与水生态保护。在全面规划的基础上，将预防、保护、监督、治理和修复相结合，因地制宜、因害设防，优化配置工程、生物和农业等措施，构建科学完善的水土流失综合防治体系。“十二五”期间，新增水土流失治理面积2500万公顷。

专栏8 江西鄱阳湖水资源保护适应试点示范工程

针对江西鄱阳湖流域旱涝灾害频发、生态功能退化等问题开展试点示范工程，以合理规划、配置和保护水资源为重点，改善鄱阳湖的生态环境，推广提高流域适应气候变化综合能力的经验。

开展水利建设，加快推进峡江、浯溪口水利枢纽工程建设，实施“五河”重点河段治理工程，新建白梅、四方井、井山等水库，加快推进鄱阳湖区蓄滞洪区建设。开展流域综合生态保护与恢复，综合整治城市沿河环境与湖泊生态环境，巩固退田还湖、还泽、还滩成果，完善引水设施体系，实施水位和水文周期调节，恢复流域植被；建立自然湿地恢复区，加强库区、小型湖泊、山塘、港汊、农田、溪流的自然生态保护。在滨湖控制开发带建设防护林，在“五河”沿岸建设绿化带，推进农田林网工程，重点加强“五河”及一、二级支流源头保护区的水源涵养林、水土保持林以及森林公园建设。

构建水资源配置格局。加大节水型社会建设力度，因地制宜修建各种蓄水、引水和提水工程，完善骨干水源工程和灌溉工程，加快南水北调东线、中线一期工程建设和西线工程前期论证。实行最严格的水资源管理制度，严格规划管理、水资源论证和取水许可制度，强化用水总量控制和定额管理。限制缺水地区城市无序扩展和高耗水产业发展。合理开发利用雨洪、海水、苦咸水、再生水和矿井水等非常规水资源。

健全防汛抗旱体系。加快江河干支流控制性枢纽建设，加强重要江河堤防建设和河道整治。调整城镇发展和产业布局，科学设置并合理运用蓄滞洪区，严禁盲目围垦、设障侵占河滩及行洪通道，加强洪水风险管理。健全各级防汛抗旱指挥系统，完善应急机制，加强灾害监测、预测、预报和预警。

专栏9 新疆融雪型洪水灾害综合防治适应试点示范工程

针对新疆融雪型洪水发生频次增多、洪峰流量增大等问题开展试点示范，以融雪型洪水防治体系建设、监测预警和工程性防治措施为重点，在气候条件相似地区推广新疆增强防汛能力的经验。

开展监测预警体系建设，加强融雪型洪水监测网络建设，开展气象水文监测填空加密工程与洪水灾害临近预报系统工程的建设，加强重点区域中小尺度精细化气象水文协同预报能力建设。开展针对性水利工程建设，因地制宜建设大中型水库，在重要河流上建设山区控制性水利工程；加强病险水库除险加固工程、河道护岸及堤防工程、排洪渠工程和沟道疏浚工程等的建设。开展综合防御体系建设，在融雪型洪水灾害的监测预防、预报预警、灾后应急等方面制定相应的政策法规；编制灾害风险区划图，制定综合防治规划；对处于灾害危险区，生存条件恶劣、地势低洼与治理困难地方的居民实施永久搬迁。

（四）海岸带和相关海域

合理规划涉海开发活动。建设覆盖海岸带地区及海岛的气候变化影响评估系统，开展海洋灾害风险评估与区划工作。新编或修编各类涉海规划时，充分考虑气候变化因素，引导各类沿海开发活动有序开展。

加强沿海生态修复和植被保护。选划建设海洋保护区，实施典型海岛、海岸带及近海生态系统修复工程。保护现有海岸森林，加强海岸绿化和海岛植被修复，加大沿海防护林营造力度。

加强海洋灾害监测预警。依托现有海洋环境保障项目，完善覆盖全国海岸带和相关海域的海平面变化和海洋灾害监测系统，重点加强风暴潮、海浪、海冰、赤潮、咸潮、海岸带侵蚀等海洋灾害的立体化监测和预报预警能力，强化应急响应服务能力。

专栏10 海南生态修复与海洋灾害应急适应试点示范工程

针对海南海岸带侵蚀、海洋灾害频发、海岸生态系统脆弱等问题开展试点示范工程，以海洋生态修复、灾害防御工程建设和沿岸土地治理为重点，推广海岸带和岛屿适应气候变化的经验。

组织海岸带脆弱性评估，开展海岛生态修复，保护和修复海口东寨港等红树林、三亚蜈支洲等珊瑚礁、陵水黎安港等海草床生态系统。开展防御风暴潮设施系统建设，完善海洋灾害观测系统；健全海岛防风、防浪、防潮工程，加强避风港、渔港、锚地、防波堤、海堤、护岸等设施建设；开展城区防潮防洪排涝，建设一批对海岛地区发展具有全局性、基础性、关键性的防灾减灾工程。加强沿岸土地治理和海岸带土地侵蚀与盐渍化整治，阻挡海水入侵，防治海岸带土壤质量下降。

（五）森林和其他生态系统

完善林业发展规划。完善覆盖全国主要生态区的林业观测站网，加强气候变化对林业影响的监测评估。完善林业建设工程规划，加强天然林保护、退耕还林以及“三北”、长江、沿海等防护林体系、京津风沙源治理等林业重点工程建设。

加强森林经营管理。根据气温、降水变化合理调整与配置造林树种和林种，优化林分结构，选择优良乡土树种，构建适应性强的人工林系统。全面开展森林抚育经营，提升森林整体质量，构建健康稳定、抗逆性强的森林生态系统。到2020年，森林覆盖率达到23%，森林蓄积量达到150亿立方米以上。

有效控制森林灾害。提高森林火灾防控能力，减少火灾发生次数，控制火灾影响范围，降低火灾造成的损失。加强林业有害生物监测预警工作和测报点建设，提高森林有害生物监测防控力度，防控外来有害生物入侵。到2020年，森林火灾受害率控制在1‰以下，林业有害生物成灾率控制在4‰以下。

专栏11 四川森林保护和经营适应试点示范工程

针对四川造林难度加大、森林质量不高、林业生物灾害和森林火灾损失加剧等问题开展试点示范，以森林抚育经营、森林灾害监测预警和应急防控体系建设为重点，推广气候变化条件下森林经营和控制森林灾害的经验。

开展造林和森林抚育经营，选择乡土树种，营造混交林；加强森林抚育和低效林改造，调整林分结构，促进形成异龄、复层、混交林分，提高森林生态系统适应气候变化和抵抗灾害的能力。开展监测预警体系建设，建设林业有害生物和森林火灾遥感监测、数据采集与传输、预警信息处理与发布等基础信息平台；建立森林火险预警系统，改进林火监测系统，加强林业有害生物和森林火险等级的实时监测、预报、预警等应急信息管理。开展应急防控体系建设，加强林业有害生物和森林防火综合防控设施等建设；强化省、市、县三级森林灾害应急指挥系统建设。

促进草原生态良性循环。恢复和提高草原涵养水源、保持水土和防风固沙能力，提高草原火灾防控能力，加大草原虫鼠害监控和防治力度，控制天然草原的毒害草危害，有效保护草地资源。继续推进草原保护建设工程，提高草原综合植被盖度，到2020年，“三化”草原治理率达到55.6%。

加强生态保护和治理。完善自然保护区网络、基础设施和管理机构，加强野生动植物栖息地环境和生物多样性保护。大力推进生态清洁小流域建设，加强对重点生态功能区湿地、荒漠等生态系统的保护，人工促进退化生态系统的功能恢复。适时开展生态移民，减轻脆弱地区环境压力。到2020年，自然湿地有效保护率达到60%以上，沙化土地治理面积达到可治理面积的50%以上，95%以上的国家重点保护野生动物和90%以上极小野生植物种类得到有效保护，荒漠化、石漠化治理取得较大成效。

专栏12 宁夏生态移民适应试点示范工程

针对宁夏生态环境脆弱、干旱面积大、水土流失严重、土地人口承载力低、贫困人口生计困难等问题开展试点示范工程，以开展生态移民、减轻人口压力为重点，推广生态脆弱地区适应气候变化和保护生态系统的经验。

开展迁入区绿色家园建设，鼓励并支持移民发展设施农业、节水种植、高效养殖和特色产业；组织安排劳务输出技能和种植养殖技能培训，使特色农牧业收入和劳务收入成为移民的主体收入；因地制宜发展经济林、庭院经济、生态循环农业等，打造特色生态安置区。开展迁出区生态建设，在六盘山地区营造水源涵养林，实行乔灌草植被合理配置，综合运用工程、生物和耕作措施整治坡耕地水土流失；优化种植结构，推广保护性耕作；针对不同沙漠化土地类型，坚持工程措施与生物措施相结合、人工治理与自然修复相结合以防治土地沙化。落实草原生态保护补助奖励机制；加大退化草场补播改良力度。

专栏13 广西石漠化防治适应试点示范工程

针对广西岩溶地貌分布广泛、石漠化严重、土地承载力低、生态环境脆弱等特点开展试点示范工程，以石漠化生态治理和生产生活改善为重点，总结推广石漠化地区适应气候变化的经验。

开展生态环境治理建设，积极采取生物、工程等措施控制水土流失；实施退耕还林、封山育林以及森林生态效益补偿等治理工程，降低石漠化地区开发强度；在典型石漠化地区构建基于天-地-空的生态环境立体监测体系，开展气候变化对石漠化地区的影响评估，遏制石漠化扩展趋势，恢复岩溶地区生态环境。开展生产生活改善工程，因地制宜发展以沼气为纽带的生态农业和复合农林牧立体农业；坚持小流域综合治理，改善蓄水池、排灌沟渠等农田基础设施，提高农业综合生产能力；实施坡改梯、培肥沃土等工程，提高耕地质量；在综合条件特别恶劣的地区实行易地搬迁，与城镇化、工业化建设相结合拓宽石漠化地区适应气候变化的途径。

（六）人体健康

完善卫生防疫体系建设。加强疾病防控体系、健康教育体系和卫生监督执法体系建设，提高公共卫生服务能力。修订居室环境调控标准和工作环境保护标准，普及公众适应气候变化健康保护知识和极端事件应急防护技能。加强饮用水卫生监测和安全保障服务。

专栏14 重庆人体健康防控体系建设适应试点示范工程

针对重庆热浪频发和媒介传播疾病上升等问题开展试点示范工程，以媒介传播疾病防控、高温热浪预防应急响应和人体健康监测预警为重点，推广气候变化条件下保护人体健康的经验。

开展三峡库区媒介传播疾病防控体系建设，完善三峡库区卫生设施配置，特别是在病原微生物、理化、消杀、毒理实验室和现场检测仪器设备配置方面；加强媒介传播疾病的监测、预警和防控。开展高温热浪预防和应急响应系统建设，针对夏季高温热浪频发，修订职业劳动防护标准；完善相关疾病的救治设施，重点加强化工、冶金、建筑等气候敏感产业的医疗救治能力建设；加强热浪和极端气候条件下健康教育和风险沟通体系建设，建立健康保护知识和技能健康教育资源库。开展人体健康监测预警，建立极端天气气候事件与人体健康监测预警网络，实时进行监测评估；编制和修订应对极端天气气候事件的卫生应急预案，建立应急物资储备库。

开展监测评估和公共信息服务。开展气候变化对敏感脆弱人群健康的影响评估，建立和完善人体健康相关的天气监测预警网络和公共信息服务系统，重点加强对极端天气敏感脆弱人群的专项信息服务。

加强应急系统建设。加强卫生应急准备，制定和完善应对高温中暑、低温雨雪冰冻、雾霾等极端天气气候事件的卫生应急预案，完善相关工作机制。

（七）旅游业和其他产业

维护产业安全。加强极端天气气候事件增多条件下的劳动保护，及时发布气象预警信息，强化旅游、采矿、建筑、交通等产业的安全事故防控，制定应急预案，建立应急救援机制，提升服务设施的抗风险能力。

合理开发和保护旅游资源。综合评估气候、水文、土地、生物等自然禀赋状况开发旅游资源，调整旅游设施建设与项目设计，利用和整合伴随气候变化而新出现的气象景观、植物景观、地貌景观等开发新的旅游资源。采取必要的保护性措施，防止水、热、雨、雪等气候条件变化造成旅游资源进一步恶化，加强对受气候变化威胁的风景名胜资源以及濒危文化和自然遗产的保护。

利用有利条件推动旅游产业发展。把握气候变化条件下新的旅游市场需求特征，加快推动特色民俗、文化表演、时尚休闲、展览展会、美食购物等受气候条件影响较小业态的创新性发展，增强冰雪旅游、滨海旅游等自然依托型业态的应对能力。利用气候变暖延长适游时间的机遇，充实旅游产品和项目，丰富旅游内容。

四、区域格局

按照全国主体功能区规划有关国土空间开发的内容，统筹考虑不同区域人民生产生活受到气候变化的不同影响，具体提出各有侧重的适应任务，将全国重点区域格局划分为城市化、农业发展和生态安全三类适应区。

（一）城市化地区

城市化地区是指人口密度较高，已形成一定规模城市群的主要人口集聚区。按照不同气候和区位条件划分为东部城市化地区、中部城市化地区和西部城市化地区。重点任务是在推进城镇化进程的同时提升城市基础设施适应能力，改善人居环境，保障人民生产生活安全。

1.东部城市化地区

合理规划和完善城市河网水系，改善城市建筑布局，缓解城市热岛效应；改造原有排水系统，增强城市排涝能力，构建和完善城市排水防涝和集群区域防洪减灾工程布局；减少不透水地面面积，逐步扩大城市绿地和水体面积，结合城市湿地公园，充分截蓄雨洪，明确排水出路，减轻城市内涝。

加强沿海城市化地区应对海平面上升的措施，提高城市基础设施的防护标准，加高加固海堤工程；采取河流水库调节下泄水量、以淡压咸和生态保护建设等措施应对河口海水倒灌和咸潮上溯；完善海港、渔港规划布局，加强防灾型海港和渔港建设。

加强对台风、风暴潮、局地强对流等灾害性、转折性重大天气气候事件的监测预警能力，做到实时监测、准确预报、及时预警、广泛发布；重点加强对城市生命线系统、交通运输及海岸带重要设施的安全保障。

根据资源承载力和环境容量，充分考虑气候变化的影响，科学编制城市规划，疏解中心城市人口压力，使城市群与周围腹地的资源环境实现优化配置；逐步调整产业结构，发展节水型经济，建设节水型城市。

2.中部城市化地区

要求工业生产和城市建设量水而行，建设一批防洪抗旱骨干调蓄工程，加强原有排水系统改造及排水防涝设施建设，增强城市排水防涝能力。加强应对气象灾害能力建设。

建立并完善城市健康保障体系，加强对血吸虫等媒介传播疾病的防控；加强对南水北调中线工程的水质监控；合理规划城市群建设，预留适当比例的城市绿地及水体，保护并恢复城市周边湿地；完善城市基础设施和公共服务，提高城市的人口承载能力。

3.西部城市化地区

限制缺水城市的无序扩张和高耗水产业发展，保护并合理开发利用水资源，采用透水铺装，建设下沉式集雨绿地，补充地下水，促进节水型城市建设；合理考虑城市建设和人口布局，宜建则建、宜迁则迁；加强西北地区城市周边防风固沙生态屏障建设。建立健全西南地区城市气象、地质灾害的应急防范机制；构建综合监测网，实现部门间信息共享，建立及时高效的城市地质、气象灾害预警系统。

（二）农业发展地区

农业发展地区指人口密度相对较小、尚未形成大规模的城市群，同时具备较好农业生产条件的主要农产品主产区。按不同气候和区位条件划分为东北平原区、黄淮海平原区、长江流域区、汾渭平原区、河套地区、甘肃新疆区和华南区。重点任务是保障农产品安全供给和人民安居乐业。

1.东北平原区

充分利用热量资源增加的有利条件，在统筹协调农业生产与湿地保护的基础上适度发展水稻种植；建设优质玉米、大豆种植带，着力提高单产；适度提早播种和改用生育期更长的品种，调整种植结构和品种布局；大力推广农田节水技术；加强林业生态建设，减少水土流失；保护土壤肥力，促进黑土地的可持续利用。

加强流域水资源管理，在有条件的地区修建必要的水资源配置工程；控制在城市和水稻产区的地下水超采，推广普及节水灌溉栽培技术；加强农作物病虫草害统防统治。加大农村土地整治力度，综合考虑田、水、路、林、村优化布局；加强湿地保护，完成三江平原、东部地区土地整理等重大工程，促进农村环境改善。

2.黄淮海平原区

加快灌区节水改造，完善田间灌排体系，因地制宜推广管灌、喷灌、滴灌等节水灌溉技术，充分利用雨洪、中水、微咸水等非传统水资源；提高农村居民生活节水意识，加大农村饮用水工程建设力度；控制地下水资源的过度开采；利用雨季回补地下水。

调整种植结构，扩大耐旱节水作物品种，北部适当扩大小麦、玉米两茬复种；针对小麦冬旱和春季霜冻加剧，加强保墒防冻管理；充分利用冬春变暖，扩大节水型保护地生产。大力推进重大病虫草鼠害的统防统治；优化农区土地利用，分区整治盐渍化土地；统筹提高农地利用效率，改善农民居住条件。

3.长江流域区

加强长江中上游水土保持与中游退田还湖力度，推进干支流骨干水库与堤防工程建设，加强蓄滞洪区的建设管理，减轻洪涝灾害损失。加强农田水利建设，因地制宜调整种植制度，提高抗御季节性干旱与冬春湿害的能力。修订养殖设施建设标准，加强防暑降温设施改造，推广健康养殖模式，强化动物疫病防控，加强水产养殖业的水环境保护。加快推进农村房屋改造和洪水灾害高风险区移民工作；加强血吸虫等疫病的防控工作。

4.汾渭平原区

加强灌区节水设施配套建设，维修完善水利工程；统筹工业、农业和生活用水管理，推广农田节水灌溉和栽培技术，积极推进农村饮水安全项目建设。

适度扩大小麦、玉米两茬平作，提高复种指数；加强病虫害综合防治；缺水地区减少小麦面积，扩大耐旱作物种植；提高农村防灾减灾能力。

5.河套地区

完善灌区水利工程和灌溉调度；调整种植结构，压缩水稻和小麦等耗水作物，扩大耐旱节水作物种植；推广节水灌溉技术，充分利用秋季其他农区需水不多的时机，及时引水灌溉增加底墒。

加强冬末气温预报，适度提早小麦播种期以避开潮塌，适当提早玉米、向日葵播种期和改用生育期更长的品种；充分利用冬季变暖的光热条件适度扩大冬春保护地生产；加强早春凌汛预警，及时破冰泄洪。

6.甘肃新疆区

充分利用有利的光热条件，在稳定粮食生产基础上发展棉花、瓜果等特色农业；加强流域水资源综合管理，统筹协调上、中、下游用水矛盾，控制上、中游的过度垦荒规模，超采地区适度关井压田，退耕还林还草；大力推广膜下滴灌、地膜覆盖、垄膜沟灌等农田节水技术；修建拦蓄工程，减轻融雪性洪水灾害，增加可利用水资源。

甘肃东部推广集雨补灌与农田节水技术，扩大种植杂交谷子、马铃薯等耐旱高产作物以及特色林果。加强农林有害生物防控；保护与恢复森林植被；采取综合措施防沙治沙，加强边境地区野生动物疫源疫病联防联控；加快“安民富民兴牧工程”建设力度，改善贫困人口生活状况。

7.华南区

充分利用华南气候优势，在稳定粮食生产的基础上扩大热带、亚热带经济作物、果树和冬季蔬菜生产；根据冬季变暖和气候波动状况，合理确定热带、亚热带作物种植北界；加强华南中北部的作物寒害防御；开展迁飞性、流行性病虫害的监控。

鼓励山区发展立体农业，农、林、牧、渔业合理梯度布局；加强沿海台风与山区暴雨山洪灾害的预警和防范。

宣传普及登革热等媒介传播疾病防控知识，提高农村基层医疗机构防治能力。

（三）生态安全地区

生态安全地区是指人类活动较少，开发相对有限，但对国家或区域生态安全具有重大意义的典型生态区域。按不同气候和区位条件划分为东北森林带、北方防沙带、黄土高原—川滇生态屏障区、南方丘陵山区、青藏高原生态屏障区。重点任务是保障国家生态安全和促进人与自然和谐相处。

1.东北森林带

加强高温、干旱、大风、雷电等林火致灾因素和寒潮低温天气的监测预警，充分利用航空航天遥感、雷电监测等高科技手段，及时提供监测预警信息，排除火灾、冻害隐患。

增强森林火灾、冻害防控力度；选用耐火树种营造防火隔离带，提高森林防火道路网密度，完善森林防火设施设备。选用耐旱树种，培育人工混交林，节约生态用水量，提高造林成活率。

加强森林抚育经营，调整森林结构，提高森林质量，增强森林生态系统稳定性、适应性和抗逆性。建立森林和湿地退化评估机制，严格控制商业采伐和湿地开垦。

2.北方防沙带

控制生态脆弱地区的人口规模，制止滥开垦、滥放牧、滥樵采，对暂不具备治理条件的连片沙化土地逐步实行封禁保护；统筹流域水资源配置，保障下游生态用水。保护沙区现有植被，加快沙化土地和退耕地植被恢复，营造防沙林，综合治理退化草原，综合运用生物和工程措施治理沙化土地。

3.黄土高原—川滇生态屏障区

加强对水土流失、植被状况、湿地面积变化、森林火灾、山地灾害的监测。加强黄土高原丘陵地区和秦巴山区水土流失治理，重点实施25°以上陡坡退耕还林（草）和林分改造。

加强黄土高原区和秦巴山区小流域综合治理，加大坡改梯和淤地坝工程建设力度，推广集雨补灌、保墒耕作等土壤增湿措施。川滇高原山地实行草原封育禁牧；若尔盖草原湿地和甘南黄河水源补给区采取严格的湿地面积管控措施，适度发展生态旅游。

4.南方丘陵山区

加强封山育林和抚育经营。强化山区地质灾害监测预警，综合开展防治工程，加快山区避险设施建设。结合生态扶贫工程，加大崩岗、岩溶区水土流失和石漠化综合治理力度，继续实施退耕还林，对生态破坏严重、不宜居住的地区实行生态移民。

加强西南地区干旱监测预警，适时采取人工增雨等手段降低森林火险，减少火灾发生隐患。利用有利地形兴建拦蓄工程，减轻汛期洪水与季节性干旱的威胁。

5.青藏高原生态屏障区

加强高原区草原载畜能力评估，严格控制畜牧业范围和规模；阿尔金草原实施封禁管护；藏西北羌塘地区以修复草原草甸为重点，以草定畜，促进草原植被恢复。强化冰川监测，建立冰川—湿地—荒漠综合管理系统。加大高原植被、湿地和特有物种保护力度；加强天然林保护，开展退耕还林和沙化土地综合治理。充分利用气候变暖有利条件，发展高原河谷农业。

五、保障措施

本战略为适应气候变化领域各项政策及其制度安排提供指导。各有关地方和部门要根据本战略调整完善现行政策和制度安排，建立健全保障适应行动的体制机制、资金政策、技术支撑和国际合作体系。

（一）完善体制机制

1.健全适应气候变化的法律体系，加快建立相配套的法规和政策体系。研究制定适应能力评价综合指标体系，健全必要的管理体系和监督考核机制。

2.把适应气候变化的各项任务纳入国民经济与社会发展规划，作为各级政府制定中长期发展战略和规划的重要内容，并制定各级适应气候变化方案。

3. 建立健全适应工作组织协调机制，统筹气候变化适应工作，鼓励相邻区域、同一流域或气候条件相近的区域建立交流协调机制，在防汛抗旱、防灾减灾、扶贫开发、科技教育、医疗卫生、森林防火、病虫害防治、重大工程建设等议事协调机构中增加适应气候变化工作内容，成立多学科、多领域的适应气候变化专家委员会。

（二）加强能力建设

1.开展重点领域气候变化风险分析，建设多灾种综合监测、预报、预警工程，健全气候观测系统和预警系统；建立极端天气气候事件预警指数与等级标准，实现各类预警信息的共享，为风险决策提供依据；重点做好大中城市、重要江河流域、重大基础设施、地质灾害易发区、海洋灾害高风险区的监测预警工作。

2.加强灾害应急处置能力建设，建立气象灾害及其次生、衍生灾害应急处置机制，加强灾害防御协作联动；制定气候敏感脆弱领域和区域适应气候变化应急方案；加强人工影响天气作业能力建设，提高对干旱、冰雹等灾害的作业水平；加强专业救援队伍和专家队伍建设，发展壮大志愿者队伍；提高全社会预防与规避极端天气气候事件及其次生衍生灾害的能力。

3.建立健全管理信息系统建设，提高适应气候变化的信息化水平，深入推广信息技术在适应重点领域中的应用，推进跨部门适应信息共享和业务协同，提升政府适应气候变化的公共服务能力和管理水平。

4.加大科普教育和公众宣传，在基础教育、高等教育和成人教育中纳入适应气候变化的内容，提升公众适应意识和能力；广泛开展适应知识的宣传普及，举办针对各级政府、行业企业、咨询机构、科研院所等的气候变化培训班和研修班，提高对适应重要性和紧迫性的认识，营造全民参与的良好环境。

（三）加大财税和金融政策支持力度

1.发挥公共财政资金的引导作用，保证国家适应行动有可靠的资金来源；加大财政在适应能力建设、重大技术创新等方面的支持力度；增加财政投入，保障重点领域和区域适应任务的完成；划分适应气候变化的事权范围，确定中央与地方的财政支出责任；通过现有政策和资金渠道，适当减轻经济落后地区在适应行动上的财政支出负担；落实并完善相关税收优惠政策，鼓励各类市场主体参与适应行动。

2.推动气候金融市场建设，鼓励开发气候相关服务产品。探索通过市场机构发行巨灾债券等创新性融资手段，完善财政金融体制改革，发挥金融市场在提供适应资金中的积极作用。建立健全风险分担机制，支持农业、林业等领域开发保险产品和开展相关保险业务，开展和促进“气象指数保险”产品的试点和推广工作。搭建国际适应资金承接平台，提高国际合作资金的使用与管理能力。

（四）强化技术支撑

1.围绕国家重大战略需求，统筹现有资源和科技布局，加强适应气候变化领域相关研究机构建设，系统开展适应气候变化科学基础研究，加强气候变化监测、预测预估、影响与风险评估以及适应技术的开发。

2.鼓励适应技术研发与推广，积极示范推广简单易行、可操作性强的高效适应技术，选择典型区域开展适应技术集成示范。

3.加强行业与区域科研能力建设，建立基础数据库，构建跨学科、跨行业、跨区域的适应技术协作网络；编制国家、行业和区域适应技术清单并定期发布，逐步构建适应技术体系，发布适应行动指南和工具手册。

（五）开展国际合作

1.加强适应气候变化国际合作，积极引导和参与全球性、区域性合作和国际规则设计，构建信息交流和国际合作平台，开展典型案例研究，与各方开展多渠道、多层次、多样化的合作。引导和支持国内外企业和民间机构间的适应合作，鼓励中方人员到国际适应气候变化相关机构中任职。

2.继续要求发达国家切实履行《联合国气候变化框架公约》下的义务，向发展中国家提供开展适应行动所需的资金、技术和能力建设；积极参与公约内外资金机制及其他国际组织的项目合作，充分利用各种国际资金开展适应行动。

3.通过国际技术开发和转让机制，推动关键适应技术的研发，在引进、消化、吸收基础上鼓励自主创新，促进我国适应技术的进步。

4.综合运用能力建设、联合研发、扶贫开发等方式，与其他发展中国家深入开展适应技术和经验交流，在农业生产、荒漠化治理、水资源综合管理、气象与海洋灾害监测预警预报、有害生物监测与防治、生物多样性保护、海岸带保护和防灾减灾等领域广泛开展“南南合作”。

（六）做好组织实施

发展改革部门牵头负责本战略实施的组织协调，与国务院有关部门协调配合，依据本战略编制部门分工方案，明确各部门的职责。国务院有关部门要依据部门分工方案落实相关工作，编制本部门、本领域的适应气候变化方案，严格贯彻执行。

各省、自治区、直辖市及新疆生产建设兵团发展改革部门要根据本战略确定的原则和任务，编制省级适应气候变化方案并会同有关部门组织实施，监督检查方案的实施情况，保证方案的有效落实。

中国应对气候变化的政策与行动2012年度报告

国家发展和改革委员会

二〇一二年十一月

前言

中国是受气候变化不利影响最为脆弱的国家之一。2011年以来，中国相继发生了南方低温雨雪冰冻灾害、长江中下游地区春夏连旱、南方暴雨洪涝灾害、沿海地区台风灾害、华西秋雨灾害和北京严重内涝等诸多极端天气气候事件，给经济社会发展和人民生命财产安全带来较大影响。2011年全年共有4.3亿人次不同程度地受灾，直接经济损失高达3096亿元。

中国政府高度重视气候变化问题。2011年十一届全国人大四次会议审议通过的《国民经济和社会发展第十二个五年规划纲要》(以下简称《纲要》)，明确了“十二五”时期中国经济社会发展的目标任务和总体部署，应对气候变化作为重要内容正式纳入国民经济和社会发展中长期规划。《纲要》将单位GDP能源消耗降低16%、单位GDP二氧化碳排放降低17%、非化石能源占一次能源消费比重达到11.4%作为约束性指标，明确了未来五年中国应对气候变化的目标任务和政策导向，提出了控制温室气体排放、适应气候变化影响、加强应对气候变化国际合作等重点任务。

为落实“十二五”时期中国应对气候变化目标任务，推动绿色低碳发展，中国国务院印发了《“十二五”控制温室气体排放工作方案》、《“十二五”节能减排综合性工作方案》等一系列重要政策文件，加强对应对气候变化工作的规划指导。有关部门和地方政府积极采取行动，应对气候变化各项工作取得明显成效。在气候变化国际谈判中，中国继续发挥积极建设性作用，推动德班会议取得积极成果，为应对全球气候变化作出了重要贡献。

为使各方面了解中国2011年以来应对气候变化采取的政策与行动及取得的成效，特编写本年度报告。

一、减缓气候变化

控制温室气体排放是中国积极应对全球气候变化的重要任务，也是加快转变经济发展方式和推进产业转型升级的必然要求。2011年中国政府发布了《“十二五”控制温室气体排放工作方案》，将“十二五”碳强度下降目标分解落实到各省(自治区、直辖市)，优化产业结构和能源结构，大力开展节能降耗，努力增加碳汇，低碳发展取得积极成效。

(一)调整产业结构

推动传统产业改造升级。国家发展改革委修订并发布《产业结构调整指导目录(2011年本)》，强化通过结构优化升级实现节能减排的战略导向。加强节能评估审查、环境影响评价和建设用地预审，进一步提高行业准入门槛，严格控制高耗能、高排放和产能过剩行业新上项目。严格控制高耗能、高排放产品出口。国务院印发了工业和信息化部牵头编制的《工业转型升级规划(2011-2015年)》，着力推动工业绿色低碳发展。工业和信息化部发布了钢铁、有色、建材、石化和化工、节能与新能源汽车、工业节能、大宗固废、清洁生产等“十二五”规划，推动工业转型升级。同时狠抓技术改造，完善管理办法，加大支持力度，突出支持重点，2011年共安排工业专项技改资金135亿元，带动投资2791亿元，使技改工作的针对性、有效性和影响力得到明显提升。

扶持战略性新兴产业发展。国务院印发了《“十二五”国家战略性新兴产业发展规划》，明确我国节能环保产业、新一代信息技术产业、生物产业、高端装备制造业、新能源产业、新材料产业、新能源汽车产业等七大类战略性新兴产业发展路线图。国家发展改革委牵头制定了重点工作分工方案，细化明确国务院各部门的具体任务；加快建立战略性新兴产业统计体系，组织战略性新兴产业试测算工作，研究起草《战略性新兴产业重点产品和服务分类目录》；进一步加大对重大项目建设的支持力度，组织实施了一批重大产业工程和重点专项，设立了战略性新兴产业发展专项资金；积极推动新兴产业创投计划，新兴产业创投计划支持创投基金已达102只，总规模近290亿元，其中主要投资于节能环保和新能源领域的基金有24只，规模超过70亿元。

大力发展服务业。继续做好《国务院关于加快发展服务业的若干意见》、《国务院办公厅关于加快发展服务业若干政策措施的实施意见》等有关文件的贯彻落实，2011年又印发了《国务院办公厅关于加快发展高技术服务业的指导意见》，进一步改善服务业环境、提高服务业发展水平。在《产业结构调整指导目录(2011年本)》中重新划分了服务业类别，大幅增加鼓励类服务业条目，初步形成了鼓励发展服务业的门类体系。加强和改进市场准入、人才服务、品牌培育、服务业标准、服务认证示范和服务业统计等方面工作。在全国范围积极开展服务业综合改革试

点，并在一些领域建立了跨部门的工作协调机制。全国多数省市制定印发了加快发展服务业的政策文件，积极推进生产性服务业集聚区建设，加快促进重大服务业项目建设。

加快淘汰落后产能。继续贯彻落实《关于抑制部分行业产能过剩和重复建设引导产业健康发展的若干意见》和《关于进一步加强淘汰落后产能工作的通知》，完善落后产能退出机制，2011年工业和信息化部、国家发展改革委等有关部门联合印发了《关于印发淘汰落后产能工作考核实施方案的通知》、《关于做好淘汰落后产能和兼并重组企业职工安置工作的意见》、《高耗能落后机电设备(产品)淘汰目录(第二批)》等，加强对淘汰落后产能工作的检查考核，督促指导各地切实做好企业职工安置工作。2011年，全国共关停小火电机组800万千瓦左右，淘汰落后炼铁产能3192万吨、炼钢产能2846万吨、水泥(熟料及磨机)产能1.55亿吨、焦炭产能2006万吨、平板玻璃3041万重量箱、造纸产能830万吨、电解铝产能63.9万吨、铜冶炼产能42.5万吨、铅冶炼产能66.1万吨、煤产能4870万吨。

(二)节能提高能效

加强节能考核和管理。国务院印发了《“十二五”节能减排综合性工作方案》，分解下达“十二五”节能目标，实施地区目标考核与行业目标评价相结合、落实五年目标与完成年度目标相结合、年度目标考核与进度跟踪相结合，并按季度发布各地区节能目标完成情况晴雨表。工业和信息化部发布了《工业节能“十二五”规划》；住房城乡建设部发布了《关于落实<国务院关于印发“十二五”节能减排综合性工作方案的通知>的实施方案》、《“十二五”建筑节能专项规划》和《关于加快推动我国绿色建筑发展的实施意见》；交通运输部发布了《关于公路水路交通运输行业落实国务院“十二五”节能减排综合性工作方案的实施意见》及部门分工方案，印发了《交通运输行业“十二五”控制温室气体排放工作方案》；国务院机关事务管理局发布了《公共机构节能“十二五”规划》。

进一步完善节能标准。截止2011年底，国家质检总局、国家发展改革委累计出台的高耗能产品能耗限额强制性国家标准达到28项。工业和信息化部、交通运输部等有关部门组织开展若干重点行业、重点产品强制性能耗限额标准以及内燃机等工业通用设备能效标准制定和修订工作；组织22项行业标准立项，复审209项节能标准；抽查重点用能行业单位产品能耗限额标准执行情况和高耗能落后机电设备(产品)淘汰情况；废止道路运输车辆燃料消耗量过渡期车型表，截至2012年6月底，累计发布19批达标车型表，发布达标车型近2万多个，新购营运车辆开始全面执行燃料消耗量限值标准，批准发布《汽车驾驶节能操作规范》等5项行业标准。

推广节能技术与产品。积极推进采用节能技术，国家发展改革委牵头发布第四批《国家重点节能技术推广目录》，公布煤炭、电力、钢铁等13个行业的22项节能技术；工业和信息化部下发了《关于开展重点用能行业能效水平对标达标活动的通知》，指导各地深入开展能效水平对标达标，实施重点企业节能技术改造，积极推广先进节能生产工艺；编制完成钢铁、石化、有色、建材等11个重点行业节能减排先进适用技术目录、应用案例和技术指南，涉及600多项节能技术；继续推进工业企业能源管理中心建设，开展工业能耗在线监测试点，组织制订工业能效提升计划和电机能效提升计划，提出工业能效提升路线图和低能效电机淘汰路线图，2011年全年共推广节能电机200多万千瓦。继续实施节能产品惠民工程，推广使用节能产品，2011年全国共推广高效节能空调1826多万台、节能灯1.5亿只、节能汽车400多万辆。

实施重点节能改造工程。国家发展改革委继续组织实施锅炉(窑炉)改造、电机系统节能、节约和替代石油、能量系统优化、余热余压利用、建筑节能、绿色照明等重点节能改造工程。发布了《中国逐步淘汰白炽灯路线图》，决定从2012年10月1日起逐步禁止进口和销售普通照明白炽灯。2011年新增节能建筑面积13.9亿平方米，完成北方15个省(区、市)既有居住建筑供热计量及建筑节能改造面积1.4亿平方米；天津等10个低碳交通运输体系建设第一批城市试点继续推进，启动了北京等16个低碳交通运输体系建设第二批城市试。2011年，通过重点节能改造工程建设，可形成1700多万吨标准煤的节能能力。

发展循环经济。国家发展改革委编制了《循环经济发展“十二五”规划》，颁布实施了《废弃电气电子产品回收利用管理办法》；总结凝练了60个国家循环经济发展典型模式案例；选择了22个园区继续实施园区循环化改造示范试点工程，选择7个园区开展第三批国家“城市矿产”示范基地建设，选择16个城市继续开展第二批餐厨废弃物资源化利用和无害化处理试点，在12个地区开展了工业固体废物综合利用基地建设；加大循环经济关键共性技术推广力度；确定了两批18个国家循环经济教育示范基地。

推广合同能源管理。国家发展改革委公布了第二、三批共1273家通过备案的节能服务公司名单。全国多个地方省、市、自治区相继出台合同能源管理项目专项扶持政策。合同能源管理涉及领域从以工业为主，发展到覆盖工业、建筑、交通和公共机构等多个领域。2011年，全国节能服务产业产值达到1250亿元，同比增长49.5%，节能服务公司共实施合同能源管理项目4000多个，投资额412亿元，同比增长43.5%，实现节能量1600多万吨标准煤。

实行财税激励政策。工业和信息化部联合有关部门发布了两批《关于节约能源使用新能源车辆减免车船税的

车型目录》，对节能车船和新能源车船实行车船税减免。财政部、交通运输部设立了交通运输节能减排专项资金，2011年和2012年对402个申报项目给予了补助，形成二氧化碳减排量183.7万吨。海洋局设立海岛保护专项资金，共支持地方开展海岛保护项目15个，经费约2亿元。农业部投入43亿元引导地方政府加大对沼气利用的补助力度，2011年沼气用户达4100万户，形成CO_2减排量6000万吨；在内蒙古、西藏、新疆、甘肃等9个省和自治区实施草原生态保护补助奖励机制政策，安排财政资金共136亿元。林业局扩大造林补贴和森林抚育补贴规模，其中森林抚育补贴财政试点资金超过50亿元。

2011年全国万元GDP能耗为0.793吨标准煤(按2010年价格)，比2010年降低2.1%。主要工业单位产品综合能耗有不同程度降低，2011年与2010年相比，重点大中型钢铁企业吨钢综合能耗、氧化铝综合能耗、铅冶炼综合能耗分别同比下降0.8%、3.3%、4%。2011年，全国城镇新建建筑设计阶段执行节能50%强制性标准基本达到100%，施工阶段的执行比例为95.5%，新增节能建筑面积13.9亿平方米；公共机构人均综合能耗比2010年下降2.93%，单位建筑面积能耗下降2.24%。

(三)优化能源结构

加快发展非化石能源。国家能源局组织制定了《可再生能源发展“十二五”规划》和水电、风电、太阳能、生物质能四个专题规划，提出了到2015年中国可再生能源发展的总体目标、主要措施等。组织实施了108个绿色能源示范县、35个可再生能源建筑规模化应用示范城市及97个示范县建设试点，组织开展风电、太阳能、生物质能、页岩气等专项规划和上海等五个城市电动汽车充电设施发展规划等专项规划的制定；2011年发布372项能源行业标准，下达633项制(修)订计划，涵盖了包括核电、新能源和可再生能源在内的主要能源领域；筹建生物燃料行业标准化管理体系，加快生物燃料产能建设。2011年，全部非化石能源利用量约为2.83亿吨，在能源消费总量中占8.1%；全国非化石能源发电装机占全部发电装机的比例达到27.7%，非化石能源比例较2005年提高3.4个百分点。2011年，水电装机新增1400万千瓦，累计达到2.3亿千瓦，在建规模5500万千瓦，新开工装机规模1260万千瓦，发电量6626亿千瓦时；核电装机新增173万千瓦，发电量869亿千瓦时；风电并网容量新增1600万千瓦，居全球第一，并网风电发电量800亿千瓦时；太阳能光伏新增装机210万千瓦，累计装机达到300万千瓦；各类生物质发电装机600万千瓦，发电量300亿千瓦时；地热能发电装机2.42万千瓦，海洋能发电装机0.6万千瓦，地热、海洋能发电量1.46亿千瓦时。全国城镇太阳能光热建筑应用面积达21.5亿平方米，浅层地能建筑应用面积2.4亿平方米，已建成及正在建设的光电建筑应用装机容量达127万千瓦。

推进化石能源清洁利用。继续推动常规化石能源生产和利用方式变革和清洁高效发展，发布了《天然气发展“十二五”规划》和《关于发展天然气分布式能源的指导意见》，提出了“十二五”期间的发展目标和重点任务。在发布实施的《煤炭工业发展“十二五”规划》中将大力发展洁净煤技术，促进煤炭高效清洁利用作为“十二五”煤炭工业发展的重点任务之一，加快高参数、大容量清洁燃煤机组、燃气电站建设，全国在运百万千瓦超超临界燃煤机组达到40台，数量居世界第一，30万千瓦及以上火电机组占全部火电机组容量的74.4%；进一步加大非常规能源开发力度，组织制定了《页岩气发展规划(2011- 2015年)》，提出到2015年基本完成全国页岩气资源潜力调查与评价，初步掌握页岩气资源潜力与分布，到2015年页岩气产量达65亿立方米的发展目标。组织制定了《煤层气(煤矿瓦斯)开发利用“十二五”规划》，提出2015年煤层气(煤矿瓦斯)产量达到300亿立方米，瓦斯发电装机容量超过285万千瓦，民用超过320万户，新增煤层气探明地质储量1万亿立方米的发展目标。

(四)增加碳汇

增加森林碳汇。国家林业局制定了《林业应对气候变化“十二五”行动要点》，提出加快推进造林绿化、全面开展森林抚育经营、加强森林资源管理、强化森林灾害防控、培育新兴林业产业等5项林业减缓气候变化主要行动；发布了《全国造林绿化规划纲要(2011-2020年)》和《林业发展“十二五”规划》，明确了今后一个时期林业生态建设的目标任务。继续实施退耕还林、“三北”和长江重点防护林工程，推进京津风沙源治理工程和石漠化综合治理工程，开展珠江、太行山等防护林体系和平原绿化建设，启动天保二期工程。扩大森林抚育补贴规模，组织开展各类森林经营试点示范建设。印发了《森林抚育作业设计规定》、《中央财政森林抚育补贴政策成效监测办法》和《森林经营方案编制与实施规范》等相关技术方案。2011年，全国共完成造林面积599.66万公顷，中幼龄林抚育面积733.45万公顷，完成低产低效林改造面积78.88万公顷，义务植树25.14亿株;城市绿地面积达224.29万公顷，城市人均公园绿地面积、建成区绿地率和绿化覆盖率三项绿化指标分别达到11.80平方米、35.27%和39.22%。

增加草原碳汇。2011年，国务院安排136亿元财政资金在内蒙古、西藏、新疆、甘肃等9个省和自治区实施了草原生态保护补助奖励机制政策，享受到补奖政策的农牧民达到1056.7万户。2012年，补助奖励机制政策范围扩大到河北、山西等5个省的牧区和半牧区。2011年，共完成草原围栏建设450.4万公顷，严重退化草原补播145.9万公顷，人工饲草地建植4.7万公顷，京津风沙源草地治理9.1万公顷。2012年目前已完成内蒙古、西藏、四川、甘肃等9

个省、自治区退牧还草工程，草原围栏建设440.4万公顷，严重退化草原补播140.1万公顷，人工饲草地建植5.5万公顷，京津风沙源草地治理3.4万公顷。

增加其它碳汇。农业碳汇方面，中央财政安排保护性耕作推广资金3000万元、工程建设投资3亿元，2011年新增保护性耕作1900多万亩，全国保护性耕作面积累计达到8500万亩。保护性耕作与传统耕作相比，农田土壤含碳量可增加20%，每年减少农田二氧化碳等温室气体排放量达0.61-1.27吨/公顷，按全国保护性耕作实施面积计算，相当于减少CO2排放300万吨以上。湿地碳汇方面，2011年全国新增湿地保护面积33万公顷，恢复湿地2.3万公顷，湿地储碳功能进一步增强。

二、适应气候变化

2011年以来，中国政府积极采取措施，提高了重点领域适应气候变化的能力，减轻了气候变化对经济社会发展和人民生产生活的不利影响。

(一)农业领域

农业部大力推动农田水利基本建设，提升农业综合生产能力。推动大规模旱涝保收标准农田建设。开展了大型灌区续建配套与大型灌溉排水泵站更新改造，扩大农业灌溉面积、提高灌溉效率。培育并推广产量高、品质优良的抗旱、抗涝、抗高温、抗病虫害等抗逆品种，进一步加大农作物良种补贴力度，加快推进良种培育、繁殖、推广一体化进程，目前全国主要农作物良种覆盖率达到95%以上，良种对粮食增产贡献率达到40%左右。

积极组织节水农业技术模式创新，突出工程、设备、生物、农艺和管理等措施在田间的组装集成，总结提出了区域性骨干技术模式。示范推广了全膜双垄集雨沟播、膜下滴灌、测墒节灌等九大节水技术模式，建设节水农业示范基地，水分生产力比“十一五”之前提高10%-30%，促进了旱区粮食稳定增产、农民持续增收。

(二)林业及生态系统

林业局发布了《林业应对气候变化“十二五”行动要点》，提出了4项林业适应气候变化主要行动，着力加强森林抚育经营和森林火灾、林业微生物防控，优化森林结构，改善森林健康状况。贯彻落实《国务院办公厅关于做好自然保护区管理有关工作的通知》，严格限制自然保护区内的开发建设活动，强化监督管理，进一步加强国家重要生态区域和生物多样性关键地区保护。加强野生动植物保护和自然保护区建设，截至2011年底，新增国家级自然保护区23处，林业系统自然保护区已达2126处，总面积达1.23亿公顷，占全国国土面积的12.78%。完成了80%以上国土面积的湿地资源调查任务，实施全国湿地保护工程项目39个，建设湿地保护管理站点100多处，新增湿地保护面积33万公顷，恢复湿地2.3万公顷，新增4处国际重要湿地和68处国家湿地公园试点。发布了《中国国际重要湿地生态状况公报》，初步构建了湿地生态系统健康价值功能评价指标体系，进一步加强了湿地恢复与保护。

(三)水资源领域

国务院发布了《关于实行最严格水资源管理制度的意见》，提出实行最严格的水资源管理制度要求，确立水资源开发利用、用水效率控制、水功能区限制纳污控制的“红线”，严格执行取水许可、水资源有偿使用、水自愿论证制度，全面推行节水型社会建设，成为指导我国今后一个时期水资源管理工作的纲领性文件。国务院批复了《全国江河湖泊水功能区划》、《全国农村饮水安全工程“十二五”规划》和《水利发展规划(2011-2015年)》。水利部完成了《全国地下水利用与保护》等多项水利规划。工业和信息化部大力推进节水型工业体系建设，会同水利部、全国节约用水办公室印发了《关于深入推进节水型企业建设工作的通知》。

加快推进枢纽水源和大江大河治理等一批骨干工程建设,继续推进大中型病险水库和大中型病险水闸的除险加固,继续对重点中小河流重要河段进行治理,继续进行大型灌区续建配套与节水改造和排水泵站更新改造,启动小型农田水利重点县建设,实施水土流失综合治理以及坡改梯工程,加快生态脆弱河流综合治理,启动实施水资源合理利用与生态保护工程；开展了水电新农村电气化项目和小水电代燃料项目建设。

通过上述政策与行动的实施，中国有效地应对了北方冬麦区、长江中下游和西南地区接连发生的大范围严重干旱；通过农村饮水安全工程建设解决了7000万农村人口的饮水安全问题；战胜了“两江一河”严重秋汛，成功防范了7个登陆台风和热带风暴，主要灾害损失指标比多年均值明显降低，其中洪涝灾害死亡人数为新中国成立以来最低。

(四)海洋领域

国家海洋局组织开展了《海洋领域应对气候变化中长期发展规划(2011-2020年)》、《“十二五”国家应对气候变化科技发展专项规划(海洋领域)》、《国家“十二五”海洋科学和技术发展规划纲要》、《全国海洋观测网总体规划(2011-2020)》等专题规划的编制工作，定期开展厄尔尼诺/拉尼娜等海洋与气候变化研究与形势预测工作，编发《海洋与重大气候事件快报》和《海洋领域应对气候变化工作通讯》,编制了《气候变化对海洋生物的影响监测与评价研究报告》和《海平面上升影响评估专题报告》。加强典型海洋生态系统与气候变化响应监测的保护性修复工作，构建中国管辖海域海-气二氧化碳交换通量监测网络，开展海洋碳循环监测与评估。进一步完善沿海海洋气候观测网立体布局，加强海岛、海岸带地区防灾减灾应急救助体系建设，初步开展了海洋灾害风险评估与区划工作，大力支持沿海地方开展重点海岛整治修复项目，全面完成海洋功能区划修编工作。2012年设立海岛保护专项资金，中央财政投入2亿元，支持地方开展海岛保护项目15个。

(五)卫生健康领域

卫生部印发了《关于加强饮用水卫生监督监测工作的指导意见》、《全国城市饮用水卫生安全保障规划(2011-2020年)》、《关于进一步加强饮用水卫生监测工作的通知》和《2012年国家饮用水卫生监督监测工作方案》，全面加强饮用水卫生监督监测工作，推进饮用水卫生监督监测能力建设，保障城乡饮用水卫生安全。

加大饮用水卫生监督监测工作力度，自2012年7月1日起全面实施新的国家饮用水卫生标准，规范供水单位卫生许可工作。目前，国家饮用水卫生监测网已在省级辖区实现全覆盖，2012年国家财政投入2.2亿元支持地方开展饮用水卫生监测工作。不断完善传染病网络直报系统，加强传染病监测、报告与防控工作，重点加强与气候变化密切相关的登革热、发热伴血小板减少综合征等虫媒传染病和手足口病等肠道传染病防控工作。截至2011年底，全国100%的疾病预防控制机构、98%的县级及以上医疗机构和94%的乡镇卫生院实现了网络直报，直报单位总数达6.8万余家。

(六)气象领域

中国气象局启动了《“十二五”应对气候变化专项规划》编制工作，提出了“十二五”期间气象部门气候变化工作重点领域和任务。发布了《气候变化绿皮书：应对气候变化报告(2011)》、《中国气候变化监测公报2010》、《气象部门应对气候变化技术指导手册3.0版》，并启动了气象灾害风险评估技术指南的编制工作。联合科技部、中科院共同发布了《第二次气候变化国家评估报告》。完成对长江三峡、鄱阳湖等8个流域的气候变化综合评估报告，以及对东北、华中粮食生产和新疆、陕西特色产业影响的专项评估。

稳步开展观测系统现代化建设，气候系统观测能力得到不断提升；加强气候资源的开发利用，初步建立了风能、太阳能预报服务平台；精细化农业气候资源区划工作不断深入，省级应对气候变化工作全面铺开。

(七)防灾减灾体系建设

民政部牵头修订并报请国务院出台了《国家自然灾害救助应急预案》，完善了预警响应、旱灾救助、过渡性救助、部门应急联动等内容。组织开展国家综合防灾减灾战略研究，颁布实施了《国家综合防灾减灾规划(2011-2015年)》。出台或修订了《自然灾害生活救助资金管理暂行办法》、《中央救灾物资储备管理办法》、《关于加强自然灾害救助评估功工作的指导意见》和《全国综合减灾示范社区创建管理暂行办法》，联合财政部出台了《自然灾害生活救助资金管理暂行办法》，以国家减灾委员会名义下发了《关于加强自然灾害社会心理援助工作的指导意见》等文件。水利部印发了《关于进一步加强台风灾害防御工作的意见》、《巡堤查险工作规定》等规章制度。国土资源部组织起草了《国务院关于加强地质灾害防治工作的决定》，推进各地加强今后一个时期地质灾害防治体系建设；启动了《全国地质灾害防治“十二五”规划》编制工作，明确了“十二五”期间地质灾害防治的总体目标和重点任务。住房城乡建设部印发了《关于加强城市内涝防治及开展2012年城市防汛工作的通知》，做好城市内涝防治工作。

国家减灾委相关成员单位进一步完善各类自然灾害的监测预警机制，着力提升极端天气气候事件的监测预警能力，加强气象灾害监测早期预警系统建设。继续加强国家防汛抗旱指挥系统二期建设。建立暴雨洪涝和干旱风险评估系统，注重提升城市应对暴雨灾害等极端天气能力。

三、开展低碳发展试验试点

继续推进低碳省区和城市试点，启动碳排放交易试点，开展低碳产品、低碳交通运输体系、绿色重点小城镇试点，探索不同地区、不同行业绿色低碳发展的经验和模式。

(一)继续推进低碳省区和城市试点

国家发展改革委批复了各试点省区和城市低碳发展规划实施方案，加强对试点工作的指导，完善工作机制，推动构建以低碳排放为特征的产业体系，低碳试点各项工作稳步开展。各试点省区和城市成立了低碳试点工作领导小组，建立决策咨询机制、基础研究机制、试点示范机制、对外交流合作机制等，创新有利于低碳发展的体制机制。将二氧化碳排放强度下降指标完成情况纳入各地区经济社会发展综合评价体系和干部政绩考核体系。目前，各试点省市已完成启动阶段各项任务目标，正进入攻坚阶段，全面开展各项试点工作。

(二)启动碳排放交易试点

建立自愿减排交易机制。2012年6月，国家发展改革委出台《温室气体自愿减排交易管理暂行办法》，确立自愿减排交易机制的基本管理框架、交易流程和监管办法，建立交易登记注册系统和信息发布制度，鼓励基于项目的温室气体自愿减排交易，保障有关交易活动有序开展。

开展碳排放权交易试点。2011年，国家发展改革委在北京市、天津市、上海市、重庆市、湖北省、广东省及深圳市启动碳排放权交易试点工作。各试点地区加强组织领导，建立专职队伍，安排试点工作专项资金，抓紧组织编制碳排放权交易试点实施方案，明确总体思路、工作目标、主要任务、保障措施及进度安排。着手研究制定碳排放权交易试点管理办法，明确试点的基本规则。测算并确定本地区温室气体排放总量控制目标，研究制定温室气体排放指标分配方案。建立本地区碳排放权交易监管体系和登记注册系统，培育和建设交易平台，做好碳排放权交易试点支撑体系建设。北京市、上海市、广东省分别在2012年3月28日、8月16日和9月11日启动碳排放权交易试点。

(三)开展相关领域低碳试点工作

研究开展低碳产业试验园区、低碳社区、低碳商业试点。国家发展改革委组织开展低碳产业试验园区、低碳社区、低碳商业评价指标体系和配套政策研究，探索形成适合中国国情的低碳发展模式和政策机制。

开展低碳产品试点。国家发展改革委组织研究产品碳排放计算方法，建立低碳产品标准、标识和认证制度，组织编制《低碳产品认证管理办法(暂行)》，引导低碳消费。

开展低碳交通运输体系建设城市试点。2011年，交通运输部启动低碳交通运输体系建设试点工作，以公路、水路交通运输和城市客运为主，选定天津、重庆、深圳、厦门、杭州、南昌、贵阳、保定、无锡、武汉10个城市开展首批试点。2012年2月，选定北京、昆明、西安、宁波、广州、沈阳、哈尔滨、淮安、烟台、海口、成都、青岛、株洲、蚌埠、十堰、济源市16个城市开展低碳交通运输体系建设第二批城市试点工作。目前，各试点城市通过建设低碳型交通基础设施，推广应用低碳型交通运输装备，优化交通运输组织模式及操作方法，建设智能交通工程，完善交通公众信息服务，建立健全交通运输碳排放管理体系，加快建设以低碳排放为特征的交通运输体系。

开展绿色低碳重点小城镇试点示范。2011年，财政部、住房城乡建设部和国家发展改革委启动绿色低碳重点小城镇试点示范工作，选定北京市密云县古北口镇、天津市静海县大邱庄镇、江苏省苏州市常熟市海虞镇、安徽省合肥市肥西县三河镇、福建省厦门市集美区灌口镇、广东省佛山市南海区西樵镇、重庆市巴南区木洞镇7个镇为第一批试点示范绿色低碳重点小城镇。各试点示范镇根据本地经济社会发展水平、区位特点、资源和环境基础，分类探索小城镇建设发展模式。编制完善总体规划和各专项规划，有效利用土地和其他资源，合理布局建设用地，加强生态环境建设，改善居住环境，增强基础设施和公共服务覆盖能力，引导产业和人口有序集聚。

四、加强能力建设

(一)加强低碳发展顶层设计

制定并贯彻落实《“十二五”控制温室气体排放工作方案》。2011年，国务院印发了国家发展改革委牵头编制的《“十二五”控制温室气体排放工作方案》，明确了到2015年中国控制温室气体排放的总体要求和主要目标，提出了推进低碳发展重点任务和政策措施。2012年，国务院办公厅印发了《“十二五”控制温室气体排放工作方案重点工作部门分工》，对方案的贯彻落实工作进行全面部署。

加强应对气候变化法制建设。国家发展改革委会同有关部门研究起草应对气候变化法律框架；通过开展“省级气候变化立法研究——以江苏省为例”项目推进中国省级应对气候变化立法，为全国范围开展立法工作积累经验。

开展重大战略研究和规划制定。国家发展改革委会同财政部等有关部门组织开展了中国低碳发展宏观战略研究项目，对我国到2020、2030和2050年低碳发展总体态势进行分析判断，研究提出我国低碳发展宏观战略的分阶段目标任务、实现途径、政策体系、保障措施等，为加快推进低碳发展奠定理论和政策基础。组织开展了《国家应对气候变化规划(2011-2020年)》编制工作，印发《地方应对气候变化规划编制指导意见》，加强对地方应对气候变化规划编制工作的指导。组织制定《国家适应气候变化总体战略》。

(二)逐步建立温室气体统计核算体系

建立和健全温室气体排放基础统计制度。国家发展和改革委会同有关部门组织编写了《关于加强应对气候变化和温室气体排放统计的意见》。云南省等一些地方统计部门已启动温室气体排放基础统计工作。国务院机关事务管理局制订了《公共机构能源资源消耗统计制度》，组织完成了“十一五”期间和2011年全国公共机构能源资源消耗情况汇总分析和国家机关办公建筑、大型公共建筑能耗统计。住房城乡建设部修订了《民用建筑能耗和节能信息统计报表制度》。国家林业局进一步加快推进全国林业碳汇计量与监测体系建设，试点已扩大到17个省市。国家统计局出台了《关于加强和完善服务业统计工作的意见》，为建立健全服务业能源统计奠定坚实基础。交通运输部组织开展交通运输行业碳排放统计监测研究。

大力推进温室气体清单编制和排放核算。国家发展改革委发布《省级温室气体清单指南(试行)》，组织完成中国2005年温室气体清单和第二次国家信息通报编制工作。组织编写了陕西、浙江、湖北、云南、辽宁、广东和天津7个省(市)2005年温室气体排放清单总报告及能源、工业生产过程、农业、土地利用变化及林业、废弃物五个领域的温室气体清单分报告。组织开展其他24省市温室气体清单编制工作。研究开展化工、建材、钢铁、有色、电力、航空等行业企业温室气体排放核算方法和报告规范。

(三)增强科技支撑

加强基础科学研究。科技部、国家发展改革委等有关部门联合印发了《“十二五”国家应对气候变化科技发展专项规划》。科技部通过973计划支持“应对气候变化科技专项”和全球变化研究国家重大科学研究计划，支持气候变化领域基础研究工作。水利部组织开展气候变化对水利影响方面的关键技术研究，开展水利应对气候变化影响的适应性对策措施研究。卫生部启动气候变化对人类健康的影响与适应机制研究。国土资源部组织开展“应对全球气候变化地质响应与对策”调查和研究工作。环境保护部组织开展钢铁、水泥、交通等重点行业大气污染物与温室气体排放协同控制政策与示范研究。国家林业局初步完成中国森林对气候变化响应与林业适应对策研究，进一步推进典型森林生态系统固碳和减排经营技术研究。交通运输部组织开展“建设低碳交通运输体系研究”。中国气象局组织开展了多模式超级集合、动力与统计集成等客观化气候预测新技术的研发和应用，完成政府间气候变化专门委员会(IPCC)的第五次国际耦合模式比较计划，为IPCC第五次评估报告提供模式结果。

加快低碳技术研发、应用及推广。国家发展改革委组织启动“国家低碳技术创新和产业化示范工程”首批项目，批复了钢铁、有色、石化3个行业共20个示范工程。2011-2012年度，能源领域安排科技计划项目共计59项，国拨经费总计27.4亿元。制定发布能源科技、洁净煤高效转化、风力发电等科技发展专项规划，发布第四批《国家重点节能技术推广目录》。水泥行业内有950条生产线配套建成余热发电站，年可节约1125万吨标准煤。完成5批《节能与新能源汽车示范推广应用工程推荐车型目录》的审定工作。试点推进绿色汽车维修技术，开展高速公路运营节能技术应用与示范工程。“金太阳示范工程”项目已累计支持光伏发电项目343个，总装机容量约1300MW。开展海洋波浪能、潮汐能等海洋能开发利用关键技术研究与产业化示范。开展海洋生物固碳监测试点和海底碳封存技术研究试验。科技部启动了30万吨煤制油工程高浓度二氧化碳捕集与地质封存技术开发及示范、高炉炼铁二氧化碳减排与利用技术关键技术开发和3.5万千瓦富氧燃烧碳捕获关键技术、装备研发及工程示范等项目，并部署了大规模燃煤电厂烟气二氧化碳捕集、驱油及封存技术开发及应用等示范项目。

建立研究咨询机构。2011年11月，国家发展改革委成立了国家应对气候变化战略研究和国际合作中心，主要为气候变化工作提供政策研究支撑。环境保护部环境发展中心和南京环境科学研究所组建成立了环境与气候变化中心和生态保护与气候变化响应研究中心。国家林业局2011年成立了华东、中南、西北三个林业碳汇计量监测中心，2012年又成立了生态系统定位观测网站中心，负责开展全国森林、湿地、荒漠生态定位观测研究。2011年5月，中国民航总局成立了中国民航大学节能减排研究与推广中心，作为行业节能减排专门研究机构，研究并推广节能减排工作。

五、全社会广泛参与

利用多元化媒体平台，展示各行业各领域应对气候变化的政策、行动和成就，重视发挥非政府组织的积极性，继续推进应对气候变化科学知识的宣传和普及工作，引导全民广泛参与应对气候变化行动，营造有利于绿色、低碳发展的社会氛围。

(一)政府加强引导

2012年9月，国务院批复同意自2013年起，将每年“全国节能宣传周”的第三天设立为“全国低碳日”，加强对应对气候变化和低碳发展的宣传引导。有关部门和地方各级政府通过制作宣传材料、举办论坛、组织活动等多种途径，倡导低碳发展理念。国家发展改革委组织编写了《中国应对气候变化的政策与行动(2011)》白皮书，系统介绍“十一五”以来我国应对气候变化工作和落实国家方案所取得的成就，得到广泛肯定和好评。科技部组织编制“十一五”应对气候变化科技宣传手册。环境保护部制作了《应对气候变化，就在开关之间》、《应对气候变化，始于足下》等4部环保公益广告片；设计制作了2万余套公众应对气候变化宣传挂图；举办了8期“千名青年环境友好使者行动”培训活动。在2012年防灾减灾宣传周期间，各地共发放各类科普书籍和宣传手册2000余万册，举办各类防灾减灾讲座3000余场。国家发展改革委会同有关部门组织开展以“节能低碳，绿色发展”为主题的节能宣传周活动，举办了2012年中国北京国际节能环保展览，并通过发送节能公益短信、举办绿色驾驶知识讲座等形式，积极开展节能宣传。住房城乡建设部组织开展了以“绿色交通•城市未来”为主题的2011年中国城市无车日活动。交通运输部组织了公共自行车启动仪式、参观节能环保展、低碳体验日、公益讲座、第五批节能减排示范项目授牌仪式等宣传活动，推广交通运输节能低碳发展理念。国家林业局开展了林业应对气候变化媒体培训班、零碳音乐会、林业碳汇公益广告进公园等宣传活动。气象局制作完成了《气候变化—中国在行动》(2011)多语种电视外宣片及画册；出版《气候变化的故事》、《寻找绿色低碳建筑》两本科普读物；利用“3.23”世界气象日、“5.12”防灾减灾日等活动积极开展气候变化科普宣传。国管局组织开展了以“节能低碳新生活，公共机构做表率”为主题的全国公共机构节能宣传周活动，组织各级公共机构开展了停开电梯、空调，步行或骑车上下班等能源紧缺体验活动。

(二)媒体广泛宣传

中国主要新闻媒体围绕应对气候变化、绿色低碳发展的主题开展内容丰富、形式多样的宣传报道活动。新华社、人民日报、中央电视台等主流媒体及环境气候领域的专业媒体围绕气候变化国际谈判德班会议及有关重大文件发布开展了一系列专题报道和深度报道。相关媒体通过组织开展丰富的活动和制作喜闻乐见的宣传材料，提高了应对气候变化的宣传质量和效果。中央电视台等媒体摄制完成了《环球同此凉热——气候文明之旅》、《变暖的地球》等纪录片。中国新闻社举行“低碳发展•绿色生活”公益影像展，中国经济导报社等媒体举办了“2011中国应对气候变化和低碳发展十大新闻”评选活动。

(三)非政府组织积极行动

中国气候传播项目中心组织问卷调查，统计分析中国公众对气候变化问题的认知度、对气候变化影响的认知度、对气候变化应对的认知度、对应对气候变化政策的支持度、对应对气候变化行动的执行度以及对气候变化传播效果的评价等6个方面的信息，供中国政府政策制定者参考。中国可再生能源行业协会等通过联合举办我国低碳照明、低碳建筑、节能环保建材、低碳交通及新能源汽车等领域的论坛、博览会，促进企业交流合作，推动产业快速发展。中华环境保护基金会主办以“积极行动，应对气候变化”为主题的第四批大学生环保公益活动，引导大学生开展应对气候变化公益活动实践，推动节能减排全民行动。中国绿色碳汇基金会发起了“绿化祖国、低碳行动”植树节活动。近40家中外民间组织共同发起了气候公民超越行动(C+)计划，倡导企业、学校、社区和个人积极参与应对气候变化的活动。世界自然基金会继续组织“地球一小时”公益活动。中国国际民间组织合作促进会、绿色出行基金等在辽宁、北京、天津、杭州等15个省、市组织“酷中国—全民低碳行动计划”项目及低碳公众宣传教育巡展活动。

(四)公众踊跃参与

中国公众采取积极行动应对气候变化，践行低碳饮食、低碳居住、低碳出行、低碳旅游等低排放的生活方式和适度消费、杜绝浪费等消费模式。广大市民选择公共交通等绿色低碳出行方式，截止到2011年，全国已有143个城市承诺开展无车日活动。中国各地开展以学校、机关、商场、军营、企业、社区为单位的节能减碳活动，号召人们树立“节能、节俭、节约”的工作、生活和消费理念，自觉抵制铺张浪费行为，崇尚简约的生活方式。各地大、中、小学开展形式多样的活动积极宣传低碳生活、保护环境，在加强青少年节能、低碳宣传教育方面产生了广泛的社会影响。

六、积极参加国际谈判

中国政府高度重视全球气候变化问题，以对本国人民和全人类高度负责任的态度，积极建设性参与应对气候变化国际谈判，加强与各国在气候变化领域的多层次磋商与对话，努力推动各方就气候变化问题深化相互理解，广泛凝聚共识，为推动建立公平合理的国际气候制度作出了积极贡献。

(一)积极参加联合国进程下的国际谈判

中国坚持以《联合国气候变化框架公约》和《京都议定书》为基本框架的国际气候制度，积极发挥联合国框架下的气候变化国际谈判的主渠道作用，坚持公平原则、“共同但有区别及各自能力的责任”原则，坚持在可持续发展的框架下应对气候变化，坚持按照公开透明、广泛参与、缔约方主导和协商一致的原则，积极建设性参与谈判，加强与各方的沟通交流，推动气候变化国际谈判取得积极进展。

2011年，中国继续积极参与联合国进程下的气候变化国际谈判，全面参与南非德班会议的谈判与磋商，坚持维护谈判进程的公开透明、广泛参与和协商一致，以认真、负责、开放、务实的姿态，为德班会议最终取得一揽子平衡成果、确保谈判沿正轨前进作出了重要贡献。为配合德班会议谈判，首次在联合国气候变化大会期间以中国代表团名义举办了为期9天、包含23场主题活动的“中国角”系列边会活动。在中国等广大发展中国家的努力下，德班会议继续按照巴厘路线图授权推进公约和议定书的实施，在哥本哈根会议和坎昆会议的基础上取得了重要成果。会议期间，胡锦涛主席致函祖马总统，全力支持东道国南非政府的工作。中国利用各种渠道和方式与各方开展坦诚、深入的对话与交流，力求增进理解、凝聚共识、提振信心，为会议取得积极成果发挥了积极建设性的作用。

(二)广泛参与相关国际对话与交流

利用高层互访和重要会议推动谈判进程。中国国家主席胡锦涛在出席金砖国家领导人会晤等重大多边外交活动中，多次发表重要讲话，推动国际社会深化合作，共同应对气候变化这一全球性挑战。温家宝总理在出席联合国可持续发展大会期间，呼吁各方按照“共同但有区别的责任原则”应对气候变化，发展绿色经济，推动可持续发展。

积极参与气候变化谈判相关国际进程。参与联合国可持续发展大会、“经济大国能源与气候论坛”领导人代表会议、彼得斯堡气候变化部长级对话会、多哈会议部长级预备会、政府间气候变化专门委员会以及国际民航、国际海事组织会议等系列国际磋商和交流活动。中国还积极参与“全球清洁炉灶联盟”、“全球甲烷倡议”、“全球农业温室气体研究联盟”、“全球碳捕集和封存研究院”等相关国家发展期的公约外应对气候变化务实行动倡议及相关国际机制，从多方面推动公约主渠道的谈判取得进展。

加强与各国磋商与对话。继续加强“基础四国”磋商机制，并以“基础四国+”的方式，与其他发展中国家开展对话与交流，积极维护发展中国家的利益。积极与发展中国家的智库开展联合研究，共同组织相关学术研讨，增进相互理解，推动开展气候变化科学研究、气候变化国内和国际政策对话以及技术转让、能力建设和信息共享等方面的国际合作。继续保持与美国、欧盟、澳大利亚、日本等发达国际和地区的对话磋商，增进理解，扩大共识。积极开展与发达国家相关智库的学术交流与对话。

(三)中国参加联合国气候变化多哈会议基本立场主张

今年年底，联合国气候变化框架公约第十八次缔约方会议和京都议定书第八次缔约方会议将在卡塔尔首都多哈举行，多哈会议对于切实维护公约和议定书的基本法律框架、加强公约和议定书的实施、维护发展中国家的正当发展权益具有重要意义。今年6月，在巴西里约召开的联合国可持续发展大会上，各国领导人重申应对气候变化的基础是公约确立的公平原则、“共同但有区别的责任及各自能力”原则。多哈会议应积极落实各国领导人达成的这一重要政治共识，继续坚持公约的原则和规定，确保联合国框架下的多边谈判沿着正确的方向不断前行。

中国认为，多哈会议应把落实各方已达成的共识放在优先位置，首先完成好巴厘路线图的谈判，关键是确立一个有法律约束力的议定书第二承诺期并确保其按时实施，发达国家切实采取行动，兑现率先减排及向发展中国家提供资金和技术支持的承诺。具体来说，多哈会议应在以下四方面达成成果：一是就议定书第二承诺期的落实和执行作出进一步的明确安排，确保议定书第二承诺期于2013年1月1日按时实施，这是多哈会议最重要的成果；二是在发展中国家普遍关心的减缓、适应、资金、技术转让和能力建设等问题上进一步取得实质性进展，特别是发达国家须兑现减排和提供资金、技术和能力建设支持的承诺，确保已建立的相关机制和机构切实发挥为发展中国家应对气候变化提供支持的作用；三是对有关公平、贸易、知识产权等巴厘行动计划可能的未决问题作出妥善后续安排，以成功完成好巴厘行动计划的谈判；四是就2020年后进一步加强公约实施涉及的相关原则问题充分交换意见，并做好德班平台谈判进程与巴厘路线图谈判的衔接，为下一步谈判奠定坚实基础。

中国支持多哈会议东道国卡塔尔遵循公开透明、广泛参与、协商一致和缔约方驱动的原则，推动多哈会议取得积极成果。中国将在此过程中继续发挥积极建设性作用，与各方一道携手努力，推动多哈会议取得成功。

七、加强国际交流与合作

继续本着“互利共赢、务实有效”的原则积极参加和推动与各国政府、国际组织、国际机构的务实合作，为促进全球合作应对气候变化发挥着积极建设性作用。

(一)推动与国际组织合作

国家发展改革委与联合国环境规划署合作，共同开展GEF“增强对脆弱发展中国家气候适应力的能力、知识和技术支持”项目。卫生部组织中国疾病预防控制中心等单位与世界卫生组织合作，实施GEF“适应气候变化保护人类健康”项目，目前中国项目活动按计划顺利开展。科技部与国家发展改革委联合举办了“碳收集领导人论坛(CSLF)第四届部长级会议。国家林业局成功召开了首届亚太经合组织林业部长级会议，举办了联合国粮农组织第24次亚太林委会会议和第2届亚太林业周活动、东北亚生态论坛。依托亚太森林恢复与可持续管理网络中心，开展亚太地区林业应对气候变化相关能力建设和国际合作项目。民政部积极推进上海合作组织、中日韩、中俄印和东盟地区论坛等框架下的对话与交流，进一步完善了上合、东盟、中日韩、中俄印等多边减灾救灾合作机制。

(二)加强与发达国家合作

国家发展改革委组织召开了中欧、中德、中英、中丹气候变化双边磋商会议，推动了有关框架协议签署和合作项目开展。科技部在中美清洁能源联合研究中心框架下，双方在洁净煤技术、建筑节能技术以及电动汽车等领域开展了富有成效的联合研究。住房城乡建设部与美国、德国、英国、加拿大、丹麦等国有关部门签署了有关建筑节能合作备忘录，促进建筑节能的合作。交通运输部与德国交通建设和城市规划部联合举办了“中德绿色物流会议”，进一步加强了交通运输低碳发展国际交流与合作。中国民航局与美国贸发署(TDA)和联邦航空局(FAA)共同举办了“中美民航节能减排高层培训”，学习了解美国民航业节能减排管理体制、运行机制、相关技术和研发项目进展，以及美国民航业应对气候变化的做法和经验。

(三)深化与发展中国家合作

国家发展改革委积极推动应对气候变化南南合作，已与埃塞俄比亚、格林纳达、尼日利亚、马达加斯加以及贝宁等国签署《应对气候变化物资赠送的谅解备忘录》，向其赠送节能低碳产品；成功举办8期发展中国家应对气候变化研修班，共培训来自81个国家的300多名政府官员和技术人员。科技部支持了13个面向发展中国家的、与应对气候变化直接相关的国际培训班，涉及生物质、太阳能、沼气、荒漠化防治、节水高效农业、草原生态建设、热带生物多样性、燃煤电厂烟气净化、非木质林产品开发等领域；重点支持南太平洋岛国可再生能源利用与海洋灾害预警研究及能力建设、LED照明产品开发推广应用、秸秆综合利用技术示范、风光互补发电系统研究推广利用、灌溉滴水肥高效利用技术试验示范等一批援外项目，帮助发展中国家提高应对气候变化的适应能力。水利部承办了水资源和小水电部级培训班，与发展中国家高级官员交流了气候变化条件下加强水资源管理，开发、利用小水电等方面的经验和实践。国家海洋局设立了“南海及周边海洋国际合作框架计划(2011-2015)”，将“海洋与气候变化”、“海洋防灾减灾”列为主要资助领域，联合周边国家开展了“中印尼热带东南印度洋海-气相互作用与观测”和“印度洋季风爆发观测研究项目”。国家林业局成功举办了“气候变化框架下毁林与土地退化监测和评估南南合作研讨班”，共同探讨中国与发展中国家开展林业应对气候变化南南合作

(四)开展清洁发展机制项目合作

截至2012年8月底，中国共批准了4540个清洁发展机制项目，预计年减排量近7.3亿吨二氧化碳当量，主要集中在新能源和可再生能源、节能和提高能效、甲烷回收利用等方面。其中，已有2364个项目在联合国清洁发展机制执行理事会成功注册，占全世界注册项目总数的50.41%，已注册项目预计年减排量(CER)约4.2亿吨二氧化碳当量，占全球注册项目年减排量的54.54%，项目数量和年减排量都居世界第一。注册项目中已有880个项目获得签发，总签发量累计5.9亿吨二氧化碳当量，为《京都议定书》的实施提供了支持。

中国应对气候变化的政策与行动2013年度报告

国家发展和改革委员会

二〇一三年十一月

前 言

中国是最大的发展中国家，人口众多，区域发展不平衡，仍处于工业化和城镇化进程中。2012 年，人均国内生产总值刚刚超过6000 美元，位居世界第87 位。既要发展经济、消除贫困、改善民生，又要积极应对气候变化，这是当今中国面临的一项巨大挑战。

中国气候条件复杂，生态环境脆弱，极易受气候变化不利影响。2012 年以来，中国极端天气气候事件频发，南方多地持续出现极端高温事件，城市内涝、局部洪涝、山洪、滑坡、泥石流等灾害大幅增加；台风登陆时间集中，影响范围广，风暴潮增多，灾害损失重；云南中部和西北部连续四年出现中度以上干旱，局部达到重度，农业生产和群众生活受到极大影响。

2012 年11 月召开的中国共产党第十八次全国代表大会提出，面对资源约束趋紧、环境污染严重、生态退化的严峻形势，必须树立尊重自然、顺应自然、保护自然的生态文明理念，把生态文明建设放在突出地位，融入经济建设、政治建设、文化建设、社会建设各方面和全过程，纳入建设中国特色社会主义“五位一体”总体布局，并着力推进绿色发展、循环发展、低碳发展，进一步提升了应对气候变化在中国经济社会发展全局中的战略地位。

2012 年以来，围绕落实“十二五”应对气候变化目标任务，中国政府加快推进重大战略研究和规划制定，加强顶层设计，采取了一系列行动，应对气候变化各项工作取得积极成效。与此同时，在气候变化国际谈判中，中国继续发挥积极建设性作用，推动多哈会议取得积极成果，广泛推进国际交流与合作，为应对全球气候变化作出了重要贡献。

为使各方面全面了解2012 年以来中国在应对气候变化方面采取的政策与行动及取得的成效，特编写本年度报告。

一、应对气候变化面临的形势

随着国际合作应对气候变化共识不断加深和中国综合国力的不断提升，中国应对气候变化工作面临新的形势。

从国际来看，国际社会对气候变化的科学认识不断深化，IPCC 第五次评估报告进一步强化了人为活动引起气候变化的科学结论，气候变化全球影响日益凸显，正成为当前全球面临的最严峻挑战之一。各国对气候变化问题的认识正逐步提高，积极采取措施应对气候变化已成为全球各国的共同意愿和紧迫需求。国际气候变化谈判进入新阶段，2012 年底的多哈会议就《京都议定书》第二承诺期、《联合国气候变化框架公约》下长期合作行动等重要问题达成了一揽子协议，结束了“巴厘路线图”谈判进程，并推动了“德班平台”谈判进程，各国正在为2015 年谈判达成一项新的全球协议作出积极努力。

从国内来看，各级政府高度重视，应对气候变化工作取得积极进展，减缓和适应能力不断增强，应对气候变化的体制机制及法律、标准体系建设逐步完善，全社会低碳意识进一步提高。2012年全国单位国内生产总值二氧化碳排放较2011 年下降5.02%。到2012 年底，中国节能环保产业产值达到2.7 万亿元人民币。目前，中国水电装机、核电在建规模、太阳能集热面积、风电装机容量、人工造林面积均居世界第一位，为应对全球气候变化做出了积极贡献。同时，中国仍处于工业化和城镇化进程中，经济增长较快，能源消费和二氧化碳排放总量大，并且还将继续增长，控制温室气体排放需要付出长期、艰苦的努力。

未来一个时期是中国实现全面建成小康社会的关键时期，中国将更加注重追求经济增长的质量和效益，大力推进生态文明建设，努力控制温室气体排放，为应对全球气候变化做出积极贡献。

二、完善顶层设计和体制机制

2012 年以来，中国加强了应对气候变化重大战略研究和顶层设计，进一步完善了应对气候变化的管理体制和工作机制，应对气候变化在国民经济社会发展中的战略地位显著提升。

（一）健全管理体制和工作机制

完善领导机构。2013 年7 月，国务院对国家应对气候变化工作领导小组组成单位和人员进行了调整，李克强总理任领导小组组长，并增加了部分职能部门。目前中国已经初步建立了国家应对气候变化领导小组统一领导、国家发展改革委归口管理、有关部门和地方分工负责、全社会广泛参与的应对气候变化管理体制和工作机制。全国各省

（自治区、直辖市）均成立了以政府行政首长为组长的应对气候变化领导机构，建立了部门分工协调机制，明确了应对气候变化职能机构，部分城市也成立了应对气候变化或低碳发展办公室。

建立碳强度下降目标责任制。国家对“十二五”单位国内生产总值二氧化碳排放下降目标进行分解，确定了各省（自治区、直辖市）单位国内生产总值二氧化碳排放下降指标，并建立了目标责任评价考核制度。2013 年，国家发展改革委会同有关部门，制定了考核办法，对省级人民政府2012 年度控制温室气体排放的目标完成情况、任务与措施落实情况、基础工作与能力建设情况等进行了试评价考核。

（二）加强战略研究和规划编制

开展应对气候变化重大战略研究。国家发展改革委、财政部组织开展了中国低碳发展宏观战略研究，系统分析和研究中国2020、2030 和2050 年低碳发展的总体目标、阶段任务、实现途径和保障措施为制定中国低碳发展路线图奠定基础，目前已经取得阶段性成果。同时，国家发展改革委组织编制了国家适应气候变化战略，在评估气候变化对我国经济社会发展影响基础上，明确了国家适应气候变化的指导思想和原则，提出了适应目标、重点任务、区域格局和保障措施等。浙江、河南、辽宁等省开展了本地区应对气候变化战略研究工作。

加强应对气候变化规划编制工作。国家发展改革委组织开展《国家应对气候变化规划（2013-2020 年）》编制工作，在充分分析中国气候变化趋势及影响、应对气候变化工作现状、应对气候变化面临形势的基础上，提出了中国到2020 年前应对气候变化主要目标、重点任务及保障措施，对中国开展应对气候变化工作进行了整体部署。全国各省（自治区、直辖市）积极组织开展了省级应对气候变化中长期规划的编制，目前江西、天津等省（直辖市）已发布了本地区应对气候变化规划，四川、云南、广西、安徽、重庆、甘肃、宁夏、新疆、青海、辽宁等省（自治区、直辖市）已经完成了规划编制工作，拟于今年正式发布实施。

（三）推动气候变化立法

国家发展改革委、全国人大环资委、全国人大法工委、国务院法制办和有关部门联合成立了应对气候变化法律起草工作领导小组，加快推进应对气候变化法律草案起草工作，目前已初步形成立法框架。山西、青海省出台了《山西省应对气候变化办法》和《青海省应对气候变化办法》，四川、江苏省应对气候变化立法正在稳步推进。2012 年10 月，深圳市人大通过《深圳经济特区碳排放管理若干规定》，加强对深圳市碳排放权交易的管理。

（四）完善相关政策体系

2012 年，国务院办公厅印发了《“十二五”控制温室气体排放工作方案重点工作部门分工》，对方案的贯彻落实工作进行全面部署。中央政府发布了一系列应对气候变化相关政策性文件，包括《工业领域应对气候变化行动方案（2012-2020 年）》、《“十二五”国家应对气候变化科技发展专项规划》、《低碳产品认证管理暂行办法》、《能源发展“十二五”规划》、《“十二五”节能环保产业发展规划》、《关于加快发展节能环保产业的意见》、《工业节能“十二五”规划》、《2013 年工业节能与绿色发展专项行动实施方案》、《绿色建筑行动方案》、《全国生态保护“十二五”规划》等，应对气候变化政策体系得到进一步完善。

三、减缓气候变化

2012 年以来，中国政府通过调整产业结构、优化能源结构、节能提高能效、增加碳汇等工作，完成了全国单位国内生产总值能源消耗降低及单位国内生产总值二氧化碳排放降低年度目标，控制温室气体排放工作取得积极成效。

（一）调整产业结构

推动传统产业改造升级。国家发展改革委、环境保护部、国土资源部等部门通过加强节能评估审查、环境影响评价和建设用地预审，进一步提高行业准入门槛，严控高耗能、高排放和产能过剩行业新上项目，严控高耗能、高排放产品出口。2013 年2 月，国家发展改革委会同有关部门对《产业结构调整指导目录（2011年本）》有关条目进行了调整，强化通过结构优化升级实现节能减排的战略导向。2013 年3 月，国家发展改革委印发了《全国老工业基地调整改造规划（2013-2022 年）》，提出改造提升传统优势产业，加大调整力度，增强传统优势产业的市场竞争力，充分利用新技术，优化产业结构。在“十二五”期间，国家发展改革委启动了“国家低碳技术创新及产业化示范工程”，其中，2012年在煤炭、电力、建筑、建材等4 个行业实施了34 个示范工程。

扶持战略性新兴产业发展。2012 年7 月，国务院印发了《“十二五”国家战略性新兴产业发展规划》，明确中国节能环保、新一代信息技术、生物、高端装备制造、新能源、新材料、新能源汽车等7 个战略性新兴产业重点领域。国务院有关部门陆续制定并发布了7 个重点产业专项规划以及现代生物制造等20 多个专项科技发展规划，制定并发布了《战略性新兴产业重点产品和服务指导目录》、《战略性新兴产业分类（2012）》、《关于加强战略性新兴产业知识产权工作的若干意见》等相关政策措施。北京、上海等26 个省市相继发布战略性新兴产业发展的规划或指导意见。新兴产业创投计划支持设立创业投资基金已达138 只，资金规模达380 亿元，其中主要投资于节能环保和新能源领域的基金有38 只，规模近110 亿元。

大力发展服务业。继续贯彻落实《国务院关于加快发展服务业的若干意见》、《国务院办公厅关于加快发展服务业若干政策措施的实施意见》等政策文件。2012 年12 月，国务院印发了《服务业发展“十二五”规划》，明确“十二五”时期是推动服务业大发展的重要时期，努力实现提高服务业比重、提升服务业水平、推进服务业改革开放、提高服务业吸纳就业能力等发展目标，构建结构优化、水平先进、开放共赢、优势互补的服务业发展格局。

2012 年5 月，国家发展改革委会同有关部门制定了《关于加快培育国际合作和竞争新优势的指导意见》，提出大力发展服务贸易的目标任务，建立健全服务贸易体系，提高服务业国际化发展水平。2012 年，全国服务业比重较2010 年提升了1.5 个百分点。

加快淘汰落后产能。2013 年10 月，国务院印发《关于化解产能严重过剩矛盾的指导意见》，提出了尊重规律、分业施策、多管齐下、标本兼治的总原则，并根据行业特点，分别提出了钢铁、水泥、电解铝、平板玻璃、船舶等行业分业施策意见，确定了当前化解产能过剩矛盾的8 项主要任务。与此同时，进一步落实《关于印发淘汰落后产能工作考核实施方案的通知》，完善落后产能退出机制，鼓励各地区制定更严格的能耗和排放标准，加大淘汰落后产能力度。2012 年6 月，工业和信息化部下达了关于19 个工业行业淘汰落后产能目标任务，并公布了第一批淘汰落后产能的企业名单，要求各地及时将目标任务分解到市、县，落实到企业。经考核，2012 年共淘汰炼铁落后产能1078 万吨、炼钢937 万吨、焦炭2493 万吨、水泥（熟料及磨机）25829 万吨、平板玻璃5856 万重量箱、造纸1057 万吨、印染32.6 亿米、铅蓄电池2971 万千伏安时。

（二）优化能源结构

继续推动化石能源清洁化利用。2012 年10 月，国家发展改革委印发《天然气发展十二五规划》，提出到2015 年中国天然气供应能力达到1760 亿立方米左右，其中常规天然气约1385 亿立方米、煤制天然气约150-180 亿立方米、煤层气地面开发生产约160 亿立方米，城市和县城天然气用气人口数量约占总人口的18%。2012 年，国家发展改革委、能源局等部门联合发布《页岩划（2011-2015 年）》，财政部、能源局联合发布《关于出台页岩气开发利用补贴政策的通知》，安排专项财政资金支持页岩气开发。2013 年9 月，国务院下发《大气污染防治行动计划》，进一步强化控制煤炭消费总量、加快清洁能源替代利用的目标和要求，大幅提升控制化石燃料消耗、发展清洁能源的工作力度。

截止2012 年底，全国30 万千瓦及以上火电机组比例达到75.6%，比上年增加近1.2 个百分点；在运百万千瓦超超临界燃煤机组达到54 台，数量居世界第一；中国自主研发、自主设计、自主制造、自主设、自主运营的华能天津IGCC 电站示范工程于2012年12 月投产，标志着中国洁净煤发电技术取得了重大突破。

大力发展非化石能源。2013 年7 月，国务院印发了《国务院关于促进光伏产业健康发展的若干意见》，明确了开拓光伏应用市场、加快产业结构调整和技术进步、规范产业发展秩序、完善并网管理和服务等政策措施。能源局先后印发了《太阳能发电发展“十二五”规划》、《生物质能发展“十二五”规划》、《关于促进地热能开发利用的指导意见》，明确了“十二五”时期中国太阳能、生物质能、地热能发展的指导思想、基本原则、发展目标、规划布局和建设重点，提出了保障措施和实施机制。继续加大对可再生能源的投资，2012 年完成水电投资1277 亿元，核电投资778 亿元，风电投资615 亿元。为进一步激励对可再生能源发电并网收购，2012 年3 月，财政部、国家发展改革委、能源局联合印发了《可再生能源电价附加补助资金管理暂行办法》，对可再生能源电价进行全面的资金补助。2013 年8 月，国家发展改革委印发《分布式发电管理暂行办法》，提出对风能、太阳能、生物质能、海洋能、地热能等新能源分布式发电的扶持政策。截止2012年底，全国全口径发电装机容量11.47 亿千瓦，同比增长7.9%。其中，水电2.49 亿千瓦，同比增长7.1%，居世界第一；核电1257万千瓦，与上年持平，在建规模居世界首位；并网风电容量6142万千瓦，同比增长32.9%，居世界第一；并网太阳能发电341 万千瓦，同比增长60.6%。全国水电、核电、风电和太阳能发电等非化石能源发电装机占全部发电装机的28.5%，比2005 年提高4.2 个百分点，发电量占全部上网电量的21.4%。

经过各方努力，截止2012 年底，中国一次能源消费总量为36.2 亿吨标准煤，其中，煤炭占一次能源消费总量比重为67.1%，比2011 年下降了1.3 个百分点；石油和天然气占一次能源消费总量的比重分别为18.9%和5.5%，比2011 年分别提高0.3 和0.5 个百分点；非化石能源占一次能源消费总量的比重为9.1%，比2011年提高1.1 个百分点。

（三）节能和提高能效

加强节能目标责任考核。2012 年以来，国务院印发了节能减排“十二五”规划、节能环保产业发展规划等，进一步明确了各地区、各领域节能目标任务，细化了政策措施，并定期发布各地区节能目标完成情况晴雨表。完善节能考核制度，调整考核内容，健全考核程序。2013 年，国家发展改革委会同有关部门，组织对省级人民政府进行节能目标责任评价考核，将考核结果作为对地方领导班子和领导干部综合考核评价的参考内容，纳入政府绩效管理。开展了“十一五”时期全国节能减排先进典型表彰活动，对530 个节能减排先进集体、467 个节能减排先进个人进行了表彰。

实施重点节能改造工程。2012年以来，安排中央预算内投48.96亿元和中央财政奖励资金26.1亿元支持重点节能改造、高效节能技术和产品产业化示范、重大合同能源管理、节能监察机构能力建设、建筑节能、绿色照明等重点工程项目2411个，其中，安排中央预算内投资10.66亿元支持节能监察机构能力建设项目1215个，安排中央财政资金1.3亿元，支持了17个甩挂运输改造项目。加大对合同能源管理的支持力度，安排财政奖励资金3.02亿元，支持合同能源管理项目495个。通过实施节能项目，累计形成1979万吨标准煤的节能能力。

进一步完善节能标准标识。2012年以来，国家发展改革委、国家标准化管理委员会联合实施了“百项能效标准推进工程”，发布了包括高耗能行业单位产品能耗限额、终端用能产品能效、节能基础类标准在内的60多项节能标准。住房城乡建设部批准发布了《建筑能效标识技术标准》、《城镇供热系统节能技术规范》等10个行业标准。完善节能与新能源汽车标准体系，截止2012年底，工业和信息化部等部门累计发布60多项新能源汽车相关标准，交通运输部累计发布21批营运车辆燃料消耗量限值标准达标车型。实施了能效标识、节能产品认证，截止2013年5月底，能效标识已覆盖28种终端用能产品。

推广节能技术与产品。国家发展改革委发布第五批《国家重点节能技术推广目录》，公布12个行业的49项重点节能技术，五批目录累计向社会推荐了186项重点节能低碳技术。工业和信息化部、科技部、财政部联合发布了《关于加强工业节能减排先进适用技术遴选评估与推广工作的通知》，筛选出钢铁、化工、建材等11个重点行业首批600余项节能减排先进适用技术，发布《节能机电设备（产品）推荐目录（第三批）》、《高耗能落后机电设备（产品）淘汰目录（第二批）》，完成了工业节能减排技术信息平台建设。印发《2013年工业节能与绿色发展专项行动实施方案》、《关于组织实施电机能效提升计划（2013-2015年）的通知》、《关于加强内燃机工业节能减排的意见》，大力推进了重点行业电机系统节能改造及内燃机节能减排技术、新产品推广应用。财政部、国家发展改革委推进节能产品政府采购，更新发布了两批节能产品政府采购清单。继续实施节能产品惠民工程，安排中央财政资金300多亿元，推广节能家电近9000多万台（套）、节能汽车350余万辆、高效电机1400多万千瓦，绿色照明产品1.6亿只，累计形成年节能能力1200多万吨标准煤。推进建筑领域节能。国务院办公厅转发了国家发展改革委、住房城乡建设部联合编制的绿色建筑行动方案，住房城乡建设部发布了“十二五”建筑节能专项规划。截止2012年底，北方地区既有居住建筑供热计量及节能改造5.9亿平方米，形成年节能能力约400万吨标准煤，相当于少排放二氧化碳约1000万吨。

全国城镇新建建筑执行节能强制性标准基本达到100%，累计建成节能建筑面积69亿平方米，形成年节能能力约6500万吨标准煤，相当于少排放二氧化碳约1.5亿吨。推进交通领域节能。交通运输部进一步调整优化交通运输节能减排与应对气候变化重点支持领域，不断加大政策支持力度，继续组织开展“车、船、路、港”千家企业低碳交通运输专项行动；出台了《关于加强城市步行和自行车交通系统建设的指导意见》，通过城市步行和自行车交通系统示范项目，引导各地加强城市步行和自行车交通建设。科技部在全国25个试点城市组织开展“十城千辆”节能新能源汽车示范推广应用工程。据测算，2012年交通运输行业共实现节能量420万吨标准煤，相当于少排放二氧化碳917万吨。

（四）增加森林碳汇

国务院批准京津风沙源治理二期工程规划，建设范围扩大到6省（自治区、直辖市）138个县。林业局印发了《落实德班气候大会决定加强林业应对气候变化相关工作分工方案》，启动编制“三北”防护林五期工程规划，发布实施长江、珠江防护林体系和平原绿化、太行山绿化工程三期规划。进一步推进森林经营，中央财政森林抚育补贴从试点转向覆盖全国，全国森林经营中长期规划编制工作启动，确定并推进首批15个全国森林经营样板基地建设，印发了森林抚育检查验收办法和作业设计规定。在全国200个县（林场）深入开展以森林采伐管理为核心的森林资源可持续经营管理试点。积极推进森林资源保护，印发了《进一步加强森林资源保护管理工作的通知》。全国林业碳汇计量监测体系建设扎实推进，2012年在17个省（自治区、直辖市）开展了试点，2013年已实现覆盖全国，初步建成全国森林碳汇计量监测基础数据库和参数模型库。2012年至2013年上半年，全国完成造林面积1025万公顷、义务植树49.6亿株，完成森林抚育经营面积1068万公顷，森林碳汇能力进一步增强。

（五）控制其他领域排放

控制农业温室气体排放。2012年，中央财政安排补贴资金7亿元，支持2463个项目开展测土配方施肥。农业部启动实施“百县千乡万村”测土配方施肥整建制推进行动，开展农企合作推广配方肥试点。中央财政安排专项资金0.3亿元及保护性耕作工程投资3亿元，在204个县（市）推广保护性耕作技术，全国新增保护性耕作面积164万公顷。中央投入30亿元资金继续实施生猪、奶牛标准化规模养殖场（小区）建设项目，重点支持规模养殖场对畜禽圈舍进行标准化改造，建设贮粪池、排粪污管网等粪污处理配套设施。在农垦区域因地制宜积极推进生物质能源综合利用、畜禽粪便综合利用、太阳能、风能综合利用等新技术，实施了生物质发电、生物质气化、沼气工程、固体成型燃料及生物质能源替代化石能源区域供热等示范项目。

加强非二氧化碳温室气体管理。国务院办公厅印发了《“十二五”全国城镇污水处理及再生利用设施建设规划》、《“十二五”全国城镇生活垃圾无害化处理设施建设规划》，积极控制城市污水、垃圾处理过程中的甲烷排放。截止2012 年底，全国生活垃圾无害化处理率达76%，绝大部分垃圾填埋场对填埋气体进行了收集、导排和处理。制订了《蒙特利尔议定书》下加速淘汰含氢氯氟烃（HCFCs）的管理计划，截止2012 年6 月，中国第一阶段（2011-2015 年）含氢氯氟烃淘汰总体计划、6 个消费行业计划和1 个履约能力建设规划获得批准，预计完成2013 年HCFCs冻结目标，预计减排2 亿吨二氧化碳当量。组织研究了国内外煤炭生产、废弃物处理、化工生产、制冷、电力和电子及冶金铸造等领域的非二氧化碳类温室气体排放及控制现状，提出了中国非二氧化碳类温室气体控排技术与对策建议。

四、适应气候变化

2012 年以来，中国采取积极行动加强重点领域适应气候变化和应对极端天气和气候事件的能力，减轻了气候变化对经济社会发展和生产生活的不利影响。

（一）防灾减灾

民政部制订或修订了《民政部救灾应急工作规程》、《民政部关于加强自然灾害救助评估工作的指导意见》、《中央救灾物资储备库管理暂行办法》等政策文件，进一步完善了减灾救灾工作体制机制；推动实施《国家综合防灾减灾规划（2011-2015 年）》，启动综合减灾示范社区和避难场所建设工程项目，2012 年以来新创建全国综合减灾示范社区1273 个；2012 年会同财政部安排下拨中央自然灾害生活救助资金116 亿元，及时有效帮助灾民开展恢复重建和保障受灾群众的基本生活。农业部建立提早会商、预测、预判的工作制度，出台农业防灾减灾稳产增产关键技术、良法补助政策，指导各地完善抗灾技术措施，加强防灾减灾经验和典型宣传。水利部推进2058 个县山洪灾害防治县级非工程措施和国家防汛抗旱指挥系统二期工程建设，开展洪水影响评价和洪水风险图编制，修订完善了重点江河流域的洪水、水量调度方案。林业局颁布《国家森林火灾应急预案》，强化森林防火检查，开展地方政府有害生物防控责任制，2012 年林业无公害防治率达到87%，森林航空消防覆盖到16 个省（自治区、直辖市）、265 万平方公里。海洋局加强海洋减灾体系构建，开展沿海大型工程海洋灾害风险排查和风险区划工作。

（二）监测预警

国家防总、减灾委相关成员单位进一步完善各类自然灾害的监测预警系统建设，加强极端天气和气候灾害的应对能力。海洋局加强沿海、近海海洋观测能力建设，优化调整海洋灾害预警发布渠道，强化对重点地区海平面变化、海水入侵、土壤盐渍化和海岸侵蚀的监测评价，建设海洋渔业生产安全环境保障服务系统，开展面向沿海重点保障目标的精细化预报试点工作。气象局发布《中国气候变化监测公报2011》，推进气候灾害风险普查，帮助地方出台气象灾害防御规划，加大对重点区域和流域的气候变化评估和特色产业适应气候化的技术支持，在重点城市开展精细化城市暴雨、积涝相关的预报业务。

（三）农业领域

2012 年11 月，国务院办公厅印发了《国家农业节水纲要（2012-2020 年）》，促进水资源可持续利用，保障国家粮食安全。农业部印发了《农业部关于推进节水农业发展的意见》，下发了《关于印发〈全国土壤墒情监测工作方案〉的通知》，继续大力推动农田水利基本建设，完善农田水利设施配套，提升农业综合生产能力。进一步完善农作物品种测试评价体系，强化抗逆性品种选育，加大农作物良种补贴力度，加快推进良种培育、繁殖、推广一体化进程，2012 年全国主要粮食品种良种覆盖率达到96%以上。建立国家主导的农作物种质资源保护和利用制度，长期保存种质资源42 万多份，居世界第二位。推广节水农业，启动旱作节水农业示范基地和农田节水技术示范项目，设立旱作节水农业示范基地500 多个，核心示范区面积1000 多万亩。因地制宜开发和推广农田节水技术，推广全膜双垄集雨沟播、膜下滴灌、测墒节灌等九大节水农业技术，面积达到4 亿多亩。

（四）水资源领域

水利部会同国家发展改革委等10 部委组织编制的长江、辽河流域等七大流域综合规划（修编）获得国务院批复，明确了流域治理开发与保护的重要目标和任务；印发《落实〈国务院关于实行最严格水资源管理制度的意见〉实施方案》和《关于贯彻落实〈实行最严格水资源管理制度考核办法〉的意见》，建立健全最严格水资源管理制度体系。截止2013 年上半年，全国已有21个省(自治区、直辖市)发布了实行最严格水资源管理制度意见或配套文件，30 个省(自治区、直辖市)建立了实行最严格水资源管理制度行政首长负责制，14 个省（自治区）将2015 年省级水资源管理控制目标分解到市级行政区，形成以用水总量控制、用水效率控制和污染物排放总量控制“三条红线”为核心的最严格水资源管理制度，有序推进重要江河流域水量调度和主要江河流域水量分配工作，推动了14 个水生态系统保护与修复试点建设。完成第一次全国水利普查，系统掌握了江河湖泊开发治理与保护现状。住房城乡建设部编制印发《全国城镇供水设施改造与建设“十二五”规划及2020 年远景目标》及《国家节水型城市考核标准和考核办法》，促进城市节水与源头减排。

（五）海岸带和生态系统

海洋局组织开展了《国家海洋事业发展“十二五”规划》、《全国海洋经济发展“十二五”规划》和《全国海岛保护规划》等专项规划的编制工作并经国务院批准发布，编制海洋岛屿管理保护的指导意见和管理办法，积极构建典型海洋生态系统对气候变化响应监测评价的指标体系，中央财政安排近8.5 亿元支持沿海地方海域、海岸带整治修复和海岛生态修复、淡水资源保护等工作。环境保护部组织实施《中国生物多样性保护战略与行动计划（2011-2030）》，开展生物资源基础调查，积极推进自然保护区建设。林业局贯彻落实《国务院办公厅关于做好自然保护区管理有关工作的通知》，进一步加强国家重要生态区域和生物多样性关键地区保护；完成第二次全国湿地资源调查并出台《湿地保护管理规定》，提出了湿地生态系统健康价值和功能评价指标体系。水利部制定针对水土流失的多项条例、导则、指导意见和管理办法，组织编制或实施了相关规划、方案和细则等。2012 年至2013 年上半年共审批水土保持方案374 个，建设单位投入水土保持资金352.1 亿元；新增林业国家级自然保护区38 处，自然保护区总数达2149 处。2012 年恢复湿地30 万亩，新增湿地保护面积135 万亩和85 处国家湿地公园试点，确认了11 处国家重要湿地。

（六）人群健康

卫生和计划生育委员会等部门推动落实《国家环境与健康行动计划（2007-2015）》和《全国农村饮水安全工程“十二五”规划》，继续推进饮用水卫生监测工作，保障城乡饮用水卫生安全；印发《全国城市饮用水卫生安全保障规划（2011-2020 年）》，继续推进饮用水卫生监测工作；将饮用水卫生作为对居民健康有重要影响的公共卫生服务项目列入“十二五”期间深化医药卫生体制改革规划，建立国家饮用水卫生监测网络并实施国家基本公共卫生服务卫生监督协服务项目，2012 年全国饮用水卫生监测网在地级市和县的覆盖率分别达到85.3%和46.8%，饮用水卫生监督协管比例达到80%。在北京、天津、河北等雾霾重点多发省（直辖市）组织开展雾霾天气对人群健康影响监测和公共场所室内PM2.5 监测试点工作。继续完善传染病网络直报系统，加强传染病监测、报告及控制，设置3486 个国家级监测点，重点做好霍乱、流感、手足口病等与气候变化密切相关的疾病防控工作，并定期对重点省份开展督导检查，加大应对气候变化卫生应急保障工作。

五、开展低碳发展试点示范

2012 年以来，通过继续推进低碳省区和低碳城市试点，稳步推进碳排放交易试点，研究开展低碳产品、低碳社区等试点示范，为进一步推动应对气候变化和低碳发展积累了丰富经验，奠定了坚实础。

（一）继续推进低碳省区和低碳城市试点

第一批“五省八市”低碳试点取得积极进展，各试点省区和城市研究制定加快推进低碳发展的政策措施，创新体制机制，围绕优化能源结构，推动产业、交通、建筑领域低碳发展，引导低碳生活方式，增加林业碳汇，开展了一系列重大行动，实施了一批重点工程，取得了明显成效。2012 年，国家又确定在北京市、上海市、海南省和石家庄市等29 个省市开展第二批低碳省区和低碳城市试点工作，各试点地区积极明确工作方向和原则要求，编制低碳发展规划，探索适合本地区的低碳绿色发展模式，构建以低碳、绿色、环保、循环为特征的低碳产业体系，建立温室气体排放数据统计和管理体系，确立控制温室气体排放目标责任制，积极倡导低碳绿色生活方式和消费模式，部分试点地区还提出了温室气体排放总量控制目标和排放峰值年目标。

（二）稳步推进碳排放权交易试点

2012 年以来，北京市、天津市、上海市、重庆市、深圳市、广东省和湖北省等七个省市的碳排放交易试点工作取得积极进展。2012 年10 月，深圳市发布实施了相关管理规定；2013 年7月至8 月，上海市、广东省和湖北省就碳交易管理办法向社会公开征求意见。各试点地区结合本地实情，综合考虑节能减排目标、经济增长趋势、企业及行业排放水平等因素，确定碳交易覆盖企业范围，并研究确定交易范围和配额分配。各试点地区针对交易所覆盖行业，研究建立碳排放核算方法和标准，开展企业碳排放历史数据核查，其中上海市于2012 年10 月发布了钢铁、电力等行业的碳排放核算方法指南，深圳市于2012 年11 月和2013 年4月以地方标准形式发布了温室气体量化报告及核查规范指南和建筑行业细则。深圳市碳交易平台于2013 年6 月上线以来，累计完成交易量超过11 万吨，成交金额超过700 万元。

（三）开展相关领域低碳试点工作

开展低碳产品认证试点。2013 年2 月，国家发展改革委、国家认监委联合印发《低碳产品认证管理暂行办法》，第一批认证目录包括通用硅酸盐水泥、平板玻璃、铝合金建筑型材、中小型三相异步电动机4 种产品，并在广东、重庆等省（直辖市）开展低碳产品认证试点工作，探索鼓励企业生产、社会消费低碳产品的良好制度环境。

研究开展低碳社区和低碳园区试点。国家发展改革委会同有关部门组织开展低碳社区试点的研究工作，探索社区低碳化运营管理新模式，减少居民生活领域的能源消耗和碳排放。工业和信息化部、国家发展改革委组织研究开展低碳工业试验园区试点工作，研究制定相应的评价指标体系和配套政策。

开展低碳交通试点。国家在天津、重庆、北京、昆明等26个城市开展低碳交通运输体系建设试点，启动26 个甩挂运输试点项目、40个甩挂运输场站建设，推进以天然气为燃料的内河运输船舶试点，开展原油码头油气回收试点。组织开展低碳交通城市、低碳港口、低碳港口航道建设、低碳公路建设等评价指标体系研究。

推进碳捕集、利用和封存（CCUS）试验示范。国家发展改革委印发了《关于推动碳捕集、利用和封存试验示范的通知》，明确了近期推动CCUS 的试验示范工作；成立了有国内40 多家相关企业、高校、科研院所参加的CCUS 产业技术创新联盟。积极开展CCUS 工程应用，中国石油化工集团公司建成了国内首个燃煤电厂烟气CCUS全流程示范工程；截止2012 年，神华集团CCUS示范累计灌注二氧化碳超过5.7 万吨；截止2013 年6 月，位于内蒙古鄂尔多斯市伊金霍洛旗的中国首个二氧化碳地质储存示范工程已灌注二氧化碳近12 万吨。

地方积极推进试点示范。各省（自治区、直辖市）积极开展符合本地区实际和特点的低碳发展实践，形成了不少好的经验和做法。四川省确定成都、广元、宜宾、遂宁、雅安等市为省级低碳试点城市，积极探索具有本地特色的低碳发展模式。安徽省积极探索低碳社区、低碳园区等试点示范建设，安排专项资金，用于支持省内9 个园区、社区等综合性低碳示范基地建设。山东省设立了建筑节能与绿色建筑发展资金、新能源产业资金、新能源汽车补贴等一系列低碳发展类专项资金，着力支持建筑节能、工业降耗、新能源产业发展等重点行业和领域的低碳试点示范建设。

六、加强基础能力建设

2012 年以来，中国不断加强温室气体统计核算体系建设，加强基础研究和教育培训，强化科技研究和决策支撑，加强资金保障，应对气候变化基础能力得到显著提升。

（一）加强温室气体统计核算体系建设

加强基础统计体系建设。2013 年，国家发展改革委会同国家统计局制定并印发《关于加强应对气候变化统计工作的意见》，明确提出应建立应对气候变化统计指标体系，完善温室气体排放基础统计工作。国管局印发了《公共机构能源资源消费统计制度》，进一步规范公共机构能源资源消费统计工作，组织完成了2011 年和2012 年全国公共机构能源资源消耗情况汇总分析，纳入直接统计范围的公共机构扩大到69 万家。林业局以各省历次森林资源清查结果为基础，结合各类林业统计数据，完成了各省森林面积和蓄积量变化的测算。

提高温室气体排放核算能力。2012 年，国家发展改革委组织完成了《第二次国家信息通报》的编制工作（其中国家温室气体清单报告年份为2005 年），并已提交联合国气候变化框架公约秘书处。第三次国家信息通报的项目申报工作目前正在进行，拟在这个项目下编制2010 年和2012 年国家温室气体清单。全国31个省（自治区、直辖市）开展了温室气体清单编制，初步摸清了本地区的温室气体排放状况，并进行了年度碳强度下降核算工作。目前正在组织开展对2005 年和2010 年省级温室气体清单的验收评估工作。组织编制了化工、水泥、钢铁、有色、电力、航空、陶瓷等行业生产企业的温室气体排放核算方法与报告指南；开展碳排放权交易试点的省市已经或正在开展企业碳排放核算工作，并正在建立第三方碳排放核查体系。

（二）加强政策研究和教育培训

加强政策研究。2012 年以来，在中国清洁发展机制基金等多种资金渠道的支持下，开展了一系列应对气候变化的政策研究，截止2012 年底，累计安排4.95 亿元基金赠款，支持百余个赠款项目，开展应对气候变化领域国内国际相关问题的研究。

强化教育培训。国家发展改革委先后举办了5 期低碳发展及省级温室气体清单编制培训研讨会，来自24 个省市区应对气候变化主管部门领导及技术支撑机构专业人员参加了培训，举办了5 期中德应对气候变化能力建设。国管局先后举办了多期全国公共机构节能管理干部和高校节能干部培训班。林业局编写出版了中学生校本课程教材《林业碳汇与气候变化》并进入课堂，制作播出了《森林之歌》、《大地寻梦》、《森林中国》等系列电视片，强化林业碳汇计量监测技术培训。

（三）加强科技研究和决策支撑

加强科技研究。科技部组织编制第三次《气候变化国家评估报告》，系统总结了中国气候变化科研成果；研究制定《国家节能减排与低碳技术成果转化与推广应用清单》，促进低碳技术推广应用。2012 年4 月，科技部印发《洁净煤技术科技发展“十二五”专项规划》，将发展洁净煤技术列为先进能源领域的重要技术方向，重点支持高效洁净燃煤发电技术、先进煤转化技术、先进节能技术、污染物控制和资源化利用技术等。国管局组织完成了公共机构新能源和可再生能源应用、中央国家机关建筑节能共性问题、公共机构节能管理信息系统建设等课题研究。国土资源部深化在地热勘查开发、气候变化地质记录、地质碳汇等方面的调查研究，加快推进二氧化碳地质储存的技术攻关。国家质检总局开展了应对气候变化领域有关标准的前期研究工作。林业局完成了森林缓解气候变化影响的实证研究，开展了典型生态系统固碳潜力和固碳过程研究。气象局首次完成华东、华南、华北、东北、华中、西南、西北和新疆8 个区域气候变化评估工作。水利部组织开展了“气候变化对我国水安全影响及适应对策研究”等10 余项重大课题研究。卫生和计划生育委员会组织开展气候变化对人类健康的影响及适应机制、气候变化人群健康风险评估预测等方面研究工作。海洋局组织开展了“中国近海海-气二氧化碳通量遥感监测评估系统研究示范”等重大项目。

强化决策支撑。2012 年国家发展改革委设立了“国家应对气候变化战略研究和国际合作中心”，为应对气候变化工作提供决策咨询和支撑服务。国家气候变化专家委员会积极开展应对气候变化决策咨询。国家质检总局批准建立了23 家国家城市能源计量中心，搭建能源计量数据公共平台、能源计量检测技术服务平台、能源计量技术研究平台、能源计量检测人才培养平台，为服务低碳经济发展提供全方位的计量技术支撑。各类省级层面的应对气候变化、低碳发展专业研究机构相继成立，如天津市成立了低碳发展研究中心、浙江省成立了应对气候变化和低碳发展合作中心，北京市在市属高校建立了北京应对气候变化研究和人才培养基地，增强了应对气候变化科技支撑能力和决策支持能力。

七、全社会广泛参与

2012 年以来，各地开展了一系列公众宣传教育活动，充分发挥各类媒体的传播功能，提高了公众应对气候变化和低碳意识。

（一）政府加强引导

政府机构率先示范，践行低碳生活理念。2012 年12 月，习近平总书记主持召开中共中央政治局会议，审议通过了中央政治局关于改进工作作风、密切联系群众的八项规定，厉行勤俭节约，在全社会产生了广泛影响。2012 年9 月，国务院决定自2013 年起设立“全国低碳日”。2013 年6 月17 日，国家发展改革委和有关部门围绕首个“全国低碳日”联合举办了一系列活动，包括“美丽中国梦 低碳中国行”应对气候变化主题展览、制作并播放低碳公益短片、启动“低碳中国行”等活动，联合国秘书长潘基文参观气候变化主题展览并给予高度评价。住房城乡建设部组织开展“中国城市无车日活动”，截止2012 年承诺的城市已达152 个。

气象局组织完成多语种《应对气候变化—中国在行动2012》电视宣传片及画册。在“全国低碳日”期间，北京、上海、重庆、广州、杭州等地举办多种形式的主题宣传活动，提高公众低碳意识。2013 年7 月，生态文明贵阳国际论坛围绕“建设生态文明：绿色变革与转型——绿色产业、绿色城镇、绿色消费引领可持续发展”开展研讨，形成了广泛共识。

（二）媒体广泛传播

2012 年，中国媒体围绕应对气候变化、节能环保、低碳发展等主题进行了大量的报道和宣传活动。新华社、人民日报、中央电视台、中国国际广播电台、中国日报、中国新闻社等新闻媒体，在2012 年卡塔尔多哈气候变化大会期间，派出驻会记者进行了大量深入及时的报道，新华网、中国网、中国新闻网等多家新闻网站开辟专栏进行了文字、图片、声音、视频等全方位报道，在营造良好舆论氛围、普及气候变化知识方面，作出了积极贡献；中央电视台等媒体制作完成了《面对气候变化》、《变暖的地球》、《关注气候变化》、《环球同此凉热》等纪录片，在2013 年全国低碳日期间制作播出了全国低碳日公益广告；中华环保联合会与北京人民广播电台合作录制了主题为“倡导低碳生活，宣传节能减排”的广播节目。中国媒体还通过多种多样方式来倡导绿色环保、低碳消费的理念，中国经济导报社等媒体举办了“2012 中国应对气候变化和低碳发展十大新闻”评选活动；北京日报等单位主办了“绿色北京•低碳出行”大型环保倡议活动等；中国新闻社举办了以“为了梦想的家园”为主题的“低碳发展•绿色生活”公益影像展暨“中国低碳榜样”发布会。

（三）组织机构积极行动

环境保护部宣传教育中心、国家应对气候变化战略研究和国际合作中心、中国国际民间组织合作促进会绿色出行基金等机构在全国11 个城市开展了“酷中国—全民低碳行动计划”。在全国低碳日期间，中石油、万科、绿色出行基金等众多企业、民间组织成立了“中国低碳联盟”，共同发表《中国低碳联盟宣言》。中国绿色碳汇基金会在全国数十个城市和国家部委开展了“足不出户、购买碳汇、低碳造林、履行义务植树”活动。中国低碳产业协会和联合国工业发展组织共同主办了2013 中国国际低碳产业博览会，中国轻工业联合会等机构共同组织了“低碳行动，骑行中国”2013 美丽西部自行车幸福行活动。中国国土经济学会在中国科学技术协会支持下开展了“全国绿色国土行”公益活动，中国关心下一代工作委员会等部门在北京、天津、石家庄等十城市开展“中华家庭低碳环保行”公益活动。北京、上海、大连、香港、澳门等80 多个城市的社区、企业、学校参与了世界自然基金会倡导的“地球一小时”公益活动。

（四）公众踊跃参与

通过气候变化教育培训应对气候变化、节能减排、低碳生活等丰富活动，公众对气候变化的认知更深入，行动更自觉，参与领域更广泛。更多公众开始选择低碳出行、低碳饮食、低碳居住、厉行节约的低碳生活及消费模式，积极应对气候变化正成为社会公众的自觉行动。2013 年1 月，在网络微博发起的“光盘行动”得到社会公众的广泛关注。“千名青年环境友好使者应对气候变化创新行动”在2013 年积极开展行动，提升青年使者的环境领导力。全国各城市普遍开展了节能减排进家庭、进社区、进企业、进机关、进学校等专项活动，南京、深圳、济南等15 个城市举办了“低碳•健康家生活”宣教活动，通过免费发放30 万宣教手册等形式，在普通家庭中倡导节能减排的科学观念，提倡绿色低碳的行为方式。

八、建设性参加国际谈判

2012 年以来，中国以高度负责任的态度，继续在气候变化国际谈判中发挥积极建设性作用，推动各方就气候变化问题深化相互理解、广泛凝聚共识，积极推动建立公平合理的国际气候制度。

（一）积极参加联合国进程下的国际谈判

中国坚持以《联合国气候变化框架公约》和《京都议定书》为基本框架的国际气候制度，坚持公约框架下的多边谈判是应对气候变化的主渠道，坚持“共同但有区别的责任”原则、公平原则和各自能力原则，坚持公开透明、广泛参与、缔约方驱动和协商一致的原则。中国一贯积极建设性参与谈判，在公平合理、务实有效和合作共赢的基础上推动谈判取得进展，不断加强公约的全面、有效和持续实施。2012 年，中国继续积极参与联合国进程下的气候变化国际谈判，与各国加强沟通，增进理解，扩大共识，为多哈会议取得成功作出积极努力。中国全面参与了多哈会议的谈判和磋商，坚持维护谈判进程的公开透明、广泛参与和协商一致，以积极、理性、务实的态度推动各方形成共识。在中国等广大发展中国家努力下，多哈会议取得了一揽子平衡成果，既全面落实了巴厘路线图的谈判任务，基本确定2020 年前应对气候变化国际合作行动相关安排，又对德班平台的谈判进行了规划设计，明确了2020 年后进一步强化行动所应遵循的原则，维护了联合国多边谈判进程的有效性，提振了国际社会合作应对气候变化的信心。为配合多哈会议谈判，中国代表团在多哈会议期间举办了为期8 天、包含18 场主题活动的“中国角”系列边会，利用各种渠道和方式与各方展开坦诚、深入的对话与交流，受到各方高度关注和充分肯定。

（二）广泛参与相关国际对话与交流

加强高层对话和交流推动谈判进程。中国国家主席习近平在出席金砖国家领导人会议、“二十国集团”领导人峰会、亚太经合组织领导人峰会等重大多边外交活动中，多次发表重要讲话，与各国元首共同推动积极应对气候变化。中美两国元首均高度重视气候变化问题，在2013 年两次会晤中就加强气候变化对话与合作以及氢氟碳化物（HFCs）问题形成重要共识。2013 年7 月第五轮中美战略与经济对话期间举行了两国元首特别代表共同主持的气候变化特别会议，深化了两国国内气候变化政策和双边务实合作的交流。2012 年6 月，时任总理温家宝在出席2012 年联合国可持续发展大会期间，呼吁各方按照“共同但有区别的责任原则”应对气候变化，发展绿色经济，推动可持续发展。

积极参加公约外气候变化会议和进程。中国参加了“里约+20”联合国可持续发展大会、经济大国能源与气候论坛领导人代表会议、彼得斯堡气候变化部长级对话会、华沙会议部长级预备会等一系列气候变化相关的对话和磋商。积极参与国际民航组织、国际海事组织、关于消耗臭氧层物质的《蒙特利尔议定书》、万国邮政联盟等国际机制下的谈判。中国还积极参与“全球清洁炉灶联盟”、“全球甲烷倡议”、“全球农业温室气体研究联盟”等活动，多方推动公约主渠道谈判取得进展。

广泛开展双边多边气候变化对话与磋商。继续加强“基础四国”、“立场相近发展中国家”等磋商机制，与发展中国家开展联合研究，积极维护发展中国家利益。通过中美、中欧、中澳等气候变化部长级磋商开展与发达国家的双边磋商，就气候变化国际谈判、国内应对气候变化政策和相关务实合作深入交换意见。积极推动中国与其他国家智库之间开展交流。

（三）中国参加联合国气候变化华沙会议基本立场主张

今年11 月，《联合国气候变化框架公约》第十九次缔约方会议和《京都议定书》第九次缔约方会议将在波兰首都华沙举行。去年年底的多哈会议结束了巴厘路线图授权的谈判，今年的华沙会议应成为一次落实和启动的会议。华沙会议的首要任务是采取切实行动落实减缓、适应、资金、技术、审评、透明度等巴厘路线图谈判成果，推动各方尽快批准京都议定书第二承诺期修正案，并在公约相关机制下继续讨论相关未决问题，落实在历次会议上达成的协议和作出的承诺。发达国家应兑现在历次会议上做出的减排及出资和转让技术的承诺，并进一步提高2020 年前行动力度。这是维护各方互信的基础，也是德班平台谈判取得进展的前提和保证。同时，各方应在华沙会议上紧扣公约原则和德班平台授权，通过正式、平衡、有针对性的方式，围绕减缓、适应、资金、技术等公约体制“支柱”开启德班平台实质性谈判，稳步推进德班平台谈判取得进展，进一步加强《公约》在2020 年后的全面、有效和持续实施。

华沙会议应聚焦两个问题：一是参加议定书第二承诺期的发达国家应尽快批准关于第二承诺期的修正案，并按照多哈会议决定于2014 年提高减排指标力度。不参加议定书第二承诺期、退出或未批准议定书的发达国家也应按照可比性的要求，与参加议定书第二承诺期的发达国家同步、同等提高2020 年前减排力度。

发展中国家将在发达国家落实资金、技术、能力建设支持的前提下，落实已提出的减缓行动目标。二是资金问题，资金问题应成为华沙会议的重中之重，得到妥善解决。发达国家应确保2013-2015 年出资规模不少于快速启动资金，提出实现2020 年出资1000 亿美元目标的清晰路线图，并尽快向绿色气候基金注资，确保发展中国家得到切实的资金支持。

中国将在华沙会议过程中继续发挥积极建设性作用，与各国一道支持东道国波兰遵循公开透明、广泛参与、协商一致和缔约方驱动的原则，推动华沙会议取得成功。

九、加强国际交流与合作

2012 年以来，中国继续本着“互利共赢、务实有效”的原则积极参加和推动应对气候变化南南合作以及与发达国家、各国际组织的务实合作，积极促进全球合作应对气候变化。

（一）深化与发展中国家合作

国家发展改革委积极推动应对气候变化南南合作，根据时任总理温家宝在“里约+20”会议上宣布的安排2 亿元开展为期三年应对气候变化“南南合作”的要求，与41 个发展中国家建立了联系渠道，与格林纳达、埃塞俄比亚、马达加斯加、尼日利亚、贝宁、多米尼克等12 个发展中国家有关部门签订了《关于应对气候变化物资赠送的谅解备忘录》，累计赠送节能灯90 多万盏和节能空调1 万多台。举办了应对气候变化南南合作政策与行动研讨会、应对气候变化与绿色低碳发展研修班。科技部、外交部等部门联合举办“中国-东盟应对气候变化：促进可再生能源与新能源开发利用国际科技合作论坛”，促进中国与东盟国家可再生能源与新能源相关技术开发和产品应用的交流与合作。国家发展改革委会同海洋局组织实施了气候变化框架下的海洋灾害监测与预警南南合作研究项目，编制了《发展中国家海洋灾害监测预警能力建设指南》（英文版），并在厦门举办了“发展中国家海洋灾害监测与预警技术研修班”，为柬埔寨、印度尼西亚等9 个发展中国家的16 名学员进行了技术培训。林业局组织了气候变化框架下毁林与土地退化监测和评估南南合作研讨培训。气象局面向发展中国家人员开展气候变化与极端天气气候事件的关系、多灾种早期预警和气候服务系统技术培训。

（二）加强与发达国家合作

国家发展改革委继续执行“中德气候变化项目”、“中意气候变化合作计划”、“中挪气候变化适应战略应用研究项目”等已有的双边合作项目；组织召开了中欧、中德、中丹等气候变化双边磋商会议，推动了有关框架协议签署和合作项目开展；与瑞士、丹麦等国家有关部门和美国加利福利亚州签署了气候变化领域合作谅解备忘录。在“中澳清洁煤联合工作组”的支持下，开展国内产学研碳捕集、封存利用技术方面的培训和重大问题预研究；与美国开展新型结合增强地热系统的大规模二氧化碳利用与封存技术研究合作项目；与美国能源部在电力系统、清洁燃料、石油与天然气、能源与环境技术、气候科学等多个重点领域方向达成共识，开展了一系列富有成效的合作项目。环境保护部与美国、日本、意大利、挪威、澳大利亚在减缓、适应、基础能力建设和公众意识提高等方面开展了一批务实的双边多边合作项目，具体包括页岩气开发中环境标准及其实施细则研究项目、中挪生物多样性与气候变化项目，中澳二氧化碳地质封存环境影响与风险研究等。林业局加强中美、中英、中芬、中瑞在林业应对气候变化相关领域技术交流。海洋局与意大利合作开展了“沿海地区生态系统能力建设项目”。

（三）推动与国际组织合作

国家发展改革委继续开展与联合国开发计划署、联合国环境规划署等机构和世界银行、亚洲开发银行、全球环境基金等多边金融机构的交流与合作，与世界银行签署了《关于应对气候变化领域合作的谅解备忘录》，正式启动全球环境基金的“增强对脆弱发展中国家气候适应力的能力、知识和技术支持”项目及“中国应对气候变化技术需求评估”项目，启动亚洲开发银行支持的“碳捕集和封存路线图”技援项目；在2012 年5 月第四轮中美战略经济对话期间加入“全球清洁炉灶联盟”，与联合国基金会、全球清洁炉灶联盟秘书处签订谅解备忘录；与全球碳捕集和封存研究院等相关组织举办碳捕集、利用与封存技术现场研讨会。环境保护部积极推动生物多样性适应气候变化国际合作，组织参加了生物多样性和生态系统服务政府间科学-政策平台（IPBES）第一次全体会议。卫生和计划生育委员会与世界卫生组织等国际组织开展合作，进行气候变化与健康影响相关研究试点工作。林业局加强与世界自然资金会、大自然保护协会、德国国际合作机构（GIZ）在林业应对气候变化相关领域技术交流。民政部参加了第四届全球减灾平台大会，继续加强与联合国和相关国际组织机构在减灾救灾领域的合作。国家标准化管理委员会积极参与温室气体减排领域国际标准化工作，承办国际标准化组织二氧化碳捕集、运输和地质封存技术委员会第三届全会。气象局组织参加“政府间气候变化专门委员会（IPCC）第35 次全会”等10 余次国际会议，开展IPCC 第五次评估报告评审工作。

2012年《中国气候公报》（节录）

中国气象局

二〇一三年一月五日

2012年，我国气候年景正常，降水总体偏多，气温接近常年，气象灾害种类多，局部地区灾情重。

2012年，降水偏多，但时空分布不均；气温接近常年，但起伏较大。全国平均降水量669.3毫米，较常年偏多6.3%，比2011年偏多20.4%；冬季降水偏少，春、夏、秋季偏多。全国平均气温9.4℃，接近常年，较2011年偏低0.3℃；冬季和秋季气温偏低，春、夏季偏高。

2012年，东亚夏季风偏强，入夏时间偏早，汛期主要多雨带偏北。华南前汛期开始早、结束晚、雨量多，长江中下游入梅晚、出梅早、雨量少；华北雨季雨量多，华西秋雨雨量少；西南雨季开始晚、结束早、雨量少。从区域看，东北、华北、长江中下游、西北、华南降水量分别偏多31.5%、27.4%、12.7%、10.0%、9.7%，其中，东北为近62年最多，华北为近35年最多，北京和天津降水量也是近35年最多。

七大江河流域中除淮河流域降水偏少外，其他流域均偏多，海河流域为近22年最多。

2012年，气象灾害种类多，局地灾情重。暴雨过程多, 局部洪涝和山洪地质灾害重，长江、黄河、海河等流域先后出现明显汛情，北京、甘肃、四川、重庆、云南、贵州、宁夏、青海和新疆等地出现山洪地质灾害；台风登陆时间集中，影响范围广，8月上旬“达维”、“苏拉”、“海葵”3个台风一周内接连登陆我国，影响15个省（区、市）；区域性、阶段性低温阴雨天气多发，对农业生产造成一定影响；11-12月北方3次大范围强降雪天气，部分地区遭受雪灾。

据初步统计，2012年，我国主要气象灾害造成的直接经济损失3358亿元，高于1990-2011年平均；因灾死亡或失踪人数（1390人）和受灾面积（2496万公顷）均明显少于1990-2011年平均。综合来看，2012年气象灾害为偏轻年份。

一、基本气候概况

2012年，全国平均气温接近常年，冬季和秋季气温偏低，春、夏季偏高。全国平均降水量较常年偏多，冬季偏少，春、夏、秋三季均偏多；华南前汛期和华北雨季雨量多，长江中下游梅雨弱，华西秋雨和西南雨季雨量均偏少。

（一）气温

1. 全国平均气温接近常年

2012年，全国平均气温9.4℃，接近常年（1981-2010年平均值，9.6℃），比2011年偏低0.3℃，较1971-2000年平均值（9.2℃）偏高0.2℃。全年1月至3月、11月和12月气温较常年同期偏低，其他月份接近常年同期或偏高。从区域看，西南偏高，华北、东北气温偏低明显，其它区域接近常年或略偏低。其中，东北中南部及内蒙古中东部、新疆中西部、贵州北部等地气温偏低0.5～1.0℃，局部地区偏低1.0～2.0℃；云南、四川南部、青海南部和黑龙江东北部等地气温偏高0.5～1.0℃，局部偏高1.0～2.0℃。

2012年，云南和西藏气温较常年偏高0.5℃以上，其中云南偏高0.8℃，为历史同期次高；辽宁、吉林、内蒙古和贵州偏低0.5℃以上，其中辽宁偏低0.8℃；其余25省（区、市）接近常年或与常年持平。

2. 冬季和秋季气温偏低，春、夏季气温偏高

冬季（2011年12月-2012年2月），全国平均气温-4.3℃，较常年同期（-3.3℃）偏低1.0℃，为1986年以来最低。与常年同期相比，除青藏高原中北部及云南中部气温偏高1～2℃外，其余大部地区气温接近常年或偏低，其中西北中西部、东北、华北东北部、江淮西部、江南中部和西部、华南大部及内蒙古大部、贵州、四川东南部等地偏低1～2℃，局部偏低2～4℃。

春季（3-5月），全国平均气温11.1℃，较常年同期（10.4℃）偏高0.7℃。与常年同期相比，全国大部地区气温接近常年同期或偏高，其中山西北部、河南东部、山东西南部、江苏、广西南部、云南、四川南部、新疆北部等地偏高1～2℃，北疆局地偏高2～4℃。云南省春季平均气温为历史同期次高值。

夏季（6-8月），全国平均气温21.4℃，较常年同期（20.9℃）偏高0.5℃,为2005年以来连续第八年偏高。全国大部地区气温接近常年同期或偏高，其中新疆北部等地偏高1～2℃。

秋季（9-11月），全国平均气温9.6℃，较常年同期(9.9℃)偏低0.3℃。全国大部地区气温接近常年同期或偏低，其中内蒙古中部、陕西北部、山西北部等地偏低1～2℃。云南省秋季气温为历史同期次高值。

3. 高温日数为近8年最少

2012年，全国平均高温（日最高气温≥35℃）日数8.2 天，较常年（7.7 天）偏多0.5天，为近8年最少。黄淮南部、江淮中西部、江汉、江南、华南大部及重庆大部、新疆中东部、内蒙古西北部等地高温日数有20～40天，部分地区超过40天（图7左）；与常年相比，黄淮中西部、江汉大部、江南中部、华南西部及新疆中东部、云南东南部等地高温日数偏多5～10天，其中，安徽和河南的局地偏多10天以上。

4. 大于等于10℃积温接近常年

2012年，全国平均≥10℃积温（作物生长季积温）为4737.4℃，接近常年（4730.1℃）。长江以南大部地区以及江淮、江汉、黄淮西南部、四川盆地东部等地≥10℃积温为5000～7000℃，其中华南中南部及云南南部部分地区超过7000℃；全国其余大部地区为2000～5000℃，其中青藏高原及内蒙古东北部、黑龙江西北部不足2000℃。与常年相比，除西南东北部、江南中西部、江汉南部及广西中北部等地区偏少100～300℃外，全国其余大部地区接近常年或偏多，其中东北中北部、西北东部、黄淮北部及新疆北部、西藏大部、云南和海南北部等地偏多100～300℃，云南大部、新疆西北部等地偏多300℃以上。

5. 春季偏晚，夏、秋季偏早

春季，华南大部及云南大部1月入春，华南北部2月入春，华北南部、黄淮大部、江淮、江汉、江南大部、西南东部及陕西南部、新疆南部3月入春，华北北部、东北大部、西北北部及内蒙古中西部等地4月入春，西藏、青海等地的部分地区5月以后入春。与常年相比，东北中北部、内蒙古大部、新疆北部及云南北部、西藏南部等地入春偏早，其中吉林东部、内蒙古中部、新疆北部、西藏中部、云南北部、四川南部偏早10～20天，局地偏早20天以上；全国其余大部地区接近常年或偏晚，其中华南西部和北部、江南中部、江汉、西南东北部偏晚10～20天，广西北部偏晚20天以上。

夏季，华南大部及云南南部4月入夏，华北东南部、黄淮大部、江淮、江汉大部、江南中部及新疆南部5月入夏，西北中东部、东北大部、华北西部和东北部、江南东部和西部及内蒙古大部、新疆北部6月入夏，东北东部7月入夏。与常年相比，除华北北部、东北南部及湖南西部等地入夏时间偏晚外，全国大部地区入夏偏早。东北中北部、华北东南部、黄淮大部、江淮西部、江汉大部、江南北部、华南中部、西南东部及甘肃大部普遍偏早10～20天，部分地区偏早20天以上。

秋季，西北东部、华北西部、东北中部和南部8月入秋，华北东部和南部、黄淮、江淮、江汉、江南西部及四川东部、重庆等地9月入秋，江南中东部、华南北部10月入秋，华南大部11月入秋。与常年相比，除西北中西部、华南北部及四川西北部偏晚外，全国其余大部地区偏早或接近常年。东北中北部、江南西部、西南东南部等地偏早10～20天，局部地区偏早20天以上。

冬季（2012/2013），东北大部、西北大部、华北西部及西藏东部等地10月入冬，华北东南部、黄淮、江淮、江汉、江南西北部、西南东北部等地11月入冬，长江中下游及其以南地区12月入冬。与常年相比，全国大部入冬时间接近常年或偏晚，其中东北北部及内蒙古东北部普遍偏晚5～15天左右，四川南部、云南东北部等地局地偏晚20天左右。

6. 极端高温事件较2011年偏少

2012年，我国共有185站日最高气温达到极端高温事件标准，极端高温事件站次比（达到极端事件标准的站次数占监测总站数的比例）为0.14，接近常年（0.12），较2011年（0.2）偏少。5-8月，全国有32站日最高气温突破历史极值，主要分布在四川、贵州、云南、广西等省（区），其中云南巧家（43.5℃）最高气温超过43℃。全年有236站连续高温日数达到极端事件

标准，极端连续高温事件站次比（0.16）高于常年（0.13）。

2012年，全国共有114站日最低气温达到极端事件标准，极端低温站次比0.08，较常年（0.11）偏少。1月中下旬和12月下旬，西北、华北及内蒙古等地出现低温天气，内蒙古满洲里（-44.9℃）、河北围场（-32.3℃）和赤诚（-29.0℃）、新疆轮台（-25.6℃）、甘肃肃北（-25.5℃）、西藏贡嘎（-17.0℃）、青海乌兰（-28.3℃）等7站最低气温突破历史极值。

全年共有274站日降温幅度达到极端事件标准，其中43站突破历史极值，新疆阿勒泰（21.7℃）、黑龙江新林（21.2℃）、吉林桦甸（21.1℃）、青海清水河（20.7℃）等4站日降温幅度超过20.0℃。

（二）降水

1. 全国平均年降水量偏多

2012年，全国平均降水量669.3毫米，较常年（629.9毫米）偏多6.3%，较1971-2000年平均值偏多6.4%，比2011年偏多20.4%；全年中除2月、8月和10月降水量较常年同期偏少外，其余各月均偏多。

2012年，长江中下游及其以南地区及云南西部和南部降水量1200～2000毫米，其中江西中部和东部、福建

北部、浙江南部、广东西南部、广西东南部和海南东北部等地超过2000毫米；东北大部、华北中南部、西北东南部、黄淮东部和南部、江汉北部、西南大部及西藏东部有500～1200毫米，东北西北部、华北北部、西北中部及内蒙古大部、新疆北部、西藏中部有100～500毫米，新疆南部和西藏西北部50～100毫米，局部地区不到50毫米（图14）。广西防城降水量最多，为3266.5毫米；新疆托克逊降水量最少，为14.2毫米。

与常年相比，东北中西部、西北中部、江南中东部及内蒙古大部、京津地区、新疆西南部等地降水量偏多20%～50%，部分地区偏多50%以上；黄淮中西部、江汉北部及云南中部等地降水量偏少20%～50%，其余地区接近常年（图15）。

2012年，天津、辽宁、北京等21个省（区、市）降水量偏多，其中天津、辽宁和北京3省（市）偏多30%以上；天津偏多达61.6%（图16），为近35年最多；北京降水量760.4毫米，较常年偏多39.3%，也为近35年最多。河南、云南等10个省（区、市）降水量偏少，河南降水量（567.4毫米）偏少达23.9%，为2002年以来最少。

2. 冬季降水偏少，春、夏、秋季均偏多

冬季，全国平均降水量为38.8毫米，较常年同期（40.5毫米）偏少4.2%。与常年同期相比，除江南东部、华南东北部及新疆西部、青海东部和南部、四川东部、广西西部等地偏多20%至1倍，局部偏多1倍以上外，全国其余大部地区接近常年或偏少，其中，江淮和江汉以北大部、西南中西部及新疆东部等地偏少20%～80%，局部偏少80%以上。

春季，全国平均降水量为145.4毫米，较常年同期（138.9毫米）偏多4.7%。与常年同期相比，除黄淮大部及新疆大部、西藏南部、四川南部、云南大部等地偏少20%～80%，局部偏少80%以上外,全国其余大部地区接近常年或偏多,其中江南北部、华南南部及辽宁中部、内蒙古中部、青海南部等地偏多20%至1倍，局部偏多1倍以上（图17b）。

夏季，全国平均降水量332.9毫米，较常年同期（324.9毫米）偏多2.5%。与常年同期相比，除黄淮西南部、江汉大部及黑龙江东北部、重庆大部、广东东北部等地降水量偏少20%～50%外，全国其余大部地区接近常年或偏多，其中西北中部、华北东部及辽宁南部、内蒙古大部、新疆东南部和西南部等地降水量偏多20%至1倍，局部偏多1倍以上。

秋季，全国平均降水量135.5毫米，较常年同期（120.8毫米）偏多12.2%。东北、华北北部、江南大部、华南中北部及内蒙古大部等地降水量较常年同期偏多20%至1倍，其中内蒙古东北部、黑龙江大部、吉林西北部、北京、天津等地偏多1～2倍。新疆南部、甘肃西部、青海大部、西藏西部、云南中西部、海南等地偏少20%～80%，部分地区偏少80%以上；全国其余地区降水量接近常年。

3. 降水区域性和阶段性特征明显

2012年，除黄淮和西南降水量较常年偏少外，其他地区均偏多（图18）。东北降水量771.7毫米，较常年偏多31.5%，为1951年以来最多；华北565.1毫米，较常年偏多27.4%，为近35年最多；长江中下游、西北和华南分别偏多12.7%、10.0%和9.7%；黄淮偏少8.9%，为近10年最少。七大江河流域中除淮河流域较常年偏少外，其他流域均偏多，其中海河流域为近22年最多。与2011年相比，松花江、辽河、海河、长江、珠江降水量均明显偏多。

冬季，除华南降水量比常年同期偏多19.2%外，其他地区均偏少，其中华北偏少68.0%，东北偏少57.6%，黄淮偏少47.0%。

春季，东北、华北、西北、长江中下游、华南等地区降水量均偏多，其中华南降水量560.8毫米，较常年同期偏多12.7%，为2007年以来最多；黄淮、西南降水量较常年同期偏少，西南偏少10.1%，为1996年以来最少。

夏季，除黄淮偏少外，其他区域降水量接近常年或偏多，其中西北降水量180.6毫米，较常年同期偏多21%，为1982年以来最多；华北降水量349.7毫米，较常年同期偏多22.9%，为1997年以来最多。

秋季，东北、华北、长江中下游和华南降水量均偏多，其中东北187.6毫米，较常年同期偏多91.0%，为1957年以来最多；华北124.8毫米，较常年偏多51.7%，为1969年以来最多；长江中下游为近12年最多。西北、西南和黄淮降水量均偏少，其中西北56.7毫米，较常年同期偏少7.7%，为2003年来最少。

4. 降水日数略偏少

2012年，全国平均降水（日降水量≥0.1毫米）日数为112.8天，较常年偏少1天。淮河以南大部、西北南部、西南大部、东北东部及黑龙江西北部、内蒙古东北部、西藏东部等地年降水日数有100天以上，江南、华南大部、西南东部及四川西北部、青海南部等地有150～200天；其余地区降水日数少于100天，其中内蒙古西部、新疆南部、甘肃西部、青海西北部、西藏西北部降水日数不足50天。与常年相比，江淮南部、江南、华南及贵州大部、四川中部、青海大部、吉林大部、辽宁大部、新疆西南部和内蒙古中部部分地区偏多10～30天，局部偏多30天以上；四川南部、西藏南部、河南大部、新疆北部等地偏少10～20天，云南大部偏少20～30天，局部偏少30天以上（图20）。

5. 暴雨日数偏多

2012年，全国共出现暴雨（日降水量≥50.0毫米）6989站日，比常年（5992站日）偏多16.6%（图21）。暴雨主要出现在中东部大部地区及西南东部，其中华南、江南大部、江淮东部及四川东部、贵州西南部、湖北南部、河北东部、辽宁南部等地暴雨日数有3～7天，江西东部、福建西北部、广西南部、广东西南部超过7天。与常年相比，黑龙江中部、辽宁南部、河北东部、四川东部、浙江北部、江西东部、福建西北部、广西南部、广东西南部、海南北部等地暴雨日数偏多1～3天，其中江西东部偏多3天以上；河南南部、湖北东北部、贵州东南部、广东东部、福建南部偏少1～3天，广东东南部偏少3天以上。

6. 单日极端降水事件偏多

2012年，全国共有293站的日降水量达到极端事件标准（图22），极端日降水事件站次比为0.14，较常年（0.1）偏多。全国31个省（区、市）均有极端降水事件发生，其中68站日降水量突破历史极值，山东胶南（393.0毫米），江西景德镇（370.0毫米），河北固安（357.9毫米）等地日降水量超过300毫米。在暴雨少发地区，多站日降水量突破历史极值，如北京霞云岭（290.9毫米）等5站、甘肃环县（124.2毫米）等4站、内蒙古伊金霍洛旗（210.9毫米）等6站、

宁夏银川（119.4毫米）等4站、青海同德（56.0毫米）等4站、西藏南木林（59.0毫米）等3站、新疆库尔勒（73.9毫米）等2站。全年共有39站连续降水量突破历史极值，主要出现在北京、河北、内蒙古、山东、江苏、安徽、四川、甘肃、宁夏、新疆等地。

2012年，全国共有241站的连续降水日数达到极端事件标准（图23），站次比为0.11，较常年（0.13）偏少。全年共有27站连续降水日数突破历史极值，主要分布在河北、湖南、吉林、内蒙古、江苏等地。2月下旬至3月上旬，江南地区多阴雨天气，浙江遂昌（20天）、永康（19天）和洪家（19天）、江西萍乡（19天）、贵溪（19天）和宜黄（19天）等地连续降水日数接近20天。

7. 雨季特征

2012年，华南前汛期4月8日开始，6月29日结束，历时82天，平均雨量710.2毫米。与常年相比，开始偏早，结束偏晚，雨季偏长,雨量偏多35.6%。期间出现了6次暴雨过程（4月8-9日、4月17-20日、4月27-29日、5月13-14日、6月10-12日和6月21-24日），多站日降水量超过100毫米，如广东信宜176.8毫米（4月27日）、广西桂平223.1毫米（5月13日）、广西蒙山224.9毫

米（6月23日）等。

西南雨季5月第5候开始，10月第2候结束，总降雨量781.8毫米。与常年相比，雨季开始偏晚2候，提前1候（5天）结束，雨量偏少4.8%。

长江中下游地区梅雨6月26日入梅，7月6日出梅。入梅偏晚，出梅偏早，梅雨期偏短。上海、南京、芜湖、九江、汉口5站梅雨期总降水量为411.3毫米，较常年偏少64.5%,为100多年来空梅年以外的第3少（1952年334毫米；2001年357毫米），梅雨期间仅1站出现暴雨以上的降水（6月27日，汉口103毫米）。

华北雨季7月第2候开始，8月第2候结束，雨季时间长度为30天，平均降雨量为426.1毫米,与常年相比偏多57.8%。

华西秋雨9月11日开始，10月14日结束，雨季长度33天，平均雨量116.3毫米，较常年偏少21.7%。期间出现2次明显降水过程（9月12-14日、10月4-6日）。

（三）日照时数

1. 日照时数大部地区偏少

2012年，北方大部及西南中西部等地日照时数一般有2000～2500小时，新疆东部、甘肃和内蒙古西北部超过2500小时；西北东南部、黄淮及其以南地区有1500～2000小时；四川东部、重庆、贵州、湖南、广西等地不足1500小时。与常年相比，除云南大部、四川南部等地日照时数偏多100～200小时，云南中南部偏多200小时以上外，全国其余大部地区接近常年或偏少，东北大部、西北大部、黄淮大部、江汉、江南、华南及新疆西南部、西藏西部、四川北部和东部、贵州、重庆等地偏少100～200小时，西北东南部、江汉大部及贵州、广西、广东西部、湖南、河南大部、黑龙江中部、新疆西南部等地偏少200小时以上（图24）。

2. 冬、夏两季日照时数偏少

冬季，除东北、内蒙古中东部、河北北部、新疆东北部、云南中部等部分地区日照时数较常年同期偏多50～100小时，局部偏多100～150小时外，全国其余大部地区接近常年或偏少，其中，西北东部、西南东南部、华北西南部、黄淮西部及南方大部地区偏少50～150小时，局部偏少150小时以上。

春季，全国大部分地区日照时数接近常年同期。新疆北部、甘肃西北部、云南南部和西部、内蒙古西部等部分

地区较常年同期偏多50～100小时；陕西中部、河南大部、湖北大部、湖南中北部、贵州北部和黑龙江中部等部分地偏少50～100小时，新疆局部偏少150小时以上。

夏季，除内蒙古东北部和新疆西部局部较常年同期偏多50～100小时外，全国其余大部地区接近常年或偏少，其中，华北中南部、西北南部、西南东北部及新疆西南部、广西中北部、海南、内蒙古东部偏南地区、吉林东部、黑龙江中北部等地偏少50～100小时，部分地区偏少100～150小时。

秋季，东北大部、江南西部、华南中西部及贵州、重庆、内蒙古东部、新疆南部局部等地较常年同期偏少50～150小时。云南大部、海南北部、浙江北部等地偏多50～100小时。

二、气候系统监测

（一）热带海洋

2011年9月开始的拉尼娜（La Niña）事件于2012年3月结束；4-11月，赤道中东太平洋经历了一次暖水波动，后期热带大气对异常暖水的响应特征不显著。

2011年9月开始的拉尼娜事件于当年12月达到峰值，海温负距平中心位于赤道中太平洋日界线附近，赤道中东太平洋综合区海温距平指数（Niño Z）达到-1.0℃，为一次中等强度的中部型拉尼娜事件。2012年1月，赤道中东太平洋大部海温负距平开始减弱，Niño Z指数3月上升到-0.5℃以上，拉尼娜事件结束。与此同时，2月赤道东太平洋东部暖水开始发展，并在6月扩展至赤道太平洋中部，7-8月，暖水波动发展加强，但在9月快速减弱。10-11月，赤道西太平洋有暖水向东扩展，赤道中东太平洋大部维持弱的正海温距平，距平中心位于日界线附近；12月，正海温距平明显减弱，赤道东太平洋东部冷水开始发展（图25）。年内，南方涛动指数（SOI）有较大的波动，1-3月为正值，但较前期明显减弱，表现出对逐渐减弱的拉尼娜事件的响应。4-8月SOI转为负值，表现出对赤道中东太平洋暖水波动的响应。9-11月，SOI再次转为正值（图26），没有表现出对暖水的持续响应。

2011年10月至2012年3月，赤道中太平洋的对流活动持续偏弱，向外射出长波辐射（OLR）的正距平中心位于中太平洋日界线附近，反映出热带大气对中部型拉尼娜事件的响应特征。2012年1-10月，赤道西太平洋一直维持弱的OLR负距平，对流活动略偏强。偏强的对流活动除了在7月向东发展到日界线附近外，4-11月赤道中东太平洋大部地区的对流活动都接近正常（图27）。

OLR的发展演变特征表明，尽管拉尼娜事件结束以后，赤道中东太平洋海温以正距平为主，但热带大气的响应并不明显。

（二）大气环流

1. 东亚冬季风偏强

2011/2012年冬季，海平面气压场上，乌拉尔山至贝加尔湖地区气压偏高，西伯利亚高压偏强，其强度指数达2.5；500hPa高度上，东亚大槽明显偏深，自西伯利亚地区南下的偏北风控制我国东部地区，东亚冬季风偏强。

2011/2012年冬季,北极涛动（AO）总体维持正位相特征，但季内变化很大，其中1月下旬到2月上旬，AO维持较强的负位相。

2011/2012年冬季，西伯利亚高压逐日变化也表现偏强的特征（图28）,受其影响,强冷空气持续影响我国，造成大部地区气温偏低。监测显示，2011/2012年冬季有5次明显冷空气过程影响我国。

2. 夏季，西北太平洋副热带高压偏弱、偏小、偏东

2012年夏季,西北太平洋副热带高压强度弱、面积小，强度和面积指数均为近12年最小；西伸脊点位置偏东。

3. 南海夏季风爆发早、结束晚，东亚夏季风为近8年最强

2012年南海夏季风5月第4候爆发，较常年偏早1候；10月第2候结束，较常年偏晚2候，是连续第7年结束偏晚。2012年南海夏季风强度指数为-0.47，强度偏弱。南海夏季风强度的逐候演变显示，季风全面爆发后，季风强度呈波动性变化，其中6月、7月第5候至8月第3候，9月第3侯、9月第6侯至10月第1候强度偏强，其余时段都偏弱或与常年持平。

东亚副热带夏季风指数的历年变化显示，2012年东亚夏季风强度明显偏强，强度指数2.58，为近8年最强。

2012年5月第4候至6月第3候，东亚夏季风主要雨带维持在我国华南至江南一带。6月7日江南地区入梅，之后雨带逐渐北推，6月第6候长江沿江和江淮地区进入梅雨期。此后，随着东亚夏季风的向北推进，主雨带进一步向北扩张，7月第2候主雨带抵达华北南部，华北雨季开始。8月第5候，随着副高的南落及季风的南撤，季风雨带也开始南移。9月第3候，华西地区降水明显增多，进入秋雨季。9月第5候，季风雨带南退至长江以南，华南及其附近地区出现明显降水。10月第2候，随着北方冷空气南下扩展至华南沿海和南海地区，南海地区的热力性质出现明显改变，夏季风撤离南海地区，南海夏季风结束。

（三）北半球积雪

1. 年初和秋季，北半球、欧亚和中国积雪面积偏大

2012年区域积雪面积指数（图33）显示：年初和秋季，北半球和欧亚积雪面积较常年同期偏大，其中2月欧亚积雪面积较常年明显偏大；春季至9月，北半球和欧亚积雪面积均以偏小为主，10月转为偏大。2011/2012年冬季和2012年春季及秋季，中国积雪面积较常年同期偏大，其中青藏高原冬、春季均明显偏大；新疆北部冬季偏大，春季明显偏小；东北地区（含内蒙古东部）除3月积雪面积偏大外，冬季、春季均偏小。6-9月，中国、青藏高原、新疆北部积雪面积均偏小；东北6-9月无积雪分布，但11月积雪面积明显偏大。

2011/2012年冬季北半球积雪日数及距平分布显示，欧亚大陆中高纬大部地区和北美洲中北部积雪日数达75天以上。与常年同期相比，欧洲东南部、黑海和里海附近地区、中亚大部、北美洲中部局地及中国新疆西南部、青海南部和东部、西藏北部部分地区、甘肃南部等地积雪日数较常年同期偏多10～30天，中亚部分地区偏多40天以上；北美洲西部和北部部分地区及中国东北中部积雪日数偏少10～40天，局地偏少50天以上。

2. 冬季，新疆西部、青藏高原南部和华北中部局部积雪偏深

2011/2012年冬季，东北北部和东部、内蒙古东北部、新疆西北部、青藏高原西南部最大雪深5～30厘米，局部超过30厘米。青藏高原中部和东北部及华北中部的部分地区最大雪深5～10厘米，其余大部分地区最大雪深不足5厘米。与常年同期相比，西北南部、华北中部局部及内蒙古东北部局部、新疆西南部、西藏南部等地最大雪深偏深，其余大部分地区偏浅。其中新疆西南部、华北中部局部、西藏南部等地偏深2～10厘米，局部偏深10厘米以上；东北大部、新疆北部、华北东北部、黄淮到长江中下游地区、西南东部、青藏高原西南部局部偏浅2～10厘米，黑龙江东北部局部偏浅10厘米以上。

三、主要气象灾害和极端天气气候事件

2012年，我国气象灾害种类多，局部地区灾情重。其中暴雨过程多,局部洪涝或山洪地质灾害严重，长江、黄河、海河等流域先后出现明显汛情；台风登陆时间集中，强度强，影响范围广，灾情重；强对流天气少，灾害损失略偏轻；阶段性气象干旱特征明显，但影响偏轻；区域性、阶段性低温阴雨天气多发；11-12月北方出现3次大范围暴雪天气，部分地区遭受雪灾。

2012年，暴雨洪涝和台风对我国影响最重，受灾面积分别占主要气象灾害总受灾面积的31%和14%；旱灾虽然占38%，但影响轻；风雹占11%，低温冷冻和雪灾受灾面积占6%。

初步统计，2012年我国主要气象灾害造成的直接经济损失3358亿元，高于1990-2011年平均值；因灾死亡或失踪人数（1390人）和受灾面积（2496万公顷）均明显少于1990-2011年平均。综合来看，2012年气象灾害为偏轻年份。

（一）暴雨洪涝灾害偏轻

2012年，我国未出现流域性严重暴雨洪涝灾害，但暴雨天气过程多,局部洪涝和山洪地质灾害严重。春季，南方部分地区发生暴雨洪涝；7月中下旬，长江中上游发生暴雨洪涝灾害；7月下旬，特大暴雨袭击京津冀，海河发生局部洪涝；汛期，西部及华北局部地区山洪地质灾害严重。全国因暴雨洪涝受灾面积773万公顷，死亡或失踪人数1073人，直接经济损失1600多亿元，与1990-2011年平均值相比，受灾面积、死亡或失踪人数均明显偏少，经济损失略偏重。总体来看，2012年属暴雨洪涝灾害偏轻年份。

1. 春季，南方暴雨天气频发，部分地区发生暴雨洪涝

4-5月，南方地区共出现13次暴雨天气过程，其中4月27日至5月1日、5月11-14日两次暴雨过程强度较强，范围较广。4-5月，江南、华南、西南东部降水量普遍在300～500毫米，江西中北部、广东大部、湖南东北部等地超过500毫米。其中4月5日至5月15日，浙闽赣湘桂粤6省（区）平均降水量为358.2毫米，比常年同期（250.0毫米）偏多43.3%，为近32年最多（图37）；5月12日江西有10个、广西有9个气象观测站日降水量超过100毫米。暴雨天气过程多、时间集中、强度大，导致江西、湖南、浙江、广东、广西、湖北等省（区）部分地区发生洪涝灾害，一些地方重复受灾，人员伤亡和经济损失严重。

2. 7月中下旬，长江中上游发生暴雨洪涝灾害

7月中旬，长江中上游强降水过程增多，12-14日，江汉、江淮南部、江南北部以及贵州等地出现暴雨到大暴雨，降水量普遍有50～250毫米，局部降水超过300毫米；15-19日，江南及重庆、四川、贵州等地出现暴雨到大暴雨，降水量普遍有50～250毫米，局部降水超过300毫米。下旬初，四川盆地再次出现暴雨到大暴雨，降水量一般在50毫米以上。四川、湖南、重庆、江西、云南、湖北、贵州、安徽等省（市）部分地区发生洪涝灾害；重庆市境内长江干流遭遇1981年以来最大洪水，朱沱站出现50年一遇洪水，长江上游四川宜宾至重庆寸滩的干流河段全线超警；7月24日长江三峡迎来建库以来的最大洪峰。

3. 7月下旬，特大暴雨袭击京津冀，海河发生局部洪涝

7月21-22日，北京、天津及河北出现区域性大暴雨到特大暴雨，北京平均降水量达190.3毫米，暴雨中心房山

区河北镇降雨量达460.0毫米，全市平均日降水强度超百年一遇，有11个气象站雨量突破建站以来历史极值；天津平均降雨量为98.6毫米，有106个乡镇出现大暴雨，4个乡镇出现特大暴雨，暴雨中心宝坻降雨量达294.7毫米；河北有295个乡镇雨量超过100毫米，10个乡镇超过300毫米，海河发生局部洪涝。受强降水影响，北京、天津及河北涞源、廊坊、涿州等地出现严重城市内涝，部分地区爆发山洪地质灾害，交通受到严重影响，造成100多人伤亡，经济损失严重。

4. 夏季，黄河上游发生洪涝

夏季，西北中部和北部降水较常年同期明显偏多，其中宁夏北部和内蒙古河套大部偏多2成至1倍，黄河青海段降水量创近52年来最多，出现1990年来最强汛情。7月下旬，流域出现3次强降雨过程（20-21日、24-27日、30-31日），受强降雨影响，黄河上中游发生1989年以来最大洪水，黄河兰州段河堤三次发生垮塌险情，一度导致主城区供水系统瘫痪。黄河干流吴堡站出现超警戒水位，山西、陕西区间北部部分支流出现洪水。

5. 西部和华北的局地强降水引发滑坡、泥石流等地质灾害

汛期，北京、甘肃、四川、云南等省（市）局部地区因强降水引发了山洪泥石流灾害，造成不同程度的损失。5月10日，甘肃岷县发生特大冰雹山洪泥石流灾害，因灾死亡57人，失踪15人，并造成多处交通中断；6月28日，四川凉山州宁南县短时强降雨引发山洪泥石流灾害，死亡失踪41人；7月21日，北京房山、门头沟等地因短时强降雨引发山洪、泥石流灾害造成重大人员伤亡和财产损失；8月30日，四川锦屏因局部强降雨引发泥石流灾害，造成24人死亡；10月4日，云南昭通彝良县龙海乡发生山体滑坡造成19人死亡。

6. 春季，新疆西部发生融雪型洪水

2011/2012年冬季，新疆西部地区及天山一带降水量普遍有10～50毫米，较常年同期偏多5成至3倍。入春后特别是3月中下旬，新疆大部地区快速回暖，气温比常年同期偏高1～4℃，积雪加速融化，导致伊犁、喀什、和田等地的部分地区发生融雪型洪水或雪崩灾害。

（二）热带气旋数量接近常年，但登陆时间集中，影响范围广

2012年，在西北太平洋和南海上共有25个热带气旋（中心附近最大风力≥8级）生成，接近常年（25.5个）。其中7个登陆我国（表1），登陆个数接近常年（6.9个）；初次登陆时间略偏晚，终台登陆时间偏早。7个登陆热带气旋中，台风和强台风等级的分别有3个，登陆强度总体偏强。登陆时间集中，7月24日至8月24日，一个月内有6个台风相继登陆我国，为1949年来罕见，其中8月2-8日，“达维”、“苏拉”、“海葵”3个台风一周内接连登陆我国，频次之高为近17年来首次，影响了15个省（区、市）。北上和影响我国东北的台风有5个，为历史之最。登陆地点从华南沿海延伸至北方沿海，纵跨纬度大（图40）。全年热带气旋共造成74人死亡，22人失踪，直接经济损失1048.2亿元，与1990-2011年平均值相比，死亡人数明显偏少，但直接经济损失为1990年以来最多。总体而言，2012年热带气旋灾情偏重。

1.“苏拉”、“达维”10小时内先后登陆我国历史罕见

1209号台风“苏拉”于8月2日3时15分前后在台湾省花莲市秀林乡沿海登陆，登陆时中心附近最大风力有14级（42米/秒）。8月3日6时50分前后在福建省福鼎市秦屿镇沿海再次登陆，登陆时中心附近最大风力10级（25米/秒）。

1210号台风“达维”于8月2日21时30分前后在江苏省响水县陈家港镇沿海登陆，登陆时中心附近最大风力12级（35米/秒）。“达维”是1949年以来登陆我国长江口以北地区最强的台风。

“苏拉”、“达维”在10小时内先后登陆我国，为1949年以来历史罕见；影响了吉林、辽宁、天津、河北、山东、江苏、上海、浙江、福建、江西、湖南、广东、广西、台湾共14个省（区、市）。

双台风共造成1600多万人受灾，死亡（失踪）60多人，直接经济损失超过500亿元。

2.“海葵”维持台风等级时间长，灾害损失重

1211号热带风暴“海葵”于8月8日03时20分在浙江省象山县鹤浦镇沿海登陆，登陆时中心附近最大风力有14级（42米/秒），中心最低气压965百帕，是近40年来登陆我国大陆较强的台风之一。“海葵”风大雨强，持续时间长，在大陆持续时间达11小时，为近年来少见。“海葵”造成浙江、上海、江苏、安徽、江西等省（市）共1400多万人受灾，直接经济损失超过300亿元，为2001年以来单个台风造成直接经济损失第二重，仅次于0604号台风“碧利斯”。

3. 北上和影响东北台风数量为历史之最

2012年，“卡努”、“达维”、“天秤”、“布拉万”、“三巴”等5个台风北上，均对我国东北产生明显影响，北上和影响东北地区的台风数量均为历史之最。其中“布拉万”、“三巴”先后到达东北，直接到达东北的台风个数与1985年持平，同为1980年以来最多。

（三）强对流天气少，灾害损失略偏轻

2012年，全国平均强对流日数为43.4天，比常年偏少，为1961年以来第三少。风雹灾害共造成278万公顷农作物受灾，202人死亡或失踪，直接经济损失343.5亿元。与1990-2011年平均值相比，受灾面积和死亡人数均明显偏少，但经济损失偏重。总体来看，2012年为风雹灾害略偏轻年份。

首次风雹天气出现在2月23日（浙江省丽水龙泉、庆元，温州永嘉，台州玉环等地），初雹时间较常年（2月上旬）偏晚近10天。

4月5日，广东北部出现雷暴大风，瞬时最大风速达45.5米/秒（风力14级）造成清远、肇庆2市4个县（市）10多万人受灾，700余间房屋受损，农作物受灾面积1300公顷，直接经济损失超过1亿元。

4月10-13日，南方出现大范围强对流天气，12个省（区、市）遭遇雷电、大风冰雹和短时强降雨天气，瞬时风力达12级，局地冰雹直径在30毫米以上。造成12人死亡，经济损失超过20亿元。

5月8-15日，湖南长沙、岳阳、株洲、怀化、娄底等14市（自治州）90县（区、市）遭受风雹袭击，导致农作物受灾面积34万公顷，457.1万人受灾，10人死亡，7人失踪，直接经济损失41.1亿元。

7月3-8日，安徽省亳州、蚌埠、滁州、宿州、淮北、阜阳等7市15个县（区、市）雷雨大风等强对流天气频发，其中怀远、含山出现17米/秒以上大风。导致82.8万人受灾，8人死亡，直接经济损失1.3亿元。

（四）区域性和阶段性干旱明显，但影响偏轻2012年，我国区域性和阶段性干旱明显，但粮食主产区和粮食生产关键期未受到严重旱灾影响；干旱范围小，全国农业受旱面积为1990年以来最少。总体而言，2012年属干旱灾害偏轻年份。

1. 西南冬春连旱

2011/2012年冬季，云南及四川南部降水量普遍在25毫米以下，比常年同期偏少5～8成；3月5日至5月24日，云南大部、四川南部降水量不足100毫米，其中云南北部和四川南部不足50毫米；与常年同期相比，上述大部地区降水量偏少3～8成，部分地区偏少8成以上。云南省2011年12月1日至2012年5月24日平均降水量114.6毫米，比常年同期偏少41%，为1980年以来同期最少

，长时间少雨导致气象干旱持续发展。受干旱影响，云南、四川南部的部分中小河流断流及小型水库干涸，冬小麦、蚕豆、油菜等农作物受灾；森林、草原火险气象等级居高不下，云南丽江、玉溪和四川西昌、理塘、甘孜一度发生森林火灾。

2. 黄淮、江淮初夏旱

5月1日至6月25日，华北南部、黄淮大部、江淮北部降水明显偏少，大部地区累计降水量不足50毫米,较常年同期偏少5～8成，局部偏少8成以上。尤其6月1-25日，河南中北部、山东南部、江苏中北部、安徽东北部等地降水量不足10毫米，平均气温较常年同期普遍偏高1～2℃，局部还出现12～15天35℃以上的高温天气。持续高温少雨使得华北南部、黄淮、江淮等地普遍出现中度以上气象干旱，其中河南大部、山东南部、江苏大部、安徽中北部等地达重到特旱，干旱导致夏播推迟，夏播作物出苗受到较大影响。

3. 湖北、重庆、河南等地夏旱

7月1日至8月17日，湖北中部和西南部、河南大部、安徽北部、重庆东部降水量较常年同期偏少3～5成，河南南部和湖北北部局地偏少5～8成；同时上述地区出现持续高温天气，其中湖北东部、河南南部、安徽、重庆等地高温日数有15～30天，较常年同期偏多3～10天。温高雨少，土壤失墒快，导致部分地区出现不同程度的干旱，并造成旱区农作物减产，森林火险气象等级持续偏高，林区有害生物大量滋生；水资源短缺，部分地区人畜饮水出现困难；城乡用电负荷持续居高不下。

（五）低温阴雨天气多发

2012年，我国区域性和阶段性低温阴雨天气多发，对农业生产造成一定影响。主要低温阴雨事件有：年初南方部分地区严重低温阴雨；夏季东北地区出现阶段性低温；秋季西南大部出现明显连阴雨；深秋至初冬，江南、华南阴雨天气多、雨量大。

1. 年初南方部分地区严重低温阴雨

1月上旬至3月中旬，江南、华南、西南东部出现大范围持续低温阴雨（雪）天气。上述地区气温普遍较常年偏低1～4℃，降水日数达40～60天。湘赣浙闽粤桂琼贵沪9省（区、市）区域平均气温较常年同期偏低1.4℃，为近27年来第三低；平均降水日数为45.3天，比常年同期偏多11.6天，为1951年以来最多；平均降水量274.3毫米，比常年同期偏多37.5%，为1999年以来最多。江南大部、华南西部日照时数偏少100～150小时，华南中东部偏少150～200小时，江西、浙江和福建大部日照时数为1951年以来最少。气温低、降水多、雨日多、日照少导致作物生长发育受到影响，部分地区发生病害。

2. 夏季东北地区出现阶段性低温

6月上中旬，东北地区中南部出现较明显的低温时段，其中吉林东部稻区出现5～10天日平均气温≤15℃的低温天气。低温导致部分一季稻分蘖停止，发育进程延迟。7月19-22日，吉林东部再次出现阶段性低温，其中延边州大部7月20日平均气温低至14℃左右，出现障碍型冷害，水稻幼穗分化受到不利影响。

3. 秋季西南大部出现明显连阴雨

9月上旬至10月中旬，西南大部地区降水日数有20～30天，四川中部、贵州西北部在30天以上。四川大部、重庆、贵州和湖南西北部的雨日数均比常年同期偏多3～10天。川渝贵3省（市）区域平均降水日数、雨量分别为1995年以来同期最多和次多；四川大部、重庆西南部、贵州西北部、云南东北部最长连续降水日数一般有10～15天，四川东南部在15～20天；四川省平均最长连续雨日数为历史同期第4长，四川的宜宾、长宁等10县（市）和重庆的巴南、合川等6县（区）最长连续降水日数为当地历史同期最长。持续阴雨寡照天气，给当地秋收作物的收晒带来了一定程度影响。

4. 11-12月，江南、华南阴雨天气多，雨量大

11-12月，江南、华南出现持续阴雨寡照天气，降水日数一般有25～33天，普遍较常年同期偏多10～20天；大部地区降水量有200～300毫米，广西、福建部分地区达300～400毫米，比常年同期偏多1～3倍。广东降水日数为1951年来同期最多，浙江、江西为近46年来最多；福建、广东降水量为1951年以来同期最多，江西为1951年以来次多。持续阴雨天气使华南地区土壤过湿，部分低洼农田积水，对作物生长产生不利影响。

（六）雪灾次数少

2012年，我国雪灾发生次数比常年偏少。年内主要雪灾事件有：2月上旬，西藏南部出现明显雪灾；11-12月北方出现3次大范围降雪天气，东北、华北及新疆北部的部分地区遭受雪灾。

1. 2月上旬，西藏南部出现雪灾

2月7-9日，西藏西部和南部出现暴风雪天气过程，聂拉木和帕里过程降雪量分别达105.2毫米和21.7毫米。其中聂拉木县9日降雪量达91.5毫米，创当地建站以来2月历史极值；聂拉木最大积雪深度达60厘米。强降雪对西藏南部交通运输和畜牧业生产及牧民生活等造成不利影响。

2. 11-12月北方出现3次大范围强降雪天气，部分地区遭受雪灾

11-12月，我国北方出现3次大范围暴雪天气，东北、华北及新疆北部的部分地区遭受雪灾。11月2-4日，华北地区出现暴雪天气过程，其中京津地区和河北中北部累计降雪量超过50毫米，内蒙古赤峰、锡林郭勒盟和乌兰察布的33个台站过程降雪量超过历史极值；京津冀蒙共有74个站日降水量突破11月历史极值。11月9-14日，东北大部、内蒙古中东部出现强降雪天气，黑龙江鹤岗市降水量55.7毫米，最大积雪深度达49厘米，为历史同期最大。12日鹤岗市全市学生停课，电网出现故障，市区一度全部停电，城市供暖、供水受到影响，部分树木被压断。12月13-15日，东部大部地区及新疆北部出现雨雪天气，内蒙古中东部、吉林、黑龙江及新疆北部积雪深度10～25厘米，局地30～40厘米。新疆博尔塔拉、昌吉、伊犁，内蒙古乌兰察布、锡林郭勒等地遭受雪灾。

（七）夏季中东部地区高温极端性显著

夏季，河南、河北南部、山东西部、安徽北部、湖北西北部、浙江西部、重庆东北部和四川东部极端最高气温普遍有38～40℃，河南、安徽、湖北、广西等省区局部地区超过40℃。

云南、贵州、四川、广西、河南、湖北等省（区）共有174站发生极端高温事件，有29站日最高气温突破历史纪录；江淮、江汉、江南、西南东北部最长连续高温日数在5天以上，安徽中部、湖北东部、江西北部、浙江大部有10～15天；黄淮西部、江淮西部、江汉东部、川渝、东南沿海等地共有208站出现极端连续高温日数事件，其中18站连续高温日数达到或突破历史极值。持续晴

热高温天气使南方部分地区早稻遭受轻至中度高温热害，同时加剧了河南、山东、湖北、重庆、四川东部等地的旱情，造成城市供电、供水紧张。

（八）春季北方沙尘日数为近 52 年最少

2012年春季，我国北方共出现10次沙尘天气过程，比常年同期（17次）偏少7次，比2001-2010年平均值（12.7次）偏少2.7次；其中沙尘暴和强沙尘暴过程6次（图44），较2001-2010年平均值偏少2次。北方地区平均沙尘日数为1.3天，比常年同期偏少2.7天，为1961年以来最少。首次沙尘天气过程发生在3月20日，比2001-2011年平均沙尘天气首发时间（2月4日）偏晚1个多月，为2001年以来最晚。3月20-22日的沙尘暴天气过程是2012年影响范围最广、损失最重的一次。全年沙尘天气影响总体偏轻。

（九）雾霾天气频繁，对交通影响大

2012年，我国100° E以东地区的平均雾日数为15.3天，较常年偏少8.1天，为1961年以来最少；平均霾日数为16

天，较常年偏多7.2天，为1961年以来第4多。中东部地区及东北西北部、西南东南部雾霾日数一般在20天以上，其中华北东北部和西南部、黄淮东南部、江淮东部、江南东部和西南部、华南中部以及云南南部有40～80天，局部地区在80天以上。与常年相比，华南东部、江南中西部、西南地区东北部以及陕西中南部、云南南部和西北部、山西中西部、河北中西部、辽宁东部等地雾霾日数偏少10～20天，其中四川东部、重庆西部、云南西南部的局部偏少30天以上；华南中西部、江南东部、江淮东部、黄淮东南部及京津等地偏多10～40天，江苏、广东局部地区偏多40天以上。

雾霾天气主要出现在1-3月和10-12月。频繁的雾、霾天气对交通运输产生较大影响，并引发多起交通事故，造成人员伤亡。

1月16-19日，山东境内高速公路、国道及城区道路部分路段因雾发生多起交通事故，造成10人死亡，14人受伤。13日，受大雾影响，新疆乌鲁木齐国际机场74个航班延误、备降或取消；14-15日，琼州海峡被迫封航16小时；27日，海南海口美兰国际机场111个航班被取消。

2月20日晚，由于大雾，夏蓉高速贵州境内14辆车连环相撞，造成7人死亡，22人受伤。14日、21－23日的大雾致使海南海运、空运全面交通受阻，长江江苏镇江段几百艘船舶抛锚、滞留在港。

4月11日，长江三峡水域因大雾造成至少550艘船舶滞航；15日，沈海高速江苏连云港段因大雾发生7起交通事故，造成12人死亡，26人受伤。

10月25-29日，我国东部地区的频繁出现雾天气，导致辽宁、北京、江苏、上海等境内多条高速暂时封闭或通行受阻，首都机场、上海浦东机场、虹桥机场、武汉天河机场多架次航班延误或取消。

11月25-27日，我国东部地区频繁出现雾天气，导致山东、安徽等境内多条高速公路暂时封闭或通行受阻；广西南宁吴圩机场、安徽合肥骆岗机场多架次航班延误或取消；京沪高速、京台高速发生多起交通事故，造成人员伤亡。

四、气候影响评估

（一）气候与农业

2012年，我国主要粮食作物产区光温水总体匹配较好，对农业生产非常有利。粮食主产区干旱、暴雨洪涝、低温冷害等农业气象灾害发生范围小，影响程度偏轻。

1. 冬麦区

2011年10月至2012年6月冬小麦全生育期内，光温水匹配较好，对冬小麦生长发育和产量形成非常有利。秋播期，大部地区底墒充足，冬小麦播种顺利；越冬前积温偏多，麦苗壮；冬季气温变化平稳，冬小麦安全越冬；4月是北方冬小麦关键生长期，有3次明显降雨过程，对冬小麦拔节孕穗极为有利。麦收期间天气晴好，小麦收晒顺利。

2. 双季稻区

（1）早稻

早稻全生育期热量条件总体较为充足，有利于早稻生长发育和产量形成。播种期内，江南光温适宜，华南低温阴雨使早稻播种推迟；秧苗移栽期用水充足，秧苗返青快、分蘖早；孕穗抽穗期大部地区光温匹配较好，利于早稻产量形成；灌浆成熟期江南中东部、华南东北部出现持续高温天气，江西和湖南部分早稻遭受高温热害，7月江南中北部部分地区出现较强降水，对早稻适时收晒产生了影响。

（2）晚稻

晚稻生育期内光温条件适宜，供水充足，总体气象条件好于常年，对晚稻生长发育、产量形成及收获晾晒有利。仅在7月上旬至8月中旬，部分稻区遭受高温、暴雨洪涝，不利于晚稻播种育秧及返青分蘖；收获后期华南中西部阴雨天气较多，不利于晚稻成熟收晒。

3. 一季稻区

一季稻生育期（4-9月）内，大部产区光温水条件较为适宜，气象条件有利于一季稻生长发育和产量形成。一季稻生长季，东北产区内光温适宜，水源充足，有利于一季稻生长发育，仅7月中旬，吉林东部、黑龙江东南部气温偏低1～2℃，对水稻幼穗分化有不利影响，8月中旬东北地区中北部出现低温天气，致使生长发育缓慢。江淮、江汉产区抽穗扬花期出现暴雨，8月江南东部出现晴热高温天气，部分地区一季稻开花授粉受到影响。西南部分稻区出现阶段性干旱、阴雨寡照、高温热害，一季稻生长发育略受影响。

4. 玉米区

玉米生育期内大部产区热量充足，主要时段墒情适宜,光温水匹配较好，玉米长势好于去年和常年。春玉米播种期和夏玉米播种期，大部产区降水及时，土壤墒情利于玉米播种出苗；幼苗生长期大部产区降水偏多，旱情缓解，利于玉米生长；拔节期多晴好天气，光温水匹配较好，利于玉米生长，只是7月下旬华北北部出现区域性大暴雨，导致部分农田被淹、玉米倒伏；灌浆乳熟期产区大部气温正常，墒情适宜，光照较好，利于玉米灌浆；另外，东北地区初霜期明显偏晚，玉米灌浆时间延长，有利于提高产量。收获期产区大部多晴好天气，玉米成熟收晒顺利，但黑龙江、重庆、贵州中西部等地受多雨天气的影响，玉米成熟收晒推迟。

（二）气候与水资源

1. 年降水资源总量状况

2012年，全国降水资源总量为62710.8亿立方米,比常年偏多3073.7亿立方米（图47），比2011年多10456.5亿立方米。从历年降水资源量变化及全国平均年降水资源丰枯评定指标来看，2012年属于丰水年份。

2. 年水资源分布状况

2012年，水资源总量属丰水年份，河北、吉林、黑龙江、福建、湖南、四川、宁夏属于丰水年份，北京、天津、内蒙古、辽宁、浙江、江西、青海属于异常丰水年份；云南年降水资源属于异常枯水年份，河南属于枯水年份；其余15个省（区、市）均属正常年份。年内，东北、京津地区及内蒙古、宁夏、青海等地年降水资源较常年偏多，对增加水库蓄水、补偿地下水资源非常有利。云南连续四年降水量较常年偏少，对水资源开发利用造成较大影响。

黄河流域平均降水量较常年偏多，1-8月，上游上段降水持续偏多，青海唐乃亥流量持续偏丰，9月起流量低于常年同期。受来水偏多影响，6－8月甘肃省境内巴家嘴水库和龙羊峡水库持续偏丰；6-7月双塔堡水库维持偏丰；7月19日至8月20日龙羊峡水库面积呈增加趋势，7月19日，水库面积为357.37平方公里，比常年同期增加36.9平方公里；8月20日比7月19日增加28.07平方公里；8月27日早8时水库蓄水量225亿立方米，9时30分，刘家峡水电厂发电及泄洪总下泄水流量达每秒3200立方米，为刘家峡近31年最大泄洪量。

（三）气候与能源

1. 冬季北方采暖耗能评估

2011/2012年冬季，冷空气活动频繁，北方大部气温偏低，东北大部、华北北部、西北中部和西部等地较常年同期偏低1～2℃，其中黑龙江北部、内蒙古东部及新疆西部等地偏低2～4℃，低温严寒天气使采暖需求增加。我国北方15省（区、市）冬季采暖耗能评估结果显示，北方15省气温较常年同期偏低，采暖耗能较常年同期增加，其中河南、河北、辽宁增幅分别为22.3%、17.7%和17.2%。从冬季各月来看，2011年12月，除青海、北京、陕西和山西气温偏高，使采暖耗能降低0.8%～4.3%外，其余11省（区、市）气温偏低，采暖能耗增加，其中河南、辽宁和山东增幅为21.9%、14.5%和11.4%；1月，北方整体偏冷，有8个省份采暖耗能增幅超过10%，其中新疆气温偏低3.3℃，采暖耗能偏多20.3%；2月，除青海外，北方大部气温仍持续偏低，采暖耗能增加明显，其中河南、河北、山西、天津增幅在30%以上，河南达44.6%。

2. 夏季降温耗能评估

2012年夏季，除吉林、辽宁、天津、贵州、海南、内蒙古东部、河北大部等地区气温偏低外，其余大部地区气温偏高，高温天气使得降温耗能增加。全国夏季用电量为13186亿千瓦时，同比增长4.11%。7月为夏季用电量最高月，全国用电量达4556亿千瓦时，同比增长4.51%。降温能耗评估表明，6月，全国降温能耗有增有减，代表站中增加的城市有18个，较常年同期偏多50%以上的城市有8个，其中兰州、银川、乌鲁木齐偏多187.8%、141.2%和110.9%；代表站中

降温耗能减少的城市有9个，偏少50%以上的城市有3个，其中贵阳降低超过1倍。7月，全国大部气温偏高，代表站中降温耗能增加的城市有23个，超过50%的有5个，其中银川达82.3%；华南大部及西南部分地区气温偏低，降温耗能减少的站有4个，其中贵阳减少72.5%。8月，北方大部地区气温较常年同期偏高，代表站中降温耗能增加的有17个，其中银川和兰州增加1倍以上；减少的城市有9个，其中7个降幅不到40%，降幅最大的沈阳达61.7%。

（四）气候与植被

国家卫星气象中心植被指数监测显示，2012年，东北大部、内蒙古东部、华北大部、西北东南部、黄淮、江淮、江汉、西南中东部以及南方地区植被覆盖较好或好；内蒙古中西部、西北东北部和中西部大部、青藏高原中西部植被覆盖较差。与2011年相比，除黑龙江西部和东部、新疆北部、四川中部及西藏东南部等地植被长势偏差外，全国其余大部地区植被长势与2011年相当，内蒙古中部部分地区和江淮部分地区植被长势偏好。

冬季，全国大部地区植被长势与2010/2011年同期接近。江淮北部、东北地区中西部、广西北部、贵州东南部等地植被长势偏好，华北西北部、黄淮西部、西北东部、江汉西部、江南和华南地区东南部、青藏高原东南部部分地区植被长势偏差。

春季，全国大部分地区植被长势与2011年同期持平。东北地区北部及内蒙古北部部分地区、江淮和江汉部分地区、华南南部以及海南大部植被长势偏好，华北和黄淮中部、江南东部、华南北部及西南地区东部植被长势偏差。

夏季，与2011年同期相比，内蒙古中东部、东北中部和南部、黄淮和江淮大部、及西北地区东南部植被长势偏好；新疆北部、内蒙古和东北北部、华北东部、华南大部、西南大部和青藏高原东南部植被长势偏差；其余大部地区接近2011年。

秋季，与2011年同期相比，东北中部、陕西南部、河南西部、湖北西部、湖南大部、贵州东部、云南东部、广西北部等地植被长势偏好；新疆北部、内蒙古东北部、黑龙江北部、河北大部、山东西部、安徽北部、江苏西北部、四川中西部、西藏东南部植被长势偏差；其余大部地区接近2011年。

（五）气候与交通

1. 气候对道路设施影响评估

公路、铁路水毁评估模型模拟结果显示，2012年全国公路水毁里程（包括重复水毁里程）占该年公路总里程的1.2%，比1992-2011年平均明显偏少（图52），为1992年以来最少。全国12个铁路局主要干线发生水害断道次数174次，较1992-2011年平均值偏多27次，为1999年以来最多（图53）；累计中断行车时间2375.9小时，较近20年平均值偏多451小时（图54）。全国主要干线发生断道次数较多，断道时间长。总体来讲，2012年天气气候条件对交通设施的不利影响较大，属一般偏差年份。

2. 气候对交通运营影响评估

2012年，全国交通运营不利天气（10毫米以上降水、雪、冻雨、雾及扬沙、沙尘暴）日数除西藏西部、新疆大部、青海北部、内蒙古西部、宁夏大部、甘肃北部不利天气少于20天外，全国其余大部地区普遍在20天以上，其中东北东部、江南、华南及黑龙江西北部、四川东南部、云南南部等地有40～80天，福建大部、浙江南部、安徽南部、江西北部、湖南东部的部分地区达80～100天，局部超过100天。

与常年相比，东北、江南中东部、华南及四川、贵州交通不利天气偏多，其中黑龙江西北部和中部、浙江大部、江西南部、湖南南部、广西大部、广东西南部、贵州中部、四川西北部偏多5～10天，部分地区偏多10天以上；全国其余大部地区偏少或接近常年，其中西北大部、华北南部、黄淮西部、江淮西部及四川东部、重庆、云南南部偏少5～20天，部分地区偏少20天以上。

年内，冬春季节南方大范围低温阴雨、1月和10月中东部地区大雾、7月京津地区等地特大暴雨等不利天气给公路和铁路及航空运输造成较大影响，其中7月21日北京特大暴雨造成北京城区主要道路发生积水63 处，路面塌方31处。

（六）气候与空气自洁能力

空气自洁能力指大气循环及干、湿清除过程（自然沉降、降雨等）对大气污染物的清除能力。与常年相比，2012年，东北大部及内蒙古东北部、新疆、青海、西藏大部等地空气自洁能力较差或差；全国其余大部地区接近常年或较好，其中江淮东部、江南东北部、华南沿海局部地区以及云南中部与北部、贵州中西部等地为好。

受大气逆温以及浓雾天气、降水少的影响，冬季空气自洁能力相对较差。东北、华北大部、西北西部与中部部分地区、西南西部、黄淮西部、江汉北部及内蒙古东部等地较差或差；江淮大部、江南大部、华南中部和东部及云南大部、贵州大部、山东半岛等地较好或好；全国其余地区接近常年同期。

受雨洗作用的影响，夏季空气自洁能力最强。西北东南部、黄淮东部、江淮大部、江南、华南中部和东部、西南南部和西北部及内蒙古西部等地空气自洁能力较好或好；东北中部及内蒙古东部部分地区、新疆、青海、西藏局部地区等地空气自洁能力较差或差；全国其余地区接近常年同期。

（七）气候与人体健康

2012年，全国平均舒适日数有151天，接近常年（153.2天）。和常年相比，新疆南部、内蒙古西部、西藏西北部、甘肃南部、重庆西部、贵州中部等地偏少10～30天，局地偏少30天以上；华北南部、黄淮及黑龙江中部、云南东部、西藏东南部、新疆西北部等地偏多10～30天，局地偏多30天以上；全国其余地区接近常年。

冬季，除新疆西南部和北部局地、甘肃东南部、贵州大部、河北、山西以及河南局地、安徽和湖南局地舒适日数较常年同期偏少10～30天外，全国其余大部地区接近常年同期。冬季，南方出现大范围持续低温阴雨（雪）天气，东北、内蒙古等部分地区出现极端低温天气，对当地人体健康产生不利影响。

春季，除广西西部和南部局地、雷州半岛以及海南北部舒适日数偏多10～20天外，全国其余大部地区接近常年同期。3月1-24日，南方大部地区持续低温阴雨寡照天气；4-5月，南方地区暴雨和强对流天气多发、频发，共出现13次暴雨天气过程和9次明显的强对流天气过程，对人体健康造成了一定程度的不利影响。

夏季，新疆南部、内蒙古西部舒适日数偏少10～30天，局地偏少30天以上，青海局地、西藏局地偏多10～20天，全国其余大部地区接近常年同期。夏季气温偏高，局部暴雨洪涝和强对流天气多，给人体健康带来了不利影响。

秋季，除福建、广东北部、广西北部局地舒适日数偏少10～20天，海南北部偏多10～20天外，全国其余大部地区接近常年同期。

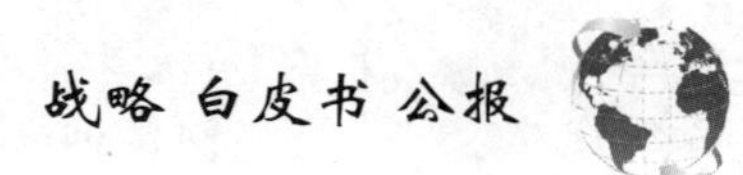

2012年国内外十大天气气候事件

1. 7月21日特大暴雨袭华北，给京津冀造成重大影响
2. 今年云南仍然少雨，造成连续4年受干旱困扰
3. 6个台风一个月内连登我国，创历史同期之最
4. 今年北上台风之多罕见，长江以北首次出现强台风登陆
5. 11月初寒潮暴雪光临华北，北京河北内蒙拉响红色警报
6. 11月上中旬暴雪横扫东北，鹤岗市全市学生停课
7. 5月10日强对流天气引发甘肃岷县特大冰雹山洪泥石流
8. 夏季南方多地高温突破历史极值，酷暑难耐
9. 汛期长江流域强降水过程不断，三峡水库出现建库以来最大洪峰
10. 4月6次大暴雨袭华南江南，多地重复遭受洪涝灾害

说明：

1. 所用统计资料为全国地面2000多站（不包括港澳台）。
2. 常年值为近30年平均：1981-2010年。
3. 气温、降水的全国平均为面积加权平均。

“基础四国”第十次气候变化部长级会议联合声明

2012年2月13～14日

印度·新德里

1. “基础四国”第十次气候变化部长级会议于2月13-14日在新德里举行。印度环境和森林部长那塔拉简阁下、中国国家发展和改革委员会副主任解振华阁下、巴西环境部副部长吉塔尼阁下、南非气候变化首席谈判代表威尔斯先生以及公约第17次缔约方会议主席代表迪塞科大使出席会议。根据“基础四国+”模式，卡塔尔（公约第18次缔约方会议主席国）、斯威士兰（非洲集团谈判代表召集国及最不发达国家成员）、新加坡（小岛国成员）作为观察员应邀参会。阿尔及利亚（“77国集团+中国”主席国）也受到与会邀请。

2. “基础四国”部长们对德班会议成果和公约第17次缔约方会议主席国南非所发挥的作用表示赞赏。部长们认识到，德班会议代表着向前迈出的重要一步，并帮助实施了一些坎昆会议决定，如绿色气候基金、适应委员会、气候技术中心和网络、资金常设委员会和有关透明度的安排。

3.部长们特别欢迎就京都议定书第二承诺期达成一致，并强调附件一缔约方在2012年5月前提交他们的全经济范围的量化减限排指标以便通过一个关于议定书附件B的修正案，对于在德班达成的进程的成功而言，是至关重要且必不可少的第一步。部长们重申，议定书的灵活机制将仅适用于那些在议定书第二承诺期下确立量化减排承诺的附件一缔约方。部长们还强调，非议定书附件一缔约方也必须在国际认可的核算、测量、报告、核查和遵约规则下承担具有可比性的承诺。

4.部长们对加拿大在德班会议结束后不久即宣布退出京都议定书表示遗憾。部长们认为，京都议定书不仅是国际气候变化制度的基石，也是联合国气候变化框架公约下具有法律约束力的协议。发达国家随意抛弃已经作出的法律承诺却要求建立新的具有法律约束力的协议的任何企图，将使其应对气候危机的信誉和诚意受到严重质疑。

5.部长们认识到，“德班平台”为建立一个公平、全面参与、有效和强有力的气候变化制度提供了明确的机遇。部长们强调，关于“德班平台”的协议是各缔约方之间“相互保证”的审慎平衡一揽子成果的组成部分。部长们重申，在德班启动的进程并不是重新谈判或改写公约，该进程及其成果必须在公约之下，并完全符合公约的原则和规定，特别是公平原则、“共同但有区别的责任”原则和各自能力的原则。部长们对德班会议于最后时刻就在公约下制定一个议定书、其他法律文书或经同意的具有法律效力的成果达成妥协表示欢迎。部长们认为，应当在两个特设工作组完成工作前确定“德班平台”的工作范围。

6.部长们强调，诸如公平、贸易和技术相关的知识产权等未决问题不应被搁置，必须继续作为谈判的一部分。

7.部长们注意到，发展中国家充分致力于在应对全球气候变化问题上发挥他们的作用，所采取的行动已表明其极大决心。部长们强调，发达国家必须承担他们的历史责任，率先应对气候变化，按照科学并根据公约下的公平原则、“共同但有区别的责任”原则和各自能力的原则，承担强有力的、雄心勃勃的减排承诺。

8.部长们强调，公平是国际应对气候变化努力的基石，并欢迎德班会议有关组织“公平获取可持续发展权利”研讨会的决定。部长们强调，公平必须继续作为推进公约进程工作的核心要素。

9.部长们重申按照公约的原则和规定审评公约实施情况的重要性。部长们强调，第16次缔约方会议第1号决定就该问题作出的明确授权必须得到尊重。部长们重申政府间气候变化专门委员会第五次评估报告的结果对于推动落实第17次缔约方会议各项决定的进程的重要作用。

10.部长们欢迎启动绿色气候基金并要求尽早注资。部长们呼吁发达国家兑现300亿美元快速启动资金以及到2020年每年1000亿美元的资金承诺。部长们还强调保障发展中国家包括用于落实适应框架、国家适应计划和减少毁林排放在内的长期资金的紧迫性。部长们欢迎在公约下建立平台讨论长期资金问题。

11.部长们对欧盟将国际航空纳入欧盟排放交易体系表示严重关切和坚决反对。欧盟此举违反了包括联合国气候变化框架公约原则和规定在内的相关国际法，与多边主义背道而驰。部长们表示，欧盟以气候变化为名采取的单边措施，受到国际社会的强烈反对，将严重损害国际社会应对气候变化的努力。部长们认识到发达国家考虑在国际海运领域以气候变化为名采取类似单边措施的威胁，并表达了他们的关切。

12.部长们忆及中国首次代表“基础四国”在德班会议上所做的发言，承诺将就多哈第18次缔约方会议相关讨论保持并深化相互间的协调与合作。鉴于有关“里约+20”可持续发展会议的谈判正在进行，部长们一致认为“基础四国”应同时加强“里约+20”相关议题的讨论。

13.部长们强调，“基础四国”作为“77国集团+中国”的一部分，深受气候变化的不利影响，对小岛国、最不发达国家和非洲国家强烈关切感同身受。部长们重申需要保持并加强“77国集团+中国”的团结，在气候变化谈判中发出发展中国家的一致声音。

14、部长们欢迎南非于2012年第二季度举办“基础四国”第十一次气候变化部长级会议。

Joint Statement Issued at the Conclusion of the 10th Basic
Ministerial Meeting on Climate（English, PDF）

第十二次“基础四国”气候变化部长级会议联合声明

2012年9月20～21日

巴西 · 巴西利亚

1.第十二次“基础四国”气候变化部长级会议于2012年9月20—21日在巴西利亚举行。巴西外交部长帕特里奥塔阁下、环境部长特谢拉阁下、中国国家发展和改革委员会副主任解振华阁下、南非水资源和环境部长莫莱瓦阁下以及印度驻巴西大使普拉喀什阁下出席了会议。

2. 此次会议受邀范围扩大，根据“基础四国+”模式，巴巴多斯外交和外贸部长麦克林女士、阿尔及利亚（“77国集团+中国”主席国）常驻联合国代表本麦希迪大使、卡塔尔（多哈会议主席国）环境部环境事务助理秘书长阿尔库瓦里先生以及阿根廷外交和宗教部环境事务司长洛古索公使也应邀与会。

3. 部长们再次欢迎联合国可持续发展大会（“里约+20”峰会）成果和大会通过的《我们希望的未来》文件，文件重申了里约原则，特别是“共同但有区别的责任”原则，敦促联合国气候变化框架公约缔约方和京都议定书缔约方充分履行各自承诺和落实在这些协议下通过的决定。

4. 部长们强调“77国集团+中国”在气候变化谈判中扮演的积极角色，这一作用在现任主席国阿尔及利亚的领导下得到了巩固。部长们重申发展中国家在气候变化谈判中保持团结的重要性，重申将继续以“基础四国+”模式加强发展中国家的团结和南南合作的重要性。

5. 部长们强调德班会议达成了审慎平衡的一揽子成果，该成果的各个方面都必须得到全面落实。部长们重申他们将为推动多哈会议取得成功结果作出努力，同时表达了对多哈会议主席国卡塔尔的支持。

6. 部长们强调从2013年1月1日起开始京都议定书第二承诺期这一决定的核心地位，强调最终正式通过第二承诺期是多哈会议的一个关键成果，也是该机制下减排雄心必不可少的基础。因此，部长们欢迎2012年5月波恩会议和9月曼谷会议在京都议定书工作组取得的进展，包括“77国集团+中国”形成的处理第一承诺期排放余额结转到第二承诺期问题的提案。

7. 部长们敦促附件一缔约方提出其量化减排承诺的明确信息供在第二承诺期下登记。部长们对京都议定书发达国家缔约方提交的年度量化减限排指标所反映出的减排力度表示关切，这一减排力度远低于科学的要求。部长们重申，决定不加入京都议定书第二承诺期的附件一缔约方表现了其不愿意实质性减少温室气体排放的意愿。

8. 部长们强调作为德班一揽子成果的一部分，多哈会议上公约工作组达成一个成功和有意义的结果非常重要。达成各方同意的成果并结束巴厘行动计划授权下未决问题的谈判需要认真参与和实质性的工作，这些问题包括公平、知识产权和单边贸易措施。此外，如果无法在多哈达成结论，各方需要就如何处理这些未决问题达成谅解。

9. 部长们强调不能为了成功结束公约工作组的工作而搁置关键问题。这需要根据不同问题的技术和政治性质考虑不同的可能解决方案，以确保在2012年后能在合适的技术或政治机构中妥善处理这些问题。

10. 部长们同时强调实施手段问题的重要性。这包括考虑长期资金来源和2013-2020年不断扩大融资规模问题。部长们还强调在多哈就缔约方会议和绿色气候基金之间所需安排作出结论的重要性，以确保基金在缔约方会议的授权和指导下工作。

11. 部长们强调，多哈会议成功结束议定书工作组和公约工作组的工作将对增强缔约方互信、为德班平台工作提供重要基础至关重要。部长们欢迎德班平台工作组已开展的初期阶段的、探索性工作。并表示多哈会议需要以灵活和建设性的方式继续这一工作，展示我们正在落实德班会议成果，为国际社会树立信心。

12. 部长们认识到，德班平台确定就2020年生效的一个议定书、另一法律文书或一个有法律效力协议成果展开谈判，这为通过加强公约的实施来强化机制，以达成一个公平、广泛、有效、基于多边规则的成果提供了一个明确的机遇。部长们重申，德班平台的谈判进程和其结果系在公约下，必须完全遵循公约的原则和规定，特别是公平原则和“共同但有区别的责任”原则和各自能力。他们认识到，所有国家都应参与将于2020年后实施的公约下增强的全球努力，这一努力将尊重公平原则和“共同但有区别的责任”原则以及附件一缔约方和非附件一缔约方的区分。部长们强调基于巴厘岛会议、坎昆会议、德班会议和多哈会议通过的决议建立的制度框架将作为全面实施公约的基础，继续在后2020时期发挥作用。

13. 部长们关切地注意到，附件一缔约方目前提出的减排承诺不足，这些减排承诺的整体潜在减排贡献比非附件一缔约方的国内自主减缓行动的贡献要低。他们呼吁附件一缔约方应根据他们的历史责任和科学要求做出更多努力，通过参加议定书第二承诺期，或提出与议定书第二承诺期下的目标充分可比的承诺（对仍无意愿加入议定书第二承诺期的缔约方）以作为巴厘行动计划成果的一部分。

14. 部长们强调，附件一缔约方充分履行其向发展中国家提供增强的资金、技术和能力建设支持的义务，对使更多发展中国家实施其国内自主减缓行动至关重要。令人十分遗憾的是目前的支持水平即使是针对巴厘行动计划下已提出的行动都是不足的。

15. 关于德班平台下增强力度的工作流程，部长们强调联合国气候变化框架公约的中心地位以及公约的原则和规定的重要性，特别是“共同但有区别的责任”原则和各自能力。部长们欢迎尊重公约的原则和规定、探索特定减排机会的补充性倡议。他们进一步强调，清楚界定这些倡议的额外性和环境整体性十分重要。

16. 部长们再次对欧盟继续实施将国际航空排放纳入欧盟碳排放交易体系的单边行动，以及在其他行业采取类似单边措施的意图表示关切。这种单边行动损害各方互信、削弱了多边制度下各方共同应对气候变化的努力。

17. 部长们对印度即将于2012年10月1-19日在海德拉巴举办生物多样性公约第十一次缔约方会议和卡塔赫纳生物安全议定书第六次缔约方会议表示支持。

18. 部长们欢迎中国于2012年11月举办第十三次“基础四国”气候变化部长级磋商会议。

>>>

综合编

2012年中国科学技术应对气候变化和低碳发展

科学技术部社会发展科技司

一、一批应对气候变化和低碳发展的专项科技发展规划出台，推进我国应对气候变化和低碳发展

以科学技术支撑我国应对气候变化和低碳发展，是科学技术工作的重要组成部分。在2012年中，科学技术部根据《国家十二五社会与国民经济发展纲要》、《国家“十二五”科学技术2012年展规划》和《“十二五”控制温室气体排放综合实施方案》，相继编制出台了《“十二五”国家应对气候变化科技发展专项规划》及《风力发电科技发展“十二五”专项规划》、《太阳能发电科技发展“十二五”专项规划》、《智能电网重大科技产业化工程“十二五”专项规划》、《洁净煤技术科技发展“十二五”专项规划》《绿色制造科技发展“十二五”专项规划》、《十二五”绿色建筑科技发展专项规划》、《国家防灾减灾科技发展“十二五”专项规划》、《蓝天科技工程“十二五”专项规划》等一批应对气候变化和低碳发展的专项科技发展规划》，对推进我国应对气候变化和低碳发展具有重大的引导和指导作用。

（一）《“十二五”国家应对气候变化科技发展专项规划》发布

2012年5月4日，科学技术部、外交部、国家发展改革委、教育部、工业和信息化部、财政部、环境保护部、住房和城乡建设部、水利部、农业部、国家林业局、中国科学院、中国气象局、国家自然科学基金委员会、国家海洋局、中国科学技术协会等十六个部门联合发布了《“十二五”国家应对气候变化科技发展专项规划》（以下简称《专项规划》）。根据2009年8月12日国务院常务会议关于制定应对气候变化的科技发展战略与规划的决定，科技部会同国务院有关部门组织了《专项规划》的编制工作。《专项规划》编制过程中成立了由科技部、外交部、国家发改委等21个部门组成的编制工作领导小组，科技部万钢部长担任组长。成立了由应对气候变化相关领域资深学者组成的专家指导委员会，由徐冠华院士担任专家指导委员会主任。成立了总体编写专家组和15个领域编写专家组,共200多名专家参与了《专项规划》的编制工作。根据我国应对气候变化的形势和需求与《国家中长期科学和技术发展规划纲要（2006—2020年）》，结合《国民经济和社会发展第十二个五年规划纲要》和《国家“十二五”科学和技术发展规划》，经过近三年的研究和编制工作和征求各行业、部门、地方意见等程序形成了《专项规划》。

《专项规划》深入分析了当前我国应对气候变化科技发展面临的挑战与机遇，明确提出了“十二五”期间应对气候变化科技发展的指导思想与目标、重点方向,提出了十大关键减缓技术、十大关键适应技术等重点任务，提出了加强应对气候变化科技工作的协同创新、加强应对气候变化的科学普及与宣传工作、鼓励和支持地方开展应对气候变化科技行动等保障措施。《专项规划》作为我国第一部专门的应对气候变化科技发展规划，对我国进一步依靠科技应对气候变化将起到重要的指导作用。

（三）《风力发电科技发展“十二五”专项规划》出台

2012年3月27日，科学技术部印发 《风力发电科技发展“十二五”专项规划》。《规划》主要内容包括现状、形势与需求、总体思路、重点方向、重点任务和保障措施。

《风力发电科技发展“十二五”专项规划》提出的发展目标是：产品性能与可靠性达到国际领先水平，并实现产业化；掌握7MW级风电机组及零部件设计、制造、安装和运营等成套产业化技术，产品性能和可靠性达到国际先进水平，推动我国大容量风电机组的产业化；突破10MW级海上风电机组整机和零部件设计关键技术，实现海上超大型风电机组的样机运行。二是在风电场开发及运行方面，掌握大型风电场设计、建设、并网与运营关键技术，提高风电消纳能力，提高风电场的运营管理水平，支撑我国千万千瓦风电基地的建设。三是在风电公共服务体系方面，突破从风资源特性到电网接入送出全过程的科学基础问题，推动行业整体进步；建设风电机组地面传动链测试、叶片测试和风电设计工具软件等一批公共系统，全面提升我国风电行业的整体水平；开发储备一批风电新技术，推动风电技术创新和应用；培育一批高水平的科技创新队伍，系统部署建设一批国家级重点实验室和工程技术研究中心，全面提升我国风电制造企业的国际竞争力。

通过“十二五”风电科技规划的实施，促进我国风电产业的健康、有序和可持续发展，使我国风电产业和风电科技整体上达到国际先进水平，为2020年我国二氧化碳排放强度降低40%-45%、非化石能源占一次能源消费比重15%能源战略目标的实现做出直接重要贡献。

（四）《太阳能发电科技发展“十二五”专项规划》出台

2012年3月27日，科学技术部印发《太阳能发电科技发展“十二五”专项规划》。《规划》主势、指导思想与目标、重点方向、重点任务和保障措施。

太阳能发电科技发展“十二五”专项规划规划目标是：“十二五”期间，实现光伏技术的全面突破，促进太阳能发电的规模化应用，晶硅电池效率20%以上，硅基薄膜电池效率10%以上，碲化镉、铜铟镓硒薄膜电池实现商业化应用，装机成本1.2~1.3万元/kW，初步实现用户侧并网光伏系统平价上网，公用电网侧并网光伏系统上网电价低于0.8元/kWh，基本掌握多种光伏微网系统关键部件及设计集成技术，实现示范应用。太阳能热发电具备建立100MW级太阳能热发电站的设计能力和成套装备供应能力，无储热电站装机成本1.6万元/kW；带8小时储热电站装机成本2.2万元/kW，上网电价低于0.9元/kWh。突破太阳能中温热能在工业节能中的应用技术和太阳能建筑采暖的长周期储热技术，并示范应用。初步建立太阳能发电国家标准体系和技术产品检测平台，形成我国完整的太阳能技术研发、装备制造、系统集成、工程建设、运行维护等产业链技术服务体系。

（五）《洁净煤技术科技发展“十二五”专项规划》公布

2012年3月27日，科学技术部印发《太洁净煤技术科技发展“十二五”专项规划》。《规划》主要内容包括：形势、指导思想与目标、重点方向、重点任务和保障措施。

《洁净煤技术科技发展“十二五”专项规划》提出的发展目标是：在煤炭提质与资源综合利用、高效洁净燃煤发电、煤基洁净燃料、高效燃煤与工业节能、队伍建设和平台建设等方面，突破重点基础和核心关键，开发出一批具有国际领先水平的新工艺、新技术，实现重大系统技术集成，为煤电、煤转化等重点示范工程和建设洁净煤技术战略性新兴产业提供技术支持，达到世界先进、领先水平。

（六）《绿色制造科技发展“十二五”专项规划》印发

2012年4月1日，科学技术部印发《绿色制造科技发展“十二五”专项规划 》。《规划》主要内容包括：形势与需求、思路与原则、重点任务和保障措施。

《绿色制造科技发展“十二五”专项规划》提出的发展目标是：面向汽车、机械、家电、流程工业等国民经济支柱产业以及废旧家电与电子产品拆解与资源化、装备再制造等循环经济新兴产业需求，以制造业绿色化为目标，开展绿色制造基础理论和共性技术研究、典型绿色新产品、新工艺、新装备研制，形成绿色制造理论、技术和标准体系，开发出一批具有典型创新性和示范性的产品、工艺和重点装备，实施应用工程和产业示范，带动传统产业资源节约和环境友好提升，支撑节能环保战略性新兴产业的发展，增强量大面广出口产品跨越绿色贸易壁垒的基础能力。攻克一批绿色制造关键共性技术，提升传统产业能效与资源利用率，发展和培育绿色化新兴产业。

（七）智能电网重大科技产业化工程“十二五”专项规划》

2012年5月4日，《智能电网重大科技产业化工程“十二五”专项规划》公布。《规划》主要内容包括：形势与需求、发展思路和原则、发展目标、重点任务。根据规划，十二五期间，将建成20~30项智能电网技术专项示范工程和3~5项智能电网综合示范工程，建设5-10个智能电网示范城市、50个智能电网示范园区。智能电网相关的九大技术将成为十二五期间发展的重大任务，具体包括：大规模间歇式新能源并网技术、支撑电动汽车发展的电网技术、大规模储能系统、智能配用电技术、大电网智能运行与控制、智能输变电技术与装备、电网信息与通信技术、柔性输变电技术与装备、智能电网集成综合示范。

（八）《“十二五”绿色建筑科技发展专项规划》印发

2012年5月24日，科学技术部印发《“十二五”绿色建筑科技发展专项规划》。《规划》主要内容包括：形势与需求、总体思路、原则与目标、重点任务和保障措施。

《“十二五”绿色建筑科技发展专项规划》提出的发展目标是：“十二五”期间，依靠科技进步，推进绿色建筑规模化建设，显著提升我国绿色建筑技术自主创新能力，加速提升绿色建筑规划设计能力、技术整装能力、工程实施能力、运营管理能力，提升产业核心竞争力，改变建筑业发展方式。一是突破一批绿色建筑关键技术。二是建立较完备的绿色建筑评价技术和标准体系；三是研发一批绿色建筑新产品、新材料、新工艺及新型施工装备；四是推动绿色建筑规模化应用示范；五是组建多层级的绿色建筑技术研发平台。

（九）《国家防灾减灾科技发展“十二五”专项规划》出台

2012年5月24日，科学技术部印发《国家防灾减灾科技发展“十二五”专项规划》。《规划》主要内容包括：国家战略需求、总体目标、重点任务和保障措施。

《国家防灾减灾科技发展“十二五”专项规划》提出的总体发展目标是：总体目标全面提升重大自然灾害风险评估、工程防治、应急救援、决策指挥、恢复重建等各个环节的科技水平，推动高水平的国家防灾减灾科研和实验基地建设，培养高素质科技人才队伍，进一步增强公民防灾减灾意识，缩小防灾减灾科技方面与发达国家和地区的差距，全面形成与“十二五”国家防灾减灾目标相适应的科技支撑能力。具体目标：一是进一步提高重大自然灾害的基础研究水平；二是攻克防灾减灾若干关键技术，提升应急救援装备支撑能力；三是进一步提升重大自然灾害应急决策的科技支撑能力；四是建设一批重大自然灾害防灾减灾科技示范基地；五是新建3-5个防灾减灾国家重点实验室、国家工程技术研究中心，完善国家重大自然灾害野外观测站网系统，推进防灾减灾科技相关的学科建设，加强防灾减灾紧缺人才队伍建设和领军人才培养。

（十）《蓝天科技工程“十二五”专项规划》印发

2012年7月10日，科学技术部、环境保护部印发《蓝天科技工程“十二五”专项规划》。《规划》主要内容包括：形势与需求、指导思想、基本原则和主要目标、 优先领域与重点任务、蓝天科技发展路线图、实施机制与保障措施。

《蓝天科技工程“十二五”专项规划》提出的主要发展目标是：以改善空气质量和保障公众健康为核心，大幅提升大气环境保护自主创新能力，基本形成适合国情的涵盖大气环境科学理论、污染控制技术、监测预警技术、决策支撑技术的大气污染防治技术创新体系，基本建成蓝天科技创新人才培养与技术成果转化服务体系。努力实现以下主要目标：一是蓝天科技创新的基础理论研究与前沿技术创新显著提升。；二是蓝天科技创新对节能减排的贡献进一步增大。主要污染物控制技术产业化创新明显加强，带动环保技术市场合同交易总额新增1000亿元，科技进步对约束性污染物减排贡献率提高10%；三是蓝天科技创新显著提升环保公共服务能力；四是蓝天科技创新能力再上新台阶；五是蓝天科技创新投入持续增加。

二、国家科技支撑计划2012年度气候变化领域情况

（一）“十二五”科技支撑计划项目的部署情况

本年度在全球气候领域的CO_2驱替深层煤层气与封存方向、CO_2矿化利用技术研发方向、二氧化碳监测方向公开征集项目，收到有效申报项目21个，经过专家视频评审和凝练组装，今年启动了“二氧化碳矿化利用技术研发与工程示范”项目。

（二）“十二五”科技支撑计划项目（群）的启动情况

“十二五”开局以来，根据《“十二五”国家应对气候变化科技发展专项规划》提出的重点任务，国家科技支撑计划针对国家应对气候变化的关键技术需求组织实施了二氧化碳捕集封存与利用、气候变化影响与适应、国际谈判与国内减排、气象预报及人工影响天气等14个技术研发与示范项目，形成“十二五”国家科技支撑计划应对气候变化科技项目群。本年度召开“十二五”国家科技支撑计划应对气候变化科技项目群启动会，对支撑计划应对气候变化科技项目群进行启动，促进项目间信息交流与共享。成立了“十二五”国家科技支撑计划应对气候变化科技项目群专家指导组，负责跟踪各项目的技术研发、工程示范进展和方向，把握方向、促进研发进展和资源与经验共享。

按照年度计划对项目群中的“重点领域气候变化影响与风险评估技术研发与应用”、“气候变化国际谈判与国内减排关键支撑技术研究与应用”、“沿海地区适应气候变化技术开发与应用”等项目进行及时启动和课题实施方案论证，推动项目整体研究进展。

（三）在研项目进展及主要成效

本年度在研项目按照年度计划进展顺利，并取得了显著的成效，成果丰富。共计发表科技论文284篇（其中向国外发表65篇），申请国内专利81项（其中发明专利61项），申请国际发明专利1项，获得国内专利授权10项（其中发明专利4项），完成国家技术标准1项，行业标准2项，成果应用数达到7项。

在气象与极端天气的监测预测技术以及适应气候变化技术研发方面，各项目按计划推进，形成了中高纬度和低纬度持续性异常信号的预报预测技术，建立了持续性异常信号在延伸期预报中的应用模型； 完成了GRAPES动力框架守恒性改造的调研及公式推导、算法开发等基础研究工作，开发了守恒型的半拉格朗日平流算法，搭建了高分辨率模式试验平台，完成了物理过程诊断软件和天气学检验平台的设计、《实时地面观测资料质量控制算法》草案的编写和《高空数字化基础气象数据质量检测方案》的编制并通过专家论证评审，完成了所有国家级基准、基本和一般站的地面气候标准值的研制，研发了积雪、总云量、OLR、地面入射太阳辐射等产品的适应性算法，改进了雷达降水估算，同时研究了雷达组网估算降水的可信区域；在天山山区开展了云和降水的综合探测试验，初步揭示了天山典型降水云系结构和云降水形成发展的物理过程，并制定了相应辅助决策和指挥控制系统、无人机平台系统、飞行稳定控制系统、气象环境探测系统、焰条催化作业系统等各分项系统的研究开发总体方案，组建了适合光纤放大的飞秒振荡器，开展了大气电离通道理论模拟工作；初步建立了台风影响下的流域降雨量预测模型和气候变化对沿海城市、沿海流域及沿海地区影响评价模型，提出了沿海城市规划设计中的气候质量评价方法；初步鉴别了气候因素在农业产量、种植制度以及生物灾害变化中的作用初步，构建了水资源风险评估基本研究框架，建立了气候变化对生物多样性影响与风险评估技术体系，改进了HBV模型的冰川产流模块，初步揭示了冰川变化对水资源的影响和对气候变化的响应，识别了沙漠化过程中以及潜在沙漠化分布区演变中的气候影响因素贡献，并制定了气候变化风险评估研究框架与风险制图规范。

在气候变化国际谈判与国内减排关键技术研究与应用方面，各项研究按计划推进，对当前国际气候变化谈判的形势进行了密切跟踪，系统评估谈判进程，综合研判未来发展方向，研究提出了涉及我重大利益以及热点和难点谈判问题的综合谈判对策和可能方案，为中国政府谈判代表团制定中长期气候变化谈判战略及参与波恩会议、曼谷会议和多哈会议中相关议题谈判提供实时技术支撑；完成了对IPCC《管理极端事件和灾害风险 推进气候变化适应》特别报告的解读与分析；完成了全球气候变化综合评价模型、方法与典型气候模式的全面调研；提出了我国绿色低碳发展的政策框架和制度安排，完成了我国能源价格对能源强度的影响研究；完成了对气候变化领域典型国际合作案例实施机制的系统分析；完成了低碳技术成果转化及推广目录研究报告，形成了各行业《首批低碳技术推荐目录》；完成了我国能源、钢铁、化工、水泥、交通、建筑等行业温室气体排放和MRV状况的调研和初步核算；建立了基于CGE模型的碳排放交易对区域经济社会影响的模拟模型和各试点省市未来排放情景预测模型，确定了碳排放交易模拟平台的架构，设计了模拟碳市场的交易与演化规则，初步拟定了重庆市典型行业碳交易系统的架构设计方案。

在碳捕集、利用与封存研发与示范方面，按计划推进高炉炼铁CO_2减排与利用关键技术、富氧燃烧碳捕获关键技术、煤制油工程高浓度二氧化碳捕集与地质封存技术等三类研发与示范项目，且已初见成效。于2012年1月顺利启动实施大规模燃煤电厂烟气CO_2捕集、驱油及封存技术开发及应用示范。开展了高炉煤气深度净化、气质调整以及甲醇合成的技术研发。主要包括完成10 kg/d甲醇合成测试平台的设计并进行试制加工，确定高炉煤气净化催化剂和甲醇合成催化剂的量产工艺参数，完成山东钢铁集团莱芜钢铁集团有限公司示范线高炉煤气净化单元，确定脱氮单元设备的设计方案并开始订制示范装置。推进了炉顶煤气循环氧气鼓风高炉炼铁技术研发，完成了120平方米炉顶煤气循环氧气鼓风高炉的流程设计工作和关键工艺装备的研发，主要包括 120 m^3高炉设计、CO_2分离设备选择、循环煤气加热方式选择及设计、煤气循环喷吹及氧煤喷吹系统设计。完成富氧燃烧锅炉设备的设计计算原理研发和热力计算方法，以及35MWth锅炉本体及燃烧器、氧注入器、烟冷器等关键设备的初步设计，并通过初设方案评审。完成了35MWth系统安装工程的招标，确定了35MW富氧燃烧项目建设进度，系统工程安装全面启动。推进在煤制油高浓度CO_2捕集与封存全流程集成工业化系统方面的技术研发，包括完成第二期VSP观测系统优化设计，提出了鄂尔多斯二氧化碳埋存项目环境监测的具体方案，完成地下温度压力监测方案的初步设计，建成CCS泄漏风险模拟大田试验平台。神华集团CCS项目开始连续稳定注入二氧化碳截止2012年10月底累计注入9605吨，年累计注入44188吨，总累计注入57605吨。开展并初步完成了开展燃煤电厂烟道气CO_2大规模捕集、安全输送，CO_2驱油及封存适应性评价、油藏工程、注采工艺、采出气CO_2回收循环利用及CO_2驱腐蚀控制等关键技术研究。开发出拥有自主知识产权的新型高效低能耗的胺基溶剂，较传统CO_2捕集方法的能耗大幅下降，有效解决了燃煤电厂烟气CO_2捕集过程再生能耗高等关键技术难题。

（四）项目验收情况

本年度“十一五”国家科技支撑计划重大项目“全球环境变化应对技术研究与示范”（2007BAC03A00）通过了所有课题和整个项目任务和财务验收。该项目在减缓、适应与气候变化战略研究方面取得了一批具有国内外重要影响的高水平研究成果，为我国“十一五”期间应对全球环境变化的重大决策提供了有力的科技支撑，并为“十二五”期间的相关工作奠定了坚实的基础。

三、经费安排情况

按照《国家科技支撑计划专项经费管理办法》规定，根据项目经费的实际需求及项目实施的进展情况，对国家科技支撑计划气候变化领域经费进行统筹安排管理。2012年度国家科技支撑计划气候变化领域专项经费安排38488.4

万元、其他财政拨款2895万元、自筹资金27842万元。

四、人员投入情况

2012年度国家科技支撑计划气候变化领域共投入研究人员2345人，其中高级职称1036人（占总投入人数44.18%）、中级职称613人（占总投入人数26.14%）、初级职称169人（占总投入人数7.2%）、其他人员527人（占总投入人数22.47%），投入研究工作量共计20456人月。

五、组织管理方面的创新与进展

为了进一步提高这一批应对气候变化科技项目的研发和管理质量与效率，本年度加强了应对气候变化项目管理的整体部署。

一是筹划成立“十二五”国家科技支撑计划应对气候变化科技项目群专家指导组。这个咨询专家组主要任务是跟踪和把握项目群中各个项目的技术研发、工程示范进展和方向，提出资源与经验共享、避免项目间研发工作重复等技术研发方面和项目管理方面的建议。

二是加强科研项目的全程跟踪与管理。对每个项目都确定了专门的跟踪管理负责人，每个跟踪管理负责人管理项目不超过四个，都要求从项目的视频评审、项目整合、立项到项目执行过程监管及项目验收全程参与，并根据相关办法和部署加强项目管理。

三是加强项目实施过程的监管。拟在充分发挥项目组织单位管理作用和项目专员跟踪项目实施进展的同时，每年度组织应对气候变化科技咨询专家组与项目组织单位进行一次项目内交流和全面检查，发现问题并及时统筹协调各方予以及时调整。

六、典型案例

2012年度气候变化领域的国家科技支撑计划项目顺利开展、稳步实施，在计划组织方式创新、重大成果转化和应用、基础和前沿技术研发等方面取得了重要的进展，获得了一些重大成果。如“35MWth富氧燃烧碳捕获关键技术、装备研发及工程示范项目”和“全球中期数值预报技术开发及应用”等。

“35MWth富氧燃烧碳捕获关键技术、装备研发及工程示范项目”针对我国电力行业低碳发展的需求，开展基于富氧燃烧技术的燃煤锅炉大规模碳捕获技术开发和先导性工程示范，突破专用燃烧器开发、富氧燃烧锅炉设计及运行优化、专用低成本空分等关键技术的研发。主要是利用久大(应城)制盐有限责任公司废弃的65吨锅炉厂房，建造一台全新的35t锅炉系统。

“全球中期数值预报技术开发及应用”项目是以提高中国气象局业务数值天气预报系统为研究对象，着力解决气象业务现实的紧迫需求和未来发展的数值模式和气象资料的关键技术，为提高对高影响天气的预报预测能力提供强有力的科技支撑，并通过开发多源、多尺度观测数据同化、融合与集成技术，提高对气候变化科学研究的基础支撑以及对国家减灾防灾所需基础资料的科技支撑，项目成果的业务应用将为国家经济、社会持续发展和国家安全保障做出重要贡献，积极推动我国气象事业的现代化发展及气象人才队伍的建设。

（撰稿：何肖佳，科学技术部社会发展科技司）

2012年中国环保领域应对气候变化和低碳发展

环境保护部科技标准司

努力做好环境保护工作是减缓和适应气候变化的重要途径，对加快转变经济发展方式、促进可持续发展具有重要意义。环境保护部一贯高度重视应对气候变化工作，2012年以来，充分发挥在监测、统计、监管、宣教、环评和履约等方面的特色优势，重点推动污染物和温室气体协同控制，深入推进非二氧化碳类温室气体控制管理，继续加强气候友好型的环境管理试点示范，积极探索有利于气候风险防控的环境监管工作，前瞻性地开展气候变化新形势下环境保护战略研究，积极推动中国环保领域有利于应对气候变化的各项政策与行动。

一、以关键基础能力建设为抓手，不断提高环保应对气候变化综合水平

（一）深入推进温室气体排放监测试点工作

积极推进温室气体监测试点工作，目前已在内蒙古呼伦贝尔、山东长岛、青海门源初步建立了3个温室气体区域背景监测站，在31个省会城市和直辖市建立了温室气体源区监测站，形成了二氧化碳、甲烷和氧化亚氮三类温室气体实时上传小时均值的自动在线监测网络系统，针对火电、水泥、硝酸等重点行业开展了温室气体排放监测试点。目前正在组织拓展温室气体监测点位，积极开展温室气体的卫星监测和国际“三可”（MRV，可测量、可报告、可核查）相关工作。

（二）不断完善温室气体核算相关的环境统计指标体系

以第一次全国污染源普查为基础，对2007年全国150多万家排放企业的二氧化碳排放量进行了全面“自下而上”的统计核算，初步掌握了电力、钢铁等重点工业行业的二氧化碳排放量、排放强度和区域分布特征，提出了中国温室气体排放绩效分类环境监管框架建议，开发了针对企业的二氧化碳排放核算指南，同时结合现有的环境统计指标体系，正式将火电、水泥、钢铁行业二氧化碳核算相关指标纳入了环境统计报表制度，为企业自行开展二氧化碳排放核算提供了依据和方法指导；此外，还为应对气候变化和温室气体排放统计相关工作提供了含氟温室气体相关统计指标。

（三）加快推进低碳生态工业园区创建

发布了《关于在国家生态工业示范园区中加强发展低碳经济的通知》，要求在国家生态工业示范园区中强化低碳发展，并将其作为重点内容纳入园区建设和考核体系。同时，通过行业类和综合类的生态工业园区标准，提出了“单位工业增加值综合能耗”和“综合能耗弹性系数”的约束指标体系，间接控制工业园区的碳排放水平。截至2013年4月，已批准建设国家生态工业示范园区56个，其中有20个国家生态工业示范园区通过验收并正式命名。

（四）进一步加强以环境标志产品认证为基础的低碳产品认证。

中国环境标志是社会选择绿色产品的重要依据。环境保护部在中国环境标志计划的基础上，积极探索开展中国环境标志低碳产品认证相关工作，并分别与德国技术合作公司和英国标准协会签署了合作备忘录。截至2012年底，先后编制颁布了照明光源、水泥、扫描仪等7项低碳环境标志标准，已有近千种规格型号的产品通过认证，同时针对电子信息、造纸和印刷行业的6类典型产品，开展了产品碳足迹研究，为推动我国绿色可持续消费和引导消费者减缓气候变化做出了积极贡献。

（五）积极探索有利于风险防控的重大气候工程环境监管工作

针对碳捕集利用与封存、页岩气开发利用等有利于应对气候变化的重大工程，开展了环境影响与环境风险评价、环境监测、泄漏事故应急、技术标准规范等方面的基础研究与监管体系建设工作，向国务院上报了加强二氧化碳捕集利用与封存环境管理的对策建议。为有效降低和控制碳捕集利用与封存全过程出现的各类环境影响与环境风险，目前正在研究制定《关于加强碳捕集、利用和封存试验示范项目环境保护工作的通知》。

二、以国家温室气体强度控制目标为核心努力减缓气候变化

（一）积极推进常规污染物与二氧化碳协同控制

近年来，各级环保部门进一步加大了管理减排、结构减排和工程减排的环境监管力度，主要污染物减排工作取得突破性进展，在减少大量常规污染物排放的同时，温室气体的协同控制效果显著。经专家初步测算，2005-2010年期间，累计实现约15亿吨二氧化碳、470万吨二氧化硫和430万吨氮氧化物的协同减排；攀枝花市钢铁行业案例研究表明，每减排1吨二氧化硫相当于减排约38吨二氧化碳。此外，在全国范围内选择一个社区、二个工业园区、三个典型行业开展了气候友好型环境管理研究试点工作。

（二）以清洁发展机制为契机切实减少温室气体排放

环保部门积极推动化工、风力发电、垃圾填埋气回收利用、工业废能回收利用以及生物质等多个领域的清洁发展机制项目开发，截至2012年底，环保部门完成的经联合国清洁发展机制执行理事会批准签发、核证的项目减排量已超过1.7亿吨二氧化碳当量，约占同期中国签发总量的25%和同期世界签发总量的15%，为应对全球气候变化做出了实质性贡献。此外，环保与林业相关部门合作建立了“碳中和基金”，通过促进造林增汇积极减缓温室气体排放。

（三）努力推动非二氧化碳类温室气体的控制管理

制订了《蒙特利尔议定书》下加速淘汰含氢氯氟烃的管理计划，高度关注淘汰消耗臭氧层物质与控制温室气体排放之间协同增效。截至2012年6月，我国第一阶段（2011-2015年）含氢氯氟烃淘汰总体计划、6个消费行业计划和1个履约能力建设规划获得批准。根据测算，完成2013年HCFC冻结目标相当于削减约2亿吨二氧化碳当量的温室气体，到2015年预计实现约7亿吨二氧化碳当量的累计减排量。同时分析了国内外煤炭生产、废弃物处理、化工生产、制冷、电力和电子及冶金铸造等领域的非二氧化碳类温室气体排放及控制现状，提出了我国非二氧化碳类温室气体控排技术与对策建议。

（四）积极探索以环境影响评价制度促进重点行业温室气体减排

在充分借鉴国内外污染物减排经验的基础上，针对温室气体特点和重点行业温室气体排放源特征，开展了基于温室气体控制的环境影响评价试点，积极探索将温室气体控制纳入环境影响评价管理体系；研究提出了建设项目和规划环评的温室气体排放估算方法，重点从指标选取、评价基准确定、控制措施及可行性分析等方面，初步提出了基于温室气体控制的环境影响评价技术指南；从二氧化碳地质封存与利用项目入手，初步确定了以环境风险评价为主的环境影响评价框架。上述工作为进一步深入探索以环境影响评价制度促进温室气体控制提供了坚实基础。

三、以生态保护为切入点积极适应气候变化

（一）推动生物多样性适应气候变化的政策制定

大力开展气候变化背景下我国生物多样性保护优先区脆弱性评估与保护对策研究。在完成编写《中国履行生物多样性公约第四次国家报告》和《中国生物多样性保护战略与行动计划(2011-2030年)》中有关气候变化影响内容的基础上，积极开展重点区域适应气候变化研究，初步编制了《四川省生物多样性应对气候变化战略与行动计划》，为我国生物多样性领域适应气候变化相关政策的制定提供了科学基础。

（二）加强重要生态功能区适应气候变化的科学研究

积极推进生态功能区适应气候变化的研究，开展了重点区域生物多样性与气候变化现状调查，分析了未来气候变化对生物多样性的影响，初步构建了生物多样性适应气候变化的预警评估框架。开展了生物质能源植物种植对气候变化和生物多样性的影响评估，加强了极端气候与人类活动对物种和生态系统叠加影响的研究，提出了增加自然生态系统碳汇的对策措施。此外，还开展了气候变化影响下水环境污染风险识别和评价相关研究，为加强中国在水环境管理领域适应气候变化的能力提供了有益参考。

四、以环保宣传教育为平台全面提升公众应对气候变化意识

（一）利用各种媒体开展宣传教育活动结合“六·五”世界环境日、世界地球日、节能宣传周、低碳日等，开展形式多样的主题宣教活动向公众展示了中国在环境保护和应对气候变化方面的政策与行动。通过报纸、期刊、电视、网络等多种媒体，开展应对气候变化和环境保护的科普宣传活动，针对干部、群众、青少年等不同受众对象，制作形式多样、通俗易懂的影视、图书、漫画、挂图、公益宣传片等各类宣教材料。以宣传节能环保和热爱自然为主题的CDM基金赠款项目、百集大型儿童环保科幻剧《星际精灵蓝多多》取得巨大成功，在中央电视台等主流媒体多轮反复播出，获得国家领导同志以及多位地方省、市长的充分肯定，社会各界普遍反映良好。

（二）积极举办各类培训研讨活动

举办针对领导干部、政府工作人员、企业经理和专业岗位员工、科研人员、高等院校师生和地方环保社会组织的各类专题培训班，积极引导社会组织应对气候变化工作，有效提高了各阶层和公众对气候变化问题的认识与应对能力，向社会各界普及应对气候变化科学知识，宣传应对气候变化的优良做法、典型政策和经验，提高公众应对气候变化意识和责任，引导公众参与应气候友好型的环境行为。

（三）积极引导社会组织应对气候变化工作

举办了多期“千名青年环境友好使者行动”培训活动，进行环保宣传活动以及提高环保活动中的演讲技巧等内容专题讲授，带动青年环境友好使者通过社区宣讲、校园活动、农村支教、短剧演出等环保志愿活动。开展了“中国公众补天行动—含氢氯氟烃（HCFCs）淘汰社区宣传活动”，向500多名社区居民及环保志愿者讲授了控制HCFCs、保护臭氧层相关知识和理念，宣传了发展低碳生活的社会责任。

五、以气候变化国际谈判为契机广泛参与国际交流与合作

（一）积极开展务实国际合作

2012年以来，与美国、日本、意大利、挪威、澳大利亚、德国等国在减缓、适应、基础能力建设和公众意识提高等方面开展了一批务实的双多边合作项目，具体包括页岩气开发中环境标准及其实施细则研究项目、中挪生物多样性与气候变化项目、中澳二氧化碳地质封存环境影响与风险研究等，为我国环境保护领域的应对气候变化工作提供了重要经验参考。

（二）积极参与应对气候变化国际谈判

2012年以来，积极参与《联合国气候变化框架公约》（UNFCCC）、《京都议定书》和政府间气候变化专门委员会（IPCC）的相关会议，积极参与蒙特利尔议定书、生物多样性公约下有关气候变化方面的议题磋商，在氢氟碳化物类温室气体、资金机制、能力建设等议题谈判中发挥了重要作用；积极组织有关专家参加UNFCCC有关国家温室气体清单质量的评审、IPCC第五次评估报告编审和IPCC优良做法指南修订等相关工作，为中国参与国际应对气候变化合作进程做出了积极贡献。

（撰稿：於俊杰、汪光，环境保护部科技标准司气候变化应对处）

2012年中国水利应对气候变化和低碳发展

水利部农村水电及电气化发展局

为落实"十二五"时期中国应对气候变化目标任务，水利部积极采取行动，推动绿色低碳发展，2012年应对气候变化各项工作取得明显成效。

一、积极推动落实最严格水资源管理制度，加快节水型社会建设

按照《国务院关于实行最严格水资源管理制度的意见》（国发〔2012〕3号）要求，水利部启动了省级行政区水资源管理控制指标的分解与协调确认工作。根据国务院批复的《全国水资源综合规划》等成果，综合考虑水资源开发利用和保护现状、经济社会发展需求，在组织有关单位和专家广泛调研、深入论证的基础上，提出了各省（自治区、直辖市）用水总量控制、用水效率控制和水功能区限制纳污指标，并积极开展协调和确认工作。目前，此项工作已基本结束，为全面贯彻落实最严格水资源管理制度奠定了良好基础。印发了《节水型社会建设"十二五"规划》，对第二批30个全国节水型社会建设试点进行了验收。

二、以水功能区管理为平台，强化水功能区限制纳污管理

水利部会同国家发改委、环境保护部印发了《全国重要江河湖泊水功能区划》，并要求地方人民政府按照国务院批复要求认真贯彻落实。水利部组织开展了全国重要江河湖泊水功能区基础信息调查，分期分批复核确定4493个水功能区的起始断面定位、监测管理要求等基础信息，并结合水资源监控系统建设开展水功能区信息系统建设。初步拟订了水功能区分阶段限制排污总量意见和水功能区水质达标评价体系。组织核定了592个省界水质监测断面，进一步规范了省界水质监测，提高了省界水质监测的公信力，为区分省区污染责任和地方政府综合考评提供了依据。

三、积极开展与节能减排有关的法规和技术标准建设

配合国务院法制办做好《南水北调供用水管理条例》的审查修改工作，加快推进《节约用水条例》、《农村水电条例》、《地下水管理条例》等行政法规的论证起草，取得了阶段性成果。组织制订的淋浴器、小便器和便器冲洗阀等三项生活节水器具水效强制性国家标准已由国家标准委发布。完成了火力发电、钢铁联合企业、石油炼制、纺织染整、造纸产品、啤酒、选煤、氧化铝生产、乙烯生产等九项取水定额国家标准。

四、水资源行政执法工作进一步加强

2012年在全国范围内开展了水资源专项执法活动，加大了对违法取水和设置入河排污口等行为的查处力度，严格督促违规项目整改，加快水资源执法机制建设。联合质检总局开展全国节水产品质量提升与推广普及行动，对节水产品主要生产集散地开展调研检查，对水嘴、坐便器、输水管材等用水产品进行了国家监督抽查。围绕东北四省区节水增粮行动，针对滴灌带和喷灌机进行了行业监督抽查。

2012年6月12日，水利部在京召开农村水电增效扩容改造前期工作座谈会，落实全国财政节能减排工作会议精神，交流试点省市好的经验和做法，了解各地前期工作进展情况，研究部署下一步工作。

五、大力支持农村水电工程

2012年合计安排中央财政资金约15亿元用于推进水电新农村电气化县建设、小水电代燃料工程和农村水电增效扩容改造试点工作，全国农村水电发展保持了较快增长势头，全年新增农村水电装机容量300万千瓦，达到6568万千瓦，全年农村水电发电

改造后的重庆南川区马达塘电站

量达2173亿千瓦时，相当于节约0.6亿吨标准煤，减少二氧化碳排放1.5亿吨。2011~2012年开展的农村水电增效扩容改造试点工作顺利完成，733座电站改造后，装机容量从改造前的86.8万千瓦增加到114.6万千瓦，增长32%；年发电量从27.2亿千瓦时增加到41.3亿千瓦时，增长52%。巩固和新增发电量相当于每年替代140万吨标准煤，减少排放二氧化碳350万吨、二氧化硫3.1万吨及其他有害气体和粉尘，有效地促进了节能减排，同时在消除安全隐患、实现惠农强农、恢复河流生态、促进综合利用、拉动内需等多方面取得明显成效。

六、加大节能减排重点工程投入力度

2012年合计安排中央财政资金31亿元支持河北等30个省（自治区、直辖市）的规模化节水灌溉增效示范项目和大型灌溉排水泵站更新改造项目。预计项目实施完毕后，新增节水能力近6000万立方米，新增农业综合生产能力近7000万公斤，并将显著提高泵站装置效率，降低能源单耗及单位灌溉面积能耗水平，带动全国一大批现代农业节水灌溉园区和规模化示范区建设。

七、面向公众开展形式多样的节能减排宣传活动

以现行《水法》修订颁布10周年为契机，将水资源节约保护作为2012年度的水利普法重点内容，加大宣传教育力度，增强公众珍惜水、爱护水、保护水的意识。会同全国人大环资委开展中华环保世纪行落实最严格水资源管理制度宣传采访活动，组织17家新闻媒体赴辽宁、宁夏等地实地采访，总结报道了各地实行最严格水资源管理制度的好经验和好做法。与国管局、教育部和工信部联合开展了全国节水型公共机关、中小学节水教育社会实践基地和节水型企业的创建工作。

（撰稿：付自龙，水利部农村水电及电气化发展局农电处）

2012年中国林业应对气候变化和低碳发展

国家林业局造林绿化管理司

按照党中央、国务院统一部署，2012年，国家林业局紧紧围绕《“十二五”控制温室气体排放工作方案》和《林业应对气候变化“十二五”行动要点》，扎实推进林业应对气候变化工作，取得积极进展。

一、加强组织领导，强化宏观指导

2012年3月,国家发改委副主任解振华应邀到国家林业局调研指导林业碳汇工作，就做好林业碳汇清单数据测算、推进林业碳汇交易、加强林业应对气候变化基础能力建设等达成重要共识。根据德班气候谈判大会后新形势和谈判组提出的建议，国家林业局及时组织召开了应对气候变化工作领导小组第七次会议，研究制定并印发了《落实德班气候大会决定加强林业应对气候变化相关工作分工方案》，组建了林业应对气候变化专家队伍，提出了需要研究的课题清单，进一步明确了当前及今后一个时期林业应对气候变化重点任务和工作分工。

二、推进造林绿化，增加森林碳汇

围绕实现“森林面积净增4000万公顷”的目标，稳步推进造林绿化工作。三北工程四期总结暨五期启动大会成功召开，五期工程规划获批实施。长江、珠江、沿海防护林体系建设和平原绿化、太行山绿化完成三期规划编制。国务院批准京津风沙源治理二期工程规划，建设范围扩大到6省区市138个县，石漠化综合治理重点县由200个扩大到300个。天保工程进展顺利。国家木材战略储备示范基地建设稳步推进。社会造林和部门绿化、城乡绿化深入推进。开展了共和国部长义务植树、保护母亲河等活动。发布了《2011年中国国土绿化状况公报》。2012年全国完成造林601万公顷，义务植树26亿株，森林面积进一步扩大，森林碳汇能力进一步增强。

三、加强森林经营，提升碳汇能力

围绕实现“森林蓄积量净增13亿立方米”的目标，积极加强森林经营。组织召开了全国森林抚育经营现场会，推动中央财政森林抚育补贴试点转向覆盖全国。印发了森林抚育检查验收办法和作业设计规定，开展了森林抚育补贴检查验收。制（修）订完成5项全国和区域性森林抚育技术规程。启动全国森林经营中长期规划编制。确定并推进首批15个全国森林经营样板基地建设。大力推进森林资源可持续经营管理试验示范。积极开展《国际森林文书》履约示范单位建设，得到联合国森林论坛和粮农组织高度评价。2012年全国完成森林抚育经营824万公顷，森林质量进一步提高，森林碳汇能力进一步增强。

四、强化资源保护，减少林业排放

一是加强森林资源保护。加强县级林地保护利用规划编制，全国林地“一张图”拼接、入库工作基本完成。强化木材采伐管理和监督执法。积极推进第八次全国森林资源清查工作，提高森林资源监测和利用监督水平。

二是加强湿地资源管理。国务院批准了《全国湿地保护工程“十二五”实施规划》，2012年恢复湿地30万亩，新增湿地保护面积135万亩和68处国家湿地公园试点，确认了11处国家重要湿地。

三是加强野生动植物保护及自然保护区建设。新增林业国家级自然保护区23处，自然保护区总数达2134处；开展了第二次全国野生动物和植物资源调查及第四次大熊猫调查，启动了极小种群野生植物拯救保护工作，强化了野生动物疫源疫病监测防控体系建设。

四是加强林业有害生物防控。开展地方政府防控责任制和“绿盾2012”林业植物检疫执法检查专项行动，印发了主要林业有害生物成灾标准，强化检疫审批及其监督管理，松材线虫、美国白蛾等主要有害生物危害得到控制。2012年，全国林业有害生物防治面积达1.17亿亩，无公害防治率达87%。

五是加强森林火灾防控。国务院专门召开全国电视电话会议部署森林防火工作。调整充实了国家森防指领导和成员，颁布了《国家森林火灾应急预案》，在16个省区开展了航空护林。2012年，全国发生森林火灾、受害面积和伤亡人员同比分别下降28.5%、48.8%和76.9%，火灾次数和灾害损失为历年最低。通过加大林业资源管理，增强了森林、湿地生态系统的稳定性、抗逆性和综合服务功能，最大限度地减少了林业排放。

五、加快推进林业碳汇计量监测体系建设，测准算清林业碳汇

研究提出了2012年体系建设的工作思路和实施方案，召开了启动会和交流会。加强体系建设督查，指导试点单位组织500多人次开展碳汇外业专项调查，并依托国家碳汇计量监测中心和分中心力量，对外业调查和内业测定进行检查。强化林业碳汇计量监测技术培训，培训1000多人次。按照全国6个气候区，在72个森林类型中建立了3125个样地，获取了10万多条基础数据，收集整理了1215篇研究文献。初步建成全国森林碳汇计量监测基础数据库和参数模型库，初步测算了2010、2011、2012年度碳汇数据。

六、制定森林增长年度考核办法，为开展考核评价工作奠定基础

在研究制定《森林增长指标年度考核评价实施方案》的基础上，从工作和技术层面进行细化，分别形成了《森林增长指标年度考核评价实施办法》和《森林增长指标年度考核评价操作细则》。按照方法、细则，以各省历次森林资源清查结果为基础，结合各类林业统计数据，完成了各省森林面积和蓄积变化的测算。同时以国家森林资源清查结果为基础，根据“十二五”规划确定的各省营造林任务，将“十二五”期间森林面积净增量目标分解落实到各省。

七、编制技术规范，强化制度建设

组织修订了《国家林业局林业碳汇计量监测管理办法》，推进林业碳汇计量监测项目资格单位动态规范管理。组织开展了碳汇造林项目、竹子造林碳汇项目、森林经营碳汇项目方法学的研究开发工作。《碳汇造林技术规定》等已列入2012年林业行标制（修）订计划。积极推进建立全国林业碳汇标准化技术委员会。

八、参与政策制定，支撑全局工作

一是组织审定《中国气候变化第二次国家信息通报》相关林业碳汇数据，根据第二次信息通报相同口径和方法，对第一次信息通报相关林业碳汇数据进行科学研究、重新测算，测算结果报送国家发改委。

二是配合碳排放权交易试点，指导7省市林业部门参与试点方案编制和制度设计等，积极开展本地区林业碳汇本底测算，推进碳汇相关交易规则研究，加强碳汇交易储备项目建设。

三是参与国家应对气候变化规划和国家适应气候变化总体战略编制，以及国家应对气候变化立法讨论。

四是争取清洁发展机制赠款项目对林业的支持，促成中国林科院和国家林业局规划院申报的2个林业项目获得批准。

五是参与IPCC相关工作，配合完成IPCC第五次相关评估报告涉林部门评审，推荐并指导林业专家参与《2013年京都议定书中经修订的补充方法和良好做法指南》和《2006年IPCC国家温室气体清单指南2013年增补：湿地》编写。

九、加强科学研究，强化科技支撑

一是加强基础理论和应用技术研究。开展了我国东北、西南、东部林区气候变化事实分析和未来变化预估，完成我国森林缓解气候变化影响的实证研究，开展了典型生态系统固碳潜力和固碳过程研究，启动了典型湖沼湿地生态系统服务功能评价研究。二是加强对策研究。中国森林应对气候变化的影响与林业适应对策研究取得新进展，中国碳汇潜力与林业发展战略、林业碳汇产权、REDD+国家战略等相关研究取得阶段性成果。三是加强生态定位观测研究。2012年，新建生态站13个，已建生态站总数达113个，其中，森林站75个，湿地站21个，荒漠站17个，长期定位观测与评估的开展，为推进林业应对气候变化工作提供了有力支撑。

十、加强机关节能，做好培训宣传

一是组织制定《国家林业局公共机构节能工作实施意见》，加强机关用油、用电、用水、用气管理，推进办公自动化和无纸化办公，努力创建节约型机关。组织开展节能宣传周和绿色出行日主题实践活动，提倡节约资源能源，倡导低碳绿色出行。

二是将林业应对气候变化纳入了国家林业局机关公务员，以及地方党政、林业领导干部和林业专业技术骨干培训的重要内容。在中国林业教育培训网搭建了林业应对气候变化相关课程在线学习平台，编写出版了中学生校本课程教材《林业碳汇与气候变化》并进入课堂。

三是制作播出了《森林之歌》、《大地寻梦》、《森林中国》等系列电视片，在央视、中国林业网等各类新闻媒体宣传林业应对气候变化的特殊作用，及时发布林业应对气候变化相关政策信息、知识和工作动态。

四是组织举办第九届中国城市森林论坛，开展关注森林活动，传播和研讨林业应对气候变化新理念、新思路和新举措。五是成立了中国绿色碳汇基金会志愿者联盟和绿色传播中心。

十一、积极履约谈判，加强国际交流

一是按照中国代表团对气候谈判的总体要求，建设性参与林业议题谈判，使得“共同但有区别的责任原则和公平原则”在谈判案文中得以落实，推进LULUCF和REDD+两个议题谈判取得新进展。

二是积极参与涉林国际公约履约战略研究，完成林业应对气候变化履约战略研究大纲；参与“里约+20”大会，组织编制完成《蒙特利尔进程国家报告》。

三是组织气候变化框架下毁林与土地退化监测和评估南南合作研讨培训、第三届全球绿色经济财富论坛。

四是中国绿色碳汇基金会被接纳为《联合国气候变化框架公约》缔约方会议观察员组织，并在多哈气候谈判期间组织举办了两个边会。

五是加强中美、中英、中芬、中瑞及与世界自然基金会、大自然保护协会、保护国际、德国国际合作机构在林业应对气候变化相关领域技术交流。

（撰稿：章升东、张峰，国家林业局造林绿化管理司应对气候变化处）

2012年中国气象领域应对气候变化与低碳发展

中国气象局

2012年，中国气象局认真贯彻落实党的十八大会议精神，统筹全局，突出重点，进一步强化应对气候变化基础性科技部门作用，继续加强适应气候变化特别是应对极端气候事件能力建设，推动气候资源的合理开发和科学利用，不断提升部门应对气候变化支持保障能力。

一、加强适应气候变化特别是应对极端气候事件能力建设

不断提升气候系统观测能力。《我国气象卫星及其应用发展规划（2011-2020年）》获国务院批准，完成了风云二号F星发射、在轨测试及卫星交付，形成“多星在轨，互为备份，统筹运行，适时加密”业务运行模式，实现了6分钟一次的高频次观测。印发国家基准气候站网布局优化调整方案，确定了全国241个国家基准气候站的站网布局。继续开展海洋气象观测能力建设，加强山洪、泥石流、滑坡等地质灾害易发区和中小河流防治区的观测能力建设，联合交通部门推进交通气象观测设施建设。加大与有关部门合作与资料共享，新增了323个全球定位系统气象观测（GPS/MET）站的资料获取。新建18个气溶胶质量浓度观测系统，PM2.5气溶胶质量浓度观测覆盖全国所有省会和副省级城市，雾霾观测能力显著提升。

加强气候变化基础性工作。组织实施“气溶胶-云-辐射反馈过程及其与亚洲季风相互作用”973计划项目和“全球变化影响下我国主要陆地生态系统的脆弱性与适应性研究”、“高分辨率气候系统模式的研制与评估”、“全球气候变化对气候灾害的影响及区域适应”、“天文与地球运动因子对气候变化影响”全球变化研究项目，以及“气候变化应对决策支撑系统工程”等国家重大科技项目。完成华中、新疆、华北等六个区域和黄河、珠江、辽河等三个流域气候变化评估报告，开展了气候变化对西北半干旱区马铃薯、三峡库区烤烟等特色产业、长三角典型城市群影响评估，完成了三峡工程气候效应评估阶段性报告。加强气候变化中心能力建设，发布《中国气候变化监测公报2011》、《中国温室气体公报（2012）》、中国气候变化预估数据集3.0版，更新了《气候变化工作技术手册》，开展了气象灾害风险评估技术指南编制。利用中等分辨率气候系统模式BCC_CSM1.1-M完成了第五次国际耦合模式比较计划（CMIP5）的核心试验。

扎实推进极端气象灾害防御。组织完成全国暴雨洪涝灾害风险普查试点，全年共完成651条中小河流、1500条山洪沟、870个泥石流点和1624个滑坡点的风险普查，收集60581条记录数，确定了41947个致灾临界雨量指标。组织开发了全国统一的气象风险预警服务业务平台，并在31个省（区、市）、303个地市、1445个县气象局安装使用。各省（区、市）气象局抓住汛期每个降水天气过程，开展气象风险预警服务试验，举行了1043次气象风险预警会商，开展了8545次气象风险预警服务，气象风险预警服务业务在实时气象灾害防御中的作用逐步显现。组织上海、北京、广州市气象局开展城市气象防灾减灾能力建设，重点针对城市暴雨内涝气象服务需求，开展精细化城市暴雨预报预警、城市暴雨积涝风险和积涝预报业务，初步建立实时监测预警预报服务业务平台及业务流程。进一步强化重大农业气象灾害的监测预警服务，全国870个县出台了县级气象灾害防御规划，完成县级精细化农业气候区划和农业气象灾害的风险区划1408项。进一步完善气象灾害预警服务联动机制，加强与各相关部门在防灾减灾领域的部门合作，组织召开两次气象灾害预警服务部际联络员会议。

二、大力加强气候资源开发利用工作

气候资源开发利用稳步推进。推进风能资源详查成果的共享和应用，为区域风电规划、风电场选址等提供了200余项专业技术服务。改进、完善风电功率预报和太阳能光伏发电预报系统，初步建立风能数值预报服务平台，为200多个风电场提供了风场数值预报服务，为20多个风电场、10个太阳能电站提供了功率预报服务。完善气候可行性论证技术体系，组织编制了风电场选址评估等5项气候可行性论证技术指南。黑龙江、贵州发布了气候资源开发利用和保护条例，为气候资源开发利用和气候可行性论证提供了法律依据。

加强人工影响天气基础设施和科技能力建设。加快组织实施《新增千亿斤粮食工程东北区域人工影响天气能力建设》项目，执行国家发展改革委下达的年度中央投资1亿元和地方投资1亿元建设任务，完成2架高性能作业飞机政府采购谈判等工作。结合东北区域人工影响天气项目设计建设，组织编写全国人工影响天气业务体系建设指导意见和人工影响天气研究子计划，会同国家发展改革委组织东北、西北、华北、中部以及西南、东南6大区域共同编

制2013-2020年全国人工影响天气发展规划。

三、不断提高应对气候变化支持保障能力

强化气候变化内政外交决策支撑工作。召开8次国家气候变化专家委员会会议，围绕德班气候变化大会后应对气候变化国际国内两个大局，以及公平方案、能源消费总量控制、排放峰值等重大问题开展咨询研讨，形成专家委员会关于国内应对战略与国际谈判策略的两份建议，得到温家宝总理和李克强副总理重要批示。以“气候变化科学认识及其应对”为主题完成第435次香山科学会议组织任务，完成多哈会议中国角气候变化高峰论坛参会任务。

发挥中国气象局气候变化中心的集成优势，就政府间气候变化专门委员会（IPCC）第五次评估报告最新进展、全球变暖是否停滞、北极有关事务、短寿命温室气体和黑碳气溶胶气候效应等热点问题形成一系列分析报告，得国家领导人批示。各省（区、市）气象局因地制宜，共向地方政府报送决策服务材料96份，32份获批示，为地方应对气候变化工作做出了积极贡献。

积极参与应对气候变化国际谈判与交流。完成IPCC全会等重要会议参会任务，参与IPCC管理制度和评估流程的改革，在执行理事会、主席团成员任期、利益冲突等规则的制定过程中充分发挥作用，切实维护国家利益。组织16个部门和近百名专家参与IPCC第一工作组报告政府/专家评审，提交37条政府评审意见。12位中国作者入选《2013年京都议定书中经修订的补充方法和良好做法指南》方法学报告专家，4位专家被选为IPCC综合报告核心编写组（CWT）成员。加强IPCC国内组织、协调与支持工作，完成中国作者年度资助，组织召开主要作者研讨会9次，为中国作者提供多渠道的技术支持。组织承办了IPCC《管理极端事件和灾害风险 推进气候变化适应特别报告》（SREX）北京区域宣讲会议。组织形成《关于IPCC第五次评估报告第一工作组（气候变化科学）报告政府评审稿分析》，并得到李克强、回良玉副总理批示。积极做好UNFCCC谈判和外宣支持工作，组织做好我国参加波恩、曼谷及多哈气候变化会议的科学支持，组织完成联合国可持续发展大会中国筹备及参会任务。

做好部门内外气候变化工作组织协调。与科技部、中科院联合启动了第三次《气候变化国家评估报告》，联合社科院发布了2012年气候变化绿皮书《应对气候变化报告—气候融资与低碳发展》。参与国家应对气候变化总体规划和适应战略等重要文件编制，参与国家“十二五”控制温室气体排放工作方案落实。组建了上海市气候变化研究中心，召开了第一届城市与气候变化国际学术论坛。组织召开中国气象局气候变化中心科技进展交流会、省级气候变化工作座谈会和华南区域气候变化工作交流会。

广泛开展气候变化教育培训与科普宣传。“第九届气候系统与气候变化国际讲习班”在南京成功举办，有来自18个国家和地区，包括22名国际学员在内的160名学员参加了讲习班，提高了中国和发展中国家在气候系统和气候变化领域的科研水平，促进气候变化与可持续发展领域的交流。组织“应对气候变化中国行—走进广东和广西”两次大型考察活动，呼吁公众关注并积极应对气候变化带来的影响。推出“问道气候变化”系列访谈专题，通过对气候变化领域专家的深入采访，揭示气候变化热点问题和焦点问题背后的观点和立场。利用“全国科技周”、“3.23气象日”多渠道、多层面开展应对气候变化科普宣传，组织开展“2012年气象防灾减灾宣传志愿者中国行”活动。组织完成多语种《应对气候变化—中国在行动2012》电视外宣片及画册，编发46期《气候变化动态》和15期《气候变化动态》特刊《多哈回声》。出版《气候变化研究进展》（中文6期，英文4期）。

（撰稿：任颖，中国气象局科技与气候变化司）

2012年中国节能减排综述

《中国低碳年鉴》编辑部

“十一五”以来，“节能减排”在我国国民经济和社会发展“五年规划纲要”中被赋予了特定的内涵，成为国家规划中的约束性指标。“十一五”期间节能减排取得了积极成效。规模以上企业单位工业增加值能耗累计下降26%，单位工业增加值用水量下降36.7%，工业化学需氧量及二氧化硫排放总量分别下降17%和15%；工业固体废物综合利用率达69%，大宗固体废物等综合利用取得明显进展。

2012年是《“十二五”规划纲要》实施的第二年。一方面，《规划纲要》确定的节能减排总目标通过国务院、有关部委及各级政府，基本上以目标分解、专项规划制订等措施层层落实到企业，节能减排约束性指标通过国务院和有关部委被分解到地方政府和有关企业集团，再层层落实到具体企业。国家对“十二五”单位国内生产总值二氧化碳排放下降目标进行分解，确定了各省（自治区、直辖市）单位国内生产总值二氧化碳排放下降指标，并建立了目标责任评价考核制度。2013 年，国家发展和改革委员会同有关部门，制定了考核办法，对省级人民政府2012 年度控制温室气体排放的目标完成情况、任务与措施落实情况、基础工作与能力建设情况等进行了试评价考核。

另一方面，国家出台了节能减排的支撑性激励性经济政策、技术路线及基础规范、标准等。各地区、各部门按照中央的部署和要求，把节能减排作为调整经济结构、转变发展方式、推动科学发展、建设生态文明的重要抓手，采取强化目标责任、调整产业结构、实施重点工程、推广先进技术产品等一系列政策措施，推动“节能减排”全面展开，使进入“十二五”以来首次全面完成节能减排目标任务。2012年，全国单位国内生产总值能耗降低3.6%，二氧化硫、化学需氧量、氨氮、氮氧化物排放总量分别减少4.52%、3.05%、2.62%、2.77%，二氧化碳排放较2011 年下降5.02%。

2012年，我国节能减排任务的全面完成，是在2011年减排任务没能完成，氮氧化物不降反升，GDP保持7.8%的增速基础上完成的，成绩确实来之不易。

第一部分 概述

2012年我国节能减排在“十一五”和2011年的基础上继续推进。

3月5日，温家宝总理在《政府工作报告》中强调，推进节能减排和生态环境保护。节能减排的关键是节约能源，提高能效，减少污染。要抓紧制定出台合理控制能源消费总量工作方案，加快理顺能源价格体系。综合运用经济、法律和必要的行政手段，突出抓好工业、交通、建筑、公共机构、居民生活等重点领域和千家重点耗能企业节能减排，进一步淘汰落后产能。加强用能管理，发展智能电网和分布式能源，实施节能发电调度、合同能源管理、政府节能采购等行之有效的管理方式。

3 月 9 日，中共中央常委、全国人大常委会委员长吴邦国在向十一届全国人大五次会议作全国人大常委会工作报告中强调，坚持不懈地推进节能减排，强化法律规范、政策引导，加强重点领域节能减排和生态保护，坚决淘汰落后产能，严格控制高耗能高污染产业盲目扩张，促进清洁生产，发展绿色、低碳产业和循环经济，完善生态补偿机制，推动经济增长建立在可持续发展的基础上。

中国共产党第十八次代表大会，更加阐明了我国节能减排的战略地位和目任务，指明了方向。党的十八大报告提出，要“坚持节约资源和保护环境的基本国策，坚持节约优先、保护优先、自然恢复为主的方针，着力推进绿色发展、循环发展、低碳发展，形成节约资源和保护环境的空间格局、产业结构、生产方式、生活方式，从源头上扭转生态环境恶化趋势，为人民创造良好生产生活环境，为全球生态安全作出贡献”。十八大报告还强调，“推动能源生产和消费革命，控制能源消费总量，加强节能降耗，支持节能低碳产业和新能源、可再生能源发展，确保国家能源安全”。从而各项节能减排工作卓有成效展开。

一、国家和各级政府制定各类规划和方案，并以约束性指标分解落实，全面强力推进

我国《国民经济和社会发展十二五规划纲要》明确要求，坚持把建设资源节约型、环境友好型社会作为加快转变经济发展方式的重要着力点。深入贯彻节约资源和保护环境基本国策，节约能源，降低温室气体排放强度，发展循环经济，推广低碳技术，积极应对全球气候变化，促进经济社会发展与人口资源环境相协调，走可持续发展之路。大力推进节能降耗抑制高耗能产业过快增长，突出抓好工业、建筑、交通、公共机构等领域节能，加强重点用

能单位节能管理。强化节能目标责任考核，健全奖惩制度。完善节能法规和标准，制订完善并严格执行主要耗能产品能耗限额和产品能效标准，加强固定资产投资项目节能评估和审查。健全节能市场化机制，加快推行合同能源管理和电力需求侧管理，完善能效标识、节能产品认证和节能产品政府强制采购制度。推广先进节能技术和产品。加强节能能力建设。开展万家企业节能低碳行动，深入推进节能减排全民行动。

2011年 9月27日，国务院召开全国节能减排工作电视电话会议，全面动员和部署“十二五”节能减排工作。国务院总理温家宝作重要讲话强调，要从战略和全局高度认识节能减排的重大意义，全面落实节能减排综合性工作方案，下更大决心、花更大气力，打赢节能减排持久战和攻坚战，建设资源节约型、环境友好型社会。国务院副总理李克强主持会议。国务院副总理张德江、王岐山出席会议。国务委员兼国务院秘书长马凯在会上宣读了《国务院关于对“十一五”节能减排工作成绩突出的省级人民政府给予表扬的通报》。

2011年12月7日，国家发展和改革委、教育部、工业和信息化部、财政部、 住房城乡建设部、交通运输部、商务部、国务院国资委、国家质检总局、国家统计 局、银监会、国家能源局联合印发了《万家企业节能低碳行动实施方案》。万家企业是指年综合能源消费量10000吨标准煤以上以及有关部门制定的年综合能源消费量5000吨标准煤以上的重点用能单位。初步统计，2010年全国万家企业共用17000家左右，能源消费量占全国能源消费总量的60%以上。“十二五”期间，国家将从强化目标责任、建立能源管理体系、加强能源计量统计、开展能源审计和编制节能规划、加大节能技术改造力度、加快淘汰落后用能设备和生产工艺、开展能效达标对标、健全节能激励约束机制、开展节能宣传与培训等方面加强万家企业的节能监管，力争“十二五”期间实现节能2.5亿吨标准煤。

（一）2012年节能减排的最大特点是各种规划、行动方案频频推出实施，政府为主导，以前所未有的广度和力度，推进各项工作

1.《“十二五”控制温室气体排放工作方案》。2012年12月国务院印发的《“十二五”控制温室气体排放工作方案》，是国务院首次颁布的关于控制温室气体排放工作的重大政策文件，全面部署了未来5年我国控制温室气体排放的各项工作任务，提出了一系列创新性的重大举措，受到国内外广泛关注和高度评价。《方案》明确了“十二五”时期控制温室气体排放的主要目标，提出到2015年全国万元国内生产总值（按2005年价格计算）二氧化碳排放为1.9吨左右，比2010年下降17%，比2005年下降34%左右，对非能源活动二氧化碳排放、二氧化碳以外的其他温室气体排放也提出了控制要求。提出了“十二五”时期各地区的单位生产总值二氧化碳排放下降指标，并在加强组织领导和评价考核方面提出了明确要求。这是首次把单位生产总值二氧化碳排放下降指标作为约束性指标分解到地方，对推动我国绿色低碳发展和节能减排具有里程碑式的重要意义。

《方案》围绕调整产业结构、节能降耗、发展低碳能源、增加碳汇以及降低非能源活动的温室气体排放、节约和替代高排放产品等控制温室气体排放的重点领域提出了需要综合运用的措施。在产业结构调整方面，到2015年服务业增加值占比要比2010年提高4个百分点，要在继续大力控制高耗能产业增长和淘汰落后产能的同时，进一步采取更强有力的措施大力度推动服务业、战略性新兴产业从量到质的全面提升。在节能和发展低碳能源领域，《方案》对各种行动措施的定位更加明确，不仅很好地契合了“十二五”规划纲要中提出的相关发展目标，如到2015年单位国内生产总值能耗下降16%、非化石能源占一次能源比重达到11.4%等目标，还奠定了相关领域各项工作的发展重点和基调。

2012 年，国务院办公厅印发了《“十二五”控制温室气体排放工作方案重点工作部门分工》，对方案的贯彻落实工作进行全面部署。

2.编制《国家应对气候变化规划（2013-2020 年）》。国家发展和改革委员会同环保部、科技部、国土部、财政部等多个部委组织编制《国家应对气候变化规划(2013-2020年)》工作扎实推进，在充分分析中国气候变化趋势及影响、应对气候变化工作现状、应对气候变化面临形势的基础上，提出了中国到2020 年前应对气候变化主要目标、重点任务及保障措施，对中国开展应对气候变化工作进行了整体部署。全国各省（自治区、直辖市）积极组织开展了省级应对气候变化中长期规划的编制，江西、天津等省（直辖市）已发布了本地区应对气候变化规划，四川、云南、广西、安徽、重庆、甘肃、宁夏、新疆、青海、辽宁等省（自治区、直辖市）已经完成了规划编制工作，拟于2012年正式发布实施。

3.认真落实《国家环境保护“十二五”规划》。2011年12月，国务院印发《国家环境保护“十二五”规划》，这是未来五年我国环保行业的纲领性文件，绘就了环保发展的战略宏图。《规划》统筹提出了主要污染物减排、改善民生环境保障、农村环保惠民、生态环境保护、重点领域环境风险防范、核与辐射安全保障、环境基础设施公共服务、环境监管能力基础保障及人才队伍建设等 8 项重大工程。据测算，“十二五”期间，全社会环保污染治理投资需求约为３．４万亿元(均按当年价累计，不含运行费)，约占同期国内生产总值的1，4%。优先实施的八项重点工程投资需求１．５万亿元。国家陆续出台了各项专项规划，如《淮河、海河、辽河、巢湖、滇池、黄河中上

游等重点流域水污染防治规划 。2012年5月以来，国家相关部委接连发布《重点流域水污染防治规划（2011－2015年）》、《“十二五”危险废物污染防治规划》等规划、政策文件，对节能减排相关产业发展重点领域加以部署，而这也成为全社会行动起来支持节能减排工作的方向和依据。其中，节能产业重点领域包括节能技术和装备、节能产品和节能服务；资源循环利用产业重点领域包括矿产资源综合利用、固体废物综合利用、再生资源利用、餐厨废弃物资源化利用、农林废弃物资源化利用、水资源节约与利用；环保产业重点领域包括环保技术和装备、环保产品、环保服务等。

2012年12月，环保部、发改委和财政部联合发布的《重点区域大气污染防治“十二五”规划》（环发[2012]130号），是我国第一部综合性大气污染防治规划，对我国13个重点区域进行包括控制PM2.5在内的大规模环境治理。对重点区域大气污染防治进行了明确规定，要求全国涉及近14%国土面积的47个城市到2015年前，完成PM2.5(细颗粒物)下降5%的指标。其中北京的任务最高，为15%，天津为6%，河北为6%。

4.《节能减排“十二五”规划》。2012年8月6日，国务院印发《节能减排“十二五”规划》。《规划》提出的总体目标是：到2015年，全国化学需氧量和二氧化硫排放总量分别控制在2347.6万吨、2086.4万吨，比2010年的2551.7万吨、2267.8万吨各减少8%，分别新增削减能力601万吨、654万吨；全国氨氮和氮氧化物排放总量分别控制在238万吨、2046.2万吨，比2010年的264.4万吨、2273.6万吨各减少10%，分别新增削减能力69万吨、794万吨。《规划》对减排任务较重的重点工业行业、城镇居民生活污染、农业污染源等提出了具体目标要求。要求火电行业二氧化硫削减16%、氮氧化物削减29%，钢铁行业二氧化硫削减27%，水泥、造纸、纺织印染行业污染物削减10%以上；农业源化学需氧量和氨氮分别按8%和10%的总体削减水平确定行业减排任务；城市污水处理率提高8个百分点，到2015年达到85%，城镇生活污染得到进一步治理；要求到2015年，全国万元国内生产总值能耗下降到0.869吨标准煤，比2010年的1.034吨标准煤下降16%。“十二五”期间，实现节约能源6.7亿吨标准煤。抑制高耗能、高排放行业过快增长，严格落实淘汰落后产能，计划投资2.366万亿元用于实施节能减排重点工程。

《规划》提出了3项主要任务：一是调整优化产业结构。提高新建项目节能、环保等准入门槛；严格控制高耗能、高排放和资源性产品出口；把能源消费总量、污染物排放总量作为能评和环评审批的重要依据，对电力、钢铁、造纸、印染行业实行主要污染物排放总量控制，对新建、扩建项目实施排污量等量或减量置换；严格落实产业结构调整要求，重点淘汰小火电2000万千瓦、炼铁产能4800万吨、炼钢产能4800万吨、水泥产能3.7亿吨、焦炭产能4200万吨、造纸产能1500万吨等。二是强化重点领域污染治理。进一步扩大城镇生活污水处理设施建设、重点行业污染物减排覆盖面，提高环保标准和控制要求。加强农业源污染防治和机动车污染排放控制。大力推进大气中细颗粒污染物（PM2.5）治理。三是加强污染减排能力建设。建设县级污染源监控中心，加强污染源监督性监测，完善区域污染源在线监控网络，建立减排监测数据库并实现数据共享。加强氨氮、氮氧化物统计监测，提高农业源污染监测和机动车污染监控能力。推进减排监管机构标准化和执法能力建设，加强省、市、县减排监测取证设备、污染物排放测试分析仪器配备。

《规划》确定了5个方面的主要污染物减排重点工程：一是以城镇污水处理设施及配套管网建设、现有设施升级改造、污泥处理处置设施建设为重点，提升脱氮除磷能力。二是以制浆造纸、印染、食品加工、农副产品加工等行业为重点，继续加大水污染深度治理和工艺技术改造。加强“三河三湖”、松花江、三峡库区及上游、丹江口库区及上游、黄河中上游等重点流域和城镇饮用水水源地的综合治理。推动受污染场地、土壤及其周边地下水污染治理，重点推进湘江流域重金属污染治理。三是推进脱硫脱硝工程建设。完成5056万千瓦现役燃煤机组脱硫设施配套建设，对已安装脱硫设施但不能稳定达标的4267万千瓦燃煤机组实施脱硫改造，完成4亿千瓦现役燃煤机组脱硝设施建设，对7000万千瓦燃煤机组实施低氮燃烧技术改造。四是开展农业源污染防治。以规模化养殖场和养殖小区为重点，鼓励废弃物统一收集，集中治理。五是控制机动车污染物排放。加快淘汰老旧车辆，全面推行机动车环保标志管理。通过实施减排重点工程，“十二五”时期共形成420万吨化学需氧量、277万吨二氧化硫、40万吨氨氮、358万吨氮氧化物减排能力。

5.《节能减排全民行动实施方案》。2012年 1 月 6 日 国家发展和改革委同中宣部等部门发出《关于印发节能减排全民行动实施方案的通知》。为贯彻落实《国务院关于印发“十二五”节能减排综合性工作方案的通知》，进一步深化节能减排全民行动，充分调动全社会参与节能减排的积极性，国家发展改革委会同中宣部、教育部、科技部、农业部、国管局、全国总工会、共青团中央、全国妇联、中国科协、解放军总后勤部、全国人大常委会办公厅、全国政协办公厅、财政部、环保部、国资委、中直管理局共同制定了《“十二五”节能减排全民行动实施方案》（发改环资〔2012〕194号）。《行动实施方案》从节能减排社区行动、青少年行动、企业行动、学校行动、军营行动、农村行动、政府机构行动、科技行动、科普行动、媒体行动等10个方面提出了要求，倡导“公车少开一天”、开展绿色办公等，以推动“十二五”节能减排的深入开展。

6.《“十二五”资源综合利用指导意见》和《大宗固体废物综合利用实施方案》。2012年初，国家发展改革委印发布了《“十二五”资源综合利用指导意见》和《大宗固体废物综合利用实施方案》。在合理分析现状和发展趋势、科学看待国际差距和国内需求的基础上，提出了矿产资源综合开发利用、产业废物综合利用和再生资源回收利用三大领域的9项具体定量指标。这些指标包括：到2015年，矿产资源总回收率与共伴生矿产综合利用率提高到40%和45%；大宗固体废物综合利用率达到50%，其中工业固体废物综合利用率达到72%，农作物秸秆综合利用率力争超过80%；主要再生资源回收利用率提高到70%，其中再生铜、铝、铅占当年总产量的比例分别达到40%、30%和70%。《指导意见》确定了包括共伴生矿产综合开发利用、产业废物综合利用的传统重点领域以及海洋废物、废旧纺织品回收利用等具有一定前瞻性的新兴领域在内的31项重点领域。

与此同时，工信部、住房和城乡建设部、交通运输部等国家部门和各省市自治区也制定颁发了节能减排规划或有关决指导意见，提出了目标任务和具体要求。国务院机关事务管理局发布了《公共机构节能“十二五”规划》。

（二）加快调整产业结构，发展战略性新兴产业

推动传统产业改造升级。国家发展改革委、环境保护部、国土资源部等部门通过加强节能评估审查、环境影响评价和建设用地预审，进一步提高行业准入门槛，严控高耗能、高排放和产能过剩行业新上项目，严控高耗能、高排放产品出口。2013 年2 月，国家发展改革委会同有关部门对《产业结构调整指导目录（2011年本）》有关条目进行了调整，强化通过结构优化升级实现节能减排的战略导向。2013 年3 月，国家发展改革委印发了《全国老工业基地调整改造规划（2013-2022 年）》，提出改造提升传统优势产业，加大调整力度，增强传统优势产业的市场竞争力，充分利用新技术，优化产业结构。在“十二五”期间，国家发展改革委启动了“国家低碳技术创新及产业化示范工程”，其中，2012年在煤炭、电力、建筑、建材等4 个行业实施了34 个示范工程。

扶持战略性新兴产业发展。2012年，5月30日，国务院总理温家宝主持召开国务院常务会议，讨论通过《“十二五”国家战略性新兴产业发展规划》。会议指出，发展战略性新兴产业是一项重要战略任务，在当前经济运行下行压力加大的情况下，对于保持经济长期平稳较快发展具有重要意义。《“十二五”国家战略性新兴产业发展规划》面向经济社会发展的重大需求，提出了七大战略性新兴产业的重点发展方向和主要任务。7 月，国务院印发了《“十二五”国家战略性新兴产业发展规划》，明确中国节能环保、新一代信息技术、生物、高端装备制造、新能源、新材料、新能源汽车等7 个战略性新兴产业重点领域。国务院有关部门陆续制定并发布了7 个重点产业专项规划以及现代生物制造等20 多个专项科技发展规划，制定并发布了《战略性新兴产业重点产品和服务指导目录》、《战略性新兴产业分类（2012）》、《关于加强战略性新兴产业知识产权工作的若干意见》等相关政策措施。北京、上海等26 个省市相继发布战略性新兴产业发展的规划或指导意见。新兴产业创投计划支持设立创业投资基金已达138 只，资金规模达380 亿元，其中主要投资于节能环保和新能源领域的基金有38 只，规模近110 亿元。2012年，海南省政府出台了《关于进一步鼓励软件产业和电子信息制造业发展的实施意见》等优惠政策，以引进英利、汉能、三星、惠普、IBM、中软、神州数码、浪潮等一批国内外高新技术企业为依托，加快建设海南生态软件园、海南国际创意港、三亚创意产业园、清水湾国际信息产业园。2012年，全省战略性新兴产业、高新技术产业产值分别同比增长约20%、33.5%。

（三）大力发展节能环保产业

《“十二五”国家战略性新兴产业发展规划》把节能环保列为7 个战略性新兴产业重点领域之一。强调节能环保产业要突破能源高效与梯次利用、污染物防治与安全处置、资源回收与循环利用等关键核心技术，发展高效节能、先进环保和资源循环利用的新装备和新产品，推行清洁生产和低碳技术，加快形成支柱产业。节能环保产业涉及节能环保技术装备、产品和服务等，产业链长，关联度大，吸纳能力强，对经济增长的拉动明显。2012中国节能减排发展报告》预计，未来3－5年，我国节能环保等战略新兴产业的产值有望保持每年20%以上的增速。2012年7月，国务院以国发[2012]19号文件印发了《“十二五”节能环保产业发展规划》，分析了我国节能环保产业发展现状及面临的形势；提出到2015年我国节能环保产业总产值达4.5万亿元，增加值占国内生产总值的比重为2%左右的总体目标；明确了政策机制驱动、技术创新引领、重点工程带动、市场秩序规范、服务模式创新的基本原则；并提出了七个方面的政策措施。

“十二五”时期，为加快节能环保产业发展，我国将实施重大节能技术与装备产业化、半导体照明产业化及应用、“城市矿产”示范、再制造产业化、产业废物资源化利用、重大环保技术装备及产品产业化示范、海水淡化产业基地建设、节能环保服务业培育等八大重点工程，必将推动战略性新兴产业的快速发展。

2012 年，中国节能环保产业产值达到2.7 万亿元人民币。天津滨海新区启动打造两个国家级节能环保产业示范基地。预计到2015年，滨海新区的节能环保产业总产值将达到700亿元以上，节能环保主营业务收入超亿元的大公司和企业集团达到25个左右。到2020年年末，滨海新区节能环保产业总产值超过1500亿元，形成50家左右节能环保

产值超亿元的企业。

（四）实施重点节能改造工程

2012 年以来，安排中央预算内投48.96 亿元和中央财政奖励资金26.1 亿元支持重点节能改造、高效节能技术和产品产业化示范、重大合同能源管理、节能监察机构能力建设、建筑节能、绿色照明等重点工程项目2411 个，其中，安排中央预算内投资10.66 亿元支持节能监察机构能力建设项目1215 个，安排中央财政资金1.3 亿元，支持了17个甩挂运输改造项目。加大对合同能源管理的支持力度，安排财政奖励资金3.02 亿元，支持合同能源管理项目495个。通过实施节能项目，累计形成1979 万吨标准煤的节能能力。

（五）开发、推广利用节能技术和产品

2011年国家发展改革委牵头发布第四批《国家重点节能技术推广目录》，公布煤炭、电力、钢铁等13个行业的22项节能技术；工业和信息化部下发了《关于开展重点用能行业能效水平对标达标活动的通知》，指导各地深入开展能效水平对标达标，实施重点企业节能技术改造，积极推广先进节能生产工艺；编制完成钢铁、石化、有色、建材等11个重点行业节能减排先进适用技术目录、应用案例和技术指南，涉及600多项节能技术；继续推进工业企业能源管理中心建设，开展工业能耗在线监测试点，组织制订工业能效提升计划和电机能效提升计划，提出工业能效提升路线图和低能效电机淘汰路线图，2011年全年共推广节能电机200多万千瓦。继续实施节能产品惠民工程，推广使用节能产品，2011年全国共推广高效节能空调1826多万台、节能灯1.5亿只、节能汽车400多万辆。

2012年国家发展改革委发布第五批《国家重点节能技术推广目录》，公布12 个行业的49 项重点节能技术，五批目录累计向社会推荐了186 项重点节能低碳技术。工业和信息化部、科技部、财政部联合发布了《关于加强工业节能减排先进适用技术遴选评估与推广工作的通知》，筛选出钢铁、化工、建材等11 个重点行业首批600 余项节能减排先进适用技术，发布《节能机电设备（产品）推荐目录（第三批）》、《高耗能落后机电设备（产品）淘汰目录（第二批）》，完成了工业节能减排技术信息平台建设。印发《2013 年工业节能与绿色发展专项行动实施方案》、《关于组织实施电机能效提升计划（2013-2015 年）的通知》、《关于加强内燃机工业节能减排的意见》，大力推进了重点行业电机系统节能改造及内燃机节能减排技术、新产品推广应用。财政部、国家发展改革委推进节能产品政府采购，更新发布了两批节能产品政府采购清单。继续实施节能产品惠民工程，安排中央财政资金300多亿元，推广节能家电近9000 多万台（套）、节能汽车350 余万辆、高效电机1400 多万千瓦，绿色照明产品1.6 亿只，累计形成年节能能力1200 多万吨标准煤。

（六）加快发展服务业

继续做好《国务院关于加快发展服务业的若干意见》、《国务院办公厅关于加快发展服务业若干政策措施的实施意见》等有关文件的贯彻落实，2011年又印发了《国务院办公厅关于加快发展高技术服务业的指导意见》，进一步改善服务业环境、提高服务业发展水平。在《产业结构调整指导目录(2011年本)》中重新划分了服务业类别，大幅增加鼓励类服务业条目，初步形成了鼓励发展服务业的门类体系。加强和改进市场准入、人才服务、品牌培育、服务业标准、服务认证示范和服务业统计等方面工作。在全国范围积极开展服务业综合改革试点，并在一些领域建立了跨部门的工作协调机制。全国多数省市制定印发了加快发展服务业的政策文件，积极积极推进生产性服务业集聚区建设，加快促进重大服务业项目建设。2012 年12 月，国务院印发了《服务业发展“十二五”规划》，明确“十二五”时期是推动服务业大发展的重要时期，努力实现提高服务业比重、提升服务业水平、推进服务业改革开放、提高服务业吸纳就业能力等发展目标，构建结构优化、水平先进、开放共赢、优势互补的服务业发展格局。

2012 年5 月，国家发展改革委会同有关部门制定了《关于加快培育国际合作和竞争新优势的指导意见》，提出大力发展服务贸易的目标任务，建立健全服务贸易体系，提高服务业国际化发展水平。2012 年，全国服务业比重较2010 年提升了1.5 个百分点。

（七）发展节能和新能源汽车

新能源汽车产业属于高新技术产业，各类新能源汽车对技术均有较高的要求，没有技术的支撑，新能源汽车产业化难以实现。我国对电动汽车的研究跟踪早在上个世纪60年代就已经开始，近20年更是掀起一股以纯电动汽车研发为主的新能源汽车研究热潮，众多科研院所和企业投身于新能源汽车研发事业，使我国纯电动汽车等新能源汽车的技术水平与发达国家差距明显小于传统汽车，因而才有通过新能源汽车实现汽车工业“弯道超车”的希望。我国政府一直重视对新能源汽车研发的支持，早在“八五”时期就将电动汽车列入国家科技攻关计划；“九五”期间，电动汽车被正式列入国家重大科技产业工程项目；“十五”、“十一五”期间，科技部在“863”计划中设立了电动汽车重大专项，国家的支持力度也在不断加大，推动节能和新能源汽车技术不断进步和产业化发展。2011年汽车整车新能源汽车的产销量分别为8368辆和8159辆，比2010年有较大幅度的提高。其中，生产纯电动汽车5655辆、混合动力汽车2713辆；销售纯电动汽车5579辆、混合动力汽车2580辆。分类来看，轿车的占比为61%，客车的占比为

28%，其他车型为11%。除此之外，2011年生产代用燃料汽车3.11万辆，销售3.13万辆。在此基础上，2012年又有所进展。

2012年4月19日，国务院总理温家宝主持召开国务院常务会议，讨论通过《节能与新能源汽车产业发展规划》。6月28日 国务院正式发布《节能与新能源汽车产业发展规划》，在新能源汽车近10年的研究开发和示范运行的基础上，系统地提出了2011—2020年新能源汽车产业化、市场化的发展目标，针对近年来新能汽车发展出现的问题、困难和阻碍因素及未来新能源汽车产业化、市场化的要求，制定了详细的推动新能源汽车发展的任务和保障措施，为我国新能源汽车产业的长远发展指明了方向。“规划”称新能源汽车产业发展将以纯电驱动为新能源汽车发展和汽车工业转型的主要战略取向，当前重点推进纯电动汽车和插电式混合动力汽车产业化，推广普及非插电式混合动力汽车、节能内燃机汽车，提升我国汽车产业整体技术水平。“规划”还对新能源汽车产业发展目标做出了具体要求，首先，在销量上，到2015年，纯电动汽车和插电式混合动力汽车累计产销量力争达到50万辆；到2020年，纯电动汽车和插电式混合动力汽车生产能力达200万辆、累计产销量超过500万辆。再者，在电动车里程上，到2015年，纯电动乘用车、插电式混合动力乘用车最高车速不低于100公里/小时，纯电驱动模式下综合工况续驶里程分别不低于150公里和50公里。在电动车节油性能方面，到2015年，当年生产的乘用车平均燃料消耗量降至6.9升/百公里，节能型乘用车燃料消耗量降至5.9升/百公里以下。

2012年继续推进北京等25个试点城市共推新能源汽车规模。“十城千辆”示范工程计划用3年左右的时间，每年发展10个城市，每个城市推出1000辆新能源汽车开展示范运行，力争使全国新能源汽车的运营规模到2012年占到汽车市场份额的10%。到2012底，北京、上海、深圳等25个试点城市共示范推广各类节能与新能源汽车2.74万辆，其中，公共服务领域2.3万辆，私人领域0.44万辆

完善节能与新能源汽车标准体系，截止2012年底，工业和信息化部等部门累计发布60 多项新能源汽车相关标准，交通运输部累计发布21 批营运车辆燃料消耗量限值标准达标车型。

在规划引领、政策鼓励、试点示范和技术进步的推动下，2012年国内新能源汽车销售量翻番，产量增幅近一倍。新能源汽车生产12552辆，其中纯电动汽车11241辆、插电式混合动力1311辆。销售新能源汽车12791辆，纯电动汽车为11375辆、插电式混合动力1416辆。纯电动汽车产销量分别比2011年增长98.8%和103.9%，达到了历史的新高度。

（八）增加森林碳汇

国务院批准京津风沙源治理二期工程规划，建设范围扩大到6 省（自治区、直辖市）138 个县。林业局印发了《落实德班气候大会决定加强林业应对气候变化相关工作分工方案》，启动编制“三北”防护林五期工程规划，发布实施长江、珠江防护林体系和平原绿化、太行山绿化工程三期规划。进一步推进森林经营，中央财政森林抚育补贴从试点转向覆盖全国，全国森林经营中长期规划编制工作启动，确定并推进首批15 个全国森林经营样板基地建设，印发了森林抚育检查验收办法和作业设计规定。在全国200 个县（林场）深入开展以森林采伐管理为核心的森林资源可持续经营管理试点。积极推进森林资源保护，印发了《进一步加强森林资源保护管理工作的通知》。

全国林业碳汇计量监测体系建设扎实推进，2012 年在17 个省（自治区、直辖市）开展了试点，2013 年实现覆盖全国，初步建成全国森林碳汇计量监测基础数据库和参数模型库。2012 年至2013 年上半年，全国完成造林面积1025 万公顷、义务植树49.6 亿株，完成森林抚育经营面积1068 万公顷，森林碳汇能力进一步增强。

二、建立和完善支持激励政策体系

国务院印发的《节能减排“十二五”规划》指出，“十二五”期间，随着工业化进程的加快，能源消耗的不断增加，同时国际上围绕能源安全、气候变化的博弈更加激烈，贸易保护主义抬头，节能环保领域的技术竞争加剧，发展方式的转变刻不容缓。为此在“十二五”期间规划了十大重点投资领域，包括节能改造、节能产品惠民、城镇生活污水处理设施建设等十个方面。比如，节能改造工程包括锅炉(窑炉)改造和热电联产、节约和替代石油、建筑节能等领域，目标要在“十二五”时期，分别形成7500万吨、1120万吨、600万吨标准煤的节能能力;节能产品惠民工程则侧重加大高效节能产品推广力度。其中，民用领域重点推广高效照明产品、节能家用电器等，工业领域重点推广高效电动机等，产品能效水平提高10%以上，市场占有率提高到50%以上。目标是“十二五”时期形成1000亿千瓦时的节电能力。

城镇生活污水处理设施建设工程是重点任务之一。根据《规划》，“十二五”时期新建配套管网16万公里，新增污水日处理能力4200万吨，升级改造污水日处理能力2600万吨，新增再生水利用能力2700万吨/日。加快城镇生活垃圾处理处置设施建设，强化垃圾渗滤液处置。“十二五”时期分别新增化学需氧量和氨氮削减能力280万吨、30万吨。根据《规划》，“十二五”节能减排规划投资需求2.366万亿元。其中，节能重点工程、减排重点工程和循环经济重点工程投资分别为9820亿元、8160亿元和5680亿元。全社会共计将投入超4万亿元。这一领域如此大手笔的

投入计划可谓前所未有。

节能、循环经济、重点流域工业污染防治、烟气脱硫脱硝工程所需资金主要由企业通过自有资金、金融机构贷款和社会资金解决，各级政府安排一定资金予以支持和引导。城镇生活污水处理设施和配套管网建设的责任主体是地方政府，国家对重点建设项目给予适当支持。2012年，我国安排中央预算内投资336亿元、中央财政节能减排专项资金1000多亿元，支持节能减排重点工程建设。加大节能产品惠民工程实施力度，2013年财政安排500多亿元，加快推广节能定频空调、电机、汽车、节能灯、半导体照明产品以及风机、泵、压缩机、变压器等工业设备。在8个城市启动节能减排财政政策综合示范。

进一步完善财政激励政策。加大中央预算内投资和中央财政节能减排专项资金的投入力度，加快节能减排重点工程实施和能力建设。深化“以奖代补”、“以奖促治”以及采用财政补贴方式推广高效节能家用电器、照明产品、节能汽车、高效电机产品等支持机制，强化财政资金的引导作用。国有资本经营预算要继续支持企业实施节能减排项目。地方各级人民政府要加大对节能减排的投入。推行政府绿色采购，完善强制采购和优先采购制度，逐步提高节能环保产品比重，研究实行节能环保服务政府采购。健全税收支持政策。落实国家支持节能减排所得税、增值税等优惠政策。积极推进资源税费改革，将原油、天然气和煤炭资源税计征办法由从量征收改为从价征收并适当提高税负水平，依法清理取消涉及矿产资源的不合理收费基金项目。积极推进环境税费改革，选择防治任务重、技术标准成熟的税目开征环境保护税，逐步扩大征收范围。完善和落实资源综合利用和可再生能源发展的税收优惠政策。调整进出口税收政策，遏制高耗能、高排放产品出口。对用于制造大型环保及资源综合利用设备确有必要进口的关键零部件及原材料，抓紧研究制定税收优惠政策。

2012年5月16日，国务院总理温家宝主持召开国务院常务会议，研究了促进节能家电等产品消费的政策措施，决定安排财政补贴265亿元，启动推广符合节能标准的空调、平板电视、电冰箱、洗衣机和热水器，推广期限暂定一年；安排22亿元支持推广节能灯和LED灯；安排60亿元支持推广1.6升及以下排量节能汽车；安排16亿元支持推广高效电机。

近一年来，全国财政经建系统紧紧围绕“夯实基础、明确责任、创新机制、加大投入、创造环境”的节能减排工作思路，陆续出台30多项财税制度，并调整财政支出结构，中央财政累计安排3380多亿元资金，加上地方财政配套资金，带动社会投入上万亿元，为完成2012年节能减排目标提供了有力支撑和保障。在节能技术改造方面，出台了财政奖励、税收优惠、信贷支持等政策措施，大力支持节能服务公司采取合同能源管理方式进行节能改造，截至目前，已有3900多家节能服务公司登记注册，年产值近1300亿元；积极促进信息化与工业化融合，累计安排13亿元支持179个大型高载能企业建设能源管理中心，实现年节能546万吨标准煤。在建筑节能方面，中央财政累计安排资金170亿元，地方财政、企业等社会主体投入近600亿元，完成北方采暖区既有建筑供热计量及节能改造4亿平方米，在建1亿平方米，取得了节能环保、改善民生等多重政策效应；积极支持建立大型公共建筑能耗监测体系，启动节能改造城市试点工作；累计安排140亿元，大力推进可再生能源在建筑领域应用示范，带动太阳能光热建筑应用50亿平方米，浅层地能应用5亿平方米，使可再生能源在建筑中应用呈现规模化、高水平发展的良好态势。在淘汰落后产能方面，针对关停小火电、小冶炼、小水泥等落后产能涉及的职工安置、债务处理、企业转产等难题，近几年中央财政安排了320亿元专项转移支付资金，地方财政安排了100多亿元资金，共淘汰小火电8814万千瓦、小水泥5.6亿吨、小炼铁1.5亿吨、小造纸1500万吨等落后产能。电力行业30万千瓦及以上机组的比例由47%提高到71%，火电供电标准煤耗下降到330克/千瓦时，接近世界先进水平。环境监测体系方面，中央财政对1.5万多家企业实施了污染源自动监控，实现对水、大气环境以及企业排污口等全方位、多层次监控，促进解决了长期以来环境保护主体不明、责任不清的难题。

自2008年起，中央财政对国家重点生态功能区范围内的部分县(市、区)实施资金转移支付，涉及20多个省(区、市)。5年支持资金总额达1100亿元，年度资金由2008年的60.5亿元，增加到2012年的371亿元，支持的县(市、区)由221个增加到466个。对其中452个县域生态环境质量全面监测与评估结果显示，2009-2011年58个县域生态环境质量得到改善，占比例12.8%；380个县域保持基本稳定，占84.1%。中央财政安排55亿元农村环保专项资金，支持各地开展农村环境综合整治。截至2012年底，全国共有23个省(区、市)纳入连片整治示范范围，中央财政累计投入135亿元，2.6万个村庄、5700多万农村人口受益。

目前，中央财政带动市场，促进节能减排的发展模式已初步形成。

三、全面展开多领域多途径的试点示范

《“十二五”控制温室气体排放工作方案》就开展低碳试点示范提出了8个方面的要求。继“十一五”时期推动“五省八市”低碳试点的基础上，《方案》围绕低碳省区和低碳城市、低碳产业试验园区、低碳社区、低碳商业、低碳产品、碳捕集和封存、工业生产过程温室气体排放控制、加大对试点示范工作支持力度等几个方面，提出了"十二五"时期从不同层面、多角度、全方位地开展低碳试点示范的一系列措施。

《方案》指出，在省、市层面，重点是要结合区域特点，探索一种综合性低碳发展方式，使之成为绿色低碳经济在省、市一级的具体延伸；在产业层面，重点是推广低碳生产模式，通过探索和建立低碳产业试验园区，逐步树立低碳产业的基准和标杆；在社区层面，除了加强社区总体规划和低碳能源、材料等的使用，也要大力倡导低碳行为和消费模式；在产品层面，要在强化对低碳产品进行合理标识的基础上，加强对低碳产品消费的引导。2012 年以来，通过继续推进低碳省区和低碳城市试点，稳步推进碳排放交易试点，继续推进交通、小城镇试点，研究开展低碳产品、低碳社区等试点示范，为进一步推动应对气候变化和低碳发展积累了丰富经验，奠定了坚实础。

（一）继续推进低碳省区和低碳城市试点

第一批"五省八市"低碳试点取得积极进展，各试点省区和城市研究制定加快推进低碳发展的政策措施，创新体制机制，围绕优化能源结构，推动产业、交通、建筑领域低碳发展，引导低碳生活方式，增加林业碳汇，开展了一系列重大行动，实施了一批重点工程，取得了明显成效。

2012 年，国家又确定在北京市、上海市、海南省和石家庄市等29 个省市开展第二批低碳省区和低碳城市试点工作，各试点地区积极明确工作方向和原则要求，编制低碳发展规划，探索适合本地区的低碳绿色发展模式，构建以低碳、绿色、环保、循环为特征的低碳产业体系，建立温室气体排放数据统计和管理体系，确立控制温室气体排放目标责任制，积极倡导低碳绿色生活方式和消费模式，部分试点地区还提出了温室气体排放总量控制目标和排放峰值年目标。

（二）稳步推进碳排放权交易试点

2012 年，北京市、天津市、上海市、重庆市、深圳市、广东省和湖北省等七个省市的碳排放交易试点工作取得积极进展，北京、上海 、广东碳交易试点正式启动；2012 年10 月，深圳市发布实施了相关管理规定；2013 年7月至8月，上海市、广东省和湖北省就碳交易管理办法向社会公开征求意见。各试点地区结合本地实情，综合考虑节能减排目标、经济增长趋势、企业及行业排放水平等因素，确定碳交易覆盖企业范围，并研究确定交易范围和配额分配。各试点地区针对交易所覆盖行业，研究建立碳排放核算方法和标准，开展企业碳排放历史数据核查，其中上海市于2012 年10 月发布了钢铁、电力等行业的碳排放核算方法指南，深圳市于2012 年11 月和2013 年4月以地方标准形式发布了温室气体量化报告及核查规范指南和建筑行业细则。深圳市碳交易平台于2013 年6 月上线以来，累计完成交易量超过11 万吨，成交金额超过700 万元。

（三）国家发改委、工信部、交通运输部、住房和城乡建设部、农业部以及循环经济领域等都按照国家有关规划部署，持续开展多种碳试点示范，以典型带动，全面推进节能减排工作。

（四）开展相关领域低碳试点工作

开展低碳产品认证试点。2013 年2 月，国家发展和改革委、国家认监委联合印发《低碳产品认证管理暂行办法》，第一批认证目录包括通用硅酸盐水泥、平板玻璃、铝合金建筑型材、中小型三相异步电动机4 种产品，并在广东、重庆等省（直辖市）开展低碳产品认证试点工作，探索鼓励企业生产、社会消费低碳产品的良好制度环境。

研究开展低碳社区和低碳园区试点。国家发展和改革委同有关部门组织开展低碳社区试点的研究工作，探索社区低碳化运营管理新模式，减少居民生活领域的能源消耗和碳排放。工业和信息化部、国家发展改革委组织研究开展低碳工业试验园区试点工作，研究制定相应的评价指标体系和配套政策。

推进碳捕集、利用和封存试验示范。国家发展和改革委印发了《关于推动碳捕集、利用和封存试验示范的通知》，明确了近期推动CCUS 的试验示范工作；成立了有国内40 多家相关企业、高校、科研院所参加的CCUS 产业技术创新联盟。积极开展CCUS 工程应用，中国石油化工集团公司建成了国内首个燃煤电厂烟气CCUS 全流程示范工程；截止2012 年，神华集团CCUS示范累计灌注二氧化碳超过5.7 万吨；截止2013 年6 月，位于内蒙古鄂尔多斯市伊金霍洛旗的中国首个二氧化碳地质储存示范工程已灌注二氧化碳近12 万吨。

（五）地方积极推进试点示范

各省（自治区、直辖市）积极开展符合本地区实际和特点的低碳发展实践，形成了不少好的经验和做法。四川省确定成都、广元、宜宾、遂宁、雅安等市为省级低碳试点城市，积极探索具有本地特色的低碳发展模式。安徽省积极探索低碳社区、低碳园区等试点示范建设，安排专项资金，用于支持省内9 个园区、社区等综合性低碳示范基地建设。山东省设立了建筑节能与绿色建筑发展资金、新能源产业资金、新能源汽车补贴等一系列低碳发展类专项资金，着力支持建筑节能、工业降耗、新能源产业发展等重点行业和领域的低碳试点示范建设。

四、加强建立法律法规、技术标准、管理标准和工作标准的法规标准体系

新世纪以来，我国的环境立法有了很大进展，环境法律体系进一步完善。国家先后制定了《放射性污染防治法》、《环境影响评价法》、《循环经济促进法》、《清洁生产促进法》，修订了《水污染防治法》、《环境保护法》等一系列重要环境法律。此外，国务院还制定了多部行政法规，如《规划环境影响评价条例》、《太湖管理条例》、《放射性废物安全管理条例》等。

2012年2月29日，十一届全国人大常委会第二十五次会议又表决通过了《全国人民代表大会常务委员会关于修改〈中华人民共和国清洁生产促进法〉的决定》。国家主席胡锦涛签署第54号主席令予以公布，自2012年7月1日实施。修改后的清洁生产促进法主要在以下方面做出了新的规定，一是强化了执法主体， 二是强化了推行措施，三是加强了中央预算投入，四是规范了清洁生产审核制度。

2012年6月19日，国家发展和改革委、国家标准化管理委员会联合启动“百项能效标准推进工程”，围绕支撑高效节能产品推广、节能评估审查制度、万家企业节能低碳行动、绿色建筑行动、淘汰落后产能等重点节能工作，计划在2012年、2013两年发布100项重要节能标准，其重点是终端用能产品能源效率标准和单位产品能耗限额标准。2012年已发布了包括高耗能行业单位产品能耗限额、终端用能产品能效、节能基础类标准在内的60 多项节能标准。实施了能效标识、节能产品认证，截止2013 年5 月底，能效标识已覆盖28 种终端用能产品。

2012年，经国务院同意，发布新修订的《环境空气质量标准》和《环境空气质量指数(AQI)技术规定(试行)》，出台新标准实施“三步走”的总体方案。2012年在京津冀、长三角、珠三角等重点区域以及直辖市和省会城市开展PM2.5与臭氧（O3）等项目监测，2013年在113个环境保护重点城市和国家环境保护模范城市开展监测，2015年在所有地级以上城市开展监测。自2016年1月1日起该标准在全国实施。同时提出，在全国实施之前，根据国务院有关文件要求在部分地区提前实施，各省级人民政府也可根据实际情况和当地环境保护的需要提前实施。《环境空气质量标准》是环境标准体系中的顶层“标准”，不仅对我国环境管理思路、环境法治建设、环境管理体制、污染控制机制、环保产业发展等都将产生重大影响，而且对促进经济结构和消费结构调整将产生直接影响。其中还对推进北京等联防联控区域现有燃煤电厂的改造提出了更加严苛的要求，会加快这些地区火电厂以气代煤的步伐。

2012年中央下拨地方补助资金5.19亿元，地方共投资约4.3亿元。京津冀、长三角、珠三角等重点区域以及直辖市和省会城市共74个城市496个监测点位已按新标准开展监测，并于2013年1月1日正式对外发布监测数据。

完善节能与新能源汽车标准体系。截止2012年底，工业和信息化部等部门累计发布60 多项新能源汽车相关标准，交通运输部累计发布21 批营运车辆燃料消耗量限值标准达标车型。

国家能源局发布了《火电企业清洁生产审核指南》（DL/T 287-2012）、《电力企业节能降耗主要指标的监管评价》（GB/T 28557-2012）、《火电厂烟气脱硫装置可靠性评定导则》（D12T 1158-2012）、《火电厂烟气脱硫装置经济性评价导则》（DL/T 1159-2012）、《燃煤电厂能耗状况评价技术规范》（DL/T 255-2012）等十余项标准规范类文件，从不同方面推动了电力节能减排工作的标准化。

截止2011年底，国家质检总局、国家发展改革委累计出台的高耗能产品能耗限额强制性国家标准达到28项。工业和信息化部、交通运输部等有关部门组织开展若干重点行业、重点产品强制性能耗限额标准以及内燃机等工业通用设备能效标准制定和修订工作；组织22项行业标准立项，复审209项节能标准。到2013年上半年，我国已发布了节能基础、经济运行、合理用能等13类、近400个节能标准。

2013年4月，国务院办公厅转发了《“十二五”主要污染物总量减排考核办法》，标志着减排三大体系建设进入新阶段，为建立科学、准确、严格的减排统计监测考核体系奠定坚实基础，为推动总量减排由定性向定量转变发挥重要作用。环境保护部将进一步加强指导和监督，跟踪掌握全国减排动态，密切协调有关部门，调动社会各界的积极性，充分发挥舆论监督作用，努力营造良好的全民减排氛围。严格按照统计监测考核办法的要求，认真做好全国总量减排统计监测考核工作，加快推进“六厂(场)一车”(火电厂、钢铁厂、水泥厂、造纸厂、城镇污水处理厂、畜禽养殖场和机动车)减排措施，狠抓落实，务求实效，确保完成“十二五”减排约束性指标。

与此同时，各地也加强了节能减排的法治建设。2012年 5月9日，天津市十五届人大常委会第三十二次会议，通过了《天津市节约能源条例》和《天津市建筑节约能源条例》，将于今年7月1日起实施。两个“节能条例”的实施，将为天津市提高能源利用效率、建设生态城市、促进经济社会全面协调可持续发展提供法律保障。2013年1月1日开始，《安徽省民用建筑节能办法》正式开始实施。根据该《办法》，新建、改建、扩建建筑面积在1万平方米以上的公共建筑，建设单位未利用不少于1种可再生能源的，将被处于1万元以上3万元以下罚款。为应对全球气候变化、资源能源短缺、生态环境恶化的挑战，人类正在遵循碳循环的概念，以低碳为导向，发展循环经济、建设低碳生态城市、推广普及低碳绿色建筑。山西省到2012年底出台了以能耗限额标准为代表的地方节能标准近50项。

五、强化督查考核

在2012年中，强化节能减排监督检查，健全节能环保法律法规，严格节能评估审查和环境影响评价制度，加强节能减排执法监督，组织开展节能减排专项检查，督促各项措施落实，严肃查处违法违规行为，其强度和范围为前所未有。

2011年国务院印发了《“十二五”节能减排综合性工作方案》，提出了12个方面50项政策措施；印发了部门分工，明确145项任务的责任单位。据此，我国开展了2011年度和2012年上半年主要污染物排放总量核查核算，严格落实固定资产投资项目节能评估审查和环境影响评价，严控高耗能、高排放和产能过剩行业新上项目。

2012年底，国家发展改革委公布了全国各地区2011年度节能目标完成情况、节能措施落实情况和各地区2012年1~10月节能目标完成情况：2011年度节能目标完成情况和节能措施落实情况结果显示，2011年有10个省市超额完成目标，8个省区、市完成了年度节能目标，6个省区完成了年度节能目标但落后于“十二五”节能目标进度，6个省区未完成年度节能目标。在此基础上，开展了“十一五”时期全国节能减排先进典型表彰活动，对530 个节能减排先进集体、467 个节能减排先进个人进行了表彰。

2012 年以来，国务院印发了节能减排“十二五”规划、节能环保产业发展规划等，进一步明确了各地区、各领域节能目标任务，细化了政策措施，并定期发布各地区节能目标完成情况晴雨表。完善节能考核制度，调整考核内容，健全考核程序。2012年1~10月份，北京、天津、上海、河北等共计22个省(区、市)的节能进展基本顺利。2012年7月11日，国家发展和改革委员会办公厅发出《关于印发万家企业节能目标责任考核实施方案的通知》，明确把各地区组织开展万家企业节能目标责任考核情况纳入对省级人民政府节能目标责任评价考核内容。各地区要按照《考核实施方案》要求，组织对万家企业2011年节能情况进行考核，于2012年10月31日前，将考核结果报国家发展和改革委员会。国家将把2011年和2012年度万家企业节能考核工作情况纳入对2012年度省级人民政府节能目标责任考核内容，但不对万家企业2011年度节能考核结果进行奖惩问责。

与此同时，国家有关部门也加强了对节能减排年度考评。

（一）国家发展和改革委员会

2013 年，国家发展和改革委员会会同有关部门，组织对省级人民政府进行节能目标责任评价考核，将考核结果作为对地方领导班子和领导干部综合考核评价的参考内容，纳入政府绩效管理。

国家发改委公布各地区2013年一季度节能目标完成，并通过对各地区节能形势进行分析，对照各地“十二五”后三年年均节能任务，分出等级，给以警示：一季度，新疆预警等级为一级，节能形势十分严峻；广西、海南、云南等3个地区预警等级为二级，节能形势比较严峻；北京、天津、河北、山西、内蒙古、辽宁、吉林、黑龙江、上海、江苏、浙江、安徽、福建、江西、山东、河南、湖北、湖南、广东、重庆、四川、贵州、陕西、甘肃、青海、宁夏等26个地区预警等级为三级，节能工作进展基本顺利。西藏缺乏统计数据，没有进行预测。与“十二五”节能工作进度要求相比较，海南、青海、宁夏、新疆等4个地区预警等级为一级，云南预警等级为二级，北京、天津、河北、山西、内蒙古、辽宁、吉林、黑龙江、上海、江苏、浙江、安徽、福建、江西、山东、河南、湖北、湖南、广东、广西、重庆、四川、贵州、陕西、甘肃等25个地区预警等级为三级。

（二）环境保护部

2012年4月12日，环境保护部发布公告2012年 第27号关于公布《“十二五”主要污染物总量减排目标责任书》要求2012年完成的重点减排项目的公告，称：受国务院委托，环境保护部与31个省、自治区、直辖市人民政府和新疆生产建设兵团，以及中国石油天然气集团公司、中国石油化工集团公司、国家电网公司、中国华能集团公司、中国大唐集团公司、中国华电集团公司、中国国电集团公司、中国电力投资集团公司等8家中央企业集团签订了《“十二五”主要污染物总量减排目标责任书》,要求加强领导，明确责任，落实措施，确保按期完成污染减排工作目标任务。国家发改委在10号公告《“万家企业节能低碳行动”企业名单及节能量目标》中公布了各地区包括电厂在内的工业企业所分解落实到的“十二五”节能量目标，责任具体到电厂。环保部2012年将重点减排工程项目和保障措施落实到“六厂(场)一车”(火电厂、钢铁厂、水泥厂、造纸厂、城镇污水处理厂、畜禽养殖场和机动车)。目标责任书要求2012年完成的1276个项目基本建成投运，新增脱硝改造燃煤机组装机容量超过4000万千瓦。

2012年环保部继续深入开展环保专项行动，全国共出动执法人员255余万人(次)，检查企业100余万家(次)，查处环境违法问题8779件，挂牌督办环境违法案件1770件。对1216家生产、停产或停产整治的铅蓄电池企业加大监管力度，又取缔关闭289家。圆满完成环境安全百日大检查，共检查企业4.3万家，发现重大环境风险隐患2296个，整改2245个，挂牌督办企业105家。直接调度处置的突发环境事件33起，同比下降55％。

环境保护部、国家发展改革委、工业和信息化部、司法部、住房城乡建设部、工商总局和安全监管总局联合印发《关于2013年开展整治违法排污企业保障群众健康环保专项行动的通知》，决定2013年5月至11月在全国组织开展整治违法排污企业保障群众健康环保专项行动。

2013年 5月14日，环保部对外通报组织完成的“2012年度各省、自治区、直辖市和八家中央企业主要污染物总量减排核查工作”情况，并对《“十二五”主要污染物总量减排目标责任书》年度落实情况进行了检查。

突出问题主要集中于电力行业脱销脱硫项目、城镇污水处理设施建设项目、污水处理设施未按要求建设运行、脱硫设施不正常运行及监测数据弄虚作假等方面，对此，环保部根据有关规定，决定：1.对电力行业脱硝脱硫项目未按目标责任书落实的内蒙古自治区、河南省、贵州省及中国华电集团公司，自公布之日起暂停审批燃煤机组新、改、扩建项目环评。2.对城镇污水处理设施建设项目未按目标责任书落实，或污水处理设施建设严重滞后、收费政策落实不到位的内蒙古巴彦淖尔、河南濮阳、湖北襄阳、广东揭阳、海南东方、甘肃武威等6城市，自公布之日起暂停审批新增化学需氧量和氨氮排放的建设项目环评。3.对污水处理设施未按要求建设运行的天津北辰区大张庄风电产业园污水处理厂（一期）、双青污水处理厂、北辰科技园区污水处理厂，黑龙江哈尔滨市文昌污水处理厂、太平污水处理厂，安徽阜阳市污水处理厂、临泉县污水处理厂，江西抚州市南丰县污水处理厂、金溪县污水处理厂，河南漯河市马沟污水处理厂、漯西产业集聚区污水处理厂、临颍县产业集聚区污水处理厂，湖南湘潭市九华污水处理厂、湘潭县污水处理厂二期、湘乡市污水处理厂二期，广西南宁市隆安达特洁供水有限公司污水处理厂等16家企业和南宁市造纸行业挂牌督办，责令限期整改。4.对脱硫设施不正常运行、监测数据弄虚作假的河北钢铁集团、华电山西大同第一热电厂有限公司、华电内蒙古包头东华热电有限公司、神华内蒙古萨拉齐电厂、江苏通州美亚热电有限公司、江苏南通醋酸纤维有限公司、山东里彦发电有限公司、河南金冠嘉华电力有限责任公司、中国石油化工股份有限公司洛阳分公司、广西水利电力建设集团有限公司田东电厂、中国铝业股份有限公司广西分公司、中国石油天然气股份有限公司广西石化分公司、华电四川攀枝花三维发电厂、攀枝花钢铁(集团)公司、石河子市国能能源投资公司天河分公司等15家企业挂牌督办，责令限期整改，追缴二氧化硫排污费，其中享受脱硫电价补贴的，按规定扣减脱硫电价款，并予以经济处罚。

环境保护部将跟踪上述地区和企业整改情况。对整改不到位或因工作不力造成重大社会影响的，由监察机关依照规定追究有关人员的责任。由此可见，环境保护部督查力度和惩戒加大，节能减排工作落实不到位或未按要求实施的行业依然集中于电力燃煤、钢铁、污水处理、造纸等高污染行业，范围也遍布东、中、西部多个地区。

（三）商务部

2012年 4月19日，商务部办公厅发出《关于开展再生资源回收体系建设项目督查工作的通知》，称：为加强对再生资源回收体系建设项目监管，确保试点项目顺利推进并达到预期成效，自2012年4月中旬起，组织对再生资源回收体系建设项目进行督查。

按照《关于考核2012年淘汰落后产能工作的通知》（工信部联产业〔2013〕105号）要求，2013年4月，工业和信息化部联合有关部委局，派出考核组分赴各地，对2012年淘汰落后产能工作进行了检查考核。

（四）国家审计署

国家审计署2012年5月至9月，审计署对山西、内蒙古、辽宁、吉林、江苏、浙江、河南、广东、广西、宁夏10个省2010年至2011年中央和省级财政投入的节能减排专项资金及1139个节能减排项目进行了审计，2013年5月18日，审计署在其网站公布了审计结果。

审计署在“十一五”期间组织过两次节能减排审计，在促进完善节能减排相关政策、加强资金和项目管理等方面发挥了积极作用。在“十二五”开局之后，为促进国务院《“十二五”节能减排综合性工作方案》贯彻落实，推动地方政府做好节能减排工作，加快转变经济发展方式，保障节能减排专项资金安全有效，审计署继续组织开展节能减排专项资金审计，这也是审计工作围绕节能减排工作中心和履行审计监督法定职责的需要。

本次审计，是以中央财政节能减排专项资金为主线，以节能减排重点项目实施单位和企业为抓手，将审计重点放在各地对节能减排相关政策的执行和专项资金的管理使用上，重点关注财政资金支持的节能减排项目效益情况，以督促地方政府及其有关部门和项目单位严格执行节能减排相关政策，强化节能减排资金管理，提高资金使用和项目实施的效益，促进节能减排目标任务的实现。

本次审计发现节能减排专项资金存在管理使用不规范等问题，少数企业和项目实施单位通过提供虚假信息、编造虚假资料等方式违规。主要发现以下两方面问题：一是部分已完工节能减排项目，因设计目标不符合实际、项目实施过程中监督管理不到位等原因达不到预期的节能减排效果。二是节能减排专项资金管理使用不规范，少数企业和项目实施单位通过提供虚假信息、编造虚假资料等方式违规申请并获得节能减排专项资金，少数企业和单位违规将资金用于日常办公、企业经营等非节能减排方面支出。此外，审计还发现部分节能减排专项资金未按预算要求拨付到位，一些项目建设进度缓慢、未按计划完工等问题。

总的来看，此次审计涉及的地方政府及部门和相关企业积极采纳审计部门提出的意见和建议，认真进行整改并取得初步成效。据初步统计，截至2013年3月底，10个省地方政府责成有关部门加强沟通协调，促使相关单位(企业)采取措施，促成近一半的已完工项目发挥效益，其余项目也积极采取措施进行整改；有关地方财政部门按照审计报告和审计决定要求，已收回近五成违规获得的资金；违规使用节能减排专项资金的企业和项目实施单位已将资金全部归还原渠道。相关地方在认真整改审计指出问题的过程中，纪检监察部门已查处3件审计查出的违法违规案件线索，依据有关规定对3名违法违规问题责任人员进行了处理；审计查出的其他5件违法违规案件线索移送相关部门后，正在依法查处。

与此同时，工信部、交通运输部、住建部、农业部都加强了督促检查。

（五）各省市区加大督查力度

黑龙江省十二届人大常委会第三次会议专门分组审议了《黑龙江省人民政府关于2012年节能减排工作情况的报告（书面）》。常委会组成人员认为，2012年，省政府高度重视节能减排工作，全省节能减排工作取得明显成效。同时针对亟待解决的一些问题，提出了建议。

河南省颁布了《河南省节约能源条例》、《河南省节约用水管理条例》，制定了《关于实行节能减排目标问责制和"一票否决"制的规定》，同时，省政府印发了节能减排统计、监测和考核体系等六个实施办法，对全省18个省辖市、6个扩权县（市）和重点企业实行了节能减排目标问责制和"一票否决"制。甘肃省强化节能减排目标责任管理。在明确节能减排目标责任的基础上，不断强化监督检查和指导，执行严格的逐级考核制度，对市州和重点企业完成节能目标责任书情况和节能措施落实情况进行综合考核评价，并向社会公布考核结果，以落实目标责任制和工作责任制。对年耗能3000吨标准煤以上的约600户重点用能企业（单位）按市州、行业、能源消费量进行了分类统计。

由此看来，强化节能减排的督查，已形成制度，步入常态化。

六、大力发展循环经济

循环经济转变生产方式的有效模式和节能减排的基本路径。大约在1998年，我国开始引进循环经济理念。从引入理念、开展理论研究到大规模宣传和实践，并上升到国家发展战略和立法，纳入"十一五"。《国民经济和社会发展十二五规划纲要》明确要求，按照减量化、再利用、资源化的原则，减量化优先，以提高资源产出效率为目标，推进生产、流通、消费各环节循环经济发展，加快构建覆盖全社会的资源循环利用体系。加快推行清洁生产，在农业、工业、建筑、商贸服务等重点领域推进清洁生产示范，从源头和全过程控制污染物产生和排放，降低资源消耗。加强共伴生矿产及尾矿综合利用，提高资源综合利用水平。推进大宗工业固体废物和建筑、道路废弃物以及农林废物资源化利用。按照循环经济要求规划、建设和改造各类产业园区，实现土地集约利用、废物交换利用、能量梯级利用、废水循环利用和污染物集中处理。推动产业循环式组合，构筑链接循环的产业体系。特别是党的十八大报告把循环发展与绿色发展、低碳发展共同确定为我国经济社会可持续发展的基本路径。这充分表明，全国上下对加快循环经济发展已形成全面共识，并使其成为中国经济发展的一个普适模式，已经在生产和生活的所有领域深入开展，并取得了巨大成就。

通过发展循环经济，我国单位国内生产总值能耗、物耗、水耗大幅度降低，资源循环利用产业规模不断扩大，资源产出率有所提高，初步扭转了工业化、城镇化加快发展阶段资源消耗强度大幅上升的势头，促进了结构优化升级和发展方式转变，为保持经济平稳较快发展提供了有力支撑，为改变"大量生产、大量消费、大量废弃"的传统增长方式和消费模式探索出了可行路径。2013年1月《循环经济发展战略及近期行动计划》正式颁布执行，提出到2015年，资源产出率比2010年提高15%，把发展循环经济作为经济转型发展的有效模式和基本路径。资源产出率提高15%。

2005年和2007年，经国务院批准，国家发展改革委，原国家环保总局，科技部、财政部、商务部、统计局等六部委组织开展了两批国家循环经济示范试点工作，试点范围涉及重点行业（企业）产业园区、重点领域以及省市，共计178家单位。示范试点工作开展以来，各地及各试点单位高度重视，制定了发展循环经济的实施方案和规划，推动了技术进步和节能减排，促进了新兴产业发展，在各自领域探索循环经济发展路径和模式，取得了良好的经济社会环境效益，为建设资源节约型、环境友好型社会发挥了重要作用。目前两批试点工作的试点期均已结束，2013年7月30日国家发展改革委、环境保护部 、科学技术部、工业和信息化部、财政部、商务部、国家统计局发出了《关于组织开展国家循环经济示范试点单位验收工作的通知》。

2012年通过加强领导、编制和颁布专项规划，持续实施循环经济试点示范行动，推广循环经济典型模式。开展循环经济示范城市、示范企业和示范园区建设试点，实施园区循环化改造。推进"城市矿产"示范基地建设，开展城市餐厨废弃物资源化利用和无害化处理体系建设试点。开展资源综合利用"双百"工程，培育100个大宗废弃物综合利用示范基地和100家骨干企业、80个废旧商品回收体系示范城市、50个"城市矿产"示范基地、5个再制造产业集聚区、100个城市餐厨废弃物资源化利用和无害化处理示范工程。推进农作物秸秆综合利用。建设节水型社会，推广节水技术和产品，推动再生水、矿井水、雨水、海水等非常规水资源利用。发布海水淡化"十二五"规划，加快实施海水淡化示范工程。加大循环经济关键共性技术推广力度；确定了两批18个国家循环经济教育示范基地等等，又取得了重大进展和成效。2012年，甘肃全省上下把发展循环经济作为推进生态文明建设、实现转型跨越发展的战略平台，以2015年按期建成国家循环经济示范区为目标，认真贯彻落实《甘肃省循环经济总体规划》各项目标任务，加快园区循环化改造和循环经济项目建设，着力构建循环型产业体系，继续完善法规政策等支持保障体系，推动各项工作取得了较大进展。能源产出率达到0.745亿元/万吨，比2011年提高4.49%；水资源产出率达到42.40元/立方米，比2011年提高12.44%；万元地区生产总值能耗下降至1.343吨标煤，比2011年下降4.2%；万元地区生产总值取水量下降至235.85立方米，比2011年下降11.06%；单位工业增加值用水量下降至76.1立方米，比2011年下降11.51%；农田灌溉水有效利用系数达到0.52。

第二部分 重点领域节能减排

工业、交通运输、建筑和能源，被公认为节能减排的重点领域，也是最大的碳排放领域。这四大领域的节能减排的状况，对我国节能减排起决定作用，历来为国家工作重点和全国瞩目。

工业领域节能减排

2012年及过去五年全国工业节能与综合利用工作取得的显著成绩：一是工业节能降耗取得新成效。通过加强宏观指导、开展能效对标达标、利用信息化技术手段推进节能等有利措施，五年来全国规模以上企业单位工业增加值能耗累计下降30%左右，为实现国家节能约束性指标做出重要贡献。二是终端用能产品能效得到提升。利用节能产品惠民工程积极推广高效节能产品，推动电机、内燃机、锅炉等重点用能设备的能效提升，在山西、陕西、上海两省一市开展了甲醇燃料汽车试点。三是重点行业清洁生产水平进一步提高。一批清洁生产关键技术在行业中得到了示范和推广，极大提升了重点行业清洁生产和污染预防水平，工业化学需氧量及氨氮排放总量4年降幅（2008－2011年）分别超过30%和17%。四是工业节水工作取得新突破。启动了节水型企业建设，组织制订重点工业行业用水效率指南，狠抓工业节水约束性指标落实，万元工业增加值用水量由2008年的137立方米下降到2011年的83立方米，累计降幅达39.5%。五是资源综合利用和循环经济加快发展。推动工业固废综合利用基地建设，发布第一批23项工业循环经济重大示范工程，开展8个领域35家机电产品再制造企业试点，建设国家稀有金属再生利用示范工程，五年来大宗工业固体废物综合利用率累计提高了约9.2个百分点。

一、规划引领

按照“十二五”规划纲要和国家节能减排指标要求，结合工业发展实际，2012年2月27日，工信部公布《工业节能“十二五”规划》（下称《规划》），2015年单位工业增加值能耗、二氧化碳排放量和用水量分别比“十一五”末降低20%左右、20%以上和30%，工业COD、二氧化硫排放总量减少10%，工业氨氮、氮氧化物排放总量减少15%，工业固废综合利用率提高到72%左右。2012年工业领域节能减排目标为，单位工业增加值能耗和二氧化碳排放量降低5%和5%以上，单位工业增加值节水量下降7%。《规划》正式提出到2015年，规模以上工业增加值能耗比2010年下降21%左右，实现节能量6.7亿吨标准煤。根据《规划》，钢铁、有色金属、石化、化工、建材、机械、轻工、纺织、电子信息等9大重点行业将成为“十二五”工业节能重点，这些行业将着力推进以高效节能技术替代落后产能，《规划》提出了这些技术到2015年在各行业领域的应用普及率。《规划》还针对9大重点行业及20种主要产品能耗下降提出具体指标要求，同时拟定9大节能重点工程，预计9大重点节能工程投资需求总额达5900亿元。《规划》还提出后续将跟进的包括财税、技术、监管和标准准入等一系列保障措施。

工信部还发布了《有色金属工业“十二五”发展规划》，在大力推进节能减排、淘汰落后的同时，将加快资源基地建设，开发一批重大资源开发专项，加强资源保护与储备。“十二五”期间，有色金属行业将大力推进节能减排，控制高耗能产业过快增长。提高节能环保市场准入门槛，严把土地、信贷两个闸门，严格控制新建高耗能、高污染项目。建立高耗能产业新上项目与地方节能减排指标完成进度挂钩、与淘汰落后产能相结合的机制。继续运用提高资源税、调整出口退税、将部分产品列入加工贸易禁止类目录等措施，控制高耗能、高污染产品出口。加大差别电价实施力度，提高高耗能产品差别电价标准。

2012年3月16日 工业和信息化部发出《关于印发《2012年工业节能与综合利用工作要点》的通知》（工信厅节[2012]56号），指出2011年，在党中央、国务院的高度重视下，在各地区、各部门的共同努力下，在高耗能行业快速发展、能源消费量明显增加的不利形势下，工业节能与综合利用工作取得新进展，规模以上工业单位增加值能耗下降3.49%，规模以上工业单位增加值用水量同比下降8.9%，主要工业产品单位综合能耗有不同程度降低，为实现“十二五”节能减排良好开局做出了积极贡献。2012年是深入贯彻“十二五”规划纲要、促进工业转型升级和落实“十二五”节能减排约束性目标任务的关键年。全国工业节能与综合利用工作必须认真贯彻中央经济工作会议、全国工业和信息化工作会议精神，落实全国工业系统节能减排工作电视电话会议部署，坚持把促进绿色低碳发展作为工业转型升级和发展方式转变的重要着力点，以建设资源节约型、环境友好型工业体系为目标，以重点行业、重点园区、重点企业、重点产品为抓手，强化技术和标准支撑，抓好规划宣贯落实，实施好重点工程，完善政策机制，搞好试点示范，加强管理创新，下更大力气抓好工业节能减排，力争实现单位工业增加值能耗和二氧化碳排放量降低5%和5%以上，单位工业增加值用水量下降7%，大宗工业固体废物综合利用率提高2个百分点，为实现“十二五”节能减排约束性目标、推进工业转型升级打下坚实基础。

二、推进产业升级，促进工业内部结构的优化

按《“十二五”节能环保产业发展规划》预计，节能服务业销售额年均增速保持30%，行业产值将由2010的830亿元达到2015年的3000亿元。同时，根据相关规划，到2015年，服务业增加值和战略性新兴产业增加值占国内生产总值比重分别达到47%和8%左右。而据初步估算，2010年战略性新兴产业占GDP的比重约为4％。统计数据显示，2012年前三季度，我国服务业增加值已占ＧＤＰ比重的43.8％，同比提高了1.2个百分点；规模以上工业企业中高新技术产业增加值增速为11.7%，比规模以上工业增加值的平均增速快1.7个百分点。2012年1~10月，全社会用电量40880.9亿千瓦时，同比增长4.9%，增速同比回落6.9个百分点；石油加工、化工、建材、钢铁、有色、电力等六大高耗能行业工业增加值增速同样有了一定的回落。不同产业增加值的改变，体现了节能减排工作正慢慢落到实处。

推动传统产业改造升级。国家发展改革委修订并发布《产业结构调整指导目录(2011年本)》，强化通过结构优化升级实现节能减排的战略导向。加强节能评估审查、环境影响评价和建设用地预审，进一步提高行业准入门槛，严格控制高耗能、高排放和产能过剩行业新上项目。严格控制高耗能、高排放产品出口。国务院印发了工业和信息化部牵头编制的《工业转型升级规划(2011-2015年)》，着力推动工业绿色低碳发展。工业和信息化部发布了钢铁、有色、建材、石化和化工、节能与新能源汽车、工业节能、大宗固废、清洁生产等“十二五”规划，推动工业转型升级。同时狠抓技术改造，完善管理办法，加大支持力度，突出支持重点，2011年共安排工业专项技改资金135亿元，带动投资2791亿元，使技改工作的针对性、有效性和影响力得到明显提升。2012年1月18日，国务院正式发布《工业转型升级规划（2011-2015年）》（国发[2011]47号，以下简称《规划》）。这是改革开放以来第一个把整个工业作为规划对象，并且由国务院发布实施的中长期规划。《规划》在全面分析“十一五”工业发展成就和“十二五”面临形势的基础上，提出了工业转型升级的总体思路、主要目标、重点任务、重点领域发展导向和保障措施。《规划》的发布和实施，对于指导未来五年工业结构调整和优化升级，加快我国工业发展方式转变，具有重要意义。工业和信息化部发布了钢铁、有色、建材、石化和化工、节能与新能源汽车、工业节能、大宗固废、清洁生产等“十二五”规划，推动工业转型升级。同时狠抓技术改造，完善管理办法，加大支持力度，突出支持重点，2011年共安排工业专项技改资金135亿元，带动投资2791亿元，使技改工作的针对性、有效性和影响力得到明显提升。

实施工业转型升级规划、工业节能、清洁生产和综合利用规划确定的9大重点节能工程、10项综合利用工程和8项清洁生产工程。经过多年的发展，我国水泥工业的总产量已经达到20.85亿吨，占到全球总产量的58%，水泥产量连续荣登世界的榜首。其中，新型干法水泥的比重已经占到总产量的90%，前10家大型企业集团的熟料产能也占到总量的50%。从碳排放情况看，水泥行业属于窑炉行业，生产工艺除了烧煤外，还要大量使用石灰石、铁粉、粘土。由于需要高温条件，水泥窑熟料烧成火焰温度高达1800摄氏度，这也是水泥烧制过程中会产生大量氮氧化物的主要原因。水泥工业氮氧化物排放量约占工业系统总排放量的10%，是继电力、机动车之后的氮氧化物第三大排放源。此外，国家环保部门的“降低水泥行业氮氧化物排放标准”，旨在将现有GB4915-2004《水泥工业大气污染物排放标准》的氮氧化物排放值由800毫克/标准立方米大幅度降低。此外，根据国发[2011]26号即《国务院关于印发“十二五”节能减排综合性工作方案的通知》的精神，按照《关于水泥工业节能减排的指导意见》，要求在“十二五”末，水泥工业的氮氧化物排放量在2009年的基础上降低25%。《国家环境保护“十二五”规划》中也明确提出“新型干法水泥窑要进行低氮燃烧技术改造，新建水泥生产线要安装效率不低于60%的脱硝设施”。广东向国家可能出台的最严格的标准看齐。广东省环保厅颁布的《广东省“十二五”主要污染物总量控制规划》，2013年底前，珠江三角洲地区水泥行业新型干法窑要推行低氮燃烧技术和烟气脱硝示范工程建设，“十二五”期间广东省规模大于2000吨熟料/日的新型干法水泥窑全部实行低氮燃烧技术改造并建设烟气脱硝工程。

三、加快淘汰落后产能，将任务按年度分解落实到各地区

工业行业节能减排重要途径是淘汰落后产。“十一五”期间重点领域淘汰落后产能取得积极进展，其中淘汰炼铁产能1.2亿吨、水泥产能3.5亿吨、造纸产能1070万吨。2010年全国高技术产品出口占全部商品出口的31.2%，较2005年提高3.1个百分点。企业兼并重组步伐加快，钢铁、汽车、船舶、水泥等行业产业集中度明显提高。东部向中西部地区产业转移步伐加快，“十一五”期间中西部地区工业增加值占全国工业增加值的比重提高5.8个百分点。2011年12月26日，工业和信息化部向各省、自治区、直辖市人民政府下达了“十二五”期间工业领域19个重点行业淘汰落后产能目标任务（工信部产业〔2011〕612号）。同时要求各地认真贯彻执行《淘汰落后产能工作考核实施方案》（工信部联产业〔2011〕46号）有关规定，尽快将目标任务分解形成年度计划，落实到具体企业，并采取综合措施，加强监督考核，确保落后设备（生产线）彻底拆除，不得向中西部地区和周边国家转移，全面完成“十二五”期间淘汰落后产能工作各项目标任务。具体目标任务分别为：淘汰炼铁落后产能4800万吨，炼钢4800万吨，焦炭4200万吨，电石380万吨，铁合金740万吨，电解铝90万吨，铜冶炼80万吨，铅（含再生铅）冶炼130万吨，锌（含再生锌）冶炼65万吨，水泥（含熟料及磨机）3.7亿吨，平板玻璃9000万重量箱，造纸1500万吨，酒精100万吨，味精18.2万吨，柠檬酸4.75万吨，制革1100万标张，印染55.8亿米，化纤59万吨，铅蓄电池746万千伏安时。与“十一五”节能减排综合性工作方案确定的12个重点工业行业目标任务相比，“十二五”期间淘汰落后产能增加了铜冶炼、铅（含再生铅）冶炼、锌（含再生锌）冶炼、制革、印染、化纤、铅蓄电池等7个行业，电解铝、铁合金、电石、水泥、平板玻璃、造纸等6个行业淘汰落后产能任务有所增加，增加幅度分别为38.5%、85%、90%、48%、200%、130%。与"十一五"节能减排综合性工作方案确定的12个重点工业行业目标任务相比，"十二五"期间淘汰落后产能增加了铜冶炼、铅(含再生铅)冶炼、锌(含再生锌)冶炼、制革、印染、化纤、铅蓄电池等7个行业，电解铝、铁合金、电石、水泥、平板玻璃、造纸等6个行业淘汰落后产能任务有所增加，增加幅度分别为38.5％、85％、90％、48％、200％、130％。

“十二五”进一步淘汰落后产能，研究确定和落实年度目标任务，组织开展检查考核，并完善界定落后产能的环保、能耗标准，促进形成上大压小、减量或等量置换机制，推动利用市场手段淘汰落后产能，分解落实"十二五"淘汰落后产能任务。把强制性能耗物耗和清洁生产标准作为落后产能界定的主要依据的具体操作办法，根据污染防治工作需要逐步增加落后产能淘汰的行业。完善落后产能退出机制，指导、督促淘汰落后产能企业做好职工安置工作。地方各级人民政府积极安排资金，支持淘汰落后产能工作。中央财政统筹支持各地区淘汰落后产能工作，对经济欠发达地区通过增加转移支付加大支持和奖励力度。完善淘汰落后产能公告制度，对未按期完成淘汰任务的地区，严格控制国家安排的投资项目，暂停对该地区重点行业建设项目办理核准、审批和备案手续；对未按期淘汰的企业，依法吊销排污许可证、生产许可证和安全生产许可证；对虚假淘汰行为，依法追究企业负责人和地方政府有关人员的责任。继续贯彻落实《关于抑制部分行业产能过剩和重复建设引导产业健康发展的若干意见》和《关于进一步加强淘汰落后产能工作的通知》，完善落后产能退出机制，2011年工业和信息化部、国家发展改革委等有关部门联合印发了《关于印发淘汰落后产能工作考核实施方案的通知》、《关于做好淘汰落后产能和兼并重组企业职工安置工作的意见》、《高耗能落后机电设备(产品)淘汰目录(第二批)》等，加强对淘汰落后产能工作的检查考核，督促指导各地切实做好企业职工安置工作。

2011年，全国共关停小火电机组800万千瓦左右，淘汰落后炼铁产能3192万吨、炼钢产能2846万吨、水泥(熟料及磨机)产能1.55亿吨、焦炭产能2006万吨、平板玻璃3041万重量箱、造纸产能830万吨、电解铝产能63.9万吨、铜冶炼产能42.5万吨、铅冶炼产能66.1万吨、煤产能4870万吨。

2012年在总结“十一五”和2011年的经验基础上，加大力度淘汰落后产能。2012年3月29日，工业和信息化部召开淘汰落后产能考核工作动员部署会议，指出，加快淘汰落后产能是转变经济发展方式、调整经济结构的重大举措，是加快节能减排、促进工业转型升级的必然要求。此次考核分10个组，分别由工业和信息化部、发展改革委、监察部、财政部、安全监管总局、能源局司局级负责同志带队，主要考核各地2011年淘汰落后产能目标任务完成情况和政策措施落实情况。2012 年6 月，工业和信息化部下达了关于19 个工业行业淘汰落后产能目标任务，并公布了第一批淘汰落后产能的企业名单，要求各地及时将目标任务分解到市、县，落实到企业。2012年计划淘汰炼铁1000万吨、炼钢780万吨、铁合金289万吨、电解铝27万吨、水泥21900万吨，公告企业名单。经考核，2012 年共淘汰炼铁落后产能1078 万吨、炼钢937 万吨、焦炭2493 万吨、水泥（熟料及磨机）25829 万吨、平板玻璃5856 万重量箱、造纸1057 万吨、印染32.6 亿米、铅蓄电池2971 万千伏安时。列入名单的落后产能已基本关停，大部分落后产能已拆除。

2008到2012年5年累计，全国共淘汰落后炼铁产能1.17亿吨、炼钢产能7800万吨、水泥产能7.75亿吨；新增城市污水日处理能力4600万吨；单位国内生产总值能耗下降17.2%，化学需氧量、二氧化硫排放总量分别下降15.7%和17.5%。江苏超额完成2012年度淘汰落后产能目标任务，全省实现节能40.3万吨，减排COD1.5万吨、二氧化硫2.63万吨、氮氧化物2.31万吨。通过淘汰落后产能，对提升产业层次、推进节能减排效果明显。工信部透露，除争取提前一年完成“十二五”淘汰落后产能目标计划外，2013年还要落实产能等量或减量置换制度，控制新上项目无序扩张，同时安排好、使用好中央财政奖励资金，更好地发挥对淘汰落后产能的引导作用。陕西省以内涵式发展为重点，以污染减排为倒逼手段，全力促进产业结构调整，淘汰落后产能。2012年，陕西省超额完成年度落后产能淘汰任务，淘汰水泥325万吨、焦化30万吨、电石3万吨、铁合金5.25万吨、印染3570万米。陕西省环保部门还以1．27亿元回购关闭渭河流域6家造纸企业，减排二氧化硫3228.59吨、氮氧化物557.73吨、化学需氧量8834.66吨、氨氮216.76吨。陕西还积极优化产业布局，努力推进产业升级。重点建设陕北大型煤炭示范、现代煤化工综合利用等“十大基地”，榆神煤化学工业区、渭南煤化工园区等“十大园区”，陕南三市循环经济产业体系初具规模。2012年，海南省继续实施大力度的差别电价政策，实际完成淘汰水泥粉磨能力61万吨、立窑水泥能力8万吨。对照国家淘汰落后产能政策和有关技术标准，至2012年全省已基本淘汰了全部落后产能。

2013 年10 月，国务院印发《关于化解产能严重过剩矛盾的指导意见》，提出了尊重规律、分业施策、多管齐下、标本兼治的总原则，并根据行业特点，分别提出了钢铁、水泥、电解铝、平板玻璃、船舶等行业分业施策意见，确定了当前化解产能过剩矛盾的8 项主要任务。与此同时，进一步落实《关于印发淘汰落后产能工作考核实施方案的通知》，完善落后产能退出机制，鼓励各地区制定更严格的能耗和排放标准，加大淘汰落后产能力度。

四、大力扶持战略性新兴产业发展

国务院印发了《“十二五”国家战略性新兴产业发展规划》，明确我国节能环保产业、新一代信息技术产业、生物产业、高端装备制造业、新能源产业、新材料产业、新能源汽车产业等七大类战略性新兴产业发展路线图。国家发展改革委牵头制定了重点工作分工方案，细化明确国务院各部门的具体任务；加快建立战略性新兴产业统计体系，组织战略性新兴产业试测算工作，研究起草《战略性新兴产业重点产品和服务分类目录》；进一步加大对重大项目建设的支持力度，组织实施了一批重大产业工程和重点专项，设立了战略性新兴产业发展专项资金；积极推动新兴产业创投计划，新兴产业创投计划支持创投基金已达102只，总规模近290亿元，其中主要投资于节能环保和新能源领域的基金有24只，规模超过70亿元。

五、逐步淘汰白炽灯

2011年11月1日，国家发展改革委、商务部、海关总署、国家工商总局、国家质检总局联合印发《关于逐步禁止进口和销售普通照明白炽灯的公告》，决定从2012年10月1日起，按照功率大小分阶段逐步禁止进口和销售普通照明白炽灯。

国家发改委强调，中国照明用电约占全社会用电量的12%左右，采用高效照明产品替代白炽灯，节能减排潜力巨大。逐步淘汰白炽灯，对于促进中国照明电器行业结构优化升级、推动实现“十二五”节能减排目标任务、积极应对全球气候变化具有重要意义。从现在到明年的9月30日为过渡期，2012年10月1日首先是100瓦及以上普通照明白炽灯进入淘汰期，两年后60瓦及以上普通照明白炽灯将禁止进口和销售，此后2015年10月1日至2016年9月30日为中期评估期，2016年10月1日15瓦及以上普通照明白炽灯停售。

通过实施逐步淘汰白炽灯路线图，将有力促进中国照明电器行业健康发展，取得良好的节能减排效果，预计可新增照明电器行业产值约80亿元人民币、新增就业岗位约1.5万个，形成年节电480亿千瓦时、年减少二氧化碳排放4800万吨的能力。中国发布逐步淘汰白炽灯路线图，再次表明中国政府深入开展绿色照明工程、大力推进节能减排、积极应对全球气候变化的坚强决心和采取的积极行动，将会对中国乃至全球淘汰白炽灯进程产生重要而深远的影响。

六、继续开展资源节约型环境友好型企业创建试点和工业固体废弃物综合利用基地建设试点、机电产品再制造等试点

2012年2月13日，工业和信息化部、财政部科学技术部批复资源节约型环境友好型企业创建试点方案（工信部联节〔2012〕78号），要求试点企业要按照科学发展观要求，结合地区和行业发展规划以及企业实际情况，认真抓好试点实施方案的组织实施，确保试点工作取得实效。要切实加强领导，健全试点工作组织管理体系。对方案提出的目标、任务、重点工程逐一分解落实到具体承办单位和人员，积极落实试点工作需要的科研和建设资金等建设条件。各试点企业应于每年6月底和12月底前分别将上半年和年度试点工作进展情况通过地方工业和信息化主管部门或中央企业集团报工业和信息化部。

3月22日，工业和信息化部发出《关于印发工业循环经济重大示范工程（第一批）的通知》（工信厅节[2012]62号），称：为推动工业领域循环经济发展，加快形成资源循环利用产业模式，工信部于2011年组织开展了工业循环经济重大示范工程推荐申报工作。经对各地区报来的备选示范工程进行评审和论证，我部确定了第一批23项工业循环经济重大示范工程，现印发你们供参考借鉴，并请有关地方工业主管部门定期向我部报告相关示范工程建设进展情况。

2013年工业领域继续推进节能减排，着力绿色发展。3月21日工业和信息化部关于印发《2013年工业节能与绿色发展专项行动实施方案》的通知（工信部节[2013]95号），强调贯彻落实党的十八大精神，实现“十二五”规划任务，要求加快推进工业节能降耗，加快实施清洁生产，加快资源循环利用，促进工业向节约、清洁、低碳、高效生产方式转变，推动工业转型升级；以电机能效提升、涉铅行业绿色发展为抓手，组织动员全系统力量实施节能与绿色发展专项行动，细化实施方案，明确目标任务，加强政策引导，强化标准约束，开展监督检查，全面提升电机能效水平、促进电机产业升级，促进铅酸蓄电池、再生铅等涉铅行业规范发展，提高污染防治水平，推动行业绿色低碳转型。一是力争推广、淘汰和节能改造电机及电机系统1亿千瓦，扩大高效电机市场份额，促进电机产品升级换代和产业升级，提高电机能效水平，实现全国工业用电节约1%（300亿度左右）。二是通过加强行业准入管理，扭转行业分散、混乱局面，提高原生铅冶炼、铅酸蓄电池生产和再生铅产业集中度，促进产业组织结构优化调整，加快实现铅酸蓄电池规范生产、有序回收、合理再生利用；探索铅酸蓄电池生产者责任延伸制度实施机制，建设一批铅再生循环利用示范工程，铅再生循环利用比重提高到40%，加快形成全国铅资源循环利用体系。

交通运输领域节能减排

2012年，交通运输行业深入贯彻落实科学发展观，全面贯彻落实党中央、国务院节能减排工作战略部署，将交通运输节能减排作为加快推进交通运输现代化、加快转变交通运输发展方式的重要抓手，统筹规划，重点推进，加强领导，明确责任，积极创新，广泛宣传，大力推进低碳交通运输体系建设，持续开展交通运输节能减排试点示范活动，充分发挥各方面、各层次节能减排政策叠加优势，不断提高行业节能减排监管能力和服务水平，交通运输节能减排工作取得了明显成效。

据测算，2012年，交通运输行业节能420万吨标准煤，减排917万吨CO2，其中公路运输节能284万吨标准煤，减排616万吨CO2；水路运输节能128万吨标准煤，减排288万吨CO2；港口节能约8万吨标准煤，减排13万吨CO2。与2011年相比，营运车辆单位运输周转量能耗下降0.8%，营运船舶单位运输周转量能耗下降2.3%，港口综合单耗下降2.2%。

一、强化政府主导，全面落实节能减排工作部署

充分发挥政府在推进节能减排工作中的主导作用，不断加强组织力度，持续提升管理效能，统筹安排重点工作，坚决落实目标责任，全面部署交通运输节能减排工作。一是先后三次召开部节能减排工作领导小组会议，研究讨论落实国务院节能减排工作部署的部内分工方案、低碳交通运输体系建设城市试点等行业节能减排工作重大问题，安排推进2012年度行业节能减排重点工作。二是发布了《关于公路水路交通运输行业落实国务院“十二五”节能减排综合性工作方案的实施意见》和《关于贯彻落实公路水路交通运输行业落实国务院“十二五”节能减排综合性工作方案的实施意见的部门分工方案的通知》，将国务院对交通运输行业“十二五”期节能减排工作的要求落到实处，明确了部门责任，加大了推进力度。三是，制定了《交通运输行业应对气候变化行动方案》和《交通运输行业“十二五”控制温室气体排放工作方案》，统筹安排交通运输行业“十二五”期控制温室气体排放和应对气候变化重点工作。

按照全国交通运输工作会议精神，各级交通运输主管部门和企事业单位认真贯彻落实行业节能减排工作部署，结合实际，因地制宜，大力推进交通运输节能减排，初步形成了政府部门发挥主导作用，企事业单位积极行动，全员广泛参与，全行业共同推进的有效工作机制和良好局面。

二、突出试点先行，着力推进低碳交通运输体系建设

新时期交通运输发展和“十二五”发展规划提出了建设现代交通运输体系的总目标，明确了深入推进低碳交通运输体系建设，加快交通运输低碳发展步伐是交通运输节能减排工作的重点任务。一是继续指导天津等第一批10个低碳交通运输体系建设试点城市落实试点实施方案，按计划推进试点项目实施，组织开展经验总结交流，不断积累交通运输低碳发展实践经验。二是进一步选定北京、昆明、西安、宁波、广州、沈阳、哈尔滨、淮安、烟台、海口、成都、青岛、株洲、蚌埠、十堰、济源等16个城市作为第二批试点城市，完成了实施方案的评审、调整和批复。启动了26 个甩挂运输试点项目、40 个甩挂运输场站建设，推进以天然气为燃料的内河运输船舶试点，开展原油码头油气回收试点。三是出台了《关于加强城市步行和自行车交通系统建设的指导意见》，通过城市步行和自行车交通系统示范项目，引导各地加强城市步行和自行车交通建设。四是协同科技部在全国25 个试点城市组织开展“十城千辆”节能新能源汽车示范推广应用工程。五是，继续深化低碳交通运输体系研究。取得了“交通运输行业碳排放统计监测及低碳政策研究”的初步成果，论证确定开展低碳交通运输体系建设、低碳交通城市、低碳港口、低碳港口航道建设、低碳公路建设等评价指标体系研究。

三、完善政策措施，持续加大重点领域支持力度

进一步调整优化交通运输节能减排重点支持领域，创新交通运输节能减排项目管理模式，不断加大对交通运输节能减排重点领域的政策支持力度。一是研究确定了交通运输节能减排优先支持范围和领域，完善了交通运输节

能减排专项资金支持项目的激励机制，研究制定了专项资金绩效调查方案并组织开展了初步调查。二是组织开展了2012年度专项资金支持项目申请和审核工作，部财务司加大专项资金支持，对两批280个项目给予“以奖代补”，资金额为42965万元，所形成的年节能量为15.8万吨标准煤，替代燃料26.2万吨标准油，减少二氧化碳排放69.9万吨。三是组织开展了“营运船舶和施工船舶节能技术应用”类项目的第三方审核，认定了23家交通运输节能减排第三方审核机构。四是评审并批复实施了南昌市“低碳交通城市”区域性项目管理试点和连云港港“低碳港口”主题性项目管理试点。五是提出了交通运输节能减排统计监测考核、低碳交通运输体系评价指标、交通运输行业二氧化碳排放预测及减排政策等3个方面15项交通运输节能减排能力建设项目，2012年对其中9个项目予以了支持。六是进一步加强了交通运输节能减排项目管理制度建设，发布了《交通运输节能减排第三方审核机构认定暂行办法》、《交通运输节能减排专项资金支持区域性、主题性项目实施细则（试行）》、《交通运输节能减排能力建设项目管理办法（试行）》等配套文件。

四、深化千企低碳交通运输专项行动，充分发挥交通企业主体作用

两年来，“车、船、路、港”千家企业低碳交通运输专项行动在增强企业节能减排意识，提高企业节能减排水平，发挥先进企业在行业节能减排工作中的示范效应等方面，发挥了重要作用，企业在节能减排工作中的主体地位得到强化，专项行动取得阶段性成效。2012年，专项行动得到继续深化：一是在营运车辆方面：继续严格实行营运车辆燃料消耗量准入制度；甩挂运输试点工作取得明显进展；联合中国海员建设工会全国委员会在全国道路客运行业共同开展了节能减排达标竞赛活动。二是在营运船舶方面：发布了《关于内河运输船舶标准船型指标体系的公告》；发布了营运船舶燃料消耗量和CO2排放限值标准，要求新建船舶须满足标准要求，并配有能效管理手册；继续推进以天然气为燃料的内河运输船舶试点；继续推广内河船舶免停靠报港信息服务系统、靠港船舶使用岸电技术应用。三是在公路方面：进一步推进ETC联网工程，截至2012年底，全国已开通ETC省份达24个，建成ETC专用车道3708条，ETC用户460万；部公路局组织开展高速公路运营节能技术应用示范工程，推进路面材料再生利用技术和可再生能源的应用。四是在港口方面：继续推进轮胎式集装箱门式起重机“油改电”技术和港口机械节能运行控制技术应用，采用信息化技术优化港口组织调度，开展原油码头油气回收试点等。

五、实施政策引导，牢牢把握重点工作关键环节

继续加强政策引导，突出抓好交通运输节能减排关键环节，着力推进部确定的年度重点工作任务，取得了明显成效：一是继续严格实施营运车辆燃料消耗量限值标准。截至2012年底，部累计发布21批达标车型，发布达标车型近2万个。2012年全国新进入营运市场的达标车辆共276万辆，节约燃油156万吨，减少二氧化碳排放504万吨。二是继续严格实施客运运力调控政策。对于年平均实载率低于70%的县际以上客运班线，一律不新增运力。对一类客运班线、与高速铁路和城际轨道交通平行的客运班线，原则上不审批新增运力。对与现有班线重复里程在70%以上的二类以上客运班线，继续严格控制新增班线和运力。开展了道路客运实载率调查与测算技术规范研究，形成了《道路客运实载率调查与测算技术规范》。三是继续加大公路甩挂运输试点工作推进力度。部道路运输司积极推进运输管理组织化，扩大试点示范。截至2012年底，全国首批实施的26个试点项目、40个甩挂运输场站已经全部动工，通过试点，甩挂运输模式单位运输周转量能耗下降了15%-20%。在首批试点的基础上，2012年我部联合财政部、国家发改委启动了第二批甩挂运输试点工作，共确定69个项目纳入试点，遴选、发布第二批甩挂运输推荐车型，试点效益初步显现。四是继续完善交通运输能耗统计监测工作，推进普通营运货车和内河船舶能源利用状况远程监测。优化扩充了能耗监测重点企业范围，逐步将36个中心城市的重点公交企业纳入监测范围。组织开展了普通营运货车及长江流域内河船舶能耗统计监测状况调研，组织开发了普通营运货车和内河船舶能耗远程监测设备。五是继续推进天然气汽车在交通运输领域的应用。组织召开了城际客货运输推广天然气汽车试点工作座谈会，批复同意在江苏、山东、山西汽车运输集团有限公司、广东省汽车运输集团有限公司开展天然气汽车应用试点。六是深入开展绿色汽车维修工程。部道路运输司大力推广江苏等地绿色汽车维修工作经验，组织开展绿色维修技术体系研究，组织中国汽车维修行业协会筹备举办绿色汽车维修工作论坛。七是在出租汽车行业开展服务管理信息系统试点工程，推动电话预约服务模式。在北京、重庆等15个城市，开展了第一批城市出租汽车服务管理系统试点工程，覆盖出租汽车20.5万辆，占全国16.6%。八是加大对以天然气为动力的船舶试点工作的支持力度。部海事局积极探索LNG作为动力燃料，启动研究项目，扩大研究范围，核准我国第一艘LNG燃料动力船舶——长航凤凰重庆货运公司所属的”长迅3”船舶进行试点运营。九是加快水运结构调整，部水运局结合“铁水联运”、“船型标准化”、“水运结构调整”等行业专项行动，开展“北江大宗货物低碳运输”、“优化水运用能结构，建设现代绿色物流链”等试点示范项目。九是着力强化节能减排监督管理。要把交通能源消耗纳入交通发展评价体系，建立相应的目标体系、考核办法、奖惩机制。要有效运用激励政策，充分发挥市场机制的作用，多措并举，推进交通运输结构性、管理性、技术性节能减排。

六、鼓励技术创新，不断提升典型示范引领作用

鼓励交通运输节能减排技术创新和应用，通过典型示范活动，宣传推广成熟的节能减排技术和产品，推动交通运输技术性节能减排。一是发布了“隧道照明综合节能技术应用”等20个交通运输行业第五批节能减排示范项目，在2012年全国节能宣传周期间对第五批节能减排示范项目进行了授牌。二是组织开展了“十二五”期第二批全国重点推广公路水路交通运输节能产品（技术）的推选工作。三是配合国家发展和改革委，继续组织推进隧道半导体照明产品应用示范工程，加强指导和监督，推进示范工程稳步实施。四是加强基础性、战略性、前瞻性节能减排重大科研课题的推进和成果转化，组织实施一批重点科技支撑项目。不断深化交通运输节能减排科技专项行动，力争在甩挂运输和ETC等方面实现重点突破。要广泛开展节能减排科技示范工程，大力推广成熟的具有节能减排效果和推广应用价值的新材料、新技术、新产品、新工艺。

七、开展科技攻关，继续强化持续发展能力建设

继续加大对交通运输节能减排研究工作的支持力度，针对制约行业节能减排工作的关键环节，组织开展了具有前瞻性、战略性和基础性的政策研究和技术研发，不断夯实行业节能减排能力基础。一是继续推进“公路甩挂运输关键技术与示范”等部重大科技专项，启动了“公路交通运输节能减排法律法规制度体系研究”等部软科学研究项目，有序推进全球环境基金项目“缓解大城市拥堵、减少碳排放项目”。二是深入推进节能减排科技示范工程，部科技司组织实施了云南昆龙高速运营节能科技示范工程等节能减排示范工程，城市智能交通和长三角航道网及京杭运河水系智能航运服务国家物联网应用示范工程。三是组织开展了2012年交通运输建设科技成果推广目录发布工作，部科技司启动实施了“低碳环保技术在农村公路建设中的推广应用”等部科技成果推广计划项目。四是，组织开展了“交通运输行业能源消耗与碳排放统计监测体系”、“低碳交通城市评价指标体系”、“公路运输温室气体（CO2）排放影响、排放峰值与减排目标、路径研究”等交通运输节能减排能力建设项目。五是，继续推进节能减排标准规范的制修订工作，发布了《码头船舶岸电设施建设技术规范》、《港口船舶岸基供电系统技术条件》、《营运船舶燃料消耗限值及检测方法》等行业标准，开展了《水运工程建设项目节能评价规范》、《集装箱堆场装卸设备供电设施技术规范》等规范的编制工作和《天然气汽车替代燃料量评价方法研究》等标准研究项目。

八、组织专题研究，积极参与气候变化谈判工作

组织开展交通运输行业应对气候变化工作相关研究，深入分析探讨交通运输行业减缓和适应气候变化的基本路径，积极参与气候变化谈判工作，增加行业话语权，有效维护了行业发展利益和国家气候变化谈判整体利益。一是参与国家发展和改革委“中国低碳发展宏观战略研究”，组织有关单位承担“中国交通低碳发展战略研究”分课题，探索研究交通运输低碳发展途径，为国家和行业制定交通运输低碳发展政策提供决策支持。二是参与政府间气候变化专门委员会（IPCC）第五次评估报告的政府评审工作，对第一工作组报告进行研究讨论，提出了部门评审意见。三是继续组织开展国际海运温室气体减排市场机制等研究，结合最新谈判进展和研究结果，提出了下一步工作安排和谈判对策。四是组团出席了国际海事组织（IMO）第63、64届海上环境保护委员会会议，参与国际海运温室气体减排谈判，向IMO单独或联合其他国家共同提交了6份政策和技术提案，五是，组织派员出席了《联合国气候变化框架公约》（UNFCCC）多哈会议、曼谷会议和波恩会议，积极参与和引导谈判进程。六是，派员参加德国交通建设和城市规划部在柏林举行的第二届“中德绿色物流会议”，进一步加强了交通运输低碳发展国际交流与合作。

九、重视宣传交流，广泛宣传交通运输低碳理念

组织开展了形式多样、效果明显的交通运输节能减排宣传交流活动，广泛传播交通运输低碳发展理念，宣传推广先进成熟的节能减排技术和产品，为深入推进交通运输节能减排工作营造了良好的外部环境。一是与国家发展改革委等部门联合组织开展了2012年全国节能宣传周活动。部机关组织了公共自行车启动仪式、低碳体验日等宣传活动。地方各级交通运输主管部门也围绕节能宣传周主题，组织开展了各具特色的宣传活动，取得了良好效果。二是在光明日报、经济日报、中国交通报等媒体大力宣传交通运输节能减排经验和成效。三是举办了交通运输节能减排与低碳交通运输体系建设试点工作培训班，深入宣传国家和行业节能减排政策。四是举办了“2012中国交通发展论坛”低碳交通分论坛和“2012中国节能与低碳发展论坛”交通节能分论坛。五是，出版了《2011中国交通运输节能减排与低碳发展报告》。

十、做好机关节能，切实体现公共机构表率作用

部机关服务中心分解了年度节能减排指标，注重日常管理，制定和采取了切实有效的节能措施，效果比较明显。部印发了《关于进一步做好2012年部属各单位公共机构节能工作的通知》，分解落实节能减排目标，加强部属单位公共机构节能监督、指导和能耗数据统计。按季分月统计公示部机关及部属单位的用电、用水量等能耗数据，2012年前三季度，部机关用油量同比下降8.16%，用电量同比下降3.11%，预计顺利完成国管局制定的2012年节能指标。积极与国管局沟通协调，在部分部属单位继续推广财政补贴高效照明产品。

在总结成绩的同时，也要认识到，交通运输节能减排工作面临的形势依然严峻，交通运输结构性节能减排的潜力尚未充分发挥，科技创新对节能减排的支撑力度还需加强，节能减排统计监测考核体系还有待健全，低碳交通运输体系建设任重道远。为此，全行业要继续提高认识，加强领导，积极谋划，重点突破，持续深入推进交通运输节能减排，加大力度建设低碳交通运输体系，为促进交通运输科学发展，实现国家和行业“十二五”节能减排目标奠定坚实基础。

建筑产业节能减排

按照国务院有关规划、方案明确的指导思想、原则和目标建筑任务，住房和城乡建设部协同有关部委，进一步加强组织领导，制定规划，落实政策措施，强化技术支撑，加强监督管理，推动各项节能减排工作，并取得了积极成效。

一、概况

（一）颁发和实施规划。国务院办公厅转发了国家发展改革委、住房城乡建设部联合编制的绿色建筑行动方案，住房城乡建设部发布了《关于落实<国务院关于印发“十二五”节能减排综合性工作方案的通知>的实施方案》和《关于加快推动我国绿色建筑发展的实施意见》；制定了《国家节水型城市考核标准和考核办法》，促进城市节水与源头减排。2012年 5月9日住房和城乡建设部发出的《关于印发“十二五”建筑节能专项规划的通知》，要求认真执行。各级住房城乡建设部门，要高度重视《规划》的贯彻执行工作。要加大宣传力度，加强组织领导，密切结合本地区、本部门实际，建立监督检查机制，确保建筑节能和绿色建筑工作扎实推进，取得实效。5月24日，科技部发出《关于印发“十二五”绿色建筑科技发展专项规划的通知》（国科发计〔2012〕692号），称：为进一步贯彻落实《国家中长期科学和技术发展规划纲要（2006-2020年）》，指导“十二五”绿色建筑产业科技发展，科技部组织编制了《“十二五”绿色建筑科技发展专项规划》。

（二）强化标准

在住房城乡建设领域的工程建设标准化工作中，主要围绕节能建筑与绿色建筑设计、检测评价、施工验收，既有建筑的节能改造，建筑能效测评与监控，暖通空调与供热系统节能、新能源应用等领域，开展了相关标准的制修订工作。截至目前，在上述领域已发布实施的工程建设标准共计56项，其中2012年至2013年上半年批准发布了《民用建筑太阳能空调工程技术规范》、《光伏建筑一体化系统运行与维护规范》、《被动式太阳能建筑技术规范》、《可再生能源建筑应用工程评价标准》、《建筑能效标识技术标准》、《城镇供热系统节能技术规范》等10项标准，尚有33项相关标准正在制修订过程中。

切实抓好新建建筑标准工作。《绿色建筑行动方案》从科学规划城乡建设、发展城镇绿色建筑、建设绿色农房、落实建筑节能强制性标准4个方面提出了任务。按照现有绿色建筑评价标准，绿色建筑分为一星、二星和三星3个级别。《方案》提到的绿色建筑指达到一星级及以上的建筑。据测算，一星级绿色建筑每平方米约需新增成本50元左右，占建设总成本的比例很低。《方案》提出，政府投资建筑，直辖市、计划单列市及省会城市的保障性住房，以及单体面积超过2万平方米的大型公共建筑，自2014年起要全面执行绿色建筑标准。2015年城镇新建建筑中绿色建筑的比例达到20%的目标。

（三）督促检查

2012年12月7日至26日，住房和城乡建设部组织了对全国建筑节能工作的检查。此次检查范围涵盖了除西藏自治区外的30个省（区、市）及新疆生产建设兵团，其中包括5个计划单列市、26个省会（自治区首府）城市、26个地级城市以及26个县（市）；共抽查了936个工程建设项目的建筑节能施工图设计文件及施工现场，并对检查中发现的问题下发了58份执法建议书。住房城乡建设部制定了《国家节水型城市考核标准和考核办法》，促进城市节水与源头减排。

二、主要成效

在新建建筑执行节能强制性标准方面，2012年全国城镇新建建筑执行节能强制性标准基本达到100%，新增节能建筑面积10.8亿平方米，可形成1000万吨标准煤的节能能力。全国城镇累计建成节能建筑面积69亿平方米，共形成6500万吨标准煤节能能力。

在既有居住建筑节能改造方面，截至2012年年底，北方地区既有居住建筑供热计量及节能改造5.9 亿平方米，形成年节能能力约400 万吨标准煤，相当于少排放二氧化碳约1000 万吨。北京、天津、内蒙古、吉林、山东5个与财政部、住房城乡建设部签约的重点省（区、市）共计完成改造面积8969万平方米。夏热冬冷地区既有居住建筑节能改造工作已经启动，共安排改造计划1200万平方米，上海、江苏、浙江、安徽、湖南、贵州等省市改造工作进展情况较好，部分项目已经改造完成。

在节能强制性标准方面，全国城镇新建建筑执行节能强制性标准基本达到100%，累计建成节能建筑面积69 亿平方米，形成年节能能力约6500 万吨标准煤，相当于少排放二氧化碳约1.5 亿吨。

在公共建筑节能监管体系建设方面，截至2012年年底，全国累计完成公共建筑能耗统计4万余栋、能源审计9675栋、能耗公示8342栋建筑，对3860余栋建筑进行了能耗动态监测。山西、辽宁、吉林、安徽、河南、湖北6省被确定为第五批能耗动态监测平台建设试点，上海市被确定为第二批公共建筑节能改造重点城市。中国地质大学（北京）、华侨大学等77所高等院校被确定为节约型校园建设试点，中共中央党校、清华大学等14所高校被确定为节能综合改造示范。

在可再生能源建筑应用方面，截至2012年年底，全国城镇太阳能光热应用面积24.6亿平方米，浅层地能应用面积3亿平方米，光电建筑已建成及正在建设装机容量达到1079兆瓦。全国有21个城市、52个县、3个区、10个镇被确定为可再生能源建筑应用示范市（县、区、镇），山东、江苏启动了两个可再生能源建筑应用集中连片示范区，江苏、青海、新疆等8个省（区）被确定为太阳能光热建筑应用综合示范省。

在绿色建筑与绿色生态城区建设方面，截至2012年年底，全国共有742个项目获得绿色建筑评价标识、建筑面积7543万平方米，其中2012年当年有389个项目获得绿色建筑评价标识、建筑面积达到4094万平方米。上海、江苏、深圳等省市在保障性住房建设中，全面强制推广绿色建筑。天津市中新生态城、河北省唐山市唐山湾新城、江苏省无锡市太湖新城、湖南省长沙市梅溪湖新城、重庆市悦来生态城、贵州省贵阳市中天未来方舟生态城、云南省昆明市呈贡新区、深圳市光明新区等被确定为首批绿色生态城区示范。

园林城市建设是高层次，强调生态、环保、低碳和节约的可持续发展模式。2013年5月18日，第九届中国（北京）国际园林博览会"生态文明·美丽中国"高层论坛暨国家园林城市（县城、城镇）、中国人居环境奖授牌仪式在北京举办。住房城乡建设部为近3年被命名的39个国家园林城市、36个国家园林县城、7个国家园林城镇及获中国人居环境奖的10个城市授牌。

全国绿色建筑创新奖设3个等级，每两年评选一次。奖励对象为，在住房城乡建设领域节约资源、保护环境、推进绿色建筑发展方面具有创新性和明显示范作用的工程项目以及在绿色建筑技术研究开发和推广应用方面作出重要贡献的单位和个人。住房城乡建设部2013年6月通报， 42个项目获2013年度全国绿色建筑创新奖，上海崇明陈家镇生态办公示范建筑等7个项目获2013年度全国绿色建筑创新奖一等奖，深圳南山区丽湖中学建设工程等20个项目获二等奖，天津万科锦庐园等15个项目获三等奖。

三、今后目标任务

国家发展和改革委、住房和城乡建设部制订的《绿色建筑行动方案》2013年4月出台。《规划》提出具体目标："十二五"时期，将选择100个城市新建区域（规划新区、经济技术开发区、高新技术产业开发区、生态工业示范园区等）按照绿色生态城区标准规划、建设和运行。2014年起，政府投资的党政机关、学校、医院、博物馆、科技馆、体育馆等建筑，直辖市、计划单列市及省会城市建设的保障性住房，以及单体建筑面积超过两万平方米的机场、车站、宾馆、饭店、商场、写字楼等大型公共建筑，将率先执行绿色建筑标准。同时，将引导商业房地产开发项目执行绿色建筑标准，鼓励房地产开发企业建设绿色住宅小区，2015年起直辖市及东部沿海省市城镇的新建房地产项目力争50%以上达到绿色建筑标准。此外，将完成北方采暖地区既有居住建筑供热计量和节能改造4亿平方米以上，夏热冬冷和夏热冬暖地区既有居住建筑节能改造5000万平方米，公共建筑节能改造6000万平方米；结合农村危房改造实施农村节能示范住宅40万套。《规划》明确，到"十二五"期末，绿色发展的理念为社会普遍接受，推动绿色建筑和绿色生态城区发展的经济激励机制基本形成，技术标准体系逐步完善，创新研发能力不断提高，产业规模初步形成，示范带动作用明显，基本实现城乡建设模式的科学转型。新建绿色建筑10亿平方米，建设一批绿色生态城区、绿色农房，引导农村建筑按绿色建筑的原则进行设计和建造。在确定发展目标的同时，《规划》提出了"十二五"时期推进绿色建筑和绿色生态城区发展的指导思想、发展战略、实施路径以及重点任务。为确保上述目标实现，《规划》还明确提出了一系列保障措施。

据此，住建部拟从7个方面着力推进下一步建筑节能工作。

全面推进绿色建筑行动。做好首批8个绿色生态城区组织实施工作；启动第二批绿色生态城区示范工作；发布绿色生态城区规划编制办法及指标体系；加大绿色建筑评价标识推广力度，强化标识质量审查及备案管理；启动高星级绿色建筑财政奖励工作；引导保障性住房等公益性建筑强制推广绿色建筑评价标识；逐步增强绿色建筑专家委员会、设计咨询、第三方评价等市场服务能力。

稳步提升新建建筑节能质量及水平。总结北京、天津经验，督促指导有条件的地区率先执行更高水平的节能标准；着力抓好新建建筑在施工阶段执行标准的监管工作；进一步规范建筑节能施工图审查、设计及计算模拟软件、材料产品性能检测等行为；全面推行民用建筑规划阶段节能审查、节能评估、民用建筑节能信息公示、能效测评标识等制度；加快新建建筑节能管理体制建设，增强市县的监管能力和执行法律法规及标准规范的能力。

深入推进既有居住建筑节能改造。继续加大北方采暖地区既有居住建筑供热计量及节能改造实施力度，力争

2013年完成改造面积1.9亿平方米以上；强化节能改造工程设计、施工、选材、验收等环节的质量控制；总结地方实践经验，修订改造技术导则及验收办法；督促完成节能改造的既有居住建筑全部实行供热计量收费；切实加强建筑保温工程施工的防火安全管理；力争完成夏热冬冷地区既有居住建筑节能改造面积1200万平方米以上，下达改造计划指标1500万平方米以上；选择有工作基础、积极性高、配套政策落实的城市，实行规模化改造试点。

加大公共建筑节能管理力度。进一步扩大省级公共建筑能耗动态监测平台建设范围，力争到2015年，建设完成覆盖全国的公共建筑能耗动态监测体系；推动公益性行业公共建筑节能管理，开展“节约型校园”、“节约型医院”创建工作；启动第三批公共建筑节能改造重点城市节能改造工作；推动高等学校校园建筑节能改造示范；指导各地分类制订公共建筑能耗限额标准并建立基于限额的公共建筑节能管理制度；加快推行合同能源管理、能效交易等节能新机制。

实现可再生能源在建筑领域规模化高水平应用。实施可再生能源建筑应用的省级推广，做好中央财政资金按因素法分配工作；选择有条件区域打造集中连片推广示范区；推动已批准的可再生能源建筑应用示范市县进一步挖掘推广潜力；加快示范市县的验收进度；加大“太阳能屋顶计划”实施力度，调整光伏建筑一体化示范项目支持政策，扩大自发自用光伏建筑应用规模；推动资源条件具备的省（区、市）针对成熟的可再生能源应用技术尽快制订强制性推广政策；加快研究制订不同类型可再生能源建筑应用技术在设计、施工、能效检测等各环节的工程建设标准。

加强建筑节能相关支撑能力建设。指导各地住房城乡建设主管部门加强建筑节能管理能力建设，完善管理机构，充实人员。加快完善建筑节能标准体系，针对不同建筑类型、不同建设环节，制订修订绿色建筑、新建建筑、既有建筑节能改造、可再生能源建筑应用等相关标准。加强建筑节能科技创新，组织建筑节能与绿色建筑共性关键技术科技项目的立项和实施。加快国家建筑节能与绿色建筑工程技术中心、重点实验室等科研平台的建设，提高第三方评价机构的能力。

严格执行建筑节能目标责任考核。进一步建立完善建筑节能统计、监测、考核体系建设。组织开展建筑节能专项检查，对国务院明确的建筑节能、供热计量改革等工作任务的落实情况进行专项核查，严肃查处各类违法违规行为和事件。组织中央财政资金使用情况专项核查，重点核查北方采暖地区既有居住建筑供热计量及节能改造、可再生能源建筑应用示范、太阳能光电建筑应用示范项目的进展情况及中央财政资金使用安全及效益情况。

电力行业节能减排

党的十八大报告强调，“推动能源生产和消费革命，控制能源消费总量，加强节能降耗，支持节能低碳产业和新能源、可再生能源发展，确保国家能源安全”。通过发展新能源，改善我国的能源消费结构，降低对煤炭、石油等高排放化石的比重，对于节能减排就具有特别重要的意义。2012年电力行业努力加大新能源、可再生能源的规模，推动传统能源清洁高效利用，对节能减排取得了显著成效。

一、可再生能源发电装机和发电量稳步上升

国家能源局组织制定了《可再生能源发展“十二五”规划》和水电、风电、太阳能、生物质能四个专题规划，提出了到2015年中国可再生能源发展的总体目标、主要措施等。组织实施了108个绿色能源示范县、35个可再生能源建筑规模化应用示范城市及97个示范县建设试点，组织开展风电、太阳能、生物质能、页岩气等专项规划和上海等五个城市电动汽车充电设施发展规划等专项规划的制定；2011年发布372项能源行业标准，下达633项制(修)订计划，涵盖了包括核电、新能源和可再生能源在内的主要能源领域；筹建生物燃料行业标准化管理体系，加快生物燃料产能建设。2011年，全部非化石能源利用量约为2.83亿吨，在能源消费总量中占8.1%；全国非化石能源发电装机占全部发电装机的比例达到27.7%，非化石能源比例较2005年提高3.4个百分点。2011年，水电装机新增1400万千瓦，累计达到2.3亿千瓦，在建规模5500万千瓦，新开工装机规模1260万千瓦，发电量6626亿千瓦时；核电装机新增173万千瓦，发电量869亿千瓦时；风电并网容量新增1600万千瓦，居全球第一，并网风电发电量800亿千瓦时；太阳能光伏新增装机210万千瓦，累计装机达到300万千瓦；各类生物质发电装机600万千瓦，发电量300亿千瓦时；地热能发电装机2.42万千瓦，海洋能发电装机0.6万千瓦，地热、海洋能发电量1.46亿千瓦时。全国城镇太阳能光热建筑应用面积达21.5亿平方米，浅层地能建筑应用面积2.4亿平方米，已建成及正在建设的光电建筑应用装机容量达127万千瓦。

截止2012年底，全国全口径发电装机容量11.47 亿千瓦，同比增长7.9%。其中，水电2.49 亿千瓦，同比增长7.1%，居世界第一；核电1257万千瓦，与上年持平，在建规模居世界首位；并网风电容量6142万千瓦，同比增长32.9%，居世界第一；并网太阳能发电341 万千瓦，同比增长60.6%。全国水电、核电、风电和太阳能发电等非化石能源发电装机占全部发电装机的28.5%，比2005 年提高4.2 个百分点，发电量占全部上网电量的21.4%。

经过各方努力，截止2012 年底，中国一次能源消费总量为36.2 亿吨标准煤，其中，煤炭占一次能源消费总量比重为67.1%，比2011 年下降了1.3 个百分点；石油和天然气占一次能源消费总量的比重分别为18.9%和5.5%，比2011年分别提高0.3 和0.5 个百分点；非化石能源占一次能源消费总量的比重为9.1%，比2011年提高1.1 个百分点。

近10年来，我国非化石能源（可再生能源）呈现突飞猛进的增长，风电装机累计增长118倍，年均增长超过60%；太阳能光伏发电装机累计增长67倍，年均增长超过50%。

二、推进化石能源清洁利用

继续推动常规化石能源生产和利用方式的变革和清洁高效发展，2012 年10 月，国家发展改革委印发《天然气发展十二五规划》，提出到2015 年中国天然气供应能力达到1760 亿立方米左右，其中常规天然气约1385 亿立方米、煤制天然气约150-180 亿立方米、煤层气地面开发生产约160 亿立方米，城市和县城天然气用气人口数量约占总人口的18%。2012 年，国家发展改革委、能源局等部门联合发布《页岩气发展规划（2011-2015 年）》，财政部、能源局联合发布《关于出台页岩气开发利用补贴政策的通知》，安排专项财政资金支持页岩气开发。

在发布实施的《煤炭工业发展“十二五”规划》中，将大力发展洁净煤技术，促进煤炭高效清洁利用作为“十二五”煤炭工业发展的重点任务之一，加快高参数、大容量清洁燃煤机组、燃气电站建设，全国在运百万千瓦超超临界燃煤机组达到40台，数量居世界第一，30万千瓦及以上火电机组占全部火电机组容量的74.4%；进一步加大非常规能源开发力度，组织制定了《页岩气发展规划(2011- 2015年)》，提出到2015年基本完成全国页岩气资源潜力调查与评价，初步掌握页岩气资源潜力与分布，到2015年页岩气产量达65亿立方米的发展目标。组织制定了《煤层气(煤矿瓦斯)开发利用“十二五”规划》，提出2015年煤层气(煤矿瓦斯)产量达到300亿立方米，瓦斯发电装机容量超过285万千瓦，民用超过320万户，新增煤层气探明地质储量1万亿立方米的发展目标。

为加快推进和规范管理页岩气勘查开采，国土资源部发布了《关于加强页岩气资源勘查开采和监督管理有关工作的通知》。《通知》提出，要积极稳妥推进页岩气勘查开采，充分发挥市场配置资源的基础性作用，以机制创新为主线，以开放市场为核心，正确引导和充分调动社会各类投资主体、勘查单位和资源所在地的积极性，加快推进、规范管理页岩气勘查、开采活动，促进我国页岩气勘查开发快速、有序、健康发展。

2013 年9 月，国务院下发《大气污染防治行动计划》，进一步强化控制煤炭消费总量、加快清洁能源替代利用的目标和要求，大幅提升控制化石燃料消耗、发展清洁能源的工作力度。

三、技术改造与创新，优化资源配置

一是高效环保机组利用小时不断提升。2012年1-9月，河南、重庆、江西等19个省区60万千瓦及以上统调大容量常规燃煤机组的利用小时数高于30万千瓦及以下机组，其中，河南60万千瓦及以上统调大容量常规燃煤机组的利用小时数比30万千瓦及以下机组高536小时。淘汰落后产能工作力度持续加强，1-9月，华能、大唐、华电、国电和中电投等发电集团累计关停小火电机组174.2万千瓦，相当于节约标准煤179万吨。

二是加大资金投入，持续提高自主开发、创新节能减排新产品、新技术的能力，大力推进节能减排技术更新改造，有效降低了能耗指标。1-9月，全国6000千瓦及以上火电机组供电标准煤耗为325克/千瓦时，比2011年同期降低4克/千瓦时；国家电网公司综合线损率5.72%（不含趸售县），比2011年同期（同口径）降低0.1%；南方电网公司通过结合水火互济和电力辅助服务补偿机制等市场手段，优化电网运行方式等措施，加大水电等西电东送力度，总体节能降耗效果显著。

三是推进脱硫脱硝设施建设，减排设施投运率和污染物达标排放率持续提升。截至9月底，华能、大唐、华电、国电和中电投等集团公司已投运脱硫机组容量3.9亿千瓦，脱硫设施平均投运率达到98.97%，较2011年同期提高0.5个百分点；已投运脱硝机组容量9022万千瓦，同比增加41.1%。1-9月，华能、大唐、国电、中电投集团二氧化硫达标排放率在97.5%以上，华能、大唐、国电集团氮氧化物达标排放率在95.4%以上。

截止2012 年底，全国30 万千瓦及以上火电机组比例达到75.6%，比上年增加近1.2 个百分点；在运百万千瓦超超临界燃煤机组达到54 台，数量居世界第一；中国自主研发、自主设计、自主制造、自主设、自主运营的华能天津IGCC 电站示范工程于2012年12 月投产，标志着中国洁净煤发电技术取得了重大突破。

四、实施发电权交易

2012年，全国共有21个省份开展发电权交易，交易电量累计1097.48亿千瓦时，同比增加2.9%，折合节约标煤833.14万吨，减排二氧化硫21.49万吨，减排二氧化碳2166.68万吨。

五、推广合同能源管理

国家发展和改革委公布了第二、三批共1273家通过备案的节能服务公司名单。全国多个省、市、自治区相继出台合同能源管理项目专项扶持政策。合同能源管理涉及领域从以工业为主，发展到覆盖工业、建筑、交通和公共机构等多个领域。2011年，全国节能服务产业产值达到1250.26亿元，同比增长49.5%，节能服务公司共实施合同能源管理项目4000多个，投资额412亿元，同比增长43.5%，实现节能量1600多万吨标准煤。

《2012年度中国节能服务产业发展报告》显示，2012年，我国节能服务产业队伍稳步增长。截止2012年底，全国从事节能服务业务的企业达4175家，比上年增长7%；其中，国家发改委、财政部备案节能服务公司2339家，工信部推荐节能服务公司122家。从业人员突破40万人，达到43万人，比上年增长14%。节能服务产业总产值从2011年1250.26亿元增长到1653.37亿元，增长32.24%。其中，共实施合同能源管理项目3905个，投资总额为505.72亿元，比上年增长22.62%，实现的节能量达到1774.46万吨标准煤，相应减排二氧化碳4430多万吨。从企业规模看，产值超过10亿元的有6家，超过5亿元的有18家，超过1亿元的有83家。其中，合同能源管理投资超过5亿元的12家，超过1亿元的有46家。

六、推动全国电力需求侧管理

2012年是电网企业实施电力需求侧管理目标责任考核的第一年，国家电网公司、南方电网公司高度重视，认真履行社会责任，细化工作方案和各项措施，积极组织所属省级电网企业实施节电项目，推动全国电力需求侧管理工作取得显著进展。根据各地经济运行主管部门对省级电网企业的考核结果，结合各地区之间的交叉检查，以及我委和有关部门对部分地区的抽查情况，综合来看，2012年国家电网公司、南方电网公司均超额完成电力需求侧管理目标任务，共节约电力302万千瓦，节约电量117亿千瓦时。从考核组织工作看，北京、山西、山东、辽宁、江苏、湖南、江西、宁夏等地经济运行主管部门综合表现较好，个别地区需加大考核工作组织力度。

农业领域节能减排

一、推进测土配方施肥整建制行动

2012年，中央财政安排补贴资金7亿元，支持2463个项目县（场、单位）开展测土配方施肥。农业部启动实施“百县千乡万村”测土配方施肥整建制推进行动，开展农企合作推广配方肥试点工作。农业部确定100家全国农企合作推广配方肥企业，为100个整建制县生产供应配方肥；省级、县级农业部门确定的农企合作推广配方肥企业为1000个示范乡、10000个示范村对接，生产供应配方肥。各地根据《农业部办公厅 财政部办公厅关于印发〈2012年全国测土配方施肥补贴项目实施指导意见〉的通知》等文件要求，细化实施方案，强化措施落实，大力实施整村整乡整县等整建制推进，在抓好粮棉油糖等大宗作物测土配方施肥的同时，向果树、蔬菜等园艺作物拓展，全面开展测土配方施肥普及行动，取得显著成效，为促进粮食稳定增产、农业节本增效和农民持续增收发挥了重要作用。

二、加大支持力度

中央财政安排专项资金0.3 亿元及保护性耕作工程投资3 亿元，在204 个县（市）推广保护性耕作技术，全国新增保护性耕作面积164 万公顷。中央投入30 亿元资金继续实施生猪、奶牛标准化规模养殖场（小区）建设项目，重点支持规模养殖场对畜禽圈舍进行标准化改造，建设贮粪池、排粪污管网等粪污处理配套设施。在农垦区域因地制宜积极推进生物质能源综合利用、畜禽粪便综合利用、太阳能、风能综合利用等新技术，实施了生物质发电、生物质气化、沼气工程、固体成型燃料及生物质能源替代化石能源区域供热等示范项目。

三、实施节水农业建设

2012 年11 月，国务院办公厅印发了《国家农业节水纲要（2012-2020 年）》，促进水资源可持续利用，保障国家粮食安全。农业部印发了《农业部关于推进节水农业发展的意见》，推广节水农业，启动旱作节水农业示范基地和农田节水技术示范项目，设立旱作节水农业示范基地500 多个，核心示范区面积1000 多万亩。因地制宜开发和推广农田节水技术，推广全膜双垄集雨沟播、膜下滴灌、测墒节灌等九大节水农业技术，面积达到4 亿多亩。同时，下发了《关于印发〈全国土壤墒情监测工作方案〉的通知》，继续大力推动农田水利基本建设，完善农田水利设施配套，提升农业综合生产能力。

四、加快农村能源建设

2012年，全国农村能源建设成效显著，农村沼气发展迅速，沼气数量稳步增长、功能不断拓展、服务体系日益完善。目前，全国沼气用户已达4241.82万户，沼气工程9.2万处，年总产气量157.62亿立方米；农村太阳能热水器推广面积达到6801.8万平方米、太阳房2353.04万平方米，太阳灶220.72万台；推广省柴节煤炉灶炕1.77亿台，还开展了秸秆沼气集中供气、秸秆气化和秸秆固化成型示范。通过这些技术的推广，年节能能力相当于1亿吨标准煤，可减排二氧化碳2.3亿吨。农村能源建设取得了显著的经济、社会和生态环境效益，受到社会各界的广泛关注和农民群众的普遍欢迎，已经成为发展低碳农业、推动农村生态文明建设和创建“美丽乡村”的重要抓手。

水资源领域节能减排

水利部会同国家发展和改革委等10 部委组织编制的长江、辽河流域等七大流域综合规划（修编）获得国务院批复，明确了流域治理开发与保护的重要目标和任务；印发《落实〈国务院关于实行最严格水资源管理制度的意见〉实施方案》和《关于贯彻落实〈实行最严格水资源管理制度考核办法〉的意见》，建立健全最严格水资源管理制度体系。

一、主要目标、任务

在水资源开发利用控制方面，按照保障合理用水需求、适度从紧控制的原则，在强化节水的前提下，提出到2030年全国用水高峰时用水总量控制在7000亿立方米以内；在用水效率控制方面，按照高效用水、经济合理、技术可行的原则，提出到2030年用水效率达到或接近世界先进水平，万元工业增加值用水量降低到40立方米以下，农田灌溉水有效利用系数提高到0.6以上；在水功能区限制纳污方面，到2030年全国主要污染物入河湖总量控制在水功能区纳污能力范围之内，水功能区水质达标率提高到95%以上。为实现上述目标，《意见》还进一步明确了2015年和2020年水资源管理的阶段性目标。这些目标既充分体现了约束性，又充分考虑了可行性，通过努力是完全可以实现的。

分解“三条红线”控制指标。加快分解落实水资源开发利用控制、用水效率控制、水功能区限制纳污“三条红线”控制指标，尽快建立覆盖流域和省市县三级行政区域的红线控制指标体系。加快制定主要江河流域水量分配方案，力争用5年时间基本完成全国主要跨省江河水量分配工作。加快制定高耗水工业和服务业用水定额国家标准，抓紧修订完善区域用水定额标准，提高用水定额的先进性、约束性和实用性。依据《全国重要江河湖泊水功能区划》和各省区水功能区划，抓紧对水功能区水域纳污能力进行复核，提出各流域区域水功能区限制排污总量意见。

二、重大举措

一是加强水资源开发利用控制红线管理，严格规划管理、水资源论证、水量分配、取水许可和水资源有偿使用制度，促进水资源可持续利用。

二是加强用水效率控制红线管理，通过全面节水、定额管理、理顺水价和节水技术改造，推进节水型社会建设。

三是加强水功能区限制纳污红线管理，严格水功能区监督管理和饮用水水源保护，推进水生态系统保护和修复，改善水环境质量。四是落实严格水资源管理的责任考核、计量监控、管理体制、投入机制、政策法规等保障措施，推动最严格水资源管理制度落到实处。同时，为充分发挥红线的约束作用，《意见》明确了取水许可和入河湖排污口限批、地下水禁采限采等一系列刚性要求和禁止性规定，极大地提高了最严格水资源管理制度的约束力、执行力和威慑力。

四是积极开展与节能减排有关的法规和技术标准建设。配合国务院法制办做好《南水北调供用水管理条例》的审查修改工作，加快推进《节约用水条例》、《农村水电条例》、《地下水管理条例》等行政法规的论证起草，取得了阶段性成果。组织制订的淋浴器、小便器和便器冲洗阀等三项生活节水器具水效强制性国家标准已由国家标准委发布。完成了火力发电、钢铁联合企业、石油炼制、纺织染整、造纸产品、啤酒、选煤、氧化铝生产、乙烯生产等九项取水定额国家标准。

五是进一步加强水资源行政执法工作。2012年在全国范围内开展了水资源专项执法活动，加大了对违法取水和设置入河排污口等行为的查处力度，严格督促违规项目整改，加快水资源执法机制建设。联合质检总局开展全国节水产品质量提升与推广普及行动，对节水产品主要生产集散地开展调研检查，对水嘴、坐便器、输水管材等用水产品进行了国家监督抽查。围绕东北四省区节水增粮行动，针对滴灌带和喷灌机进行了行业监督抽查。

六是大力支持农村水电工程。2012年合计安排中央财政资金约15亿元用于推进水电新农村电气化县建设、小水电代燃料工程和农村水电增效扩容改造试点工作，全国农村水电发展保持了较快增长势头，全年新增农村水电装机容量300万千瓦，达到6568万千瓦，全年农村水电发电量达2173亿千瓦时，相当于节约0.6亿吨标准煤，减少二氧化碳排放1.5亿吨。2011~2012年开展的农村水电增效扩容改造试点工作顺利完成，733座电站改造后，装机容量从改造前的86.8万千瓦增加到114.6万千瓦，增长32%；年发电量从27.2亿千瓦时增加到41.3亿千瓦时，增长52%。巩固和新增发电量相当于每年替代140万吨标准煤，减少排放二氧化碳350万吨、二氧化硫3.1万吨及其他有害气体和粉尘，有效地促进了节能减排，同时在消除安全隐患、实现惠农强农、恢复河流生态、促进综合利用、拉动内需等多方面取得明显成效。

七是加大节能减排重点工程投入力度。2012年合计安排中央财政资金31亿元支持河北等30个省（自治区、直辖市）的规模化节水灌溉增效示范项目和大型灌溉排水泵站更新改造项目。预计项目实施完毕后，新增节水能力近6000万立方米，新增农业综合生产能力近7000万公斤，并将显著提高泵站装置效率，降低能源单耗及单位灌溉面积能耗水平，带动全国一大批现代农业节水灌溉园区和规模化示范区建设。

三、主要成效

截止2013 年上半年，全国已有21个省(自治区、直辖市)发布了实行最严格水资源管理制度意见或配套文件，30个省(自治区、直辖市)建立了实行最严格水资源管理制度行政首长负责制，14 个省（自治区）将2015 年省级水资源管理控制目标分解到市级行政区，形成以用水总量控制、用水效率控制和污染物排放总量控制“三条红线”为核心的最严格水资源管理制度，有序推进重要江河流域水量调度和主要江河流域水量分配工作，推动了14 个水生态系统保护与修复试点建设。

完成第一次全国水利普查，系统掌握了江河湖泊开发治理与保护现状。住房城乡建设部编制印发《全国城镇供水设施改造与建设“十二五”规划及2020 年远景目标》及《国家节水型城市考核标准和考核办法》，促进城市节水与源头减排。

第三部分 面临的问题和对策研究

党的“十八大”提出建设“生态文明”和“美丽中国”的要求，同时提出了牢牢把握“五个统筹”， 实现中华民族永续发展。节能减排作为约束性指标，具有很强的政策性。制度设计和政策安排是途径，而高质量的生态产品、良好的生态环境，既是民生建设的题中之义，也与经济发展“殊途同归”——都是在为“人”的发展服务。因此，节能减排肩挑民生重担，是实现生态文明的重要抓手，也是撬动发展方式转变的有力杠杆。然而，面临着严峻形势和问题。

一是中国是一个发展中的大国，2012年人均收入仅接近6000美元，与发达国家人均收入2万美元以上差距较大。中国仍处于工业化和城镇化进程中，经济增长较快，能源消费和二氧化碳排放总量大，并且还将继续增长。近年来我国经济持续保持8%左右的高速增长，一些省区市甚至保持10%以上的GDP增速。经济增长带来的环境污染增量，一定程度上抵消了节能减排对环境改善的成果。资料显示，目前可查的2011年中国GDP47万亿元，若仅按GDP的1.2%算，中国空气污染造成的经济损失就已经达到5640亿元，是口罩、监测设备等“雾霾经济”的100倍之多。如果按3.8%的比例计算，2012年中国因空气污染造成的损失近2万亿元。据专家估算，我国达到峰值大约在2040年左右。不言而喻，经济持续增长较快，能源消费和排放总量大，并且还将继续增长，节能减排必须付出长期、艰苦的努力。

二是推进节能减排的结构性因素是以煤为主体的本质性因素。近些年来，产业结构、能源结构、行业结构、地区结构等结构性因素并未得到明显改变，甚至有向不利趋势发展的可能。如高排放的煤为主体的能源结构短期内难以改变。2012年生产原煤36．5亿吨，净进口2．7亿吨。煤炭消费量达到39．2亿吨，占全世界煤炭消费的47％。全国能源生产总量折算成标准煤为33．1亿吨标准煤，消费总量为36．2亿吨标准煤，进口3．1亿吨标准煤。2012我国一次能源结构中，煤炭占比69％。在发电设备中，燃煤机组的装机容量占到78％。发电量中，比前两年燃煤发电占到80％以上，2012年情况有所好转。

我国2012年煤炭消费总量已经接近40亿吨。“十二五”能源消费总量控制在41亿吨标准煤的目标，并不容易实现。即使以能源消费总量控制在41亿吨标煤估计，2015年中国与能源相关的二氧化碳排放将可能达到84.6亿吨，中国的二氧化碳减排形势异常严峻。环保部污染物排放总量控制司负责人说，节能减排还不够平衡每年污染增量，遑论还清多年经济发展带来的环境欠账。

三是中国公众消费行为正在发生剧烈转变。2010年与消费直接相关的建筑和交通碳排放约占社会排放总量的31%，与2005年相比增长了41%，快于社会总量的增速。尤其值得重视的，广大农村和农民的建筑、交通和生活消费和排放正在以惊人的速度剧增。

四是汽车产业的高速发展，给我国空气质量改善带来了巨大压力。2012年我国汽车产销突破1900万辆，连续4年蝉联世界第一。如果按发达国家每3~4人一辆车估算，我国全国汽车保有量要在3.5亿辆上下。与此同时，目前除北京市执行了与欧五相当的油品标准，上海、珠三角执行国四标准外，我国大部分地区仍在使用含硫量极高的油品。正因为此，《重点区域大气污染防治“十二五”规划》提出，从“车—油—路”多方面入手，综合治理机动车排放污染问题。

五是节能减排目标完成进度滞后。要实现“十二五”目标任务，后三年年均单位国内生产总值能耗需降低3.84%，比前两年平均降幅高1.03个百分点，氮氧化物平均降幅需达到4%以上，任务更加艰巨。

因此，必须清醒认识到，节能减排，改善环境质量任重道远。美国、英国的许多城市在20世纪40年代也曾经历过灰霾天气，用了数十年时间才“找回蓝天”。我国目前正处于经济和工业化、城镇化“爬山”时期，节能减排自然要在一定时期的付出艰苦卓绝的努力。

一、加快向市场模式的转变，充分发挥市场配置资源的决定作用

我国节能减排应从目前以各级政府推进为主导的模式，加快向市场模式的转变，充分发挥市场配置资源的决定作用，最大程度调动企业等各类主体参与生态文明建设的内生动力。推行市场化机制，政府“这只有形的手”的职能，主要在引导和管控，最大限度减少项目审批和国有资本直接投入。尤其在抑制高耗能、高排放行业的过快增长，严禁污染产业转入中西部地区的管控上，政府要更“有力”。同时通过将直接补贴转为间接性政策推动等办法营造良好的市场环境，让节能减排产业“有利”可图，使国有企业和民营成为主力军。加快推行合同能源管理，引导专业化节能服务公司采用合同能源管理方式为用能单位实施节能改造，扶持壮大节能服务产业。开展节能量交易试点，建立节能交易市场。鼓励开展水权交易，严格水资源有偿使用，培育和规划水市场。推进排污权交易，推进排污权交易市场建设，拓宽排污权交易品种的范围。建立碳排放权交易制度，开展碳排放权交易试点，逐步形成全国碳排放权和污染排放权的交易体系。

国务院发布《节能减排“十二五”规划》，对有关领域、行业的节能减排工作提出任务和要求，制定一系列约束性指标明确了国家节能减排的决心。指标层层分解到地方政府与大型国有企业，以这些单位的责任状和领导人“乌纱帽”做担保，虽然简单，但行之有效。为贯彻相关目标得以落实，对未按要求运行减排设施、存在弄虚作假行为的企业，予以巨额经济处罚，尽快形成和完善包括监督、考核、奖惩、引导措施在内的长效机制，确保企业主动进行节能减排工作，成为节能减排的主体。

二、坚决按照规划，加快产业结构转型和战略性新兴产业

要加快调整经济结构和布局，抓紧完善标准、制度和法规体系；十一五”节能减排工作尚在浅水区，过度粗放的增长方式，恰恰给产业结构调整和节能减排提供了相对富裕的操作空间，以关停两高企业为代表的结构减排贡献不可小视，必须通过法律法规、经济手段、税收调节手段以及必要的行政手段，形成政策合力，淘汰落后产能、推进产业升级来促进工业内部结构的优化，加快发展战略性新兴产业；要努力加大新能源、可再生能源的规模，推动传统能源清洁高效利用，包括发展安全高效的核电，积极发展水电、风电、太阳能利用，加快页岩气等新清洁能源的开发等。

在“万家企业节能低碳行动”实施过程中，地方政府“一刀切”，要求进入到“万家企业”的电力企业“十二五”期间能耗都需下降15%（或更高），对于已经达到一流能耗水平的企业，已难有这么大幅度的下降空间。

三、大力推进能源资源节约和着力发展绿色、低碳、循环经济

重点抓好工业、交通、建筑、农业、公共机构等领域节能，控制能源消费总量，降低能耗、物耗和二氧化碳排放强度。特别是脱硫、脱硝产业的监管。要严格查处、打击伪劣设备产品，防止出现类似于“十一五”时期脱硫设施反复改造、资源浪费的现象。同时，电力环保公司应讲求信誉，树立长期健康经营的思想。政府考核企业时，以企业与国家部委签订的节能环保责任状为依据，企业也据此安排环保与节能工程改造工期。有关部委应出面与地方政府协调解决目标要求与措施要求不一致的矛盾。

四、强化节能减排目标责任

考评和公告各省级人民政府节能目标责任现场评价考核和各地区主要污染物减排核查核算结果，并在主流媒体上发布，接受社会监督；将节能减排任务完成情况作为省级人民政府领导班子和领导干部综合评价考核的重要内容；对考核等级为未完成的地区，由国务院节能减排工作领导小组领导或授权约见提醒，督促考核等级为未完成的地区限期整改，并将各地整改情况汇总整理报国务院；做好节能减排形势分析，定期发布《各地区节能目标完成情况晴雨表》。各地区要强化考核结果的运用，兑现奖惩措施，着力解决节能工作的薄弱环节，及时对节能目标责任现场评价考核中发现的问题进行整改，将整改情况纳入年度节能考核范围；对节能减排进度滞后、存在“前松后紧”趋势的地区，要重新调整年度目标并进行相关工作部署；各地也要定期发布本行政区域内各地（市）节能目标完成情况的晴雨表，加强预警和政策调控。

五、深入开展节能减排全民行动

组织好全国节能宣传周、低碳日、世界环境日等主题宣传活动，发挥媒体导向作用，营造良好舆论氛围。鼓励和引导消费者购买节能节水产品，倡导绿色出行，减少使用一次性用品，反对商品过度包装，逐步形成文明、节约、绿色、低碳的消费模式和生活方式，使生态文明理念成为社会各方面、各主体共同遵守的行为范式和价值准则，抓好家庭社区、青少年、企业、学校、军营、农村、政府机构、科技、科普和媒体等十个节能减排专项行动，通过典型示范、专题活动、展览展示、岗位创建、合理化建议等多种形式，广泛动员全社会参与节消费模式和生活习惯。

政府机关带头节能减排。各级人民政府机关要将节能减排作为机关工作的一项重要任务来抓，健全规章制度，落实岗位责任，细化管理措施，树立节约意识，践行节约行动，作节能减排的表率。

(撰稿：孟赤兵、芶在坪、侯静，北京现代循环经济研究院）

2012年中国低碳能源发展综述

《中国低碳年鉴》编辑部

大力发展低碳能源（清洁能源和可再生能源，下同），是推进能源多元清洁发展、培育战略性新兴产业的重要战略举措，也是保护生态环境、应对气候变化、实现可持续发展的迫切需要。

十年来，我国对低碳能源和可再生能源的发展高度重视并给予充分的政策支持。2006年，我国将加快发展低碳能源提高到新的战略高度，并且先后出台了《国家中长期科学和技术发展规划纲要》和《可再生能源法》；2009年，政府工作报告提出支持和推进低碳能源、节能环保产业化；2009年3月，决定每年从国家财政中拨出100亿元左右，为我国的太阳能屋顶和光伏建筑建设提供补贴。《中华人民共和国国民经济和社会发展第十二个五年规划纲要》提出：到2015年，中国非化石能源占一次能源消费比重达到11.4%，单位国内生产总值能源消耗比2010年降低16%，单位国内生产总值二氧化碳排放比2010年降低17%。中国政府承诺，到2020年非化石能源占一次能源消费比重将达到15%左右，非化石能源发电装机比重达到30%，单位国内生产总值二氧化碳排放比2005年下降40%—45%。

截止2012 年底，中国一次能源消费总量为36.2 亿吨标准煤，其中，煤炭占一次能源消费总量比重为67.1%，比2011 年下降了1.3 个百分点；石油和天然气占一次能源消费总量的比重分别为18.9%和5.5%，比2011 年分别提高0.3和0.5 个百分点；非化石能源占一次能源消费总量的比重为9.1%，比2011年提高1.1 个百分点。中国水电装机、核电在建规模、太阳能集热面积、风电装机容量均居世界第一位，为我国优化能源结构和应对全球气候变化做出了积极贡献。

一、低碳能源规划相继出台，明确发展战略目标与任务

2012年2月，国家能源局发布《能源科技“十二五”规划》拉开了能源产业“十二五”规划的序幕，随后，出台了《页岩气发展规划》、《煤炭工业发展“十二五”规划》、《可再生能源发展“十二五”规划》、《智能电网重大科技产业化工程“十二五”专项规划》和水电、风电、太阳能、生物质能四个专题规划以及《天然气发展“十二五”规划》。10月24日国务院总理温家宝主持召开国务院常务会议，讨论通过《能源发展“十二五”规划》，再次讨论并通过《核电安全规划（2011—2020年）》和《核电中长期发展规划（2011—2020年）》，铺就了中国“十二五”期间中国能源产业的转型之路》其核心内容是：改变固有的能源生产和消费方式，更加清洁和高效地生产和使用能源。

《能源发展“十二五”规划》提出，“十二五”时期，要加快能源生产和利用方式变革，强化节能优先战略，全面提高能源开发转化和利用效率，合理控制能源消费总量，构建安全、稳定、经济、清洁的现代能源产业体系。

重点任务是：（一）加强国内资源勘探开发。安全高效开发煤炭和常规油气资源，加强页岩气和煤层气勘探开发，积极有序发展水电和风能、太阳能等可再生能源。（二）推动能源的高效清洁转化。高效清洁发展煤电，推进煤炭洗选和深加工，集约化发展炼油加工产业，有序发展天然气发电。（三）推动能源供应方式变革。大力发展分布式能源，推进智能电网建设，加强低碳能源汽车供能设施建设。（四）加快能源储运设施建设，提升储备应急保障能力。（五）实施能源民生工程，推进城乡能源基本公共服务均等化。（六）合理控制能源消费总量。全面推进节能提效，加强用能管理。（七）推进电力、煤炭、石油天然气等重点领域改革，理顺能源价格形成机制，鼓励民间资本进入能源领域。推动技术进步，提高科技装备水平。深化国际合作，维护能源安全。

2012年7月16日 国家能源局组织制定的《可再生能源发展“十二五”规划》发布。《规划》确定的可再生能源发展的基本原则是：市场机制与政策扶持相结合、集中开发与分散利用相结合、规模开发与产业升级相结合、国内发展与国际合作相结合。“十二五”时期可再生能源发展的总体目标：到2015年，可再生能源年利用量达到4.78亿吨标准煤，其中商品化可再生能源年利用量达到4亿吨标准煤，在能源消费中的比重达到9.5%以上。各类可再生能源的发展指标是：到2015年，水电装机容量达到2.9亿千瓦，其中常规水电2.6亿千瓦，抽水蓄能电站3000万千瓦；累计并网运行风电达到1亿千瓦，其中海上风电500万千瓦；太阳能发电达到2100万千瓦，太阳能热利用累计集热面积4亿平方米；生物质能年利用量5000万吨标准煤；各类地热能开发利用总量达到1500万吨标准煤，各类海洋能电站5万千瓦。

围绕2020年国家非化石能源发展目标和国家关于发展战略性新兴产业的工作部署，国家高度重视可再生能源发

展。水电发展要重点做好生态保护和移民安置工作，统筹协调发展，推进水电电价市场化改革，完善水电开发的政策。风电发展重点是解决好接入电网和并网运行消纳问题，要通过开展电力需求响应管理，完善电力运行技术体系和运行方式，改进风电与火电协调运行，特别是要通过风电发展与当地供热、居民用电等民生工程、农田水利等农业工程相结合，扩大风电本地消纳量。同时，要加快发展没有电网制约的中部、东南部地区的风电，以及分散式接入风电，开辟风电发展更多途径。太阳能发电发展主要方式是就近接入、当地消纳，特别是要发展分布式太阳能发电。电网企业要为分布式太阳能发电做好并网运行服务，通过发展智能电网等技术为分布式太阳能发电提供支撑。生物质能利用要因地制宜、综合利用，做好资源评价、合理规划，有序发展生物质发电，积极推广生物质成型燃料，完善生物质气化供气，更主要的是进行生物质梯级综合利用，发展生物质为原料的燃料乙醇，生物化工，并结合生物质发电、沼气等形成生物质综合利用体系。国家将组织100个低碳能源示范城市、200个绿色能源县、30个低碳能源微网示范工程建设，创建可再生能源利用综合示范区，同时，还将积极推进地热能、海洋能等新的可再生能源的技术进步和产业化发展。

此前，2012年5月25日国家能源局还正式下发《国家能源局关于申报低碳能源示范城市和产业园区的通知》，正式启动100座低碳能源示范城的申报。根据《通知》，国家明确了低碳能源示范城市申报的条件和建设的目标，即低碳能源占一次能源消费总量的比重由2010年的3%提高到2015年的6%以上。同时，国家要求，低碳能源示范城市在太阳能、风能、生物质能、地热能等的具体分类能源中需选两项，并达到一定指标。如在太阳能方面，设置太阳能热利用量指标和光伏发电安装量指标两类指标，可任选其一。指标要求分别为：累计太阳能热水器集热面积达到100万平方米，或人均太阳能集热面积大于每千人360平方米；累计城市太阳能分布式光伏发电装机规模大于2万千瓦。国家能源局还先后印发了《太阳能发电发展“十二五”规划》、《生物质能发展“十二五”规划》、《关于促进地热能开发利用的指导意见》，明确了“十二五”时期中国太阳能、生物质能、地热能发展的指导思想、基本原则、发展目标、规划布局和建设重点，提出了保障措施和实施机制。

二、低碳能源发展的政策体系基本形成

为促进可再生能源的开发利用，经过多年努力，在《可再生能源法》的推动下，我国已基本建立了促进可再生能源发展的政策体系，制定并实施了可再生能源的总量目标、发电强制上网、分类优惠上网电价、费用分摊、专项资金等制度以及信贷和税收优惠等政策措施，并通过开展资源评价、组织特许权招标、推进重大工程示范项目建设等方式，基本建立了促进可再生能源发展的政策体系。主要包括：

一是制定并实施了《可再生能源发展中长期规划》以及《可再生能源发展“十二五”规划》，确定了国家可再生能源发展的近期和中远期总量目标，详细发布了相关政策和重大举措。

二是建立了可再生能源发展专项资金，专项用于各类可再生能源发展，建立了支持可再生能源技术研发、产业发展、市场应用等各方面的财政投入政策框架，继续加大对可再生能源的投资，2012 年完成水电投资1277 亿元，核电投资778 亿元，风电投资615 亿元。导引民间投资。2012年6月19日电监会发布《加强电力监管支持民间资本投资电力的实施意见》，6月20日，国家能源局发布《关于鼓励和引导民间资本进一步扩大能源领域投资的实施意见》。明确指出，列入国家能源规划的项目，除法律法规明确禁止的以外，均向民间资本开放。财政部披露，2012年拨付可再生能源电价附加资金约86亿元人民币，用于支持可再生能源行业。其中补贴风力发电58.5亿元，太阳能发电7.23亿元，生物质能发电达20.23亿元。

三是为进一步激励对可再生能源发电并网收购，2012 年财政部、国家发展和改革委、能源局联合印发了《可再生能源电价附加补助资金管理暂行办法》，对可再生能源电价进行全面的资金补助。2012年出台了《可再生能源发电价格和费用分摊管理试行办法》、《可再生能源电价附加补助资金管理暂行办法》、《关于加强风电并网和消纳工作的通知》等政策，并下发《可再生能源电力配额管理办法(讨论稿)》等政策，建立了可再生能源发电成本的全社会费用分摊机制，确定可再生能源发电项目上网电量、入网的工程投资、维护、独立电力系统等的补助标准。财政部披露，2012年拨付可再生能源电价附加资金约86亿元人民币，用于支持可再生能源行业。其中补贴风力发电58.5亿元，太阳能发电7.23亿元，生物质能发电达20.23亿元。

四是通过开展多批特许权项目招标，促进风电、太阳能发电成本迅速下降，根据各类低碳能源发电项目的资源特点和建设条件，以特许权招标方式发现合理价格区间为基础，形成了四类风电区域标杆电价，有效促进了风电的规模化发展。

五是初步建立了促进可再生能源发展的税收体系，实施了风力发电增值税减半、沼气发电增值税即征即退等政策。

三、低碳能源取得了举世瞩目的成就

（一）继续推动化石能源清洁化利用

2012 年10 月，国家发展改革委印发《天然气发展十二五规划》，提出到2015 年中国天然气供应能力达到1760亿立方米左右，其中常规天然气约1385 亿立方米、煤制天然气约150-180 亿立方米、煤层气地面开发生产约160 亿立方米，城市和县城天然气用气人口数量约占总人口的18%。2012 年，国家发展改革委、能源局等部门联合发布《页岩划（2011-2015 年）》，财政部、能源局联合发布《关于出台页岩气开发利用补贴政策的通知》，安排专项财政资金支持页岩气开发。2013 年9 月，国务院下发《大气污染防治行动计划》，进一步强化控制煤炭消费总量、加快清洁能源替代利用的目标和要求，大幅提升控制化石燃料消耗、发展清洁能源的工作力度。

截止2012 年底，全国30 万千瓦及以上火电机组比例达到75.6%，比上年增加近1.2 个百分点；在运百万千瓦超超临界燃煤机组达到54 台，数量居世界第一；中国自主研发、自主设计、自主制造、自主设、自主运营的华能天津IGCC 电站示范工程于2012年12 月投产，标志着中国洁净煤发电技术取得了重大突破。

（二）可再生能源（非化石能源）取得了举世瞩目的成就

在国家推动和政策的鼓励和扶持下，近10年来，我国风电装机累计增长118倍，年均增长超过60%；太阳能光伏发电装机累计增长67倍，年均增长超过50%。用短短10年的时间，我国就实现了水电总装机规模比新中国成立后50年的总和翻一番的超越。用5年半时间，我国就取得了美国、欧洲花费15年才取得的发展成绩，实现了风电装机从200万千瓦到5000万千瓦的跨越。太阳能、生物质能、地热能的利用，也从能源大舞台的幕后走到台前。2011年，全国水电装机容量达到2.3亿千瓦，居世界第一。已投运核电机组15台、装机容量1254万千瓦，在建机组26台、装机容量2924万千瓦，在建规模居世界首位。风电并网装机容量达到4700万千瓦，居世界第一。光伏发电增长强劲，装机容量达到300万千瓦。太阳能热水器集热面积超过2亿平方米。积极开展沼气、地热能、潮汐能等其他可再生能源推广应用。非化石能源占一次能源消费的比重达到8%，每年减排二氧化碳6亿吨以上。

2011年，全部非化石能源利用量约为2.83亿吨，在能源消费总量中占8.1%；全国非化石能源发电装机占全部发电装机的比例达到27.7%，非化石能源比例较2005年提高3.4个百分点。2011年，水电装机新增1400万千瓦，累计达到2.3亿千瓦，在建规模5500万千瓦，新开工装机规模1260万千瓦，发电量6626亿千瓦时；核电装机新增173万千瓦，发电量869亿千瓦时；风电并网容量新增1600万千瓦，居全球第一，并网风电发电量800亿千瓦时；太阳能光伏新增装机210万千瓦，累计装机达到300万千瓦；各类生物质发电装机600万千瓦，发电量300亿千瓦时；地热能发电装机2.42万千瓦，海洋能发电装机0.6万千瓦，地热、海洋能发电量1.46亿千瓦时。全国城镇太阳能光热建筑应用面积达21.5亿平方米，浅层地能建筑应用面积2.4亿平方米，已建成及正在建设的光电建筑应用装机容量达127万千瓦。

截至2011年年底，我国水电、风电、核电、生物质液体燃料等非化石能源生产量占当年一次能源消费总量的8.3%。同时，科技水平迅速提高。百万千瓦超超临界、大型空冷等大容量高参数机组得到广泛应用，70万千瓦水轮机组设计制造技术达到世界先进水平。基本具备百万千瓦级压水堆核电站自主设计、建造和运营能力，高温气冷堆、快堆技术研发取得重大突破。3兆瓦风电机组批量应用，6兆瓦风电机组成功下线。形成了比较完备的太阳能光伏发电制造产业链，光伏电池年产量占全球产量的40%以上。特高压交直流输电技术和装备制造水平处于世界领先地位。2012年２月２７日世界自然基金会发布的一份新报告显示，丹麦、以色列、瑞典、芬兰和美国占据全球清洁技术创新能力排行榜的前五名，而印度和中国分列该榜单的第１２名和第１３名。

2012年，全社会用电量累计达49591亿千瓦时，同比增长5.5%。全年发电新增设备容量8700万千瓦，其中，火电8.19亿千瓦；水电1900万千瓦，火电5100万千瓦，风电1537万千瓦。截至2012年年底，全口径发电装机容量11.47亿千瓦，同比增长7.9%。其中，火电8.19亿千瓦；水电2.49亿千瓦，同比增长7.1%，居世界第一；核电1257万千瓦，与上年持平，在建规模居世界首位；并网风电容量6142万千瓦，同比增长32.9%，居世界第一；并网太阳能发电341 万千瓦，同比增长60.6%。。全国水电、核电、风电和太阳能发电等非化石能源发电装机占全部发电装机的28.5%，比2005 年提高4.2 个百分点，发电量占全部上网电量的21.4%。

2012年全年6000千瓦及以上电厂发电设备累计平均利用小时4572小时，比上年降低158小时。其中，水电3555小时，比上年提高536小时；火电4965小时，比上年降低340小时；核电7838小时，比上年提高79小时。全年发电新增设备容量8700万千瓦，其中，水电1900万千瓦，火电5100万千瓦，风电1537万千瓦。截至2012年底，全口径发电装机容量11.44亿千瓦，其中，水电2.49亿千瓦，火电8.19亿千瓦，核电1257万千瓦，风电6237万千瓦。

从2008年到2012年的五年里，中国水电新增装机1亿千瓦，达到2．49亿千瓦，居世界第一；风电装机由500万千瓦迅速增加到6300万千瓦，成为世界第一风电大国，年发电量超过1000亿千瓦时；光伏发电装机由基本空白增加到700万千瓦；核电在建机组30台、3273万千瓦，在建规模居世界第一。

同时，中国可再生能源的生产经营也在发展壮大。据统计，在全球低碳能源企业500强中，我国已经以171家的

企业数量高居首位。

经过努力，截止2012 年底，中国一次能源消费总量为36.2 亿吨标准煤，其中，煤炭占一次能源消费总量比重为67.1%，比2011 年下降了1.3 个百分点；石油和天然气占一次能源消费总量的比重分别为18.9%和5.5%，比2011 年分别提高0.3 和0.5 个百分点；非化石能源占一次能源消费总量的比重为9.1%，比2011年提高1.1 个百分点。

积极发展水电

我国水能资源理论蕴藏量的年发电量达6万亿千瓦时，技术可开发量5.42亿千瓦，年发电量2.5万亿千瓦时（折合8.6亿吨标准煤），居世界第一。按发电量计算，中国目前的水电开发程度不到30%，仍有较大的开发潜力。实现2020年非化石能源消费比重达到15%的目标，一半以上需要依靠水电来完成。《国民经济和社会发展第十二个五年规划纲要》提出要“在做好生态保护和移民安置的前提下积极发展水电”，突出强调了做好生态保护工作对于水电可持续发展的极端重要性，是我国今后一段时期做好水电开发生态环境保护工作的重要指导思想，按照“生态优先、统筹考虑、适度开发、确保底线”的原则，全面落实水电开发的生态保护工作。在做好生态环境保护、移民安置的前提下，积极发展水电，把水电开发与促进当地就业和经济发展结合起来，切实做到“开发一方资源，发展一方经济，改善一方环境，造福一方百姓”。完善水电移民安置政策，健全利益共享机制。加强生态环境保护和环境影响评价，严格落实已建水电站的生态保护措施，提高水资源综合利用水平和生态环境效益。做好水电开发流域规划，加快重点流域大型水电站建设，因地制宜开发中小河流水能资源，科学规划建设抽水蓄能电站。到2015年，中国水电装机容量将达到2.9亿千瓦。

本世纪初我国水电装机规模已超过美国跃居世界第一。2011年我国水电装机总计已达2.3亿千瓦，在建及新开工约6700万千瓦，"十二五"完成2.9亿千瓦（含抽水蓄能）的目标已基本无悬念。而为实现2020年的4.2亿千瓦装机目标，意味着近五年必须新建或开工年均为2400万千瓦（水电提前5年开工），平均大约是"十一五"期间的3倍。

2012年1月6日，环保部发出《关于进一步加强水电建设环境保护工作的通知》，引导水电全面走向“绿色化”，明确在自然保护区、风景名胜区及其他具有特殊保护价值的地区，原则上禁止开发水电资源;同时，明确表示，水电开发不能突破“三条底线”。环保部为水电开发设置的“三条底线”分别是——法律底线，禁止开发法律法规明确保护的区域;公众环境权益的底线，确保公众的知情权、参与权、获益权;坚持流域生态系统健康的底线，维护河流生态系统功能的基本完整和稳定。

2012年初能源局明确本年水电核准新开工目标2000万千瓦，同比增57%。上半年水电投资完成额553亿元，同比增46%。前7月发改委已核准了金沙江、大渡河等流域7个水电站，总装机约936万千瓦，核准量相当于去年全年的74%。国内未来确定建设的水电项目仍非常多，在目前经济形势压力下，水电或将成为稳增长的支柱项目，清洁能源设备特别是水电设备需求将维持中长期景气。2012年，全社会用电量累计达49591亿千瓦时，同比增长5.5%。全年发电新增设备容量8700万千瓦，其中，水电1900万千瓦。截至2012年10月底，全国6000千瓦以上水电厂装机容量已达20632万千瓦，同比增长6.9%；截至2012年底，全口径发电装机容量11.44亿千瓦，其中，水电2.49亿千瓦。

三峡电站是世界上最大的水电站和清洁能源基地，又被称为蓄丰补枯的“水资源银行”。2012年7月4日 三峡工程最后一台７０万千瓦２７号机组巨型机组正式交付投产。至此，经过１０多年的安装、调试，世界装机容量最大水电站三峡电站３２台机组全部投产，三峡工程发电效益全面发挥。１０月三峡电站最后一台机组通过“首稳百日”运行。自此，世界最大水利枢纽——三峡至葛洲坝水利枢纽步入持续平稳发电阶段。从三峡枢纽发出第一度电开始至今，十年间，长江干流的两座主力电站——三峡和葛洲坝电站，已累计发电７６００多亿千瓦时，不仅实现了“照亮大半个中国”的梦想，也见证了我国大型水电设备从技术引进到自主创新，从粗放管理到集约经营的质的飞跃。每年汛末，三峡枢纽在国家防总科学调度下，合理“储蓄”丰裕来水，在冬春枯水期“支出”宝贵水资源为下游补水，并最大限度利用其发电。按每千瓦时０．２６元的上网价格，三峡电站满负荷发电一天，水资源转化成电能的直接效益达１．４亿元。截至2012年７月４日，三峡电站发电量累计达到５６４８亿千瓦时，相当于从滚滚长江中捞起了近２亿吨标准煤，减排二氧化碳４亿吨、二氧化硫５００多万吨。中华民族的“母亲河”长江，自古桀骜不驯，水患不断，平均十年发生一次洪水灾害。三峡枢纽修建后，防洪局势大为改观。每年汛期，在国家防总、长江防总的科学调度下，三峡枢纽发挥拦洪蓄洪功能，通过控制下泄流量，利用２２０多亿立方米的防洪库容迎战洪水。

2012年初，我国东北地区首座大型抽水蓄能电站——蒲石河抽水蓄能电站首台机组正式投入运行。该电站位于辽宁省丹东市宽甸满族自治县境内，设计安装4台30万千瓦机组，总装机容量120万千瓦，2006年8月开工建设，总投资45亿元。电站监控系统首次采用国产智能可编程控制器，打破了国外同类产品的垄断。为满足东北电网发展需要，“十二五”期间在黑龙江、吉林、辽宁分别规划新建荒沟（140万千瓦）、敦化（120万千瓦）、桓仁（80万千瓦）抽水蓄能电站。这些电站建成后，将在电网运行中发挥调峰、填谷、调频、调相和事故备用等多种功能，使东北电网更多地吸纳可再生能源电力，增强电网运行的安全性，为振兴东北老工业基地提供更加可靠的电力保障。３月３１日，世界第二台８０万千瓦水轮机组转子在金沙江向家坝水电站右岸地下厂房顺利吊装就位，机组自此进入总装阶段，为年内实现发电奠定了基础。转子直径近１９米，最大高度约３．５米，由转子中心体、扇形支臂、２万多张磁轭和４０多对磁极和附件组成，起吊总重达２０４８吨。向家坝水电站是金沙江下游梯级开发中最末的一个梯级，是西电东送骨干电源点，计划安装８台单机容量８０万千瓦的水轮发电机组。工程于２００４年３月开始筹建，首批机组将于今年发电，预计２０１５年全部竣工。９月２７日 总装机容量达５１万千瓦的西藏在建最大水电站——藏木水电站进入主体工程建设关键阶段。整个工程投资约８５亿元。电站海拔３３１０米，由６台８．５万千瓦的水轮发电机组组成，总装机容量达５１万千瓦，计划２０１４年实现首台机组发电，２０１６年６台机组将全部投产发电，年发电量约２５亿千瓦时。

农村水电发展成绩显著。着力打造“民生水电、平安水电、绿色水电、和谐水电”，抓住发展机遇，推进农村水电工作迈上新台阶。“十二五”我国农村水电工作总体部署是：保持中央投资稳步增长，新增农村水电装机300万千瓦，确保完成农村水电增效扩容改造试点任务，继续推进水电新农村电气化和小水电代燃料建设，全面开展中小河流水能资源规划，进一步落实农村水电安全监管全覆盖。

为充分调动地方和农村水电企业增效扩容改造积极性，并结合改造推动农村水电建立可持续发展的长效机制，财政部、水利部在支持政策上进行了创新。一是以省为单位试点，实行整体推进。先选择浙江、重庆等6个省（区、市）进行集中改造试点，重点鼓励同一河流、区域农村水电梯级、集中开发，以提高农村水力发电潜力和水资源综合利用效益。通过试点，探索道路，积累经验，示范引导，待各方面条件成熟后，再进一步扩大范围。同时，财政部、水利部也鼓励有条件的省（区、市）提前开展前期工作，为扩大试点创造条件。重庆市实施方案中的300多个电站分布在100多条河流上，有的河流上电站甚至多达十几个，整体进行规划改造可以取得十分显著的梯级联合调度效益。同时，这一机制也有利于集中资金打“歼灭战”，用1-2年时间把试点省（区、市）600多座农村水电站一次性改造好，最大程度地彰显政策效果，放大示范效应。二是资金包干使用，明确地方责任。这一机制已充分发挥作用，试点工作推进较快。三是建立多元化投入机制，促进良性发展。中央财政对东部地区每千瓦补助700元，中部地区补助1000元，西部地区补助1300元。试点省（区、市）加大支持力度，按照1:1或者1:0.5配套。中央财政和地方财政安排资金将达到22.3亿元，并带动银行贷款6.81亿元，企业自筹8.44亿元，为项目改造顺利实施提供了有力保障。

经过多方面的努力，2011年中央投资持续增长，全年新增装机328万千瓦，总装机达到6212万千瓦，实现了“十二五”良好开局。

2012年合计安排中央财政资金约15亿元用于推进水电新农村电气化县建设、小水电代燃料工程和农村水电增效扩容改造试点工作，全国农村水电发展保持了较快增长势头，我国已建成4.5万多座农村水电站，全年新增农村水电装机容量300万千瓦，达到6568万千瓦，全年农村水电发电量达2173亿千瓦时，相当于节约0.6亿吨标准煤，减少二氧化碳排放1.5亿吨。惠及全国近1/2的地域、1/3的县市、3亿多农民。2011~2012年开展的农村水电增效扩容改造试点工作顺利完成，733座电站改造后，装机容量从改造前的86.8万千瓦增加到114.6万千瓦，增长32%；年发电量从27.2亿千瓦时增加到41.3亿千瓦时，增长52%。巩固和新增发电量相当于每年替代140万吨标准煤，减少排放二氧化碳350万吨、二氧化硫3.1万吨及其他有害气体和粉尘，有效地促进了节能减排，同时在消除安全隐患、实现惠农强农、恢复河流生态、促进综合利用、拉动内需、应对气候变化、抵御自然灾害等方面发挥了重要作用。

按照《2009—2015年全国小水电代燃料工程规划》，从2009年开始，小水电代燃料生态保护工程进入全面实施阶段，建设范围扩大到全国22个省（自治区、直辖市）和新疆生产建设兵团。小水电代燃料生态保护工程进入全面实施阶段4年来，已有52个项目建成发电，新增代燃料装机容量12.3万千瓦，解决了40多万农村居民的生活燃料问题，保护森林面积150多万亩。

安全高效发展核电

核电是一种清洁、高效、优质的现代能源。发展核电对优化能源结构、保障国家能源安全具有重要意义。目前中国核电发电量仅占总发电量的1.8%，远远低于14%的世界平均水平。

核安全是核电发展的生命线。2011年3月,日本发生的里氏9级大地震及随之爆发的海啸导致福岛第一核电站核泄漏事故，引起全世界对核电安全性的再度审视。2012年，多数国家仍将继续按原计划建造核电站，并将认真总结福岛核事故的经验和教训，进一步加强核安全监管，检查核设施的防灾能力，调整核应急措施，并将积极开发先进核电技术。2012年7月17日，美国总统奥巴马重启美国核工业和推进科学、技术、工程设计和教育承诺，美国能源部宣布投资1300万美元用于核能创新。能源部还宣布投资1090万美元资助13个项目，帮助解决核工业的普遍挑战和改进反应堆安全、性能和经济竞争力。另外，能源部还投资160万美元用于三个高校领导的项目，帮助培训和教育下一代核能科学家和工程师。 2012年5月22日，英国能源与气候变化部（DECC）公布了业界期待已久的《能源改革法》（草案），这个被称作英国能源行业“20年来最大变革”，改革计划围绕“电力市场改革”，提出英国将投巨资全力扶植低碳电力，其中核电、可再生能源和普及碳捕获与封存技术（CCS）将成为重中之重。俄罗斯除积极进行大型钠冷快堆的研发之外，还在大力推动新一代小型模块堆的研发和建设工作。2012年2月，俄罗斯国家原子能集团宣布，已经完成了SVBR-100设计文件的起草工作。SVBR-100是一种小型模块化快堆，采用铅-铋合金冷却剂，热功率为280MWt，电功率为101MWe，设计运行寿期60年，换料周期7-8年。 2012年9月17日，IAEA与WANO签署了一份新的协议，这项协议将使两个机构更紧密地开展合作，以支持全球范围内核电站安全可靠地运行。根据这份备忘录，双方将加强运行经验及其他相关方面的信息交流。这份协议遵循了双方在福岛核事故后提出的加强合作的建议。双方在一份联合声明中表示，“通过这份新协议，两个机构在各自的活动中都采取更加协调的方式，以防止发生新的事故并减轻事故一旦发生时造成的后果。”2012年7月18日，经过历时3年的谈判，白俄罗斯与俄罗斯两国总统在明斯克签署了价值100亿美元的第一座核电站建设的协议。目前已经开始进行现场的地基工作，预计于2013年底开始首台机组的混凝土浇筑，两个机组预计分别于2018年11月和2020年7月并网发电。非洲将推广核电2012年7月26日，在亚的斯亚贝巴举行的非洲核能委员会（AFCONE）会议上，成员国通过了委员会的程序规则、组织结构、工作计划和财政预算。委员会将关注核科学及应用、伙伴关系和技术合作以及推广和促进核能和平利用等方面。会议上同意将2012年到2014年的预算定为每年80万美元，会议还对非洲核能委员会资金贡献评估体系达成了一致意见。阿拉伯国家也计划发展核电。2011年，沙特提出了极具雄心的核电发展计划：在2030年前，投资1000亿美元建造16座核反应堆，首批反应堆预计将于2019年开始发电。科威特、卡塔尔、埃及、约旦等国纷纷表示，为满足日益增长的电力需求，将制定发展核电的计划，积极推动核电在本国的发展。

福岛核事故叫停了日本核电机组延寿计划。2011年5月，日本前首相菅直人宣布，中止日本以前制定的能源发展计划。7月13日，他又宣布日本将有计划、阶段性地降低对核能的依赖，直到实现无核社会。野田佳彦政府2012年先后颁布新的《能源基本计划》和《原子能政策大纲》，个性核电发电比例，提出大力发展其他清洁能源的口号。9月6日，日本政府出台“创低碳能源及环境战略”草案，提出“早日摆脱依赖核电”的目标，这与“扩大绿色能源”、“能源稳定供应”一同构成日本今后能源战略的核心。草案规定分两个阶段实现“零核电”，第一阶段到2030年核电发电比例低于15%；第二阶段在2050年前后关停所有核电站，真正迎来“零核电”时代。

福岛核事故发生以前，我国核电建设正以世界上绝无仅有的速度加快发展，每年上马七八座核电站。2007年正式颁布的《核电中长期发展规划》所确定的目标“2020年核电装机达到4000万千瓦”，到2010年已激增至8600万千瓦，之后核电业界又力挺1亿千瓦。截止到2011年底，我国核电机组已建15台、在建26台（两者累计装机达4141万千瓦），拟建机组21台（累计装机2272万千瓦）。

福岛核事故发生以后，中国对境内核电厂开展了全面、严格的综合安全检查。2011年3月16日，温家宝总理主持召开国务院常务会议，强调“全面审查在建核电站，严格审批新上核电项目，抓紧编制核安全规划，调整完善核电发展中长期规划”，这被业界称作核电发展“国四条”。会议还决定，立即组织相关部门对中国核设施进行全面检查，强调“确保绝对安全”。此后，有关部门组织核安全、地震、海洋等方面专家，用9个多月时间对全国41台运行、在建核电机组，3台待建核电机组，及所有民用研究堆和核燃料循环设施等，进行了综合安全检查。检查结果表明，中国核电安全是有保障的，在运核电机组20年来从未发生过2级及以上核安全事件(事故)，主要运行参数好于世界平均值，部分指标进入国际先进行列或达到国际领先水平。

2012年5月31日，温家宝总理主持召开了国务院常务会议，再次听取全国民用核设施综合安全检查情况汇报。同时，常务会议讨论并原则通过了《核安全与放射性污染防治“十二五”规划及2020年远景目标》。这显然是积极的信号，说明中国不会因发生的日本福岛核危机，而放弃发展核电资源。国务院总理温家宝2012年10月２４日主持召开国务院常务会议，再次讨论并通过《核电安全规划（２０１１—２０２０年）》和《核电中长期发展规划（２０１１—２０２０年）》。会议指出，2011年３月以来，在对运行、在建核电机组进行综合安全检查的基础上，国务院两次讨论这两个规划，对待核电安全和发展是十分严肃和慎重的。会议对当前和今后一个时期的核电建设作出部署：（一）稳妥恢复正常建设。合理把握建设节奏，稳步有序推进。（二）科学布局项目。“十二五”时期只在沿海安排少数经过充分论证的核电项目厂址，不安排内陆核电项目。（三）提高准入门槛。按照全球最高安全要求新建核电项目。新建核电机组必须符合三代安全标准。会议强调，安全是核电的生命线。发展核电，必须按照确保环境安全、公众健康和社会和谐的总体要求，把安全第一的方针落实到核电规划、建设、运行、退役全过程及所有相关产业。要用最先进的成熟技术，持续开展在役在建核电机组安全改造，不断提升我国既有核电机组安全性能。全面加强核电安全管理。加大核电安全技术装备研发力度，加快建设核电安全标准法规体系，提高核事故应急管理和响应能力。强化核电安全社会监督和舆论监督。积极开展国际合作。根据规划到2015年，中国运行核电装机容量将达到4000万千瓦。普遍认为，这标志着中国重启核电。7月25日 国家能源局、国家核安全局发出《关于印发与核安全相关的能源行业核电标准管理和认可实施暂行办法的通知》国能科技〔2012〕226称：从而推进实施核安全有了相关的能源行业核电标准，大大加强核电标准化管理和核安全相关的能源行业核电标准认可工作。10月8日，世界首台AP1000三代核电汽轮低压内缸机在秦皇岛起运发往三门核电站，标志着哈电集团哈尔滨汽轮机厂有限责任公司制造的三门1号汽轮机组主设备全部制造完成。

全年截至2012年底，全国全口径发电装机容量11.44亿千瓦，其中核电1257万千瓦。

6000千瓦及以上电厂发电设备累计平均利用小时4572小时，比上年降低158小时。其中核电7838小时，比上年提高79小时。截至2012年底，全口径发电装机容量11.44亿千瓦，其中核电1257万千瓦。

核电科技获得新进展。2012年９月２５日，中国制造首次“穿入”了中国核电机组“心脏”的关键部位——东方电气（广州）重型机器有限公司使用由宝钢集团制造的国产核电６９０U形管，在中国防城港核电１号机组１号蒸汽发生器上成功实现穿管。这是核电６９０U形管国产化以来在中国核电机组上的首次安装应用，使中国成为继法国、日本、瑞典之后，全球第四个能够制造该产品的国家。10月31日 我国四代核电技术通过验收。国家高技术研究发展计划（“863”计划）重大项目中国实验快堆工程顺利通过科技部组织的专家验收。实验快堆的建成，标志着我国核能发展“压力堆—快堆—聚变堆”三步走发展战略中的第二步取得了重大突破，也标志着我国在四代核电技术研发方面进入国际先进行列，已成为世界上少数几个拥有快堆技术的国家之一。据介绍，快堆具有铀资源利用率高、安全性高的特点，是世界上第四代先进核能系统的首选堆型，代表了第四代核能系统的发展方向。中国实验快堆热设计功率65兆瓦，电功率20兆瓦，是目前世界上为数不多的大功率、具备发电功能的实验快堆。

2012年重起核电。2012年年底共有4台核电机组陆续开工建设。自2012年10月国务院宣布核电项目恢复审批以来，包括CAP1400示范工程在内的一批重大项目正在全速推进中。其中CAP1400 示范工程计划坐落于山东省威海市所辖荣成市石岛湾镇，此次计划建设2台CAP1400 压水堆核电机组。该项目将于2014年4月浇灌第一罐混凝土，标志正式动工，该机组装机容量140万千瓦，建设总工期56个月，2018年年底建成投产；而二号机组与一号机组开工时间间隔12个月，建设总工期为50个月。

中国广东核电集团中广核宁德核电站一期1号机组100小时运行考核试验也顺利完成，标志着宁德1号机组圆满完成了工程建设合同任务。该机组已于2013年4月19日正式投入运营，日发电量约2400万度。 2012年底东北首座核电站红沿河核电站并网发电，这将为辽宁省清洁、稳定、安全的电力供应目标增添更坚强的保障。红沿河核电站位于辽宁省大连瓦房店地区，是中国“十一五”期间首个批准开工建设的核电项目，也是东北地区第一个核电厂和最大的能源建设项目。一期工程投资约500亿元人民币，规划建设6台百万千瓦级核电机组，建成后年发电量将达300亿千瓦时，相当于目前大连年用电量的两倍。据测算，6台机组全部投产后，与同等功率的火电站相比，每年可节约燃煤1800万吨，减排二氧化碳4400万吨。

目前，全球核电机组在建数量为68台，装机容量7083万千瓦；中国仅中广核集团在建机组数量15台，总装机容量1775万千瓦，已占全球在建规模约 1/4。2013年达核电开工数有望翻番。

有效发展风电

在世界范围内，风力发电的发展正阔步前进。迄今为止，每年新增风电设施20%。世界风能协会预计，2011年，全世界对风电的投资达到500亿欧元。全世界风电总装机容量达2.37亿千瓦。这相当于280个核反应堆的发电量。到2020年，全球风电总装机容量将超过10亿千瓦。

风电是我国现阶段最具规模化开发和市场化利用条件的非水可再生能源。我国风能技术可开发量为7亿~12亿千瓦，年发电量可达1.4万亿~2.4万亿千瓦时。中国是世界上风电发展最快的国家，“十二五”时期，坚持集中开发与分散发展并举，优化风电开发布局。有序推进西北、华北、东北风能资源丰富地区风电建设，加快分散风能资源的开发利用。稳步发展海上风电。完善风电设备标准和产业监测体系。鼓励风电设备企业加强关键技术研发，加快风电产业技术升级。通过加强电网建设、改进电网调度水平、提高风电设备性能、加强风电预测预报等途径，提高电力系统消纳风电的能力。

2011年，全世界生产的风电设施近一半安装在中国。中国超过美国和德国，成为领先的风能大国。2011年我国新增风电装机容量17.63GW，累积达62.36GW，全球第一，到2015年末风电装机达到1亿千瓦，其中海上风电装机达到500万千瓦。风电设备行业未来看点在由海上风电推动的大机组设备。海上风电机组单机功率在3MW以上，在我国仍处于研发和初步应用阶段。"十二五"末我国海上风电装机要达500万千瓦，较"十一五"末增长34倍。海上风电的快速发展将推动我国风电大功率机组向规模化应用前进。

2012年我国风电装机也超过美国，升至全球榜首。在以水电、风电为主的可再生能源领域，我国发电装机规模雄踞世界第一。2012年6月，我国并网风电达到5258万千瓦，成为世界第一并网风电大国，大电网运行大风电的能力达到世界领先水平。其中国家电网调度范围内达到5026万千瓦，近6年年均增速达87%；2011年风电发电量706亿千瓦时，年均增速96%。我国用5年半时间走过了美国、欧洲15年的风电发展历程，实现了风电装机从200万千瓦到5000万千瓦的跨越。我国风电规模从小到大，标准从无到有，技术从跟随到引领，发展的成果来之不易，做了大量艰苦的工作，有效解决了风电发展中的各种矛盾和问题。目前国家电网已成为全球接入风电规模最大、发展最快的电网，大电网运行大风电的能力处于世界领先水平。8月13日，国务院总理温家宝对我国并网风电装机总量跃居世界第一和国家电网公司促进风电等低碳能源发展工作作出了重要批示；李克强、张德江副总理等领导也分别作出批示。8月15日 国家电网公司宣布，我国已取代美国成为世界第一风电大国。预计2012年发电量将超过900亿千瓦时，约占电力供应的3%，相当于一个中等省份的用电量。

风电可持续发展的关键在于消纳。通过近年来的艰苦努力，我国在风电规划设计、运行控制、调度管理、技术标准等各个方面取得了长足进步，对风电的发展规律和特性有了更为深刻的认识。风电规模从小到大，标准从无到有，技术水平从跟随到领先，运行控制能力从弱到强，取得了令人振奋的成绩。

电网既是风电发展的关键环节，也是各种矛盾的焦点。为此，国家电网将服务低碳能源发展作为重要方向，在低碳能源并网消纳、运行管理、标准建设等方面做了大量艰苦的工作，有效解决了低碳能源发展中的各种矛盾和问题，促进和保障了我国低碳能源安全、健康、可持续发展。2006年以来，国家电网公司累计投资458亿元，针对风电场与电网协调配合的核心技术和关键问题，研究制订了一系列标准和规范，有效解决了风电场建设没有规范、接入电网没有标准等问题；建成覆盖26个省、全部570座风电场的低碳能源运行调度监测网络，在14家调度机构建成风功率预测系统，实现了风电可监测、可预报；建设电网友好型风电场，实现了风电场与电网互联互通、风电可控可调；建成风电并网线路2.53万公里，保障国家及各级地方政府核准的风电项目全部及时并网，成为全球接入风电规模最大、增长速度最快的电网之一。特别重要的是，我国风电和电网之间形成了相互促进、良性互动、共同发展的新局面。

龙源电力风电控股装机容量8994兆瓦，风电装机稳居亚洲和中国第一、世界第二位。在国家能源局“十二五”第二批风电项目拟核准计划中，该公司38个项目被列入计划，合计装机容量2259兆瓦，占列入计划总容量的13.5%，居各风电开发企业首位。上半年，龙源电力新增核准风电项目13个、627.5兆瓦，分布于云南、贵州、山东、江苏、陕西等地。

云南低碳能源“风光”无限——云南太阳能年均总辐射量大于5500兆焦，总资源量相当于731亿吨标准煤；云南风电能源总储量有1.2亿千瓦，经济开发量3000万千瓦左右。目前，全省已投产风电场13个，在建风电场25个，到2020年将建成38个风电场。2012年1月，云南出台了《云南省战略性新兴产业发展“十二五”规划》等，明确提出“大力推进太阳能光伏、风能开发利用，用10年左右的时间初步建立比较完善的低碳能源产业体系，将云南建设成为国家低碳能源发展示范基地”。为此，云南省加大政策支持，从2012年到2015年省级财政每年新增安排3亿元，助推战略性新兴产业发展。

上海东海大桥海上风电示范项目——荣获2012年度“中国电力优质工程奖”，这是国家发改委核准的我国第一个大型海上风电示范项目，总投资达22.8亿元。今年前三季度，东海大桥风电场发电量达19429.21万千瓦时，上网电量18838.49万千瓦时，年可利用率95.05%，项目每年可减少标煤消耗量约8.6万吨，减排二氧化碳约23万吨。

山东5年内将建8座风电汇集站——2011年7月，山东全省风电装机占总中国船舶重工集团公司自主研制的5兆瓦海上风电机组样机在重庆海装风电总装生产基地成功下线，结束了此前我国主要依赖引进技术的历史。该机组是目前同类机型中“风轮直径最大、机头重量最轻、发电量最高”的机组。下线后将运往江苏如东黄海风场安装，于年内实现并网发电，装机容量的比例由“十五”末的0.09%提高到3.6%；年累计发电量42.3亿千瓦时，跻身全国第八大风电基地。“十一五”以来，山东省风电装机容量年均增速达102.9%。截至2012年9月底，全省并网风电容量352.8万千瓦，是“十五”末的近百倍。“十二五”期间，该省将在烟台海阳、招远、滨州沾化、日照莒县、威海乳山等风电集中地建设8座220千伏风电汇集站，满足大规模风电开发的接入需要。

我国风电产业具有起步晚、发展快的特点。在经历了连续数年的高速增长后，风电发展面临诸多困难，遭遇了前所未有的发展瓶颈。主要是：

一是安全问题。近年来，中国风电的发展已经步入大规模集中接入、高电压远距离输送的新阶段，电网及风电场的安全稳定运行面临着巨大压力。为进一步规范风电安全工作，国家电监会于3月1日发布了《关于加强风电安全工作的意见》，分别从风电场的设计、建设、并网、运行、调度、监管六个方面提出明确要求，旨在加强风电安全工作的全过程管理。《意见》要求从风电场设计与设备选型源头加强安全管理，明确了风电场设计及风电企业设备选型原则。规范了风电建设、监理、质量管理、验收管理及电网送出工程建设等方面工作，要求强化风电建设项目施工质量管理。对风电场并网安全性评价、电力业务许可证管理、风电场并网检测、风电并网运行管理等方面提出具体工作要求。《意见》还规定了风电企业安全生产主体责任及电网企业相关工作要求，明确了电力调度机构在风电调度管理中的职责。《意见》同时指出，要加强风电安全监管工作，未执行本《意见》要求、造成电力安全事故的，电力监管机构可以依据法律法规和规章进行处罚。

二是“弃风”严重。 我国电力具有长距离、跨区域输送的特点，但目前尚未建成大规模跨区输电的网络线路，支持火电、水电、风电并网的电网建设落后，风电近几年高速发展未能与电网建设匹配且发电不稳定，风电消纳难，限电弃风现象严重。2011年全国平均弃风量达20%。相对比较稳定的火电，风电本身具有不稳定性，需要大容量的电网来调节。下一步将进一步加快电网建设，为风电等低碳能源接入创造条件。4月24日 国家能源局发出《关于加强风电并网和消纳工作有关要求的通知 》（国能新能〔2012〕135号）。称：随着我国风电装机的快速增长，局部地区的弃风限电问题日趋严重。2011年度，全国风电弃风限电总量超过100亿千瓦时，平均利用小时数大幅减少，个别省（区）的利用小时数已经下降到1600小时左右，严重影响了风电场运行的经济性，风电并网运行和消纳问题已经成为制约我国风电持续健康发展的重要因素。《通知》要求把保障风电运行作为当前风电管理的重要工作；认真落实并网接入等风电场建设条件；进一步做好风电场运行调度管理工作；着力提高风电场建设和运行水平。

三是产能过剩，无序竞争。《中国风电发展报告2012》数据显示：2011年中国主要风电设备制造行业产能达到3000万千瓦以上，而2011年我国风电新增装机容量约为 1700万千瓦，较2010年下降6．85%；2012年我国风电新增装机容量约为1400万千瓦。40%以上的产能处于闲置状态。目前我国年均新增风电装机大约1500万千瓦左右，但产能已经超过3500万千瓦。在国内低碳能源设备供过于求、外需萎靡不振的形势下，加速启动国内市场已成为风电低碳能源行业解决产能过剩问题的良策。

积极利用太阳能

我国太阳能资源丰富地区的面积占国土面积96%以上，每年地表吸收的太阳能大约相当于1.7万亿吨标准煤，每年太阳能热利用可相当于约3.2亿吨标准煤，年发电量可达2.9万亿千瓦时，开发潜力巨大，具有广阔的应用前景。自2002年以来，我国太阳电池产量均以100%以上的年增长率快速发展，2010年产量 8.7GW，占到世界总产量的50%，连续四年产量位居世界第一。2009年，我国政府开始实施“金太阳示范工程”，通过光伏产品的规模化应用带动国内太阳能发电的商业化进程和技术进步。

一、光伏发电井喷式发展，光伏电池和太阳能热水器的生产利用世界领先

（一）光伏电

目前国内的光伏发电分为两部分，一是光伏发电站，二是屋顶（分布式）光伏。尽管我国光伏发电起步较晚，但呈现井喷式发展势头。

国家电网电网加快光伏并网工程建设，累计投资25.78亿元，建成太阳能汇集站容量539万千伏安，并网线路1000公里。大力推进光伏发电并网标准体系建设，主动参与相关国家标准、行业标准制定工作，确定了适合我国电网实际的光伏发电接入方式，支撑光伏发电大发展。国家电网制定的《坚强智能电网技术标准体系规划》，明确了坚强智能电网技术标准路线图，并提出到2015年基本建成具有信息化、自动化、互动化特征的坚强智能电网，使电网的资源配置能力、经济运行效率、安全水平、科技水平和智能化水平得到全面提升。

2011年国内累计光伏装机达到3GW，500kW级光伏并网逆变器等关键设备实现国产化，并网光伏系统开始商业

化推广，光伏微网技术开发与国际基本同步。2011年全国光伏发电装机同比增长700%，国家电网公司保障光伏发电及时并网，全额收购电量，目前经营区域并网光伏发电已经达到271万千瓦。2012年1-9月，国家电网公司收购光伏发电量25.2亿千瓦时，同比增加5.4倍，收购电量增速高于并网容量增速。2012年，全国光伏发电新增装机量约为4.5GW，同比增长高达66%，约占全球市场份额的14%。预计到2015年，我国将成为世界第一光伏发电大国。青海柴达木盆地成为最大规模光伏发电基地，已并网光伏电站42座、容量1003兆瓦,占全省总发电装机容量的7%。2011年青海省内并网光伏电站发电量1.5亿千瓦时,截至目前，总发电量超过5亿千瓦时。这样,青海创造了同一地区短期内最大光伏电站安装量、世界上目前最大的光伏电站并网系统工程、世界范围内首度实现千兆瓦级光伏电站并网等多个"世界之最"。2012年1月30日，宁夏的世界装机规模最大的智能光伏电站——天景山30兆瓦光伏电站已向宁夏电网平稳送电500万千瓦时。工程全部采用该公司自主研发的智能联动跟踪系统，相较传统光伏电站，可24小时追踪太阳，发电量提高25%，年均发电量5400万千瓦时，按25年使用寿命计算，可累计增加发电量2.7亿千瓦时，累计减排二氧化碳当量130万吨。另外，天景山30兆瓦光伏电站还将在国内首次实现清洁能源发电与绿色有机农业发展相结合，有关的8项研发成果已申请专利。9月，全国太阳能光伏、光热应用领域，园区面积最大，产品应用最广，实用品类最全，集产学研一体化的太阳能综合应用科技工业园在山东力诺集团建成。园区现已实现15.8MW的太阳能光电综合应用规模，年均上网电量1888.1万度，每年可节省标煤6458吨，减排二氧化碳约15800吨，减排灰渣约4740吨，减排二氧化硫约474吨。2月16日，世界最大屋顶光伏发电项目——广西玉柴机器集团厂区连片并网发电项目在玉林开工，这对开发利用低碳能源、推广节能发电具有重要意义。该项目装机容量3万千瓦，总投资近4亿元，并网发电后每年可发电超过3800万千瓦时，相当于节约标煤1.38万吨。6月10日，电站汽轮发电机首次冲转，转速达到1076rpm；7月17日，汽轮发电机达到额定转速6500rpm；7月22日，电站汽轮发电机发电试验，系统励磁电压达到9kV；8月4日，带负载运行发电调试，系统电压达到10kV；8月9日，实验电站全系统贯通，首次太阳能发电实验获得成功，这也标志着我国成为继美国、德国、西班牙之后，世界上第四个掌握集成大型太阳能热发电站有关技术的国家。8月9日，北京延庆八达岭太阳能热发电实验电站经过六年的艰苦努力首次太阳能热发电实验在系统贯通后获得成功。该电站属于国家863计划。根据设计，该电站装机容量为1兆瓦，属于示范项目。电站建成后，每年的发电量将达到270万度，相当于1100余吨标准煤产生的电量，可减排二氧化碳2300余吨、二氧化硫21吨、氮氧化合物35吨。

（二）分布式能源

分布式能源是指分散存在的可再生能源和清洁能源。分布式光伏发电的优点是可以把城市里一家一户的屋顶、窗户等都利用起来，足以保证照明用电自给自足。分布式能源发展的一大瓶颈是电力并网。2012年国家能源局发布的《关于申报分布式光伏发电规模化应用示范区的通知》中要求，每个省（区、市）申报支持的数量不超过3个，申报总装机容量原则上不超过50万千瓦，如果各个省都按照最高限额申报，中国的光伏发电总量将达到1500万千瓦，再加上"金太阳"工程和光电建筑的发电量，2012年列入政府规划中的光伏装机已经达到2000万千瓦。此外，还有1000万千瓦的地面光伏电站，2012年共列入政府规划中的光伏装机总量已经超过3000万千瓦。

国家电网2012年10月发布了《关于做好分布式光伏发电并网服务工作的意见》，从11月1日，对适用范围内的分布式光伏发电项目提供系统接入方案制订、并网检测、调试等全过程服务，不收取费用。同时，对分布式光伏发电项目所发的富余电量，国家电网公司将按照有关政策全额收购。截至2012年底，我国已并网投产的分布式电源1.56万个，装机容量3436万千瓦；其中分布式光伏发电容量33.8万千瓦，分布式水电2376万千瓦，世界第一。2013年2月27日发布了《关于做好分布式电源并网服务工作的意见》，给予符合条件的太阳能、天然气、生物质能、风能、地热能、海洋能、资源综合利用发电等提供并网条件，积极促进分布式能源发展。

（三）中国光伏电池和太阳能热水器的生产利用世界领先

从2007年开始我国光伏产业受国内及欧美市场的拉动，进入了一个非常快速的发展时期。中国已经连续4年光伏电池产量居世界首位。2010年，中国光伏电池产量已超过全球总产量的50%。2011年，中国光伏电池总产能超过2000万千瓦，产量居世界第一。中国已经连续4年光伏电池产量居世界首位。太阳能热水器的生产和应用连续十年走在世界前列，全球太阳能集热器安装面积已突破3亿平方米，仅中国的集热面积就达2.14亿平方米。根据各地上报的《2012年金太阳示范项目实施方案》和专家评审结果，财政部、科技部、国家能源局确定2012年金太阳示范工程总规模为1709兆瓦。8月，国内第一座全太阳能加油站在北京亦庄开发区文化园路落成，经历过"7·21"特大自然灾害等阴雨及大风天气的考验，站内电力设施均正常运转。全站共有804块太阳能板、448块蓄电池。蓄电池储存的能量可以维持加油站运转七八天，一旦电量耗尽，系统会自动切换到加油站备用电机上，即使是阴雨天加油站工作也不会受到影响。云南省城市太阳能热水器面积达1000万平方米，是全国太阳能热水器利用最好的省区之一。昆明市年平均日照在2400小时以上，在国内太阳能资源仅次于西藏，石林拥有国内规模最大的太阳能光伏发电站，到2015

年，昆明市的太阳能集热面积产量将由现在的200万平方米增加到1200万平方米，实现太阳能产业总产值200亿元以上。

截至2012年底，全国城镇太阳能光热应用面积24.6亿平方米，浅层地能应用面积3亿平方米，光电建筑已建成及正在建设装机容量达到1079兆瓦。共确定93个城市、198个县、6个区、16个镇为可再生能源建筑应用示范市（县、区、镇），2个可再生能源建筑应用集中连片示范区，将江苏、青海、新疆等8个省（区）确定为太阳能光热建筑应用综合示范省。

二、我国太阳能光伏产业发展中的烦恼

我国太阳能光伏产业发展存在的主要问题是：产能严重过剩，市场过度依赖外需，企业普遍经营困难。

我国光伏设备产能位居世界首位，光伏电池出口量占世界市场一半，但多年的高速发展使得光伏产业出现产能过剩，而全球经济增速的放缓以及光伏产业技术条件的不成熟使得我国光伏产业面临着发展危机。同时又一是光伏设备订单减少，企业经营困难。二是光伏价格下跌，光伏电池利润达到前所未有的低水平。需求萎靡导致光伏产品库存积压严重，价格暴跌。2011年多晶硅67美元／公斤，而到2012年3月份每公斤已经降到28美元。我国光伏组件的售价到2012年6月份也已经低于0．5欧元／Wp。

遭遇反倾销税和反补贴税。太阳能光伏产业原本被认为是人类摆脱化石能源危机，实现绿色增长的朝阳产业而备受追捧。早在2007年5月，欧洲议会就通过了一项正式宣言，以加强对低碳能源产业的开发并提高能效，提出到2020年将能效提高20%的具体指标。与此相应，随着欧盟低碳战略的推进，不仅使其在光伏领域形成技术研发、原材料和设备制造等方面的巨大优势，也使其成为全球最大的光伏市场。公开资料显示，欧盟约占据全球光伏装机容量的70%，仅2011年就达到上百亿美元的规模。美国总统奥巴马上任之初，同样也将低碳能源作为发展重点，对低碳能源企业给予贷款担保，其光伏装机容量仅次于欧盟，占据全球总量的10%左右。从2007年开始，我国及时抓住欧美市场巨大的市场需求，光伏产业迅速崛起，在技术进步和集约化生产方面已形成明显竞争优势。从2007年开始我国光伏产业受国内及欧美市场的拉动，进入了一个非常快速的发展时期。中国光伏产品的出口额，接近于2011年中国从欧盟进口汽车整车的总额。2011年中国有接近358亿美元的光伏产品出口，其中60%以上是输送至欧洲市场，涉及出口额超200亿美元。从2012年年初就已经开始发酵的光伏和风塔“双反”事件，9月6日欧盟公开对华光伏企业反倾销立案决定。此次反倾销调查申请范围涵盖来自中国的全部太阳能产品，总量近万亿人民币。终于在2012年10月和12月，被分别宣布成立，中国的相关企业面临高额的反倾销税和反补贴税。随后欧洲和印度等国家纷纷表示跟进。11月8日，美国对华光伏产品“双反”终裁落地，美方将针对中国相关生产和出口企业征收介于18.32%至249.96%的反倾销关税，以及介于14.78%至15.97%的反补贴关税。我国现有2000多家光伏企业，产品大部分出口欧美。我国光伏企业平均利润率不到20%，被欧美双双征收20%以上的反倾销税，中国光伏企业将失去超200亿美元的出口额，而且会造成超过3500亿人民币的产值损失。这样势必丧失价格优势。在这样形势下，导致光伏设备订单减少，产品库存积压严重，价格暴跌。2011年多晶硅67美元／公斤，而到2012年3月份每公斤已经降到28美元。我国光伏组件的售价到2012年6月份也已经低于0．5欧元／Wp。

尽管中国光伏产业得到政府救市和“金太阳”工程补贴等政策利好暖风频吹，但产能过剩“寒冰”迟迟未化，打开国内市场消化库存尚待时日。欧盟2011年9月份发布的报告也显示，2012年全球太阳能电池产能将达到80GW，我国占据超过50%的份额。2012年全球光伏产业的装机总量为32GW，其中中国新增光伏装机量为4．5GW，但中国2012年的产能在40GW以上.截至2011年年底，全国多晶硅产能已超过22万吨／年，而2012年世界预计需求不到10万吨。“十二五”期间，我国地方政府规划建设千亿光伏产业园区就达到20个，规划产值达到2万亿元，而据EPIA预计，2015年全球光伏装机约为45GW，按8元／瓦计，全球市场安装需求也仅为3600亿元。《中国的能源政策（2012）》白皮书中明确指出，到2015年中国将建成太阳能发电装机容量2100万千瓦以上，太阳能集热面积也将增长1.8倍，达到4亿平方米，这将释放巨大的市场需求。从总体上看，当前我国的产能已可满足全球未来2年—3年光伏市场需求，需求增长速度远不能跟上产能扩张的步伐。无锡尚德似乎没能熬到好时候。2013年3月20日，无锡尚德因无法偿还到期债务，被依法裁定破产重整。无锡尚德的命运被看作是光伏行业危机的集中显现。

三、向前看，我国光伏产业仍是美好风景

2012年12月19日，国务院总理温家宝主持召开国务院常务会议，研究确定促进光伏产业健康发展的政策措施。会议认为，近年来我国光伏产业快速发展，已形成较为完整的光伏制造产业体系。当前的主要问题是：产能严重过剩，市场过度依赖外需，企业普遍经营困难。会议强调，光伏产业是战略性新兴产业。发展光伏产业对调整能源结构、推进能源生产和消费方式变革、促进生态文明建设具有重要意义。我国光伏产业当前遇到的困难，既是产业发展面临的严峻挑战，也是促进产业调整升级的契机，特别是光伏发电成本大幅下降，为扩大国内市场提供了有利条件。要按照创新体制机制、完善政策措施、扩大消费市场、规范市场秩序、推进产业重组、降低发电成本的思路，统筹兼顾、综合施策，着力提升产业竞争力。

会议确定了以下政策措施：（一）加快产业结构调整和技术进步。善加利用市场“倒逼机制”，鼓励企业兼并重组，淘汰落后产能，提高技术和装备水平。严格控制新上单纯扩大产能的多晶硅、光伏电池及组件项目。（二）规范产业发展秩序。加强光伏发电规划与配套电网规划的协调，建立简捷高效的并网服务体系。建立健全技术标准体系，加强市场监管，对关键设备实行强制检测认证制度。（三）积极开拓国内光伏应用市场。着力推进分布式光伏发电，鼓励单位、社区和家庭安装、使用光伏发电系统，有序推进光伏电站建设。加强国际合作，巩固和拓展国际市场。（四）完善支持政策。根据资源条件制定光伏电站分区域上网标杆电价，对分布式光伏发电实行按照电量补贴的政策，根据成本变化合理调减上网电价和补贴标准。完善中央财政资金支持光伏发展的机制，光伏电站项目执行与风电相同的增值税优惠政策。（五）充分发挥市场机制作用，减少政府干预，禁止地方保护。完善电价定价机制和补贴效果考核机制，提高政策效应。发挥行业组织作用，加强行业自律，引导产业健康发展。会议要求各有关部门抓紧制定完善配套政策，确保落实到位。

我国“十二五”时期，中国坚持集中开发与分布式利用相结合，推进太阳能多元化利用。在青海、新疆、甘肃、内蒙古等太阳能资源丰富、具有荒漠和闲散土地资源的地区，以增加当地电力供应为目的，建设大型并网光伏电站和太阳能热发电项目。鼓励在中东部地区建设与建筑结合的分布式光伏发电系统。加大太阳能热水器普及力度，鼓励太阳能集中供热水、太阳能采暖和制冷、太阳能中高温工业应用。在农村、边疆和小城镇推广使用太阳能热水器、太阳灶和太阳房。在青海、新疆、甘肃、内蒙古等太阳能资源丰富、具有荒漠和闲散土地资源的地区，以增加当地电力供应为目的，建设大型并网光伏电站和太阳能热发电项目。鼓励在中东部地区建设与建筑结合的分布式光伏发电系统。加大太阳能热水器普及力度，鼓励太阳能集中供热水、太阳能采暖和制冷、太阳能中高温工业应用。在农村、边疆和小城镇推广使用太阳能热水器、太阳灶和太阳房。2012年5月科技部发布《太阳能发电科技发展“十二五”专项规划》的总体目标是：“十二五”期间，实现光伏技术的全面突破，促进太阳能发电的规模化应用，晶硅电池效率20%以上，硅基薄膜电池效率10%以上，碲化镉、铜铟镓硒薄膜电池实现商业化应用，装机成本1.2～1.3万元/kW，初步实现用户侧并网光伏系统平价上网，公用电网侧并网光伏系统上网电价低于0.8元/kWh，基本掌握多种光伏微网系统关键部件及设计集成技术，实现示范应用。太阳能热发电具备建立100MW级太阳能热发电站的设计能力和成套装备供应能力，无储热电站装机成本1.6万元/kW；带8小时储热电站装机成本2.2万元/kW，上网电价低于0.9元/kWh。突破太阳能中温热能在工业节能中的应用技术和太阳能建筑采暖的长周期储热技术，并示范应用。初步建立太阳能发电国家标准体系和技术产品检测平台，形成我国完整的太阳能技术研发、装备制造、系统集成、工程建设、运行维护等产业链技术服务体系。2012年9月12日，国家能源局印发《太阳能发电发展“十二五”规划》提出，到2015年底，我国太阳能发电装机容量达到2100万千瓦以上，太阳能集热面积达到4亿平方米，分布式光伏系统2015年要达到10GW。这意味着未来3年我国光伏发电装机容量有望扩大6倍以上。

2013年，触底转机似乎开始出现。国家发改委下发《关于进一步改进企业债券发行审核工作的通知》，明确将太阳能光伏行业列入加快和简化审核发债重点支持范围，行业目前面临的最大难题有望纾解；国内光伏四巨头之一的英利绿色能源控股有限公司其全资子公司英利能源(中国)有限公司与政策性银行国家开发银行签订了两份贷款合同，合同总额为1.65亿美元。国开行将向英利中国提供一笔1.1亿美元的一年期贷款和一笔5500万美元的三年期贷款。另据市场研究机构IHS iSuppli最新报告，2013年3月份，中国晶体硅光伏组件在欧盟国家的平均售价已上涨4%，这是自2009年1月以来中国晶体硅光伏组件价格首次上涨。该机构预测，4月价格还将上涨1%，今后3个月价格平均涨幅将达到4%。有关机构判断，光伏业底部已经确认，有望企稳回升。

开发利用生物质能源

生物质能是指利用自然界的植物以及城乡有机废物转化、生产的能源。世界各国都重视生物能源发展，近年来欧盟生物能源发展迅速。2012年11月13日，欧洲生物质能源协会（AEBIOM）发布了年度统计报告《2012欧洲生物能源展望》，报告显示，2010年欧盟可再生能源消费总量达1.52亿吨石油当量，占能源消费总量的10%，占终端能源消费总量的12.4%。其中生物质能源消费总量达1.18亿吨石油当量，约占可再生能源消费总量的77.6%，占欧盟所有能源消费总量的8%。从2008年到2010年，欧盟木质生物质颗粒产量增长了20.5%。在供暖行业，生物质能供暖占可再生能源供暖的93%，满足了欧洲总体供暖能源需求的12.9%。在电力行业，生物质能发电占欧洲可再生能源发电的16.85%，欧洲63.59%的热电联产由生物质能提供。在交通行业，2010年欧洲交通行业消耗的生物燃料达1320万吨石油当量，约占交通行业消耗燃料总量的3.63%。

中国坚持“统筹兼顾、因地制宜、综合利用、有序发展”的原则，发展生物质能等其他可再生能源。当前我国可利用生物质资源约2.9亿吨标准煤，主要是农业有机废弃物，适宜利用方式是发电燃料和民用沼气等。目前主要在粮棉主产区，有序发展以农作物秸秆、粮食加工剩余物和蔗渣等为燃料的生物质发电。在林木资源丰富地区，适度发展林木生物质发电。发展城市垃圾焚烧和填埋气发电。在具备条件的地区推进沼气等生物质供气工程。因地制宜建设生物质成型燃料生产基地。发展生物柴油，开展纤维素乙醇产业示范。在保护地下水资源的前提下，推广地热能高效利用技术。加强对潮汐能、波浪能、干热岩发电等开发利用技术的跟踪和研发。

一、生物质发电

到2015年末，中国生物质发电总装机目标1300万千瓦，较2010年550万千瓦增长136.36%。其中，农林生物质发电装机800万千瓦，沼气发电装机200万千瓦，垃圾发电装机300万千瓦，分别较2010年增长300%、150%和500%，呈现爆发式增长。2010年我国出台了农林生物质发电0.75元/千瓦时的上网电价，使大部分发电厂能够盈利；今年4月，垃圾发电标杆上网电价出台，标准为0.65元/千瓦时，基本能使垃圾发电厂实现收支平衡，而政府给予的垃圾处理费补贴则将成为发电厂的直接利润。上网标杆电价的出台为生物质发电的发展奠定基础。由于生物质电厂从项目前期准备到投产发电大约需两年时间，生物质发电相关设备制造商将先于发电厂受益。

2012年4月10日，国家发展改革委印发《关于完善垃圾焚烧发电价格政策的通知》，利好政策的出台引发各地掀起垃圾发电潮。大力推进分布式可再生能源技术应用。因地制宜在农村、林区、海岛推进分布式可再生能源建设。制定分布式能源标准，完善分布式能源上网电价形成机制和政策，努力实现分布式发电直供及无歧视、无障碍接入电网。“十二五”期间建设1000个左右天然气分布式能源项目，以及10个左右各类典型特征的分布式能源示范区域。

重庆成为全国垃圾发电利用率最高的城市。重庆主城每天要产生5000吨生活垃圾。2012年6月起，重庆第二座垃圾焚烧发电厂将正式投产，每天最多可焚烧垃圾4500吨，将消化掉主城区90%的垃圾。目前每吨垃圾发电280度，日均发电量可达到近150万度，按照重庆主城区家庭用电额度计算，每日可供20万个家庭使用，实现年发电效益2.5亿元。重庆也成为全国垃圾发电利用率最高的城市。

安徽省砀山生物质发电项目在国内的第一个利用农业秸秆等原材料生物质能发电项目，年处理生物质３０万吨，提供绿色电力约２亿千瓦时，每年为当地农民增加收入约7000万元，总投资约３．１亿元，按照“高标准、高效率”，一年时间就建成生物质能综合示范项目，已正式并网发电。

我国已完成了中国航空生物燃料首次验证飞行，中石油以小桐子油为原料，精炼转化后与石化航煤以50%的比例掺混，加注到一架波音747客机油料箱中，于北京首都国际机场试飞成功。

二、农村沼气快速发展

农村沼气建设按照大力推进生态文明建设、资源节约型和环境友好型社会、社会主义新农村建设的总体要求，坚持农村沼气的民生工程和公益性定位，坚持向农户供气的基本原则，进一步加大投入，调整优化投资结构，逐步建立农村沼气产业化发展、市场化经营、科学化管理和社会化服务的新格局。一是加强组织领导，积极争取当地党委和政府的支持，加强与发改委、财政部门的协调配合，完善工作责任制，加强监督考核，实行奖惩激励，充分调动各方面的积极性。二是完善扶持政策，建立从前段到终端、从建设到运营一揽子配套扶持政策，争取有关部门支持，将沼气建设纳入农业项目管理，在用地、用电、用水、税收、信贷等方面享受同等待遇。三是规范项目管理，严格按照管理程序组织实施项目，健全农村沼气标准化体系和技术监督体系，建立农村沼气建设考核、奖惩机制和质量追究制度，对工作得力、成效显著的地区在项目安排上给予倾斜，对在有效期内停止供气的给予处罚，对灾损、超期使用和村庄合并的弃用池按照程序进行报废。四是加快科技创新，围绕制约农村沼气发展最紧迫、最关键的瓶颈问题，加大研发攻关力度，加快新工艺、新材料、新设备更新换代，对沼气发展的共性关键技术在科研项目安排上给予重点支持。

多年来，在中央投资带动下，经过各地共同努力，我国农村沼气发展进入了大发展、快发展的新阶段。截止到2011年底，全国户用沼气达到3996万户，占乡村总户数的23%，受益人口达1.5亿多人；中央支持建成了2.4万处小型沼气工程和3690多处大中型沼气工程，多元化发展的新格局初步形成；全国乡村服务网点达到9万个、县级服务站800多个，服务沼气用户3000万户左右，覆盖率达到75%。

2012年，全国农村沼气发展迅速，沼气数量稳步增长、功能不断拓展、服务体系日益完善。目前，全国沼气用户已达4241.82万户，沼气工程9.2万处，年总产气量157.62亿立方米；农村太阳能热水器推广面积达到6801.8万平方米、太阳房2353.04万平方米，太阳灶220.72万台；推广省柴节煤炉灶炕1.77亿台，还开展了秸秆沼气集中供气、秸秆气化和秸秆固化成型示范。通过这些技术的推广，年节能能力相当于1亿吨标准煤，可减排二氧化碳2.3亿吨。

全国农村普遍以沼气设计、沼气施工、沼气服务、沼气装备和“三沼”综合利用为主要内容的产业化体系初步建立。农村沼气从小工程做成了大产业，把小环境变成了大生态，由小项目形成了大事业。通过发展农村沼气，有效防止和减轻了畜禽粪便排放和化肥农药过量施用造成的面源污染，对实现农业节本增效、循环发展，提高农业综合生产能力和竞争力发挥了重要作用；增强了应对气候变化和保障能源安全的能力，对减少化石能源消耗、改善农村用能结构和应对气候变化发挥了不可替代的作用；实现了粪便、秸秆、有机垃圾等农村主要废弃物的无害化处理、资源化利用，使困扰新农村建设的诸多“脏乱差”环境问题得到了有效解决，提高了农民生活质量，改善了农业农村生产生态环境，受到社会各界的广泛关注和农民群众的普遍欢迎，已经成为发展低碳农业、推动农村生态文明建设和创建“美丽乡村”的重要抓手和新时期重要的农村民生工程和新农村建设的一大亮点。

面临的主要问题及政策建议

总体来看，全国低碳能源发展态势良好。《能源发展“十二五”规划》近日揭开神秘面纱。根据《规划》，我国在“十二五”将实施能源消费强度和消费总量“双控制”，一次能源消费总量年均增长为4.3%，到2015年，总量控制在40亿吨标煤。到“十二五”末期，非化石能源消费比重提高到11.4%，单位国内生产总值二氧化碳排放比2010年下降17%，能源开发利用产生的细颗粒物（PM2.5）排放强度下降30%以上。我国对外承诺到2020年单位国内生产总值二氧化碳排放，比2005年下降40%～45%，非化石能源占一次能源消费总量的比重达到15%左右。2013年1月召开的全国能源工作会议上确定了2013年将做好八项工作，其中排在第二位的是，大力发展低碳能源和可再生能源，积极发展水电，协调发展风电，大力发展分布式光伏发电。全年新增水电装机2100万千瓦、风电装机1800万千瓦、光伏发电装机1000万千瓦。

我国经济持续快速发展，已经超越美国成为世界最大的能源生产国和消费国。2012年生产原煤36.5亿吨，净进口2.7亿吨。煤炭消费量达到39.2亿吨，占全世界煤炭消费的47%。全国能源生产总量折算成标准煤为33.1亿吨标准煤，消费总量为36.2亿吨标准煤，进口3.1亿吨标准煤。我国一次能源结构中，煤炭占比69%。在发电设备中，燃煤机组的装机容量占到78%。发电量中，2010、2011两年燃煤发电占到80%以上，2012年情况有所好转。

2012年我国非化石能源的发电量1．07万亿千瓦时，占全国发电量比重已经达到21.4%，等于少用了3.5亿吨的标准煤。这表明近年我国非化石能源发展迅速。国家能源局明确，2013年要大力发展低碳能源和可再生能源，积极发展水电，协调发展风电，大力发展分布式光伏发电。全年新增水电装机2100万千瓦、风电装机1800万千瓦、光伏发电装机1000万千瓦。

这些情况表明，我国低碳能源发展机遇和挑战同在。我们必须按照规划和发展战略性新兴产业，加快发展低碳能源发展。在目前的能源格局下，要实现快速发展，扩大国内外市场，突破核心技术，进一步降低发电成本、提升市场竞争力等是关键。

一、“发展是硬道理”，最根本的解决途径是做大“蛋糕”

首先是水力发电，2012年水力发电8000万度，占发电量的17.4%。风电虽然发展迅速，但所占比例较小，仅占发电总量的2%。核电的比例更小，去年我国核电发电量980亿千瓦时，只占发电总量的1.97%。

在保证安全的前提下，积极发展核电。到2030年，核电占总发电量的比例力争提高到8%。目前我国已经投入运行核电机组16个，2012年发电量980亿千瓦时，仅占总发电量4.95万亿千瓦时的1.97%。从全球范围来看，运行核电机组440个，核电占发电量的平均比例为15%，其中美国有104个核电反应堆，核电发电占16%左右。法国有58个反应堆，核电比例超过80%。日本在福岛核事故以前运行的核电机组54个，核电发电占30%以上。韩国有核电机组28个，占发电总量30%以上。国家能源局原局长张国宝认为，核电技术是可以更加成熟和可靠的。我国核电虽然起步较晚，但采用的都是当今最先进的技术装备，核电安全在全世界同业评比中一直名列前茅，我国完全能够做到核电的安全运行。

再就是加快发展风电、太阳能等可再生能源。近年来，我国以风电为代表的可再生能源发展迅速，风电装机容量达到了6300万千瓦，超过了美国位居世界第一。2012年风电发电量1004亿千瓦时，超过了核电的发电量。奥巴马在前几次国情咨文中多次提到中国的可再生能源发展迅速，警示美国不要落后。

二、积极培育多元化、多层次的市场体系

目前我国低碳能源尚不具备市场竞争力，需要政策扶持才能生存发展。推行市場化机制。随着我国社会主义市场经济体制不断完善，推进低碳能源发展应进一步发挥市场在配置资源中的基础性作用。政府应积极宣传引导，

提高公众和主管部门对低碳能源发电的认知度，自愿承担开发低碳能源的成本。落实并完善低碳能源“上网电价”实施细则，继续实施“金太阳工程”等扶持措施，鼓励低碳能源企业与电力系统等加强沟通合作，加快启动国内市场。坚持并网发电与离网应用相结合，以“下乡、富民、支边、治荒”为目标，支持小型光伏系统、离网应用系统、与建筑相结合的光伏发电系统等应用，开发多样化的光伏产品。重视电源电网协调同步发展，形成低碳能源规划与电网规划互动的协同机制。通过合理的电价标准、适度的财政补贴和积极的金融扶持，积极扩大国内低碳能源市场。

同时，由于国际市场上对我国的光伏产业的“双反”还在继续，应该积极开拓国内光伏市场，大力发展新兴市场，以此尽量规避“双反”对企业的影响。

三、进一步完善低碳能源政策支持机制

低碳能源补贴政策的初衷在于降低发电成本、促进产业发展，补贴过高不利于低碳能源技术进步，而补贴过低则将挫伤投资者信心，不利于产业发展。因此，以往的“命令-控制型”的能源政策体系必须转向，转向以经济激励政策为主，补贴标准必须适中，并应随低碳能源技术进步而动态调整，仅在低碳能源技术、产业尚不能与传统能源竞争的特定阶段实行。同时不断降低补贴幅度，尽可能减轻因发展低碳能源给国民经济带来的负担。对商业化低碳能源项目补贴的对象，应是已经具有较为成熟技术且能够通过自身技术进步和商业化规模扩大，不断降低成本的企业。补贴政策的实施，需要建立竞争和比较机制，以激励先进、鞭策落后，促进低碳能源发电技术不断进步，积极为低碳能源发电降低成本创造良好的政策环境。

四、加大研发投入，提高自主创新能力，突破核心技术

低碳能源发展关键在于科学技术进步，掌控低碳能源核心技术。低碳能源要发展壮大，关键是技术突破。目前出现的产能过剩，归根结底是在技术低水平、同水平的产能盲目扩张。国家和企业、加大资金、人员方面的投入，加强产学研结合，支持关键共性技术研发，全面提升本土化低碳能源设备技术水平，以科技攻关或其他方式使有关企业在技术、设备、工艺等方面巩固或达到领先地位，力争在低碳能源核心技术领域取得重大进展，提升低碳能源发电系统的整体实力，提高产品质量，扩大生产规模，降低生产成本，提高我国低碳能源发电产业的核心竞争力，逐步实现从低碳能源大国向低碳能源强国转变的目标。制定切实可行的低碳能源发电中长期发展规划和目标，稳定投资者信心，以调动各方资本对低碳能源产业的发展进行长期投入。今后的发展方向，必须注重自主创新和成（002001）本控制，把成本下降到可以商业化发电，平价上网，走到老百姓家中。

五、加强技术标准的前瞻性研究与制定

纵览海外风电市场的成长轨迹，许多国家都是事先明确了风电优先上网、政府补贴电价、可再生能源配额方式等产业规划，此后再着手风电技术的孵化工作。而我国风电行业正是因为忽略了对入门要素的培育工作，才导致如今进退维谷的两难境地，我国风电的发展缺失风机制造、质量保证体系标准，缺失安装运营、维护管理以及与国情相适应的实时检测和故障诊断的技术标准。而要实现由风电大国到强国的转变，就要求标准化工作要跟上产业发展步伐，建立先进的风电技术标准体系。

（撰稿：孟赤兵、苟在坪、侯静，北京现代循环经济研究院）

2012年节能与新能源汽车发展综述

《中国低碳年鉴》编辑部

新能源汽车产业属于高新技术产业，各类新能源汽车对技术均有较高的要求，没有技术的支撑，新能源汽车产业化难以实现。我国对电动汽车的研究跟踪早在上个世纪60年代就已经开始，近20年更是掀起一股以纯电动汽车研发为主的新能源汽车研究热潮，众多科研院所和企业投身于新能源汽车研发事业，使我国纯电动汽车等新能源汽车的技术水平与发达国家差距明显小于传统汽车，因而才有通过新能源汽车实现汽车工业“弯道超车”的希望。

我国政府一直重视对新能源汽车研发的支持，早在“八五”时期就将电动汽车列入国家科技攻关计划；“九五”期间，电动汽车被正式列入国家重大科技产业工程项目；“十五”、“十一五”期间，科技部在“863”计划中设立了电动汽车重大专项，国家的支持力度也在不断加大，推动节能和新能源汽车技术不断进步和产业化发展。2011年汽车整车新能源汽车的产销量分别为8368辆和8159辆，比2010年有较大幅度的提高。其中，生产纯电动汽车5655辆、混合动力汽车2713辆；销售纯电动汽车5579辆、混合动力汽车2580辆。分类来看，轿车的占比为61%，客车的占比为28%，其他车型为11%。除此之外，2011年生产代用燃料汽车3.11万辆，销售3.13万辆。在此基础上，2012年又有所进展。

一、政策和规划密集出台，推动我国新能源汽车由研发走向产业化

自2011年3月《国民经济和社会发展第十二个五年(2011-2015年)规划纲要》发布以来，国家有关部门围绕贯彻落实《纲要》，制定并发布了若干与汽车产业相关的“十二五”发展专项规划和指导意见，推动我国节能和电动汽车由研发走向产业化。

（一）规划引领

2012年4月19日，国务院总理温家宝主持召开国务院常务会议，讨论通过《节能与新能源汽车产业发展规划》。会议指出，加快培育和发展节能与新能源汽车产业，对于缓解能源和环境压力，推动汽车产业转型升级，培育新的经济增长点，具有重要意义。6月28日 国务院正式发布《节能与新能源汽车产业发展规划》，在新能源汽车近10年的研究开发和示范运行的基础上，系统地提出了2011—2020年新能源汽车产业化、市场化的发展目标，针对近年来新能汽车发展出现的问题、困难和阻碍因素及未来新能源汽车产业化、市场化的要求，制定了详细的推动新能源汽车发展的任务和保障措施，为我国新能源汽车产业的长远发展指明了方向。“规划”称新能源汽车产业发展将以纯电驱动为新能源汽车发展和汽车工业转型的主要战略取向，当前重点推进纯电动汽车和插电式混合动力汽车产业化，推广普及非插电式混合动力汽车、节能内燃机汽车，提升我国汽车产业整体技术水平。“规划”还对新能源汽车产业发展目标做出了具体要求，首先，在销量上，到2015年，纯电动汽车和插电式混合动力汽车累计产销量力争达到50万辆；到2020年，纯电动汽车和插电式混合动力汽车生产能力达200万辆、累计产销量超过500万辆。再者，在电动车里程上，到2015年，纯电动乘用车、插电式混合动力乘用车最高车速不低于100公里/小时，纯电驱动模式下综合工况续驶里程分别不低于150公里和50公里。最后在，电动车节油性能上，到2015年，当年生产的乘用车平均燃料消耗量降至6.9升/百公里，节能型乘用车燃料消耗量降至5.9升/百公里以下。

为此，根据“规划”，一要实施技术创新工程。建立研发体系，突破关键核心技术，大幅提高汽车燃料经济性水平和动力电池系统安全性、可靠性、轻量化水平。二要加快推广应用和试点示范。实施鼓励购买和使用节能汽车政策，开展私人购买新能源汽车补贴试点。三要因地制宜建设慢速充电桩和公共快速充换电设施，制定动力电池回收利用管理办法，建立动力电池梯级利用和回收管理体系。四要完善标准体系和准入管理制度，加大财税金融政策支持，营造有利于产业发展的市场环境，加强科研和人才保障，积极开展国际合作。会议强调，发展节能与新能源汽车产业，要依托现有产业基础，科学规划产业布局，防止低水平盲目投资和重复建设。

2012年5月30日，国务院总理温家宝主持召开国务院常务会议，讨论通过《“十二五”国家战略性新兴产业发展规划》。在产业创新能力、创新创业环境、国际分工地位、引领带动作用等方面提出了战略性新兴产业发展的总体目标，提出力争将新能源汽车产业发展成为国民经济先导产业，确立了以纯电驱动为新能源汽车发展和汽车工业转型的主要战略取向，制定了新能源汽车产业发展路线图，要加快高性能动力电池、电机等关键零部件和材料核心技术研发及推广应用，形成产业化体系，并通过新能源汽车工程推动新能源汽车产业发展。

2012年3月3日，科技部出台《电动汽车科技发展“十二五”专项规划》，提出了电动汽车发展的技术路线，确立“纯电驱动”的技术转型战略，调整了“三纵三横”的研发布局，将纯电动汽车、增程式电动汽车和插电式混合动力汽车作为纯电驱动汽车的基本类型；燃料电池汽车作为纯电驱动汽车的特殊类型继续独立作为一“纵”。

（二）政策推动与保障

2009年财政部、科技部联合发布《关于开展节能与新能源汽车示范推广试点工作的通知》，以“十城千辆”工程为基本框架，通过财政政策鼓励在公交、出租、公务、环卫和邮政等公共服务领域率先推广使用新能源汽车，对推广使用单位购买新能源汽车给予补助。同时发布了《节能与新能源汽车示范推广财政补助资金管理暂行办法》，明确了支持对象、方式和条件。并提出被纳入《节能与新能源汽车示范推广应用工程推荐车型目录》中的车型享受的财政补贴标准，即对乘用车和轻型商用车、混合动力汽车根据混合程度和燃油经济性分为5档，最高每辆补贴5万元；纯电动汽车每辆补贴6万元；燃料电池汽车每辆补贴25万元。通过补贴，有效降低了地方政府和相关单位采购电动汽车的成本，缓解了新能源汽车较高价格给消费者带来的购买压力，提高了其参与电动汽车示范的积极性，对新能源汽车的推广应用有较好的促进作用。

2011年12月5日，国务院发布《中华人民共和国车船税法实施条例》，自2012年1月1日起施行。该条例细化了征税车船的范围，规定了机动船舶和游艇的具体适用税额，细化了税收优惠的规定，提出节约能源、使用新能源的车船可以免征或者减半征收车船税。

2012年3月6日，财政部、国税总局和工信部三部委联合发布《关于节约能源使用新能源车船车船税政策的通知》，提出对使用新能源的车船，免征车船税，并根据《节约能源使用新能源车辆（船舶）减免车船税的车型（船型）目录》对使用新能源的车船实施管理。通过免税政策，将提振企业开发新能源汽车的信心，增加市场上新能源汽车的品种和数量，为消费者购买新能源汽车提供更多的选择。

4月，旨在加速新能源汽车市场普及的《电动汽车科技发展“十二五”专项规划》推出，确定了纯电驱动战略，重点支持29个任务方向。

8月6日，财政部、科技部、工信部、国家发展改革委联合印发《关于扩大混合动力城市公交客车示范推广范围有关工作的通知》。本次扩大推广将采取集中招标方式，选择一批节能减排效果显著、性能稳定的混合动力公交客车产品，由中标企业在非试点城市内进行推广。中央财政对相关单位购买混合动力公交客车给予一次性定额补助，由生产企业在销售时兑付给购买单位。推广目标为3000-5000辆，四部委将根据市场推广情况明确截止时间。据悉，本次扩大推广将采取集中招标方式，选择一批节能减排效果显著、性能稳定的混合动力公交客车产品，由中标企业在非试点城市内进行推广。中央财政对相关单位购买混合动力公交客车给予一次性定额补助，由生产企业在销售时兑付给购买单位。推广目标为3000-5000辆，四部委将根据市场推广情况明确截止时间。9月12日，财政部、国家发展改革委印发《关于调整公布第十二期节能产品政府采购清单的通知》，对已发布的“节能产品政府采购清单”进行了调整，新能源车辆再一次被提上了公务车采购的日程。加之企事业单位购买该车型可享受国家补贴6万元、政府补贴1.8万元、车身价4%的运营维护补贴，综合享受补贴8.4万元，相当于5折购车(即售价也是8万元左右)。

9月26日，国务院机关事务管理局、工业和信息化部、科技部共同举行中央国家机关新能源电动公务用车试点示范工作启动仪式，发改委、科技部、工信部等11个部门配发23辆纯电动轿车，率先开始试用新能源汽车作为公务车。国家部委带头试用电动车作为公务用车，体现出国家对新能源汽车的推动力度进一步加强。

2012年9月，中央财政安排专项资金40亿元，重点支持全新设计开发的新能源汽车车型及动力电池等关键零部件。此前，我国先后启动了863计划“电动汽车”重大科技专项、“节能与新能源汽车”重大项目等，投入科技经费近20亿元。建立起以混合动力、纯电动、燃料电池汽车为“三纵”，以动力总成控制、驱动电机、动力电池等关键零部件为“三横”的“三纵三横”战略研发布局，形成了整车零部件企业协同研发，标准检测平台和应用示范为支撑载体的研发创新体系。至此，我国已建成充(换)电站174个，充电桩8000多个，建立了相对完善的技术标准及检测体系，商业化示范运行规模国际领先。电动汽车充电接口和通信协议等4项国家标准也在此前出台。

分析“十二五”和2012年出台的汽车产业发展的主要政策导向主要有：一是汽车节能减排标准和政策法规将更加严格；二是将促进汽车企业技术改造和产业调整升级；三是进一步规范汽车和摩托车产品出口秩序；四是加强节能与新能源汽车市场培育和产业化发展；五是将完善汽车产业发展政策及其配套政策法规。可以说，推动新能源汽车发展的各项条件日渐成熟，基本扫清了发展障碍，我国电动汽车由研发走向产业化过渡。可以预见，新能源汽车将成为我国汽车工业的新生力量。随着电动汽车产业链的日趋成熟，电动汽车成本逐步下降、性能逐步提升，电动汽车将逐步完成对传统汽车的替代。

二、加强示范推广力度

北京等25个试点城市共推新能源汽车规模。“十城千辆”示范工程计划用3年左右的时间，每年发展10个城市，每个城市推出1000辆新能源汽车开展示范运行，力争使全国新能源汽车的运营规模到2012年占到汽车市场份额的10%。到2012底，北京、上海、深圳等25个试点城市共示范推广各类节能与新能源汽车2.74万辆，其中，公共服务领域2.3万辆，私人领域0.44万辆。预计到2013年3月底，将完成财政补贴清算，示范推广规模也将达到3.97万辆。尤其是结合北京奥运会、上海世博会、广州亚运会、深圳大运会等大型国际性赛事的举办，各地开展了集中化、大规模、高强度的示范运营考核，产生了良好的示范效果与社会影响。

2012年8月6日，财政部、 科技部、 工业和信息化部、 国家发展和改革委四部委又联合发出《关于扩大混合动力城市公交客车示范推广范围有关工作的通知》指出，节能与新能源汽车示范推广试点启动以来，各项工作进展顺利，产业化步伐不断加快，关键核心技术取得明显进步。为加快节能与新能源汽车推广应用和试点示范，报经国务院批准，财政部、科技部、工业和信息化部、国家发展改革委（以下简称四部委）决定，将混合动力公交客车（包括插电式混合动力客车）推广范围从目前的25个节能与新能源汽车示范推广城市扩大到全国所有城市。本次扩大推广将采取集中招标方式，选择一批节能减排效果显著、性能稳定的混合动力公交客车产品，由中标企业在非试点城市内进行推广。中央财政对相关单位购买混合动力公交客车给予一次性定额补助，由生产企业在销售时兑付给购买单位。同时，将采取总量控制的方式，推广目标为3000－5000辆，通过公开招标，共有17家企业的69个型号产品列入推广计划。

2012年9月，四部委印发了《关于扩大混合动力公交客车示范推广范围有关工作的通知》，遵循“公交优先”发展战略，在前期示范推广的基础上，选择一批节能减排效果显著、性能稳定的混合动力公交客车（含插电式）产品，扩大到全国所有城市推广，推广目标为3000-5000辆。通过公开招标，共有17家企业的69个型号产品列入推广计划。

作为试点城市北京市2012年新增200辆电动大客车并投入各类纯电动环卫车1000辆，实现共计5000辆新能源汽车的示范应用规模。作为全国参加新能源汽车项目的两个示范试点城市之一北京对于新能源乘用车最高能补贴到6万元，购买电动汽车不受北京限购的限制。上海市对节能和新能源汽车实施免费上牌政策。深圳、杭州、合肥等城市还开展了新能源汽车商业化运行，在充电基础设施建设等方面也积极开展了商业化运行模式的探索，取得了宝贵的经验。

总体上来看，通过规模化示范运行并加强运行监控管理，为持续改进车辆技术性能，提升稳定性和可靠性，加快充电基础设施规划建设，带动社会资源投入，推动技术进步和产业化发展提供了良好的环境，推进了私人购买新能源汽车市场的启动。通过规模化示范运行并加强运行监控管理，为持续改进车辆技术性能，提升稳定性和可靠性，加快充电基础设施规划建设，带动社会资源投入，推动技术进步和产业链发展提供了良好的环境，推进了私人购买新能源汽车市场的启动。

与此同时，一些省区也加大了新能源汽车的研发力度、应用示范和产业化。广东省明确了该省未来发展新能源汽车的主要目标，将从商业模式、基础设施建设等四个方向推动产业的壮大发展。根据该省政策，“实施广东省新能源汽车推广应用示范工程，支持建设一批国家、省新能源汽车推广应用示范城市。珠三角地区更新或新增公交车要采用新能源汽车。争取到2015年全省新能源汽车推广应用规模达到5万辆。”山东2011年全省生产汽车167万辆。其中，生产新能源客车1230辆、新能源专用车6500辆、低速电动车7.8万辆，合计较上年增长163%；到2011年底，全省保有载客汽车696万辆、载货汽车149万辆，其中新能源汽车1100辆、天然气等替代能源汽车6.8万辆。2012年山东省政府出台的《加快发展节能与新能源汽车产业实施意见》提出，到2015年，全省新能源汽车行业销售收入要达到1000亿元，商用车平均燃油消耗量降低15%以上，当年生产的乘用车平均燃料消耗量降至6.7升/百公里，节能型乘用车燃料消耗量降至5.7升/百公里以下。在新能源汽车研发生产环节，全省将以济南青年汽车、中通客车等8至10家企业为重点，在产品技术开发、重大项目建设等方面给予连续扶持，使其成为年生产乘用车超过10万辆(商用车超过2万辆)的新能源汽车生产企业；择优扶持10至15家重点零部件配套企业，使其成为年销售额过10亿元的“专精特新”企业。为大力推进新能源汽车示范推广，《意见》提出，全省将节能与新能源汽车推广应用纳入节能减排目标考核体系，以城市公交、机关团体通勤、景区游览、厂区参观等领域为重点，加快推广大中型新能源客车，扩大示范推广范围，在全省17个设区市全面示范推广新能源客车。以行政执法、环卫、快递等领域为重点，加大政府采购力度，重点推广新能源乘用车和中小型客车及新能源专用车。鼓励出租车行业和私人消费者购买使用新能源乘用车。到2015年，全省新能源汽车保有量力争达到10万辆；到2020年超过50万辆。

三、推动技术进步

“十五”、“十一五”期间，我国先后启动了“863”计划电动汽车重大专项、节能与新能源汽车重大项目等，投入科技经费近20亿元。建立起以混合动力、纯电动、燃料电池汽车为“三纵”，以动力总成控制、驱动电机、动力电池等关键零部件为“三横”的“三纵三横”战略研发布局。形成了整车零部件企业协同研发，标准检测平台和应用示范为(博客,微博)支撑载体的研发创新体系。

尤其是，“十一五”期间，国家863计划节能与新能源汽车重大项目共安排国拨经费11.6亿元，设置技术开发、公共支撑平台、示范推广、标准战略研究等方面课题，带动企业、地方等资金投入超过60亿元，共有432家单位的1.46万人参与了相关研发工作。形成节能与新能源汽车研发平台55个，建成产业化基地87个，建立15个国家实验室和工程技术中心；申请专利2011项（发明专利1015项），正式发布标准62项（国家标准30项、行业标准32项）。

2010年发布的《国务院关于加快培育和发展战略性新兴产业的决定》将新能源汽车列为战略性新兴产业，随后出台了新能源汽车技术和产业发展规划。新能源汽车产业按照市场为导向、企业为主体、产学研结合的原则，加强共性关键技术研发，开展技术标准研究和检测试验平台建设，组织规模化示范应用和商业模式探索，并加强国际间交流合作。

2012年科技部公布《电动汽车科技发展“十二五”专项规划》“十二五”期间，我国将实施“纯电驱动”的技术转型战略，重点突破电池、电机、电控等关键核心技术，以及电动汽车整车关键技术和商业化瓶颈。同时确立了“技术平台‘一体化’、车型开发‘两头挤’、产业化推进‘三步走’”的技术发展路径，布置了电动汽车领域科技创新的重点任务，并提出了相应的组织保障措施，为新能源汽车的产业化奠定了坚实的技术基础。具体目标是：到2015年，在整车、关键零部件、公共平台等29个技术创新方向上实现关键技术突破，全面掌握核心技术，预期申请电动汽车核心技术专利达3000项以上，在30个以上城市进行规模化示范推广，在5个以上城市进行新型商业化模式试点应用。

完善节能与新能源汽车标准体系，截止2012年底，工业和信息化部等部门累计发布60 多项新能源汽车相关标准，交通运输部累计发布21 批营运车辆燃料消耗量限值标准达标车型。同时，形成整车及零部件研发和产业化体系，建设新能源汽车基础设施、产业标准体系和检验检测系统，新增建成节能与新能源汽车领域技术创新平台25 个以上，组建“三纵三链”产业技术创新战略联盟，培育形成一批国际知名、具有自主知识产权的关键零部件与整车企业，使我国跻身节能与新能源汽车产业先进国家行列。目前，已启动“十二五”863计划、科技支撑计划电动汽车类项目39个，科技计划经费预算13.57亿元。

通过科技计划引领，大幅提升了我国新能源汽车的研发水平。我国自主研发生产的锂离子动力电池性能显著提升，产业化能力大大加强；燃料电池系统性能与耐久性稳步提升，成本大幅下降；车用电机系统性能取得较大进展，产业化能力大幅提升。

同时，在整车技术也重大进展。2012年7月18日，黑龙江龙华汽车有限公司自主研发的国内首批22辆太阳能光伏发电新能源客车下线。车身长8—12米，车厢宽敞，最多可容纳100人。该车采用高效、节能、环保的动力驱动系统，具有先进的动力性和经济性。2012年8月10日，全球首台采用超级电容储存电能为主动力能源的“储能式电力牵引轻轨车辆”原型车在湖南株洲下线。该型储能式电力牵引轻轨车辆利用乘客上下车的时间，在站台30秒内快速完成充电，一次充电能连续行驶2公里。车辆每次减速制停的能量，可转换成电被超级电容储存起来持续循环利用。按同等交通运量计算，城市道路双向6车道，一般占地宽约24米，这种轻轨交通占地宽仅8米，节约2/3的道路土地资源，造价分别为传统地铁和高架轻轨的1/5和1/3。

为应对汽车行业技术发展和竞争新局面，我国广泛开展新能源汽车国际科技合作，构建了以中美、中德为代表的新能源汽车研发和示范合作平台，先后建立了“中美清洁能源研究中心”、“中德电动汽车联合研究中心”，重点开展关键技术、标准规范、示范模式等方面的合作。中德合作中，建立了深圳—汉堡、武汉—北威州、大连—不莱梅电动汽车示范运营国际合作城市。倡议并率先启动了电动汽车国际伙伴计划，并在上海市嘉定区建立了国际电动汽车示范区。

在规划引领、政策鼓励、试点示范和技术进步推动下，2012年国内新能源汽车销售量翻番 产量增幅近一倍。新能源汽车生产1.2552万辆，其中纯电动汽车1.1241辆、插电式混合动力1311辆。销售新能源汽车1.2791万辆，纯电动汽车为1.1375辆、插电式混合动力1416辆。纯电动汽车产销量分别比2011年增长98.8%和103.9%，达到了历史的新高度。

目前我国新能源汽车发展中遇到的主要问题是技术瓶颈和生产销售规模上不去。新能源汽车仍主要以示范运营为主，私人市场远未形成对新能源汽车的稳定需求。2012年，国内主要生产厂商共销售新能源汽车12791辆，同期市场占有率还不到千分之一，且仍主要依靠政府示范推广。

按照《节能与新能源汽车产业发展规划（2012—2020）》和科技部《电动汽车科技发展“十二五”专项规划》等重要政策文件，为进一步加快新能源汽车技术进步和产业化、市场化的步伐，一是坚持“三纵三横”的研发布局，建立和完善电动汽车的技术创新链和产业链，实现技术创新和产业推进的深度融合和协调互动，加快突破核心关键技术。做好电池、客车、纯电动小型乘用车和燃料电池等方面的研究；二是建立起国家重点实验室、国家工程中心、相关高校和研究机构等科技研发资源的开放共享机制，为企业技术创新提供服务。三是建立起国家重点实验室、国家工程中心、相关高校和研究机构等科技研发资源的开放共享机制，为企业技术创新提供服务。四是加强示范推广力度，加快支撑体系建设，完善鼓励性政策措施，创新商业模式，加快基础设施的规划和建设。包括标准体系、产业联盟的完善建立。五是深化国际交流合作，推动电动汽车国际化发展。鼓励在电动汽车技术研发、共性技术标准研究、示范推广、环境影响及国际示范区等领域展开多边多层次、多形式的合作与交流。

(撰稿：孟赤兵、芶在坪、侯静，北京现代循环经济研究院）

2012年中国碳交易和排放权交易综述

《中国低碳年鉴》编辑部

碳交易源于减排成本各不相同，减排成本高的一方可以购买减排成本低的一方的可供出售的减排量，从而达到低成本减排的目的。在6种被要求排减的温室气体中，二氧化碳(CO2)为最大宗，所以这种交易以每吨二氧化碳当量为计算单位，通称为“碳交易”。

一、碳排放交易试点

2011年10月29日，国家发展和改革委员会办公厅发出《关于开展碳排放权交易试点工作的通知》，确定在北京市、天津市、上海市、重庆市、湖北省、广东省及深圳市启动碳排放权交易试点工作。各试点地区加强组织领导，建立专职队伍，安排试点工作专项资金，抓紧组织编制碳排放权交易试点实施方案，明确总体思路、工作目标、主要任务、保障措施及进度安排；着手研究制定碳排放权交易试点管理办法，明确试点的基本规则；测算并确定本地区温室气体排放总量控制目标，研究制定温室气体排放指标分配方案；建立本地区碳排放权交易监管体系和登记注册系统，培育和建设交易平台，做好碳排放权交易试点支撑体系建设。

2011年以来，国家发改委组织各试点省市召开了多次会议，试点省市之间也进行了多次的交流和讨论，鼓励试点省市根据本地区的实际选择重点行业、重点企业大胆尝试基于总量控制和配额分配的碳排放权的交易体制，为建立全国碳排放交易市场探索经验。七省市试点方案思路明确，试点工作取得积极进展。

（一）建立法律法规

2012年6月18日，国家发展和改革委出台《温室气体自愿减排交易管理暂行办法》，确立自愿减排交易机制的基本管理框架、交易流程和监管办法，建立交易登记注册系统和信息发布制度，鼓励基于项目的温室气体自愿减排交易，保障有关交易活动有序开展。此后，又对电力(火电)、建材(水泥、玻璃)、化工、有色、航空和钢铁等六个重点行业企业，进行了温室气体排放核算方法指南和报审模式研究

2012年8月，我国首个区域级碳盘查标准“湖南省地方标准《区域温室气体排放计算方法》”通过专家评审。该标准提出了活动水平数据和排放因子的获取方法及优先等级，提出了“总排放量”“排放强度”指标及利用这些指标核算区域减排幅度的方法，计算方法科学合理，有显著创新性和先进性，填补了国内区域温室气体排放计算标准的空白，可作为湖南省计量和考核各区域温室气体排放的依据。

大力推进温室气体清单编制和排放核算。国家发展和改革委发布《省级温室气体清单指南(试行)》，组织完成中国2005年温室气体清单和第二次国家信息通报编制工作。组织编写了陕西、浙江、湖北、云南、辽宁、广东和天津7个省(市)2005年温室气体排放清单总报告及能源、工业生产过程、农业、土地利用变化及林业、废弃物五个领域的温室气体清单分报告。组织开展其他24省市温室气体清单编制工作。研究开展化工、建材、钢铁、有色、电力、航空等行业企业温室气体排放核算方法和报告规范。

（二）七省市碳交易试点进展

各试点地区结合本地实情，综合考虑节能减排目标、经济增长趋势、企业及行业排放水平等因素，确定碳交易覆盖企业范围，并研究确定交易范围和配额分配。

1.北京市

2012年3月28日，国家发展改革委副主任解振华出席北京市碳排放权交易试点启动仪式，与北京市市长郭金龙共同启动了北京市碳排放权交易电子平台系统。解振华副主任在讲话中介绍了全国碳排放交易工作总体安排和对碳排放权交易试点地区的工作要求。北京市副市长洪峰宣布成立北京市应对气候变化专家委员会、北京应对气候变化研究及人才培养基地、北京市碳排放权交易企业联盟、北京市碳排放权交易中介咨询及核证机构联盟、北京市绿色金融机构联盟。

作为“7个碳排放权交易试点省市”中首个宣布启动碳交易试点的城市，北京市把北京市辖区内2009~2011年，年均直接或间接二氧化碳排放总量1万吨（含）以上的固定设施排放企业（单位）强制纳入到碳交易主体范围。根据《北京试点方案》，所有强制市场参与者将被设定排放总量控制目标和分配二氧化碳排放配额，并实行强制市场参与者排放报告制度。

北京市的目标是依靠现有的行政和市场机制的双重作用在“十二五”期间将北京市万元GDP能耗（就是“碳强度”）下降18%。为此，2011年6月，北京市发改委与北京市统计局，联合公布了北京市600家年综合能耗5000吨标

准煤及以上的重点用能单位（包括企业和事业单位）。

根据《北京试点方案》，北京市碳排放权交易试点的交易产品包括，直接二氧化碳排放权、间接二氧化碳排放权和由中国温室气体自愿减排交易活动产生的中国核证减排量（CCER）。

在碳交易分配额度方面，《北京试点方案》指出，配额分年度发放，2013年排放配额基于企业（单位）2009~2011年排放水平，按配额分配方案计算确定，在2012年12月前向企业（单位）免费发放；2014年和2015年排放配额分别根据上一年度排放水平计算确定，在每年5月前发放。“十二五”期间，除免费发放的配额外，政府预留少部分配额，通过拍卖方式进行分配。

北京启动成为碳交易试点城市的同时，北京市碳排放权交易企业联盟、中介咨询及核证机构联盟和绿色金融机构三个联盟启动了北京市碳排放权交易电子平台系统，并在部门、企业和有关单位之间开展了充分的开放式讨论，以此为了规范碳交易试点，北京市将制定发布《北京市碳排放权交易管理办法》，确定参与碳排放权交易的主体、交易平台，第三方核证机构的权利和义务，清晰政府部门权利与职责、违规罚则等本市碳排放权交易市场的基本规则。

2012年8-9月，北京完成碳交易规则和交易系统的核心设计方案。为了规范碳交易试点，北京市将制定发布《北京市碳排放权交易管理办法》，确定参与碳排放权交易的主体、交易平台，第三方核证机构的权利和义务，清晰政府部门权利与职责、违规罚则等本市碳排放权交易市场的基本规则。

2.上海市

2012年8月2日，上海市政府公布了《上海市人民政府关于本市开展碳排放交易试点工作的实施意见》（简称《实施意见》），这是“6+1”个碳排放权交易试点（北京市、天津市、上海市、重庆市、湖北省、广东省及深圳市）中，首个对外公开发布《实施意见》的试点城市。《实施意见》提出建立政府指导下的市场化碳排放交易机制，引导企业实现较低成本的主动减排，推动上海市碳排放强度的持续下降和节能低碳发展目标的实现，进一步发展创新型碳金融市场、建设全国性碳排放交易市场和交易平台；对试点企业碳排放配额的分配方法、企业的碳排放报告制度以及第三方核查制度等三大问题都有初步要求和安排。“原则上，基于2009年-2011年试点企业二氧化碳排放水平，兼顾行业发展阶段，适度考虑合理增长和企业先期节能减排行动，按各行业配额分配方法，一次性分配试点企业2013年-2015年各年度碳排放配额。对部分有条件的行业，按行业基准线法则进行配额分配。”

碳排放配额交易在上海环境能源交易所平台上进行，交易对象主要以二氧化碳排放配额为主，经国家或上海市核证的基于项目的温室气体减排量为补充。试点企业通过交易平台购买或出售持有的配额，并在规定时间内，上缴与上一年度实际碳排放量相当的配额，履行碳排放控制责任。试点期间，试点企业碳排放配额不可预借，可跨年度储存使用。

上海试点企业包括两大类：上海行政区域内钢铁、石化、化工、有色、电力、建材、纺织、造纸、橡胶、化纤等工业行业中，2010年~2011年中任何一年二氧化碳排放量两万吨及以上的重点排放企业；航空、港口、机场、铁路、商业、宾馆、金融等非工业行业中，2010年~2011年中任何一年二氧化碳排放量一万吨及以上的重点排放企业。目前及2012年~2015年中二氧化碳年排放量一万吨及以上的其他企业在试点期间实行碳排放报告制度，为下一阶段扩大试点范围做好准备。

试点期间，碳排放初始配额实行免费发放，适时推行拍卖等有偿方式。试点企业应按规定实行碳排放报告制度，获得碳排放配额并进行管理，接受碳排放核查并按规定履行碳排放控制责任。

上海碳排放交易试点的时间为2013年至2015年。在碳排放交易试点期内，将基于2009年-2011年试点企业二氧化碳排放水平，兼顾行业发展阶段，“适度考虑合理增长和企业先期节能减排行动，按各行业配额分配方法，一次性分配试点企业2013年-2015年各年度碳排放配额。对部分有条件的行业，按行业基准线法则进行配额分配。试点期间，碳排放初始配额实行免费发放，适时推行拍卖等有偿方式。试点企业应按规定实行碳排放报告制度，获得碳排放配额并进行管理，接受碳排放核查并按规定履行碳排放控制责任。参与试点的企业可以有充足时间进行技术改造，今后碳排放配额用不完时，就成为碳交易的“卖方”，并从“买方”企业处获得收益。

上海还将加大资金支持力度，安排市级财政资金，支持企业碳排放监测报告能力和开展碳排放交易相关能力建设，支持试点政策及制度研究等。

8月16日，上海市碳排放交易试点工作正式启动，200家企业被纳入试点范围。这是继今年3月28日北京市启动碳排放权交易试点后，第二个启动试点工作的省市。在启动大会上，公布了上海市碳排放交易试点工作领导小组成员名单，由上海市常务副市长杨雄担任组长，成员包括上海市发改委、经信委、财政局、环保局、国资委、质监局、旅游局、金融办等相关负责人。该领导小组将负责上海市碳排放交易试点工作的总体指导和协调。

3.广东省

2012年9月11日，广东省碳排放权交易试点启动暨广州碳排放权交易所揭牌仪式在广州联合交易园区举行。广东省委副书记、省长朱小丹出席仪式并宣布广东省碳排放权交易试点启动。国家发改委副主任解振华为广东省碳排放权一级市场正式启动鸣锣。

广东是碳排放权交易试点省份中第一个启动试点的省，其碳交易门槛标准的制定，显然具有极强的示范性和导向性。

广东省碳排放权交易试点第一期着重在部分重点行业开展建立碳排放权交易机制的试点。通过开展试点工作促进产业结构调整，推动产业转型升级。一是要结合节能减排的实际，与完成约束性目标紧密结合；二是尽可能覆盖相关的行业和领域；三是科学合理地分配碳排放配额。在界定碳排放交易主体方面，广东以碳排放量划定了范围，排放1万吨二氧化碳或耗能5000吨标准煤以上的企业，纳入报告范围。2010年广东可纳入“报告企业”范围的工业企业共1851家。按照规定，广东省碳排放权交易产品以碳排放权配额为主。作为市场交易主体，排放2万吨二氧化碳或耗能1万吨标准煤以上的企业，纳入“控排企业范围”，主要涉及电力、水泥、钢铁、陶瓷、石化、纺织、有色、塑料、造纸等高耗能行业。首批有827家企业纳入“控排企业”范围。纳入“控排企业”范围的827家工业企业，年综合能源消费总量为11067.8万吨标准煤，约占全省能源消费量的42%，约占全省工业能源消费量的62.7%。

随着广东省碳排放权交易试点正式启动，广州碳排放交易所与广东塔牌集团、阳春海螺水泥、华润水泥（罗定）、中材亨达水泥（罗定）等企业签署了碳排放权配额认购确认书，这4家企业为扩大产能项目合计认购了130万吨二氧化碳排放权配额。这是中国基于碳排放总量控制下的一级市场首例配额交易。

按照规划，到2015年，广东将基本建立碳排放权在市场主体之间和地区之间合理配置的管理工作体系，初步形成适应省情、制度健全、管理规范、运作良好的碳排放权交易机制和在全国有重要地位的区域碳排放权交易市场。

4.深圳

深圳碳排放交易所２０１０年９月成立，率先探索排放权交易市场化运作机制。作为交易平台，交易系统的开发及交易规则的制定是当前在参与深圳碳交易试点筹备工作的核心任务。深圳排放权交易所着力创新交易系统的开发和交易规则的制定，打造出更具市场化特色的碳交易市场信息支撑体系。2012年7月，完成增资扩股。增资后注册资本由1500万增加至3亿元，已成为国内注册资本最多的排放权交易所。自愿减排交易展开，各种信息咨询、技术咨询及培训也受到相关企业的欢迎。

深圳还运用特区立法权对强制控制碳排放立法，2012年 8 月28日在深圳市五届人大第十七次会议上进行了《关于加强碳排放管理的决定（草案）》审议。

2012年9月深圳市召开深圳市碳排放权交易试点工作新闻发布会，宣布深圳碳交易试点已进入企业碳核查与配额初期分配阶段，碳排放量一年达 2 万吨以上的工业企业全部纳入强制减排范围。目前纳入强制减排的800家企业涉及制造业等26个行业，其合计碳排放占深圳2010年碳排放总量的54％。已启动对第一批100家企业碳排放情况核查的培训工作，纳入强制减排的800家企业的碳排放核查工作将在未来三个月内分期分批完成。为增加核查结果的公信力，深圳制定了科学、严格的第三方机构管理办法，并对深圳市认证机构、技术服务机构和咨询机构等30多家单位进行严格审查，从中选择了参与深圳企业碳核查的第三方机构。深圳市还宣布，当强制减排的企业碳排放量超出拥有的配额时，必须对超出配额的碳排放从碳交易市场购买配额或碳减排量来履约，否则将受到处罚。在碳交易试点期，配额分配以免费分配为主，拍卖分配为辅，以后将逐步扩大拍卖比例，逐步向完全拍卖过渡。企业若将碳排放得到有效的控制，可在碳交易市场出售多余的配额获取收益。

10月30日，《深圳经济特区碳排放管理若干规定》正式实施。这是我国首部规范碳排放权交易的地方法规，使困扰我国碳排放权交易的诸多法律困局得以突破。《规定》明确六项基本制度,包括实行碳排放管控制度、碳排放权交易制度、核查制度和处罚机制，超出排放配额进行碳排放的单位，将由政府主管部门根据违规排放量，以市场均价的3倍进行处罚。于2012 年11 月和2013 年4月以地方标准形式发布了温室气体量化报告及核查规范指南和建筑行业细则。

深圳计划于2012年底前完成碳交易市场建设，2013年正式开始碳排放权交易。

5.湖北

湖北碳排放试点工作将施行排放总量控制，采用配额机制。2012年9月，湖北碳交易试点方案出台，在进行广泛征求意见做最后的修订和完善工作，《湖北省碳排放权交易试点工作实施方案》获省政府批准，向国家发改委报批。；同时《湖北省碳排放权交易管理办法》、《湖北省碳排放交易监测、量化和报告指南》等30余个规章制度正抓紧编制。为做好与企业沟通衔接工作，分别对武钢、东汽、华新水泥、葛店化工等30多家企业进行了实地调研和问卷调查，摸清企业排放状况，了解企业意愿。

湖北省试点方案框架：试点期间仅控制二氧化碳排放；年能耗6万吨标煤以上企业强制性纳入碳交易，年能耗8

千吨标煤以上企业强制性提交碳排放报告，分批次逐步纳入碳交易。湖北碳交易试点的交易主体由强制纳入碳交易体系的企业、新投资清洁项目而产生核证减排量的企业、自愿碳交易的企业和其他合规的机构投资者组成，目前暂时不考虑个人交易者。主要涉及钢铁、化工、水泥、汽车制造、电力、有色金属、玻璃、造纸等高能耗行业，100多家企业占全省碳排放35%以上。

试点期间，既有企业使用中国核证减排量的上限为配额分配额度的15%，新增企业使用中国核证减排量的上限为配额分配额度的10%。试点期间排放配额将免费分配。既有设施的配额中，80%取决于企业的历史排放量，另外20%作为先期减排奖励。政府将预留小部分配额进行政策性调控。2012年12月湖北省政府发布《湖北省碳排放权交易管理办法》，相关交易规则、交易实施细则等文件将随后出台。力争2013年下半年启动交易。

6.天津

天津成为试点城市后，成立了试点工作小组，在天津市发改委等有关部门领导下，积极进行天津市区域碳交易试点方案编制工作。已形成框架方案初稿，进入相关机构及专家征求意见阶段。“方案”涉及五大行业的100多家企业，其碳排放量占全市60%左右。

在“方案”设计过程中，充分考虑天津在城市定位、发展阶段、经济结构、地理位置等重要因素方面与其他省市的区别，把碳交易试点作为推动城市经济发展、调整经济结构的重要手段，并且将纳入天津市发展的整体规划。进入2012年10月，天津市碳交易试点方案筹备工作加速，根据本地实际情况，结合能源消费总量目标、碳强度减排目标、GDP增速等三方面的参数制定方案。“试点方案”包括设定碳排放总量，分配碳排放权，制定碳排放权交易规则，确立企业报告核查制度，建立由政府管理的注册登记系统，建立交易平台等。已提出了配额分配思路，完成了碳排放权交易监督管理实施细则和企业碳排放报告指南等初稿。经专家研讨、征求意见、汇报验收等多轮修改，完成了碳排放权交易管理暂行办法初稿，并纳入2013年市政府规章审议项目。计划于2013年下半年开始正式实施试点，形成交易，同步开展市场评估工作，总结经验，调整与完善试点各项重点制度，到2015年建成基本完善的天津碳排放权交易市场。

7.重庆

重庆碳排放权交易实施方案已编制完成，已上报国家有关部门审批。重庆的碳排放权交易及各项配套制度也在加紧制定中，预计2013年2月交易方案出台，其后配套的实施办法也将推出。若顺利，9月重庆将产生碳交易首单。据透露，重庆碳排放权交易试点企业主要集中在电解铝、铁合金、电石、烧碱、水泥、钢铁等6个高耗能行业。市发改委会事先制定好每个企业的碳年排放额度，企业如果超出，就必须购买，如果节能减排做得好，就可把多余的排放额度拿来交易。据规划，到2015年，市单位GDP二氧化碳排放将比2012年降低17%，单位GDP能耗将比2012年降低16%，森林覆盖率将从39%提高到45%。重庆碳交易市场预计将于2013年开始运行。重庆碳排放权将逐步实现从初期全免费，到增加拍卖比例，最后全拍卖的演进过程。

积极筹划成立重庆碳交易所，由重庆联合产权交易所具体负责。2012年9月，联交所已将所有申报资料上交，有望2013年有正式成立。重庆还开展碳交易市场开展能力培训。2012年8月2日，由英国外交部中国繁荣基金资助的《重庆市碳交易市场金融能力培训及制度设计应用研究》项目在重庆正式启动。该项目将围绕企业碳计量、碳资产管理和金融产品创新三个主题，把欧盟和英国碳市场的发展经验介绍给重庆政府管理人员、企业技术人员、第三方服务人员和银行金融部门，借此强化重庆碳市场和碳金融的基础能力建设，编制可供长期参阅的、符合重庆市场需求的碳市场金融系列培训教材；并展开碳交易金融产品服务设计及政策措施保障方案的初期研究。该项目将进行3期培训企业碳计量专题培训，受训单位将配合重庆市发改委完成重庆市温室气体排放清单的整体编制工作。在项目启动仪式后，首批约100家重庆市重点碳排放企业的人员参加了培训。

（三）与此同时，湖南、陕西等也展开了碳交易

湖南省政府办公厅2012年6月，发布了《关于开展温室气体排放清单编制工作的通知》，湖南省科技厅将“温室气体排放清单编制方法及应用研究”作为社发领域重点项目。

为完成“十二五”温室气体减排工作任务，湖南省组建了湖南省湘科应对气候变化研究中心，编制基于组织、区域、项目、产品四层面的系列碳计量标准，开发相应软件和数据库，并组建温室气体测量实验室。

2012年8月，我国首个区域级碳盘查标准“湖南省地方标准《区域温室气体排放计算方法》”通过专家评审。评审专家一致认为，标准提出了活动水平数据和排放因子的获取方法及优先等级，提出了“总排放量”“排放强度”指标及利用这些指标核算区域减排幅度的方法，计算方法科学合理，有显著创新性和先进性，填补了国内区域温室气体排放计算标准的空白，可作为湖南省计量和考核各区域温室气体排放的依据。作为湖南主要污染物初始排污权分配及有偿使用的首批试点城市，从2011年开始，株洲针对化工、石化、火电、钢铁、有色、医药、造纸、食品、建材9大试点行业的669家企业，开展了二氧化硫、化学需氧量初始排污权的分配和有偿使用。截至今年8月，

株洲市（含五县市）应申购排污权的617家企业中已有521家办理了申购手续，已征缴初始排污权有偿使用费1175万元。2012年10月，湖南省首个主要污染物排污权交易平台在株洲市正式投入运营。交易平台启动当天，株洲市排污权储备交易所拿出2吨化学需氧量排放权进行交易，引来了多家企业激烈争夺。在经过多轮竞拍后，株洲凯特高新材料有限公司以3640元的价格拿到了0．4吨化学需氧量5年的排放权，并现场与株洲市排污权储备交易所签订了购买合约。

陕西省的排污权交易工作于2010年6月正式启动，迄今已先后将二氧化硫、氮氧化物、化学需氧量和氨氮纳入排污权交易范围。排污权有偿使用的交易所得，属政府非税收入，将全额上缴财政，按照资金专户管理办法管理，将来用于排污权的储备和补偿。2012年 8 月3日陕西省举行首次化学需氧量和氨氮排污权竞买交易会，9家企业经环保部门审核后参加交易。这标志着陕西省在全国率先将 4 项主要污染物全部纳入排污权有偿使用及交易。在此次排污权交易活动中，共成交化学需氧量26万公斤，有5家企业竞买成功，最低成交价24.3元 / 公斤，最高成交价24.9元 / 公斤，成交总金额608.4万元；共计2000公斤的氨氮排放权被 3 家企业购买，最低成交价27.6元 / 公斤，最高成交价28.1元 / 公斤，成交总金额5.585万元。

贵州省碳排放交易正在成为外汇收入新增长点。2008年贵州省仅一家企业发生一笔碳排放权交易，收入金额为130万美元。截至2012年三季度，贵州省碳排放交易收入金额已突破千万，达1041万美元，同比增长48.9%。开展碳排放交易的企业从年初的7家发展至9家。碳交易量增长迅猛，不仅为贵州省外汇收入带来新的增长点，也为贵州省优化产业结构促经济增长，向低耗能、低污染、高能效的低碳经济发展模式转变提供有力的支撑。

（四）建立自愿减排交易机制

2012年6月，国家发展改革委出台《温室气体自愿减排交易管理暂行办法》，确立自愿减排交易机制的基本管理框架、交易流程和监管办法，建立交易登记注册系统和信息发布制度，鼓励基于项目的温室气体自愿减排交易，保障有关交易活动有序开展。

二、开展清洁发展机制项目合作

数字显示，目前全球已经有5000多个注册CDM项目签发，涉及减排量大约11亿吨，其中来自中国的CER占了一半以上，约有6亿~7亿吨。为规范中国清洁发展机制基金赠款项目管理，进一步发挥其支持国家应对气候变化工作，促进经济社会可持续发展的作用，根据《中国清洁发展机制基金管理办法》，特制定《中国清洁发展机制基金赠款项目管理办法》，2012年10月30日，国家发展改革委、财政部印发《中国清洁发展机制基金赠款项目管理办法》（发改气候[2012]3407号）。

截至2013年1月，国家发展和改革委共批准了4925个清洁发展机制项目。仅到2013年8月底批准的4540个清洁发展机制项目计算，预计年减排量近7.3亿吨二氧化碳当量，主要集中在新能源和可再生能源、节能和提高能效、甲烷回收利用等方面。

到2012年12月31日，我国已有2835个项目在联合国清洁发展机制执行理事会成功注册，占全世界注册项目总数的52.9%，项目数量和年减排量都居世界第一。仅以2364个注册项目计算，预计年减排量(CER)约4.2亿吨二氧化碳当量，占全球注册项目年减排量的54.54%。注册项目中已有880个项目获得签发，总签发量累计5.9亿吨二氧化碳当量，为《京都议定书》的实施提供了支持。

总体上，我国已成为CDM碳抵消（offset）市场的最大卖方。而出售的价格更多地取决于欧盟碳交易市场的供求形势。与能源市场不同的是，碳市场是一个完全由政策驱动的市场。政策利好碳信用的需求，CDM价格就会上涨，反之，CDM价格就会下跌。2012年碳排放价格将有所上升。但是，上涨的幅度将非常有限，处于低位徘徊的态势。碳价格的萎靡不振引起了欧盟内部的广泛争论与关注。欧盟委员会的文件中指出，配额交易的价格还会继续下跌，让原本已萎靡的欧洲碳市场雪上加霜吗，中国的情况也不乐观。截至2012年底，全球已注册CDM(清洁发展机制)项目超过5000个，已核准的减排量超过11亿吨，中国作为曾经的最大受益国，一面被最大买家欧盟明确告知，不会再从中国、印度等几个新兴市场国家购买项目减排，另一面，碳排放许可认证(CERs)的价格一路暴跌，从高位时的25欧元一度落至1欧元，价格跳水引发了不少针对CDM的违约行为，加剧了碳市场的不确定性。

全球最大的配额交易市场——欧盟碳排放权交易体系（EU ETS）也已风光不再，欧债危机以来，排放权许可（EUA）价格屡创新低，一度跌至5.99欧元，至今仍徘徊在7欧元附近，相比2008年前的高位，已跌去70%，成为自金融危机以来贬值幅度最大的大宗交易商品。其他交易品种CER（核证减排量）、ERU（减排单位）更是大幅缩水，暴跌至0.5欧元附近。

三、我国碳交易探索实践面临的问题

总体上来看，目前我国碳交易还处于试点和探索阶段，通过理论研究和实践，建立符合中国国情的并与国际接轨的碳交易市场。建立碳交易市场的核心问题是，设定碳排放总量，分配碳排放权，制定碳排放权交易规则，建立法律保障体系建立与国际接轨的全国市场交易平台等。

（一）排放总量设定

构建总量控制机制是相是碳排放权交易的基石。只有在排放总量控制的约束下，碳排放权才会成为稀缺资源，才会具有商品属性，从而发生交易活动。但总量设定对中国一直是一个难点，因为中国多年来经济增长迅速，能源消耗也随之增长迅速，能源结构和质量也不一样，燃烧的充分性也不同，都影响碳排放量。总量设定最纠结的地方在于，总量设定过高，对排放源没有约束力，排放源就没有减排的动力；设置过低，会影响经济发展。怎样使得总量设定既可促进企业减排，又不影响其正常发展，只有通过实践，逐步解决。

鉴于我国目前没有专门的碳排放总量控制具体实施经验和规章，应当加快碳排放总量控制的目标、总量统计制度、排放边界的界定、统计对象行业和种类、总量监测核查制度、统计数据等作出专门规定，以保证总量控制指标的全面落实。

千里之行，始于足下。上海市发展改革委印发了《上海市温室气体排放核算与报告指南(试行)》以及钢铁、电力、建材、有色、纺织造纸、航空、大型建筑(宾馆、商业和金融)和运输站点等9个上海碳排放交易试点相关行业的温室气体排放核算方法，旨在指导和规范相关企业、部门和专业机构统一、科学地开展相关碳排放监测、报告、核查和管理工作，为本市开展碳排放交易工作提供了重要技术支撑。这种指南和行业核算方法的制定，是在充分学习和借鉴国际碳排放监测、报告、核查工作经验和国家温室气体清单有关做法的基础上，由上海市发展改革委组织专业机构、行业技术专家和部分试点企业，在国家碳排放核算领域专家的指导下研究完成。此次印发的指南和核算方法，是国内正式印发的首个系统性的企业层面碳排放核算方法，为科学确定企业碳排放量提供了统一的度量衡，具有指导和借鉴意义，应该得到鼓励。

（二）分配碳排放权

目前，大都是分行业按“历史排放量分配法”分配配额，而有些行业则按“行业基准线法则”分配配额。基准线法则鼓励行业创新，行业中落后的企业肯定吃亏，而对于历史排放量分配法，历史上排放多的企业反而占优势。

在碳交易初始期间，配额分配应以免费分配为主，拍卖分配为辅，逐步扩大拍卖比例，向完全拍卖过渡。企业应按规定实行碳排放报告制度，获得碳排放配额并进行管理，接受碳排放核查并按规定履行碳排放控制责任。企业碳排放得到了有效的控制，可在碳交易市场出售多余的配额，获取收益。

建立和加强第三方核查，确定企业到底排放了多少二氧化碳，排放配额的交易也需要经过第三方核查机构的认证。

（三）建立法律保障体系

主要是：

1.碳排放权交易基本法律行为，主要包括国家行政行为；碳排放量评价行为；市场中介行为；碳排放权买卖行为等。

2.碳排放总量控制和碳排放量评价法律机制，主要内容是总量控制立法，对总量控制目标、总量统计制度、统计对象行业和种类、总量监测核查制度等作出专门规定。

3.碳排放量评价机制的法律制度。

4.完善碳排放权交易市场基本法律制度。比如主体资格审查制度，交易登记结算制度，碳排放量报告制度，碳排放权交易监管制度，碳排放权交易融资制度，碳排放权交易税收制度等。

对碳排放权交易的法律规章应该采取渐进的立法形式，在国家层面，一如既往，国家有关部委继续颁发相关办法、规则，试行运作，在实践中完善、提高；同时鼓励各试点地区积极制定地方性法规，大胆探索，积累经验，再制定全国性的碳排放权交易法规。

5.把控制工业温室气体排放和促进工业低碳发展作为制定产业政策的重要目标和主要内容，健全促进低碳发展相关产业政策落实的保障措施。对高消耗、高污染行业制定更为严格的节能低碳准入标准，制订高能耗工业产品能耗限额强制性、超前性国家行业标准。

（四）建立和完善温室气体排放监测体系和碳排放评价标准体系

完善现有能源统计报表制度，明确不同用途能源的消费量，建立温室气体排放数据信息系统，加强温室气体排放管理。建立重点用能单位温室气体排放定期报告制度，加强收集、整理、汇总温室气体排放数据，分析温室气体排放状况。建立温室气体排放监测体系，分步推进国家、省、市（县）三级温室气体排放监测体系建设。

充分借鉴国际研究成果，加快研究建立符合我国社会经济发展水平的碳排放测算体系，构建工业产品碳排放评价数据库。研究制订粗钢、水泥、烧碱、铝等高耗能产品的碳排放强制性标准，加紧制订重点用能单位碳排放评价通则，指导和规范企业降低排放。研究制订低碳产品标准，推动实施低碳产品认证和碳标识。

（五）建立与国际接轨的全国统一市场交易平台

加快建设一个包括碳排放在内的国内统一碳排放权市场，这不仅有利于减少买卖双方的交易成本，还能增强我国在国际碳交易定价方面的话语权。中国碳交易市场在从区域试点向全国市场的发展过程中，关键是要初步建成具有一定兼容性、开放性和示范效应的区域碳排放交易市场，为碳排放交易的全面推行和全国碳交易市场的建设先试先行。

在地区试点的区域市场发展起来的过程中，就要未雨绸缪，精心做好顶层设计，形成合理的机制，在相关制度设计上有系统而又长远的考量，推进不同的区域性市场和未来全国性市场的对接。广东、湖北两省的试点方案中都提出“跨省联动”。对于建立跨行政区的碳排放交易市场，国家发改委气候司也鼓励尝试。据透露，国家发改委设定的时间表是，2013年年底将在试点省市启动碳交易市场，2015年建成全国性市场。从2012年开始，北京、天津、上海、重庆、广东、湖北和深圳七个碳排放权交易试点陆续挂牌启动，并着手碳市场的“基础设施建设”。与各地交易机制设计仅限辖区内不同，广东和湖北两省计划在完成各自基础工作后，在2014年之后探索省级联动。要以政府为主导，以企业为主体，建立和完善市场机制，发挥碳价格的市场信号和激励作用，降低控制温室气体排放成本。探索建立碳排放自愿协议制度，制定减碳自愿协议管理办法和奖励措施，推动企业开展自愿减排行动。推动实施《温室气体自愿减排交易管理暂行办法》，鼓励工业企业参与自愿减排交易，支持钢铁、水泥、石化、化工等行业重点企业开展碳排放交易试点，为建立全国碳交易市场打好基础。

应对气候变化是全球、全人类的共同选择，最终中国的碳交易市场也必须与国际接轨。这是非常有可能的一个现实。然而，气候变化已成为涉及各国核心利益的重大全球性问题，围绕排放权和发展权的博弈日趋激烈。发达国家一方面利用自身技术和资本优势加快发展节能、新能源、低碳等新兴产业，推行碳排放交易，强化其经济竞争优势；另一方面，通过设置碳关税、“环境标准”等贸易壁垒，进一步挤压发展中国家发展空间。我国作为最大的发展中国家，面临温室气体减排、低碳技术产业和碳交易多重竞争和重挑战。

在如此国际背景下，我国在法律法规、市场机制、运行规则、关键的技术、标准规范等，都要考虑与全球碳交易体系链接打好基础，从而顺利与国际碳交易市场接轨。

(撰稿：孟赤兵、芶在坪、侯静，北京现代循环经济研究院）

2012年石油和化工行业低碳发展

中国石油和化学工业联合会

2012年石油和化工行业开展了大量的工作，将发展低碳经济作为调整经济结构和转变发展方式的重要抓手，取得了明显的成效。

2013年在国际经济复苏缓慢，国内经济增速放缓的形势下，我国石油和化学工业运行总体平稳，生产增长稳中加快，效益增长整体有所改善，转型升级稳步推进，但下行压力也较大，一些问题和矛盾凸显。

一、大力发展以天然气为代表的清洁能源

天然气是高效清洁的化石能源，同等热值条件下，其二氧化碳排放量比煤炭少43%、比石油少28%。提高天然气在一次能源结构中的比重，是我国实现低碳发展的现实选择。中国石油和化学工业坚持努力增加天然气产量，积极开拓天然气供应渠道，并大力开展天然气利用工程。

（一）持续加大天然气的生产和进口

中国石油、中国石化和中海油为代表的国内天然气生产企业将天然气作为战略性和成长性工程，持续加快天然气生产规模。中国石油通过重点提升国内长庆、塔里木、西南、青海四大气区以及土库曼斯坦阿姆河项目产能，实现了天然气产量的快速增长。2012年，中国石油国内天然气产量达到798.6亿立方米，占国内天然气市场的75%，多年来保持了年均10%以上的增长速度。阿姆河项目全年提供商品气55亿立方米。在加大天然气生产的同时，公司加紧落实天然气储量，巩固资源基础，国内天然气地质储量连续4年超过3000亿立方米。

中国石化努力提高天然气产量，积极组织LNG进口。2012年，大湾区块产能建设项目安全一次投产成功，标志着年产110亿立方米混合气的普光气田整体建成。大湾区块12口气井全部顺利投产，平均单井日产气71万立方米，建成了年产30亿立方米混合气的能力。普光气田年产净化气达76亿立方米。鄂北会战成果显著，建成了中国石化首个整体利用水平井有效开发的10亿立方米产能项目。大牛地气田共实施水平井100口，平均单井日产气3.1万立方米，初步确定了水平井开发技术政策。中国石化天然气产量达202亿立方米，同比增长29.5%；已签署960万吨/年海外LNG资源采购合同，山东LNG工程顺利推进，计划2014年9月投产，继续开展广西、天津、连云港、温州等LNG工程前期工作。

中国海油2012年生产天然气164亿立方米，煤层气4.7亿立方米，其中，国内生产天然气113亿立方米。LNG进口量1079万吨，与上年基本持平。为了保障持续的LNG供应，中国海油实施纵向一体化战略，对整个产业链进行了投资，即在巩固LNG接收站、天然气管道、天然气发电等已有业务的基础上，前向参与到供应、配送、销售各环节，后向延伸至上游勘探、开发、液化等环节。具体表现为积极进入上游境外LNG资源的勘探开发领域和国内非常规天然气领域，建立稳定的资源供应链，用“资源保证市场”；依托LNG资源、接收站、资金和人才优势，有选择地参与下游，形成全国性槽车、槽船液态分销体系和车船加气网络，扩大市场面，培育和建立与国际市场接轨的价格机制，用“市场引领资源”。在纵向一体化战略的引领下，中国海油率先签订了LNG长期资源购销协议；建成并投运了全国首家液化天然气接收站；第一个在全国范围内对电站锅炉进行“油改气”，率先建成汽车加气站和LNG冷能利用示范基地，带动了相关产业的蓬勃发展，在我国能源利用领域和节能减排领域占有重要地位。通过LNG产业链上下游之间有效的协同和互补，中国海油正逐步形成可持续发展的替代产业基础，构建清洁能源产业集群体系，为保障我国沿海及周边地区清洁能源的持续、可靠、充足供应做出贡献。

（二）有序发展煤层气和页岩气等非常规气

中国石油2006年起开始从事规模性煤层气的勘探开发，目前立足沁水盆地和鄂尔多斯盆地东缘，推进煤层气产能建设。2012年，新增煤层气探明地质储量788亿立方米，新建产能13.5亿立方米，全年商品气量达到6亿立方米。同时，我们先后与荷兰皇家壳牌公司、美国康菲石油公司携手，开展页岩气勘探开发研究和资源评价。2013年，四川威远-长宁和云南昭通两个国家级页岩气示范区累计实现商品气量7000万立方米。

中国石化开展页岩气地质评价，明确了四川盆地及周缘为重点目标区。涪陵地区陆相大安寨段兴隆101井、福石1井、涪页HF1井试获工业油气流，志留系海相龙马溪组焦页1HF井试获稳定日产11万立方米的高产气流，在涪陵地区正式启动首个页岩气产能示范区建设。同时，在元坝、彭水、井研—犍为等地区部署的页岩气评价井也获得了较好的试气成果。中国石化在煤层气开发试验方面也积极推进。延川南区块的延3、延5井区，从小井组试验到大井组扩大试验，已有24口井日产超1000立方米，试采区整体日产气量已超过4万立方米，面积排采取得初步效果。

（三）加快天然气主干管网和战略通道建设

中国石油国内天然气主干管网包括西气东输（一线、二线）管道、陕京（一线、二线、三线）管道、涩宁兰天然气管道、忠武管道、东北天然气管网、山东天然气管网、环塔里木天然气管网，覆盖24个省市区和香港特别行政区，截至2012年底共计40995千米，约占全国天然气管道总里程的77%。目前我们正在加紧西气东输三线管道建设，计划2014年建成投产。据测算，西气东输一线、二线、三线每年运送700多亿立方米的天然气可以替代1.79亿吨标准煤，减少二氧化碳排放三亿吨，减少二氧化硫、氮氧化物和工业粉尘等有害物质排放量574万吨。

中国石油海外天然气战略通道建设进展顺利。中亚天然气管道A/B线输气能力提升至300亿立方米/年，截至2013年11月已累计向中国供气690亿立方米。目前正加紧建设C线管道，尽早启动D线建设。预计到2020年，土库曼斯坦天然气年输送量将达到650亿立方米以上。中哈天然气管道二期第一阶段已于2013年9月竣工投产，设计年输气能力100亿立方米，二线计划2015年建成投产。中缅天然气管道干线于2013年10月竣工投产，每年将有120亿立方米天然气造福缅甸和我国西南地区。

二、积极开展以碳捕集、利用和封存为代表的低碳示范项目

强化采油技术包括二氧化碳吞吐工艺（见图1）和二氧化碳驱工艺（见图2）。后者从注入方式上分类有：连续注入二氧化碳、二氧化碳水气替注入等。

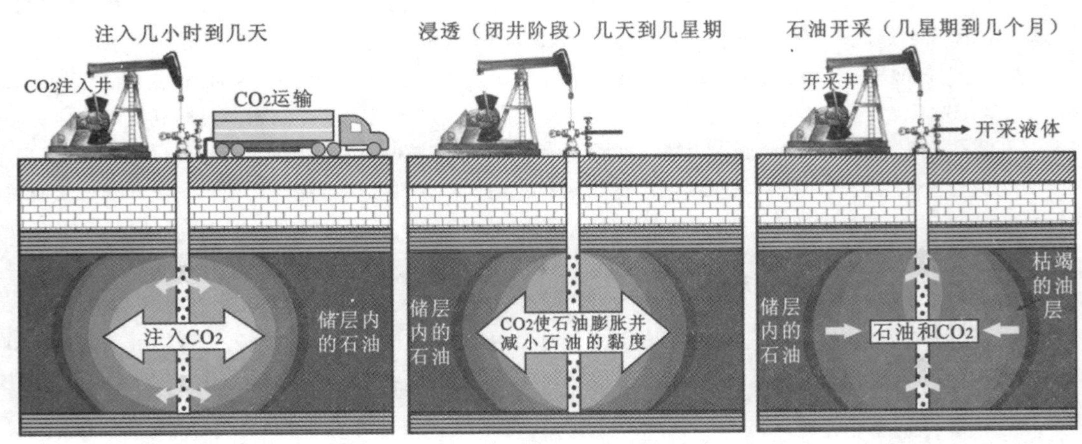

图1 二氧化碳吞吐技术示意图

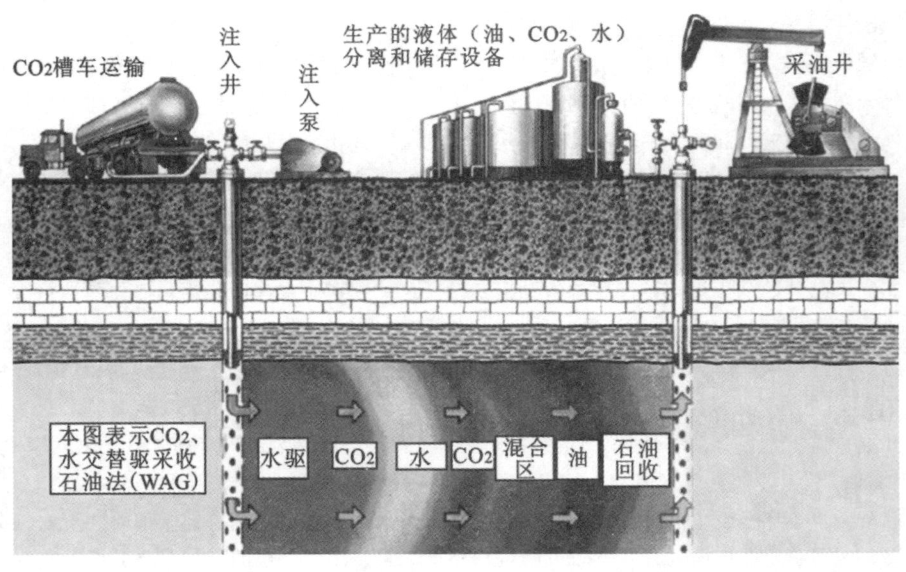

图2 二氧化碳驱油技术示意图

近年来，我国CCUS技术研发活动主要采取政府指导、企业为主体实施、科研单位和高等院校共同参与的方式来开展，并偏重于基础研究。基础研究方面经费来源较多，技术涉及面广，主要由国家科技部、基金委等部门部署。“十五”以来，在国家基础研究（973）计划、国家高技术发展（863）计划、国家科技支撑计划等科技计划的资助下，CCUS相关项目达到约36项，其中有过半与二氧化碳利用技术有关（表1）。此外，我国还积极参与碳封存领导人论坛、清洁能源部长级会议等多边框架合作，组织国内研究机构和企业参与了一系列的双边和多边合作项目。

表1 我国政府支持的部分CO_2利用技术研发项目以及国际合作情况

项目名称	资助来源/渠道	执行时间	我国主要参与单位
温室气体提高石油采收率的资源化利用及地下埋存	973计划	2006~2010	中国石油集团科学技术研究院、华中科技大学、中科院地质与地球物理研究所、中国石油大学（北京）等
CO_2减排、储存与资源化利用的基础研究		2011~2015	中国石油集团科学技术研究院等
CO_2驱油提高石油采收率与封存关键技术研究	863计划	2009~2011	中国石油集团科学技术研究院、中国石油化工集团勘探开发研究院等
CO_2-油藻-生物柴油关键技术研究		2009~2011	新奥集团、暨南大学等
超重力法CO_2捕集纯化技术及应用示范	支撑计划	2008~2010	中石化胜利油田分公司、北京化工大学、北京工业大学、中国石油大学（华东）等
高炉炼铁CO_2减排与利用关键技术开发		2011~2014	中国金属学会、钢铁研究总院等
含CO_2天然气藏安全开发与CO_2利用技术	“大型油气田及煤层气开发”重大专项	2008~2010	中国石油集团科学技术研究院、中石油吉林油田分公司等
松辽盆地含CO_2火山岩气藏开发及利用示范工程		2008~2010	中石油吉林油田分公司、中国石油集团科学技术研究院
CO_2驱油与埋存关键技术		2011~2015	中国石油集团科学技术研究院、中石油吉林油田分公司等
松辽盆地CO_2驱油与埋存技术示范工程		2011~2015	中石油吉林油田分公司、中国石油集团科学技术研究院
中联煤深煤层气开发技术试验项目		2011~2015	中联煤层气公司等

前正在陕西延长石油开展二氧化碳捕集与综合利用示范项目，预计在未来几年实现投运。

表2 我国CO2利用技术部分示范工程情况

名称	地点	规模	示范内容	现状
中石油吉林油田CO_2-EOR研究与示范	吉林油田	封存量：约10万t/a	CO_2-EOR	2007年投运
中科金龙CO_2化工利用项目	江苏泰兴	利用量：约10 000 t/a	酒精厂CO_2化工利用	2007年投运
中海油CO_2制可降解塑料项目	海南东方	利用量：2 100 t/a	天然气分离CO_2化工利用	2009年投运
中石化胜利油田CO_2捕集和驱油示范	胜利油田	捕集和利用量：4万t/a	燃烧后捕集 CO_2-EOR	2010年投运
新奥集团微藻固碳生物能源示范项目	内蒙古达拉特旗	拟利用量：2万t/a	煤化工烟气生物利用	一期投产；二期在建；三期筹备
华能绿色煤电天津IGCC电厂捕集利用和封存示范	天津市滨海新区	捕集量：6万t/a~10万t/a	燃烧前捕集 CO_2-EOR	2011年启动
国电集团CO_2捕集和利用示范工程	天津塘沽区	捕集量：2万t/a	燃烧后捕集	前期筹备
中石化煤制气CO_2捕集与驱油封存示范工程	胜利油田	捕集利用量：70万t/a	煤制气捕集 CO_2-EOR	前期筹备

中石化胜利油田CO_2捕集与驱油封存示范工程	胜利油田	捕集利用量：50万t/a~100万t/a	燃烧后捕集CO_2-EOR	前期筹备
陕西延长石油（集团）二氧化碳捕集与综合利用示范项目	靖边油田	捕集量：40万t/a 封存量：15万t/a	煤化工烟气捕集+EOR	在建，“十二五”建成

目前来看，二氧化碳利用技术成熟、总量大的方式是二氧化碳驱油。我国自20世纪60年代以来，我国在大庆、胜利、任丘、吉林、江苏、辽河、中原等油田开展了小规模的二氧化碳吞吐、驱油试验。二氧化碳主要来自于化工厂、炼油厂等。近年来随着对二氧化碳强化采油及封存的认识与关注度提高，以及小型二氧化碳气藏和二氧化碳与天然气伴生气藏的发现，二氧化碳强化采油的项目逐渐增多，但大部分项目仅限于少数井的二氧化碳吞吐采油试验。2006年科技部启动了“973”项目“温室气体提高石油采收率的资源化利用及地下封存”，对二氧化碳强化采油及封存开展系统的科学、技术研究。同时，中石油投资2亿元人民币在吉林油田实施了二氧化碳驱工业试验重点项目。该项目以天然气分离出的二氧化碳为气源，有10口二氧化碳注入井，28口油井，每年约注入二氧化碳10万吨，开采原油3万吨~4万吨。2012年，科技部启动了“国家科技支撑计划”项目，“大规模燃煤电厂烟气二氧化碳捕集、驱油及封存技术开发及应用示范”。此项目在中石化胜利油田实施，正在建设工业规模的示范项目。该项目的规模为50万吨/年~100万吨/年燃煤电厂烟气及工业过程二氧化碳捕集、输送与强化采油示范工程。项目建成后，可在胜利油区（适合二氧化碳混相驱的油藏地质储量为3.0亿吨）形成燃煤电厂烟气二氧化碳捕集、输送和二氧化碳强化采油成套技术。

三、努力开展节能降耗工作，实现源头减碳

2012年，石油和化工行业主要以市场为基础，创新工作机制，努力形成一套行之有效的长效机制。一是要逐步建立重点耗能产品“能效领跑者”发布制度。能效领跑者发布制度是把生产某一产品能耗最低的企业确定为标杆，引领其他企业努力达到标杆企业的水平，从而提高全行业的能效水平。重点耗能企业都应当开展能效对标工作，通过采取自身“纵向”对标与企业间“横向”对标相结合的方式，查找差距，分析原因，完善措施，持续改进。为了推动此项工作，行业试行重点耗能产品能效领跑者发布制度于2011年底启动，确定了10个产品的能效领跑者发布名单和相关能耗指标，促进石油和化工行业节能工作深入开展。

2012年6月20日，工业与信息化部与中国石油和化学工业联合会在京联合发布石油和化工行业重点能耗产品2011年度能效领跑者名单，合成氨、甲醇、磷酸二铵、硫酸、电石、烧碱、聚氯乙烯、纯碱、黄磷和轮胎10个重点产品领域的41家企业成为领跑者。这是石油和化工行业发布的首批能效领跑者名单，标志着行业能效领跑者发布制度建立。

2012年，石油和化工行业加快了先进节能技术的推广应用，在油气开采行业重点推广油田采油污水余热综合利用技术、油田伴生气回收技术；在原油加工行业重点推广优化换热流程、优化中段回流取热比、降低汽化率，增加塔顶循环回流换热等方面的节能技术；在乙烯行业继续推广裂解炉空气预热、扭曲片强化传热、瓦斯回收等节能技术；在氮肥行业重点推广高效清洁的先进煤气化技术、节能型水溶液全循环尿素生产技术、高效脱硫脱碳技术、氮肥生产无水零排放技术；在氯碱行业重点研发和推广氧阴极低槽电压离子膜电解技术、膜极距离子膜电解槽、氯化氢合成余热利用技术、低汞触媒技术；在电石行业加快采用大型密闭式电石炉，重点推广电石炉尾气利用、空心电极等节能技术；在硫酸行业重点推广硫磺制酸装置低温位热能回收技术，加快研发硫铁矿制酸、冶炼烟气制酸中低温位热能回收技术；在黄磷行业重点推广黄磷尾气深度净化及利用技术；在橡胶行业重点推广炭黑生产过程余热利用和尾气发电（供热）技术。

从2010年开始，工业和信息化部、财政部组织了企业能源管理中心示范项目。截至目前，中国化工、湖北兴发、新疆中泰等26家企业的能源管理中心项目共获得了1.86亿元的财政补助资金，大大促进了行业企业能源管理中心的建设工作。组织召开了企业能源管理中心示范项目建设交流现场会，总结和推广了湖北兴发能源管理中心项目的建设经验，取得了良好效果。在此基础上，组织编制了石化、氯碱、纯碱等3个行业的企业能源管理中心建设实施方案，用来指导这三个行业“十二五”期间能源管理中心建设工作。

2012年，中国石油天然气集团公司通过实施分解落实污染减排目标指标，推进十大减排工程、加快建设污染减排体系、开展循环经济试点工作、加强污染减排效果评估等措施，全部实现达标排放，污染减排取得较大成效。集团公司全年实现节能量131万吨标准煤。2012年，中国石油加强节能技术示范工程建设，强化能评管理和节能标准体系建设，全年投入17.08亿元专项资金实施111项重点节能工程。全面推进油气田企业加热炉提效工作，积极推广先进适用的工艺、技术和管理方法。

中国石化积极推进资源高效利用和循环利用，推广副产物的综合利用，实现低消耗、低排放、高效率。一是化工板块火炬气回收利用。通过实施火炬技术改造和管网 技术改造，回收火炬气，将其送至裂解炉或热电锅炉作为燃料，或送至周边石化生产装置作原料，乙烯火炬于2012年实现正常工况下零排放。炼厂气综合利用。采用催化裂化干气提浓做乙烯原料，年产提浓乙烯气26万吨，增产烯烃约16万吨；利用催化裂化干气中稀乙烯气发展苯乙烯，利用稀乙烯资源11.9万吨。氢气资源优化利用。通过制氢原料气体化和富氢气体回收利用，顶替制氢原料石脑油约29.7万吨，回收氢气约13.7万标准立方米/小时。二是回收焦化装置液化气组分。相继完成10 套焦化吸收稳定配套改造，每年可回收液化气约20 万吨。三是液化气综合利用。2012年，利用169万吨饱和LPG做乙烯料；MTBE 装置消化LPG 52.8万吨；燕山、高桥、武汉等烷基化装置利用LPG17万吨。

中化集团坚持走绿色发展之路，有序开展环保核查工作，持续推进清洁生产，促进节能环保新技术转化，实现与自然、环境的和谐共存。公司坚持低消耗、高效益的发展之路，通过落实节能措施提升工业企业产值。2012年，节约标准煤7.14万吨，综合利用一般工业固体废物70.8吨。万元产值综合能耗降到0.75吨标准煤，超额完成国资委下达的第三任期节能考核指标。公司秉承“三废是放错位置的资源”的理念，积极推动三废资源利用。严格遵守国家、地方相关环境法律法规，推广和应用环保新技术，努力减少废弃物排放。

中国化工集团公司积极响应“节能减排”号召，并在业界勇开先河，采用“零排放”管理概念，打造零排放高标准目标，推进化工企业节能减排工作。先后完成了“PVC聚合离心母液回用”、“含油废水回用”等示范工程。开展“责任关怀”企业试点，加快“环境友好型企业”建设，一批企业通过了清洁生产审核，有多个节能和环保技术改造项目获得财政奖励资金。全年，集团公司节约能源近100万吨标准煤，万元产值综合能耗同比下降9.4%，万元产值耗新鲜水下降22.36%，工业用水重复利用率提高4%，废水排放下降8.36%，COD排放下降11.02%，SO2排放下降3.58%。

四、今后一段时期内石油和化工行业低碳发展的主要工作建议

我国石油和化学工业低碳发展面临的问题主要有两个，一是石油和化工行业整体工艺技术水平落后，低碳发展技术支撑体系还不完善。目前，在整个石油和化学工业体系中，高新技术产业所占比重偏低，传统产业仍居主导地位。目前，我国石油和化工经济总量位居世界前列，但拥有自主知识产权的先进成套技术很少，出口产品大多是低档的初级原料，而且以重污染、高耗能为代价。从化工行业的状况看，大批高能耗、高物耗、高污染的落后工艺和设备还在运行；环保投入少，设施落后，生产过程缺少控制；资源再生、能源回收利用技术较少，产品深度开发力度小。虽然有了一批比较成熟的能源节约、碳减排、清洁生产和“三废”综合利用的新工艺和新技术，但总体上讲数量比较少，水平也比较低，特别是缺乏关键共性技术，难以形成发展循环经济的有力支撑。二是结构不合理，行业发展与资源、环境的矛盾十分突出。据统计，目前石油和化工行业炼油、乙烯、氮肥、纯碱、烧碱、电石、黄磷等高耗能产业的能耗，约占行业总能耗的60%。这些高耗能产业，单位产品能耗与国外平均水平比都有较大的差距，在消耗大量能源的同时，又产生大量的“三废”，给环境造成严重的危害。产业结构、产品结构和能源消耗结构的不合理造成的巨大浪费和环境压力，进一步加剧了行业发展与资源环境的矛盾。未来一段时期内，石油和化工行业低碳发展的主要任务包括如下几个方面。

（一）研发和推广节能低碳技术

建议政府支持企业、科研院所建设技术创新平台，积极开展石化装置能量系统优化技术、化工固体废弃物资源化利用技术、高浓度难降解有机废水削减和治理技术等关键共性技术的研发攻关和应用示范。加快推广应用回收低位工艺热预热燃烧空气技术、高效清洁先进煤气化技术、低能耗水溶液全循环尿素生产技术、氧阴极低槽电压离子膜电解技术、电石炉和黄磷炉尾气净化综合利用技术、氮肥生产污水零排放技术、低汞触媒技术、盐酸脱吸技术等重点节能减排技术，编制推广方案，组织实施示范工程。

（二）加快低碳能源的开发利用

加快以页岩气、煤层气为代表的非常规低碳能源的勘探和开发步伐，突破水平井钻完井、储层多段压裂改造、页岩气含气量及储层物性分析测试等关键技术，推动能源结构优化和低碳化。大力支持以二氧化碳驱油技术、煤基多联产技术、二氧化碳作为碳源合成有机化学品技术等为代表的生产过程中二氧化碳产生少、好收集、可再利用的工艺技术装备的研发和推广应用。在合成氨、甲醇、电石、乙烯和新型煤化工等重点碳排放子行业中开展碳捕集和封存的示范项目。

（三）夯实节能减排管理基础

完善企业节能减排责任制度，督促重点用能企业和污染物排放企业建立能源管理体系和环境管理体系，鼓励有条件的企业积极开展能源管理体系和环境管理体系认证。加强石化和化工企业能源审计和能源统计工作，建立和完善石化和化学工业节能减排信息监测系统，抓好污染物排放在线监测和突发事件应急处置工作。加强企业节能减排能力建设，针对石化和化学工业生产特点，有计划、有步骤、有针对性地对企业节能环保管理人员、技术人员和重点岗位操作人员进行系统培训，使重点用能企业和污染物排放企业均具备专业化节能环保人员队伍。

（四）推动行业低碳信息化和智能化建设

在炼油、乙烯、化肥、氯碱、电石、纯碱、无机盐、橡胶等子行业开展企业能源管理中心建设，对能源的购入存储、加工转换、输送分配、最终使用和回收处理等环节实施动态监测、控制和优化管理，实现系统性节能降耗。到2017年，石化和化学工业力争建设150个企业能源管理中心。鼓励产学研联合开发石化和化学工业企业能源信息化、智能化管理技术和系统，逐步建立统一的企业综合能耗及排放数据采集、传输、处理接口标准，为构建石化和化学工业节能减排信息监测系统提供支撑。

（五）加强企业能效对标达标工作

完善石化和化学工业能效领跑者发布制度，定期发布合成氨、甲醇、烧碱、乙烯等产品的能效领跑者及其指标，制定石化和化学工业能效提升路线图计划，指导、督促石化和化工企业开展能效对标达标活动。组织行业协会不断完善能效对标信息平台和对标指标体系，总结并发布能效最佳实践案例，引导企业提高能源资源利用水平。

（六）落实大气污染防治计划，推进重点领域治污减排工作

重点做好石油化工、煤化工、农药、染料等污染物排放量较大子行业的污染防治。石油炼制企业的催化裂化装置都要安装脱硫设施。推进挥发性有机物污染治理，在石化行业实施挥发性有机物综合整治，完善涂料、胶粘剂等产品挥发性有机物限值标准，推广使用水性涂料，鼓励生产、销售和使用低毒、低挥发性有机溶剂，京津冀、长三角、珠三角等区域要于2015年底前完成石化企业有机废气综合治理。加强基础化学原料制造和涂料、油墨、颜料等行业重金属污染防治工作，减少重金属排放。推进磷矿石、磷石膏、电石渣、碱渣、硫酸渣、废橡胶等固体废物综合利用；加强与钢铁、建材企业合作，联合处置铬渣。

（李永亮：中国石油和化学工业联合会产业发展部）

政策法规

国务院政策文件

国务院关于实行最严格水资源管理制度的意见（节录）

国发〔2012〕3号

各省、自治区、直辖市人民政府，国务院各部委、各直属机构：

水是生命之源、生产之要、生态之基，人多水少、水资源时空分布不均是我国的基本国情和水情。当前我国水资源面临的形势十分严峻，水资源短缺、水污染严重、水生态环境恶化等问题日益突出，已成为制约经济社会可持续发展的主要瓶颈。为贯彻落实好中央水利工作会议和《中共中央 国务院关于加快水利改革发展的决定》（中发〔2011〕1号）的要求，现就实行最严格水资源管理制度提出以下意见：

一、总体要求

（一）指导思想。深入贯彻落实科学发展观，以水资源配置、节约和保护为重点，强化用水需求和用水过程管理，通过健全制度、落实责任、提高能力、强化监管，严格控制用水总量，全面提高用水效率，严格控制入河湖排污总量，加快节水型社会建设，促进水资源可持续利用和经济发展方式转变，推动经济社会发展与水资源水环境承载能力相协调，保障经济社会长期平稳较快发展。

（二）基本原则。坚持以人为本，着力解决人民群众最关心最直接最现实的水资源问题，保障饮水安全、供水安全和生态安全；坚持人水和谐，尊重自然规律和经济社会发展规律，处理好水资源开发与保护关系，以水定需、量水而行、因水制宜；坚持统筹兼顾，协调好生活、生产和生态用水，协调好上下游、左右岸、干支流、地表水和地下水关系；坚持改革创新，完善水资源管理体制和机制，改进管理方式和方法；坚持因地制宜，实行分类指导，注重制度实施的可行性和有效性。

（三）主要目标。

确立水资源开发利用控制红线，到2030年全国用水总量控制在7000亿立方米以内；确立用水效率控制红线，到2030年用水效率达到或接近世界先进水平，万元工业增加值用水量（以2000年不变价计，下同）降低到40立方米以下，农田灌溉水有效利用系数提高到0.6以上；确立水功能区限制纳污红线，到2030年主要污染物入河湖总量控制在水功能区纳污能力范围之内，水功能区水质达标率提高到95%以上。

为实现上述目标，到2015年，全国用水总量力争控制在6350亿立方米以内；万元工业增加值用水量比2010年下降30%以上，农田灌溉水有效利用系数提高到0.53以上；重要江河湖泊水功能区水质达标率提高到60%以上。到2020年，全国用水总量力争控制在6700亿立方米以内；万元工业增加值用水量降低到65立方米以下，农田灌溉水有效利用系数提高到0.55以上；重要江河湖泊水功能区水质达标率提高到80%以上，城镇供水水源地水质全面达标。

二、加强水资源开发利用控制红线管理，严格实行用水总量控制

三、加强用水效率控制红线管理，全面推进节水型社会建设

（十）全面加强节约用水管理。各级人民政府要切实履行推进节水型社会建设的责任，把节约用水贯穿于经济社会发展和群众生活生产全过程，建立健全有利于节约用水的体制和机制。稳步推进水价改革。各项引水、调水、取水、供用水工程建设必须首先考虑节水要求。水资源短缺、生态脆弱地区要严格控制城市规模过度扩张，限制高耗水工业项目建设和高耗水服务业发展，遏制农业粗放用水。

（十一）强化用水定额管理。加快制定高耗水工业和服务业用水定额国家标准。各省、自治区、直辖市人民政府要根据用水效率控制红线确定的目标，及时组织修订本行政区域内各行业用水定额。对纳入取水许可管理的单位和其他用水大户实行计划用水管理，建立用水单位重点监控名录，强化用水监控管理。新建、扩建和改建建设项目应制订节水措施方案，保证节水设施与主体工程同时设计、同时施工、同时投产（即“三同时”制度），对违反“三同时”制度的，由县级以上地方人民政府有关部门或流域管理机构责令停止取用水并限期整改。

（十二）加快推进节水技术改造。制定节水强制性标准，逐步实行用水产品用水效率标识管理，禁止生产和销售不符合节水强制性标准的产品。加大农业节水力度，完善和落实节水灌溉的产业支持、技术服务、财政补贴等政策措施，大力发展管道输水、喷灌、微灌等高效节水灌溉。加大工业节水技术改造，建设工业节水示范工程。充分考虑不同工业行业和工业企业的用水状况和节水潜力，合理确定节水目标。有关部门要抓紧制定并公布落后的、耗水量高的用水工艺、设备和产品淘汰名录。加大城市生活节水工作力度，开展节水示范工作，逐步淘汰公共建筑中不符合节水标准的用水设备及产品，大力推广使用生活节水器具，着力降低供水管网漏损率。鼓励并积极发展污水处理回用、雨水和微咸水开发利用、海水淡化和直接利用等非常规水源开发利用。加快城市污水处理回用管网建设，逐步提高城市污水处理回用比例。非常规水源开发利用纳入水资源统一配置。

四、加强水功能区限制纳污红线管理，严格控制入河湖排污总量

（十三）严格水功能区监督管理。完善水功能区监督管理制度，建立水功能区水质达标评价体系，加强水功能区动态监测和科学管理。水功能区布局要服从和服务于所在区域的主体功能定位，符合主体功能区的发展方向和开发原则。从严核定水域纳污容量，严格控制入河湖排污总量。各级人民政府要把限制排污总量作为水污染防治和污染减排工作的重要依据。切实加强水污染防控，加强工业污染源控制，加大主要污染物减排力度，提高城市污水处理率，改善重点流域水环境质量，防治江河湖库富营养化。流域管理机构要加强重要江河湖泊的省界水质水量监测。严格入河湖排污口监督管理，对排污量超出水功能区限排总量的地区，限制审批新增取水和入河湖排污口。

（十四）加强饮用水水源保护。各省、自治区、直辖市人民政府要依法划定饮用水水源保护区，开展重要饮用水水源地安全保障达标建设。禁止在饮用水水源保护区内设置排污口，对已设置的，由县级以上地方人民政府责令限期拆除。县级以上地方人民政府要完善饮用水水源地核准和安全评估制度，公布重要饮用水水源地名录。加快实施全国城市饮用水水源地安全保障规划和农村饮水安全工程规划。加强水土流失治理，防治面源污染，禁止破坏水源涵养林。强化饮用水水源应急管理，完善饮用水水源地突发事件应急预案，建立备用水源。

（十五）推进水生态系统保护与修复。开发利用水资源应维持河流合理流量和湖泊、水库以及地下水的合理水位，充分考虑基本生态用水需求，维护河湖健康生态。编制全国水生态系统保护与修复规划，加强重要生态保护区、水源涵养区、江河源头区和湿地的保护，开展内源污染整治，推进生态脆弱河流和地区水生态修复。研究建立生态用水及河流生态评价指标体系，定期组织开展全国重要河湖健康评估，建立健全水生态补偿机制。

五、保障措施

（十六）建立水资源管理责任和考核制度。要将水资源开发、利用、节约和保护的主要指标纳入地方经济社会发展综合评价体系，县级以上地方人民政府主要负责人对本行政区域水资源管理和保护工作负总责。国务院对各省、自治区、直辖市的主要指标落实情况进行考核，水利部会同有关部门具体组织实施，考核结果交由干部主管部门，作为地方人民政府相关领导干部和相关企业负责人综合考核评价的重要依据。具体考核办法由水利部会同有关部门制订，报国务院批准后实施。有关部门要加强沟通协调，水行政主管部门负责实施水资源的统一监督管理，发展改革、财政、国土资源、环境保护、住房城乡建设、监察、法制等部门按照职责分工，各司其职，密切配合，形成合力，共同做好最严格水资源管理制度的实施工作。

（十七）健全水资源监控体系。抓紧制定水资源监测、用水计量与统计等管理办法，健全相关技术标准体系。加强省界等重要控制断面、水功能区和地下水的水质水量监测能力建设。流域管理机构对省界水量的监测核定数据作为考核有关省、自治区、直辖市用水总量的依据之一，对省界水质的监测核定数据作为考核有关省、自治区、直辖市重点流域水污染防治专项规划实施情况的依据之一。加强取水、排水、入河湖排污口计量监控设施建设，加快建设国家水资源管理系统，逐步建立中央、流域和地方水资源监控管理平台，加快应急机动监测能力建设，全面提高监控、预警和管理能力。及时发布水资源公报等信息。

（十八）完善水资源管理体制。

（十九）完善水资源管理投入机制。

（二十）健全政策法规和社会监督机制。

国务院

二〇一二年一月十二日

《国家环境保护“十二五”规划》重点工作部门分工方案（节录）

（国办函〔2012〕147号　国务院办公厅二〇一二年八月二十一日印发）

一、推进主要污染物减排

（一）加大结构调整力度。

1.加大钢铁、有色、建材、化工、电力、煤炭、造纸、印染、制革等行业落后产能淘汰力度。制定年度实施方案，将任务分解落实到地方、企业，并向社会公告淘汰落后产能企业名单。建立新建项目与污染减排、淘汰落后产能相衔接的审批机制。落实产能等量或减量置换制度。（工业和信息化部、发展改革委、环境保护部、能源局、电监会、财政部。列第一位为牵头部门，其他有关部门或单位按职责分工负责，下同）

2.合理控制能源消费总量，促进非化石能源发展。增加天然气、煤层气供给。提高煤炭洗选加工水平。在大气联防联控重点区域开展煤炭消费总量控制试点。（能源局、发展改革委、工业和信息化部、电监会、环境保护部、统计局、国土资源部）

3.探索建立单位产品污染物产生强度评价制度。（环境保护部、工业和信息化部等有关部门）

4.大力推行清洁生产和发展循环经济。提高造纸、印染、化工、冶金、建材、有色、制革等行业污染物排放标准和清洁生产评价指标。推进农业、工业、建筑、商贸服务等领域清洁生产示范。深化循环经济示范试点，加快资源再生利用产业化，推进生产、流通、消费各环节循环经济发展，构建覆盖全社会的资源循环利用体系。（发展改革委、环境保护部、农业部、工业和信息化部、住房城乡建设部、商务部、科技部、财政部、能源局）

（二）着力削减化学需氧量和氨氮排放量。

5.加大重点地区水污染物减排力度。禁止在重点流域江河源头新建有色、造纸、印染、化工、制革等项目。严格控制长三角、珠三角等区域的造纸、印染、制革、农药、氮肥等行业新建单纯扩大产能项目。在已富营养化的湖泊水库和东海、渤海等易发生赤潮的沿海地区实施总氮或总磷排放总量控制。（环境保护部、发展改革委、工业和信息化部、海洋局、水利部）

6.推进造纸、印染和化工等行业化学需氧量和氨氮排放总量控制，削减比例较2010年不低于10%。（环境保护部、发展改革委、工业和信息化部）

7.提升城镇污水处理水平。（发展改革委、住房城乡建设部、财政部、环境保护部）

8.推动规模化畜禽养殖污染防治。优化养殖场布局，合理确定养殖规模，改进养殖方式，推行清洁养殖，推进养殖废弃物资源化利用。严格执行畜禽养殖业污染物排放标准，对养殖小区、散养密集区污染物实行统一收集和治理。全国规模化畜禽养殖场和养殖小区配套建设固体废物和污水贮存处理设施的比例达到50%以上。（农业部、环境保护部、发展改革委、财政部、能源局）

（三）加大二氧化硫和氮氧化物减排力度。

9.持续推进电力行业污染减排。新建燃煤机组要同步建设脱硫脱硝设施，未安装脱硫设施的现役燃煤机组要加快淘汰或建设脱硫设施，烟气脱硫设施要按照规定取消烟气旁路。加快燃煤机组低氮燃烧技术改造和烟气脱硝设施建设，单机容量30万千瓦以上（含）的燃煤机组要全部加装脱硝设施。加强对脱硫脱硝设施运行的监管，对不能稳定达标排放的，要限期进行改造。（环境保护部、发展改革委、工业和信息化部、能源局、电监会、财政部）

10.推进钢铁行业二氧化硫排放总量控制，全面实施烧结机烟气脱硫，新建烧结机应配套建设脱硫脱硝设施。加强水泥、石油石化、煤化工等行业二氧化硫和氮氧化物治理。石油石化、有色、建材等行业的工业窑炉要进行脱硫改造。新型干法水泥窑要进行低氮燃烧技术改造，新建水泥生产线要安装效率不低于60%的脱硝设施。因地制宜开展燃煤锅炉烟气治理，新建燃煤锅炉要安装脱硫脱硝设施，现有燃煤锅炉要实施烟气脱硫，东部地区的现有燃煤锅炉还应安装低氮燃烧装置。（环境保护部、工业和信息化部、发展改革委、能源局、财政部）

11.开展机动车船氮氧化物控制。实施机动车环境保护标志管理。加速淘汰老旧汽车、机车、船舶，基本淘汰2005年以前注册运营的“黄标车”。（环境保护部、公安部、交通运输部、商务部、铁道部、工业和信息化部）

12.提高机动车环境准入要求，加强生产一致性检查，禁止不符合排放标准的车辆生产、销售和注册登记。鼓励使用新能源车。积极发展城市公共交通，探索调控特大型和大型城市机动车保有总量。（环境保护部、工业和信息化部、发展改革委、公安部、科技部、能源局、交通运输部、质检总局）

13.提升车用燃油品质，鼓励使用新型清洁燃料，在全国范围供应符合国家第四阶段标准的车用燃油。（发展改革委、环境保护部、财政部、能源局、商务部、工业和信息化部、质检总局）

二、切实解决突出环境问题

（一）改善水环境质量。

14.严格保护饮用水水源地。深化重点流域水污染防治，抓好其他流域水污染防治。（环境保护部、发展改革委、财政部、住房城乡建设部、交通运输部、水利部、农业部、林业局）

15.综合防控海洋环境污染和生态破坏。坚持陆海统筹、河海兼顾，推进渤海等重点海域综合治理。落实重点海域排污总量控制制度。加强近岸海域与流域污染防治的衔接。加强对海岸工程、海洋工程、海洋倾废和船舶污染的环境监管，在生态敏感地区严格控制围填海活动。降低海水养殖污染物排放强度。到2015年，近岸海域水质总体保持稳定，长江、黄河、珠江等河口和渤海等重点海湾的水质有所改善。（环境保护部、发展改革委、海洋局、农业

部、林业局、交通运输部）

16.加强海岸防护林建设，保护和恢复滨海湿地、红树林、珊瑚礁等典型海洋生态系统。加强海洋生物多样性保护。在重点海域逐步增加生物、赤潮和溢油监测项目，强化海上溢油等事故应急处置。建立海洋环境监测数据共享机制。（海洋局、林业局，农业部、交通运输部、环境保护部、气象局）

17.加强重点行业地下水环境监管。取缔渗井、渗坑等地下水污染源,切断废弃钻井、矿井等污染途径。防范地下工程设施、地下勘探、采矿活动污染地下水。（环境保护部、国土资源部、水利部）

18.控制危险废物、城镇污染、农业面源污染对地下水的影响。严格防控污染土壤和污水灌溉对地下水的污染。在地下水污染突出区域进行修复试点，重点加强华北地区地下水污染防治。开展海水入侵综合防治示范。（环境保护部、发展改革委、国土资源部、水利部、农业部、海洋局）

（二）实施多种大气污染物综合控制。

19.深化颗粒物污染控制。加强工业烟粉尘控制，推进燃煤电厂、水泥厂除尘设施改造，钢铁行业现役烧结（球团）设备要全部采用高效除尘器，加强工艺过程除尘设施建设。20蒸吨（含）以上的燃煤锅炉要安装高效除尘器，鼓励其他中小型燃煤工业锅炉使用低灰分煤或清洁能源。（环境保护部、工业和信息化部、发展改革委、能源局、电监会）

20.加强石化行业生产、输送和存储过程挥发性有机污染物排放控制。鼓励使用水性、低毒或低挥发性的有机溶剂，推进精细化工行业有机废气污染治理，加强有机废气回收利用。（环境保护部、工业和信息化部、发展改革委）

21.实施城市清洁空气行动，加强乌鲁木齐等城市大气污染防治。实行城市空气质量分级管理，尚未达到标准的城市要制定并实施达标方案。（环境保护部、住房城乡建设部、财政部、气象局）

22.加强城乡声环境质量管理。加大交通、施工、工业、社会生活等领域噪声污染防治力度。划定或调整声环境功能区，强化城市声环境达标管理，扩大达标功能区面积。做好重点噪声源控制，解决噪声扰民问题。（环境保护部、住房城乡建设部、交通运输部、公安部、工业和信息化部、铁道部）

（三）加强土壤环境保护。

23.研究建立建设项目用地土壤环境质量评估与备案制度及污染土壤调查、评估和修复制度，明确治理、修复的责任主体和要求。开展农产品产地土壤污染评估与安全等级划分试点。（环境保护部、农业部、国土资源部、质检总局）

24.加强城市和工矿企业污染场地环境监管，开展污染场地再利用的环境风险评估，将场地环境风险评估纳入建设项目环境影响评价，禁止未经评估和无害化治理的污染场地进行土地流转和开发利用。经评估认定对人体健康有严重影响的污染场地，应采取措施防止污染扩散，且不得用于住宅开发，对已有居民要实施搬迁。（环境保护部、国土资源部、工业和信息化部、住房城乡建设部、农业部）

25.以大中城市周边、重污染工矿企业、集中治污设施周边、重金属污染防治重点区域、饮用水水源地周边、废弃物堆存场地等典型污染场地和受污染农田为重点，开展污染场地、土壤污染治理与修复试点示范。对责任主体灭失等历史遗留场地土壤污染要加大治理修复的投入力度。（环境保护部、国土资源部、发展改革委、财政部、农业部）

（四）强化生态保护和监管。

26.加强生态环境监测与评估体系建设，开展生态系统结构和功能的连续监测和定期评估。实施生态保护和修复工程。严格控制重点生态功能区污染物排放总量和产业准入环境标准。（环境保护部、林业局、农业部、水利部、海洋局、财政部、发展改革委、气象局）

27.提升自然保护区建设与监管水平。开展自然保护区基础调查与评估，统筹完善全国自然保护区发展规划。加强自然保护区建设与管理，加强国家级自然保护区规范化建设。抢救性保护中东部地区人类活动稠密区域残存的自然生境。（环境保护部、林业局、国土资源部、农业部、水利部、中科院、海洋局、财政部、发展改革委）

28.加强生物多样性保护。开展生物多样性监测试点以及生物多样性保护示范区、恢复示范区等建设。推动重点地区和行业的种质资源库建设。加强生物物种资源出入境监管。研究制定防止外来物种入侵和加强转基因生物安全管理的法规。强化对转基因生物体环境释放和环境改善用途微生物利用的监管，开展外来有害物种防治。（环境保护部、科技部、农业部、林业局、海洋局、海关总署、质检总局、中科院、教育部）

29.推进资源开发生态环境监管。落实生态功能区划，规范资源开发利用活动。加强矿产、水电、旅游资源开发和交通基础设施建设中的生态监管，落实相关企业在生态保护与恢复中的责任。（环境保护部、发展改革委、国土资源部、工业和信息化部、交通运输部、水利部、旅游局、林业局、农业部、海洋局）

30.实施矿山环境治理和生态恢复保证金制度。（财政部、环境保护部、国土资源部、能源局、林业局）

三、加强重点领域环境风险防控

四、完善环境保护基本公共服务体系

五、完善政策措施

（一）落实环境目标责任制。

65.制定生态文明建设指标体系，纳入地方各级人民政府政绩考核。实行环境保护一票否决制。对未完成环保目标任务或对发生重特大突发环境事件负有责任的地方政府要进行约谈，实施区域限批，并追究有关领导责任。(环境保护部、中央组织部、监察部、发展改革委会同有关部门)

（二）完善综合决策机制。

66.完善政府负责、环保部门统一监督管理、有关部门协调配合、全社会共同参与的环境管理体系。（环境保护部会同有关部门）

（三）加强法规体系建设。

67.加强环境保护法、大气污染防治法、清洁生产促进法、固体废物污染环境防治法、环境噪声污染防治法、环境影响评价法等法律修订的基础研究工作，研究拟订污染物总量控制、饮用水水源保护、土壤环境保护、排污许可证管理、畜禽养殖污染防治、机动车污染防治、有毒有害化学品管理、核安全与放射性污染防治、环境污染损害赔偿等法律法规。（环境保护部会同有关部门）

68.统筹开展环境质量标准、污染物排放标准、核电标准、民用核安全设备标准、环境监测规范、环境基础标准制修订规范、管理规范类环境保护标准等制修订工作。完善大气、水、海洋、土壤等环境质量标准，完善污染物排放标准中常规污染物和有毒有害污染物排放控制要求，加强水污染物间接排放控制和企业周围环境质量监控要求。推进环境风险源识别、环境风险评估和突发环境事件应急环境保护标准建设。鼓励地方制订并实施地方污染物排放标准。（环境保护部、质检总局、海洋局会同有关部门）

（四）完善环境经济政策。

69.落实燃煤电厂烟气脱硫电价政策，研究制定脱硝电价政策，对污水处理、污泥无害化处理设施、非电力行业脱硫脱硝和垃圾处理设施等企业实行政策优惠。对非居民用水要逐步实行超额累进加价制度，对高耗水行业实行差别水价政策。研究鼓励企业废水"零排放"的政策措施。（发展改革委、工业和信息化部、环境保护部、住房城乡建设部、财政部、电监会、水利部）

70.健全排污权有偿取得和使用制度，发展排污权交易市场。（财政部、环境保护部、发展改革委、工业和信息化部）

71.推进环境税费改革。全面落实污染者付费原则，完善污水处理收费制度，收费标准要逐步满足污水处理设施稳定运行和污泥无害化处置需求。改革垃圾处理费征收方式，加大征收力度，适度提高垃圾处理收费标准和财政补贴水平。（财政部、发展改革委、住房城乡建设部、环境保护部、税务总局）

72.建立企业环境行为信用评价制度，加大对符合环保要求和信贷原则企业和项目的信贷支持。建立银行绿色评级制度，将绿色信贷成效与银行工作人员履职评价、机构准入、业务发展相挂钩。（人民银行、环境保护部、银监会）

73.推行政府绿色采购，逐步提高环保产品比重，研究推行环保服务政府采购。推行资源型企业可持续发展准备金制度。（财政部、环境保护部、国管局、中直管理局）

74.探索建立国家生态补偿专项资金。研究制定实施生态补偿条例。建立流域、重点生态功能区等生态补偿机制。（发展改革委、财政部、环境保护部、住房城乡建设部、农业部、水利部、林业局、海洋局、能源局）

（五）加强科技支撑。

75.推进国家环境保护重点实验室、工程技术中心、野外观测研究站等建设。（环境保护部、科技部）

76.大力研发污染控制、生态保护和环境风险防范的高新技术、关键技术、共性技术。研发氮氧化物、重金属、持久性有机污染物、危险化学品等控制技术和适合我国国情的土壤修复、农业面源污染治理等技术。大力推动脱硫脱硝一体化、除磷脱氮一体化以及脱除重金属等综合控制技术研发。强化先进技术示范与推广。（科技部、环境保护部、发展改革委、农业部、财政部、水利部、住房城乡建设部）

（六）发展环保产业。

77.大力推动以污水处理、垃圾处理、脱硫脱硝、土壤修复和环境监测为重点的装备制造业发展，研发和示范一批新型环保材料、药剂和环境友好型产品。推动跨行业、跨企业循环利用联合体建设。实行环保设施运营资质许可制度，推进烟气脱硫脱硝、城镇污水垃圾处理、危险废物处理处置等污染设施建设和运营的专业化、社会化、市场化进程，推行烟气脱硫设施特许经营。制定环保产业统计标准。（发展改革委、环境保护部、工业和信息化部、电监会、商务部、住房城乡建设部、统计局、科技部）

78.研究制定提升工程投融资、设计和建设、设施运营和维护、技术咨询、清洁生产审核、产品认证和人才培训等环境服务业水平的政策措施。（发展改革委、财政部、环境保护部、质检总局、工业和信息化部、人力资源社会保障部、人民银行）

（七）加大投入力度。

79.把环境保护经费列入各级财政年度预算并逐步增加投入。适时增加同级环境保护能力建设经费安排。加大对中西部地区环境保护的支持力度。围绕推进环境基本公共服务均等化和改善环境质量状况，完善一般性转移支付制度，加大对国家重点生态功能区、中西部地区和民族自治地方环境保护的转移支付力度。深化“以奖促防”、“以奖促治”、“以奖代补”等政策，强化各级财政资金的引导作用。（财政部、发展改革委、环境保护部）

80.推进环境金融产品创新，完善市场化融资机制。探索排污权抵押融资模式。推动建立财政投入与银行贷款、社会资金的组合使用模式。鼓励符合条件的地方融资平台公司以直接、间接的融资方式拓宽环境保护投融资渠道。支持符合条件的环保企业发行债券或改制上市，鼓励符合条件的环保上市公司实施再融资。探索发展环保设备设施的融资租赁业务。鼓励多渠道建立环保产业发展基金。引导各类创业投资企业、股权投资企业、社会捐赠资金和国际援助资金增加对环境保护领域的投入。（人民银行、财政部、发展改革委、环境保护部、银监会、证监会、民政部）

（八）严格执法监管。

（九）发挥地方人民政府积极性。

（十）积极引导全民参与。

（十一）加强国际环境合作。

国家发改委政策文件

关于印发节能减排全民行动实施方案的通知

发改环资[2012]194号

各省、自治区、直辖市及计划单列市、副省级省会城市、新疆生产建设兵团发展改革委、经信委（经贸委、工信委）、宣传部、科技厅（科委）、农业厅（农委）、教育厅（教委、教育局）、财政厅（局）、国资委、环保局、总工会、团委、妇联、科协、机关事务管理部门，各军区联勤部、各军兵种后勤部、四总部有关部门，武警部队后勤部，国务院有关部门：

为贯彻落实《国务院关于印发“十二五”节能减排综合性工作方案的通知》（国发〔2011〕26号）精神，进一步深化节能减排全民行动，充分调动全社会参与节能减排的积极性，国家发展改革委会同中宣部、教育部、科技部、农业部、国管局、全国总工会、共青团中央、全国妇联、中国科协、解放军总后勤部、全国人大常委会办公厅、全国政协办公厅、财政部、环保部、国资委、中直管理局共同制定了《“十二五”节能减排全民行动实施方案》。现印发你们，请结合本地区、本部门实际，认真贯彻执行。

附件：“十二五”节能减排全民行动实施方案

国家发展改革委　中宣部　教育部　科技部　农业部
国管局　全国总工会　共青团中央　全国妇联
中国科协　总后勤部　全国人大办公厅　全国政协办公厅
财政部　环境保护部　国资委　中直管理局
二〇一二年一月三十一日

附件：

“十二五”节能减排全民行动实施方案

为贯彻落实《国务院关于印发“十二五”节能减排综合性工作方案的通知》（国发〔2011〕26号）和温家宝总理在全国节能减排工作电视电话会议上的讲话精神，进一步深化节能减排全民行动，充分调动全社会参与节能减排的积极性，国家发展改革委会同中宣部、教育部、科技部、农业部、国管局、全国总工会、共青团中央、全国妇联、中国科协、解放军总后勤部、全国人大常委会办公厅、全国政协办公厅、财政部、环境保护部、国资委、中直管理局共同制定了节能减排全民行动方案，组织开展家庭社区、青少年、企业、学校、军营、农村、政府机构、科技、科普和媒体等十个节能减排专项行动，通过典型示范、专题活动、展览展示、岗位创建、合理化建议等多种形式，广泛动员全社会参与节能减排，倡导文明、节约、绿色、低碳的生产方式、消费模式和生活习惯。

一、节能减排家庭社区行动

家庭、社区是社会的基础和基层组织形态，是推动社会节能减排的重要依靠力量。宣传节能环保理念，倡导绿色生活，形成节约风尚，改变当前家庭生活中与节能减排不相适应的观念、行为。通过家庭影响社区，通过社区带动全社会参与节能减排。主要活动包括：

（一）树立绿色低碳家庭生活消费新理念。继续在广大妇女和家庭中开展系列低碳活动，大力宣传和普及节能减排和低碳知识。倡导广大家庭践行低能量、低消耗、低开支、低代价的低碳生活方式。在全社会倡导勤俭节约之风，反对食品浪费，减少使用塑料购物袋，减少一次性用品使用，抵制商品过度包装。引导广大家庭成员从自己做起、从家庭做起、从点滴做起，形成节约资源和保护生态环境的生活理念、消费模式。

（二）开展家庭社区节能减排系列主题活动。继续实施“家庭低碳计划十五件事”，在社区和家庭进行普及推广。开展低碳绿色出行活动，倡导妇女和家庭成员步行、骑车、乘公交等方式代替驾驶机动车出行。在广大社区和家庭中开展节能减排小发明竞赛活动，并将设计新颖、效果明显的小发明向全国家庭推广。开展“勤俭节约、文明健康饮食”主题活动，倡导节约粮食、适度消费理念。组织社区居民节能减排经验交流活动，指导社区居民做好垃圾分类回收。

（三）深入开展家庭社区节能减排宣传教育。大力宣传节能减排家庭社区行动，对节能减排先进典型和先进事迹进行广泛宣传。组织相关专家在示范城市、示范社区开展低碳家庭时尚生活巡讲，有针对性地进行辅导、展示和咨询等工作。借助现代女性大讲堂开展低碳生活的相关讲座，介绍节能环保的金点子和小常识。建设完善节能减排社区平台，利用社区、街道宣传栏、黑板报等载体，张贴节能减排、低碳生活的标语、口号、宣传画、条幅等。向社区居民发放宣传资料、低碳科普读物，介绍和宣传日常节能环保知识。借助央视《欢乐一家亲》栏目进行节能减排和低碳生活的宣传。

（四）选树节能环保家庭。把节能减排家庭社区行动中表现突出、作出较大贡献的家庭和个人，选树为“节能环保家庭”。大力宣传节能环保家庭的先进事迹，发挥典型的示范带头作用，树立良好社会风尚。

牵头单位：全国妇联、国家发展改革委

支撑单位：中国妇女报刊协会、国家节能中心、中国节能协会

二、节能减排青少年行动

青少年是现代化建设的生力军，是国家的未来和希望，是当前家庭社会的重要组成。引导青少年参与节能减排，不仅有助于青少年自身成长为节能减排的积极倡导者和坚定践行者，也有助于通过青少年的行为影响其家庭成员共同参与节能减排。要充分发挥青少年的积极性和创造力，宣传绿色理念，引领节约风尚，积极参与到节能减排工作中来。主要活动包括：

（一）动员青少年积极参与节能减排实践。开展青年文明号节约示范行动和青少年环境友好使者行动等活动。在少年儿童中开展节能环保教育活动，继续开展以节约一滴水、一张纸、一粒米、一度电为主要内容的节约资源活动。继续深化保护母亲河行动。以捐植爱心树、纪念树（林）等方式进行植树造林，保护大江大河生态环境，建设绿色家园。

（二）开展节能减排志愿者活动。开展志愿者节能减排社区示范活动，宣传节能减排知识，传授节能减排技能。开展绿色校园节能志愿活动，指导青年学生主动关闭无人上课和自习教室的长明灯，减少学校能源浪费，引导青年学生从身边的小事做起，人人争做节能卫士。

（三）加强青少年节能减排宣传教育。在共青团、少先队活动阵地设立宣传栏，并利用青少年报刊、中小学生报和共青团、少先队网站，大力宣传节能环保知识。注重借助情感、艺术、时尚等元素，运用互联网、手机、动漫、短视频、移动媒体等青少年喜爱的手段和载体，扩大节能减排宣传力度。创作儿歌、童谣、动漫、故事、舞台剧、戏曲等艺术作品，设计少年儿童喜爱的挂图、海报、文具、玩具等，宣传节能环保知识。引导青少年充分认识节能减排的重要性和紧迫性，强化节能观念，树立环保意识，增强参与节能减排工作的责任感和自觉性。

（四）选树青少年节能减排典型。把在节能减排青少年行动中表现特别突出的个人，纳入团队组织已有表彰体系。做好“母亲河奖”评选表彰活动。发挥雏鹰争章活动的激励作用，引导少先队员争获“环保章”。

牵头单位：共青团中央、国家发展改革委、环境保护部

支撑单位：中国青年报社、中国青年志愿者协会、团中央网络影视中心、中国少年儿童新闻出版总社、环境保护部宣传教育中心

三、节能减排企业行动

企业是最大的能源消耗和污染排放的主体，也是节能减排的主力，职工是节能减排的主力军，企业节能减排的成效，决定了全社会节能减排工作的成败。要动员全体企业职工，从岗位做起，从自身做起，从点滴做起，积极投身节能减排工作。主要活动包括：

（一）继续开展我为节能减排做贡献活动。在职工中广泛开展职工技术创新、岗位练兵、技术比武和技术培训等活动，不断提高职工技术水平和节能减排能力。组织广大职工开展以小革新、小改造、小设计、小建议、小发明等为主要内容的节能减排达标竞赛，促进重点行业的节能减排达标。围绕节能减排主题，大力开发和推广新技术、新工艺、新材料、新设备，开展职工优秀节能减排技术成果评选、表彰和推广，积极推动企业技术进步。

（二）深入推进节能减排义务监督员行动。加强职工义务监督员队伍建设，推动全国所有企业设立义务监督员，力争“十二五”期间达到100万人。加大对义务监督员的培训力度，为其开展工作创造条件，总结交流节能减排义务监督员工作经验，充分发挥其督促企业落实节能减排措施的重要作用，促进企业实现节能减排目标。

（三）积极组织职工参与企业节能减排工作。组织广大职工积极参与企业管理和监督，充分发挥职工民主管理在节能减排中的作用。企业工会要把节能减排作为职代会的重要内容，发挥职工的主动性和创造性，为挖掘节能减排潜力作贡献。

（四）开展中央企业节能表率行动。中央企业要带头履行社会责任，在节能减排工作中发挥表率作用。在中央企业深入开展创建节约型企业活动。继续完善中央企业节能减排组织管理、统计监测和考核奖惩体系，提升中央企

业生产运行精细化管理水平，全面深化中央企业能耗水平和污染物排放强度对标工作。加大中央企业节能减排新技术、新工艺研发和推广应用。

（五）开展企业节能减排宣传教育活动。利用各种宣传阵地，宣传国家有关节能减排的法律法规和政策，开展环境危机教育，不断增强职工忧患意识、危机意识和责任意识。以不同形式开展面向企业负责人、企业节能环保人员和生产一线人员的节能减排培训，提高培训质量，确保培训效果。

牵头单位：全国总工会、国资委、国家发展改革委、环境保护部

支撑单位：中国职工技术协会、中国职工科技报、国家节能中心、中国节能协会、环境保护部宣传教育中心等

四、节能减排学校行动

学校是社会的摇篮，是国民教育最重要的组成，对学生树立节能环保理念发挥着不可替代的重要作用。在推动校园节能减排的同时，要积极开展以节能减排、绿色生活为主要内容的课堂主题教育和社会实践活动，营造节能减排校园文化，引导学生形成绿色生活、勤俭节约的意识和行为习惯。主要活动包括：

（一）深化节能环保基础教育。在中小学和中等职业学校相关学科课程中进一步渗透节能环保教育内容。推进节能减排专业教育，加强对高职高专院校、普通本科高校非环境专业学生的节能减排教育。鼓励各地和学校结合实际情况，通过开设富有地域特色的地方课程和学校课程，以及综合实践活动等，传播节能环保、新能源、可持续发展等知识，通过课堂主渠道不断培养学生节能减排意识，树立可持续发展观念。因地制宜开展与节能减排相关的专题讲座、研究性学习、技能竞赛等活动。

（二）建设一批循环经济教育示范基地。推进循环经济教育和科学知识的普及，广泛开展面向青少年学生的循环经济教育和知识普及活动。在全国建设一批技术先进、管理规范、示范作用强、循环经济特征明显的循环经济教育示范基地。结合农村义务教育试行免费教科书制度，在全国范围内制定分科教科书的循环使用方案。

（三）继续开展青少年科学调查体验活动。落实未成年人科学素质行动的任务和要求。继续开展以节粮在我身边、珍爱生命之水、我的低碳生活等为主题，以提高青少年科学素质为目标，以科学调查、科学体验、科学研究为主要方式，结合中小学科学课和综合实践活动要求的青少年科学调查体验活动。活动开展要求主题鲜明，内容丰富、形式多样，有利于培养未成年人创新能力、实践能力，有利于提升未成年人综合素质。

牵头单位：教育部、中国科协、国家发展改革委

支撑单位：清华大学、华中科技大学、江南大学、同济大学、华南理工大学、科协青少年中心、国家节能中心、中国节能协会等

五、节能减排军营行动

军队是社会资源的消费集团，军队资源节约是社会节能减排的重要组成部分。全军和武警部队要着力推进节约型供应保障方式、消费方式、训练模式的规范拓展，着力推进节能新技术新产品的规模化推广，着力推进群众性节约活动的深入开展，基本形成符合时代要求、具有军队特色的节约型军营模式。主要内容包括：

（一）创新发展节约型供应保障方式、消费方式和训练模式。推进基地化训练，开展训练场地资源普查，规范建设100个可用于统建共享的大型训练场地。优化经费保障和管理，大力压缩行政消耗性开支。推行军需物资油料节约，加大节能环保产品强制采购力度，严禁采购使用国家明令禁止的高耗低效和非环保产品，开展废旧军服回收。完善医疗卫生资源共享与管理。加大军地运力统筹使用，提高运输效益，加强车辆、船舶使用维护管理等。深化现代营房建设管理，统筹规划利用军用土地资源，稳步推进房地产资源整合，逐步建立营区能源消耗统计、监测监管平台。

（二）大力实施重点节能工程。组织开展军队建筑节能工程、办公及生产生活节能工程、军油节能工程、可再生能源利用工程、模拟技术工程、信息技术工程、装备节能工程等一批重点节能工程，提升军队节能减排能力。大力推行合同能源管理，组织实施合同能源管理示范项目。

（三）深化完善相关制度体系。加强制度建设，制定出台军队有关节能配套政策法规，完善军队资源节约法规体系。加强统计考评制度建设，建立总部—大单位—部队互相衔接、齐全配套的资源节约统计指标和统计考评机制，完善统计、考评、通报制度。

（四）开展系列主题活动。深入开展“八节一压”、“反食品浪费”、“红管家、好当家、小行家”等群众性节约活动和各类节约技能竞赛，建立争创节油示范单位、节油标兵和“红旗车分队、红旗车驾驶员”评定活动常态化机制。

（五）深入抓好宣传教育。加强资源节约日常宣传，将资源节约宣传纳入部队经常性教育和经常性管理之中，纳入每年的重大主题宣传活动，建立常态化宣传教育机制。充分利用各种渠道和媒体，广泛深入持久地宣传党中央、国务院和中央军委关于资源节约的方针政策和决策部署，宣传军队资源节约工作取得的成就、经验和做法。建

设军队资源节约工作网，并在中国军网和军内网站积极组织网民话题，营造强大舆论宣传声势。

牵头单位：解放军总后勤部、国家发展改革委

支撑单位：解放军后勤学院、后勤科学研究所、解放军报、中国军网、解放军第三二〇九工厂

六、节能减排农村行动

我国是农业大国，推动农业和农村节能减排工作，有利于优化能源结构，缓解国家能源压力；有利于降低农业面源污染，缓解环境压力；有利于转变农业发展方式，加快发展现代农业。要积极引导农民参与节能减排，倡导低碳生产生活方式。主要活动包括：

（一）开展节能减排农村行活动。以普及推广《农业和农村节能减排十大技术》为重点，进村入户，开展技术咨询、宣传培训和生产指导，贯彻落实国家节能减排政策，推广农业和农村节能减排适用技术和产品，帮助农民树立节能减排新理念，使农民真正成为节能减排的主体。

（二）传播农业清洁生产技术。通过促进农村畜禽粪便、农作物秸秆、生产垃圾和污水向肥料、饲料、燃料转化，实现经济、生态和社会效益的统一；通过集成配套推广节水、节肥、节能等实用技术和工程措施，净化水源、净化农田和净化庭院，实现生产发展、生活富裕和生态良好，逐步改变农村脏、乱、差的现状，推动资源节约型和环境友好型新农村建设。

（三）构建农村低碳生活方式。通过推广沼气、生物质能、太阳能、风能等农村可再生能源开发利用技术，开展省柴节煤炉灶炕升级换代，推广高效低排放节能炉灶炕，改善农村室内空气质量，提高农民生活水平。

（四）深入抓好节能减排宣传培训工作。进一步强化节能减排宣传和培训工作，将其纳入“十二五”农业和农村经济重点工作之中。充分利用各种媒体，加大宣传力度，采取多种形式，举办培训班，增强广大农民群众节约资源、保护环境的自觉性，为农业和农村节能减排工作营造良好的社会氛围。

牵头单位：农业部、国家发展改革委、环境保护部

支撑单位：中国农村能源行业协会、中国农业出版社、中央农业广播电视学校、中国农业电影电视中心、环境保护部华南环境科学研究所、国家节能中心等

七、节能减排政府机构行动

政府机构是社会行为和公共道德的示范和标杆，政府机构的行为受到社会广泛关注，政府机构为对节能减排的重视程度将对公众观念产生重要影响。各级政府机构要充分认识节能减排工作的重要意义，通过深入推进节约型机关建设，降低机关能源资源消耗，切实发挥政府机构的表率示范作用，引导和带动全社会做好节能减排工作。主要活动包括：

（一）开展绿色办公活动。倡导用电高峰时段每天少开一小时空调，使用空调时关好门窗。日常办公尽量采用自然光，离开会议室等办公区时随手关灯。在全国政府机构推广使用节能环保铅笔、再生纸等绿色办公用品。开展零待机能耗活动，推广使用节能插座等降低待机能耗的新技术和新产品。征集日常办公中的节能经验、点子，并择优在全国政府机构推广。提倡高层建筑电梯分段运行或隔层停开，上下两层楼不乘电梯，尽量减少电梯不合理使用等。

（二）开展绿色出行活动。根据公务用车的配备标准和编制数量及时更新购车计划，严禁超标准、超编制采购公务用车。提高新增公务车中小排量和清洁能源汽车比例。全国政府机构公务用车按牌号尾数每周少开一天，开展公务自行车试点。机关工作人员每月少开一天车，倡导“135”出行方案，即1公里以内步行，3公里以内骑自行车，5公里乘坐公共交通工具。加快推进公务用车制度改革。

（三）开展资源循环利用活动。推行公务用车厂家回收置换。开展废旧电脑、打印机、电池、灯管、报纸和包装物等回收利用。组织有条件的单位实施餐厨垃圾资源化处理。完善资源循环利用渠道，建立资源循环利用长效机制。

（四）开展政府机构节能宣传教育活动。围绕节约型机关建设，组织开展“能源紧缺体验”、“厉行节约”、“反对食品浪费”等活动。举办知识竞赛、征文、专题讲座等形式多样的宣传和普及节能环保知识，提高政府机构工作人员的节能意识。通过广播、电视、报刊、网络等媒体，广泛宣传政府机构节能减排工作建设和突出成效，充分发挥政府机构的引导和示范作用。开展政府机构能耗信息和能效水平公开试点，在门户网站上公示单位能耗信息和能效水平，并接受社会监督。

牵头单位：国管局、中直管理局、国家发展改革委、全国人大机关事务管理局、全国政协机关事务管理局、解放军总后勤部

支撑单位：中国建筑科学研究院、清华大学建筑节能研究中心、中国节能协会公共机构节能专业委员会、国家节能中心等

八、节能减排科技行动

科学技术是开展节能减排全民行动的重要支撑。节能减排全民科技行动的工作目标，是针对全民节能减排能力

建设的共性技术需求，研发全民节能减排能力提升系列工具，推广全民节能减排适用技术成果，开展全民节能减排科技示范。要以科技成果的转化和应用为主线，提高公众的节能减排科技意识和能力，形成全社会依靠科技开展节能减排的良好氛围。主要活动包括：

（一）开发全民节能减排科技工具包。针对公众辨识各项行为节能减排潜力的需求，组织专家测量和核算涵盖公众日常生活主要活动的节能减排潜力数据，开发“全民节能减排潜力基础信息数据库”，建设“全民节能减排科技信息网”。拓展和完善基于互联网的“低碳生活计算器”软件，通过宣传和推广，进一步发挥该软件在定量反映公众节能减排潜力数据；组织专家筛选国内外节能减排的小窍门和小技巧，建立“全民节能减排金点子”数据库；编制全民节能减排科技系列手册。

（二）推广应用节能减排适用技术成果。进一步筛选各类科技计划取得的适用于全民节能减排的技术成果，拓展和完善全民节能减排适用技术成果库；结合一年一度的“科技周”活动和“科技列车行”活动，举办节能减排技术成果推介会，加大对节能减排科技成果的推广力度。

（三）组织开展节能减排综合科技示范。依托国家可持续发展实验区、国家高新技术开发区、国家星火密集区等科技示范平台，选择20个左右的具备良好基础的县、市、区，开展多种形式的全民节能减排综合科技示范活动。

（四）建设节能减排技术服务体系。加强节能减排专家队伍建设，推动节能减排技术公共服务平台的建设与发展；培育节能减排技术服务市场，充分发挥生产能力促进中心、技术中介服务机构等在开展节能减排技术服务方面的作用；鼓励和引导民营资本投资建设公共技术平台和科技合作咨询服务平台，为中小企业提供研发、测试和检测等专业技术服务。

牵头单位：科技部、国家发展改革委、环境保护部、中国科协

支撑单位：中国21世纪议程管理中心、中国可持续发展研究会、中国科学院地理科学与资源研究所、中国科学出版社、中国社会科学文献出版社、中国科普研究所、中国科协科普活动中心、国家节能中心等

九、节能减排科普行动

先进实用的技术成果和知识需要普及到全社会才能真正发挥作用。要面向全社会宣传科技思想、科技知识，介绍节能减排先进实用技术、成果，普及节能减排实践经验、先进典型和节能窍门，提高公众节能减排能力。主要活动包括：

（一）开发集成节能减排科普资源。组织开发以节能减排为主题的展览、挂图、图书、影视、宣传册、网络视频、网络游戏等科普资源。实施繁荣科普创作资助计划，资助优秀的科普创作团队、科普资源建设基地和科技工作者。开发以节能减排为主题的科普展品。推进科技创新成果转化为科普素材、科普影视、科普图书等科普资源。开展优秀科普资源征集推介，集成、整理社会优质科普资源形成科普资源包，向社会广泛推介使用。

（二）举办节能减排科普展览。发挥科技类博物馆、科普教育基地和各类基层科普基础设施的作用，围绕节能减排主题举办形式多样、便于公众参与的展览和教育活动。实施中国流动科技馆项目，在部分大中城市开展节能减排主题内容的科普巡回展览。增强科普大篷车等流动科普中节能减排科普宣传内容设置。

（三）开展系列节能减排科普活动。在全国科普日活动、中国科协年会科普活动中，设立以节能减排为主线的活动区域，向公众宣传建设节约型、环境友好型社会的有关科普知识。组织以节能减排为主线的科技馆活动进校园、科普大篷车进校园等活动，面向青少年开展节能减排科普教育。在社区开展科普大讲堂等形式多样、贴近居民的科普活动。

（四）广泛开展节能减排科普宣传。与电视台、广播电台、报刊、网站等相关媒体合作，开设科普宣传专栏，介绍建设节约型、环境友好型社会的有关科普知识。增加“科普大篷车”电视栏目的节能减排内容。发挥中国数字科技馆的作用，利用互联网向公众提供节能减排数字化科普资源及信息服务。利用社区科普宣传栏，进行节能减排科普宣传。

牵头单位：中国科协、国家发展改革委

支撑单位：中国科协信息中心、中国科普研究所、中国科协科普活动中心、中国科技馆、中国科协农村专业技术服务中心、科学普及出版社、中国互联网协会网络科普联盟、中国节能协会等

十、节能减排媒体行动

节能减排新闻宣传是经济宣传的一项重要内容，要精心谋划，周密部署，组织新闻媒体加大宣传力度，充分反映节能减排工作的措施和成效，为节能减排工作提供有力舆论支持。主要活动包括：

（一）做好节能减排相关法律法规和政策的宣传报道。宣传节能减排的重要性和紧迫性，引导广大干部群众积极参与节能减排工作。

（二）做好节能减排各项工作进展的宣传报道。报道各地着力调整优化产业结构促进节能减排，以科技创新和

技术进步推动节能减排的先进经验和做法。宣传报道“十二五”节能减排工作进展情况。及时报道各地各部门节能减排工作成效。

（三）做好重点领域节能减排和节能减排重点工程的宣传报道。报道节能重点工程、污染减排重点工程、循环经济重点工程的实施进展情况。报道各行业合理控制能源消耗总量，工业、建筑、交通运输、农业和农村、商业和民用、公共机构等领域的节能减排情况。

（四）加强节能减排宣传教育。组织好全国节能宣传周、世界环境日等主题宣传活动，加强日常性节能减排宣传教育。

（五）加强和改进舆论监督。配合各部委的监督检查行动，对违规乱上项目、落实节能减排政策措施不力等现象，选取典型案例依法开展舆论监督，倡导文明、节约、绿色、低碳的生产方式、消费模式和生活习惯。

牵头单位：中宣部、国家发展改革委

支撑单位：人民日报、新华社、光明日报、经济日报、中央人民广播电台、中央电视台、国家节能中心、中国节能协会等

各地区、各部门要充分认识动员全民参与节能减排的重大意义，增强紧迫感和责任感。各级发展改革、经信部门要会同有关部门和单位加强对本地区全民行动的指导和协调。财政部门要视情况对节能减排全民行动给予适当支持，推动各项活动有序开展。各专项活动牵头部门要根据各自责任分工，会同联合主办部门细化行动计划，做好年度任务部署，充分发挥技术支撑单位作用，带动全社会共同参与节能减排工作，营造良好社会氛围，为确保实现“十二五”节能减排目标做出贡献。

关于完善垃圾焚烧发电价格政策的通知

发改价格〔2012〕801号

各省、自治区、直辖市发展改革委、物价局：

为引导垃圾焚烧发电产业健康发展，促进资源节约和环境保护，决定进一步完善垃圾焚烧发电价格政策。现将有关事项通知如下：

一、进一步规范垃圾焚烧发电价格政策

以生活垃圾为原料的垃圾焚烧发电项目，均先按其入厂垃圾处理量折算成上网电量进行结算，每吨生活垃圾折算上网电量暂定为280千瓦时，并执行全国统一垃圾发电标杆电价每千瓦时0.65元（含税，下同）；其余上网电量执行当地同类燃煤发电机组上网电价。

二、完善垃圾焚烧发电费用分摊制度

垃圾焚烧发电上网电价高出当地脱硫燃煤机组标杆上网电价的部分实行两级分摊。其中，当地省级电网负担每千瓦时0.1元，电网企业由此增加的购电成本通过销售电价予以疏导；其余部分纳入全国征收的可再生能源电价附加解决。

三、切实加强垃圾焚烧发电价格监管

（一）省级价格主管部门依据垃圾发电项目核准文件、垃圾处理合同，以及当地有关部门支付垃圾处理费的银行转账单等，定期对垃圾处理量进行核实。电网企业依据省级价格主管部门核定的垃圾发电上网电量和常规能源发电上网电量支付电费。

（二）当以垃圾处理量折算的上网电量低于实际上网电量的50%时，视为常规发电项目，不得享受垃圾发电价格补贴；当折算上网电量高于实际上网电量的50%且低于实际上网电量时，以折算的上网电量作为垃圾发电上网电量；当折算上网电量高于实际上网电量时，以实际上网电量作为垃圾发电上网电量。

（三）各级价格主管部门要加强对垃圾焚烧发电上网电价执行和电价附加补贴结算的监管，做好垃圾处理量、上网电量及电价补贴的统计核查工作，确保上网电价政策执行到位。各发电企业和电网企业必须真实、完整地记载和保存垃圾焚烧发电项目上网电量、价格、补贴金额和垃圾处理量等资料，接受有关部门监督检查。

（四）对虚报垃圾处理量、不据实核定垃圾处理量和上网电量等行为，将予以严肃查处，取消相关垃圾焚烧发电企业电价补贴，并依法追究有关人员责任。

（五）电网企业应按照《可再生能源法》和有关规定，承担垃圾焚烧发电项目接入系统的建设和管理责任。

四、执行时间

本通知自2012年4月1日起执行。2006年1月1日后核准的垃圾焚烧发电项目均按上述规定执行。

国家发展改革委
二〇一二年三月二十八日

关于印发《温室气体自愿减排交易管理暂行办法》的通知

发改气候〔2012〕1668号

国务院各部委、直属机构，各省、自治区、直辖市发展改革委：

为实现我国2020年单位国内生产总值二氧化碳排放下降目标，《国民经济和社会发展第十二个五年规划纲要》提出逐步建立碳排放交易市场，发挥市场机制在推动经济发展方式转变和经济结构调整方面的重要作用。目前，国内已经开展了一些基于项目的自愿减排交易活动，对于培育碳减排市场意识、探索和试验碳排放交易程序和规范具有积极意义。为保障自愿减排交易活动有序开展，调动全社会自觉参与碳减排活动的积极性，为逐步建立总量控制下的碳排放权交易市场积累经验，奠定技术和规则基础，我委组织制定了《温室气体自愿减排交易管理暂行办法》（以下简称《暂行办法》）。现印发施行。

鉴于温室气体自愿减排交易是一项全新的探索性工作，涉及面广，操作环节多，程序复杂，需要精心组织，严格管理，应确保有关交易活动符合诚信原则和《暂行办法》的程序规则，所交易的减排量应真实可靠。《暂行办法》实施过程中有何问题和意见，请及时反馈我委。

特此通知。

附件：《温室气体自愿减排交易管理暂行办法》

国家发展和改革委员会
二〇一二年六月十三日

附件：

温室气体自愿减排交易管理暂行办法

第一章 总则

第一条 为鼓励基于项目的温室气体自愿减排交易，保障有关交易活动有序开展，制定本暂行办法。

第二条 本暂行办法适用于二氧化碳（CO_2）、甲烷（CH_4）、氧化亚氮（N_2O）、氢氟碳化物（HFCs）、全氟化碳（PFCs）和六氟化硫（S_F6）等六种温室气体的自愿减排量的交易活动。

第三条 温室气体自愿减排交易应遵循公开、公平、公正和诚信的原则，所交易减排量应基于具体项目，并具备真实性、可测量性和额外性。

第四条 国家发展改革委作为温室气体自愿减排交易的国家主管部门，依据本暂行办法对中华人民共和国境内的温室气体自愿减排交易活动进行管理。

第五条 国内外机构、企业、团体和个人均可参与温室气体自愿减排量交易。

第六条 国家对温室气体自愿减排交易采取备案管理。参与自愿减排交易的项目，在国家主管部门备案和登记，项目产生的减排量在国家主管部门备案和登记，并在经国家主管部门备案的交易机构内交易。

中国境内注册的企业法人可依据本暂行办法申请温室气体自愿减排项目及减排量备案。

第七条 国家主管部门建立并管理国家自愿减排交易登记簿（以下简称“国家登记簿”），用于登记经备案的自愿减排项目和减排量，详细记录项目基本信息及减排量备案、交易、注销等有关情况。

第八条 在每个备案完成后的10个工作日内，国家主管部门通过公布相关信息和提供国家登记簿查询，引导参与自愿减排交易的相关各方，对具有公信力的自愿减排量进行交易。

第二章 自愿减排项目管理

第九条 参与温室气体自愿减排交易的项目应采用经国家主管部门备案的方法学并由经国家主管部门备案的审定机构审定。

第十条 方法学是指用于确定项目基准线、论证额外性、计算减排量、制定监测计划等的方法指南。

对已经联合国清洁发展机制执行理事会批准的清洁发展机制项目方法学，由国家主管部门委托专家进行评估，对其中适合于自愿减排交易项目的方法学予以备案。

第十一条 对新开发的方法学，其开发者可向国家主管部门申请备案，并提交该方法学及所依托项目的设计文件。国家主管部门接到新方法学备案申请后，委托专家进行技术评估，评估时间不超过60个工作日。

国家主管部门依据专家评估意见对新开发方法学备案申请进行审查，并于接到备案申请之日起30个工作日内（不含专家评估时间）对具有合理性和可操作性、所依托项目设计文件内容完备、技术描述科学合理的新开发方法学予以备案。

第十二条 申请备案的自愿减排项目在申请前应由经国家主管部门备案的审定机构审定，并出具项目审定报告。项目审定报告主要包括以下内容：

（一） 项目审定程序和步骤；

（二） 项目基准线确定和减排量计算的准确性；

（三） 项目的额外性；

（四） 监测计划的合理性；

（五）项目审定的主要结论。

第十三条 申请备案的自愿减排项目应于2005年2月16日之后开工建设，且属于以下任一类别：

（一） 采用经国家主管部门备案的方法学开发的自愿减排项目；

（二） 获得国家发展改革委批准作为清洁发展机制项目，但未在联合国清洁发展机制执行理事会注册的项目；

（三） 获得国家发展改革委批准作为清洁发展机制项目且在联合国清洁发展机制执行理事会注册前就已经产生减排量的项目；

（四） 在联合国清洁发展机制执行理事会注册但减排量未获得签发的项目。

第十四条 国资委管理的中央企业中直接涉及温室气体减排的企业（包括其下属企业、控股企业），直接向国家发展改革委申请自愿减排项目备案。具体名单由国家主管部门制定、调整和发布。

未列入前款名单的企业法人，通过项目所在省、自治区、直辖市发展改革部门提交自愿减排项目备案申请。省、自治区、直辖市发展改革部门就备案申请材料的完整性和真实性提出意见后转报国家主管部门。

第十五条 申请自愿减排项目备案须提交以下材料：

（一） 项目备案申请函和申请表；

（二） 项目概况说明；

（三） 企业的营业执照；

（四） 项目可研报告审批文件、项目核准文件或项目备案文件；

（五） 项目环评审批文件；

（六） 项目节能评估和审查意见；

（七） 项目开工时间证明文件；

（八） 采用经国家主管部门备案的方法学编制的项目设计文件；

（九） 项目审定报告。

第十六条 国家主管部门接到自愿减排项目备案申请材料后，委托专家进行技术评估，评估时间不超过30个工作日。

第十七条 国家主管部门商有关部门依据专家评估意见对自愿减排项目备案申请进行审查，并于接到备案申请之日起30个工作日内（不含专家评估时间）对符合下列条件的项目予以备案，并在国家登记簿登记。

（一） 符合国家相关法律法规；

（二） 符合本办法规定的项目类别；

（三） 备案申请材料符合要求；

（四） 方法学应用、基准线确定、温室气体减排量的计算及其监测方法得当；

（五） 具有额外性；

（六） 审定报告符合要求；

（七） 对可持续发展有贡献。

第三章 项目减排量管理

第十八条 经备案的自愿减排项目产生减排量后，作为项目业主的企业在向国家主管部门申请减排量备案前，应由经国家主管部门备案的核证机构核证，并出具减排量核证报告。减排量核证报告主要包括以下内容：

（一） 减排量核证的程序和步骤；

（二） 监测计划的执行情况；

（三） 减排量核证的主要结论。

对年减排量6万吨以上的项目进行过审定的机构，不得再对同一项目的减排量进行核证。

第十九条 申请减排量备案须提交以下材料：

（一） 减排量备案申请函；

（二） 项目业主或项目业主委托的咨询机构编制的监测报告；

（三） 减排量核证报告。

第二十条 国家主管部门接到减排量备案申请材料后，委托专家进行技术评估，评估时间不超过30个工作日。

第二十一条 国家主管部门依据专家评估意见对减排量备案申请进行审查，并于接到备案申请之日起30个工作日内（不含专家评估时间）对符合下列条件的减排量予以备案：

（一） 产生减排量的项目已经国家主管部门备案；

（二） 减排量监测报告符合要求；

（三） 减排量核证报告符合要求。

经备案的减排量称为“核证自愿减排量（CCER）”，单位以“吨二氧化碳当量(tCO2e)”计。

第二十二条 自愿减排项目减排量经备案后，在国家登记簿登记并在经备案的交易机构内交易。用于抵消碳排放的减排量，应于交易完成后在国家登记簿中予以注销。

第四章 减排量交易

第二十三条 温室气体自愿减排量应在经国家主管部门备案的交易机构内，依据交易机构制定的交易细则进行交易。

经备案的交易机构的交易系统与国家登记簿连接，实时记录减排量变更情况。

第二十四条 交易机构通过其所在省、自治区和直辖市发展改革部门向国家主管部门申请备案，并提交以下材料：

（一） 机构的注册资本及股权结构说明；

（二） 章程、内部监管制度及有关设施情况报告；

（三） 高层管理人员名单及简历；

（四） 交易机构的场地、网络、设备、人员等情况说明及相关地方或行业主管部门出具的意见和证明材料；

（五） 交易细则。

第二十五条 国家主管部门对交易机构备案申请进行审查，审查时间不超过6个月，并于审查完成后对符合以下条件的交易机构予以备案：

（一） 在中国境内注册的中资法人机构，注册资本不低于1亿元人民币；

（二） 具有符合要求的营业场所、交易系统、结算系统、业务资料报送系统和与业务有关的其他设施；

（三） 拥有具备相关领域专业知识及相关经验的从业人员；

（四） 具有严格的监察稽核、风险控制等内部监控制度；

（五） 交易细则内容完整、明确，具备可操作性。

第二十六条 对自愿减排交易活动中有违法违规情况的交易机构，情节较轻的，国家主管部门将责令其改正；情节严重的，将公布其违法违规信息，并通告其原备案无效。

第五章 审定与核证管理

第二十七条 从事本暂行办法第二章规定的自愿减排交易项目审定和第三章规定的减排量核证业务的机构，应通过其注册地所在省、自治区和直辖市发展改革部门向国家主管部门申请备案，并提交以下材料：

（一） 营业执照；

（二） 法定代表人身份证明文件；

（三） 在项目审定、减排量核证领域的业绩证明材料；

（四） 审核员名单及其审核领域。

第二十八条 国家主管部门接到审定与核证机构备案申请材料后，对审定与核证机构备案申请进行审查，审查时间不超过6个月，并于审查完成后对符合下列条件的审定与核证机构予以备案：

（一） 成立及经营符合国家相关法律规定；

（二） 具有规范的管理制度；

（三） 在审定与核证领域具有良好的业绩；

（四） 具有一定数量的审核员，审核员在其审核领域具有丰富的从业经验，未出现任何不良记录；

（五）具备一定的经济偿付能力。

第二十九条经备案的审定和核证机构，在开展相关业务过程中如出现违法违规情况，情节较轻的，国家主管部门将责令其改正；情节严重的，将公布其违法违规信息，并通告其原备案无效。

第六章 附则

第三十条本暂行办法由国家发展改革委负责解释。

第三十一条本暂行办法自印发之日起施行。

节约型公共机构示范单位创建工作方案

（发改环资[2012]1982号　国家发展改革委、财政部、国管局二〇一二年七月五日印发）

一、指导思想

以邓小平理论和“三个代表”重要思想为指导，深入贯彻落实科学发展观，以节能、节水、资源循环利用、可再生能源应用和绿色消费为重点，在国家机关和教育、科技、文化、卫生、体育等系统公共机构中，创建一批管理科学精细、资源利用高效、崇尚勤俭节约、践行绿色低碳的节约型公共机构示范单位，引领和带动全国公共机构深入开展节能减排工作，营造良好社会氛围，为实现“十二五”节能减排目标，加快建设资源节约型和环境友好型社会作出贡献。

二、主要目标

“十二五”期间，创建2000 家节约型公共机构示范单位。

通过创建活动，示范单位建立起科学、规范的节约能源资源管理体系，单位建筑面积和人均能源资源指标大幅度降低，形成100 万吨标准煤的节能能力。

三、创建条件

纳入示范单位创建活动的公共机构应当符合以下条件：

（一）国家机关年能源消费量原则上不低于500 吨标准煤，

其他公共机构年能源消费量原则上不低于1000 吨标准煤；

（二）节约能源资源工作基础较好，具备开展示范单位创建所需的组织管理、人员技术等条件；

（三）制定了切实可行的实施方案，节约效果明显，具有较强的示范推广意义。

四、创建内容

（一）建筑节能。发展绿色建筑，新建建筑严格执行建筑节能标准；加大既有建筑节能改造力度，北方采暖地区的公共机构完成供热计量改造，实施供热计量收费。加强建筑用能管理，实施能耗分项计量，建立监测体系，开展能源审计和能效公示。

（二）节能技术和产品推广。大力推广应用先进成熟的节能、节水技术和产品，加快实施配电、空调、采暖、照明、电梯等重点耗能设备（设施）的节能改造。推广节能新能源汽车，加快淘汰老旧汽车。积极采用合同能源管理方式实施节能改造。

（三）节水和资源循环利用。开展节水型单位建设，实施用水设备节水改造，推广应用节水器具，充分利用中水、雨水。加强废旧物品回收，开展垃圾分类收集和回收利用。推进餐厨垃圾资源化利用和无害化处理。

（四）可再生能源应用。积极应用太阳能、浅层地能、生物质能等可再生能源。充分利用建筑屋顶，开展太阳能光热、光电应用。

（五）绿色消费。严格落实节能产品优先采购和强制采购有关规定，积极使用再生纸等再生办公用品，抵制商品过度包装，减少使用一次性用品，开展节约粮食、反对食品浪费活动，创导文明、节约、绿色、低碳的消费模式。

（六）管理监督。按照节约型机关评价导则、节约型学校评价导则等国家标准，建立健全能源资源管理体系。完善节能规章制度，开展能耗、水耗定额管理，强化供暖、空调、照明、办公设备等日常管理。加强公务车使用管理，实施油耗指标管理。宣传节约理念，提高节约意识。

五、实施程序

（一）申报推荐。申报单位按要求填写《节约型公共机构示范单位创建推荐表》，并编制示范单位创建实施方案，报送省级机关事务管理部门汇总。省级机关事务管理部门会同发展改革（经贸、经信）部门、财政部门进行初选确定推荐名单，并将推荐名单和有关申报材料报国管局汇总。中央级公共机构的申报和初选由国管局负责组织。

（二）确定名单。国管局、国家发展改革委、财政部对申报材料进行审核，并组织专家对实施方案进行论证，按年度分批次确定节约型公共机构示范单位创建名单，将节约能源资源工作基础较好、实施方案编制合理、投资少见效快、在本地区本系统具有较强示范意义的申报单位列为示范单位。

（三）组织实施。示范单位要根据审定的实施方案，抓好各项创建内容的组织实施，确保创建工作的质量和进度。示范单位不得随意改变创建的内容，由于条件变化，需要对创建内容进行较大调整的，须按规定程序报有关部门批准。对符合支持节能减排和可再生能源发展政策的项目，按现行政策渠道优先给予支持。

（四）评价验收。省级机关事务管理部门要会同节能主管部门、财政部门加强对创建工作进展情况的监督检查，组织开展阶段性评估。国管局、国家发展改革委、财政部对实施方案落实情况进行检查，对按照要求完成方案实施并达到节约型公共机构创建标准的单位，授予“节约型公共机构示范单位”称号；对不能按时完成创建任务或弄虚作假的，予以通报，并取消创建资格。

六、组织领导

（一）国家发展改革委、财政部、国管局负责组织、指导和推动节约型公共机构示范单位创建，协调解决工作中的重大问题，制定节约型公共机构示范单位创建标准。

（二）各省级发展改革（经贸、经信）部门、财政部门、机关事务管理部门会同有关部门协调解决本地区节约型公共机构示范单位创建工作中的问题，给予政策和资金支持。

（三）示范单位要成立工作领导小组，建立健全相关管理制度，明确任务，落实责任，制定详细计划，切实抓好实施方案的组织实施。

关于印发《温室气体自愿凑拢项目审定与核证指南》的通知

（发改办气候[2012] 2862号）

各省、自治区、直辖市及计划单列市、新疆生产建设兵团发展改革委：

为落实《温室气体自愿减排交易管理暂行办法》的相关规定，进一步明确温室气体自愿减排项目审定与核证机构的备案要求、工作程序和报告格式，促进审定与核证结果的客观、公正，保证温室气体自愿减排交易的顺利开展，我委组织制定了《温室气体自愿减排项目审定和核证指南》的通知（发改办气候[2012]2862号）。现予印发，请参照执行。

附件：1.《温室气体自愿减排项目审定和核证指南》（略）

2.《温室气体自愿减排项目审定和核证指南》编制说明（略）

国家发改委办公厅

二〇 一二年十月九日

天然气利用政策（节录）

（国家发展改革委二〇一二年十月十四日印发）

为了鼓励、引导和规范天然气下游利用领域，特制定本政策。在我国境内所有从事天然气利用的活动均应遵循本政策。本政策中天然气是指国产天然气、页岩气、煤层气(煤矿瓦斯)、煤制气、进口管道天然气和液化天然气(LNG)等。国家发展改革委、国家能源局负责全国天然气利用管理工作。各省(区、市)发展改革委、能源局负责本行政区域内天然气利用管理工作。

基本原则

坚持统筹兼顾，整体考虑全国天然气利用的方向和领域，优化配置国内外资源；坚持区别对待，明确天然气利用顺序，保民生、保重点、保发展，并考虑不同地区的差异化政策；坚持量入为出，根据资源落实情况，有序发展天然气市场。

政策目标

按照科学发展观和构建社会主义和谐社会的要求，优化能源结构、发展低碳经济、促进节能减排、提高人民生活质量，统筹国内外两种资源、两个市场，提高天然气在一次能源消费结构中的比重，优化天然气消费结构，提高利用效率，促进节约使用。

天然气利用顺序

综合考虑天然气利用的社会效益、环境效益和经济效益以及不同用户的用气特点等各方面因素，天然气用户分为优先类、允许类、限制类和禁止类。

第一类：优先类

城市燃气：

1、城镇(尤其是大中城市)居民炊事、生活热水等用气；

2、公共服务设施(机场、政府机关、职工食堂、幼儿园、学校、医院、宾馆、酒店、餐饮业、商场、写字楼、火车站、福利院、养老院、港口、码头客运站、汽车客运站等)用气；

3、天然气汽车(尤其是双燃料及液化天然气汽车)，包括城市公交车、出租车、物流配送车、载客汽车、环卫车和载货汽车等以天然气为燃料的运输车辆。

4、集中式采暖用户(指中心城区、新区的中心地带)；

5、燃气空调；工业燃料：

6、建材、机电、轻纺、石化、冶金等工业领域中可中断的用户；

7、作为可中断用户的天然气制氢项目；其他用户：

8、天然气分布式能源项目(综合能源利用效率70%以上，包括与可再生能源的综合利用)

9、在内河、湖泊和沿海航运的以天然气(尤其是液化天然气)为燃料的运输船舶(含双燃料和单一天然气燃料运输船舶)；

10、城镇中具有应急和调峰功能的天然气储存设施；

11、煤层气(煤矿瓦斯)发电项目；

12、天然气热电联产项目。

第二类：允许类

城市燃气：

1、分户式采暖用户；工业燃料：

2、建材、机电、轻纺、石化、冶金等工业领域中以天然气代油、液化石油气项目；

3、建材、机电、轻纺、石化、冶金等工业领域中以天然气为燃料的新建项目；

4、建材、机电、轻纺、石化、冶金等工业领域中环境效益和经济效益较好的以天然气代煤项目；

5、城镇(尤其是特大、大型城市)中心城区的工业锅炉燃料天然气置换项目；天然气发电：

6、除第一类第12 项、第四类第1 项以外的天然气发电项目；天然气化工：

7、除第一类第7 项以外的天然气制氢项目；其他用户：

8、用于调峰和储备的小型天然气液化设施。

第三类：限制类

天然气化工：

1、已建的合成氨厂以天然气为原料的扩建项目、合成氨厂煤改气项目；

2、以甲烷为原料，一次产品包括乙炔、氯甲烷等小宗碳一化工项目；

3、新建以天然气为原料的氮肥项目。第四类：禁止类天然气发电：

4、陕、蒙、晋、皖等十三个大型煤炭基地所在地区建设基荷燃气发电项目(煤层气(煤矿瓦斯)发电项目除外)；天然气化工：

5、新建或扩建以天然气为原料生产甲醇及甲醇生产下游产品装置；

6、以天然气代煤制甲醇项目。

保障措施

一、做好供需平衡。国家发展改革委、国家能源局统筹协调各企业加快推进天然气资源勘探开发，促进天然气高效利用，调控供需总量基本平衡，推动资源、运输、市场有序协调发展。

二、制定利用规划。各省(区、市)发展改革委、能源局要根据天然气资源落实和地区管网规划建设情况，结合节能减排目标，认真做好天然气利用规划，确保供需平衡。同时，要按照天然气利用优先顺序加强需求侧管理，鼓励优先类、支持允许类天然气利用项目发展，对限制类项目的核准和审批要从严把握，列入禁止类的利用项目不予安排气量。优化用气结构，合理安排增量，做好年度用气计划安排。

三、高效节约使用。在严格遵循天然气利用顺序基础上，鼓励应用先进工艺、技术和设备，加快淘汰天然气利用落后产能，发展高效利用项目。鼓励用天然气生产化肥等企业实施由气改煤技术。高含CO_2的天然气可根据其特点实施综合开发利用。鼓励页岩气、煤层气(煤矿瓦斯)就近利用(用于民用、发电)和在符合国家商品天然气质量标准条件下就近接入管网或者加工成LNG、CNG 外输。提高天然气商品率，增加外供商品气量，严禁排空浪费。

四、安全稳定保供。国家通过政策引导和市场机制，鼓励建设调峰储气设施。天然气销售企业、天然气基础设施运营企业和城镇燃气经营企业应当共同保障安全供气，减少事故性供应中断对用户造成的影响。

五、合理调控价格。完善价格机制。继续深化天然气价格改革，完善价格形成机制，加快理顺天然气价格与可替代能源比价关系；建立并完善天然气上下游价格联动机制；鼓励天然气用气量季节差异较大的地区，研究推行天然气季节差价和可中断气价等差别性气价政策，引导天然气合理消费，提高天然气利用效率；支持天然气贸易机制创新。

六、配套相关政策。对优先类用气项目，地方各级政府可在规划、用地、融资、收费等方面出台扶持政策。鼓励天然气利用项目有关技术和装备自主化，鼓励和支持汽车、船舶天然气加注设施和设备的建设。鼓励地方政府出台如财政、收费、热价等具体支持政策，鼓励发展天然气分布式能源项目。

政策适用有关规定

一、坚持以产定需，所有新建天然气利用项目(包括优先类)申报核准时必须落实气源，并签订购气合同；已用气项目供用气双方也要有合同保障。

二、已建成且已用上天然气的用气项目，尤其是国家批准建设的化肥项目，供气商应确保按合同稳定供气。

三、已建成但供气不足的用气项目，供气商应首先确保按合同量供应，有富余能力情况下逐步增加供应量。

四、目前在建或已核准的用气项目，若供需双方已签署长期供用气合同，按合同执行；未签署合同的尽快签署合同并逐步落实气源。

五、除新疆可适度发展限制类中的天然气化工项目外，其他天然气产地利用天然气亦应遵循产业政策。

其他

一、本政策自发布之日起30 日后实施。从本政策实施之日起，天然气利用项目管理均适用本政策，除国家法律法规另有规定外，均以此为准。

二、本政策根据天然气供需形势变化适时进行调整，以确保天然气市场健康有序发展。

三、本政策由国家发展改革委负责解释。各省(区、市)可在本政策规定范围内结合本地实际制定相关实施办法，并报国家发展改革委备案。

关于印发《中国清洁发展机制基金赠款项目管理办法》的通知

发改气候[2012]3407号

国家应对气候变化领导小组成员单位，各省、自治区、直辖市及新疆生产建设兵团发展改革委，中国清洁发展机制基金管理中心：

为规范中国清洁发展机制基金赠款项目管理，进一步发挥其支持国家应对气候变化工作，促进经济社会可持续发展的作用，根据《中国清洁发展机制基金管理办法》，特制定《中国清洁发展机制基金赠款项目管理办法》，现印发你们，请按照执行。

附件：中国清洁发展机制基金赠款项目管理办法

国家发展改革委
财 政 部
2012年10月30日

附件：

中国清洁发展机制基金管理办法

第一章 总则

第一条 为加强和规范中国清洁发展机制基金（以下简称基金）的资金筹集、管理和使用，实现基金宗旨，制定本办法。

第二条　基金是由国家批准设立的按照社会性基金模式管理的政策性基金。

第三条　基金的宗旨是支持国家应对气候变化工作，促进经济社会可持续发展。

第四条　基金的筹集、管理和使用，应当遵循公开、公正、安全、效率、专款专用的原则。

第二章　管理机构及其职责

第五条　基金的管理机构由基金审核理事会和基金管理中心组成。

第六条　基金审核理事会是关于基金事务的部际议事机构。

基金审核理事会由国家发展改革委、财政部、外交部、科技部、环境保护部、农业部和气象局的代表组成。

基金审核理事会设主席和副主席，分别由国家发展改革委和财政部派出代表履行职责。

基金审核理事会负责审核下列事项：

（一）基金基本管理制度；

（二）基金发展战略规划，包括资金使用年度计划；

（三）基金赠款项目和重大有偿使用项目申请；

（四）基金年度财务收支预算与决算；

（五）基金其他重大业务事项。

前款所列事项经基金审核理事会审核并取得一致意见后，报国家发展改革委、财政部批准。

第七条　基金管理中心是基金的日常管理机构，具体负责基金的筹集、管理和使用工作，由财政部归口管理。

第八条　基金管理中心履行下列职责：

（一）起草基金基本管理制度，制定基金具体运行管理规定；

（二）筹集基金资金；

（三）管理基金资金，组织开展基金的有偿使用和理财活动；

（四）编制并组织实施基金的年度财务收支预算与决算；

（五）监督管理基金所支持项目的运行；

（六）向基金审核理事会报告基金的重大业务事项；

（七）开展其他符合基金宗旨的活动。

第三章　基金筹集

第九条　基金来源包括：

（一）通过清洁发展机制项目转让温室气体减排量所获得收入中属于国家所有的部分；

（二）基金运营收入；

（三）国内外机构、组织和个人捐赠；

（四）其他来源。

第十条　本办法所称减排量，是指经国家批准，通过清洁发展机制项目转让的温室气体减排量；减排量收入，是指转让减排量所获得的收入。

减排量收入由国家和实施清洁发展机制项目的企业（以下称项目业主）按照规定的比例分别所有。减排量收入中属于国家所有的部分（以下称国家收入）全额纳入基金。

第十一条　国家收入由基金管理中心负责向项目业主或按减排量转让合同约定向减排量购买方收取。

项目业主应当在取得减排量收入后的15个工作日内，按照规定比例向指定账户支付国家收入。

第十二条　国家收入应当以减排量转让合同约定的币种取得。

减排量转让合同约定以外币支付，但确需以人民币支付国家收入的，经基金管理中心同意，项目业主应当在取得收入后的15个工作日内以人民币支付，汇率以结汇日现汇买入价为准。

第十三条　减排量转让合同由项目业主和减排量购买方签订。

项目业主应当在减排量转让合同生效后15个工作日内，将合同副本、营业执照复印件、合同双方联系人及联系方式报基金管理中心备案。

备案事项发生变更的，项目业主应当自变更之日起15个工作日内告知基金管理中心。

第十四条　项目业主缓缴、少缴、不缴国家收入的，由财政部、国家发展改革委依据有关规定予以处理、处罚。

第四章　基金使用

第十五条　基金使用采取赠款、有偿使用等方式。

基金通过赠款方式支持有利于加强应对气候变化能力建设和提高公众应对气候变化意识的相关活动。

基金通过有偿使用方式支持有利于产生应对气候变化效益的产业活动。

基金通过银行存款、购买国债、金融债、企业债等形式开展理财活动。

第十六条　基金支出包括业务支出和基础管理费支出。

业务支出包括赠款支出和有偿使用项目开发费用支出。

基金赠款年度支出规模根据国家应对气候变化实际工作需要确定。

本办法所称有偿使用项目开发费用，是指基金有偿使用项目筛选、调查、评审、立项过程中发生的费用。有偿使用项目开发费用按照项目使用金额的一定比例提取。

本办法所称基础管理费支出，是指基金筹集、管理、使用过程中的日常管理费用，包括清洁发展机制项目日常管理费用。基础管理费支出按照基金上年末资产净值的一定比例提取。

有偿使用项目开发费用和基础管理费支出的具体提取比例由基金审核理事会另行规定。

第十七条　基金管理中心应当对基金使用进行风险控制。

基金不得用于不符合其宗旨的赞助和捐赠支出，不得从事股票、股票类投资基金、房地产以及期货等金融衍生产品投资。

第十八条　基金与基金管理中心财务应当分别建账，分别核算，实行预决算管理。

财政部负责制定基金财务管理办法，并对基金使用情况和会计记录进行监督检查。

第五章　赠款项目管理

第十九条　赠款主要用于支持下列事项：

（一）与应对气候变化相关的政策研究和学术活动；

（二）与应对气候变化相关的国际合作活动；

（三）旨在加强应对气候变化能力建设的培训活动；

（四）旨在提高公众应对气候变化意识的宣传、教育活动；

（五）服务于基金宗旨的其他事项。

第二十条　赠款项目申请人应当是我国境内从事应对气候变化领域工作，具有一定研究或者培训能力的相关机构。

第二十一条　申请赠款应当提交项目申请书。赠款项目申请书包括以下内容：

（一）申请人基本情况；

（二）项目背景资料；

（三）项目目标；

（四）项目的主要内容与活动；

（五）项目的主要产出；

（六）项目的执行进度安排；

（七）申请资金额和预算安排；

（八）其他相关内容。

第二十二条　赠款项目申请书由国务院有关部门或者省级发展改革部门（以下称项目组织申报单位）向国家发展改革委转报或报送。

第二十三条　国家发展改革委负责组织赠款项目的评审。

赠款项目的评审结果报基金审核理事会审核并取得一致意见后，由国家发展改革委、财政部批准。

第二十四条　赠款项目由项目组织申报单位组织实施。

第二十五条　赠款项目实行合同管理，在合同中明确规定各方责任、权利、义务和违约处罚办法。

赠款项目合同由国家发展改革委、项目组织申报单位、基金管理中心、赠款项目申请人共同签订。

第二十六条　国家发展改革委、基金管理中心会同项目组织申报单位负责对赠款项目的实施进行监督检查和考核验收。国家发展改革委、财政部对违规行为予以处理、处罚。

第二十七条　赠款项目形成研究或者其他成果的，有关权益归属在赠款项目合同中约定。

第六章　有偿使用项目管理

第二十八条　基金有偿使用采取以下方式：

（一）股权投资；

（二）委托贷款；

（三）融资性担保；

（四）国家批准的其他方式。

基金以股权投资、委托贷款方式支持项目的，其年度累积金额不得超过上年末资产净值的一定比例。具体比例由基金审核理事会另行规定。

基金以股权投资方式支持项目的，不得对投资对象控股，投资所形成股权的退出，应当按照公开、公平和市场化原则，确定退出方式及退出价格。

基金以融资担保方式支持项目的，其担保额不得超过基金年度预算确定的限额。

第二十九条　有偿使用项目申请人应当是我国境内从事减缓、适应气候变化相关领域业务的中资企业、中资控股企业。

第三十条　有偿使用项目申请人应当向基金管理中心提交申请文件。申请文件包括以下内容：

（一）项目申请书；

（二）项目可行性研究报告；

（三）企业近3年经营状况；

（四）企业营业执照副本；

（五）其他相关材料。

第三十一条　基金管理中心负责组织对基金有偿使用项目的遴选、评审。

属于重大项目的，应当报经基金审核理事会审核并取得一致意见后，由国家发展改革委、财政部批准；属于非重大项目的，由基金管理中心按照规定程序审批，并于批准后的15个工作日内报国家发展改革委、财政部备案。

前款所称重大项目是指单个项目申请基金资金在7000万元人民币以上（含7000万元）的有偿使用项目。

第三十二条　按照国家有关投资管理规定，应当办理项目审批、核准或者备案手续的，从其规定。

在项目未获得审批、核准或者备案前，基金不得为项目提供资金。

第三十三条　基金管理中心负责有偿使用项目的组织实施、监督检查和考核验收。

基金有偿使用形成的各种资产及权益应当按照国家有关财务规章制度进行管理。

第七章　附则

第三十四条　基金及其管理中心应当接受国家审计机关依法实施的审计监督。

第三十五条　经基金审核理事会批准，基金管理中心可以聘请社会审计机构对基金收支规模、基金结余、基金运行情况以及基金管理中心的支出情况进行审计。

第三十六条　本办法自发布之日起施行。

关于印发《中国清洁发展机制基金有偿使用管理办法》的通知

发改气候[2012]3406号

国家应对气候变化领导小组成员单位，各省、自治区、直辖市及新疆生产建设兵团发展改革委、财政厅（局），中国清洁发展机制基金管理中心：

为规范中国清洁发展机制基金有偿使用活动，进一步发挥其支持国家应对气候变化工作，促进经济社会可持续发展的作用，根据《中国清洁发展机制基金管理办法》，特制定《中国清洁发展机制基金有偿使用管理办法》，现印发你们，请按照执行。

附件：中国清洁发展机制基金有偿使用管理办法

国家发展改革委
财政部
2012年10月30日

附件：

中国清洁发展机制基金有偿使用管理办法

第一章　总则

第一条　为规范中国清洁发展机制基金(以下简称“基金”)有偿使用活动，保证基金安全，实现基金保值增值，根据《中国清洁发展机制基金管理办法》，制定本办法。

第二条　基金有偿使用活动应当符合国家法律法规、产业政策和行业发展规划，有利于产生应对气候变化效益，并为国家应对气候变化工作提供可持续的资金支持。

第三条　中国清洁发展机制基金审核理事会(以下简称“基金审核理事会”)负责审核基金年度财务收支预算(以下简称“预算”)和重大有偿使用项目，监督、指导中国清洁发展机制基金管理中心(以下简称“基金管理中心”)开展基金有偿使用活动。

第四条　基金管理中心作为基金的日常管理机构，负责开展基金有偿使用活动，并通过国家发改委向基金审核理事会提交有关基金资金使用年度计划和基金有偿使用重大项目申请以及基金有偿使用情况报告。

第二章　方式和对象

第五条 基金有偿使用活动可采取股权投资、委托贷款和融资性担保等方式。

第六条　本办法所称股权投资，是指基金通过设立、增资扩股和受让股权等权益性投资形式，依法开展有利于产生应对气候变化效益活动的行为。

第七条　本办法所称委托贷款，是指基金委托我国境内的商业银行、具有贷款业务资质的非银行金融机构或财政系统，依法开展有利于产生应对气候变化效益的债权性投资的行为。

第八条　本办法所称融资性担保，是指基金以担保人身份依法为能够产生应对气候变化效益的融资活动提供本息担保的行为。

第九条 基金不得从事股票、股票类投资基金、房地产以及期货等金融衍生产品投资。

第十条 基金有偿使用支持的对象应当符合以下条件:

(一) 我国境内的中资企业或中资控股企业;

(二) 从事应对气候变化相关领域业务;

(三) 组织结构完善，管理制度完备;

(四) 经营状况良好，市场竞争力较强;

(五) 所处行业成熟度较高或发展潜力较大;

(六) 具备相关项目实施和管理经验;

(七) 资信状况良好，无重大违法违规行为;

(八) 能够为基金投入的资金提供必要的安全保障。

第十一条　为确保基金的安全性，基金有偿使用项目的期限一般不超过3年。以股权投资、融资性担保等方式所支持项目投资期限可适当延长。

第十二条　基金以股权投资方式支持项目的，不得对投资对象控股，基金所持股份一般不得超过企业总股本的25%。如需增持并使所持股份超过25%的，应当事先报请基金审核理事会审核。

投资所形成股权的退出，应按照《中国清洁发展机制基金管理办法》所规定的重大项目和非重大项目的审批权限和程序，分别由国家发展改革委、财政部或基金管理中心遵循公开、公平和市场化原则，确定退出方式及退出价格。

第十三条　对于能够产生重大应对气候变化效益的企业，基金可视地区和项目情况在预算所确定的委托贷款利率优惠幅度内，提供适当低于同期市场贷款利率水平的委托贷款。

第三章　组织和实施

第十四条 基金管理中心应当在预算所确定的各类有偿使用比例和担保限额内，开展有偿使用项目。

第十五条 预算由基金管理中心编制，经基金审核理事会审核后，报请财政部和国家发展改革委联合批准。

第十六条　基金有偿使用项目的组织与实施活动应涵盖项目筛选、立项、尽职调查、风险评估、投资评审、项目决策以及法律文件签署等事项。

第十七条　基金管理中心应当开辟多元化的项目源渠道，形成丰富的项目储备，根据预算和本办法第十条的规定，进行项目筛选和立项。

基金审核理事会成员单位可提供项目建议。

第十八条　基金管理中心应当在综合考虑有偿使用项目收益和风险的基础上，采用定性和定量相结合的方法，对项目的质量和政策合规性、项目企业的基本状况和经营能力、有偿资金的用途和安全性等方面开展尽职调查，为项目遴选及风险监控提供全面、真实、准确的信息。

第十九条　基金管理中心依照风险管理制度，从金融、财务、法律及行业等角度开展基金有偿使用项目的风险识别和评估工作，应当采用谨慎的风险评价标准评价项目风险，并将形成的风险评估报告提交基金管理中心风险管理委员会(以下简称“风险管理委员会”)审议。

风险管理委员会由外聘的金融、财务、法律及行业风险管理专家，与基金管理中心负责基金风险管理和有偿使用业务的人员共同组成。

风险管理委员会的审议结果应当作为基金有偿使用项目决策的重要依据。

第二十条 基金管理中心投资评审委员会(以下简称“投资评审委员会”)应当根据预算、项目可行性研究报告、项目实施

方案和尽职调查报告，独立开展基金有偿使用项目的技术和经济评价工作。

投资评审委员会的审议结果应当作为基金有偿使用项目决策的重要依据。

第二十一条 对于申请基金资金在7000万元人民币以上(含7000万元)的项目，基金管理中心应当将项目建议书、可行性研究报告、尽职调查报告、项目实施方案、风险管理委员会的审议结果、投资评审委员会的审议结果等一并报送基金审核理事会审核。

基金审核理事会对报送文件存在疑义的，可聘请中介机构或专家就有关问题独立做出判断、调查和评价。聘请中介机构或专家的费用由有偿使用项目开发费列支。必要时，中介机构或专家可依据调查和评价结果独立撰写报告提交基金审核理事会，作为基金有偿使用项目决策的重要依据。

基金审核理事会审核通过的有偿使用项目应当报请国家发展改革委和财政部联合批准。

第二十二条 对于申请基金资金在7000万元人民币以下的项目，基金管理中心应当按照规定程序审批，并于批准后的15个工作日内，在签署合同前，将项目的建议书、可行性研究报告、尽职调查报告、项目实施方案、风险管理委员会的审议结果、投资评审委员会的审议结果和项目批准文件等一并报国家发展改革委、财政部备案。

第二十三条 基金管理中心应当严格依据项目批准文件与项目相关方签订合同，开展基金有偿使用项目。

第四章 管理和监控

第二十四条 基金管理中心应当按照国家政策、法律法规及相关规定，在基金审核理事会的指导和监督下，规范基金的有偿使用活动，加强项目管理和风险监控。

第二十五条 基金管理中心应当建立健全的项目监管体系，使有偿使用活动资金在可控的风险程度内高效运作，实现基金保值增值。

(一) 制定完备的业务管理办法，根据各类有偿使用方式的特点，有针对性地设定业务流程和工作要求，并按照《中国清洁发展机制基金财务管理办法》规范有偿使用活动的会计核算和财务管理;

(二) 设立专门的风险内控机构，独立行使风险识别、评估、监测和控制等职能，保证风险管理工作的客观性、有效性和权威性;

(三) 健全合理的岗位责任制度，强化项目管理和风险控制理念，明晰部门分工和岗位职责。基金有偿使用活动采用双岗管理模式，由两名工作人员共同开展项目管理工作，并承担各自的岗位职责，以确保基金有偿使用活动有序进行;

(四) 构建科学的风险评估模式，全面评估基金有偿使用项目的市场风险、信用风险、流动性风险、操作风险、道德风险和法律风险等，最大限度地保障基金有偿使用活动的安全;

(五) 采用稳健的资金运作模式，按照资产与负债相匹配的管理要求，完善有偿使用资金配置计划，合理安排资金使用期限和投入进度，并对资金的运行状况进行全程监控;

(六) 建立有效的项目监控系统，定期或不定期地对有偿使用项目的合规性、资金风险状况、项目相关方的管理能力及项目运行绩效等进行评价。必要时，基金管理中心可聘请中介机构或专家就项目的财务、法律事务、内部控制、技术、风险等内容开展独立评价;

(七) 完善重大突发事件应急机制，应对重大突发性风险。

第二十六条 基金管理中心发现项目相关方违反合同或本办法规定的，应当书面责令项目相关方限期改正，并采取暂缓资金拨付等措施予以警告;情节严重的，应当终止项目并追回已投入款项。必要时，可启动法律程序维护基金合法权益。

第五章 报告

第二十七条 基金管理中心应当将基金有偿使用活动中出现的重大问题和突发性事项，及时向基金审核理事会报告。

第二十八条 在每年4月底前，基金管理中心应当将上年度的基金有偿使用情况向基金审核理事会报告。

第二十九条 基金审核理事会可根据实际情况，要求基金管理中心报告有偿使用活动情况。

第六章 附则

第三十条 本办法自发布之日起施行。

关于开展第二批国家低碳省区和低碳城市试点工作通知（节录）

（发改气候【2012年】3760号　国家发改委2012年11月26日印发）

为落实党的十八大关于大力推进生态文明建设、着力推动绿色低碳发展的总体要求和“十二五”规划纲要关于开展低碳试点的任务部署，加快经济发展方式转变和经济结构调整，确保实现我国2020年控制温室气体排放行动目标，根据国务院印发的“十二五”控制温室气体排放工作方案(国发[2011]41号)，国家发展改革委印发了关于开展第二批国家低碳省区和低碳城市试点工作的通知。

2010年7月启动第一批国家低碳省区和低碳城市试点工作以来，各试点地区高度重视，按照试点工作有关要求，制定了低碳试点工作实施方案，逐步建立健全低碳试点工作机构，积极创新有利于低碳发展的体制机制，探索不同层次的低碳发展实践形式，从整体上带动和促进了全国范围的绿色低碳发展。此次扩大试点范围，是探寻不同类型地区控制温室气体排放路径、实现绿色低碳发展的重要举措。

根据地方申报情况，统筹考虑各申报地区的工作基础、示范性和试点布局的代表性等因素，经沟通和研究，国家发展改革委确定在北京市、上海市、海南省和石家庄市、秦皇岛市、晋城市、呼伦贝尔市、吉林市、大兴安岭地区、苏州市、淮安市、镇江市、宁波市、温州市、池州市、南平市、景德镇市、赣州市、青岛市、济源市、武汉市、广州市、桂林市、广元市、遵义市、昆明市、延安市、金昌市、乌鲁木齐市开展第二批国家低碳省区和低碳城市试点工作。

试点工作的六项具体任务：

一是明确工作方向和原则要求。要把全面协调可持续作为开展低碳试点的根本要求，以全面落实经济建设、政治建设、文化建设、社会建设、生态文明建设五位一体总体布局为原则，进一步协调资源、能源、环境、发展与改善人民生活的关系，合理调整空间布局，积极创新体制机制，不断完善政策措施，加快形成绿色低碳发展的新格局，开创生态文明建设新局面。

二是编制低碳发展规划。要结合本地区自然条件、资源禀赋和经济基础等方面情况，积极探索适合本地区的低碳绿色发展模式。发挥规划综合引导作用，将调整产业结构、优化能源结构、节能增效、增加碳汇等工作结合起来。将低碳发展理念融入城市交通规划、土地利用规划等相关规划中。

三是建立以低碳、绿色、环保、循环为特征的低碳产业体系。要结合本地区产业特色和发展战略，加快低碳技术研发示范和推广应用。推广绿色节能建筑，建设低碳交通网络。大力发展低碳的战略性新兴产业和现代服务业。

四是建立温室气体排放数据统计和管理体系。要编制本地区温室气体排放清单，加强温室气体排放统计工作，建立完整的数据收集和核算系统，加强能力建设，为制定地区温室气体减排政策提供依据。

五是建立控制温室气体排放目标责任制。要结合本地实际，确立科学合理的碳排放控制目标，并将减排任务分配到所辖行政区以及重点企业。制定本地区碳排放指标分解和考核办法，对各考核责任主体的减排任务完成情况开展跟踪评估和考核。

六是积极倡导低碳绿色生活方式和消费模式。要推动个人和家庭践行绿色低碳生活理念。引导适度消费，抑制不合理消费，减少一次性用品使用。推广使用低碳产品，拓宽低碳产品销售渠道。引导低碳住房需求模式。倡导公共交通、共乘交通、自行车、步行等低碳出行方式。

《通知》对做好低碳试点工作提出了明确的要求。

第一，低碳试点工作涉及经济社会、资源环境等多个领域，关系经济社会发展全局。各试点省市要加强对试点工作的组织领导，主要领导要亲自抓。发展改革部门要做好组织协调工作。有试点任务的省发展改革委要加强对低碳试点工作的支持和指导，协调解决工作中的困难和问题。

第二，试点工作要按照十八大要求，贯彻落实科学发展观，牢固树立生态文明理念，大胆探索、务求实效、扎实推进，注重积累成功经验，坚决杜绝概念炒作和搞形象工程。各试点省市要抓紧完善试点工作初步实施方案。

第三，国家发展改革委将与试点省市发展改革部门建立联系机制，加强沟通、交流，定期对试点开展情况进行评估，指导试点省市开展相关国际合作，加强能力建设，做好引导服务。对于试点省市的成功经验和做法将及时总结，并加以示范推广。

2012中国区域电网基准线排放因子

2012 Baseline Emission Factors for Regional Power Grids in China

国家发改委应对气候变化司

为了更准确、方便地开发符合国际CDM 规则以及中国清洁发展机制重点领域的CDM 项目，国家发展和改革委员会应对气候变化司研究确定了中国区域电网的基准线排放因子，并征询了相关部门和部分指定经营实体（DOE）的意见。

上述机构一致认为排放因子数据真实、计算合理、结果可信。现将计算过程及结果公布如下，可供CDM 项目业主、开发商、DOE 等在编写和审定项目文件和计算减排量时参考引用。

一、 区域电网划分

为了便于中国 CDM 发电项目确定基准线排放因子，现将电网边界统一划分为东北、华北、华东、华中、西北和南方区域电网，不包括西藏自治区、香港特别行政区、澳门特别行政区和台湾省。上述电网边界包括的地理范围如下表所示：

电网名称	覆盖省市
华北区域电网	北京市、天津市、河北省、山西省、山东省、内蒙古自治区
东北区域电网	辽宁省、吉林省、黑龙江省
华东区域电网	上海市、江苏省、浙江省、安徽省、福建省
华中区域电网	河南省、湖北省、湖南省、江西省、四川省、重庆市
西北区域电网	陕西省、甘肃省、青海省、宁夏自治区、新疆自治区
南方区域电网	广东省、广西自治区、云南省、贵州省、海南省

二、 排放因子计算方法

根据“电力系统排放因子计算工具”（02.2.1 版），计算电量边际排放因子（OM）采用步骤3 (a)“简单OM”方法中选项B，即根据电力系统中所有电厂的总净上网电量、燃料类型及燃料总消耗量计算。公式如下：

$$EF_{grid,OMsimple,y}=\frac{\sum_i (FC_{i,y}\times NCV_{i,y}\times EF_{CO2,i,y})}{EG_y} \quad (1)$$

根据“电力系统排放因子计算工具”（02.2.1 版），计算电量边际排放因子（OM）采用步骤3 (a)“简单OM”方法中选项B，即根据电力系统中所有电厂的总净上网电量、燃料类型及燃料总消耗量计算。公式如下：

式中：

$EF_{grid,OMsimple,y}$ 是第 y年简单电量边际CO_2排放因子（tCO_2/MWh）；

$FC_{i,y}$ 是第y 年项目所在电力系统燃料i的消耗量（质量或体积单位）；

$NC_{Vi,y}$ 是第y 年燃料i的净热值（能源含量，GJ/质量或体积单位）；

$EF_{CO2,i,y}$ 是第y 年燃料i的CO_2 排放因子（tCO_2/GJ）；

$EF_{grid,OMsimple,y}$ 是第 y 年简单电量边际CO_2 排放因子（tCO_2/MWh）；

$FC_{i,y}$ 是第y 年项目所在电力系统燃料i 的消耗量（质量或体积单位）；

$NC_{Vi,y}$ 是第y 年燃料i 的净热值（能源含量，GJ/质量或体积单位）；

$EF_{CO2,i,y}$ 是第y 年燃料i 的CO_2排放因子（tCO_2/GJ）；

EG_y 是电力系统第 y 年向电网提供的电量（MWh），不包括低成本/ 必须运行电厂/机组；

i 是第 y年电力系统消耗的所有化石燃料种类；

y 是提交PDD时可获得数据的最近三年（事先计算）。

另外，在电网存在净调入的情况下，采用调出电力电网的简单电量边际排放因子（步骤4(a)）。

OM计算中供电量和燃料消耗量的数据选取遵循了保守原则，计算过程详见附件1。

根据“电力系统排放因子计算工具”（02.2.1 版），BM 可按m个样本机组排放因子的发电量加权平均求得，公式如下：

$$EF_{grid,BM,y}=\frac{\sum_{m}EG_{m,y}\times EF_{EL,m,y}}{\sum_{m}EG_{m,y}} \tag{2}$$

式中：

$EF_{grid,BM,y}$ 是第 y 年的BM 排放因子（tCO_2 /MWh）；

$EF_{EL,m,y}$ 是第 m 个样本机组在第 y 年的排放因子（tCO_2 /MWh）；

$EG_{m,y}$ 是第 m 个样本机组在第 y 年向电网提供的电量（MWh），也即上网电量；

M 是样本机组；

y 是能够获得发电历史数据的最近年份。

其中第 m 个机组的排放因子EFEL,m,y 根据“电力系统排放因子计算工具”（02.2.1 版）的步骤3(a)“简单OM”中的选项B2 计算。

“电力系统排放因子计算工具”（02.2.1 版）提供了计算BM 的两种选择：1）在第一个计入期，基于PDD 提交时可得的最新数据事前计算；在第二个计入期，基于计入期更新时可得的最新数据更新；第三个计入期沿用第二个计入期的排放因子；2）在第一计入期内按项目活动注册年或注册年可得的最新信息逐年事后更新BM；在第二个计入期内按选择1）的方法事前计算BM，第三个计入期沿用第二个计入期的排放因子。

本次公布的排放因子 BM 的结果是基于选择1）的事前计算，不需要事后的监测和更新。

由于数据可得性的原因，本计算仍然沿用了 CDM EB 同意的变通办法，即首先计算新增装机容量及其中各种发电技术的组成，然后计算各种发电技术的新增装机权重，最后利用各种发电技术商业化的最优效率水平计算排放因子。

由于现有统计数据中无法从火电中分离出燃煤、燃油和燃气的各种发电技术的容量，本计算过程中采用如下方法：首先，利用最近一年的可得能源平衡表数据，计算出发电用固体、液体和气体燃料对应的CO_2 排放量在总排放量中的比重；其次，以此比重为权重，以商业化最优效率技术水平对应的排放因子为基础，计算出各电网的火电排放因子；最后，用此火电排放因子乘以火电在该电网新增的20%容量中的比重，结果即为该电网的BM 排放因子。此BM 排放因子近似计算过程是遵循了保守原则。

具体步骤和公式如下：

步骤 1，计算发电用固体、液体和气体燃料对应的CO_2 排放量在总排放量中的比重。

$$\lambda_{Coal,y}=\frac{\sum_{i\in COAL,j}F_{i,j,y}\times NCV_{i,y}\times EF_{CO_2,i,j,y}}{\sum_{i,j}F_{i,j,y}\times NCV_{i,y}\times EF_{CO_2,i,j,y}} \tag{3}$$

$$\lambda_{Oil,y}=\frac{\sum_{i\in OIL,j}F_{i,j,y}\times NCV_{i,y}\times EF_{CO_2,i,j,y}}{\sum_{i,j}F_{i,j,y}\times NCV_{i,y}\times EF_{CO_2,i,j,y}} \tag{4}$$

$$\lambda_{Gas,y}=\frac{\sum_{i\in GAS,j}F_{i,j,y}\times NCV_{i,y}\times EF_{CO_2,i,j,y}}{\sum_{i,j}F_{i,j,y}\times NCV_{i,y}\times EF_{CO_2,i,j,y}} \tag{5}$$

其中：

$F_{i,j,y}$ 是第j 个省份在第y 年的燃料i 消耗量（质量或体积单位，其中固体和液体燃料为吨，气体燃料为立方米）；

$NC_{Vi,y}$ 是燃料i 在第y 年的净热值（固体和液体燃料为GJ/t，气体燃料为GJ/m^3）；

$EF_{CO2,i,j,y}$ 是燃料i 的排放因子（tCO_2/GJ）。

C_{OAL}，O_{IL} 和G_{AS} 分别为固体燃料、液体燃料和气体燃料的脚标集合。

步骤 2：计算对应的火电排放因子。

$$EF_{Thermal,y}=\lambda_{Coal,y}\times EF_{Coal,Adv,y}+\lambda_{Oil,y}\times EF_{Oil,Adv,y}+\lambda_{Gas,y}\times EF_{Gas,Adv,y} \tag{5}$$

其中$EF_{Coal,Adv,y}$，$EF_{Oil,Adv,y}$和$EF_{Gas,Adv,y}$分别是商业化最优效率的燃煤、燃油和燃气发电技术所对应的排放因子，具体参数及计算过程详见附件2。

步骤 3：计算电网的BM

$$EF_{grid,BM,y}=\frac{CAP_{Thermal,y}}{CAP_{Total,y}}\times EF_{Thermal,y} \tag{6}$$

其中，$CAP_{Total,y}$ 为超过现有容量20%的新增总容量，$CAP_{Thermal,y}$ 为新增火电容量。

三、 数据来源

计算OM和BM所需的发电量、装机容量和厂用电率等数据来源为2009-2011年《中国电力年鉴》；发电燃料消耗以及发电燃料的低位发热值等数据来源为2009-2011 年《中国能源统计年鉴》和《公共机构能源消耗统计制度》；电网间电量交换的数据来源为2008-2010 年《电力工业统计资料汇编》；分燃料品种的潜在排放因子和碳氧化率来源为2006 IPCC Guidelines for National Greenhouse Gas Inventories Volume 2 Energy, 第一章1.21-1.24 页的表1.3和表1.4。分燃料品种的潜在排放因子采用了上述表1.4 中的95%置信区间下限值。

四、 排放因子数值

	$EF_{grid,OM,y}$ (tCO_2/MWh)	$EF_{grid,BM,y}$ (tCO_2/MWh)
华北区域电网	1.0021	0.5940
东北区域电网	1.0935	0.6104
华东区域电网	0.8244	0.6889
华中区域电网	0.9944	0.4733
西北区域电网	0.9913	0.5398
南方区域电网	0.9344	0.3791

注：1）表中 OM 为 2008-2010 年电量边际排放因子的加权平均值；BM 为截至 2010 年的容量边际排放因子；2）本结果以公开的上网电厂的汇总数据为基础计算得出。

国家能源局政策文件

关于加强风电并网和消纳工作有关要求的通知

国能新能〔2012〕135号

各省（区、市）发展改革委（能源局）、国家电网公司、南方电网公司、华能集团公司、大唐集团公司、华电集团公司、国电集团公司、中电投集团公司、神华集团公司、中广核集团公司、中国节能环保集团公司、水电水利规划设计总院：

随着我国风电装机的快速增长，局部地区的弃风限电问题日趋严重。2011年度，全国风电弃风限电总量超过100亿千瓦时，平均利用小时数大幅减少，个别省（区）的利用小时数已经下降到1600小时左右，严重影响了风电场运行的经济性，风电并网运行和消纳问题已经成为制约我国风电持续健康发展的重要因素。为进一步做好风电发展工作，提高风电开发利用效率，现将2011年各省（区、市）风电年平均利用小时数予以公布，并就加强风电建设和运行管理、保障风电并网和消纳的有关要求通知如下：

一、把保障风电运行作为当前风电管理的重要工作。各省（区、市）发展改革委（能源局）要高度重视风电项目的并网运行和市场消纳工作。三北（华北、东北、西北）地区等风电并网运行矛盾突出的省（区）要深入分析本地区电力系统的运行特性和调峰潜力，提出保障风电并网运行的整体方案和针对性措施。积极鼓励风能资源丰富地区开展采用蓄热电锅炉、各类储能技术等促进风电就地消纳的试点和示范工作，加快建立风电场与供热、高载能等大电力用户和电力系统的协调运行机制。

二、认真落实并网接入等风电场建设条件。并网接入与电力消纳是目前影响风电发展的重要因素，各省（区、市）发展改革委（能源局）要把落实年度风电开发方案中确定的各风电项目的接入电网建设和电力市场消纳作为当前支持风电建设的重要任务，加强协调，明确目标，落实责任，确保所核准的风电项目顺利建设并发挥效益。今后，各省（区、市）风电并网运行情况将作为新安排风电开发规模和项目布局的重要参考指标，风电利用小时数明显偏低的地区不得进一步扩大建设规模。

三、进一步做好风电场运行调度管理工作。国家电网公司和南方电网公司要进一步加强电力运行管理工作，统筹协调系统内调峰电源配置，深入挖掘电力系统调峰潜力，把保障风电优先上网作为电力运行管理的重要内容，采取有效措施缓解夜间负荷低谷时段风电并网运行困难。要科学安排风电场运行，采取技术措施确保风电特许权项目的并网运行和所发电量的全额收购，不得限制特许权项目和国家能源主管部门批复的示范项目的出力。同时，要加强新建风电项目的并网审查工作，不得因新建风电项目限制已建成风电项目的出力。

四、着力提高风电场建设和运行水平。各风电开发企业要进一步加强风电场建设前期工作，在认真做好风能资源评价、风电场选址、设备选型等设计工作的同时，要更加重视并网条件的论证和电力市场的研究，深化风电场建设的可行性研究工作。要合理安排项目建设进度，协调好风电项目开发与配套电网建设进度。高度重视风电场运行管理工作，提高风电功率预测预报水平，积极开拓风电的用电市场，不断提高风电建设和运行管理水平，共同促进风电产业持续健康发展。

国家能源局

二〇一二年四月二十四日

财政部政策文件

关于公共基础设施项目和环境保护节能节水项目企业所得税优惠政策问题的通知

财税〔2012〕10号

各省、自治区、直辖市、计划单列市财政厅（局）、国家税务局、地方税务局，新疆生产建设兵团财务局： **根据《中华人民共和国企业所得税法》（以下简称新税法）和《中华人民共和国企业所得税法实施条例》（国务院令第512号）的有关规定，现就企业享受公共基础设施项目和环境保护、节能节水项目企业所得税优惠政策问题通知如下：**

一、企业从事符合《公共基础设施项目企业所得税优惠目录》规定、于2007年12月31日前已经批准的公共基础设施项目投资经营的所得，以及从事符合《环境保护、节能节水项目企业所得税优惠目录》规定、于2007年12月31日前已经批准的环境保护、节能节水项目的所得，可在该项目取得第一笔生产经营收入所属纳税年度起，按新税法规定计算的企业所得税"三免三减半"优惠期间内，自2008年1月1日起享受其剩余年限的减免企业所得税优惠。

二、如企业既符合享受上述税收优惠政策的条件，又符合享受《国务院关于实施企业所得税过渡优惠政策的通知》（国发[2007]39号）第一条规定的企业所得税过渡优惠政策的条件，由企业选择最优惠的政策执行，不得叠加享受。

财政部 国家税务总局

二〇一二年一月五日

关于做好2012年金太阳示范工作的通知

财建[2012]21号

各省、自治区、直辖市、计划单列市财政厅（局）、科技厅（委、局）、发展改革委（能源局），新疆生产建设兵团财务局、科技局、发展改革委：

为加快国内光伏发电规模化应用，促进光伏产业持续稳定发展，现将2012年金太阳示范工作有关事项通知如下：

一、支持范围

（一）在经济技术开发区、高新技术开发区、工业园区、产业园区、商业区进行集中建设的用户侧光伏发电项目，优先支持建设规模较大的集中成片示范项目和已批准的集中应用示范区扩大建设规模。

（二）利用工矿、商业企业既有建筑等条件分散建设的用户侧光伏发电项目。

（三）开展与智能电网和微电网技术相结合的集中成片用户侧光伏发电项目示范。

（四）解决偏远无电地区居民用电问题的独立光伏、风光互补发电等项目。

二、支持条件

（一）项目单位资本金不低于项目总投资的30%。

（二）光伏发电集中应用示范区项目需整体申报，总装机容量原则上不小于10兆瓦，分散建设的用户侧发电项目装机容量原则上不低于2兆瓦。采取合同能源管理方式建设的项目，项目实施单位必须与用电单位签订长期协议。

（三）进行光伏发电集中应用示范的经济技术开发区、高新技术开发区、工业园区、产业园区，必须明确专门的管理机构，负责协调项目建设、电网接入、运行管理等方面工作。

（四）示范项目需具备较好经济效益，设计方案合理，建筑屋顶改造投资较低等条件，对与新建厂房整体规划建设的项目优先支持。

（五）项目并网设计符合规范，发电量主要自用。

（六）独立发电项目必须以县（及以上）为单位整体实施，并选择有实力的项目业主单位，制定完善的运行管理方案，确保项目建设质量和长期稳定运行。

（七）项目采用的关键设备（包括光伏组件、逆变器、蓄电池）由实施单位自主采购，设备供应企业和产品性能必须满足相关要求（见附件1）。

（八）项目必须在2012年12月31日前完成竣工验收。

（九）以前年度承担金太阳示范项目但未按要求期限完工的项目单位，不得申报新项目。已获得相关政策支持的项目不得重复申报。

三、补助标准

（一）2012年用户侧光伏发电项目补助标准原则上为7元/瓦。考虑到2011年四季度以来，光伏发电系统建设成本下降幅度较大，2011年用户侧光伏发电项目的补助标准原则上由9元/瓦调整为8元/瓦，对确实不能实现合理收益的项目，可由项目单位申请调整或取消。

（二）独立光伏、风光互补发电等项目的补助标准另行确定。与智能电网和微电网技术相结合的集中成片用户侧光伏发电项目补助标准在7元/瓦基础上，考虑储能装置配备等因素适当增加。

四、项目申报和资金下达程序

（一）项目实施单位按有关要求编制项目实施方案，按属地原则上报省级财政、科技、能源主管部门。

（二）省级财政、科技、能源主管部门对项目实施方案进行严格审核，将符合条件的项目按类别汇总后（格式见附件2），于2012年3月10日前联合上报财政部、科技部、国家能源局。

（三）财政部、科技部、国家能源局组织对项目进行评审，公布示范项目目录。

（四）列入目录的示范项目完成关键设备采购合同和能源管理合同签订、电网接入许可等准备工作，并履行审核备案手续后，及时提交补助资金申请报告。财政部核定补助金额，并按70%下达预算，剩余资金在项目完工后进行清算。

五、以前年度示范项目清算要求

（一）2010年和2011年下达资金的项目必须分别在2012年2月15日和6月30日前提交工程验收报告、竣工决算报告等相关材料，申请资金清算，逾期不予受理。对未按规定申请清算的项目，原则上予以取消并收回补助资金；确实由于客观原因难以按期完工的项目，要说明具体原因并明确完工时间，同时补贴标准按新标准执行。

（二）按照《国家能源局 财政部 科技部关于印发金太阳示范项目管理暂行办法的通知》（国能新能[2011]109号）要求，项目实施单位必须建立完善的运行管理制度，配备专业技术人员，保证项目稳定运行。其中，用户侧发电项目必须按规定履行电网接入程序，安装自动电能计量装置和运行监控系统，并向电网运行管理机构传送相关数据。

财政部　科技部　国家能源局

二〇一二年一月十八日

关于调整公布第十一期节能产品政府采购清单的通知

财库[2012]9号

党中央有关部门，国务院各部委、各直属机构，全国人大常委会办公厅，全国政协办公厅，高法院，高检院，有关人民团体，各省、自治区、直辖市、计划单列市财政厅（局）、发展改革委（计委）、经贸委（经委），新疆生产建设兵团财务局、发展改革委、经委：

为了加大节能产品政府采购工作力度，根据《国务院办公厅关于建立政府强制采购节能产品制度的通知》（国办发[2007]51号）和财政部、发展改革委发布的《节能产品政府采购实施意见》（财库[2004]185号）的规定，我们对已发布的“节能产品政府采购清单”（以下简称节能清单）进行了调整。现将调整后的第十一期节能清单印发给你们，并将有关事项通知如下：

一、第十一期节能清单中的空调机、照明产品、电视机、电热水器、计算机、打印机、显示器、便器、水嘴等九类产品为政府强制采购节能产品（以“★”标注）。

二、相关企业应当保证节能清单所列型号/系列的产品在本期节能清单有效期内稳定供货，凡发生制造商及其代理商不接受参加政府采购活动邀请、列入节能清单的产品无法正常供货以及其他违反《承诺书》内容情形的，采购人及其他相关当事人应当及时将有关情况向财政部反映，财政部经核实，根据具体违规情形，对制造商做出列入不良供应商行为记录、暂停列入节能清单三个月至两年的处理，并在中华人民共和国财政部网站（http://www.mof.gov.

cn）、中国政府采购网（http://www.ccgp.gov.cn/）、国家发展改革委网站（http://hzs.ndrc.gov.cn/）和中国质量认证中心网站（http://www.cqc.com.cn/）上公告。

三、第十一期节能清单自发布之日起执行。在此之后开展的政府采购活动，应当执行第十一期节能清单，不再执行此前公布的节能清单。未列入本期节能清单的产品不属于政府优先采购和强制采购的范围。凡违反上述规定的，财政部门将依照有关规定予以处理。

四、已经确定实施的政府集中采购协议供货产品涉及节能清单产品类别的，集中采购机构应当按照本期节能清单重新组织协议供货活动或进行调整。

五、政府采购工程项目应当严格执行节能产品政府优先采购和强制采购制度。在确定工程总包单位时，采购人及其委托的采购代理机构应当明确落实节能产品政府采购政策要求。

六、节能清单在中华人民共和国财政部网站、中国政府采购网、国家发展改革委网站和中国质量认证中心网站上发布，请各采购当事人到上述网站查阅、下载。

七、节能清单中产品的相关销售渠道和联系方式将在上述网站公布。

八、节能清单将于2012年7月再次调整并公布，财政部将会同国家发展改革委对2012年5月31日前取得节能认证证书的产品进行审核和公示。

请遵照执行。

附件：节能产品政府采购清单（第十一期，请从网上下载）

财政部
国家发展改革委
二〇一二年一月二十日

关于节约能源使用新能源车船税政策的通知

财税〔2012〕19号

各省、自治区、直辖市、计划单列市财政厅（局）、地方税务局、工业和信息化主管部门，有关企业，西藏、宁夏自治区国家税务局，新疆生产建设兵团财务局：

为促进节约能源、使用新能源的汽车、船舶产业发展，根据《中华人民共和国车船税法》第四条、《中华人民共和国车船税法实施条例》第十条有关规定，经国务院批准，现就节约能源、使用新能源车船车船税政策通知如下：

一、自2012年1月1日起，对节约能源的车船，减半征收车船税；对使用新能源的车船，免征车船税。

二、对于减免车船税的节约能源、使用新能源车船，由财政部、国家税务总局、工业和信息化部通过联合发布《节约能源使用新能源车辆（船舶）减免车船税的车型（船型）目录》实施管理。 对于不属于车船税征收范围的纯电动乘用车、燃料电池乘用车，由财政部、国家税务总局、工业和信息化部通过联合发布《不属于车船税征收范围的纯电动燃料电池乘用车车型目录》实施管理。

三、节约能源、使用新能源车辆减免车船税目录管理规定

（一）认定标准。

1. 节能型乘用车的认定标准为：

(1) 获得许可在中国境内销售的燃用汽油、柴油的乘用车（含非插电式混合动力乘用车和双燃料乘用车）；

(2) 综合工况燃料消耗量优于下一阶段目标值，具体要求见附件1；(3) 已通过汽车燃料消耗量标识备案。

2. 新能源汽车的认定标准为：

(1) 获得许可在中国境内销售的纯电动汽车、插电式混合动力汽车、燃料电池汽车，包括乘用车、商用车和其他车辆；

(2) 动力电池不包括铅酸电池；

(3) 插电式混合动力汽车最大电功率比大于30%；插电式混合动力乘用车综合燃料消耗量（不含电能转化的燃料消耗量）与现行的常规燃料消耗量标准中对应目标值相比应小于60%；插电式混合动力商用车（含轻型、重型商用车）综合工况燃料消耗量（不含电能转化的燃料消耗量）与同类车型相比应小于60%；

(4) 通过新能源汽车专项检测，符合新能源汽车标准要求。具体要求见附件2。

3. 节能型商用车和其他车辆的认定标准另行制定。

（二）申报程序。

符合上述认定标准的节约能源、使用新能源的车辆，包括目前正在生产（进口）及已经生产（进口）的车辆，由汽车生产企业或进口汽车经销商向工业和信息化部提出列入《节约能源使用新能源车辆减免车船税的车型目录》或《不属于车船税征收范围的纯电动燃料电池乘用车车型目录》（以下统一简称为《目录》）的申请。申请材料格式见附件3。

（三）《目录》审查、发布。

财政部、国家税务总局、工业和信息化部将根据申请情况组织审查，不定期发布《目录》公告，明确不属于车船税征收范围的纯电动、燃料电池乘用车的车型，明确属于车船税减免范围的节约能源、使用新能源车辆的车型。

（四）《目录》核查。

财政部、国家税务总局、工业和信息化部将组织开展《目录》车型专项检查，对《目录》车型产品质量、性能指标进行抽样核查。汽车生产企业、进口汽车经销商对申报材料的真实性和产品质量负责。对产品与申报材料不符，产品性能指标未达到要求，或者提供其他虚假信息骗取《目录》资格的汽车生产企业、进口汽车经销商，取消该申报车型享受车船税相关优惠政策资格，并依照相关法律法规予以处理。

四、节约能源、使用新能源船舶的认定标准、目录管理规定另行制定。

五、为促进节能和新能源技术的不断进步，根据我国车船的标准体系、节能评价体系、技术进步和型号变化，财政部、国家税务总局、工业和信息化部将适时修订、调整节约能源、使用新能源车船的认定标准，完善相关认定办法。

六、本通知所称节能汽车，是指以内燃机为主要动力系统、综合工况燃料消耗量优于下一阶段目标值的汽车。所称新能源汽车，是指采用新型动力系统，主要或全部使用新型能源的汽车，包括纯电动汽车、插电式混合动力汽车和燃料电池汽车。其中，纯电动汽车，是指由电动机驱动，且驱动电能来源于车载可充电蓄电池或其他能量储存装置的汽车。插电式混合动力汽车，是指具有一定的纯电动行驶里程，且在正常使用情况下可从非车载装置中获取电能量的混合动力汽车。燃料电池汽车，是指以燃料电池为动力源的汽车。

七、各级财政、税务部门应当按照本通知要求制订具体落实办法，认真做好《目录》车型车船税减免工作。各地工业和信息化主管部门要及时将本通知传达到本地区内相关汽车生产企业、进口汽车经销商，并督促汽车生产企业、进口汽车经销商做好《目录》申报等工作，积极落实好节约能源、使用新能源车辆车船税优惠政策。 请遵照执行。

财政部 国家税务总局 工业和信息化部

二〇一二年三月六日

关于加快推动我国绿色建筑发展的实施意见

财建[2012]167号

各省、自治区、直辖市、计划单列市财政厅（局）、住房城乡建设厅（委、局），新疆建设兵团财务局、建设局：

按照《国务院关于印发“十二五”节能减排综合性工作方案的通知》（国发[2011]26号）统一部署，为进一步深入推进建筑节能，加快发展绿色建筑，促进城乡建设模式转型升级，特制定以下实施意见：

一、充分认识绿色建筑发展的重要意义

绿色建筑是指满足《绿色建筑评价标准》（GB/T 50378-2006），在全寿命周期内最大限度地节能、节地、节水、节材，保护环境和减少污染，为人们提供健康、适用和高效的使用空间，与自然和谐共生的建筑。

我国正处于工业化、城镇化和新农村建设快速发展的历史时期，深入推进建筑节能，加快发展绿色建筑面临难得的历史机遇。目前，我国城乡建设增长方式仍然粗放，发展质量和效益不高，建筑建造和使用过程能源资源消耗高、利用效率低的问题比较突出。大力发展绿色建筑，以绿色、生态、低碳理念指导城乡建设，能够最大效率地利用资源和最低限度地影响环境，有效转变城乡建设发展模式，缓解城镇化进程中资源环境约束；能够充分体现以人为本理念，为人们提供健康、舒适、安全的居住、工作和活动空间，显著改善群众生产生活条件，提高人民满意度，并在广大群众中树立节约资源与保护环境的观念；能够全面集成建筑节能、节地、节水、节材及环境保护等多种技术，极大带动建筑技术革新，直接推动建筑生产方式的重大变革，促进建筑产业优化升级，拉动节能环保建材、新能源应用、节能服务、咨询等相关产业发展。

各级财政、住房城乡建设部门要充分认识到推动发展绿色建筑，是保障改善民生的重要举措，是建设资源节约、环境友好型社会的基本内容，对加快转变经济发展方式，深入贯彻落实科学发展观都具有重要的现实意义。要进一步增强紧迫感和责任感，紧紧抓住难得的历史机遇，尽快制定有力的政策措施，建立健全体制机制，加快推动我国绿色建筑健康发展。

二、推动绿色建筑发展的主要目标与基本原则

（一）主要目标。切实提高绿色建筑在新建建筑中的比重，到2020年，绿色建筑占新建建筑比重超过30%，建筑建造和使用过程的能源资源消耗水平接近或达到现阶段发达国家水平。“十二五”期间，加强相关政策激励、标准规范、技术进步、产业支撑、认证评估等方面能力建设，建立有利于绿色建筑发展的体制机制，以新建单体建筑评价标识推广、城市新区集中推广为手段，实现绿色建筑的快速发展，到2014年政府投资的公益性建筑和直辖市、计划单列市及省会城市的保障性住房全面执行绿色建筑标准，力争到2015年，新增绿色建筑面积10亿平方米以上。

（二）基本原则。加快推动我国绿色建筑发展必须遵循以下原则：因地制宜、经济适用，充分考虑各地经济社会发展水平、资源禀赋、气候条件、建筑特点，合理制定地区绿色建筑发展规划和技术路线，建立健全地区绿色建筑标准体系，实施有针对性的政策措施。整体推进、突出重点，积极完善政策体系，从整体上推动绿色建筑发展，并注重集中资金和政策，支持重点城市及政府投资公益性建筑在加快绿色建筑发展方面率先突破。合理分级、分类指导，按照绿色建筑星级的不同，实施有区别的财政支持政策，以单体建筑奖励为主，支持二星级以上的高星级绿色建筑发展，提高绿色建筑质量水平；以支持绿色生态城区发展为主要抓手，引导低星级绿色建筑规模化发展。激励引导、规范约束，在发展初期，以政策激励为主，调动各方加快绿色建筑发展的积极性，加快标准标识等制度建设，完善约束机制，切实提高绿色建筑标准执行率。

三、建立健全绿色建筑标准规范及评价标识体系，引导绿色建筑健康发展

（一）健全绿色建筑标准体系。尽快完善绿色建筑标准体系，制（修）订绿色建筑规划、设计、施工、验收、运行管理及相关产品标准、规程。加快制定适合不同气候区、不同建筑类型的绿色建筑评价标准。研究制定绿色建筑工程定额及造价标准。鼓励地方结合地区实际，制定绿色建筑强制性标准。编制绿色生态城区指标体系、技术导则和标准体系。

（二）完善绿色建筑评价制度。各地住房城乡建设、财政部门要加大绿色建筑评价标识制度的推进力度，建立自愿性标识与强制性标识相结合的推进机制，对按绿色建筑标准设计建造的一般住宅和公共建筑，实行自愿性评价标识，对按绿色建筑标准设计建造的政府投资的保障性住房、学校、医院等公益性建筑及大型公共建筑，率先实行评价标识，并逐步过渡到对所有新建绿色建筑均进行评价标识。

（三）加强绿色建筑评价能力建设。培育专门的绿色建筑评价机构，负责相关设计咨询、产品部品检测、单体建筑第三方评价、区域规划等。建立绿色建筑评价职业资格制度，加快培养绿色建筑设计、施工、评估、能源服务等方面的人才。

四、建立高星级绿色建筑财政政策激励机制，引导更高水平绿色建筑建设

（一）建立高星级绿色建筑奖励审核、备案及公示制度。各级地方财政、住房城乡建设部门将设计评价标识达到二星级及以上的绿色建筑项目汇总上报至财政部、住房城乡建设部（以下简称“两部”），两部组织专家委员会对申请项目的规划设计方案、绿色建筑评价标识报告、工程建设审批文件、性能效果分析报告等进行程序性审核，对审核通过的绿色建筑项目予以备案，项目竣工验收后，其中大型公共建筑投入使用一年后，两部组织能效测评机构对项目的实施量、工程量、实际性能效果进行评价，并将符合申请预期目标的绿色建筑名单向社会公示，接受社会监督。

（二）对高星级绿色建筑给予财政奖励。对经过上述审核、备案及公示程序，且满足相关标准要求的二星级及以上的绿色建筑给予奖励。2012年奖励标准为：二星级绿色建筑45元/平方米（建筑面积，下同），三星级绿色建筑80元/平方米。奖励标准将根据技术进步、成本变化等情况进行调整。

（三）规范财政奖励资金的使用管理。中央财政将奖励资金拨至相关省市财政部门，由各地财政部门兑付至项目单位，对公益性建筑、商业性公共建筑、保障性住房等，奖励资金兑付给建设单位或投资方，对商业性住宅项目，各地应研究采取措施主要使购房者得益。

五、推进绿色生态城区建设，规模化发展绿色建筑

（一）积极发展绿色生态城区。鼓励城市新区按照绿色、生态、低碳理念进行规划设计，充分体现资源节约环境保护的要求，集中连片发展绿色建筑。中央财政支持绿色生态城区建设，申请绿色生态城区示范应具备以下条件：新区已按绿色、生态、低碳理念编制完成总体规划、控制性详细规划以及建筑、市政、能源等专项规划，并建立相应的指标体系；新建建筑全面执行《绿色建筑评价标准》中的一星级及以上的评价标准，其中二星级及以上绿色建筑达到30%以上，2年内绿色建筑开工建设规模不少于200万平方米。

（二）支持绿色建筑规模化发展。中央财政对经审核满足上述条件的绿色生态城区给予资金定额补助。资金补助基准为5000万元，具体根据绿色生态城区规划建设水平、绿色建筑建设规模、评价等级、能力建设情况等因素综合核定。对规划建设水平高、建设规模大、能力建设突出的绿色生态城区，将相应调增补助额度。补助资金主要用于补贴绿色建筑建设增量成本及城区绿色生态规划、指标体系制定、绿色建筑评价标识及能效测评等相关支出。

六、引导保障性住房及公益性行业优先发展绿色建筑，使绿色建筑更多地惠及民生

（一）鼓励保障性住房按照绿色建筑标准规划建设。各地要切实提高公租房、廉租房及经济适用房等保障性住房建设水平，强调绿色节能环保要求，在制定保障性住房建设规划及年度计划时，具备条件的地区应安排一定比例的保障性住房按照绿色建筑标准进行设计建造。

（二）在公益性行业加快发展绿色建筑。鼓励各地在政府办公建筑、学校、医院、博物馆等政府投资的公益性建筑建设中，率先执行绿色建筑标准。结合地区经济社会发展水平，在公益性建筑中开展强制执行绿色建筑标准试点，从2014年起，政府投资公益性建筑全部执行绿色建筑标准。

（三）切实加大保障性住房及公益性行业的财政支持力度。绿色建筑奖励及补助资金、可再生能源建筑应用资金向保障性住房及公益性行业倾斜，达到高星级奖励标准的优先奖励，保障性住房发展一星级绿色建筑达到一定规模的也将优先给予定额补助。

七、大力推进绿色建筑科技进步及产业发展，切实加强绿色建筑综合能力建设

（一）积极推动绿色建筑科技进步。各级财政、住房城乡建设部门要鼓励支持建筑节能与绿色建筑工程技术中心建设，积极支持绿色建筑重大共性关键技术研究。加大高强钢、高性能混凝土、防火与保温性能优良的建筑保温材料等绿色建材的推广力度。要根据绿色建筑发展需要，及时制定发布相关技术、产品推广公告、目录，促进行业技术进步。

（二）大力推进建筑垃圾资源化利用。积极推进地级以上城市全面开展建筑垃圾资源化利用，各级财政、住房城乡建设部门要系统推行垃圾收集、运输、处理、再利用等各项工作，加快建筑垃圾资源化利用技术、装备研发推广，实行建筑垃圾集中处理和分级利用，建立专门的建筑垃圾集中处理基地。

（三）积极推动住宅产业化。积极推广适合住宅产业化的新型建筑体系，支持集设计、生产、施工于一体的工业化基地建设；加快建立建筑设计、施工、部品生产等环节的标准体系，实现住宅部品通用化，大力推广住宅全装修，推行新建住宅一次装修到位或菜单式装修，促进个性化装修和产业化装修相统一。

各级财政、住房城乡建设部门要按照本意见的部署和要求，统一思想，提高认识，认真抓好各项政策措施的落实，要与发改、科技、规划、机关事务等有关部门加强协调配合，落实工作责任，及时研究解决绿色建筑发展中的重大问题，科学组织实施，推动我国绿色建筑快速健康发展。

财政部 住房和城乡建设部
二〇一二年四月二十七日

关于公布2012年金太阳示范项目目录的通知

财建〔2012〕177号

有关省、自治区、直辖市、计划单列市财政厅（局）、科技厅（委、局）、发展改革委（能源局）：

根据各地上报的《2012年金太阳示范项目实施方案》和专家评审结果，财政部、科技部、国家能源局确定2012年金太阳示范工程总规模为1709兆瓦，现将示范项目予以公布。为加快示范项目建设，提高财政资金使用效益，现就做好示范项目实施工作的有关事项通知如下：

一、项目单位要抓紧做好各项前期准备工作，及时提交财政补助资金申请文件。

（一）抓紧完成项目立项审批、工程招标、电网接入许可等各项工作，落实建设资金，并按照《财政部 科技部 国家能源局关于做好2012年金太阳示范工作的通知》（财建〔2012〕21号）要求，与关键设备（组件、逆变器、蓄电池）企业签订正式采购合同（必须明确采购价格、交货日期及违约责任等内容）。

（二）租用其他单位屋顶，采用合同能源管理方式建设和运行的项目，项目单位必须与建筑业主单位签订正式的屋顶租赁和节能服务合同。

（三）项目单位在完成各项准备工作后，要及时向省级财政、科技、能源主管部门提交财政补助资金申请文件（包括项目立项文件、电网接入意见、项目资本金证明、屋顶租赁和节能服务合同、关键设备采购合同等相关材料）。省级财政、科技、能源主管部门审核汇总后，于2012年5月20日前上报财政部、科技部、国家能源局。

（四）考虑到今年以来，光伏发电系统建设成本持续下降的实际情况，经研究决定，2012年用户侧光伏发电项目的补助标准确定为5.5元/瓦。财政部据此核定示范项目补助资金后按一定比例进行预拨，剩余资金在项目完工后进行清算。

二、加强示范项目的监督管理工作，确保示范项目建设进度、工程质量和示范效果。

（一）地方财政、科技、能源部门要对示范项目建设情况进行日常监督，积极协调解决项目建设中出现的问题，确保示范项目按期完工。

（二）光伏发电集中应用示范区管委会要成立专门的管理机构，加强对项目建设、电网接入、运行管理等方面的组织协调，保证示范工程顺利实施。

（三）省级能源主管部门要按照《国家能源局 财政部 科技部关于印发金太阳示范项目管理暂行办法的通知》（国能新能〔2011〕109号）要求，于每年7月底和1月底将本地区金太阳示范项目建设和运行情况上报国家能源局、财政部、科技部。

附件：2012年金太阳示范工程项目目录（略）

财政部 科技部 国家能源局
二〇一二年四月二十八日

关于印发《节能产品惠民工程高效节能平板电视推广实施细则》的通知

财建[2012]259号

各省、自治区、直辖市、计划单列市财政厅（局）、发展改革委、工业和信息化主管部门，新疆生产建设兵团财务局、发展改革委、工业和信息化主管部门：

为促进节能家电等产品消费，经国务院同意，根据《财政部 国家发展改革委关于开展节能产品惠民工程的通知》（财建[2009]213号）规定，我们制定了《节能产品惠民工程高效节能平板电视推广实施细则》，现印发给你们，请遵照执行。

附件：节能产品惠民工程高效节能平板电视推广实施细则（略）

财政部 国家发展改革委 工业和信息化部
二〇一二年五月二十五日

关于印发节能产品惠民工程高效节能家用电冰箱推广实施细则的通知

财建[2012]276号

各省、自治区、直辖市、计划单列市财政厅（局）、发展改革委、工业和信息化主管部门，新疆生产建设兵团财务局、发展改革委、工业和信息化主管部门：

为促进节能家电等产品消费，经国务院同意，根据《财政部 国家发展改革委关于开展节能产品惠民工程的通知》（财建[2009]213号）规定，我们制定了《节能产品惠民工程高效节能家用电冰箱推广实施细则》，现印发给你们，请遵照执行。

附件：节能产品惠民工程高效节能家用电冰箱推广实施细则（略）

财政部 国家发展改革委 工业和信息化部
二〇一二年六月四日

关于印发节能产品惠民工程高效节能电动洗衣机推广实施细则的通知

财建[2012]277号

各省、自治区、直辖市、计划单列市财政厅（局）、发展改革委、工业和信息化主管部门，新疆生产建设兵团财务局、发展改革委、工业和信息化主管部门：

为促进节能家电等产品消费，经国务院同意，根据《财政部 国家发展改革委关于开展节能产品惠民工程的通知》（财建[2009]213号）规定，我们制定了《节能产品惠民工程高效节能电动洗衣机推广实施细则》，现印发给你们，请遵照执行。

附件：节能产品惠民工程高效节能电动洗衣机推广实施细则（略）

财政部 国家发展改革委工业和信息化部

二〇一二年六月四日

关于认真做好节能家电推广工作的通知

财建[2012]779 号

各省、自治区、直辖市、计划单列市财政厅（局）、发展改革委、工业和信息化主管部门，有关单位：

为扩大消费需求，促进节能减排，经国务院批准，自今年6月份起，财政部、国家发展改革委、工业和信息化部启动了高效节能平板电视、空调、冰箱、洗衣机、热水器5大类家电的推广工作。为了切实做好组织实施，确保政策效果，现将有关事项通知如下：

一、充分认识做好节能家电推广工作的重要性和紧迫性

做好节能家电推广是当前“扩消费、调结构、转方式、促节能、惠民生”的一项重要举措。自今年6月份启动节能家电推广工作以来，各有关部门、企业积极行动，节能家电销售明显加快，节能产品份额不断提高，并带动整个家电市场趋于活跃；产品结构不断优化升级，带动生产企业加大技术改造投入；有效促进节能减排，使用高效节能产品在整个寿命周期将有效减少能源消耗与温室气体排放；更好地惠及民生，消费者不仅在购买节能产品时享受财政补贴，而且在产品使用过程中还可以节省电费，得到了更大实惠。但同时，当前还存在补贴兑付环节多、现有推广品种难以完全满足消费者需要、监管信息报送不及时、消费者对政策理解不够充分等问题，在一定程度上影响了政策实施效果，迫切需要及时调整完善补贴及资金监管等办法，深入推进节能家电扩大推广。

二、完善财政补贴资金预拨制度，加快资金拨付进度

（一）财政补贴资金实行按旬预拨。有关推广企业要按旬及时统计上报终端销售数据，并在“节能产品惠民工程信息系统”中进行录入。推广企业要做好会计核算、统计报告等相关工作，确保上报销售数据真实性。财政部将根据每旬销售数据预拨补贴资金。

（二）加快财政补贴资金拨付及结算。各级财政部门按照财政国库管理制度等有关规定，将补贴资金及时拨付给推广企业；各推广企业在收到补贴资金后，与商家结算时间不得超过5天，确保将补贴资金及时结算给各经销网点。财政部将会同国家发展改革委、工业和信息化部，对资金拨付及兑付情况进行考核。

三、切实采取措施，加快节能家电生产销售

（一）适当简化补贴资金兑付程序。有关企业应当在销售时即将补贴资金兑付给消费者，不得要求消费者在购买后二次回商场领取补贴。推广企业应把节能产品惠民工程标识与产品唯一编码贴在外箱上，出货时直接由商家对相关信息进行收集；目前已进入流通渠道的产品（唯一编码在包装箱内），应当在送货时由送货方取回并填报。

（二）鼓励企业积极调整生产结构。各生产企业要根据纳入节能产品推广目录的情况，及时组织生产调度，要加快技术进步，优化生产工艺，生产出更多符合能效标准、符合消费者需要的新产品。各地发展改革、财政、工业和信息化主管部门要及时将符合条件的节能产品推荐至上级主管部门，国家发展改革委、财政部、工业和信息化部将按有关程序审核后及时纳入推广目录，从而更好地满足多元消费需求。

四、加大补贴资金监管，严防骗补行为

（一）坚持月报制度。推广企业要认真收集并按月上报完善的销售推广信息，包括产品唯一编码、发票号、个人身份证复印件及联系方式等，并将企业的生产、出货、终端销售商进货以及终端销售等信息于每月5日前上报至节能产品惠民工程信息管理系统。工业和信息化部会同财政部、国家发展改革委将依据企业月报信息进行核查。对月报信息不及时、月报数据与旬报数据差距较大的企业，财政部将停止预拨补贴资金。

（二）组织实施推广信息核查工作。工业和信息化部将牵头组织第三方机构对推广企业库存、生产、出货情况以及一级经销商库存、进货、出货情况进行核实。各地工业和信息化主管部门根据工业和信息化部会同财政部、国家发展改革委下达的核查任务,对终端销售商推广信息和购买节能产品的终端用户信息，以及对生产企业的月度生产和出货信息进行核查，并将确认后的核查结果上报工业和信息化部。

（三）加大对骗补等行为的处罚力度。对提供虚假信息、骗取财政补贴的节能家电生产和销售企业，将在媒体上曝光予以通报批评、追缴补贴资金并加倍处罚，情节严重的将取消推广资格，并追究企业责任人相关责任。对核查工作不力、弄虚作假的第三方机构，将取消其核查资格，并在媒体上曝光。

五、加强政策宣传，积极营造舆论环境

（一）吃透文件精神，做好政策解读。各级财政、发展改革、工业和信息化主管部门要加强政策学习，准确掌握政策要点。在享受财政补贴后，消费者购买节能家电增加的支出可以从节约的电费中收回，在经济上是划算的，要引导消费者算好“节能账”、“生态账”，从而有效放大政策效应。要使消费者知晓掌握补贴申领程序，更好地配合做好资金监管工作。

（二）加强舆论引导，营造良好氛围。各地要加大在电视、广播、报刊等新闻媒体上的宣传力度，推广企业也要通过设立销售专区、安排专人讲解导购等方式，提高消费者对节能家电的认知程度，使“节能产品惠民工程”家喻户晓、深入人心。

财政部、国家发展改革委、工业和信息化部将加大政策督导力度。各地要建立协调推动机制，做好组织动员，严格资金监管，妥善解决扩大推广中的问题，真正把扩大节能家电推广的各项工作抓细抓实抓好。

财政部　国家发展改革委　工业和信息化部

2012年10月9日

关于完善可再生能源建筑应用政策及调整资金分配管理方式的通知

财建[2012]604号

各省、自治区、直辖市、计划单列市财政厅（局）、住房城乡建设厅（委、局），新疆生产建设兵团财务局、建设局：

为积极推进太阳能等新能源产品进入公共设施及家庭，进一步放大可再生能源建筑应用政策效应，提高财政资金使用的安全性、规范性与有效性，财政部、住房城乡建设部决定进一步完善可再生能源建筑应用政策，调整资金分配管理方式。现将有关事项通知如下：

一、稳定可再生能源建筑应用示范市县政策，更好地发挥示范带动作用

自可再生能源建筑应用示范市县（以下简称示范市县）政策实施以来，有效带动了可再生能源在建筑领域的应用规模，提升了应用水平，取得了良好的示范效果。考虑到已批准示范市县的数量已经达到一定规模，为了充分发挥示范带动作用，集中力量将现有示范市县工作做深做透，将严格控制新增示范市县，今后不再组织申报，对2012年（含）以前提出示范申请的市县，如条件成熟、经核查达到条件要求的可列入示范。此后，其他个别推广潜力大、工作基础好、条件成熟的市县，在经过核查、验收等程序后，可增补为示范市县。中央财政继续支持完成任务的示范市县扩大推广应用规模，根据新增推广任务面积拨付相应补助资金。同时，两部将进一步加大对示范市县的监督考核力度。

二、大力推进集中连片推广，更好地发挥政策整体效应

（一）选择条件适宜的重点区域确定为集中连片推广示范区。在部分可再生能源资源丰富、应用基础条件好、配套政策落实的区域，进一步加大集中连片推广的工作力度。可再生能源建筑应用集中推广区一般应包括若干相邻市县，并与国家综合配套改革试点、区域发展规划、生态城或生态社区规划等国家战略政策相衔接。各省、自治区、直辖市（以下简称各省）要精心组织、统筹规划，选择推荐1-2个集中连片推广区。财政部、住房城乡建设部将根据地方编制的工作方案、可再生能源建筑应用工作的总体安排，选择确定予以重点支持的集中连片推广示范区。

（二）签订省部级协议，共同推动集中连片发展。对选定的集中连片推广示范区，财政部、住房城乡建设部将与所在省签订共建协议，明确推广任务目标、实施方案、保障措施及中央财政资金支持计划等。财政部、住房城乡建设部将切实加大对集中连片推广的支持力度，补助资金安排优先向集中连片推广示范区倾斜，将补助资金拨付至省（自治区、直辖市），并加强指导、监督与考核。各地也应将集中连片推广区作为优先发展的重点区域，抓好组织实施。要注重可再生能源建筑集中连片推广应用与发展绿色建筑相结合，将集中连片推广区打造成为生态低碳先导示范区。

三、支持可再生能源建筑应用省级推广，加快规模化推广进程

（一）实施省级推广，资金切块下达。为了从整体上推动可再生能源在建筑领域应用，更好地调动地方积极性，财政部、住房城乡建设部将实施可再生能源建筑应用省级（包括省、自治区、直辖市、计划单列市）推广，将部分可再生能源建筑应用补助资金切块下达到省，由省级财政、住房城乡建设部门统筹安排用于非示范市县可再生能源建筑应用，资金安排优先向工作任务完成情况好、积极性高、保障性住房及公益性行业推广比例高、地方财政安排资金情况好的地区倾斜。各省分配的中央财政补助资金具体计算公式如下：

各省补助资金量=省级推广补助总资金量×［（各省工作进展/∑各省工作进展）×0.4 + (各省核定任务量/∑各省核定任务量)×0.3+（各省保障性住房及公益性建筑推广量/∑各省保障性住房及公益性建筑推广量）×0.15+（各省财政安排资金量/∑各省财政安排资金量）×0.15］

其中，省级推广补助总资金量，主要根据年初可再生能源建筑应用预算安排扣减当年可再生能源建筑应用示范市县及集中连片推广财政补助资金量后计算确定；各省工作进展，主要根据示范市县工作任务完成情况分档、经实地核查及专项检查等程序核定的上一年度实际工作量确定；各省核定任务量以及保障性住房、公益性建筑推广量，主要根据各省申报推广面积，结合地方资源状况、技术标准、能力建设等方面情况，由住房城乡建设部负责审核确定；各省财政安排资金量，主要根据地方实际出台的资金支持政策确定。资金分配因素及权重将根据可再生能源产业发展等情况适时调整。

对2012年省级推广补助资金的分配，财政部、住房城乡建设部将根据各省2012年上报的太阳能建筑应用推广方案以及提出示范申请但此次未列入示范的市县推广应用方案、各省示范工作进展情况等因素，将资金分配至省。各省统筹用于行政区域内可再生能源推广应用，并重点向已提出示范申请、制订了完备工作方案的市县倾斜。从2013年起，财政部、住房城乡建设部将严格按照上述因素法公式计算和分配补助资金，具体申报要求另行通知。

（二）强化省级责任，切实加强资金管理。省级财政、住房城乡建设部门应切实负起责任，用好、管好中央财政补助资金，充分发挥资金使用效益。财政补助资金要专项用于符合《关于进一步推进可再生能源建筑应用的通知》（财建〔2011〕61号）等文件规定的可再生能源建筑应用技术的推广应用。各省要积极编制和完善可再生能源建筑应用发展规划，提出年度实施方案。要及时制定资金管理及工程管理具体办法，以确保财政资金使用的安全、规范、高效，更好推动可再生能源建筑应用工作的开展。各省资金分配方案要及时上报财政部、住房城乡建设部，并以适当方式公开，接受社会监督。

（三）加强能力建设，建立长效机制。各省要切实加强相关能力建设，要进一步摸清本省可再生能源资源分布状况及建筑应用潜力，对经过实践证明已经成熟、效果良好的应用技术、产品、工艺，要抓紧制定标准、规范等。要加大对太阳能光热建筑一体化应用等成熟技术的推广力度，凡全年日照时数大于2200小时的地区，都应在2014年前出台措施，在具备条件的民用建筑上进行强制推广。要加强对可再生能源建筑应用全过程的质量安全控制。对投入使用的工程，要加强运行管理，探索创新运营模式，确保实际效果。

四、大力推进实施太阳能浴室等重点工程，切实推动新能源更好地惠及民生

在上述政策框架内，财政部、住房城乡建设部将优先支持太阳能光热应用等成熟技术的推广，启动和实施一系列重点工程，使财政补助资金向农村地区、公益性建筑和保障性住房等方面倾斜，支持有关地方推广太阳能海水淡化技术。鼓励各省在编制实施方案时优先纳入重点工程实施内容。

（一）太阳能浴室工程。主要内容是以村为单位，建设公共太阳能浴室，解决农村特别是北方地区农村冬季洗浴难的问题。各省应对本行政区域内村庄建设公共太阳能浴室工程的需求进行调查摸底，编制建设计划，并对浴室选址、设计、产品采购及施工加强指导、监督和政策支持，确保建设质量。北方地区建设的太阳能浴室必须同步采取建筑节能措施，进一步提高舒适性。要积极探索太阳能浴室建成后的后续管理模式，确保长期高效使用。

（二）保障性住房太阳能推广工程。主要内容是有条件地区在保障性住房建设中，同步规划、设计、安装应用太阳能，为居民提供生活热水等。各省应根据地区实际及保障性住房建设规划，合理安排推广计划，与保障性住房建设同步实施、同步投入使用。

（三）农村被动式太阳能暖房工程。主要内容是在新农村民居建设工程、牧民定居工程等集中建设农村住宅的过程中，同步采用被动式应用太阳能技术，部分的解决冬季采暖问题。各省要统筹考虑本地区气候特点、居民生活习惯、农居建筑形式等因素，合理选择被动式太阳能技术，并统一进行设计、施工。

（四）阳光学校、阳光医院工程。主要内容是在寄宿制中小学、卫生院等公益性公共建筑中大力推广应太阳能，包括建设太阳能浴室及集中太阳能热水系统，解决生活热水需求；建设太阳能房，解决教室、病房的采暖问题等。各省要及时摸清学校、医院太阳能应用需求，编制建设计划及具体工作方案。

五、加快组织实施

各省接此通知后，要抓紧完善可再生能源建筑应用规划，确定省级推广实施计划，编制工作方案，划定省内的集中连片推广区，广泛调动各市县推广应用可再生能源的积极性，进一步挖掘应用潜力，积极推进太阳能浴室等重点工程的建设。要加强对可再生能源建筑应用的组织领导，注重与相关部门加强协调配合，形成工作合力。要加强指导和监督，确保施工质量与安全，加快工作进度，将可再生能源建筑应用工作持续推向深入。具体申报和管理要求另行通知。

财政部 住房城乡建设部
2012年8月21日

关于印发《节能产品惠民工程高效节能台式微型计算机推广实施细则》的通知

财建[2012]702号

各省、自治区、直辖市、计划单列市财政厅（局）、发展改革委、工业和信息化主管部门，新疆生产建设兵团财务局、发展改革委、工业和信息化主管部门：

为促进节能家电等产品消费，经国务院同意，根据《财政部 国家发展改革委关于开展节能产品惠民工程的通知》（财建[2009]213号）规定，我们制定了《节能产品惠民工程高效节能台式微型计算机推广实施细则》，现印发给你们，请遵照执行。

附件：节能产品惠民工程高效节能台式微型计算机推广实施细则（略）

财政部 国家发展改革委 工业和信息化部
2012年9月24日

关于支持煤炭行业淘汰落后产能的通知

财建〔2012〕818号

有关省、自治区、直辖市、计划单列市财政厅（局）、淘汰煤炭落后产能牵头部门、煤矿安全监察局：

为加快推进煤炭行业淘汰落后产能，积极调整煤炭产业结构，提高煤炭工业生产力水平，根据《国务院关于印发“十二五”节能减排综合性工作方案的通知》（国发〔2011〕26号）、《国务院关于进一步加强淘汰落后产能工作的通知》（国发〔2010〕7号）等文件要求，“十二五”期间，中央财政将安排专项资金对经济欠发达地区淘汰煤炭落后产能工作给予奖励。现将有关事项通知如下：

一、奖励条件。奖励资金支持的煤炭行业淘汰落后产能项目必须具备以下条件：

（一）符合《关于“十二五”期间进一步推进煤炭行业淘汰落后产能工作的通知》（发改能源〔2011〕2091号）等相关文件规定。

（二）相关生产线和设备型号与项目批复等有效证明材料相一致，必须在当年拆除或废毁，不得转移。

（三）所属企业相关情况与项目批复、安全生产许可证、煤炭生产许可证等有效证明材料相一致。

（四）未享受与淘汰落后产能相关的其他中央财政资金支持。

二、奖励标准。中央财政根据年度预算安排、地方上年度煤炭淘汰落后产能目标任务实际完成和资金安排使用情况等因素安排奖励资金。对具体项目的奖励条件、标准和金额，由地方根据本办法要求和当地实际情况确定。

三、组织淘汰。每年1月底，省级淘汰煤炭落后产能牵头部门、财政部门会同煤矿安全监察机构，按照“十二五”煤炭行业淘汰落后产能工作安排，以及相关标准及要求，提出本地区本年度淘汰煤炭落后产能工作计划和具体淘汰途径等，联合上报国家能源局、财政部、国家煤矿安监局。

每年12月底前，省级淘汰煤炭落后产能牵头部门要会同煤矿安全监察机构，按照《关于印发淘汰落后产能工作考核实施方案的通知》要求，对煤炭行业落后产能实际淘汰情况进行现场检查和验收，出具书面验收意见，并在省级人民政府网站或当地主流媒体上向社会公告本地区已完成淘汰落后产能任务的煤矿名单。

四、资金申报。次年2月底前，省级财政、淘汰煤炭落后产能牵头部门会同煤矿安全监察机构，根据上年度淘汰煤炭落后产能检查验收情况，提出已完成淘汰且符合奖励条件的煤矿个数、规模及具体名单等，联合上报财政部、国家能源局、国家煤矿安监局。

五、资金安排。国家能源局会同财政部、国家煤矿安监局对各地区上报申请奖励的煤矿个数和规模进行审核，财政部审核下达奖励资金预算。各地区要积极安排资金支持煤炭行业淘汰落后产能，与中央奖励资金一并使用。

省级财政部门、淘汰煤炭落后产能牵头部门会同煤矿安全监察机构，根据中央财政下达的奖励资金预算，制定切实可行的资金分配方案，按规定审核下达和拨付奖励资金。

六、资金使用。奖励资金必须专项用于淘汰落后产能企业职工安置、化解债务、设备设施更新等淘汰落后产能相关支出，不得用于平衡地方财力。奖励资金由地方统筹安排使用，但必须坚持以下原则：

（一）优先支持关闭退出的煤矿。

（二）优先支持淘汰高瓦斯和煤与瓦斯突出的煤矿。

（三）优先支持淘汰落后产能任务重、职工安置数量多和困难大的企业。

（四）优先支持淘汰落后产能企业职工安置，妥善安置职工后，剩余资金再用于化解债务、设备设施更新等相关支出。

七、资金管理。每年2月底前，省级财政、淘汰煤炭落后产能牵头部门要会同煤矿安全监察机构，对上年度奖励资金安排和使用情况（详见附件）进行追踪问效，并将有关情况联合上报财政部、国家能源局、国家煤矿安监局。同时，要将使用中央财政奖励资金的煤矿基本情况、影像等相关资料整理成卷，以备检查。

八、各省（区、市）要依据本办法和当地实际情况制订实施细则，明确奖励资金安排原则、支持重点、支持标准等，报财政部、国家能源局、国家煤矿安监局备案。

九、请各省（区、市）财政部门、淘汰煤炭落后产能牵头部门会同煤矿安全监察机构，按照上述要求于11月5日前上报2011年度已完成淘汰且符合奖励条件的煤矿个数、规模及具体名单等材料。

附件：煤炭行业淘汰落后产能财政奖励资金安排使用情况表（略）

财政部 国家能源局 国家煤矿安全监察局

2012年10月22日

关于印发《节能产品惠民工程高效节能单元式空气调节机和冷水机组推广实施细则》的通知

财建[2012]782号

各省、自治区、直辖市、计划单列市财政厅（局）、发展改革委、工业和信息化主管部门，新疆生产建设兵团财务局、发展改革委、工业和信息化主管部门：

为促进节能家电等产品消费，经国务院同意，根据《财政部 国家发展改革委关于开展节能产品惠民工程的通知》（财建〔2009〕213号）规定，我们制定了《节能产品惠民工程高效节能单元式空气调节机和冷水机组推广实施细则》，现印发给你们，请遵照执行。

附件：节能产品惠民工程高效节能单元式空气调节机和冷水机组推广实施细则（略）

财政部 国家发展改革委 工业和信息化部

2012年9月24日

关于出台页岩气开发利用补贴政策的通知

财建[2012]847号

各省、自治区、直辖市、计划单列市财政厅（局）、发展改革委（能源局），新疆生产建设兵团财务局、发展改革委：

为大力推动我国页岩气勘探开发，增加天然气供应，缓解天然气供需矛盾，调整能源结构，促进节能减排，中央财政安排专项资金，支持页岩气开发利用。现将有关事项通知如下：

一、页岩气界定标准及补贴条件

页岩气是指赋存于富有机质泥页岩及其夹层中，以吸附或游离态为主要存在方式的非常规天然气。具体界定标准为：

（一）赋存于烃源岩内。具有较高的有机质含量（TOC>1.0%），吸附气含量大于20%。

（二）夹层及厚度。夹层粒度为粉砂岩以下（包括粉砂岩）或碳酸盐岩，单层厚度不超过1米。

（三）夹层比例。气井目的层夹层总厚度不超过气井目的层的20%。

页岩气补贴条件为：

（一）已开发利用的页岩气；

（二）企业已安装可以准确计量页岩气开发利用的计量设备，并能准确提供页岩气开发利用量。

二、补贴标准

中央财政对页岩气开采企业给予补贴，2012年—2015年的补贴标准为0.4元/立方米，补贴标准将根据页岩气产业发展情况予以调整。地方财政可根据当地页岩气开发利用情况对页岩气开发利用给予适当补贴，具体标准和补贴办法由地方根据当地实际情况研究确定。

三、补贴金额

中央财政安排的页岩气补贴资金按以下方式计算：

补贴资金＝开发利用量×补贴标准

四、申请程序

（一）每年1月底前，页岩气开发利用企业（包括中央直属企业）向项目所在地财政部门和能源主管部门提出资金申请报告，并提供上年页岩气开发利用数量，以及录井、岩心分析数据、测井、压裂施工数据、压后监测数据和试采数据等勘探资料。

（二）企业的资金申请报告，由所在地财政部门和能源主管部门核实汇总后上报省级财政部门和能源主管部门。省级财政部门和能源主管部门审核汇总后于2月底联合上报财政部和国家能源局。

（三）财政部、国家能源局将组织专家对地方上报的资金申请报告和审核情况进行复审，对符合补贴条件的项目在财政部和国家能源局网站上予以公示（公示时间1周），对无异议的下达补贴资金。

五、监督检查

申请中央财政补贴的页岩气开发企业，必须提供真实材料。各级财政部门和能源主管部门应按有关政策要求，严格把关，认真审核，采取书面审查、现场审核、专家审核、查阅原始凭证等方式，重点审核企业所提供的资料是否真实、开发利用的页岩气是否符合政策规定等。对提供虚假材料、虚报冒领财政补贴资金的，各级财政部门应扣回相关补贴资金，情节严重的，按照《财政违法行为处罚处分条例》（国务院令第427号）规定，依法追究有关单位和人员责任。

六、本实施意见由财政部会同国家能源局负责解释。

七、本办法自印发之日起实施。

财政部 国家能源局

2012年11月1日

关于印发《节能产品惠民工程高效节能配电变压器推广实施细则》的通知

财建[2012]854号

各省、自治区、直辖市、计划单列市财政厅（局）、发展改革委、工业和信息化主管部门，新疆生产建设兵团财务局、发展改革委、工业和信息化主管部门：

为促进节能家电等产品消费，经国务院同意，根据《财政部 国家发展改革委关于开展节能产品惠民工程的通知》（财建〔2009〕213号）规定，我们制定了《节能产品惠民工程高效节能配电变压器推广实施细则》，现印发给你们，请遵照执行。

附件：节能产品惠民工程高效节能配电变压器推广实施细则（略）

财政部 国家发展改革委 工业和信息化部

2012年11月6日

环境保护部政策文件

关于发布国家环境质量标准《环境空气质量标准》的公告

环境保护部　公告 2012年 第7号

为贯彻《中华人民共和国环境保护法》和《中华人民共和国大气污染防治法》，保护环境，保障人体健康，防治大气污染，现批准《环境空气质量标准》为国家环境质量标准，并由我部与国家质量监督检验检疫总局联合发布。

标准名称、编号如下：

环境空气质量标准（GB 3095-2012）

按有关法律规定，本标准具有强制执行的效力。

本标准自2016年1月1日起在全国实施。

在全国实施本标准之前，国务院环境保护行政主管部门可根据《关于推进大气污染联防联控工作改善区域空气质量的指导意见》(国办发〔2010〕33号)等文件要求指定部分地区提前实施本标准，具体实施方案（包括地域范围、时间等）另行公告，各省级人民政府也可根据实际情况和当地环境保护的需要提前实施本标准。

本标准由中国环境科学出版社出版，标准内容可在环境保护部网站（bz.mep.gov.cn）查询。

自本标准实施之日起，《环境空气质量标准》（GB3095-1996）、《〈环境空气质量标准〉（GB3095-1996）修改单》（环发〔2000〕1号）和《保护农作物的大气污染物最高允许浓度》（GB9137-88）废止。

特此公告。

附件：环境空气质量标准（略）

二〇一二年二月二十九日

关于实施《环境空气质量标准》（GB3095-2012）的通知

环境保护部 环发[2012]11号

各省、自治区、直辖市环境保护厅（局），新疆生产建设兵团环境保护局，解放军环境保护局，辽河保护区管理局，各计划单列市、副省级城市环境保护局，各派出机构、直属单位：

为贯彻落实第七次全国环境保护大会和2012年全国环境保护工作会议精神，加快推进我国大气污染治理，切实保障人民群众身体健康，我部批准发布了《环境空气质量标准》（GB3095-2012）。现就分期实施该标准通知如下：

一、充分认识实施《环境空气质量标准》的重要意义

实施《环境空气质量标准》是新时期加强大气环境治理的客观需求。随着我国经济社会的快速发展，以煤炭为主的能源消耗大幅攀升，机动车保有量急剧增加，经济发达地区氮氧化物（NO_x）和挥发性有机物（VOCs）排放量显著增长，臭氧（O_3）和细颗粒物（PM2.5）污染加剧，在可吸入颗粒物（PM10）和总悬浮颗粒物（TSP）污染还未全面解决的情况下，京津冀、长江三角洲、珠江三角洲等区域PM2.5和O_3污染加重，灰霾现象频繁发生，能见度降低，迫切需要实施新的《环境空气质量标准》，增加污染物监测项目，加严部分污染物限值，以客观反映我国环境空气质量状况，推动大气污染防治。

实施《环境空气质量标准》是完善环境质量评价体系的重要内容。健全环境质量评价体系，建立科学合理的环境评价指标，使评价结果与人民群众切身感受相一致，逐步与国际标准接轨，是探索环保新道路的重要任务。实施《环境空气质量标准》是落实《国务院关于加强环境保护重点工作的意见》、《关于推进大气污染联防联控工作改善区域空气质量的指导意见》以及《重金属污染综合防治“十二五”规划》中关于完善空气质量标准及其评价体系，加强大气污染治理，改善环境空气质量的工作要求。

实施《环境空气质量标准》是满足公众需求和提高政府公信力的必然要求。与新标准同步实施的《环境空气质量指数（AQI）技术规定（试行）》增加了环境质量评价的污染物因子，可以更好地表征我国环境空气质量状况，反映当前复合型大气污染形势；调整了指数分级分类表述方式，完善了空气质量指数发布方式，有利于提高环境空气质量评价工作的科学水平，更好地为公众提供健康指引，努力消除公众主观感观与监测评价结果不完全一致的现象。

二、分期实施新修订的《环境空气质量标准》

我国不同地区的空气污染特征、经济发展水平和环境管理要求差异较大，新增指标监测需要开展仪器设备安装、数据质量控制、专业人员培训等一系列准备工作。为确保各地有仪器、有人员、有资金，做到测得出、测得准、说得清，确保按期实施新修订的《环境空气质量标准》，现提出如下要求：

（一）分期实施新标准的时间要求

2012年，京津冀、长三角、珠三角等重点区域以及直辖市和省会城市；

2013年，113个环境保护重点城市和国家环保模范城市；

2015年，所有地级以上城市；

2016年1月1日，全国实施新标准。

（二）鼓励各省、自治区、直辖市人民政府根据实际情况和当地环境保护的需要，在上述规定的时间要求之前实施新标准。

（三）经济技术基础较好且复合型大气污染比较突出的地区，如京津冀、长三角、珠三角等重点区域，要做到率先实施环境空气质量新标准，率先使监测结果与人民群众感受相一致，率先争取早日和国际接轨。

三、大力推进大气污染防治，不断改善环境空气质量

当前，我国大气污染形势十分严峻，突出表现在大气污染物排放量大、大气环境污染物浓度高、区域性大气复合型污染严重。实施环境空气质量标准、开展监测和公布数据只是解决大气环境问题的第一步，必须大力推进大气污染防治，采取切实措施改善空气质量。近期，环保部门应积极联合有关部门，重点做好以下工作：

（一）开展科学研究，制定达标规划。在抓紧开展监测与信息发布的基础上，组织力量尽快开展达标减排相关科研，摸清规律，明确排放清单和控制对策，针对空气质量改善途径和阶段目标以及相应的控制工程技术进行科学、系统、深入地研究，探索建立辖区大气环境质量预报系统、逐步形成风险信息研判和预警能力，进一步增强大气污染防治科技支撑。未达到环境空气质量标准的大气污染防治重点城市，要制定达标规划报上级部门批准实施。

（二）提高环境准入门槛。严把新建项目准入关，严格控制“两高一资”项目和产能过剩行业的过快增长及产品出口。加强区域产业发展规划环境影响评价，严格控制钢铁、水泥、平板玻璃、传统煤化工、多晶硅、电解铝、造船等产能过剩行业扩大产能项目建设。

（三）深入开展重点区域大气污染联防联控。在京津冀、长三角、珠三角等重点区域实施大气污染防治规划，加大产业调整力度，加快淘汰落后产能。积极推广清洁能源，开展煤炭消费总量控制试点。实施多污染物协同控制，制定并实施更加严格的火电、钢铁、石化等重点行业大气污染物排放限值，大力削减二氧化硫、氮氧化物、颗粒物和挥发性有机物排放总量。

（四）切实加强机动车污染防治。采取激励与约束并举的经济调节手段，加快推进车用燃油品质与机动车排放标准实施进度同步，提升车用燃油清洁化水平。全面落实第四阶段机动车排放标准，鼓励重点地区提前实施第五阶段排放标准。全面推行机动车环保标志管理，加快淘汰“黄标车”，到2015年基本淘汰2005年以前注册运营的“黄标车”。加强机动车环保监管能力建设，强化在用车环保检验机构监管，全面提高机动车排放控制水平。

（五）建立健全极端不利气象条件下大气污染监测报告和预警体系。地级以上城市环保部门要按照《环境空气质量指数（AQI）技术规定（试行)》开展环境空气监测结果日报和实时报工作，为公众提供健康指引，引导当地居民合理安排出行和生活。结合当地实际情况，研究制定大气污染防治预警应急预案、构建区域应急体系，出现重污染天气时及时启动应急机制，实行重点排放源限产限排、建筑工地停止土方作业、机动车限行等应急措施，向公众提出防护措施建议。

各地应尽快做好实施新标准的相关准备工作，按期实施，并将实施情况及时报告我部。

二〇一二年二月二十九日

关于公布《“十二五”主要污染物总量减排目标责任书》要求2012年完成的重点减排项目的公告

环境保护部公告 2012年 第27号

受国务院委托，环境保护部与31个省、自治区、直辖市人民政府和新疆生产建设兵团，以及中国石油天然气集团公司、中国石油化工集团公司、国家电网公司、中国华能集团公司、中国大唐集团公司、中国华电集团公司、中国国电集团公司、中国电力投资集团公司等8家中央企业集团签订了《“十二五”主要污染物总量减排目标责任书》,要求加强领导，明确责任，落实措施，确保按期完成污染减排工作目标任务。现将2012年要求完成的重点减排项目名单予以公告（见附件）。各地方和有关企业应采取有效措施，确保列入名单的治理项目在2012年底前完成。各级环保部门要及时将项目要求及完成时限落实到位，并加大监督检查力度。对重点减排项目未按目标责任书落实的地区和企业，我部将根据《国务院关于印发“十二五”节能减排综合性工作方案的通知》（国发〔2011〕26号）第（三十七）条的规定，实行阶段性环评限批。请社会各界和新闻媒体予以监督。

附件：《“十二五”主要污染物总量减排目标责任书》要求2012年完成的重点减排项目名单（略）

二〇一二年四月十二日

国家生态建设示范区管理规程

（环发[2012]48号　环境保护部二〇一二年四月三十日印发）

第一章　总 则

第一条　为推进生态文明建设，进一步规范国家生态建设示范区创建工作，促进国家生态建设示范区建设规划、申报、评估、验收、公告及监督管理等工作科学化、规范化、制度化，制定本规程。

第二条　国家生态建设示范区包括生态省、生态市、生态县（市、区）、生态乡镇、生态村和生态工业园区。

本规程适用于生态市、生态县（市、区）管理，生态省管理参照执行。国家生态乡镇管理按照《关于印发〈国家级生态乡镇申报及管理规定（试行）〉的通知》(环发〔2010〕75号)执行。国家生态村管理按照《关于印发<国家级生态村创建标准（试行）>的通知》(环发〔2006〕192号)执行。国家生态工业园区管理按照《关于印发〈国家生态工业示范园区管理办法（试行）〉的通知》（环发〔2007〕188号）执行。

第三条　环境保护部鼓励地方开展国家生态建设示范区创建工作。创建工作坚持国家指导，分级管理；因地制宜，突出特色；政府组织，群众参与；重在建设、注重实效的原则。

对积极开展国家生态建设示范区创建，达到相应标准并通过考核验收，在全国生态环境保护与建设方面发挥示范作用的市、县，环境保护部授予相应的国家生态建设示范区称号。

第二章　申报和规划

第四条　各市、县（含县级市）均可申报创建生态建设示范区。具备下列条件之一的直辖市或设区的市所属的区，可以申报创建国家生态建设示范区：

（一）辖区内含建制镇（涉农街道）、建制村；

（二）生态功能用地占辖区国土面积的比例≥50%。

第五条　环境保护部制定、发布国家生态市、生态县（市、区）建设规划编制指南。

开展国家生态市或生态县（市、区）创建的地方（以下简称“创建地区”）人民政府，应当按照编制指南，组织编制国家生态市、生态县（市、区）建设规划。

第六条　国家生态市、生态县（市、区）建设规划应当符合本行政区域国民经济与社会发展规划，并与相关部门的专项规划相衔接。

第七条　国家生态市建设规划由环境保护部组织论证；国家生态县(市、区)建设规划由环境保护部委托创建地区所在地省级环境保护主管部门组织论证。

国家生态市、生态县（市、区）建设规划通过论证后，当地环境保护主管部门可以建议本级人民政府将建设规划草案提请同级人民代表大会或其常务委员会审议后颁布实施。

在国家生态市、生态县（市、区）建设规划颁布实施后3个月内，创建地区人民政府应将建设规划报所在地省级环境保护主管部门和环境保护部备案。

第八条　创建地区人民政府应当设立专门的组织机构，建立监督考核和长效管理机制。

第九条　创建地区人民政府应当依据建设规划，制定国家生态建设示范区创建工作实施方案和年度工作计划，将工作任务分解落实到部门、行政区和责任人，明确工作进度，落实专项资金。

第十条　创建地区人民政府应当每年总结国家生态市、生态县（市、区）创建工作进展,包括项目实施、经费落实、建设成效等情况，并于次年3月1日前报送省级环境保护主管部门。

第十一条　创建地区人民政府应当加强档案管理，收集、整理和归档国家生态市、生态县（市、区）创建工作的相关资料和工作总结，作为技术评估、考核验收和复核的重要依据。

第十二条　创建地区人民政府应当自国家生态市、生态县（市、区）建设规划批准之日起，在政府门户网站及时发布或定期更新以下信息：

（一）国家生态市或生态县（市、区）建设规划；

（二）国家生态市或生态县（市、区）创建工作实施方案；

（三）国家生态市或生态县（市、区）创建年度工作计划；

（四）国家生态市或生态县（市、区）创建年度工作总结；

（五）国家生态市或生态县（市、区）创建工作动态。

第三章　技术评估

第十三条　符合下列条件的创建地区，可以向省级环境保护主管部门申请技术评估：

（一）生态市建设规划经批准后实施4年（含）以上，或生态县（市、区）建设规划经批准后实施2年（含）以上的；

（二）获省级生态市或生态县（市、区）称号1年以上的；

（三）设市城市（包括县级市）通过国家环保模范城市考核并获称号的；

（四）经自查达到国家生态建设示范区各项标准。

第十四条　创建地区申请技术评估时，应当提交下列材料：

（一）技术评估申请书；

（二）国家生态市或生态县（市、区）建设规划；

（三）国家生态市或生态县（市、区）创建工作实施方案、年度工作计划、年度工作总结；

（四）省级生态市或生态县（市、区）命名文件；

（五）国家生态市或生态县（市、区）创建工作报告；

（六）国家生态市或生态县（市、区）创建技术报告；

（七）国家生态市或生态县（市、区）规划实施情况评估报告；

（八）地方近三年年度环境质量报告（公报）、统计年鉴和突发环境事件统计分析报告。

第十五条　省级环境保护主管部门收到创建地区人民政府提交的申请书后，应当按照环境保护部《生态县、生态市、生态省建设指标（修订稿）》(环发〔2007〕195号)，及时进行预审；预审合格后，向环境保护部提交技术评估申请及相关附件。

环境保护部收到申请后，应当于1个月内组织进行初步审查。对经初步审查合格的创建地区，环境保护部应当于6个月内开展技术评估。

第十六条　技术评估组由环境保护部和省级环境保护主管部门相关人员及有关专家组成。

技术评估的主要工作内容包括：

（一）听取创建地区的工作汇报；

（二）评估国家生态市或生态县（市、区）建设规划实施情况；

（三）审核国家生态市或生态县（市、区）基本条件和建设指标完成情况；

（四）审核区域生态环境监察情况；

（五）检查国家生态市或生态县（市、区）创建工作的档案资料；

（六）开展现场考察；

（七）开展民意调查；

（八）形成并通报技术评估意见。

第十七条　创建地区人民政府应当在技术评估组抵达前3天，在主要媒体上向社会公布技术评估组工作时间、联系方式、举报电话和信箱等相关信息。

第十八条　技术评估的现场考察采取随机抽查的方式进行。抽查线路及内容由技术评估组确定。

第十九条　环境保护部应当在技术评估结束后15个工作日内，向省级环境保护主管部门和创建地区反馈书面评估意见；发现问题的，应当要求创建地区进行整改。

创建地区人民政府应当按照评估意见和环境保护部的要求，及时进行整改，并提交整改报告。

第四章　考核验收

第二十条　技术评估合格，或已按照环境保护部的要求对发现的问题进行整改的创建地区，可以向省级环境保护主管部门申请考核验收。

第二十一条　省级环境保护主管部门收到创建地区人民政府提交的考核验收申请和整改报告后，应当及时进行预审，提出预审意见；预审合格后，向环境保护部提交考核验收申请及相关附件。

第二十二条　环境保护部收到申请后,应当于1个月内，组织对创建地区提交的整改报告以及其他国家生态市、生态县（市、区）建设指标落实情况进行初步审查。对经初步审查合格的创建地区，环境保护部应当于3个月内开展考核验收。

第二十三条　考核验收组由环境保护部和省级环境保护行政主管部门相关人员及有关专家组成。

考核验收主要工作内容包括：

（一）听取创建工作及整改情况汇报；

（二）检查评估和整改意见的落实情况；

（三）开展现场考察；

（四）形成并通报考核验收意见。

第五章　公示公告

第二十四条　对通过考核验收、拟授予国家生态建设示范区称号的地区，环境保护部在政府网站及中国环境报上予以公示。公示期为7个工作日。

公众可以通过登陆政府网站、来信来访、“12369”环保举报热线等方式反映公示地区存在的问题。

对公示期间收到的投诉和举报问题，环境保护部应当进行现场调查，也可以委托省级环境保护主管部门进行现场调查。

第二十五条　公示期间未收到投诉和举报，或投诉和举报问题经调查核实、整改完善的地区，环境保护部按程序审议通过后发布公告，授予创建地区国家生态市或生态县（市、区）称号。

第六章　监督管理

第二十六条　获得国家生态市或生态县（市、区）称号的地区应当在每年3月1日前，向省级环境保护主管部门报送后续工作年度报告。

省级环境保护主管部门应当每两年向环境保护部报送本地区国家生态建设示范区后续工作汇总报告。

第二十七条　环境保护部对已经获得称号的国家生态市或生态县（市、区）实行动态监督管理，并根据情况进行抽查。对抽查中发现问题的,环境保护部应当要求当地人民政府在6个月内完成整改，并将整改结果报送环境保护部审查；未通过环境保护部审查的，环境保护部应当撤销其国家生态市或生态县（市、区）称号。

第二十八条　已经获得国家生态市或生态县（市、区）称号的地区发生行政区划变更、重组、撤销、分立或合并等情形的，国家生态市或生态县（市、区）称号自行终止。

第二十九条　国家生态市或生态县（市、区）称号每5年复核一次。

已经获得国家生态市或生态县（市、区）称号地区的人民政府，应当按照以下程序申请复核：

（一）向省级环境保护主管部门提交复核申请；

（二）省级环境保护主管部门进行初核；

（三）省级环境保护主管部门向环境保护部提交复核申请和初核意见。

第三十条　环境保护部自收到复核申请之日起6个月内，按照以下要求组织复核：

（一）听取地方人民政府工作汇报；

（二）检查国家生态市或生态县（市、区）指标达标情况。如考核指标或考核标准发生调整，按调整后指标进行复核；

（三）向省级环境保护主管部门和地方人民政府通报复核意见。

第三十一条　环境保护部对复核合格的地区，经公示和审议程序，将其国家生态市或生态县（市、区）称号延续5年。

第三十二条　对出现以下（一）至（六）情形之一的创建地区，环境保护部应当终止其国家生态市或生态县（市、区）审查；对出现以下情形之一的、已获得国家生态市、生态县（市、区）称号的地区，环境保护部应当撤销其国家生态市或生态县（市、区）称号，并暂停该地区申报资格两年：

（一）发生重、特大突发环境事件或生态破坏事件的；

（二）发生由环境保护部通报的重大违反环境保护法律法规案件的；

（三）年度主要污染物总量减排指标未完成的；

（四）环境质量出现明显下降或未完成环境质量目标的；

（五）在国家生态市或生态县（市、区）创建、技术评估、考核验收过程中存在弄虚作假行为的；

（六）违法违规影响技术评估和考核验收结果科学性、客观性和公正性的；

（七）复核过程中存在弄虚作假行为的；

（八）未按期办理复核或未通过复核的；

（九）国家环境保护模范城市未通过复核或国家环境保护模范城市（区）称号被撤销的。

第三十三条　环境保护部建立国家生态市、生态县（市、区）技术专家库。专家采用个人申请和单位推荐相结合的办法，经环境保护部遴选纳入专家库。专家库实行动态管理，适时更新。

第三十四条　参与国家生态市、生态县（市、区）管理的工作人员和专家，在国家生态市或生态县（市、区）技术评估、考核验收等工作中，必须严格落实廉洁要求和责任，坚持科学、务实、高效的工作作风，严格遵守相关工作程序和规范；构成违法行为或犯罪的，依法追究法律责任。

第七章　附 则

第三十五条　本规程由环境保护部负责解释。

第三十六条　本规程自发布之日起施行。

关于印发《空气质量新标准第一阶段监测实施方案》的通知

环办[2012]81号

各省、自治区、直辖市环境保护厅（局），新疆生产建设兵团环境保护局，各计划单列市环境保护局：

为做好《环境空气质量标准》（GB 3095-2012）（以下简称“空气质量新标准”）第一阶段的监测实施工作，我部制定了《空气质量新标准第一阶段监测实施方案》（见附件），现印发你们，请遵照执行。现就做好新标准第一阶段的监测实施工作通知如下：

一、充分认识实施空气质量新标准监测的重要意义

实施空气质量新标准监测工作是贯彻落实第七次全国环境保护大会精神和《国务院关于加强环境保护重点工作的意见》（国发〔2011〕35号）的重要内容，是落实环保为民、满足公众需求和提高政府公信力的重要举措，是健全和完善环境质量评价体系，实现“三个率先”的具体步骤。各地要充分认识实施空气质量新标准监测工作的重要性，抓住时机，切实加大工作力度，保质、保量、按时完成空气质量新标准第一阶段监测工作任务。

二、加快空气质量新标准监测实施工作的进度

按照国务院批准的空气质量新标准“三步走”实施方案，我部印发了《关于加强环境空气质量监测能力建设的意见》（环发〔2012〕33号，以下简称《意见》），近期将下达中央支持国家环境空气质量监测网建设的资金。承担第一阶段新空气质量标准监测任务的城市要根据《意见》要求和本实施方案，积极落实地方配套资金，加快进度，确保2012年10月底前，完成空气质量自动监测设备安装并开展试运行；12月底前，对外发布空气质量监测数据。各省、自治区、直辖市环境保护厅（局）自2012年6月起，每月10日前向我部上报本辖区上一月工作进展及下一月工作安排，我部将定期通报各地进展情况，适时开展现场督查。

三、加强对空气质量新标准监测实施工作的组织领导

各地要加强对空气质量新标准监测实施工作的组织领导，严格按时间要求，制定工作计划，明确责任人，结合本地实际情况，认真组织落实。切实抓好空气质量自动监测的质量保证和质量控制工作，确保监测数据准确可靠。各级环境保护主管部门不得干涉本辖区的监测结果，发现伪造、篡改监测数据的行为将依据有关规定严肃处理。

附件：

空气质量新标准第一阶段监测实施方案

为落实《关于实施环境空气质量标准（gb3095-2012）的通知》（环发〔2012〕11号）要求，统一认识，特制定本实施方案。

一、主要目标

按照我部确定的实施新标准的“三步走”方案，第一阶段要在京津冀、长三角、珠三角等重点区域以及直辖市和省会城市开展《环境空气质量标准》（gb 3095-2012）新增指标（pm2.5、CO、O_3 等）监测。京津冀、长三角、珠三角等重点区域，要做到“三个率先”，即率先实施环境空气质量新标准，率先争取早日和国际接轨，率先使监测结果和人民群众感受相一致。

二、实施范围

第一阶段（2012年）实施范围为京津冀、长三角、珠三角等重点区域以及直辖市、省会城市和计划单列市（详见附表）。

三、监测点位

《关于印发国家地表水、环境空气监测网（地级以上城市）设置方案的通知》（环发〔2012〕42号）中确定的上述城市所有国家网监测点位（详见附表）。

四、监测项目

二氧化硫（SO_2）、二氧化氮（NO_2）、可吸入颗粒物（pm10）、细颗粒物（pm2.5）、臭氧（O_3）和一氧化碳（CO）等6项监测指标。

五、设备选型

为保证监测数据的准确可靠，第一阶段pm2.5自动监测仪器的技术指标可参照中国环境监测总站编制的《pm2.5自动监测仪器技术指标与要求》（试行）。SO_2、NO_2、pm10、O_3和CO等自动监测设备应通过环境保护部环境监测仪器质量监督检验中心的适用性测试。在同等条件下，优先选择性价比高的仪器设备。

六、实施安排

城市监测站点总体组织实施工作，包括其仪器招标、采购、安装、调试和信息发布等由各省（区、市）环境保护主管部门负责，中国环境监测总站负责制定相应技术要求，并进行技术指导。

区域监测站点的实施工作，包括仪器招标、采购、安装和调试由各省（区、市）环境保护主管部门负责，站点点位的选择由各省级环境保护主管部门会同中国环境监测总站，按照相应技术规范进行，中国环境监测总站负责制定相应技术要求，并进行技术指导。

七、时间安排

2012年10月底前，第一阶段实施城市所有国家网监测点位要完成设备安装并开展试运行；

2012年12月底前，第一阶段实施城市要按空气质量新标准要求开展监测并发布数据，鼓励具备条件的地方提前实施。

八、空气质量评价

2012年，第一阶段实施地区新增指标不参与空气质量年度评价，采用so2、no2 和pm10 等3 项指标，按《环境空气质量标准》（gb 3095-2012）进行评价。

2013年，第一阶段实施地区采用SO_2、NO_2、pm10、pm2.5、O_3和CO等6项指标，按《环境空气质量标准》（gb 3095-2012）进行评价。城市（区域）间空气质量比较评价采用SO_2、NO_2和pm10等3项指标，按《环境空气质量标准》（gb 3095-1996）进行。

“十二五”期间，省级和国家级环境空气质量五年整体评价继续采用so2、no2和pm10等3 项指标，按《环境空气质量标准》（gb 3095-1996）和《环境空气质量标准》（gb 3095-2012）分别进行评价。

九、信息发布

发布内容：发布各点位SO_2、NO_2、pm10、pm2.5、O_3和CO等6项监测指标的实时小时浓度值、日均浓度值、aqi指数以及该监测点位的代表区域。

发布主体：第一阶段实施地区环境保护主管部门或环境监测机构。

发布方式：环境保护主管部门政府网站、环境监测机构网站、电视、广播等。

十、质量保证和质量控制

第一阶段实施监测的城市要加强空气质量监测的质量保证和质量控制工作，严格按《环境空气质量自动监测技术规范》（hj/t193-2005）以及最新的相关规范要求操作和运行，加强pm2.5等自动监测设备的维护和校准，满足《环境空气质量标准》（gb3095-2012）中关于数据统计有效性的规定，确保监测数据准确可靠。

商务部政策文件

商务部关于“十二五”期间开展零售业节能环保示范工作的通知

商流通函[2012]48号

为贯彻落实《国务院关于印发“十二五”节能减排综合性方案的通知》（国发[2011]26号）、发展改革委等12部门《关于印发万家企业节能低碳行动实施方案的通知》（发改环资[2011]2873号）和《商务部关于“十二五”期间流通服务业节能减排工作的指导意见》（商流通发[2011]468号）等文件精神，商务部决定从2012年起，在全国范围内开展零售业节能环保示范工作，通过示范带动促进零售业可持续发展。现将《零售业节能环保示范工作指导方案》（以下简称《指导方案》）印发给你们，并就有关事项通知如下：

一、提高认识，加强领导

各级商务主管部门要从落实科学发展观、加快流通业改革和发展、提高全社会节能意识的高度，充分认识加强零售业节能环保工作的重要性和紧迫性，切实增强使命感和责任感。要加强组织领导，明确责任，把创建零售业节能环保示范企业作为引导零售业可持续发展的重要举措，确保示范工作有序推进。

二、精心组织，务求实效

地方各级商务主管部门要根据《指导方案》要求，精心组织、统筹协调，做好具体方案的制订、组织实施工作，培养和树立典型示范企业。同时，要积极与有关部门沟通协调，争取财税金融部门对零售业节能环保的扶持政策。

三、加强宣传，推广经验

各地商务主管部门要利用报纸、电视、广播、互联网等宣传渠道，组织企业开展倡导节能环保、绿色消费等内容的多种形式宣传活动，努力营造零售业节能环保的良好氛围。通过召开经验交流会、节能技术研讨会等形式，及时推广示范企业在节能环保方面的经验和做法。

请各地商务主管部门确定零售业节能环保示范工作负责人和联系人各1名，并于2012年2月16日前报商务部。

附件：零售业节能环保示范工作指导方案

商务部

二〇一二年一月十五日

附件：

零售业节能环保示范工作指导方案

一、主要目标

“十二五”期间，在全国培育和形成1000家零售业节能环保示范企业，营业面积在10000平方米以上的大型超市、百货店、专业店等零售业态万元营业额能耗下降15%，带动中小零售企业开展节能降耗，提高上下游企业和消费者节能环保意识。

二、基本原则

（一）坚持政府引导与市场化运作相结合。发挥市场配置资源的基础性作用，强化政策的引导和推动作用，鼓励企业自愿开展节能环保工作。

（二）坚持示范创建与持续推广相结合。在树立标杆和典型的基础上，大力推广示范创建经验和好的做法。

（三）坚持节能减排与便民消费相结合。把扩大居民消费作为节能环保工作的出发点和归宿，在改善消费环境和设施的前提下进行各项节能改造。

（四）坚持树立典型与政策扶持相结合。以典型培树为突破口，积极争取零售业节能环保的财税金融等政策支持。

三、工作任务

（一）加强节能环保示范工作组织领导。节能环保示范企业要成立由负责人牵头的节能工作领导小组，明确工作职责和任务，建立健全节能管理机构。

（二）强化节能目标责任制。节能环保示范企业要建立和强化节能目标责任制，将企业的节能目标和任务层层分解，落实到具体的门店和岗位。要把节能目标的完成情况纳入员工业绩考核范畴，加强监督，逐级考核，落实奖惩。

（三）加强节能管理基础工作。节能环保示范企业要按照《能源管理体系要求》（GB/T23331），建立健全能源管理体系，逐步形成自觉贯彻节能法律法规与政策标准，主动采用先进节能管理方法与技术，做到工作持续改进、管理持续优化、能效持续提高。

（四）加大节能技术改造力度。节能环保示范企业每年要安排专门资金用于节能技术改造等工作。加强节能新技术的研发和推广应用，积极采用国家重点节能技术推广目录中推荐的技术、产品和工艺，并积极开展与专业化节能服务公司的合作，采用合同能源管理模式实施节能改造。

（五）开展节能宣传与培训。节能环保示范企业要广泛开展经常性的节能宣传与培训，积极参与节能减排全民行动，加强对消费者和上游供应商的节能宣传。

四、示范企业基本条件

（一）具有独立法人资格的用能单位；

（二）用能单位管理制度规范、财务制度健全，遵纪守法，诚信纳税；

（三）用能单位在近两年内无任何违法违规行为记录。

（四）用能单位节能降耗责任明确，能源管理体系制度健全，节能工作规范有序。

（五）积极参与节能活动。

（六）积极采用节能技术、销售节能产品。

五、工作安排

从2012年至2015年，各地商务主管部门于每年10月底前，参照《零售业节能环保示范企业认定细则》（附件1）开展示范企业认定工作，公布示范企业名单，并于11月底前将有关工作情况报商务部。商务部在各地创建零售业节能环保示范企业基础上，在每年12月底前组织业内专家拟定示范创建评分标准并进行评估，确定当年全国零售业节能环保示范企业名单。

附件：零售企业节能环保示范企业认定细则（略）

国家林业局政策文件

林业应对气候变化“十二五”行动要点

（办造字〔2011〕241号　国家林业局二〇一一年十二月三十一日印发）

气候变化是全球面临的重大危机和严峻挑战，事关人类生存和经济社会全面协调可持续发展，已成为世界各国共同关注的热点和焦点。林业是减缓和适应气候变化的有效途径和重要手段，在应对气候变化中的特殊地位得到了国际社会的充分肯定。以坎昆气候大会通过的关于“减少毁林和森林退化以及加强造林和森林管理”（REDD+）和“土地利用、土地利用变化和林业”（LULUCF）两个林业议题决定为契机，紧紧围绕《中华人民共和国国民经济和社会发展第十二个五年规划纲要》和《“十二五”控制温室气体排放工作方案》赋予林业的重大使命，采取更加积极有效措施，加强林业应对气候变化工作，对于建设现代林业、推动低碳发展、缓解减排压力、促进绿色增长、拓展发展空间具有重要意义。为进一步推进“十二五”期间林业应对气候变化工作，特制定本行动要点。

一、指导思想

坚持以科学发展为主题，以发展现代林业为宗旨，以实现林业“双增”目标为核心任务，以落实《应对气候变化林业行动计划》为总要求，全面实施《林业发展“十二五”规划》，继续推进造林绿化，扩大森林面积，着力加强森林经营，提高森林质量，努力防控森林灾害，切实强化森林、湿地、荒漠生态系统和生物多样性保护，不断增加林业碳储量，提高林业减缓和适应气候变化能力，为促进经济社会可持续发展做出积极贡献。

二、基本原则

（一）坚持林业应对气候变化和国家自主控制温室气体排放行动目标相结合。

（二）坚持林业减缓和适应气候变化相结合。

（三）坚持扩大森林面积、增加碳储量和提高森林质量、增强碳汇能力相结合。

（四）坚持增加森林碳吸收和控制森林碳排放相结合。

（五）坚持政府主导和社会参与相结合。

三、主要目标

根据应对气候变化国家战略总体要求，结合林业发展“十二五”规划，紧紧围绕实现林业“双增”奋斗目标，“十二五”期间，全国完成造林任务3000万公顷、森林抚育经营任务3500万公顷，到2015年森林覆盖率达21.66%，森林蓄积量达143亿立方米以上，森林植被总碳储量达到84亿吨。新增沙化土地治理面积1000万公顷以上。湿地面积达到4248万公顷，自然湿地保护率达到55%以上。林业自然保护区面积占国土面积比例稳定在13%左右，90%以上国家重点保护野生动物和80%以上极小种群野生植物种类得到有效保护。森林火灾受害率稳定控制在1‰以下。林业有害生物成灾率控制在4.5‰以下。初步建成全国林业碳汇计量监测体系。

四、重点领域和主要行动

（一）减缓领域

1.加快推进造林绿化。实施《全国造林绿化规划纲要（2011-2020年）》，继续推进林业重点工程建设，加大荒山造林力度，大力开展全民义务植树，统筹城乡绿化，推动身边增绿，加快构建十大生态安全屏障。大力培育特色经济林、竹林、速生丰产用材林、珍贵树种用材林等，加快木材及其他原料林基地建设。努力扩大森林面积，增加森林碳储量。

2.全面开展森林抚育经营。建立健全森林抚育经营调查规划、设计施工、技术标准、检查验收、成效评价管理体系，研究建立森林抚育经营管理新机制。完善森林抚育补贴制度，逐步扩大补贴规模，增加建设内容。积极推进低产林改造，提高森林质量，增强森林碳汇能力。

3.加强森林资源管理。实施《全国林地保护利用规划纲要（2010-2020年）》，分级编制省、县林地保护利用规划纲要。完善林地保护利用制度和政策，修订《林木和林地权属登记管理办法》、《占用征收征用林地审核审批管理办法》。严格执行“十二五”森林采伐限额制度。规范木材运输和经营加工管理，严厉打击木材非法采伐及相关贸易等违法犯罪行为。

4.强化森林灾害防控。全面落实《全国森林防火中长期发展规划（2009-2015年）》，强化森林火灾预防、扑救、保障体系建设。落实《森林防火条例》，加强法制建设，推进依法治火。落实《全国林业有害生物防治建设规划（2011-2020年）》，加强林业有害生物检疫御灾、监测预警、应急防控、服务保障体系建设，加强松材线虫病、美国白蛾等重大林业有害生物灾害治理。大力推进实施以生物防治为主的林业有害生物无公害防治措施。依法开展林业执法专项整治行动，遏制毁林行为，加强森林火灾病虫害防控，减少森林碳排放。

5.培育新兴林业产业。落实《林业产业政策要点》，加快林业产业结构调整，积极推进木材工业“节能、降耗、减排”和木材资源高效循环利用，开发木材防腐、改性等技术，延长木材使用寿命，增加木材及林产品储碳能力。编制实施《林业生物质能源发展规划》，加快能源林示范基地建设，推进林业剩余物能源化利用，开发林业生物质能高效转化技术，培育林油、林热、林电一体化产业，优化能源结构，提高林业生物质能源占可再生能源比例，实现对化石能源的部分替代。

（二）适应领域

6.科学培育健康优质森林。加强主要造林树种种质资源调查和保护，加大林木良种选育和应用力度，加强林木良种基地建设和良种苗木培育，提高人工林良种使用率。坚持适地适树原则，合理选择造林树种，增加乡土树种造林比例，科学配置林种，优化造林模式，提高造林质量，构建适应性好、抗逆性强的人工林生态系统。调整、优化森林结构，改善森林健康状况，增强森林抵御气候灾害能力。加强防护林体系建设，提高海岸堤带、沙化地区和农田生态系统适应气候变化能力。

7.加强自然保护区建设和生物多样性保护。优化森林、湿地、荒漠生态系统自然保护区布局，加强重点地区自然保护区、自然保护小区和保护点建设。加强野生动物、野生植物类型自然保护区建设，加大重点物种保护力度，加强生物多样性保护，提高野生动物疫源疫病监测预警能力。加大生态区位重要、生态状况脆弱地区植被保护力度，增强森林生态系统适应气候变化能力。

8.大力保护湿地生态系统。建立和完善湿地保护管理体系，加强泥炭湿地自然保护区建设，加快湿地公园发展。推进国家湿地立法工作，开展湿地可持续利用示范，加强湿地保护管理，维护湿地生态系统碳平衡，增强湿地储碳能力。

9.强化荒漠和沙化土地治理。继续实施京津风沙源治理工程，加强林草植被保护，巩固工程建设成果。加大岩溶地区石漠化综合治理力度，有效控制石漠化扩展趋势。在西北干旱区和部分半干旱区规划建设国家级沙化土地封禁保护区，增强荒漠生态系统适应气候变化能力。

（三）能力建设

10.加强机构和法制建设。建立健全林业应对气候变化协调工作机制，充分发挥我局作为国家应对气候变化工作领导小组协调联络办公室副主任单位的职能，加强与相关部门的协调、联络；充分发挥局气候办的组织、协调、联络、督办职责作用，统筹推进林业应对气候变化工作。加快推进《森林法》修改，积极配合有关部门推进国家应对气候变化立法进程，确立林业在应对气候变化中的特殊地位和重要作用，将林业应对气候变化管理工作纳入法制化轨道。

11.建立碳汇计量监测体系。加快推进全国林业碳汇计量监测体系建设，开展区域林业碳汇计量监测试点。组建各区域林业碳汇计量监测中心，加强技术培训，建立健全碳汇计量监测机构、队伍和管理体系。加快建立林业碳汇计量监测技术标准体系，结合碳汇造林和森林经营试点，同步推进碳汇计量监测工作。开展木质林产品碳储存、林业生物质能源替代化石能源的碳计量技术研究。开展湿地碳汇计量监测指标体系研究。启动湿地生态系统固碳能力调查评估试点。

12.探索开展试点示范。继续开展国内碳汇造林试点，积极推进清洁发展机制（简称CDM）碳汇造林活动。探索开展林业低碳经济综合试点。结合国家控制温室气体排放和碳排放权交易试点，开展林业碳汇试点示范。开展林业碳汇产权、碳汇交易等相关政策研究和试点。

13.开展相关科学研究。积极开展既与国际接轨又符合我国林情的林业碳汇计量监测基础课题研究。重点研究森林碳汇的增汇、计量、监测以及森林对气候变化的适应等关键技术，评估林业固碳及生物质利用储碳能力，构建碳汇林业建设与管理技术体系。跟踪国际气候变化林业议题谈判，针对利用“参考水平”核算森林管理活动碳源/汇、湿地管理活动和木质林产品碳源/汇核算、森林火灾和病虫害导致的碳排放核算等焦点问题，开展前瞻性研究，支撑林业议题谈判。

14.积极推进国际合作。积极开展《联合国气候变化框架公约》和《京都议定书》涉林议题对案研究、谈判及履约工作，主动参与相关国际规则制定，推进双边和多边林业应对气候变化务实合作。切实加强气候谈判队伍建设，建立稳定的谈判梯队，强化谈判力量。进一步加强与联合国相关机构和相关国际组织联系，推进林业应对气候变化国际合作。进一步发挥亚太森林恢复与可持续管理网络的作用，加强亚太地区的林业交流合作。

15.加强宣传引导。积极配合有关部门做好中国林业对外宣传工作，广泛深入宣传中国林业在应对全球气候变化中的特殊地位和重要贡献，增强我国林业国际影响力和话语权。积极推广应用现代信息技术，减少办公纸张物质资源和能源消耗，建设节能机关。倡导低碳生活和低碳消费，鼓励公众积极参加造林增汇，消除碳足迹。引导公众关注气候变化，增强保护气候意识。

法律规章

可再生能源电价附加补助资金管理暂行办法

（财建[2012]102号　财政部 国家发展改革委 国家能源局二〇一二年三月十四日印发）

第一章 总则

第一条 根据《中华人民共和国可再生能源法》和《财政部 国家发展改革委国家能源局关于印发<可再生能源发展基金征收使用管理暂行办法>的通知》（财综〔2011〕115号），制定本办法。

第二条 本办法所称可再生能源发电是指风力发电、生物质能发电（包括农林废弃物直接燃烧和气化发电、垃圾焚烧和垃圾填埋气发电、沼气发电）、太阳能发电、地热能发电和海洋能发电等。

第二章 补助项目确认

第三条 申请补助的项目必须符合以下条件:

（一）属于《财政部 国家发展改革委 国家能源局关于印发<可再生能源发展基金征收使用管理暂行办法>的通知》规定的补助范围。

（二）按照国家有关规定已完成审批、核准或备案，且已经过国家能源局审核确认。具体审核确认办法由国家能源局另行制定。

（三）符合国家可再生能源价格政策，上网电价已经价格主管部门审核批复。

第四条 符合本办法第三条规定的项目，可再生能源发电企业、可再生能源发电接网工程项目单位、公共可再生能源独立电力系统项目单位，按属地原则向所在地省级财政、价格、能源主管部门提出补助申请（格式见附1）。省级财政、价格、能源主管部门初审后联合上报财政部、国家发展改革委、国家能源局。

第五条 财政部、国家发展改革委、国家能源局对地方上报材料进行审核，并将符合条件的项目列入可再生能源电价附加资金补助目录。

第三章 补助标准

第六条 可再生能源发电项目上网电量的补助标准，根据可再生能源上网电价、脱硫燃煤机组标杆电价等因素确定。

第七条 专为可再生能源发电项目接入电网系统而发生的工程投资和运行维护费用，按上网电量给予适当补助，补助标准为：50公里以内每千瓦时1分钱，50-100公里每千瓦时2分钱，100公里及以上每千瓦时3分钱。

第八条 国家投资或者补贴建设的公共可再生能源独立电力系统的销售电价，执行同一地区分类销售电价，其合理的运行和管理费用超出销售电价的部分，通过可再生能源电价附加给予适当补助，补助标准暂定为每千瓦每年0.4万元。

第九条 可再生能源发电项目、接网工程及公共可再生能源独立电力系统的价格政策，由国家发展改革委根据不同类型可再生能源发电的特点和不同地区的情况，按照有利于促进可再生能源开发利用和经济合理的原则确定，并根据可再生能源开发利用技术的发展适时调整。

根据《中华人民共和国可再生能源法》有关规定通过招标等竞争性方式确定的上网电价，按照中标确定的价格执行，但不得高于同类可再生能源发电项目的政府定价水平。

第四章 预算管理和资金拨付

第十条 按照中央政府性基金预算管理要求和程序，财政部会同国家发展改革委、国家能源局编制可再生能源电价附加补助资金年度收支预算。

第十一条 可再生能源电价附加补助资金原则上实行按季预拨、年终清算。省级电网企业、地方独立电网企业根据本级电网覆盖范围内的列入可再生能源电价附加资金补助目录的并网发电项目和接网工程有关情况，于每季度第三个月10日前提出下季度可再生能源电价附加补助资金申请表（格式见附2），经所在地省级财政、价格、能源主管部门审核后，报财政部、国家发展改革委、国家能源局。

公共可再生能源独立电力系统项目于年度终了后随清算报告一并提出资金申请。

第十二条 财政部根据可再生能源电价附加收入、省级电网企业和地方独立电网企业资金申请等情况，将可再生能源电价附加补助资金拨付到省级财政部门。省级财政部门按照国库管理制度有关规定及时拨付资金。

第十三条 省级电网企业、地方独立电网企业应根据可再生能源上网电价和实际收购的可再生能源发电上网电量，按月与可再生能源发电企业结算电费。

第十四条 年度终了后1个月内，省级电网企业、地方独立电网企业、公共可再生能源独立电力系统项目单位，应编制上年度可再生能源电价附加补助资金清算申请表（格式见附3），报省级财政、价格、能源主管部门，并提交全年电费结算单或电量结算单等相关证明材料。

第十五条 省级财政、价格、能源主管部门对企业上报材料进行初步审核，提出初审意见，上报财政部、国家发展改革委、国家能源局。

第十六条 财政部会同国家发展改革委、国家能源局组织审核地方上报材料，并对补助资金进行清算。

第五章 附则

第十七条 本办法由财政部会同国家发展改革委、国家能源局负责解释。

第十八条 本办法自发布之日起施行。2012年可再生能源电价附加补助资金的申报、审核、拨付等按本办法执行。

电力需求侧管理城市综合试点工作中央财政奖励资金管理暂行办法

（财建[2012]367号　财政部、国家发展改革委二〇一二年七月三日印发）

第一章 总 则

第一条 为规范和加强电力需求侧管理城市综合试点工作中央财政奖励资金（以下简称奖励资金）管理，提高奖励资金使用效益，特制定本办法。

第二条 奖励资金按照公开、透明原则安排使用，并接受社会监督。

第三条 财政部和国家发展改革委选择部分符合一定条件的城市开展电力需求侧管理综合试点工作。具体办法另行制定。

第四条 中央财政对奖励资金使用方向提出总体要求，奖励资金的具体使用和安排由地方有关部门负责。

第五条 地方有关部门在奖励资金安排上要体现加强政府引导，充分发挥市场机制的原则。

第二章 支持范围和奖励标准

第六条 奖励资金支持范围：

（一）建设电能服务管理平台；

（二）实施能效电厂；

（三）推广移峰填谷技术，开展电力需求响应；

（四）相关科学研究、宣传培训、审核评估等。

第七条 奖励资金奖励标准：

（一）对通过实施能效电厂和移峰填谷技术等实现的永久性节约电力负荷和转移高峰电力负荷，东部地区每千瓦奖励440元，中西部地区每千瓦奖励550元；

（二）对通过需求响应临时性减少的高峰电力负荷，每千瓦奖励100元。

第三章 试点方案申报和资金下达

第八条 根据相关要求，试点城市将电力需求侧管理城市综合试点工作实施方案及相关材料报送省级财政部门和电力运行主管部门审定；

经省级政府同意后，省级财政部门和电力运行主管部门将上述材料报送财政部和国家发展改革委；

财政部、国家发展改革委组织评审后进行批复并与试点城市和其所在省份签署协议，明确试点工作目标、投资安排、地方配套资金、年度工作计划和奖励资金需求等内容。

第九条 中央财政按照“分年预拨、事后清算”方式下达奖励资金。

第十条 试点工作结束后，试点城市所在省份省级财政和电力运行主管部门按规定对试点城市资金使用情况进行审核，并于一个月内向财政部、国家发展改革委申请清算奖励资金。

第四章 绩效考核和监督管理

第十一条 试点工作结束后，财政部会同国家发展改革委对试点工作进行评估和验收，如果实际完成的节约、转移和减少电力负荷量低于试点方案任务值的80%，中央财政将全额扣回已预拨的奖励资金。

第十二条 对试点项目已获得中央财政其他奖励或补贴资金的，清算奖励资金时将相应扣减。其中，电机系统节能改造和高效电机、照明产品、变压器、空调等的推广，按照《节能技术改造财政奖励资金管理办法》（财建〔2011〕367号）、《合同能源管理财政奖励资金管理暂行办法》（财建〔2010〕249号）、《财政部 国家发展改革委关于开展节能产品惠民工程的通知》（财建〔2009〕213号）的有关规定执行。

第十三条 财政部、国家发展改革委对试点地区奖励资金使用管理和试点工作开展情况实施监督检查。

第五章 附 则

第十四条 本办法由财政部、国家发展改革委负责解释。

第十五条 本办法自印发之日起实施。

绿色信贷指引

（中国银行业监督管理委员会二〇一二年二月二十四日印发）

第一章 总则

第一条 为促进银行业金融机构发展绿色信贷，根据《中华人民共和国银行业监督管理法》、《中华人民共和国商业银行法》等法律法规，制定本指引。

第二条 本指引所称银行业金融机构，包括在中华人民共和国境内依法设立的政策性银行、商业银行、农村合作银行、农村信用社。

第三条 银行业金融机构应当从战略高度推进绿色信贷，加大对绿色经济、低碳经济、循环经济的支持，防范环境和社会风险，提升自身的环境和社会表现，并以此优化信贷结构，提高服务水平，促进发展方式转变。

第四条 银行业金融机构应当有效识别、计量、监测、控制信贷业务活动中的环境和社会风险，建立环境和社会风险管理体系，完善相关信贷政策制度和流程管理。

本指引所称环境和社会风险是指银行业金融机构的客户及其重要关联方在建设、生产、经营活动中可能给环境和社会带来的危害及相关风险，包括与耗能、污染、土地、健康、安全、移民安置、生态保护、气候变化等有关的环境与社会问题。

第五条 中国银监会依法负责对银行业金融机构的绿色信贷业务及其环境和社会风险管理实施监督管理。

第二章 组织管理

第六条 银行业金融机构董事会或理事会应当树立并推行节约、环保、可持续发展等绿色信贷理念，重视发挥银行业金融机构在促进经济社会全面、协调、可持续发展中的作用，建立与社会共赢的可持续发展模式。

第七条 银行业金融机构董事会或理事会负责确定绿色信贷发展战略，审批高级管理层制定的绿色信贷目标和提交的绿色信贷报告，监督、评估本机构绿色信贷发展战略执行情况。

第八条 银行业金融机构高级管理层应当根据董事会或理事会的决定，制定绿色信贷目标，建立机制和流程，明确职责和权限，开展内控检查和考核评价，每年度向董事会或理事会报告绿色信贷发展情况，并及时向监管机构报送相关情况。

第九条 银行业金融机构高级管理层应当明确一名高管人员及牵头管理部门，配备相应资源，组织开展并归口管理绿色信贷各项工作。必要时可以设立跨部门的绿色信贷委员会，协调相关工作。

第三章 政策制度及能力建设

第十条 银行业金融机构应当根据国家环保法律法规、产业政策、行业准入政策等规定，建立并不断完善环境和社会风险管理的政策、制度和流程，明确绿色信贷的支持方向和重点领域，对国家重点调控的限制类以及有重大环境和社会风险的行业制定专门的授信指引，实行有差别、动态的授信政策，实施风险敞口管理制度。

第十一条 银行业金融机构应当制定针对客户的环境和社会风险评估标准，对客户的环境和社会风险进行动态评估与分类，相关结果应当作为其评级、信贷准入、管理和退出的重要依据，并在贷款“三查”、贷款定价和经济资本分配等方面采取差别化的风险管理措施。

银行业金融机构应当对存在重大环境和社会风险的客户实行名单制管理，要求其采取风险缓释措施，包括制定并落实重大风险应对预案，建立充分、有效的利益相关方沟通机制，寻求第三方分担环境和社会风险等。

第十二条 银行业金融机构应当建立有利于绿色信贷创新的工作机制，在有效控制风险和商业可持续的前提下，推动绿色信贷流程、产品和服务创新。

第十三条 银行业金融机构应当重视自身的环境和社会表现，建立相关制度，加强绿色信贷理念宣传教育，规范经营行为，推行绿色办公，提高集约化管理水平。

第十四条 银行业金融机构应当加强绿色信贷能力建设，建立健全绿色信贷标识和统计制度，完善相关信贷管理系统，加强绿色信贷培训，培养和引进相关专业人才。必要时可以借助合格、独立的第三方对环境和社会风险进行评审或通过其他有效的服务外包方式，获得相关专业服务。

第四章 流程管理

第十五条 银行业金融机构应当加强授信尽职调查，根据客户及其项目所处行业、区域特点，明确环境和社会风险尽职调查的内容，确保调查全面、深入、细致。必要时可以寻求合格、独立的第三方和相关主管部门的支持。

第十六条 银行业金融机构应当对拟授信客户进行严格的合规审查，针对不同行业的客户特点，制定环境和社会方面的合规文件清单和合规风险审查清单，确保客户提交的文件和相关手续的合规性、有效性和完整性，确信客户对相关风险点有足够的重视和有效的动态控制，符合实质合规要求。

第十七条 银行业金融机构应当加强授信审批管理，根据客户面临的环境和社会风险的性质和严重程度，确定合理的授信权限和审批流程。对环境和社会表现不合规的客户，应当不予授信。

第十八条 银行业金融机构应当通过完善合同条款督促客户加强环境和社会风险管理。对涉及重大环境和社会风险的客户，在合同中应当要求客户提交环境和社会风险报告，订立客户加强环境和社会风险管理的声明和保证条款，设定客户接受贷款人监督等承诺条款，以及客户在管理环境和社会风险方面违约时银行业金融机构的救济条款。

第十九条 银行业金融机构应当加强信贷资金拨付管理，将客户对环境和社会风险的管理状况作为决定信贷资金拨付的重要依据。在已授信项目的设计、准备、施工、竣工、运营、关停等各环节，均应当设置环境和社会风险评估关卡，对出现重大风险隐患的，可以中止直至终止信贷资金拨付。

第二十条 银行业金融机构应当加强贷后管理，对有潜在重大环境和社会风险的客户，制定并实行有针对性的贷后管理措施。密切关注国家政策对客户经营状况的影响，加强动态分析，并在资产风险分类、准备计提、损失核销等方面及时做出调整。建立健全客户重大环境和社会风险的内部报告制度和责任追究制度。在客户发生重大环境和社会风险事件时，应当及时采取相关的风险处置措施，并就该事件可能对银行业金融机构造成的影响向监管机构报告。

第二十一条 银行业金融机构应当加强对拟授信的境外项目的环境和社会风险管理，确保项目发起人遵守项目所在国家或地区有关环保、土地、健康、安全等相关法律法规。对拟授信的境外项目公开承诺采用相关国际惯例或国际准则，确保对拟授信项目的操作与国际良好做法在实质上保持一致。

第五章 内控管理与信息披露

第二十二条 银行业金融机构应当将绿色信贷执行情况纳入内控合规检查范围，定期组织实施绿色信贷内部审计。检查发现重大问题的，应当依据规定进行问责。

第二十三条 银行业金融机构应当建立有效的绿色信贷考核评价体系和奖惩机制，落实激励约束措施，确保绿色信贷持续有效开展。

第二十四条 银行业金融机构应当公开绿色信贷战略和政策，充分披露绿色信贷发展情况。对涉及重大环境与社会风险影响的授信情况，应当依据法律法规披露相关信息，接受市场和利益相关方的监督。必要时可以聘请合格、独立的第三方，对银行业金融机构履行环境和社会责任的活动进行评估或审计。

第六章 监督检查

第二十五条 各级银行业监管机构应当加强与相关主管部门的协调配合，建立健全信息共享机制，完善信息服务，向银行业金融机构提示相关环境和社会风险。

第二十六条 各级银行业监管机构应当加强非现场监管，完善非现场监管指标体系，强化对银行业金融机构面临的环境和社会风险的监测分析，及时引导其加强风险管理，调整信贷投向。

银行业金融机构应当根据本指引要求，至少每两年开展一次绿色信贷的全面评估工作，并向银行业监管机构报送自我评估报告。

第二十七条 银行业监管机构组织开展现场检查，应当充分考虑银行业金融机构面临的环境和社会风险，明确相关检查内容和要求。对环境和社会风险突出的地区或银行业金融机构，应当开展专项检查，并根据检查结果督促其整改。

第二十八条 银行业监管机构应当加强对银行业金融机构绿色信贷自我评估的指导，并结合非现场监管和现场检查情况，全面评估银行业金融机构的绿色信贷成效，按照相关法律法规将评估结果作为银行业金融机构监管评级、机构准入、业务准入、高管人员履职评价的重要依据。

第七章 附则

第二十九条 本指引自公布之日起施行。村镇银行、贷款公司、农村资金互助社、非银行金融机构参照本指引执行。

第三十条 本指引由中国银监会负责解释。

深圳经济特区碳排放管理若干规定

（2012年10月30日深圳市人大常委会议通过公布）

第一条 为了加快经济发展方式转变，优化环境资源配置，合理控制能源消费总量，推动碳排放强度的持续下降，根据法律、行政法规的基本原则和国务院《“十二五”控制温室气体排放工作方案》等有关规定，结合深圳经济特区（以下简称特区）实际，制定本规定。

第二条 坚持发展低碳经济，完善体制机制，发挥市场作用，实现二氧化碳等温室气体排放（以下简称碳排放）总量控制目标，促进经济社会可持续发展。

第三条 实行碳排放管控制度。对特区内的重点碳排放企业及其他重点碳排放单位（以下统称碳排放管控单位）的碳排放量实施管控，碳排放管控单位应当履行碳排放控制责任。碳排放管控单位的范围由深圳市人民政府（以下简称市政府）依据特区碳排放的总量控制目标和碳排放单位的碳排放量等情况另行规定。

鼓励未纳入碳排放管控范围的碳排放单位自愿加入碳排放管控体系。

第四条 建立碳排放配额管理制度。市政府碳排放权交易主管部门在碳排放总量控制的前提下，根据公开、公平、科学、合理的原则，结合产业政策、行业特点、碳排放管控单位的碳排放量等因素，确定碳排放管控单位的碳排放额度。碳排放管控单位应当在其碳排放额度范围内进行碳排放。

第五条 建立碳排放抵消制度。碳排放管控单位可以利用经市政府碳排放权交易主管部门核查认可的碳减排量（以下统称核证减排量）抵消其一定比例的碳排放量。

核证减排量的来源、范围、类别以及抵消比例等由市政府另行规定。

第六条 建立碳排放权交易制度。碳排放权交易包括碳排放配额交易和核证减排量交易。碳排放管控单位在市政府规定的碳排放权交易平台进行碳排放权交易。

鼓励、支持其他单位和个人参与深圳碳排放权交易。

第七条 碳排放管控单位应当向市政府碳排放权交易主管部门提交经第三方核查机构核查的年度碳排放报告。

市政府应当建立和健全对第三方核查机构的监督管理机制。第三方核查机构的核查活动应当客观、公正。

第八条 碳排放管控单位违反本规定，超出排放额度进行碳排放的，由市政府碳排放权交易主管部门按照违规碳排放量市场均价的三倍予以处罚。

碳排放管控单位严格执行本规定，并在碳排放控制方面成效显著的，市政府应当予以表彰或者奖励。

第九条 市政府应当加强对碳排放管控工作的领导，并给予政策、资金、技术等方面的支持和保障。

市政府应当根据本规定和国家有关规定，并参照国际惯例，自本规定施行之日起六个月内，制定碳排放管理的具体办法。

第十条 本规定自通过之日起施行。

>>>

规划方案

"十二五"国家战略性新兴产业发展规划（节录）

（国发〔2012〕28号　国务院二〇一二年七月九日印发）

战略性新兴产业是以重大技术突破和重大发展需求为基础，对经济社会全局和长远发展具有重大引领带动作用，知识技术密集、物质资源消耗少、成长潜力大、综合效益好的产业。根据"十二五"规划纲要和《国务院关于加快培育和发展战略性新兴产业的决定》（国发〔2010〕32号）的部署和要求，为加快培育和发展节能环保、新一代信息技术、生物、高端装备制造、新能源、新材料、新能源汽车等战略性新兴产业，特制定本规划。

二、指导思想、基本原则和发展目标

（一）指导思想。

以邓小平理论和"三个代表"重要思想为指导，深入贯彻落实科学发展观，把握世界新科技革命和产业革命的历史机遇，面向经济社会发展的重大需求，以改革创新为动力，以营造良好的产业发展环境为重点，以企业为主体，以工程为依托，加强规划引导，加大政策扶持，着力提升自主创新能力，加速科技成果产业化，推动战略性新兴产业快速健康发展，抢占经济科技竞争制高点，促进产业结构升级、经济发展方式转变和经济社会可持续发展。

（二）基本原则。

市场主导、政府调控。充分发挥市场配置资源的基础性作用，以市场需求为导向，着力营造良好的市场竞争环境，激发各类市场主体的积极性。针对产业发展的薄弱环节和瓶颈制约，有效发挥政府的规划引导、政策激励和组织协调作用。

创新驱动、开放发展。坚持自主创新，加强原始创新、集成创新和引进消化吸收再创新；加强高素质人才队伍建设，掌握关键核心技术，健全标准体系，加速产业化，增强自主发展能力。充分利用全球创新资源，加强国际交流合作，探索国际合作发展新模式，走开放式创新和国际化发展道路。

重点突破、整体推进。坚持突出科技创新和新兴产业发展方向，选择最有基础、最有条件的重点方向作为切入点和突破口，明确阶段发展目标，集中优势资源，促进重点领域和优势区域率先发展。总体部署产业布局和相关领域发展，统筹规划，分类指导，适时动态调整，促进协调发展。

立足当前、着眼长远。围绕经济社会发展重大需求，着力发展市场潜力大、产业基础好、带动作用强的行业，加快形成支柱产业。着眼提升国民经济长远竞争力，促进可持续发展，对重要前沿性领域及早部署，培育先导产业。

（三）发展目标。

产业创新能力大幅提升。企业重大科技成果集成、转化能力大幅提高，掌握一批具有主导地位的关键核心技术，建成一批具有国际先进水平的创新平台，发明专利质量数量和技术标准水平大幅提升，战略性新兴产业重要骨干企业研发投入占销售收入的比重达到5%以上。一批关键核心技术达到国际先进水平。

创新创业环境更加完善。重点领域和关键环节的改革加快推进，有利于创新战略性新兴产业商业模式、发展新业态的市场准入条件，以及财税激励、投融资机制、技术标准、知识产权保护、人才队伍建设等政策环境显著改善。

国际分工地位稳步提高。涌现一批掌握核心关键技术、拥有自主品牌、开展高层次分工合作的国际化企业，具有自主知识产权的技术、产品和服务的国际市场份额大幅提高，在部分领域成为全球重要的研发制造基地。

引领带动作用显著增强。战略性新兴产业规模年均增长率保持在20%以上，形成一批具有较强自主创新能力和技术引领作用的骨干企业，一批特色鲜明的产业链和产业集聚区。到2015年，战略性新兴产业增加值占国内生产总值比重达到8%左右，对产业结构升级、节能减排、提高人民健康水平、增加就业等的带动作用明显提高。

到2020年，力争使战略性新兴产业成为国民经济和社会发展的重要推动力量，增加值占国内生产总值比重达到15%，部分产业和关键技术跻身国际先进水平，节能环保、新一代信息技术、生物、高端装备制造产业成为国民经济支柱产业，新能源、新材料、新能源汽车产业成为国民经济先导产业。

三、重点发展方向和主要任务

（一）节能环保产业。

强化政策和标准的驱动作用，充分运用现代技术成果，突破能源高效与梯次利用、污染物防治与安全处置、资源回收与循环利用等关键核心技术，大力发展高效节能、先进环保和资源循环利用的新装备和产品；完善约束和激励机制，创新服务模式，优化能源管理、大力推行清洁生产和低碳技术、鼓励绿色消费，加快形成支柱产业，提高资源利用率，促进资源节约型和环境友好型社会建设。

1.高效节能产业。发展高效节能锅炉窑炉、电机及拖动设备、余热余压利用、高效储能、节能监测和能源计量等节能新技术和装备；鼓励开发和推广应用高效节能电器、高效照明等产品；提高新建建筑节能标准，开展既有建筑节能改造，大力发展绿色建筑，推广绿色建筑材料；加快发展节能交通工具；积极开发和推广用能系统优化技术，促进能源的梯次利用和高效利用；大力推行合同能源管理新业态。

专栏1 高效节能产业发展路线图

时间节点	2015年	2020年
发展目标	重大节能技术装备得到推广应用，主要终端用能产品能效接近国际先进水平，高效节能产品市场占有率大幅提升，采用合同能源管理机制的节能服务业销售额年均增长30%以上。	形成适合我国国情的节能技术装备和产品体系，主要节能装备、主要行业单位产出能耗指标达到国际先进水平。
重大行动	●关键技术开发：重点开发高效内燃机和混合动力汽车，高压变频调速、稀土永磁无铁芯电机等电机节能技术，蓄热式高温空气燃烧、等离子点火等高效锅炉窑炉技术，高效换热器及系统优化等能源梯次利用技术，中低品位余热余压回收利用技术，能源优化技术等。 ●产业化：大力推广重点节能技术和产品，开展重点节能技术示范、产品产业化及推广应用。实施节能产品惠民工程、重大节能技术与装备产业化工程，推进重点领域节能改造。 ●商业模式创新：推广合同能源管理，开展节能量交易。	
重大政策	●严格实施固定资产投资项目节能评估和审查制度。 ●制定重点用能产品能效标准和重点行业能耗限额标准，扩大能效标识实施范围，推行能效领跑者制度。 ●加大财政支持力度，完善能源价格机制。	

2.先进环保产业。以解决危害人民群众身体健康的突出环境问题为重点，加大技术创新和集成应用力度，推动水污染防治、大气污染防治、土壤污染防治、重金属污染防治、有毒有害污染物防控、垃圾和危险废物处理处置、减震降噪设备、环境监测仪器设备的开发和产业化；推进高效膜材料及组件、生物环保技术工艺、控制温室气体排放技术及相关新材料和药剂的创新发展，提高环保产业整体技术装备水平和成套能力，提升污染防治水平；大力推进环保服务业发展，促进环境保护设施建设运营专业化、市场化、社会化，探索新型环保服务模式。

专栏2 先进环保产业发展路线图

时间节点	2015年	2020年
发展目标	突破一批环保产业技术瓶颈，形成一批拥有自主核心技术的骨干企业和一批比较优势明显、产业配套完善、有序集聚发展的先进环保产业基地，城镇污水、垃圾和脱硫、脱硝处理设施运营基本实现专业化、市场化。	重点领域环保技术及装备达到国际领先水平，环保装备标准化、系列化、成套化水平显著提高，建立统一开放、竞争有序的环保产业市场和环保服务体系；污染治理设施建设和运营基本实现专业化、社会化。
重大行动	●关键技术开发：加快实施水体污染控制与治理科技重大专项，重点开发膜技术、生物脱氮、重金属废水污染防治、污泥处理处置等污水处理关键技术，焚烧烟气控制系统、渗滤液处理等垃圾处理技术，高效除尘、烟气脱硫脱硝等大气污染控制技术，有毒有害污染物防治和安全处置技术，电子电气产品有毒有害物质替代与减量化技术，重金属污染治理与土壤修复等成套技术及装备，新型高效环保材料、药剂等。 ●产业化：大力推广应用国家鼓励发展的环保产业设备和产品，推进先进环保产品和技术装备产业化；全面推行污泥处理处置、垃圾焚烧、燃煤电厂脱硝与钢铁行业烧结脱硫等；实施重大环保技术装备及产品产业化示范工程等。 ●环保服务业：大力推进污染治理设施专业化、市场化、社会化运营服务，发展提供系统解决方案的综合环保服务业。	
重大政策	●完善污染物排放标准体系和环保产品标准体系。 ●推进环保税费、价格改革。	

3.资源循环利用产业。大力发展源头减量、资源化、再制造、零排放和产业链接等新技术，推进产业化，提高资源产出率。重点发展共伴生矿产资源、大宗固体废物综合利用，汽车零部件及机电产品再制造、资源再生利用，以先进技术支撑的废旧商品回收体系，餐厨废弃物、农林废弃物、废旧纺织品和废旧塑料制品资源化利用。

专栏3 资源循环利用产业发展路线图

时间节点	2015年	2020年
发展目标	减量化、再利用、资源化的先进资源循环利用技术得到推广应用。工业固体废物综合利用率达到72%以上，初步建立起现代废旧商品回收体系，以先进技术支撑的废旧商品回收率达到70%，重要资源回收和再生利用能力明显提高。	形成再利用、资源化产业技术创新体系，形成一批具有核心竞争力的资源循环利用技术装备和产品制造企业，建成技术先进、覆盖城乡的资源回收和循环利用产业体系。
重大行动	●关键技术开发：重点开发低品位共伴生矿产资源高效选冶、稀贵金属分离提取技术，大宗固体废物大掺量高附加值利用、废弃电器电子产品资源化利用、废旧材料分离与改性、废旧车用动力电池及蓄电池回收处理和利用、汽车零部件及机电产品再制造技术，城市及产业废弃物的生产过程协同资源化处理、餐厨废弃物资源化利用、农林废物高效利用技术，循环利用产业链接技术等。 ●产业化：实施再制造产业化行动、废弃物资源化利用示范行动，加快“城市矿产”示范基地建设。促进区域循环经济体系建设。加快海水淡化产业发展。	
重大政策	●推进资源税费改革。 ●建立生产者责任延伸制，建立强制回收的产品和包装物名录和管理制度。发布《国家鼓励的循环经济技术工艺和设备名录》。 ●建立资源循环利用产品认证体系和再制造产品标识管理制度。	

4.轨道交通装备产业。大力发展技术先进、安全可靠、经济适用、节能环保的轨道交通装备，建立健全研发设计、生产制造、试验验证、运用维护、监测维修和产品标准体系，完善认证认可体系等，提升牵引传动、列车控制、制动等关键系统及装备自主化能力。巩固和扩大国内市场，大力开展国际合作，推动我国轨道交通装备全面达到世界先进水平。

5.智能制造装备产业。重点发展具有感知、决策、执行等功能的智能专用装备，突破新型传感器与智能仪器仪表、自动控制系统、工业机器人等感知、控制装置及其伺服、执行、传动零部件等核心关键技术，提高成套系统集成能力，推进制造、使用过程的自动化、智能化和绿色化，支撑先进制造、国防、交通、能源、农业、环保与资源综合利用等国民经济重点领域发展和升级。

（五）新能源产业。

加快发展技术成熟、市场竞争力强的核电、风电、太阳能光伏和热利用、页岩气、生物质发电、地热和地温能、沼气等新能源，积极推进技术基本成熟、开发潜力大的新型太阳能光伏和热发电、生物质气化、生物燃料、海洋能等可再生能源技术的产业化，实施新能源集成利用示范重大工程。到2015年，新能源占能源消费总量的比例提高到4.5%，减少二氧化碳年排放量4亿吨以上。

1.核电技术产业。加强核电安全、核燃料后处理和废物处置等技术研究，在确保安全的前提下，开展二代在运核电安全运行技术及延寿技术开发，加快第三代核电技术的消化吸收和再创新，统筹开展第三代核电站建设。实施大型先进压水堆及高温气冷堆核电站科技重大专项，建设示范工程。研发快中子堆等第四代核反应堆和小型堆技术，适时启动示范工程。发展核电装备制造和核燃料产业链。到2015年，掌握先进核电技术，提高成套装备制造能力，实现核电发展自主化；核电运行装机达到4000万千瓦，包括三代在内的核电装备制造能力稳定在1000万千瓦以上。到2020年，形成具有国际竞争力的百万千瓦级核电先进技术开发、设计、装备制造能力。

2.风能产业。加强风电装备研发，增强大型风电机组整机和控制系统设计能力，提高发电机、齿轮箱、叶片以及轴承、变流器等关键零部件开发能力，在风电运行控制、大规模并网、储能技术方面取得重大突破。建设东北、西北、华北北部和沿海地区的八大千万千瓦级风电基地。在内陆山地、河谷、湖泊等风能资源相对丰富的地区，发挥距离电力负荷中心近、电网接入条件好的优势，因地制宜开发中小型风电项目，积极推动海上风电项目建设。

专栏16 风能产业发展路线图

时间节点	2015年	2020年
发展目标	累计并网风电装机超过1亿千瓦，年发电量达到1900亿千瓦时。基本建立完善的风电产业链，掌握先进风电机组整体设计能力，形成海上风电设备制造、工程施工能力。	累计并网风电装机2亿千瓦以上，年发电量超过3800亿千瓦时。海上风电装备实现大规模商业化应用。风电装备具备国际竞争力，技术创新能力达到国际先进水平。
重大行动	●风能资源评价：开展风资源观测评价，建立风能资源评价模型、标准、检测、认证体系和数据库。 ●关键技术开发与产业化：建立风电技术研发机构，突破风电整机设计以及轴承、变流器和控制系统制造技术与装备瓶颈。开发与我国气候和地理特点相适应的风电技术和装备，3-5兆瓦大型整机、新型风电机组及其关键零部件实现产业化，满足陆地、海上风电场建设需要。 ●风电并网：建立风电场功率预测预报体系，显著提高风电集中开发区域电网运行消纳风电的比例；建成风电大型基地配套外输通道，解决风电远距离输送的消纳问题。	
重大政策	●实施可再生能源发电配额制，建成适应风电发展的电网运行及管理体系。 ●加快建设适应新能源发展的智能电网及运行体系。	

3.太阳能产业。以提高太阳能电池转化效率、器件使用寿命和降低光伏发电系统成本为目标，大力发展太阳能光伏电池的生产制造新工艺和新装备；积极推动多元化太阳能光伏光热发电技术新设备、新材料的产业化及其商业化发电示范；建立大型并网光伏发电站，推进建筑一体化光伏发电应用，建立具有国际先进水平的太阳能发电产业体系。大规模推广应用高效、多功能太阳能热水器，推动太阳能在供暖、制冷和中高温工业领域的应用。建立促进光伏发电分布式应用的市场环境，推进以太阳能应用为主、综合利用各种可再生能源的新能源城市建设。

专栏17 太阳能产业发展路线图

时间节点	2015年	2020年
发展目标	太阳能发电装机容量达到2100万千瓦以上，光伏发电系统在用户侧实现平价上网。太阳能热利用安装面积达到4亿平方米。掌握太阳能发电、热利用关键技术，太阳能利用设备及其新材料的研发制造能力大幅提高。开展太阳能热发电试验示范。	太阳能发电装机容量达到5000万千瓦以上，光伏发电系统在发电侧实现平价上网。太阳能热利用安装面积达到8亿平方米；太阳能光伏装备研发和制造技术达到世界先进水平，太阳能热发电实现产业化和规模化发展。
重大行动	●关键技术开发与产业化：重点开发太阳能利用装备生产新工艺和新设备、提高太阳能光伏电池转换效率、降低电池组件成本关键技术；发展以太阳能光伏发电为主的分布式能源系统；开发太阳能光伏发电新材料、新一代太阳能电池、太阳能热发电和储热技术，太阳能热多元化利用技术、制冷和工业应用技术，风光储互补技术等。开发储能技术和装备。 ●市场培育：建设大型光伏电站，组织实施金太阳工程，开展微电网供用电示范，建设太阳能示范城市。开展太阳能热发电工程示范。适时大规模推广太阳能光伏光热发电及太阳能在供暖、制冷和中高温工业领域的应用。加强适应光伏发电发展的电网及运行体系建设。	
重大政策	●制定普及太阳能光热利用的法规、标准等。 ●建立适应太阳能光伏分布式发电的电网运行和管理机制，完善光伏上网电价形成机制。	

4.生物质能产业。统筹生物质能源发展，有序发展生物质直燃发电，积极推进生物质气化及发电、生物质成型燃料、沼气等分布式生物质能应用。加强下一代生物燃料技术开发，推进纤维素制乙醇、微藻生物柴油产业化。开展重点地区生物质资源详查评价，鼓励利用边际性土地和近海海洋种植能源作物和能源植物。

专栏18 生物质能产业发展路线图

时间节点	2015年	2020年
发展目标	生物质能发电装机达到1300万千瓦。生物燃气年利用量达到300亿立方米。固体成型生物质燃料年利用量达到1000万吨。生物液体燃料年利用量达到500万吨。突破下一代生物液体燃料技术，纤维素制乙醇技术取得重大进展。	生物质能发电装机达到3000万千瓦。生物燃气年利用量达到500亿立方米。固体成型燃料年利用量达到2000万吨。生物液体燃料年利用量达到1200万吨。实现新一代生物液体燃料的商业化推广。
重大行动	●关键技术开发与产业化：推进大型自动化秸秆收集机械、以有机废弃物为原料的小型可移动沼气提纯罐装设备研发与推广；支持高效生物质成型燃料加工设备和生物质气化设备研发及产业化；完成兆瓦级低热值燃气内燃发电机组和兆瓦级沼气发电机组的产业化；建成10万吨级甜高粱乙醇示范工程；加强生物能源植物原料的育种与产业化；实现低成本纤维素酶、微藻生物柴油技术突破。 ●市场应用：实施绿色能源示范县建设，推动生物质能源规模化、专业化、市场化开发建设，促进生物质能加快应用。	
重大政策	●制定完善生物质能利用技术标准和工程规范，健全检测认证体系。 ●完善生物燃料、能源化利用农林废弃物的激励政策及市场流通机制。	

（七）新能源汽车产业。

以纯电驱动为新能源汽车发展和汽车工业转型的主要战略取向，当前重点推进纯电动汽车和插电式混合动力汽车产业化，推进新能源汽车及零部件研究试验基地建设，研究开发新能源汽车专用平台，构建产业技术创新联盟，推进相关基础设施建设。重点突破高性能动力电池、电机、电控等关键零部件和材料核心技术，大幅度提高动力电池和电机安全性与可靠性，降低成本；加强电制动等电动功能部件的研发，提高车身结构和材料轻量化技术水平；推进燃料电池汽车的研究开发和示范应用；初步形成较为完善的产业化体系。建立完整的新能源汽车政策框架体系，强化财税、技术、管理、金融政策的引导和支持力度，促进新能源汽车产业快速发展。

专栏20 新能源汽车产业发展路线图

时间节点	2015年	2020年
发展目标	新能源汽车动力电池、电机和电控技术取得重大进展，动力电池模块比能量达到150瓦时/千克以上，电驱动系统功率密度达到2.5千瓦/千克以上。纯电动汽车和插电式混合动力汽车累计产销量力争达到50万辆。初步形成与市场规模相适应的充电设施体系和新能源汽车商业运行模式。	形成新能源汽车动力电池、电机和电控技术创新发展能力，动力电池模块比能量达到300瓦时/千克以上。纯电动汽车和插电式混合动力汽车累计产销量超过500万辆。充电设施网络满足城际间和区域内纯电动汽车运行需要，实现规模化商业运营。整体水平达到国际先进水平。
重大行动	●创新能力建设：推进新能源汽车及零部件研究试验基地建设，建立全行业共享的测试平台、数据库和专利数据库等。 ●关键技术研发：实施新能源汽车重大创新工程，突破产业化过程中的车身材料及结构轻量化等共性技术和工艺技术，研发新能源汽车全新底盘、动力总成、汽车电子等产品，加大力度联合研制动力电池及其关键材料，以及生产、控制与检测装备等，构建全行业共享的共性技术平台。建立健全新能源汽车、充电技术及设施标准体系。 ●产业化推广：稳步推进公共服务领域新能源汽车示范，开展私人购买新能源汽车补贴试点，加强综合评价，积极推进充电基础设施建设，探索新能源汽车整车租赁、电池租赁以及充换电服务等多种商业模式，形成完善的市场推广体系。	
重大政策	●完善财税激励政策，鼓励新能源汽车消费和使用。 ●建立动力电池回收和梯级利用管理制度。	

四、重大工程

（一）重大节能技术与装备产业化工程。

围绕应用面广、节能潜力大的高效锅炉窑炉、余热余压利用、热电联产、电机系统和大容量低成本蓄能等领域，实施重大技术装备产业化示范工程；推进高效风机、水泵、变压器、空调机组、内燃机、节能家电等技术装备和产品的发展。到2015年，形成一批以高效燃烧、能源梯级利用、高效蓄能、绿色节能建材、节能监测和能源计量等为重点的节能技术装备与产品制造骨干企业和产业化示范基地，高效节能技术与装备市场占有率提高到30%左右，创新能力和装备开发能力接近国际先进水平。

（二）重大环保技术装备及产品产业化示范工程。

以烟气脱硫脱硝、机动车尾气高效净化等大气污染治理装备，城镇生活污水脱氮除磷深度处理、新型反硝化反应器等水污染治理成套装备，高效垃圾焚烧和烟气处理、污泥处理处置等固体废物处理装备，重金属、氨氮在线监测等环境监测专用仪器仪表，环境应急监测车、阻截式油水分离及回收设备等环境应急装备为重点，实施一批产业化示范工程。推进重金属污染防治、土壤污染防治技术开发与示范应用，加快高性能膜、脱硝催化剂纳米级二氧化钛载体、高效滤料等污染控制材料的产业化。到2015年，培育一批在行业具有领军作用的环保企业集团及一批“专、精、特、新”的环保配套生产企业，创建10-15个区位优势突出、集中度高的环保技术及装备产业化基地。

（三）重要资源循环利用工程。

实施“城市矿产”示范工程，建设一批“城市矿产”示范基地，提升废钢铁、废有色金属（稀贵金属）、废橡胶、废轮胎、废电池等再生资源利用技术和成套装备产业化水平。实施再制造产业化示范工程，建立一批再制造工程（技术）研究中心，形成若干再制造产业集聚区。实施产业废弃物资源化利用示范工程，推进大宗固体废物、共伴生矿、建筑废弃物的循环利用。加快建立先进技术支撑的废旧商品回收利用体系，建设一批示范城市。加快海水淡化产业发展。到2015年，建成我国重要资源循环利用技术体系，再制造产业初具规模，资源再生加工利用能力达每年2500万吨，煤矸石等大宗固体废弃物综合利用能力达每年4亿吨。

（十五）先进轨道交通装备及关键部件工程。

建立现代轨道交通装备核心技术、关键零部件及系统的研发、试验验证、标准及知识产权保护体系。开发高寒及城际动车组、交流传动快速机车、30吨轴重机车与货车、新型城轨车辆、大型施工装备、多功能高效率工程及养路机械。研发永磁电传动、磁悬浮、列车制动、牵引控制、安全监测、通信信号等关键技术，研制轮轴轴承、传动齿轮箱、转向架等关键零部件，加强产业化，提升核心部件及系统创新能力。

（十八）新能源集成应用工程。

在风电、太阳能、海洋能发电等可再生能源电力开发集中区域，示范建设以智能电网为载体、发输用一体化、可再生能源为主的电力系统；选择可再生能源资源丰富、经济条件较好的城市，在公共建筑、商业设施和工业园区推进太阳能、页岩气、生物质能、地热和地温能等新能源技术的综合应用示范；开展绿色能源和新能源区域应用示范建设，建成完善的县域绿色能源利用体系；在可再生能源丰富和具备多元化利用条件的中小城市及偏远农牧区、海岛等，示范建设分布式光伏发电、风力发电、沼气发电、小水电“多能互补”的新能源微电网系统。推进新能源装备产业化。到2015年，建成世界领先的新能源技术研发和制造基地。

（二十）新能源汽车工程。

建设新能源汽车公共测试平台、试验验证和应用综合评价体系，建立产品开发和专利数据库，重点研发动力电池、电机及控制系统等关键核心技术和新产品，加速纯电动、插电式混合动力汽车系列产品产业化，加大公共服务领域示范推广力度，扩大私人购买新能源汽车补贴试点城市范围和规模。推进充电网络体系和设施建设，探索新型商业化运行模式。

节能减排“十二五”规划

（国发〔2012〕40号　　国务院2012年8月6日印发）

为确保实现“十二五”节能减排约束性目标，缓解资源环境约束，应对全球气候变化，促进经济发展方式转变，建设资源节约型、环境友好型社会，增强可持续发展能力，根据《中华人民共和国国民经济和社会发展第十二个五年规划纲要》，制定本规划。

一、现状与形势

（一）“十一五”节能减排取得显著成效。

“十一五”时期，国家把能源消耗强度降低和主要污染物排放总量减少确定为国民经济和社会发展的约束性指标，把节能减排作为调整经济结构、加快转变经济发展方式的重要抓手和突破口。各地区、各部门认真贯彻落实党中央、国务院的决策部署，采取有效措施，切实加大工作力度，基本实现了“十一五”规划纲要确定的节能减排约束性目标，节能减排工作取得了显著成效。

——为保持经济平稳较快发展提供了有力支撑。“十一五”期间，我国以能源消费年均6.6%的增速支撑了国民经济年均11.2%的增长，能源消费弹性系数由“十五”时期的1.04下降到0.59，节约能源6.3亿吨标准煤。

——扭转了我国工业化、城镇化快速发展阶段能源消耗强度和主要污染物排放量上升的趋势。“十一五”期间，我国单位国内生产总值能耗由“十五”后三年上升9.8%转为下降19.1%；二氧化硫和化学需氧量排放总量分别由“十五”后三年上升32.3%、3.5%转为下降14.29%、12.45%。

——促进了产业结构优化升级。2010年与2005年相比，电力行业300兆瓦以上火电机组占火电装机容量比重由50%上升到73%，钢铁行业1000立方米以上大型高炉产能比重由48%上升到61%，建材行业新型干法水泥熟料产量比重由39%上升到81%。

——推动了技术进步。2010年与2005年相比，钢铁行业干熄焦技术普及率由不足30%提高到80%以上，水泥行业低温余热回收发电技术普及率由开始起步提高到55%，烧碱行业离子膜法烧碱技术普及率由29%提高到84%。

——节能减排能力明显增强。“十一五”时期，通过实施节能减排重点工程，形成节能能力3.4亿吨标准煤；新增城镇污水日处理能力6500万吨，城市污水处理率达到77%；燃煤电厂投产运行脱硫机组容量达5.78亿千瓦，占全部火电机组容量的82.6%。

——能效水平大幅度提高。2010年与2005年相比，火电供电煤耗由370克标准煤/千瓦时降到333克标准煤/千瓦时，下降10.0%；吨钢综合能耗由688千克标准煤降到605千克标准煤，下降12.1%；水泥综合能耗下降28.6%；乙烯综合能耗下降11.3%；合成氨综合能耗下降14.3%。

——环境质量有所改善。2010年与2005年相比，环保重点城市二氧化硫年均浓度下降26.3%，地表水国控断面劣五类水质比例由27.4%下降到20.8%，七大水系国控断面好于三类水质比例由41%上升到59.9%。

——为应对全球气候变化作出了重要贡献。“十一五”期间，我国通过节能降耗减少二氧化碳排放14.6亿吨，得到国际社会的广泛赞誉，展示了我负责任大国的良好形象。

“十一五”时期，我国节能法规标准体系、政策支持体系、技术支撑体系、监督管理体系初步形成，重点污染源在线监控与环保执法监察相结合的减排监督管理体系初步建立，全社会节能环保意识进一步增强。

（二）存在的主要问题。

一是一些地方对节能减排的紧迫性和艰巨性认识不足，片面追求经济增长，对调结构、转方式重视不够，不能正确处理经济发展与节能减排的关系，节能减排工作还存在思想认识不深入、政策措施不落实、监督检查不力、激励约束不强等问题。

二是产业结构调整进展缓慢。“十一五”期间，第三产业增加值占国内生产总值的比重低于预期目标，重工业占工业总产值比重由68.1%上升到70.9%，高耗能、高排放产业增长过快，结构节能目标没有实现。

三是能源利用效率总体偏低。我国国内生产总值约占世界的8.6%，但能源消耗占世界的19.3%，单位国内生产总值能耗仍是世界平均水平的2倍以上。2010年全国钢铁、建材、化工等行业单位产品能耗比国际先进水平高出10%-20%。

四是政策机制不完善。有利于节能减排的价格、财税、金融等经济政策还不完善，基于市场的激励和约束机制不健全，创新驱动不足，企业缺乏节能减排内生动力。

五是基础工作薄弱。节能减排标准不完善，能源消费和污染物排放计量、统计体系建设滞后，监测、监察能力亟待加强，节能减排管理能力还不能适应工作需要。

（三）面临的形势。

“十二五”时期如未能采取更加有效的应对措施，我国面临的资源环境约束将日益强化。从国内看，随着工业化、城镇化进程加快和消费结构升级，我国能源需求呈刚性增长，受国内资源保障能力和环境容量制约，我国经济社会发展面临的资源环境瓶颈约束更加突出，节能减排工作难度不断加大。从国际看，围绕能源安全和气候变化的博弈更加激烈。一方面，贸易保护主义抬头，部分发达国家凭借技术优势开征碳税并计划实施碳关税，绿色贸易壁垒日益突出。另一方面，全球范围内绿色经济、低碳技术正在兴起，不少发达国家大幅增加投入，支持节能环保、新能源和低碳技术等领域创新发展，抢占未来发展制高点的竞争日趋激烈。

虽然我国节能减排面临巨大挑战，但也面临难得的历史机遇。科学发展观深入人心，全民节能环保意识不断提高，各方面对节能减排的重视程度明显增强，产业结构调整力度不断加大，科技创新能力不断提升，节能减排激励约束机制不断完善，这些都为“十二五”推进节能减排创造了有利条件。要充分认识节能减排的极端重要性和紧迫性，增强忧患意识和危机意识，抓住机遇，大力推进节能减排，促进经济社会发展与资源环境相协调，切实增强可持续发展能力。

二、指导思想、基本原则和主要目标

（一）指导思想。

以邓小平理论和“三个代表”重要思想为指导，深入贯彻落实科学发展观，坚持大幅降低能源消耗强度、显著减少主要污染物排放总量、合理控制能源消费总量相结合，形成加快转变经济发展方式的倒逼机制；坚持强化责任、健全法制、完善政策、加强监管相结合，建立健全有效的激励和约束机制；坚持优化产业结构、推动技术进步、强化工程措施、加强管理引导相结合，大幅度提高能源利用效率，显著减少污染物排放；加快构建政府为主导、企业为主体、市场有效驱动、全社会共同参与的推进节能减排工作格局，确保实现“十二五”节能减排约束性目标，加快建设资源节约型、环境友好型社会。

（二）基本原则。

强化约束，推动转型。通过逐级分解目标任务，加强评价考核，强化节能减排目标的约束性作用，加快转变经济发展方式，调整优化产业结构，增强可持续发展能力。

控制增量，优化存量。进一步完善和落实相关产业政策，提高产业准入门槛，严格能评、环评审查，抑制高耗能、高排放行业过快增长，合理控制能源消费总量和污染物排放增量。加快淘汰落后产能，实施节能减排重点工程，改造提升传统产业。

完善机制，创新驱动。健全节能环保法律、法规和标准，完善有利于节能减排的价格、财税、金融等经济政策，充分发挥市场配置资源的基础性作用，形成有效的激励和约束机制，增强用能、排污单位和公民自觉节能减排的内生动力。加快节能减排技术创新、管理创新和制度创新，建立长效机制，实现节能减排效益最大化。

分类指导，突出重点。根据各地区、各有关行业特点，实施有针对性的政策措施。突出抓好工业、建筑、交通、公共机构等重点领域和重点用能单位节能，大幅提高能源利用效率。加强环境基础设施建设，推动重点行业、重点流域、农业源和机动车污染防治，有效减少主要污染物排放总量。

（三）总体目标。

到2015年，全国万元国内生产总值能耗下降到0.869吨标准煤（按2005年价格计算），比2010年的1.034吨标准煤下降16%（比2005年的1.276吨标准煤下降32%）。“十二五”期间，实现节约能源6.7亿吨标准煤。

2015年，全国化学需氧量和二氧化硫排放总量分别控制在2347.6万吨、2086.4万吨，比2010年的2551.7万吨、2267.8万吨各减少8%，分别新增削减能力601万吨、654万吨；全国氨氮和氮氧化物排放总量分别控制在238万吨、2046.2万吨，比2010年的264.4万吨、2273.6万吨各减少10%，分别新增削减能力69万吨、794万吨。

（四）具体目标。

到2015年，单位工业增加值（规模以上）能耗比2010年下降21%左右，建筑、交通运输、公共机构等重点领域能耗增幅得到有效控制，主要产品（工作量）单位能耗指标达到先进节能标准的比例大幅提高，部分行业和大中型企业节能指标达到世界先进水平（见表1）。风机、水泵、空压机、变压器等新增主要耗能设备能效指标达到国内或国际先进水平，空调、电冰箱、洗衣机等国产家用电器和一些类型的电动机能效指标达到国际领先水平。工业重点行业、农业主要污染物排放总量大幅降低（见表2）。

表1 "十二五"时期主要节能指标

指标	单位	2010年	2015年	变化幅度/变化率
工业				
单位工业增加值（规模以上）能耗	%			[-21%左右]
火电供电煤耗	克标准煤/千瓦时	333	325	-8
火电厂厂用电率	%	6.33	6.2	-0.13
电网综合线损率	%	6.53	6.3	-0.23
吨钢综合能耗	千克标准煤	605	580	-25
铝锭综合交流电耗	千瓦时/吨	14013	13300	-713
铜冶炼综合能耗	千克标准煤/吨	350	300	-50
原油加工综合能耗	千克标准煤/吨	99	86	-13
乙烯综合能耗	千克标准煤/吨	886	857	-29
合成氨综合能耗	千克标准煤/吨	1402	1350	-52
烧碱（离子膜）综合能耗	千克标准煤/吨	351	330	-21
水泥熟料综合能耗	千克标准煤/吨	115	112	-3
平板玻璃综合能耗	千克标准煤/重量箱	17	15	-2
纸及纸板综合能耗	千克标准煤/吨	680	530	-150
纸浆综合能耗	千克标准煤/吨	450	370	-80
日用陶瓷综合能耗	千克标准煤/吨	1190	1110	-80
建筑				
北方采暖地区既有居住建筑改造面积	亿平方米	1.8	5.8	4
城镇新建绿色建筑标准执行率	%	1	15	14
交通运输				
铁路单位运输工作量综合能耗	吨标准煤/百万换算吨公里	5.01	4.76	[-5%]
营运车辆单位运输周转量能耗	千克标准煤/百吨公里	7.9	7.5	[-5%]
营运船舶单位运输周转量能耗	千克标准煤/千吨公里	6.99	6.29	[-10%]
民航业单位运输周转量能耗	千克标准煤/吨公里	0.450	0.428	[-5%]
公共机构				
公共机构单位建筑面积能耗	千克标准煤/平方米	23.9	21	[-12%]
公共机构人均能耗	千克标准煤/人	447.4	380	[15%]
终端用能设备能效				
燃煤工业锅炉（运行）	%	65	70～75	5～10
三相异步电动机（设计）	%	90	92～94	2～4
容积式空气压缩机输入比功率	千瓦/（立方米·分$^{-1}$）	10.7	8.5～9.3	-1.4～-2.2
电力变压器损耗	千瓦	空载：43 负载：170	空载：30～33 负载：151～153	-10～-13 -17～-19
汽车（乘用车）平均油耗	升/百公里	8	6.9	-1.1
房间空调器（能效比）	-	3.3	3.5～4.5	0.2～1.2
电冰箱（能效指数）	%	49	40～46	-3～-9
家用燃气热水器（热效率）	%	87～90	93～97	3～10

注：[ ] 内为变化率。

表2　“十二五”时期主要减排指标

指　标	单　位	2010年	2015年	变化幅度/变化率
工业				
工业化学需氧量排放量	万吨	355	319	[-10%]
工业二氧化硫排放量	万吨	2073	1866	[-10%]
工业氨氮排放量	万吨	28.5	24.2	[-15%]
工业氮氧化物排放量	万吨	1637	1391	[-15%]
火电行业二氧化硫排放量	万吨	956	800	[-16%]
火电行业氮氧化物排放量	万吨	1055	750	[-29%]
钢铁行业二氧化硫排放量	万吨	248	180	[-27%]
水泥行业氮氧化物排放量	万吨	170	150	[-12%]
造纸行业化学需氧量排放量	万吨	72	64.8	[-10%]
造纸行业氨氮排放量	万吨	2.14	1.93	[-10%]
纺织印染行业化学需氧量排放量	万吨	29.9	26.9	[-10%]
纺织印染行业氨氮排放量	万吨	1.99	1.75	[-12%]
农业				
农业化学需氧量排放量	万吨	1204	1108	[-8%]
农业氨氮排放量	万吨	82.9	74.6	[-10%]
城市				
城市污水处理率	%	77	85	8

注：[　] 内为变化率。

三、主要任务

（一）调整优化产业结构。

——抑制高耗能、高排放行业过快增长。合理控制固定资产投资增速和火电、钢铁、水泥、造纸、印染等重点行业发展规模，提高新建项目节能、环保、土地、安全等准入门槛，严格固定资产投资项目节能评估审查、环境影响评价和建设项目用地预审，完善新开工项目管理部门联动机制和项目审批问责制。对违规在建的高耗能、高排放项目，有关部门要责令停止建设，金融机构一律不得发放贷款。对违规建成的项目，要责令停止生产，金融机构一律不得发放流动资金贷款，有关部门要停止供电供水。严格控制高耗能、高排放和资源性产品出口。把能源消费总量、污染物排放总量作为能评和环评审批的重要依据，对电力、钢铁、造纸、印染行业实行主要污染物排放总量控制，对新建、扩建项目实施排污量等量或减量置换。优化电力、钢铁、水泥、玻璃、陶瓷、造纸等重点行业区域空间布局。中西部地区承接产业转移必须坚持高标准，严禁高污染产业和落后生产能力转入。

——淘汰落后产能。严格落实《产业结构调整指导目录（2011年本）》和《部分工业行业淘汰落后生产工艺装备和产品指导目录（2010年本）》，重点淘汰小火电2000万千瓦、炼铁产能4800万吨、炼钢产能4800万吨、水泥产能3.7亿吨、焦炭产能4200万吨、造纸产能1500万吨等（见表3）。制定年度淘汰计划，并逐级分解落实。对稀土行业实施更严格的节能环保准入标准，加快淘汰落后生产工艺和生产线，推进形成合理开发、有序生产、高效利用、技术先进、集约发展的稀土行业持续健康发展格局。完善落后产能退出机制，对未完成淘汰任务的地区和企业，依法落实惩罚措施。鼓励各地区制定更严格的能耗和排放标准，加大淘汰落后产能力度。

表3 “十二五”时期淘汰落后产能一览表

行　业	主要内容	单位	产能
电力	大电网覆盖范围内，单机容量在10万千瓦及以下的常规燃煤火电机组，单机容量在5万千瓦及以下的常规小火电机组，以发电为主的燃油锅炉及发电机组（5万千瓦及以下）；大电网覆盖范围内，设计寿命期满的单机容量在20万千瓦及以下的常规燃煤火电机组	万千瓦	2000
炼铁	400立方米及以下炼铁高炉等	万吨	4800
炼钢	30吨及以下转炉、电炉等	万吨	4800
铁合金	6300千伏安以下铁合金矿热电炉，3000千伏安以下铁合金半封闭直流电炉、铁合金精炼电炉等	万吨	740
电石	单台炉容量小于12500千伏安电石炉及开放式电石炉	万吨	380
铜（含再生铜）冶炼	鼓风炉、电炉、反射炉炼铜工艺及设备等	万吨	80
电解铝	100千安及以下预焙槽等	万吨	90
铅（含再生铅）冶炼	采用烧结锅、烧结盘、简易高炉等落后方式炼铅工艺及设备，未配套建设制酸及尾气吸收系统的烧结机炼铅工艺等	万吨	130
锌（含再生锌）冶炼	采用马弗炉、马槽炉、横罐、小竖罐等进行焙烧、简易冷凝设施进行收尘等落后方式炼锌或生产氧化锌工艺装备等	万吨	65
焦炭	土法炼焦（含改良焦炉），单炉产能7.5万吨/年以下的半焦（兰炭）生产装置，炭化室高度小于4.3米焦炉（3.8米及以上捣固焦炉除外）	万吨	4200
水泥（含熟料及磨机）	立窑，干法中空窑，直径3米以下水泥粉磨设备等	万吨	37000
平板玻璃	平拉工艺平板玻璃生产线（含格法）	万重量箱	9000
造纸	无碱回收的碱法（硫酸盐法）制浆生产线，单条产能小于3.4万吨的非木浆生产线，单条产能小于1万吨的废纸浆生产线，年生产能力5.1万吨以下的化学木浆生产线等	万吨	1500
化纤	2万吨/年及以下粘胶常规短纤维生产线，湿法氨纶工艺生产线，二甲基酰胺溶剂法氨纶及腈纶工艺生产线，硝酸法腈纶常规纤维生产线等	万吨	59
印染	未经改造的74型染整生产线，使用年限超过15年的国产和使用年限超过20年的进口前处理设备、拉幅和定形设备、圆网和平网印花机、连续染色机，使用年限超过15年的浴比大于1∶10的棉及化纤间歇式染色设备等	亿米	55.8
制革	年加工生皮能力5万标张牛皮、年加工蓝湿皮能力3万标张牛皮以下的制革生产线	万标张	1100
酒精	3万吨/年以下酒精生产线（废糖蜜制酒精除外）	万吨	100
味精	3万吨/年以下味精生产线	万吨	18.2
柠檬酸	2万吨/年及以下柠檬酸生产线	万吨	4.75
铅蓄电池（含极板及组装）	开口式普通铅蓄电池生产线，含镉高于0.002%的铅蓄电池生产线，20万千伏安时/年规模以下的铅蓄电池生产线	万千伏安时	746
白炽灯	60瓦以上普通照明用白炽灯	亿只	6

——促进传统产业优化升级。运用高新技术和先进适用技术改造提升传统产业，促进信息化和工业化深度融合。加大企业技术改造力度，重点支持对产业升级带动作用大的重点项目和重污染企业搬迁改造。调整加工贸易禁止类商品目录，提高加工贸易准入门槛。提升产品节能环保性能，打造绿色低碳品牌。合理引导企业兼并重组，提高产业集中度，培育具有自主创新能力和核心竞争力的企业。

——调整能源消费结构。促进天然气产量快速增长，推进煤层气、页岩气等非常规油气资源开发利用，加强油气战略进口通道、国内主干管网、城市配网和储备库建设。结合产业布局调整，有序引导高耗能企业向能源产地适度集中，减少长距离输煤输电。在做好生态保护和移民安置的前提下积极发展水电，在确保安全的基础上有序发展核电。加快风能、太阳能、地热能、生物质能、煤层气等清洁能源商业化利用，加快分布式能源发展，提高电网对非化石能源和清洁能源发电的接纳能力。到2015年，非化石能源消费总量占一次能源消费比重达到11.4%。

——推动服务业和战略性新兴产业发展。加快发展生产性服务业和生活性服务业，推进规模化、品牌化、网络化经营。到2015年，服务业增加值占国内生产总值比重比2010年提高4个百分点。推动节能环保、新一代信息技术、生物、高端装备制造、新能源、新材料、新能源汽车等战略性新兴产业发展。到2015年，战略性新兴产业增加值占国内生产总值比重达到8%左右。

（二）推动能效水平提高。

——加强工业节能。坚持走新型工业化道路，通过明确目标任务、加强行业指导、推动技术进步、强化监督管理，推进工业重点行业节能。

电力。鼓励建设高效燃气-蒸汽联合循环电站，加强示范整体煤气化联合循环技术（IGCC）和以煤气化为龙头的多联产技术。发展热电联产，加快智能电网建设。加快现役机组和电网技术改造，降低厂用电率和输配电线损。

煤炭。推广年产400万吨选煤系统成套技术与装备，到2015年原煤入洗率达到60%以上，鼓励高硫、高灰动力煤入洗，灰分大于25%的商品煤就近销售。积极发展动力配煤，合理选择具有区位和市场优势的矿区、港口等煤炭集散地建设煤炭储配基地。发展煤炭地下气化、脱硫、水煤浆、型煤等洁净煤技术。实施煤矿节能技术改造。加强煤矸石综合利用。

钢铁。优化高炉炼铁炉料结构，降低铁钢比。推广连铸坯热送热装和直接轧制技术。推动干熄焦、高炉煤气、转炉煤气和焦炉煤气等二次能源高效回收利用，鼓励烧结机余热发电，到2015年重点大中型企业余热余压利用率达到50%以上。支持大中型钢铁企业建设能源管理中心。

有色金属。重点推广新型阴极结构铝电解槽、低温高效铝电解等先进节能生产工艺技术。推进氧气底吹熔炼技术、闪速技术等广泛应用。加快短流程连续炼铅冶金技术、连续铸轧短流程有色金属深加工工艺、液态铅渣直接还原炼铅工艺与装备产业化技术开发和推广应用。加强有色金属资源回收利用。提高能源管理信息化水平。

石油石化。原油开采行业要全面实施抽油机驱动电机节能改造，推广不加热集油技术和油田采出水余热回收利用技术，提高油田伴生气回收水平。鼓励符合条件的新建炼油项目发展炼化一体化。原油加工行业重点推广高效换热器并优化换热流程、优化中段回流取热比例、降低汽化率、塔顶循环回流换热等节能技术。

化工。合成氨行业重点推广先进煤气化技术、节能高效脱硫脱碳、低位能余热吸收制冷等技术，实施综合节能改造。烧碱行业提高离子膜法烧碱比例，加快零极距、氧阴极等先进节能技术的开发应用。纯碱行业重点推广蒸汽多级利用、变换气制碱、新型盐析结晶器及高效节能循环泵等节能技术。电石行业加快采用密闭式电石炉，全面推行电石炉炉气综合利用，积极推进新型电石生产技术研发和应用。

建材。推广大型新型干法水泥生产线。普及纯低温余热发电技术，到2015年水泥纯低温余热发电比例提高到70%以上。推进水泥粉磨、熟料生产等节能改造。推进玻璃生产线余热发电，到2015年余热发电比例提高到30%以上。加快开发推广高效阻燃保温材料、低辐射节能玻璃等新型节能产品。推进墙体材料革新，城市城区限制使用粘土制品，县城禁止使用实心粘土砖。加快新型墙体材料发展，到2015年新型墙体材料比重达到65%以上。

——强化建筑节能。开展绿色建筑行动，从规划、法规、技术、标准、设计等方面全面推进建筑节能，提高建筑能效水平。

强化新建建筑节能。严把设计关口，加强施工图审查，城镇建筑设计阶段100%达到节能标准要求。加强施工阶段监管和稽查，施工阶段节能标准执行率达到95%以上。严格建筑节能专项验收，对达不到节能标准要求的不得通过竣工验收。鼓励有条件的地区适当提高建筑节能标准。加强新区绿色规划，重点推动各级机关、学校和医院建筑，以及影剧院、博物馆、科技馆、体育馆等执行绿色建筑标准；在商业房地产、工业厂房中推广绿色建筑。

加大既有建筑节能改造力度。以围护结构、供热计量、管网热平衡改造为重点，大力推进北方采暖地区既有居住建筑供热计量及节能改造，加快实施“节能暖房”工程。开展大型公共建筑采暖、空调、通风、照明等节能改造，推行用电分项计量。以建筑门窗、外遮阳、自然通风等为重点，在夏热冬冷地区和夏热冬暖地区开展居住建筑节能改造试点。在具备条件的情况下，鼓励在旧城区综合改造、城市市容整治、既有建筑抗震加固中，采用加层、扩容等方式开展节能改造。

——推进交通运输节能。加快构建便捷、安全、高效的综合交通运输体系，不断优化运输结构，推进科技和管理创新，进一步提升运输工具能源效率。

铁路运输。大力发展电气化铁路，进一步提高铁路运输能力。加强运输组织管理。加快淘汰老旧机车机型，推广铁路机车节油、节电技术，对铁路运输设备实施节能改造。积极推进货运重载化。推进客运站节能优化设计，加强大型客运站能耗综合管理。

公路运输。全面实施营运车辆燃料消耗量限值标准。建立物流公共信息平台，优化货运组织。推行高速公路不停车收费，继续开展公路甩挂运输试点。实施城乡道路客运一体化试点。推广节能驾驶和绿色维修。

水路运输。建设以国家高等级航道网为主体的内河航道网，推进航电枢纽建设，优化港口布局。推进船舶大型化、专业化，淘汰老旧船舶，加快实施内河船型标准化。发展大宗散货专业化运输和多式联运等现代运输组织方式。推进港口码头节能设计和改造。加快港口物流信息平台建设。

航空运输。优化航线网络和运力配备，改善机队结构，加强联盟合作，提高运输效率。优化空域结构，提高空域资源配置使用效率。开发应用航空器飞行及地面运行节油相关实用技术，推进航空生物燃油研发与应用。加强机场建设和运营中的节能管理，推进高耗能设施、设备的节油节电改造。

城市交通。合理规划城市布局，优化配置交通资源，建立以公共交通为重点的城市交通发展模式。优先发展公共交通，有序推进轨道交通建设，加快发展快速公交。探索城市调控机动车保有总量。开展低碳交通运输体系建设城市试点。推行节能驾驶，倡导绿色出行。积极推广节能与新能源汽车，加快加气站、充电站等配套设施规划和建设。抓好城市步行、自行车交通系统建设。发展智能交通，建立公众出行信息服务系统，加大交通疏堵力度。

——推进农业和农村节能。完善农业机械节能标准体系。依法加强大型农机年检、年审，加快老旧农业机械和渔船淘汰更新。鼓励农民购买高效节能农业机械。推广节能新产品、新技术，加快农业机电设备节能改造，加强用能设备定期维修保养。推进节能型农宅建设，结合农村危房改造加大建筑节能示范力度。推动省柴节煤灶更新换代。开展农村水电增效扩容改造。推进农业节水增效，推广高效节水灌溉技术。因地制宜、多能互补发展小水电、风能、太阳能和秸秆综合利用。科学规划农村沼气建设布局，完善服务机制，加强沼气设施的运行管理和维护。

——强化商用和民用节能。开展零售业等流通领域节能减排行动。商业、旅游业、餐饮等行业建立并完善能源管理制度，开展能源审计，加快用能设施节能改造。宾馆、商厦、写字楼、机场、车站严格执行公共建筑空调温度控制标准，优化空调运行管理。鼓励消费者购买节能环保型汽车和节能型住宅，推广高效节能家用电器、办公设备和高效照明产品。减少待机能耗，减少使用一次性用品，严格执行限制商品过度包装和超薄塑料购物袋生产、销售和使用的相关规定。

——实施公共机构节能。新建公共建筑严格实施建筑节能标准。实施供热计量改造，国家机关率先实行按热量收费。推进公共机构办公区节能改造，推广应用可再生能源。全面推进公务用车制度改革，严格油耗定额管理，推广节能和新能源汽车。在各级机关和教科文卫体等系统开展节约型公共机构示范单位建设，创建2000家节约型公共机构。健全公共机构能源管理、统计监测考核和培训体系，建立完善公共机构能源审计、能效公示、能源计量和能耗定额管理制度，加强能耗监测平台和节能监管体系建设。

（三）强化主要污染物减排。

——加强城镇生活污水处理设施建设。加强城镇环境基础设施建设，以城镇污水处理设施及配套管网建设、现有设施升级改造、污泥处理处置设施建设为重点，提升脱氮除磷能力。到2015年，城市污水处理率和污泥无害化处置率分别达到85%和70%，县城污水处理率达到70%，基本实现每个县和重点建制镇建成污水集中处理设施，全国城镇污水处理厂再生水利用率达到15%以上。

——加强重点行业污染物减排。

加强重点行业污染预防。以钢铁、水泥、氮肥、造纸、印染行业为重点，大力推行清洁生产，加快重大、共性技术的示范和推广，完善清洁生产评价指标体系，开展工业产品生态设计、农业和服务业清洁生产试点。以汞、铬、铅等重金属污染防治为重点，在重点行业实施技术改造。示范和推广一批无毒无害或低毒低害原料（产品），对高耗能、高排放企业及排放有毒有害废物的重点企业开展强制性清洁生产审核。

加大工业废水治理力度。以制浆造纸、印染、食品加工、农副产品加工等行业为重点，继续加大水污染深度治理和工艺技术改造。制浆造纸企业加快建设碱回收装置；纺织印染行业推行废水集中处理和实施综合治理，大中型造纸企业、有脱墨的废纸造纸企业和采用碱减量工艺的化纤布印染企业实施废水三级深度处理；发酵行业推广高浓度废液综合利用技术、废醪液制备生物有机肥及液态肥技术；制糖行业推广闭合循环用水技术；氮肥行业推广稀氨水浓缩回收利用技术、尿素工艺冷凝液深度水解技术，加大生化处理设施建设力度；农药行业推广清污分流和高浓度废水预处理技术。

推进电力行业脱硫脱硝。新建燃煤机组全面实施脱硫脱硝，实现达标排放。尚未安装脱硫设施的现役燃煤机组要配套建设烟气脱硫设施，不能稳定达标排放的燃煤机组要实施脱硫改造。加快燃煤机组低氮燃烧技术改造和烟气脱硝设施建设，对单机容量30万千瓦及以上的燃煤机组、东部地区和其他省会城市单机容量20万千瓦及以上的燃煤机组，均要实行脱硝改造，综合脱硝效率达到75%以上。

加强非电行业脱硫脱硝。实施钢铁烧结机烟气脱硫，到2015年，所有烧结机和位于城市建成区的球团生产设备烟气脱硫效率达到95%以上。有色金属行业冶炼烟气中二氧化硫含量大于3.5%的冶炼设施，要安装硫回收装置。石油炼制行业新建催化裂化装置要配套建设烟气脱硫设施，现有硫黄回收装置硫回收率达到99%。建材行业建筑陶瓷规模大于70万平方米/年且燃料含硫率大于0.5%的窑炉，应安装脱硫设施或改用清洁能源，浮法玻璃生产线要实施烟气脱硫或改用天然气。焦化行业炼焦炉荒煤气硫化氢脱除效率达到95%。水泥行业实施新型干法窑降氮脱硝，新建、改扩建水泥生产线综合脱硝效率不低于60%。燃煤锅炉蒸汽量大于35吨/小时且二氧化硫超标排放的，要实施烟气脱硫改造，改造后脱硫效率应达到70%以上。

——开展农业源污染防治。

加强农村污染治理。推进农村生态示范建设标准化、规范化、制度化。因地制宜建设农村生活污水处理设施，分散居住地区采用低能耗小型分散式污水处理方式，人口密集、污水排放相对集中地区采用集中处理方式。实施农村清洁工程，开展农村环境综合整治，推行农业清洁生产，鼓励生活垃圾分类收集和就地减量无害化处理。选择经济、适用、安全的处理处置技术，提高垃圾无害化处理水平，城镇周边和环境敏感区的农村逐步推广城乡一体化垃圾处理模式。推广测土配方施肥，发展有机肥采集利用技术，减少不合理的化肥施用。

推进畜禽清洁养殖。结合土地消纳能力，推进畜禽养殖适度规模化，合理优化养殖布局，鼓励采取种养结合养殖方式。以规模化养殖场和养殖小区为重点，因地制宜推行干清粪收集方法，养殖场区实施雨污分流，发展废物循环利用，鼓励粪污、沼渣等废弃物发酵生产有机肥料。在散养密集区推行粪污集中处理。

推行水产健康养殖。规范水产养殖行为，优化水产养殖区域布局，国家重点流域以及各地确定的重点保护水体要合理减少网箱、围网养殖规模。加快养殖池塘改造和循环水设施配套建设，推广水质调控技术与环保设备。鼓励发展人工生态环境、多品种立体、开放式流水或微流水、全封闭循环水工厂化、水产品与农作物共生互利等水产生态养殖方式。

——控制机动车污染物排放。提高机动车污染物排放准入门槛。加强机动车排放对环境影响的评估审查。加快淘汰老旧车辆，基本淘汰2005年以前注册的用于运营的“黄标车”。推进报废农用车换购载货汽车工作。全面推行机动车环保标志管理，严格实施机动车一致性检查制度，不符合国家机动车排放标准的车辆禁止生产、销售和注册登记。实施第四阶段机动车排放标准，在有条件的重点城市和地区逐步推动实施第五阶段排放标准。“十二五”末实现低速车与载货汽车实施同一排放标准。全面提升车用燃油品质。研究制定国家第四、第五阶段车用燃油标准，推动落实标准实施条件，强化车用燃油监管。全面供应符合国家第四阶段标准的车用燃油，部分重点城市供应国家第五阶段标准车用燃油。大型炼化项目应以国家第五阶段车用燃油标准作为设计目标，加快成品油生产技术改造。

——推进大气中细颗粒污染物（PM2.5）治理。促进煤炭清洁利用，建设低硫、低灰配煤场，提高煤炭洗选比例，重点区域淘汰低效燃煤锅炉。推广使用天然气、煤制气、生物质成型燃料等清洁能源。加大工业烟粉尘污染防治力度，对火电、钢铁、水泥等高排放行业以及燃煤工业锅炉实施高效除尘改造。大力削减石油石化、化工等行业挥发性有机物的排放。推动柴油车尿素加注基础设施建设。实施大气联防联控重点区域城区内重污染企业搬迁改造。加强建设施工、植被破坏等因素造成的扬尘污染防治。

四、节能减排重点工程

（一）节能改造工程。

——锅炉（窑炉）改造和热电联产。实施燃煤锅炉和锅炉房系统节能改造，提高锅炉热效率和运行管理水平；在部分地区开展锅炉专用煤集中加工，提高锅炉燃煤质量；推动老旧供热管网、换热站改造。推广四通道喷煤燃烧、并流蓄热石灰窑煅烧等高效窑炉节能技术。到2015年工业锅炉、窑炉平均运行效率分别比2010年提高5个和2个百分点。东北、华北、西北地区大城市居民采暖除有条件采用可再生能源外基本实行集中供热，中小城市因地制宜发展背压式热电或集中供热改造，提高热电联产在集中供热中的比重。“十二五”时期形成7500万吨标准煤的节能能力。

——电机系统节能。采用高效节能电动机、风机、水泵、变压器等更新淘汰落后耗电设备。对电机系统实施变频调速、永磁调速、无功补偿等节能改造，优化系统运行和控制，提高系统整体运行效率。开展大型水利排灌设备、电机总容量10万千瓦以上电机系统示范改造。2015年电机系统运行效率比2010年提高2－3个百分点，“十二五”时期形成800亿千瓦时的节电能力。

——能量系统优化。加强电力、钢铁、有色金属、合成氨、炼油、乙烯等行业企业能量梯级利用和能源系统整体优化改造，开展发电机组通流改造、冷却塔循环水系统优化、冷凝水回收利用等，优化蒸汽、热水等载能介质的管网配置，实施输配电设备节能改造，深入挖掘系统节能潜力，大幅度提升系统能源效率。“十二五”时期形成4600万吨标准煤的节能能力。

——余热余压利用。能源行业实施煤矿低浓度瓦斯、油田伴生气回收利用；钢铁行业推广干熄焦、干式炉顶压差发电、高炉和转炉煤气回收发电、烧结机余热发电；有色金属行业推广冶金炉窑余热回收；建材行业推行新型干法水泥纯低温余热发电、玻璃熔窑余热发电；化工行业推行炭黑余热利用、硫酸生产低品位热能利用；积极利用工业低品位余热作为城市供热热源。到2015年新增余热余压发电能力2000万千瓦，“十二五”时期形成5700万吨标准煤的节能能力。

——节约和替代石油。推广燃煤机组无油和微油点火、内燃机系统节能、玻璃窑炉全氧燃烧和富氧燃烧、炼油含氢尾气膜法回收等技术。开展交通运输节油技术改造，鼓励以洁净煤、石油焦、天然气替代燃料油。在有条件的城市公交客车、出租车、城际客货运输车辆等推广使用天然气和煤层气。因地制宜推广醇醚燃料、生物柴油等车用替代燃料。实施乘用车制造企业平均油耗管理制度。“十二五”时期节约和替代石油800万吨，相当于1120万吨标准煤。

——建筑节能。到2015年，累计完成北方采暖地区既有居住建筑供热计量和节能改造4亿平方米以上，夏热冬冷地区既有居住建筑节能改造5000万平方米，公共建筑节能改造6000万平方米，公共机构办公建筑节能改造6000万平方米。“十二五”时期形成600万吨标准煤的节能能力。

——交通运输节能。铁路运输实施内燃机车、电力机车和空调发电车节油节电、动态无功补偿以及谐波负序治理等技术改造；公路运输实施电子不停车收费技术改造；水运推广港口轮胎式集装箱门式起重机油改电、靠港船舶使用岸电、港区运输车辆和装卸机械节能改造、油码头油气回收等；民航实施机场和地面服务设备节能改造，推广地面电源系统代替辅助动力装置等措施；加快信息技术在城市交通中的应用。深入开展“车船路港”千家企业低碳交通运输专项行动。“十二五”时期形成100万吨标准煤的节能能力。

——绿色照明。实施“中国逐步淘汰白炽灯路线图”，分阶段淘汰普通照明用白炽灯等低效照明产品。推动白炽灯生产企业转型改造，支持荧光灯生产企业实施低汞、固汞技术改造。积极发展半导体照明节能产业，加快半导体照明关键设备、核心材料和共性关键技术研发，支持技术成熟的半导体通用照明产品在宾馆、商厦、道路、隧道、机场等领域的应用。推动标准检测平台建设。加快城市道路照明系统改造，控制过度装饰和亮化。“十二五”时期形成2100万吨标准煤的节能能力。

（二）节能产品惠民工程。

加大高效节能产品推广力度。民用领域重点推广高效照明产品、节能家用电器、节能与新能源汽车等，商用领域重点推广单元式空调器等，工业领域重点推广高效电动机等，产品能效水平提高10%以上，市场占有率提高到50%以上。完善节能产品惠民工程实施机制，扩大实施范围，健全组织管理体系，强化监督检查。“十二五”时期形成1000亿千瓦时的节电能力。

（三）合同能源管理推广工程。

扎实推进《国务院办公厅转发发展改革委等部门关于加快推行合同能源管理促进节能服务产业发展意见的通知》（国办发〔2010〕25号）的贯彻落实，引导节能服务公司加强技术研发、服务创新、人才培养和品牌建设，提高融资能力，不断探索和完善商业模式。鼓励大型重点用能单位利用自身技术优势和管理经验，组建专业化节能服务公司。支持重点用能单位采用合同能源管理方式实施节能改造。公共机构实施节能改造要优先采用合同能源管理方式。加强对合同能源管理项目的融资扶持，鼓励银行等金融机构为合同能源管理项目提供灵活多样的金融服务。积极培育第三方认证、评估机构。到2015年，建立比较完善的节能服务体系，节能服务公司发展到2000多家，其中龙头骨干企业达到20家；节能服务产业总产值达到3000亿元，从业人员达到50万人。“十二五”时期形成6000万吨标准煤的节能能力。

（四）节能技术产业化示范工程。

示范推广低品位余能利用、高效环保煤粉工业锅炉、稀土永磁电机、新能源汽车、半导体照明、太阳能光伏发电、零排放和产业链接等一批重大、关键节能技术。建立节能技术评价认定体系，形成节能技术分类遴选、示范和推广的动态管理机制。对节能效果好、应用前景广阔的关键产品或核心部件组织规模化生产，提高研发、制造、系统集成和产业化能力。“十二五”时期产业化推广30项以上重大节能技术，培育一批拥有自主知识产权和自主品牌、具有核心竞争力、世界领先的节能产品制造企业，形成1500万吨标准煤的节能能力。

（五）城镇生活污水处理设施建设工程。

加大城镇污水处理设施和配套管网建设力度。“十二五”时期新建配套管网16万公里，新增污水日处理能力4200万吨，升级改造污水日处理能力2600万吨，新增再生水利用能力2700万吨/日。加快城镇生活垃圾处理处置设施建设，强化垃圾渗滤液处置。“十二五”时期分别新增化学需氧量和氨氮削减能力280万吨、30万吨。

（六）重点流域水污染防治工程。

加强“三河三湖”、松花江、三峡库区及上游、丹江口库区及上游、黄河中上游等重点流域和城镇饮用水水源地的综合治理，加大长江中下游和珠江流域水污染防治力度，加强湖泊生态环境保护，推进渤海等重点海域综合治理。实施一批水污染综合治理项目。推动受污染场地、土壤及其周边地下水污染治理，重点推进湘江流域重金属污染治理。大力推进重点行业污水处理设施建设，“十二五”时期造纸、纺织、食品加工、农副产品加工、化工、石化等行业分别新增污水日处理能力300万吨、60万吨、60万吨、600万吨、200万吨、300万吨。

（七）脱硫脱硝工程。

完成5056万千瓦现役燃煤机组脱硫设施配套建设，对已安装脱硫设施但不能稳定达标的4267万千瓦燃煤机组实施脱硫改造；完成4亿千瓦现役燃煤机组脱硝设施建设，对7000万千瓦燃煤机组实施低氮燃烧技术改造。到2015年燃煤机组脱硫效率达到95%，脱硝效率达到75%以上。钢铁烧结机、有色金属窑炉、建材新型干法水泥窑、石化催化裂化装置、焦化炼焦炉配套实施低氮燃烧改造或安装脱硫脱硝设施，高速公路沿线逐步建设柴油车脱硝尿素加注站。“十二五”时期新增二氧化硫和氮氧化物削减能力277万吨、358万吨。

（八）规模化畜禽养殖污染防治工程。

以规模化养殖场和养殖小区为重点，鼓励废弃物统一收集，集中治理。建设雨污分离污水收集系统和厌氧发酵处理设施，配套建设分布式粪污贮存及处理设施。加强规模化养殖场沼气预处理设施、发酵装置、沼气和沼肥利用设施建设,实现畜禽养殖场废弃物的资源化利用。到2015年，50%以上规模化养殖场和养殖小区配套建设废弃物处理设施，分别新增化学需氧量和氨氮削减能力140万吨、10万吨。

（九）循环经济示范推广工程。

开展资源综合利用、废旧商品回收体系示范、“城市矿产”示范基地、再制造产业化、餐厨废弃物资源化、产业园区循环化改造、资源循环利用技术示范推广等循环经济重点工程建设，实现减量化、再利用、资源化。在农业、工业、建筑、商贸服务等重点领域，以及重点行业、重点流域、中西部产业承接园区实施清洁生产示范工程，加大清洁生产技术改造实施力度。加快共性、关键清洁生产技术示范和推广，培育一批清洁生产企业和工业园区。

（十）节能减排能力建设工程。

推进节能监测平台建设，建立能源消耗数据库和数据交换系统，强化数据收集、数据分类汇总、预测预警和信息交流能力。开展重点用能单位能源消耗在线监测体系建设试点和城市能源计量示范建设。建设县级污染源监控中心，加强污染源监督性监测，完善区域污染源在线监控网络，建立减排监测数据库并实现数据共享。加强氨氮、氮氧化物统计监测，提高农业源污染监测和机动车污染监控能力。推进节能减排监管机构标准化和执法能力建设，加强省、市、县节能减排监测取证设备、能耗和污染物排放测试分析仪器配备。

初步测算，“十二五”时期实施节能减排重点工程需投资约23660亿元，可形成节能能力3亿吨标准煤，新增化学需氧量、二氧化硫、氨氮、氮氧化物削减能力分别为420万吨、277万吨、40万吨、358万吨（见表4）。

表4　“十二五”节能减排规划投资需求

工程名称	投资需求（亿元）	节能减排能力（万吨）
节能重点工程	9820	30000（标准煤）
减排重点工程	8160	420（化学需氧量）、277（二氧化硫）、40（氨氮）、358（氮氧化物）
循环经济重点工程	5680	支撑实现上述节能减排能力
总计	23660	

五、保障措施

（一）坚持绿色低碳发展。

深入贯彻节约资源和保护环境基本国策，坚持绿色发展和低碳发展。坚持把节能减排作为落实科学发展观、加快转变经济发展方式的重要着力点，加快构建资源节约、环境友好的生产方式和消费模式，增强可持续发展能力。在制定实施国家有关发展战略、专项规划、产业政策以及财政、税收、金融、价格和土地等政策过程中，要体现节能减排要求，发展目标要与节能减排约束性指标衔接，政策措施要有利于推进节能减排。

（二）强化目标责任评价考核。

综合考虑经济发展水平、产业结构、节能潜力、环境容量及国家产业布局等因素，合理确定各地区、各行业节能减排目标。进一步完善节能减排统计、监测、考核体系，健全节能减排预警机制，建立健全行业节能减排工作评价制度。各地区要将国家下达的节能减排目标分解落实到下一级政府、有关部门和重点单位。国务院每年组织开展省级人民政府节能减排目标责任评价考核，考核结果作为领导班子和领导干部综合考核评价的重要内容，纳入政府绩效管理，实行问责制，并按照有关规定对作出突出成绩的地区、单位和个人给予表彰奖励。地方各级人民政府要切实抓好本地区节能减排目标责任评价考核。

（三）加强用能节能管理。

明确总量控制目标和分解落实机制，实行目标责任管理。建立能源消费总量预测预警机制，对能源消费总量增长过快的地区及时预警调控。在工业、建筑、交通运输、公共机构以及城乡建设和消费领域全面加强用能管理，切实改变敞开供应能源、无约束使用能源的现象。依法加强年耗能万吨标准煤以上用能单位节能管理，开展万家企业节能低碳行动，落实目标责任，实行能源审计，开展能效水平对标活动，建立能源管理师制度，提高企业能源管理水平。在大气联防联控重点区域开展煤炭消费总量控制试点，从严控制京津唐、长三角、珠三角地区新建燃煤火电机组。

（四）健全节能环保法律、法规和标准。

完善节能环保法律、法规和标准体系。推动加快制修订大气污染防治法、排污许可证管理条例、畜禽养殖污染防治条例、重点用能单位节能管理办法、节能产品认证管理办法等。加快节能环保标准体系建设，扩大标准覆盖面，提高准入门槛。组织制修订粗钢、铁合金、焦炭、多晶硅、纯碱等50余项高耗能产品强制性能耗限额标准，高压三相异步电动机、平板电视机等40余项终端用能产品强制性能效标准，制定钢铁、水泥等行业能源管理体系标准等。健全节能和环保产品及装备标准。完善环境质量标准。加快重点行业污染物排放标准的制修订工作，根据氨氮、氮氧化物控制目标要求制定实施排放标准，加强标准实施的后评估工作。

（五）完善节能减排投入机制。

加大中央预算内投资和中央节能减排专项资金对节能减排重点工程和能力建设的支持力度，继续安排国有资本经营预算支出支持企业实施节能减排项目。完善“以奖代补”、“以奖促治”以及采用财政补贴方式推广高效节能产品和合同能源管理等支持机制，强化财政资金的引导作用。支持军队重点用能设施设备节能改造。地方各级人民政府要进一步加大对节能减排的投入，创新投入机制，发挥多层次资本市场融资功能，多渠道引导企业、社会资金积极投入节能减排。完善财政补贴方式和资金管理办法，强化财政资金的安全性和有效性，提高财政资金使用效率。

（六）完善促进节能减排的经济政策。

深化资源性产品价格改革，理顺煤、电、油、气、水、矿产等资源类产品价格关系，建立充分反映市场供求、资源稀缺程度以及环境损害成本的价格形成机制。完善差别电价、峰谷电价、惩罚性电价，尽快出台鼓励余热余压发电和煤层气发电的上网政策，全面推行居民用电阶梯价格。严格落实脱硫电价，研究完善燃煤电厂烟气脱硝电价政策。完善矿业权有偿取得制度。加快供热体制改革，全面实施热计量收费制度。完善污水处理费政策。改革垃圾处理收费方式，提高收缴率，降低征收成本。完善节能产品政府采购制度。扩大环境标志产品政府采购范围，完善促进节能环保服务的政府采购政策。落实国家支持节能减排的税收优惠政策，改革资源税，加快推进环境保护税立法工作，调整进出口税收政策，合理调整消费税范围和税率结构。推进金融产品和服务方式创新，积极改进和完善节能环保领域的金融服务，建立企业节能环保水平与企业信用等级评定、贷款联动机制，探索建立绿色银行评级制度。推行重点区域涉重金属企业环境污染责任保险。

（七）推广节能减排市场化机制。

加大能效标识和节能环保产品认证实施力度，扩大能效标识和节能产品认证实施范围。建立高耗能产品（工序）和主要终端用能产品能效“领跑者”制度，明确实施时限。推进节能发电调度。强化电力需求侧管理，开展城市综合试点。加快建立电能管理服务平台，充分运用电力负荷管理系统，完善鼓励电网企业积极参与电力需求侧管理的考核与奖惩机制。加强政策落实和引导，鼓励采用合同能源管理实施节能改造，推动城镇污水、垃圾处理以及企业污染治理等环保设施社会化、专业化运营。深化排污权有偿使用和交易制度改革，建立完善排污权有偿使用和交易政策体系，研究制定排污权交易初始价格和交易价格政策。开展碳排放交易试点。推进资源型经济转型改革试验。健全污染者付费制度，完善矿产资源补偿制度，加快建立生态补偿机制。

（八）推动节能减排技术创新和推广应用。

深入实施节能减排科技专项行动，通过国家科技重大专项和国家科技计划（专项）等对节能减排相关科研工作给予支持。完善节能环保技术创新体系，加强基础性、前沿性和共性技术研发，在节能环保关键技术领域取得突破。加强政府指导，推动建立以企业为主体、市场为导向、多种形式的产学研战略联盟，鼓励企业加大研发投入。

重点支持成熟的节能减排关键、共性技术与装备产业化示范和应用，加快产业化基地建设。发布节能环保技术推广目录，加快推广先进、成熟的新技术、新工艺、新设备和新材料。加强节能环保领域国际交流合作，加快国外先进适用节能减排技术的引进吸收和推广应用。

（九）强化节能减排监督检查和能力建设。

加强节能减排执法监督，依法从严惩处各类违反节能减排法律法规的行为，实行执法责任制。强化重点用能单位、重点污染源和治理设施运行监管，推动污染源自动监控数据联网共享。完善工业能源消费统计，建立建筑、交通运输、公共机构能源消费统计制度、地区单位生产总值能耗指标季度统计制度，强化统计核算与监测。健全节能管理、监察、服务“三位一体”节能管理体系，形成覆盖全国的省、市、县三级节能监察体系。突出抓好重点用能单位能源利用状况报告、能源计量管理、能耗限额标准执行情况等监督检查。

（十）开展节能减排全民行动。

深入开展节能减排全民行动，抓好家庭社区、青少年、企业、学校、军营、农村、政府机构、科技、科普和媒体等十个专项行动。把节能减排纳入社会主义核心价值观宣传教育以及基础教育、文化教育、职业教育体系，增强危机意识。充分发挥广播影视、文化教育等部门以及新闻媒体和相关社会团体的作用，组织好节能宣传周、世界环境日等主题宣传活动。加强日常宣传和舆论监督，宣传先进、曝光落后、普及知识，崇尚勤俭节约、反对奢侈浪费，推动节能、节水、节地、节材、节粮，倡导与我国国情相适应的文明、节约、绿色、低碳生产方式和消费模式，积极营造良好的节能减排社会氛围。

六、规划实施

节约资源和保护环境是我国的基本国策，推进节能减排工作，加快建设资源节约型、环境友好型社会是我国经济社会发展的重大战略任务。各级人民政府和有关部门要切实履行职责，扎实工作，进一步强化目标责任评价考核，加强监督检查，保障规划目标和任务的完成。地方各级人民政府要对本地区节能减排工作负总责，切实加强组织领导和统筹协调，做好本地区节能减排规划与本规划主要目标、重点任务的协调，特别要加强约束性指标的衔接，抓好各项目标任务的分解落实，强化政策统筹协调，做好相关规划实施的跟踪分析。发展改革委、环境保护部要会同有关部门加强对本规划执行的支持和指导，认真做好规划实施的监督评估，重视研究新情况，解决新问题，总结新经验，重大问题及时向国务院报告。

关于印发“十二五”第二批风电项目核准计划的通知

国能新能[2012]82号

各省（区、市）发展改革委（能源局），国家电网公司、南方电网公司、中国华能集团公司、中国大唐集团公司、中国华电集团公司、中国国电集团公司、中国电力投资集团公司、中国神华集团公司、中国长江三峡集团公司、水电水利规划设计总院、电力规划设计总院、中国广东核电集团公司、内蒙古电力集团公司：

一、按照《风电开发建设管理暂行办法》（国能新能[2011]285号）的有关要求，我局审核了部分省（区、市）报来的风电开发备选项目，同意将前期工作充分、电网接入条件落实的项目列入“十二五”第二批拟核准风电项目计划，共计1492万千瓦，分别为北京10万千瓦、天津13万千瓦、河北124万千瓦、山西139万千瓦、辽宁98万千瓦、上海10万千瓦、江苏64万千瓦、浙江60万千瓦、安徽62万千瓦、福建54万千瓦、江西50万千瓦、山东147万千瓦、河南76万千瓦、湖北31万千瓦、湖南74万千瓦、广东79万千瓦、广西49万千瓦、重庆25万千瓦、四川34万千瓦、贵州69万千瓦、云南136万千瓦、西藏5万千瓦、陕西30万千瓦、青海50万千瓦。另外，同意安排分散式接入风电项目83.7万千瓦、风电并网示范项目100万千瓦。以上三类项目总计1676万千瓦。具体项目详见附表一、二、三。黑龙江、吉林、内蒙古、宁夏、甘肃、新疆等省（区）的核准计划另行研究。

二、请各省（区、市）发展改革委（能源局）加强组织协调，认真落实项目建设条件，特别是电网接入条件和消纳市场，督促项目单位深化前期工作，待各项建设条件及接入电网技术方案落实后按项目核准权限的有关规定核准项目或向国家发展改革委上报项目核准申请报告。列入核准计划的项目不再核发前期工作的批复文件。2012年内未能核准的项目，可结转到2013年核准，不具备建设条件的项目，应申请取消。如个别项目确需调整，应提出书面申请，待批准后方可进行调整。

三、请甘肃省和内蒙古自治区分别督促酒泉风电基地二期第一批项目和巴彦淖尔市乌拉特中旗风电基地的项目业主单位加快推进项目前期工作，落实电网送出通道和消纳市场等各项建设条件，如项目在年内具备核准条件，可整体上报国家发展改革委申请核准。

四、电网公司要积极配合开展列入核准计划风电项目的配套电网规划和建设工作，加快落实电网接入条件和消纳市场，确保项目建设与配套电网同步投产和运行。未列入核准计划的项目，电网企业不得接受其并网运行。

五、分散式接入风电项目应按照《分散式接入风电开发建设指导意见》的有关要求，严格接入110千伏及以下电压等级系统，在配电网内消纳，并及时总结项目建设、接入电网技术要求和运行管理等方面的经验。

六、风电并网运行和消纳存在困难的地区应鼓励风电开发企业开展探索新的送出和消纳方式的示范工作，已列入计划的示范项目，建设单位应严格按照示范项目建设方案开展项目建设，确保项目顺利建成并发挥示范效应。项目建成后应及时开展相关的评估工作，总结示范的效果和经验。

附表：一、各省（区、市）“十二五”时期第二批拟核准风电项目计划安排表（略）

二、分散式接入风电项目计划安排表（略）

三、促进风电并网消纳示范项目计划安排表（略）

二〇一二年三月十九日

太阳能发电发展“十二五”规划

（国能新能〔2012〕194号　　国家能源局二〇一二年七月七日印发）

太阳能资源丰富，分布广泛，开发利用前景广阔。太阳能发电作为太阳能利用的重要方式，已经得到世界各国的普遍关注。近几年，太阳能发电技术进步很快，产业规模持续扩大，发电成本不断下降，在全球已实现较大规模应用。在国际市场的带动下，我国太阳能光伏产业快速发展，光伏技术和成本上均已形成一定的国际竞争力。从发展趋势看，太阳能发电即将成为技术可行、经济合理、具备规模化发展条件的可再生能源，对我国合理控制能源消费总量、实现非化石能源目标发挥重要作用。

为贯彻《可再生能源法》，根据《国民经济和社会发展第十二个五年规划纲要》、《能源发展“十二五”规划》和《可再生能源发展“十二五”规划》，制定了《太阳能发电发展“十二五”规划》(以下简称《规划》)。《规划》主要阐述了太阳能发电发展的指导思想和基本原则，明确了太阳能发电的发展目标、开发利用布局和建设重点，是“十二五”时期我国太阳能发电发展的基本依据。

一、规划基础和背景

（一）发展基础

1、国际发展状况

(1)发展现状

太阳能发电是新兴的可再生能源技术，目前已实现产业化应用的主要是太阳能光伏发电和太阳能光热发电。太阳能光伏发电具有电池组件模块化、安装维护方便、使用方式灵活等特点，是太阳能发电应用最多的技术。太阳能光热发电通过聚光集热系统加热介质，再利用传统蒸汽发电设备发电，近年来产业化示范项目开始增多。光伏发电。近10 年来，全球太阳能光伏电池年产量增长约6 倍，年均增长50%以上。2010 年，全球太阳能光伏电池年产量1600 万千瓦，其中我国年产量1000 万千瓦。并网光伏电站和与建筑结合的分布式并网光伏发电系统是光伏发电的主要利用方式。到2010 年，全球光伏发电总装机容量超过4000 万千瓦，主要应用市场在德国、西班牙、日本、意大利，其中德国2010 年新增装机容量700 万千瓦。随着太阳能光伏发电规模、转换效率和工艺水平的提高，全产业链的成本快速下降。太阳能光伏电池组件价格已经从2000 年每瓦4.5 美元下降到2010 年的1.5 美元以下，太阳能光伏发电的经济性明显提高。

光热发电。光热发电也称太阳能热发电，尚未实现大规模发展，但经过较长时间的试验运行，开始进入规模化商业应用。目前，美国、西班牙、德国、法国、阿联酋、印度等国已经建成或在建多座光热电站。到2010 年底，全球已实现并网运行的光热电站总装机容量为110 万千瓦，在建项目总装机容量约1200 万千瓦。

（2）发展趋势

太阳能发电技术经济性明显改善。目前，太阳能发电还处于发展初期，未来5~10 年，太阳能发电产业将进入快速成长期。随着太阳能发电技术水平的提高，市场应用规模将逐步扩大，太阳能发电成本将不断下降，市场竞争力将显著提高，太阳能发电有望加速进入规模化发展阶段。

太阳能发电技术多元化发展。光伏发电和光热发电具有不同的技术特点。晶体硅光伏电池、薄膜光伏电池技术，以及塔式、槽式、碟式等光热发电技术，都各自具有不同的技术优势，太阳能发电将呈现出多元化技术路线和发展趋势。有效的市场竞争将会促进太阳能发电技术进步和成本下降，并形成各类太阳能发电技术互为补充、共同发展的格局。

太阳能发电逐步成为电力系统的重要组成部分。随着太阳能发电技术经济性的明显改善，太阳能发电已开始进入规模化发展阶段。在2010 年欧盟新增发电装机容量中，太阳能发电首次超过风电，成为欧盟新增发电装机最多的可再生能源电力。随着全球太阳能发电产业技术进步和规模扩大，太阳能发电即将成为继水电、风电之后重要的可再生能源，成为电力系统的重要组成部分。

（3）发展经验

长期目标引导。欧盟、美国等发达国家或经济体都将太阳能发电作为可再生能源重要领域，制定了2020 年乃至更长远的发展目标。根据欧盟及成员国颁布的可再生能源行动计划，到2020年，欧盟太阳能发电总装机容量将超过9000 万千瓦，其中德国光伏发电总装机容量将达到5100 万千瓦，西班牙光热发电将达到1000 万千瓦。欧盟启动了“欧洲沙漠行动”，计划在撒哈拉沙漠建设大规模太阳能电站向欧洲电力负荷中心输电。

法律政策保障。德国、西班牙、美国等均制定专门法律支持可再生能源发展。欧盟各国普遍通过优惠上网电价政策支持太阳能发电等可再生能源电力的发展，美国通过税收减免和初投资补贴等政策支持太阳能发电发展，各国对电网企业均明确提出了可再生能源发电设施优先接入电网的要求。

2、我国发展现状

在国际太阳能光伏发电市场的带动下，在《可再生能源法》及配套政策的支持下，我国太阳能发电产业快速成长，已经建立了较好的太阳能光伏电池制造产业基础，在技术和成本上形成了国际竞争优势。已经启动了大型光伏电站、光热电站、分布式光伏发电及离网光伏系统等多元化的太阳能发电市场。初步建立了有利于成本下降的市场竞争机制，太阳能发电成本实现了快速下降，具备了在国内较大规模应用的条件。

（1）资源潜力

我国太阳能资源十分丰富，适宜太阳能发电的国土面积和建筑物受光面积也很大，青藏高原、黄土高原、冀北高原、内蒙古高原等太阳能资源丰富地区占到陆地国土面积的三分之二，具有大规模开发利用太阳能的资源潜力。东北地区、河南、湖北和江西等中部地区，以及河北、山东、江苏等东部沿海地区太阳能资源比较丰富，可供太阳能利用的建筑物面积很大。在四川、重庆、贵州、安徽、湖南等太阳能资源总体一般的区域，也有许多局部地区适宜开发利用太阳能。

（2）发展现状

近年来，我国太阳能光伏电池制造产业迅猛发展，产业体系快速形成，生产能力迅速扩大，技术经济优势明显提高。光伏电池制造产业基本形成。2010 年，我国大陆地区光伏电池产量达1000 万千瓦，占全球市场份额50%以上，其中5 家企业光伏电池产量居全球前10 位。我国光伏电池技术和质量位居世界前列，已掌握千吨级多晶硅规模化生产技术，硅材料生产副产品综合利用水平明显提高，先进企业能耗指标接近国际先进水平。国内可生产50%的光伏电池生产设备，包括单晶炉、多晶硅铸锭炉、开方机、多线切割机等。光伏电池组件价格已从2000年的每瓦40元下降到2010 年的每瓦7~8 元，太阳能发电的上网电价从2009 年以前的每千瓦时4 元下降到2010 年的每千瓦时1元左右。

太阳能光热发电的重大装备设计、制造和系统集成等技术取得重要突破。首座商业化光热电站特许权项目已开工建设，有效带动了光热发电的关键设备及电站系统设计与集成等产业链的发展，为我国光热发电发展初步奠定了技术和产业基础。多元化国内市场快速启动。近年来，为积极培育我国太阳能发电市场，结合太阳能发电的技术类型，启动了多元化的国内应用市场。在西部地区组织了共计30 万千瓦光伏电站特许权项目招标，在内蒙古鄂尔多斯地区组织了5 万千瓦太阳能热发电特许权项目招标。国家制定了太阳能发电上网电价政策，在西部太阳能资源优势地区建成了一批并网光伏电站。组织实施了金太阳示范工程，利用财政补贴资金支持用户侧光伏发电系统建设。同时，光伏发电系统在无电地区供电、太阳能交通信号、太阳能路灯，以及在通信、气象、铁路、石油等领域也得到普遍利用。到2010年底，全国累计光伏电池安装量总计86 万千瓦，其中大型并网光伏电站共计45 万千瓦，与建筑结合安装的光伏发电系统共计26 万千瓦。

产业服务体系日渐完善。大型太阳能电站和分布式光伏发电系统的应用，推进了太阳能发电产业服务体系的建立和完善。初步建立了太阳能光伏电池组件产品的标准、检测和认证体系，基本具备了光伏发电系统及平衡部件的测试能力，国家太阳能发电公共技术研发和测试平台建设正在实施。初步建立了人才培养、信息统计和咨询服务体系，一些大学设置了太阳能发电本科生和研究生教育的相关专业。建立了太阳能热发电主要材料与装备性能测试方法和测试平台。

（二）发展形势

与常规电力相比，太阳能发电无论在技术经济性方面，还是在与电力系统适应性方面，还存在许多亟待解决的问题，突出表现在以下几方面：一是经济性仍是制约太阳能发电发展的主要因素。太阳能发电成本虽然已显著降低，但与常规能源发电相比，光伏发电的经济性仍然较差，目前光伏发电的成本是常规能源发电成本的3 倍左右。光热发电设备制造产业基础还比较薄弱，电站开发建设还处于示范阶段，发电成本比光伏发电略高。在目前政策体系和市场机制下，经济性差是制约太阳能发电规模化发展的主要因素。二是并网运行管理是制约太阳能发电发展的关键因素。与建筑结合的分布式光伏发电是太阳能发电的重要应用方式，但我国尚未形成适应分布式发电发展的电力体制和价格机制。特别在电网接入和并网运行管理上，仍未建立与分布式发电相适应的电网接入和并网运行机制，无法充分发挥分布式光伏发电规模小、效率高、效益好的优势，极大影响了分布式能源企业的积极性，制约了分布式光伏发电的大规模发展。三是促进太阳能发电的政策体系还不完善。目前，促进太阳能发电发展的土地、价格、财税等方面的经济政策和电网接入等方面的技术政策还不够完善，适应分布式光伏发电的电力管理体制还不成熟，完善太阳能发电政策体系、促进电力体制改革的任务十分迫切。四是光伏制造业亟待转型升级。我国光伏产品产能扩张过快，国内光伏产品应用市场培育不足，严重依赖国外市场，在国际市场需求增速下降和部分国家实行贸易保护主义后，产能过剩矛盾突出，企业经营压力普遍加大。光伏制造关键技术研发滞后，主要生产设备依赖进口，缺乏核心竞争力，许多企业生产规模小、技术水平不高，低劣产品扰乱市场和无序竞争现象时有发生，产业亟待整合和转型升级，行业管理需要加强。

二、指导方针和目标

(一)指导思想

高举中国特色社会主义伟大旗帜，以邓小平理论和“三个代表”重要思想为指导，深入贯彻落实科学发展观，按照加快培育和发展战略性新兴产业以及建立现代能源体系的要求，把加快发展太阳能发电作为优化能源结构、推进能源生产方式变革的重要举措，以技术进步和发展方式创新为主线，促进太阳能发电产业规模化发展，提高太阳能发电的经济性和市场竞争力，将太阳能发电产业培育成具有国际竞争力的优势产业，为实现我国非化石能源发展目标和经济社会可持续发展开辟新途径。

(二)基本原则

规模发展与提高竞争力相结合。逐步扩大太阳能发电的应用规模，特别是分布式光伏发电系统应用，为太阳能发电的产业化发展提供市场空间。同时，继续坚持市场竞争机制，加快推进技术进步，降低太阳能发电成本、提高其市场竞争力，为太阳能发电的大规模发展创造条件。集中开发与分散利用相结合。在太阳能资源和土地资源较为丰富的西部地区，以增加当地电力供应为目的，建设大型太阳能电站;在太阳能资源较为丰富、经济条件较好的中东部地区，优先利用建筑屋顶建设分布式光伏发电系统，实现集中开发、分散开发和分布式利用共同发展。市场培育与发展方式创新相结合。通过建设一定规模的太阳能电站和大力推广分布式光伏发电系统，积极培育持续稳定增长的国内太阳能发电市场。积极开展太阳能发电应用方式和投资、建设及运营模式创新，并能过电力体制机制改革创新，建立和完善太阳能多元化发展的政策体系，为太阳能发电提供广阔的市场空间和良好的发展环境。

国内发展与国际合作相结合。全面完善国内太阳能发电产业体系，形成从技术研发、设备制造到各类应用及产业服务的全产业链。通过吸纳国际技术创新资源和加强国际合作，促进我国太阳能发电技术进步和产业升级，推进我国太阳能发电设备和产品融入国际产业体系。继续提高我国太阳能发电设备和产品的国际竞争力，形成国内国外两个市场均衡发展的格局。

(三)发展目标

太阳能发电发展的总目标是：通过市场竞争机制和规模化发展促进成本持续降低，提高经济性上的竞争力，尽早实现太阳能发电用户侧“平价上网”。加快推进技术进步，形成我国太阳能发电产业的技术体系，提高国际市场持续竞争力。建立适应太阳能发电发展的管理体制和政策体系，为太阳能发电发展提供良好的体制和政策环境。

具体发展指标是：

1、实现较大规模发展。到2015 年底，太阳能发电装机容量达到2100 万千瓦以上，年发电量达到250 亿千瓦时。重点在中东部地区建设与建筑结合的分布式光伏发电系统，建成分布式光伏发电总装机容量1000 万千瓦。在青海、新疆、甘肃、内蒙古等太阳能资源和未利用土地资源丰富地区，以增加当地电力供应为目的，建成并网光伏电站总装机容量1000 万千瓦。以经济性与光伏发电基本相当为前提，建成光热发电总装机容量100 万千瓦。

2、产业竞争力明显提高。光伏电池基础研究与技术创新能力取得长足进步，建立比较完整的材料、生产装备、系统集成和辅助服务产业体系，光伏电池转化效率继续提高，产业链全面优化，光伏电池技术和成本的全球竞争力进一步提高。太阳能光热电站的整体设计与技术集成能力明显提高，形成若干家技术先进的关键设备制造企业，具备光热发电全产业链的设备及零部件供应能力。

3、政策体系和发展机制逐步完善。结合电力体制改革、电价机制改革，完善太阳能发电的政策体系和发展机制，建立有利于分布式可再生能源发电发展的市场竞争机制和电力运行管理机制，为太阳能发电产业发展提供良好的体制机制环境。通过新能源微网工程与新能源示范城市建设开展政策和发展模式创新，探索建立适合可再生能源发展的电力系统运行和管理模式。在“十二五”发展的基础上，继续推进太阳能发电产业规模化发展，到2020 年太阳能发电总装机容量达到5000 万千瓦，使我国太阳能发电产业达到国际先进水平。

专栏 1 太阳能发电建设布局（万千瓦）

发电类别	2010年	2015 年		2020 年
		建设规模	重点地区	建设规模
1、太阳能电站	45	1100		2300
光伏电站	45	1000	在青海、甘肃、新疆、内蒙古、西藏、宁夏、陕西、云南，以及华北、东北的部分适宜地区建设一批并网光伏电站。结合大型水电、风电基地建设，按风光互补、水光互补方式建设一批光伏电站。	2000
光热电站	0	100	在太阳能日照条件好、可利用土地面积广、具备水资源条件的地区，开展光热发电项目的示范。	300
2、分布式光伏发电系统	41	1000	在中东部地区城镇工业园区、经济开发区、大型公共设施等建筑屋顶相对	2700

三、重点任务

(一)有序推进太阳能电站建设

利用青海太阳能资源丰富和黄河上游水电调节性好的优势，以满足当地用电需求为目的，重点推进柴达木盆地等地的太阳能电站建设，鼓励开展各种太阳能发电技术的试验示范。结合新疆太阳能资源与水能、风能等其他可再生能源的开发优势，以及新疆加快能源资源转化的总体发展布局，以解决当地供电问题为主，推动南疆和东疆地区大型并网太阳能电站建设，优先建设巴州、和田、吐鲁番、哈密等地区的太阳能电站项目。结合甘肃丰富的太阳能资源和风电开发和布局，以增加当地电力供应为目的，重点推进河西走廊的太阳能电站建设，鼓励开展风光互补、水光互补等项目建设。

利用内蒙古风能资源和太阳能资源优势，以满足当地供电需要为主，重点在内蒙古阿拉善盟、巴彦淖尔、包头、鄂尔多斯、呼和浩特等地区和蒙东电网条件较好的地区，结合风电开发建设一批太阳能电站。

在宁夏的中卫、吴忠和石嘴山地区，陕西的榆林和延安地区，结合能源结构优化推进并网太阳能电站建设。在西藏的拉萨、日喀则和山南地区，结合当地用电需求建设一批太阳能电站。在云南的楚雄和大理地区，结合当地水电和风电开发建设一批太阳能电站。

在河北北部、山西北部、四川高原地区、辽宁西北部、吉林西部、黑龙江西部和山东部分地区，稳步推进太阳能电站建设，在确保资源条件与建设条件可行的基础上，统筹安排部分太阳能光伏电站项目。

(二)大力推广分布式太阳能光伏发电

发挥用户侧光伏发电与当地用电价格较接近、电量可就地消纳的优势，加快推广用户侧分布式并网光伏发电系统。鼓励在有条件的城镇公共设施、商业建筑及产业园区的建筑屋顶安装光伏发电系统，支持在大型工业企业的内部电网中接入光伏发电系统，探索并建立适应用户侧光伏发电的电网运行技术体系和管理方式。“十二五”时期，全国分布式太阳能发电系统总装机容量达到1000 万千瓦以上。

中部地区和东部沿海地区太阳能发电一般采用与建筑物或其他设施结合的分布式方式建设。支持北京、天津、上海、重庆、河南、江苏、浙江、安徽、湖南、湖北、江西、福建、广东、广西、贵州、海南等省(区、市)推广分布式太阳能发电系统。鼓励在河北中南部、山西中南部、山东、四川与东北各主要城市工业园区、大型工业企业建设分布式太阳能发电系统。以新疆生产建设兵团为主要依托单位，在兵团电网开展多点高密度接入光伏发电的分布式供电系统。结合新能源示范城市建设，开展以智能电网技术为支撑的分布式光伏发电系统建设。

(三)建设新能源微网示范工程

按照“因地制宜、多能互补、灵活配置、经济高效”的思路，在可再生能源资源丰富和具备多元化利用条件的地区，结合智能电网技术，以解决当地供电问题为主，建设新能源微电网工程，建立充分利用新能源发电的新型供用电模式。“十二五”时期，建设30个新能源微电网示范工程。

支持在西藏、青海、新疆等西部省(区)的偏远乡镇、浙江、福建、广东、广西等省(区)人口聚居的离岸海岛及其他特定区域，根据其对供电可靠性和稳定性的需求，开展新能源微电网示范工程建设。通过投资补贴方式支持边远地区分散用户的供用电工程建设，鼓励在西藏、青海、新疆、云南等省(区)的边远地区以及东部人口较少的离岸海岛，推广独立光伏电站、户用光伏发电系统，解决电网无法覆盖地区的无电人口用电问题。

(四)创建新能源示范城市

选择生态环保要求高、经济条件相对较好、可再生能源资源丰富的城市，采取统一规划、规范设计、有序建设的方式，支持在城区及各类产业园区推进太阳能等新能源技术的综合示范应用，替代燃煤等传统的能源利用方式，形成新能源利用的区域优势。以公共机构、学校、医院、宾馆、集中住宅区为重点，推广太阳能热利用、分布式光伏发电等新能源技术的应用。支持各地在各类产业园区的新建和改造过程中，开展先进多样的太阳能等新能源技术应用示范，满足园区电力、供热、制冷等能源需求。通过政策支持和市场手段促进新能源在大中型城市的应用。“十二五”期间，建设100个新能源示范城市和1000个新能源示范园区。

(五)完善太阳能发电技术创新体系

建立以市场为导向、企业为主体、产学研结合的多层次技术创新体系。整合太阳能发电相关科研院所、高等院校的技术力量，建立国家级太阳能发电实验室，重点开展太阳能基础理论、前沿技术、关键技术和共性技术研究。依托现有科研机构和技术创新能力基础好的企业，支持建设国家太阳能光伏发电、国家太阳能光热发电工程技术中心，重点开展太阳能光伏发电、光热发电应用技术研发。加强太阳能光伏发电、光热发电设备及产品检测及认证能力建设，形成先进水平的新产品测试和试验研究基地。鼓励地方政府和企业共同开展太阳能发电技术研发创新平台建设，形成具有区域产业优势的太阳能发电技术创新聚集地。支持创新能力较强的国内科研机构与国际先进水平的科研机构合作，联合设立太阳能发电技术研发中心，重点开展太阳能发电应用系统集成技术和并网运行等共性技术联合研发，促进我国太阳能发电技术和应用的整体进步。

(六)提高太阳能发电产品持续竞争力

提高太阳能发电技术研发能力和关键装备制造能力，巩固光伏发电制造在全球的持续竞争优势。全面提升光伏发电理论研究能力和系统利用水平。开发和制造高效率、高可靠性、低成本、清洁环保、适应不同运行环境的先进太阳能光伏电池组件，提高全产业链的设备和集成技术水平。突破太阳能热发电定日镜、真空管等关键部件设计和制造技术，依托我国集成控制与工程热物理等相关前沿学科的优势，形成配套齐全的光热发电关键设备集成产业链。完善光伏电池组件设备测试和检测方法，形成全面的质量控制体系，提高光伏电池组件性能和质量。

(七)建立完善太阳能发电产业体系

以太阳能发电产业的规模化发展为基础，逐步将目前以主要部件销售为重点的产业体系转变为以工程建设和全生命周期管理为核心的产业体系。依托现有条件，建立以国家能源发展战略为指导，以专业技术机构为主体，以市场需求为导向，支撑太阳能发电产业全面发展的产业服务体系。完善太阳能资源评价、太阳能电站规划设计、施工安装、运行维护等领域的标准体系。建立完善的太阳能发电建设运行服务体系，提高太阳能电站选址、规划、设计、施工安装、检修维护的专业化服务能力。完善太阳能发电产业信息统计，形成太阳能发电信息监测体系。

(八)促进光伏制造业健康发展积极扩大国内光伏产品应用市场，实现从过度依赖外需向内外需并重转变。积极推进光伏产业结构优化，鼓励企业按照市场规律兼并重组，淘汰落后产能，增强企业抗风险能力，提高产业集中度，加强光伏产业关键技术研发，建立光伏制造技术研发中心，支持企业提高技术创新能力，开成自主技术为基础的产业核心竞争力，使我国光伏产业这现从规模效益型发展向技术效益型发展的转变。规范企业采购光伏电池招投标活动和市场秩序，创造有利于光伏制造业健康发展的市场环境。

(九)积极开展国际合作

开展全球化技术研发合作，鼓励国内企业与国外企业合作开展太阳能发电相关前沿技术、共性技术研究，重点开展太阳能发电应用技术研究开发，以及与太阳能发电相关的电网运行控制技术研究开发。与欧美国家主要研究机构和企业联合开展太阳能发电系统集成设计、太阳能资源测评、太阳能发电预测技术研究。加强国际人才交流与合作，与太阳能发电技术和应用强国进行人才交流，支持有关科研院所和企业建立国际化人才培养和引进机制，重点培养太阳能发电领域的高端专业技术人才和综合管理人才。鼓励国内企业积极参与国外太阳能发电项目建设，形成具有国际先进技术和管理水平的太阳能发电企业集团。

四、规划实施

(一)保障措施

1、完善促进太阳能发电发展的市场机制。继续完善促进太阳能发电规模化发展的市场竞争机制，促进太阳能发电成本持续下降，建立并完善以市场竞争为基础的太阳能发电国家补贴机制，逐渐减少单位电量的国家补贴额度。建立自发自用为主的分布式光伏发电非歧视无障碍并入电网的管理机制，促进分布式光伏发电进入公共设施和千家万户。

2、建立适应太阳能发电的电力运行机制。开展用户侧分布式光伏发电系统的运营模式创新，建立以智能电网为技术支撑的分布式发电运行体系，推进新能源微电网试点示范，调动地方政府、电网企业和电力用户的积极性，形成全方位推进分布式能源发展的格局。积极推动新能源微电网和离网太阳能发电的运行和技术服务体系建设，通过市场手段实现资金与技术资源的优化配置。

3、加强太阳能发电的规划和项目管理。根据全国太阳能发电规划，统筹各地太阳能发电发展规划和分阶段开发建设方案。加强大型并网太阳能电站建设管理，严格项目前期、项目核准、竣工验收、运行监督等环节的技术管理，统筹协调太阳能电站建设和并网运行管理，促进太阳能发电产业有序健康发展。

4、完善太阳能发电的标准体系。完善建立太阳能光伏电池组件、逆变器等关键产品的标准，形成与国际接轨的产品检测认证体系。规范大型太阳能电站的设计、建设和运行等各环节的规程规范。建立太阳能发电的信息监测评价体系，加强太阳能发电的全过程技术监督工作。

5、加强光伏制造业行业管理。研究制定光伏制造业产业发展政策，严格准入标准，规范市场准入机制。进一步加强投资管理，控制产能扩张，优化产业布局。加大投入，支持重点企业掌握核心技术，提升核心竞争力。加强光伏产品质量评定和检测认证管理，阻止低劣光伏产品进入市场。加强光伏产业市场监管，防止无序竞争等扰乱市场秩序的行为。

(二)实施机制

1、加强规划协调管理。各省级政府能源主管部门根据全国规划要求，做好本地区规划的制定及实施工作，认真落实国家规划确定的发展目标和重点任务。地方的太阳能发电发展规划，在公布实施前应获得国家能源主管部门确认，确保各级规划有机衔接。

2、建立滚动调整机制。加强太阳能发电产业的信息统计工作，建立产业监测体系，及时掌握规划执行情况，做好规划中期评估工作。根据中期评估结果，按照有利于太阳能发电产业发展的原则对规划进行滚动调整。

3、组织实施年度开发方案。建立健全太阳能发电规划管理和实施机制，组织各地区依据全国太阳能发电发展“十二五”规划，制订年度开发方案，加强规划及开发方案实施的统筹协调，衔接好太阳能发电并网接入和运行，并合理安排国家补贴资金预算。

4、加强运行监测考核。委托技术归口管理单位开展太阳能电站项目后评估，重点对大规模集中建设的太阳能发电工程进行后评估。电网企业要加强对太阳能发电项目的并网运行监测，采取有效技术措施保障太阳能发电正常并网运行。

五、投资估算和环境社会影响分析

(一)投资估算

“十二五”时期新增太阳能光伏电站装机容量约 1000 万千瓦，太阳能光热发电装机容量100 万千瓦，分布式光伏发电系统约1000 万千瓦，光伏电站投资按平均每千瓦1 万元测算，分布式光伏系统按每千瓦1.5 万元测算，总投资需求约2500 亿元。

(二)环境社会影响分析

随着环境保护要求的提高和太阳能发电技术进步的加快，早期投资少、高能耗和高污染的西门子法生产多晶硅技术逐步退出，已经通过改良西门子法或硅烷法等技术手段实现四氯化硅和氯化氢等废液废气的回收和无害化处理，晶体硅光伏电池可通过增加附加值的方式实现环境友好的规模化生产。光伏电站工程建设对自然与生态环境的影响，主要来自对地表的破坏、扬尘和噪音，施工期造成的环境影响将随着工程的结束而消失。太阳能电站运行期无任何污染物排放，基本不消耗工业用水，生活污水和垃圾生产数量也很少，对环境影响甚微。光热电站工程要消耗水，通过采用空冷技术可将用水量降至最低。太阳能电站建设集中在西部未利用土地上，通过合理选址可以避开各类环境保护区，不仅对自然环境和生产生活无不利影响，而且在某种程度上可以减少地表水蒸发，有利于防沙治沙，有利于促进生态环境保护。

太阳能发电产业涉及领域广、产业链长，带动相关产业发展能力强。预计到2015 年，太阳能发电产业从业人数可达到50 万人。通过发展太阳能发电产业，可在若干地区形成优势产业聚集区和规模开发利用集中地区，将有力推动这些地区的经济发展转型，促进地区经济社会可持续发展。

“十二五”综合交通运输体系规划（节录）

（国发〔2012〕18号　国务院2012年7月印发）

四、主要任务

(五)节约环保。

大力发展循环经济，切实推进绿色交通系统建设，加大节能减排力度，努力控制交通运输领域温室气体排放，全面提高综合交通运输体系可持续发展能力。

节约利用资源。在规划、建设、运营、养护等各个环节集约利用土地、线位、岸线、空域等资源，提高资源的综合利用水平。加快发展轨道交通、水路等节约型运输方式，提高资源利用效率。加强交通基础设施建设中废旧建材等再生资源的循环利用。

提高用能效率。加强节能新技术、新工艺、新装备的研发与推广应用工作，提高节能环保型车船、铁路机车车辆、民用航空器、港站节能环保技术和工艺的应用水平。提高铁路电气化比重，鼓励港口使用电力驱动的装卸设施，淘汰高耗能交通设施设备和工艺。强化交通基础设施建设节能降耗。合理引导运输需求，提高运输组织水平，降低单位运输量的能源消耗。

保护生态环境。增强交通规划阶段环保意识，加强交通基础设施建设的环境影响评价工作，对建设全过程实行环境影响动态监测。鼓励应用清洁环保交通技术和装备，降低污染物和二氧化碳排放水平，有效控制噪声污染。

“十二五”节能环保产业发展规划（节录）

（国务院二〇一二年六月十六日印发　国发〔2012〕19号）

节能环保产业是指为节约能源资源、发展循环经济、保护生态环境提供物质基础和技术保障的产业，是国家加快培育和发展的7个战略性新兴产业之一。节能环保产业涉及节能环保技术装备、产品和服务等，产业链长，关联度大，吸纳就业能力强，对经济增长拉动作用明显。加快发展节能环保产业，是调整经济结构、转变经济发展方式的内在要求，是推动节能减排，发展绿色经济和循环经济，建设资源节约型环境友好型社会，积极应对气候变化，抢占未来竞争制高点的战略选择。 根据《国务院关于加快培育和发展战略性新兴产业的决定》（国发〔2010〕32号）和《国务院关于印发“十二五”节能减排综合性工作方案的通知》（国发〔2011〕26号）有关要求，为推动节能环保产业快速健康发展，特制定本规划。

一、节能环保产业发展现状及面临的形势

（一）发展现状。“十一五”以来，我国大力推进节能减排，发展循环经济，建设资源节约型环境友好型社会，为节能环保产业发展创造了巨大需求，节能环保产业得到较快发展，目前已初具规模。据测算，2010年，我国节能环保产业总产值达2万亿元，从业人数2800万人。产业领域不断扩大，技术装备迅速升级，产品种类日益丰富，服务水平显著提高，初步形成了门类较为齐全的产业体系。在节能领域，干法熄焦、纯低温余热发电、高炉煤气发电、炉顶压差发电、等离子点火、变频调速等一批重大节能技术装备得到推广普及；高效节能产品推广取得较大突破，市场占有率大幅提高；节能服务产业快速发展，到2010年，采用合同能源管理机制的节能服务产业产值达830亿元。在资源循环利用领域，“三废”（废水、废气、固体废弃物）综合利用技术装备广泛应用，再制造表面工程技术装备达到国际先进水平，再生铝蓄热式熔炼技术、废弃电器电子产品和包装物资源化利用技术装备等取得一定突破，无机改性利废复合材料在高速铁路上得到应用。在环保领域，已具备自行设计、建设大型城市污水处理厂、垃圾焚烧发电厂及大型火电厂烟气脱硫设施的能力，关键设备可自主生产，电除尘、袋式除尘技术和装备等达到国际先进水平；环保服务市场化程度不断提高，大部分烟气脱硫设施和污水处理厂采取市场化模式建设运营。我国节能环保产业虽然有了较快发展，但总体上看，发展水平还比较低，与需求相比还有较大差距。主要存在以下问题：一是创新能力不强。以企业为主体的节能环保技术创新体系不完善，产学研结合不够紧密，技术开发投入不足。一些核心技术尚未完全掌握，部分关键设备仍需要进口，一些已能自主生产的节能环保设备性能和效率有待提高。

二是结构不合理。企业规模普遍偏小，产业集中度低，龙头骨干企业带动作用有待进一步提高。节能环保设备成套化、系列化、标准化水平低，产品技术含量和附加值不高，国际品牌产品少。

三是市场不规范。地方保护、行业垄断、低价低质恶性竞争现象严重；污染治理设施重建设、轻管理，运行效率低；市场监管不到位，一些国家明令淘汰的高耗能、高污染设备仍在使用。

四是政策机制不完善。节能环保法规和标准体系不健全，资源性产品价格改革和环保收费政策尚未到位，财税和金融政策有待进一步完善，企业融资困难，生产者责任延伸制尚未建立。

五是服务体系不健全。合同能源管理、环保基础设施和火电厂烟气脱硫特许经营等市场化服务模式有待完善；再生资源和垃圾分类回收体系不健全；节能环保产业公共服务平台尚待建立和完善。

（二）面临的形势。

从国际看，在应对国际金融危机和全球气候变化的挑战中，世界主要经济体都把实施绿色新政、发展绿色经济作为刺激经济增长和转型的重要内容。一些发达国家利用节能环保方面的技术优势，在国际贸易中制造绿色壁垒。为使我国在新一轮经济竞争中占据有利地位，必须大力发展节能环保产业。 从国内看，面对日趋强化的资源环境约束，加快转变经济发展方式，实现“十二五”规划纲要确定的节能减排约束性指标，必须加快提升我国节能环保技术装备和服务水平。我国节能环保产业发展前景广阔。据测算，到2015年，我国技术可行、经济合理的节能潜力超过4亿吨标准煤，可带动上万亿元投资；节能服务总产值可突破3000亿元；产业废物循环利用市场空间巨大；城镇污水垃圾、脱硫脱硝设施建设投资超过8000亿元，环境服务总产值将达5000亿元。

“十二五”时期是我国节能环保产业发展难得的历史机遇期，必须紧紧抓住国内国际环境的新变化、新特点，顺应世界经济发展和产业转型升级的大趋势，着眼于满足我国节能减排、发展循环经济和建设资源节约型环境友好型社会的需要，加快培育发展节能环保产业，使之成为新一轮经济发展的增长点和新兴支柱产业。

二、指导思想、基本原则和总体目标

（一）指导思想。

以邓小平理论和“三个代表”重要思想为指导，深入贯彻落实科学发展观，坚持以市场为导向，以企业为主体，以重点工程为依托，以提高技术装备、产品、服务水平为重点，加强宏观指导，完善政策机制，加大资金投入，突出自主创新，培育规范市场，增强竞争能力，促进节能环保产业成为新兴支柱产业，推动资源节约型环境友好型社会建设，满足人民群众对改善生态环境的迫切需求。

（二）基本原则。

1.政策机制驱动。健全节能环保法规和标准，完善价格、财税、金融、土地等政策，形成有效的激励和约束机制，引导和鼓励社会资本投向节能环保产业，拉动节能环保产业市场的有效需求。

2.技术创新引领。完善以企业为主体的技术创新体系，立足原始创新、集成创新和引进消化吸收再创新，形成更多拥有自主知识产权的核心技术和具有国际品牌的产品，提升装备制造能力和水平，促进产业升级，形成节能环保产业发展新优势。

3.重点工程带动。围绕实现节能减排约束性目标，加快实施节能、循环经济和环境保护重点工程，形成对节能环保产业最直接、最有效的需求拉动，带动节能环保产业快速发展。

4.市场秩序规范。打破地方保护，加强行业自律，强化执法监督，建立统一开放、公平竞争、规范有序的市场环境，促进节能环保产业健康发展。

5.服务模式创新。大力推行合同能源管理、特许经营等节能环保服务新机制，推动节能环保设施建设和运营社会化、市场化、专业化服务体系建设。

（三）总体目标。

1.产业规模快速增长。节能环保产业产值年均增长15%以上，到2015年，节能环保产业总产值达到4.5万亿元，增加值占国内生产总值的比重为2%左右，培育一批具有国际竞争力的节能环保大型企业集团，吸纳就业能力显著增强。

2.技术装备水平大幅提升。到2015年，节能环保装备和产品质量、性能大幅度提高，形成一批拥有自主知识产权和国际品牌，具有核心竞争力的节能环保装备和产品，部分关键共性技术达到国际先进水平。

3.节能环保产品市场份额逐步扩大。到2015年，高效节能产品市场占有率由目前的10%左右提高到30%以上，资源循环利用产品和环保产品市场占有率大幅提高。

4.节能环保服务得到快速发展。采用合同能源管理机制的节能服务业销售额年均增速保持30%，到2015年，分别形成20个和50个左右年产值在10亿元以上的专业化合同能源管理公司和环保服务公司。城镇污水、垃圾和脱硫、脱硝处理设施运营基本实现专业化、市场化。

三、重点领域

（一）节能产业重点领域。

1.节能技术和装备。

锅炉窑炉。加快开发工业锅炉燃烧自动调节控制技术装备；推进燃油、燃气工业锅炉、窑炉蓄热式燃烧技术装备产业化；加快推广等离子点火、富氧/全氧燃烧等高效煤粉燃烧技术和装备，以及大型流化床等高效节能锅炉。大力推广多喷嘴对置式水煤浆气化、粉煤加压气化、非熔渣-熔渣水煤浆分级气化等先进煤气化技术和装备，推动煤炭的高效清洁利用。

电机及拖动设备。示范推广稀土永磁无铁芯电机、电动机用铸铜转子技术等高效节能电机技术和设备；大力推广能效等级为一级和二级的中小型三相异步电动机、通风机、水泵、空压机以及变频调速等技术和设备，提高电机系统整体运行效率。

余热余压利用设备。完善推广余热发电关键技术和设备；示范推广低热值煤气燃气轮机、烧结及炼钢烟气干法余热回收利用、乏汽与凝结水闭式回收、螺杆膨胀动力驱动、基于吸收式换热的集中供热等技术和设备；大力推广高效换热器、蓄能器、冷凝器、干法熄焦等设备。

节能仪器设备。加快研发和应用快速准确的便携或车载式能效检测设备，大力推广在线能源计量、检测技术和设备。

2.节能产品。

家用电器与办公设备。加快研发空调、冰箱等高效压缩机及驱动控制器、高效换热及相变储能装置，各类家电智能控制节能技术和待机能耗技术；重点攻克空调制冷剂替代技术、二氧化碳热泵技术；推广能效等级为一级和二级的节能家用电器、办公和商用设备。

高效照明产品。加快半导体照明（LED、OLED）研发，重点是金属有机源化学气相沉积设备（MOCVD）、高纯金属有机化合物（MO源）、大尺寸衬底及外延、大功率芯片与器件、LED背光及智能化控制等关键设备、核心材料和共性关键技术，示范应用半导体通用照明产品，加快推广低汞型高效照明产品。

节能汽车。加快研发和示范具有自主知识产权的汽油直喷、涡轮增压等先进发动机节能技术，以及双离合式自动变速器（DCT）等多档化高效自动变速器等节能减排技术，新型车辆动力蓄电池和新型混合动力汽车机电耦合动力系统、车用动力系统和发电设备等技术装备；推广采用各类节能技术实现的节能汽车；大力推广节能型牵引车和挂车。

新型节能建材。重点发展适用于不同气候条件的新型高效节能墙体材料以及保温隔热防火材料、复合保温砌块、轻质复合保温板材、光伏一体化建筑用玻璃幕墙等新型墙体材料；大力推广节能建筑门窗、隔热和安全性能高的节能膜和屋面防水保温系统、预拌混凝土和预拌砂浆。

3.节能服务。

大力发展以合同能源管理为主要模式的节能服务业，不断提升节能服务公司的技术集成和融资能力。鼓励大型重点用能单位利用自身技术优势和管理经验，组建专业化节能服务公司；推动节能服务公司通过兼并、联合、重组等方式，实行规模化、品牌化、网络化经营。鼓励节能服务公司加强技术研发、服务创新和人才培养，不断提高综合实力和市场竞争力。

专栏1 节能产业关键技术

高压变频调速技术 用于大功率风机、水泵、压缩机等电机拖动系统。节电潜力约1000亿千瓦时。研发重点是关键部件绝缘栅极型功率管（IGBT）以及特大功率高压变频调速技术。

稀土永磁无铁芯电机技术 用于风机、水泵、压缩机等领域，可提高电机系统能效30%以上，大幅度节约硅钢片、铜材等。重点是中小功率电机产业化。

蓄热式高温空气燃烧技术 用于工业窑炉及煤粉锅炉，提高热效率。重点是钢铁行业蓄热式加热技术、有色行业蓄热式熔炼技术等，以及固体燃料工业窑炉适用的蓄热式燃烧技术。

螺杆膨胀动力驱动技术 用于工业锅炉（窑炉）余热发电或直接驱动机械设备，高效回收利用中低品位热能。研发重点是千瓦级到兆瓦级系列设备、精密机械加工和轴承生产。 基于吸收式换热的集中供热技术 用于凝汽式火力发电厂、热电厂余热利用，循环水余热充分回收，提高热电厂供热能力30%以上，降低热电联产综合供热能耗40%，并可提高既有管网输送能力。研发重点是小型化、大温差吸收式热泵装备。

汽油直喷技术 用于汽车节能领域，汽车平均油耗比常规电喷汽油车降低10%-20%。研发重点是系统精确控制。

启动——停车混合动力汽车技术 降低汽车怠速时所需的能量和减少废气排放，回收制动能量，重点是BSG（皮带传动启动机和发电机系统）混合动力轿车技术和ISG（集成的启动机和发电机系统）混合动力轿车技术。

二氧化碳热泵技术 用于热泵热水系统等，相对普通热水器节能75%，研发重点是压缩机和热泵系统的设计和优化，解决系统和部件的耐压和强度问题。

半导体照明系统集成及可靠性技术 用于通用照明、液晶背光和景观装饰等领域。研发重点是大功率外延芯片器件、关键原材料制备、系统可靠性、智能化控制及检测技术。

（二）资源循环利用产业重点领域。

1.矿产资源综合利用。

重点开发加压浸出、生物冶金、矿浆电解技术，提高从复杂难处理金属共生矿和有色金属尾矿中提取铜、镍等国家紧缺矿产资源的综合利用水平；加强中低品位铁矿、高磷铁矿、硼镁铁矿、锡铁矿等复杂共伴生黑色矿产资源开发利用和高效采选；推进煤系油母页岩等资源开发利用，提高页岩气和煤层气综合开发利用水平，发展油母页岩、油砂综合利用及高岭土、铝矾土等共伴生非金属矿产资源的综合利用和深加工。

2.固体废物综合利用。加强煤矸石、粉煤灰、脱硫石膏、磷石膏、化工废渣、冶炼废渣等大宗工业固体废物的综合利用，研究完善高铝粉煤灰提取氧化铝技术，推广大掺量工业固体废物生产建材产品。研发和推广废旧沥青混合料、建筑废物混杂料再生利用技术装备。推广建筑废物分类设备及生产道路结构层材料、人行道透水材料、市政设施复合材料等技术。

3.再制造。

重点推进汽车零部件、工程机械、机床等机电产品再制造，研发旧件无损检测与寿命评估技术、高效环保清洗设备，推广纳米颗粒复合电刷镀、高速电弧喷涂、等离子熔覆等关键技术和装备。

4.再生资源利用。

废金属资源再生利用。开发易拉罐有效组分分离及去除表面涂层技术与装备，推广废铅蓄电池铅膏脱硫、废杂铜直接制杆、失效钴镍材料循环利用等技术，提升从废旧机电、电线电缆、易拉罐等产品中回收重金属及稀有金属水平。

废旧电器电子产品资源化利用。示范推广废旧电器电子产品和电路板自动拆解、破碎、分选技术与装备，推广封闭式箱体机械破碎、电视电脑锥屏机械分离等技术。研发废电器电子稀有金属提纯还原技术。

报废汽车资源化利用。完善报废汽车车身机械自动化粉碎分选技术及钢铁、塑料、橡胶等组分的分类富集回收技术，研发报废汽车主要零部件精细化无损拆解处理平台技术，提升报废汽车拆解回收利用的自动化、专业化水平。

废橡胶、废塑料资源再生利用。推广应用常温粉碎及低硫高附加值再生橡胶成套设备；研发各种废塑料混杂物分类技术或直接利用技术，推广应用深层清洗、再生造粒和改性技术。

5.餐厨废弃物资源化利用。

建设餐厨废弃物密闭化、专业化收集运输体系；研发餐厨废弃物低能耗高效灭菌和废油高效回收利用技术装备；鼓励餐厨废油生产生物柴油、化工制品，餐厨废弃物厌氧发酵生产沼气及高效有机肥。

6.农林废物资源化利用。

推广农作物秸秆还田、代木、制作生物培养基、生物质燃料等技术与装备，秸秆固化成型等能源化利用技术及装备；推进林业剩余物、次小薪材、蔗渣等综合利用技术和装备的应用；推动规模化畜禽养殖废物资源化利用，加快发酵制饲料、沼气、高效有机肥等技术集成应用。

7.水资源节约与利用。

推进工业废水、生活污水和雨水资源化利用，扩大再生水的应用。大力推进矿井水资源化利用、海水循环利用技术与装备。示范推广膜法、热法和耦合法海水淡化技术以及电水联产海水淡化模式。

专栏2 资源循环利用产业关键技术

复杂铜铅锌金属矿高效分选技术 用于有色金属矿开采。研发重点是高效浮选药剂和大型高效破碎、浮选设备。

再制造表面工程技术 用于汽车零部件、工程机械等机电产品再制造。研发重点是旧件寿命评估技术、环保拆解清洗技术及激光熔覆喷涂技术。

含钴镍废弃物的循环再生和微粉化技术 用于废弃电池、含钴镍废渣资源化利用。重点是电池破壳分离、钴镍元素提纯、原生化超细粉末再制备和钴镍资源的深度资源化技术。 废旧家电和废印制电路板自动拆解和物料分离技术 用于废旧家电和废印制电路板资源化利用。重点是高效粉碎与旋风分离一体化技术，风选、电选组合提纯工艺和多种塑料混杂物直接综合利用技术。

材料分离、改性及合成技术 用于建材、包装废弃物、废塑料处理等领域。研发重点是纸塑铝分离技术、橡塑分离及合成技术、无机改性聚合物再生循环利用技术等。

建筑废物分选及资源化技术 用于建筑废物资源化利用。研发重点是建筑废物分选技术及装备，废旧砂灰粉的活化和综合利用技术，专用添加剂制备，轻质物料分选、除尘、降噪等设施。

餐厨废弃物制生物柴油、沼气等技术 用于餐厨废弃物资源化利用领域。重点是应用酸碱催化法及化学法制生物柴油和工业油脂技术，制肥和沼气化技术与装备以及酶法、超临界法制油技术。

膜法和热法海水淡化技术 用于海水淡化、苦咸水等非传统水资源处理。膜法重点完善膜组件、高压泵、能量回收装置等关键部件及系统集成技术。热法重点完善大型海水淡化装备制造技术、提升高真空状态下仪表控制元器件可靠性及压缩机性能等。

（三）环保产业重点领域。

1.环保技术和装备。

污水处理。重点攻克膜处理、新型生物脱氮、重金属废水污染防治、高浓度难降解有机工业废水深度处理技术；重点示范污泥生物法消减、移动式应急水处理设备、水生态修复技术与装备。推广污水处理厂高效节能曝气、升级改造，农村面源污染治理，污泥处理处置等技术与装备。

垃圾处理。研发渗滤液处理技术与装备，示范推广大型焚烧发电及烟气净化系统、中小型焚烧炉高效处理技术、大型填埋场沼气回收及发电技术和装备，大力推广生活垃圾预处理技术装备。

大气污染控制。研发推广重点行业烟气脱硝、汽车尾气高效催化转化及工业有机废气治理等技术与装备，示范推广非电行业烟气脱硫技术与装备，改造提升现有燃煤电厂、大中型工业锅炉窑炉烟气脱硫技术与装备，加快先进袋式除尘器、电袋复合式除尘技术及细微粉尘控制技术的示范应用。

2.环保产品。

环保材料。重点研发和示范膜材料和膜组件、高性能防渗材料、布袋除尘器高端纤维滤料和配件等；推广离子交换树脂、生物滤料及填料、高效活性炭等。

环保药剂。重点研发和示范有机合成高分子絮凝剂、微生物絮凝剂、脱硝催化剂及其载体、高性能脱硫剂等；推广循环冷却水处理药剂、杀菌灭藻剂、水处理消毒剂、固废处理固化剂和稳定剂等。

3.环保服务。

以城镇污水垃圾处理、火电厂烟气脱硫脱硝、危险废物及医疗废物处理处置为重点，推进环境保护设施建设和运营的专业化、市场化、社会化进程。大力发展环境投融资、清洁生产审核、认证评估、环境保险、环境法律诉讼和教育培训等环保服务体系，探索新兴服务模式。

专栏3 环保产业关键技术

膜处理技术 用于污水资源化、高浓度有机废水处理、垃圾渗滤液处理等。研发重点是高性能膜材料及膜组件，降低成本、提升膜通量、延长膜材料使用寿命、提高抗污染性。污泥处理处置技术 用于生活污水处理厂污泥处理处置。重点是污泥厌氧消化或好氧发酵后用于农田、焚烧及生产建材产品等处理处置技术，研发适用于中小污水处理厂的生物消减等污泥减量工艺。

脱硫脱硝技术 用于电力、钢铁、有色等行业及工业锅炉窑炉烟气治理。研发重点是脱硝催化剂的制备及资源化脱硫技术装备。

布袋及电袋复合除尘技术 用于火电、钢铁、有色、建材等行业。重点是耐高温、耐腐蚀纤维及滤料的国产化，研发高效电袋复合除尘器、优质滤袋和设备配件。

挥发性有机污染物控制技术 用于各工业行业挥发性有机污染物排放源污染控制及回收利用。研发重点是新型功能性吸附材料及吸附回收工艺技术，新型催化材料，优化催化燃烧及热回收技术。

柴油机（车）排气净化技术 用于国IV以上排放标准的重型柴油机和轻型柴油车。研发重点是选择性催化还原技术（SCR）及其装备、SCR催化器及相应的尿素喷射系统，以及高效率、高容量、低阻力微粒过滤器。

固体废物焚烧处理技术 用于城市生活垃圾、危险废物、医疗废物处理。研发重点是大型垃圾焚烧设施炉排及其传动系统、循环流化床预处理工艺技术、焚烧烟气净化技术、二噁英控制技术、飞灰处置技术等。

水生态修复技术 用于受污染自然水体。重点研发赤潮、水华预报、预防和治理技术，生物控制技术和回收藻类、水生植物厌氧产沼气、发电及制肥的资源化技术，溢油污染水体修复技术等。

污染场地土壤修复技术 用于污染土壤修复。重点是受污染土壤原位解毒剂、异位稳定剂、用于路基材料的土壤固化剂以及受污染土壤固化体资源化技术及生物治理技术。

污染源在线监测技术 用于环境监测。研发重点是有机污染物自动监测系统、新型烟气连续自动检测技术、重金属在线监测系统、危险品运输载体实时监测系统等。

四、重点工程

（一）重大节能技术与装备产业化工程。

围绕应用面广、节能潜力大的锅炉窑炉、电机系统、余热余压利用等重点领域，通过重大技术和装备产业化示范、规模化应用等，形成10-15个大型流化床锅炉、粉煤气化、蓄热式燃烧、高效换热器等以高效燃烧和换热技术为特色的制造基地；15-20个稀土永磁无铁芯电机、高压变频控制、无功补偿等高效电机及其控制系统产业化基地；5-10个低品位余热发电、中低浓度煤层气利用等余热余能利用装备制造基地。到2015年，高效节能技术与装备市场占有率由目前不足5%提高到30%左右，产值达到5000亿元。

（二）半导体照明产业化及应用工程。

整合现有资源，提高产业集中度，实现半导体照明技术与装备产业化。培育10-15家掌握核心技术、拥有较多自主知识产权和知名品牌的龙头企业；关键生产装备、重要原材料实现国产化，高端应用产品达到世界先进水平，建立具有国际先进水平的检测平台，建成一批产业链完善、创新能力强、特色鲜明的半导体照明新兴产业集聚区。逐步推广半导体照明产品。到2015年，通用照明产品市场占有率达到20%左右，液晶背光源达到70%以上，景观装饰产品达到80%以上，半导体照明产业产值达到4500亿元，年节电600亿千瓦时，形成具有国际竞争力的半导体照明产业。

（三）“城市矿产”示范工程。

建设50个国家“城市矿产”示范基地，支持回收体系、资源再生利用产业化、污染治理设施和服务平台建设，推动废弃机电设备、电线电缆、家电、汽车、手机、铅酸电池、塑料、橡胶等再生资源的循环利用、规模利用和高值利用。到2015年，形成资源再生利用能力2500万吨，其中再生铜200万吨、再生铝250万吨、废钢1000多万吨、黄金10吨，实现产值4300亿元。

（四）再制造产业化工程。

支持汽车零部件、工程机械、机床等再制造，完善可再制造旧件回收体系，重点支持建立5-10个国家级再制造产业集聚区和一批重大示范项目。到2015年，实现再制造发动机80万台，变速箱、起动机、发电机等800万件，工程机械、矿山机械、农用机械等20万台套，再制造产业产值达到500亿元。

（五）产业废物资源化利用工程。

以共伴生矿产资源回收利用、尾矿稀有金属分选和回收、大宗固体废物大掺量高附加值利用为重点，推动资源综合利用基地建设，鼓励产业集聚，形成以示范基地和龙头企业为依托的发展格局。以铁矿、铜矿、金矿、钒矿、铅锌矿、钨矿为重点，推进共伴生矿产资源和尾矿综合利用；推进建筑废物和道路沥青再生利用。到2015年，新增固体废物综合利用能力约4亿吨，产值达1500亿元。

（六）重大环保技术装备及产品产业化示范工程。

推动重金属污染防治、污泥处理处置、挥发性有机物治理、畜禽养殖清洁生产等核心技术产业化；重点示范膜生物反应器（MBR）、垃圾焚烧及烟气处理、烟气脱硫脱硝等先进技术装备及能源、农业等行业清洁生产重大技术装备；推广城镇生活污水脱氮除磷深度处理设备、300兆瓦及以上燃煤电厂烟气脱硝技术装备、600兆瓦及以上燃煤电厂烟气脱硫及布袋或电袋复合除尘设备和高效垃圾焚烧炉等重大装备。拥有高性能膜、脱硝催化剂纳米级二氧化钛载体、高效滤料等污染控制材料生产的相关知识产权。到2015年，环保装备产值超过5000亿元，环保材料产值超过1000亿元，环保关键材料基本实现产业化，形成5－10个环保产业集聚区、10－15个环保技术及装备产业化基地。

（七）海水淡化产业基地建设工程。

培育由工程设计和装备制造企业、研究单位、大学、相关原材料生产企业等共同参与，集研发、孵化、生产、集成、检验检测和工程技术服务于一体的海水淡化产业基地。到2015年，建成2-3个国家级海水淡化产业化基地，关键技术与装备、相关材料研发和制造能力达到国际先进水平，海水淡化产能达到220万-260万吨/日，海水淡化及相关产业产值500亿元。

（八）节能环保服务业培育工程。

大力推行合同能源管理，到2015年，力争专业化节能服务公司发展到2000多家，其中年产值超过10亿元的节能服务公司约20家，节能服务业总产值突破3000亿元，累计实现节能能力6000万吨标准煤。建立全方位环保服务体系。积极培育具有系统设计、设备成套、工程施工、调试运行和维护管理一条龙服务能力的总承包公司，大力推进环保设施专业化、社会化运营，扶持环境咨询服务企业。到2015年，环保服务业产值超过5000亿元，其中年产值超过10亿元的企业超过50家，城镇污水垃圾处理及电力行业烟气脱硫脱硝等领域专业化、社会化服务占全行业的比例大幅提高。

五、政策措施

（一）完善价格、收费和土地政策。

加快推进资源性产品价格改革。研究制定鼓励余热余压发电及背压热电的上网和价格政策。完善电力峰谷分时电价政策。对能源消耗超过国家和地区规定的单位产品能耗（电耗）限额标准的企业和产品，实行惩罚性电价。严格落实脱硫电价，研究制定燃煤电厂脱硝电价政策。深化市政公用事业市场化改革，进一步完善污水处理费政策，研究将污泥处理费用逐步纳入污水处理成本，研究完善对自备水源用户征收污水处理费制度。改进垃圾处理收费方式，合理确定收费载体和标准，降低收取成本，提高收缴率。对于城镇污水垃圾处理设施、“城市矿产”示范基地、集中资源化处理中心等国家支持的项目用地，在土地利用年度计划安排中给予重点保障。

（二）加大财税政策支持力度。

各级政府要安排财政资金支持和引导节能环保产业发展。安排中央财政节能减排和循环经济发展专项资金，采取补助、贴息、奖励等方式，支持节能减排重点工程和节能环保产业发展重点工程，加快推行合同能源管理。中央预算内投资和其他中央财政专项资金，要加大对节能环保产业的支持力度。国有资本经营预算优先安排企业实施节能环保项目。严格落实并不断完善现有节能、节水、环境保护、资源综合利用税收优惠政策。全面改革资源税。积极推进环境税费改革。落实节能服务公司实施合同能源管理项目税收优惠政策。

（三）拓宽投融资渠道。

鼓励银行业金融机构在满足监管要求的前提下，积极开展金融创新，加大对节能环保产业的支持力度。按照政策规定，探索将特许经营权、收费权等纳入贷款抵押担保物范围。建立银行绿色评级制度，将绿色信贷成效作为对银行机构进行监管和绩效评价的要素。鼓励信用担保机构加大对资质好、管理规范的节能环保企业的融资担保支持力度。支持符合条件的节能环保企业发行企业债券、中小企业集合债券、短期融资券、中期票据等，重点用于环保设施和再生资源回收利用设施建设。选择若干资质条件较好的节能环保企业，开展非公开发行企业债券试点。支持符合条件的节能环保企业上市融资。研究设立节能环保产业投资基金。推动落实支持循环经济发展的投融资政策措施。鼓励和引导民间投资和外资进入节能环保产业领域，支持民间资本进入污水、垃圾处理等市政公用事业建设。

（四）完善进出口政策。

通过完善出口卖方信贷和买方信贷政策，鼓励节能环保设备由以单机出口为主向以成套供货为主的设备总承包和工程总承包转变；安排对外援助时，根据对外工作需要和受援国要求，积极安排公共环境基础设施、工业污染防治设施建设等节能环保项目。建立进口再生资源加工区，强化联合监管，积极完善与国际规则、惯例相适应，且有利于我国获取国际再生资源、促进国内节能环保产业健康发展的进口管理体制机制。对用于制造大型节能环保设备确有必要进口的关键零部件及原材料，研究免征进口关税和进口增值税。

（五）强化技术支撑。　发布国家鼓励的节能环保产业技术目录。在充分整合现有科技资源的基础上，在节能环保领域设立若干国家工程研究中心、国家工程实验室和国家产品质量监督检验中心，组建一批由骨干企业牵头组织、科研院所共同参与的节能环保产业技术创新平台，建立一批节能环保产业化科技创新示范园区，支持成套装备及配套设备研发、关键共性技术和先进制造技术研究。推进国产首台（套）重大节能环保装备的应用。

（六）完善法规标准。　完善以环境保护法律、节约能源法、循环经济促进法、清洁生产促进法等为核心，配套法规相协调的节能环保法律法规体系。研究建立生产者责任延伸制度，逐步建立相关废弃产品回收处理基金，研究制定强制回收产品目录和包装物管理办法。通过制（修）订节能环保标准，充分发挥标准对产业发展的催生促进作用。逐步提高重点用能产品能效标准，修订提高重点行业能耗限额强制性标准，建立能效“领跑者”标准制度，强化总量控制和有毒有害污染物排放控制要求，完善污染物排放标准体系。

（七）强化监督管理。　严格节能环保执法监督检查，严肃查处各类违法违规行为，加大惩处力度。落实节能减排目标责任，开展专项检查和督察行动。加强对重点耗能单位和污染源的日常监督检查，对污染治理设施实行在线自动监控。加强市场监督、产品质量监督，强化标准标识监督管理。落实招投标各项规定，充分发挥行业协会作用，加强行业自律。整顿和规范节能环保市场秩序，打破地方保护和行业垄断，打击低价竞争、恶性竞争等不正当竞争行为，促进公平竞争、有序竞争，为节能环保产业发展创造良好的市场环境。

六、组织实施

国务院有关部门要按照职能分工，制定完善相关政策措施，形成合力，确保本规划顺利实施。各地区要按照规划确定的目标、任务和政策措施，结合当地实际抓紧制定具体落实方案，确保取得实效。

发展改革委、环境保护部要加强对规划实施情况的跟踪分析和监督检查，及时开展后评估，针对规划实施中出现的新情况、新问题，适时提出解决办法，重大问题及时向国务院报告。

节能与新能源汽车产业发展规划（2012～2020年）

（国发〔2012〕22号　国务院二〇一二年六月二十八日印发）

汽车产业是国民经济的重要支柱产业，在国民经济和社会发展中发挥着重要作用。随着我国经济持续快速发展和城镇化进程加速推进，今后较长一段时期汽车需求量仍将保持增长势头，由此带来的能源紧张和环境污染问题将更加突出。加快培育和发展节能汽车与新能源汽车，既是有效缓解能源和环境压力，推动汽车产业可持续发展的紧迫任务，也是加快汽车产业转型升级、培育新的经济增长点和国际竞争优势的战略举措。为落实国务院关于发展战略性新兴产业和加强节能减排工作的决策部署，加快培育和发展节能与新能源汽车产业，特制定本规划。规划期为2012—2020年。

一、发展现状及面临的形势

所指新能源汽车主要包括纯电动汽车、插电式混合动力汽车及燃料电池汽车。节能汽车是指以内燃机为主要动力系统，综合工况燃料消耗量优于下一阶段目标值的汽车。发展节能与新能源汽车是降低汽车燃料消耗量，缓解燃油供求矛盾，减少尾气排放，改善大气环境，促进汽车产业技术进步和优化升级的重要举措。

我国新能源汽车经过近10年的研究开发和示范运行，基本具备产业化发展基础，电池、电机、电子控制和系统集成等关键技术取得重大进步，纯电动汽车和插电式混合动力汽车开始小规模投放市场。近年来，汽车节能技术推广应用也取得积极进展，通过实施乘用车燃料消耗量限值标准和鼓励购买小排量汽车的财税政策等措施，先进内燃机、高效变速器、轻量化材料、整车优化设计以及混合动力等节能技术和产品得到大力推广，汽车平均燃料消耗量明显降低；天然气等替代燃料汽车技术基本成熟并初步实现产业化，形成了一定市场规模。但总体上看，我国新能源汽车整车和部分核心零部件关键技术尚未突破，产品成本高，社会配套体系不完善，产业化和市场化发展受到制约；汽车节能关键核心技术尚未完全掌握，燃料经济性与国际先进水平相比还有一定差距，节能型小排量汽车市场占有率偏低。

为应对日益突出的燃油供求矛盾和环境污染问题，世界主要汽车生产国纷纷加快部署，将发展新能源汽车作为国家战略，加快推进技术研发和产业化，同时大力发展和推广应用汽车节能技术。节能与新能源汽车已成为国际汽车产业的发展方向，未来10年将迎来全球汽车产业转型升级的重要战略机遇期。目前我国汽车产销规模已居世界首位，预计在未来一段时期仍将持续增长，必须抓住机遇、抓紧部署，加快培育和发展节能与新能源汽车产业，促进汽车产业优化升级，实现由汽车工业大国向汽车工业强国转变。

二、指导思想和基本原则

（一）指导思想。

以邓小平理论和“三个代表”重要思想为指导，深入贯彻落实科学发展观，把培育和发展节能与新能源汽车产业作为加快转变经济发展方式的一项重要任务，立足国情，依托产业基础，按照市场主导、创新驱动、重点突破、协调发展的要求，发挥企业主体作用，加大政策扶持力度，营造良好发展环境，提高节能与新能源汽车创新能力和产业化水平，推动汽车产业优化升级，增强汽车工业的整体竞争能力。

（一）基本原则。

坚持产业转型与技术进步相结合。加快培育和发展新能源汽车产业，推动汽车动力系统电动化转型。坚持统筹兼顾，在培育发展新能源汽车产业的同时，大力推广普及节能汽车，促进汽车产业技术升级。

坚持自主创新与开放合作相结合。加强创新发展，把技术创新作为推动我国节能与新能源汽车产业发展的主要驱动力，加快形成具有自主知识产权的技术、标准和品牌。充分利用全球创新资源，深层次开展国际科技合作与交流，探索合作新模式。

坚持政府引导与市场驱动相结合。在产业培育期，积极发挥规划引导和政策激励作用，聚集科技和产业资源，鼓励节能与新能源汽车的开发生产，引导市场消费。进入产业成熟期后，充分发挥市场对产业发展的驱动作用和配置资源的基础作用，营造良好的市场环境，促进节能与新能源汽车大规模商业化应用。

坚持培育产业与加强配套相结合。以整车为龙头，培育并带动动力电池、电机、汽车电子、先进内燃机、高效变速器等产业链加快发展。加快充电设施建设，促进充电设施与智能电网、新能源产业协调发展，做好市场营销、售后服务以及电池回收利用，形成完备的产业配套体系。

三、技术路线和主要目标

（一）技术路线。

以纯电驱动为新能源汽车发展和汽车工业转型的主要战略取向，当前重点推进纯电动汽车和插电式混合动力汽车产业化，推广普及非插电式混合动力汽车、节能内燃机汽车，提升我国汽车产业整体技术水平。

（二）主要目标。

1.产业化取得重大进展。到2015年，纯电动汽车和插电式混合动力汽车累计产销量力争达到50万辆；到2020年，纯电动汽车和插电式混合动力汽车生产能力达200万辆、累计产销量超过500万辆，燃料电池汽车、车用氢能源产业与国际同步发展。

2.燃料经济性显著改善。到2015年，当年生产的乘用车平均燃料消耗量降至6.9升/百公里，节能型乘用车燃料消耗量降至5.9升/百公里以下。到2020年，当年生产的乘用车平均燃料消耗量降至5.0升/百公里，节能型乘用车燃料消耗量降至4.5升/百公里以下；商用车新车燃料消耗量接近国际先进水平。

3.技术水平大幅提高。新能源汽车、动力电池及关键零部件技术整体上达到国际先进水平，掌握混合动力、先进内燃机、高效变速器、汽车电子和轻量化材料等汽车节能关键核心技术，形成一批具有较强竞争力的节能与新能源汽车企业。

4.配套能力明显增强。关键零部件技术水平和生产规模基本满足国内市场需求。充电设施建设与新能源汽车产销规模相适应，满足重点区域内或城际间新能源汽车运行需要。

5.管理制度较为完善。建立起有效的节能与新能源汽车企业和产品相关管理制度，构建市场营销、售后服务及动力电池回收利用体系，完善扶持政策，形成比较完备的技术标准和管理规范体系。

四、主要任务

（一）实施节能与新能源汽车技术创新工程。

增强技术创新能力是培育和发展节能与新能源汽车产业的中心环节，要强化企业在技术创新中的主体地位，引导创新要素向优势企业集聚，完善以企业为主体、市场为导向、产学研用相结合的技术创新体系，通过国家科技计划、专项等渠道加大支持力度，突破关键核心技术，提升产业竞争力。

1.加强新能源汽车关键核心技术研究。大力推进动力电池技术创新，重点开展动力电池系统安全性、可靠性研究和轻量化设计，加快研制动力电池正负极、隔膜、电解质等关键材料及其生产、控制与检测等装备，开发新型超级电容器及其与电池组合系统，推进动力电池及相关零配件、组合件的标准化和系列化；在动力电池重大基础和前沿技术领域超前部署，重点开展高比能动力电池新材料、新体系以及新结构、新工艺等研究，集中力量突破一批支撑长远发展的关键共性技术。加强新能源汽车关键零部件研发，重点支持驱动电机系统及核心材料，电动空调、电动转向、电动制动器等电动化附件的研发。开展燃料电池电堆、发动机及其关键材料核心技术研究。把握世界新能源汽车发展动向，对其他类型的新能源汽车技术加大研究力度。

到2015年，纯电动乘用车、插电式混合动力乘用车最高车速不低于100公里/小时，纯电驱动模式下综合工况续驶里程分别不低于150公里和50公里；动力电池模块比能量达到150瓦时/公斤以上，成本降至2元/瓦时以下，循环使用寿命稳定达到2000次或10年以上；电驱动系统功率密度达到2.5千瓦/公斤以上，成本降至200元/千瓦以下。到2020年，动力电池模块比能量达到300瓦时/公斤以上，成本降至1.5元/瓦时以下。

2.加大节能汽车技术研发力度。以大幅提高汽车燃料经济性水平为目标，积极推进汽车节能技术集成创新和引进消化吸收再创新。重点开展混合动力技术研究，开发混合动力专用发动机和机电耦合装置，支持开展柴油机高压共轨、汽油机缸内直喷、均质燃烧以及涡轮增压等高效内燃机技术和先进电子控制技术的研发；支持研制六档及以上机械变速器、双离合器式自动变速器、商用车自动控制机械变速器；突破低阻零部件、轻量化材料与激光拼焊成型技术，大幅提高小排量发动机的技术水平。开展高效控制氮氧化物等污染物排放技术研究。

3.加快建立节能与新能源汽车研发体系。引导企业加大节能与新能源汽车研发投入，鼓励建立跨行业的节能与新能源汽车技术发展联盟，加快建设共性技术平台。重点开展纯电动乘用车、插电式混合动力乘用车、混合动力商用车、燃料电池汽车等关键核心技术研发；建立相关行业共享的测试平台、产品开发数据库和专利数据库，实现资源共享；整合现有科技资源，建设若干国家级整车及零部件研究试验基地，构建完善的技术创新基础平台；建设若干具有国际先进水平的工程化平台，发展一批企业主导、科研机构和高等院校积极参与的产业技术创新联盟。推动企业实施商标品牌战略，加强知识产权的创造、运用、保护和管理，构建全产业链的专利体系，提升产业竞争能力。

（二）科学规划产业布局。

我国已建设形成完整的汽车产业体系，发展节能与新能源汽车既要利用好现有产业基础，也要充分发挥市场机制作用，加强规划引导，以提高发展效率。

1.统筹发展新能源汽车整车生产能力。根据产业发展的实际需要和产业政策要求，合理发展新能源汽车整车生产能力。现有汽车企业实施改扩建时要统筹考虑建设新能源汽车产能。在产业发展过程中，要注意防止低水平盲目投资和重复建设。

2.重点建设动力电池产业聚集区域。积极推进动力电池规模化生产，加快培育和发展一批具有持续创新能力的动力电池生产企业，力争形成2—3家产销规模超过百亿瓦时、具有关键材料研发生产能力的龙头企业，并在正负极、隔膜、电解质等关键材料领域分别形成2—3家骨干生产企业。 3.增强关键零部件研发生产能力。鼓励有关市场主体积极参与、加大投入力度，发展一批符合产业链聚集要求、具有较强技术创新能力的关键零部件企业，在驱动电机、高效变速器等领域分别培育2—3家骨干企业，支持发展整车企业参股、具有较强国际竞争力的专业化汽车电子企业。

（三）加快推广应用和试点示范。

新能源汽车尚处于产业化初期，需要加大政策支持力度，积极开展推广试点示范，加快培育市场，推动技术进步和产业发展。节能汽车已具备产业化基础，需要综合采用标准约束、财税支持等措施加以推广普及。

1.扎实推进新能源汽车试点示范。在大中型城市扩大公共服务领域新能源汽车示范推广范围，开展私人购买新能源汽车补贴试点，重点在国家确定的试点城市集中开展新能源汽车产品性能验证及生产使用、售后服务、电池回收利用的综合评价。探索具有商业可行性的市场推广模式，协调发展充电设施，形成试点带动技术进步和产业发展的有效机制。 探索新能源汽车及电池租赁、充换电服务等多种商业模式，形成一批优质的新能源汽车服务企业。继续开展燃料电池汽车运行示范，提高燃料电池系统的可靠性和耐久性，带动氢的制备、储运和加注技术发展。

2.大力推广普及节能汽车。建立完善的汽车节能管理制度，促进混合动力等各类先进节能技术的研发和应用，加快推广普及节能汽车。出台以企业平均燃料消耗量和分阶段目标值为基础的汽车燃料消耗量管理办法，2012年开始逐步对在中国境内销售的国产、进口汽车实施燃料消耗量管理，切实开展相关测试和评价考核工作，并提出2016至2020年汽车产品节能技术指标和年度要求。实施重型商用车燃料消耗量标示制度和氮氧化物等污染物排放公示制度。

3.因地制宜发展替代燃料汽车。发展替代燃料汽车是减少车用燃油消耗的必要补充。积极开展车用替代燃料制造技术的研发和应用，鼓励天然气（包括液化天然气）、生物燃料等资源丰富的地区发展替代燃料汽车。探索其他替代燃料汽车技术应用途径，促进车用能源多元化发展。

（四）积极推进充电设施建设。

完善的充电设施是发展新能源汽车产业的重要保障。要科学规划，加强技术开发，探索有效的商业运营模式，积极推进充电设施建设，适应新能源汽车产业化发展的需要。

1.制定总体发展规划。研究制定新能源汽车充电设施总体发展规划，支持各类适用技术发展，根据新能源汽车产业化进程积极推进充电设施建设。在产业发展初期，重点在试点城市建设充电设施。试点城市应按集约化利用土地、标准化施工建设、满足消费者需求的原则，将充电设施纳入城市综合交通运输体系规划和城市建设相关行业规划，科学确定建设规模和选址分布，适度超前建设，积极试行个人和公共停车位分散慢充等充电技术模式。通过总结试点经验，确定符合区域实际和新能源汽车特点的充电设施发展方向。

2.开展充电设施关键技术研究。加快制定充电设施设计、建设、运行管理规范及相关技术标准，研究开发充电设施接网、监控、计量、计费设备和技术，开展车网融合技术研究和应用，探索新能源汽车作为移动式储能单元与电网实现能量和信息双向互动的机制。

3.探索商业运营模式。试点城市应加大政府投入力度，积极吸引社会资金参与，根据当地电力供应和土地资源状况，因地制宜建设慢速充电桩、公共快速充换电等设施。鼓励成立独立运营的充换电企业，建立分时段充电定价机制，逐步实现充电设施建设和管理市场化、社会化。

（五）加强动力电池梯级利用和回收管理。

制定动力电池回收利用管理办法，建立动力电池梯级利用和回收管理体系，明确各相关方的责任、权利和义务。引导动力电池生产企业加强对废旧电池的回收利用，鼓励发展专业化的电池回收利用企业。严格设定动力电池回收利用企业的准入条件，明确动力电池收集、存储、运输、处理、再生利用及最终处置等各环节的技术标准和管理要求。加强监管，督促相关企业提高技术水平，严格落实各项环保规定，严防重金属污染。

五、保障措施

（一）完善标准体系和准入管理制度。

进一步完善新能源汽车准入管理制度和汽车产品公告制度，严格执行准入条件、认证要求。加强新能源汽车安全标准的研究与制定，根据应用示范和规模化发展需要，加快研究制定新能源汽车以及充电、加注技术和设施的相

关标准。制定并实施分阶段的乘用车、轻型商用车和重型商用车燃料消耗量目标值标准。积极参与制定国际标准。2013年前，基本建立与产业发展和能源规划相适应的节能与新能源汽车标准体系。

（二）加大财税政策支持力度。

中央财政安排资金，对实施节能与新能源汽车技术创新工程给予适当支持，引导企业在技术开发、工程化、标准制定、市场应用等环节加大投入力度，构建产学研用相结合的技术创新体系；对公共服务领域节能与新能源汽车示范、私人购买新能源汽车试点给予补贴，鼓励消费者购买使用节能汽车；发挥政府采购的导向作用，逐步扩大公共机构采购节能与新能源汽车的规模；研究基于汽车燃料消耗水平的奖惩政策，完善相关法律法规。新能源汽车示范城市安排一定资金，重点用于支持充电设施建设、建立电池梯级利用和回收体系等。

研究完善汽车税收政策体系。节能与新能源汽车及其关键零部件企业，经认定取得高新技术企业所得税优惠资格的，可以依法享受相关优惠政策。节能与新能源汽车及其关键零部件企业从事技术开发、转让及相关咨询、服务业务所取得的收入，可按规定享受营业税免税政策。

（三）强化金融服务支撑。

引导金融机构建立鼓励节能与新能源汽车产业发展的信贷管理和贷款评审制度，积极推进知识产权质押融资、产业链融资等金融产品创新，加快建立包括财政出资和社会资金投入在内的多层次担保体系，综合运用风险补偿等政策，促进加大金融支持力度。支持符合条件的节能与新能源汽车及关键零部件企业在境内外上市、发行债务融资工具；支持符合条件的上市公司进行再融资。按照政府引导、市场运作、管理规范、支持创新的原则，支持地方设立节能与新能源汽车创业投资基金，符合条件的可按规定申请中央财政参股，引导社会资金以多种方式投资节能与新能源汽车产业。

（四）营造有利于产业发展的良好环境。

大力发展有利于扩大节能与新能源汽车市场规模的专业服务、增值服务等新业态，建立新能源汽车金融信贷、保险、租赁、物流、二手车交易以及动力电池回收利用等市场营销和售后服务体系，发展新能源汽车及关键零部件质量安全检测服务平台。研究实行新能源汽车停车费减免、充电费优惠等扶持政策。有关地方实施限号行驶、牌照额度拍卖、购车配额指标等措施时，应对新能源汽车区别对待。

（五）加强人才队伍保障。

牢固树立人才第一的思想，建立多层次的人才培养体系，加大人才培养力度。以国家有关专项工程为依托，在节能与新能源汽车关键核心技术领域，培养一批国际知名的领军人才。加强电化学、新材料、汽车电子、车辆工程、机电一体化等相关学科建设，培养技术研究、产品开发、经营管理、知识产权和技术应用等人才。按照《国家中长期人才发展规划纲要（2010—2020年）》的有关要求推进人才引进工作，鼓励企业、高校和科研机构从国外引进优秀人才。重视发展职业教育和岗位技能提升培训，加大工程技术人员和专业技能人才的培养力度。

（六）积极发挥国际合作的作用。

支持汽车企业、高校和科研机构在节能与新能源汽车基础和前沿技术领域开展国际合作研究，进行全球研发服务外包，在境外设立研发机构、开展联合研发和向国外提交专利申请。积极创造条件开展多种形式的技术交流与合作，学习和借鉴国外先进技术和经验。完善出口信贷、保险等政策，支持新能源汽车产品、技术和服务出口。支持企业通过在境外注册商标、境外收购等方式培育国际化品牌。充分发挥各种多双边合作机制的作用，加强技术标准、政策法规等方面国际交流与协调，合作探索推广新能源汽车的新型商业化模式。

六、规划实施

成立由工业和信息化部牵头，发展改革委、科技部、财政部等部门参加的节能与新能源汽车产业发展部际协调机制，加强组织领导和统筹协调，综合采取多种措施，形成工作合力，加快推进节能与新能源汽车产业发展。各有关部门根据职能分工制定本部门工作计划和配套政策措施，确保完成规划提出的各项目标任务。

有关地区要按照规划确定的目标、任务和政策措施，结合当地实际制定具体落实方案，切实抓好组织实施，确保取得实效。具体工作方案和实施过程中出现的新情况、新问题要及时报送有关部门。

生物质能发展“十二五”规划（节录）

（国能新能[2012]216号　国家能源局二〇一二年七月二十四日印发）

前 言

生物质能是重要的可再生能源，具有资源来源广泛、利用方式多样化、能源产品多元化、综合效益显著的特点。开发利用生物质能，是发展循环经济的重要内容，是促进农村发展和农民增收的重要措施，是培育和发展战略性新兴产业的重要任务。

“十一五”时期，我国生物质能产业快速发展，开发利用规模不断扩大，部分领域已初步产业化，在替代化石能源、促进环境保护、带动农民增收等方面发挥了积极作用。“十二五”时期是转变能源发展方式、加快能源结构调整的重要阶段，是完成2020年非化石能源发展目标、促进节能减排的关键时期，生物质能面临重要的发展机遇。根据《国家能源发展“十二五”规划》和《可再生能源发展“十二五”规划》，制定《生物质能发展“十二五”规划》。

《规划》分析了国内外生物质能发展现状和趋势，阐述了“十二五”时期我国生物质能发展的指导思想、基本原则、发展目标、规划布局和建设重点，提出了保障措施和实施机制，是“十二五”时期我国生物质能产业发展的基本依据。

一、规划基础和背景

（一）发展基础

1. 国外生物质能发展状况（略）

2. 我国生物质能发展现状

我国生物质资源丰富，能源利用潜力很大。在“十一五”时期，我国生物质能产业得到了较快发展，出现了一些专业化的技术装备企业和开发利用企业，部分领域已初步产业化。生物质能开发利用形成了一定规模，在替代化石能源、促进环境保护、带动农民增收等方面发挥了积极作用。

（1）资源潜力

我国生物质能资源广泛，主要有农作物秸秆及农产品加工剩余物、林木采伐及森林抚育剩余物、木材加工剩余物、畜禽养殖剩余物、城市生活垃圾和生活污水、工业有机废弃物和高浓度有机废水等。

农作物秸秆及农产品加工剩余物。包括玉米、水稻、小麦、棉花、油料作物秸秆在内的农作物秸秆理论资源量每年8.2亿吨，可收集资源量每年约6.9亿吨，主要分布在华北平原、长江中下游平原、东北平原等13个粮食主产省（区）。目前，作为肥料、饲料、食用菌基料以及造纸等用途共计每年约3.5亿吨，可供能源化利用的秸秆资源量每年约3.4亿吨。另外，稻谷壳、甘蔗渣等农产品加工剩余物每年约1.2亿吨，可供能源化利用的每年约6000万吨。

林业剩余物和能源植物。全国现有林地面积3.04亿公顷，可供能源化利用的主要是薪炭林、林业“三剩物”、木材加工剩余物等，每年约3.5亿吨。适合人工种植的能源作物（植物）有30多种，包括油棕、小桐子、光皮树、文冠果、黄连木、乌桕、甜高粱等，资源潜力可满足年产5000万吨生物液体燃料的原料需求。

生活垃圾与有机废弃物。目前每年城市生活有机垃圾清运量约1.5亿吨，其中50%可作为焚烧发电的燃料或垃圾填埋气发电的原料，可替代1200万吨标准煤。厨余垃圾还可作为生物柴油的原料，每年可获得量约300万吨。城镇污水处理厂污泥年产生量约3000万吨，其中约50%可能源化利用。酒精、制糖、酿酒等20多个行业每年排放有机废水43.5亿吨、废渣9.5亿吨，可转化为沼气约300亿立方米。规模化畜禽养殖场粪便资源每年约8.4亿吨，生产沼气的潜力约400亿立方米。

我国可作为能源利用的生物质资源总量每年约4.6亿吨标准煤，目前已利用量约2200万吨标准煤，还有约4.4亿吨可作为能源利用。随着我国经济社会发展、生态文明建设和农林业的进一步发展，生物质能源利用潜力将进一步增大。

专栏1　我国生物质能源利用潜力

资源来源	可利用资源量		已利用资源量		剩余可利用资源量	
	实物量（万吨）	折合标煤量（万吨）	实物量（万吨）	折合标煤量（万吨）	实物量（万吨）	折合标煤量（万吨）
农作物秸秆	34000	17000	800	400	33200	16600
农产品加工剩余物	6000	3000	200	100	5800	2900
林业木质剩余物	35000	20000	300	170	34700	19830
畜禽粪便	84000	2800	30000	1000	54000	1800
城市生活垃圾	7500	1200	2800	500	4700	700
有机废水	435000	1600	2700	10	432300	1590
有机废渣	95000	400	4800	20	90200	380
合计		46000		2200		43800

注：加上生产燃料乙醇的陈化粮等，已利用资源量为2400万吨标准煤。

（2）发展现状

在“十一五”时期，我国生物质能多元化利用取得较大进展，生物质发电、液体燃料、燃气、成型燃料等多种利用方式并举，技术不断进步，已呈现出规模化发展的良好势头。2010年，生物质能利用量（不含直接燃烧薪柴等传统利用方式）约2400万吨标准煤。

生物质发电。到2010年底，我国生物质发电装机容量550万千瓦，其中农林生物质发电190万千瓦，垃圾发电170万千瓦，蔗渣发电170万千瓦，沼气等其他生物质发电20万千瓦。生物质发电已形成一定规模，年发电量超过200亿千瓦时，相应年消耗农林剩余物约1000万吨，总计增加农民年收入约30亿元。生物质发电技术和设备制造发展较快，已掌握了高温高压生物质发电技术。

生物液体燃料。到2010年底，以陈化粮和木薯为原料的燃料乙醇年产量超过180万吨，以废弃动植物油脂为原料的生物柴油年产量约50万吨。培育了一批抗逆性强、高产的能源作物新品种，木薯乙醇生产技术基本成熟，甜高粱乙醇技术取得初步突破，纤维素乙醇技术研发取得较大进展，建成了若干小规模试验装置。

生物质燃气。到2010年底，农村户用沼气保有量超过4000万户，年产沼气约130亿立方米。建成畜禽养殖场沼气工程5万多处，年产沼气约10亿立方米。农村沼气技术不断成熟，产业体系逐步健全，许多地方建立了物业化管理沼气服务体系。生物质气化集中供气技术和工艺不断改进，目前已建成使用的生物质集中供气项目约1000个。

生物质成型燃料。2010年，生物质成型燃料产量约300万吨，主要用于农村居民和城镇供热锅炉燃料及生物质木炭原料。成型燃料设备能耗显著降低，易损件寿命和可维护性明显提高，成型燃料已初步具备较大规模产业化发展条件。

专栏2　我国各类生物质能利用规模

利用方式	利用规模		年产能量		折标煤
	数量	单位	数量	单位	万吨/年
生物质发电	550	万千瓦	330	亿千瓦时	1020
户用沼气	4000	万户	130	亿立方米	930
大型沼气工程	50000	处	10	亿立方米	70
生物质成型燃料	300	万吨			150
生物燃料乙醇	180	万吨			160
生物柴油	50	万吨			70
总 计					2400

（二）发展形势

虽然在“十一五”时期生物质能有了长足发展，但由于生物质资源分散、加工转换技术难度大、市场化发展环境尚未建立，生物质能发展还存在以下主要问题：

一是缺乏准确的资源调查评价。生物质能资源的可持续供给是生物质能规模化发展的基础。我国生物质能源利用潜力较大，但在资源种类、数量、可利用量、潜在资源量及分布等方面，还需系统的调查和评价。

二是原料收集难度大。农林生物质原料具有分散性和季节性特点，目前原料收集主要依靠人工和小型机械，运输主要依靠通用运输工具，缺乏完整的专业化原料收集、运输、储存及供应体系，收储运效率低，难以满足生物质能规模化利用的需要。

三是技术水平有待提高。我国生物质能利用技术和装备处于起步阶段，仍未掌握循环流化床气化及配套内燃发电机组等关键设备技术，非粮燃料乙醇生产技术需要升级，生物降解催化酶等核心技术亟待突破，生物柴油生产技术应用水平还不高，航空生物燃油、生物质气化合成油等技术尚未产业化。生物质能综合利用水平低，转换效率有待提高。生物质热解技术需完善工程设计、设备制造等方面的技术水平。

四是产业化程度低。生物质能项目的专业化市场化建设管理经验不足，产品、设备、工程建设和项目运行等方面的标准不健全，检测认证体系建设滞后，缺乏市场监管和技术监督。成型燃料市场尚未完全开发，农村生物质能项目产业化程度较低，可持续发展能力不足。

二、指导方针和目标

（一）指导思想

高举中国特色社会主义伟大旗帜，以邓小平理论和“三个代表”重要思想为指导，深入贯彻落实科学发展观，将生物质能作为促进能源结构调整和可持续发展的重要途径、发展低碳经济和循环经济的重要环节、发展农村经济的重要措施、培育和发展战略性新兴产业的重要内容，加强政府引导和扶持，加快技术创新，发挥市场机制作用，完善政策体系，推进生物质能规模化、专业化、产业化和多元化发展，尽快形成具有较大规模和较高技术水平的新型产业。

（二）基本原则

统筹兼顾，综合利用。统筹生物质的能源利用与其他用途，充分合理利用生物质资源。积极推进生物质资源的梯级综合利用，发挥生物质能在生产液体燃料、电力、热力等方面的综合效益，实现能源、生态、经济和社会效益的统一。

因地制宜，多元发展。综合考虑生物质资源条件、气候差异、农林业生产特点和农村实际情况，以及生物质能利用技术成熟程度和市场发育程度等因素，因地制宜推动生物质气化、成型燃料、发电、液体燃料等多元化发展，加快新型利用方式的产业化进程。

自主创新，规模发展。大力推动生物质能利用新技术研究和产业化，以及关键设备的自主化，提高利用和转化效率，提高综合效益。积极推动生物质能规模化发展，建立健全专业化市场化产业化建设管理模式，形成生物质能新型产业。

政府扶持，市场推动。加强政策引导和扶持，健全完善政策体系，积极探索生物质能开发利用模式。充分发挥市场机制作用，培育壮大专业化生物质能企业，不断提升生物质能产业的市场竞争力。

（三）发展目标

在“十二五”时期，生物质能发展目标是：到2015年，生物质能产业形成较大规模，在电力、供热、农村生活用能领域初步实现商业化和规模化利用，在交通领域扩大替代石油燃料的规模。生物质能利用技术和重大装备技术能力显著提高，出现一批技术创新能力强、规模较大的新型生物质能企业。形成较为完整的生物质能产业体系。

专栏3　“十二五”时期生物质能发展主要指标

领域	利用规模		年产能量		折标煤
	数量	单位	数量	单位	万吨/年
1、生物质发电	1,300	万千瓦	780	亿千瓦时	2430
农林生物质发电	800	万千瓦	480	亿千瓦时	1500
沼气发电	200	万千瓦	120	亿千瓦时	370
垃圾发电	300	万千瓦	180	亿千瓦时	560

2、生物质供气			220	亿立方米	1750
沼气用户	5000	万户	190	亿立方米	1500
大型农业剩余物燃气	6000	处	25	亿立方米	200
工业有机废水和污水处理厂污泥等沼气	1000	处	5	亿立方米	50
3、生物质成型燃料	1000	万吨			500
4、生物液体燃料					500
生物燃料乙醇	400	万吨			350
生物柴油和航空燃料	100	万吨			150
总计					5180

到2015年，生物质能年利用量超过5000万吨标准煤。其中，生物质发电装机容量1300万千瓦、年发电量约780亿千瓦时，生物质年供气220亿立方米，生物质成型燃料1000万吨，生物液体燃料500万吨。建成一批生物质能综合利用新技术产业化示范项目。

三、重点任务

（一）加快生物质能规模化开发利用

根据各地生物质资源条件和用能特点，加快推广应用技术已基本成熟、具备产业化发展条件或产业化有一定基础的生物质燃气、发电、成型燃料和液体燃料等多元化利用技术，推进生物质能规模化产业化发展，提高生物质能梯级综合利用水平。

1、有序发展生物质发电

有序发展农林生物质发电。在秸秆剩余物资源较多、人均耕地面积较大的粮棉主产区，有序发展秸秆直燃发电，提高发电效率；在重点林区和林产品加工集中地区，结合林业生态建设，利用林业三剩物和林产品加工剩余物发展林业生物质直燃发电，结合能源林种植，建设林醇电综合利用工程；在“三北”地区，结合防沙治沙，建设灌木林种植基地，发展沙生灌木平茬剩余物直燃发电及综合利用工程；在甘蔗种植主产区和蔗糖加工集中区推进蔗渣直燃发电。鼓励将生物质发电与纤维素乙醇、生物柴油及生物化工相结合，实现生物质梯级利用。鼓励发展生物质热电联产，提高能源利用效率。到2015年，农林生物质发电装机容量达到800万千瓦。

合理发展垃圾发电。结合城市生态环境保护，选择适宜的生活垃圾、污水处理厂污泥处理及能源利用方式，推进垃圾处理减量化资源化无害化。在人口密集、土地资源紧张的中东部地区城市，合理布局生活垃圾焚烧发电项目。在西部地区采取垃圾填埋方式处理垃圾的城市建设填埋场沼气发电项目。大力推动垃圾发电关键设备和清洁燃烧技术进步。到2015年，城市生活垃圾发电装机容量达到300万千瓦。

积极发展生物质燃气发电。在农村生物质资源比较丰富、人口密集的乡镇，发展分布式生物质燃气发电；依托大型畜禽养殖场，结合污染治理，建设大型畜禽养殖废弃物沼气发电项目；积极推动造纸、酿酒、印染、皮革等工业有机废水和城市生活污水处理沼气发电。到2015年，沼气发电装机容量达到200万千瓦。

到2015年，生物质发电总装机容量达到1300万千瓦，年发电量780亿千瓦时，年替代化石能源2430万吨标准煤。

2、加快发展非粮生物液体燃料

建设非粮能源原料基地。在盐碱地、荒草地、山坡地等未开发宜能荒地较多的地区，根据当地自然条件和作物植物特点，种植甜高粱、木薯、油棕、小桐子等能源作物植物，建设非粮生物液体燃料的原料供应基地。到“十二五”期末，建成油料能源林基地200万公顷。

建设非粮生物液体燃料示范工程。在“十二五”时期，建设一批产业化规模的纤维素乙醇示范工程，建成纤维素酶批量生产基地。突破关键设备和集成工艺，提高成套设备制造能力，降低纤维素乙醇生产成本，提高经济性。规范和引导以废弃油脂为原料的生物柴油的产业化，推进木本油料作物为原料的生物柴油和航空生物燃料示范工程及应用。

到2015年，生物燃料乙醇年产量达到400万吨，生物柴油和航空生物燃料年产量100万吨。年替代化石能源500万吨标准煤。

3、积极推广生物质燃气

积极推进生物质燃气集中供气。“十二五”时期，在农林生物质资源丰富、地势易于铺设燃气管网、农民经济条件较好、居住较为集中的乡镇或较大的村庄，推广生物质气化集中供气。在居住区域附近有规模化畜禽养殖场的地区，优先发展沼气集中供气，建设大中型沼气集中供气工程。结合工业有机废水和城市污水处理，建设利用工业有机废水、城市生活污水和污泥中的有机物生产沼气的集中供气工程。“十二五”期末，生物质燃气集中供气达到30亿立方米/年，折合250万吨标准煤。

稳步推进户用沼气建设。在气候适宜、人口居住分散且有家庭养殖畜禽的农村地区，继续推广户用沼气，提供清洁生活燃气。将沼气作为连接种植业和养殖业的纽带，发展“三位一体”、“四位一体”生态农业模式，提高户用沼气的综合效益。到2015年，农村沼气用户5000万户，年产沼气190亿立方米，折合1500万吨标准煤。

4、推进生物质成型燃料产业化

生物质成型燃料具有原料适应范围广、规模适应性强、易于运输储存等特点，作为供热燃料，是一种经济实用的方式。在“十二五”时期，重点在北方采暖地区推广生物质成型燃料集中供热，结合城市大气环境治理，大力推动城市燃煤锅炉改造为生物质成型燃料锅炉，减少城市燃煤量，扩大规模化的生物质成型燃料市场；在人口居住分散、不宜铺设燃气管网的农村地区，推广户用生物质成型燃料，解决户用炊事及采暖用能。到2015年，生物质成型燃料年利用量达到1000万吨，相应替代化石能源500万吨标准煤。

（二）推进先进生物质能综合利用产业化示范

建设一批梯级综合利用生物质能示范项目和若干个示范区，推动生物质能利用从单一原料和产品模式转向原料多元化、产品多样化的循环经济梯级综合利用模式，使生物质资源利用获得更好的综合效益。

1、纤维素原料生物燃料多联产示范

积极推动农林剩余物（纤维素）生产生物乙醇为主产品的综合利用产业化示范。建设纤维素生物燃料综合利用示范区，利用当地丰富的农作物秸秆资源，建设产业化规模纤维素水解制备液体燃料和生物基化工产品及醇电联产综合利用示范工程。

依托示范项目，推进生物乙醇及其他替代石油基原料的化工产品的规模化生产，废水经厌氧发酵处理生产沼气及沼气发电，或者利用废水培养微藻能源作物，最终的生物质残渣用于燃烧发电和供热，整体实现生物质梯级综合利用。

到2015年底，形成若干以农林剩余物（纤维素）为原料的生物燃料多联产产业化示范区。

2、微藻生物燃料多联产示范工程

鼓励微藻固碳生物燃料产业化示范。在条件适合地区，利用工业废水及富含二氧化碳废气，采用先进养殖技术，建设含油微藻规模化养殖场，开展微藻生物燃料多联产示范。

依托示范项目，推进商业化规模的微藻生物燃油生产，同时生产高附加值的营养藻粉和饲料藻渣等生物基产品。通过微藻生物燃料多联产，实现二氧化碳减排、工业污水处理与生物能源制备、生物基产品开发的有机结合，建设多产业组合的循环经济示范基地。

到2015年底，建成若干微藻生物燃料多联产循环经济产业化示范项目。

3、生物质热化学转化制备液体燃料及多联产示范工程

加快生物质气化合成醇醚、生物质热解液化及直接催化转化制备烃类燃料技术进步，建设生物质热化学制备液体燃料产业化示范区，利用各类农林剩余物资源，开展万吨级生物质热化学制备液体燃料，以及燃气、热力、电力、生物质炭、多元醇生物基化学品等多联产系统示范工程，实现低成本规模化生物质资源梯级综合利用。

依托示范项目，突破大型生物质气化、先进高效净化与组分调变一体化、生物油炼制加工催化剂及相应的反应精馏分离等关键技术，降低生物燃料生产成本。结合化工项目工程和工业园区用热需求，整合生物化工技术开展综合精炼，生产生物柴油、石脑油和航空煤油等生物燃料，以及热力、电力、精细化工原料和产品、医药产品等系列化产品，拓展相关产品应用市场，全面推进各类农林生物质资源梯级综合利用，提升生物质能及综合利用的经济性和竞争力。

到2015年底，形成若干以农林剩余物为原料的生物质热化学转化制备液体燃料及多联产循环经济产业示范区。

4、大型沼气综合利用示范工程

加快大型沼气工程技术进步，提高大型沼气生产成套设备、沼气净化设备、沼气管道供气和罐装成套设备制造水平。在具备资源、市场等条件的地区，建设大型混合原料沼气综合利用产业示范区，将沼气输入城市天然气管道网络。在乡镇布设沼气供应服务站点，以供应罐装沼气的方式为周边居民提供生活燃气；探索沼气作为城市公共交通车辆燃料的利用方式；推动大型沼气工程的沼液沼渣综合利用，拓展有机肥市场，支持有机蔬菜、水果种植产业发展，发展大型沼气综合利用循环经济生态园。

到2015年底，形成若干混合原料大型沼气多用途综合利用循环经济生态园。

专栏4　先进生物质能综合利用产业化示范

纤维素原料生物燃料多联产示范：在河南、吉林、黑龙江、山东等地建设示范工程，以农作物秸秆为主要原料，通过纤维素水解制备乙醇、丁醇等液体燃料，剩余物制取沼气或燃烧发电。通过示范，突破纤维素原料预处理、酶制取等技术瓶颈，具备产业化基础。

微藻生物燃料多联产示范：在水质适宜和光照充分地区，加快先进育繁技术进步，选取优质高含油微藻，提取生物油脂，通过脂化、重整生产生物燃油，同时生产营养藻粉等生物基产品。通过示范，形成生物油藻选育、繁殖、推广体系，推动生物油藻产业化。

生物质热化学转化制备液体燃料及多联产示范：在吉林、黑龙江、湖北、湖南、贵州等地建设示范工程，以农林剩余物为原料，以热化学法制取燃气，采用费托合成生产生物燃油。通过示范，形成一定规模的费托合成催化剂生产能力，加快热化学制备生物油产业化进程。

大型沼气综合利用示范工程：在河南、广西、四川等畜禽养殖规模较大、有机废渣废水资源丰富的地区，建设为城市、大型村镇集中供气的沼气及管网设施示范工程，进行沼气净化提纯装罐，作为分散民用燃气及车用燃料。通过建设专业化的大型沼气工程，探索沼气商业化应用的新模式。

（三）组织生物质能推广利用重点工程

1、城市生物质供热工程

结合城市大气环境治理和新能源示范城市建设，在城市推广生物质成型燃料和专用锅炉，替代区域集中供热及分散锅炉燃煤。

在“十二五”时期，在生物质资源稳定供应、有采暖需求的北方城市建设生物质供热工程，利用农林剩余物、城市生活垃圾及有机污水、养殖场畜禽粪便等资源，采用生物质成型燃料采暖锅炉、生物质燃气供热锅炉等技术，综合发展各类生物质供热，减少城市中的煤炭直接燃烧，改善大气环境和城市面貌。

到2015年，年供热消耗生物质燃料10万吨以上的城市达到50个，平均每个城市生物质供热总供热面积达到100万平方米以上，相应每个城市平均每年替代化石能源5万吨标准煤。全国生物质供热总供热面积达到5000万平方米，相应年替代化石能源250万吨标准煤。

2、农村生活燃料清洁化工程

将生物质能技术作为实现农村生活用能优质化、清洁化、现代化，促进城乡能源公共服务均等化的重要手段。“十二五”时期，结合绿色能源示范县建设，推广农村生活燃料清洁化工程，充分利用当地农作物秸秆、畜禽粪便、林业剩余物等生物质资源，推广生物质热解气化、生物质干馏、生物质成型燃料、大中型沼气工程和户用沼气池、省柴灶等技术，为当地居民提供清洁生活燃料。

在生物质资源比较丰富、农村居民集中的地区，建设生物质燃气集中供气工程，铺设生物质燃气管网，推进农村燃气物业化管理和服务。在具有采暖需求的北方农村，重点推广生物质成型燃料采暖技术。在林区及退耕还林地区，结合生态保护工程，重点发展分布式生物质能技术，充分利用林业剩余物建设生物质气化和成型燃料项目，为林区提供清洁的生活燃料，减少林木质燃料消耗，巩固退耕还林成果。积极支持在农村学校、医院等公益设施和公用机构推广应用清洁生物质燃料。

到2015年，农村生活燃料清洁化工程惠及1000个乡镇、100万户农户，年替代化石能源100万吨标准煤。

3、生物质能源作物和能源林基地建设

按照“不与民争粮，不与粮争地”的要求，根据我国土地资源和农林业生产特点，立足非粮原料，结合现代农林业发展和生态建设，在有条件地区实施生物质能源作物和能源林种植工程，合理选育和科学种植能源作物植物，因地制宜开发边际性土地，规模化种植各类非食用粮糖油类作物植物，建设生物质能原料供应基地。

重点在“三北”地区的半荒漠化区、沙区等边际性土地，结合生态建设，建设以灌木林为主的木质能源林基地；在东北、内蒙古、山东等地区开展甜高粱规模化种植；在广东、广西、海南、江西、四川、云南等地种植薯类作物以及芭蕉芋、葛根等植物；在海南、福建、四川、贵州、云南、河北等地建设油棕、小桐子、黄连木等油料植物种植基地；加强富油藻类培育技术研发，开展藻类原料培育工程。

到2015年，建成木质能源林基地520万公顷，甜高粱原料基地50万亩，木薯等薯类作物基地800万亩，油料能源林基地200万公顷，其他非粮原料（能源草等）基地30万亩。种植能源作物和能源林满足年产100万吨生物柴油的原料需求，年替代化石能源140万吨标准煤。

（四）加强生物质能技术装备和产业体系建设

1、构建技术研发体系

整合现有生物质能研究的技术和能力建设资源，加强国家级生物质能技术研究机构建设，重点建设生物质能综合利用技术研发测试平台和先进非粮生物液体燃料技术研发平台，从事基础研究工作，组织开展联合研究，攻克产业发展的关键技术和共性技术难题。

依托骨干企业、研究院所和大学等，建立涵盖生物质发电、生物质燃气和生物液体燃料等技术的重点实验室，推动生物质能应用技术研究和相关技术创新平台建设。在大型企业建立生物质能创新中心或工程技术中心，开展应用研究和系统集成，促进科技成果的产业化。鼓励企业加强对引进的国外先进技术的消化吸收，逐步建立自主创新的技术体系。

2、开发关键技术设备

在生物质燃气方面，开发生物质燃气高效制备及综合利用技术，重点突破高浓度、混合燃料的湿发酵、干发酵技术，以及燃气净化和高热值化转化技术，研发大功率生物质燃气发电机组；在生物液体燃料方面，重点突破木质纤维素生产乙醇等石油替代燃料、以多种原料生产生物柴油和航空生物燃料的关键技术，掌握清洁高效生产技术；在能源作物及能源林种植方面，重点突破良种选育及定向培育技术，培育多个新型生物质能源作物和能源林新品种。

在生物质能装备方面，重点研制非粮原料收储运和初加工、非粮燃料乙醇和微藻生物燃料加工转化、生物质热化学转化制备液体燃料及热、电、化工多联产农业剩余物制备生物质燃气及综合利用等成套装备，攻克生物质成型燃料高效、抗结渣燃烧技术，提高成型机易损件使用寿命到500小时以上。

3、完善产业服务体系

加快制定完善生物质能技术及产品标准，形成统一、规范、符合我国国情的生物质能技术标准体系。建设生物质能设备及产品检测中心，建立关键设备和产品的认证体系。建立完善生物质能产品质量控制和监督体系，形成有效的质量监督机制，提高产品和服务质量。

开展生物质能技术培训，在全国组织开展多种形式多层次的生物质能技术、设备和产品应用培训。对从事生物质能利用的专业技术工种实行职业资格制度，组织各地开展生物质能职业技能鉴定和认证。健全生物质能的社会化行业组织，发挥行业协会等在行业自律、人才培训、技术咨询、信息交流、国际合作等方面的作用，建立企业、消费者、政府部门之间的沟通与联系，促进生物质能产业健康发展。

四、规划实施

（一）保障措施

1、开展生物质能资源调查评价。制定生物质能资源调查评价规范，建立科学的资源评价体系，以县为单位进行生物质资源调查，明确资源量、种类、分布和现有用途，以及可作为能源化利用的资源潜力。

2、加强生物质能开发利用管理。将生物质能纳入国家能源管理体系，建立部门协调机制，协同推进生物质能发展。完善政策体系，研究制定生物质能综合利用产业政策。各省（区、市）要将生物质能开发利用纳入本地区能源规划，编制生物质能发展规划及实施方案，指导本地区生物质能开发利用。加强生物质能项目建设管理，合理进行生物质能开发利用布局，保持生物质能开发利用有序协调进行。

3、完善国家财税等支持政策。各级政府加大对生物质能开发利用的投入，支持农村生物质能项目建设，着力改善农村生活用能条件。完善支持生物质能利用的财税扶持政策，健全生物质能转化的热力、电力、液体燃料等产品的价格政策。完善金融支持政策，扶持中小型生物质能企业发展。建立健全支持分布式生物质能发电接入电网和并网运行的体制机制，以及生物质油品经营机制，为生物质能产品进入市场创造有利条件。

4、建立健全生物质能技术管理体系。支持生物质能利用新型技术研发和试验示范。建立生物质能技术和产品标准体系及工程规范，健全生物质能技术和产品检测认证体系，加强技术监督以及工程和产品质量管理。建立健全生物质能信息统计体系，加强生物质能技术指导、工程咨询、信息服务等中介机构能力建设。

5、完善市场机制和管理措施。积极培育壮大生物质能骨干企业。完善生物液体燃料强制使用的机制和措施，扩大生物液体燃料的市场规模。各级政府要结合各种生物质废弃物综合利用和环境污染治理，制定操作性强的农村秸秆禁烧、城区关停改造燃煤小锅炉的措施。在新能源示范城市和绿色能源示范县建设中，将生物质能利用作为重要选择，形成若干生物质能规模化开发利用的示范区。

6、建立原料供应保障体系。因地制宜，结合生态建设和保护环境的要求，培育种植适宜的能源作物或能源植物，建设生物质能原料基地。适应各区域不同情况，支持企业探索建立合适的生物质能原料收集体系，提高生物质能资源保障程度，鼓励生物质原料收储运专业化发展。研究制定生物质原料物流支持政策。

（二）实施机制

1、加强规划组织管理。强化国家有关规划对“十二五”生物质能发展的导向作用，引导各方面积极有序推进生物质能发展。各地区要根据本规划制定生物质能开发建设方案，做好与农业、林业、城乡建设等相关规划的衔接。国务院能源主管部门重点做好生物质能政策法规制定、重大问题研究论证等行业管理工作，会同财政、农业、林业等部门组织实施生物质能重大专项，保障生物质能发展规划的顺利实施。

2、建立滚动调整机制。加强生物质能发展的调查统计评价工作，强化对规划实施情况的跟踪和监督，及时掌握规划执行情况，并根据执行情况适时对规划目标和重点任务进行动态调整，使规划更加科学，符合发展实际。在2013年进行规划实施中期评估，评估情况以适当方式向社会公布。

3、加强目标监测考核。将生物质能利用纳入各地能源行业管理，将提供农村生活能源的生物质能利用纳入农村公用事业范围。将秸秆禁烧、养殖场污染治理作为环境监测的重要内容。将生物质能利用量计入各地的节能减排量，并且不计入对各地设定的能源消费总量限额，促使各地更加重视生物质能利用。

五、投资估算和环境社会影响分析

（一）投资估算

到“十二五”期末，生物质能产业将新增投资1400亿元。对于生物质发电项目，继续给予优惠电价支持。对于新型生物质能技术研发及产业化示范项目，以及涉及农村生活用能的生物质能项目建设，中央财政给予资金支持。

（二）环境和社会影响分析

发展生物质能，可有效替代化石能源、有利于节能减排和合理控制能源消费总量。预计2015年，农林剩余物年利用量达到7500万吨，年利用各类能源作物2500万吨，年处理畜禽粪便5.6亿吨、城市生活垃圾6400万吨、城镇污水处理厂污泥1500万吨、废弃油脂90万吨，合计年替代化石能源5000万吨标准煤，相应年减排二氧化碳9500万吨、二氧化硫65万吨。

生物质能利用要做好防止二次污染的工作。大中型沼气工程的沼气要充分利用，沼液沼渣要合理利用。生物液体燃料生产过程中的废水、废渣要合规处理和达标排放。垃圾焚烧发电要合理选址，采用先进的烟气处理技术，防止有害物质排放。生物质能项目措施不当可能造成环境污染，必须加强环保评价和监测管理，全面发挥好生物质能的环境效益。

发展生物质能源，将为改善农村居民用能状况、带动农村发展作出重要贡献。“十二五”时期，可改善约1000万户农村居民的生活用能条件，其中，户用沼气800万户，管道供应燃气50万户，生物质成型燃料150万户。农村生物质能利用有利于加快城乡能源公共服务均等化步伐。

“十二五”时期，生物质能产业将初具规模，成为带动农村经济发展的新型产业。预计到2015年，生物质能产业年销售收入可达到1000亿元，提供360万个就业岗位，农民年收入增加180亿元，取得良好的经济和社会效益。

重点区域大气污染防治“十二五”规划（节录）

（国务院二〇一二年九月二十七日批复，环境保护部、国家发展改革委、财政部
二〇一二年十月二十九日印发）

前 言

当前我国大气环境形势十分严峻，在传统煤烟型污染尚未得到控制的情况下，以臭氧、细颗粒物(PM2.5)和酸雨为特征的区域性复合型大气污染日益突出，区域内空气重污染现象大范围同时出现的频次日益增多，严重制约社会经济的可持续发展，威胁人民群众身体健康。区域性复合型的大气环境问题给现行环境管理模式带来了巨大的挑战，仅从行政区划的角度考虑单个城市大气污染防治的管理模式已经难以有效解决当前愈加严重的大气污染问题，亟待探索建立一套全新的区域大气污染防治管理体系。北京奥运会、上海世博会、广州亚运会空气质量保障工作以及国际上区域空气质量管理的成功经验证明，实施统一规划、统一监测、统一监管、统一评估、统一协调的区域大气污染联防联控工作机制，是改善区域空气质量的有效途径。

“十二五”时期，我国工业化和城市化仍将快速发展，资源能源消耗持续增长，大气环境将面临前所未有的压力。为实现2020 年全面建设小康社会对大气环境质量的要求，应紧紧抓住“十二五”经济社会发展的转型期和解决重大环境问题的战略机遇期，在重点区域率先推进大气污染联防联控工作。www.bjx.com.cn从系统整体角度出发，制定并实施区域大气污染防治对策，以改善大气环境质量为目的，严格环境准入，推进能源清洁利用，加快淘汰落后产能，实施多污染物协同控制，大幅削减污染物排放量，形成环境优化经济发展的“倒逼传导机制”，促进经济

发展方式转变，推动区域经济与环境的协调发展。

根据《中华人民共和国大气污染防治法》与《中华人民共和国国民经济和社会发展第十二个五年规划纲要》，制定《重点区域大气污染防治“十二五”规划》。规划范围为京津冀、长江三角洲(以下简称“长三角”)、珠江三角洲(以下简称“珠三角”)地区，以及辽宁中部、山东、武汉及其周边、长株潭、成渝、海峡西岸、山西中北部、陕西关中、甘宁、新疆乌鲁木齐城市群(具体范围详见附表)，共涉及19 个省、自治区、直辖市，面积约132.56 万平方公里，占国土面积的13.81%。

一、大气污染防治形势与挑战

(一)大气污染防治工作取得积极进展

1.主要污染物减排成效显著

国民经济和社会发展“十一五”规划纲要将二氧化硫排放总量减少10%作为约束性指标。为实现减排目标，国家采取了脱硫优惠电价、“上大压小”、限期淘汰、“区域限批”等一系列政策措施，加大环境保护投入，实施工程减排、结构减排、管理减排，取得显著成效。到2010 年，全国共建成运行脱硫机组装机容量达5.78亿千瓦，火电机组脱硫比例由2005 年的14%提高到2010 年的86%;累计关停小火电装机容量7683 万千瓦，淘汰落后炼铁产能1.2 亿吨、炼钢产能0.72 亿吨、水泥产能3.7 亿吨。在“十一五”期间国民经济年均增速高达11.2%、煤炭消费总量增长超过10 亿吨的情况下，二氧化硫排放总量较2005 年下降了14.29%，超额完成减排目标。

2.城市大气环境综合整治不断深化

“十一五”期间，全国进一步深化城市大气环境综合整治。实行“退二进三”政策，搬迁改造了一大批重污染企业，优化城市产业布局;积极推动城市清洁能源改造，发展热电联产和集中供热，淘汰了一批燃煤小锅炉;京津冀、长三角、珠三角启动了加油站油气回收治理工作，北京、上海、广州、深圳等城市分别完成了1462、500、514、256 座加油站油气回收改造工程。全国实施了机动车污染物排放国III标准，部分城市实施了国Ⅳ标准，机动车污染物平均排放强度下降了40%以上。综合整治工作取得了积极成效，2010 年，全国地级及以上城市二氧化硫和可吸入颗粒物(PM10)的年均浓度分别为35 微克/立方米和81 微克/立方米，比2005 年分别下降了24.0%和14.8%，二氧化氮浓度基本稳定。

3.积极探索区域大气污染联防联控机制

为保障北京奥运会、上海世博会和广州亚运会的空气质量，华北六省(区、市)、长三角三省(市)和珠三角地区打破行政界限，成立领导小组，签署环境保护合作协议，编制实施空气质量保障方案，实施省际联合、部门联动，齐抓共管、密切配合，全面开展二氧化硫、氮氧化物、颗粒物和挥发性有http://www.bjx.com.cn/机物综合控制，统一环境执法监管，统一发布环境信息，形成强大的治污合力，取得积极成效。活动期间，主办城市环境空气质量优良，兑现了绿色奥运、绿色世博和绿色亚运的庄严承诺。同时，为我国进一步开展区域大气污染联防联控工作积累了有益经验。

(二)大气环境形势依然严峻

1.大气污染物排放负荷巨大

我国主要大气污染物排放量巨大，2010 年二氧化硫、氮氧化物排放总量分别为2267.8 万吨、2273.6 万吨，位居世界第一，烟粉尘排放量为1446.1 万吨，均远超出环境承载能力。京津冀、长三角、珠三角地区，以及辽宁中部、山东、武汉及其周边、长株潭、成渝、海峡西岸、山西中北部、陕西关中、甘宁、新疆乌鲁木齐城市群等13 个重点区域，是我国经济活动水平和污染排放高度集中的区域，大气环境问题更加突出。重点区域占全国14%的国土面积，集中了全国近48%的人口，产生了71%的经济总量，消费了52%的煤炭，排放了48%的二氧化硫、51%的氮氧化物、42%的烟粉尘和约50%的挥发性有机物，单位面积污染物排放强度是全国平均水平的2.9 至3.6 倍，严重的大气污染已经成为制约区域社会经济发展的瓶颈。

2.大气环境污染十分严重

2010 年，重点区域城市二氧化硫、可吸入颗粒物年均浓度分别为40 微克/立方米、86 微克/立方米，为欧美发达国家的2 至4 倍;二氧化氮年均浓度为33 微克/立方米，卫星数据显示，北京到上海之间的工业密集区为我国对流层二氧化氮污染最严重的区域。按照我国新修订的环境空气质量标准评价，北极星电力网重点区域82%的城市不达标。严重的大气污染，威胁人民群众身体健康，增加呼吸系统、心脑血管疾病的死亡率及患病风险，腐蚀建筑材料，破坏生态环境，导致粮食减产、森林衰亡，造成巨大的经济损失。

3.复合型大气污染日益突出

随着重化工业的快速发展、能源消费和机动车保有量的快速增长，排放的大量二氧化硫、氮氧化物与挥发性有机物导致细颗粒物、臭氧、酸雨等二次污染呈加剧态势。2010 年7 个城市细颗粒物监测试点的年均值为40 微克/立方米至90 微克/立方米，超过新修订环境空气质量标准限值要求的14%至157%;臭氧监测试点表明，部分城市臭氧超过国家二级标准的天数达到20%，有些地区多次出现臭氧最大小时浓度超过欧洲警报水平(240ppb)的重污染现象。复合型大气污染导致能见度大幅度下降，京津冀、长三角、珠三角等区域每年出现灰霾污染的天数达100 天以上，个别城市甚至超过200 天。

细颗粒物主要来源

研究表明，细颗粒物成因复杂，约 50%来自燃煤、机动车、扬尘、生物质燃烧等直接排放的一次细颗粒物;约50%是空气中二氧化硫、氮氧化物、挥发性有机物、氨等气态污染物，经过复杂化学反应形成的二次细颗粒物。细颗粒物来源十分广泛，既有火电、钢铁、水泥、燃煤锅炉等工业源的排放，又有机动车、船舶、飞机、工程机械、农机等移动源的排放，还有餐饮油烟、装修装潢等量大面广的面源排放。因此控制细颗粒物污染，必须实施多污染物协同控制政策，强化多污染源综合管理，开展区域联防联控。

4.城市间污染相互影响显著

随着城市规模的不断扩张，区域内城市连片发展，受大气环流及大气化学的双重作用，城市间大气污染相互影响明显，相邻城市间污染传输影响极为突出。在京津冀、长三角和珠三角等区域，部分城市二氧化硫浓度受外来源的贡献率达30%至40%，氮氧化物为12%至20%，可吸入颗粒物为16%至26%;区域内城市大气污染变化过程呈现明显的同步性，重污染天气一般在一天内先后出现。

5.大气污染防治面临严峻挑战

未来五年，是我国全面建设小康社会的关键时期，工业化、城镇化将继续快速发展。据预测，到2015 年重点区域GDP 将增长50%以上，煤炭消费总量将增长30%以上，汽车(含低速汽车)保有量将增长50%。按照目前的污染控制力度，将新增二氧化硫、氮氧化物、工业烟粉尘、挥发性有机物排放量分别为160 万吨、250 万吨、100 万吨和220 万吨，占2010 年排放量的15%、22%、17%和20%。随着二氧化硫减排工作的持续深入，工程减排的空间日益缩减;对细颗粒物贡献较大的挥发性有机物控制尚处于起步阶段，北极星电力网现有污染控制力度难以满足人民群众对改善环境空气质量的迫切要求。为切实改善大气环境质量，必须采取更加严格的污染控制措施，在消化巨大新增量的基础上，大幅削减污染物排放总量，污染防治任务十分艰巨。

(三)大气污染防治工作存在的主要问题

1.大气环境管理模式滞后

现行环境管理方式难以适应区域大气污染防治要求。区域性大气环境问题需要统筹考虑、统一规划，建立地方之间的联动机制。按照我国现行的管理体系和法规，地方政府对当地环境质量负责，采取的措施以改善当地环境质量为目标，各个城市“各自为战”难以解决区域性大气环境问题。

2.污染控制对象相对单一

长期以来，我国未建立围绕空气质量改善的多污染物综合控制体系。从污染控制因子来看，污染控制重点主要为二氧化硫和工业烟粉尘，对细颗粒物和臭氧影响较大的氮氧化物和挥发性有机物控制薄弱。从污染控制范围来看，工作重点主要集中在工业大点源，对扬尘等面源污染和低速汽车等移动源污染控制重视不够。

3.环境监测、统计基础薄弱

环境空气质量监测指标不全，大多数城市没有开展臭氧、细颗粒物的监测，数据质量控制薄弱，无法全面反映当前大气污染状况。挥发性有机物、扬尘等未纳入环境统计管理体系，底数不清，难以满足环境管理的需要。

4.法规标准体系不完善

现行的大气污染防治法律法规在区域大气污染防治、移动源污染控制等方面缺乏有效的措施要求，缺少挥发性有机物排放标准体系，城市扬尘综合管理制度不健全，车用燃油标准远滞后于机动车排放标准。

二、指导思想、原则和目标

(一)指导思想

以邓小平理论和“三个代表”重要思想为指导，深入贯彻落实科学发展观，以保护人民群众身体健康为根本出发点，着力促进经济发展方式转变，提高生态文明水平，增强区域大气污染防治能力，统筹区域环境资源，实施多污染物协同减排，努力解决细颗粒物、臭氧、酸雨等突出大气环境问题，切实改善区域大气环境质量，提高公众对大气环境质量满意率。

(二)基本原则

经济发展与环境保护相协调。采取污染物总量控制和煤炭消费总量控制等措施，用严格的环保手段倒逼传导机制，促进经济发展方式的转变，实现环境保护优化经济发展。通过调整产业结构和能源结构，加快淘汰落后生产能力和工艺，提高企业清洁生产水平，降低污染物排放强度，促进经济社会与资源环境的协调发展。

联防联控与属地管理相结合。建立健全区域大气污染联防联控管理机制，实现区域“统一规划、统一监测、统一监管、统一评估、统一协调”;根据区域内不同城市社会经济发展水平与环境污染状况，划分重点控制区与一般控制区，实施差异性管理，按照属地管理的原则，明确区域内污染减排的责任与主体。

总量减排与质量改善相统一。建立以空气质量改善为核心的控制、评估、考核体系。根据总量减排与质量改善之间的响应关系，构建基于质量改善的区域总量控制体系，实施二氧化硫、氮氧化物、颗粒物、挥发性有机物等多污染物的协同控制和均衡控制，有效解决当前突出的大气污染问题。

先行先试与全面推进相配合。从重点区域、重点行业和重点污染物抓http://news.bjx.com.cn/起，以点带面，集中整治，着力解决危害群众身体健康、威胁地区环境安全、影响经济社会可持续发展的突出大气环境问题，为全国大气污染防治工作积累重要经验。

(三)规划目标

到2015 年，重点区域二氧化硫、氮氧化物、工业烟粉尘排放量分别下降12%、13%、10%，挥发性有机物污染防治工作全面展开;环境空气质量有所改善，可吸入颗粒物、二氧化硫、二氧化氮、细颗粒物年均浓度分别下降10%、10%、7%、5%，臭氧污染得到初步控制，酸雨污染有所减轻;建立区域大气污染联防联控机制，区域大气环境管理能力明显提高。

京津冀、长三角、珠三角区域将细颗粒物纳入考核指标，细颗粒物年均浓度下降6%；其他城市群将其作为预期性指标。

三、统筹区域环境资源，优化产业结构与布局

(一)明确区域控制重点，实施分区分类管理

1.明确区域污染控制类型

京津冀、长三角、珠三角区域与山东城市群为复合型污染严重区，应重点针对细颗粒物和臭氧等大气环境问题进行控制，长三角、珠三角还要加强酸雨的控制，京津冀、江苏省和山东城市群还应加强可吸入颗粒物的控制。

辽宁中部、武汉及其周边、长株潭、成渝、海峡西岸城市群为复合型污染显现区，应重点控制可吸入颗粒物、二氧化硫、二氧化氮，同时注重细颗粒物、臭氧等复合污染的控制，此外，武汉及其周边、长株潭、成渝还应加强酸雨的控制，辽宁中部城市群应加强采暖季燃煤污染控制。

山西中北部、陕西关中、甘宁、新疆乌鲁木齐城市群，以传统煤烟型污染控制为主，重点控制可吸入颗粒物、二氧化硫污染，加强采暖季燃煤污染控制。

2.划分重点控制区

依据地理特征、社会经济发展水平、大气污染程度、城市空间分布以及大气污染物在区域内的输送规律，将规划区域划分为重点控制区和一般控制区，实施差异化的控制要求，制定有针对性的污染防治策略。对重点控制区，实施更严格的环境准入条件，执行重点行业污染物特别排放限值，采取更有力的污染治理措施。重点控制区共47 个城市，除重庆为主城区外，其他城市为整个辖区。

京津冀地区重点控制区为北京、天津、石家庄、唐山、保定、廊坊6 个城市;长三角地区重点控制区为上海、南京、无锡、常州、苏州、南通、扬州、镇江、泰州、杭州、宁波、嘉兴、湖州、绍兴14 个城市；珠三角地区重点控制区为辖区内所有9 个城市。

辽宁中部城市群重点控制区为沈阳市;山东城市群重点控制区为济南市、青岛市、淄博市、潍坊市、日照市；武汉及其周边城市群重点控制区为武汉市;长株潭城市群重点控制区为长沙市;成渝城市群重点控制区为重庆市主城区、成都市；海峡西岸城市群重点控制区为福州市、三明市；山西中北部城市群重点控制区为太原市；陕西关中城市群重点控制区为西安市、咸阳市；甘宁城市群重点控制区为兰州市、银川市；新疆乌鲁木齐城市群重点控制区为乌鲁木齐市。

(二)严格环境准入，强化源头管理

依据国家产业政策的准入要求，提高“两高一资”行业的环境准入门槛，严格控制新建高耗能、高污染项目，遏制盲目重复建设，严把新建项目准入关。

1.严格控制高耗能、高污染项目建设

重点控制区禁止新、改、扩建除“上大压小”和热电联产以外的燃煤电厂，严格限制钢铁、水泥、石化、化工、有色等行业中的高污染项目。城市建成区、地级及以上城市市辖区禁止新建除热电联产以外的煤电、钢铁、建材、焦化、有色、石化、化工等行业中的高污染项目。城市建成区、工业园区禁止新建20 蒸吨/小时以下的燃煤、重油、渣油锅炉及直接燃用生物质锅炉，其他地区禁止新建10 蒸吨/小时以下的燃煤、重油、渣油锅炉及直接燃用生物质锅炉。严格控制高污染行业产能，北京、上海、珠三角严格控制石化产能，辽宁、河北、上海、天津、江

苏、山东等实施钢铁产能总量控制，上海、江苏、浙江、山东、重庆、四川等严格控制水泥产能扩张，实施等量或减量置换落后产能。

2.严格控制污染物新增排放量

把污染物排放总量作为环评审批的前置条件，以总量定项目。新建排放二氧化硫、氮氧化物、工业烟粉尘、挥发性有机物的项目，实行污染物排放减量替代，实现增产减污；对于重点控制区和大气环境质量超标城市，新建项目实行区域内现役源2 倍削减量替代；一般控制区实行1.5 倍削减量替代。对未通过环评审查的投资项目，有关部门不得审批、核准、批准开工建设，不得发放生产许可证、安全生产许可证、排污许可证，金融机构不得提供任何形式的新增授信支持，有关单位不得供水、供电。

3.实施特别排放限值

新建项目必须配套建设先进的污染治理设施，火电、钢铁烧结机等项目应同步安装高效除尘、脱硫、脱硝设施，新建水泥生产线必须采取低氮燃烧工艺，安装袋式除尘器及烟气脱硝装置，新建燃煤锅炉必须安装高效除尘、脱硫设施，采用低氮燃烧或脱硝技术，满足排放标准要求。重点控制区内新建火电、钢铁、石化、水泥、有色、化工等重污染项目与工业锅炉必须满足大气污染物排放标准中特别排放限值要求，火电项目实施时间与规划发布时间同步，其他行业实施时间与排放标准发布时间同步。

4.提高挥发性有机物排放类项目建设要求

把挥发性有机物污染控制作为建设项目环境影响评价的重要内容，采取严格的污染控制措施。限制石化行业新建1000 万吨/年以下常减压、150 万吨/年以下催化裂化、100 万吨/年以下连续重整(含芳烃抽提)、150 万吨/年以下加氢裂化生产装置等限制类项目。新建石化项目须将原油加工损失率控制在4‰以内，并配备相应的有机废气治理设施。新、改、扩建项目排放挥发性有机物的车间有机废气的收集率应大于90%，安装废气回收/净化装置。新建储油库、加油站和新配置的油罐车，必须同步配备油气回收装置。新建机动车制造涂装项目，水性涂料等低挥发性有机物含量涂料占总涂料使用量比例不低于80%，小型乘用车单位涂装面积的挥发性有机物排放量不高于35 克/平方米；电子、家具等行业新建涂装项目，水性涂料等低挥发性有机物含量涂料占总涂料使用量比例不低于50%，建筑内外墙涂饰应全部使用水性涂料。新建包装印刷项目须使用具有环境标志的油墨。

(三)加大落后产能淘汰，优化工业布局

1.加大落后产能淘汰力度

严格按照国家发布的工业行业淘汰落后生产工艺装备和产品指导目录及《产业结构调整指导目录(2011 年本)》，加快落后产能淘汰步伐。完善淘汰落后产能公告制度，对未按期完成淘汰任务的地区，严格控制国家环保投资项目，暂停对该地区火电、钢铁、有色、石化、水泥、化工等重点行业建设项目办理核准、北极星电力网审批和备案手续;对未按期淘汰的企业，依法吊销排污许可证、生产许可证等。淘汰火电、钢铁、建材等重污染行业落后产能。淘汰大电网覆盖范围内单机容量10 万千瓦以下的常规燃煤火电机组和设计寿命期满的单机容量20 万千瓦以下的常规燃煤火电机组;淘汰单机容量5万千瓦及以下的常规小火电机组和以发电为主的燃油锅炉及发电机组(5 万千瓦及以下)。淘汰钢铁行业土烧结、90 平方米以下烧结机、化铁炼钢、400 立方米及以下炼铁高炉(铸造铁企业除外，但需提供有关证明材料)、30 吨及以下炼钢转炉(不含铁合金转炉)与电炉(不含机械铸造电炉)，以及铸造冲天炉、单段煤气发生炉等污染严重的生产工艺和设备。淘汰全部水泥立窑、干法中空窑(生产高铝水泥、硫铝酸盐水泥等特种水泥除外)以及湿法窑水泥熟料生产线;淘汰砖瓦24 门以下轮窑以及立窑、无顶轮窑、马蹄窑等土窑，淘汰100 万平方米/年以下的建筑陶瓷砖、20 万件/年以下低档卫生陶瓷生产线，淘汰所有平拉工艺平板玻璃生产线(含格法)。淘汰土法炼焦(每炉产能7.5 万吨/年以下的)、炭化室高度小于4.3 米的焦炉(3.8 米及以上捣固焦炉除外)。

淘汰挥发性有机物排放类行业落后产能。淘汰200 万吨/年及以下常减压装置，淘汰废旧橡胶和塑料土法炼油工艺。取缔汽车维修等修理行业的露天喷涂作业，淘汰无溶剂回收设施的干洗设备。禁止生产、销售、使用有害物质含量、挥发性有机物含量超过200 克/升的室内装修装饰用涂料和超过700 克/升的溶剂型木器家具涂料。淘汰300 吨/年以下的传统油墨生产装置，取缔含苯类溶剂型油墨生产，淘汰所有无挥发性有机物收集、回收/净化设施的涂料、胶黏剂和油墨等生产装置。淘汰其他挥发性有机物污染严重、开展挥发性有机物削减和控制无经济可行性的工艺和产品。

2.优化工业布局

统筹考虑区域环境承载能力、大气环流特征、资源禀赋，结合主体功能区划要求，加快产业布局调整。加强区域规划环境影响评价，依据区域资源环境承载能力，合理确定重点产业发展的布局、结构与规模。环境保护部要加强对京津冀、长三角、成渝等重点区域规划环境影响评价的指导，各省级环保部门要大力推动辖区内城市群规划的环境影响评价工作。

对环境敏感地区及市区内已建重污染企业要结合产业布局调整实施搬迁改造，明确重点污染企业搬迁改造时间表，加快城市钢铁厂环保搬迁进程，积极推进上海高桥石化基地等安全环保搬迁。继续推动工业项目向园区集中，利用集中供热推进小企业节能减排。提升现有各级各类工业园区的环境管理水平，提高企业准入的环境门槛。建立产业转移环境监管机制，加强产业转入地在承接产业转移过程中的环境监管，防止落后产能向经济欠发达地区转移。

四、加强能源清洁利用，控制区域煤炭消费总量

(一)优化能源结构，控制煤炭使用

1.大力发展清洁能源

优化能源结构，加快发展天然气与可再生能源，实现清洁能源供应和消费多元化北极星电力网。结合“十二五”天然气管网重点项目、天然气区域管网项目、液化天然气接收站重点项目、储气库重点项目、天然气分布式能源项目等，加强重点区域天然气基础设施建设。按照“优先发展城市燃气，积极调整工业燃料结构，适度发展天然气发电”的原则，优化配置使用天然气，积极发展天然气分布式能源。大力开发利用风能，有序推进东北、华北和西北地区陆上风电基地建设，积极推进中东部地区分散式接入风电，着力推进上海、江苏、浙江、河北、山东、广东、福建沿海地区海上风电发展。

加快推广太阳能光热利用，积极推进太阳能发电产业发展。推动生物质成型燃料、液体燃料、发电、气化等多种形式的生物质能梯级综合利用。加快辽中半岛城市群、成渝地区、山西中北部城市群、陕西关中城市群煤层气、页岩气等新能源的资源调查、勘探规划和开发利用，改善能源结构。利用财税扶持与示范补贴政策，在辽宁中部、陕西关中、甘宁等城市群推广使用地热能。在做好生态保护和移民安置的前提下，积极发展水电。

2.实施煤炭消费总量控制

综合考虑各地社会经济发展水平、能源消费特征、大气污染现状等因素，根据国家能源消费总量控制目标，研究制定煤炭消费总量中长期控制目标，严格控制区域煤炭消费总量。各地应制定煤炭消费总量实施方案，把总量控制目标分解落实到各地政府，实行目标责任管理，加大考核和监督力度。建立煤炭消费总量预测预警机制，对煤炭消费总量增长较快的地区及时预警调控。探索在京津冀、长三角、珠三角区域与山东城市群积极开展煤炭消费总量控制试点。

3.扩大高污染燃料禁燃区

加强“高污染燃料禁燃区”划定工作，逐步扩大禁燃区范围。

重点控制区高污染燃料禁燃区面积要达到城市建成区面积的80%以上，一般控制区达到城市建成区面积的60%以上。2013 年底前重点控制区完成高污染燃料禁燃区划定工作；2014 年底前一般控制区完成划定工作。已划定的高污染燃料禁燃区应根据城市建成区的发展不断调整划定范围。禁燃区内禁止燃烧原(散)煤、洗选煤、蜂窝煤、焦炭、木炭、煤矸石、煤泥、煤焦油、重油、渣油等燃料，禁止燃烧各种可燃废物和直接燃用生物质燃料，以及污染物含量超过国家规定限值的柴油、煤油、人工煤气等高污染燃料;已建成的使用高污染燃料的各类设施限期拆除或改造成使用管道天然气、液化石油气、管道煤气、电或其他清洁能源，对于超出规定期限继续燃用高污染燃料的设施，责令拆除或者没收。

(二)改进用煤方式，推进煤炭清洁化利用

1.加大热电联供，淘汰分散燃煤小锅炉

积极推行“一区一热源”，建设和完善热网工程，积极发展“热-电-冷”三联供。对纯凝汽燃煤发电机组加大技术改造力度，最大限度地抽汽供应热网;按照统一规划、以热定电和适度规模的原则，发展热电联产和集中供热。新建工业园区要以热电联产企业为供热热源，不具备条件的，须根据园区规划面积配备完善的集中供热系统;现有各类工业园区与工业集中区应实施热电联产或集中供热改造，将工业企业纳入集中供热范围。城市建成区要结合大型发电或热电企业，实行集中供热。核准审批新建热电联产项目要求关停的燃煤锅炉必须按期淘汰。

逐步淘汰小型燃煤锅炉。热网覆盖范围内的分散燃煤锅炉全部拆除，城市建成区、地级及以上城市市辖区逐步淘汰10 蒸吨/时以下燃煤锅炉。到2015 年，工业园区基本实现集中供热。逐步淘汰农村地区居民散烧供暖煤炉，鼓励使用清洁能源，有条件的地区应实行集中供热。

推进供热计量改革。加快推进北方采暖地区既有居住建筑供热计量和节能改造，加强对新建建筑供热计量工程的监管，全面实行供热计量收费，促进用户行为节能，推进供热节能减排。

2.改善煤炭质量，推进煤炭洁净高效利用

限制高硫分高灰分煤炭的开采与使用，提高煤炭洗选比例，推进配煤中心建设，研究推广煤炭清洁、高效利用技术，实施煤炭的清洁化利用，降低大气污染物排放。重点控制区内没有配套高效脱硫、除尘设施的燃煤锅炉和工业窑炉，禁止燃用含硫量超过0.6%、灰分超过15%的煤炭；居民生活燃煤和其他小型燃煤设施优先使用低硫低灰分

并添加固硫剂的型煤。

五、深化大气污染治理，实施多污染物协同控制

(一)深化二氧化硫污染治理，全面开展氮氧化物控制

1.全面推进二氧化硫减排

深化火电行业二氧化硫治理。燃煤机组全部安装脱硫设施;对不能稳定达标的脱硫设施进行升级改造;烟气脱硫设施要按照规定取消烟气旁路，强化对脱硫设施的监督管理，确保燃煤电厂综合脱硫效率达到90%以上。

加强钢铁、石化等非电行业的烟气二氧化硫治理。所有烧结机和位于城市建成区的球团生产设备配套建设脱硫设施，综合脱硫效率达到70%以上。石油炼制行业催化裂化装置要配套建设烟气脱硫设施，硫黄回收率要达到99%以上。加快有色金属冶炼行业生产工艺设备更新改造，提高冶炼烟气中硫的回收利用率，对二氧化硫含量大于3.5%的烟气采取制酸或其他方式回收处理，低浓度烟气和排放超标的制酸尾气进行脱硫处理。实施炼焦炉煤气脱硫，硫化氢脱除效率达到95%以上。加强大中型燃煤锅炉烟气治理，规模在20 蒸吨/时及以上的全部实施脱硫，脱硫效率达到70%以上。积极推进陶瓷、玻璃、砖瓦等建材行业二氧化硫控制。

2.全面开展氮氧化物污染防治

大力推进火电行业氮氧化物控制。加快燃煤机组低氮燃烧技术改造及脱硝设施建设，单机容量20 万千瓦及以上、投运年限20 年内的现役燃煤机组全部配套脱硝设施，脱硝效率达到85%以上，综合脱硝效率达到70%以上;加强对已建脱硝设施的监督管理，确保脱硝设施高效稳定运行。

加强水泥行业氮氧化物治理。对新型干法水泥窑实施低氮燃烧技术改造，配套建设脱硝设施。新、改、扩建水泥生产线综合脱硝效率不低于60%。积极开展燃煤工业锅炉、烧结机等烟气脱硝示范。在京津冀、长三角、珠三角地区选择烧结机单台面积180 平方米以上的2 至3家钢铁企业，开展烟气脱硝示范工程建设。推进燃煤工业锅炉低氮燃烧改造和脱硝示范。

(二)强化工业烟粉尘治理，大力削减颗粒物排放

1.深化火电行业烟尘治理

燃煤机组必须配套高效除尘设施。一般控制区按照30 毫克/立方米标准，重点控制区按照20 毫克/立方米标准，对烟尘排放浓度不能稳定达标的燃煤机组进行高效除尘改造。

2.强化水泥行业粉尘治理

水泥窑及窑磨一体机除尘设施应全部改造为袋式除尘器。水泥企业破碎机、磨机、包装机、烘干机、烘干磨、煤磨机、冷却机、水泥仓及其他通风设备需采用高效除尘器，确保颗粒物排放稳定达标。加强水泥厂和粉磨站颗粒物排放综合治理，采取有效措施控制水泥行业颗粒物无组织排放，大力推广散装水泥生产，限制和减少袋装水泥生产，所有原材料、产品必须密闭贮存、输送，车船装、卸料采取有效措施防止起尘。

3.深化钢铁行业颗粒物治理

现役烧结(球团)设备机头烟尘不能稳定达标排放的进行高效除尘技术改造，重点控制区应达到特别排放限值的要求。炼焦工序应配备地面站高效除尘系统，积极推广使用干熄焦技术;炼铁出铁口、撇渣器、铁水沟等位置设置密闭收尘罩，并配置袋式除尘器。

4.全面推进燃煤工业锅炉烟尘治理

燃煤工业锅炉烟尘不能稳定达标排放的，应进行高效除尘改造，重点控制区应达到特别排放限值的要求。沸腾炉和煤粉炉必须安装袋式除尘装置。积极采用天然气等清洁能源替代燃煤;使用生物质成型燃料应符合相关技术规范，使用专用燃烧设备;对无清洁能源替代条件的，推广使用型煤。

5.积极推进工业炉窑颗粒物治理

积极推广工业炉窑使用清洁能源，陶瓷、玻璃等工业炉窑可采用天然气、煤制气等替代燃煤，推广应用黏土砖生产内燃技术。加强工业炉窑除尘工作，安装高效除尘设备，确保达标排放。

(三)开展重点行业治理，完善挥发性有机物污染防治体系

1.开展挥发性有机物摸底调查

针对石化、有机化工、合成材料、化学药品原药制造、塑料产品制造、装备制造涂装、通信设备计算机及其他电子设备制造、包装印刷等重点行业，开展挥发性有机物排放调查工作，制定分行业挥发性有机物排放系数，编制重点行业排放清单，北极星电力网摸清挥发性有机物行业和地区分布特征，筛选重点排放源，建立挥发性有机物重点监管企业名录。在复合型大气污染严重地区，开展大气环境挥发性有机物调查性监测，掌握大气环境中挥发性有机物浓度水平、季节变化、区域分布特征。

2.完善重点行业挥发性有机物排放控制要求和政策体系

尽快制定相关行业挥发性有机物排放标准、清洁生产评价指标体系和环境工程技术规范;加快制定完善环境空气和固定污染源挥发性有机物测定方法标准、监测技术规范以及监测仪器标准;加强挥发性有机物面源污染控制，研究制定涂料、油墨、胶黏剂、建筑板材、家具、干洗等含有机溶剂产品的环境标志产品认证标准;建立含有机溶剂产品销售使用准入制度，实施挥发性有机化合物含量限值管理。建立有机溶剂使用申报制度。在挥发性有机物污染典型企业集中度较高的工业园区，开展挥发性有机物污染综合防治试点工作，探索挥发性有机物的监测、治理技术和监督管理机制。

3.全面开展加油站、储油库和油罐车油气回收治理

加大加油站、储油库和油罐车油气回收治理改造力度，2013 年底前重点控制区全面完成油气回收治理工作，2014 年底前一般控制区完成油气回收治理工作。建设油气回收在线监控系统平台试点，实现对重点储油库和加油站油气回收远程集中监测、管理和控制。

4.大力削减石化行业挥发性有机物排放

石化企业应全面推行LDAR(泄漏检测与修复)技术，加强石化生产、输送和储存过程挥发性有机物泄漏的监测和监管，对泄漏率超过标准的要进行设备改造;严格控制储存、运输环节的呼吸损耗，原料、中间产品、成品储存设施应全部采用高效密封的浮顶罐，或安装顶空联通置换油气回收装置。将原油加工损失率控制在6‰以内。炼油与石油化工生产工艺单元排放的有机工艺尾气，应回收利用，不能(或不能完全)回收利用的，应采用锅炉、工艺加热炉、焚烧炉、火炬予以焚烧，或采用吸收、吸附、冷凝等非焚烧方式予以处理;废水收集系统液面与环境空气之间应采取隔离措施，曝气池、气浮池等应加盖密闭，并收集废气净化处理。加强回收装置与有机废气治理设施的监管，确保挥发性有机物排放稳定达标，重点控制区执行特别排放限值。石化企业有组织废气排放逐步安装在线连续监测系统，厂界安装挥发性有机物环境监测设施。

5.积极推进有机化工等行业挥发性有机物控制

提升有机化工(含有机化学原料、合成材料、日用化工、涂料、油墨、胶黏剂、染料、化学溶剂、试剂生产等)、医药化工、塑料制品企业装备水平，严格控制跑冒滴漏。原料、中间产品与成品应密闭储存，对于实际蒸汽压大于2.8 千帕、容积大于100 立方米的有机液体储罐，采用高效密封方式的浮顶罐或安装密闭排气系统进行净化处理。排放挥发性有机物的生产工序要在密闭空间或设备中实施，产生的含挥发性有机物废气需进行净化处理，净化效率应不低于90%。逐步开展排放有毒、恶臭等挥发性有机物的有机化工企业在线连续监测系统的建设，并与环境保护主管部门联网。

6.加强表面涂装工艺挥发性有机物排放控制

积极推进汽车制造与维修、船舶制造、集装箱、电子产品、家用电器、家具制造、装备制造、电线电缆等行业表面涂装工艺挥发性有机物的污染控制。全面提高水性、高固份、粉末、紫外光固化涂料等低挥发性有机物含量涂料的使用比例，汽车制造企业达到50%以上，家具制造企业达到30%以上，电子产品、电器产品制造企业达到50%以上。推广汽车行业先进涂装工艺技术的使用，优化喷漆工艺与设备，小型乘用车单位涂装面积的挥发性有机物排放量控制在40克/平方米以下。使用溶剂型涂料的表面涂装工序必须密闭作业，配备有机废气收集系统，安装高效回收净化设施，有机废气净化率达到90%以上。

7.推进溶剂使用工艺挥发性有机物治理

包装印刷业必须使用符合环保要求的油墨，烘干车间需安装活性炭等吸附设备回收有机溶剂，对车间有机废气进行净化处理，净化效率达到90%以上。在纺织印染、皮革加工、制鞋、人造板生产、日化等行业，积极推动使用低毒、低挥发性溶剂，食品加工行业必须使用低挥发性溶剂，制鞋行业胶黏剂应符合国家强制性标准《鞋和箱包胶粘剂》的要求;同时开展挥发性有机物收集与净化处理。

(四)加强有毒废气污染控制，切实履行国际公约

1.加强有毒废气污染控制

编制发布国家有毒空气污染物优先控制名录，推进排放有毒废气企业的环境监管，对重点排放企业实施强制性清洁生产审核;把有毒空气污染物排放控制作为环境影响评价审批的重要内容，明确控制措施和应急对策。开展重点地区铅、汞、镉、苯并(a)芘、二噁英等有毒空气污染物调查性监测。完善有毒空气污染物的排放标准与防治技术规范。

2.积极推进大气汞污染控制工作

深入开展燃煤电厂大气汞排放控制试点工作，积极推进汞排放协同控制;实施有色金属行业烟气除汞技术示范工程;开发水泥生产和废物焚烧等行业大气汞排放控制技术;编制燃煤、有色金属、水泥、废物焚烧、钢铁、石油天然气工业、汞矿开采等重点行业大气汞排放清单，研究制定控制对策。

3.积极开展消耗臭氧层物质淘汰工作

完善消耗臭氧层物质生产、使用和进出口的审批、监管制度。按照《蒙特利尔议定书》的要求，完成含氢氯氟烃北极星电力网、医用气雾剂全氯氟烃、甲基溴等约束性指标的淘汰任务，严格控制含氢氯氟烃、甲烷氯化物生产装置能力的过快增长，加强相关行业替代品和替代技术的开发和应用，强化国家、地方及行业履约能力建设。

(五)强化机动车污染防治，有效控制移动源排放

1.促进交通可持续发展

大力发展城市公交系统和城际间轨道交通系统，城市交通发展实施公交优先战略，改善居民步行、自行车出行条件，鼓励选择绿色出行方式;加大和优化城区路网结构建设力度，通过错峰上下班、调整停车费等手段，提高机动车通行效率;推广城市智能交通管理和节能驾驶技术;鼓励选用节能环保车型，推广使用天然气汽车和新能源汽车，并逐步完善相关基础配套设施;积极推广电动公交车和出租车。开展城市机动车保有量(重点是出行量)调控政策研究，探索调控特大型或大型城市机动车保有总量。

2.推动油品配套升级

加快车用燃油低硫化步伐，颁布实施第四、第五阶段车用燃油国家标准。2013 年底前，全面供应国Ⅳ车用汽油(硫含量不大于50ppm)，2014 年底前全面供应国Ⅳ车用柴油，京津冀、长三角、珠三角区域优先实施;2013 年7 月1 日前，将普通柴油硫含量降低至350ppm 以下;逐步将远洋船舶用燃料硫含量降低至2000ppm 以下。加强油品质量的监督检查，严厉打击非法生产、销售不符合国家和地方标准要求车用油品的行为，建立健全炼化企业油品质量控制制度，全面保障油品质量。高速公路及城市市区加油站销售的车用燃油必须达到《车用汽油》、《车用柴油》标准。推进配套尿素加注站建设，2015 年底前全面建成尿素加注网络，确保柴油车SCR 装置正常运转。

3.加快新车排放标准实施进程

实施国家第Ⅳ阶段机动车排放标准，适时颁布实施国家第Ⅴ阶段机动车排放标准，鼓励有条件地区提前实施下一阶段机动车排放标准。2015 年起低速汽车(三轮汽车、低速货车)执行与轻型载货车同等的节能与排放标准。完善机动车环保型式核准和强制认证制度，不断扩大环保监督检查覆盖范围，确保企业批量生产的车辆达到排放标准要求。未达到国家机动车排放标准的车辆不得生产、销售。严格外地转入车辆环境监管。

4.加强车辆环保管理

全面推进机动车环保标志核发工作，到2015 年，汽车环保标志发放率达到85%以上。开展环保标志电子化、智能化管理。全面推进机动车环保检验委托工作，加快环保检验在线监控设备安装进程，加强检测设备的质量管理，提高环保检测机构监测数据的质量控制水平，强化检测技术监管与数据审核，推进环保检验机构规范化运营。加快推行简易工况尾气检测法。完善机动车环保检验与维修(I/M)制度。

5.加速黄标车淘汰

严格执行老旧机动车强制报废制度，强化营运车辆强制报废的有效管理和监控。通过制定完善地方性法规规章，推行黄标车限行措施，加速黄标车淘汰进程。2013 年底前实现重点控制区地级及以上城市主城区黄标车禁行，2015 年底前实现其他地级及以上城市主城区黄标车禁行。大力推进城市公交车、出租车、客运车、运输车(含低速车)集中治理或更新淘汰，杜绝车辆“冒黑烟”现象。力争到2015 年，淘汰2005 年底前注册运营的黄标车，京津冀、长三角、珠三角基本淘汰辖区内黄标车。

6.开展非道路移动源污染防治

开展非道路移动源排放调查，掌握工程机械、火车机车、船舶、农业机械、工业机械和飞机等非道路移动源的污染状况，建立移动源大气污染控制管理台账。推进非道路移动机械和船舶的排放控制。2013 年，实施国家第Ⅲ阶段非道路移动机械排放标准和国家第Ⅰ阶段船用发动机排放标准。积极开展施工机械环保治理，推进安装大气污染物后处理装置。加快天津、上海、南京、宁波、广州、青岛等地区的“绿色港口”建设。在重点港口建设码头岸电设施示范工程，加快港口内拖车、北极星电力网装卸设备等“油改气”或“油改电”进程，降低污染物排放。

(六)加强扬尘控制，深化面源污染管理

1.加强城市扬尘污染综合管理

各地应将扬尘控制作为城市环境综合整治的重要内容，建立由住房城乡建设、环保、市政、园林、城管等部门组成的协调机构，开展城市扬尘综合整治，加强监督管理。积极创建扬尘污染控制区，控制施工扬尘和渣土遗撒，开展裸露地面治理，提高绿化覆盖率，加强道路清扫保洁，不断扩大扬尘污染控制区面积。到2015 年，重点控制区内城市建成区降尘强度在2010 年基础上下降15%以上，一般控制区内城市建成区降尘强度下降10%以上。

2.强化施工扬尘监管

加强施工扬尘环境监理和执法检查。在项目开工前，建设单位与施工单位应向建设、环保等部门分别提交扬尘污染防治方案与具体实施方案，并将扬尘污染防治纳入工程监理范围，扬尘污染防治费用纳入工程预算。将施工企

业扬尘污染控制情况纳入建筑企业信用管理系统，定期公布，作为招投标的重要依据。加强现场执法检查，强化土方作业时段监督管理，增加检查频次，加大处罚力度。推进建筑工地绿色施工。

建设工程施工现场必须全封闭设置围挡墙，严禁敞开式作业;施工现场道路、作业区、生活区必须进行地面硬化;积极推广使用散装水泥，市区施工工地全部使用预拌混凝土和预拌砂浆，杜绝现场搅拌混凝土和砂浆;对因堆放、装卸、运输、搅拌等易产生扬尘的污染源，应采取遮盖、洒水、封闭等控制措施;施工现场的垃圾、渣土、沙石等要及时清运，建筑施工场地出口设置冲洗平台。建设城市扬尘视频监控平台，在城市市区内，主要施工工地出口、起重机、料堆等易起尘的位置安装视频监控设施，新增建筑工地在开工建设前要安装视频监控设施，实现施工工地重点环节和部位的精细化管理。

3.控制道路扬尘污染

积极推行城市道路机械化清扫，提高机械化清扫率，到2015 年一般控制区城市建成区主要车行道机扫率达到70%以上，重点控制区达到90%以上。增加城市道路冲洗保洁频次，切实降低道路积尘负荷。减少道路开挖面积，缩短裸露时间，开挖道路应分段封闭施工，及时修复破损道路路面。加强道路两侧绿化，减少裸露地面。加强渣土运输车辆监督管理，所有城市渣土运输车辆实施密闭运输，实施资质管理与备案制度，安装GPS 定位系统，对重点地区、重点路段的渣土运输车辆实施全面监控。

4.推进堆场扬尘综合治理

强化煤堆、料堆的监督管理。大型煤堆、料堆场应建立密闭料仓与传送装置，露天堆放的应加以覆盖或建设自动喷淋装置。电厂、港口的大型煤堆、料堆应安装视频监控设施，并与城市扬尘视频监控平台联网。对长期堆放的废弃物，应采取覆绿、铺装、硬化、定期喷洒抑尘剂或稳定剂等措施。积极推进粉煤灰、炉渣、矿渣的综合利用，减少堆放量。

5.加强城市绿化建设

结合城市发展和工业布局，加强城市绿化建设，努力提高城市绿化水平，增强环境自净能力。打造绿色生态保护屏障，构建防风固沙体系。实施生态修复，加强对各类废弃矿区的治理，恢复生态植被和景观，抑制扬尘产生。

6.加强秸秆焚烧环境监管

禁止农作物秸秆、城市清扫废物、园林废物、建筑废弃物等生物质的违规露天焚烧。全面推广秸秆还田、秸秆制肥、秸秆饲料化、秸秆能源化利用等综合利用措施，制定实施秸秆综合利用实施方案，建立秸秆综合利用示范工程，促进秸秆资源化利用，加强秸秆焚烧监管。进一步加强重点区域秸秆焚烧和火点监测信息发布工作，建立和完善市、县(区)、镇、村四级秸秆焚烧责任体系，完善目标责任追究制度。

7.推进餐饮业油烟污染治理

严格新建饮食服务经营场所的环保审批;推广使用管道煤气、天然气、电等清洁能源;饮食服务经营场所要安装高效油烟净化设施，并强化运行监管;强化无油烟净化设施露天烧烤的环境监管。六、创新区域管理机制，提升联防联控管理能力。

(一)建立区域大气污染联防联控机制

1.建立统一协调的区域联防联控工作机制

在全国环境保护部联席会议制度下，定期召开区域大气污染联防联控联席会议，统筹协调区域内大气污染防治工作。京津冀、长三角、成渝、甘宁等跨省区域，成立由环境保护部牵头、相关部门与区域内各省级政府参加的大气污染联防联控工作领导小组;其他城市群成立由主管省级领导为组长的领导小组。区域内各地区轮值召开年度联席工作会议，通报上年区域大气污染联防联控工作进展，交流和总结工作经验，研究制定下一阶段工作目标、工作重点与主要任务。

2.建立区域大气环境联合执法监管机制

加强区域环境执法监管，确定并公布区域重点企业名单，开展区域大气环境联合执法检查，集中整治违法排污企业。经过限期治理仍达不到排放要求的重污染企业予以关停。切实发挥国家各区域环境督查派出机构的职能，加强对区域和重点城市大气污染防治工作的监督检查和考核，定期开展重点行业、企业大气污染专项检查，组织查处重大大气环境污染案件，协调处理跨省区域重大污染纠纷，打击行政区边界大气污染违法行为。强化区域内工业项目搬迁的环境监管，搬迁项目要严格执行国家和区域对新建项目的环境保护要求。

3.建立重大项目环境影响评价会商机制

对区域大气环境有重大影响的火电、石化、钢铁、水泥、有色、化工等项目，要以区域规划环境影响评价、区域重点产业环境影响评价为依据，综合评价其对区域大气环境质量的影响，评价结果向社会公开，并征求项目影响范围内公众和相关城市环保部门意见，作为环评审批的重要依据。

4.建立环境信息共享机制

围绕区域大气环境管理要求，依托已有网站设施，促进区域环境信息共享，集成区域内各地环境空气质量监测、重点源大气污染排放、重点建设项目、机动车环保标志等信息，建立区域环境信息共享机制，促进区域内各地市之间的环境信息交流。

5.建立区域大气污染预警应急机制

加强极端不利气象条件下大气污染预警体系建设，加强区域大气环境质量预报，实现风险信息研判和预警。建立区域重污染天气应急预案，构建区域、省、市联动一体的应急响应体系，将保障任务层层分解。当出现极端不利气象条件时，所在区域及时启动应急预案，实行重点大气污染物排放源限产、建筑工地停止土方作业、机动车限行等紧急控制措施。

(二)创新环境管理政策措施

1.完善财税补贴激励政策

加大落后产能淘汰的财政支持力度，加快火电、钢铁、水泥等落后产能及小锅炉、挥发性有机物排放类行业落后工艺的淘汰步伐，对符合奖励条件的项目，积极给予支持。加大大气污染防治技术示范工程资金支持力度。实施老旧汽车报废更新补贴政策，采取经济激励政策加速黄标车淘汰。对生产符合下一阶段标准车用燃油的企业，在消费税政策上予以优惠。认真落实鼓励秸秆等综合利用的税收优惠政策。推行政府绿色采购，完善强制采购和优先采购制度，逐步提高节能环保产品比重。

2.深入推进价格与金融贸易政策

全面落实脱硫电价政策，继续执行差别电价和惩罚性电价政策，分步推进火电厂烟气脱硝加价政策。对高耗能、高污染产业，金融机构实施更为严格的贷款发放标准。将企业环境违法信息纳入人民银行企业征信系统和银监会信息披露系统，与企业信用等级评定、贷款及证券融资联动。将大气污染排放强度大的重污染产品列入国家“高污染、高环境风险”产品名录，调整进出口税收政策，限制高耗能、高排放产品出口。开展高环境风险企业环境污染强制责任保险试点。

3.完善挥发性有机物等排污收费政策

建立完善挥发性有机物排放当量核算方法，研究征收挥发性有机物排污费。研究制定扬尘排污收费政策。

4.全面推行排污许可证制度

全面推行大气排污许可证制度，排放二氧化硫、氮氧化物、工业烟粉尘、挥发性有机物的重点企业，应在2014年底前向环保部门申领排污许可证。排污许可证应明确允许排放污染物的名称、种类、数量、排放方式、治理措施及监测要求，作为总量控制、排污收费、环境执法的重要依据。未取得排污许可证的企业，不得排放污染物。继续推动排污权交易试点，针对电力、钢铁、石化、建材、有色等重点行业，探索建立区域主要大气污染物排放指标有偿使用和交易制度。

5.实施重点行业环保核查制度

对火电、钢铁、有色、水泥、石化、化工等污染物排放量大的行业实施环保核查制度。对核查中发现的环保违法企业，实施限期改正、挂牌督办、限期治理、停产整治或关停。对未提交核查申请、未通过核查以及弄虚作假的企业，暂停审批其新、改、扩建项目环境影响评价文件，不予提供各类环保专项资金支持，不予出具任何方面的环保合格、达标或守法证明文件。环境保护部门向社会公告企业通过环保核查的情况，作为企业信贷、产品生产、进出口审批的重要依据。

6.推行污染治理设施建设运行特许经营

完善火电厂脱硫设施特许经营制度，探索在脱硝、除尘、挥发性有机物治理等方面开展治理设施社会化运营，提高治污设施的建设质量与运行效果。实行环保设施运营资质许可制度，推进环保设施的专业化、社会化运营服务。完善大气污染治理及机动车检测的市场准入机制，规范市场行为，打破地方保护，为企业创造公平竞争的市场环境。

7.实施环境信息公开制度

各地要实时发布城市环境空气质量信息，定期开展空气质量评估，并向社会公开。对新建项目要公示环境影响评价情况并广泛征求公众意见，重点企业要公开污染物排放状况、治理设施运行情况等环境信息，定期发布大气污染物排放监测结果，接受社会监督。建立重污染行业企业、涉及有毒废气排放企业环境信息强制披露制度。广泛动员全社会参与大气环境保护，通过采取有奖举报等措施，鼓励公众监督车辆“冒黑烟”、渣土运输车辆遗撒、秸秆露天焚烧等环保违法行为。

8.推进城市环境空气质量达标管理

根据《大气污染防治法》第十七条规定，环境空气质量未达标城市人民政府应制定限期达标规划，按照国务院或者环境保护部划定的期限，分别在5 年、10 年、15 年、20 年内限期达标。直辖市的限期达标规划，报国务院批准;其他国家环境保护重点城市的限期达标规划经城市所在地省级人民政府审查同意后，经国务院授权由环境保护部批准;其他城市的限期达标规划由省级人民政府批准，并报环境保护部备案。所有城市的限期达标规划要向社会公开。国家和省级环保部门对限期达标规划执行情况进行检查和考核，并将考核结果向社会公布。

(三)全面加强联防联控的能力建设

1.建立统一的区域空气质量监测体系

强化区域环境空气质量监测体系建设，各省(区、市)按照“十二五”国家空气监测网设置方案的要求逐步开展城市空气质量监测点位的能力建设，同时在位于城市建成区以外地区或区域输送通道上均匀布设一定数量的区域站。所有城市监测点位新增细颗粒物、臭氧、一氧化碳等监测因子和数字环境摄影记录系统，开展全指标监测;区域站还应增加能见度、气象五参数等监测能力。京津冀、长三角和珠三角在2012 年底前完成区域环境空气质量监测体系建设，其他城市群在2015 年底前完北极星电力网成区域环境空气质量监测体系建设。加强大气环境超级站建设。开展移动源对路边环境影响的监测。

全面加强监测数据质量控制，强化监测技术监管与数据审核。区域内所有监测点位与中国环境监测总站进行直联，实现环境空气质量数据实时传输。省级环境监测管理部门负责对城市空气质量监测点质控工作进行督查，环境保护部组织开展不定期检查、飞行检查及交叉质控。重点区域中所有631 个市区监测点位和61 个区域站均作为本规划空气质量目标监督、考核、评估的重要依据。

2.加强重点污染源监控能力建设

全面加强国控、省控重点污染源二氧化硫、氮氧化物、颗粒物在线监测能力建设，2014 年底前重点污染源全部建成在线监控装置，并与环保部门联网，积极推进挥发性有机物在线监测工作。加强各地监测站对挥发性有机物、汞监督性监测能力建设。进一步加强市级大气污染源监控能力建设，依托已有网络设施，完善国家、省、市三级自动监控体系，提升大气污染源数据的收集处理、分析评估与应用能力。全面推进重点污染源自动监测系统数据有效性审核，将自动监控设施的稳定运行情况及其监测数据的有效性水平，纳入企业环保信用等级。

3.推进机动车排污监控能力建设

加快机动车污染监控机构标准化建设进程，推进省级和市级机动车排污监控机构建设，省级与重点控制区2013 年底前建成，一般控制区2014 年底前建成。提高机动车污染监控能力，促进新车、在用车环保信息共享，提高机动车污染监控水平。

4.强化污染排放统计与环境质量管理能力建设

逐步将挥发性有机物与移动源排放纳入环境统计体系。制定分行业挥发性有机物排放系数，建立挥发性有机物排放统计方法，开展摸底调查。组织开展非道路移动源排放状况调查，摸清非道路移动源排放系数及活动水平。研究开展颗粒物无组织排放调查。细颗粒物污染严重城市要进行源解析工作。针对危害群众健康和影响空气质量改善的区域性特征污染物，定期开展空气质量调查性监测。建设基于环境质量的区域大气环境管理平台，编制多尺度、高分辨率大气排放清单，提高跨界污染来源识别、成因分析、控制方案定量化评估的综合能力。

七、重点工程项目与投资效益评估

(一)重点工程项目

重点工程项目分为二氧化硫治理、氮氧化物治理、工业烟粉尘治理北极星电力网、工业挥发性有机物治理、油气回收、黄标车淘汰、扬尘综合整治、能力建设八类。其中能力建设重点包括区域空气质量监测能力建设、企业污染排放监控能力建设、机动车排污监控能力建设、污染排放与环境质量调查等项目。重点项目投资需求约3500 亿元，其中二氧化硫治理项目投资需求约730 亿元，氮氧化物治理项目投资需求约530 亿元，工业烟粉尘治理项目投资需求约470 亿元，工业挥发性有机物治理项目投资需求约400 亿元，油气回收项目投资需求约215 亿元，黄标车淘汰项目投资需求约940 亿元，扬尘综合整治项目投资需求约100 亿元，能力建设项目投资需求约115 亿元。

(二)效益分析

重点工程项目的实施将新增二氧化硫减排能力约 228 万吨/年、氮氧化物减排能力约359 万吨/年、颗粒物减排能力约148 万吨/年、挥发性有机物减排能力约152.5 万吨/年，环境空气质量有所改善，光化学烟雾、灰霾、酸雨污染有所减轻，共计减少社会经济损失约20000 亿元。

八、保障措施

(一)加强组织领导

地方人民政府是重点区域大气污染防治规划实施的责任主体，要切实加强组织领导，按照规划要求，制定本地区大气污染防治实施方案，并将规划目标和各项任务分解落实到城市和企业，制定年度工作计划，动态更新重点工程项目，明确年度工作任务和部门职责分工，确保任务到位、项目到位、资金到位、责任到位。各有关部门应加强协调配合，按照职责分工开展相应工作，制定相关配套措施，保证规划任务的落实。

(二)严格考核评估

环境保护部会同国务院有关部门制定考核办法，每年对重点区域大气污染防治规划实施情况进行评估考核;在规划期末，组织开展规划终期评估。规划年度考核与终期评估结果向国务院报告，作为地方各级人民政府领导班子和领导干部综合考核评价的重要依据，实行问责制，并向社会公开。北极星电力网对规划完成情况好、大气环境质量改善明显的省(区、市)，环境保护部会同财政、发展改革等部门加大对该地区污染治理和环保能力建设的支持力度，并予以表彰;对考核结果未通过的省(区、市)进行通报;对项目进展缓慢、大气环境污染严重的城市，实施阶段性建设项目环评限批，取消国家授予该地区的环境保护方面的荣誉称号。

(三)加大资金投入

建立政府、企业、社会多元化投资机制，拓宽融资渠道。污染治理资金以企业自筹为主，政府投入资金优先支持列入规划的污染治理项目。中央财政加大大气污染防治资金投入，重点用于工业污染治理、交通污染治理、面源污染治理，以及区域大气污染防治能力建设，采取“以奖代补”、“以奖促防”、“以奖促治”等方式，加快地方各级政府与企业大气污染防治的进程。地方人民政府根据规划确定的大气污染控制任务，将治污经费列入财政预算，加大资金投入力度。

(四)完善法规标准

加快环境保护法、大气污染防治法等法律法规的修订工作，研究制定机动车污染防治条例。加快制(修)订石油炼制与石油化工、化学原料及化学品制造、装备制造涂装、电子工业、包装印刷以及钢铁、水泥、燃煤工业锅炉等重点行业大气污染物排放标准。加快重点行业污染防治技术政策与挥发性有机物、有毒废气、饮食业油烟净化工程技术规范的制定。环境空气质量超标的地区，应实施污染物特别排放限值或制定严于国家标准的地方大气污染物排放标准。

(五)强化科技支撑

在国家、地方相关科技计划(专项)中，加大对区域大气污染防治科技研发的支持力度。加快推进大气污染综合防治重大科技专项，开展光化学烟雾、灰霾的污染机理与控制对策研究，开展区域大气复合污染控制对策体系和氨的大气环境影响研究。加快工业挥发性有机物污染防治技术、燃煤工业锅炉高效脱硫脱硝除尘技术、水泥行业脱硝技术、燃煤电厂除汞技术等的研发与示范，积极推广先进实用技术。开展重点行业多污染物协同控制技术研究。

(六)加强宣传教育

开展广泛的环境宣传教育活动，充分利用世界环境日、地球日等重大环境纪念日宣传平台，普及大气环境保护知识，全面提升全民环境意识，不断增强公众参与环境保护的能力;加强人员培训，提高各级领导干部对大气污染防治工作重要性的认识，北极星电力网提升环保人员业务能力水平;充分发挥新闻媒体在大气环境保护中的作用，积极宣传区域大气污染联防联控的重要性、紧迫性及采取的政策措施和取得的成效，宣传先进典型，加强舆论监督，为改善大气环境质量营造良好的氛围。

关于增补部分省、自治区“十二五”风电核准计划项目的通知

国能新能[2012]385号

山西、浙江、安徽、福建、江西、山东、河南、湖北、湖南、广东、广西、四川、贵州、西藏省（区）发展改革委（能源局）：

一、为促进我国风电产业持续发展，加快风能资源开发，按照《风电开发建设管理暂行办法》（国能新能[2011]285号）的有关要求，我局审核了浙江、安徽等省（区）报来的风电开发备选项目，同意将前期工作充分、电网接入条件落实、并网和消纳条件较好的项目，列入“十二五”风电项目增补计划，共计112个项目，总规模521万千瓦，其中山西75万千瓦、浙江42万千瓦、安徽39万千瓦、福建47万千瓦、江西33万千瓦、山东60万千瓦、河南24万千瓦、湖北53万千瓦、湖南20万千瓦、广东39万千瓦、广西30万千瓦、四川14万千瓦、贵州40万千瓦、西藏5万千瓦，具体项目详见附表。

二、请各省（区）发展改革委（能源局）加强组织协调，督促落实项目建设条件，特别是电网接入和市场消纳条件，待各项建设条件及接入电网技术方案落实后按项目核准有关规定核准项目。增补列入核准计划视同各项目开展前期工作的批复文件。如个别项目确需调整，应提出书面申请，待批准后方可进行调整。

三、电网公司要积极配合开展列入核准计划风电项目的配套电网规划和建设工作，加快落实电网接入条件和消纳市场，确保项目建设与配套电网同步投产和运行。

四、各相关风电开发企业应及时将项目建设纳入投资计划，抓紧推进项目核准及建设工作，确保项目按期建成并发挥效益。

附：各省（区）“十二五”风电核准计划增补项目列表（略）

国家能源局

2012年11月29日

生物产业发展规划（节录）

（国务院2012年12月29日印发）

三、重点领域和主要任务

2.推进绿色生物工艺的应用示范。围绕传统工业过程的转型升级，加强生物催化剂、工业酶制剂新产品的开发和产业化，培育发展高效的工业用微生物菌种，推动微生物制造产业升级。重点突破生化合成、生物印染、生物漂白、生物采矿等绿色生物工艺关键技术和装备，大力推动生物工艺在化工、医药、食品、纺织、冶金及能源等领域的应用示范，大力推进先进发酵工艺与装备的应用示范，大幅减少水资源、能源消耗和废水、废气排放，初步形成生物法绿色工艺体系，提高经济的绿色发展水平。

专栏8 生物工艺应用示范行动计划

目标	推动一批新型工业酶制剂上市，建设6-8个规模化生物工艺示范工程，能耗、物耗、水耗和环境污染物排放显著降低。
主要内容	酶制剂产业化示范：建设工业催化剂研发平台与现代化的工业酶生产基地，推动一批工业酶制剂与复合酶制剂新产品上市，提高酶制剂在化工、轻纺等领域的工程化应用能力。 生物工艺应用示范：推进生物工艺技术与装备的规模化应用，建设生化合成、生物印染、生物漂白、生物脱胶、生物制革、生物勘探与采矿等绿色生物工艺示范工程。 政策配套：制定鼓励发展绿色工艺的政策，研究实行工业生产生命周期评估机制和绿色工艺产品补贴机制。

（五）开辟多元途径，促进生物能源商业化发展。

围绕开拓清洁能源、缓解能源短缺、解决“三农”问题等战略需求，积极拓展非粮生物质原料来源和途径，加快先进生物液体燃料的研发与应用示范，积极推动生物质燃气和成型燃料的规模化应用，因地制宜发展生物质发电产业，有力推进分布式能源并网标准和管理体系建设，进一步完善生物能源定价机制和激励机制，推进生物能源规模化、专业化、产业化发展。到2015年，生物能源年利用总量超过5000万吨标准煤，可减排二氧化碳9500万吨，生物能源产业年产值达到1500亿元。

1.加大新一代生物液体燃料开发力度。充分利用盐碱荒地、荒坡地、宜林地等宜能荒地种植能源作物，建设以能源林、甜高粱茎杆、非粮淀粉类植物、农林（工业）废弃物以及新型能源作物为主的非粮原料多元化供应体系。突破纤维素乙醇原料预处理、低成本水解糖化关键技术瓶颈；加速生物质燃气合成燃油催化剂等的研发和产业化，建设纤维素燃料乙醇和生物合成燃油商业化示范工程，构建生物液体燃料产业链。加大油藻生物柴油和航空生物燃料等前沿技术的研发力度，推动开展产业化示范。

专栏9 生物液体燃料产业化行动计划

目标	实施纤维素燃料乙醇和生物柴油商业化示范工程，与同类化石能源产品相比具有价格竞争力；实现生物液体燃料与化石燃料一体化调配、供应与流通。
主要内容	非粮原料供应体系建设：建成5-10个多种原料的种植加工基地，各类生物质原料供应能力达到500万吨以上。 生物燃气合成生物柴油示范：加快大型生物质气化技术、燃气净化和组分重整技术以及生物柴油制备用催化剂的研发，推进生物质燃气合成生物柴油成套装备产业化，建设生物燃气合成生物柴油示范工程。 纤维素乙醇产业化示范：推进具有国际先进水平的纤维素乙醇生产原料预处理工艺和高效低成本纤维素降解酶系的研发，建设纤维素乙醇产业化示范工程。 政策配套：研究建立有利于乙醇汽油和生物柴油产业快速发展的市场准入机制，促进生物能源与传统能源一体化发展进程；研究完善乙醇汽油和生物柴油的价格形成机制。

2.促进生物燃气和成型燃料的商业化应用。促进生物燃料供应的城乡一体化，重点在农林生物质资源条件较好的地区推广生物质燃气和成型燃料集中供应技术、沼气集中供应技术和生物质成型燃料技术的规模化应用，鼓励生物能源并入城市能源供应网络，提高生物能源产业的经济效益，促进市场化发展。重点加大对大型生物质集中供气成套装备、中高温高效沼气厌氧发酵成套装备、沼气净化、压缩、灌装成套设备、低电耗生物质燃料成型设备、生物质供热锅炉技术和民用炉具的研发和应用力度，建设城乡一体化的生物质燃气、沼气供应管网体系和生物质成型燃料供应体系。制定和完善生物质燃气、沼气、成型燃料产品质量标准、工程建设运行安全标准以及生物燃料应用污染物排放标准。

3.因地制宜加快生物质发电产业发展。充分利用农林剩余物、沙生植物平茬物及灌木林、生活垃圾、蔗渣、畜禽粪便、有机污水等，因地制宜发展各类生物质发电技术，加快生物质发电关键设备的研发和产业化。结合新能源集成应用重大产业创新发展工程的实施，建设适应不同区域特点的生物质发电示范工程，加快制定适用于生物质发电的分布式发电并网标准，建立健全生物质发电原料收集体系、装备研发和产业化体系及生物质发电管理体系。

能源发展“十二五”规划

（国发〔2013〕2号　国务院 二〇一三年年一月一日印发）

前 言

能源是人类生存和发展的重要物质基础，攸关国计民生和国家安全。推动能源生产和利用方式变革，调整优化能源结构，构建安全、稳定、经济、清洁的现代能源产业体系，对于保障我国经济社会可持续发展具有重要战略意义。

本规划根据《中华人民共和国国民经济和社会发展第十二个五年规划纲要》（以下简称“十二五”规划纲要）编制，主要阐明我国能源发展的指导思想、基本原则、发展目标、重点任务和政策措施，是“十二五”时期我国能源发展的总体蓝图和行动纲领。

第一章 发展基础和背景

第一节 发展基础

“十一五”时期，我国能源快速发展，供应能力明显提高，产业体系进一步完善，基本满足了经济社会发展需要，为“十二五”能源发展奠定了坚实基础。

能源供应能力显著增强。一次能源生产总量连续五年位居世界第一，2010年达到29.7亿吨标准煤；电力装机规模比2005年增长将近一倍，达到9.7亿千瓦，居世界第二。

清洁能源比重逐步增加。2010年，我国水电装机规模达到2.2亿千瓦，位居世界第一；核电在建规模2924万千瓦，占世界核电在建规模的40%以上；“十一五”时期新增风电装机规模约3000万千瓦，2010年并网规模位居世界第二；太阳能热水器集热面积继续保持世界第一。

能源重大科技专项顺利实施。资源勘探开发、加工转化技术水平显著提高，重大装备自主创新能力进一步增强。年产600万吨煤炭综采成套装备实现国产化，深海油气钻井平台建造取得重大突破，具备了百万千瓦级压水堆核电站自主设计、制造、建设和运营能力，掌握了大型风电设备制造技术，特高压等先进输电技术研发应用居世界领先水平。

节能环保成效明显。“十一五”时期，单位国内生产总值能耗下降19.1%，电力行业实施“上大压小”，单位火电供电标准煤耗下降37克，脱硫机组比重持续增加。

能源国际合作稳步推进。境外能源资源开发取得新进展，西北、东北、西南和海上四大能源进口战略通道格局初步形成，我国在国际能源事务中的作用逐步增强。

煤电油气运保障协调机制逐步完善。国家石油储备规模逐步扩大，应急保障能力不断增强，有效应对了汶川地震、玉树地震和南方雨雪冰冻等特大自然灾害，保障了北京奥运会、上海世博会等重大活动成功举办。

专栏1 “十一五”时期能源发展成就

指标	单位	2005年	2010年	年均增长率（%）
一次能源生产总量	亿吨标准煤	21.6	29.7	6.6
其中：煤炭	亿吨	23.5	32.4	6.6
原油	亿吨	1.8	2.0	2.1
天然气	亿立方米	493	948	14.0
非化石能源	亿吨标准煤	1.6	2.8	11.8
一次能源消费总量	亿吨标准煤	23.6	32.5	6.6
电力装机规模	亿千瓦	5.2	9.7	13.3
其中：水电	亿千瓦	1.2	2.2	12.9
火电	亿千瓦	3.9	7.1	12.7
核电	万千瓦	685	1082	9.6
风电	万千瓦	126	3100	89.8

第二节 面临形势

“十二五”时期，世情国情继续发生深刻变化，世界政治经济形势更加复杂严峻，能源发展呈现新的阶段性特征，我国既面临由能源大国向能源强国转变的难得历史机遇，又面临诸多问题和挑战。

从国际看，全球气候变化、国际金融危机、欧洲主权债务危机、地缘政治等因素对国际能源形势产生重要影响，世界能源市场更加复杂多变，不稳定性和不确定性进一步增加。

一是能源资源竞争日趋激烈。一些发达国家长期形成的能源资源高消耗模式难以改变，发展中国家工业化和现代化进程加快，能源消费需求将不断增加，全球能源资源供给长期偏紧的矛盾将更加突出。未来十年，发展中国家能源需求增量占全球增量的85%左右，消费重心逐步东移。发达国家竭力维护全球能源市场主导权，进一步强化对能源资源和战略运输通道的控制。能源输出国加强对资源的控制，构建战略联盟强化自身利益。能源的战略属性、政治属性更加凸显，围绕能源资源的博弈日趋激烈。

二是能源供应格局深刻调整。作为全球油气输出重地的西亚、北非地区局势持续动荡。美国和加拿大页岩气、页岩油等非常规资源开发取得重大突破，推动全球化石能源结构变化。美国出台了《未来能源安全蓝图》，提出“能源独立”新主张，加大本土能源资源开发，调整石油进口来源。日本福岛核电站核泄漏事故不仅影响了世界核电发展进程，而且对全球能源开发利用方式产生了深远影响。欧盟制定了2020年能源战略，启动战略性能源技术计划，着力发展可再生能源，减少对化石能源的依赖。世界能源生产供应及利益格局正在发生深刻调整和变化。

三是全球能源市场波动风险加剧。在能源资源供给长期偏紧的背景下，国际能源价格总体呈现上涨态势。金融资本投机形成“投机溢价”，国际局势动荡形成“安全溢价”，生态环境标准提高形成“环境溢价”，能源价格将长期高位震荡。发达国家能源需求增长减弱，已形成适应较高能源成本的经济结构，并将继续掌控世界能源资源和市场主导权，能源市场波动将主要给发展中国家带来风险和压力。

四是围绕气候变化的博弈错综复杂。气候变化已成为涉及各国核心利益的重大全球性问题，围绕排放权和发展权的谈判博弈日趋激烈。发达国家一方面利用自身技术和资本优势加快发展节能、新能源、低碳等新兴产业，推行碳排放交易，强化其经济竞争优势；另一方面，通过设置碳关税、“环境标准”等贸易壁垒，进一步挤压发展中国家发展空间。我国作为最大的发展中国家，面临温室气体减排和低碳技术产业竞争的双重挑战。

五是能源科技创新和结构调整步伐加快。国际金融危机以来，世界主要国家竞相加大能源科技研发投入，着力突破节能、低碳、储能、智能等关键技术，加快发展战略性新兴产业，抢占新一轮全球能源变革和经济科技竞争的制高点。高效、清洁、低碳已经成为世界能源发展的主流方向，非化石能源和天然气在能源结构中的比重越来越大，世界能源将逐步跨入石油、天然气、煤炭、可再生能源和核能并驾齐驱的新时代。

从国内看，能源发展的长期矛盾和短期问题相互交织，国内因素与国际因素互相影响，资源和环境约束进一步加剧，节能减排形势严峻，能源资源对外依存度快速攀升，能源控总量、调结构、保安全面临全新的挑战。

一是资源制约日益加剧，能源安全形势严峻。一方面，我国能源资源短缺，常规化石能源可持续供应能力不足。油气人均剩余可采储量仅为世界平均水平的6%，石油年产量仅能维持在2亿吨左右，常规天然气新增产量仅能满足新增需求的30%左右。煤炭超强度开采。另一方面，粗放式发展导致我国能源需求过快增长，石油对外依存度从本世纪初的26%上升至2011年的57%。与此同时，我国油气进口来源相对集中，进口通道受制于人，远洋自主运输能力不足，金融支撑体系亟待加强，能源储备应急体系不健全，应对国际市场波动和突发性事件能力不足，能源安全保障压力巨大。

二是生态环境约束凸显，绿色发展迫在眉睫。我国能源结构以煤为主，开发利用方式粗放，资源环境压力加大。大量水资源被消耗或污染，煤矸石堆积大量占用和污染土地，酸雨影响面积达120万平方公里，主要污染物和温室气体排放总量居世界前列。国内生态环境难以继续承载粗放式发展，国际上应对气候变化的压力日益增大，迫切需要绿色转型发展。

三是发展方式依然粗放，能效水平亟待提高。我国服务业发展滞后，能源密集型产业低水平过度发展、比重偏大，钢铁、有色、建材、化工四大高载能产业用能约占能源消费总量一半，单位产值能耗高。我国人均能源消费已达到世界平均水平，但人均国内生产总值仅为世界平均水平的一半；单位国内生产总值能耗不仅远高于发达国家，也高于巴西、墨西哥等发展中国家。较低的能效水平，与我国所处的发展阶段和国际产业分工格局有关，集中反映了我国发展方式粗放、产业结构不合理等突出问题，迫切需要实行能源消费强度和消费总量双控制，形成倒逼机制，推动在转方式、调结构方面取得实质性进展。

四是能源基础设施建设滞后，协调发展任重道远。我国区域经济和能源发展不平衡、不协调，能源供需逆向分布矛盾突出，基础设施建设相对薄弱，跨区输煤输电能力不足，缺煤缺电和窝煤窝电并存现象时有发生。城乡能源基础设施和用能水平差距大，农村能源建设和服务薄弱，农村电网建设和改造滞后，个别地方还没有用上电，全国仍有大量农户以秸秆和薪柴为生活燃料，减少能源贫困和推进城乡能源协调发展任重道远。

五是自主创新能力不足，能源产业大而不强。能源科技创新投入不足，研发力量较为分散，领军人才稀缺，自主创新基础薄弱，能源装备制造整体水平与国际先进水平相比仍有较大差距，关键核心技术和先进大型装备对外依赖程度较高，能源产业总体上大而不强，迫切需要进一步深化能源科技体制改革，大力提升能源科技自主创新能力。

六是体制约束日益显现，深化改革势在必行。能源产业行政垄断、市场垄断和无序竞争现象并存，价格机制不完善。煤电矛盾日益突出。风电、太阳能发电、小水电和分布式发电上网受到电力系统及运行机制制约。能源行业管理薄弱，缺位与错位现象并存，资源管理亟待规范，行业统计亟待加强。推动能源科学发展，迫切需要加快推进能源体制改革。

第二章 指导方针和目标

第一节 指导思想

高举中国特色社会主义伟大旗帜，全面深入贯彻落实党的十八大精神，以邓小平理论、“三个代表”重要思想、科学发展观为指导，以科学发展为主题，以加快转变发展方式为主线，着力推进能源体制机制创新和科技创新，着力加快能源生产和利用方式变革，强化节能优先战略，全面提升能源开发转化和利用效率，控制能源消费总量，构建安全、稳定、经济、清洁的现代能源产业体系，保障经济社会可持续发展。

第二节 基本原则

——坚持节约优先。实施能源消费强度和消费总量双控制，努力构建节能型生产消费体系，促进经济发展方式和生活消费模式转变，加快构建节能型国家和节约型社会。

——坚持立足国内。立足国内资源优势和发展基础，着力增强能源供给保障能力，完善能源储备应急体系，合理控制对外依存度，提高能源安全保障水平。

——坚持多元发展。着力提高清洁低碳化石能源和非化石能源比重，大力推进煤炭高效清洁利用，科学实施传统能源替代，加快优化能源生产和消费结构。

——坚持保护环境。树立绿色、低碳发展理念，统筹能源资源开发利用与生态环境保护，在保护中开发，在开发中保护，积极培育符合生态文明要求的能源发展模式。

——坚持深化改革。充分发挥市场机制作用，统筹兼顾，标本兼治，加快推进重点领域和关键环节改革，理顺价格机制，构建有利于促进能源可持续发展的体制机制。

——坚持科技创新。加快创新型人才队伍建设，加强基础科学研究和前沿技术攻关，增强能源科技创新能力。依托重点能源工程，推动重大核心技术和关键装备自主创新。

——坚持国际合作。统筹国内国际两个大局，大力拓展能源国际合作范围、渠道和方式，提升能源“走出去”

和“引进来”水平，推动建立国际能源新秩序，努力实现合作共赢。

——坚持改善民生。统筹城乡和区域能源发展，加强能源基础设施和基本公共服务能力建设，尽快消除能源贫困，努力提高人民群众用能水平。

第三节 主要目标

根据对“十二五”时期经济社会发展趋势的总体判断，按照“十二五”规划纲要总体要求，综合考虑安全、资源、环境、技术、经济等因素，2015年能源发展的主要目标是：

——能源消费总量与效率。实施能源消费强度和消费总量双控制，能源消费总量40亿吨标煤，用电量6.15万亿千瓦时，单位国内生产总值能耗比2010年下降16%。能源综合效率提高到38%，火电供电标准煤耗下降到323克/千瓦时，炼油综合加工能耗下降到63千克标准油/吨。

——能源生产与供应能力。着眼于提高安全保障水平、增强应急调节能力，适度超前部署能源生产与供应能力建设，一次能源供应能力43亿吨标准煤，其中国内生产能力36.6亿吨标准煤。石油对外依存度控制在61%以内。

——能源结构优化。非化石能源消费比重提高到11.4%，非化石能源发电装机比重达到30%。天然气占一次能源消费比重提高到7.5%，煤炭消费比重降低到65%左右。

——国家综合能源基地建设。加快建设山西、鄂尔多斯盆地、内蒙古东部地区、西南地区、新疆五大国家综合能源基地。到2015年，五大基地一次能源生产能力达到26.6亿吨标准煤，占全国70%以上；向外输出13.7亿吨标准煤，占全国跨省区输送量的90%。

——生态环境保护。单位国内生产总值二氧化碳排放比2010年下降17%。每千瓦时煤电二氧化硫排放下降到1.5克，氮氧化物排放下降到1.5克。能源开发利用产生的细颗粒物（PM2.5）排放强度下降30%以上。煤炭矿区土地复垦率超过60%。

——城乡居民用能。全面实施新一轮农村电网改造升级，实现城乡各类用电同网同价。行政村通电，无电地区人口全部用上电，天然气使用人口达到2.5亿人，能源基本公共服务水平显著提高。

——能源体制机制改革。电力、油气等重点领域改革取得新突破，能源价格市场化改革取得新进展，能源财税机制进一步完善，能源法规政策和标准基本健全，初步形成适应能源科学发展需要的行业管理体系。

专栏2　“十二五”时期能源发展主要目标

类别	指 标	单位	2010年	2015年	年均增长	属性
能源消费总量与效率	一次能源消费总量	亿吨标准煤	32.5	40	4.3%	预期性
	非化石能源消费比重	%	8.6	11.4	〔2.8〕	约束性
	全社会用电量	万亿千瓦时	4.2	6.15	8.0%	预期性
	单位国内生产总值能耗	吨标准煤/万元	0.81	0.68	〔-16%〕	约束性
	火电供电标准煤耗	克/千瓦时	333	323	-0.6%	预期性
	电网综合线损率	%	6.5	6.3	〔-0.2〕	预期性能源
能源生产与供应	国内一次能源生产能力	亿吨标准煤	29.7	36.6	4.3%	预期性
	煤炭生产能力	亿吨	32.4	41	4.8%	预期性
	原油生产能力	亿吨	2	2	0	预期性
	天然气生产能力	亿立方米	948	1565	10.5%	预期性
	非化石能源生产能力	亿吨标准煤	2.8	4.7	10.9%	预期性
电力发展	电力装机容量	亿千瓦	9.7	14.9	9.0%	预期性
	其中：煤电	亿千瓦	6.6	9.6	7.8%	预期性
	水电	亿千瓦	2.2	2.9	5.7%	预期性
	核电	万千瓦	1082	4000	29.9%	预期性
	天然气发电	万千瓦	2642	5600	16.2%	预期性
	风电	万千瓦	3100	10000	26.4%	预期性
	太阳能发电	万千瓦	86	2100	89.5%	预期性
生态环境保护	单位国内生产总值二氧化碳排放下降				〔-1 7%〕	约束性
	煤电二氧化硫排放系数	克/千瓦时	2.9	1.5	-12.4%	约束性
	煤电氮氧化物排放系数	克/千瓦时	3.4	1.5	-15.1%	约束性

民生改善	居民人均生活用电量	千瓦时	380	620	10.3%	预期性
	绿色能源示范县	个	108	200	13.1%	预期性
	使用天然气人口	亿	1.8	2.5	6.8%	预期性

注:（1）〔〕内为五年累计数；（2）国内生产总值以2010年不变价格计算，其他涉及价值量计算同；（3）天然气生产能力包括常规天然气、煤层气和页岩气；（4）2015年水电装机中含3000万千瓦抽水蓄能电站容量。

第三章 主要任务

第一节 加强国内资源勘探开发

加大国内能源资源勘探力度，优化开发常规化石能源，巩固能源供应基础。着力突破煤层气、页岩气等非常规油气资源开发技术瓶颈，大力发展非化石能源，培育新的能源供应增长极。

一、安全高效开发煤炭

按照控制东部、稳定中部、发展西部的原则，稳步推进大型煤炭基地建设，以大型骨干企业为主体，重点建设大型现代化煤矿。深入推进煤炭资源整合和煤矿企业兼并重组，调整优化产能结构，加快淘汰落后生产能力。加快煤矿改造升级，实施瓦斯治理、水火灾害防治、应急避险等重大安全工程，推行煤矿安全生产标准化，建设数字化自动化矿井、无人值守采煤工作面、煤炭地下气化示范工程，全面提升煤矿技术装备水平。加大焦煤、无烟煤等稀缺煤种保护性开发力度。积极推广保水开采、充填开采等先进技术，实施采煤沉陷区综合治理。因地制宜开发煤炭共伴生资源，大力发展矿区循环经济。到2015年，煤炭产能达到41亿吨，煤炭产量控制在39亿吨以内；采煤机械化程度达到75%以上；安全高效煤矿产量25亿吨，占全国的60%以上，比2010年增加约30个百分点；原煤百万吨死亡率下降28%以上；矿井水利用率达到75%。

二、加快常规油气勘探开发

按照稳定东部、加快西部、发展南方、开拓海域的原则，围绕新油气田规模高效开发和老油气田采收率提高两条主线，鼓励低品位资源开发，推进原油增储稳产、天然气快速发展。挖掘东部潜力，加强老区精细勘探，拓展外围盆地资源；加快西部重点盆地勘探开发，增加油气储量和产量；加大南方海相区域勘探开发力度，创新地质理论，突破关键勘探开发技术。推进塔里木盆地和准噶尔盆地、松辽盆地、鄂尔多斯盆地、渤海湾盆地、四川盆地等陆上油气生产基地稳产或增产。加快海上油气资源勘探开发，坚持储近用远原则，重点提高深水资源勘探开发能力。到2015年，新增石油探明地质储量65亿吨以上，产量稳定在2亿吨左右；新增常规天然气探明地质储量3.5万亿立方米，产量超过1300亿立方米。

三、大力开发非常规天然气资源

根据资源前景和发展基础，重点加大煤层气和页岩气勘探开发力度。建设沁水盆地和鄂尔多斯盆地东缘煤层气产业基地，继续推进河北、安徽、山东、河南、陕西、甘肃、宁夏等省（区）煤层气勘探开发试验，加快开展新疆低阶煤盆地、中部地区低渗透性煤层和西南高应力区煤层气勘查与开发评价。加快全国页岩气资源调查与评价，在保护生态环境和合理利用水资源的前提下，优选一批页岩气远景区和有利目标区。突破勘探开发关键技术，重点加快四川、重庆、云南、贵州、湖北、陕西、山西等省页岩气勘探开发，建设长宁、威远、昭通、富顺-永川、鄂西渝东、川西-阆中、川东北、延安等页岩气勘探开发区，初步实现规模化商业生产，为页岩气快速发展奠定坚实基础。到2015年，煤层气、页岩气探明地质储量分别增加1万亿和6000亿立方米，商品量分别达到200亿和65亿立方米，非常规天然气成为天然气供应的重要增长极。

四、积极有序发展水电

坚持水电开发与移民致富、环境保护、水资源综合利用、地方经济社会发展相协调，加强流域水电规划，在做好生态环境保护和移民安置的前提下积极发展水电。全面推进金沙江中下游、澜沧江中下游、雅砻江、大渡河、黄河上游、雅鲁藏布江中游水电基地建设，有序启动金沙江上游、澜沧江上游、怒江水电基地建设，优化开发闽浙赣、东北、湘西水电基地，基本建成长江上游、南盘江红水河、乌江水电基地。统筹考虑中小流域的开发与保护，科学论证、因地制宜积极开发小水电，合理布局抽水蓄能电站。“十二五”时期，开工建设常规水电1.2亿千瓦、抽水蓄能电站4000万千瓦。到2015年，全国常规水电、抽水蓄能电站装机分别达到2.6亿千瓦和3000万千瓦。

五、安全高效发展核电

严格实施核电安全规划和核电中长期发展规划（调整），把“安全第一”方针落实到核电规划、建设、运行、退役全过程及所有相关产业。在做好安全检查的基础上，持续开展在役在建核电机组安全改造。全面加强核电安全管理，提高核事故应急响应能力。在核电建设方面，坚持热堆、快堆、聚变堆“三步走”技术路线，以百万千瓦级先进压水堆为主，积极发展高温气冷堆、商业快堆和小型堆等新技术；合理把握建设节奏，稳步有序推进核电建设；科学布局项目，对新建厂址进行全面复核，“十二五”时期只安排沿海厂址；提高技术准入门槛，新建机组必须符合三代安全标准。同步完善核燃料供应体系，满足核电长远发展需要。利用有限时间、依托有限项目完成装备自主化任务，全面提升我国装备制造业水平。加快建设现代核电产业体系，打造核电强国。到2015年，运行核电装机达到4000万千瓦，在建规模1800万千瓦。

六、加快发展风能等其他可再生能源

坚持集中与分散开发利用并举，以风能、太阳能、生物质能利用为重点，大力发展可再生能源。优化风电开发布局，有序推进华北、东北和西北等资源丰富地区风电建设，加快风能资源的分散开发利用。协调配套电网与风电开发建设，合理布局储能设施，建立保障风电并网运行的电力调度体系。积极开展海上风电项目示范，促进海上风电规模化发展。加快太阳能多元化利用，推进光伏产业兼并重组和优化升级，大力推广与建筑结合的光伏发电，提高分布式利用规模，立足就地消纳建设大型光伏电站，积极开展太阳能热发电示范。加快发展建筑一体化太阳能应用，鼓励太阳能发电、采暖和制冷、太阳能中高温工业应用。有序开发生物质能，以非粮燃料乙醇和生物柴油为重点，加快发展生物液体燃料。鼓励利用城市垃圾、大型养殖场废弃物建设沼气或发电项目。因地制宜利用农作物秸秆、林业剩余物发展生物质发电、气化和固体成型燃料。稳步推进地热能、海洋能等可再生能源开发利用。到2015年，风能发电装机规模达到1亿千瓦；太阳能发电装机规模达到2100万千瓦；生物质能发电装机规模达到1300万千瓦，其中城市生活垃圾发电装机容量达到300万千瓦。

专栏3 “十二五”时期能源资源开发重点

大型煤炭基地：加快陕北、黄陇、神东、蒙东、宁东、新疆等煤炭基地建设，优化开发晋北、晋中、晋东、河南、两淮和云贵煤炭基地资源，控制冀中、鲁西煤炭基地开发规模和强度，到“十二五”末，形成10个亿吨级和10个5000万吨级特大型煤炭企业，产量占全国的60%以上。

非常规天然气开发区块：建成沁水盆地寺河、潘河、成庄、潘庄、赵庄和鄂尔多斯盆地柳林、韩城一合阳煤层气地面开发项目，推进山西、辽宁、安徽、河南、重庆、四川、贵州等省市重点矿区煤层气井下规模化抽采。建成长宁、威远、富顺一永川、昭通、鄂西渝东等21个页岩气规模化勘探开发区。

大型水电基地：重点开工建设金沙江白鹤滩、乌东德、梨园、龙开口、鲁地拉、观音岩、苏洼龙、叶巴滩、拉哇、昌波、旭龙，雅砻江两河口、牙根一级、牙根二级、孟底沟、卡拉、杨房沟，大渡河双江口、猴子岩、硬梁包、丹巴、老鹰岩、安谷、金川、安宁、巴底、枕头坝二级、沙坪一级，澜沧江古水、黄登、苗尾、乌弄龙、里底、托巴、大华桥、橄榄坝、古学、如美，黄河上游班多、羊曲、门堂、玛尔挡，雅鲁藏布江中游加查、街需、大古，长江干流小南海，怒江松塔，汉江旬阳，第二松花江丰满重建，乌江白马，红水河龙滩二期，帕隆藏布忠玉，库玛拉克河大石峡，开都河阿仁萨很托亥等项目；深入论证、有序启动澜沧江上游侧格、卡贡，黄河上游宁木特、茨哈峡，金沙江中游龙盘，怒江干流六库、马吉、亚碧罗、赛格等项目。

大型风电基地：建设河北、蒙西、蒙东、吉林、甘肃、新疆、黑龙江以及山东沿海、江苏沿海风电基地，到2015年，大型风电基地规模达到7900万千瓦。

太阳能电站：按照就近消纳、有序开发的原则，重点在西藏、内蒙古、甘肃、宁夏、青海、新疆、云南等太阳能资源丰富地区，利用沙漠、戈壁及无耕种价值的闲置土地，建设若干座大型光伏发电站，结合资源和电网条件，探索水光互补、风光互补的利用新模式。

第二节 推进能源高效清洁转化

立足资源优势，依靠科技创新，加快推进燃煤发电、炼油化工技术进步和产业升级，探索煤炭分质转化、梯级利用的有效途径，提高能源加工转化效率和清洁化利用水平。

一、高效清洁发展煤电

稳步推进大型煤电基地建设，统筹水资源和生态环境承载能力，按照集约化开发模式，采用超超临界、循环流化床、高效节水等先进适用技术，在中西部煤炭资源富集地区，鼓励煤电一体化开发，建设若干大型坑口电站，优先发展煤矸石、煤泥、洗中煤等低热值煤炭资源综合利用发电。在中东部地区合理布局港口、路口电源和支撑性电源，严格控制在环渤海、长三角、珠三角地区新增除“上大压小”和热电联产之外的燃煤机组。积极发展热电联产，在符合条件的大中城市，适度建设大型热电机组，在中小城市和热负荷集中的工业园区，优先建设背压式机组，鼓励发展热电冷多联供。继续推进“上大压小”，加强节能、节水、脱硫、脱硝等技术的推广应用，实施煤电综合改造升级工程，到“十二五”末，淘汰落后煤电机组2000万千瓦，火电每千瓦时供电标准煤耗下降到323克。

“十二五”时期，全国新增煤电机组3亿千瓦，其中热电联产7000万千瓦、低热值煤炭资源综合利用5000万千瓦。

二、推进煤炭洗选和深加工升级示范

以提高资源高效清洁利用水平为目标，加大煤炭洗选比重，提高商品煤质量，优化煤炭加工利用方式，逐步建立科学的煤炭分级利用体系，到2015年，原煤入选率达到65%以上，煤矸石综合利用率提高到75%。总结现有煤炭深加工示范项目经验，按照能量梯级利用、节水降耗、绿色低碳等要求，完善核心技术和工艺路线，稳步开展升级示范。重点在中西部煤炭净调出省区，选择水资源相对丰富、配套基础条件好的重点开发区，建设煤基燃料、烯烃及多联产升级示范工程，探索符合我国国情的科技含量高、附加值高、产业链长的煤炭深加工产业发展模式，为适应未来能源更替和变革提供战略技术储备。“十二五”时期，新开工煤制天然气、煤炭间接液化、煤制烯烃项目能源转化效率分别达到56%、42%、40%以上。

三、集约化发展炼油加工产业

按照上下游一体化、炼化储一体化的原则，依托进口战略通道建设炼化产业带，统筹新炼厂建设和既有炼厂升级改造，建设若干个大型化、集约化的炼化基地，逐步形成环渤海、长三角、珠三角三大炼油产业集群。严格行业准入管理，推进企业兼并重组，提高产业集中度。到2015年，全国一次原油加工能力达到6.2亿吨，成品油产量达到3.3亿吨，炼油每吨综合加工能耗下降到63千克标准油，水耗降低到0.5吨。

四、有序发展天然气发电

在天然气来源可靠的东部经济发达地区，合理建设燃气蒸汽联合循环调峰电站。在电价承受能力强、热负荷需求大的中心城市，优先发展大型燃气蒸汽联合循环热电联产项目。积极推广天然气热电冷联供，支持利用煤层气发电。“十二五”时期，全国新增燃气电站3000万千瓦。

专栏4 “十二五”时期能源加工转化建设重点

大型煤电基地：统筹当地电力市场情况和跨区输电需要，重点在山西、内蒙古、陕西、宁夏、新疆等煤炭资源富集地区，采用先进节水技术，建设大型坑口煤电基地，在贵州、皖北、陇东等地区适度建设一定规模的外送煤电项目。

煤炭深加工升级示范工程：在继续组织实施好宁夏宁东、陕西榆林、内蒙古鄂尔多斯、新疆伊犁等既有煤炭深加工项目的基础上，在新疆、内蒙古、陕西、山西、云南、贵州、安徽等部分综合配套条件比较好的地区，积极推进以煤炭液化、煤制气、煤制烯烃、煤基多联产、煤油气资源综合利用等为主要方向的大规模工程示范项目。

炼油基地：加快先进炼油产能建设，重点建设浙江镇海、广东惠州、河南洛阳、新疆克拉玛依改扩建项目，充分利用境外资源，在天津、河北曹妃甸、浙江台州、广东湛江、广东揭阳、云南昆明、福建泉州等新建一批炼油项目，优化国内炼油产业布局，到“十二五”末，形成若干个具有较强竞争力的千万吨级炼油基地。

第三节 推动能源供应方式变革

根据新兴能源的技术基础、发展潜力和相关产业发展态势，以分布式能源、智能电网、新能源汽车供能设施为重点，大力推广新型供能方式，提高能源综合利用效率，促进战略性新兴产业发展，推动能源生产和利用方式变革。

一、大力发展分布式能源

统筹传统能源、新能源和可再生能源的综合利用，按照自用为主、富余上网、因地制宜、有序推进的原则，积极发展分布式能源，实现分布式能源与集中供能系统协调发展。

（一）积极发展天然气分布式能源。根据常规天然气、煤层气、页岩气供应条件和用户能量需求，重点在能源负荷中心，加快建设天然气分布式能源系统。对开发规模较小或尚未联通管网的页岩气、煤层气等非常规天然气，优先采用分布式利用方式。统筹天然气和电力调峰需求，合理选择天然气分布式利用方式，实现天然气和电力优化互济利用。加强天然气分布式利用技术研发，提高技术装备自主化水平。

（二）大力发展分布式可再生能源。根据资源特性和用能需求，加快风能、太阳能、小水电、生物质能、海洋能、地热能等可再生能源的分布式开发利用。以城市、工业园区等能源消费中心为重点，完善相关配套设施，大力推进屋顶光伏等分布式可再生能源技术应用，尽快提高分布式供能比重。因地制宜在农村、林区、牧区、海岛积极推进分布式可再生能源建设，解决偏远地区生活用能问题。

（三）营造有利于分布式能源发展的体制政策环境。将分布式能源纳入电力和供热规划范畴，加强配套电网和热力网建设。创新体制机制，研究制定分布式能源标准，完善分布式能源价格机制和产业政策，努力实现分布式发电直供及无歧视、无障碍接入电网。

专栏5 “十二五”时期分布式能源发展重点和目标

天然气分布式能源	发展重点：推进天然气分布式能源示范项目建设，在城市工业园区、旅游集中服务区、生态园区、大型商业设施等能源负荷中心，建设区域分布式能源系统和楼宇分布式能源系统；在条件具备的地区，结合太阳能、风能、地源热泵等可再生能源，建设能源综合利用项目。
	发展目标：到2015年，建成1000个左右天然气分布式能源项目、10个左右各具特色的天然气分布式能源示范区；完成天然气分布式能源主要装备研制，初步形成具有自主知识产权的分布式能源装备产业体系。
分布式可再生能源	发展重点：推进分布式可再生能源项目建设，以民用建筑为重点，在城市推广太阳能热水、太阳能发电、地热能、垃圾发电等新能源技术应用；在城市社区、工业园区、企业等能源消费中心，积极开展分布式风能、太阳能发电、地热能等资源综合利用；在条件适宜地区，大力推动新建建筑应用太阳能热水系统，实施光伏建筑一体化工程；在重要风景名胜区周边、林区、边远和农村地区，合理布局离网式风电、太阳能发电、小水电和生物质能等可再生能源项目。
	发展目标：到2015年，分布式太阳能发电达到1000万千瓦，建成100个以分布式可再生能源应用为主的新能源示范城市。

二、推进智能电网建设

加快智能电网建设，着力增强电网对新能源发电、分布式能源、电动汽车等能源利用方式的承载和适应能力，实现电力系统与用户互动，推动电力系统各环节、各要素升级转型，提高电力系统安全水平和综合效率，带动相关产业发展。

加强智能电网规划，通过关键技术研发、设备研制和示范项目建设，确定技术路线和发展模式，制定智能电网技术标准。建立有利于智能电网技术推广应用的体制机制，推行与智能电网发展相适应的电价政策。加快推广应用智能电网技术和设备，提升电网信息化、自动化、互动化水平，提高可再生能源、分布式能源并网输送能力。积极推进微电网、智能用电小区、智能楼宇建设和智能电表应用。“十二五”时期，建成若干个智能电网示范区，力争关键技术创新和装备研发走在世界前列。

三、建设新能源汽车供能设施

加强供能基础设施建设，为新能源汽车产业化发展提供必要的条件和支撑，促进交通燃料清洁化替代，降低温室气体和大气污染物排放。结合充电式混合动力、纯电动、天然气（CNG/LNG）等新能源汽车发展，在北京、上海、重庆等新能源汽车示范推广城市，配套建设充电桩、充（换）电站、天然气加注站等服务网点。着力研发高性能动力电池和储能设施，建立新能源汽车供能装备制造、认证、检测以及配套标准体系。到2015年，形成50万辆电动汽车充电基础设施体系。

第四节 加快能源储运设施建设

按照海陆并举、内外衔接、安全畅通、适度超前的原则，统筹境外能源进口和国内产需衔接，统筹各种能源运输方式，优化能源流向，扩大北煤南运、北油南运、西气东输和西电东送规模。加强能源储备和调峰设施建设，全面提升能源应急保障能力。

一、强化战略通道和骨干网络建设

（一）石油。加快西北（中哈）、东北（中俄）和西南（中缅）三大陆路原油进口通道建设，加强配套干线管道建设；适应海运原油进口需要，加强沿海大型原油接卸码头及陆上配套管道建设。加强西北、东北成品油外输管道建设，完善华北、华东、华南、华中和西南等主要消费地区的区域管网。“十二五”时期，新增原油管道8400公里，新增成品油管道2.1万公里，成品油年输送能力新增1.9亿吨。

（二）天然气。加快建设西北（中国—中亚）、东北（中俄）、西南（中缅）和海上四大进口通道，形成以西气东输、川气东送、陕京输气管道为大动脉，连接主要生产区、消费区和储气库的骨干管网。统筹沿海液化天然气（LNG）接收站、跨省联络线、配气管网及地下储气库建设，完善长三角、环渤海、川渝地区天然气管网，基本建成东北、珠三角、中南地区等区域管网。形成天然气、煤层气、页岩气、煤制气等多种气源公平接入、统一输送的格局。推动液化天然气（LNG）造船业和运输业发展。“十二五”时期，新增天然气管道4.4万公里；沿海液化天然气年接收能力新增5000万吨以上。

（三）电力。坚持输煤输电并举，逐步提高输电比重。结合大型能源基地建设，采用特高压等大容量、高效率、远距离先进输电技术，稳步推进西南能源基地向华东、华中地区和广东省输电通道，鄂尔多斯盆地、山西、锡林郭勒盟能源基地向华北、华中、华东地区输电通道。加快区域和省级超高压主网架建设，重点实施电力送出地区和受端地区骨干网架及省域间联网工程，完善输、配电网结构，提高分区、分层供电能力。加快实施城乡配电网建设和改造工程，推进配电智能化改造，全面提高综合供电能力和可靠性。到2015年，建成330千伏及以上输电线路20万公里，跨省区输电容量达到2亿千瓦。

（四）煤炭。加快既有铁路干线扩能改造和新建铁路煤运通道建设，提高煤炭跨区运输能力。重点建设内蒙古西部地区至华中地区的北煤南运战略通道，优化煤炭跨区流向；建成山西、陕西和内蒙古西部地区至唐山地区港口、山西中南部至山东沿海港口西煤东运新通道，缓解现有通道压力；结合兰新铁路扩能改造和兰渝铁路建设，形成疆煤外运新通道。建设沿海配套港口码头，完善内河水运通道。

专栏6 “十二五”时期能源输送通道建设重点

原 油	中哈原油管道二期、中缅原油管道、独山子－乌鲁木齐、兰州－成都、大庆－铁岭、瑞丽－昆明等干线管道
天然气	中亚天然气管道C线和D线，西气东输二线东段及香港支线，西气东输三线、四线、五线，中缅天然气管道；陕京四线、鄂尔多斯－安平输气管线、东北天然气管网、中卫－贵阳天然气管道、青藏天然气管道（适时建设）、冀宁联络线复线、宁鲁联络线；南疆天然气利民工程；适时启动新疆煤制气外输管线、中俄东线天然气管道、萨哈林天然气管道
电 力	水电外送：金沙江溪洛渡送电浙江及广东、雅砻江锦屏等电站送电江苏、四川水电送电华中、糯扎渡等电站送电广东、云南水电送电广西 煤电和风电外送：蒙西送电华北及华中、锡盟送电华北及华东、陕北送电华北、山西送电华北及华中、淮南送电上海及浙江、新疆送电华中、宁东送电浙江、陕西送电重庆

二、提升储备应急保障能力

（一）油气储备。优化储备布局和结构，建成国家石油储备基地二期工程，启动三期工程，推进石油储备方式多元化。积极推进成品油应急调节储备，研究建立企业义务储备；加快华北、西北、西南及东南沿海地区天然气地下储气库和液化天然气储备库建设，加快城市调峰储气设施建设。

（二）煤炭储备。加快在沿海、沿江港口及华东、华中、西南等地区建设国家煤炭应急储备，鼓励重点厂矿企业提高仓储能力，稳步推进地方储备应急能力建设，逐步构建科学、有序、规范的煤炭应急储备体系。

（三）应急保障。健全能源应急组织系统，明确政府及各类社会主体的应急责任和义务。按照统一领导、分级负责、分类实施、协同保障的原则，完善应急保障预案，依法采取能源生产运输紧急调度、储备动用和价格干预等措施。加强系统演练，提高全社会能源安全应急意识和能力。

第五节 实施能源民生工程

坚持统筹规划、因地制宜、多能互补、高效清洁的原则，以逐步推进城乡能源基本公共服务均等化为导向，以实施新一轮农村电网改造升级、建设绿色能源示范县、解决无电地区用电问题为重点，全面推进能源民生工程建设。

一、加快农村电网建设

加快实施新一轮农村电网改造升级工程，消除电网薄弱环节，扩大电网覆盖面，提升农村电网供电可靠性和供电能力，农村生活用电得到较好保障，农业生产用电问题基本解决。到2015年，基本建成安全可靠、管理规范的新型农村电网，实现行政村通电，无电地区人口全部用上电，城乡各类用电同网同价。

二、大力发展农村可再生能源

结合农村资源条件和用能习惯，因地制宜推进小水电、农林废弃物、养殖场废弃物、太阳能、风能等可再生能源开发利用，推广普及经济实用技术，促进农村炊事、取暖和洗浴用能高效化、清洁化。积极推进农村可再生能源综合利用示范工程建设。到2015年，建成200个绿色能源示范县和1000个太阳能示范村。

三、完善农村能源基础服务体系

推进城镇能源供应设施和服务逐步向农村延伸，加强农村液化气供应站、加油站、型煤加工点以及生物质燃气站和管网等基础设施建设，建立各类能源设施维修和技术服务站，培育农村能源专业化经营服务企业和人才，增强能源基本公共服务能力。

专栏7 “十二五”时期农村可再生能源建设重点工程

小水电：继续实施水电新农村电气化县建设和小水电代燃料工程建设，合理开展农村水电增容扩容，到2015年，全国建成300个水电新农村电气化县，新增小水电装机容量1000万千瓦。

沼气：优化发展户用沼气，加快发展集中沼气，到2015年，农村沼气用户达到5000万户，建设3000个规模化养殖场沼气集中供气工程，农村沼气年利用量达到190亿立方米。

太阳能：支持农村和小城镇居民安装使用太阳能热水器、太阳灶、太阳房等设施，实施村镇太阳能公共浴室建设工程，到2015年，建成1000个太阳能示范村。

四、加强边疆偏远地区能源建设

建设新疆天然气利民工程，适时启动格尔木至拉萨天然气输送管线建设。完善青藏直流联网工程。实施无电地区电力建设工程，加强西藏、新疆、青海、四川、云南、内蒙古等省（区）无电地区电网建设，扩大电网覆盖面；利用当地可再生能源资源，加快建设微水电、小型风电、户用光伏系统、风光互补电站等小型电源，解决无电地区用电问题。建立健全小型电源运营和维护长效机制，提高可持续供能能力。

五、着力提高民用天然气供给普及率

加快建设天然气输配管网和储气设施，扩大天然气供应覆盖面。逐步理顺天然气价格，培育和拓展天然气消费市场，扩大居民生活用气规模。到2015年，天然气使用人口达到2.5亿人。

第六节 控制能源消费总量

实施能源消费强度和消费总量双控制，尽快制定并严格落实控制能源消费总量工作方案，明确工作目标、任务和责任，采取综合配套措施，形成倒逼机制，推动经济发展转方式、调结构，促进资源节约型和环境友好型社会建设。

一、明确总量控制目标和分解落实机制

到2015年，全国能源消费总量和用电量分别控制在40亿吨标准煤和6.15万亿千瓦时左右，重点行业主要产品单位能耗总体接近世界先进水平。综合考虑各地经济社会发展水平、区位和资源特点等因素，将能源和电力消费总量分解到各省（区、市），由省级人民政府负责落实。把能源消费总量控制目标落实情况纳入各地经济社会发展综合评价考核体系，实施定期通报制度。

二、优化产业结构和布局

加快发展现代服务业，培育发展战略性新兴产业，改造提升传统制造业。按照全国主体功能区定位，综合考虑资源、环境、物流等因素，优先在中西部能源资源富集地区布局能源密集型产业，东部地区除利用进口优质能源资源外，从严控制新上能源密集型项目，促进能源密集型产业梯级有序转移。

三、全面推进节能提效

把节能放在更加突出的位置。加强工业节能，以世界先进能效水平为目标，制定“领跑者”标准和政策，加快制修订重点行业单位产品能耗限额强制性国家标准，加大淘汰落后产能力度，实施工业节能重点工程。加强建筑节能，推行绿色建筑标准、评价与标识，提高新建建筑能效水平，加快既有建筑和城市供暖管网节能改造，实行供热计量收费和能耗定额管理，着力增加太阳能、地热能等可再生能源在建筑用能中的比重，实行公共建筑能耗定额管理、能效公示、能源计量和能源审计制度。加强交通节能，加快发展水路、轨道和管道运输，减少煤炭等大宗货物公路长途运输。大力发展公共交通。逐步实施世界先进水平的燃油经济性限值标准，推广节能和新能源交通工具。

四、着力加强用能管理

严格执行固定资产投资项目节能评估与审查制度。深入开展能源审计和能效水平对标活动，实行能源利用状况报告制度，建立企业能源管理体系，实行万家企业节能低碳行动，加快推行合同能源管理等市场化节能机制。鼓励发展智能电网和分布式能源，推进节能发电调度，鼓励余热余压综合利用。加强能源需求侧管理，开展电力需求侧管理城市综合试点，加强“能效电厂”示范和推广。加大高效节能技术产品推广力度，强化能效标识和节能产品认证制度，扩大节能产品政府采购，实施节能产品惠民工程。开展合理用能全民行动，倡导合理用能生活方式和消费模式。

第七节 深化能源体制机制改革

坚持社会主义市场经济改革方向，按照远近结合、标本兼治、统筹兼顾、突出重点的原则，抓紧制定和实施深化能源体制改革的指导意见，加快构建现代能源市场体系，着力化解重点领域和关键环节的突出矛盾，争取尽快取得突破。

一、加快现代能源市场体系建设

科学界定竞争性和非竞争性业务，对可以实现有效竞争的业务引入市场竞争机制，积极培育市场竞争主体；对自然垄断业务，加强监管，保障公平接入和普遍服务。加快国有能源企业改革，完善现代企业制度。完善区域性、全国性能源市场，积极发展现货、长期合约、期货等交易形式。

二、推进重点领域改革

（一）继续深化电力体制改革。加快建立现代电力市场体系，稳步开展输配分开试点，组建独立电力交易机构，在区域及省级电网范围内建立市场交易平台，分批放开大用户、独立配售电企业与发电企业直接交易。改进发电调度方式，逐步增加经济调度因素，为实行竞价上网改革探索经验。建立理顺煤电关系的长效机制。按照基本公共服务均等化和现代企业制度要求，兼顾电力市场化改革方向，统筹推进农村电力体制改革。

（二）深化煤炭领域改革。完善行业管理体制，加强对煤炭资源勘探开发、生产经营等全过程的监督管理。国家统一管理煤炭一级探矿权市场，规范矿业权二级市场。完善煤炭与煤层气协调开发机制。深化煤炭流通体制改革，实现重点合同煤和市场煤并轨，积极推行中长期合同，推进煤炭铁路运力市场化配置，加快健全区域煤炭市场，逐步培育和建立全国煤炭交易市场，开展煤炭期货交易试点。加快推进煤矿企业兼并重组，推行煤电运等一体化运营。

（三）推进石油天然气领域改革。加强油气矿业权监管，完善准入和退出机制。推进页岩气投资主体多元化，加强对页岩气勘探开发活动的监督管理。完善炼油加工产业市场准入制度，研究推动原油、成品油进口管理改革，形成有效竞争格局。加强油气管网监管，稳步推动天然气管网独立运营和公平开放，保障各种气源无歧视接入和统一输送。明确政府与企业油气储备应急义务和责任。

（四）推进可再生能源和分布式能源体制机制改革。研究建立水能资源开发权公平竞争、有偿取得及利益合理分配机制，创新移民安置和生态补偿机制。完善有利于可再生能源良性发展、分布式能源推广应用的管理体制，促进形成可再生能源和分布式能源无歧视、无障碍并网新机制。探索建立可再生能源电力配额及交易制度和新增水电用电权跨省区交易机制。

三、完善能源价格机制

（一）理顺电价机制。加快推进电价改革，逐步形成发电和售电价格由市场决定、输配电价由政府制定的价格机制。加大对电网输配业务及成本的监管，核定独立输配电价。改进水电、核电及可再生能源发电定价机制。推进销售电价分类改革。大力推广峰谷电价、季节电价、可中断负荷电价等电价制度。推进工业用户按产业政策实行差别化电价和超限额能耗惩罚性电价，实施并完善居民阶梯电价制度。

（二）深化油气价格改革。深化成品油价格市场化改革。深入推进天然气价格改革，在总结广东、广西试点经验的基础上，建立反映资源稀缺程度和市场供求关系的天然气价格形成机制，逐步理顺天然气与可替代能源比价关系，建立上下游价格合理传导机制。研究推行天然气季节性差价和可中断气价等差别性价格政策。页岩气出厂价格实行市场定价。

第八节 提升能源科技和装备水平

按照创新机制、夯实基础、超前部署、重点跨越的原则，以增强能源科技自主创新能力和提高能源装备自主化水平为目标，加快构建重大技术研究、重大技术装备、重大示范工程、技术创新平台“四位一体”的能源科技装备创新体系。

一、加快科技创新能力建设

（一）加强能源基础科学研究。坚持政府在能源基础科学研究中的主导地位，进一步优化配置能源科技资源，加大资金投入和政策扶持，建立一批国家工程技术研究中心、国家能源研发中心和重点实验室。面向世界能源科技前沿和国家重大战略需要，在地质、材料、环境、能源动力和信息与控制等基础科学领域，超前部署一批对能源发展具有战略先导性作用的前沿技术攻关项目，突破制约能源发展的核心技术、关键技术。

（二）推进先进适用技术研发应用。充分调动和发挥企业的主体作用，围绕能源发展方式转变和产业转型升级，集聚优势科研力量，加快先进适用技术研发，完善技术推广应用体系。力争在煤矿高效集约开采、页岩气等非常规油气资源勘探开发、先进油气储运、高效清洁发电、新一代核电、海上风电、太阳能热发电、大容量高效率远距离输电、大容量储能等重点领域取得突破，达到或超过世界先进水平。

二、提高能源装备自主化水平

加强对能源装备产业的规划引导，依托重点工程，加强技术攻关和综合配套，建立健全能源装备标准、检测和认证体系，努力提高重大能源装备设计、制造和系统集成能力。

三、实施重大科技示范工程

充分利用我国能源市场空间大、工程实践机会多的优势，加大资金、技术、政策扶持力度，以煤层气开发利用、油气资源高效开发、高效清洁发电、特高压输电、大规模间歇式发电并网、智能电网、多能互补利用、核燃料后处理等技术领域为重点，加快重大工程技术示范，促进科技成果尽快转化为先进生产力。

专栏8 “十二五”时期能源装备发展重点

核电装备：以先进核电项目为依托，加快大型锻件、核主泵、关键材料、数字化仪控系统、核电泵阀等关键设备的自主制造。

燃气轮机：推进现有燃气轮机制造技术进步，研制小型燃气轮机发电机组，开发重型燃气轮机，提升高温部件制造和试验验证能力。

超超临界火电机组：研发600℃百万千瓦级（单轴）超超临界燃煤发电机组，研制700℃超超临界发电机组锅炉、汽轮机设备、辅机、高温材料和部件。

大型油气开采和长输管线装备：掌握压缩机、电机和变频控制系统等关键设备的设计制造技术；实现天然气长输管线大型球阀、电机驱动压缩机组、燃机驱动压缩机组等关键设备自主制造。

大型国产化水电机组：开展百万千瓦级大型水轮机组技术研究，实现35万千瓦、500米水头以上大容量、高水头抽水蓄能机组设计制造自主化，研制大型低水头贯流式水轮发电机组。

风电和太阳能设备：掌握7～10兆瓦级风电机组整机及大型轴承、变流器等关键零部件的设计制造技术，实现批量生产。研制兆瓦级光伏电站逆变、控制系统，培育太阳能热发电关键装备生产制造能力，发展10万千瓦级太阳能热发电技术装备。

储能设施和分布式能源设备：研发具有自主知识产权的高容量储能系统，实现核心部件制造和系统集成的国产化。实现多能互补分布式供能系统关键装备的系统集成。

专栏9 “十二五”时期能源示范工程重点任务

勘探与开发	大型矿井快速施工与工作面自动化示范工程、地下气化采煤技术研发与示范工程、煤层气综合开发利用示范工程、低/特低渗透油气田开采示范工程、中深层稠油油藏开采示范工程、富酸性气藏开采示范工程、非常规天然气规模化开发示范工程
加工与转化	集煤气化、化工合成、发电、供热、废弃物资源化利用等于一体的多联产示范工程，拥有完全自主知识产权的万吨级生物质热化学转化制备液体燃料及热、电、化学品等多联产示范工程，生物质气化示范工程，煤－电－粉煤灰提取氧化铝－电解铝－建材一体化示范工程
发电与输电	400～500MW级整体煤气化联合循环（IGCC）多联产及碳捕获、利用与封存（CCUS）示范工程，分布式能源燃气轮机发电示范工程、高效节能环保节水型燃煤发电示范工程，中/低热值燃气蒸汽联合循环发电示范工程。具有自主知识产权的先进压水堆核电示范工程，200MW级模块式高温气冷堆核电示范工程，快堆示范工程，模块式小型堆示范工程，智能电网示范工程
新能源	大规模并网光伏发电系统、太阳能热发电示范工程，100MW级风、光、储、输综合供能系统示范工程和10MW级水、光、气、储互补发电系统示范工程

第九节 深化能源国际合作

坚持互利合作、多元发展、协同保障的新能源安全观，积极参与境外能源资源开发，扩大能源对外贸易和技术合作，提升运输、金融等配套保障能力，构建国际合作新格局，共同维护全球能源安全。

一、深入实施“走出去”战略

着眼于增强全球油气供应能力，发挥我国市场和技术优势，深入开展与能源资源国务实合作。继续加强海外油气资源合作开发。积极推进炼化及储运业务合作。支持优势能源企业参与境外煤炭资源开发，开展境外电力合作。依托境外能源项目合作，带动能源装备及工程服务“走出去”。

二、提升“引进来”水平

坚持引资引智与能源产业发展相结合，优化利用外资结构，引导外资投向能源领域战略性新兴产业，带动先进技术、管理经验和高素质人才的引进。鼓励外资参与内陆复杂油气田、深海油气田风险勘探。在四川、鄂尔多斯等页岩气资源富集盆地选择勘探开发合作区，建设先导性示范工程。鼓励与石油资源国在境内合作建设炼化和储运设施。鼓励开展煤炭安全、高效、绿色开采合作。借鉴国际能源管理先进经验，加强与主要国家和国际机构在战略规划、政策法规和标准、节能提效等方面的交流合作。

三、扩大国际贸易

优化能源贸易结构。以原油为主、成品油为辅，巩固拓展进口来源和渠道，扩大石油贸易规模，增加管输油气进口比例。以稀缺煤种和优质动力煤为主，稳步开展煤炭进口贸易。适度开展跨境电力贸易。优化能源进出口品种。

推进能源贸易多元化。鼓励更多有资质的企业参与国际能源贸易，推进贸易主体多元化。综合运用期货贸易、长协贸易、转口贸易、易货贸易等方式，推进贸易方式多元化。积极推进贸易渠道、品种和运输方式多元化。

四、完善国际合作支持体系

鼓励国内保险机构开展“国油国保”和境外人身、财产保险。积极稳妥参与国际能源期货市场交易，合理规避市场风险。积极参与全球能源治理，充分利用国际能源多边和双边合作机制，加强能源安全、节能减排、气候变化、清洁能源开发等方面的交流对话，推动建立公平、合理的全球能源新秩序，协同保障能源安全。

第四章 保障措施

第一节 健全财税金融政策

一、强化财政扶持

整合现有政策渠道，完善可再生能源资金支持制度，加大对分布式能源和非常规能源发展的支持力度。继续安排中央预算内投资，支持农村电网改造升级、无电地区电力建设、煤矿安全改造、国家石油储备基地、能源自主创新、能源战略性新兴产业、节能减排等领域发展，研究建立健全西藏、新疆等边疆地区及无电地区能源投入长效机制。

二、完善税收政策

加快推进能源资源税改革，逐步理顺国家与开发主体、中央与地方资源收益分配关系。推进煤炭税费综合改革，清理各类违规收费，逐步推行资源税从价计征。强化能源消费环节税收调节，完善化石能源的消费税，加快环境保护税立法工作。

三、加强金融支持

加强信贷政策和能源产业政策的衔接配合。创新金融产品和服务，为能源投资多元化提供便利。拓宽企业投融资渠道，提高能源企业直接融资比重。

第二节 改进能源投资管理

一、理顺能源投资及国有能源企业管理体制

坚持国有经济在关系国家安全和国民经济命脉的能源重点领域的主导地位。深化能源领域投资体制改革，加强规划和产业政策对投资的引导和调节作用，简化行政审批。完善国有能源企业考核评价机制。

二、鼓励能源投资多元化

进一步放宽能源投融资准入限制，鼓励民间资本进入法律法规未明确禁入的能源领域，鼓励境外资本依照法律法规和外商投资产业政策参与能源领域投资，推进电网、油气管网等基础设施投资多元化。以煤层气、页岩气、页岩油等矿种区块招标为突破口，允许符合条件的非国有资本进入，推动形成竞争性开发机制。规范流通市场秩序，稳步推进石油分销市场开放。

第三节 强化能源行业管理

一、加强能源法制建设

加快推进能源法出台，尽快完成煤炭法、电力法修订，组织开展石油、天然气、核能等领域的立法工作，拟定配套法规和规章，加强执法监督检查。

二、完善能源标准和统计体系

加强能源行业技术、装备、能效等标准体系建设，建立健全可再生能源和分布式能源发电并网标准。推进能源行业统计、监测、预测预警能力建设，建立信息共享平台，构建有利于宏观调控和行业管理的能源行业统计体系。

三、转变能源管理方式

构建系统科学、层次清晰的能源战略规划和产业政策体系，完善实施监督和评估调整机制。对能源规划、建设、生产、运营、消费等各环节实施全过程监管。建立能源基本公共服务新机制。

第四节　加强国际合作统筹协调

建立能源、外交、财税、外贸、金融等跨部门协调机制，加强境外能源开发利用的宏观指导和服务。完善能源“走出去”备案机制，提高企业参与境外资源开发的协调性。建立健全国际能源信息平台，开展国际能源储备和应急互助合作，制定能源安全应急预案，增强应对各类突发事件的能力。

第五章 规划实施

一、明确目标责任

本规划中非化石能源消费比重、能源消费强度等约束性指标，以及国家明确要求考核的能源消费总量控制目标，主要由地方各级人民政府和国务院有关部门负责组织落实。各地区、各部门要逐项分解任务，明确责任和进度，纳入综合考核和绩效评价体系。

本规划中其他指标和能源开发建设、结构调整、科技创新等任务，需要依靠各类市场主体和社会有关方面共同努力实现。各级人民政府要通过健全市场机制和利益导向机制，不断改善体制和法制环境，保障规划的贯彻落实。

二、做好衔接协调

国家有关专项规划、地方能源规划、大型企业集团发展规划要切实贯彻国家能源战略意图，落实本规划提出的主要目标和任务，重点做好与约束性指标和能源消费总量控制目标的衔接。已经发布但与本规划总体要求不一致的，应作出相应调整。

国务院能源主管部门要根据本规划编制电力、煤炭、天然气、可再生能源、能源科技、核电等专项能源规划，落实本规划提出的主要目标和任务。国务院有关部门要紧密结合实际，积极推动能源体制改革，制定和完善价格、财税、投资等政策，加大对能源领域战略性新兴产业发展、科技创新能力建设、提高能源基本公共服务水平等的支持力度。加强相关政策的统筹协调，形成推动规划实施的合力。

三、加强监测评估

国务院能源主管部门应完善规划监督执行制度，跟踪分析规划实施情况，掌握主要目标和任务完成进度。在规划实施过程中，适时组织开展全面评估，提出相关对策措施。需要对本规划调整时，及时研究提出调整方案，报国务院批准后实施。

专栏10　规划实施部门分工

序号	工作任务	主要参加单位
一	主要任务	
1	加快国内能源资源开发	发展改革委、能源局、科技部、财政部、国土资源部、环境保护部、住房城乡建设部、水利部、农业部、林业局、海洋局
2	推进能源高效清洁转化	发展改革委、能源局、科技部、工业和信息化部、财政部、国土资源部、环境保护部、农业部、林业局
3	推进能源供应方式变革	发展改革委、能源局、科技部、财政部、工业和信息化部、环境保护部、住房城乡建设部、农业部、林业局
4	加快能源储运设施建设	发展改革委、能源局、财政部、国土资源部、环境保护部、交通运输部、铁道部、农业部、商务部、林业局、电监会
5	实施能源民生工程	发展改革委、能源局、财政部、住房城乡建设部、水利部、农业部、商务部、林业局
6	控制能源消费总量	发展改革委、能源局、财政部、工业和信息化部、住房城乡建设部、交通运输部、铁道部、农业部、统计局、电监会
7	深化能源体制机制改革	发展改革委、能源局、工业和信息化部、财政部、国土资源部、商务部、国资委、电监会、证监会
8	提升能源科技装备水平	发展改革委、能源局、科技部、工业和信息化部、财政部、国土资源部、农业部、林业局、中科院、工程院
9	深化能源国际合作	发展改革委、能源局、外交部、科技部、财政部、国土资源部、交通运输部、商务部、人民银行、银监会、保监会
二	保障措施	
1	健全财税金融政策	财政部、发展改革委、能源局、国土资源部、住房城乡建设部、人民银行、税务总局、银监会、证监会、保监会
2	改进能源投资管理	发展改革委、能源局、财政部、商务部、人民银行、国资委
3	强化能源行业管理	发展改革委、能源局、国土资源部、统计局、法制办、电监会
4	加强国际合作统筹协调	发展改革委、能源局、外交部、财政部、商务部

注：列第一位的为牵头单位。

>>>

低碳工业编

中国低碳年鉴

主编单位：工业和信息化部节能与综合利用司

主　　编：杨铁生　工业和信息化部节能与综合利用司副司长

副 主 编：王文远　工业和信息化部节能与综合利用司节能处处长

言论

适度调整工业增速 确保节能减排目标完成

苗 圩

要更加重节能减排、绿色发展、淘汰落后，对于新增的生产能力，要增加准入门槛，增加新技术、新工艺、新设备以及节能减排技术在生产当中的应用，进而达到节能减排，促进转型目标的实现。

节能减排已作为一项重要工作内容被写入政府工作报告之中。节能减排工作的顺利展开有利于推动经济结构调整，加速中国发展方式的转变，也关系到经济是否能够走上一条资源节约型、消耗少、污染低、绿色低碳环保的可持续发展道路。

工业是节能减排工作的重点领域，工业和信息化部已充分认识到工业节能减排对于经济发展全局的重要性和紧迫性。为此，工业和信息化部今年计划把“十二五”能耗目标，尽快分解到每一年度，力争提前完成，避免后期出现减排目标完成吃紧的状况出现。要通过扩大工业各行业节能以及节能产品的推广，发动企业向更高目标迈进。使工业企业及时了解企业能量消耗情况，进一步调动企业参与节能的积极性，最后形成整个工业行业节能发展趋势。

下一步在工业领域首先要抓好落后产能的淘汰工作，通过逐步淘汰落后产能，最终达到节能减排的目的。其次，政府相关部门要进一步关注六大高耗能行业，并向整个工业行业延伸，使整个工业行业充分重视节能这项工作的意义和必要性。三是在重视工业生产过程中节能同时，还要不断推出一系列工业节能产品，如节能汽车、节能电机、节能风机、节能水泵等等，用这些节能工业产品，来推动整个社会能耗的下降，提高能源使用效率。

（苗圩：工业和信息化部部长，2012年3月6日答记者问）

在中德电动汽车合作会议上的主题演讲（节录）

苗 圩

汽车产业是当今时代世界经济的重要产业，为经济发展和社会进步做出了重要贡献。据统计，2011年，全球汽车产销量达到7000多万辆，保有量超过10亿辆。就中国而言，近几年汽车产销量持续快速增长，2009年汽车产销超过1300万辆，2010年超过1800万辆，2011年分别达到1842万辆和1851万辆，连续三年成为世界第一产销大国，民用汽车保有量超过1亿辆，约占全球的10%。预计未来较长时间内，中国的汽车工业仍将保持稳定增长。当前，为应对汽车保有量持续增长带来的诸如石油大量消耗、环境污染、交通拥堵等一系列问题，在继续对内燃机为动力的汽车进行改造升级、降低油耗和排放的同时，世界主要汽车生产国都将目光投向以电动汽车为代表的新能源汽车发展，将发展新能源汽车作为国家战略，纷纷加快部署、加大支持力度，大力推进技术研发和产业化。

中国高度重视节能与新能源汽车的发展，把新能源汽车作为国家战略性新兴产业，加强规划引导和政策支持，完善标准法规，加快发展步伐。

一是加强统筹兼顾谋划发展。中国工业和信息化部会同相关政府部门研究制定了节能与新能源汽车产业发展规划，明确了技术路线、发展目标、主要任务和政策措施。未来十年，中国将坚持节能汽车与新能源汽车并举发展，一方面，实施以纯电驱动为取向的新能源汽车发展战略，重点推进纯电动汽车、插电式混合动力汽车的产业化；另一方面，以快速降低汽车燃料消耗量为目标，大力推广普及非插电式混合动力汽车、节能内燃机汽车，提升汽车产业整体技术水平。力争到2015年，纯电动汽车和插电式混合动力汽车累计产销量达到50万辆，当年生产的乘用车平均燃料消耗量降至6.9升/百公里，节能型乘用车燃料消耗量降至5.9升/百公里以下；到2020年，纯电动汽车和插电式混合动力汽车生产能力达到200万辆、累计产销量达到500万辆，当年生产的乘用车平均燃料消耗量降至5.0升/百公里，节能型乘用车燃料消耗量降至4.5升/百公里以下。

二是坚持标准先行规范发展。在节能与新能源汽车的发展中，中国高度重视发挥标准法规的先导和规范作用。截至目前，中国已发布实施了涉及电动汽车整车安全、动力电池、燃料消耗量试验方法、充电接口、通信协议等60项国家标准和行业标准。出台了《新能源汽车生产企业及产品准入管理规则》，初步建立了新能源汽车标准法规体系。同时，我们正在研究和制修订电动汽车技术条件、试验方法、充换电站等多项相关标准，进一步完善新能源汽车标准体系。

三是加强市场培育带动发展。中国政府积极推进大规模示范试点，促进新能源汽车的技术进步、市场培育和产业化发展。截至目前，中国已在25个城市进行了公共服务领域新能源汽车示范推广，并在6个城市开展了私人购买新能源汽车补贴试点工作。据初步统计，示范推广各类节能与新能源汽车累计达1.6万辆，其中新能源汽车超过8千辆，建设和安装各类充电站、充电桩1万多个。最近，中国几个部门还在研究进一步推动新能源汽车示范试点的工作方案，进一步加快电动汽车产业化发展进程。

四是加大政策支持促进发展。为支持和鼓励节能与新能源汽车发展，中国政府在不断加大政策支持、完善相关管理措施。主要包括：实施节能汽车推广政策，对购买1.6L以下以使用内燃机动力为主提前达到下一阶段燃料消耗量标准的乘用车给予每辆车3000元的补贴，鼓励节能汽车消费。目前，入围第七批节能汽车推广目录的企业达到12家、车型49种，其中德国在华企业有2家13种车型入围，占入围车型种类总数的比重超过1/4。同时，大力支持新能源汽车发展，对示范试点的新能源汽车按节油率和电池能量比进行补贴，鼓励充电基础设施建设；出台税收优惠政策，发布了《车船税法》和《车船税法实施条例》，对节约能源、使用新能源的汽车减免车船税；研究制定汽车企业燃料消耗量管理办法，核算国产和进口汽车的燃料消耗量，并建立相应的管理制度。

(苗圩：工业和信息化部部长，2012年4月24日在德国汉诺威“中德电动汽车合作会议”上发表了主题为“深化交流合作，共谋持续发展”的演讲)

狠抓工业节能降耗　促进绿色低碳发展

苏　波

近年来，在党中央、国务院正确领导下，我国工业实现跨越式快速发展，工业整体规模和素质不断提高；与此同时，经过全国工业系统的努力，工业节能降、减排治污取得很大的成绩。在“十一五”取得的成效基础上，今年1-9月，全国规模以上企业单位工业增加值能耗同比下降7.91%，规模以上工业企业能源消费同比增长1.3%，增速继续放缓；工业用电量同比增长2.9%，维持在低位运行；大部分行业能源消费增速普遍回落，部分高耗能行业能源消费增速略有回升。但应该清醒地认识到，中国仍处于工业化加速发展阶段，产业结构偏重状况短期内难以改变，无论从对外适应国际挑战、还是对内转变发展方式来看，工业绿色低碳发展的任务仍然十分繁重，面临严峻的挑战：

从国际看，全球经济正处于大变革大调整之中，我国工业发展的国际环境和形势面临着深刻变化。特别是金融危机以来，发达国家以应对气候变化为目标，提出“低碳经济”、“绿色发展”理念，推动能效、碳足迹等节能环保技术标、贸易壁垒和准则，节能环保已经成为产业竞争的核心竞争力之一，高效节能产品成为未来的发展方向。由于我国制造业总体上仍处于产业价值链中低端，产品资源能耗消耗高，在国内劳动力成本优势逐步削弱，工业增加值率较低的情况下，面对新的国际贸易环境，工业产品出口面临巨大压力。因此我国工业发展必须适应新形势，以节能降耗为抓手提升产业国际竞争力。

从国内看，目前，我国工业在国内生产总值的40%左右，制造业在全球的比重占五分之一，不仅规模位居世界第一，而且在500种主要工业品中，220余种工业产品产量都位居世界第一，成为名副其实的全球制造业大国和世界工厂。但我国工业发展仍然没有摆脱高投入、高消耗、高排放的粗放式发展模式，工业能耗占全国的比重超过70%，重点工业产品单位能耗与国际先进水平比较仍然还有较大差距。我国工业依靠资源能源消耗和低成本要素投入的传统增长模式严重制约着工业转型升级。工业作为能源消耗的重要领域，工业节能降耗对解决工业乃至整个国民经济发展面临的能源问题具有重要的战略意义。面对国家调结构、转方式的战略任务和约束性指标要求，工业领域节能降耗要求更高、任务更重、压力更大。“十二五”规划纲要还明确提出国家将实施能源消耗总量控制，这将进一步压缩工业能耗的增长空间。

今年初国务院批复了《工业转型升级“十二五”规划》，其中明确提出工业绿色低碳发展是推进工业转型升级的重要方向和任务之一。按照十八大提出的加快建设生态文明的精神，工业发展必须坚持节约资源的基本国策，坚持节约优先的方针，坚定不移地走新型工业化道路，毫不松懈地加强节能降耗，切实推进工业绿色低碳发展。

（一）以节能环保为抓手推动产业结构优化调整。按照“淘汰高能耗落后生产能力、利用先进适用技术改造现有生产能力、以高能效标准建设新建生产能力“的原则，加快产业结构的优化调整和升级，要切实强化对”两高“和产业过剩行业的管理，严格控制高耗能项目建设和产能过剩行业盲目发展，坚决遏制”两高“行业过快增长。要加快实施工业固定资产投资项目节能评估和审查制度，把能耗作为项目核准和备案的强制性门槛，加大节能评估和审查力度，提升新上项目能效水平。要认真贯彻落实国务院关于淘汰落后产能工作的有关要求，坚决淘汰落后生产能力。加快发布《高耗能落后机电设备淘汰目录》，建立和完善落后产能和高耗能落后机电设备的退出机制，切实采取经济、法律、技术和必要的行政手段等一系列综合措施，加大淘汰落后产能工作力度；把新增产业布局与落后产能淘汰结合起来，对未按期完成淘汰落后产能任务的地区，严格执行新上项目区域限批制度。

（二）大力推进节能降耗技术进步。把技术进步作为降低工业发展能源消耗需求的重要措施。切实加强节能减排共性关键技术开发、示范和推广应用。实施高压变频调速，余热余压利用、先进内燃机等关键节能新技术、新装备产业化示范工程，在非重点用能行业大力推广热电联产、能源梯级利用等先进适用技术。加快制订电机、锅炉窑炉、风机、水泵、变压器、空调机组、机床等工业终端用能设备改造方案，通过节能设备租赁、融资担保、财政补贴等方式，加大量大面广在用落后用能设备更新淘汰和升级改造。继续实施节能轿车鼓励政策，并抓紧制订商用车的油耗限值，大力推进新能源汽车试点示范工作。充分发挥工业化、信息化结合的特点和优势，实施“数字能源“建设工程，全面推进重点耗能企业能源管控中心建设，加强工业能耗在线检测，运用在线仿真管控技术加强水泥、钢铁、电力等重点用能行业改造。加快实施绿色IT发展战略，统筹优化数据中心布局建设，推进绿色数据中心、绿色基站、节能通讯网络、低功耗CPU等建设和改造。

（三）加快建立完善节能环保标准体系。切实把好节能环保准入关。对黄磷、铁合金、焦化、水泥、粗铜、再生铅等行业实施更加严格的准入条件，提高能效、环保、资源综合利用等方面准入门槛；加快制定战略性新兴产业节能环保标准、准入条件，避免新兴产业发展出现新的浪费能源资源和污染环境的问题。完善工业能效标准体系，会同有关部门抓紧制订一批国家能效标准及行业能效标准，加强能耗限额标准管理工作，开展能耗限额标准执行情况监督检查，研究建立基于能耗限额标准的惩罚性电价政策机制。通过节能环保新标准，引导产品、产业结构升级换代。加快实施汽车燃油经济性第三阶段标准、空调、电视机、电机能效新标准，大力引导企业研发生产节能汽车、家电和电子信息产品等。

（四）强化重点行业和企业节能管理。加强重点耗能行业节能管理和指导。积极推进钢铁、有色、建材、化工、纺织、轻工等重点行业开展重点用能产品能效标杆指标及企业评价工作，组织编制工业能效指南，推进企业开展节能诊断、能效对标达标。进一步强化重点用能企业管理，对年耗能1万吨标准煤以上的重点用能企业，加快企业能源管理中心建设，完善企业能耗计量设施和节能管理制度，加强能源管理体系建设，完善能源管理负责人、管理岗位配备，推进能源审计、电平衡测试。切实加强工业用能设备的更新改造，制订重点高耗能设备更新淘汰规划。组织开展工业能耗在线监测试点，推进全国工业能耗在线监测预警体系的建设。

（五）组织实施节能产品推广政策。按照国务院常务会议精神，会同国家发改委、财政部认真组织实施好节能产品惠民工程，组织研究提出扩大政策实施的产品范围，切实抓好节能产品惠民工程推广信息监管工作，发挥好节能产品财政补贴政策对产业升级换代的引导促进作用。通过实施内燃机节能减排工程、电机能效提升计划、开展“能效之星“评价活动等，结合节能产品推财政补贴实施，实现高效节能产品、设备的全面推广应用，促进产业升级。

（六）积极发展低碳技术和低碳产业。认真贯彻落实国务院“十二五”控制温室气体排放工作方案，发布工业领域应对气候变化方案，推动工业领域气候变化应对工作。制订低碳工业园区试点实施方案，开展低碳工业园区建设试点示范。加强低碳技术研发、推广和产业化，编制钢铁、建材、有色、石油化工、装备等重点行业低碳技术推广目录和重大低碳技术推广应用实施方案，选择一批技术成熟、减排潜力大的低碳技术，积极推动传统产业低碳技术改造。

（七）努力构建资源节约型、环境友好型工业体系。研究制订工业绿色发展的政策机制，探索建立工业绿色发展评价体系，编制全国工业绿色发展指数，引导全国各地区从主要依靠规模扩张、过度消耗能源资源的粗放发展向注重效率、注重发展质量和效益的可持续发展转变。继续推进“两型”企业建设，深入推进钢铁、化工、有色、建材等重点行业“两型”企业建设试点工作，加快推进“两型”工业园区建设试点，探索重点行业、重点园区资源节约型、环境友好型发展模式。着力从核心技术突破、产业链完善、商业模式创新、市场培育等多方面下功夫，大力发展节能环保、新能源汽车等战略性新兴产业，全面推进节能低碳技术、装备、产品、服务发展，支持建设一批节能环保产业园区。

绿色、循环、低碳发展不仅是我国建设生态文明的客观要求，也是我国转变工业发展方式，实现工业转型升级的根本途径，也是我国转变工业发展凡是、实现工业转型升级的根本途径，也是世界经济发展的潮流和趋势。工业和信息化部将认真贯彻落实党的十八大报告精神，继续以促进工业绿色低碳发展为目标，紧紧围绕资源节约型、环境友好型工业体系建设，切实强化技术和标准支撑，完善政策机制，抓好试点示范，加强管理创新，狠抓落实工业领域的节能降耗、清洁生产，加快推动工业转型升级，为工业文明和生态文明的协调持续发展做出贡献！

（苏波：工业和信息化部副部长，2012年11月23日在“中国节能与低碳发展论坛”上的演讲）

发展报告

2012年工业应对气候变化和低碳发展

工业和信息化部节能与综合利用司

在各地区的共同努力下，2012年全国工业系统围绕国家“十二五”节能减排目标任务，努力推动工业节能降耗，加快推行清洁生产和资源综合利用，积极促进工业绿色循环低碳发展。

一、2012年主要工作进展

（一）工业节能降耗取得新成效

一是加强对工业节能工作指导，根据经济增长趋缓、产业转移加快等新形势，及时印发《关于进一步加强工业节能工作的意见》，各地区按照通知要求，落实加强高耗能项目管理、强化重点用能企业节能管理等9方面政策措施，扭转工业能源消耗高、增长过快的被动局面。

二是推进能效对标达标。开展了钢铁、有色、建材、化工等行业重点用能产品能效标杆指标及企业评价工作，启动了工业能效指南编制工作。组织开展了高效节能家电产品评价活动，与安徽省联合召开家电博览会，发布了“能效之星”家电产品。

三是利用信息化技术手段推进节能。会同财政部安排中央财政专项资金支持一批重点用能企业能源管理中心示范项目建设；组织推进全国工业能耗在线监测系统建设，在8个省市开展了工业能耗在线监测试点；探索企业能耗在线仿真技术应用和在线仿真系统建设，在河北邯郸选择了水泥企业开展试点。

四是推进重点行业提升能效。对有色金属、石化两个行业节能减排重大问题进行了研究，提出指导意见。推进重点行业开展能源审计工作，印发钢铁、建材行业企业能源审计指南，提出抑制电子信息制造业能耗快速增长的对策建议并组织实施。

五是推进工业低碳发展。编制发布了《工业领域应对气候变化行动方案》，明确工业领域应对气候变化总体思路、目标任务和措施。组织编制低碳产业园区和低碳企业建设试点方案，研究制订低碳企业评价标准。

在各方面努力下，工业节能形势总体向好。2012年规模以上工业企业单位增加值能耗同比下降7.29%，超额完成年初预定节能目标。主要工业产品单位综合能耗均有不同程度降低，钢铁、有色、石化、建材等主要用能行业增加值能耗均呈下降趋势，为实现“十二五”节能减排目标打下了良好的基础。

（二）重点行业清洁生产水平进一步提高

全面贯彻落实《工业清洁生产推行“十二五”规划》，实现由重点抓技术推广应用向设计开发、工艺技术进步、有毒有害物质替代全过程全面推行清洁生产的转变，取得重大进展。编制印发水泥、ADC发泡剂、荧光灯、电镀、制药、电石等6个行业清洁生产技术推行方案；安排财政资金支持实施清洁生产技术示范工程。研究推进产品生态设计的工作思路，制定实施方案，联合发改委、环保部发布开展产品生态设计的指导意见，组织研究提出汽车、电子电气产品生态设计评价指标，推进电子电气产品有毒有害物质控制立法工作。积极推进重金属污染防控，联合环保部等部门向国务院呈报促进铅蓄电池行业规范发展的意见，印发再生铅行业准入条件、电池行业清洁生产实施方案，推进铅蓄电池产业升级和铅污染防控。制订和印发《铬盐行业清洁生产实施计划》、荧光灯行业汞污染控制技术政策路线图和稀土行业清洁生产实施计划，从源头控制铬、汞等重金属污染。

（三）工业节水工作取得新突破

联合水利部门启动节水型企业建设评价工作。组织制订《重点工业行业用水效率指南》，开展工业用水统计报表制度、工业节水专项规划研究；正在组织研究制定重大节水技术目录，起草工业节水管理办法、重点用水项目水资源效率评审办法，探索建立工业节约用水约束机制。预计全年万元工业增加值耗水量下降7%的目标任务将顺利完成，为完成“十二五”国家约束性指标任务奠定了坚实基础。

（四）资源综合利用和循环经济加快发展

以工业固体废物综合利用基地建设为抓手，继续深化12个地市试点工作加强了经验交流和先进适用技术推广应用，开展山西朔州和广西河池“院士行”技术政策咨询活动。发布第一批10个行业23项工业循环经济重大示范工程，在钢铁、水泥、化工等重点行业、重点产业集聚区树立一批循环经济典型。8个领域35家机电产品再制造企业试点示范进一步深化，批复建设国家电机高效再制造示范工程、上海临港国家再制造产业示范园，配合有关部门推进再制造产品税收减免政策出台。组织制订了机床、电机、内燃机再制造工程推进计划，会同有关部门研究制定了再制造产品“以旧换再”政策。启动建设国家稀有金属再生利用示范工程。发布了废钢铁、轮胎翻新、废轮胎综合利用等行业准入条件，发布了废钢铁、轮胎翻新、废轮胎综合利用等行业准入条件，相关资源再生行业准入管理工作得到进一步加强。

二、全面贯彻党的十八大精神，推动工业绿色循环低碳发展

党的十八大明确提出大力推进生态文明建设，把生态文明建设放在突出地位，融入经济建设、政治建设、文化建设、社会建设各方面和全过程，纳入社会主义现代化建设总体布局，“五位一体”地建设中国特色社会主义。如何促进工业文明与生态文明的协调发展，加快我国由工业大国向工业强国转变，对全国工业节能与综合利用系统提出了新要求、新任务。需要我们进一步认真学习、深刻加以领会。

一是要从建设生态文明的战略全局认识工业绿色循环低碳发展的紧迫性。建设生态文明，要求形成节约资源和保护环境的空间格局、产业结构、生产方式和生活方式。这对工业提出了新的更高要求。目前．我国仍处在工业化中期，工业占国民经济相当大的比重，是消耗资源和产生排放的主要领域。通过近年来努力，工业能效有了提升，清洁生产逐步实施，环境保护进一步强化，但总体上工业能耗和排放总量仍过大。据统计，2011年，工业能耗占全国总能耗的70%以上，化学需氧量(COD)、二氧化硫等主要污染物排放量分别占全国的40%和85%左右。因此，形成节约资源、保护环境的产业结构、生产方式首先要求工业调整优化结构，建立投入低、消耗少、产出高、效益好的两型工业结构，要求工业改变传统的高投入、高消耗、高污染生产方式。

同时，工业自身状况和国际竞争形势也都要求工业加快生态文明建设，走绿色低碳发展道路。从国内看，工业发展依然没有摆脱高投入、高消耗、高排放的粗放模式，依靠能耗物耗要素投入的传统增长模式严重制约着工业转型升级。从国际看．我国制造业处于产业链中低端，产品资源能源消耗高、单位产品能耗仍有较大差距，劳动力成本优势不断削弱，在全球“低碳经济”、“绿色经济”变革中，必须不断强化节能环保，促进产业转型，提升竞争力。另一方面，工业是为全社会提供技术装备产品的产业，能否为农业、建筑等其他产业提供节能环保技术、装备等，直接影响到相关产业的节能环保水平。因此，工业绿色低碳发展是生态文明建设的重要内容，一定意义上讲，没有工业的绿色低碳循环发展，就没有全社会生产方式、生活方式的转变；工业的绿色低碳发展水平直接影响甚至制约生态文明进程。

二是要按照加快建设生态文明的要求把握工业绿色循环低碳发展的新任务。建设生态文明，要求坚持节约资源和保护环境的基本国策，坚持节约优先、保护优先、自然恢复的方针，着力推进绿色发展、循环发展、低碳发展。贯彻落实生态文明建设要求，工业面临新任务。

首先，要坚持在工业化进程中推进生态文明建设。我国工业化任务还未完成，加快工业化是未来相当长时期的一项战略任务。工业领域需要加快推进节能减排，减少资源消耗和污染排放，需要我们统筹好加快发展与节能环保的关系，要通过加快工业化提升节能环保水平，要通过走节能环保生态发展道路，实现高质量、高效益、可持续的工业化。其次，要坚持把绿色低碳作为工业转型升级的方向。国务院批复的《工业转型升级“十二五”规划》中，已明确把工业绿色低碳发展作为工业转型升级的重要方向和任务之一。要按照“淘汰高能耗高排放落后生产能力、利用先进适用技术改造现有生产能力、以高能效更清洁环保标准建设新建生产能力”的原则，加快产业结构的优化调整和升级。以两型企业、园区建设为抓手，推进资源节约型、环境友好型工业体系建设；进一步抓好节能降耗、清洁生产、生态设计等，加快向节约、清洁、低碳、高效生产方式转变。第三．要大力发展节能环保产业。这既是实现工业绿色发展、推动产业升级的需要，也是促进全社会生态文明建设的要求，工业的任务不仅仅是自身的绿色低碳环保，更要承担起为全社会提供绿色低碳、生态环保产品和技术解决方案的任务。为此，要大力推进节能环保低碳技术、装备、产品、服务发展。

三是要按照实现当前约束性目标和建立长远绿色低碳发展机制的要求谋划重点工作。生态文明建设是一项长期的战略任务，要求工业绿色低碳发展既要立足当前，更要着眼长远。积极推进节能减排工作是实现当前约束性目标的需要，也是缓解资源环境矛盾．加快发展方式转变的重要途径。工业节能与综合利用工作，首先要为完成当前约束性目标任务服务，但也要看到更长远的需要。在工作中，既要抓好周期短、见效快的工程，依靠行政性手段对目标责任层层分解落实，也要着眼长远，从政策机制层面加大工作力度．按照建立市场经济体制的要求进一步完善节能减排制度和实施机制，做到标本兼治。十八大报告提出要全面促进资源节约，要推动能源生产和消费革命，要控制能源消费总量，尤其是明确要求加强生态文明制度建设。按照这些要求，我们必须从法规、制度、机制、政策方面下功夫，推动工业节能、资源综合利用、节水管理等法规制定，形成推进工业节能减排的法制环境。切实加强研究，强化财政、税收政策和金融信贷政策引导作用．加快建立有效的节能减排长效机制。

三、2013年工作思路

做好2013年工作，要按照党的十八大提出的加快生态文明建设有关要求，以推动工业绿色低碳转型为目标，围绕资源节约型、环境友好型工业体系建设，以节能与绿色发展专项行动为抓手，强化技术标准支撑，深化试点示范，完善政策机制，深入推进节能降耗、清洁生产、循环经济和资源综合利用，促进工业转型升级。2013年主要预期目标是：单位工业增加值能耗、二氧化碳排放量下降5%以上，单位工业增加值用水量下降7%，工业固体废物综合利用率提高2个百分点。

政策规章

关于印发《工业领域应对气候变化行动方案（2012-2020年）》的通知

工信部联节[2012]621号

各省、自治区、直辖市及计划单列市、新疆生产建设兵团工业和信息化、发展改革、科技、财政主管部门，有关行业协会，相关单位：

为贯彻落实《中华人民共和国国民经济和社会发展第十二个五年规划纲要》、国务院《工业转型升级规划（2011-2015年）》和《“十二五”控制温室气体排放工作方案》，明确工业领域应对气候变化目标和任务，全面提升应对气候变化能力，推动工业低碳发展，工业和信息化部、发展改革委、科技部、财政部制定了《工业领域应对气候变化行动方案（2012－2020年）》。各相关部门应按照《国务院关于印发“十二五”控制温室气体排放工作方案的通知》和《国务院办公厅关于印发“十二五”控制温室气体排放工作方案工作部门分工的通知》确定的工作职责积极推进相关工作。现将《工业领域应对气候变化行动方案（2012－2020年）》印发你们，请结合实际，认真贯彻落实。

工业和信息化部　国家发展和改革委员会　科技部 财政部

2012年12月31日

工业领域应对气候变化行动方案（2012－2020年）

前言

应对气候变化是当今人类社会面临的严峻挑战。中国作为一个负责任的发展中国家，高度重视气候变化问题，把应对气候变化作为国家经济社会发展的重大战略，提出了到2020年我国单位国内生产总值二氧化碳排放比2005年下降40%－45%，并作为约束性指标纳入国民经济和社会发展中长期规划。工业作为应对气候变化的重要领域，为贯彻落实《国民经济和社会发展第十二个五年规划纲要》、国务院《“十二五”工业转型规划》和《“十二五”控制温室气体排放工作方案》，统筹协调工业领域应对气候变化工作，明确应对气候变化的思路、目标和任务，全面提升应对气候变化能力，推动工业低碳发展，促进发展方式转变，特制订《工业领域应对气候变化行动方案（2012－2020年）》。

一、现状与形势

（一）现状

“十一五”以来，我国工业快速发展，2010年工业增加值占国内生产总值40%，工业是国民经济的重要组成部分，是推动经济增长的主要动力。工业也是我国能源消耗及温室气体排放主要领域，2010年，工业能源消耗达到21亿吨标准煤，占全社会总能源消耗的65%，占全国化石能源燃烧排放二氧化碳的65%左右。重化工业是工业能源消耗和温室气体排放的重点领域，钢铁、有色金属、建材、石化、化工和电力六大高耗能行业占工业化石能源燃烧二氧化碳的71%左右。工业温室气体排放除了能源相关的排放之外，工业生产过程温室气体排放也占一定比例，工业生产过程二氧化碳、氧化亚氮、含氟气体等温室气体排放占全国非化石能源燃烧温室气体排放的60%以上，工业生产过程二氧化碳排放占全国二氧化碳排放的10%左右。

“十一五”期间，工业领域把应对气候变化与转变工业发展方式相结合，采取多种措施，大力推进节能减排，减少温室气体排放成效显著。

产业结构不断优化。“十一五”期间，大力推进淘汰落后产能，累计淘汰炼铁、炼钢、焦炭、水泥和造纸等落后产能分别为12000万吨、7200万吨、10700万吨、34000万吨和1130万吨。六大高耗能行业增加值占全部工业增加值的比重由2005 年的32.7%下降至2010 年的30.3%，产业结构不断改善。重点产业生产力布局趋于优化，钢铁、汽车、船舶、水泥等行业集中度明显提高。

工业节能成效显著。“十一五”期间，全国规模以上万元工业增加值能源消耗累计下降超过26%，实现节能量6.3亿吨标准煤，减少二氧化碳排放14.6亿吨。钢铁、有色金属、石化和化工、建材等重点用能行业增加值能源消耗分别下降23.4%、15.1%、35.8%、52%，吨钢、水泥熟料、乙烯、合成氨综合能源消耗分别下降了12.8%、12%、11.6%、14.3%，部分产品单位能耗达到国际先进水平，重点行业先进产能比重明显提高。

资源综合利用和清洁生产水平不断提高。“十一五”期间，单位工业增加值用水量下降36.7%，工业固体废物综合利用率由56%增加到69%。据统计，通过实施清洁生产，2003年至2010年累计消减二氧化硫产生量93.9万吨、化学需氧量245.6万吨，节能约5614 万吨标准煤，减少二氧化碳排放1.3亿吨。

节能产品推广应用取得明显成效。“十一五”期间，高效照明产品、节能家用电器、节能汽车、高效电机和新型节能墙材等节能设备和产品得到大力推广。高效节能空调的市场占有率从5%上升到70%以上，行业整体能效水平提高24%，达到世界先进水平。

但仍存在一些突出问题：一是产业结构调整缓慢，工业能源消耗和二氧化碳排放增速过快；二是工业技术装备水平参差不齐，先进与落后并存，能效水平整体上与国外存在较大差距；三是工业应对气候变化管理体制和机制不够健全，政策不够完善；四是工业企业应对气候变化的意识、管理和能力薄弱，企业主体作用和市场机制作用没有充分发挥。

（二）形势

气候变化是当今人类社会面临的重大问题，积极应对气候变化，走低碳发展道路，已经成为国际社会的广泛共识。我国是温室气体排放大国，工业是应对气候变化的重要领域，控制工业领域温室气体排放，发展绿色低碳工业，既是我国应对气候变化的必然要求，也是中国工业可持续发展的必然选择。

从国际看，控制全球温室气体排放总量是大势所趋，全球温室气体排放空间已成为稀缺资源，世界各国在国际谈判中围绕发展权和排放空间的争夺日趋激烈，我们面临严峻的减排压力。同时，绿色低碳发展已成为全球大潮流、大趋势，各主要国家加紧制定和实施绿色低碳发展战略，加快在新能源、新材料、信息、节能环保、生命科学等新兴科技和产业领域的前瞻布局，力图抢占未来产业发展的战略制高点。在全球应对气候变化的背景下，各国围绕市场、资源和技术等方面的竞争更趋激烈，将对我国工业未来发展产生重要影响。

从国内看，一方面，我国正处于工业化、城镇化快速发展阶段。由于城镇化快速发展，基础设施建设、住房建设等对原材料的需求增加，导致高耗能行业仍呈增长趋势，工业能源消耗和温室气体排放必然增加。另一方面，我国能源结构以煤炭和石油等化石能源为主，特别是煤炭消费占能源的比重达70%左右。资源禀赋和能源结构决定了我国工业领域的能源消费也以煤炭为主，单位工业产品的二氧化碳排放量较高，这种状况短期内难以改变。因此，控制工业领域温室气体排放面临巨大挑战。

从工业自身发展来看，我国工业发展方式粗放，过于依赖物质资源和能源的大量投入，污染物排放增长过快，支撑发展付出的资源、环境代价过大。我国虽然是世界第一制造业大国，但制造业总体上处于全球产业价值链中低端，产品资源能源消耗高、附加值低，应对国际市场冲击的能力弱，出口面临巨大压力。我国工业要实现绿色和可持续发展，突破资源能源的瓶颈制约，必须加快转变工业发展方式，走低碳发展道路。

面对当前国内外发展的新形势，我们必须从战略和全局的高度，抓住机遇，积极探索中国特色的工业低碳发展道路，把应对气候变化、推动低碳发展落实到节能减排、提高能源效率上，落实到改造和提升传统产业上，落实到调整和升级产业结构上，落实到提高工业产品的国际竞争力上，努力建设以低碳排放为特征的工业体系，促进工业低碳转型，实现我国工业持续发展和应对气候变化双赢。

二、指导思想、基本原则和主要目标

（一）指导思想

全面贯彻落实科学发展观，牢固树立绿色低碳发展理念，把积极应对气候变化作为推动工业发展方式转变的重要途径，以提高能源资源利用效率、控制工业温室气体排放为目标，以产业结构调整和优化升级为主线，以科技创新和技术进步为支撑，以体制机制创新为保障，强化重点行业、重点企业应对气候变化行动，大力推动低碳技术改造传统产业，发展战略性新兴产业，开展低碳试点示范，加强能力建设，形成政府引导、市场驱动、企业主体的与国情相适应的工业低碳发展机制，为我国应对气候变化战略目标的实现做出贡献。

（二）基本原则

坚持把应对气候变化作为实现工业转型升级的重要着力点。推动产业结构调整和工业转型升级是落实科学发展观的根本要求，要把应对气候变化作为推动工业转型升级的历史机遇和倒逼机制，适应全球低碳发展的趋势与要求，加快淘汰落后产能，发展战略性新兴产业，改造传统产业，着力提升工业整体素质和国际竞争力，促使产业结构向低消耗、高效益方向转变，构建以低碳排放为特征的工业体系。

坚持把提高能源利用效率作为应对气候变化的中心任务。工业领域温室气体排放主要源自化石能源消耗，控制温室气体排放的重点在节能，潜力和成本优势也在节能。工业领域应对气候变化要以提高能效为核心，优化用能结构，大力提升工业能效水平，降低工业能源强度和温室气体排放强度。

坚持把技术进步作为应对气候变化的重要支撑。低碳技术创新和推广应用是工业应对气候变化和产业转型升级的重要手段。要着力推动低碳技术创新，提高核心技术和关键技术水平，加强先进适用低碳技术的推广应用，引导企业把低碳技术改造同产品升级结合起来，利用新技术、新工艺、新设备、新材料改造提升传统产业，提升工业整体技术水平。

坚持把体制机制创新作为应对气候变化的重要保障。体制机制创新是我国工业低碳发展的关键保障因素，要制定和落实控制温室气体排放的目标机制，完善政策体系，健全激励和约束机制，充分发挥企业主体作用和市场机制作用，引导和激励企业走低碳发展道路。

（三）主要目标

到2015年，全面落实国家温室气体排放控制目标，单位工业增加值二氧化碳排放量比2010年下降21%以上，钢铁、有色金属、石化、化工、建材、机械、轻工、纺织、电子信息等重点行业单位工业增加值二氧化碳排放量分别比2010 年下降18%、18%、18%、17%、18%、22%、20%、20%、18%以上，主要工业品单位二氧化碳排放量稳步下降，工业碳生产力大幅提高。工业过程二氧化碳和氧化亚氮、氢氟碳化物、全氟化碳、六氟化硫等温室气体排放得到有效控制。产业结构进一步优化，战略性新兴产业快速发展，建设一批低碳产业示范园区和低碳工业示范企业，推广一批具有重大减排潜力的低碳技术和产品。重点用能企业温室气体排放计量监测体系基本建立，工业应对气候变化的体制机制与政策进一步完善。

到2020年，单位工业增加值二氧化碳排放量比2005年下降50%左右，基本形成以低碳排放为特征的工业体系。

三、主要任务

（一）积极构建以低碳排放为特征的工业体系

以提高碳生产率为目标，调整优化产业结构和用能结构，强化从生产源头、生产过程到产品的碳排放管理，形成低能耗、低污染、低排放的工业体系，促进工业低碳发展。

加快调整优化产业结构，严格控制高耗能产业过快增长。加强能耗、环保等指标约束作用，探索利用强制性物耗标准、清洁生产水平作为落后产能界定依据，加大淘汰落后产能力度。进一步提高高耗能、高排放行业准入门槛。促进信息化和工业化深度融合，大力培育发展高端装备制造、新一代信息技术、节能环保、新能源汽车等战略性新兴产业，大力发展生产性服务业。积极推动以产业链为纽带、产业资源要素集聚的产业集群建设，提高产业集中度。

大力发展循环经济，推进工业清洁生产。以工业园区、产业集聚区为重点，开发应用源头减量、循环利用、再制造、零排放技术，通过上下游产业优化整合，实现资源集约利用、废物交换利用、废水循环利用、能量梯级利用，构筑链接循环的产业链条。以高能耗、高排放、污染重和资源消耗型行业为重点，集中力量开发一批重大关键共性清洁生产工艺技术和绿色环保原材料（产品），加快建立清洁生产方式，推动工业转型升级。

（二）大力提升工业能效水平

围绕工业生产源头、过程和产品三个重点，实施工业能效提升计划，推动重点节能技术、设备和产品的推广和应用，提高工业能效利用水平。以钢铁、建材、石化和化工、有色等高耗能行业为重点，加强对行业节能减碳的政策指导和规划引导，加快工业节能标准制定，强化重点用能企业节能管理，鼓励工业企业建立能源管理体系，鼓励重化工业延伸产业链，降低单位工业增加值能源消耗。

组织实施工业锅炉窑炉节能改造、内燃机系统节能、电机系统节能改造、余热余压回收利用、热电联产、工业副产煤气回收利用、企业能源管控中心建设、两化融合促进节能减排、节能产业培育等9大重点节能工程，提高企业能源利用效率。健全节能市场化机制，完善能效标识、节能产品认证和节能产品政府强制采购制度，加快节能服务业发展，加快推行合同能源管理和电力需求侧管理。

（三）控制工业过程温室气体排放

通过原料替代、改善生产工艺、改进设备使用等措施减少工业过程温室气体排放。推广利用电石渣、造纸污泥、脱硫石膏、粉煤灰、矿渣等固体工业废渣和火山灰等非碳酸盐原料生产水泥，加快发展新型低碳水泥，鼓励采用电炉炼钢—热轧短流程生产工艺，推广有色金属冶炼短流程生产工艺技术，改进电石、石灰生产工艺，减少生产过程二氧化碳排放。改进化肥、已二酸、硝酸、己内酰胺等行业的生产工艺，采用控排技术，减少工业生产过程氧化亚氮的排放。实施高温室效应潜能值气体替代，通过采用合理防护性气体、创新操作工艺、开展替代品研发、改进设备使用等措施，大幅度降低工业生产过程含氟气体排放。

（四）加快工业低碳技术开发和推广应用

以先进适用技术和关键共性技术为重点，制定重大低碳技术推广实施方案，促进先进适用低碳新技术、新工艺、新设备和新材料的推广应用，带动重点行业碳排放强度大幅度下降。加快推动新一代核能、太阳能、风能、生物质能等能源装备技术的研发与制造，增加工业生产中可再生能源的利用，改善工业用能结构。加快传统生产设备的大型化、数字化、智能化、网络化改造，推进以低碳技术为核心的企业技术改造。推动建立以企业为主体、产学研相结合的技术创新体系，推动建立以市场为导向、多种形式相结合的低碳技术与装备产业联盟。

鼓励重点行业推广应用低碳技术，包括：钢铁工业的煤粉催化强化燃烧、余热、余能等二次能源回收利用等减排关键技术；有色金属工业的高效节能采选设备、冶炼过程中节能降耗的控制与优化技术等；石油与化工工业中的二氧化碳回收与利用技术、新型化工过程强化技术、工业排放气高效利用技术等；建材工业中碳排放减缓技术和装备、低碳排放的凝胶材料等；先进制造工业的低能耗低排放制造工艺及装备技术、制造系统的资源循环利用关键技术等。

（五）促进低碳工业产品生产和消费

完善主要耗能产品能耗限额和产品能效标准，加大高效节能家电、汽车、电机、照明产品等推广力度。推动实施低碳产品标准、标识和认证制度，加快低碳工业标识标准体系建设，优先选择使用量大、普及面广的终端消费产品开展低碳产品标识试点，促进企业开发低碳产品，加快向低碳生产模式转变。采取综合性调控措施，抑制高消耗、高排放产品市场需求，鼓励企业采购绿色低碳产品，刺激低碳产品需求，提高低碳产品社会认知度，倡导低碳消费。

四、重点工程

以实施六大重点工程为抓手，提高工业单位碳排放生产效率，提升碳管理水平，有效控制工业温室气体排放。

（一）工业重大低碳技术示范工程

在钢铁、建材、有色、石化和化工等重点行业，选择一批减排潜力大、成熟度高、先进适用的重大低碳技术示范推广，推进传统产业的工艺和装备改进，带动工业行业碳排放强度大幅度下降。以新能源装备制造、新能源汽车等高端装备制造业为重点，选择一批市场前景广阔、对产业发展具有深远影响的关键与核心技术试点示范，培育战略性新兴产业发展。

（二）工业过程温室气体排放控制示范工程

以控制工业过程二氧化碳、氧化亚氮、氢氟碳化物、全氟化碳、六氟化硫等温室气体排放为目标，以水泥、钢铁、石灰、电石、己二酸、硝酸、化肥、制冷剂生产等为重点，推广示范一批原料替代、生产工艺改善、设备使用改进等温室气体排放控制技术，提高排放控制水平。

（三）高排放工业产品替代示范工程

在水泥、钢铁、化肥、石灰、电石等高排放产品中，选择具有重要推广价值的替代产品或工艺进行推广示范，引导使用新型低碳水泥替代传统水泥、新型钢铁材料或可再生材料替代传统钢材、有机肥或缓释肥产品替代传统化肥，减少高排放产品消费，减少温室气体排放量。

（四）工业碳捕集、利用与封存示范工程

在化工、水泥、钢铁等行业中实施碳捕集、利用与封存一体化示范工程，加快推进拥有自主知识产权的碳捕集与封存技术的示范应用，研发二氧化碳资源化利用的技术和方法，探索适合我国国情的碳捕集、利用与封存技术路线图，不断加强工业碳捕集、利用与封存能力建设。

（五）低碳产业园区建设试点示范工程

选择一批基础好、有特色、代表性强、依法设立的工业产业园区，纳入国家低碳产业试验园区试点，开展工业领域低碳产业园区试点示范。通过低碳产业园区试点建设，加快钢铁、建材、有色、石化和化工等重点用能行业低碳化改造，积聚一批低碳型战略性新兴产业，推广一批适合我国国情的产业园区低碳管理模式，试点园区碳排放强度达到国内行业先进水平，引导和带动工业低碳发展。“十二五”期间，在工业领域力争培育和形成80个国家低碳产业示范园区。

（六）低碳企业试点示范工程

在钢铁、有色、建材、石化和化工、装备制造等重点行业，选择一批在本行业技术领先、有较大影响、减排潜力大的工业企业开展低碳企业试点示范工程。通过低碳工业企业试点示范，培育行业低碳标杆企业，建立低碳企业评价标准、指标体系和激励约束机制，引导工业企业自愿减排。“十二五”期间培育500家示范企业。

五、保障措施

（一）建立健全工业应对气候变化管理体制

各级工业和信息化主管部门，应加强应对气候变化的组织领导，制定工业应对气候变化工作方案，建立有效的工作管理机制。把应对气候变化、推动工业低碳发展作为编制工业行业发展规划、专项规划、区域规划的重要内容，将碳排放下降指标纳入各类规划计划中。加强应对气候变化工作与工业节能、资源综合利用、清洁生产等工作的协调配合，发挥协同效应。

（二）完善工业应对气候变化政策法规

把控制工业温室气体排放和促进工业低碳发展作为制定产业政策的重要目标和主要内容，健全促进低碳发展相关产业政策落实的保障措施。对高消耗、高污染行业制定更为严格的节能低碳准入标准，制订高能耗工业产品能耗限额强制性、超前性国家行业标准。加强财税、金融等政策支持，加大财政资金支持力度，积极探索绿色信贷融资等新模式，引导企业进行设备引进、改造升级以及产业链整合。积极应对低碳贸易障碍，进一步调整进出口贸易政策，鼓励低碳工业产品出口。

（三）建立工业温室气体排放监测体系

完善现有工业企业能源统计报表制度，明确不同用途 能源消费量，建立温室气体排放数据信息系统，加强工业企业温室气体排放管理。建立重点用能企业温室气体排放定期报告制度，重点用能企业在编制能源利用状况报告基础上，加强收集、整理、汇总温室气体排放数据，分析温室气体排放状况。建立工业温室气体排放监测体系，分步推进国家、省、市（县）三级工业温室气体排放监测体系建设。

（四）建立工业碳排放评价标准体系

充分借鉴国际研究成果，加快研究建立符合我国工业发展水平的碳排放测算体系，构建工业产品碳排放评价数据库。研究制订粗钢、水泥、烧碱、铝等高耗能产品的碳排放强制性标准，加紧制订重点用能企业碳排放评价通则，指导和规范企业降低排放。研究制订低碳工业产品标准，推动实施低碳工业产品认证和碳标识。

（五）建立健全促进工业低碳发展的市场机制

以政府为主导，以企业为主体，完善工业应对气候变化的市场机制，发挥碳价格的市场信号和激励作用，降低控制温室气体排放成本。探索建立碳排放自愿协议制度，在钢铁、建材等行业开展减碳自愿协议试点工作，制定减碳自愿协议管理办法和奖励措施，推动企业开展自愿减排行动。推动实施《温室气体自愿减排交易管理暂行办法》，鼓励工业企业参与自愿减排交易，支持钢铁、水泥、石化、化工等行业重点企业开展碳排放交易试点，为建立全国碳交易市场打好基础。

（六）加强工业应对气候变化宣传培训和国际合作

利用多种形式和手段，进行应对气候变化科学知识的普及和宣传，倡导低碳生产方式和消费模式。积极开展工业领域应对气候变化专题培训，加强人才培养，增强企业低碳发展的意识和能力。积极拓展应对气候变化国际合作渠道，建立资金、技术转让和人才引进等机制，构建国际合作平台，有效消化、吸收国外先进的低碳技术，增强工业应对气候变化能力。

工业和信息化部关于进一步加强工业节能工作的意见

工信部节[2012]339号

各省、自治区、直辖市及计划单列市、新疆生产建设兵团、副省级城市工业主管部门，有关中央企业：

为深入贯彻落实科学发展观，切实推动工业转型升级，促进工业绿色低碳发展，现就进一步加强工业节能工作提出以下意见：

认清形势，抓住时机，开创工业节能新局面。“十二五”以来，各地区、行业和企业按照国家节能减排的总体部署，继续推进节能降耗各项工作，为工业转型升级、促进绿色发展发挥了积极作用。今年一季度，我国规模以上工业企业能源消费量同比增长3.84%，增速低于去年同期6.56个百分点，环比下降1.64%；规模以上工业企业单位工业增加值能耗同比下降6.95%，工业节能形势有所好转。但必须清醒认识到，国家“十二五”节能减排约束性目标的实现面临严峻挑战，去年我国规模以上工业能耗占全国总能耗的73.74%、高耗能行业能耗占工业能耗的78.9%，远高于世界主要经济体在工业化过程中的最高占比，且还呈上升趋势。为此，各级工业主管部门必须充分利用当前高耗能产品市场需求放缓、高耗能行业能耗增幅下降的有利时机，进一步增强使命感和责任感，切实加大工作力度，坚决采取有效措施，从根本上扭转工业能源消耗高、增长快的被动局面，促进工业转型升级和绿色发展。

二、进一步加强高耗能和产能过剩行业新建项目管理，从严把好企业技术改造项目审核和节能评估审查（以下简称能评）关。按照《国务院关于进一步加强淘汰落后产能工作的通知》（国发〔2010〕7号）、《国务院关于印发国家环境保护"十二五"规划的通知》（国发〔2011〕42号）相关要求，建立新建项目与污染减排、淘汰落后产能衔接的审批机制，进一步加强高耗能和产能过剩行业项目管理；严格控制钢铁、水泥、平板玻璃、煤化工、电解铝、金属镁等行业新增产能；加强多晶硅、风力发电装备制造行业统筹规划，实施行业准入，防止产能盲目扩张。从严把好企业技术改造项目审核关，对高耗能和产能过剩行业的结构调整和改造升级项目，要认真执行国家产业政策和行业准入条件要求，引导企业加强技术进步、提高质量效益、促进节能降耗；对节能减排目标任务未达进度要求的地区，新上项目的单位产品能耗必须达到全行业先进水平。加强工业固定资产投资项目能评，切实发挥能评的前置性作用，遏制高耗能行业能耗过快增长势头。各省级工业主管部门应尽快完善工业固定资产投资项目节能评估审查办法，切实加强高耗能行业项目节能评估审查工作，把好能评关。对年综合能源消费量在20万吨标准煤及以上项目，各省级工业主管部门应将项目节能评估报告书和审查批复意见报送工业和信息化部。

三、加大淘汰落后产能工作力度。要将国家下达的淘汰落后产能年度目标任务，分解到地、市、县，落实到具体企业、具体项目。切实加强落后产能淘汰工作的督促检查、验收和考核。严格执行《国务院关于进一步加强淘汰落后产能工作的通知》相关要求，对未按规定期限淘汰落后产能的企业，不予审批和核准新的投资项目，不予安排技术改造专项资金；对未按期完成落后产能淘汰任务的地区，暂停对该地区工业固定资产投资项目的审批、核准和备案。充分发挥淘汰落后产能财政奖励资金引导作用，对按期或提前淘汰、超标准淘汰落后产能的企业，按照《淘汰落后产能中央财政奖励资金管理办法》有关规定优先给予资金支持，加大扶持力度。

四、加快建立和实施超能耗限额企业惩罚性电价政策。按照国务院《"十二五"节能减排综合性工作方案》（国发〔2011〕26号）、《国务院办公厅转发发展改革委关于完善差别电价政策意见的通知》（国办发〔2006〕77号）和发展改革委、电监会、能源局《关于清理对高耗能企业优惠电价等问题的通知》（发改价格〔2010〕978号）有关要求，各地区要加快建立和完善基于企业能耗限额标准执行情况的惩罚性电价政策机制，对单位产品（工序）能耗超过限定值标准的企业实行惩罚性电价；要加强政策协调和落实，根据本地区实际情况，扩大执行惩罚性电价的产品范围，提高惩罚性电价加价标准，加大惩罚性电价实施力度；惩罚性电价收入应优先用于支持被惩罚企业实施强制性能源审计、节能技术改造等，发挥好惩罚性电价政策对促进高耗能行业能效提升的政策效应。

五、加强节能减排技术改造。鼓励各地区利用当前高耗能产品市场需求减缓的有利时机，实施以"上大关小"、"减量置换"为主要内容的节能技术改造。通过对规模小、能耗高、污染重的水泥、平板玻璃、陶瓷、炼油、冶炼等产能或企业进行兼并重组和升级改造，置换为技术先进、能耗排放低的大型项目，实现节能降耗和污染减排。各省级工业主管部门要加强企业、区域节能减排技术改造方案审查和置换项目管理，对企业、区域依据关停产能规模及其能耗、排放总量提出的节能减排"减量置换"方案进行审核，报工业和信息化部备案后组织实施，并加强对置换项目的核准、备案管理。

六、强化重点用能企业节能管理。明确企业节能主体责任，督促年综合能耗1万吨标准煤以上的重点用能企业每年能耗实现下降1%。切实加强重点用能企业节能管理，开展企业能源管理绩效评价，推进能效水平对标达标，建设和实施企业能源管理体系、能源管理负责人制度，完善能源管理制度。重点产品单耗和工序能耗达不到限额标准的企业，应强制进行能源审计，限期整改。中央企业集团要加快建设本企业能源管理信息系统，推进下属钢铁、水泥、有色金属、化工企业建设能源管理（管控）中心，实现能源高效合理利用。支持有条件的地区开展工业能耗在线监测试点，对本地区重点用能企业实施在线监测管理。工业和信息化部将会同财政部继续加强对企业能源管理（管控）中心建设、能耗在线仿真系统建设等项目的支持。

七、实施更加严格的能效标准。工业和信息化部将会同有关部门加快制订发布全国产业能效指南，参照国际先进水平，实行更严格的产品能耗限额标准，提出主要行业能效指标，作为节能评估审查、淘汰落后产能、产业转移的主要依据之一。各级工业主管部门可根据本地区产业实际情况，制订和执行比国家标准更为严格的产品能耗限额地方标准和产业能效指南。在产业转移和承接过程中，低于全国产业能效指南中行业平均能效水平的落后生产能力，严禁转移到中西部地区。

八、加强节能降耗监督检查。各级工业主管部门要督促本级节能监察机构，把能耗限额标准执行情况和高耗能落后机电设备淘汰情况专项监督检查作为常态化工作，制定年度监察计划，认真组织实施。对重点用能企业涉及的28项国家强制性单位产品能耗限额标准执行情况，以及电机、风机、水泵、压缩机等高耗能落后用能设备淘汰情况进行定期监督检查。按照能耗限额执行情况监督检查结果，及时公布超标企业名单并将能耗超过国家和地方规定单位产品能耗限额标准的企业纳入惩罚性电价实施范围，督促企业整改落实。进一步加强节能监察机构人员队伍、制度、设施等能力建设。

九、加快建设工业园区能源集中供应设施。国家新型工业化产业示范基地、各类工业园区及产业集聚区应建设能源、供水公共共享设施，通过能源（热、冷、电、汽等）、水资源集中统一供应、梯级利用，对废水、污泥、废物等实行集中处理，提高能源、水资源利用效率，降低单位产品能源、水资源消耗和废水、固废排放量。在符合条件的园区，应集中建设大容量、高效率、低污染热电联产机组代替各企业分散式的小锅炉及自备小机组，实现集中供汽。

十、积极支持工业企业余热余压发电上网。各级工业主管部门要积极支持钢铁、有色金属、建材、石油化工等行业企业建设余热余压发电上网设施，提高自供电率，协调有关部门出台企业余热发电上网政策，主动做好服务工作，帮助企业妥善解决并网、收费、管理等有关问题，大力推进工业企业余热余压发电上网，为保障工业用电平稳增长做出积极贡献。

工业和信息化部
2012年7月11日

关于印发先进煤气化等2项技术推广实施方案的通知

工信部节[2012]103号

各省、自治区、直辖市及计划单列市、新疆生产建设兵团工业和信息化主管部门，有关单位：

为加快推进化工行业重点节能技术应用，提高能源利用效率，根据国务院《“十二五”节能减排综合性工作方案》（国发[2011]26号）以及《工业节能“十二五”规划》（工信部规[2012]3号）要求，我们组织编制了《先进煤气化节能技术推广实施方案》和《密闭式电石炉节能技术推广实施方案》。现印发你们，请遵照执行。

附件：1.先进煤气化节能技术推广实施方案（略）
　　　2.密闭式电石炉节能技术推广实施方案（略）

中华人民共和国工业和信息化部
二〇一二年三月十日

《高耗能落后机电设备（产品）淘汰目录（第二批）》公告

2012年　第14号

为加快淘汰高耗能落后机电设备（产品），深化工业节能减排工作，推动工业转型升级，根据《中华人民共和国节约能源法》、国务院《“十二五”节能减排综合性工作方案》（国发〔2011〕26号）和《工业转型升级规划（2011-2015年）》（国发〔2011〕47号）的要求，结合工业、通信业节能减排工作实际情况，我部制定了《高耗能落后机电设备（产品）淘汰目录（第二批）》。

一、本目录共12大类135项设备（产品），包括电动机1项，工业锅炉8项，电器61项，变压器1项，电焊机1项，机床34项，锻压设备20项，热处理设备2项，制冷设备1项，阀1项，泵2项，其他设备3项。

二、本目录所列机电设备（产品）主要是不符合有关法律法规及标准规定，严重浪费资源、污染环境、不具备安全生产条件，需要淘汰的高耗能落后的机电设备（产品）。

三、各生产和使用单位应抓紧落实本目录中所列设备（产品）的淘汰工作，生产单位应停止生产，使用单位应在规定期限内停止使用并更换高效节能设备（产品）。各级节能监察机构应加强对本目录中所列设备（产品）停止生产和淘汰情况的监督检查工作。

四、本目录自2012年10月1日起执行。本目录由工业和信息化部负责解释。

特此公告。

附件：高耗能落后机电设备（产品）淘汰目录（第二批）（略）

中华人民共和国工业和信息化部
二〇一二年四月六日

关于印发《机电产品再制造技术及装备目录》的通知

工信部联节〔2012〕198号

各省、自治区、直辖市及计划单列市、新疆生产建设兵团工业和信息化、科技主管部门：

为引导再制造技术装备研发，推动先进适用工艺技术及装备的示范应用和推广，加快提升再制造产业技术水平，在各地推荐、专家评审基础上，我们组织编制了《机电产品再制造技术及装备目录》（以下简称《目录》）。现印发你们，请据此指导和支持有关企业、科研院所等加强研发攻关，推进示范应用和推广。有关要求如下：

一、加强组织领导。各级工业和信息化、科技主管部门要密切协调配合，切实加强对机电产品再制造技术及装备研究开发和应用推广工作的组织领导，积极支持搭建产学研用合作机制和平台，充分发挥行业协会及科研院所等单位支撑作用，进一步促进再制造技术进步，提升再制造装备水平，为再制造产业发展奠定坚实的技术基础。

二、强化分类指导。对研究开发类，要紧紧围绕企业再制造工艺装备需求，强化供需对接，引导各方面科技资源加大投入；对产业化示范类，要积极组织实施产业化示范项目，加强技术验证和评估；对应用推广类，要进一步加大推广力度，扩大应用范围和领域。

三、加大支持力度。优先支持再制造相关科技创新项目及企业技术中心等建设。支持和鼓励建设再制造技术开发平台和产业创新战略联盟，联合攻克关键共性再制造技术。各级工业和信息化主管部门要积极引导企业实施再制造技术装备产业化示范和应用推广技术改造项目，优先纳入技术改造等资金渠道予以支持。各级科技主管部门要大力支持再制造领域重大关键共性技术装备研发，择优列入相关科技专项予以支持。支持再制造领域相关企业、单位积极研究起草相关标准，完善再制造标准体系。

四、加强技术交流。结合再制造产业发展及技术装备应用情况，搭建技术交流平台，推进再制造技术交流。组织召开重点再制造技术现场交流会、推介会，鼓励再制造企业及科研院所举办或参与展览展示活动，推动广泛应用先进适用再制造技术装备。

附件：机电产品再制造技术及装备目录（略）

工业和信息化部　科学技术部
二〇一二年四月二十八日

关于发布2011年度化工行业重点用能产品能效标杆指标及企业的通知

工信厅节函〔2012〕495号

各省、自治区、直辖市及计划单列市、新疆生产建设兵团工业和信息化主管部门：

为贯彻落实国务院《“十二五”节能减排综合性工作方案》（国发〔2011〕26号）精神，建立节能降耗长效机制，深化石化行业能效水平对标达标活动，充分挖掘重点用能产品节能潜力，经中国石油和化学工业联合会推荐，现发布2011年度化工行业合成氨、甲醇、磷酸二铵、硫酸、电石、烧碱、聚氯乙烯、纯碱、黄磷、轮胎等10个重点用能产品能效标杆指标及企业名单。请各地工业和信息化主管部门、有关行业协会以入选企业为标杆，学习赶超先进，积极开展能效水平对标达标活动，促进本地区、本行业节能工作的开展。

附件：2011年度化工行业重点用能产品能效标杆指标及企业（略）

中华人民共和国工业和信息化部办公厅
二〇一二年六月十九日

关于开展工业能耗在线监测试点工作的通知

工信部节[2012]340号

各省、自治区、直辖市及计划单列市、新疆生产建设兵团工业和信息化主管部门：

为切实加强工业能耗信息监测，提高工业能耗状况预测预警能力，加快推进工业化和信息化深度融合，根据《关于建立工业节能减排信息监测系统的通知》（工信部节〔2011〕237号）、《关于进一步加强工业节能减排信息监测系统建设工作的通知》（工信部节〔2012〕8号）和《关于印发〈2012年工业节能与综合利用工作要点〉的通知》（工信厅〔2012〕56号）有关要求，经商地方主管部门，决定在部分省、市开展工业能耗在线监测试点工作。现将有关事项通知如下：

一、开展工业能耗在线监测的重要意义

工业是能源消耗的主要领域，工业能耗占全社会能耗比重超过70%，随着我国工业化、城镇化进程的加快，“十二五”期间工业节能减排任务更重、压力更大。应用信息化技术建设数字化能源管控系统、实现能耗在线监测，实时、准确地把握重点行业、重点企业及关键工序的能耗，不仅是企业实现精细化节能管理、促进节能降耗的必然要求，也是各级工业和信息化主管部门把握能源消费趋势、加强能耗预测预警、科学制定产业政策的前提和基础，更是推动工业转型升级和绿色发展、构建资源节约型和环境友好型工业体系的内在要求。

二、试点总体思路和工作目标

（一）总体思路。按照“两化”深度融合要求，充分利用信息通信技术手段，依托企业能源管控中心、能源在线仿真系统和全国、区域节能减排信息监测系统建设经验，选择部分地区建设统一的工业能耗监测平台，支持其区域内管理基础较好、信息化水平较高的重点用能企业开展能源管控中心建设，实现区域性能耗在线动态监测，促进工业节能降耗、实现绿色低碳转型发展。

（二）工作目标。2013年前，在全国选择部分省、市率先开展工业能耗在线监测试点。通过2年时间，试点地区完成区域工业能耗在线监测平台建设，纳入监测范围的重点用能企业基本建成能源管控中心。初步构建监测指标体系，健全互联互通标准，完善监测管理制度，为建立全国工业能耗在线监测系统积累建设经验，奠定技术、标准和管理基础。

三、试点工作安排

（一）试点省市。首批开展工业能耗在线监测试点工作的省、市为：河北省、上海市、浙江省、江苏省无锡市、福建省福州市、江西省新余市、山东省济南市、广东省东莞市。其他具备相应条件、拟开展试点的地区，可通过省级工业和信息化主管部门向我部提出申请。鼓励有条件的非试点地区推进本地区重点用能企业在线监测体系建设。

（二）进度安排。2012年年底前，试点地区建成区域工业能耗在线监测平台，将已建成能源管控中心的企业全部纳入监测范围，完成年综合能耗10万吨标准煤以上企业能耗在线监测；2013年年底前，完成年综合能耗1万吨标准煤以上企业能耗在线监测。试点地区可结合本地企业信息化水平和节能管理要求，扩大在线监测范围，提高目标要求，加快建设进度。

（三）编制试点方案。请试点省、市认真组织编制试点方案，于9月21日前通过省级工业和信息化主管部门报我部备案。试点方案应明确以下内容：试点工作目标，组织保障体系，现有工作基础，能耗在线监测系统建设方案（系统总体架构设计、监测指标体系、实施进度等），在线监测技术路径和实施方案，拟纳入监测范围的企业名单及技术支撑单位等。

（四）组织落实。试点地区要统筹部署推进工业能耗在线监测系统与企业能源管控中心建设。在线监测平台建设应紧密结合本地区产业结构、现有监测工作基础及工业企业生产流程等特点，研究提出通用性强的监测指标体系，组织设计适应性强的监测系统平台架构，规范数据接口，简化接入程序。指标体系及数据实时性要求应与企业能源管控中心平滑衔接，降低系统接入的技术复杂性，实现数据实时采集、汇总分析和预测预警等功能。

（五）验收和示范推广。试点地区按试点方案完成监测系统建设后，由上一级工业和信息化主管部门对试点工作进行总结验收，审定平台建设、企业接入、在线监测分析等是否达到目标要求。结合试点工作及企业能源管控中心建设，组织开展经验交流和推广。

四、工作要求

（一）加强组织领导。有关地区工业和信息化主管部门要加强对在线监测试点工作的组织领导，落实目标责任，明确责任部门和责任人，细化进度要求，切实将在线监测作为推进本地区节能减排工作、促进“两化”深度融合的重要抓手。

（二）加大支持力度。有关地区工业和信息化主管部门要加强对企业能源管控中心建设和在线监测项目的支持，加强对监测企业能源管控一体化建设的指导，将企业以提升节能技术水平和管理能力为目标的信息化技术改造项目优先纳入技改等资金渠道予以支持。我部将优先支持试点地区工业企业能源管理中心示范项目。

（三）加强监测预警。各地工业和信息化主管部门要以推进在线监测和工业节能减排信息监测系统建设工作为契机，进一步夯实管理基础，加强动态分析，着力提高对节能减排形势的监测评价和预测预警能力。鼓励有条件的地方以工业节能减排信息监测系统或其他自建系统为基础，升级建设在线监测平台。

（四）加强督查指导。省级工业和信息化主管部门要根据试点方案，切实加强对工业能耗在线监测试点工作的跟踪督查，指导试点城市和相关企业按进度推进在线监测平台和能源管控中心建设。我部将加快研究建立数据共享机制，建立通用数据接口，逐步实现基于在线监测信息的月度数据采集功能，将相关数据自动导入全国工业节能减排信息监测系统，避免监测企业重复提供信息。各地要及时将在线监测试点工作中存在的问题及有关建议报我部（节能与综合利用司）。

工业和信息化部

2012年7月11日

节能产品惠民工程推广信息监管实施方案

（工业和信息化部　财政部　国家发展和改革委员会　商务部2012年7月11日印发）

为贯彻落实国务院促进节能家电等产品消费政策措施，确保节能产品惠民工程顺利实施，按照《关于开展“节能产品惠民工程”的通知》（财建〔2009〕213号）及财政部、发展改革委、工业和信息化部印发的节能产品惠民工程推广实施细则的要求，加强推广信息监管核查工作，切实保障财政资金安全，制定本实施方案。

一、基本原则

按照“突出重点、控制过程、部门配合、上下联动和多措并举”的原则，以推广产品的生产企业为监管重点，以保障推广信息真实为目标，强化生产企业责任，规范和约束各级销售企业行为，采取信息核查、入户调查及跟踪监督等形式，确保推广信息准确和资金拨付及时，加强相关部门、中央与地方协调联动，将生产企业推广信息报送与企业诚信体系建设相衔接，加大对违规企业的处罚力度，努力构建企业诚信为基础、违规处罚为约束、多种监管措施相结合的推广信息监管核查体系。

二、监管对象及责任

本方案监管对象是列入节能产品惠民工程推广目录的高效节能房间空气调节器、平板电视、家用电冰箱、电动洗衣机、家用热水器（燃气、太阳能、空气源热泵）五大类节能家电以及节能汽车、高效电机、高效照明产品（以下统称为节能产品）的生产企业和销售企业。

生产企业是确保节能产品推广信息真实准确的责任主体。生产企业应严格遵守节能产品惠民工程相关规章制度，对产品能效等级和标识一致性负责；生产企业应对自身生产和销售环节加强管理与控制，会同销售企业对上报的节能产品推广信息的真实可靠性负责；生产企业应制定切实可行的管控方案，运用产品信息管理系统等，加强对其各级销售商销售信息的管理，销售企业应严格核对每一笔销售信息，确保逐级上报的产品推广信息和消费者信息真实、准确、可查。

省级工业和信息化主管部门是本地区节能产品推广信息监管核查的责任主体，会同财政、发展改革委、商务等部门对本辖区内节能产品销售情况进行监管核查；同时，协助国家委托的第三方机构对本地区节能产品生产和销售企业进行核查工作。

三、监管核查内容

重点围绕以下三个环节对节能产品推广信息进行监管核查：一是生产环节，对推广节能产品的全部生产企业进行监管，重点核查生产企业推广产品的期初库存、当期生产和出货等有关情况；二是流通环节，对推广节能产品的销售企业进行监管，重点核查销售企业推广产品的期初库存、当期出货和销售等有关情况，其中对一级销售商的推广信息情况进行全面监管；对其他销售商推广销售节能产品信息进行抽样核查，抽取比例为年度推广数量的20%左右；三是消费者环节，重点核查节能产品消费者信息真实性，采取抽样核查方式，抽取比例为5%-10%。

四、监管核查程序

（一）工业和信息化部会同财政部、发展改革委、商务部制定监管核查工作方案，将企业推广节能产品信息提供给有关省（区、市）工业和信息化主管部门，并提出核查要求。

（二）省级工业和信息化主管部门会同省级商务等部门根据监管核查的原则、内容、要求制定本辖区内工作方案，组织相关机构对本辖区内节能产品销售情况进行核查，根据核查要求对销售网点保存的消费者资料进行核查，对消费信息采取入户调查、电话回访等多种方式进行核查；对本地区生产企业的推广产品信息管控方案及其实施情况进行监管；并将有关核查、监管结果上报工业和信息化部。

（三）工业和信息化部会同财政部、发展改革委、商务部通过招标方式确定承担核查工作的第三方机构。第三方机构根据工业和信息化部下达的核查任务及要求，对生产及销售企业（不含销售网点）的生产、销售、采购、财务等信息核查，确定企业节能产品库存、生产及出货数量。

（四）工业和信息化部根据省级工业和信息化主管部门和第三方机构核查结果审核确认企业推广节能产品数量，向财政部出具审核意见，并将生产企业节能产品推广情况进行公告。

（五）工业和信息化部会同有关部门对省级工业和信息化主管部门和第三方机构的核查工作进行监督检查。

五、处罚措施

（一）对弄虚作假、骗取补贴的生产企业和销售企业，依情节严重程度，采取通报批评、追缴补贴资金并加倍处罚、取消推广资格、列入诚信“黑名单”并在媒体上曝光等措施予以处罚。

（二）对未按规定进行审核、出具虚假报告的第三方机构，采取追缴全部核查经费、取消第三方机构核查资格、列入诚信“黑名单”并在媒体上曝光等措施予以处罚。

（三）对核查工作组织不力、骗取补贴严重的有关地区主管部门将予以通报批评。

六、保障措施

（一）工业和信息化部会同财政部、发展改革委、商务部加大对第三方机构和省级工业和信息化主管部门核查工作的指导，组织开展核（抽）查人员的培训，确保核（抽）查质量。

（二）工业和信息化部负责节能产品推广信息收集、整理、汇总和日常信息管理，以及对省级工业和信息化主管部门和第三方机构核查工作的协调管理，确保信息及时衔接和有效共享。

（三）省级工业和信息化主管部门要组织指导本地区的节能产品惠民工程推广信息核查工作，并对上报的核查结果负责。

（四）参与核查及专项检查的第三方机构，应严格遵守工作程序，严明工作纪律，严格明确责任，并对核查结果的准确性、客观性负责。

（五）核查工作接受生产企业、各级销售企业及社会公众的监督。

七、实施期限

本方案自发布之日起实施，至推广工作结束且补贴资金清算完截止。

八、其他

本方案由工业和信息化部、财政部、发展改革委、商务部负责解释。

关于发布2011年度钢铁等行业重点用能产品（工序）能效标杆指标及企业的通知

工信厅节[2012]166号

各省、自治区、直辖市及计划单列市、新疆生产建设兵团工业和信息化主管部门：

为贯彻落实国务院《“十二五”节能减排综合性工作方案》（国发〔2011〕26号）精神，建立节能降耗长效机制，深化重点用能行业能效水平对标达标活动，充分挖掘重点用能产品（工序）节能潜力，经中国钢铁工业协会、中国有色金属工业协会、中国建筑材料联合会、中国轻工业联合会、中国纺织工业联合会等协会推荐，我们确定了2011年度钢铁、有色金属、建材、轻工、纺织等行业16种重点用能产品（工序）能效标杆指标及企业（见附件），现予发布。

请各地工业和信息化主管部门、有关行业协会以入选企业为标杆，组织企业学习赶超先进，积极开展能效水平对标达标活动，促进本地区、本行业节能工作的开展。

附件：1. 2011年度钢铁行业重点用能工序能效标杆指标及企业（略）
2. 2011年度有色金属行业重点用能产品能效标杆指标及企业（略）
3. 2011年度建材行业重点用能产品能效标杆指标及企业（略）
4. 2011年度轻工行业重点用能产品能效标杆指标及企业（略）
5. 2011年度纺织行业重点用能产品能效标杆指标及企业（略）

工业和信息化部办公厅
2012年8月13日

《“能效之星”产品目录（2012年）》公告

2012年 第41号

为促进高效节能家电产品的推广应用，引导和推动生产与消费方式的转变，根据2012年度节能家电产品“能效之星”评价要求，结合2012年节能产品惠民工程推广目录，经各地工业和信息化主管部门推荐、相关行业协会和专家评审、网上公示，评价产生了《“能效之星”产品目录（2012年）》（以下简称《目录》）。现予以公告。

《目录》共涉及5大类18种类型75个型号产品。其中，房间空气调节器23个型号产品，家用电冰箱13个型号产品，热水器17个型号产品，电动洗衣机12个型号产品，平板电视10个型号产品。列入《目录》的产品，可在产品明显位置或包装上使用“能效之星”标志。

附件：1.“能效之星”产品目录(2012年)（略）
2.“能效之星”标志

工业和信息化部
2012年9月2日

附件2：“能效之星”标志

深入推进节水型企业建设工作的通知

工信部联节[2012]431号

各省、自治区、直辖市及计划单列市、新疆生产建设兵团工业和信息化主管部门、水行政主管部门、节约用水办公室，有关中央企业，中国钢铁工业协会、中国纺织工业协会、中国造纸协会、中国石油和化学工业联合会及有关协会，有关单位：

为贯彻落实《国务院关于实行最严格水资源管理制度的意见》（国发〔2012〕3号）,进一步推动工业节水工作，提升工业节水能力和水平，实现“十二五”工业节水约束性指标，经研究，决定在重点用水工业行业开展节水型企业建设工作。现就有关事项通知如下：

一、推进节水型企业建设工作的必要性

建设节水型企业是落实最严格水资源管理制度的重要措施。目前，全国工业取水量占总取水量的四分之一左右。随着工业化进程的不断加快，工业用水需求呈增长趋势，水资源供需矛盾进一步凸显。建设节水型企业，全面提高工业用水效率，减少工业废水排放，是控制工业用水总量，缓解水资源供需矛盾的重要措施。

建设节水型企业是转变工业发展方式的迫切要求。近年来，尽管工业节水工作不断进步，水资源重复利用、非常规水资源利用等技术水平不断提高，但总体上看工业用水方式仍以粗放型为主，主要生产工艺和关键环节用水量大、废水排放多等问题依然存在。建设节水型企业，鼓励节水工艺技术创新和推广，以更小的水资源消耗实现工业可持续发展，是促进工业发展方式转变的一项重要任务。

建设节水型企业是加强企业节水管理的重要内容。企业是工业节水的主体。我国工业企业用水效率总体水平不高、节水意识相对薄弱、节水潜力很大。建设节水型企业，树立行业发展的先进典型，总结推广优秀企业的成功经验，颁布实施行业用水效率先进指标，是促进企业加强节水管理、提高工业用水效率的重要途径。

二、推进节水型企业建设工作的思路和要求

总体思路

以科学发展观为指导，坚持节约优先的方针，全面落实最严格水资源管理制度，以企业为主体，以提高用水效率为核心，在重点用水行业推进节水型企业建设工作。发布一批节水标杆企业和标杆指标，引导企业加强节水管理和技术进步，加快转变工业用水方式。在节水基础较好、管理规范的工业聚集区探索开展节水型工业园区建设。建设一批节水型企业，带动行业用水效率的提高，为实现“十二五”单位工业增加值用水量降低30%的目标提供保障，为建设资源节约型、环境友好型社会奠定基础。

主要目标

2013年底前，在钢铁、纺织染整、造纸、石油炼制等重点用水行业开展节水型企业创建活动，树立一批行业内有代表性、产品结构合理、用水管理基础较好、用水指标达到行业领先水平的节水标杆企业典范，发布行业节水标杆指标。引导其他企业向标杆企业对标达标，推进节水型企业建设。

2014年底前，将节水型企业创建的范围逐步扩大到食品发酵、化工、有色金属等其他重点用水行业。

2015年底前，钢铁、纺织染整、造纸、石油炼制等重点用水行业企业全部达到节水型企业标准，并在工业领域形成节水型企业建设长效机制。

具体要求

在重点行业推进节水型企业建设，必须加强节水管理、推进节水技术进步，切实加强企业单位产品用水定额、工业用水重复利用率、水表计量率、锅炉冷凝水回收率、企业用水综合漏失率考核，推动企业对标达标，降低单位产品用水量，提升工业水循环利用水平。

节水型企业建设具体要求：

完善企业节水管理制度。建立科学合理的节水管理岗位责任制，健全企业节水管理机构和人员，明确节水管理主要领导职责、管理部门、人员和岗位职责。加强目标责任管理和考核。制定并实施节水规划和年度节水计划。

加强定额管理，向先进水平对标达标。严格执行国家和地方取（用）水定额指标和标准，按照定额指标选择适合的用水工艺和技术，实施企业内部节水评价。向节水标杆企业和标杆指标进行对标达标，不断提升用水效率。

加强用水管网（设备）建设，完善用水计量配备和管理。依据GB 24789《用水单位水计量器具配备和管理通则》配备用水计量器具，建立完整、规范的原始记录和统计台账，健全节水统计制度。编制详细的供水排水管网图和计量网络图，定期开展水平衡测试，加强用水效率和总量分析。建立日常巡查和检修制度，防止跑冒滴漏。

加强节水技术改造，推进节水技术进步。推进节水重点技术改造项目实施。积极研发或采用节水新技术、新工艺、新设备，加快淘汰落后用水工艺、设备和器具。节水设施与主体工程同时设计、同时施工、同时投入运行。

加强冷凝水、冷却水循环利用，推进工业废水回用，提高水资源重复利用率，积极努力推进废水“零”排放。提高职工节水意识。定期组织开展节水宣传和教育活动，不断提高职工节水意识。

三、加强节水型企业建设工作的组织管理

加强组织领导

工业和信息化部、水利部、全国节约用水办公室负责全国工业节水型企业建设工作，中国标准化研究院、有关行业协会为节水型企业建设工作提供技术支撑和咨询服务。各级地方工业和信息化主管部门、水行政主管部门、节约用水办公室，有关中央企业积极组织推进本地区、本企业集团节水型企业建设工作。

节水型企业评价指标

节水型企业评价的基本标准：符合国家产业政策相关要求；符合节水型企业相关标准（见附件1）；满足节水型企业基本要求（见附件2）的各项条件；符合单位产品取水量、水重复利用率、用水漏损等各项具体技术考核要求（见附件3）；按照节水型企业管理评价要求（见附件4）进行评价并达到48分以上（含48分，满分60分）。

节水型企业评价方式

节水型企业申报工作采取自愿申报和重点推荐相结合的方式，由企业按照节水型企业建设要求和评价标准编写节水型企业申请报告（申请表及证明材料要求见附件5、6），各省级工业和信息化主管部门、水行政主管部门、节约用水办公室按照上述节水型企业评价标准，组织专家对相关材料进行评审，必要时可进行现场考察。达到节水型企业要求的，公示发布节水型企业名单，并于每年10月底前将节水型企业评价有关情况（正式文件，企业相关材料一式6份并提交电子版）报工业和信息化部、水利部和全国节约用水办公室。节水型企业评价工作，接受社会监督，任何单位和个人不得向企业收取费用。

已建立规范评价制度并已开展节水型企业评价的省（市），可按原有模式开展省级节水型企业评价工作。

推进节水标杆示范和用水效率对标达标

工业和信息化部、水利部、全国节约用水办公室委托相关行业协会对地方上报的节水型企业有关情况进行汇总审核，对行业内最先进的用水指标进行论证，并研究提出节水标杆企业和标杆指标建议。工业和信息化部、水利部、全国节约用水办公室对评价结果进行最终审定，并组织对标杆企业和标杆指标进行现场核验，经公示无异议后发布节水标杆企业和标杆指标。工业和信息化部会同有关部门加快研究制订和发布产业用水效率指南，参考有关标杆指标制订行业用水效率准入标准，切实把好工业固定资产投资项目用水效率准入关。　　各地区、有关行业协会适时开展节水型企业建设经验交流会、组织相关企业向节水标杆企业和标杆指标进行对标达标，不断提升工业用水效率。

加强对节水型企业建设的政策引导和支持

各级工业和信息化主管部门、水行政主管部门、节约用水办公室要加强对节水型企业建设的政策引导和支持，在安排技术改造、清洁生产等财政专项资金时，优先支持节水型企业；同等条件下，优先保证节水型企业新建、改建、扩建项目用水需求；优先支持节水标杆企业组织实施节水示范工程。

支持有条件的工业园区把节水型企业建设与节水型工业园区建设结合起来，加强园区节约用水管理，完善用水管网基础设施建设，拓展水资源利用渠道，探索园区内污水集中处理回用的第三方节水服务模式，实现不同行业间的循环用水、一水多用，不断提高节水管理水平。

工业和信息化部 水利部 全国节约用水办公室

2012年9月12日

规划方案

工业节能“十二五”规划

（工业和信息化部2012年1月4日印发）

前言

“十二五”（2011-2015 年）是我国经济社会发展的重要 战略机遇期，也是转变发展方式，加快建设资源节约型和环境友好型工业体系的关键时期。工业化、城镇化快速发展，经济增长的能源资源和环境约束日益强化，工业作为能源消耗的主要领域，是节能工作的重点和难点，编制并实施好工业节能“十二五”规划，对于促进工业转型升级，实现工业可持续发展，确保完成节能减排约束性目标具有重要意义。为贯彻落实《国民 经济和社会发展第十二个五年规划纲要》，按照《工业转型升级规划（2011-2015 年）》、《国务院“十二五”节能减排综合性工作方案》、《节能减排规划（2011-2015 年）》总体部署和要求，制定本规划，作为“十二五”全国工业节能的指导性文件。

一、现状与形势

（一）现状

“十一五”期间，工业能源消耗总量逐年增加，由2005 年的15.95 亿吨标准煤增加到2010 年的24 亿吨标准煤左右，占全社会总能耗的比重由2005 年的70.9%上升到2010 年的73%左右，钢铁、有色金属、建材、石化、化工和电力六大高耗能行业的能源消耗量占工业总能耗的比重由2005 年的71.3%上升到2010 年的77%左右。工业增加值占GDP 的比重由2005 年的41.8%降至2010 年的40.2%，六大高耗能行业增加值占全部工业增加值的比重由2005 年的32.7%下降至2010 年的30.3%。

“十一五”期间，工业系统认真贯彻落实科学发展观，按照《节约能源法》要求以及国务院的决策部署，围绕国家节能减排目标任务，狠抓工业节能降耗，工业节能取得显著成效。单位工业增加值能耗大幅下降。全国规模以上万元工业增加值能耗由2005 年的2.59 吨标准煤下降至2010 年的1.91 吨标准煤，5 年累计下降26%，实现节能量6.3 亿吨标准煤，以年均8.1%的能耗增长支撑了年均14.9%的工业增长。重点行业和主要用能产品单耗持续降低。2010 年同2005 年相比，钢铁、有色金属、石化和化工、建材等重点用能行业增加值能耗分别下降23.4%、15.1%、35.8%、37.9%，吨钢、铜冶炼、吨水泥综合能耗分别下降12.1%、35.9%、28.6%。淘汰落后产能任务全面完成。5 年累计淘汰炼铁、炼钢、焦炭、水泥和造纸等落后产能分别为12000万吨、7200 万吨、10700 万吨、37000 万吨和1130 万吨，超额完成“十一五”计划任务。

工业节能管理工作得到加强：一是节能标准不断完善。发布了一批能耗限额标准、终端用能产品能效标准和通信设备节能标准。二是落实节能目标责任。分解下达单位工业增加值能耗下降指标，开展重点用能企业节能目标完成情况评价考核，建立了节能目标责任评价考核制度。三是积极推动节能技术进步。围绕重大节能工程，加大财政资金支持力度，实施一批重大工业节能技术改造项目，编制了重点行业节能技术目录与指南，推广干熄焦、高炉压差发电（TRT）等一大批先进适用节能技术。四是强化重点用能企业节能管理。发布重点用能行业13种产品（工序）能效标杆指标，开展重点用能行业能效水平对标达标活动，支持钢铁企业能源管控中心项目建设；五是加强绿色信息通信技术应用。推广移动办公、视频会议、电子商务等绿色节能新业务，推进信息通信技术、产品和解决方案在传统产业节能改造中的应用。工业节能降耗仍存在一些突出问题：一是产业结构调整进展缓慢，高耗能行业增长过快，工业能源消耗增速过高；二是行业间和企业间发展不平衡，先进生产能力和落后生产能力并存，总体技术装备水平不高，单位产品能耗水平参差不齐；三是企业技术创新能力不强，无法支撑节能发展需求；四是市场化节能机制尚待完善，企业节能内生动力不足；五是工业节能管理基础薄弱，节能服务能力与市场需求发展不相适应。

（二）形势

从国内看，“十二五”是国民经济和社会发展的战略机遇期，也是全面建设小康社会的关键时期。我国正处于工业化、城镇化深入发展阶段，经济社会发展对能源的需求仍不断增加，能源资源和环境约束将更趋严峻。工业发展对能源的需求继续增加，工业和高耗能行业对国内生产总值的贡献率呈下降趋势，国家节能减排约束性指标要求工业加快转变发展方式。同时，实施能源消耗总量控制，也将对工业发展形成硬约束。另外，传统的能源资源高消耗的粗放型工业发展道路已难以为继，工业转型升级为节能降耗提供良好契机。加大节能降耗力度，进一步提高工业能源利用效率和能源生产率，改造提升传统制造业，是建立资源节约型、环境友好型产业结构和生产方式，破解能源资源环境制约，走中国特色新型工业化道路的必然选择。

从国际看，竞争环境的变化对我国工业节能降耗构成严峻挑战。国际社会应对气候变化博弈日趋激烈，绿色贸易壁垒正在加速形成，一些发达国家对出口国产品的能效水平和碳足迹提出更高要求。我国制造业总体上处于产业价值链中低端，产品资源能源消耗高，出口将面临巨大压力。全球范围内发展绿色经济、倡导低碳生活越来越受到重视并逐渐成为新趋势，大力发展节能环保低碳产业，成为抢占未来发展制高点的核心价值观。

从现实情况看，重工业发展增速快于轻工业，主要高耗能产品产量处于较高水平，单位工业产品能耗与国际先进水平相比仍存在较大差距，节能潜力仍然很大，要实现工业又好又快发展，要控制能源消费总量，出路在于能源节约。从长远战略看，节能减排是解决能源安全和保障供应的优先举措，只有加大节能减排力度，进一步挖掘工业节能潜力，才能确保实现工业可持续发展。“十二五”是新一代移动通信和下一代互联网等新技术的引入期，视频、图像等新业务新应用带来数据业务快速增长，大规模数据中心的建设使得集成度高、能耗大的数据单架设备大量增加，能源消耗呈指数增长，通信业节能将面临更大挑战。信息化和工业化深度融合，绿色信息通信技术的广泛应用，将为工业节能降耗提供有力支撑。从长远发展看，十七届五中全会明确提出转变发展方式刻不容缓，而“十二五”是调结构、转方式的关键时期。改革开放30 多年工业发展历程表明，发展方式粗放是工业发展面临的突出问题，增长主要依靠资源消耗支撑，重外延、轻内涵现象仍较普遍，尤其是支撑发展付出的资源环境代价过大。工业发展靠投资、出口拉动和资源能源支撑是不可持续的。必须注重内涵式增长，把工业节能降耗作为工业转型升级的突破口和重要切入点之一。

工业是国民经济的主体，也是能源资源消耗的主要领域，面对国家战略任务和约束性指标要求、工业转型升级的内在需要以及国际竞争的巨大压力，“十二五”期间工业节能任务更重、压力更大、要求更高。必须从战略和全局的高度，充分认识做好工业节能工作的重要性、艰巨性和紧迫性，切实采取有效措施，大幅提高能源利用效率，突破资源环境瓶颈制约，促进工业发展方式实现根本性转变。

二、指导思想与主要目标

（一）指导思想

坚持以科学发展观为指导，落实节约资源基本国策，把节能降耗作为转变工业发展方式、推动工业转型升级的重要抓手，以提升工业能源利用效率为主线，以科技创新为支撑，以政策法规为保障，加快淘汰落后生产能力，大力推进工艺、装备、产品的结构调整和技术进步，加快以节能降耗为核心的企业技术改造，强化重点用能企业节能管理，加强信息通信技术在节能降耗中的应用，培育和发展节能产品装备制造业和节能服务产业，加快构建资源节约型、环境友好型工业体系，提高工业绿色发展水平。

（二）基本原则

坚持突出重点与全面推进相结合。抓好重点行业节能的同时，逐步将节能推向工业全行业，实施重点节能工程；落实目标责任，加强重点用能企业节能管理，积极开展节能服务进万家活动，不断提高中小企业主动节能意识。坚持过程节能与产品节能相结合。加强节能新技术、新工艺、新设备和新材料的应用力度，不断提高企业能源利用效率；加强生态设计，实施绿色制造，强化节能汽车、节能家电等机电产品推广力度，逐步降低用能产品使用过程中的能源消耗。坚持优化存量和控制增量相结合。加快淘汰落后产能进程、加强节能挖潜改造和技术改造力度，持续优化工业用能结构；强化节能评估审查制度，提高行业准入门槛，严控高耗能、高污染行业企业过快增长，努力提高新增项目的能效水平。坚持“引进来”与“走出去”相结合。加强与有关国际组织、政府在节能领域的交流与合作，积极引进、消化、吸收国外先进节能技术；鼓励有条件的重点用能企业到国外建设工厂和工业园区，严格控制高耗能、高排放产品的出口。

（三）主要目标

1.总体目标到2015 年，规模以上工业增加值能耗比2010 年下降21%左右，“十二五”期间预计实现节能量6.7亿吨标准煤。

2.主要行业目标

到2015 年，钢铁、有色金属、石化、化工、建材、机械、轻工、纺织、电子信息等重点行业单位工业增加值能耗分别比2010 年下降18%、18%、18%、20%、20%、22%、20%、20%、18%。

3.主要产品单位能耗下降目标

主要产品单位能耗持续下降，与国际先进水平差距逐步缩小，能源利用效率明显提升。

表1："十二五"主要产品单位能耗下降目标

序号	指标	单位	2010年	2015年	下降目标（%）
1	吨钢综合能耗	千克标准煤/吨	605	580	4.1
2	铜冶炼综合能耗	千克标准煤/吨	350	300	14.3
3	铝锭综合交流电耗	千瓦时/吨	14013	13300	5.1
4	吨水泥熟料综合能耗	千克标准煤/吨	115	112	2.6
5	平板玻璃综合能耗	千克标准煤/重箱	17	15	11.8
6	乙烯综合能耗	千克标准煤/吨	886	857	3.3
7	合成氨生产综合能耗	千克标准煤/吨	1402	1350	3.7
8	烧碱生产综合能耗（离子膜法，30%）	千克标准煤/吨	351	330	6
9	电石生产综合能耗	千克标准煤/吨	1105	1050	5
10	造纸综合能耗	千克标准煤/吨	1130	900	20
11	日用玻璃综合能耗	千克标准煤/吨	437	380	13
12	发酵产品综合能耗	千克标准煤/吨	900	820	8.9
13	日用陶瓷综合能耗	千克标准煤/吨	1190	1110	6.7
14	万米印染布综合能耗	千克标准煤/万米	2298	2114	8
15	吨纱（线）混合数综合能耗	千克标准煤/吨	368	339	8
16	万米布混合数综合能耗	千克标准煤/万米	1817	1672	8
17	粘胶纤维综合能耗（长丝）	千克标准煤/吨	4713	4477	5
18	铸件综合能耗	千克标准煤/吨合格铸件	600	480	20
19	多晶硅工艺能耗（高温氢化）	千克标准煤/吨	39000	33000	15.4
20	多晶硅工艺能耗（低温氢化）	千克标准煤/吨	36000	30000	16.7

4.淘汰落后产能目标

加快淘汰炼铁、炼钢、焦炭、铁合金、电石、电解铝、铜冶炼、铅冶炼、锌冶炼、水泥（熟料及磨机）、平板玻璃、造纸、酒精、味精、柠檬酸、制革、印染、化纤、铅酸蓄电池等工业行业落后产能，促进产业结构调整和技术进步。具体淘汰任务按淘汰落后产能工作部际协调小组确定的"十二五"期间淘汰落后产能目标执行。

三、重点行业节能途径与措施

在钢铁、有色金属、石化、化工、建材、机械、轻工、纺织、电子信息等行业，大力推进结构节能，按照循环经济理念，优化产业结构和空间布局，推进产业向上下游一体化、能源资源综合利用方向集中，严格控制高耗能行业过快增长，淘汰落后的工艺、装备和产品，发展节能型、高附加值的产品和装备；大力提升行业能源利用水平，继续加强重大节能技术创新和示范，加大先进适用节能技术推广力度，加快重大节能标准制定，确保实现"十二五"行业节能目标。

（一）钢铁行业

以工序优化和二次能源回收为重点，提高物料、燃料的品质，提高高炉喷煤比和球团矿使用比例，加大废钢回收和综合利用，降低铁钢比。大力发展绿色钢材产品，有效控制钢铁产量增长，淘汰90平方米以下烧结机、400立方米及以下高炉、30吨及以下转炉和电炉、炭化室高度小于4.3米（捣固焦炉3.8米）常规机焦炉、6300千伏安及以下铁合金矿热电炉、3000千伏安以下铁合金半封闭直流电炉和精炼电炉。加大能源高效回收、转换和利用的技术改造力度，提高二次能源综合利用水平。

全面推广焦炉干熄焦、转炉煤气干法除尘、高炉煤气干法除尘、煤调湿、连铸坯热装热送、转炉负能炼钢等技术；重点推广烧结球团低温废气余热利用、钢材在线热处理等技术；示范推广上升管余热回收利用、脱湿鼓风、利用焦炉消纳废弃塑料和废轮胎等技术；研发推广高温钢渣铁渣显热回收利用技术、直接还原铁生产工艺等；加快电机系统节电技术、节能变压器的应用。到2015 年，转炉负能炼钢、脱湿鼓风、烧结余热发电、煤调湿等技术的应用比例分别达到65%、20%、40%和50%。

专栏1：钢铁行业主要工序能耗及能源利用效率目标

焦化：到 2015 年，能耗达到国家单位产品能耗限额标准先进值的企业数量占比达 60%。

烧结：到 2015 年，能耗达到国家单位产品能耗限额标准先进值的企业数量占比达 15%。

高炉：到 2015 年，能耗达到国家单位产品能耗限额标准先进值的企业数量占比达 15%。

电炉：到 2015 年，能耗达到国家单位产品能耗限额标准先进值的企业数量占比达 65%。

二次能源综合利用：大中型钢铁企业余热余压利用率达到 50%以上、利用副产二次能源的自发电比例达到全部用电量的 50%以上。

（二）有色金属行业

大力发展铜、铝深加工产品和新材料等高附加值产业，加快发展再生资源加工园区和再生金属资源综合利用产业，严格控制电解铝新增产能，引导电解铝生产向能源资源丰富的西部地区转移，淘汰100 千安及以下电解铝预焙槽，密闭鼓风炉、电炉、反射炉炼铜工艺及设备和烧结锅、烧结盘、简易高炉、烧结-鼓风炉、未配套制酸及尾气吸收系统的烧结机等炼铅工艺及设备。

以电解铝、氧化铝、铜、铅、锌、镁等产品生产过程节能为重点，全面推广有色金属冶炼烟气余热发电、铜材料短流程生产、金属矿山高效选矿等技术和高效节能采矿、选矿设备；重点推广新型结构铝电解槽、低温高效铝电解、电解铝液合金化成形加工技术、氧气底吹熔炼液态高铅渣直接还原炼铅新工艺；研发推广闪速炼铅工艺等。

专栏2：有色金属行业重点产品节能措施与目标

电解铝：推广新型阴极结构铝电解槽、新型导流结构铝电解槽、高阳极电流密度超大型铝电解槽，到 2015 年，新型结构铝电解槽普及率达到 80%以上。

氧化铝：推广低品位铝土矿高效节能生产氧化铝技术、拜耳法高浓度溶出浆液高效分离技术、串联法生产氧化铝工艺技术等。

铜冶炼：研发推广氧气底吹炉连续炼铜、闪速炉短流程一步炼铜等技术。

铅锌冶炼：加快短流程连续炼铅节能技术、液态高铅渣直接还原炼铅工艺与装备的研发和推广。到 2015 年，氧气底吹（顶吹）先进工艺占铅冶炼总产能的比重达到 80%。

镁冶炼：以焦炉煤气、半焦煤气、发生炉煤气、天然气或水煤浆等清洁能源为燃料，全面改造落后的镁冶炼生产工艺，支持内电阻加热硅热法还原技术及装备的研发和产业化示范，推广蓄热高温空气燃烧技术。

（三）石化行业

以提高石化产品附加值为重点，大力发展聚碳酸酯、聚甲醛、聚对苯二甲酸丁二醇酯、高强度高模量碳纤维、高性能聚四氟乙烯、丁基橡胶、乙丙橡胶、异戊橡胶等高端或专用石化产品，加强可再生树脂的研发和废塑料的回收利用，努力增加 节能环保型丁苯橡胶、丁二烯橡胶、丁腈橡胶、氯丁橡胶的新产品、新牌号，积极推进节能型溶聚丁苯橡胶的应用。

全面推广大型乙烯裂解炉等技术；重点推广裂解炉空气预热、优化换热流程、优化中段回流取热比、中低温余热利用、渗透汽化膜分离、气分装置深度热联合、高效加热炉、高效换热器等技术和装备；示范推广透平压缩机组优化控制技术、燃气轮机和裂解炉集成技术等；研发推广乙烯裂解炉温度与负荷先进控制技术、C2 加氢反应过程优化运行技术等。

专栏3：石化行业重点产品节能措施

乙烯：优化原料结构，推动原料的轻质化，支持乙烯生产企业进行节能改造，实现生产系统能量的优化利用，到2015年，乙烯综合能耗降至857千克标准煤/吨。 芳烃：优化操作流程，实现蒸汽能级的合理利用。通过降低加热炉有效负荷、提高加热炉热效率等措施，降低加热炉燃料消耗量。推广新型高效催化剂（吸附剂），提高装置能源利用效率和经济效益。 合成材料及单体：对聚乙烯、聚丙烯、己内酰胺、丙烯腈、乙二醇等生产装置，开展针对性的节能技术改造，降低蒸汽、水、原料的消耗量，提高装置能效水平。研发和生产节能环保型合成树脂、合成橡胶、合成纤维的新产品、新牌号。

（四）化工行业

以合成氨、烧碱、纯碱、电石和传统煤化工等行业为重点，合理控制其新增产能。淘汰能耗高污染重的小型合成氨装置，汞法烧碱、石墨阳极隔膜法烧碱、未采用节能措施（扩张阳极、改性隔膜等）的普通金属阳极隔膜法烧碱生产装置，不符合准入条件的电石炉和10 万吨以下的硫铁矿制酸和硫磺制酸装置（边远地区除外）。大力发展功能膜材料、先进储能材料、生物降解材料、环保及节能型涂料等高端化学品和电子级含氟精细化学品、新型催化材料、高性能环保型水处理剂等专用化学品。推进化肥、甲醇、电石等资源型产品生产向原料产地集中。组织实施好煤制油、煤制烯烃、煤制天然气、煤制乙二醇等现代煤化工示范工程，全面评价并探索煤炭高效清洁转化的新途径。提高新材料国内保障能力和化工行业精细化率，到2015 年精细和专用化学品率达到50%。

全面推广先进煤气化、先进整流、液体烧碱蒸发、蒸氨废液闪法回收蒸汽等技术以及新型膜极距离子膜电解槽、滑式高压氯气压缩机、新型电石炉等装备；重点推广氯化氢合成余热副产中高压蒸汽、真空蒸馏、干法加灰、黄磷烟气回收利用、电石炉尾气综合利用等技术；研发推广氧阴极低槽电压离子膜电解、节能型干铵炉、无机化工生产过程中低温余热回收利用等。

专栏4：化工行业重点产品节能措施与目标

合成氨：优化原料结构，实现制氨原料的多元化，支持氮肥企业进行节能改造，加快大型粉煤制合成氨等成套技术装备国产化进程，到2015年，合成氨综合能耗降至1350千克标准煤/吨。 烧碱：推动离子膜法烧碱用膜国产化，支持采用新型膜极距离子膜电解槽进行烧碱装置节能改造，到2015年，烧碱（离子膜法30%）综合能耗降至330千克标准煤/吨。 纯碱：加大产品结构调整，提高重质纯碱和干燥氯化铵的产能比例，鼓励大中型企业采用热电结合、蒸汽多级利用措施，提高热能的利用效率，到2015年，纯碱综合能耗降至320千克标准煤/吨。 电石：推动电石行业兼并重组，鼓励企业向资源和能源产地集中，促进产业布局结构合理化发展，加快内燃炉改造，提高技术装备水平，到2015年，电石综合能耗降至1050千克标准煤/吨。 黄磷：加强尾气回收利用，推广深度净化、生产高技术高附加值碳一化学品、干法除尘替代湿法除尘技术，加强熔融磷渣热能及渣综合利用研究和示范工程建设。

（五）建材行业

以水泥、平板玻璃和新型墙体材料为重点，大力发展预拌混凝土、预拌砂浆、混凝土制品等水泥基材料制品和中空玻璃、夹层玻璃等节能型建材产品以及高性能防火保温材料、烧结空心制品和粉煤灰蒸压加气混凝土等轻质隔热墙体材料。淘汰直径3.0 米及以下的水泥机械化立窑和直径3.0 米以下球磨机（西部省份的边远地区除外）、平拉工艺平板玻璃生产线（含格法）等落后工艺设备，对综合能耗不达标的水泥熟料生产线、水泥粉磨站以及普通浮法玻璃生产线进行技术改造，对技术改造仍不能达标的，限期关停。

推广玻璃窑余热综合利用、全氧燃烧、配合料高温预分解等技术，以及陶瓷干法制粉、一次烧成等工艺；重点推广水泥纯低温余热发电、立磨、辊压机、变频调速及可燃废弃物利用等技术和设备；示范推广高固气比水泥悬浮煅烧工艺以及烧结砖隧道窑余热利用、窑炉风机节能变频等技术。

专栏5：建材行业重点产品节能措施与目标

水泥：大力发展生态水泥及水泥深加工产品，继续推广水泥窑纯低温余热发电技术，开展以粉磨节电为重点的设备节能改造。到2015年，水泥窑纯低温余热发电比例提高到65%以上。 平板玻璃：加快发展玻璃深加工，提高玻璃深加工率，推广原料优化、玻璃窑纯低温余热发电等技术，到2015年，玻璃窑纯低温余热发电应用比例达到30%以上。 建筑卫生陶瓷：推广瓷砖薄型化和洁具轻型化技术，提升大型化、智能化、节能化生产装备的使用率。 墙体材料：推广煤矸石烧结砖隧道窑余热发电技术和烧结砖内燃工艺，提升墙体材料能效水平，大力发展承重类新型墙体材料，替代粘土实心砖，到2015年，新型墙体材料产量比重达到65%以上。

（六）机械行业

以生产过程节能节材和提高终端用能产品能效为重点，加强绿色设计，选用新材料，推广绿色制造工艺，大力推进铸造、锻压、热处理、轴承等生产过程的节能，提高材料利用率；不断提高电机、风机、水泵、变压器等产品能效水平，加快淘汰落后的燃煤锻造加热炉、无磁轭（≥0.25）铝壳无芯中频感应电炉、中频发电机感应加热电源等生产设备。

重点推广余热利用热处理、真空与可控气氛加热和全纤维炉衬等技术以及大吨位外热风长炉龄冲天炉、高效电机、节能型内燃机等设备；示范推广谐波振动消除应力、冷温热精密铸造、热处理过程计算机精密控制、高压共轨、涡轮增压等技术，以及轴承套圈毛坯三联套件锻造、大型轴承锻件整径等工艺；加快节能和新能源汽车的示范应用；研发推广低毒树脂和环保无机树脂材料、耐冲击高淬透性轴承钢、非调制钢以及低阻零部件、高效动力总成、汽车轻量化等技术。

专栏6：机械行业重点工艺和产品节能措施与目标

铸造：推广中频炉双联溶化技术，示范应用高精密近净成型、铝镁合金挤压铸造等技术及装备。 锻压：发展直驱式（离合器）螺旋压力机及锻造与冲压数字化伺服压机技术，加快非调制钢的应用，推广冷锻设备、近净成型锻造等工艺。 热处理：合理选择热处理电加热设备，加强采用气体燃料的热化学重整技术对传统设备改造，推进陶瓷纤维代替耐火砖材料的应用。 轴承：优化轴承制造工艺，采用节能型热处理技术，加强轴承生产过程中的节材，到2015年，钢材利用率提高10%以上。 内燃机：加强电控高压燃油系统、排气后处理、替代燃料、点燃式内燃机缸内直喷等节能技术的研发和产业化，推广高效增压技术的应用，到2015年，内燃机燃油消耗降低10%。 电机：提高节能机电产品设计、制造水平和加工能力，重点发展变频电机、稀土永磁电机等。到2015年，2级以上能效电机应用比例达到80%。 风机、泵和压缩机：以重点用能行业为依托，加强风机、泵和压缩机的节能优化改造，推广变频调速、自动化控制技术。 变压器：加强变压器结构设计创新，改进生产工艺，提高能源利用效率，降低损耗，大力推广非晶合金变压器等新一代节能型变压器。 汽车：大力推广节能汽车，加快培育新能源汽车，因地制宜发展替代燃料汽车，促进汽车能源使用多元化发展。逐步降低我国汽车燃油消耗率，到2015年，节能型乘用车新车平均油耗达到5.9升/百公里。

（七）轻工行业

以造纸、陶瓷、日用玻璃、发酵、塑料加工和制盐行业为重点，大力发展超薄陶瓷、轻量化玻璃瓶罐等节能型产品；淘汰单条年产3.4 万吨以下非木浆生产线和年产5.1 万吨以下化学木浆造纸生产线、单条年产1 万吨及以下废纸为原料的制浆生产线、年产3 万吨以下酒精和味精生产线（废糖蜜制酒精除外）、年加工蓝湿皮能力3 万标张牛皮以下和年加工生皮能力5万标张牛皮以下的制革生产线，淘汰北方海盐年产30 万吨、湖盐年产20 万吨以下的生产设施和真空制盐单套生产能力年产10万吨及以下的生产设备；加强造纸、日用玻璃、制盐等行业的余热回收利用，鼓励造纸、发酵等领域发展热电联产。

全面推广低能耗蒸煮、高效废纸碎解等节能技术以及高效蒸发浓缩、新型发酵等设备；重点推广快速干燥、大型喷塔和泥浆减水、膜分离浓缩、菌种选育及发酵过程控制等技术以及富氧、全燃烧等节能环保型玻璃熔窑；示范推广机械式蒸汽再压缩、二次能源综合利用及靴型压榨等节能技术；研发推广新型发酵技术、连续化大吨位球磨机、新型无螺杆塑料加工等装备。到2015 年，膜分离浓缩技术使用比例达到30%以上，新型色谱分离技术推广比例达到60%以上。

专栏7：轻工行业重点领域节能措施

造纸：采用低能耗蒸煮、封闭筛选、中浓洗选漂技术与设备进行化学制浆工艺优化；加快蒸汽回收技术与设备在化机浆生产中的应用；采用干法筛选、高效废纸碎解技术与设备提升废纸制浆工艺和技术；纸机网部采用新型脱水元件和高效洗网装置，压榨部加强宽压区压榨、复合压榨、靴型压榨等技术的示范推广，干燥部采用密闭式烘缸罩、袋式通风及余热回收装置等。调整造纸纤维原料结构，到 2015 年，废纸浆比重达到 65%。

陶瓷：加大产品结构调整力度，大力发展超薄陶瓷；鼓励使用以天然气、液化石油气为主的清洁燃料；提升关键设备自动化、连续化运行能力和工艺创新，促进陶瓷加工、成型、干燥、烧成等重点工序能效水平提升。

日用玻璃：加大轻量化玻璃技术的研发投入，大力发展轻量化玻璃瓶罐；优化玻璃炉窑结构设计，加大节能环保型玻璃熔窑的应用，提高碎玻璃加工处理能力，增加碎玻璃的掺入量。

发酵：在发酵和提取过程中推广高效新型蒸发设备，在末端强化废汽回收与综合利用技术的应用，支持沼气发电、蒸汽阶梯综合利用、阶梯式水循环利用等二次能源综合利用技术和装备的示范应用。

塑料加工：开展注射机、挤出机、辅助设备等塑料加工关键设备的节能技术研发，推广全闭环伺服驱动、动态成型加工、电磁感应加热废旧塑料的合理综合利用等技术，提升塑料加工行业能效水平。

制盐：加快盐硝联产技术的引进和消化吸收，推广三相流分效预热防结垢、热电联产等节能技术，开展制盐系统综合节能技术改造。

家用电器：加强生态设计，采用变频等节能技术，开展绿色制造，大力推广能效在 2 级以上的节能型空调、冰箱、洗衣机等产品。

（八）纺织行业

重点推进棉纺织、服装、印染和化纤等领域企业节能技术改造，淘汰高耗能、高耗水的印染、化纤落后生产工艺设备；推进企业向园区聚集，优化工艺路线，加强纺织、浆料和印染企业间在能源和资源综合利用方面的衔接，推进产业链协调发展；推行生态设计，提高纺织行业的能效水平。

全面推广太阳能集热器、绿色照明、蒸汽节能器、空压系统能源优化等产品及技术；重点推广空调和空压机节电、高中温废水废气热能回收利用、高效节能复洗等技术以及高效节能纺丝冷却、纺丝热媒循环供热等设备。“十二五”期间，建成太阳能集热装置500 万平米，蒸汽节能器5000 台（套）。

专栏8：纺织行业重点领域节能措施

棉纺织业：加强棉纺设备的机电一体化、自动化，应用信息通信技术提高纺纱效率，推广紧密纺、中高支转杯纺纱工艺和高智能型宽幅无梭织机，提高生产效率和产品附加值。加强纺织设备、纺织器材的再制造和再利用。 服装业：推进服装行业智能管理系统的应用，重点推广"工业缝纫机电子调速电机'，实现生产节电30%的目标。 印染业：推广数码印花和小浴比染色等少水印染加工、生物酶（菌）处理、在线自动检测和控制等技术。 化纤业：重点推广聚酯聚合节能组合、高效节能的热媒系统、低耗低污染着色纤维、液相增粘熔体直纺工业丝以及功能化、差别化直纺等技术。

（九）电子信息行业

以电子元器件、材料生产过程和典型电子整机产品为重点，大力推进单晶硅、多晶硅、电极箔、磁性材料、陶瓷烧结、电子玻璃、光纤及光纤预制棒等生产工艺的改进，降低生产过程的能耗；加强绿色设计，推行能效标识，不断降低平板电视、计算机、移动信息终端等量大面广的整机产品的使用能耗和待机功耗；推进半导体、电力电子、物联网等一批先进适用信息通信技术在钢铁、有色金属、石化、化工、建材等行业节能改造中的应用。

重点应用波治理及无功补偿技术改造单晶炉、多晶硅生产流水线，增加余热回收装置；示范推广石墨辐射隔绝器、综合回收四氯化硅和导热油循环冷却、纳米分散剂等产品和工艺；研发推广先进半导体照明、低功耗中央处理器和存储、低能耗集中式空调等技术和产品；选择合理的炉型及炉膛结构，采用先进的燃烧技术和辅助装置，加强炉窑的热工检测与控制，提升电子工业炉窑的热效率。

专栏9：电子信息行业主要耗能设备和整机产品节能目标

电子工业窑炉：热效率达到60%以上。 **平板液晶电视：待机功耗小于0.5瓦/小时，能效指数达到2级。** **笔记本电脑：待机功耗小于0.5瓦/小时，使用功耗达到笔记本电脑能效限定值标准。** **台式机电脑：待机功耗小于1瓦/小时，使用功耗达到台式机电脑能效限定值标准。**

四、重点节能工程

组织实施工业锅炉窑炉节能改造、内燃机系统节能、电机系统节能改造、余热余压回收利用、热电联产、工业副产煤气回收利用、企业能源管控中心建设、两化融合促进节能减排、节能产业培育等九大重点节能工程，提升企业能源利用效率，促进节能技术和节能管理水平再上新台阶。

（一）工业锅炉窑炉节能改造工程

针对工业锅炉窑炉自控水平低、平均负荷低、装备陈旧落后等问题，实施工业锅炉窑炉节能技术改造。

区分锅炉运行效率和使用燃料等情况，重点推进中小型工业燃煤锅炉节能技术改造。淘汰结构落后、效率低、环境污染重的旧式铸铁锅炉；采用在线运行监测、等离子点火、粉煤燃烧、燃煤催化燃烧等技术因地制宜对燃煤锅炉进行改造；采用洁净煤、优质生物型煤替代原煤，提高锅炉燃煤质量，在天然气资源丰富地区进行煤改气，在煤、气资源贫乏的地区推进太阳能集热替代小型燃煤锅炉。

采取窑体减少开孔与炉门数量、使用新型保温材料等措施提高工业窑炉的密闭性和炉体的保温性。对燃煤加热炉采用低热值煤气蓄热式技术改造，对燃油窑炉进行燃气改造。重点实施石灰窑综合节能技术改造和轻工烧成窑炉低温快烧技术改造，推广节能型玻璃熔窑。到2015年，工业锅炉、窑炉运行效率分别比2010年提高5%和2%。

（二）内燃机系统节能工程

以内燃机产业升级和提升产品技术水平为核心，加强节能技术的推广和应用，在内燃机整机、部件、替代燃料应用领域，开展节能关键核心技术的研发、示范推广和应用。

推广高压燃油喷射、增压、排气后处理、高效滤清、低摩擦和高密封等技术，提高内燃机的综合效率，降低内燃机燃油消耗。开展燃用替代燃料内燃机的研究和推广应用，以醇醚燃料、生物燃料、气体燃料为重点，着力解决替代燃料应用中关键零部件的适应性和可靠性。采用先进的内燃机制造工艺及材料，优化整机与配套机械的匹配技术，大力推广废气涡轮增压技术，重点支持电控燃油高压喷射系统、高效增压器和关键零部件产业的发展。

到2015年，内燃机产品燃油消耗率比2010年降低10%，投放市场的节能型内燃机产品占市场保有量的20%。

（三）电机系统节能改造工程

针对电机系统运行效率低、系统匹配不合理、调节方式落后等问题，在钢铁、有色金属、石化、化工、轻工等重点领域，加快既有电机系统变频调速改造，优化电机系统控制和运行方式。

重点改造高耗电的中小型电机及风机、泵类系统，严禁落后低效电机的生产、销售和使用。采用变频调速、永磁调速等先进电机调速技术，改善风机、泵类电机系统调节方式，逐步淘汰闸板、阀门等机械节流调节方式，重点对大中型变工况电机系统进行调速改造，提高电机系统运行效率。通过软启动装置、无功补偿装置、计算机自动控制系统等，合理配置能量，实现系统经济运行。以先进的电力电子技术传动方式改造传统的机械传动方式，逐步采用交流调速取代直流调速，采用高新技术改造拖动装置。加快电机系统节能改造步伐，鼓励节能服务公司采用合同能源管理、设备融资租赁等市场化机制推动电机系统节能改造。

到2015年，电机系统节电率比2010年提高2-3个百分点。

（四）余热余压回收利用工程

在钢铁、有色金属、化工、建材、轻工等余热余压资源丰富行业，全面推广余热余压回收利用技术，推进低品质热源的回收利用，形成能源的梯级综合利用。

钢铁行业基本普及焦炉干熄焦装置、高炉干法除尘及炉顶压差发电装置，重点推广焦炉实施煤调湿改造、转炉余热发电装置和烧结机余热发电装置；有色金属行业重点建设冶炼烟气废热锅炉和发电装置，推广粗铅、镁冶炼余热回收利用技术；化工行业重点推广硫酸生产低品位热能利用技术和炭黑余热利用技术；建材行业在新型干法水泥生产线全部配套建设纯低温余热发电系统，重点推广玻璃熔窑余热发电技术、煤矸石烧结砖生产线余热发电技术；轻工行业加快对造纸生产实施全封闭气罩热回收节能技术改造。

（五）热电联产工程

在钢铁、有色金属、化工、轻工等行业发展热电联产，实现能源的梯级利用和能源利用效率的提高。

结合城市基础设施建设支持有条件的工业企业发展热电联产，推广使用背压式汽轮机、抽气凝汽式汽轮机、微型透平机、螺杆膨胀发电机等设备，提高热电联产的装备水平。支持热电联产新增项目采用高效率、低排放供热机组，发展非采暖期季节性用户。支持工业园区内企业按相关产业政策发展热电联产，为园区集中供电、供热、供冷。

到2015年，大幅提高钢铁、有色金属、化工、轻工等行业热电联产的平均热效率。

（六）工业副产煤气回收利用工程

加大焦炉煤气、高炉煤气、转炉煤气、炼化尾气等工业副产煤气的回收力度，促进工业可燃气体资源综合利用。

优化工业副产煤气回收工艺，提高副产煤气回收率，减少煤气放散损失，提高煤气净化质量，推广煤气高温高压发电和燃气-蒸汽联合循环发电技术。发展以工业副产煤气为原料的综合利用技术，研发推广焦炉煤气作为冶炼还原和化工原料，采用转炉煤气、高炉煤气等混合煤气作为替代燃料。

到2015年，工业副产煤气回收利用率达到98%以上。

（七）企业能源管控中心建设工程

支持重点用能企业实施信息化改造，通过对企业能源生产、输配和消耗实施动态监控和管理，改进和优化能源平衡，提高企业能源利用效率和管理水平。

总结完善钢铁企业能源管控中心实践经验，逐步开展有色金属、化工、建材、造纸等行业企业能源管控中心推广实施方案。“十二五”期间，支持一批电解铝、铜冶炼、铅锌冶炼、镁冶炼大中型企业，年耗能30万吨标准煤以上的石油化工、煤化工、盐化工等大中型企业，年产100万吨水泥企业和大型玻璃企业，以及大中型造纸企业建设企业能源管控中心。加强对能源管控中心项目建设的监督管理，组织项目实施情况检查，对项目节能效果进行后评估。

到2015年，有色金属、化工、建材大中型企业能源管理接近世界先进水平，企业能源管控中心建设节能贡献率达到5%以上。

（八）两化融合促进节能减排工程

加快电子信息和绿色通信技术在工业节能降耗中的应用，促进信息化和工业化的深度融合。

鼓励信息化企业开发数字能源解决方案，推动信息通信技术在重点用能行业和企业中的应用，提高能源管理水平，推动智能电网、智能建筑、智能交通等建设。推进三网融合，加强网络统筹规划和共建共享，提升网络资源的利用水平。

重点推广绿色数据中心、绿色基站、绿色电源，统筹数据中心布局、服务器、空调等设备和管理软件应用，选址考虑能源和水源丰富的地区，利用自然冷源等降低能源消耗，选用高密度、高性能、低功耗主设备，积极稳妥引入虚拟化、云计算等新技术；优化机房的冷热气流布局，采用精确送风、热源快速冷却等措施。

到2015 年，数据中心PUE（数据中心消耗的所有能源与IT负载消耗的能源之比）值下降8%。

（九）节能产业培育工程

发展节能装备制造业。加大共性节能技术的研发、示范和产业化，加快节能装备的推广应用。支持信息技术与节能技术融合产生的新型关键共性节能技术的研发和推广应用，加快节能装备核心部件的国产化，培育一批拥有自主知识产权和知名品牌、具有国际竞争力的节能装备制造企业以及特色化、专业化中小节能装备制造企业；选择具有一定产业基础和发展空间的区域，重点培育一批新型工业化产业示范基地（节能装备），推动基地向集聚化、规模化发展，形成一批高效锅炉制造基地和高效电机及其控制系统产业化基地以及余热余压利用装备制造基地。

培育节能服务产业。以培育节能服务公司、创新服务机制、提升服务能力为重点，鼓励重点用能企业依托自身优势组建专业化节能服务公司，为行业提供节能服务。支持节能服务公司通过合同能源管理、节能设备租赁、节能项目融资担保等方式，为中小企业节能提供“一条龙”服务。支持专业化节能服务信息化平台建设，促进节能服务业快速发展。

“十二五”期间，节能装备产业规模年均增长15%以上，建立比较完善的节能服务产业体系，培育1000 家具有较强实力的节能服务公司。

表2：“十二五”重点节能工程投资需求

序号	工程名称	投资需求（亿元）	节能量（万吨标准煤）
1	工业锅炉窑炉节能改造工程	900	4500
2	内燃机系统节能工程	600	3000
3	电机系统节能改造工程	700	3500
4	余热余压回收利用工程	600	3000
5	热电联产工程	700	3500
6	工业副产煤气回收利用工程	600	3000
7	企业能源管控中心建设工程	400	2000
8	两化融合促进节能减排工程	900	1000

五、保障措施

（一）健全法规标准体系

加强工业节能管理制度建设。以落实《节约能源法》为核心，制（修）订《工业节能管理办法》、《工业节电管理办法》、《重点用能企业节能管理办法》、《工业固定资产投资项目节能评估和审查管理办法》等，落实《电力需求侧管理指导意见》，建立重点用能企业能源管理岗位和能源管理负责人制度，规范企业能源计量统计和监测等制度，形成相关法律法规相协调的工业节能管理体系。

发挥节能标准支撑作用。加快单位产品（工序）能耗限额标准制（修）订工作，扩大工业设备、家电照明和信息通信等领域产品能效标准实施范围；鼓励地方制定更加严格的单耗和能效地方标准；推动工业节能标准的国际协调和统一；加强节能产品认证和检测能力建设，强化节能产品认证；扩大节能产品能效标识范围，加大节能产品政府采购力度。

加强工业节能组织领导。充分发挥各级节能主管部门作用，深化政府各部门、政府与企业、企业与企业之间的协调、沟通，积极发挥行业协会作用，促进工业节能工作有序开展。

（二）加大政策支持力度

强化财税政策。加大节能减排专项资金对工业节能的支持力度，完善财政补贴方式，支持九大重点节能工程建设；通过国家科技计划专项，重点支持行业节能关键共性技术及重大装备的研发，推动产业化应用；对鼓励发展的节能项目，其进口国内不能生产的先进节能装备，在规定范围内免除进口关税；研究完善企业实施节能技术改造的税收优惠政策；完善热电联产项目的建设投资、电价、热价等政策，有序发展热电联产项目。研究完善鼓励企业建设利用余热余压发电、生物质能发电、热电联产项目等的电力上网政策。

完善能源资源价格政策。加大差别电价、惩罚性电价实施范围和力度，将收缴的差别电费、惩罚性电费重点用于支持当地节能技术改造和淘汰落后产能工作，根据产业发展需要修订加价范围、提高加价标准。鼓励企业利用低碳能源和可再生能源。

完善投融资政策。开展节能金融产品创新示范；引导金融机构按照市场化原则，为节能项目提供融资、保理、担保等金融服务；研究建立工业节能产业发展基金、合同能源管理项目担保基金，促进节能产品（装备）制造业和节能服务产业发展；鼓励国有、民间、外资资本进入节能领域，提高信贷审核标准，严控对高耗能行业的信贷投入。

（三）加快产业结构调整

落实淘汰落后产能任务。根据国家产业政策和强制性产品（工序）能耗限额标准，制订重点行业“十二五”淘汰落后产能目标任务以及分解落实方案；综合运用经济、法律、技术和必要行政手段，健全促进落后产能退出的综合政策体系，完善落后产能退出机制；加强淘汰落后产能监督检查力度，确保淘汰落后工作按期完成。

严格新建项目节能准入。及时制（修）订强制性单位产品（工序）能耗限额标准，实施工业固定资产投资项目节能评估和审查，建立健全新上项目管理部门联动机制和项目审批问责制，从源头把好节能准入关，严格控制高耗能、低水平项目重复建设和产能过剩行业盲目发展。对于未完成年度节能目标的地方，其新上高耗能项目采取区域限批措施。

加快传统产业技术创新，发展低能耗高附加值产业。加大先进技术、工艺和装备的研发，加快运用高新技术和先进适用技术改造提升传统产业，促进信息化和工业化深度融合，支持节能产品装备和节能服务产业做大做强。鼓励发展低能耗高附加值的高端装备制造、新一代信息技术和节能环保等战略性新兴产业以及生产性服务业，推进新能源产业快速发展。

（四）推进节能技术进步

加强工业节能技术研发和产业化示范。推动建立以企业为主体、产学研相结合的节能技术创新体系；推动组建以市场为导向、多种形式相结合的节能技术与装备产业联盟；支持国家级工业节能技术中心建设，围绕工业领域核心、关键和共性节能技术，组织开展技术攻关；鼓励企业使用首台（套）国产节能重大技术装备，加快产业化基地建设。

加快工业节能技术推广应用。建立工业节能技术遴选、评定及推广机制，研究建立工业设备能效标识制度，扩大节能设备认证范围。继续发布节能机电设备（产品）推荐目录和编制重大节能技术推广实施方案，组织先进成熟节能新技术、新工艺、新设备和新材料的推广应用。在钢铁、有色金属、石化、建材等重点用能行业推广重大节能技术，加快传统生产设备的大型化、数字化、智能化、网络化改造，推进以节能减排为核心的企业技术改造。

开展“节能服务进万家”活动。推荐优秀节能服务公司，筛选合同能源管理最佳案例，组织节能服务公司和工业节能减排大学联盟为中小企业提供咨询服务，支持节能服务万里行活动。鼓励企业采用合同能源管理、节能设备租赁等市场化手段开展节能技术改造，促进中小企业能源利用效率的提升。

加强节能技术的国际交流与合作。采用“走出去”、“请进来”的方式，开展节能技术对外交流，学习借鉴发达国家和地区节能的先进经验，引进先进适用的节能技术，加快提升我国节能技术水平。

（五）加强工业节能管理

制定工业能效提升计划实施方案。针对高耗能产品（工序）和终端用能产品，分行业制定能效标杆值，逐步建立工业能效激励约束机制。开展企业能效对标达标、绩效评价活动，实施新上项目能评审查、节能产品装备推广应用等措施，促进工业能效水平提升。

加强工业节能监察执法能力建设。开展部门联合执法，完善日常监察与专项监察相结合的节能监察工作长效机制；加强节能监察执法队伍培训和能力建设，建立基本覆盖国家、省、市（县）三级节能监察监控系统网络，提升节能监察水平。

建立工业节能监测预警体系。分步推进国家、省、市（县）三级工业节能监测体系建设，加强地方、行业节能动态监测分析，提高节能预测预警能力，对能源消费总量增长过快的地区和行业，及时预警调控，强化用能管理。

加强重点用能企业节能管理。对重点用能企业实行分级管理，落实目标责任；建立重点用能企业节能绩效评价制度，落实企业能源管理负责人制度；推动重点用能行业能效水平对标达标活动、开展能耗（效）限额标准执行情况监督检查；创建资源节约型和环境友好型企业；建立健全企业能源管理体系，加强企业能源计量管理，配备满足需要的能源计量器具，实行能源利用状况报告制度和能源审计制度。

增强企业节能内生动力。发挥市场配置资源的基础性作用，促进工业节能长效机制建设。完善相关配套扶持政策，鼓励企业开展节能自愿协议，充分调动企业节能降耗的积极性，建立有利于企业自觉节能的良好环境。加大工业节能宣传力度。开展节能降耗宣传活动，普及工业节能知识，采取召开专题论坛、技术展示和推广交流、现场 交流会等方式，为企业提供先进的节能技术与管理经验，充分发挥群众、社会、媒体的监督作用，营造企业主动节能的良好氛围。

新材料产业“十二五”发展规划（节录）

（工业和信息化部　二○一二年一月四日印发）

一、发展现状和趋势

（二）发展趋势

当今世界，科技革命迅猛发展，新材料产品日新月异，产业升级、材料换代步伐加快。新材料技术与纳米技术、生物技术、信息技术相互融合，结构功能一体化、功能材料智能化趋势明显，材料的低碳、绿色、可再生循环等环境友好特性备受关注。发达国家高度重视新材料产业的培育和发展，具有完善的技术开发和风险投资机制，大型跨国公司以其技术研发、资金、人才和专利等优势，在高技术含量、高附加值新材料产品中占据主导地位，对我国新材料产业发展构成较大压力。

从国内看，“十二五”是全面建设小康社会的关键时期，是加快转变经济发展方式的攻坚时期，经济结构战略性调整为新材料产业提供了重要发展机遇。一方面，加快培育和发展节能环保、新一代信息技术、高端装备制造、新能源和新能源汽车等战略性新兴产业，实施国民经济和国防建设重大工程，需要新材料产业提供支撑和保障，为新材料产业发展提供了广阔市场空间。另一方面，我国原材料工业规模巨大，部分行业产能过剩，资源、能源、环境等约束日益强化，迫切需要大力发展新材料产业，加快推进材料工业转型升级，培育新的增长点。

专栏2　战略性新兴产业对部分新材料的需求预测

01	新能源
	“十二五”期间，我国风电新增装机6000万千瓦以上，建成太阳能电站1000万千瓦以上，核电运行装机达到4000万千瓦，预计共需要稀土永磁材料4万吨、高性能玻璃纤维50万吨、高性能树脂材料90万吨，多晶硅8万吨、低铁绒面压延玻璃6000万平方米，需要核电用钢7万吨/年，核级锆材1200吨/年、锆及锆合金铸锭2000吨/年。
02	节能和新能源汽车
	2015年，新能源汽车累计产销量将超过50万辆，需要能量型动力电池模块150亿瓦时/年、功率型30亿瓦时/年、电池隔膜1亿平方米/年、六氟磷酸锂电解质盐1000吨/年、正极材料1万吨/年、碳基负极材料4000吨/年；乘用车需求超过1200万辆，需要铝合金板材约17万吨/年、镁合金10万吨/年。
05	节能环保
	“十二五”期间，稀土三基色荧光灯年产量将超过30亿只，需要稀土荧光粉约1万吨/年；新型墙体材料需求将超过230亿平方米/年，保温材料产值将达1200亿 元/年;火电烟气脱硝催化剂及载体需求将达到40亿元/年,耐高温、耐腐蚀袋式除尘滤材和水处理膜材料等市场需求将大幅增长。

总体思路

（一）指导思想

（二）基本原则

坚持绿色发展。牢固树立绿色、低碳发展理念，重视新材料研发、制备和使役全过程的环境友好性，提高资源能源利用效率，促进新材料可再生循环，改变高消耗、高排放、难循环的传统材料工业发展模式，走低碳环保、节能高效、循环安全的可持续发展道路。

三、发展重点

（六）先进电池材料专项工程

工程目标：先进储能材料、光伏材料产业化取得突破，基本满足新能源汽车、太阳能高效利用等需求。

主要内容：组织开发高效率、大容量（≥150mAh/g）、长寿命（大于2000次）、安全性能高的磷酸盐系、镍钴锰三元系、锰酸盐系等锂离子电池正极材料，新增正极材料产能4.5万吨/年，推进石墨和钛酸盐类负极材料产业化，新增负极材料产能2万吨/年，加快耐高温、低电阻隔膜和电解液的开发，积极开发新一代锂离子动力电池及材料，着力实现自主化。开发高转化效率、低成本光伏电池多晶硅材料产业化技术，研发新型薄膜电池材料。加快推进超白TCO导电玻璃等关键产品产业化，形成产能5000万平米/年。积极发展太阳能真空集热管，推动太阳能光热利用。开展大容量钠硫城网大储能电池研究，完成大功率充放电，电池寿命10年以上，实现10MW示范电站并网。

（七）新型节能环保建材示范应用专项工程

工程目标：到2015年，高强度钢筋使用比例达到80%，建筑节能玻璃比例达到50%，新型墙体材料比例达到80%，加快实现建筑材料换代升级。

主要内容：组织推广400MPa以上高强度钢筋、高效阻燃安全保温隔热材料、新型墙体材料、超薄型陶瓷板（砖）、无机改性塑料、木塑等复合材料、Low-E中空/真空玻璃、涂膜玻璃、智能玻璃等建筑节能玻璃。提高建筑材料抗震防火和隔音隔热性能，加快绿色建材产业发展，扩大应用范围，推动传统建材向新型节能环保建材跨越。

（八）加强资源保护和综合利用

高度重视稀土、稀有金属、稀贵金属、萤石、石墨、石英砂、优质高岭土等我国具有优势的战略性资源保护，加强战略性资源储备，支持有条件的企业开展境外资源开发与利用，优化资源全球化配置，为新材料产业持续发展提供保障。合理规划资源开发规模，整顿规范矿产资源开发秩序，依法打击滥采乱挖，提高资源回采率。积极开发材料可再生循环技术，大力发展循环经济，促进资源再生与综合利用。加大短缺资源地质勘查力度，增加资源供给。

>>>

低碳交通编

主编单位： 交通运输部政策法规司

主　　编： 魏　东　交通运输部政策法规司副司长

副 主 编： 柯林春　交通运输部政策法规司副司长

李树栋　交通运输部政策法规司节能减排处处长

执行副主编： 高建刚　交通运输部政策法规司节能减排处副调研员

张婧嫄　交通运输部政策法规司节能减排处

言论

精心谋划 务实推进
交通运输节能减排工作实现良好开局（节录）

高宏峰

交通运输是我国节能减排三大重点领域之一，交通运输行业能源消费量约占全社会能源消费总量的8%，三分之一以上的汽柴油等石油制品消耗在交通运输领域。交通运输部党组高度重视行业节能减排工作，以科学发展观为指导，坚决贯彻落实国务院节能减排工作战略部署，将交通运输节能减排作为加快转变交通运输发展方式、促进现代交通运输业发展的重要抓手，加强领导，全面部署，精心谋划，务实推进，在“十一五”期间取得了显著成效，为“十二五”起好步、开好局奠定了良好基础。

一、交通运输节能减排工作实现良好开局

进入“十二五”，交通运输行业节能减排工作继续坚持以科学发展观为指导，坚持理论创新与行业实践相结合，坚持示范试点与推广应用相结合，坚持政府引导与企业自主相结合，科学规划，统筹安排，突出重点，明确责任，节能减排工作迈上了一个新的台阶。

（一）全面部署行业“十二五”期节能减排工作。李盛霖部长多次主持召开部节能减排工作领导小组会议，传达国务院节能减排工作会议精神，安排部署行业节能减排重点工作。部先后印发了《关于公路水路交通运输行业落实〈国务院“十二五”节能减排综合性工作方案〉的实施意见》和《公路水路交通运输节能减排“十二五”规划》，将国家“十二五”规划节能减排工作总体要求、国务院节能减排工作战略部署与行业实际相结合，为做好“十二五”期交通运输节能减排工作提供了纲领性指导文件。

（二）认真落实国务院确定的交通运输节能减排重点工作。一是继续严格实行营运车辆燃料消耗量准入制度。自2011年3月1日起所有申办营运资格的新购车辆（含进口车辆）必须符合燃料消耗量限值标准要求，不符合标准的车型不得投入营运。截至2011年11月，部已累计审查公布了17批共22492个达标车型，新进入运输市场的达标车型总计251.8万辆，节约燃油142.5万吨，减少二氧化碳排放460.2万吨。二是继续严格实行客运运力调控政策。对于年平均实载率低于70%的县际以上客运班线，一律不得新增运力。对一类客运班线、与高速铁路和城际轨道交通平行的客运班线，原则上不再审批新增运力。对与现有班线重复里程在70%以上的二类以上客运班线，严格控制新增班线和运力。三是启动了甩挂运输首批试点工作。与国家发展改革委联合印发了《关于确定甩挂运输首批试点项目（单位）的通知》。截至目前，全国首批实施26个试点项目，40个甩挂运输场站已经全部动工，完成建设投资18.5亿元；新购置牵引车和半挂车4225辆，总投资8.2亿元，甩挂运输推荐车型占新购置车辆的83%；试点项目共投入甩挂运输车辆9453辆，开通一定规模的甩挂运输作业线路130多条，已辐射到全国20多个省份。通过试点，甩挂运输模式较传统运输模式平均单位运输成本下降了10%—20%，单位运输周转量能耗下降了5%—20%。2011年，26个试点项目共拉动全社会节约标准煤约10万吨，减少二氧化碳排放近22万吨。

（三）不断深化“车、船、路、港”千家企业低碳交通运输专项行动。2011年，专项行动得到不断深化。“车”：积极推进甩挂运输；发布了行业标准《汽车驾驶节能操作规范》；举办了机动车安全节能驾驶竞赛。“船”：组织实施长江干线船型标准化工作，经沿江省级交通运输部门审核批准列入拆解计划的船舶已达3742艘，拆改完工船舶3105艘，核准使用中央补贴资金3.85亿元；推广内河船舶免停靠报港信息服务系统；推进船用岸电技术应用；开展天然气船示范项目。“路”：加快推进电子不停车收费系统，截至2011年年底，全国已经开通ETC的省份达20个，建成ETC专用车道3200条，ETC用户突破200万户；开展高速公路运营节能技术应用与示范工程。“港”：继续推广应用靠港船舶使用岸电技术和港口轮胎式集装箱门式起重机“油改电”；推广港口机械节能运行控制技术。交通运输节能减排专项资金也对专项行动参与企业予以重点支持。据统计，2011年专项资金支持专项行动参与企业申报项目占项目总数的34%，补助资金占补助总额的48%；2012年第一批专项资金支持专项行动参与企业项目占项目总数的28%，补助资金占第一批补助总额的23%。

（四）持续推进低碳交通运输体系建设城市试点。组织完成了部重大课题“建设低碳交通运输体系研究”。部印发了《建设低碳交通运输体系指导意见》和《建设低碳交通运输体系试点工作方案》。2011年选择确定天津等10

个城市开展试点，组织评审并批复了试点城市实施方案，试点工作进入组织实施阶段。2012年又选择确定北京等16个城市开展第二批城市试点，扩大了试点规模，提升了试点的影响力和示范效应。26个城市试点必将为建设低碳交通运输体系提供丰富的实践经验。

（五）充分发挥交通运输节能减排专项资金激励引导作用。“十二五”期间中央财政每年安排交通运输节能减排专项资金，支持公路水路交通运输节能减排工作。部与财政部联合印发了《交通运输节能减排专项资金管理暂行办法》及2011年、2012年专项资金申请指南，在“公平、公正、公开”的原则下，组织开展了年度专项资金项目申请和审核工作。2011年对122个项目给予了资金支持，补助总额2.5亿元。经核算，除无法准确计算节能减排量的交通运输管理与服务能力建设类项目外，2011年度补助项目形成的节能量为31.5万吨标准煤，替代燃料量为22.4万吨标准油，减少二氧化碳排放113.8万吨。2012年专项资金分两批申报，第一批已对89个项目予以支持，补助总额1.5亿元。专项资金对行业节能减排工作的深入开展发挥了积极引导作用。

（六）大力推广节能减排示范项目和节能产品技术。2011年确定并公布了20个交通运输行业第四批节能减排示范项目。前四批共80个交通运输节能减排示范项目，对总结节能减排经验、推广节能减排技术、促进节能减排工作发挥了积极作用。目前，已基本完成第五批节能减排示范项目的组织推荐和评审，即将发布。2011年还确定并公布了30项“十二五”期第一批全国重点推广公路水路交通运输节能产品技术，为交通运输企业选择节能产品、技术提供了指导，对促进企业节能降耗发挥了推进作用。

（七）继续强化科技研发对节能减排工作的支撑作用。组织开展了“交通运输行业碳排放统计监测及低碳政策研究”，启动实施了“公路甩挂运输关键技术与示范”等部重大科技专项，继续推进“公路运输节能减排标准体系及系列标准研究”等科研项目。进一步推进科技成果转化，组织开展了“高速公路运营节能技术综合应用研究及示范”等科技成果推广应用；“内河船舶电力推进系统”等节能减排类科技成果被列入2011年科技成果推广目录。批准发布了《汽车驾驶节能操作规范》等行业节能减排相关标准，启动了相关标准研究项目。

（八）积极参与国际应对气候变化谈判。部六次组团参加了《联合国气候变化框架公约》（UNFCCC）和国际海事组织（IMO）框架下的谈判，出席了UNFCCC德班会议和IMO第62届海上环境保护委员会会议。组织开展专题研究，向IMO提交了四份政策和技术提案，会同外交部、国家发展改革委、工业和信息化部报请国务院批准了坎昆会议后国际海运温室气体减排谈判对策，有效维护了我国整体利益和行业发展利益。部还组织中远、中海、河北远洋等12家远洋公司开展了船舶能效水平调研，初步掌握了我国远洋船舶能耗总量、单位能耗及能效管理水平等基础数据，并与国际具有代表性的船舶能效水平进行了比对。

（九）广泛开展交通运输节能减排宣传交流培训。利用报纸、网络、广播、电视等媒体大力宣传交通运输节能减排成效，积极组织参加全国节能宣传周活动，取得了良好的宣传效果。在多双边领域加大行业节能减排对外宣传力度，利用多双边会议和各种交流活动，学习国外先进经验，为推动我国具有比较优势的企业“走出去”和技术出口创造条件。举办了“2011中国节能与低碳发展论坛”交通节能分论坛、“2012中国交通发展论坛”低碳交通分论坛、建设低碳交通运输体系培训班、第二届机动车驾驶员节能技能竞赛等活动，宣传推广交通运输低碳发展理念和技术。

（十）努力做好公共机构节能。印发了《交通运输部机关节能工作实施方案》等，完善了机关节能工作制度。继续做好部机关节油节电节水工作，2011年部机关用油量同比持平，用水量同比下降1.28%，被国管局和北京市水务局评为“北京市节水型单位”，部机关办公楼扣除因通信中心、海事、救捞、公安机房等用电设备增加带来的新增用电量后，用电量同比下降5.49%，完成了国管局确定的2011年度节能目标。进一步加强了对部属各单位公共机构节能的监督、指导和能耗统计工作。

二、交通运输节能减排工作的主要经验

“十一五”以来，交通运输行业深入推进节能减排工作，不断取得新的成效，为下一步继续做好节能减排工作积累了宝贵的经验，主要体现在以下六个方面：

第一，要不断提高对交通运输节能减排工作重要性、紧迫性和艰巨性的认识。近几年，交通运输行业推进节能减排工作，由宣传发动到务实推动，认识在不断提高，行动在逐渐自觉，力度在逐步加大。全行业充分认识到做好节能减排工作对于促进交通运输发展方式转变、加快交通运输结构调整、实现交通运输科学发展的重要意义，逐步增强做好节能减排工作的责任感和使命感，积极谋划，周密部署，明确责任，抓好落实，做到长期有目标，年度有重点，件件有落实，有力提高了交通运输节能减排工作管理水平。

第二，要不断加强交通运输节能减排工作组织领导，建立健全节能减排工作管理机制。近年来，交通运输部适时调整并不断强化节能减排工作领导机构，加强部内外相关部门的沟通与合作，逐步完善节能减排工作管理机制和法规标准规范体系，探索建立节能减排工作长效机制。地方各级交通运输主管部门和交通运输企业也不断加强并稳定节能减排工作管理机构，充实管理队伍，提高管理人员的认识水平和业务能力。全行业节能减排工作管理力度不断加大，管理机制不断优化，管理效能不断提升。

第三，要制定并实施交通运输节能减排规划。各级交通运输主管部门积极参与做好国家和地方综合规划中的交通运输节能减排部分，研究制定并发布了交通运输行业节能减排专项规划，采取必要措施，贯彻落实规划提出的重点任务和目标要求，加强对规划执行情况的监督检查，切实发挥了规划对交通运输节能减排工作的先导作用。

第四，要突出交通运输企业在节能减排工作中的主体地位。企业是节能减排工作的主体。近年来，广大交通运输企业在政府主管部门的指导下，创造性地开展节能减排工作，因地制宜，因时制宜，开发应用适合本企业实际的节能减排技术和产品，以实际行动打造绿色低碳交通运输企业，为持续深入推进交通运输节能减排工作作出了实际贡献。

第五，要充分发挥科技对节能减排工作的支撑作用。科技为交通运输节能减排工作提供了强大的推动力和更广阔的发展空间。交通运输科研单位和交通运输企业内的研发部门，能够树立为行业发展大局服务的意识，找准着力点，选好创新点，克难攻坚，积极创新，不断加强科技对节能减排工作的支撑力度，促进了节能减排工作不断提升和深化。

第六，要抓好节能减排示范试点和专项行动。近年来，组织开展的节能减排示范项目、节能产品技术推广、“车、船、路、港”千家企业低碳交通运输专项行动、低碳交通运输体系建设城市试点等工作，以点带面，充分发挥了典型示范作用，进一步增强了行业对做好节能减排工作的共识，促进了行业节能减排工作的持续深入。

我们也清醒地认识到，交通运输节能减排工作仍然存在着一些薄弱环节，主要是：交通运输结构性矛盾尚未根本解决；交通运输节能减排技术创新与服务体系仍不完善；交通运输节能减排监管能力还有待提升。

三、下一阶段交通运输节能减排工作的主要任务

“十二五”期节能减排工作形势更加严峻，压力更大，责任更重。李盛霖部长在2012年全国交通运输工作会议上要求，要加快推进交通运输节能减排，大力推进低碳交通运输体系建设，实现交通运输集约、绿色、可持续发展。为实现《公路水路交通运输节能减排“十二五”规划》确定的目标，今后一个时期，要重点抓好以下几个方面的工作：

（一）贯彻落实国务院“十二五”节能减排与应对气候变化工作部署。贯彻落实国务院《“十二五”节能减排综合性工作方案》和《“十二五”控制温室气体排放工作方案》对交通运输行业的具体要求，组织落实部发布的《关于公路水路交通运输行业落实国务院“十二五”节能减排综合性工作方案的实施意见》及部门分工方案，适时发布《交通运输行业应对气候变化行动方案》，确保国家和行业节能减排与应对气候变化工作部署落到实处。

（二）深入推进低碳交通运输体系建设。继续深化低碳交通运输体系建设相关政策研究。继续组织做好低碳交通运输体系建设城市试点，加大对试点工作的推进力度和对试点城市的支持力度，及时总结宣传试点经验，确保试点工作取得预期成效。部从今年开始，重点在四个城市，即武汉、南昌、厦门和无锡，组织开展低碳交通城市试点；在四个港区，即天津港、青岛港、连云港港和蛇口集装箱码头港区，组织开展低碳港口试点。

（三）继续深入开展“车、船、路、港”千家企业低碳交通运输专项行动，组织做好万家企业节能低碳行动。切实发挥“车、船、路、港”千家企业低碳交通运输专项行动对交通运输节能减排工作的示范作用，加强对专项行动参与企业的支持与引导，逐步建立有利于发挥专项行动示范作用的长效工作机制。配合国家发展改革委开展万家企业节能低碳行动，加强行业指导，强化行业监督，督促行动方案各项措施落到实处。

（四）完善交通运输节能减排专项资金激励机制。组织开展交通运输节能减排专项资金激励机制研究，探索建立专项资金绩效评价制度，组织实施专项资金绩效调查工作。完善专项资金项目管理，研究建立节能减排量第三方审核制度，推进项目区域性管理和主题性管理，探索建立“立项评审、资金使用、过程跟踪、项目验收”的项目管理模式，加强项目管理信息化建设。

（五）加强并完善交通运输节能减排统计监测考核体系，推进能源利用在线监测工作。组织开展交通运输能源利用统计监测研究。继续完善交通运输能耗统计监测报表制度，巩固并适度扩大监测范围，不断提高监测数据质量。组织开展普通营运货车、内河船舶能源利用状况远程监测试点。进一步研究完善交通运输节能减排考核体系方案。

（六）继续推进交通运输节能减排重点工作。一是继续严格实行营运车辆燃料消耗量准入制度；二是继续执行对客车实载率低于70%的线路不投放新运力；三是继续推行公路甩挂运输；四是因地制宜推进天然气汽车在道路运输、城市公交、出租汽车及港口中的应用；五是深入开展绿色汽车维修工程；六是在出租汽车行业开展电话预约服务模式试点；七是加大对天然气船舶试点工作的支持力度；八是制定并发布靠港船舶使用岸电技术相关标准。

（七）组织实施节能减排科技专项行动。大力推进交通运输节能减排重大科技专项的组织实施，组织开展节能减排相关政策软科学研究。促进节能减排科技成果推广应用，发布包括节能减排技术在内的年度交通运输建设科技成果推广目录，启动节能低碳科技成果推广项目，深入推进节能科技示范工程的组织实施。继续推进节能减排国家和行业标准的制修订工作。

（八）积极开展交通运输节能减排宣传交流培训，继续做好应对气候变化谈判。大力宣传低碳交通运输体系建设经验与成效，着力打造交通运输节能减排“十百千”工程（十个低碳交通运输体系建设城市试点，一百个交通运输行业节能减排示范项目，一千家“车、船、路、港”企业低碳交通运输专项行动参与企业）。组织开展交通运输节能减排学习培训与竞赛活动。继续积极参与UNFCCC和IMO框架下应对气候变化谈判，深入开展船舶能效履约研究。

（高宏峰：交通运输部党组成员、副部长,原载2012年6月11日《中国交通报》）

强化体系建设　勇于开拓创新
深入推进低碳交通运输体系建设城市试点工作（节录）

何建中

一、深化认识

交通运输部决定在首批10个试点城市的基础上，继续选择16个城市开展第二批试点工作，我们对开展此项工作要有一个清醒的认识。

一是要认识到节能减排是国家发展的重要战略。要不断深化认识，增强工作的紧迫感、责任感和使命感。

二是要认识到优化交通运输能耗结构势在必行，更是交通运输科学发展、安全发展的内在要求。交通运输能源消耗占全社会能源消耗的8%，在石油制品的消耗中，交通运输占三分之一以上。交通运输行业作为重点能源消耗大户，合理优化能源消耗结构，转变交通运输发展方式，加快综合运输体系建设，发挥各种交通运输方式比较优势，加大节能减排工作力度，完成“十二五”期公路、水路节能减排的指标，是当前我们工作的重要任务和目标，也是列入国务院年度和“十二五”期对交通运输主要任务考核的重点工作之一。

三是节能减排实践告诉我们，只要思想上有明确的认识，行动上有扎实的举措，就可以取得比较好的成绩。“十一五”期，整个交通运输行业的节能减排工作取得了比较好的成绩。首先是制度建设有所突破。其次是在重点领域和关键环节采取了专项行动。如开展了“车、船、路、港”千家企业低碳交通运输专项行动，赢得了更大的发展空间。第三是连续推出交通运输节能减排示范项目。第四是积极建设低碳交通运输体系。由点到线再到面地推进交通运输行业节能减排工作、低碳交通运输体系建设，就一定会取得更加有效的成果。

二、借鉴经验

一是明确工作推进机制。试点工作的关键在于如何抓好这项工作，首批10个试点城市都从工作机制入手，从领导机构到工作小组，从制订配套政策到确定重点领域，从主导部门牵头抓、相关部门协同抓到政府牵头组织抓，都充分体现了健全工作机制是推进试点工作的坚实基础。因此，第二批试点城市要将健全工作推进机制作为试点工作方案的重要内容。

二是选准试点内容。首批10个试点城市按照部确定的六大重点领域，结合各自城市的特点，选择一到两个有特色的方面作为重点内容推进。明确试点内容和突出自身特点是第二批试点工作的基本要求。

三是务实组织实施。城市试点工作应该扎扎实实按照部批准的实施方案，逐项、逐年要采取有效措施加以推进。实践证明，去年首批10个试点城市都有不同程度的进展，体现在务实地推进该项工作开展。在推进过程中，要明确工作计划，交通运输企业广泛参与，充分发挥交通运输企业的主体作用，制订地方城市配套政策，都属于务实推进的有效措施。

三、制定方案

第二批16个试点城市在制定试点方案时，一是要深刻理解低碳交通运输体系指导意见和实施方案的原则、精神和要求。尽管部确定了第二批试点城市名单。二是明确试点工作目标。试点工作内容要涵盖部确定的六个重点领域。具体包括调整交通运输结构、优化能源消耗结构、改善交通运输组织、改进提升运输装备、发展智能信息交通、引导改变出行方式等内容。要将低碳交通运输体系建设试点方案列入城市的总体发展战略规划，这是一条相对硬性的要求。要着手制定低碳交通运输体系建设专项规划。三是要有试点工作实施计划。要有年度的目标，要有阶段性成果和成效，要有考核评价标准。

四、突出重点

第二批试点工作要做到有的放矢，突出重点核心工作。一是要在体系建设方面下功夫。在总体体系考虑的基础上，明确推进的目标和措施。二是要在特色和创新方面下功夫。要针对本城市特点，充分考虑区域性、主题性的情况，提出具有自己特色的发展思路。三是政策争取有所突破。国家层面的政策我们在选定试点城市时就充分地进行了考虑。主要强调地方政策的落实，重点是各地要争取城市本身的政策。节能减排将成为一个地区未来发展的重点工作，没有这项工作就是不可持续发展。在这种情况下，提前研究制订政策是具有前瞻性的。

五、完善机制

健全机制是试点工作顺利开展的保障。一是完善工作机制。首先要由部门行为变为政府行为，另一方面就是要引导公众选择公共交通，其次要由行业推进变成社会推进。二是制订法规标准。首先是地方法规，二是需要考虑设置低碳交通运输城市指标体系，三是碳排放控制。三是强调科技支撑。一要立项研究课题；二要加强成果转化；三要借力推进。四是建立监测考核体系。今年部节能减排统计监测工作要有所突破，交通运输行业能源消耗和碳排放统计要逐步落实。试点城市要着手考虑推进这项工作，形成一套与省、部能对接的办法。

六、务实推进

一是落实目标和责任要求。二是抓住重点环节下工夫。除了各地特色以外，部里正在抓“车、船、路、港”专项行动，以及选择了各个领域的重点内容进行推进。各个城市在试点工作中，要确定专项工作目标和计划，采取有效的措施推进工作。三是发挥交通运输企业的主体作用。要引导交通运输企业广泛参与。要组织、协调、推进、引导、监督、检查、考核，把企业的积极性调动起来。四是加大推广、宣传、交流、总结经验的力度。

(何建中：交通运输部党组成员、政策法规司司长，二〇一二年二月十日在低碳交通运输体系建设第二批试点城市启动会上的总结讲话）

深入开展公路甩挂运输试点 加快推动道路货运转型升级（节录）

冯正霖

一、首批甩挂运输试点工作取得积极进展

2010年福州召开了甩挂运输试点工作会议后，在各级发展改革、财政等部门的大力支持下，交通运输主管部门和道路运输管理机构完善机制，制定政策，精心组织，扎实推进，承担首批试点任务的10个省（区、市）和相关企业按照试点方案要求，在场站基础设施建设、企业运营组织、车型结构调整、科技推广应用等方面，积极探索开展甩挂运输的经验做法。截至目前，全国实施的首批26个试点项目，40个甩挂运输场站已经全部动工，完成建设投资18.5亿元；新购置牵引车和半挂车4225辆，总投资8.2亿元，甩挂运输推荐车型占新购置车辆的83%；试点项目共投入甩挂运输车辆9453辆，开通一定规模的甩挂运输作业线路130多条，已辐射到全国20多个省份。

一年多来，试点工作主要取得了六个方面的阶段性成效：一是甩挂运输发展政策实现新突破。国家首次将公路甩挂运输发展纳入到“国民经济和社会发展十二五规划”中，甩挂运输发展上升为国家发展战略。交通运输部从加强资金引导、消除法规障碍、优化车型结构、强化技术支撑等方面，进一步明确了开展甩挂运输试点的政策措施。二是甩挂运输补助资金逐步落实。三是甩挂运输场站基础设施逐步完善。首批40个甩挂运输场站的改扩建试点项目按照实施方案要求，边建设、边改造、边运营，甩挂运输场站基础设施不断完善，服务功能不断提升。四是甩挂运输技术推广应用步伐加快。五是甩挂运输运营组织模式得到优化，涌现出了许多有代表性的运营组织模式。六是甩挂运输试点运行成果显现。

二、当前公路甩挂运输发展面临的困难和问题

甩挂运输作为一种先进的运输组织模式，在我国发展时间并不长、应用范围还不广，首批试点工作取得的成效只是阶段性的，全面深入推进公路甩挂运输发展仍然存在薄弱环节，一些矛盾和问题仍亟待研究解决。这些困难和问题主要表现在：一是各地发展还不均衡。二是法规制度还不健全。三是扶持政策还不全面。四是市场主体还不适应。五是设施设备还不完善。

三、下一阶段推进甩挂运输发展的主要任务

今后一段时期推动甩挂运输发展的总体要求是：以试点项目为依托，以运输企业为主体，全面落实政策措施，扩大甩挂运输规模，加快构建集约高效、安全可靠、诚信规范的甩挂运输服务网络，有力支撑道路货运业转型升级，服务现代道路运输业科学发展。需要强调的是，我们必须以网络的概念看待甩挂运输发展的规模、发展的速度、发展的效益。

重点做好以下六个方面的工作：

大力培育扶持龙头骨干甩挂运输企业。各地要按照国务院办公厅和部的有关要求，创造有利的市场环境和政策条件，完善支撑甩挂运输、网络化运输发展的基础条件，引导运输资源向骨干企业集中，大力培育龙头骨干企业，逐步形成“以中小企业为基础、以大企业为主体，以大带小、以小固大”的良性市场格局，支撑货运市场的集约化运作。

（二）全面落实甩挂运输试点配套资金。国家对甩挂运输试点的扶持资金是引导性的，各级交通运输主管部门要在地方人民政府的统一领导下，强化与有关部门的协调配合，争取从地方财政预算中列支甩挂运输发展专项补助资金，落实甩挂运输试点场站建设改造、车辆更新购置、信息系统建设改造等方面的资金扶持政策，加快形成有利于甩挂运输发展的长效机制。

（三）加快实施甩挂运输车辆通行费优惠政策。各省（区、市）交通运输主管部门要认真贯彻落实国务院办公厅的有关要求，在地方政府的统一领导下，积极协调相关部门，细化落实甩挂运输推荐车型车辆通行费优惠政策，利用通行费的杠杆调节作用推动甩挂运输发展。

（四）进一步完善甩挂运输车型推荐制度。要严格按照《推荐车型管理办法》和甩挂运输推荐车型技术要求，做好推荐车型申报、审定和发布工作。

（五）努力提升甩挂运输信息化水平。

（六）全力确保甩挂运输试点取得新成效。将正式启动第二批甩挂运输试点工作。第二批试点工作将扩展至全国大多数省（区、市）。

（冯正霖：交通运输部副部长，二〇一二年四月二十七日在公路甩挂运输试点推进工作会议上的讲话）

发展报告

2012年交通运输应对气候变化和低碳发展

交通运输部

一、2012年前交通运输行业节能减排工作简况

近年来，交通运输行业以科学发展观为指导，坚持主题主线，深化节能减排，应对气候变化，推进绿色低碳交通运输体系建设，取得了初步成效。

一是建立健全交通运输节能减排法律法规制度体系。配合修订了《节约能源法》，将交通运输节能纳入调整范围，颁布了《公路、水路交通实施<中华人民共和国节约能源法>办法》等部门规章，发布了《资源节约型环境友好型公路水路交通发展政策》、《建设低碳交通运输体系指导意见》等政策性文件。

二是不断完善交通运输绿色低碳发展规划。发布了《公路水路交通节能中长期规划纲要》、《公路水路交通运输节能减排“十二五”规划》、《公路水路交通运输环境保护保护“十二五”发展规划》等专项规划，绿色低碳发展已纳入交通运输行业整体发展思路。

三是绿色低碳交通运输体系建设试点工作不断深化。先后启动了两批共26个城市试点，试点工作逐步由重点推进向系统推进转变，在探索交通运输绿色低碳发展规律和途径方面，积累了宝贵经验。

四是启动了“车、船、路、港”千家企业低碳交通运输专项行动。共有1126家交通运输企业参加了专项行动，专项行动充分调动了企业作为节能减排工作主体的积极性和创造性。

五是组织开展了交通运输节能减排示范活动。从2007年至2012年，累计公布了5批共100个交通运输行业节能减排示范项目。“十五”以来先后公布了5批全国重点推广公路水路交通运输节能产品和技术。

六是突出抓好交通运输节能减排重点工作。严格实行营运车辆燃料消耗量准入制度和客运运力调控政策，推动公路甩挂运输，加快高速公路电子不停车收费系统应用，推进内河船型标准化，推广应用靠港船舶使用岸电技术。

七是不断提升科技创新对交通运输绿色低碳发展的驱动力。组织开展了“资源节约型、环境友好型交通发展模式研究”、“建设低碳交通运输体系研究”等重大课题研究，启动实施了“公路运输温室气体排放影响评价及应对技术研究”、“营运船舶燃料消耗量限值与CO2排放指数研究”等一大批科研项目，组织修订了《汽车驾驶节能操作规范》等20余项节能减排相关标准。

八是不断加大对交通运输节能减排的政策支持力度。在财政部的高度重视和大力支持下，2011年财政部与我部共同设立了交通运输节能减排专项资金，两年来对402个节能减排项目予以“以奖代补”，启动了绿色低碳交通城市和绿色低碳港口试点，加大了对交通运输节能减排能力建设的支持力度。

回顾近年来的工作，在交通运输节能减排工作上取得了积极的成效，也积累了宝贵的经验，主要体现在以下四个方面。

一是坚持立足全局。这几年节能减排工作不断深入，力度逐步加大，影响日益扩大，成效日益显现，重要的一条是我们立足国家节能减排和行业发展全局，不断提高认识、凝聚共识，形成了领导高度重视，行业自觉行动，公众积极参与，全社会合力推动的局面。

二是坚持规划引领。科学编制各级交通运输行业节能减排专项规划，切实发挥规划的引导作用，把节能减排的要求落实到全领域、全过程、各层面、各环节。

三是坚持探索创新。通过“干中学”和“学中干”的方法，在不断摸索和前进中总结经验，探索与实际相符的绿色循环低碳交通运

第二届中德“绿色物流”会议

第五批交通运输行业节能减排示范项目授牌

输发展思路。同时依靠典型示范引路，以点带面，有力有序推动交通运输行业节能减排工作向纵深发展。

四是坚持合作联动。必须充分发挥各级政府的组织领导和各级交通运输主管部门的综合协调作用，积极争取各有关部门的支持配合，统筹协调并充分用好国际与国内、中央与地方、行业内外的各种资源，建立健全协同合作机制，实现内外协调、上下联动，形成齐抓共管的合力。

二、2012年中交通运输行业节能减排工作情况

2012年，交通运输行业深入贯彻落实科学发展观，全面贯彻落实党中央、国务院节能减排工作战略部署，将交通运输节能减排作为加快推进交通运输现代化、加快转变交通运输发展方式的重要抓手，统筹规划，重点推进，加强领导，明确责任，积极创新，广泛宣传，大力推进低碳交通运输体系建设，应对气候变化，持续开展交通运输节能减排试点示范活动，充分发挥各方面、各层次节能减排政策叠加优势，不断提高行业节能减排监管能力和服务水平，交通运输节能减排工作取得了明显成效。

据测算，2012年，交通运输行业节能420万吨标准煤，减排917万吨CO2，其中公路运输节能284万吨标准煤，减排616万吨CO2；水路运输节能128万吨标准煤，减排288万吨CO2；港口节能约8万吨标准煤，减排13万吨CO2。与2011年相比，营运车辆单位运输周转量能耗下降0.8%，营运船舶单位运输周转量能耗下降2.3%，港口综合单耗下降2.2%。

（一）强化政府主导，全面落实节能减排工作部署。

充分发挥政府在推进节能减排工作中的主导作用，不断加强组织力度，持续提升管理效能，统筹安排重点工作，坚决落实目标责任，全面部署交通运输节能减排工作。

一是先后三次召开部节能减排工作领导小组会议，研究讨论落实国务院节能减排工作部署的部内分工方案、低碳交通运输体系建设城市试点等行业节能减排工作重大问题，安排推进2012年度行业节能减排重点工作。

二是印发了《关于贯彻落实公路水路交通运输行业落实国务院“十二五”节能减排综合性工作方案的实施意见的部门分工方案的通知》，将国务院对交通运输行业“十二五”期节能减排工作的要求落到实处，明确了部门责任，加大了推进力度。

三是制定了《交通运输行业应对气候变化行动方案》，印发了《交通运输行业“十二五”控制温室气体排放工作方案》，统筹安排交通运输行业“十二五”期控制温室气体排放和应对气候变化重点工作。

按照全国交通运输工作会议精神，各级交通运输主管部门和企事业单位认真贯彻落实行业节能减排工作部署，结合实际，因地制宜，大力推进交通运输节能减排，初步形成了政府部门发挥主导作用，企事业单位积极行动，全员广泛参与，全行业共同推进的有效工作机制和良好局面。

（二）突出试点先行，深入推进交通运输低碳发展

新时期交通运输发展和“十二五”发展规划提出了建设现代交通运输体系的总目标，明确了深入推进低碳交通运输体系建设，加快交通运输低碳发展步伐是交通运输节能减排工作的重点任务。

一是继续指导天津等第一批10个低碳交通运输体系建设试点城市落实试点实施方案，按计划推进试点项目实施，组织开展经验总结交流，不断积累交通运输低碳发展实践经验。

二是进一步选定北京、昆明、西安、宁波、广州、沈阳、哈尔滨、淮安、烟台、海口、成都、青岛、株洲、蚌埠、十堰、济源等16个城市作为第二批试点城市，完成了实施方案的评审、调整和批复。

三是继续深化低碳交通运输体系研究。取得了“交通运输行业碳排放统计监测及低碳政策研究”的初步成果，论证确定开展低碳交通运输体系建设、低碳交通城市、低碳港口、低碳港口航道建设、低碳公路建设等评价指标体系研究。

（三）完善政策措施，持续加大重点领域支持力度

进一步调整优化交通运输节能减排重点支持领域，创新交通运输节能减排项目管理模式，不断加大对交通运输

节能减排重点领域的政策支持力度。

一是研究确定了交通运输节能减排优先支持范围和领域，完善了交通运输节能减排专项资金支持项目的激励机制，研究制定了专项资金绩效调查方案并组织开展了初步调查。二是组织开展了2012年度专项资金支持项目申请和审核工作，部财务司加大专项资金支持，对两批280个项目给予“以奖代补”，资金额为42965万元，所形成的年节能量为15.8万吨标准煤，替代燃料26.2万吨标准油，减少二氧化碳排放69.9万吨。

三是组织开展了“营运船舶和施工船舶节能技术应用”类项目的第三方审核，认定了23家交通运输节能减排第三方审核机构。四是，评审并批复实施了南昌市“低碳交通城市”区域性项目管理试点和连云港港“低碳港口”主题性项目管理试点。

五是提出了交通运输节能减排统计监测考核、低碳交通运输体系评价指标、交通运输行业二氧化碳排放预测及减排政策等3个方面15项交通运输节能减排能力建设项目，2012年对其中9个项目予以了支持。

六是进一步加强了交通运输节能减排项目管理制度建设，发布了《交通运输节能减排第三方审核机构认定暂行办法》、《交通运输节能减排专项资金支持区域性、主题性项目实施细则（试行）》、《交通运输节能减排能力建设项目管理办法（试行）》等配套文件。

（四）深化千企行动，充分发挥交通企业主体作用

两年来，“车、船、路、港”千家企业低碳交通运输专项行动在增强企业节能减排意识，提高企业节能减排水平，发挥先进企业在行业节能减排工作中的示范效应等方面，发挥了重要作用，企业在节能减排工作中的主体地位得到强化，专项行动取得阶段性成效。2012年，专项行动得到继续深化：

一是在营运车辆方面：继续严格实行营运车辆燃料消耗量准入制度；甩挂运输试点工作取得明显进展；联合中国海员建设工会全国委员会在全国道路客运行业共同开展了节能减排达标竞赛活动。

二是在营运船舶方面：发布了《关于内河运输船舶标准船型指标体系的公告》；发布了营运船舶燃料消耗量和CO2排放限值标准，要求新建船舶须满足标准要求，并配有能效管理手册；继续推进以天然气为燃料的内河运输船舶试点；继续推广内河船舶免停靠报港信息服务系统、靠港船舶使用岸电技术应用。

三是在公路方面：进一步推进ETC联网工程，截至2012年底，全国已开通ETC省份达24个，建成ETC专用车道3708条，ETC用户460万；部公路局组织开展高速公路运营节能技术应用示范工程，推进路面材料再生利用技术和可再生能源的应用。四是，在港口方面：继续推进轮胎式集装箱门式起重机“油改电”技术和港口机械节能运行控制技术应用，采用信息化技术优化港口组织调度，开展原油码头油气回收试点等。

（五）实施政策引导，牢牢把握重点工作关键环节

继续加强政策引导，突出抓好交通运输节能减排关键环节，着力推进部确定的年度重点工作任务，取得了明显成效：

一是继续严格实施营运车辆燃料消耗量限值标准。截至2012年底，部累计发布21批达标车型，发布达标车型近2万个。2012年全国新进入营运市场的达标车辆共276万辆，节约燃油156万吨，减少二氧化碳排放504万吨。

二是继续严格实施客运运力调控政策。对于年平均实载率低于70%的县际以上客运班线，一律不新增运力。对一类客运班线、与高速铁路和城际轨道交通平行的客运班线，原则上不审批新增运力。对与现有班线重复里程在70%以上的二类以上客运班线，继续严格控制新增班线和运力。开展了道路客运实载率调查与测算技术规范研究，形成了《道路客运实载率调查与测算技术规范》。

三是继续加大公路甩挂运输试点工作推进力度。部道路运输司积极推进运输管理组织化，扩大试点示范。截至

电子不停车收费系统（ETC）

液化天然气（LNG）动力船舶

公共自行车

2012年底，全国首批实施的26个试点项目、40个甩挂运输场站已经全部动工，通过试点，甩挂运输模式单位运输周转量能耗下降了15%-20%。在首批试点的基础上，2012年我部联合财政部、国家发改委启动了第二批甩挂运输试点工作，共确定69个项目纳入试点，遴选、发布第二批甩挂运输推荐车型，试点效益初步显现。

四是继续完善交通运输能耗统计监测工作，推进普通营运货车和内河船舶能源利用状况远程监测。优化扩充了能耗监测重点企业范围，逐步将36个中心城市的重点公交企业纳入监测范围。组织开展了普通营运货车及长江流域内河船舶能耗统计监测状况调研，组织开发了普通营运货车和内河船舶能耗远程监测设备。

五是继续推进天然气汽车在交通运输领域的应用。组织召开了城际客货运输推广天然气汽车试点工作座谈会，批复同意在江苏、山东、山西汽车运输集团有限公司、广东省汽车运输集团有限公司开展天然气汽车应用试点。

六是深入开展绿色汽车维修工程。部道路运输司大力推广江苏等地绿色汽车维修工作经验，组织开展绿色维修技术体系研究，组织中国汽车维修行业协会筹备举办绿色汽车维修工作论坛。

七是在出租汽车行业开展服务管理信息系统试点工程，推动电话预约服务模式。在北京、重庆等15个城市，开展了第一批城市出租汽车服务管理系统试点工程，覆盖出租汽车20.5万辆，占全国16.6%。

八是加大对以天然气为动力的船舶试点工作的支持力度。部海事局积极探索LNG作为动力燃料，启动研究项目，扩大研究范围，核准我国第一艘LNG燃料动力船舶——长航凤凰重庆货运公司所属的”长迅3”船舶进行试点运营。

九是加快水运结构调整，部水运局结合“铁水联运”、“船型标准化”、“水运结构调整”等行业专项行动，开展“北江大宗货物低碳运输”、“优化水运用能结构，建设现代绿色物流链”等试点示范项目。

（六）鼓励技术创新，不断提升典型示范引领作用

鼓励交通运输节能减排技术创新和应用，通过典型示范活动，宣传推广成熟的节能减排技术和产品，推动交通运输技术性节能减排。

一是发布了“隧道照明综合节能技术应用”等20个交通运输行业第五批节能减排示范项目，在2012年全国节能宣传周期间对第五批节能减排示范项目进行了授牌。

二是组织开展了“十二五”时期第二批全国重点推广公路水路交通运输节能产品（技术）的推选工作。

三是配合国家发展改革委，继续组织推进隧道半导体照明产品应用示范工程，加强指导和监督，推进示范工程稳步实施。

（七）开展科技攻关，继续强化持续发展能力建设

继续加大对交通运输节能减排研究工作的支持力度，针对制约行业节能减排工作的关键环节，组织开展了具有前瞻性、战略性和基础性的政策研究和技术研发，不断夯实行业节能减排能力基础。

一是继续推进“公路甩挂运输关键技术与示范”等部重大科技专项，启动了“公路交通运输节能减排法律法规制度体系研究”等部软科学研究项目，有序推进全球环境基金项目“缓解大城市拥堵、减少碳排放项目”。

二是深入推进节能减排科技示范工程，部科技司组织实施了云南昆龙高速运营节能科技示范工程等节能减排示范工程，城市智能交通和长三角航道网及京杭运河水系智能航运服务国家物联网应用示范工程。

三是组织开展了2012年交通运输建设科技成果推广目录发布工作，部科技司启动实施了“低碳环保技术在农村公路建设中的推广应用”等部科技成果推广计划项目。

四是组织开展了“交通运输行业能源消耗与碳排放统计监测体系”、“低碳交通城市评价指标体系”、“公路运输温室气体（CO_2）排放影响、排放峰值与减排目标、路径研究”等交通运输节能减排能力建设项目。

五是继续推进节能减排标准规范的制修订工作，发布了《码头船舶岸电设施建设技术规范》、《港口船舶岸基

供电系统技术条件》、《营运船舶燃料消耗限值及检测方法》等行业标准，开展了《水运工程建设项目节能评价规范》、《集装箱堆场装卸设备供电设施技术规范》等规范的编制工作和《天然气汽车替代燃料量评价方法研究》等标准研究项目。

（八）组织专题研究，积极参与气候变化谈判工作

组织开展交通运输行业应对气候变化工作相关研究，深入分析探讨交通运输行业减缓和适应气候变化的基本路径，积极参与气候变化谈判工作，增加行业话语权，有效维护了行业发展利益和国家气候变化谈判整体利益。

一是参与国家发展改革委“中国低碳发展宏观战略研究”，组织有关单位承担“中国交通低碳发展战略研究”分课题，探索研究交通运输低碳发展途径，为国家和行业制定交通运输低碳发展政策提供决策支持。

二是参与政府间气候变化专门委员会（IPCC）第五次评估报告的政府评审工作，对第一工作组报告进行研究讨论，提出了部门评审意见。

三是继续组织开展国际海运温室气体减排市场机制等研究，结合最新谈判进展和研究结果，提出了下一步工作安排和谈判对策。

四是组团出席了国际海事组织（IMO）第63、64届海上环境保护委员会会议，参与国际海运温室气体减排谈判，向IMO单独或联合其他国家共同提交了6份政策和技术提案，

五是组织派员出席了《联合国气候变化框架公约》（UNFCCC）多哈会议、曼谷会议和波恩会议，积极参与和引导谈判进程。

六是派员参加德国交通建设和城市规划部在柏林举行的第二届“中德绿色物流会议”，进一步加强了交通运输低碳发展国际交流与合作。

（九）重视宣传交流，广泛传播交通运输低碳理念

组织开展了形式多样、效果明显的交通运输节能减排宣传交流活动，广泛传播交通运输低碳发展理念，宣传推广先进成熟的节能减排技术和产品，为深入推进交通运输节能减排工作营造了良好的外部环境。

一是与国家发展改革委等部门联合组织开展了2012年全国节能宣传周活动。部机关组织了公共自行车启动仪式、低碳体验日等宣传活动。地方各级交通运输主管部门也围绕节能宣传周主题，组织开展了各具特色的宣传活动，取得了良好效果。

二是在光明日报、经济日报、中国交通报等媒体大力宣传交通运输节能减排经验和成效。

三是举办了交通运输节能减排与低碳交通运输体系建设试点工作培训班，深入宣传国家和行业节能减排政策。

四是举办了“2012中国交通发展论坛”低碳交通分论坛和“2012中国节能与低碳发展论坛”交通节能分论坛。

五是出版了《2011中国交通运输节能减排与低碳发展报告》。

（十）做好机关节能，切实体现公共机构表率作用

部机关服务中心分解了年度节能减排指标，注重日常管理，制定和采取了切实有效的节能措施，效果比较明显。部印发了《关于进一步做好2012年部属各单位公共机构节能工作的通知》，分解落实节能减排目标，加强部属单位公共机构节能监督、指导和能耗数据统计。按季分月统计公示部机关及部属单位的用电、用水量等能耗数据，2012年前三季度，部机关用油量同比下降8.16%，用电量同比下降3.11%，预计顺利完成国管局制定的2012年节能指标。积极与国管局沟通协调，在部分部属单位继续推广财政补贴高效照明产品。

在总结成绩的同时，也要认识到，交通运输节能减排工作面临的形势依然严峻，交通运输结构性节能减排的潜力尚未充分发挥，科技创新对节能减排的支撑力度还需加强，节能减排统计监测考核体系还有待健全，低碳交通运输体系建设任重道远。为此，全行业要继续提高认识，加强领导，积极谋划，重点突破，持续深入推进交通运输节能减排，加大力度建设低碳交通运输体系，为促进交通运输科学发展，实现国家和行业“十二五”节能减排目标奠定坚实基础。

政策规章

关于开展低碳交通运输体系建设第二批城市试点工作的通知

厅政法字[2012]19号

北京、云南、陕西、浙江、广东、辽宁、黑龙江、江苏、山东、海南、四川、湖南、安徽、湖北、河南省（市）交通运输厅（委）：

根据部《关于印发〈建设低碳交通运输体系指导意见〉和〈建设低碳交通运输体系试点工作方案〉的通知》（交政法发[2011]53号）精神及各省（市、区）交通运输主管部门要求，为进一步深化推进低碳交通运输体系建设，经部节能减排工作领导小组研究，决定在北京等16个城市开展低碳交通运输体系建设第二批试点工作。现将有关事项通知如下：

一、目的意义

加快建设以低碳排放为特征的交通运输体系是我国积极应对全球气候变化一项新的战略任务。通过试点，旨在积极探索交通运输低碳发展的各种可行模式和合理路径，在试点基础上总结经验，并予以体系化推广，形成加快建立以低碳排放为特征的交通运输体系的有效推进机制。

城市是人类生产和生活的中心，也是交通要素集聚地和运输网络枢纽点。目前，中国的城市化率已经达到47%左右，且以每年1个百分点左右的速度增长。城市一般拥有较密集的交通基础设施，同时也是交通供需矛盾较为突出的地域。选择以城市为主体开展低碳交通运输体系建设试点，以达到以点带面、重点突破、整合资源、积累经验的目的。

二、试点范围和期限

第二批城市试点工作选定北京、昆明、西安、宁波、广州、沈阳、哈尔滨、淮安、烟台、海口、成都、青岛、株洲、蚌埠、十堰、济源市开展低碳交通运输体系建设试点工作。试点期限原则定为2012年-2014年。

三、试点总体要求

第二批试点城市要根据实际情况，结合自身特点，借鉴第一批试点城市的经验，尽快健全完善交通运输节能减排与低碳发展工作的组织机构，安排专人负责城市试点工作，积极配套相关工作经费，建立交通运输能源消耗与碳排放统计、核算体系。组织开展论证研究工作，明确提出建设低碳交通运输体系的目标，制定有利于促进交通运输节能减排低碳发展的政策和措施，认真选择试点项目，科学合理制定试点实施方案，经省（市）级交通运输主管部门审核后，报部审定后实施。

四、试点主要内容

试点内容原则上应涵盖城市辖域内公路、水路交通运输以及城市客运等方面，并结合城市特点，围绕以下具体项目有选择地开展试点：

建设低碳型交通基础设施。选择具有较好基础条件的公路、港口、场站枢纽建设项目，切实提升低碳建设理念，实施低碳优化设计，强化低碳施工组织和运营管理，合理使用低碳建设和运营管理技术、设施、设备、材料、工艺等。

推广应用低碳型交通运输装备。加大城市公交车辆、出租汽车以及营运客货车辆、运输船舶的结构调整力度，合理提升清洁能源和新能源车辆的拥有比例，强化营运车辆燃料消耗量限值准入工作，推广天然气及混合动力车船，加快淘汰老旧、高耗能车船，稳步推进运营车船的标准化改造，推广使用港口、站场设施装备和运营车船的节能减排技术。

优化交通运输组织模式及操作方法。积极发展集约高效的物流运输组织模式，重点探索甩挂运输、多式联运的合理路径，推进大宗货物和集装箱水铁联运。优化城市公交、客运班线的线网布局和站场布局，加快推进城乡客运一体化进程，稳步发展道路客运联网售票系统。切实落实城市公交优先发展战略，因地制宜采取各种有效措施缓解城市交通拥堵，有效引导公众低碳出行。实施节能驾驶培训工程，积极推广节能操作经验。

建设智能交通工程。大力发展智能交通技术，积极引导交通运输企业强化运营管理的信息化建设。加快物联网技术在公路、水路运输领域的推广应用，推广港口车辆和装卸机械智能化调度系统和无纸化作业、城市智能化公共交通与运营管理工程等，提高运输生产的智能化程度。

完善交通公众信息服务。在城市现有交通公众信息服务平台中，增加低碳交通信息服务功能，努力建设和完善公众出行信息服务系统，采取多种方式发布交通出行信息，提供安全、便捷、舒适、低碳的出行方案。

建立健全交通运输碳排放管理体系。建立健全交通运输行业节能减排统计、监测和考核体系，完善节能减排和应对气候变化的管理制度和运行机制，积极探索利用碳交易、合同能源管理等市场机制。

五、试点支持政策

将从交通运输节能减排专项资金中列出部分资金，用以支持低碳交通运输体系建设城市试点工作。专项资金主要采取“以奖代补”方式，对实际节能减排效果可量化的试点项目给予适当奖励，对节能减排统计监测考核体系、监管体系、信息服务系统等能力建设项目给予一定比例的资金补助。试点城市所在的省、市级交通运输主管部门应加强对重点试点项目的技术改造、设备更新以及其他建设和管理工作的支持，并积极争取同级财政资金支持。

六、试点工作组织

建立“部——省级交通运输主管部门——试点城市交通运输主管部门——试点项目实施主体”四级试点工作机制。各级职责如下：

交通运输部：负责拟订总体试点工作方案，审定试点城市的实施方案，制定并落实有关试点支持政策，指导和监督试点工作开展，组织试点绩效评估，协调与国务院其他部委的相关工作。

省级交通运输主管部门：贯彻落实部试点工作的有关部署，负责试点城市实施方案的初审并报部审定，具体指导和监督试点工作开展，组织试点运行动态监测，制定并落实配套支持政策，协调与省级政府其他部门的相关工作。

试点城市交通运输主管部门：贯彻落实上级交通运输主管部门有关试点工作的部署和安排，组织拟订具体的实施方案并报省级交通运输主管部门初审，建立试点统计、监测、考核体系及相关工作制度，认真组织好试点的各项具体工作，负责试点工作总结并配合做好试点绩效评估，协调与本级政府其他部门的相关工作。

试点项目实施主体：按照试点城市交通运输主管部门的实施方案要求，制定试点项目实施工作计划，具体组织好试点项目的建设和管理，接受市级交通运输主管部门的指导和监督，加强自身试点运行监测，按规定上报运行数据。

七、时间进度安排

第一阶段：前期工作阶段（2012年2月-2012年8月） 2012年2月上旬，部启动并全面部署第二批城市试点工作； 2012年2月-7月，试点城市交通运输主管部门组织编制试点实施方案（具体要求见附件），可依托科研院所等单位开展相应技术工作；2012年8月上旬，省级交通运输主管部门对城市试点实施方案进行初审并报部；2012年8月底前，部组织审定城市试点实施方案。

第二阶段：试点实施阶段（2012年9月-2014年9月）试点城市按部批准的试点实施方案，提出详细的工作计划，全面推进各项试点工作。期间，试点项目完成后，实际节能减排量达到规定要求的项目，按照《交通运输节能减排专项资金管理暂行办法》给予奖励。

第三阶段：总结评估阶段（2014年10月-2014年12月）部组织相关技术支持单位对试点工作进行全面总结，完成各个试点项目的绩效评估，形成试点城市总结报告，为开展低碳交通运输体系建设工作提供借鉴。

附件：建设低碳交通运输体系城市试点实施方案编写内容参考提纲

交通运输部办公厅

二〇一二年二月二日

关于印发《加快推进绿色循环低碳交通运输发展指导意见》的通知

交政法发[2013]323号

各省、自治区、直辖市、新疆生产建设兵团交通运输厅（局、委），天津市、上海市交通运输和港口管理局，天津市市政公路管理局，部署各单位，部内各单位，部管各社团，有关交通运输企业：

为贯彻党的十八大关于加强生态文明建设和“五位一体”总体布局的要求，以科学发展为主题，以转变发展方式为主线，大力推进地摊交通运输体系建设，努力建设资源节约型、环境友好型交通运输行业，促进交通运输绿色发展，循环发展，低碳发展，经部务会议讨论通过，现将《加快推进绿色循环低碳交通运输发展指导意见》印发给你们，请各地区、各部门结合实际制定具体实施方案，贯彻落实。

交通运输部
二〇一三年五月二十二日

加快推进绿色循环低碳交通运输发展指导意见

交通运输是国民经济和社会发展的基础性、先导性和服务性行业，也是国家节能减排和应对气候变化的重点领域之一。为全面落实党的十八大提出全面建成小康社会的宏伟目标和"五位一体"的总体布局，加快推进绿色循环低碳交通运输发展，特提出以下指导意见：

一、总体要求

1.指导思想。

深入贯彻落实党的十八大精神，按照建设"五位一体"总体布局的要求，以科学发展观为指导，以节约资源、提高能效、控制排放、保护环境为目标，以加快推进绿色循环低碳交通基础设施建设、节能环保运输装备应用、集约高效运输组织体系建设、科技创新与信息化建设、行业监管能力提升为主要任务，以试点示范和专项行动为主要推进方式，将生态文明建设融入交通运输发展的各方面和全过程，加快建成资源节约型、环境友好型交通运输行业，实现交通运输绿色发展、循环发展、低碳发展。

2.基本原则。

——政府主导，合力推动。积极争取各级政府支持，主动加强与相关政府部门的协调，发挥政策叠加优势，突出政府主导作用。同时，充分发挥市场调节作用、企业主体作用和行业协会作用，引导社会公众广泛参与，形成政府、企业和公众共同参与的协同推进机制。

——优化结构，创新管理。在继续加强绿色循环低碳循环技术研发和推广应用的基础上，更加注重优化交通基础设施结构、运输装备结构、运输组织结构和能源消费结构，更加注重提升行业监管能力和企业组织管理水平，充分挖掘结构性和管理性绿色循环低碳发展潜力。

——法规约束，强化责任。积极推进绿色循环低碳交通运输法律法规和标准体系建设，着力改善法制环境，建立健全目标责任制和考核评价制度，加强监督检查，加大奖惩力度，增强绿色循环低碳发展的目标责任与制度约束。

——试点示范，典型引路。建立部省共同推进绿色循环低碳交通运输发展新机制，推进区域性和主题性试点，深化绿色循环低碳交通运输专项行动，树立行业典型，以点带面，推动全行业绿色循环低碳发展。

3.发展目标。

到2020年，在保障实现国务院确定的单位GDP碳排放目标的前提下，全行业绿色循环低碳发展意识明显增强，节能减排体制机制更加完善，科技创新驱动能力明显提高，监管水平明显提升，行业能源和资源利用效率明显提高，控制温室气体排放取得明显成效，适应气候变化能力明显增强，生态保护得到全面落实，环境污染得到有效控制，基本建成绿色循环低碳交通运输体系。

——基本完善交通运输行业绿色循环低碳发展的法规政策和标准。

——基本建成行业能源消耗监测考核体系。

——基本达到战略规划中确定的各种运输方式能源单耗和碳排放强度指标。

——基本实现各种运输方式的生态环境保护和污染治理的主要指标。

二、主要任务

（一）强化交通基础设施建设的绿色循环低碳要求。

4.实现交通基础设施畅通成网、无缝衔接。

继续按照综合交通运输体系发展战略规划要求，补齐发展短板，发挥比较优势，实现相互衔接、畅通成网，推进各种运输方式协调发展，凸显整体优势和集约效能。加强综合交通枢纽及其集疏运配套设施建设，实现客运"零距离换乘"和货运"无缝衔接"。推动以公共交通为导向的城市发展模式，加快城市轨道交通、公交专用道、快速公交系统（BRT）等大容量公共交通基础设施建设，加强自行车专用道和行人步道等城市慢行系统建设，增强绿色

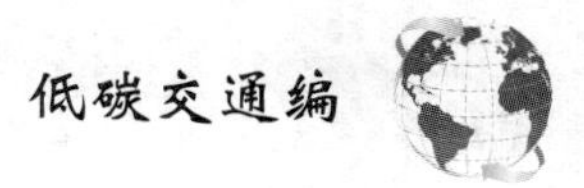

出行吸引力。

5.加强能源节约利用。

树立全寿命周期成本理念，将节约能源资源要求贯彻到交通基础设施规划、设计、施工、运营、养护和管理全过程。在项目立项、初步设计、施工及验收各阶段，认真贯彻国家关于固定资产投资项目的节能要求。在交通基础设施建设和养护中，大力推广应用节能型建筑养护装备、材料及施工工艺工法。积极扩大绿色照明技术、用能设备能效提升技术及新能源、可再生能源在交通基础设施运营中的应用。

6.加强土地和岸线资源集约利用。

严格建设项目用地审查，合理确定建设规模。优化设计，因地制宜采取有效措施，减少耕地占用，避让基本农田保护区。加强综合交通枢纽用地的综合立体开发。按照“统筹规划、合理布局、集约高效”的要求，节约集约利用交通通道线位资源，提高港口岸线资源利用效率。

7.加强资源循环利用。

遵循“减量化、再利用、资源化”原则，积极探索资源回收和废弃物综合利用的有效途径。大力推广应用节水节材建设和运营工艺，实现资源的减量化。大力开展废旧材料的再生和综合利用，提高资源再利用水平。加强钢材、水泥、木材、砂石料等主要建材的循环利用，积极推进粉煤灰、煤矸石、建筑垃圾、生产生活污水等在交通基础设施建设运营中的无害化处理和综合利用。

8.加强生态环境保护。

严格执行交通建设规划和建设项目环境影响评价、环境保护“三同时”和建设项目水土保持方案编制制度。提倡生态环保设计，严格落实环境保护、水土保持措施，加强植被保护和恢复、表土收集和利用、取弃土场和便道等临时用地生态恢复。推进绿化美化工程建设。加强施工期间环境保护工作，确保施工期间污染物排放达标。加强交通基础设施建设、养护和运营过程中的污染物处理和噪声防治。

（二）加快节能环保交通运输装备应用。

9.优化交通运输装备结构。

提高交通运输装备、机械设备能效和碳排放标准，严格实施运输装备、机械设备能源消耗量准入制度。积极推广应用高能效、低排放的交通运输装备、机械设备，加快淘汰高能耗、高排放的老旧交通运输装备、机械设备，提高交通运输装备生产效率和整体能效水平。推动建立交通运输装备能效标识制度，鼓励购置能效等级高的交通运输装备。

10.加快推广节能与清洁能源装备。

推进以天然气等清洁能源为燃料的运输装备和机械设备的应用，加强加气、供电等配套设施建设。积极探索生物质能在交通运输装备中的应用。推广应用混合动力交通运输装备，推进合同能源管理在用能装备和系统中的应用，采用租赁代购模式推进电池动力的交通运输装备应用。推进模拟驾驶和施工、装卸机械设备模拟操作装置应用，积极推广应用绿色维修设备及工艺。

11.加强交通运输装备排放控制。

严格落实交通运输装备废气净化、噪声消减、污水处理、垃圾回收等装置的安装要求，有效控制排放和污染。严格执行交通运输装备排放标准和检测维护制度，加快淘汰超标排放交通运输装备。鼓励选用高品质燃料。加强交通运输污染防治和应急处置装备的统筹配置与管理使用。

（三）加快集约高效交通运输组织体系建设。

12.优化运输结构。

按照“宜水则水、宜陆则陆、宜空则空”的原则，提高铁路、水路在综合运输中的承运比重，降低运输能耗强度。积极促进铁路、公路、水路、民航和城市交通等不同交通方式之间的高效组织和顺畅衔接，加快形成便捷、安全、经济、高效的综合运输体系。大力推进多式联运，积极发展集装箱运输。优先发展公共交通，大幅提高公共交通出行分担比例。

13.优化客运组织。

推进客运企业之间运输组织平台建设，引导客运企业实施规模化、集约化经营，加强运输线路、班次、舱位等资源共享，推进接驳运输、滚动发班等先进客运组织方式。推广联程售票、网络订票、电话预订等方便快捷的售票方式及信息服务，提高客运实载率。

14.加快发展绿色货运和现代物流。

充分发挥各种运输方式的比较优势，大力发展滚装运输、驮背运输等多式联运。加快发展专业化运输和第三方物流，积极引导货物运输向网络化、规模化、集约化和高效化发展，优化货运组织，提高货运实载率。加强城市物流配送体系建设，建立零担货物调配、大宗货物集散等中心，提高城市物流配送效率。依托综合交通运输体系，完善邮政和快递服务网络，提高资源整合利用效率。

15.优化城市交通组织。

优化城市公共交通线路和站点设置，科学组织调度，逐步提高站点覆盖率、车辆准点率和乘客换乘效率，改善公共交通通达性和便捷性，提升公交服务质量和满意度，增强公交吸引力。

16.引导公众绿色出行。

积极倡导公众采用公共交通、自行车和步行等绿色出行方式。合理布局公共自行车配置站点，方便公众使用，减少公众机动化出行。加强静态交通管理，推动实施差别化停车收费。综合运用法律、经济、行政等交通需求管理措施，加大城市交通拥堵治理力度。

（四）加快交通运输科技创新与信息化发展。

17.加强绿色循环低碳交通运输科研基础能力建设。

加强交通运输绿色循环低碳实验室、技术研发中心、技术服务中心等技术创新和服务体系建设。强化绿色循环低碳交通人才队伍建设，打造一支数量充足、结构合理、素质优良的绿色循环低碳交通运输专业人才队伍。

18.加强绿色循环低碳交通运输技术研发。

加快推进基于物联网的智能交通关键技术研发及应用、交通运输污染事故应急反应与污染控制的关键技术研究及示范等重大科技专项攻关，实现重大技术突破。大力推进交通运输能源资源节约、生态环境保护、新能源利用等领域关键技术、先进适用技术与产品研发。

19.加强绿色循环低碳交通运输技术和产品推广。

加紧研究制定绿色循环低碳交通运输技术政策。及时发布绿色循环低碳交通运输技术、产品、工艺科技成果推广目录，积极推进科技成果市场化、产业化。大力推进循环绿色循环低碳交通运输技术、产品、工艺的标准、计量检测、认证体系建设。

20.推进交通运输信息化和智能化建设。

推动建立各种运输方式之间的信息采集、交换和共享机制，探索建立综合运输公共信息平台。积极推进客货运输票务、单证等的联程联网系统建设，推进条码、射频、全球定位系统、行包和邮件自动分拣系统等先进技术的研发及应用。逐步建立智能交通运输网络的联网联控和自动化检测系统，提高运行效率。

（五）加快绿色循环低碳交通运输管理能力建设。

21.完善绿色循环低碳交通运输战略规划。

研究完善绿色循环低碳交通运输发展战略。研究出台行业和企业节能减排和应对气候变化规划编制指南，建立分层级、分类别、分方式的规划体系。建立健全规划审批、报备、评估和修订制度。

22.完善绿色循环低碳交通运输法规标准。

积极研究制定《交通运输节约能源条例》等法规及配套规定。在交通基础设施设计、施工、监理等技术规范中贯彻绿色循环低碳的要求，研究制定交通运输规划环境影响评价规范。建立健全交通运输行业重点用能装备和机械设备燃料消耗和排放限值标准及市场准入与退出机制。

23.完善绿色循环低碳交通运输统计监测考核体系。

完善交通运输能耗统计监测报表制度，稳步推进能耗在线监测机制及数据库平台建设，加强交通环境统计平台和监测网络建设。研究开展交通运输重点用能单位的能源管理体系建设和能源审计工作，逐步建立交通运输行业能源管理师职业制度。研究建立交通运输绿色循环低碳发展指标体系、考核办法和激励约束机制。

24.推进绿色循环低碳交通运输市场机制运用。

积极推广合同能源管理，加强培养节能环保第三方服务机构，加快培育节能环保技术服务市场。鼓励交通运输企业参与自愿减排、自愿循环。研究建立交通运输装备和产品能效及碳排放认证制度。积极推进交通运输企业参与实施清洁发展机制（CDM）项目。

25.积极探索参与碳排放交易机制。

引导交通运输企业参与国内碳排放交易，研究编制交通运输碳排放清单和核算细则。抓紧研究应对国际碳排放交易的对策，提出交通运输排放统计、估测、报告与核查的方法学和体系。加快研究交通基础设施生态建设的碳汇能力和潜力，探索将其纳入碳排放交易的方法和模式。

三、保障措施

26.加强组织领导。

积极推动各级政府层面设立绿色循环低碳交通运输发展领导小组，各部门、各单位应当明确相应的绿色循环低碳管理机构和专职人员。认真贯彻落实《公共机构节能条例》，做好公共机构节能。交通运输重点用能企业应有相关的责任部门和人员，负责本企业能源利用的日常管理工作。

27.加大政策激励。

推动完善加快绿色循环低碳交通运输发展的财税、金融、土地、贸易、保险、投资、价格、科技创新等激励政策，加强政策引领。积极推动争取地方财政设立交通运输节能减排专项资金，逐步扩大专项资金规模。研究实施在工程预算或概算中，加大对生态保护、生态恢复、污染防治与节能减排的投入。加大科技资金对能源资源节约、生态保护、污染防治等领域的支持力度。

28.开展试点示范。

开展部省协同推进绿色循环低碳交通运输发展行动。深入推进重点用能企业绿色循环低碳交通运输专项行动。扎实开展绿色循环低碳交通运输科技专项行动，积极打造一批绿色循环低碳交通科技示范工程。积极开展区域性和主题性试点、生态建设和修复试点、环境监测网络试点等工作，推动全行业加快绿色循环低碳发展步伐。

29.强化考核评价。

研究制定并严格落实绿色循环低碳交通运输发展考核评价办法，对工作成效突出的地区和单位给予表彰和奖励，对工作推进缓慢的地区和单位及时进行督导。研究出台将监督检查、考核评价结果与补助资金、评优评先挂钩的办法。

30.培育绿色文化。

加大宣传教育与培训力度，将绿色循环低碳发展纳入重大主题宣传内容，结合“节能宣传周”、“低碳日”等活动，开展形式多样的绿色循环低碳交通运输宣传，提升绿色循环低碳交通运输理念，培育绿色循环低碳交通运输文化，使绿色循环低碳发展成为全行业和社会公众的自觉行动。

31.深化交流合作。

积极参与应对气候变化国际谈判，维护国家整体利益和行业发展利益。结合国际谈判进展和欧盟等各国的相关政策，研究提出我国参与国际交通运输温室气体谈判和国际多边合作的对策建议。加强与国际组织、国外政府机构、企业、研究咨询机构等的交流合作，广泛利用国际资源，积极吸收借鉴国际先进经验。搭建行业绿色循环低碳发展交流平台，促进先进技术推广和经验交流。

公路甩挂运输第二批试点工作方案

（厅运字〔2012〕106号　交通运输部办公厅、财政部办公厅二〇一二年五月二十八日印发）

为贯彻落实《国务院办公厅关于促进物流业健康发展政策措施的意见》（国办发〔2011〕38号）和《国务院办公厅关于进一步促进道路运输行业健康稳定发展的通知》（国办发〔2011〕63号）精神，进一步推进甩挂运输试点工作，根据财政部、交通运输部《公路甩挂运输试点专项资金管理暂行办法》（财建〔2012〕137号）的要求，结合全国甩挂运输发展的实际需要，特制订第二批公路甩挂运输试点工作方案。

一、试点工作目标

通过开展公路甩挂运输试点，促进甩挂作业站场设施、车辆装备、信息系统的全面升级；全社会甩挂运输完成的周转量在道路货运中的比重进一步提高；道路货运结构进一步优化；运输组织化程度大幅度提升；甩挂运输提高运输效率、集约利用资源和节能减排的效益更加显现；对发展现代交通运输业和现代物流的支撑作用进一步增强。

二、试点项目条件及试点范围

纳入第二批公路甩挂运输试点范围的项目，项目承担企业（单位）应具备一定的资产规模、开展甩挂作业所需的设施设备和信息化运作条件，以及稳定的甩挂运输业务需求；东部地区试点项目至少拥有牵引车50辆、挂车100辆，中、西部地区试点项目至少拥有牵引车30辆、挂车60辆；试点项目应具有良好的社会经济效益和示范引导作用。两家企业（单位）联合达到上述条件的，可以联合申报甩挂运输试点。

各省（自治区、直辖市）结合本地实际，择优推荐不超过3个试点项目。

三、试点项目申请、审核及验收程序

（一）项目承担企业（单位）申报试点项目，应根据上述试点项目条件向所在地省级交通运输主管部门（由省级道路运输管理机构受理）和省级财政主管部门报送申报材料。申报材料包括：

1.甩挂运输试点项目推荐表；

2.项目承担企业（单位）企业法人营业执照或事业单位机构代码证（复印件加盖单位公章）；

3.《甩挂运输试点项目实施方案》；

4.甩挂运输站场建设（改造）投资项目核准或备案的批准文件；

5.由甲级资质的咨询设计单位编制的甩挂运输站场建设（改造）项目可行性研究报告；

6.两家企业（单位）联合申报试点项目的，还需提供站场经营企业（单位）与运输企业（单位）合作协议，协议中需具有站场经营企业（单位）保证运输企业（单位）甩挂作业需要并给予相应优惠的条款。

（二）省级交通运输主管部门会同省级财政主管部门对申报材料进行初审，根据企业综合实力、货源状况、运输组织方案、项目预期效果等因素，择优推荐试点项目，联合报送交通运输部、财政部。报送材料一式4份（1份原件、3份复印件），同时以光盘形式提供电子文件。

（三）交通运输部会同财政部组织专家对各省推荐项目及申报材料进行审核，联合确定甩挂运输试点项目、站场及项目承担企业（单位），发文告知地方，并对其《甩挂运输试点项目实施方案》进行审核认定。

（四）试点项目甩挂运输站场建设（改造）完成交工验收，车辆购置和甩挂运输信息系统建设（改造）实际完成，各试点线路均已开通后，项目承担企业（单位）向省级交通运输主管部门提出验收申请。省级交通运输主管部门对照审定的《甩挂运输试点项目实施方案》对试点项目进行审查验收，出具验收初审意见，报交通运输部，抄送省级财政主管部门。交通运输部终审后，出具验收审核意见，抄送财政部。

对于验收未通过的试点项目，责令项目承担企业（单位）限期整改，整改后仍未达到要求的，取消其试点资格，并按国家有关规定予以处理。

四、专项资金申报与下达

（一）试点项目甩挂运输站场建设（改造）完成交工验收并投入运营后，项目承担企业（单位）可按照规定程序先申请部分甩挂运输专项资金。省级财政主管部门会同省级交通运输主管部门（由省级道路运输管理机构受理）对项目承担企业（单位）专项资金申请材料进行初审后，汇总报送财政部、交通运输部。专项资金申请材料包括：

1.《甩挂运输试点专项资金申请书》；

2.申请单位企业法人营业执照或事业单位机构代码证（复印件加盖单位公章）；

3.试点项目甩挂作业站场建设（改造）交工验收报告；

4.项目投资额证明材料，包括具有相应资质的第三方机构出具的甩挂运输试点项目专项审价报告，以及相关发票或证明材料。

试点项目通过交通运输部审查验收后，项目承担企业（单位）可按照上述程序申请中央财政应补助的剩余甩挂运输专项资金。项目承担企业（单位）除提交上述申请材料外，还需提交由交通运输部出具的试点项目验收审核意见。

（三）交通运输部会同财政部组织专家对专项资金申报材料进行审核后，由交通运输部提出专项资金分配方案建议报财政部，财政部审核并在网上公示10天无异议后，将专项资金下达有关省（自治区、直辖市）财政主管部门（在项目验收前，第一次下达资金不超过应补助资金的80%）。

（四）交通运输部、国家发展改革委已确认的首批甩挂运输试点企业（单位）中尚未获得中央资金支持的，按本方案要求申请专项资金。

五、试点工作进度安排

（一）企业（单位）申报及各省报送推荐试点项目时间：本方案发布之日起至2012年7月31日止。逾期交通运输部、财政部不予受理。

（二）交通运输部会同财政部审核确定试点项目时间：收到各省上报的项目申报材料起至2012年8月31日止。届时两部门将联合发文确认第二批试点项目。

（三）试点项目实施时间：2012年9月至2014年9月。2014年9月以前，试点项目承担企业（单位）应按程序报送验收申请。试点项目实施过程中，试点项目承担企业（单位）应于每季度末向所在地省级交通运输主管部门（由省级道路运输管理机构负责）上报项目进展情况，由省级交通运输主管部门汇总后上报交通运输部。

关于公布交通运输行业第五批节能减排示范项目的通知

交政法发〔2012〕269号

根据交通运输部办公厅《关于推选交通运输行业第五批节能减排示范项目的通知》（厅政法字〔2012〕8号）和交通运输部节能减排与应对气候变化工作办公室《关于公布交通运输行业节能减排示范项目推选办法的通知》（交能办函〔2010〕208号），在组织项目申报、专家评审及项目公示的基础上，经部节能减排工作领导小组审定，确定“隧道照明综合节能技术应用”等20个项目为交通运输行业第五批节能减排示范项目，现予公布。

交通运输部

二〇一二年七月十二日

交通运输行业第五批节能减排示范项目名单

序号	项目名称	推荐单位	实施单位
1	隧道照明综合节能技术应用	云南省交通运输厅	云南省公路开发投资有限责任公司
2	泡沫沥青厂拌冷再生技术在陕西的应用	中国交通建设集团有限公司	中交第二公路工程局有限公司 中交第四公路工程局有限公司
3	收费亭红外辐射智能加热节能技术应用	辽宁省交通厅	辽宁省高速公路管理局
4	综合运用节能减排技术 打造低碳高效道路客运	交通运输部道路运输司	常州公路运输集团有限公司
5	汽车维修节能产业链	福建省交通运输厅	福建省汽车运输有限公司
6	化学品网络化运输模式试点	中国外运长航集团有限公司	中外运化工国际物流有限公司
7	延长车用润滑油使用周期	浙江省交通运输厅	杭州长运运输集团有限公司
8	多种节能减排技术（措施）的综合应用	江苏省交通运输厅	江苏省扬州汽车运输集团公司
9	汽车钣金喷涂流水线生产方式应用	山东省交通运输厅	润华集团山东汽车修理有限公司
10	绿色汽车维修技术应用	江苏省交通运输厅	无锡商业大厦集团东方汽车有限公司
11	轨道交通地下车站通风空调系统节能环保技术应用	上海市交通运输和港口管理局 上海市城乡建设和交通委员会	上海申通地铁集团有限公司
12	长江新型325TEU节能集装箱船推广应用	中国外运长航集团有限公司	重庆长江轮船公司
13	“富强中国”轮使用岸电项目	河北省交通运输厅	河北远洋运输集团股份有限公司
14	船舶能效管理	中国远洋运输（集团）总公司	大连远洋运输公司
15	轮胎式集装箱龙门起重机采用锂电池供电节能改造项目	上海市交通运输和港口管理局 上海市城乡建设和交通委员会	上海国际港务（集团）股份有限公司
16	装卸机械驾驶培训模拟装置应用	天津市交通运输和港口管理局	天津港（集团）有限公司 交通运输部天津水运工程科学研究院
17	集装箱码头牵引车“一拖双挂”运输模式应用	浙江省交通运输厅	宁波港吉码头经营有限公司
18	矿石卸船机综合节能技术改造项目	山东省交通运输厅	日照港集团有限公司
19	绞吸挖泥船施工仿真模拟系统	中国交通建设集团有限公司	中交天津航道局有限公司
20	PHC管桩免高压蒸养节能技术应用	中国交通建设集团有限公司	中交三航局第三工程有限公司

交通运输节能减排专项资金
支持区域性、主题性项目实施细则(试行)

（厅财字〔2012〕251号 交通运输部办公厅、财政部办公厅 2012年11月16日印发）

第一章 总 则

第一条 为充分发挥交通运输节能减排专项资金（以下简称专项资金）的促进作用，有效支持交通运输部开展的低碳交通运输体系建设,根据财政部、交通运输部《交通运输节能减排专项资金管理暂行办法》（财建〔2011〕374号）和《建设低碳交通运输体系指导意见》（交政法发〔2011〕53号），制定本实施细则。

第二条 本实施细则所称区域性项目是指由交通运输部批准，某一具体行政区域内，以其交通运输主管部门（以下简称实施单位）为实施主体，符合交通运输部《建设低碳交通运输体系指导意见》相关要求的交通运输节能减排项目；主题性项目是指由交通运输部批准,某一具体行业领域内，以其交通运输行业管理部门（以下简称实施单位）为实施主体,符合交通运输部《建设低碳交通运输体系指导意见》相关要求的节能减排项目。

第三条 专项资金安排遵循突出重点、注重实效和公开、公正、透明的原则。

第二章 实施与审核

第四条 省级交通运输主管部门按要求提出区域性项目或主题性项目建设申请，由交通运输部会同财政部确定。

第五条 省级交通运输主管部门组织实施单位，对拟建设的区域性或主题性项目编制实施方案，并出具节能减排项目投资额和节能减排量报告。省级交通运输主管部门对实施方案和报告进行初审后，报交通运输部。

实施方案主要内容包括：交通运输节能减排现状、节能减排目标、项目的节能减排量及节能减排投资额概预算，项目进度计划、保障措施等。

第六条 交通运输部委托交通运输节能减排项目管理中心组织专家对实施方案进行评审，重点审查实施方案编制是否符合《建设低碳交通运输体系指导意见》要求，节能减排项目安排是否可行、合理；实施方案根据专家意见完善后，报交通运输部、财政部审定。

第七条 交通运输部根据实施方案内容编制专项资金支持方案，首次拨付资金，纳入同期交通运输节能减排专项资金项目下达预算申请，公示期满无异议的，报财政部。

第八条 财政部对交通运输节能减排专项资金项目下达预算申请审核后，将专项资金下达到实施单位所在地同级财政主管部门，并将专项资金下达结果抄送交通运输部。

第九条 省级交通运输主管部门、财政主管部门组织实施单位及同级财政主管部门编制具体的资金使用方案，并将资金安排使用情况报交通运输部、财政部。

第十条 实施单位同级财政主管部门按照国库管理制度有关规定，专款专用，并根据专项资金使用方案，将专项资金及时拨付给项目具体承担单位。

第十一条 实施单位负责实施方案的组织落实，省级交通运输主管部门、财政主管部门负责实施方案执行情况的督促和检查；实施单位每年11月须向上级交通运输主管部门报告执行进度等情况。

实施方案遇特殊困难在规定管理周期内难以完成的，由省级交通运输主管部门提出申请，经交通运输部确认后，可以适当延期。

第十二条 区域性项目或主题性项目实施完成后，由交通运输部组织专家或专业机构组成考核组进行现场考核，依据相关低碳交通运输评价指标体系,重点对实施方案所设目标以及具体项目完成情况进行考核，并出具考核报告。

第十三条 交通运输部根据考核报告编制专项资金支持结算方案，结算方案根据项目和节能减排目标完成情况等确定，末次拨付资金，纳入同期交通运输节能减排专项资金项目预算申请，公示期满无异议的，报财政部审核，并执行相关资金拨付程序。

第三章 支持标准和方式

第十四条 财政部、交通运输部根据项目性质、节能减排投资总额、实际节能减排量等综合测算确定资金支持额度。具体标准按财政部、交通运输部印发的《交通运输节能减排专项资金管理暂行办法》（财建〔2011〕374号）规定执行。

第十五条 专项资金分两次拨付。实施方案通过审定的当年，进行首次拨付，拨付资金额度不超过总补助额度的40%；待考核工作完成后进行末次拨付，拨付金额根据考核结果确定。

第四章　监督管理

第十六条　各级交通运输主管部门和财政部门要加强对实施方案实施情况的监督检查，对因工作不力造成项目整体实施进度较慢的，限期进行整改；对未实现预期节能效果的，适当核减支持资金总额；对弄虚作假、重复上报等情节恶劣的，取消区域性项目或主题性项目实施资格，并依法追究相关责任。

第十七条　各级财政、交通运输主管部门应当加强对专项资金使用的监督管理，建立健全专项资金绩效评价制度。

第十八条　对专项资金的使用情况，由财政部、交通运输部组织重点抽查，对违反规定截留、挪用、骗取资金的，将严格按照《中华人民共和国预算法》和《财政违法行为处罚处分条例》（国务院令第427号）及相关法规予以处理。

第五章　附则

第十九条 本细则由交通运输部会同财政部负责解释。

第二十条 本办法自发布之日起执行。

关于加快“十二五”期水运结构调整的指导意见（节录）

交水发〔2012〕424号

各省、自治区、直辖市交通运输厅（委），天津市、上海市交通运输和港口管理局，部规划院、交科院、水运院，中国交通通信信息中心，中国船级社，长江、珠江航务管理局，长江口航道管理局，长江南京以下深水航道建设工程指挥部，各有关港航企业：

水运是国民经济的基础，是先导性、服务性产业，为深入贯彻落实国家战略部署，以科学发展为主题，以加快转变发展方式为主线，以结构调整为主攻方向，推进“十二五”期水路交通运输科学发展、安全发展和可持续发展，不断提升服务经济社会发展的能力和水平，现提出如下意见：

二、“十二五”期水运结构调整的总体思路

按照“兴内河、优港口、强海运”的总体思路，加快水运基础设施、运输装备结构优化升级，促进现代物流发展和综合运输体系建设，不断提升水运发展的质量、效益、竞争能力和服务水平，促进水运科学发展、安全发展。

兴内河：以加快发展为主题，充分发挥内河水运运量大、能耗小、污染轻、占地少、成本低、投资省的比较优势，把加快内河水运发展作为完善综合运输体系的重要内容，提高水资源综合利用效率，加大资金投入，加快航道建设和专业化、规模化内河港区建设，积极推进内河船型标准化工作，全面提升内河水运发展水平。

优港口：以优化发展为主题，进一步完善港口布局，有序推进基础设施建设，提高港口资源利用效率，拓展服务功能，增强港口在现代物流中的枢纽作用，加快推进“两型”港口建设，形成布局合理、服务高效、保障有力、安全环保、管理先进的现代化港口体系。

强海运：以做强、做大为主题，加快建设大型化、专业化、现代化的海运船队，增强国轮船队对我国进口能源、原材料等重要战略物资的运输保障能力，大力发展现代航运服务业，不断提升我国海运的国际竞争力和服务水平，增强在世界海运界的地位和话语权。

三、“十二五”期水运结构调整的主要任务

面对水运发展的重要战略机遇期，为加快推进水运结构调整，要重点抓好六项主要工作。

（一）加快构建畅通高效的现代化内河水运体系。

按照内河航道布局规划要求，加快构建以高等级航道为主体的内河航道体系，促进流域经济协调发展。加快长江干线、西江航运干线、京杭运河和长三角、珠三角高等级航道建设，全面改善航道通航条件。大力推进干支联网工程，逐步构建干支衔接、通江达海的航道网络。推动界河、国际河流和非水网地区航道建设，延伸航道通达和覆盖范围。加强航道养护管理，完善养护机制，提高航道养护管理质量和服务水平。加快内河主要港口建设，加快主要港口和部分地区重要港口专业化、规模化、现代化港区建设，建成一批集装箱、汽车滚装、大宗散货等专业化泊位，增强对临港工业和腹地经济发展的支撑带动作用。制定实施《全国内河船型标准化实施方案》，加快推进长江干线、京杭运河船型标准化，全面开展西江航运干线和珠江三角洲高等级航道网船型标准化工作，启动其他高等级航道重点船型的标准化工作，推进乡镇渡船的标准化改造，加快现有非标准船型和安全、环保设施不达标的老旧运输船舶的更新改造。

（二）大力提升港口的发展质量和效益。

优化港口布局，推动港口功能拓展和结构调整，充分发挥主要港口在综合运输体系中的枢纽作用，提升对腹地经济社会发展的综合服务能力。进一步完善沿海港口布局，推动区域港口群协调发展；统筹规划、科学推进新港区开发，强化主要港口的辐射功能；加快港口码头结构加固改造，完善煤、矿、油、箱等主要货类运输系统，提升港口现代化水平。加强港口集疏运体系建设，强化各种运输方式间的衔接，加大铁水联运推进力度，提升港口辐射范围和有效带动空间。提高港口资源利用效率，加强岸线管理，积极发展公共码头；实行合理分工和差异化发展、错位发展；鼓励以市场为导向、以港口企业为主体的港口资源整合；推进长江下游深水航道沿线港口的江海一体化运行管理新模式。

（三）提高航运综合竞争能力。

优化海运船队结构，促进船舶向大型化、专业化方向发展，扩大国轮船队规模，提高船队现代化水平。推动水上客运向旅游化、高速化、舒适化方向发展，大力发展海峡、岛屿间高速客轮、客滚运输，积极推进邮轮、游艇和水上旅游客运发展。积极支持港航企业实施“走出去”发展战略，完善海运服务网络；规范货主投资航运业，发挥骨干航运企业优势，鼓励航运企业与大型货主优势互补、互利合作，提升保障经济安全运行的能力和水平。积极推动实施启运港退税试点方案，推进船舶特案免税登记政策的常态化，研究推进与国际接轨的海运税费政策，积极参与国际海运合作和重要海上运输通道合作。

（四）加快发展现代航运服务业。

进一步提升船舶管理、船舶交易、无船承运、船舶代理、客货运代理等传统服务业发展水平。提高市场准入门槛，完善船舶委托管理制度，加强对船舶管理公司的监管；完善船舶交易服务场所布局，加强交易行为监管；完善引航、理货等港口服务行业发展政策，加强引航机构建设和理货市场监管；研究制定船舶港口供应服务标准和资质条件，规范经营服务秩序，提升服务质量。大力发展高端航运服务业，建立并完善与之相适应的市场机制。依托国际航运中心建设发展航运咨询、信用评级、运价指数衍生品交易等高端航运服务业务，推进航运信息交换和增值服务系统建设。

（五）促进现代物流体系建设。

引导港航企业延伸服务产业链，拓展经营网络，加快由运输承运人向综合物流服务商和全球物流经营人的转交。加快推进港口与物流园区、保税区、“无水港”的对接和联动发展，依托港口建设综合运输枢纽、大宗商品交易市场、区域性或国际性物流中心，积极拓展采购、中转、加工、配送等功能，提升港口在物流链中的集聚效应。积极推进铁水、公水联运发展，统一联运标准和要求，制定联运数据信息传输、交换标准，建立健全联运统计，推进联运统一单证、优化流程、责任交接和全程联保制度建设，提高物流管理水平和服务效率。

（六）推动安全绿色水路运输发展。

正确处理安全与发展、效益的关系，健全规章制度，规范作业流程，强化从业人员培训，认真落实安全生产责任制，提升安全发展的能力和水平。加大安全隐患排查治理力度，重点加强“四客一危”和滚装运输船舶、砂石运输船舶及危险品码头、客运码头的安全监管，加强安全监管和应急救助设施设备建设，提高应急处置能力。积极构建低碳水路交通运输体系，建立健全水运节能减排和环境保护监测、考核制度，强化水运工程生态保护和修复，积极推广太阳能、地热能等再生能源利用，加快淘汰能耗高、污染重的老旧船舶，大力提升港口装卸工艺和装备的节能水平，完善港口接收、处理污染物的设施，推动大型港口设备“油改电”和船舶靠港使用岸电技术改造。

四、水运结构调整的保障措施

为加快推进水运结构调整，要加强组织领导，营造良好环境，强化保障措施，确保结构调整工作取得明显效果。

（一）着力健全发展规划体系。

统筹规划是引领结构调整、确保结构调整正确方向的基础和前提。要从战略和全局的高度，组织实施好《国务院关于加快长江等内河水运发展的意见》（国发〔2011〕2号），积极争取将海运发展上升为国家战略，按照“兴内河、优港口、强海运”的思路加快推进水运结构调整工作。完善中长期水运发展规划体系，实施好《交通运输“十二五”发展规划》（交规划发〔2011〕191号)。统筹协调上下游航道规划标准、建设序列，保证航道通航的贯通性和等级的连续性。加强水运规划与相关规划的衔接。加强深水岸线资源和跨拦临河建筑物使用通航资源的严格管理，为水运发展留足空间。

（二）着力健全政策法规体系。

政策法规是推进结构调整的坚实保障。积极构建有利于水运发展的财税政策，推进建立与国际接轨的国际海运税费制度；健全市场准入、退出等管理制度和动态监控机制，构建水运市场信用管理体系，加大市场秩序监管和违规处罚力度；加强“四客一危”船舶运力的宏观调控，引导干散货船、集装箱船运力有序投放；推动大型货主与骨干航运企业签订长期运输协议，引导货主充分利用公共运力资源，有效发挥行业协会自律和沟通作用，促进运力供需总体平衡。加强经济运行监测分析，及时发布信息，规范和提高港航指数发布质量，引导行业健康发展。着力推进水运立法进程，制修订出台《航道法》、《海上交通安全法》、《国内水路运输条例》等法律法规，加强地方性法规和政府规章的配套建设，逐步将促进结构调整的政策和制度上升到法律层面。

（三）着力健全资金保障体系。

资金是推进结构调整的重要保障。加大公共基础设施和科研资金投入，逐步建立以中央和地方财政资金为主的来源渠道；制定保障资金安全的具体办法，加强建设资金管理。认真做好港口建设费地方分成资金的使用管理。在中央加大资金投入的同时，各地要积极争取出台政策建立稳定的财政资金来源，扩大资金规模，统筹使用燃油税费改革转移支付资金，尽快落实船型标准化和老旧船舶提前淘汰配套资金，同时，依托航电枢纽等资产，搭建融资平台。企业要加大结构调整、安全设施设备、节能减排和技术研发等方面的资金投入，促进基础设施、运输装备优化升级。

（四）着力健全改革创新体系。

改革创新是推进结构调整的强大动力。深化管理职能改革和机构改革，进一步优化水路行政管理职能配置，推进建立精简统一、职责明确、运转高效、行为规范的港航管理机构。探索主要内河干线航道、国境国际河流航道管理新模式，逐步理顺重要通航枢纽管理体制，适应流域水运一体化管理的要求。加强与有关部门的沟通协调与合作，完善水运发展部省市协调机制，凝聚发展合力。紧紧依靠科技进步，实现水路交通运输的创新发展。组织开展长江黄金水道通过能力提升、港口物流枢纽运营等重大专项技术攻关，在基础设施建设、运输装备、装卸工艺、节能减排、港口安全等方面开展联合技术攻关，加强新技术、新工艺、新标准的开发和推广应用。

（五）着力健全信息支撑体系。

信息化是转变发展方式、改造和提升交通运输业的重要支撑。要认真落实《公路水路交通运输信息化“十二五”发展规划》（交规划发〔2011〕192号），以数字化、智能化航道和内河水运综合信息服务系统建设为重点，更加注重提升科学决策水平和公共服务能力及政务效能；建设多式联运信息服务系统，实现多种运输方式无缝衔接；以交通电子口岸建设为重点，推动口岸信息化数据共享，提高口岸便利化水平；以部省联网构建全国港口、运政管理、市场信用信息系统为重点，积极推进建设省级港口、航道、运输、海事综合信息平台，加强业务协同，实现资源共享。建成水运经营人、港口、航道等基础数据库，主要港口建立港航EDI中心和区域物流公共信息平台，基本建成全国交通电子口岸物流信息平台和港航数据中心。

（六）着力健全人才队伍体系。

高素质的水运人才队伍是推进结构调整的根本保证。要深入实施“人才强交”战略，认真落实《公路水路交通运输中长期人才发展规划纲要（2011-2020年）》（交人劳发〔2011〕337号），大力推进水运人才队伍建设，加强航运经纪、现代物流、应急救援等重点领域急需紧缺人才及水运复合型人才培养培训力度。建立和完善港航管理、工程管理、应急管理、危险品管理等水运职业资格管理制度，不断提升管理人员和技术人员的专业化水平。引导航海职业教育发展，建立和完善船员培养、聘用、流动和管理制度，加快建设结构合理、素质优良、爱岗敬业的船员队伍，不断壮大国际海员队伍．加强部门间人才流动以及东中西部地区人才的交流和对口支援，不断推进港航执法队伍正规化、专业化、标准化建设。各级交通运输主管部门（港航管理机构）应按照本指导意见要求，加强领导，结合本地实际情况，因地制宜，认真组织实施，做好水运结构调整工作，推进我国水运业又好又快发展。

交通运输部

2012年9月10日

关于确定公路甩挂运输第二批试点项目的通知

厅运字〔2012〕225号

各省、自治区、直辖市、新疆生产建设兵团交通运输厅（局、委）、财政厅（局），天津市、上海市交通运输和港口管理局：

按照交通运输部办公厅、财政部办公厅《关于印发公路甩挂运输第二批试点工作方案的通知》（厅运字〔2012〕106号）要求，交通运输部、财政部组织专家对各地上报的甩挂运输项目进行了审查，确定北京翔龙物流（集团）有限公司甩挂运输试点项目等58个项目为公路甩挂运输第二批试点项目。

各试点单位要按照《公路甩挂运输第二批试点工作方案》的要求，落实工作方案，加快实施进度，确保项目顺利实施。请各地交通运输厅（局、委）、财政厅（局）加强监督指导，落实扶持政策，确保试点工作取得实效。

附件：公路甩挂运输第二批试点项目及站场名单（略）

交通运输部办公厅

财政部办公厅

2012年9月25日

交通运输节能减排第三方审核机构认定暂行办法

（厅政法字〔2012〕259　　交通运输部办公厅2012年11月8日印发）

第一章　总　则

第一条　为做好对交通运输节能减排第三方审核机构（以下简称第三方审核机构）的认定工作，确保开展科学合理、高效公正的节能减排量审核工作，根据《交通运输节能减排专项资金管理暂行办法》和有关规定，制定本办法。

第二条　本办法适用于对交通运输节能减排第三方审核机构的认定、管理和监督等活动。

交通运输节能减排量第三方审核是指对申请交通运输节能减排专项资金的项目开展节能减排量、替代燃料量或节能减排投资额审核。

第三方审核机构是指在确定的业务范围内开展节能减排量审核，并出具节能减排量审核报告的独立法人单位。

第三条　交通运输部对第三方审核机构进行认定、管理和监督，交通运输节能减排项目管理中心（以下简称管理中心）按部规定和要求进行日常管理工作。

第二章　机构认定

第四条　第三方审核机构应当符合以下条件：

（一）在中华人民共和国境内注册或开办的、具有独立法人资格的企事业单位。

（二）从事公路水路交通运输领域科研、设计、检测、咨询等交通运输企事业单位。

（三）能够独立开展公路水路交通运输节能减排量的审核工作。

（四）机构技术负责人具有高级专业技术职称并有5年以上交通运输领域科研、设计、咨询、检测工作经历。从事交通运输节能减排工作的技术人员不少于10人。

（五）具有良好的信誉、健全的组织机构、财务会计制度和质量管理体系。

第五条　符合第四条规定的交通企事业单位，可自愿申请（填写《交通运输节能减排第三方审核机构申请表》，见附件1），经所在省级交通运输主管部门（部直属单位、中央所属交通企业集团）推荐和交通运输部认定，成为第三方审核机构。

交通运输部按照公开、公平、公正和择优的原则认定第三方审核机构，明确其可以从事的业务范围，并向社会公布。

第六条　根据审核机构从事业务范围不同，审核资质分为“公路、水路、综合”三类。“公路”是指从事道路运输装备及公路基础设施建设与运营领域项目审核；“水路”是指从事水路运输装备及港航基础设施建设与运营领域项目审核；“综合”是指可以从事包含“公路”、“水路”两类技术领域项目审核。

第七条　第三方审核机构接受申请单位委托后，成立第三方审核小组开展审核。

第八条　第三方审核小组成员应当符合以下条件：

（一）审核组组长须是具有交通运输相关专业的高级技术职称并且具有全日制高等院校相关专业本科以上学历，从事相关工作五年以上的本单位人员。

（二）审核组组员须具有交通运输相关专业的中级技术职称或者全日制高等院校相关专业本科以上学历，并且从事相关工作两年以上。

（三）熟悉交通运输节能减排工作和接受过相关审核培训。

第九条　第三方审核小组由三至五人组成，第三方审核机构也可以外请符合要求的相关专业人员作为组员参与项目审核，外请人员比例不得超过审核小组总人数的40%。第三方审核机构需对外请人员开展的审核活动负责。

第三章　审核职责

第十条　第三方审核机构的主要职责：

（一）根据《交通运输节能减排专项资金管理暂行办法》的相关要求，按照《交通运输节能减排专项资金项目审核技术导则》的规定，对项目的节能减排量进行审核。

（二）出具项目节能减排量审核报告。

（三）对审核人员进行日常管理、监督和培训。

（四）按要求上报审核工作情况及提出有关建议。

第十一条　审核工作的主要内容：

（一）项目真实性审查。

（二）现场核查项目节能减排规定内容。

（三）出具项目节能减排审核报告。

第十二条 第三方审核机构有权要求申请单位提供由具备相关资质的机构出具的节能减排量检测报告或项目决算审计报告等资料。申请单位应当积极配合第三方审核机构开展节能减排量审核活动。

第十三条 第三方审核机构应当根据国家相关规定和标准，恪守职业道德，独立开展项目节能减排审核，在规定时限内出具项目节能减排量审核报告，确保审核的科学性、公正性和权威性，并对出具的项目节能减排审核报告负责。

第十四条 申请单位根据工作量支付第三方审核机构审核费用。

第十五条 第三方审核机构及人员与申请单位有利害关系的应该主动回避。

第四章 监督管理

第十六条 第三方审核机构应当在每年第一季度向管理中心报送上年度工作报告，工作报告的主要内容包括：上年度完成审核项目基本情况、审核记录、影像资料等证明材料及工作建议等。

第十七条 第三方审核机构法定代表人、住所地等重要事项发生变更，应当自发生变更之日起20个工作日内向管理中心提交书面报告。

第十八条 管理中心按部规定对第三方审核机构节能减排报告的审核结果进行抽查，对审核工作程序和质量进行评价，并对第三方审核机构实行动态管理。

第十九条 第三方审核机构应当接受社会监督。对第三方审核机构的投诉、举报，情况属实的按照有关规定进行处理。

第三方审核机构有下列行为之一的，给予通报警告，情节严重的，将取消其审核资格，并依法追究法律责任。

（一）出具虚假失实的审核报告的。

（二）节能减排审核报告有重大失误或质量低劣的。

（三）泄露申请单位技术秘密或商业秘密的。

（四）转包节能减排审核项目的。

（五）违反国家相关规定的其他行为。

第二十条 审核人员有下列行为之一的，给予通报警告，情节严重的依法追究法律责任：

（一）私自接受委托的。

（二）违反保密规定泄露企业商业机密的。

（三）因严重不负责任给申请单位造成巨大经济损失的。

（四）收受申请单位贿赂弄虚作假出具鉴定报告的。

（五）拒绝接受监督、检查或者向其提供虚假资料的。

（六）其他违反《交通运输节能减排专项资金管理暂行办法》和相关规定的行为。

第五章 附 则

第二十一条 本办法由交通运输部政策法规司负责解释。

第二十二条 本办法自发布之日起实施。

关于公布第21批道路运输车辆燃料消耗量达标车型的公告

2012年第63号

根据《道路运输车辆燃料消耗量检测和监督管理办法》（交通运输部令2009年第11号）规定，现将已通过技术审查和公示程序的第21批道路运输车辆燃料消耗量达标车型予以公布。

附件：道路运输车辆燃料消耗量达标车型表（第21批）（略）

交通运输部

2012年12月10日

交通运输部关于港口节能减排工作的指导意见

交水发〔2012〕551号

各省、自治区、直辖市交通厅（委），天津市、上海市交通运输和港口管理局，部属各有关单位，有关港口企业，有关设计、科研单位：

“十二五”时期，是加快转变经济发展方式，建设资源节约型、环境友好型港口的关键时期。为进一步贯彻国家及部有关节能减排工作的方针、政策及相关要求，按照部节能减排工作领导小组的统一部署，不断深化港口行业节能减排工作，根据港口节能减排工作的整体情况，提出以下指导意见：

一、建立低碳绿色长效机制，确保《公路水路交通运输节能减排“十二五”规划》确定总体目标的实现

根据《公路水路交通运输节能减排“十二五”规划》确定的目标和《“十二五”水运节能减排总体推进实施方案》的实施情况，“十二五”期末，与2005年相比，港口生产单位吞吐量综合能耗下降8%，单位吞吐量二氧化碳排放量下降10%。

（一）完成港口节能减排任务，确保节能减排目标的实现，最根本的是要建立起低碳绿色港口发展长效机制。一是必须坚持政府引导与市场调节相结合、企业主体与科研院所提供技术支撑相结合、存量挖潜与源头控制相结合、技术创新与试点应用相结合的基本原则；二是因地制宜，根据各港的特点找准切入点、优化港口用能结构、实施能效管理、强化节能减排措施；三是加强组织领导，采取有效措施，应用推广节能减排技术；只有建立起低碳绿色港口发展长效机制，才能实现港口可持续发展，确保“十二五”期港口节能减排目标的实现。

二、加大清洁能源推广应用力度

鼓励利用清洁能源、可再生能源，提高港口使用清洁能源、可再生能源比例。优先采用电能或其他清洁能源作为动力源的工艺技术和装卸搬运设备，使码头装卸工艺系统各环节能力匹配，提高装卸效率、降低能耗。加快港口技术改造，加快淘汰高耗能、高排放、低效率的老旧设备。

（二）继续深化港口装卸机械“油改电”。完成现有轮胎式集装箱门式起重机（RTG）“油改电”和部分杂货码头轮胎式起重机的“油改电”工作。新建、改扩建集装箱码头使用电动RTG（ERTG）或轨道式集装箱门式起重机（RMG）；杂货码头鼓励使用电动轮胎式起重机。鼓励使用全电力驱动的装卸机械和水平运输工具。

（三）推进码头船舶岸电技术的应用。在邮轮、集装箱、散货等主要客、货运码头应配套建设码头船舶岸电设施或预留建设岸电设施空间和容量，鼓励各类码头应用码头船舶岸电技术。

（四）鼓励、支持试点采用LNG（液化天然气）清洁能源驱动港作船舶、港作车辆及其他流动机械。

（五）鼓励利用太阳能、风能等清洁能源为港口提供照明、生产、生活用能等服务。

（六）鼓励采用地热能、海洋能等可再生能源为港口提供制冷、供暖等服务。

三、积极推广节能减排技术和经验

积极应用成熟节能减排技术、大力推广先进节能操作法，优化组织流程、提高作业效率、减少能源消耗。

（七）减少电能损耗。大型专业化码头应推广变频调速、自动化系统控制技术；鼓励新建干散货码头应用带式输送机节能减排新技术；散货码头改造宜采用带式输送机系统节能控制技术。选用节能型变压器减少电能在传输过程中的消耗，充分利用港口装卸过程中产生的回馈能，减少能源浪费。新建港区或在老港区电网改造时，应与供电部门协调，积极采用先进技术治理高次谐波，减少高次谐波产生的附加损耗，提高港区电网供电质量。积极推广低碳绿色照明工程，科学、合理控制照明照度。使用LED（发光二极管）等节能灯具，采用分段、分时控制照明亮度、调整功率、无功补偿、高精度稳压等方式降低电能消耗、延长灯具使用寿命。

（八）提高作业效率。积极组织开展码头装卸生产组织优化研究，新码头建设和老港区的功能调整，要逐步实现管控一体化。优化港区布局和码头设计时应充分利用信息技术，使生产调度、运输组织更为合理，使工艺流程更为先进，提高设备运行效率。推广港口智能调度系统和办公无纸化作业。

（九）继续总结并推广应用先进的港口生产作业节能操作方法。从源头树立港口作业人员节能驾驶操作意识，加大港口节能操作培训。

四、加大先进节能减排技术的研发与推广力度

及时引进、消化与吸收国内外节能减排技术创新成果，积极采用新技术、新工艺、新设备、新材料等节能减排技术，提升港口企业核心竞争力。

（十）开展干散货码头堆场防风防尘成套技术的研究、应用与推广工作，从而达到节水、减少扬尘、改善港区空气质量的目的。

（十一）液体散货码头宜采用油气回收技术，对于油气码头及码头加油站点，鼓励采用先进的油气回收技术和装置。

（十二）继续加强港口含油、含煤污水和危险化学品污水集成处理技术的开发、应用与推广工作。

（十三）新港区建设和老港区改造中，继续推进雨污水收集与处理，并回用于绿化、洗车、道路喷洒、工业冷却、生活杂用水及港区特有的散杂货码头喷淋、洗舱等；在港口推广使用节水、环保器具，节约水资源、减少污染物排放。

（十四）开展停靠LNG动力船舶的码头布点方案、码头平面布置方案等相关技术的研究。

（十五）加大节能减排新设备在港口运输系统应用的研究。在煤炭码头开展底开门车技术应用、连续式卸船机的适用性研究。

（十六）开展节能减排监测检测技术研究。继续完善节能减排计量统计、监测考核等基础研究工作。

（十七）提倡采用低碳绿色节能技术，鼓励电能回馈、储能回用等节能技术的研究与应用。

（十八）开展港口水资源循环利用关键技术的创新研发。鼓励中水、海水淡化水、微咸水、雨水处理回用等有关技术的应用。

五、加强节能减排管理制度建设

各级交通（港口）主管部门和港口企业，要以高度的政治责任感，充分认识节能减排工作的重要性。按照建设低碳绿色港口的总要求，因地制宜切实做好港口节能减排工作。

（十九）建立健全节能减排工作机制，认真落实目标责任制。交通（港口）主管部门要研究相应的工作机制，确定专门机构和专人负责，加强与有关部门的协调和沟通，认真解决工作中的难点，制定相应的政策和措施，建立港口节能减排长效机制，推行节能减排工作的绩效考核制度。

（二十）以建设低碳绿色港口体系为目标，建立低碳绿色发展长效机制，实现港口可持续发展。

（二十一）在试点的基础上，逐步实施港口能效管理制度。建立能效管理体系，将能效管理纳入各个企业整体的结构化的管理体系予以实施，实现对能效全过程的控制与管理。

（二十二）完善深化节能减排计量管理和统计制度。要充分利用信息管理系统等现代化手段，加强节能计量和统计工作，实现能耗精准计量，以衡量节能重点，准确掌握能源消耗情况。

（二十三）健全节能减排监督管理体系。要进一步完善节能减排监测、监察制度，实现港口能耗在线实时监测，加大行业内重点耗能设备和运输装备的抽查检测力度，对达不到能耗限值指标的设备要坚决淘汰。

（二十四）各级交通运输（港口）主管部门和港口企业要建立节能减排工作激励机制。认真做好节能减排工作总结，对在节能工作中做出突出成绩的单位和个人予以表彰奖励。

（二十五）加强节能减排文化和队伍建设，积极开展港口节能减排与低碳科普行动。开展节能减排教育培训，加强国内外节能技术的经验交流与合作，加强国内港口企业之间、企业和科研单位之间节能减排经验、技术、操作法的交流。开展示范推广节能减排技术与经验的基础工作，建立试点和推广机制。不定期举办节能减排技术现场交流会，学习交流节能减排先进技术与管理经验，及时发布和推介节能减排新技术、新经验和新方法。

此外，要积极争取国家交通运输节能减排专项资金的支持，发挥节能减排专项资金的引导作用，推进港口节能减排新机制、新技术、新工艺、新产品的开发和应用。在节能技术与产品推广、重点行业的节能技术和工艺改造、重大节能技术试点示范项目、港口智能化运营管理以及节能减排统计监督考核体系建设等方面争取政策和资金的支持。

本意见自2012年11月1日起施行。原交通部2007年12月20日发布的《关于港口节能减排工作的指导意见》（交水发〔2007〕747号）文同时废止。

中华人民共和国交通运输部
2012年10月26日

交通运输节能减排能力建设项目管理办法（试行）

（厅政法字〔2012〕252号　交通运输部办公厅2012年11月7日印发）

第一章 总则

第一条 为充分发挥交通运输节能减排专项资金（以下简称专项资金）的引导作用，有效支持交通运输部开展的低碳交通运输体系建设,提升行业节能减排管理和创新能力，根据《交通运输节能减排专项资金管理暂行办法》（财建〔2011〕374号）和《建设低碳交通运输体系指导意见》（交政法发〔2011〕53号），制定本办法。

第二条 交通运输节能减排能力建设项目（以下简称项目）是指为推进低碳交通运输体系建设，按照专项资金管理办法支持范围的要求，组织开展的交通运输节能减排标准、统计、监测、考核、评价体系建设，以及基础性、战略性、前瞻性研究等。

第三条 项目管理坚持注重实效，公开、公平、公正的原则。

第四条 部节能减排主管部门是项目的归口管理部门，交通运输节能减排项目管理中心（以下简称管理中心）协助做好相关具体工作。

第二章 项目立项

第五条 部节能减排主管部门根据交通运输节能减排规划确定的目标、任务，结合节能减排工作的实际，于每年十月份组织研究确定下年度项目。

第六条 相关单位根据部节能减排主管部门确定的项目，编制项目可行性研究报告（见附件1）。部节能减排主管部门采取招标或专家评审等方式对可行性研究报告进行评议，择优确定项目承担单位。

第七条 通过招标或专家评审的项目列入年度交通运输节能减排专项资金计划，报财政部审核。

第八条 经财政部审核的项目，由部节能减排主管部门（甲方）与承担单位（乙方）签订《交通运输节能减排能力建设项目任务书（合同）》（见附件2）。

第三章 项目实施

第九条 项目承担单位应编制研究工作大纲（见附件3），并于签订任务书后1个月内完成大纲评审工作，报管理中心备案。

第十条 根据项目进度安排，由管理中心组织对项目的执行情况、中期成果和经费使用情况等进行检查，形成会议纪要和专家意见处理表（见附件4），并于项目完成时作为验收材料。

第十一条 跨年度的项目实行年度报告制度，项目第一承担单位应于当年11月30日前向管理中心报送项目执行情况报告（见附件5）。

第十二条 项目实施期间，如需对项目的考核目标、研究内容、负责人、完成时间等重要事项作调整或变更的，由项目第一承担单位向部节能减排主管部门提出申请，经批准后方可变更。

第十三条 对于未能及时上报项目执行情况报告或擅自变更任务书的承担单位，部节能减排主管部门将予以通报批评，并记入信用记录。

第十四条 项目承担单位应严格按照国家有关财务规定使用项目经费，做到专款专用。

第四章 项目验收

第十五条 项目承担单位应在项目完成后一个月内提出验收申请，并按规定向管理中心提交验收材料（含电子文档，见附件6）。

第十六条 经审查符合验收条件的，部节能减排主管部门对项目组织验收；对不符合验收条件的项目，部节能减排主管部门将责令承担单位限期整改。

第十七条 项目因故不能按期完成的，第一承担单位应在规定完成期前一个月提出延期申请，报部节能减排主管部门批准。项目延期时间一般不得超过三个月。

第十八条 对于不能按期完成项目的承担单位，部节能减排主管部门将对其进行通报批评，视情节轻重责令其退回部分或全部经费，暂停承担项目的资格1至3年。

第十九条 项目验收以任务书确定的研究内容和考核目标为基本依据，主要对项目研究工作是否达到任务书约定的目标和要求，研究成果的实用性、创新性、先进性和社会效益等方面作出客观、公正的评价。

第二十条 项目验收一般采取专家会议评审方式，并形成验收意见。

通过验收的项目由部节能减排主管部门向第一承担单位下达验收意见通知书（见附件7）。

第五章 成果管理

第二十一条 项目承担单位在收到验收意见通知书后，应及时做好项目实施中所产生的实验报告、数据手稿、图纸、声像等资料的整理、建立档案工作。

第二十二条 项目承担单位应对成果及时采取知识产权保护措施，依法取得相关知识产权。项目所形成的知识产权，其归属、管理和使用按照《交通运输行业知识产权管理办法》的规定执行。

第二十三条 成果涉及国家秘密的，有关单位和人员应按照《中华人民共和国保守国家秘密法》及有关规定，切实做好保密管理工作。

第二十四条 项目验收后1个月内，项目承担单位按要求向管理中心报送项目的全套归档资料。

第六章 附则

第二十五条 本办法由交通运输部政策法规司负责解释。

第二十六条 本办法自发布之日起执行。

>>>

低碳建筑编

主编单位：住房和城乡建设部建筑节能与科技司

主　　编：韩爱兴　住房和城乡建设部建筑节能与科技司副司长

副 主 编：仝贵婵　住房和城乡建设部建筑节能与科技司国际科技合作处处长

执行副主编：侯文峻　住房和城乡建设部建筑节能与科技司国际科技合作处

言论

坚定信心 创新机制 全面实施供热计量收费（节录）

仇保兴

一、供热计量改革取得明显成效

一是供热计量收费面积快速增加。目前河北、山西、山东等11个省根据《城市供热价格管理暂行办法》出台了供热计量价格和收费实施细则。地级以上城市出台供热计量价格和收费办法已经达到105个，也就是说绝大部分北方城市都已出台供热计量价格管理办法。2011年北方采暖地区15个省、自治区、直辖市累计实现供热计量收费面积5.36亿平方米，比2010年（3.17亿平方米）增加了2.19亿平方米，增幅达到69%。

二是新建建筑供热计量装置安装比例明显提高。2011年北方采暖地区新竣工建筑3.45亿平方米，其中安装分户供热计量装置的有2.5亿平方米，占新建建筑总量72%，较2010年（52%）提高20个百分点。天津、北京、河北、吉林、山东5个省市基本做到了新建建筑供热计量设施不欠新账，值得表扬。

三是既有居住建筑供热计量及节能改造大规模推进。在“十一五”超额完成国务院下达的1.5亿平方米改造任务的基础上，2011年完成北方既有居住建筑供热计量及节能改造面积1.32亿平方米。内蒙古、吉林、山东超额完成年度改造任务。实践证明，实施既有居住建筑供热计量及节能改造可以节能减排（30%）、减少PM2.5等空气污染（30%）、增加就业、促进生产、增加人民群众收入、提高人民群众基本生活质量，是一件“一举多得”的大好事，属于“最优内需”。

二、推进供热计量改革仍存在“四大”障碍

2011年新竣工建筑没有安装分户供热计量装置的有1亿平方米，占新竣工建筑总量28%。累计供热计量装置安装面积约有9.5亿平方米，但实现供热计量收费面积5.36亿平方米，还有大量已经安装的供热计量装置闲置。进一步推进供热计量改革存在“四大”主要障碍：

一是认识和观念障碍。有些地方的领导只满足于冬季稳定供热，而没有把供热节能摆上议事日程，没有认识到稳定供热和计量节能是同等重要的问题。有些地方将供热节能重点只放在系统设施节能改造上，忽视或贬低供热系统计量收费的行为节能。事实上，国内外的实践都已经证明，如果不搞供热计量收费，调动用户的积极性，系统设施节能就是“白搞”，即使节了一些能也被开窗放热而白白浪费掉了。也有少数地方的干部错误地认为搞供热计量收费，供热企业就一定会减少收入。事实证明并非如此。榆中县供热计量收费比例达到了86%，鹤壁市达到了69%，这些地方供热质量不仅得到很大提高，绝大多数的用户节约了热费，更重要的是，供热企业综合效益不仅没有减少，还实现了可持续发展。鹤壁市实施供热计量后，供热企业实现系统节能30%以上，在总耗能不变、供热质量提高的情况下，供热面积增加100多万平方米。所以说，少数地方存在这样或那样的错误认识，完全没有道理，都只是为推迟改革寻找借口和理由。

二是体制机制障碍。有些城市监管体系没有形成合力。建设工程规划、设计、施工图审查、施工、监理、质量监督、验收等各环节缺乏有效监督配合，缺少责任追究机制，导致不装表和装“假”表情况时有发生。少数城市确定的基本热价比例过高，导致群众没有节能的积极性，大部分居民需要多交费，导致“假节省”。有些城市实行供热计量收费“面积上限”，限制了价格对行为节能杠杆作用的发挥，影响了行为节能的积极性。部分城市计量收费政策不配套，装表和收费缺乏有效衔接，没有落实供热企业选表、装表和收费责任，导致即使装了质量好的表，供热企业也不按表收费。有些城市没有出台配套的收费办法或出台的收费办法过于粗糙，缺乏可操作性。

三是计量表质量障碍。一些城市热量表质量良莠不齐。近年来虽然热量表质量有所提高，但质量差、价格高的问题还没有得到解决，一些城市热量表质量良莠不齐，存在着“假”表、“烂”表驱逐好表的现象，在很大程度上制约了供热计量收费的开展。有些城市的供热系统未安装过滤装置，造成水质特别差，严重影响了计量表的精度和寿命。

四是能力障碍。有些地方供热计量改革领导机构缺乏必要的专职人员，组织领导能力不足，无法真正开展工作。有些地方的供热企业技术管理水平较低，没有配备专门人员，不知道如何开展供热计量、也不知道如何收费。此外，近年来虽然检测能力有所提高，但总体上还比较弱，不能满足检测要求，如大口径表至今无法检测。

三、认清形势，坚定信心

供热计量改革是大势所趋，民心所向，形势所迫。从承德、鹤壁、榆中、天津等供热计量工作先进城市的情况看，实施供热计量收费、提高系统调控水平，供热系统至少可以节能30%以上。如果我国北方地区所有城市全部实现了供热计量收费，每年可节约4000多万吨标准煤，5年下来就是2亿多吨标准煤，二氧化碳减排4亿多吨。供热计量节能潜力巨大，加快推动供热计量改革必须实行“三个强化”：

一是强化信心。国务院《节能减排“十二五”规划》明确要求，“十二五”期间，实现节约能源6.7亿吨标准煤。我部的落实措施明确提出，到“十二五”期末，建筑节能形成1.16亿吨标准煤节能能力。北方采暖地区节能减排的最大潜力在供热计量节能，北方采暖地区是否全面有效推行供热计量改革不仅是完成建筑节能任务的关键，更是关系到整个国家节能减排任务能否完成的关键。各地要进一步转变观念，统一思想，充分调动各方积极性，坚定不移地推进供热计量改革。

二是强化目标。“十二五”时期要完成国务院下达的北方采暖地区既有居住建筑供热计量及节能改造面积4亿平方米以上的任务。我部已与各省市签订协议，各地要严格按照协议完成改造任务。对于已装表的建筑，全面取消以面积计价收费方式，无条件地实行按实际热量计价收费方式。

三是强化措施。新建建筑和经改造的既有居住建筑必须同步安装供热计量装置和温控装置，同步实施按热量计价收费。对不符合民用建筑节能强制性标准的新建建筑，不得出具竣工合格验收报告，不得销售或者使用。今年我部将对这两个“不得”，组织专项检查。既有居住建筑节能改造不同步实施供热分户计量改造的，不得通过验收，不得拨付中央财政既有居住建筑供热计量及节能改造奖励资金。今年北方采暖地区住宅供热计量实际收费比例达不到35%要求的城市，不得申报中国人居环境奖、国家园林城市、可再生能源建筑应用示范城市等城乡建设领域的任何奖项。明年这个比例要上升到40%。

四、创新机制、细化政策

随着装表和计量收费面积越来越大，供热计量改革到了一个关键转型时期，各地要进一步创新机制，强化措施，细化政策，扎扎实实推进此项工作。

一是要加强组织领导。城市政府要充分发挥推进供热计量改革的主导作用，“一把手”要亲自牵头，分管领导要全力以赴。城市建设（供热）主管部门的主要领导是供热计量改革第一责任人。城市政府应将供热计量改革目标完成情况作为对建设（供热）主管部门主要领导考核评价的主要内容之一。建设（供热）主管部门应加强对供热企业的监管，对拒不实施计量收费的供热企业，要对其负责人依法严肃处理。

二是要创新监管机制。要切实加强建设工程规划、设计、施工图审查、施工、监理、质量监督、验收和销售等环节全过程的监管。对达不到供热计量要求的工程项目一律不得办理各类手续和证书。施工图审查部门在审查时，不仅要看有没有进行了供热计量设计，还要看设计合不合理。建筑质量监管部门在验收备案时不仅要看有没有计量装置，更要看安装合不合理、质量合不合格、有没有首检、温控阀是不是自动恒温阀等。

三是要创新收费机制。严格落实供热企业计量收费改革的主体责任，制定房地产开发企业和供热企业选表、安装和收费衔接细则和资金管理办法。计量装置一定要由供热企业按照规定直接公开招标、采购。电表、水表、燃气表管理的成功经验就是让电力公司、自来水公司、燃气公司直接负责招标、采购、收费和更换。计量装置采购合同应明确生产厂家直接承担售后服务。对于不能或不愿承担售后服务的生产厂家，要列入“黑名单”，清理出市场。各城市要在总结前期计量收费经验的基础上，尽快将基本热价降至30%，取消“面积上限”，完善计量热价和管理办法，而且要定期告知用户热量和热费，进一步提高行为节能的积极性，真正实现用多少热交多少费。这项工作今年年底之前，我部将组织专项检查。

四是要创新激励和约束机制。各地对违反供热计量强制性标准和要求的规划、设计、监理、施工、房地产开发等单位和供热企业，要依法进行处罚，情节严重的要吊销或降低企业资质。要学习推广山东省和北京市的经验，将供热政策性亏损补贴改为供热计量奖补资金，资金发放额度与供热计量改革绩效和供热节能量挂钩，提高供热企业参与计量改革的积极性。今后对于拒不推行供热计量或迟缓推行计量收费的供热企业，不应再发放任何补贴，中央财政也不再给予供热系统技术改造补助。

五是要强化管理措施。各地要加强供热能耗管理，尽快建立供热监控调度平台，实现从热源到管网、换热站、终端用户的整个供热系统能耗统计、监控和调度，为实施供热计量改革提供决策支撑。供热企业要加大供热系统节能和调控改造力度，实现供热系统需求侧管理、变流量调控。同时，加强计量表和系统水质运行维护管理，采用远传集抄系统，建立电子管理档案，对故障表及时预警、维修和更换。

五、几点具体要求

一是开展计量装置清查。各省级住房城乡建设（供热）部门要组织本地各城市在今年采暖季前对辖区内供热计量装置安装和使用情况进行一次清查。清查的办法可以是城市间的交叉互查。对于未安装计量装置的新建建筑要责令房地产开发企业配合供热企业补装到位。房地产开发企业拒不补装的，要坚决撤销原有的竣工验收备案证书。对于已安装但未收费的合格计量装置，要责令供热企业在这个采暖季按表计量收费。对于不合格的计量装置，要责令采购方在今年采暖季前予以限时更换或维修。对城市出台的计量热价高于30%的，要督促整改。各地要根据清查情况，提出整改建议和解决措施。对于清查出的质量不合格的计量装置要建立“黑名单”，坚决清出市场。

二是探索合同能源管理模式。各地要充分利用国家对合同能源管理的优惠政策，在供热计量改造及收费项目中，积极引入合同能源管理模式，利用能源服务公司资金、技术、管理优势，建立具有一定规模的计量收费试点示范项目，总结经验，大力宣传和推广。

三是认真分解改革目标任务。各省级住房城乡建设（供热）部门要根据本地实际，明确今年采暖季供热计量收费改革目标，并将目标任务分解到所辖城市，对没有完成的城市要予以通报批评。根据今年既有居住建筑供热计量及节能改造完成情况，及时调整明年的任务指标，尽早落实项目。

四是大力开展宣传培训。各地要采取多种形式，加强供热计量技术培训，提高规划、设计、施工、监理、质量监督及供热企业相关人员的供热计量专业技术水平、知识和能力。组织媒体开展多种形式供热计量改革宣传活动，普及供热计量知识，取得群众的理解和支持，营造供热计量改革良好社会舆论氛围。

（仇保兴：住房和城乡建设部副部长，2012年8月21日在2012年北方采暖地区供热计量改革工作电视电话会议上的讲话）

发展报告

2012年住房城乡建设领域应对气候变化和低碳发展

住房和城乡建设部建筑节能与科技司

2012年以来，住房和城乡建设部加强应对气候变化政策、技术研究，大力推进建筑节能与供热计量改革，积极发展绿色建筑，扩大可再生能源建筑应用规模，开展低碳生态城市试点示范和技术研究，发展城市公共交通，加强污水、垃圾处理管理，增加城市园林碳汇，积极开展国际合作，进一步加强完善应对气候变化相关的政策法规制订与实施，住房城乡建设领域应对气候变化的政策与行动取得了良好成效。

一、进一步完善应对气候变化政策法规

（一）建筑节能与绿色建筑相关政策法规

住房和城乡建设部2012年制订印发了《“十二五”建筑节能专项规划》，总结了建筑节能工作取得的成就和经验，分析了当前和今后一个时期建筑节能和绿色建筑工作面临的形势和任务，为“十二五”建筑节能工作提供规划和指导；会同财政部印发了《关于加快推动我国绿色建筑发展的实施意见》，建立高星级绿色建筑财政政策激励机制，引导更高水平绿色建筑建设，推动绿色建筑发展；组织编制印发了《既有居住建筑节能改造指南》，继续大力推进北方采暖地区既有居住建筑供热计量改革及节能改造工作，同时推动夏热冬冷地区既有建筑节能改造工作。2012年以来，住房城乡建设部召开了供热计量改革工作会议，开展了供热计量改革工作专项监督检查，发布了检查结果通报，促进供热计量改革。

2013年1月，国务院办公厅转发发展改革委住房城乡建设部《绿色建筑行动方案》，提出开展绿色建筑行动，全面推进城乡建筑绿色发展，明确了发展绿色建筑的指导思想、主要目标、重点任务和保障措施。2013年4月，住房城乡建设部制定印发了《“十二五”绿色建筑和绿色生态城区发展规划》，提出将推动绿色生态城区、绿色建筑、绿色农房、绿色建筑产业发展，以及老旧城区的生态化更新改造。到“十二五”期末，将新建绿色建筑10亿平方米，实施100个绿色生态城区示范建设，完成北方采暖地区既有居住建筑供热计量和节能改造4亿平方米以上，夏热冬冷和夏热冬暖地区既有居住建筑节能改造5000万平方米，公共建筑节能改造6000万平方米；结合农村危房改造实施农村节能示范住宅40万套。

为做好住房和城乡建设领域应对气候变化、低碳发展政策与技术研究，住房城乡建设部2013年转发了国家发展改革委《中国低碳发展宏观战略研究项目管理办法》和《中国低碳发展宏观战略研究项目资金管理办法》，鼓励相关单位积极申报住房城乡建设领域相关项目。

为应对全球气候变化，住房和城乡建设部在工程建设标准管理过程中注重体现低碳、绿色等原则。开展了《工程建设标准应对气候变化影响相关问题研究》，并在此基础上，在住房城乡建设领域的工程建设标准化工作中，主要围绕节能建筑与绿色建筑设计、检测评价、施工验收，既有建筑的节能改造，建筑能效测评与监控，暖通空调与供热系统节能、新能源应用等领域，开展了相关标准的制修订工作。截至目前，在上述领域已发布实施的工程建设标准共计56项，其中2012年至2013年上半年批准发布了《民用建筑太阳能空调工程技术规范》、《光伏建筑一体化系统运行与维护规范》、《被动式太阳能建筑技术规范》、《可再生能源建筑应用工程评价标准》、《建筑能效标识技术标准》、《城镇供热系统节能技术规范》等10项标准，尚有33项相关标准正在制修订过程中。

为进一步做好民用建筑能耗和节能信息统计调查工作，住房城乡建设部于2012年修订了《民用建筑能耗和节能信息统计报表制度》，要求各级住房城乡建设行政主管部门要加强对统计调查工作的组织管理。

（二）城镇建设应对气候变化相关政策法规

2012年以来，住房和城乡建设部先后印发了多项城市基础设施建设与运营管理、城市交通、园林绿化等方面的政策文件，引导城市低碳绿色发展，为应对气候变化做出贡献。编制印发了《全国城镇供水设施改造与建设“十二五”规划及2020年远景目标》；制定了《国家节水型城市考核标准和考核办法》，促进城市节水与源头减排。国务院办公厅印发《“十二五”全国城镇污水处理及再生利用设施建设规划》，“十二五”期间，计划投资4300亿元建设城镇排水与污水处理设施，明确了到2015年城市污水处理率达到85%、污泥无害化处理处置率达到

70%以上、污水再生利用率达到15%以上等目标。国务院办公厅印发《"十二五"全国城镇生活垃圾无害化处理设施建设规划》，指导各地开展填埋气体收集利用及再处理工作，减少甲烷等温室气体排放。

住房和城乡建设部出台《关于加强城市步行和自行车交通系统建设的指导意见》，通过城市步行和自行车交通系统示范项目，引导各地加强城市步行和自行车交通建设。指导各地科学开展绿道建设，以实施绿色交通应对气候变化，在2012年召开"广东绿道讲坛"的基础上，2013年，组织编写《绿道规划与设计规范》，提升绿道规划建设科学化、规范化、标准化水平。

住房和城乡建设部2012年出台了《关于促进城市园林绿化事业健康发展的指导意见》和《生态园林城市申报与定级评审办法和分级考核标准》，强化城市生态、节能减排、人居环境等方面的考核，引导各地建立绿色、低碳、循环的可持续发展模式。

2012年，住房和城乡建设部制定印发了《"十二五"城市绿色照明规划纲要》，提出了到"十二五"期末，城市照明节电率相比2010年底达到15%的发展目标。

二、建筑节能为应对气候变化工作发挥重要作用

（一）新建建筑执行节能强制性标准效果显著

截至2012年底，全国城镇新建建筑执行节能强制性标准基本达到100%，全国城镇累计建成节能建筑面积69亿平方米，共形成年节约6500万吨标准煤和减排1.69亿吨CO2的节能减排能力。

（二）北方采暖地区既有居住建筑供热计量及节能改造

截至2012年底，北方15省（区、市）及新疆生产建设兵团共计完成既有居住建筑供热计量及节能改造面积5.9亿平方米。据测算，完成节能改造的项目可形成年节约400万吨标准煤、减排1000万吨CO2的能力。改造后同步实行按用热量计量收费，平均节省采暖费用10%以上，室内热舒适度明显提高，并有效解决老旧房屋渗水、噪音等问题。夏热冬冷地区既有居住建筑节能改造工作已经启动，共安排改造计划1200万平方米。

截至2012年底，北方采暖地区15个省（区、市）累计实现供热计量收费面积8.05亿平方米，出台供热计量价格和收费办法的地级以上城市达到116个，占北方采暖地区的93%。

（三）国家机关办公建筑和大型公共建筑节能监管体系建设继续深入

截至2012年底，全国累计完成公共建筑能耗统计40000余栋，能源审计9675栋，能耗公示8342栋建筑，对3860余栋建筑进行了能耗动态监测。共在20省开展能耗动态监测平台建设试点，确定天津、上海、重庆、深圳市为公共建筑节能改造重点城市。共确定191所高等院校为"节约型校园"建设试点，确定中共中央党校、清华大学等14所高校为节能综合改造示范。

（三）绿色建筑发展迅速

截至2012年底，全国共有742个项目获得了绿色建筑评价标识，建筑面积7543万平方米，其中2012年当年有389个项目获得绿色建筑评价标识，建筑面积达到4094万平方米。上海、江苏、深圳等省市在保障性住房建设中，全面强制推广绿色建筑。

三、低碳生态城市试点示范稳步推进

住房和城乡建设部2011年成立低碳生态城市建设领导小组以来，积极开展低碳生态城市技术和试点示范，有力推动了国内城市低碳、绿色发展。

一是开展部省、部市共建低碳生态城市试点示范。从2010年开始，住房和城乡建设部与深圳市、无锡市、河北省等签订了部市、部省共建低碳生态城市协议，支持地方探索建设低碳生态城市；并于2011年下发了《住房和城乡建设部低碳生态试点城（镇）申报管理暂行办法》，对申报低碳生态试点提出了具体要求。

二是开展绿色生态城区试点。截至2013年8月底住房和城乡建设部已经批准了21个低碳生态城市和绿色生态城区，并于2012年与财政部联合确定给予天津市中新生态城等8个绿色生态城区各5000万元的中央财政资金支持，鼓励城市新区按照绿色、生态、低碳理念进行规划设计建设，集中连片发展绿色建筑。

三是推进低碳生态城市国际合作。与美国、加拿大、欧盟、德国、丹麦、英国、瑞典、法国、新加坡等国家政府有关部门签署了低碳生态城市合作谅解备忘录并开展合作。2013年住房和城乡建设部与美国能源部合作开展中美低碳生态城市试点示范，确定河北省廊坊市、山东省潍坊市、日照市、安徽省合肥市、河南省鹤壁市、济源市等6个城市作为首批中美低碳生态试点城市。

四是组织低碳生态城市相关研究。住房和城乡建设部从2007年开始启动低碳生态城市指标体系研究，先后出版和发布了《中国低碳生态城市发展战略》、《中国低碳生态城市年度报告》（迄今已出版4册）；与德国国际机构（GIZ）合作《中国低碳生态城市发展指南》研究。在国家科技支撑计划项目中安排了低碳生态城市相关的城市规划、生态社区、建筑节能与绿色建筑、市政基础设施建设与管理、绿色交通、供排水与城市水环境、废弃物处理、数字化城市管理等领域技术研究与示范。

四、可再生能源建筑规模应用继续不断扩大

截至2012年底，全国城镇太阳能光热应用面积24.6亿平方米，浅层地能应用面积3亿平方米，光电建筑已建成及正在建设装机容量达到1079兆瓦。共确定93个城市、198个县、6个区、16个镇为可再生能源建筑应用示范市（县、区、镇），2个可再生能源建筑应用集中连片示范区，将江苏、青海、新疆等8个省（区）确定为太阳能光热建筑应用综合示范省。

五、大力推进市政公用行业节能减排

1. 优先发展城市公共交通。目前，全国共有16个城市建成轨道交通线路约2000公里，26个城市共1500多公里轨道交通线路正在建设中，36个城市轨道交通建设规划获国务院批复，规划总里程5300公里。根据规划和开工建设情况，预计到“十二五”末，全国建成城市轨道交通线路的城市将超过20个，通车里程超过3000公里。

2. 积极倡导绿色低碳出行。到2012年，已连续组织开展六届“中国城市无车日活动”，积极推动各城市广泛参与，承诺开展无车日活动的城市已经达到152个。2013年将继续开展“中国城市无车日活动”，主题为“绿色交通 清新空气”，将进一步提升全民对绿色出行方式的认识和对气候变化问题的关注。已在全国12个城市开展步行和自行车交通系统建设示范项目。2013年将继续推动试点示范工作。同时，组织编制城市步行、自行车规划设计导则，改善出行条件，提高环境质量。

3. 加强污水处理、垃圾处理过程中的温室气体排放控制。截至2012年底，全国城镇污水处理能力达到1.42亿立方米/日，年处理污水总量达422亿立方米，城市污水处理率达87%。为提高生活垃圾无害化处理设施建设和运营水平，2012年，对全国2008年后新建和未达标生活垃圾填埋场、部分焚烧厂开展了无害化等级评定工作，参与评定的173座填埋场和54座焚烧厂全部达到无害化处理要求，对减少温室气体排放发挥了积极作用。截至2012年底，全国无害化处理设施1540座，其中卫生填埋场1326座，生活垃圾无害化处理率达76%，绝大部分卫生填埋场对填埋气体进行了收集、导排和处理，有效降低了填埋气体对温室效应的影响。

六、发挥园林绿化生态功能

全面推进节约型、生态型、功能完善型园林绿化建设。截至2012年底，全国城市建成区绿地面积达164万公顷，城市建成区绿地率达35.72%，人均公园绿地面积达12.26 平方米，较1992年增长近5倍，城市绿地系统分布均衡性明显提高，城市各类绿地品质大大提升，有效保护了城市山体、水体、湿地、动植物资源及历史文化资源，显著改善了人居生态环境。同时，加强对城市湿地资源的保护管理，自2004年以来，先后批准设立了45个国家城市湿地公园，分布于20多个省（自治区、直辖市）的44个城市。

七、鼓励村镇低碳绿色发展

自2009年起，住房和城乡建设部、国家发展改革委、财政部结合农村危房改造支持“三北”地区和西藏自治区开展建筑节能示范。中央对建筑节能示范每户增加2000元补助（2012年起提高到2500元），主要用于支持农户在墙体、门窗、屋面、地面等围护结构中采用节能措施。2009—2013年，中央累计支持了68.58万农户结合农村危房改造开展建筑节能示范。住房城乡建设部编制发布了《严寒和寒冷地区农村住房节能技术导则（试行）》等技术文件，加强对农房建筑节能设计、施工及管理等关键环节的技术指导和监督检查。通过实施建筑节能示范，有效提高了农房居住舒适度，降低了冬季采暖支出，推动了农房降低能耗、节约资源和减少环境污染。

为促进小城镇健康发展，住房和城乡建设部2011年6月会同财政部发布了《关于绿色重点小城镇试点示范的实施意见》，意见指出要按集约节约、功能完善、宜居宜业、特色鲜明的总体要求，通过加强政策扶持与引导，创建一批生态环境良好、基础设施完善、人居环境优良、管理机制健全、经济社会发展协调的绿色重点小城镇，切实为提高小城镇建设的质量和水平提供示范，为建立符合我国国情的小城镇建设发展模式积累经验。经过现场核查、专家评审等环节，住房城乡建设部会同财政部、发展改革委确定了第一批7个试点示范，包括北京市密云县古北口镇、天津市静海县大邱庄镇、江苏省常熟市海虞镇、安徽省肥西县三河镇、福建省厦门市灌口镇、广东省佛山市西樵镇、重庆市巴南区木洞镇。并发布了《关于印发<绿色低碳重点小城镇建设评价指标（试行）>的通知》，指导推进绿色低碳重点小城镇试点示范的实施。

八、国际合作进一步加强

2012年以来，住房和城乡建设部与多个国家签署了节能、生态城市方面的合作谅解备忘录，加强应对气候变化的国际合作。与英国商务、创新和技能部签署《关于促进绿色建筑和生态城市发展合作备忘录》，与加拿大联邦政府自然资源部签署《关于生态城市建设技术的合作谅解备忘录》，与丹麦王国气候、能源和建设部签署《关于建筑节能合作谅解备忘录》。

通过中德技术合作“公共建筑（中小学校和医院）节能项目”，住房城乡建设部、教育部与天津市联合在天津

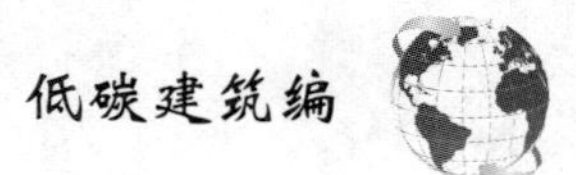

市朱唐庄中学开展了节能综合改造，大大改善了建筑热环境和教室空气质量、照明效果，提升了学校的整体环境，受到学校、老师和学生普遍赞扬，为学校节能改造提供了示范。

住房和城乡建设部与德国交通、建筑与城市发展部、德国能源署开展的被动式超低能耗绿色建筑示范工程—秦皇岛“在水一方”超低能耗建筑通过德国被动式房屋标准测试，为我国进一步发展高水平节能建筑提供了良好范例，受到国内外建筑节能领域专家和管理者的广泛关注。与加拿大自然资源部合作开展了“中国现代木结构建筑技术项目”，推广使用木结构建筑应对气候变化。

住房和城乡建设部还通过与世界银行/全球环境基金开展的“中国供热改革与建筑节能”项目，进一步推进供热改革工作，项目示范城市成为我国供热改革与建筑节能工作较为先进的城市。此外，还将启动与世界银行/全球环境基金合作开展的“中国城市建筑节能与可再生能源项目”，与欧盟合作开展的“中欧低碳生态城市合作项目”，推动城市范围的建筑节能、低碳生态城市建设与管理技术等研究与示范。

政策规章

绿色建筑行动方案

（国办发〔2013〕1号　国务院办公厅2013年1月1日批转，国家发展改革委 住房城乡建设部印发）

为深入贯彻落实科学发展观，切实转变城乡建设模式和建筑业发展方式，提高资源利用效率，实现节能减排约束性目标，积极应对全球气候变化，建设资源节约型、环境友好型社会，提高生态文明水平，改善人民生活质量，制定本行动方案。

一、充分认识开展绿色建筑行动的重要意义

绿色建筑是在建筑的全寿命期内，最大限度地节约资源、保护环境和减少污染，为人们提供健康、适用和高效的使用空间，与自然和谐共生的建筑。“十一五”以来，我国绿色建筑工作取得明显成效，既有建筑供热计量和节能改造超额完成“十一五”目标任务，新建建筑节能标准执行率大幅度提高，可再生能源建筑应用规模进一步扩大，国家机关办公建筑和大型公共建筑节能监管体系初步建立。但也面临一些比较突出的问题，主要是：城乡建设模式粗放，能源资源消耗高、利用效率低，重规模轻效率、重外观轻品质、重建设轻管理，建筑使用寿命远低于设计使用年限等。开展绿色建筑行动，以绿色、循环、低碳理念指导城乡建设，严格执行建筑节能强制性标准，扎实推进既有建筑节能改造，集约节约利用资源，提高建筑的安全性、舒适性和健康性，对转变城乡建设模式，破解能源资源瓶颈约束，改善群众生产生活条件，培育节能环保、新能源等战略性新兴产业，具有十分重要的意义和作用。要把开展绿色建筑行动作为贯彻落实科学发展观、大力推进生态文明建设的重要内容，把握我国城镇化和新农村建设加快发展的历史机遇，切实推动城乡建设走上绿色、循环、低碳的科学发展轨道，促进经济社会全面、协调、可持续发展。

二、指导思想、主要目标和基本原则

（一）指导思想。

以邓小平理论、“三个代表”重要思想、科学发展观为指导，把生态文明融入城乡建设的全过程，紧紧抓住城镇化和新农村建设的重要战略机遇期，树立全寿命期理念，切实转变城乡建设模式，提高资源利用效率，合理改善建筑舒适性，从政策法规、体制机制、规划设计、标准规范、技术推广、建设运营和产业支撑等方面全面推进绿色建筑行动，加快推进建设资源节约型和环境友好型社会。

（二）主要目标。

1.新建建筑。城镇新建建筑严格落实强制性节能标准，“十二五”期间，完成新建绿色建筑10亿平方米；到2015年末，20%的城镇新建建筑达到绿色建筑标准要求。

2.既有建筑节能改造。“十二五”期间，完成北方采暖地区既有居住建筑供热计量和节能改造4亿平方米以上，夏热冬冷地区既有居住建筑节能改造5000万平方米，公共建筑和公共机构办公建筑节能改造1.2亿平方米，实施农村危房改造节能示范40万套。到2020年末，基本完成北方采暖地区有改造价值的城镇居住建筑节能改造。

（三）基本原则。

1.全面推进，突出重点。全面推进城乡建筑绿色发展，重点推动政府投资建筑、保障性住房以及大型公共建筑率先执行绿色建筑标准，推进北方采暖地区既有居住建筑节能改造。

2.因地制宜，分类指导。结合各地区经济社会发展水平、资源禀赋、气候条件和建筑特点，建立健全绿色建筑标准体系、发展规划和技术路线，有针对性地制定有关政策措施。

3.政府引导，市场推动。以政策、规划、标准等手段规范市场主体行为，综合运用价格、财税、金融等经济手段，发挥市场配置资源的基础性作用，营造有利于绿色建筑发展的市场环境，激发市场主体设计、建造、使用绿色建筑的内生动力。

4.立足当前，着眼长远。树立建筑全寿命期理念，综合考虑投入产出效益，选择合理的规划、建设方案和技术措施，切实避免盲目的高投入和资源消耗。

三、重点任务

（一）切实抓好新建建筑节能工作。

1.科学做好城乡建设规划。在城镇新区建设、旧城更新和棚户区改造中，以绿色、节能、环保为指导思想，建立包括绿色建筑比例、生态环保、公共交通、可再生能源利用、土地集约利用、再生水利用、废弃物回收利用等内容的指标体系，将其纳入总体规划、控制性详细规划、修建性详细规划和专项规划，并落实到具体项目。做好城乡建设规划与区域能源规划的衔接，优化能源的系统集成利用。建设用地要优先利用城乡废弃地，积极开发利用地下空间。积极引导建设绿色生态城区，推进绿色建筑规模化发展。

2.大力促进城镇绿色建筑发展。政府投资的国家机关、学校、医院、博物馆、科技馆、体育馆等建筑，直辖市、计划单列市及省会城市的保障性住房，以及单体建筑面积超过2万平方米的机场、车站、宾馆、饭店、商场、写字楼等大型公共建筑，自2014年起全面执行绿色建筑标准。积极引导商业房地产开发项目执行绿色建筑标准，鼓励房地产开发企业建设绿色住宅小区。切实推进绿色工业建筑建设。发展改革、财政、住房城乡建设等部门要修订工程预算和建设标准，各省级人民政府要制定绿色建筑工程定额和造价标准。严格落实固定资产投资项目节能评估审查制度，强化对大型公共建筑项目执行绿色建筑标准情况的审查。强化绿色建筑评价标识管理，加强对规划、设计、施工和运行的监管。

3.积极推进绿色农房建设。各级住房城乡建设、农业等部门要加强农村村庄建设整体规划管理，制定村镇绿色生态发展指导意见，编制农村住宅绿色建设和改造推广图集、村镇绿色建筑技术指南，免费提供技术服务。大力推广太阳能热利用、围护结构保温隔热、省柴节煤灶、节能炕等农房节能技术；切实推进生物质能利用，发展大中型沼气，加强运行管理和维护服务。科学引导农房执行建筑节能标准。

4.严格落实建筑节能强制性标准。住房城乡建设部门要严把规划设计关口，加强建筑设计方案规划审查和施工图审查，城镇建筑设计阶段要100%达到节能标准要求。加强施工阶段监管和稽查，确保工程质量和安全，切实提高节能标准执行率。严格建筑节能专项验收，对达不到强制性标准要求的建筑，不得出具竣工验收合格报告，不允许投入使用并强制进行整改。鼓励有条件的地区执行更高能效水平的建筑节能标准。

（二）大力推进既有建筑节能改造。

1.加快实施“节能暖房”工程。以围护结构、供热计量、管网热平衡改造为重点，大力推进北方采暖地区既有居住建筑供热计量及节能改造，“十二五”期间完成改造4亿平方米以上，鼓励有条件的地区超额完成任务。

2.积极推动公共建筑节能改造。开展大型公共建筑和公共机构办公建筑空调、采暖、通风、照明、热水等用能系统的节能改造，提高用能效率和管理水平。鼓励采取合同能源管理模式进行改造，对项目按节能量予以奖励。推进公共建筑节能改造重点城市示范，继续推行“节约型高等学校”建设。“十二五”期间，完成公共建筑改造6000万平方米，公共机构办公建筑改造6000万平方米。

3.开展夏热冬冷和夏热冬暖地区居住建筑节能改造试点。以建筑门窗、外遮阳、自然通风等为重点，在夏热冬冷和夏热冬暖地区进行居住建筑节能改造试点，探索适宜的改造模式和技术路线。“十二五”期间，完成改造5000万平方米以上。

4.创新既有建筑节能改造工作机制。做好既有建筑节能改造的调查和统计工作，制定具体改造规划。在旧城区综合改造、城市市容整治、既有建筑抗震加固中，有条件的地区要同步开展节能改造。制定改造方案要充分听取有关各方面的意见，保障社会公众的知情权、参与权和监督权。在条件许可并征得业主同意的前提下，研究采用加层改造、扩容改造等方式进行节能改造。坚持以人为本，切实减少扰民，积极推行工业化和标准化施工。住房城乡建设部门要严格落实工程建设责任制，严把规划、设计、施工、材料等关口，确保工程安全、质量和效益。节能改造工程完工后，应进行建筑能效测评，对达不到要求的不得通过竣工验收。加强宣传，充分调动居民对节能改造的积极性。

（三）开展城镇供热系统改造。

实施北方采暖地区城镇供热系统节能改造，提高热源效率和管网保温性能，优化系统调节能力，改善管网热平衡。撤并低能效、高污染的供热燃煤小锅炉，因地制宜地推广热电联产、高效锅炉、工业废热利用等供热技术。推广“吸收式热泵”和“吸收式换热”技术，提高集中供热管网的输送能力。开展城市老旧供热管网系统改造，减少管网热损失，降低循环水泵电耗。

（四）推进可再生能源建筑规模化应用。

积极推动太阳能、浅层地能、生物质能等可再生能源在建筑中的应用。太阳能资源适宜地区应在2015年前出台太阳能光热建筑一体化的强制性推广政策及技术标准，普及太阳能热水利用，积极推进被动式太阳能采暖。研究完善建筑光伏发电上网政策，加快微电网技术研发和工程示范，稳步推进太阳能光伏在建筑上的应用。合理开发浅层地热能。财政部、住房城乡建设部研究确定可再生能源建筑规模化应用适宜推广地区名单。开展可再生能源建筑应用地区示范，推动可再生能源建筑应用集中连片推广，到2015年末，新增可再生能源建筑应用面积25亿平方米，示范地区建筑可再生能源消费量占建筑能耗总量的比例达到10%以上。

（五）加强公共建筑节能管理。

加强公共建筑能耗统计、能源审计和能耗公示工作，推行能耗分项计量和实时监控，推进公共建筑节能、节水监管平台建设。建立完善的公共机构能源审计、能效公示和能耗定额管理制度，加强能耗监测和节能监管体系建设。加强监管平台建设统筹协调，实现监测数据共享，避免重复建设。对新建、改扩建的国家机关办公建筑和大型公共建筑，要进行能源利用效率测评和标识。研究建立公共建筑能源利用状况报告制度，组织开展商场、宾馆、学校、医院等行业的能效水平对标活动。实施大型公共建筑能耗（电耗）限额管理，对超限额用能（用电）的，实行惩罚性价格。公共建筑业主和所有权人要切实加强用能管理，严格执行公共建筑空调温度控制标准。研究开展公共建筑节能量交易试点。

（六）加快绿色建筑相关技术研发推广。

科技部门要研究设立绿色建筑科技发展专项，加快绿色建筑共性和关键技术研发，重点攻克既有建筑节能改造、可再生能源建筑应用、节水与水资源综合利用、绿色建材、废弃物资源化、环境质量控制、提高建筑物耐久性等方面的技术，加强绿色建筑技术标准规范研究，开展绿色建筑技术的集成示范。依托高等院校、科研机构等，加快绿色建筑工程技术中心建设。发展改革、住房城乡建设部门要编制绿色建筑重点技术推广目录，因地制宜推广自然采光、自然通风、遮阳、高效空调、热泵、雨水收集、规模化中水利用、隔音等成熟技术，加快普及高效节能照明产品、风机、水泵、热水器、办公设备、家用电器及节水器具等。

（七）大力发展绿色建材。

因地制宜、就地取材，结合当地气候特点和资源禀赋，大力发展安全耐久、节能环保、施工便利的绿色建材。加快发展防火隔热性能好的建筑保温体系和材料，积极发展烧结空心制品、加气混凝土制品、多功能复合一体化墙体材料、一体化屋面、低辐射镀膜玻璃、断桥隔热门窗、遮阳系统等建材。引导高性能混凝土、高强钢的发展利用，到2015年末，标准抗压强度60兆帕以上混凝土用量达到总用量的10%，屈服强度400兆帕以上热轧带肋钢筋用量达到总用量的45%。大力发展预拌混凝土、预拌砂浆。深入推进墙体材料革新，城市城区限制使用粘土制品，县城禁止使用实心黏土砖。发展改革、住房城乡建设、工业和信息化、质检部门要研究建立绿色建材认证制度，编制绿色建材产品目录，引导规范市场消费。质检、住房城乡建设、工业和信息化部门要加强建材生产、流通和使用环节的质量监管和稽查，杜绝性能不达标的建材进入市场。积极支持绿色建材产业发展，组织开展绿色建材产业化示范。

（八）推动建筑工业化。

住房城乡建设等部门要加快建立促进建筑工业化的设计、施工、部品生产等环节的标准体系，推动结构件、部品、部件的标准化，丰富标准件的种类，提高通用性和可置换性。推广适合工业化生产的预制装配式混凝土、钢结构等建筑体系，加快发展建设工程的预制和装配技术，提高建筑工业化技术集成水平。支持集设计、生产、施工于一体的工业化基地建设，开展工业化建筑示范试点。积极推行住宅全装修，鼓励新建住宅一次装修到位或菜单式装修，促进个性化装修和产业化装修相统一。

（九）严格建筑拆除管理程序。

加强城市规划管理，维护规划的严肃性和稳定性。城市人民政府以及建筑的所有者和使用者要加强建筑维护管理，对符合城市规划和工程建设标准、在正常使用寿命内的建筑，除基本的公共利益需要外，不得随意拆除。拆除大型公共建筑的，要按有关程序提前向社会公示征求意见，接受社会监督。住房城乡建设部门要研究完善建筑拆除的相关管理制度，探索实行建筑报废拆除审核制度。对违规拆除行为，要依法依规追究有关单位和人员的责任。

(十)推进建筑废弃物资源化利用。

落实建筑废弃物处理责任制，按照“谁产生、谁负责”的原则进行建筑废弃物的收集、运输和处理。住房城乡建设、发展改革、财政、工业和信息化部门要制定实施方案，推行建筑废弃物集中处理和分级利用，加快建筑废弃物资源化利用技术、装备研发推广，编制建筑废弃物综合利用技术标准，开展建筑废弃物资源化利用示范，研究建立建筑废弃物再生产品标识制度。地方各级人民政府对本行政区域内的废弃物资源化利用负总责，地级以上城市要因地制宜设立专门的建筑废弃物集中处理基地。

四、保障措施

（一）强化目标责任。

要将绿色建筑行动的目标任务科学分解到省级人民政府，将绿色建筑行动目标完成情况和措施落实情况纳入省级人民政府节能目标责任评价考核体系。要把贯彻落实本行动方案情况纳入绩效考核体系，考核结果作为领导干部综合考核评价的重要内容，实行责任制和问责制，对作出突出贡献的单位和人员予以通报表扬。

（二）加大政策激励。

研究完善财政支持政策，继续支持绿色建筑及绿色生态城区建设、既有建筑节能改造、供热系统节能改造、可再生能源建筑应用等，研究制定支持绿色建材发展、建筑垃圾资源化利用、建筑工业化、基础能力建设等工作的政策措施。对达到国家绿色建筑评价标准二星级及以上的建筑给予财政资金奖励。财政部、税务总局要研究制定税收方面的优惠政策，鼓励房地产开发商建设绿色建筑，引导消费者购买绿色住宅。改进和完善对绿色建筑的金融服务，金融机构可对购买绿色住宅的消费者在购房贷款利率上给予适当优惠。国土资源部门要研究制定促进绿色建筑发展在土地转让方面的政策，住房城乡建设部门要研究制定容积率奖励方面的政策，在土地招拍挂出让规划条件中，要明确绿色建筑的建设用地比例。

（三）完善标准体系。

住房城乡建设等部门要完善建筑节能标准，科学合理地提高标准要求。健全绿色建筑评价标准体系，加快制（修）订适合不同气候区、不同类型建筑的节能建筑和绿色建筑评价标准，2013年完成《绿色建筑评价标准》的修订工作，完善住宅、办公楼、商场、宾馆的评价标准，出台学校、医院、机场、车站等公共建筑的评价标准。尽快制（修）订绿色建筑相关工程建设、运营管理、能源管理体系等标准，编制绿色建筑区域规划技术导则和标准体系。住房城乡建设、发展改革部门要研究制定基于实际用能状况，覆盖不同气候区、不同类型建筑的建筑能耗限额，要会同工业和信息化、质检等部门完善绿色建材标准体系，研究制定建筑装修材料有害物限量标准，编制建筑废弃物综合利用的相关标准规范。

（四）深化城镇供热体制改革。

住房城乡建设、发展改革、财政、质检等部门要大力推行按热量计量收费，督导各地区出台完善供热计量价格和收费办法。严格执行两部制热价。新建建筑、完成供热计量改造的既有建筑全部实行按热量计量收费，推行采暖补贴“暗补”变“明补”。对实行分户计量有难度的，研究采用按小区或楼宇供热量计量收费。实施热价与煤价、气价联动制度，对低收入居民家庭提供供热补贴。加快供热企业改革，推进供热企业市场化经营，培育和规范供热市场，理顺热源、管网、用户的利益关系。

（五）严格建设全过程监督管理。

在城镇新区建设、旧城更新、棚户区改造等规划中，地方各级人民政府要建立并严格落实绿色建设指标体系要求，住房城乡建设部门要加强规划审查，国土资源部门要加强土地出让监管。对应执行绿色建筑标准的项目，住房城乡建设部门要在设计方案审查、施工图设计审查中增加绿色建筑相关内容，未通过审查的不得颁发建设工程规划许可证、施工许可证；施工时要加强监管，确保按图施工。对自愿执行绿色建筑标准的项目，在项目立项时要标明绿色星级标准，建设单位应在房屋施工、销售现场明示建筑节能、节水等性能指标。

（六）强化能力建设。

住房城乡建设部要会同有关部门建立健全建筑能耗统计体系，提高统计的准确性和及时性。加强绿色建筑评价标识体系建设，推行第三方评价，强化绿色建筑评价监管机构能力建设，严格评价监管。要加强建筑规划、设计、施工、评价、运行等人员的培训，将绿色建筑知识作为相关专业工程师继续教育培训、执业资格考试的重要内容。鼓励高等院校开设绿色建筑相关课程，加强相关学科建设。组织规划设计单位、人员开展绿色建筑规划与设计竞赛活动。广泛开展国际交流与合作，借鉴国际先进经验。

（七）加强监督检查。

将绿色建筑行动执行情况纳入国务院节能减排检查和建设领域检查内容，开展绿色建筑行动专项督查，严肃查处违规建设高耗能建筑、违反工程建设标准、建筑材料不达标、不按规定公示性能指标、违反供热计量价格和收费办法等行为。

（八）开展宣传教育。

采用多种形式积极宣传绿色建筑法律法规、政策措施、典型案例、先进经验，加强舆论监督，营造开展绿色建筑行动的良好氛围。将绿色建筑行动作为全国节能宣传周、科技活动周、城市节水宣传周、全国低碳日、世界环境日、世界水日等活动的重要宣传内容，提高公众对绿色建筑的认知度，倡导绿色消费理念，普及节约知识，引导公众合理使用用能产品。各地区、各部门要按照绿色建筑行动方案的部署和要求，抓好各项任务落实。发展改革委、住房城乡建设部要加强综合协调，指导各地区和有关部门开展工作。各地区、各有关部门要尽快制定相应的绿色建筑行动实施方案，加强指导，明确责任，狠抓落实，推动城乡建设模式和建筑业发展方式加快转变，促进资源节约型、环境友好型社会建设。

住房和城乡建设部建筑节能与科技司2012年工作要点

（二〇零一二年二月十四日印发）

2012年建筑节能与科技司工作，以落实部建设工作会议的部署为主线，以节能减排、科技创新为重点，深入抓好建筑节能，全面推进绿色建筑发展；组织实施好国家科技重大专项和科技支撑计划项目；抓好墙体材料革新工作；开展全方位多层次的国际科技合作与交流；完善监督管理机制，推进科技成果转化。工作要点如下：

一、建筑节能工作

紧紧围绕《国务院关于印发“十二五”节能减排综合性工作方案的通知》（国发[2011]26号）明确的各项工作任务，完善措施，加大力度，更加突出地抓好建筑节能工作。

（一）加强建筑节能体制机制建设。落实《节约能源法》、《民用建筑节能条例》确定的基本法律制度，研究制定配套的政策措施。加快建立和完善省市县三级监管体制和运行机制。制定建筑节能“十二五”专项规划，明确建筑节能工作目标、思路、重点工作任务及保障措施。

（二）强化新建建筑节能监管。重点抓好施工阶段等薄弱环节以及中小城市等薄弱地区执行标准的监管力度，做好北方采暖地区以及夏热冬冷地区新颁布的建筑节能标准的贯彻实施。全面推行民用建筑能效测评标识、民用建筑节能信息公示等制度。进一步加强建筑节能材料、产品、设备在生产、流通和使用环节的质量监管，严格工程准入。

（三）加大北方采暖地区既有居住建筑供热计量及节能改造力度。启动1.9亿平方米北方采暖地区既有居住建筑供热计量及节能改造，在重点市县推动实施“节能暖房工程”。启动夏热冬冷地区既有建筑节能改造。

（四）强化公共建筑节能监管体系建设。深入开展公共建筑能耗统计、能源审计及能效公示工作，进一步扩大能耗动态监测平台试点范围。积极推行合同能源管理模式。实施公共建筑节能改造重点城市示范。指导各地制定本地区公共建筑能耗限额标准，引导和约束用能单位的用能行为。继续抓好“节约型高等学校”建设工作。

（五）继续抓好可再生能源建筑一体化规模化应用。推进可再生能源建筑应用示范工作深入发展，适时开展新建建筑强制性应用可再生能源试点。加快研究制定不同类型可再生能源建筑应用技术在设计、施工、能效检测等各环节的标准规范。加大力度推广太阳能采暖制冷、太阳能与浅层地能耦合利用、城镇生活垃圾和污泥沼气利用、工业余热利用等新能源利用技术。支持可再生能源建筑应用产品、设备性能检测机构、建筑应用效果检测评估机构等公共服务平台建设。

二、做好项目管理工作

（一）做好水体污染控制与治理科技重大专项“城市水污染控制”和“饮用水安全保障”两个主题“十一五”项目（课题）验收与成果总结推广工作，为地方水污染治理和饮用水达标与安全保障提供技术支撑。结合“十二五”重点流域水污染治理工程规划和地方治污工作，落实“十二五”水专项重点任务，突破关键技术难题，提升城镇水处理整体技术水平，带动相关装备设备产业化发展。

（二）做好“城市精细化管理高分专项应用示范系统先期攻关”项目的实施和总结验收工作，加强住房城乡建设领域遥感技术应用的调查、分析和论证，优选典型应用试点，为项目二期立项做准备。适时启动示范城市建设工作，推动遥感技术应用发展，提高行业管理技术水平和服务能力。

（三）做好建筑节能与绿色建筑、城镇区域规划与动态监测、城市生态居住环境保障、“智慧城市”管理信息平台等方面的“十二五”国家科技支撑计划项目立项、启动实施等工作，为推进城镇化和绿色建筑健康发展，改善人居环境质量提供科技支撑。

（四）做好2012年部科技计划申报项目的评审、立项和实施工作，引导开展住房城乡建设领域科技研究，夯实行业科技进步的基础。

（五）加大科技成果的推广应用和成果转化力度，完善工作制度，健全工作体系，加强对各地推广应用工作的指导，完善促进科技成果转化的工作机制。

三、推动绿色建筑发展工作

（一）全面推进绿色建筑发展。深入研究制定绿色建筑行动方案，积极与相关部门合作，研究支持绿色建筑发展的财税政策。推动有条件地区开展强制性推广绿色建筑试点，启动绿色建筑区域推广示范工作。

（二）继续完善绿色建筑评价体系。根据绿色建筑评价标识开展情况，研究制定针对不同地区、不同建筑类型的绿色建筑标识评价技术细则，适时开展工业建筑、医院建筑、社区以及特殊建筑物的绿色建筑评价标准的研究和标识评价工作。

（三）加大对绿色建筑标识评价的指导监督力度。加强绿色建筑标识评价的培训，积极指导和支持地方开展绿色建筑评价工作，保证评价工作科学、规范，提高工作质量。

（四）加强绿色建筑技术研究。加快绿色建筑相关共性关键技术研究开发及推广应用。围绕绿色建筑规划、设计、建造和运营等各阶段的技术需求，组织研发拥有自主知识产权、适用于不同气候区、不同建筑类型的绿色建筑配套适宜新技术、新产品、新材料和新工艺，提升绿色建筑技术集成水平，组织绿色建筑集成示范。

四、墙材革新工作

（一）紧密结合建筑节能、绿色建筑发展，形成新型墙体材料革新与建筑节能、绿色建筑在政策、标准、技术等方面协调一致、共同发展的局面。

（二）在充分调查研究的基础上，提出新型墙体材料更高标准和要求，鼓励经济、适用、安全、可靠的新型墙材的发展和使用。从研发、生产、使用等各环节，鼓励以建筑废弃物、工矿业废弃物为原料的新型墙体材料的发展。

（三）继续抓好“禁实”、“禁粘”工作，统筹协调、多头并举、齐抓共管、上下联动，切实有效地落实“禁实”、“禁粘”工作目标。

（四）适应新形势的需要，配合财政管理部门对新型墙材专项基金的征收标准、征收办法、管理规则、使用范围等进行研究，提出改进意见，充分发挥墙材基金的作用，为建筑节能和绿色建筑发展提供强有力支撑。

五、国际科技合作工作

（一）加强应对气候变化工作

做好《“十二五”国家应对气候变化科技发展专项规划》在住房城乡建设领域的落实，深入开展应对气候变化低碳技术研发与应用研究、中国北方既有居住建筑采暖能耗基准线研究、中国新建建筑领域的碳市场交易研究，开展应对气候变化适用技术评价与推广等工作。

（二）深入开展建筑节能领域合作

继续组织实施好世界银行/全球环境基金“中国供热改革与建筑节能项目”，争取落实“中国城市绿色建筑与建筑节能促进项目”；实施好中德“公共建筑（中小学校和医院）节能项目”，开展城市示范和工程示范工作；指导中美清洁能源联合研究中心建筑节能合作项目，督促参与单位开展好技术研究、交流与合作；继续落实与美国、英国、德国、欧盟等在建筑与社区节能领域签署的合作谅解备忘录的内容；推进中加“多层木结构建筑技术应用研究项目”。

（三）积极推动低碳生态城市发展

启动中欧低碳生态城市合作项目；落实与德国、美国等在低碳生态城市建设技术方面的合作，开展低碳生态城市建设示范；做好中德“中国城市可持续发展项目”，完成《中国低碳生态城市发展指南》并开展宣传推广工作。

关于加快应用高强钢筋的指导意见

建标[2012]1号

各省、自治区、直辖市住房和城乡建设厅（委）、工业和信息化主管部门，新疆生产建设兵团建设局、工业和信息化主管部门，有关单位：

为落实《国务院关于印发“十二 五”节能减排综合性工作方案的通知》（国发[2011]26号）中有关工作部署，促进钢铁工业和建筑业转变发展方式，按照《国民经济和社会发展第十二个五年规划纲要》的要求，现就建筑工程中加快应用400兆帕级及以上高强钢筋提出以下意见。

一、充分认识推广应用高强钢筋的重要性

高强钢筋是指抗拉屈服强度达到400兆帕级及以上的螺纹钢筋，具有强度高、综合性能优的特点，用高强钢筋替代目前大量使用的335兆帕螺纹钢筋，平均可节约钢材12%以上。高强钢筋作为节材节能环保产品，在建筑工程中大力推广应用，是加快转变经济发展方式的有效途径，是建设资源节约型、环境友好型社会的重要举措，对推动钢铁工业和建筑业结构调整、转型升级具有重大意义。

随着我国城镇化的快速发展，建筑规模不断增加，2010年建筑钢筋用量已达1.3亿吨，并仍将呈上升趋势。近年来，为推广应用高强钢筋，国务院有关部门和地方住房和城乡建设、工业和信息化主管部门做了大量工作，高强钢筋使用量已达到建筑用钢筋总量的35%左右。

与此同时，高强钢筋推广应用还存在着各地工作不平衡、政策法规和标准缺乏有效约束、推广应用工作机制不完善等问题，在“十二五”期间，有必要制定目标和措施，加快推广应用高强钢筋工作。

二、推广应用指导思想、基本原则和主要目标

（一）指导思想。深入贯彻落实科学发展观，以建筑钢筋使用减量化、提高资源利用效率为目标，通过完善政策和标准配套，优化建筑钢筋生产、使用品种和结构，创新应用建筑高强钢筋工作机制，实现钢铁行业与建筑业的技术进步和节材、节能。

（二）基本原则。在遵循政策引导、行业服务、技术支撑、典型示范、市场配置和供需平衡等原则基础上，积极推进应用高强钢筋的各项工作。

（三）主要目标。加速淘汰335兆帕螺纹钢筋，优先使用400兆帕螺纹钢筋，积极推广500兆帕螺纹钢筋。

2013年底，在建筑工程中淘汰335兆帕螺纹钢筋。

2015年底，高强钢筋的产量占螺纹钢筋总产量的80%，在建筑工程中使用量达到建筑用钢筋总量的65%以上。

在应用400兆帕级螺纹钢筋为主的基础上，对大型高层建筑和大跨度公共建筑，优先采用500兆帕级螺纹钢筋，逐年提高500兆帕级螺纹钢筋的生产和使用比例。对于地震多发地区，重点应用高强屈比、均匀伸长率高的高强抗震钢筋。

三、重点工作

（一）保障高强钢筋产品的市场供应。钢铁生产企业要通过技术改造，保证高强钢筋各品种规格产品的供应，扩大符合抗震要求的400兆帕级螺纹钢筋的生产，提高400兆帕级螺纹钢筋生产质量稳定性，并逐步提高500兆帕级螺纹钢筋产量。

（二）加快混凝土用钢的标准修订。2012年上半年完成钢筋混凝土用钢的产品标准（GB1499）修订，取消GB1499标准中的235兆帕光圆钢筋和335兆帕螺纹钢筋，将光圆钢筋的强度等级从235兆帕提高到300兆帕，钢筋强度等级设置为300兆帕、400兆帕、500兆帕。

（三）开展高强钢筋产品的分类认证。加强产品质量检测，严格规定对微合金化、超细晶粒、余热处理等不同工艺生产的钢筋进行认证和标识，保证产品质量，避免施工使用中的混淆，规范钢材市场。

（四）贯彻实施新修订的《混凝土结构设计规范》(GB50010-2010)。建筑结构中的纵向受力钢筋要优先采用400兆帕级及以上螺纹钢筋，其中，梁、柱纵向受力钢筋应采用400兆帕级及以上螺纹钢筋。梁、柱箍筋推广采用400兆帕级及以上螺纹钢筋。适时修订相关工程建设标准，淘汰335兆帕级螺纹钢筋，进一步推广500兆帕级螺纹钢筋。

（五）加强相关标准的实施监督工作。积极开展相关标准宣贯培训工作，加强对设计单位和施工图审查机构执行相关标准规范的监督，完善实施工程建设标准的技术措施。　　（六）加强对高强钢筋应用的质量管理。建设、施工、监理企业要加强施工现场进场钢筋及钢筋加工环节的质量检查。工程质量监督机构要做好相应的监管工作。

（七）加快高强钢筋产品及应用技术研发。研究钢筋连接新工艺和新技术，降低工程施工中钢筋加工成本。加强高强钢筋和高强混凝土结构构件抗震性能的研究，开展600兆帕级及以上螺纹钢筋产品研发。

（八）工业和信息化部会同有关部门，提高下游行业工程建设用钢标准，加强在水利、交通、铁路等建设工程中淘汰235兆帕光圆钢筋、335兆帕螺纹钢筋工作。

四、保障措施

（一）住房和城乡建设部、工业和信息化部成立高强钢筋推广应用协调组，统筹生产和应用环节，协调解决应用高强钢筋中的问题，完善推广应用机制。

（二）住房和城乡建设部、工业和信息化部会同有关部门研究制定相关扶持政策，将高强钢筋推广应用纳入国家开展的节能减排、绿色建筑行动等工作中。

（四）住房和城乡建设部、工业和信息化部在部分省市组织开展高强钢筋应用项目和生产企业的示范工作。

（四）在住房城乡建设领域开展的工程评奖、评定和示范项目以及钢铁行业相关产品评优活动中，将采用高强钢筋的情况作为参评或获奖的条件之一，鼓励建设单位、设计单位使用高强钢筋。

（五）工业和信息化部支持企业技术改造，对企业采用先进适用技术生产高强钢筋的技术改造项目给予支持。

（六）工业和信息化部会同有关部门加强对淘汰落后生产能力的管理，淘汰落后工艺设备和235兆帕光圆钢筋、335兆帕螺纹钢筋。

（七）各级政府投资建设的公共建筑和保障性住房应率先采用高强钢筋。

（八）有关主管部门、协会和企业要完善信息沟通机制，加强高强钢筋推广应用的宣传，在社会上形成用好钢筋、节约用钢筋的氛围，促进全社会节能减排。

各级住房和城乡建设部门、工业和信息化主管部门要加强对高强钢筋推广应用的领导，建立协同工作机制，制定和完善相关措施，落实好指导意见的要求。

住房和城乡建设部 工业和信息化部

二〇一二年一月四日

推广应用高强钢筋示范工作方案

（住房和城乡建设部办公厅 工业和信息化部办公厅 二〇一二年四月五日印发）

根据《关于加快应用高强钢筋的指导意见》（建标[2012]1号）（以下简称《指导意见》）的要求，为做好推广应用400兆帕、500兆帕高强钢筋示范工作，积累高强钢筋生产和应用经验，解决推广应用中的问题，制定本示范工作方案。

一、基本原则

在全面推广应用高强钢筋的基础上，以示范省（自治区、直辖市）为重点，按照政策引导、企业参与、行业服务、技术支撑的原则，组织开展城市示范、建设项目示范和生产企业示范。

二、示范目标

到2013年底，示范工作应达到以下目标：

（二）示范城市新建混凝土结构工程的梁、柱纵向受力钢筋全部采用高强钢筋。示范城市建筑用高强钢筋的比例，在2011年基础上提高20个百分点或达到65%以上。

（三）示范项目梁、柱纵向受力钢筋应采用500兆帕级高强钢筋，应用先进的钢筋连接技术，保证钢筋加工质量和工程质量。

（四）示范省（自治区、直辖市）有关管理部门通过示范工作，评估示范项目高强钢筋应用情况及产生的效果，总结完善推广应用高强钢筋的措施，提出进一步推广的建议。

三、示范范围

（一）示范城市。在示范省（自治区）内，选定省会城市和至少1个地级城市作为示范城市。重庆市在全市范围内开展示范。

（二）示范企业。根据《钢铁工业“十二五”发展规划》有关要求和示范区域钢铁工业发展现状，确定一定数量的钢筋生产企业作为示范企业。

（三）示范项目。示范省（自治区、直辖市）应选定不少于10个新开工建设项目作为示范项目，优先考虑重点建设工程项目。示范项目建筑面积不小于5000平方米，结构形式应包括混凝土框架、剪力墙、框剪、筒体等。

四、示范内容

示范工作要以建立生产、配送、设计、施工、监理、验收等全过程高强钢筋推广应用协调机制为核心，按照以下内容全面开展推广应用高强钢筋的示范工作。

（一）建立完善的钢筋市场供需机制

组织钢铁企业实施技术改造，保证高强钢筋各品种规格产品的供应。建立畅通的钢筋市场供需信息交流平台，保证钢筋生产、供应和使用单位及时掌握需求量、价格信息，避免高强钢筋价格大幅波动，确保市场供需平衡。

（二）制定推广应用高强钢筋的政策措施

各地应按照《指导意见》的要求，结合本地区实际情况，制定推广应用高强钢筋的扶持政策。

（三）保证高强钢筋产品质量

加强钢筋分类认证和标识管理，严格执行高强钢筋分类认证和标识制度，强化对钢筋生产企业及其产品质量与标识的监督检查。

（四）强化工程建设标准的实施监督

进一步强化工程设计管理，确保工程设计单位严格按照相关标准的要求优先选用高强钢筋。依据相关标准规定，将高强钢筋应用作为施工图审查要点。加强高强钢筋应用质量监督检查，保证工程质量。

（五）建立高强钢筋生产和应用的统计制度

定期统计全省（自治区、直辖市）钢筋生产、使用数量，确保统计数据的准确性和及时性。

（六）鼓励开展高强钢筋区域性集中加工配送

支持发展高强钢筋加工配送，完善监管制度，保证钢筋加工质量。

（七）支持高强钢筋应用技术研发

鼓励企业和科研机构等单位开展高强钢筋应用技术、新型连接材料和新技术研发。结合新技术、新材料、新工艺应用情况，适时组织编制高强钢筋应用的地方标准。

五、实施步骤

（一）示范时间为2012年4月至2013年12月。

（二）2012年6月底示范省（自治区、直辖市）制定示范工作计划，明确示范城市、示范企业和示范项目，并报住房和城乡建设部、工业和信息化部。

（三）住房和城乡建设部、工业和信息化部高强钢筋推广应用协调组组织专家定期对示范工作进行检查指导。

（四）2013年10月底示范城市完成评估报告，11月由省级主管部门负责对示范工作进行初评，12月由住房和城乡建设部、工业和信息化部组织专家进行验收和评估。

六、示范要求

各示范省（自治区、直辖市）有关主管部门要建立示范工作协调组，统一组织和领导示范工作；制订示范工作计划，确保示范工作稳步、有序开展；落实责任、明确分工，加大监督检查力度，保障示范工作顺利开展。

关于印发既有居住建筑节能改造指南的通知

建办科函〔2012〕75号

各省、自治区住房城乡建设厅，直辖市建委（建交委），新疆生产建设兵团建设局：

为借鉴国外既有建筑节能改造经验，完善我国既有建筑节能改造工作，我部与德国政府自2005年至2011年共同组织实施了中德技术合作“中国既有建筑节能改造项目”，先后在唐山、北京、乌鲁木齐和太原等城市对28栋约10万平方米既有居住建筑进行了综合节能改造示范。改造后的居住建筑室内热舒适性明显提高，采暖能耗明显降低。为我国北方采暖地区既有居住建筑节能改造在技术、管理等方面积累了有益的经验。

既有建筑节能改造与新建建筑节能工作有很大不同。改造通常都是在建筑正常使用的情况下开展的，涉及居民家庭、房屋产权单位、供热单位等多个主体，在改造的实施过程中需要得到居民的理解、支持和配合，具有许多特

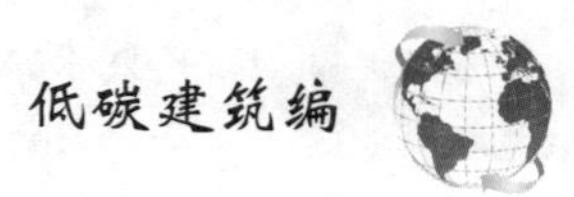

殊性。在全面总结示范工程经验的基础上，结合国内开展既有居住建筑节能改造的实际，我部组织编写了《既有居住建筑节能改造指南》，现印发给你们，供工作中参考。

附件：既有居住建筑节能改造指南（略）

住房和城乡建设部办公厅
二〇一二年一月二十九日

关于组织2012年度公共建筑节能相关示范工作的通知

各省、自治区、直辖市、计划单列市财政厅（局）、住房城乡建设厅（委），新疆生产建设兵团财务局、建设局：

根据《财政部 住房城乡建设部关于进一步推进公共建筑节能工作的通知》（财建[2011]207号），现将2012年度公共建筑节能有关示范申请要求通知如下：

一、示范内容及要求

（一）公共建筑节能监管体系建设示范。

1．公共建筑能耗动态监测平台建设。支持省、自治区、直辖市、计划单列市建设公共建筑能耗监测平台。申请单位应具备以下条件：按财建[2011]207号文件要求完成本地区国家机关办公建筑和大型公共建筑的能耗统计、能源审计、能效公示及重点用能建筑的确定工作；纳入能耗动态监测平台的重点用能建筑不得少于200栋；省级平台应对省本级及至少2个地级市（区）的公共建筑实施监测。

2．高等学校节能监管平台建设。支持全日制高等学校建设校园建筑能耗水耗监测平台。申请高校应基本以下条件：全日制在校师生不少于10000人；已完成全部校园建筑的能耗水耗情况的统计工作；能耗水耗监测平台与高校后勤管理、数字化校园建设等工作充分整合；纳入能耗水耗监测平台的校园建筑不应少于50栋，或不少于校园建筑总量的50%。

（二）公共建筑节能改造示范。

1．公共建筑节能改造重点城市。支持地级及以上城市全面实施公共建筑节能改造。申请城市应具备以下条件：基本完成公共建筑能耗动态监测平台建设工作；各类型公共建筑能耗情况基本掌握；实施节能改造的建筑对象及改造前能耗水平基本确定；两年内拟实施改造的公共建筑面积不少于400万平方米，改造后单位面积能耗下降20%以上；优先支持采用合同能源管理、能效交易等机制实施改造的城市；优先支持已制定公共建筑能耗限额标准的城市实施改造。

2．高等学校节能综合改造。支持全日制高等学校实施校园建筑节能综合改造。申请高校应具备以下条件：基本完成校园建筑能耗水耗动态监测平台建设工作；实施改造面积不低于20万平方米，改造后单位面积能耗下降20%以上。

二、申请程序（略）

财政部办公厅
住房和城乡建设部办公厅
二〇一二年三月二十二日

关于推进夏热冬冷地区既有居住建筑节能改造的实施意见

建科〔2012〕55号

上海、江苏、浙江、安徽、福建、江西、湖北、湖南、重庆、四川、贵州省（市）住房城乡建设厅（建委，建设交通委）、财政厅（局）：

《国务院关于印发“十二五”节能减排综合性工作方案的通知》（国发〔2011〕26号）明确提出，“十二五”期间完成夏热冬冷地区既有建筑节能改造5000万平方米。为贯彻国务院部署，推动夏热冬冷地区既有建筑节能改造工作，现提出以下实施意见。

一、充分认识夏热冬冷地区既有居住建筑节能改造的重要性与紧迫性

夏热冬冷地区既有居住建筑普遍缺乏节能措施，室内舒适性较差。近年来，随着经济社会发展和人民生活水平的提高，夏热冬冷地区住宅空调和采暖需求逐年上升。空调用电成为夏季居民用电的主要部分，用电高峰负荷已经对电网容量与安全形成挑战。冬季普遍采用电采暖，部分地区开始建设集中采暖设施为居住建筑供热，能耗大大增加。对夏热冬冷地区既有建筑实施节能改造，一方面可以提升建筑用能效率，降低建筑用能需求，有效缓解建筑能耗增长压力；另一方面可以提高建筑室内热舒适性，有效改变居住建筑室内夏季过热、冬季过冷的状况，减少室内噪声，更好地惠及民生。各级住房城乡建设、财政部门要把既有居住建筑节能改造作为贯彻落实国务院节能减排、改善民生战略的重要措施，抓紧抓好。

二、工作目标与基本原则

（一）工作目标。“十二五”期间，夏热冬冷地区力争完成既有居住建筑节能改造面积5000万平方米以上。积极探索适用夏热冬冷地区的既有建筑节能改造技术路径及融资模式，完善相关政策、标准、技术及产品体系，为大规模实施节能改造提供支撑。

（二）基本原则。推进夏热冬冷地区既有居住建筑节能改造应坚持以下原则：一是坚持因地制宜、合理适用。要在充分考虑地区气候特点、建筑现状、居民用能特点等因素基础上，确定改造内容及技术路线，优先选择投入少、效益明显的项目进行改造。二是窗改为主、适当综合。改造应以门窗节能改造为主要内容，具备条件的，可同步实施加装遮阳、屋顶及墙体保温等措施。三是统筹兼顾、协调推进。改造应根据地区实际与旧城更新、城区环境综合整治、平改坡、房屋修缮维护、抗震加固等工作相结合，整合政策资源，发挥最大效益。四是政府引导、多方投入。中央财政适当奖励、地方财政稳定投入，引导受益居民、产权单位及其他社会资金自愿投资改造，建立稳定、多元的投融资渠道。五是点面结合、重点突破。在实施单一改造项目同时，应选择积极性高、组织能力强、改造资金落实好的市县，优先安排节能改造任务，实现集中连片的推进效果。

三、认真做好既有居住建筑节能改造各项工作

（一）做好既有居住建筑现状调查。各地住房城乡建设主管部门应组织对本辖区内既有居住建筑的建成年代、结构形式、用能状况、室内热环境及居民改造意愿等基本信息进行调查、统计，建立既有居住建筑信息数据库，为制定节能改造计划，确定节能改造项目提供依据。

（二）编制节能改造计划及实施方案。省级住房城乡建设、财政主管部门应在充分调查摸底基础上，制定“十二五”既有居住建筑节能改造规划，确定既有居住建筑节能改造目标、分年度改造计划。应根据规划编制改造实施方案。实施方案应包括改造目标分解落实情况、节能改造重点市县、改造技术方案和融资模式、改造效益分析、相应保障措施等内容。各省（区、市）要在2012年5月31日前将节能改造规划及实施方案报住房城乡建设部、财政部。住房城乡建设部、财政部将在充分论证基础上，确定节能改造任务及奖励资金分配方案。

（三）鼓励重点市县实施整体综合节能改造。为突出政策综合效益和改造整体效果，鼓励有积极性的重点市县加大改造力度，实施集中连片的既有居住建筑节能改造，并将节能改造与旧城改造、城市市容整治、老旧小区改造等工作统筹推进，充分发挥整体效果。对节能改造重点市县，财政部、住房城乡建设部将优先安排节能改造任务及相应补助资金，并在改造完成后根据实际改造效果给予专门资金奖励。申请节能改造的重点市县，要抓紧制定改造方案，提出节能改造目标，保障措施并落实改造项目，并随省级改造实施方案一并上报财政部和住房城乡建设部。

（四）组织实施节能改造。各地住房城乡建设、财政主管部门应综合考虑建筑物寿命、建筑所有权人改造意愿等因素选择改造项目。防止假借改造名义实施大拆大建。应根据建筑形式、居民承受能力等因素，进行节能改造方案优化设计，并组织专家进行技术经济论证。按照公正公平公开原则，采取招投标方式优选施工单位。严格施工过程的质量安全管理，切实加强改造工程的防火安全管理。加强改造项目选用的门窗、遮阳系统、保温材料等产品的工程准入控制，优先选择获得国家节能性能标识、列入推广目录的材料及产品。

（五）建立改造项目专项验收与评估机制。各地住房城乡建设、财政主管部门要建立节能改造项目的评估机制，对改造项目的实施量、工程质量等进行专项验收，委托具备条件的建筑能效测评机构对改造项目的节能效果、居民室内舒适度改善等情况进行测评。对达不到预期目标的，应分析原因，提出限期整改要求，并监督落实。

四、完善配套措施，保障节能改造任务的落实

（一）加强组织协调。各地住房城乡建设、财政主管部门应根据本地区实际情况，建立健全有效的节能改造工作协作机制，统一协调解决工作中的重大问题，特别要与有关部门加强沟通，力求节能改造与旧城改造、城市市容整治、平改坡、可再生能源建筑应用等工作同步实施。要充分发挥墙改节能办、街道办事处、居民委员会等单位的作用，做好节能改造的组织实施、宣传动员等工作。

（二）建立多元化资金筹措机制。夏热冬冷地区既有居住建筑节能改造所需资金主要由受益居民及产权单位投入。中央财政设立专项资金，支持夏热冬冷地区既有居住建筑节能改造工作。地方各级财政要把节能改造作为节能减排资金安排的重点，建立稳定、持续的财政资金投入机制。

（三）强化技术标准产品支撑。住房城乡建设部将编制《夏热冬冷地区既有居住建筑节能改造技术导则》，指导改造实施工作。各地住房城乡建设主管部门要结合当地实际编制节能改造相关技术规程、图集、工法等，指导和规范节能改造项目的实施。应通过发布技术产品推广目录、公告等形式，引导改造工程选用性能优良的技术及产品。在推广成熟的改造技术基础上，积极探索新技术及产品的应用。

（四）加大宣传培训力度。各级住房城乡建设、财政主管部门要大力宣传既有居住建筑节能改造的重要意义，争取和动员相关部门、产权单位、居民等积极参与既有居住建筑节能改造工作。及时总结与宣传节能改造范例，扩大社会影响，推动节能改造工作。要加大节能改造相关政策、技术标准、施工技术要求等的培训力度，提高管理、设计、施工等相关从业人员的技术水平。

（五）健全监督考核机制。住房城乡建设部、财政部将组织对既有居住建筑节能改造工作进展情况，以及中央财政奖励资金的使用情况等进行监督检查。各地住房城乡建设、财政主管部门应建立责任考核机制，将节能改造目标及任务落实情况作为责任部门领导及相关人员的绩效考核内容。有关检查考核结果将作为财政部清算中央财政节能改造奖励资金的主要依据之一。

住房和城乡建设部
中华人民共和国财政部
二〇一二年四月一日

夏热冬冷地区既有居住建筑节能改造补助资金管理暂行办法

（财建[2012]148号　财政部二〇一二年四月九日印发）

第一章 总则

第一条　为贯彻落实《国务院关于印发“十二五”节能减排综合性工作方案的通知》（国发[2011]26号），中央财政将安排资金专项用于对夏热冬冷地区实施既有居住建筑节能改造进行补助。为加强资金管理，发挥资金使用效益，特制定本办法。

第二条　本办法所称“夏热冬冷地区”是指长江中下游及其周边地区，确切范围由《民用建筑热工设计规范》（GB50176）规定。涉及的省份主要有：上海市、重庆市、江苏省、浙江省、安徽省、江西省、湖北省、湖南省、四川省、河南省、贵州省、福建省等。

本办法所称“夏热冬冷地区既有居住建筑节能改造补助资金”（以下简称补助资金）是指中央财政安排的专项用于补助夏热冬冷地区既有居住建筑节能改造的资金。

第三条　中央财政对2012年及以后开工实施的夏热冬冷地区既有居住建筑节能改造项目给予补助，补助资金采取由中央财政对省级财政专项转移支付方式，具体项目实施管理由省级人民政府相关职能部门负责。

第四条　补助资金管理实行“公开、公平、公正”原则，接受社会监督。

第二章 补助资金使用范围及标准

第五条　补助资金使用范围：

（一）建筑外门窗节能改造支出；

（二）建筑外遮阳系统节能改造支出；

（三）建筑屋顶及外墙保温节能改造支出；

（四）财政部、住房城乡建设部批准的与夏热冬冷地区既有居住建筑节能改造相关的其他支出。

第六条　补助资金将综合考虑不同地区经济发展水平、改造内容、改造实施进度、节能及改善热舒适性效果等因素进行计算，并将考虑技术进步与产业发展等情况逐年进行调整。2012年补助标准具体计算公式为：

某地区应分配补助资金额＝所在地区补助基准×∑（单项改造内容面积×对应的单项改造权重）。

地区补助基准按东部、中部、西部地区划分：东部地区15元/m2，中部地区20元/m2，西部地区25元/m2。

单项改造内容指建筑外门窗改造、建筑外遮阳节能改造及建筑屋顶及外墙保温节能改造三项，对应的权重系数分别为30%、40%，30%。

第三章 补助资金申请与拨付

第七条　省级财政部门会同住房城乡建设部门分年度对本地区既有居住建筑节能改造面积、具体内容、实施计划等进行汇总，上报财政部、住房城乡建设部。

第八条　财政部会同住房城乡建设部综合考虑有关省（自治区、直辖市、计划单列市）改造积极性、配套政策制定情况等因素，核定每年的改造任务及补助资金额度，并将70%补助资金预拨到省级财政部门。

第九条 省级财政部门在收到补助资金后，会同住房城乡建设部门及时将资金落实到具体项目。

第十条　财政部会同住房城乡建设部根据各地每年实际完成的工作量、改造内容及实际效果核拨剩余补助资金，并在改造任务完成后，对当地补助资金进行清算。

第四章 补助资金的使用管理

第十一条　补助资金支付管理按照财政国库管理制度有关规定执行。

第十二条　各地要认真组织既有居住建筑节能改造工作，不得以节能改造为名进行大拆大建，应对拟改造的项目进行充分的技术经济论证，并严格按照建设程序办理相关手续。

第十三条　各级财政、住房城乡建设部门要切实加强补助资金的管理。确保补助资金专款专用。对弄虚作假，冒领补助或者截留、挪用、滞留专项资金的，一经查实，按照国家有关规定进行处理。

第十四条　本办法由财政部、住房和城乡建设部负责解释。

第十五条　相关省、自治区、直辖市财政部门，可以根据本办法，结合当地实际，制定具体实施办法。

第十六条　本办法自印发之日起执行。

关于加快推动我国绿色建筑发展的实施意见

财建[2012]167号

各省、自治区、直辖市、计划单列市财政厅（局）、住房城乡建设厅（委、局），新疆建设兵团财务局、建设局：

按照《国务院关于印发“十二五”节能减排综合性工作方案的通知》（国发[2011]26号）统一部署，为进一步深入推进建筑节能，加快发展绿色建筑，促进城乡建设模式转型升级，特制定以下实施意见：

一、充分认识绿色建筑发展的重要意义

绿色建筑是指满足《绿色建筑评价标准》（GB/T 50378-2006），在全寿命周期内最大限度地节能、节地、节水、节材，保护环境和减少污染，为人们提供健康、适用和高效的使用空间，与自然和谐共生的建筑。

我国正处于工业化、城镇化和新农村建设快速发展的历史时期，深入推进建筑节能，加快发展绿色建筑面临难得的历史机遇。目前，我国城乡建设增长方式仍然粗放，发展质量和效益不高，建筑建造和使用过程能源资源消耗高、利用效率低的问题比较突出。大力发展绿色建筑，以绿色、生态、低碳理念指导城乡建设，能够最大效率地利用资源和最低限度地影响环境，有效转变城乡建设发展模式，缓解城镇化进程中资源环境约束；能够充分体现以人为本理念，为人们提供健康、舒适、安全的居住、工作和活动空间，显著改善群众生产生活条件，提高人民满意度，并在广大群众中树立节约资源与保护环境的观念；能够全面集成建筑节能、节地、节水、节材及环境保护等多种技术，极大带动建筑技术革新，直接推动建筑生产方式的重大变革，促进建筑产业优化升级，拉动节能环保建材、新能源应用、节能服务、咨询等相关产业发展。

各级财政、住房城乡建设部门要充分认识到推动发展绿色建筑，是保障改善民生的重要举措，是建设资源节约、环境友好型社会的基本内容，对加快转变经济发展方式，深入贯彻落实科学发展观都具有重要的现实意义。要进一步增强紧迫感和责任感，紧紧抓住难得的历史机遇，尽快制定有力的政策措施，建立健全体制机制，加快推动我国绿色建筑健康发展。

二、推动绿色建筑发展的主要目标与基本原则

（一）主要目标。切实提高绿色建筑在新建建筑中的比重，到2020年，绿色建筑占新建建筑比重超过30%，建筑建造和使用过程的能源资源消耗水平接近或达到现阶段发达国家水平。“十二五”期间，加强相关政策激励、标准规范、技术进步、产业支撑、认证评估等方面能力建设，建立有利于绿色建筑发展的体制机制，以新建单体建筑评价标识推广、城市新区集中推广为手段，实现绿色建筑的快速发展，到2014年政府投资的公益性建筑和直辖市、计划单列市及省会城市的保障性住房全面执行绿色建筑标准，力争到2015年，新增绿色建筑面积10亿平方米以上。

（二）基本原则。加快推动我国绿色建筑发展必须遵循以下原则：因地制宜、经济适用，充分考虑各地经济社会发展水平、资源禀赋、气候条件、建筑特点，合理制定地区绿色建筑发展规划和技术路线，建立健全地区绿色建筑标准体系，实施有针对性的政策措施。整体推进、突出重点，积极完善政策体系，从整体上推动绿色建筑发展，并注重集中资金和政策，支持重点城市及政府投资公益性建筑在加快绿色建筑发展方面率先突破。合理分级、分类指导，按照绿色建筑星级的不同，实施有区别的财政支持政策，以单体建筑奖励为主，支持二星级以上的高星级绿色建筑发展，提高绿色建筑质量水平；以支持绿色生态城区发展为主要抓手，引导低星级绿色建筑规模化发展。激励引导、规范约束，在发展初期，以政策激励为主，调动各方加快绿色建筑发展的积极性，加快标准标识等制度建设，完善约束机制，切实提高绿色建筑标准执行率。

三、建立健全绿色建筑标准规范及评价标识体系，引导绿色建筑健康发展

（一）健全绿色建筑标准体系。尽快完善绿色建筑标准体系，制（修）订绿色建筑规划、设计、施工、验收、运行管理及相关产品标准、规程。加快制定适合不同气候区、不同建筑类型的绿色建筑评价标准。研究制定绿色建筑工程定额及造价标准。鼓励地方结合地区实际，制定绿色建筑强制性标准。编制绿色生态城区指标体系、技术导则和标准体系。

（二）完善绿色建筑评价制度。各地住房城乡建设、财政部门要加大绿色建筑评价标识制度的推进力度，建立自愿性标识与强制性标识相结合的推进机制，对按绿色建筑标准设计建造的一般住宅和公共建筑，实行自愿性评价标识，对按绿色建筑标准设计建造的政府投资的保障性住房、学校、医院等公益性建筑及大型公共建筑，率先实行评价标识，并逐步过渡到对所有新建绿色建筑均进行评价标识。

（三）加强绿色建筑评价能力建设。培育专门的绿色建筑评价机构，负责相关设计咨询、产品部品检测、单体建筑第三方评价、区域规划等。建立绿色建筑评价职业资格制度，加快培养绿色建筑设计、施工、评估、能源服务等方面的人才。

四、建立高星级绿色建筑财政政策激励机制，引导更高水平绿色建筑建设

（一）建立高星级绿色建筑奖励审核、备案及公示制度。各级地方财政、住房城乡建设部门将设计评价标识达到二星级及以上的绿色建筑项目汇总上报至财政部、住房城乡建设部（以下简称“两部”），两部组织专家委员会对申请项目的规划设计方案、绿色建筑评价标识报告、工程建设审批文件、性能效果分析报告等进行程序性审核，对审核通过的绿色建筑项目予以备案，项目竣工验收后，其中大型公共建筑投入使用一年后，两部组织能效测评机构对项目的实施量、工程量、实际性能效果进行评价，并将符合申请预期目标的绿色建筑名单向社会公示，接受社会监督。

（二）对高星级绿色建筑给予财政奖励。对经过上述审核、备案及公示程序，且满足相关标准要求的二星级及以上的绿色建筑给予奖励。2012年奖励标准为：二星级绿色建筑45元/平方米（建筑面积，下同），三星级绿色建筑80元/平方米。奖励标准将根据技术进步、成本变化等情况进行调整。

（三）规范财政奖励资金的使用管理。中央财政将奖励资金拨至相关省市财政部门，由各地财政部门兑付至项目单位，对公益性建筑、商业性公共建筑、保障性住房等，奖励资金兑付给建设单位或投资方，对商业性住宅项目，各地应研究采取措施主要使购房者得益。

五、推进绿色生态城区建设，规模化发展绿色建筑

（一）积极发展绿色生态城区。鼓励城市新区按照绿色、生态、低碳理念进行规划设计，充分体现资源节约环境保护的要求，集中连片发展绿色建筑。中央财政支持绿色生态城区建设，申请绿色生态城区示范应具备以下条件：新区已按绿色、生态、低碳理念编制完成总体规划、控制性详细规划以及建筑、市政、能源等专项规划，并建立相应的指标体系；新建建筑全面执行《绿色建筑评价标准》中的一星级及以上的评价标准，其中二星级及以上绿色建筑达到30%以上，2年内绿色建筑开工建设规模不少于200万平方米。

（二）支持绿色建筑规模化发展。中央财政对经审核满足上述条件的绿色生态城区给予资金定额补助。资金补助基准为5000万元，具体根据绿色生态城区规划建设水平、绿色建筑建设规模、评价等级、能力建设情况等因素综合核定。对规划建设水平高、建设规模大、能力建设突出的绿色生态城区，将相应调增补助额度。补助资金主要用于补贴绿色建筑建设增量成本及城区绿色生态规划、指标体系制定、绿色建筑评价标识及能效测评等相关支出。

六、引导保障性住房及公益性行业优先发展绿色建筑，使绿色建筑更多地惠及民生

（一）鼓励保障性住房按照绿色建筑标准规划建设。各地要切实提高公租房、廉租房及经济适用房等保障性住房建设水平，强调绿色节能环保要求，在制定保障性住房建设规划及年度计划时，具备条件的地区应安排一定比例的保障性住房按照绿色建筑标准进行设计建造。

（二）在公益性行业加快发展绿色建筑。鼓励各地在政府办公建筑、学校、医院、博物馆等政府投资的公益性建筑建设中，率先执行绿色建筑标准。结合地区经济社会发展水平，在公益性建筑中开展强制执行绿色建筑标准试点，从2014年起，政府投资公益性建筑全部执行绿色建筑标准。

（三）切实加大保障性住房及公益性行业的财政支持力度。绿色建筑奖励及补助资金、可再生能源建筑应用资金向保障性住房及公益性行业倾斜，达到高星级奖励标准的优先奖励，保障性住房发展一星级绿色建筑达到一定规模的也将优先给予定额补助。

七、大力推进绿色建筑科技进步及产业发展，切实加强绿色建筑综合能力建设

（一）积极推动绿色建筑科技进步。各级财政、住房城乡建设部门要鼓励支持建筑节能与绿色建筑工程技术中心建设，积极支持绿色建筑重大共性关键技术研究。加大高强钢、高性能混凝土、防火与保温性能优良的建筑保温材料等绿色建材的推广力度。要根据绿色建筑发展需要，及时制定发布相关技术、产品推广公告、目录，促进行业技术进步。

（二）大力推进建筑垃圾资源化利用。积极推进地级以上城市全面开展建筑垃圾资源化利用，各级财政、住房城乡建设部门要系统推行垃圾收集、运输、处理、再利用等各项工作，加快建筑垃圾资源化利用技术、装备研发推广，实行建筑垃圾集中处理和分级利用，建立专门的建筑垃圾集中处理基地。

（三）积极推动住宅产业化。积极推广适合住宅产业化的新型建筑体系，支持集设计、生产、施工于一体的工业化基地建设；加快建立建筑设计、施工、部品生产等环节的标准体系，实现住宅部品通用化，大力推广住宅全装修，推行新建住宅一次装修到位或菜单式装修，促进个性化装修和产业化装修相统一。

各级财政、住房城乡建设部门要按照本意见的部署和要求，统一思想，提高认识，认真抓好各项政策措施的落实，要与发改、科技、规划、机关事务等有关部门加强协调配合，落实工作责任，及时研究解决绿色建筑发展中的重大问题，科学组织实施，推动我国绿色建筑快速健康发展。

财政部 住房和城乡建设部
二〇一二年四月二十七日

关于印发《绿色超高层建筑评价技术细则》的通知

各省、自治区住房城乡建设厅，直辖市、计划单列市建委（建交委、建设局），新疆生产建设兵团建设局：

为推动我国超高层建筑的可持续发展，规范绿色超高层建筑评价标识，我部组织编制了《绿色超高层建筑评价技术细则》，作为现阶段开展绿色超高层建筑评价，指导绿色超高层建筑的规划设计、施工验收和运行管理的依据。现印发给你们，请结合本地实际情况贯彻执行。

附件：绿色超高层建筑评价技术细则（略）

住房和城乡建设部
二〇一二年五月十四日

关于命名2011年国家园林城市、县城和城镇的通报

建城[2012]13号

各省、自治区住房和城乡建设厅，北京市园林绿化局，上海市绿化和市容管理局，天津市市容和园林管理委员会，重庆市园林事业管理局，新疆生产建设兵团建设局，总后营房部工程局：

根据《国家园林城市申报与评审办法》和《国家园林县城评选办法》等相关文件要求，我部对2010年所有申报城市、县城和城镇组织了评审。综合现场考查和评审结果，决定命名河北省张家口市等30个城市为国家园林城市、河北省栾城县等31个县城为国家园林县城、山西省阳城县润城镇等7个镇为国家园林城镇。

希望被命名的国家园林城市、县城和城镇，切实贯彻党的十七大精神，坚持以科学发展观为指导，认真总结创建工作经验，在巩固创建成果的基础上，进一步提升发展，全面推动城乡人居生态环境建设，努力构建资源节约、环境友好的社会主义和谐社会，为全面建设小康社会作出新的贡献。

附件：2011年国家园林城市、县城和城镇命名名单（见本年鉴“试点示范”编）

中华人民共和国住房和城乡建设部
二〇一二年二月八日

关于完善可再生能源建筑应用政策及调整资金分配管理方式的通知

各省、自治区、直辖市、计划单列市财政厅（局）、住房城乡建设厅（委、局），新疆生产建设兵团财务局、建设局：

为积极推进太阳能等新能源产品进入公共设施及家庭，进一步放大可再生能源建筑应用政策效应，提高财政资金使用的安全性、规范性与有效性，财政部、住房城乡建设部决定进一步完善可再生能源建筑应用政策，调整资金分配管理方式。现将有关事项通知如下：

一、稳定可再生能源建筑应用示范市县政策，更好地发挥示范带动作用

自可再生能源建筑应用示范市县（以下简称示范市县）政策实施以来，有效带动了可再生能源在建筑领域的应用规模，提升了应用水平，取得了良好的示范效果。考虑到已批准示范市县的数量已经达到一定规模，为了充分发挥示范带动作用，集中力量将现有示范市县工作做深做透，将严格控制新增示范市县，今后不再组织申报，对2012年（含）以前提出示范申请的市县，如条件成熟、经核查达到条件要求的可列入示范。此后，其他个别推广潜力大、工作基础好、条件成熟的市县，在经过核查、验收等程序后，可增补为示范市县。中央财政继续支持完成任务的示范市县扩大推广应用规模，根据新增推广任务面积拨付相应补助资金。同时，两部将进一步加大对示范市县的监督考核力度。

二、大力推进集中连片推广，更好地发挥政策整体效应

（一）选择条件适宜的重点区域确定为集中连片推广示范区。在部分可再生能源资源丰富、应用基础条件好、配套政策落实的区域，进一步加大集中连片推广的工作力度。可再生能源建筑应用集中推广区一般应包括若干相邻市县，并与国家综合配套改革试点、区域发展规划、生态城或生态社区规划等国家战略政策相衔接。各省、自治区、直辖市（以下简称各省）要精心组织、统筹规划，选择推荐1-2个集中连片推广区。财政部、住房城乡建设部将根据地方编制的工作方案、可再生能源建筑应用工作的总体安排，选择确定予以重点支持的集中连片推广示范区。

（二）签订省部级协议，共同推动集中连片发展。对选定的集中连片推广示范区，财政部、住房城乡建设部将与所在省签订共建协议，明确推广任务目标、实施方案、保障措施及中央财政资金支持计划等。财政部、住房城乡建设部将切实加大对集中连片推广的支持力度，补助资金安排优先向集中连片推广示范区倾斜，将补助资金拨付至省（自治区、直辖市），并加强指导、监督与考核。各地也应将集中连片推广区作为优先发展的重点区域，抓好组织实施。要注重可再生能源建筑集中连片推广应用与发展绿色建筑相结合，将集中连片推广区打造成为生态低碳先导示范区。

三、支持可再生能源建筑应用省级推广，加快规模化推广进程

（一）实施省级推广，资金切块下达。为了从整体上推动可再生能源在建筑领域应用，更好地调动地方积极性，财政部、住房城乡建设部将实施可再生能源建筑应用省级（包括省、自治区、直辖市、计划单列市）推广，将部分可再生能源建筑应用补助资金切块下达到省，由省级财政、住房城乡建设部门统筹安排用于非示范市县可再生能源建筑应用，资金安排优先向工作任务完成情况好、积极性高、保障性住房及公益性行业推广比例高、地方财政安排资金情况好的地区倾斜。各省分配的中央财政补助资金具体计算公式如下：

各省补助资金量=省级推广补助总资金量×［（各省工作进展/∑各省工作进展）×0.4 +（各省核定任务量/∑各省核定任务量）×0.3+（各省保障性住房及公益性建筑推广量/∑各省保障性住房及公益性建筑推广量）×0.15+（各省财政安排资金量/∑各省财政安排资金量）×0.15］

其中，省级推广补助总资金量，主要根据年初可再生能源建筑应用预算安排扣减当年可再生能源建筑应用示范市县及集中连片推广财政补助资金量后计算确定；各省工作进展，主要根据示范市县工作任务完成情况分档、经实地核查及专项检查等程序核定的上一年度实际工作量确定；各省核定任务量以及保障性住房、公益性建筑推广量，主要根据各省申报推广面积，结合地方资源状况、技术标准、能力建设等方面情况，由住房城乡建设部负责审核确定；各省财政安排资金量，主要根据地方实际出台的资金支持政策确定。资金分配因素及权重将根据可再生能源产业发展等情况适时调整。

对2012年省级推广补助资金的分配，财政部、住房城乡建设部将根据各省2012年上报的太阳能建筑应用推广方案以及提出示范申请但此次未列入示范的市县推广应用方案、各省示范工作进展情况等因素，将资金分配至省。各省统筹用于行政区域内可再生能源推广应用，并重点向已提出示范申请、制订了完备工作方案的市县倾斜。从2013年起，财政部、住房城乡建设部将严格按照上述因素法公式计算和分配补助资金，具体申报要求另行通知。

（二）强化省级责任，切实加强资金管理。省级财政、住房城乡建设部门应切实负起责任，用好、管好中央财政补助资金，充分发挥资金使用效益。财政补助资金要专项用于符合《关于进一步推进可再生能源建筑应用的通知》（财建[2011]61号）等文件规定的可再生能源建筑应用技术的推广应用。各省要积极编制和完善可再生能源建筑应用发展规划，提出年度实施方案。要及时制定资金管理及工程管理具体办法，以确保财政资金使用的安全、规范、高效，更好推动可再生能源建筑应用工作的开展。各省资金分配方案要及时上报财政部、住房城乡建设部，并以适当方式公开，接受社会监督。

（三）加强能力建设，建立长效机制。各省要切实加强相关能力建设，要进一步摸清本省可再生能源资源分布状况及建筑应用潜力，对经过实践证明已经成熟、效果良好的应用技术、产品、工艺，要抓紧制定标准、规范等。要加大对太阳能光热建筑一体化应用等成熟技术的推广力度，凡全年日照时数大于2200小时的地区，都应在2014年前出台措施，在具备条件的民用建筑上进行强制推广。要加强对可再生能源建筑应用全过程的质量安全控制。对投入使用的工程，要加强运行管理，探索创新运营模式，确保实际效果。

四、大力推进实施太阳能浴室等重点工程，切实推动新能源更好地惠及民生

在上述政策框架内，财政部、住房城乡建设部将优先支持太阳能光热应用等成熟技术的推广，启动和实施一系列重点工程，使财政补助资金向农村地区、公益性建筑和保障性住房等方面倾斜，支持有关地方推广太阳能海水淡化技术。鼓励各省在编制实施方案时优先纳入重点工程实施内容。

（一）太阳能浴室工程。主要内容是以村为单位，建设公共太阳能浴室，解决农村特别是北方地区农村冬季洗浴难的问题。各省应对本行政区域内村庄建设公共太阳能浴室工程的需求进行调查摸底，编制建设计划，并对浴室选址、设计、产品采购及施工加强指导、监督和政策支持，确保建设质量。北方地区建设的太阳能浴室必须同步采取建筑节能措施，进一步提高舒适性。要积极探索太阳能浴室建成后的后续管理模式，确保长期高效使用。

（二）保障性住房太阳能推广工程。主要内容是有条件地区在保障性住房建设中，同步规划、设计、安装应用太阳能，为居民提供生活热水等。各省应根据地区实际及保障性住房建设规划，合理安排推广计划，与保障性住房建设同步实施、同步投入使用。

（三）农村被动式太阳能暖房工程。主要内容是在新农村民居建设工程、牧民定居工程等集中建设农村住宅的过程中，同步采用被动式应用太阳能技术，部分的解决冬季采暖问题。各省要统筹考虑本地区气候特点、居民生活习惯、农居建筑形式等因素，合理选择被动式太阳能技术，并统一进行设计、施工。

（四）阳光学校、阳光医院工程。主要内容是在寄宿制中小学、卫生院等公益性公共建筑中大力推广应太阳能，包括建设太阳能浴室及集中太阳能热水系统，解决生活热水需求；建设太阳能房，解决教室、病房的采暖问题等。各省要及时摸清学校、医院太阳能应用需求，编制建设计划及具体工作方案。

五、加快组织实施

各省接此通知后，要抓紧完善可再生能源建筑应用规划，确定省级推广实施计划，编制工作方案，划定省内的集中连片推广区，广泛调动各市县推广应用可再生能源的积极性，进一步挖掘应用潜力，积极推进太阳能浴室等重点工程的建设。要加强对可再生能源建筑应用的组织领导，注重与相关部门加强协调配合，形成工作合力。要加强指导和监督，确保施工质量与安全，加快工作进度，将可再生能源建筑应用工作持续推向深入。具体申报和管理要求另行通知。

财政部　住房和城乡建设部

2012年8月21日

关于加强城市步行和自行车交通系统建设的指导意见

建城[2012]133号

各省、自治区、直辖市、计划单列市住房和城乡建设厅（住房城乡建设委、建委、建设局）、发展和改革委员会、财政厅（局），北京市规划委员会、交通委员会，天津市、上海市城乡建设和交通委员会，重庆市规划局、交通委员会、市政管理委员会，新疆生产建设兵团建设局、发展和改革委员会、财政局：

为贯彻落实国务院《“十二五”节能减排综合性工作方案》和《节能减排“十二五”规划》，促进城市交通领域节能减排，加快城市交通发展模式转变，预防和缓解城市交通拥堵，促进城市交通资源合理配置，倡导绿色出行，针对当前城市步行和自行车交通环境日益恶化、出行比例持续下降的实际情况，就加强城市步行和自行车交通系统的建设，提出以下指导意见：

一、充分认识城市步行和自行车交通的重要性

发展城市步行和自行车交通是预防和缓解交通拥堵、减少大气污染和能源消耗的重要途径，关系人民群众的生产生活和城市可持续发展。步行和自行车交通出行灵活、准时性高，在我国具有良好的发展基础，是解决中短距离出行和接驳换乘的理想交通方式，是城市综合交通不可缺少的重要组成部分。同时，发展城市步行和自行车交通是城市交通节能、减少碳排放和细颗粒物（PM2.5）、改善环境的重要措施。各地要充分认识加强城市步行和自行车交通系统建设的重要性和紧迫性，全面推进城市步行和自行车交通系统建设，改善城市人居环境，促进城市可持续发展。

二、基本原则和发展目标

（一）基本原则

一是坚持以人为本。把方便群众出行作为首要原则，以群众实际出行需求和意愿为导向，加强道路等设施建设，为人民群众提供安全、便捷、舒适的城市步行和自行车出行环境。二是坚持科学规划。认真组织编制城市步行和自行车交通系统规划，加强与有关规划的协调，做到城市步行和自行车交通与其他交通方式的良好衔接和匹配。三是坚持因地制宜。根据城市的实际情况，科学确定城市步行和自行车交通发展目标和实施策略，合理选择建设方案。四是坚持节约集约。在城市步行和自行车交通系统用地安排、材料选择、景观环境建设等方面，兼顾舒适性和经济性。

（二）发展目标

大城市、特大城市发展步行和自行车交通，重点是解决中短距离出行和与公共交通的接驳换乘；中小城市要将步行和自行车交通作为主要交通方式予以重点发展。

到2015年，城市步行和自行车出行环境明显改善，步行和自行车出行分担率逐步提高。市区人口在1000万以上的城市，步行和自行车出行分担率达到45%以上；市区人口在500万以上、建成区面积在320平方公里以上或人口在200万以上、建成区面积在500平方公里以上的城市，步行和自行车出行分担率达到50%以上；市区人口在200万以上、建成区面积在120平方公里以上的城市，步行和自行车出行分担率达到55%以上；市区人口在100万以上的城市，步行和自行车出行分担率达到65%以上；其余城市，步行和自行车出行分担率达到70%以上。

三、强化规划的先导和调控作用

（一）发挥城市总体规划的宏观指导作用

按照现代城市交通发展理念，科学制定城市总体规划，在城市功能分区、用地布局和路网密度等方面应充分考虑步行和自行车交通系统的建设，在道路交通系统规划中明确步行和自行车交通的发展要求。

（二）通过城市综合交通规划统筹设施布局

城市综合交通规划要确定步行和自行车交通发展目标、原则、功能定位和设施布局。根据城市规模、自然条件、交通需求、公共交通设施等，确定步行和自行车出行分担比例目标，以保障步行和自行车交通发展为前提，确定交通资源分配利用的原则，结合道路系统规划，确定步行和自行车交通系统网络布局和道路、绿道等设施规划指标。

（三）编制实施专项规划

2015年前，设市城市政府要组织编制完成城市步行和自行车交通系统规划。专项规划的编制要依据城市总体规划和城市综合交通规划，重点是落实和细化城市步行和自行车交通系统的发展政策和设施布局，结合城市地形地貌、自然条件和城市交通发展实际等，合理规划步行、自行车道及停车设施，并提出近期建设方案。城市步行和自行车交通系统规划要与城市轨道交通、公共交通、停车设施等专项规划相衔接，并采取论证会、听证会或者其他方式征求专家和公众的意见。

四、加快基础设施建设

（一）加强步行道和自行车道建设

结合城市道路建设，完善步行道和自行车道。城市道路建设要优先保证步行和自行车出行。依据专项规划，新建及改扩建城市主干道、次干道，要设置步行道和自行车道，城市支路和居住区道路，要设置步行道。对不按规划建设步行道和自行车道的建设项目，城乡规划主管部门不予办理规划许可，城市建设主管部门不予办理施工许可。自行车道原则上应尽可能避免与步行道共板设置。要结合旧城改造、环境整治等，打通断头路，打开封闭街区，加密路网，完善步行和自行车微循环系统。

结合城市水体、山体、绿地，建设步行和自行车休闲道路。在城市河道整治、园林绿化建设过程中，尽可能规划建设自行车路网，在城市河道两侧亲水空间设置步行专用道，在郊野公园、湖泊周边设置步行专用道和自行车专用道，方便居民休闲、健身和出行。

加强步行道和自行车道环境建设。在步行道和自行车道建设过程中，要合理选择道路铺装材料，确保路面平整。加强城市道路沿线照明和沿路绿化，建设林荫路，提高舒适性，改善出行环境。在城市次干道及以上等级道路、机动车和自行车交通量较大的支路，合理设置机非护栏、阻车桩、隔离墩等设施，防止机动车穿行自行车道或进入人行道，保障行人安全。

（二）合理设置行人过街设施

坚持平面为主、立体为辅的原则，科学设置行人过街设施。在城市道路路段和交叉口，设置人行横道，并通过施划标线、设置安全岛、信号灯，保障行人过街安全。按照有关标准规范要求设置人行天桥或人行地道的，应符合无障碍标准，尽可能安装电梯、电动扶梯，方便行人通行。

结合城市建设和改造，建设立体步行系统和步行街。在人流密集的大型商业中心、办公区、公共交通枢纽等地区，结合地下空间利用、周边建筑、公交车站、轨道交通车站出入口，建设连续、贯通的步行连廊等立体步行系统。结合商业、旅游网点开发，建设与土地利用、城市风貌相协调的步行街。

（三）加快自行车停车设施建设

居住区、公共设施要为自行车提供足够的停车空间和方便的停车设施。新建住宅小区必须配建永久性自行车停车场（库），并以地面停车为主。老旧小区、平房地区要通过建设自行车公共停车场，解决居民自行车停车问题。建筑面积2万平方米以上的公共建筑、名胜古迹、公园、广场应当按照专项规划的要求设置自行车停车设施。对不按规划建设自行车停车设施的建设项目，城乡规划主管部门不予办理规划许可，城市建设主管部门不予办理施工许可。

鼓励发展自行车驻车换乘。轨道交通车站、公共交通换乘枢纽必须设置自行车停车设施，集散量较大的公交车站也应尽可能设置自行车停车设施，并为自行车驻车换乘提供良好和方便的条件。

五、保障步行和自行车的基本路权

（一）加强占道管理保障步行道和自行车道有效宽度。严禁通过挤占步行道、自行车道方式拓宽机动车道，已挤占的，要尽快恢复。步行道、自行车道上必要的设施设置要符合国家有关标准规范，禁止以任何形式非法占用步行道和自行车道。合理布设公交站点，设置公交港湾，减少公共汽（电）车进出站对自行车的影响。

禁止占用步行道、减少占用自行车道停放机动车。为缓解机动车停车设施不足的问题，在统筹考虑城市道路等级及功能、地上杆线及地下管线、车辆及行人交通流量组织疏导能力等情况下，可适当设置限时停车、夜间停车等分时段临时占用道路的机动车停车位。在路外机动车停车位比较充裕的区域，不得占用道路设置路内机动车停车位。

严格占道施工许可。尽量减少占用步行道和自行车道，确需占用步行道和自行车道的，要通过交通组织、临时工程措施等解决步行和自行车出行问题。

（二）加强设施养护和维修

结合城市道路养护维修，加强步行道和自行车道及附属设施的养护和维修。城市市政工程行政主管部门要依据《城市道路管理条例》组织有关单位，严格执行城市道路养护、维修的技术规范，定期对城市道路进行养护、维修，确保养护、维修工程的质量。保障步行道和自行车道具有良好的通行条件。

六、加大政策支持力度

（一）保障资金投入

将步行道和自行车道及其附属设施一并纳入城市道路建设（养护、维修）计划，保证资金投入。完善投融资机制，坚持政府投入为主，鼓励和引导民间资金参与，多渠道筹措建设资金。各地要保证城市综合交通规划以及城市步行和自行车交通系统等专项规划编制经费的落实。

（二）鼓励发展公共自行车系统

结合城市实际条件，发展公共自行车系统。坚持政府主导、市场运作、企业管理的原则，结合公交车站、轨道车站、交通枢纽等合理布设自行车存取点，做到系统化、网络化。重点加强城市自行车交通系统的建设，改善自行车出行条件，并引导居民自有自行车的发展，从而提升城市自行车出行整体水平。

（三）正确引导电动自行车的发展

电动自行车在提高居民出行效率、促进节能减排等方面具有一定作用。要在城市基础设施建设中，充分利用太阳能和风能等可再生能源，考虑充电桩等设施的建设。同时，城市政府有关部门要加强对电动自行车的管理，引导居民合理使用符合国家标准的电动自行车。

七、加强宣传和监督管理

（一）加强宣传引导

加大城市步行和自行车交通系统宣传力度。充分发挥报纸、电视、网络等媒体的作用，制作公益广告片、推广宣传好的典型。通过开展“中国城市无车日活动”、建设步行和自行车出行示范段（区域）等形式，增强居民绿色交通出行意识，倡导选择步行、自行车等绿色交通方式出行。

（二）加强监督管理

城市人民政府要明确城市步行和自行车交通系统的主要职责部门。各有关部门要加强协调和配合，共同推进城市步行和自行车交通系统建设。各省、自治区、直辖市住房城乡建设部门要督促、指导各城市落实有关政策，并加强监督检查。

积极开展试点示范，发挥示范效应，推动工作开展。将城市步行和自行车交通系统的完善情况作为申报“国家园林城市”、“中国人居环境奖”等奖项的必要条件，通过有关指标的考核，指导地方加大城市步行和自行车交通系统的建设，促进城市人居环境的改善。

住房和城乡建设部
国家发展和改革委委员会
财政部
2012年9月5日

民用建筑能耗和节能信息统计暂行办法

（住房和城乡建设部2012年9月25日印发）

第一条　为了加强民用建筑能耗和节能信息统计的管理，发挥统计信息的作用，依据《中华人民共和国节约能源法》、《中华人民共和国统计法》、《民用建筑节能条例》等有关法律、法规，制定本办法。

第二条　本办法所称的民用建筑能耗和节能信息统计，是指对民用建筑能耗状况和建筑节能信息进行的收集、整理、分析、公布的活动。

民用建筑能耗，是指民用建筑在使用过程中一定时期内的电力、煤炭、天然气等各类能源的消耗量。

节能信息，是指新建建筑节能、既有建筑节能改造，以及可再生能源建筑规模化应用等建筑节能工作的进展情况。

第三条　国务院住房城乡建设主管部门在国务院统计主管部门的业务指导下，负责全国民用建筑能耗和节能信息统计工作。

县级以上地方人民政府建设主管部门在上级建设主管部门和同级统计主管部门的指导下，负责本辖区的民用建筑能耗和节能信息统计工作。

第四条　各级建设主管部门应当将民用建筑能耗与节能信息统计工作纳入民用建筑节能工作计划中组织实施，配备专门的统计人员及相应的办公设备，妥善保管统计资料，建立并完善信息化平台。

第五条　县级以上地方人民政府建设主管部门应当在建筑节能资金中列支民用建筑能耗和节能信息统计工作经费，并纳入财政预算。

第六条　民用建筑能耗和节能信息统计调查对象应当按照法律法规和本办法的规定，完整、及时地提供统计调查所需的资料，不得提供不真实或者不完整的统计资料，不得迟报、拒报统计资料。

国家机关办公建筑和单体建筑面积2万平方米以上的大型公共建筑的所有权人或使用权人应当定期将分项用电量报县级以上地方人民政府建设主管部门。

第七条　国务院住房城乡建设主管部门在民用建筑能耗和节能信息统计中承担如下职责：

（一）依法制定民用建筑能耗和节能信息统计工作规划、标准、统计调查制度、调查项目，建立健全统计指标体系；

（二）组织实施全国民用建筑能耗和节能信息统计调查、分析和监督，进行综合协调和业务指导；

（三）管理民用建筑能耗和节能信息统计资料、统计信息化系统和统计数据库资源；

（四）依法检查、审定、管理、发布全国民用建筑能耗和节能信息统计调查信息、统计分析报告或其他统计资料；

（五）组织开展全国民用建筑能耗和节能信息统计培训和技术交流工作。

第八条　县级以上地方人民政府建设主管部门在民用建筑能耗和节能信息统计中承担如下职责：

（一）完成国务院住房城乡建设主管部门部署的相关统计调查任务，对本行政区域民用建筑能耗和节能信息统计进行组织协调和业务指导；

（二）建立健全民用建筑能耗和节能信息统计的质量控制制度，保障统计数据及统计资料的真实性、准确性和及时性；

（三）收集、汇总、核实民用建筑能耗和节能信息统计数据及统计资料，及时、如实向上级机关和统计管理部门报告，并对本行政区域内建筑节能情况进行统计分析；

（四）根据统计调查和统计分析，对民用建筑能耗和节能相关工作进行统计监督和考核，提出改进工作的建议；

（五）管理本行政区域内民用建筑能耗和节能信息统计资料、统计信息化系统和统计数据库资源；

（六）组织开展本行政区域内民用建筑能耗和节能信息统计培训和技术交流工作。

第九条　统计人员在民用建筑能耗和节能信息统计工作中有权调查、查阅有关资料，要求被调查单位和人员提供有关民用建筑能耗和节能信息的文件和资料。

第十条　民用建筑能耗和节能信息统计调查应当按照民用建筑能耗和节能信息统计调查制度组织实施。民用建筑能耗和节能信息统计调查制度由国务院住房城乡建设主管部门制定并报经国务院统计主管部门审批。

第十一条　按照规定程序批准的民用建筑能耗和节能信息统计调查表，应当标明表号、制定机关、批准或备案文号、有效期限等标志。被调查单位或人员应准确、及时地按调查方案填报。

对未标明前款规定的标志或者超过有效期的统计调查表，统计调查对象有权拒绝填报。

第十二条　统计资料采取逐级上报的方式。提供民用建筑能耗和节能信息统计资料须经本部门、本单位负责人审核批准后报送。

第十三条　各级建设主管部门应执行国家有关统计资料保密管理的规定。有关单位和人员应当对民用建筑能耗和节能信息统计中知悉的国家秘密、商业秘密和个人信息保密。

第十四条　各级建设主管部门应建立民用建筑能耗和节能信息统计资料档案制度，民用建筑能耗和节能信息统计资料档案的保管、调用和移交，应当遵守国家有关档案管理的规定。

第十五条　国务院住房城乡建设主管部门与国务院统计主管部门协商后向社会公布全国民用建筑能耗和节能信息统计数据。

县级以上地方人民政府建设主管部门依照国家有关规定，报经上一级建设主管部门审定，并与同级统计主管部门协商后可公布本行政区民用建筑能耗和节能信息统计数据。

第十六条　各级建设主管部门应充分发挥统计资料的作用，利用可以公开的统计信息为社会、公众服务。

第十七条　各级建设主管部门应当将民用建筑能耗和节能信息统计工作作为对建筑节能工作年度考核内容，其考核内容应包括统计资料的上报时间和填报质量，以及统计数据分析报告的编制质量。

其中上报时间为是否按民用建筑能耗和节能信息统计报表制度规定的时间内上报统计资料；填报质量包括统计资料的上报率、统计数据的准确性、统计资料的完整性和规范性，以及计算机统计应用软件的使用情况；统计数据分析报告的编制质量包括分析报告的完整性、科学性和客观性。

第十八条　各级建设主管部门对有下列表现之一的单位或者个人，应当给予表彰或者奖励：

（一）在民用建筑能耗和节能信息统计科学研究方面有所创新，在改革和完善民用建筑能耗和节能信息统计制度、统计调查方法等方面，有重要贡献的；

（二）在完成规定的民用建筑能耗和节能信息统计调查任务，保障民用建筑能耗和节能信息统计资料准确性、及时性方面，做出显著成绩的；

（三）在进行民用建筑能耗和节能信息统计分析、预测和监督方面取得突出成绩的；

（四）在民用建筑能耗和节能信息统计方面，运用和推广现代信息技术有显著效果的。

第十九条　在民用建筑能耗和节能信息统计工作中，单位和个人违反《统计法》的规定，由有关部门依法追究相关责任。

第二十条　省、自治区、直辖市人民政府住房城乡建设主管部门可以依据本办法制定实施细则。

第二十一条　本办法自2012年11月15日起施行。

关于促进城市园林绿化事业健康发展的指导意见（节录）

建城〔2012〕166号

各省、自治区住房城乡建设厅，北京市园林绿化局，上海市绿化和市容管理局，天津市市容和园林管理委员会，重庆市园林事业管理局，新疆生产建设兵团建设局：

一、促进城市园林绿化事业健康发展的重要性和紧迫性

城市园林绿化作为为城市居民提供公共服务的社会公益事业和民生工程，承担着生态环保、休闲游憩、景观营造、文化传承、科普教育、防灾避险等多种功能，是实现全面建成小康社会宏伟目标、促进两型社会建设的重要载体。

各地住房城乡建设（园林绿化）主管部门要从战略和全局发展的高度，充分认识促进城市园林绿化事业健康发展的重要性和紧迫性，进一步统一思想，落实各项措施，积极推进城市园林绿化工作，创造良好人居环境，促进城市可持续发展。

二、指导思想、基本原则和目标任务

（一）指导思想

以科学发展观为指导，将城市园林绿化作为生态文明建设和改善人民群众生活质量的重要内容，作为政府公共服务的重要职责，切实加强全过程的控制和管理，推动园林绿化从重数量向量质并举转变，从单一功能向复合功能转变，从重建设向建管并重、管养并重转变，实现城乡绿化面积的拓展、绿地质量的提高和管养水平的提升，促进城市生态、经济、政治、文化和社会协调发展。

（二）基本原则

生态优先，科学发展。要树立按照尊重自然、顺应自然、保护自然的生态文明理念，加强对城市所依托的山体、河湖水系、林地、生物物种等自然生态资源的保护，坚决纠正急功近利、贪大求洋等违背科学发展观和自然规律的建设行为。

量质并举，功能完善。要在合理增加城市绿量的基础上全面提升绿地品质。通过科学规划和合理设计，进一步完善绿地系统布局和结构，实现城市园林绿化生态、景观、游憩、文化、科教、防灾等多种功能的协调发展。

因地制宜，资源节约。要以“节地、节水、节材”和“减少城市热岛效应、减少城市空气和水体污染、减少城市建筑和基础设施能耗”为核心，在城市园林绿化规划、设计、建设和养护管理各个环节中最大限度地节约资源，提高资源使用效率，减少资源消耗和浪费，获得最大的生态、社会和经济效益。

政府主导，社会参与。明确城市政府责任，强化政府在资源协调、理念引导、规划控制、财政投入等方面的作用，鼓励民间资本通过政府购买服务的形式进入园林绿化的运营和养护，提升社会公众在园林绿化规划、建设和管理各个方面的参与度，实现全民“共建共享”的和谐发展。

（三）发展目标和主要任务

到2020年，全国设市城市要对照《城市园林绿化评价标准》完成等级评定工作，达到国家Ⅱ级标准，其中已获得命名的国家园林城市要达到国家Ⅰ级标准。

当前园林绿化工作的主要任务是：在积极拓展城市绿量的基础上，进一步均衡绿地分布，加强城市中心区、老城区的园林绿化建设和改造提升；紧密结合城市居民日常游憩、出行等需求，加快公园绿地、居住区绿地、道路绿化和绿道建设；继续推广节约型园林绿化；不断完善绿地系统综合功能；以保护城市规划区内水系、山体、湿地、林地等自然生态资源为依托，统筹城乡绿化发展。

三、采取有效措施，促进城市园林绿化事业健康发展

（一）坚持公益性、专业化发展方向

城市园林绿化是重要的公益事业,必须坚持政府主导的原则，不能将城市公园绿地片面视为旅游资源和旅游产业内容，违背其公益性质进行经营性开发。城市园林绿化是涉及生态、土壤、植物、城市规划、建筑等多个专业的系统工程，不能简单等同于植树造林，进行粗放式建设和管理。城市园林绿化是唯一有生命的城市基础设施，与城市建筑物、构筑物及各类市政基础设施密不可分，必须统一规划、协同建设、综合管理。

（二）加强科学规划设计

1.增强绿地系统规划的强制性和可实施性。各设市城市、县城要在2015年底前完成绿地系统规划的编制或修订工作，并纳入城市总体规划依法报批。绿地系统规划应根据地域自然条件和历史文化特征，合理设置各类绿地及园林绿化设施，采取点、线、面、环等多种形式，进行科学布局，形成完整有机的系统。绿地系统规划应包括绿地现状分析与评价、规划期限和目标、绿地指标、绿地系统总体结构、各类绿地布局、绿线、区域植物及引种育种规划、生物多样性保护、古树名木保护、防灾避险等主要内容。批准后的绿地系统规划要向社会公布，各级人民政府要定期组织检查，督促落实。绿地系统规划确定的各类绿地实行绿线管制，园林绿化主管部门要会同城乡规划主管部门加快划定城市绿线，绿线划定后要在政府网站等主要媒体上公布，接受公众监督。

2.严格把好城市绿地设计方案审查、论证关。要将节约型、生态型、功能完善型园林绿化的具体要求落实到设计方案审查要求中，从源头上控制追求高档用材和过大规格苗木、从山区移植古树到城市、引种不适合本地生长的外来植物、滥设粗劣雕塑和小品、使用昂贵灯具造景、盲目建设大广场和大水景等不符合科学发展观的做法。严格控制城市绿地设计方案中使用的苗木规格，胸径大于15厘米的速生树种乔木数量和胸径大于12厘米的慢生树种乔木数量在乔木总数中所占比例不得大于10%。

（三）提升绿地建设品质

1.积极拓展绿化空间。要对城市边角地、弃置地全部实施绿化，结合市政基础设施积极开展墙体、屋面、阳台、桥体、公交站点、停车场等立体空间绿化。

2.均衡城市绿地分布。要结合旧城改造、棚户区改造项目，通过拆迁建绿、拆违还绿、破硬增绿、增设花架花钵等形式，加强城市中心区、老城区等绿化薄弱地区的园林绿化建设和改造提升。

3.加快公园绿地建设。要按照城市居民出行“300米见绿，500米见园”的要求，加快各类公园绿地建设，不断提高公园服务半径覆盖率。大力倡导文化建园，加大对地域、历史、文化元素的挖掘，提高公园文化品位和内涵，打造精品公园。

4.完善居住区绿化。要加强对新建居住区绿地指标和质量的审核，并结合居民使用需求，通过增加植物配置和游憩、健身设施，对老旧小区绿化进行提升改造，完善居住区绿地的生态效益和服务功能。

5.建设林荫道路。要加强城市道路绿化隔离带、道路分车带和行道树的绿化建设，增加乔木种植比重，在降低交通能耗、减少尾气污染的同时，为步行及非机动车使用者提供健康、安全、舒适的出行空间，达到“有路就有树，有树就有荫”的效果。

6.增强绿地防灾避险功能。要通过合理利用城市湿地和增加下凹式绿地、透水铺装、路面雨水引流设施等措施，增强雨洪调控能力，滞留和净化雨水回补地下水。结合公园绿地、广场因地制宜设置应急避难场所，按照相关标准、规范配备应急供水、供电、排污、厕所等设施并保障日常维护管理到位。

7.推广节约型园林绿化。要针对不同城市水质性、水源性缺水的情况，推广使用微喷、滴灌、渗灌、再生水利用和雨水收集利用等节水技术，探索并推广集雨型绿地建设。绿地铺装地面要使用透水透气的环保型材料，减少硬质铺装使用比例。坚持适地适树，优先使用苗圃培育的乡土植物种苗，通过科学配置，营建以乔木为骨干的复层植物群落，减少单一草坪应用，节省建设、养护成本。

8.实施自然生态保护和修复。要加强城市规划区内的湿地资源和生物多样性保护，充分保护和利用城市滨水区域野生、半野生生境构建滨水绿地，推进城市水体护坡驳岸的生态化建设和修复，纠正随意改变自然地形地貌、挖湖堆山、拦河筑坝、截弯取直、护坡驳岸过度硬化等建设行为。强化城市内自然山体保护和绿化，对违法开山采石取土造成的裸露、破坏山体尽快实施生态修复。

9.统筹城乡绿化。要加强城乡大环境绿化，结合城市道路、山体、水系、湿地、林地建设绿化隔离带、绿道、绿廊等，强化城乡之间绿色生态空间的联系。县、镇园林绿化建设不能简单模仿城市，要充分体现对县、镇自然山水资源和人文历史资源的保护和利用。

（四）规范市场监管（略）

（五）强化日常管护（略）

（六）推动科技创新

要加强城市园林绿化的基础调研和应用研究，充实科研队伍，落实科研经费，加大新成果、新技术的推广力度，促进科研成果的转化和应用。要结合风景名胜区、植物专类园、综合公园、生产苗圃等建立乡土、适生植物种质资源库，开展相应的引种驯化和快速繁殖试验研究。要积极推广应用乡土及适生植物，在试验基础上推广应用自衍草花及宿根花卉等，丰富地被植物品种。要促进野生种群恢复、生境重建，满足城市园林绿化建设和生物多样性保护需求。

四、加强对城市园林绿化工作的组织领导

（一）落实地方责任，完善管理制度

要建立健全市政府主要领导负总责的城市绿化目标责任制，把城市园林绿化纳入市政府重要议事日程，并从管理机构、资金投入和人员编制等方面给予保障，制定完善绿线管理、园林绿化工程管理、养护管理、信息公开及杜绝古树迁移、控制大树移栽、防止外来物种入侵等各项管理制度，确保城市园林绿化管理职能行使到位。

（二）巩固创建成果，推进生态园林城市建设

要在巩固国家园林城市创建成果的基础上进一步发展提升，将创建活动向县、镇延伸，向居民区和单位发展，向生态园林城市推进。省级住房城乡建设（园林绿化）主管部门要积极引导已获命名的国家园林城市推进生态园林城市创建工作，从实际出发，制定切实可行的创建目标和工作方案，促进城市园林绿化从以园林绿化为基础，向市政基础设施、住房保障、绿色出行、低碳交通、绿色建筑、循环经济、建筑节能等全方位的结合发展过渡；从追求外在形象整洁美观向提升城市生态功能、保护自然资源和生物物种多样性、保障城市生态安全和促进城市可持续发展转变。

（三）以示范项目带动，加强行业指导

住房城乡建设部将确定一批符合节约型、生态型、功能完善型园林绿化发展方向的园林绿化示范项目，向全国推广，发挥示范引领作用。各级园林绿化主管部门要对居住区、单位附属绿地和公路、铁路、湖泊、水库、河道等用地范围内的绿地加强行业指导，促进其按照国家标准规范要求，实施专业化规划设计、建设和规范化管理。

（四）完善法规标准，建立长效监管机制

住房和城乡建设部

2012年11月18日

关于开展国家智慧城市试点工作的通知

建办科〔2012〕42号

各省、自治区住房城乡建设厅，直辖市、计划单列市建委（建交委、建设局），新疆生产建设兵团建设局：

智慧城市是通过综合运用现代科学技术、整合信息资源、统筹业务应用系统，加强城市规划、建设和管理的新模式。为探索智慧城市建设、运行、管理、服务和发展的科学方式，决定开展国家智慧城市试点工作。现将《国家智慧城市试点暂行管理办法》和《国家智慧城市（区、镇）试点指标体系（试行）》印发你们，请遵照执行，并做好2012年度申报试点有关工作。

一、建设智慧城市是贯彻党中央、国务院关于创新驱动发展、推动新型城镇化、全面建成小康社会的重要举措。各地要高度重视，抓住机遇，通过积极开展智慧城市建设，提升城市管理能力和服务水平，促进产业转型发展。

二、申报国家智慧城市试点的城市（区、镇），应制定智慧城市发展规划纲要，对照《国家智慧城市（区、镇）试点指标体系（试行）》，根据当地实际制定切实可行的国家智慧城市创建目标并编制实施方案，建立相应的政策、组织和资金保障体系。

三、请抓紧组织开展申报工作，并对申报材料进行审核、提出推荐意见，于2012年12月31日前将申报材料连同电子文档报送我部建筑节能与科技司。

附件：1.国家智慧城市试点暂行管理办法（略）

2.国家智慧城市（区、镇）试点指标体系（略）

中华人民共和国住房和城乡建设部办公厅

2012年11月22日

关于组织开展2012年度住房城乡建设领域节能减排监督检查的通知

建办科[2012]43号

各省、自治区住房城乡建设厅，直辖市、计划单列市住房城乡建委（建设交通委、建设局），新疆生产建设兵团建设局：

为贯彻落实《节约能源法》、《民用建筑节能条例》和《国务院关于印发“十二五”节能减排综合性工作方案的通知》（国发[2012]26号），进一步推进住房城乡建设领域节能减排工作，我部定于2012年12月上旬开展专项监督检查。现将有关事项通知如下：

一、检查目的

检查了解各地住房城乡建设领域2012年度节能减排工作进展，总结推广各地推进节能减排工作的经验和做法，查找工作中的不足并提出改进措施。

二、检查内容

根据国务院明确的住房城乡建设领域节能减排任务，检查建筑节能、供热计量改革、城市照明节能及城镇污水处理、生活垃圾处理设施建设运行管理方面的情况。

（一）建筑节能

1.贯彻落实《节约能源法》、《民用建筑节能条例》各项规定及有关配套政策措施情况。

2.各地完成国务院确定的建筑节能和推进绿色建筑发展各项工作任务情况，重点检查新建建筑工程执行建筑节能强制性标准情况、推进绿色建筑发展情况、北方采暖地区既有居住建筑供热计量及节能改造任务完成情况、公共建筑节能监管体系建设情况、可再生能源建筑应用推广情况等。

3.中央财政资金支持的各项工作的进展情况及配套能力建设情况等。

4.对2011年专项检查中发现的问题和下发执法告知书的工程整改情况进行复查。

（二）北方采暖地区供热计量改革

1.供热计量工程“两个不得”落实执行情况。

（1）对不符合民用建筑节能强制性标准的新建建筑，不得出具竣工合格验收报告的落实执行情况；

（2）对不符合民用建筑节能强制性标准的新建建筑，不得销售或使用的落实执行情况。

2.供热计量收费机制的落实执行情况。

（1）基本热价降至30%，取消“面积上限”的实施情况；

（2）供热计量热价和管理办法的完善情况；

（3）供热企业定期告知用户用热量和热费的落实执行情况。

（三）城市照明节能

1.贯彻落实《城市照明管理规定》、《“十二五”城市绿色照明规划纲要》以及国家有关城市照明节能规定的情况。

2.落实《城市夜景照明设计规范》、《城市道路照明设计标准》中有关能耗、照明技术指标规定和节能措施的情况。

3.地级及以上城市和东中部地区县级城市完成城市照明规划情况。

4.城市道路照明淘汰低效照明产品的情况。

5.严格控制景观照明建设规模、公用设施及大型建筑物等景观照明能耗的情况。

（四）城镇污水处理

1.重点检查《“十二五”全国城镇污水处理及再生利用设施建设规划》落实情况以及中央资金支持的城镇污水处理设施及其配套管网建设进展情况。

2.重点检查已建成投运的城镇污水处理厂运行负荷情况、达标排放情况和污染物削减情况。

3.未建成投运城镇污水处理厂的市（县）设施建设进展情况。

4.对2011年度住房城乡建设领域节能减排检查中存在问题项目的整改落实情况进行“回头看”。

（五）生活垃圾处理设施运行管理

1.各地贯彻落实《关于进一步加强城市生活垃圾处理工作的意见》（国发[2011]9号）的情况，落实《“十二五”全国城镇生活垃圾无害化处理设施建设规划》（国办发[2012]23号）的情况及各地“十二五”规划的编制、落实情况，受检城市生活垃圾处理设施建设和运行情况。

2.按照《关于做好城镇生活垃圾处理信息报送工作的通知》（建办城函[2009]226号）精神，报送垃圾处理信息系统相关信息情况。

3.餐厨垃圾试点工作情况。按照批复的各试点城市（区）《餐厨废弃物资源化利用和无害化处理试点城市建设实施方案》和《推进餐厨废弃物资源化利用和无害化处理试点工作承诺书》，重点检查一、二批试点城市的餐厨废弃物收集、运输、利用和处理体系建设工作，以及法规、标准、管理体系等能力建设工作。

三、检查时间及组织方式

（一）检查时间：2012年12月上旬。

（二）检查地区：北京、天津、河北、山西、内蒙古、辽宁、吉林、黑龙江、上海、江苏、浙江、安徽、福建、江西、山东、河南、湖北、湖南、广东、广西、海南、重庆、四川、贵州、云南、陕西、甘肃、宁夏、新疆、青海省（自治区、直辖市）及新疆生产建设兵团，大连、青岛、宁波、厦门、深圳市。每个省（自治区）检查省会城市（自治区首府），抽查1个地级市、1个县；直辖市、计划单列市检查市本级，抽查1个区（县）。

（三）组织方式：本次专项监督检查共分10个检查组，每组检查2～3个省（区、市）。各省（区、市）受检地级城市及县（区）由检查组确定，并于2012年12月5日前通知相关省、自治区住房城乡建设主管部门。

各检查组的具体日程安排另行通知。

四、有关要求（略）

五、检查结果处理方式

（一）检查组向省级住房城乡建设主管部门反馈检查情况。

（二）对检查中发现的问题，要求提出整改措施，并跟踪督导。对违反《节约能源法》、《民用建筑节能条例》及有关标准中强制性条文的工程项目，下发执法告知书。

（三）建筑节能、供热计量改革专项检查将针对主管部门工作情况进行评分，并由高到低排序。

（四）对具备供热计量收费条件拒不按照用热量计价收费的供热企业将公布城市和企业名单，进行通报。

附件：（略）

住房和城乡建设部办公厅

2012年11月23日

关于印发夏热冬冷地区既有居住建筑节能改造技术导则（试行）的通知

建科[2012]173号

上海、江苏、浙江、安徽、福建、江西、湖北、湖南、重庆、四川、贵州省（市）住房城乡建设厅（建委，建交委）：

为贯彻落实《国务院关于印发“十二五”节能减排综合性工作方案的通知》（国发[2011]26号），以及住房城乡建设部、财政部《关于推进夏热冬冷地区既有居住建筑节能改造的实施意见》（建科[2012]55号），指导夏热冬冷地区既有居住建筑节能改造工作，我部组织编制了《夏热冬冷地区既有居住建筑节能改造技术导则》（试行）。现印发给你们（可在http://www.mohurd.gov.cn下载），请结合本地区实际贯彻执行。执行中有何意见和建议，请及时告我部建筑节能与科技司。

附件：夏热冬冷地区既有居住建筑节能改造技术导则（试行）（略）

中华人民共和国住房和城乡建设部

2012年12月5日

关于2012年全国住房城乡建设领域节能减排专项监督检查建筑节能检查情况的通报

各省、自治区住房城乡建设厅，直辖市建委（建交委），新疆生产建设兵团建设局：

为贯彻落实《节约能源法》、《民用建筑节能条例》和《国务院关于印发“十二五”节能减排综合性工作方案的通知》（国发[2011]26号）要求，进一步推进住房城乡建设领域节能减排工作，2012年12月7日至26日，我部组织了对全国建筑节能工作的检查。检查范围涵盖了除西藏自治区外的30个省（区、市）及新疆生产建设兵团，包括5个计划单列市、26个省会（自治区首府）城市、26个地级城市以及26个县（市），共抽查了936个工程建设项目的建筑节能施工图设计文件及施工现场。对检查中发现的问题，下发了58份执法建议书。现将检查的主要情况通报如下：

一、总体评价

2012年，各地围绕国务院明确的建筑节能重点任务，进一步加强组织领导，落实政策措施，强化技术支撑，加强监督管理，各项工作取得积极成效。

（一）新建建筑执行节能强制性标准。根据各地上报的数据汇总，2012年全国城镇新建建筑执行节能强制性标准基本达到100%，新增节能建筑面积10.8亿平方米，可形成1000万吨标准煤的节能能力。全国城镇累计建成节能建筑面积69亿平方米，共形成6500万吨标准煤节能能力。

（二）既有居住建筑节能改造。截至2012年底，北方15省（区、市）及新疆生产建设兵团共计完成既有居住建筑供热计量及节能改造面积2.2亿平方米。北京、天津、内蒙古、吉林、山东等5个与财政部、住房城乡建设部签约的重点省（区、市）共计完成改造面积8969万平方米。夏热冬冷地区既有居住建筑节能改造工作已经启动，共安排改造计划1200万平方米，上海、江苏、浙江、安徽、湖南、贵州等省市改造工作进展较好，部分项目已经改造完成。

（三）公共建筑节能监管体系建设。截至2012年底，全国累计完成公共建筑能耗统计40000余栋，能源审计9675栋，能耗公示8342栋建筑，对3860余栋建筑进行了能耗动态监测。确定山西、辽宁、吉林、安徽、河南、湖北6省为第五批能耗动态监测平台建设试点，确定上海市为第二批公共建筑节能改造重点城市。确定中国地质大学（北京）、华侨大学等77所高等院校为节约型校园建设试点，中共中央党校、清华大学等14所高校为节能综合改造示范。

（四）可再生能源建筑应用。截至2012年底，全国城镇太阳能光热应用面积24.6亿平方米，浅层地能应用面积3亿平方米，光电建筑已建成及正在建设装机容量达到1079兆瓦。将21个城市、52个县、3个区、10个镇确定为可再生能源建筑应用示范市（县、区、镇）。在山东、江苏启动了2个可再生能源建筑应用集中连片示范区。将江苏、青海、新疆等8个省（区）确定为太阳能光热建筑应用综合示范省。

（五）绿色建筑与绿色生态城区建设。截至2012年底，全国共有742个项目获得了绿色建筑评价标识，建筑面积7543万平方米，其中2012年当年有389个项目获得绿色建筑评价标识，建筑面积达到4094万平方米。上海、江苏、深圳等省市在保障性住房建设中，全面强制推广绿色建筑。天津市中新生态城、河北省唐山市唐山湾新城、江苏省无锡市太湖新城、湖南省长沙市梅溪湖新城、重庆市悦来生态城、贵州省贵阳市中天未来方舟生态城、云南省昆明市呈贡新区、深圳市光明新区等被确定为首批绿色生态城区示范。

2012年度，北京、天津、河北、山西、内蒙古、吉林、黑龙江、山东、青海、宁夏、上海、江苏、浙江、安徽、重庆、湖北、福建、广西、海南、云南等省（区、市），以及深圳、青岛、宁波、厦门、太原、沈阳、哈尔滨、银川、乌鲁木齐、南京、杭州、合肥、武汉、长沙、广州、南宁、昆明等城市建筑节能重点工作进展较好，相关配套政策措施完善，监督管理比较到位，给予表扬。

二、主要工作措施

（一）加强组织机构与能力建设。北京、天津、山西、内蒙古、吉林、黑龙江、上海、江苏、浙江、山东、湖北、广东、四川、贵州等省（区、市）建立了政府领导牵头，各相关部门参加的领导小组，建筑节能组织领导及部门协调机制进一步完善。省、市、县三级建筑节能管理机构能力进一步增强。住房城乡建设部门均设置了建筑节能专门处室，配备了专门人员。山西、内蒙古、上海等省市成立了专门的建筑节能监管（监察）机构。

（二）完善法规体系与制度创新。各地切实加强建筑节能法制化建设，天津、河北、山西、上海、山东、湖北、湖南、广东、重庆、陕西、贵州、青岛、深圳等地制定了专门的建筑节能条例，及时将建筑节能成熟实践上升为法规制度，天津、山东在条例中设置了绿色建筑专门章节及条款发展，其他省市的地方法规规定了民用建筑项目规划阶段节能审查、民用建筑能效测评及信息公示、既有建筑节能运行及改造、可再生能源强制推广、建筑节能专项资金、技术标准等多项制度，为建筑节能法制化推进奠定了坚实基础。

（三）强化资金投入与政策激励。据不完全统计，2012年度，在北方既有居住建筑供热计量及节能改造、可再生能源建筑应用、绿色建筑等方面，中央财政共安排补助资金150亿元，地方省、市两级财政安排建筑节能专项资金超过130亿元，其中，北京、山西、内蒙古、吉林、上海、江苏、山东、青海、宁夏等地资金投入力度较大。部分地区出台了节能建筑与绿色建筑配套费减免、可再生能源应用减免水资源费及享受优惠电价、太阳能建筑应用容积率奖励、墙改基金减免与返还等激励政策。

（四）突出标准引导与科技支撑。北方采暖地区及夏热冬冷地区各省市及时修订地方标准，适应国家标准的新要求。北京市出台国内第一部节能75%的居住建筑节能设计标准。北京、天津、河南、上海、江苏等省市逐步开始建立绿色建筑标准体系。既有建筑节能改造、可再生能源建筑应用、新型建筑材料及产品、绿色施工等多个领域的标准规范、图集、工法等不断健全。建筑节能科技创新水平不断提升，通过国家科技支撑项目、科研开发项目等，对建筑节能关键技术、产品进行研发，并通过制定发布技术公告、推广目录等形式，对新技术、新材料、新产品等进行推广，促进成果转化。

（五）严格监督管理与目标考核。各地在现行法律法规设置的行政许可范围内，不断完善和创新管理办法。浙江省全面推行民用建筑节能评估审查制度，对项目设计方案进行分析和评估，既确保标准执行，又对设计方案进行了优化。天津、山西等省市实行规划阶段节能审查、施工图专项设计与审查、节能产品质量认定与备案、节能施工专项资格认证、节能工程专项验收、建筑能效测评标识与信息公示等制度，监管效果明显。各地不断强化检查力度，对违法违规行为进行处理，据不完全统计，2012年各省在建筑节能检查中共下发执法告知书500份。部分省市通过政府及住房城乡建设部门逐级签订目标责任状的方式，对建筑节能目标进行了分解落实，并按期进行考核，保障了工作任务的落实。

三、存在的问题

（一）建筑节能能力建设依然不足。一是管理力度不够，部分地区对绿色建筑、既有建筑节能改造、可再生能源建筑应用等专项工作缺乏专门机构及人员进行管理，工作进度、质量及财政资金使用效益等无法得到有效保障。二是资金投入力度不够，尤其是中央财政大力投入的既有居住建筑节能改造、可再生能源建筑应用等工作，部分地区没有落实地方配套资金。

（二）新建建筑执行节能强制性标准仍有不到位情况。一是部分省市对新颁布建筑节能国家标准执行不及时，地方实施细则没有及时出台，设置执行过渡期过长。二是建筑节能设计规范性及精细度不够，不能有效指导施工。节能设计软件管理比较混乱，存在设计指标明显不够而由软件权衡计算通过的现象。三是施工现场随意变更节能设计、偷工减料的现象仍有发生。部分地区在施工标准、工艺不健全情况下，推广使用新型外墙外保温，造成质量隐患。四是部分地区对保温材料、门窗、采暖设备等节能关键材料产品的性能检测能力不足，检测质量监管有漏洞，存在检测结果与工程实际应用情况不符情况。

（三）既有建筑节能改造质量及效益水平仍需提高。一是部分节能改造项目质量存在问题，部分完成的改造项目已经出现保温层破损、脱落，供热计量表具安装不到位等情况。二是供热计量改革滞后，部分北方地区城市尚未制定供热计量收费办法，导致既有居住建筑节能改造完成后，没有同步实现计量收费，造成“节能不节钱”，影响了节能企业居民参与节能改造的积极性。三是公共建筑节能改造及夏热冬冷地区既有居住建筑节能改造进度滞后，改造项目落实及实施情况不理想。

（四）绿色建筑发展相对缓慢。一是绿色建筑标准体系还不健全，目前仍以评价标准为主，缺乏针对绿色建筑的规划、设计、施工、验收标准，绿色建筑与现有工程建设管理体系结合程度不足。二是绿色建筑配套政策不落实，包括支持绿色建筑的财税政策、保障性住房等公益性建筑强制推广绿色建筑等的相关政策不配套。三是绿色建筑技术支撑能力不足，缺乏针对不同气候区、不同建筑类型的系统技术解决方案。相关设计、咨询、评估机构服务能力不强。

（五）可再生能源建筑应用示范管理水平仍需加强。一是部分示范市县实施进度缓慢。据统计，2011年批准的96个示范市（县、区、镇）中，项目开工率小于20%的有21个，占批准示范数量的22%；2012年批复的112个示范市（县、区、镇）中，项目开工率小于20%的有38个，占批准示范数量的34%。二是技术管理能力有待进一步提升。示范专门管理人员严重不足，特别是部分偏远地区、经济落后地区的市县的管理能力、技术能力跟不上，技术支撑力量薄弱，设计、施工、监理等单位对业主的相关技术咨询和服务能力不足。

四、下一步工作思路

（一）全面推进绿色建筑行动。贯彻落实《国务院办公厅关于转发发展改革委、住房城乡建设部绿色建筑行动方案的通知》（国办发[2013]1号），全面推动绿色建筑行动。做好首批8个绿色生态城区组织实施。启动第二批绿色生态城区示范。发布绿色生态城区规划编制办法及指标体系。加大绿色建筑评价标识推广力度，强化标识质量审查及备案管理。启动高星级绿色建筑财政奖励工作。引导保障性住房等公益性建筑强制推广绿色建筑评价标识。逐步增强绿色建筑专家委员会、设计咨询、第三方评价等市场服务能力。加快国家建筑节能与绿色建筑工程技术中心建设。

（二）稳步提升新建建筑节能质量及水平。继续做好北方采暖地区及夏热冬冷地区新颁布建筑节能标准的贯彻实施工作。总结北京、天津经验，督促指导有条件的地区率先执行更高水平的节能标准。着力抓好新建建筑在施工阶段执行标准的监管力度。进一步规范建筑节能施工图审查、设计及计算模拟软件、材料产品性能检测等行为。全面推行民用建筑规划阶段节能审查、节能评估、民用建筑节能信息公示、能效测评标识等制度。加快新建建筑节能管理体制建设，增强市县的监管能力和执行法律法规及标准规范的能力。

（三）深入推进既有居住建筑节能改造。继续加大北方采暖地区既有居住建筑供热计量及节能改造实施力度，力争2013年完成改造面积1.9亿平方米以上。强化节能改造工程设计、施工、选材、验收等环节的质量控制。总结地方实践经验，修订改造技术导则及验收办法。督促完成节能改造的既有居住建筑全部实行供热计量收费。切实加强建筑保温工程施工的防火安全管理。力争完成夏热冬冷地区既有居住建筑节能改造面积1200万平方米以上，下达改造计划指标1500万平方米以上。选择有工作基础、积极性高、配套政策落实的城市，实行规模化改造试点。

（四）加大公共建筑节能管理力度。进一步扩大省级公共建筑能耗动态监测平台建设范围，力争到2015年，建设完成覆盖全国的公共建筑能耗动态监测体系。推动公益性行业公共建筑节能管理，开展“节约型校园”、“节约型医院”创建工作。启动第三批公共建筑节能改造重点城市。推动高等学校校园建筑节能改造示范。指导各地分类制定公共建筑能耗限额标准，并建立基于限额的公共建筑节能管理制度。加快推行合同能源管理、能效交易等节能新机制。

（五）实现可再生能源在建筑领域规模化高水平应用。实施可再生能源建筑应用省级推广，做好中央财政资金按因素法分配工作。选择有条件区域打造集中连片推广示范区。推动已批准的可再生能源建筑应用示范市县进一步挖掘推广潜力。加快示范市县的验收进度。加大“太阳能屋顶计划”实施力度，调整光伏建筑一体化示范项目支持政策，扩大自发自用光伏建筑应用规模。推动资源条件具备的省（区、市）针对成熟的可再生能源应用技术尽快制定强制性推广政策。加快研究制定不同类型可再生能源建筑应用技术在设计、施工、能效检测等各环节的工程建设标准。

（六）加强建筑节能相关支撑能力建设。指导各地住房城乡建设主管部门加强建筑节能管理能力建设，完善管理机构，充实人员。加快完善建筑节能标准体系，针对不同建筑类型、不同建设环节，制定修订绿色建筑、新建建筑、既有建筑节能改造、可再生能源建筑应用等相关标准。加强建筑节能科技创新，组织建筑节能与绿色建筑共性关键技术科技项目的立项和实施。加快国家建筑节能与绿色建筑工程技术中心、重点实验室等科研平台建设工作，增强第三方评价机构的能力。

（七）严格执行建筑节能目标责任考核。进一步建立完善建筑节能统计、监测、考核体系建设。组织开展建筑节能专项检查，对国务院明确的建筑节能、供热计量改革等工作任务的落实情况进行专项核查，严肃查处各类违法违规行为和事件。组织中央财政资金使用情况专项核查，重点核查北方采暖地区既有居住建筑供热计量及节能改造、可再生能源建筑应用示范市县、太阳能光电建筑应用示范项目等进展情况及中央财政资金使用安全及效益情况。

住房和城乡建设部办公厅
2013年3月25日

规划方案

“十二五”建筑节能专项规划

（建科〔2012〕72号　住房和城乡建设部　二〇一二年五月九日印发）

为深入贯彻科学发展观，落实节约资源、保护环境基本国策，加快转变城乡建设模式和建筑业发展方式，提高人民生活质量，培育新兴产业，促进经济发展方式转变，实现节能减排约束性目标，积极应对全球气候变化，建设资源节约型、环境友好型社会，根据《民用建筑节能条例》、《“十二五”节能减排综合性工作方案》，制定本规划。

一、发展现状和面临形势

（一）“十一五”期间建筑节能发展成就

1、实现了国务院对建筑节能提出的目标和要求

按照《国务院关于印发节能减排综合性工作方案的通知》（国发[2007]15号）的总体要求，截至2010年底，新建建筑施工阶段执行节能强制性标准的比例达到95.4%；组织实施低能耗、绿色建筑示范项目217个，启动了绿色生态城区建设实践；完成了北方采暖地区既有居住建筑供热计量及节能改造1.82亿平方米；推动政府办公建筑和大型公共建筑节能监管体系建设与改造；开展了386个可再生能源建筑应用示范推广项目，210个太阳能光电建筑应用示范项目，47个可再生能源建筑应用示范城市和98个示范县的建设。探索农村建筑节能工作。新型墙体材料产量占墙体材料总产量的55%以上，应用量占墙体材料总用量的70%。到“十一五”期末，建筑节能实现节约1亿吨标准煤的目标任务。

建筑节能“十一五”期间主要指标完成情况

指标	规划指标	完成情况
新建建筑节能	施工阶段执行节能强制性标准的比例达到95%以上	施工阶段执行节能强制性标准的比例为95.4%
低能耗、绿色建筑示范项目	30个	实施了217个绿色建筑示范工程，113个项目获得了绿色建筑评价标识
北方采暖地区既有居住建筑供热计量及节能改造	1.5亿平方米	1.82亿平方米
大型公共建筑节能运行管理与改造	实施政府办公建筑和大型公共建筑节能监管体系建设	完成能耗统计33000栋，能源审计4850栋，公示了近6000栋建筑的能耗状况，对1500余栋建筑的能耗进行动态监测。在北京、天津、深圳、江苏、重庆、内蒙古、上海、浙江、贵州等9省市开展能耗动态监测平台建设试点工作。启动了72所节约型校园建设试点
可再生能源在建筑中规模化应用示范推广项目	200个	386个可再生能源建筑应用示范推广项目、210个太阳能光电建筑应用示范项目、47个可再生能源建筑应用示范城市、98个示范县
农村节能	—	新建抗震节能住宅13851户，既有住宅节能改造342401户，建成600余座农村太阳能集中浴室

墙体材料革新	产业化示范	新型墙体材料产量超过4000亿块标砖，占墙体材料总产量的55%左右，新型墙体材料应用量3500亿块标砖，占墙体材料总应用量的70%左右

2、建筑节能支撑体系初步形成

——法律法规体系：“十一五”开局之年，《中华人民共和国可再生能源法》颁布执行，明确提出鼓励发展太阳能光热、供热制冷与光伏系统，并规定国务院建设主管部门会同国务院有关部门制定技术经济政策和技术规范。2008年4月，《中华人民共和国节约能源法》经修订颁布执行，其专门设置一节七条，明确规定建筑节能工作的监督管理和主要内容。两部法律的制（修）定，为建筑节能工作的开展提供了法律基础。2008年10月，《民用建筑节能条例》颁布实行，作为指导建筑节能工作的专门法规，条例规定共六章四十五条，详细规定了建筑节能的监督管理、工作内容和责任（建筑节能领域主要法律法规见附表1）。《民用建筑节能条例》的颁布执行，全面推进了建筑节能工作，同时也推动了全国建筑节能工作法制化，各地积极制定本地区的建筑节能行政法规，河北、陕西、山西、湖北、湖南、上海、重庆、青岛、深圳等地出台了建筑节能条例（见附表2）。15个省（区、市）出台了资源节约及墙体材料革新相关法规，24个省（区、市）出台了相关政府令（见附表3），形成了以《节约能源法》为上位法，《民用建筑节能条例》为主体，地方法律法规为配套的建筑节能法律法规体系。中央和地方交流互动，探索实践，逐步形成了推进建筑节能工作的“十八项”制度。

节约能源法、民用建筑节能条例规定的推进建筑节能十八项制度

节约能源法	第三章第三十七条	公共建筑室内温度控制制度
		建筑节能考核制度
民用建筑节能条例	第一章 总则	民用建筑节能规划制度
		民用建筑节能标准制度
		民用建筑节能经济激励制度
		国家供热体制改革
	第二章 新建建筑节能	建筑节能推广、限制、禁用制度
		新建建筑市场准入制度
		建筑能效测评标识制度
		民用建筑节能信息公示制度
		可再生能源建筑应用推广制度
		建筑用能分项计量制度
	第三章 既有建筑节能	既有居住建筑节能改造制度
		国家机关办公建筑节能改造制度
		节能改造的费用分担制度
	第四章 建筑用能系统运行节能	建筑用能系统运行管理制度
		建筑能耗报告制度
		大型公共建筑运行节能管理制度

——财税政策体系：“十一五”期间，国家财政积极支持建筑节能工作，财政部、住房城乡建设部共同设立了“可再生能源建筑应用示范项目资金”、“国家机关办公建筑和大型公共建筑节能专项资金”、“北方采暖地区既有居住建筑供热计量及节能改造奖励资金”、“太阳能光电建筑应用财政补助资金”等多项建筑节能领域专项资金。中央财政共计安排资金近152亿元，用于支持北方采暖地区既有居住建筑供热计量及节能改造、可再生能源建筑应用、国家机关办公建筑和大型公共建筑节能监管体系建设等方面。同时，各级地方财政也给予建筑节能工作大力支持。北京、上海、重庆、内蒙古、山西、江苏、安徽、深圳等地对建筑节能的财政支持力度较大，安排了专项资金。据不完全统计，“十一五”期间，省级财政共安排69亿元建筑节能专项资金，地级及以上城市市级财政安排65亿元 建筑节能专项资金，建筑节能的经济激励政策初步建立（中央及地方经济激励政策参见附表4、5）。

——标准规范体系：建筑节能标准规范体系不断完善，基本涵盖了设计、施工、验收、运行管理等各个环节，涉及新建居住和公共建筑、既有居住和公共建筑节能改造。颁布了适应我国严寒和寒冷地区、夏热冬冷和夏热冬暖地区居住建筑和公共建筑节能设计标准。同时，各地结合本地区实际，对国家标准进行了细化，部分地区执行了更高水平的新建建筑节能标准。把先进成熟的技术产品纳入工程技术标准和标准图，通过标准引导技术进步。上海、天津、重庆、江苏、浙江、深圳等地制定了具有前瞻性的绿色生态示范城区及绿色建筑评价标准，发挥了标准的规范和引导作用（“十二五”期间建筑节能领域主要标准见附表6）。

——能力建设体系：建立了建筑节能目标责任考核机制。将建筑节能目标分解落实到各省市，并强化目标责任考核机制，确保各项目标得到落实。开展了中央和省级层面建筑节能的专项检查，对违反建筑节能有关法律法规及节能强制性标准的行为进行了处罚。强化了建筑节能领导机构，各省（自治区、直辖市）住房城乡建设主管部门均成立了主要领导或分管领导任组长的建筑节能领导小组，北京、天津、上海、山东、山西、内蒙古、黑龙江、吉林、江苏、浙江、广东、广西、湖北等省（自治区、直辖市）成立了政府分管领导任组长，相关部门主要负责同志参加的建筑节能工作领导小组，逐步形成了各部门联动、齐抓共管的局面。部分省市住房城乡建设主管部门通过机构改革，增设了建筑节能专门处室，加强了职能，充实了管理力量，其中浙江配备155人、上海101人、北京44人、天津35人，人员配置比较到位，山东和山西省、市两级都建立了建筑节能监管机构，专职管理人员分别为164人和146人。建立了建筑节能全过程的质量管理体系，利用现有法律法规确定的许可和制度，建立建筑节能专项设计审查、节能工程施工质量监督、建筑节能专项验收、建筑能效测评标识、建筑节能信息公示等制度，实现了从设计、施工图审查、施工、竣工验收备案到销售和使用的全过程监管（省级配置建筑节能专职管理人员情况参见附表7）。

——科技支撑体系：“十一五”期间国家科技支撑计划把建筑节能、绿色建筑、可再生能源建筑应用等作为重点，在建筑节能与新能源开发利用、绿色建筑技术，既有建筑综合改造、地下空间综合利用等方面突破了一系列关键技术，研发了大批的新技术、新产品、新装置，促进了建筑节能和绿色建筑科技水平的整体提升。其中，“建筑节能关键技术研究与示范”项目围绕降低建筑能耗、提高能源系统效率、新能源开发利用等关键技术及促进建筑节能工作的政策保障等方面开展研究，在降低北方地区采暖能耗、长江流域室内热湿控制能耗和大型公共建筑能耗三方面取得重点突破，形成了完整的技术体系、产品系列和政策保障机制，并在示范工程中实现预定的节能目标。研究开发的节能型围护结构复合型节能材料构造、长江流域住宅室内热湿环境低能耗控制技术、高温离心冷水机组等，具备较高的经济效益和社会效益。在无锡、北京、张家口等地建立了29个试验示范基地，提升了节能降耗关键技术研究能力，培育一批生产各类建筑节能产品的企业，带动了建筑节能咨询管理、节能技术服务等产业发展。“可再生能源与建筑集成技术研究与示范”项目建设了389万m^2的可再生能源与建筑集成示范工程，研究了太阳能光热光电利用技术、地源热泵技术和其它可再生能源复合技术应用。开展了400项太阳能光热技术、地源热泵技术、太阳能光伏技术等可再生能源建筑应用示范，示范面积约4000万m^2，总峰瓦值约9000 kWp。“现代建筑设计与施工关键技术研究”项目围绕绿色建筑设计、高效施工技术及技术保障与集成方面开展相关研究，在地下空间逆作法施工集成技术、绿色建筑综合评价指标体系、新型组合构件、多重组合混凝土剪力墙抗侧力

“十一五”期间建筑节能与绿色建筑相关领域立项情况

项目名称	牵头承担单位	进展情况
建筑节能关键技术研究与示范	中国建筑科学研究院	通过验收
现代建筑设计与施工关键技术研究	中国建筑科学研究院	通过验收
环境友好型建筑材料与产品研究开发	中国建筑材料科学研究院	通过验收
既有建筑综合改造关键技术研究与示范	中国建筑科学研究院	正在验收
建筑工程装备研究与产业化开发	中国建筑科学研究院	通过验收
可再生能源与建筑集成技术研究与示范	住房城乡建设部科技发展促进中心	通过验收
城市地下空间建设技术研究与工程示范	中国建筑科学研究院	通过验收
高强钢筋与高强高性能混凝土关键技术研究与示范	中国建筑科学研究院	正在进行

体系研究等方面取得重要进展。在国家科技支撑计划支持建筑节能研究开发的同时，各地围绕建筑节能工作发展需要，结合地区实际，积极筹措资金，安排科研项目，为建筑节能深入发展提供科技储备。

——宣传培训体系：组织开展《节约能源法》、《民用建筑节能条例》宣传贯彻活动，每年定期组织“国际绿色建筑与建筑节能大会”，搭建国内外建筑节能和绿色建筑领域专家学者的交流平台。以节能宣传周、无车日、节

能减排全民行动、绿色建筑国际博览会等活动为载体，利用各种媒体，采取专题节目、设置专栏以及宣贯会、推介会、现场展示、发放宣传册等多种方式，广泛宣传建筑节能的重要意义和政策措施，提高了全社会的节能意识。同时，各地住房城乡建设主管部门不断加大建筑节能培训力度，组织相关单位的管理和技术人员，对建筑节能相关法律法规、技术标准进行培训，有效提升了建筑节能管理、设计、施工、科研等相关人员对建筑节能的理解和执行能力。

——产业支撑体系：相继颁布了可再生能源建筑应用、村镇宜居型住宅、既有建筑节能改造等技术推广目录，引导建筑节能相关技术、产品、产业发展；实施可再生能源建筑规模化应用示范和太阳能光电建筑应用示范项目，带动了太阳能光伏发电等可再生能源相关行业发展；通过建立建筑节能能效测评标识及绿色建筑评价标识制度，推动了建筑节能第三方能效服务机构的发展；积极落实国务院加快推行合同能源管理促进节能服务产业发展的意见，培育建筑节能服务市场，加快推行合同能源管理，重点支持专业化节能服务公司提供节能诊断、设计、融资、改造、运行管理一条龙服务。

3、建筑节能工作全面推进

——新建建筑：根据各地上报数据汇总，到2010年底，全国城镇新建建筑设计阶段执行节能强制性标准的比例为99.5%，施工阶段执行节能强制性标准的比例为95.4%，分别比2005年提高了42个百分点和71个百分点，完成了国务院提出的“新建建筑施工阶段执行节能强制性标准的比例达到95%以上”的工作目标。“十一五”期间累计建成节能建筑面积48.57亿平方米，共形成4600万吨标准煤的节能能力 。全国城镇节能建筑占既有建筑面积的比例为23.1%，比例超过30%的省市有北京、天津、上海、重庆、河北、吉林、辽宁、江苏、宁夏、青海、新疆等省（自治区、直辖市）（见附表8，“十一五”期间节能检查执法告知书汇总表见附表9）。

“十一五”期间新建建筑节能强制性标准执行情况1

年度	累计建成节能建筑面积（亿m^2）	设计阶段执行节能强制性标准比例（%）	施工阶段执行节能强制性标准比例（%）	建筑节能检查下发执法建议书情况
2006	10.6	95.7	53.8	59份
2007	21.2	97	71	45份
2008	28.5	98	82	25份
2009	40.8	99	90	100份
2010	48.6	99.5	95.4	63份

——北方采暖地区既有居住建筑供热计量及节能改造：截至2010年底，北方采暖地区15个省区市共完成改造面积1.82亿平方米，超额完成了国务院确定的1.5亿平方米改造任务（见附表10）。据测算，可形成年节约200万吨标准煤的能力，减排二氧化碳520万吨，减排二氧化硫40万吨。改造后同步实行按用热量计量收费，平均节省采暖费用10%以上，室内热舒适度明显提高，并有效解决老旧房屋渗水、噪音等问题 。部分地区将节能改造与保障性住房建设、旧城区综合整治等民生工程统筹进行，综合效益显著。

——国家机关办公建筑和大型公共建筑节能监管体系建设：国家机关办公建筑和大型公共建筑能耗统计、能源审计、能效公示工作全面开展，截至2010年底，全国共完成国家机关办公建筑和大型公共建筑能耗统计33000栋，完成能源审计4850栋，公示了近6000栋建筑的能耗状况，已对1500余栋建筑的能耗进行了动态监测。在北京、天津、深圳、江苏、重庆、内蒙古、上海、浙江、贵州等9省市开展能耗动态监测平台建设试点工作。共启动了72所节约型校园建设试点（见附表11）。通过节能监管体系建设，全面掌握了公共建筑的能耗水平及特点，带动了节能运行与改造的积极性，有力地促进了节能潜力向现实节能的转化。

“十一五”期间国家机关办公建筑和大型公共建筑节能监管体系建设情况1

年份	累计能耗统计（栋）	累计能源审计		累计能耗公示（栋）	累计能耗动态监测（栋）	新增节约型高校示范（所）	新增能耗动态监测平台试点城市
		公建（栋）	高校（所）				
2008	11607	768	59	827	324	12	北京、天津、深圳

2009	17752	2175	2441	434	18	江苏、内蒙古、重庆
2010	33133	4848	5949	1563	42	上海、浙江、贵州

——可再生能源建筑应用："十一五"期间，住房城乡建设部会同财政部确定从项目示范、到城市示范、再到全面推广的"三步走"战略，采取示范带动，政策保障，技术引导，产业配套的工作思路，推进可再生能源在建筑领域的应用，规模化效应逐步显现，五大体系建设成效显著。截至2010年底，财政部会同住房城乡建设部共实施了386个可再生能源建筑应用示范项目、210个太阳能光电建筑应用示范项目、47个可再生能源建筑规模化应用城市、98个示范县（见附表12）。全国太阳能光热应用面积14.8亿平方米，浅层地能应用面积5.725亿平方米，光电建筑应用已建成及正在建设的装机容量达1271.5兆瓦，形成年替代常规能源2000万吨标准煤能力，超额完成"十一五"实现替代常规能源1100万吨标准煤目标。江苏、安徽、山东、浙江、宁夏、海南、湖北、深圳等省市全面强制推广太阳能热水系统。江苏、山东、陕西、湖北、河南、宁夏、内蒙古、浙江等省市设立专项资金或通过减免税费来支持可再生能源建筑应用。可再生能源建筑规模化的应用推动了能效检测能力的提升，目前已批准国家级民用建筑能效测评机构7家，省级民用建筑能效测评机构60多家。

"十一五"期间可再生能源建筑应用面积（装机容量）

年份	太阳能光热建筑累计应用面积（亿m^2）	浅层地能热泵技术累计应用建筑面积（亿m^2）	太阳能光电建筑累计应用装机容量（兆瓦）
2006	2.3	0.265	-
2007	7	0.8	-
2008	10.3	1	-
2009	11.79	1.39	420.9
2010	14.8	2.27	850.6
常规能源替代量	2000万吨标准煤		

"十一五"期间中央财政支持可再生能源建筑应用情况

分类	项目个数
可再生能源建筑应用示范项目	386
太阳能光电建筑应用示范项目	210
可再生能源建筑应用示范市县	47个城市、98个县
合计	-

——绿色建筑与绿色生态城区：截至2010年底，全国有113个项目获得了绿色建筑评价标识，建筑面积超过1300万平方米。全国实施了217个绿色建筑示范工程，建筑面积超过4000万平方米。通过对获得绿色建筑标识的项目进行统计分析，住宅小区平均绿地率达38%，平均节能率约58%，非传统水资源平均利用率约15.2%，可再循环材料平均利用率约7.7%，综合效益显著。与此同时，北京市未来科技城、丽泽金融商务区、天津市滨海新区、深圳市光明新区、河北省唐山市曹妃甸新区、江苏省苏州市工业园区、湖南长株谭和湖北武汉资源节约环境友好配套改革试验区等正在进行绿色生态城区建设实践，对引导我国城市建设向绿色生态可持续发展方向转变，具有重要意义。

绿色建筑的"四节一环保"潜力

统计分析项目数量（个）		79个，其中42个公建，37个住宅；
星级		一星17个，二星38个，三星24个
面积（万平方米）		697.6
开发利用地下空间（万平方米）		151.1
住区平均绿地率		37.6%
建筑平均节能率		58.34%
节能量		0.45亿千瓦时（折标煤1.54万吨/年）
减排CO_2		4.04万吨/年
非传统水源平均利用率		15.2%
非传统水源利用量（万吨/年）		140.05
可再循环材料平均利用率		7.74%
可再循环材料平均利用量（万吨）		1812.62
一星级	住宅项目增量成本（元/m2）	60
	公共建筑项目增量成本（元/m2）	30
	静态回收期	1~3年
二星级	住宅项目的增量成本（元/m2）	120
	公共建筑项目增量成本（元/m2）	230
	静态回收期	3~8年
三星级	住宅项目的增量成本（元/m2）	300
	公共建筑项目增量成本（元/m2）	370
	静态回收期	7~11年

——农村建筑节能：部分省市对农村地区建筑节能工作进行了探索。"十一五"期间，北京市组织农民新建抗震节能住宅13851户，实施既有住宅节能改造342301户，建成600余座农村太阳能集中浴室，实现节能每年10万吨标准煤以上，显著改善农民居住和生活条件。哈尔滨市结合农村泥草房改造，引导农民采用新墙材建造节能房。陕西、甘肃等省以新型墙体材料推广、秸秆应用为突破口，对农村地区节能住宅建设及新能源应用进行了有益探索。

——墙体材料革新：据不完全统计，2010年全国新型墙体材料产量超过4000亿块标砖，占墙体材料总产量的55%以上，新型墙体材料应用量3500亿块标砖，占墙体材料总应用量的70%左右，完成国务院确定的墙材革新发展目标。各地根据自身气候条件及资源特点，不断推动新型墙体材料技术与产业升级转型，丰富产品形式，提高产品质量，保温结构一体化新型建筑节能体系、轻型结构建筑体系等一批建筑节能新材料、产品和技术得到推广。

（二）存在问题

1、部分地方政府对建筑节能工作的认识不到位。部分省（区、市）建筑节能工作的考核仍没有纳入政府层面，还有部分省（区、市）对建筑节能的考核评价仍局限在住房城乡建设系统内部，没有纳入本地区单位国内生产总值能耗下降目标考核体系，使相关部门难以形成合力，相应的政策、资金难以落实。对建筑节能能力建设重视不够，部分省级住房城乡建设主管部门建筑节能管理人员只有1～2人，没有专门的管理和执行机构，各项政策制度的落实大打折扣。

2、建筑节能法规与经济支持政策仍不完善。落实《节约能源法》、《民用建筑节能条例》各项法律制度所需的部门规章、地方行政法规的制定工作仍然滞后。各地对建筑节能的经济支持力度远远不够，尤其是中央财政投入较大的北方采暖地区既有居住建筑供热计量及节能改造、可再生能源建筑应用、公共建筑节能监管体系建设等方面，大部分地区没有落实配套资金，影响中央财政支持政策的实施效果。

3、新建建筑执行节能标准水平仍不平衡。总的来说，“十一五”期间，我国执行的建筑节能标准主要为50%节能标准，“十一五”期末逐步提高到“三步”节能标准的水平，节能标准的水平较低。从执行建筑节能标准情况看，施工阶段比设计阶段差，中小城市比大城市差，经济欠发达地区比经济发达地区差。建筑节能工程施工过程中，建筑节能工程质量有待提高，存在以次充好，偷工减料的现象，监督管理不到位，存在质量与火险隐患。各地尤其是地级以下城市普遍缺乏可选用的建筑节能材料、产品、部品，相关节能性能检测能力较弱，政府监管能力需要进一步增强。绿色建筑发展严重滞后。

4、北方地区既有建筑节能改造工作任重道远。一是既有建筑存量巨大。2000年以前我国建成的建筑大多为非节能建筑，民用建筑外墙平均保温水平仅为欧洲同纬度发达国家的1/3，据估算北方地区有超过20亿平米 的既有建筑需进行节能改造。二是改造资金筹措压力大。围护结构、供热计量、管网热平衡节能改造成本在220元/平方米以上，如果再进行热源改造，资金投入需求更大。但北方多数地区经济欠发达，地方政府财力投入有限，市场融资能力较弱。三是供热计量改革滞后。供热计量收费是运用市场机制促进行为节能最有效手段，但这项工作进展缓慢，目前北方采暖地区130 多个地级市，出台供热计量收费办法地级市仅有40 余个，制约了企业居民投资节能改造的积极性。

5、可再生能源建筑应用推广任务依然繁重。我国在建筑领域推广应用可再生能源总体上仍处于起步阶段，据测算，目前可再生能源建筑应用量占建筑用能比重在2%左右，这与我国丰富的资源禀赋相比、与快速增长的建筑用能需求相比、与调整用能结构的迫切要求相比都有很大的差距。可再生能源建筑应用长效推广机制尚未建立，技术标准体系还不完善，产业支撑力度不够，有些核心技术仍不掌握，系统集成、工程咨询、运行管理等能力不强。

6、大部分省市农村建筑节能工作尚未正式启动。我国农村地区的建筑节能工作有待推进。随着农村生活水平的不断改善，使用商品能源的总量将不断增加，需采取措施，提高农村建筑用能水平和室内热舒适性，改善室内环境，引导农村用能结构科学合理发展。

（三）发展面临的形势

1、城镇化快速发展为建筑节能和绿色建筑工作提出了更高要求

我国正处在城镇化的快速发展时期，国民经济和社会发展第十二个五年规划指出2010年我国城镇化率为47.5%，“十二五”期间仍将保持每年0.8%的增长趋势，到“十二五”末期，将达到51.5%。一是城镇化快速发展使新建建筑规模仍将持续大幅增加。按“十一五”期间城镇每年新建建筑面积推算，“十二五”期间，全国城镇累计新建建筑面积将达到40~50亿平方米。要确保这些建筑是符合建筑节能标准的建筑，同时引导农村建筑按节能建筑标准设计和建造。二是城镇化快速发展直接带来对能源、资源的更多需求，迫切要求提高建筑能源利用效率，在保证合理舒适度的前提下，降低建筑能耗，这将直接表现为对既有居住建筑节能改造、可再生能源建筑应用、绿色建筑和绿色生态城（区）建设的需求急剧增长。

2、人民对生活质量需求不断提高对建筑服务品质提出更高要求

城镇节能建筑仅占既有建筑面积23%，建筑节能强制性标准水平低，即使目前正在推行的“三步”建筑节能标准也只相当于德国90年代初的水平，能耗指标则是德国的2倍。北方老旧建筑热舒适度普遍偏低，北方采暖城镇集中供热普及率仍不到50%。夏热冬冷地区建筑的夏季能耗高、活动遮阳、被动式节能措施基本未被应用，冬季室内热舒适性差，仍存在缺乏合理有效的采暖措施，建筑新风、热水等供应系统缺乏的问题。夏热冬暖地区除缺乏新风和热水供应系统外，遮阳、通风等被动式节能措施未被有效应用，室内舒适性不高的同时增加了建筑能耗。大城市普遍存在停车、垃圾分类回收设施、绿化等基础设施不足；北方农村冬季室内温度偏低，较同一气候区城镇住宅室内温度低7~9℃，农民生活热水用量远远低于城镇。农村建筑使用初级生物质能源的利用效率很低，能源消耗结构不合理。

3、社会主义新农村建设为建筑节能和绿色建筑发展提供了更大的发展空间

农村地区具有建筑节能和绿色建筑发展的广阔空间。每年农村住宅面积新增超过8亿平方米，人均住房面积较1980年增长了4倍多，农村居民消费水平年均增长6.4%。将建筑节能和绿色建筑推广到农村地区，发挥“四节一环保”的综合效益，能够节约耕地、降低区域生态压力、保护农村生态环境、提高农民生活质量，同时能吸引大量建筑材料制造企业、房地产开发企业等参与，带动相关产业发展，吸纳农村剩余劳动力，是实现社会主义新农村建设目标的重要手段。

二、主要目标、指导思想、发展路径

（一）总体目标

到“十二五”期末，建筑节能形成1.16亿吨标准煤节能能力。其中发展绿色建筑，加强新建建筑节能工作，形成4500万吨标准煤节能能力；深化供热体制改革，全面推行供热计量收费，推进北方采暖地区既有建筑供热计量及节能改造，形成2700万吨标准煤节能能力；加强公共建筑节能监管体系建设，推动节能改造与运行管理，形成 1400万吨标准煤节能能力。推动可再生能源与建筑一体化应用，形成常规能源替代能力3000万吨标准煤。

（二）具体目标

1、提高新建建筑能效水平。到2015年，北方严寒及寒冷地区、夏热冬冷地区全面执行新颁布的节能设计标准，执行比例达到95%以上，城镇新建建筑能源利用效率与“十一五”期末相比，提高30%以上。北京、天津等特大城市执行更高水平的节能标准，新建建筑节能水平达到或接近同等气候条件发达国家水平。建设完成一批低能耗、超低能耗示范建筑。

“十二五”期间建筑节能工作主要指标与节能减排综合性工作方案的比对

项目	内容		属性	“十二五”节能减排综合性工作方案提出的目标和任务
新建建筑	北方严寒及寒冷地区、夏热冬冷地区全面执行新颁布的节能设计标准，执行比例达到95%以上；北京、天津等特大城市执行更高水平的节能标准；建设完成一批低能耗、超低能耗示范建筑。		约束性	新建建筑严格执行建筑节能标准，提高标准执行率
既有居住建筑节能改造	北方采暖地区	实施既有居住建筑供热计量及节能改造4亿平方米以上。	约束性	北方采暖地区既有居住建筑供热计量和节能改造4亿平方米以上
	过渡地区、南方地区	实施既有居住建筑节能改造试点5000万平方米。	约束性	夏热冬冷地区既有居住建筑节能改造5000万平方米
大型公共建筑节能监管	监管体系	加大能耗统计、能源审计、能效公示、能耗限额、超定额加价、能效测评制度实施力度	预期性	加强公共建筑节能监管体系建设，完善能源审计、能效公示。
	监管平台	建设省级监测平台20个，实现省级监管平台全覆盖，节约型校园建设200所，动态监测建筑能耗5000栋	约束性	-
	节能运行和改造	促使高耗能公共建筑按节能方式运行，实施10个以上公共建筑节能改造重点城市，实施高耗能公共建筑节能改造达到6000万平方米，高校节能改造示范50所	约束性	公共建筑节能改造6000万平方米，推动节能改造与运行管理
	实现公共建筑单位面积能耗下降10%，其中大型公共建筑能耗降低15%。		预期性	-
可再生能源建筑应用	新增可再生能源建筑应用面积25亿平方米，形成常规能源替代能力3000万吨标准煤		预期性	推动可再生能源与建筑一体化应用
绿色建筑规模化推进	新建绿色建筑8亿平方米。规划期末，城镇新建建筑20%以上达到绿色建筑标准要求。		预期性	制定并实施绿色建筑行动方案
农村建筑节能	农村危房改造建筑节能示范40万户		预期性	-
新型建筑节能材料推广	新型墙体材料产量占墙体材料总量的比例达到65%以上，建筑应用比例达到75%以上。		约束性	推广使用新型节能建材和再生建材，继续推广散装水泥
建筑节能体制机制	形成以《节约能源法》和《民用建筑节能条例》为主体，部门规章、地方性法规、地方政府规章及规范性文件为配套的建筑节能法规体系。省、市、县三级职责明确、监管有效的体制和机制。建筑节能技术标准体系健全。基本建立并实行建筑节能统计、监测、考核制度。		预期性	-

注：预期性指标是期望的发展目标，要不断创造条件，努力争取实现。约束性指标是在预期基础上进一步强化了责任的指标，要确保实现。

2、进一步扩大既有居住建筑节能改造规模。实施北方既有居住建筑供热计量及节能改造4亿平方米以上，地级及以上城市达到节能50%强制性标准的既有建筑基本完成供热计量改造并同步实施按用热量分户计量收费。启动夏热冬冷地区既有居住建筑节能改造试点5000万平方米。

3、建立健全大型公共建筑节能监管体系。通过能耗统计、能源审计及能耗动态监测等手段，实现公共建筑能耗的可计量、可监测。确定各类型公共建筑的能耗基线，识别重点用能建筑和高能耗建筑，促使高耗能公共建筑按节能方式运行，实施高耗能公共建筑节能改造达到6000万平方米。争取在“十二五”期间，实现公共建筑单位面积能耗下降10%，其中大型公共建筑能耗降低15%。

4、开展可再生能源建筑应用集中连片推广，进一步丰富可再生能源建筑应用形式，实施可再生能源建筑应用省级示范、城市可再生能源建筑规模化应用和以县为单位的农村可再生能源建筑应用示范，拓展应用领域，“十二五”期末，力争新增可再生能源建筑应用面积25亿平方米，形成常规能源替代能力3000万吨标准煤。

5、实施绿色建筑规模化推进。新建绿色建筑8亿平方米。规划期末，城镇新建建筑20%以上达到绿色建筑标准要求。

6、大力推进新型墙体材料革新，开发推广新型节能墙体和屋面体系。依托大中型骨干企业建设新型墙体材料研发中心和产业化基地。新型墙体材料产量占墙体材料总量的比例达到65%以上，建筑应用比例达到75%以上 。

7、形成以《节约能源法》和《民用建筑节能条例》为主体，部门规章、地方性法规、地方政府规章及规范性文件为配套的建筑节能法规体系。规划期末实现地方性法规省级全覆盖，建立健全支持建筑节能工作发展的长效机制，形成财政、税收、科技、产业等体系共同支持建筑节能发展的良好局面。建立省、市、县三级职责明确、监管有效的体制和机制。健全建筑节能技术标准体系。建立并实行建筑节能统计、监测、考核制度。

（三）指导思想

以邓小平理论和“三个代表”重要思想为指导，全面贯彻落实科学发展观，紧紧抓住城镇化、工业化、社会主义新农村建设的战略机遇期，以转变城乡建设模式为根本，以提高资源利用效率、合理改善舒适性为核心，以实现国家节能减排目标为目的，坚持政府主导，充分发挥市场作用，建立严格的管理制度，实施有效的激励引导，调动各方面的积极性，从政策法规、体制机制、规划设计、标准规范、科技推广、建设运营和产业支撑等方面全面推进建设领域节能减排事业，促进资源节约型、环境友好型社会建设。

（四）发展路径

1、绿色化推进。促进建筑节能向绿色、低碳转型。根据不同建筑类型的特点，将绿色指标纳入城市规划和建筑的规划、设计、施工、运行和报废等全寿命期各阶段监管体系中，最大限度地节能、节地、节水、节材，保护环境和减少污染，开展绿色建筑集中示范，引导和促进单体绿色建筑建设，推动既有建筑的改造，试点绿色农房建设。

2、区域化推进。引导建筑节能工作区域推进，充分评估各地区建筑用能需求和资源环境特点，结合实际制定区域内建筑节能政策措施，因地制宜的推动建筑节能工作深入开展。以区域推进为重点规模化发展绿色建筑，将既有建筑节能改造与城市综合改造、旧城改造、棚户区改造结合起来，集中连片的开展可再生能源建筑应用工作，发挥综合效益。

3、产业化推进。立足国情，借鉴国际先进技术和管理经验，提高自主创新能力，突破制约建筑节能发展的关键技术，形成具有自主知识产权的技术体系和标准体系。推动创新成果工程化应用，引导新材料、新能源等新兴产业的发展，限制和淘汰高能耗、高污染产品，培育节能服务产业，促进传统产业升级和结构调整，推进建筑节能的产业化发展。

4、市场化推进。引导建筑节能市场由政府主导逐步发展为市场推动，加大支持力度，完善政策措施，充分发挥市场配置资源的基础性作用，提升企业的发展活力，构建有效市场竞争机制，加大市场主体的融资力度。

5、统筹兼顾推进。控制增量，提高新建建筑能效水平，加强新建建筑节能标准执行的监管。改善存量，提高建筑管理水平，降低运行能耗，实施既有建筑节能改造。注重建筑节能的城乡统筹，农房建设和改造要考虑新能源应用和农房保温隔热性能的提高，鼓励应用可再生能源、生物质能，因地制宜地开发应用节能建筑材料，改进建造方式，保护农房特色。

三、重点任务

（一）提高能效，抓好新建建筑节能监管

1、继续强化新建建筑节能监管和指导。一是提高建筑能效标准。严寒、寒冷地区，夏热冬冷地区要将建筑能效水平提高到“三步”建筑节能标准，有条件的地方要执行更高水平的建筑节能标准和绿色建筑标准，力争到2015年，北京、天津等北方地区一线城市全部执行更高水平节能标准。二是严格执行工程建设节能强制性标准，着力提高施工阶段建筑节能标准的执行率，加大对地级、县级地区执行建筑节能标准的监管和稽查力度，对不符合节能减排有关法律法规和强制性标准的工程建设项目，不予发放建设工程规划许可证，不得通过施工图审查，不得发放施工许可证。三是建立行政审批责任制和问责制，按照“谁审批、谁监督、谁负责”的原则，对不按规定予以审批的，依法追究有关人员的责任。要加强施工阶段监管和稽查，确保工程质量和安全。四是大力推广绿色设计、绿色施工，广泛采用自然通风、遮阳等被动技术，抑制高耗能建筑建设，引导新建建筑由节能为主向绿色建筑“四节一环保”的发展方向转变。

2、完善新建建筑全寿命期管理机制。制定并完善立项、规划、土地出（转）让、设计、施工、运行和报废阶段的节能监管机制。一是严格执行民用建筑规划审查，城乡规划部门要就设计方案是否符合民用建筑节能强制性要求征求同级建设主管部门意见。二是严格执行新建建筑立项阶段建筑节能的评估审查。三是在土地招拍挂出让规划条件中，要对建筑节能执行标准和绿色建筑的比例做出明确要求。四是严格执行建设单位、设计单位、施工单位不得在建筑活动中使用列入禁止使用目录的技术、工艺、材料与设备的要求。五是严格执行民用建筑能效测评标识和民用建筑节能信息公示制度。新建大型公共建筑建成后必须经过能效专项测评，凡达不到工程建设强制性标准的，不得办理竣工、验收、备案手续。六是建立健全民用建筑节能管理制度和操作规程，对建筑用能情况进行调查统计和评估分析、设置建筑能源管理岗位，提高从业人员水平，降低运行能耗。七是研究建立建筑报废审批制度，不符合条件不予拆除报废，需拆除报废的建筑所有权人、产权单位应提交拆除后的建筑垃圾回用方案，促进建筑垃圾再生回用。

3、实行能耗指标控制。强化建筑特别是大型公共建筑建设过程的能耗指标控制，应根据建筑形式、规模及使用功能，在规划、设计阶段引入分项能耗指标，约束建筑体型系数、采暖空调、通风、照明、生活热水等用能系统的设计参数及系统配置，避免片面追求建筑外形，防止用能系统设计指标过大，造成浪费。实施能耗限额管理。各省（区、市）应在能耗统计、能源审计、能耗动态监测工作基础上，研究制定各类型公共建筑的能耗限额标准，并对公共建筑实行用能限额管理，对超限额用能建筑，采取增加用能成本或强制改造措施。

（二）扎实推进既有居住建筑节能改造

1、深入开展北方采暖地区既有居住建筑供热计量及节能改造。一是以围护结构、供热计量和管网热平衡为重点实施北方采暖地区既有居住建筑供热计量及节能改造。依据各地上报的改造工作量与各地签订既有居住建筑供热计量及节能改造任务协议。二是启动“节能暖房”重点市县，到2013年，地级及以上城市要完成当地具备改造价值的老旧住宅的供热计量及节能改造面积40%以上，县级市要完成70%以上，达到节能50%强制性标准的既有建筑基本完成供热计量改造。鼓励用3～5年时间节能改造重点市县全部完成节能改造任务。三是北方采暖地区既有居住建筑供热计量及节能改造要注重与热源改造、市容环境整治等相结合，与供热体制改革相结合，发挥综合效益。

2、试点夏热冬冷地区节能改造。以建筑门窗、遮阳、自然通风等为重点，在夏热冬冷地区进行居住建筑节能改造试点，探索该地区适宜的改造模式和技术路线。综合考虑各省市经济发展水平、建筑能耗水平、技术支撑能力等因素的基础上，对改造任务进行分解落实。

3、形成规范的既有建筑改造机制。一是住房城乡建设主管部门应对本地区既有建筑进行现状调查、能耗统计，确定改造重点内容和项目，制定改造规划和实施计划。改造规划要报请同级人民政府批准。二是在旧城区综合改造、城市市容整治、既有建筑抗震加固中，有条件的要同步开展节能改造。既有建筑节能改造工程完工后，应进行能效测评与标识，达不到设计要求，不得进行竣工验收。三是住房城乡建设部门要积极与同级有关部门协调配合，研究适合本地实际的经济、技术政策和标准体系，做好组织协调工作，注重探索和总结成功模式，确保改造目标的实现。

4、确保既有建筑节能改造的安全与质量。完善既有建筑节能改造的安全与质量监督机制，落实工程建设责任制。严把材料关，坚决杜绝伪劣产品入场；严把规划、设计和施工关，加强施工全过程的质量控制与管理；严把安全关，积极采取措施，做好防火安全等。

（三）深入开展大型公共建筑节能监管和高耗能建筑节能改造

1、推进能耗统计、审计及公示工作。各省（区、市）应对本地区地级及以上城市大型公共建筑进行全口径统计，将单位面积能耗高于平均水平和年总能耗高于1000吨标煤的建筑确定为重点用能建筑，并对50%以上的重点用能建筑进行能源审计。应对单位面积能耗排名在前50%的高能耗建筑和具有标杆作用的低能耗建筑进行能效公示，接受社会监督。

2、加强节能监管体系建设。一是中央财政支持有条件的地方建设公共建筑能耗监测平台，对重点建筑实行分项计量与动态监测，强化公共建筑节能运行管理，规划期末完成20个以上省（自治区、直辖市）公共建筑能耗监测平台建设，对5000栋以上公共建筑的能耗情况进行动态监测，建成覆盖不同气候区、不同类型公共建筑的能耗监测系统，实现公共建筑能耗可监测、可计量。二是要重点加强高校节能监管，规划期内建设200所节约型高校，形成节约型校园建设模式。提高节能监管体系管理水平。

3、实施重点城市公共建筑节能改造。财政部、住房城乡建设部选择在公共建筑节能监管体系建立健全、节能改造任务明确的地区启动建筑节能改造重点城市。规划期内启动和实施10个以上公共建筑节能改造重点城市。到2015年，重点城市公共建筑单位面积能耗下降20%以上，其中大型公共建筑单位建筑面积能耗下降30%以上。原则上改造重点城市在批准后两年内应完成改造建筑面积不少于400万平方米。各地要高度重视公共建筑的节能改造工作，突出改造效果及政策整体效益。

4、推动高校、公共机构等重点公共建筑节能改造。要充分发挥高校技术、人才、管理优势，会同财政部、教育部积极推动高等学校节能改造示范，高校建筑节能改造示范面积应不低于20万平方米，单位面积能耗应下降20%以上。规划期内，启动50所高校节能改造示范。积极推进中央本级办公建筑节能改造。财政部、住房城乡建设部将会同国务院机关事务管理局等部门共同组织中央本级办公建筑节能改造工作。

（四）加快可再生能源建筑领域规模化应用

1、建立可再生能源建筑应用的长效机制。可再生能源建筑应用要坚持因地制宜的原则。做好可再生能源建筑应用的全过程监管，加强可再生能源建筑应用的资源评估、规划设计、施工验收、运行管理。一是住房城乡建设部门要实施可再生能源建筑应用的资源评估，掌握本地区可再生能源建筑资源情况和建筑应用条件，确保可再生能源建筑应用的科学合理。二是要制定可再生能源建筑应用专项规划，明确应用类型和面积，并报请同级人民政府审批。三是制定推广可再生能源建筑应用的实施计划，切实把规划落到实处。四是加强推广应用可再生能源建筑应用的基础能力建设。完善可再生能源建筑应用施工、运行、维护标准，加大可再生能源建筑应用设计、施工、运行、管理、维修人员的培训力度。五是加强可再生能源建筑应用关键设备、产品的市场监管及工程准入管理。六是探索建立可再生能源建筑应用运行管理、系统维护的模式。确保项目稳定高效运行。鼓励采用合同能源管理等多种融资管理模式支持可再生能源建筑应用。

2、鼓励地方制定强制性推广政策。鼓励有条件的省（区、市、兵团）通过出台地方法规、政府令等方式，对适合本地区资源条件及建筑利用条件的可再生能源技术进行强制推广，进一步加大推广力度，力争规划期内资源条件较好的地区都要制定出台太阳能等强制推广政策。

3、集中连片推进可再生能源建筑应用。选择在部分可再生能源资源丰富、地方积极性高、配套政策落实的区域，实行集中连片推广，使可再生能源建筑应用率先实现突破，到2015年重点区域内可再生能源消费量占建筑能耗的比例达到10%以上。一是做好可再生能源建筑应用省级示范。进一步突出重点，放大政策效应，在有条件地区率先实现可再生能源建筑集中连片应用效果，即在可再生能源资源丰富、建筑应用条件优越、地方能力建设体系完善、已批准可再生能源建筑应用相关示范实施较好的省（区、市），打造可再生能源建筑应用省级集中连片示范区。二是继续做好可再生能源建筑应用城市示范及农村县级示范。示范市县在落实具体项目时，要做到统筹规划，集中连片。已批准的可再生能源建筑应用示范市县要抓紧组织实施，在确保完成示范任务的前提下进一步扩大推广应用，新增示范市县将优先在集中连片推广的重点区域中安排。三是鼓励在绿色生态城、低碳生态城（镇）、绿色重点小城镇建设中，将可再生能源建筑应用作为约束性指标，实施集中连片推广。

4、优先支持保障性住房、公益性行业及公共机构等领域可再生能源建筑应用。优先在保障性住房中推行可再生能源建筑应用，在资源条件、建筑条件具备情况下，保障性住房要优先使用太阳能热水系统。加大在公益性行业及城乡基础设施推广应用力度，使太阳能等清洁能源更多地惠及民生。积极在国家机关等公共机构推广应用可再生能源，充分发挥示范带动作用。住房城乡建设部、财政部将在确定可再生能源建筑应用推广领域中优先支持上述领域。

5、加大技术研发及产业化支持力度。鼓励科研单位、企业联合成立可再生能源建筑应用工程、技术中心，加大科技攻关力度，加快产学研一体化。支持可再生能源建筑应用重大共性关键技术、产品、设备的研发及产业化，支持可再生能源建筑应用产品、设备性能检测机构和建筑应用效果检测评估机构等公共服务平台建设。完善支持政策，努力提高可再生能源建筑应用技术水平，做强做大相关产业。

（五）大力推动绿色建筑发展，实现绿色建筑普及化

1、积极推进绿色规划。以绿色理念指导城乡规划编制，建立包括绿色建筑比例、生态环保、公共交通、可再生能源利用、土地集约利用、再生水利用、废弃物回用等内容的指标体系，作为约束性条件纳入区域总体规划、控制性详细规划、修建性详细规划和专项规划的编制，促进城市基础设施的绿色化，并将绿色指标作为土地出让转让的前置条件。

2、大力促进城镇绿色建筑发展。在城市规划的新区、经济技术开发区、高新技术产业开发区、生态工业示范园区、旧城更新区等实施100个以规模化推进绿色建筑为主的绿色生态城（区）。政府投资的办公建筑和学校、医

院、文化等公益性公共建筑，直辖市、计划单列市及省会城市建设的保障性住房，以及单体建筑面积超过2万平方米的机场、车站、宾馆、饭店、商场、写字楼等大型公共建筑，2014年起执行绿色建筑标准。引导房地产开发类项目自愿执行绿色建筑标准，鼓励房地产开发企业建设绿色住宅小区。到规划期末，北京市、上海市、天津市、重庆市，江苏省、浙江省、福建省、山东省、广东省、海南省，以及深圳市、厦门市、宁波市、大连市城镇新建房地产项目50%达到绿色建筑标准。积极推进绿色工业建筑建设。加强对绿色建筑规划、设计、施工、认证标识和运行监管，研究制定相应的鼓励政策与措施。建立和强化大型公共建筑项目的绿色评估和审查制度。

绿色生态城（区）示范实践及形成的指标体系

“十一五”期间，各地在绿色生态城（区）的实践不断扩大。初步形成了推进绿色生态城（区）规划建设的模式。一是摸索出了符合国情的绿色生态城（区）规划建设的程序与方法。首先制定战略，开发指标体系，因地制宜制定城镇发展的生态战略，并据此开发本土化的绿色生态城发展指标体系；其次根据指标体系进行规划，从总体规划到编制控制性详细规划和修建性详细规划，使指标体系分解到具体的地块，落实到能源供应、供水、污染治理、道路交通等各类基础设施；第三绿色指标落地，通过土地招、拍、挂引导业主按绿色建筑进行设计与建造；第四认证与标识，通过建筑的绿色认证与标识，引导绿色消费，严把质量关。二是探索了制度保障体系。首先是城镇规划制度，从总规到详规、专项规划等把绿色生态指标贯入到每个地块；其次是土地出让转让制度，将各类生态绿色指标转化成土地的出让转让条件；第三是充分利用现有规划、设计、施工等许可制度，把绿色、生态的要求作为行政许可的条件，在不新增行政许可的前提下得到落实。三是推进以建立完善市场机制为导向的改革措施，如实行公共服务市场化、建设项目审计市场化、建造行政审批流程的行政审批制度改革，项目法人制、项目代建制、项目回报制的基本建设体制改革。

在此过程中，逐步形成了绿色生态城（区）指标体系框架：一是能源类，主要包括节能设计标准、可再生能源技术应用比例、能耗定额管理等；二是土地类，主要包括土地利用率、用地布局、地下空间利用以及综合街区数等；三是交通类，主要包括公共交通线网密度、清洁能源利用比例、出行方式构成等；四是绿色建筑，包括绿色建筑比例、“四节一环保”效果、绿色施工率等；五是生态环境类，主要包括空气、水、噪音、低热导效应等生态达标的环境以及处理污染物的能力；六是社会和谐类，主要包括公众的生活质量、便利度及完善的管理机制等。

3、严格绿色建筑建设全过程监督管理。地方政府要在城镇新区建设、旧城更新、棚户区改造等规划中，严格落实各项绿色建设指标体系要求；要加强规划审查，对达不到要求的不予审批。对应按绿色建筑标准建设的项目，要加强立项审查，未达到要求的不予审批、核准和备案；加强土地出让监管，不符合土地出让规划许可条件要求的不予出让；要在施工图设计审查中增加绿色建筑内容，未通过审查的不得开工建设；加强施工监管，确保按图施工；未达到绿色建筑认证标识的不得投入运行使用。自愿执行绿色建筑标准的项目，要建立备案管理制度，加强监管。建设单位应在房屋施工、销售现场明示建筑的各项性能。

4、积极推进不同行业绿色建筑发展。实现绿色建筑规模化发展要充分发挥和调动相关部门的积极性，将绿色建筑理念推广应用到相关领域、相关行业中。要会同教育主管部门积极推进绿色校园，会同卫生主管部门共同推进绿色医院，会同旅游主管部门共同推进绿色酒店，会同工业和信息化部门共同推进绿色厂房，会同商务部门共同推进绿色超市和商场。要建立和完善覆盖不同行业、不同类型的绿色建筑标准。会同相关部门出台不同行业、不同类型绿色建筑的推进意见，明确发展目标、重点任务和措施，加强考核评价。会同财政部门出台支持不同行业、不同类型绿色建筑发展的经济激励政策。地方建筑主管部门要积极与地方相关部门协调，出台适合本地的标准和经济激励政策，科学合理制定推进方案，完善评价细则，以绿色建筑引导不同行业、不同类型绿色建筑的发展。

（六）积极探索，推进农村建筑节能

鼓励农民分散建设的居住建筑达到节能设计标准的要求，引导农房按绿色建筑的原则进行设计和建造，在农村地区推广应用太阳能、沼气、生物质能和农房节能技术，调整农村用能结构，改善农民生活质量。支持各省（自治区、直辖市）结合社会主义新农村建设建设一批节能农房。支持40万农户结合农村危房改造开展建筑节能示范。

（七）积极促进新型材料推广应用

因地制宜、就地取材，结合当地气候特点和资源禀赋，大力发展安全耐久、节能环保、施工便利的新型建材。加快发展集保温、防火、降噪、装饰等功能于一体的与建筑同寿命的建筑保温体系和材料。积极发展加气混凝土制品、烧结空心制品、防火防水保温等功能一体化墙体和屋面、低辐射镀膜玻璃、断桥隔热门窗、太阳能光伏发电或光热采暖制冷一体化屋面和墙体、遮阳系统等新型建材及部品。推广应用再生建材。引导发展高强混凝土、高强钢，大力发展商品混凝土。深入推进墙体材料革新，推动“禁实”向纵深发展。在全国范围选择确定新型节能建材产品技术目录，并依据产品质量、施工质量、节能效果等因素对目录进行动态调整。研究建立绿色建材认证制度，引导市场消费行为。会同质量监督部门加强建材生产、流通和使用环节的质量监管和稽查。加大对新型建材产业和建材综合利废的支持力度，择优扶持相关企业，组织开展新型建材产业化示范和资源综合利用示范工程的建设。

（八）推动建筑工业化和住宅产业化

加快建立预制构件设计、生产、新型结构体系、装配化施工等方面的标准体系，推动结构件、部品、部件的标准化，丰富标准件的种类，提高通用性、可置换性。推广适合工业化生产的预制装配式混凝土、钢结构等建筑体系。加快发展建设工程的预制、装配技术，提高建筑工业化技术集成水平。支持整合设计、生产、施工全过程的工业化基地建设，选择条件具备的城市进行试点，加快市场推广应用。

（九）推广绿色照明应用

积极实施绿色照明工程示范，鼓励因地制宜地采用太阳能、风能等可再生能源为城市公共区域提供照明用电，扩大太阳能光电、风光互补照明应用规模。

四、保障措施

（一）完善法律法规

严格执行《节约能源法》、《可再生能源法》，加大力度落实《民用建筑节能条例》所规定的各项制度。出台《绿色建筑行动方案》等文件。

（二）强化考核评价

强化目标监管，将建筑节能和绿色建筑纳入国家节能总体目标，纳入落实省级政府对和地方政府降低单位国内生产总值能耗考核体系，纳入国务院节能减排检查并提高考核权重，实施建筑领域节能减排检查。各省级住房城乡建设主管部门要研究建立建设领域节能减排统计、监测和考核体系，严格落实节能减排目标责任制和问责制，组织开展节能减排专项检查督察，对本地区住房城乡建设主管部门落实国务院节能减排综合性工作方案的情况进行督察，及时向住房城乡建设部报告。住房城乡建设部每年组织开展建筑节能专项检查行动，严肃查处各类违法违规行为和事件。各级相关主管部门，要完善配套措施，加强机构、人才队伍建设，落实激励政策，按照法律法规和强制性标准进行考核评价，落实责任制，实行问责制，对不能实现责任目标的依法依规进行处理，对突出贡献的单位和个人予以表彰奖励。

（三）创新体制机制

推动建筑节能和绿色建筑工作要依靠体制机制的创新。规划期内要着重建立和完善如下体制与机制。

1、延伸建筑节能和绿色建筑的监管。一是前移新建建筑监管关口。在城市规划审查中增加对建筑节能和绿色生态指标的审查内容，在城市的控制性详规中落实相关指标体系，各级政府对不符合节能减排法律法规和强制性标准要求的规划不予以批准。在新建建筑的立项审查中增加建筑节能和绿色生态的审查内容，对不满足节能减排法律法规和强制性标准要求的项目不予立项。将建筑节能标准、可再生能源利用强度、再生水利用率、建筑材料回用率等涉及建筑节能和绿色建筑发展指标列为土地转让规划的重要条件。二是将新建建筑监管扩展到装修、报废和回收利用阶段。推行绿色建筑的项目实行精装修制度。建立建筑报废审批制度，不符合条件的建筑不予拆除报废；需拆除报废的建筑，所有权人、产权单位应提交拆除后的建筑垃圾回用方案，促进建筑垃圾再生回用。

2、创新绿色建筑的监管模式。增加绿色建筑设计专项审查内容，地方各级建设主管部门在施工图设计审查中实施绿色建筑专项审查，达不到要求的不予通过。建立绿色施工许可制度，地方各级建设主管部门对不满足绿色建造要求的建筑不予颁发开工许可证。实行民用建筑绿色信息公示制度，建设单位在房屋施工、销售现场，根据审核通过的施工图设计文件，把民用建筑的绿色建筑方面的性能以张贴、载明等方式予以明示。加大绿色建筑评价标识实施力度。完善绿色建筑评价标准体系，制定针对不同地区、不同建筑类型的绿色建筑评价标识细则，科学地开展评价标识工作。鼓励地方制定适合本地区的绿色建筑评价标识指南。引导和规范科研院所、相关行业协会和中介服务机构开展绿色建筑技术研发、咨询、检测等各方面的专业服务。建立绿色建筑全寿命周期各环节资格认证制度，培训绿色生态城（区）规划和绿色建筑设计、施工、安装、评估、物业管理、能源服务等方面的人才，开展专业培训，实现凭证上岗。

3、加快形成建筑节能和绿色建筑市场机制。加快推进民用建筑能效测评标识工作。修订《民用建筑能效测评标识管理暂行办法》、《民用建筑能效测评机构管理暂行办法》。严格贯彻《民用建筑节能条例》规定，对新建国家机关办公建筑和大型公共建筑进行能效测评标识。指导和督促地方将能效测评作为验证建筑节能效果的基本手段以及获得示范资格、资金奖励的必要条件。加大民用建筑能效测评机构能力建设力度，完成国家及省两级能效测评机构体系建设。加强建筑节能服务体系建设，以国家机关办公建筑和大型公共建筑的节能运行管理与改造、建设节约型校园和宾馆饭店为突破口，拉动需求、激活市场、培育市场主体服务能力。加快推行合同能源管理，规范能源服务行为，利用国家资金重点支持专业化节能服务公司为用户提供节能诊断、设计、融资、改造、运行管理一条龙服务，为国家机关办公楼、大型公共建筑、公共设施和学校实施节能改造。研究推进建筑能效交易试点。

（四）实行经济激励

1、加大建筑节能和绿色建筑领域投入。要加大中央预算类投资和中央财政节能减排专项资金支持建筑节能和绿色建筑的力度，完善中央财政激励政策体系，设立建筑节能和绿色建筑发展专项资金，重点支持绿色建筑工程及集中示范城（区）建设、既有建筑节能改造、政府办公建筑和大型公共建筑节能监管体系建设、可再生能源建筑应用、供热系统节能改造、墙体材料革新、技术创新、基础能力建设等。地方财政配套资金标准不得少于中央财政补贴标准。

2、加大既有居住建筑节能改造支持力度。对工作积极性高，前期任务完成好的地区，优先安排供热计量及节能改造任务及中央财政奖励资金。对节能改造重点市县，优先安排节能改造任务和补助资金。经考核如期完成改造目标的重点市县，依据节能效果、供热计量收费进展等因素，给予专门财政资金奖励，用于推进供热计量收费改革等相关建设性支持。制定夏热冬冷地区既有居住建筑节能改造补贴政策。

3、加大公共建筑节能监管体系建设和改造支持力度。中央财政支持有条件的地方建设公共建筑能耗监测平台和高校节能监管平台、支持重点城市公共建筑和高校等重点公共建筑进行节能改造。对重点城市公共建筑的节能改造，综合考虑节能改造工作量，改造内容及节能效果等因素确定补贴实际标准。中央本级办公建筑节能改造工作补贴标准依据改造工作量、节能效果、改造成本等因素核定。

4、加大可再生能源建筑应用推广支持力度。中央财政将优先在重点区域内推广示范城市、示范县，继续给予可再生能源建筑应用示范城市、示范县补贴。对已批准的示范市县，中央财政对符合条件的新增推广面积给予补贴，以鼓励示范市县充分发挥潜力。在确定可再生能源建筑应用重点区域时，对地方出台强制性推广政策的地区予以倾斜。对应用太阳能采暖制冷、城市生活垃圾及污水沼气利用、工业余热及深层地热能梯级利用等新技术，并列入各地示范任务的中央财政将加大补贴力度。中央财政安排的可再生能源建筑应用专项资金，支持可再生能源建筑应用重大共性关键技术、产品、设备的研发及产业化。按研发及产业化实际投入的一定比例对相关企业及科研单位等予以补助，并支持可再生能源建筑应用产品、设备性能检测机构、建筑应用效果检测评估机构等公共服务平台建设。

5、加大绿色建筑规模化推广应用的支持力度。财政部会同住房城乡建设部研究制定支持绿色建筑发展的财政政策，重点支持绿色建筑工程及绿色生态城区建设。对达到国家绿色建筑评价标准二星级及以上的建筑给予财政资金奖励。改进和完善对绿色建筑的金融服务，金融机构可对购买绿色住宅的消费者在购房贷款利率上给予适当优惠。发展改革、住房城乡建设部门要研究提高绿色建筑规划和设计收费标准。国土资源部门要研究制定促进绿色建筑发展在土地转让方面的政策。住房城乡建设部门要研究制定容积率奖励方面的政策，在土地招拍挂出让规划条件中，要明确绿色建筑的建设用地比例。

6、建立多元化的资金筹措机制。地方财政部门要把既有居住建筑节能改造、公共建筑节能监管和改造、可再生能源建筑规模化应用、绿色建筑作为节能减排资金安排的重点，建立稳定、持续的财政资金投入机制，创新财政资金使用方式，放大资金使用效率。居住建筑和教育、科学、文化、卫生、体育等公益事业使用的公共建筑节能改造费用，由政府、建筑所有权人共同负担。要落实好已发布的节能服务机制的优惠政策，积极支持采用合同能源管理方式，能效限额下的能效交易机制。搭建建筑节能量交易平台，促使建筑通过节能改造或购买节能量的方式实现能耗降低的目标。激发改造需求，增大节能服务市场。

（五）提高技术标准

要加快完善建筑节能标准体系，针对住宅、农村建筑、公共建筑、工业建筑等不同类型建筑，分别制修订相关工程建设节能标准，在设计、施工、运行管理等环节落实建筑节能要求。重点制修订《居住建筑节能设计标准》、《建筑节能气象参数标准》、《既有居住建筑节能改造技术规程》、《夏热冬暖地区居住建筑节能设计标准》。完善可再生能源建筑应用技术指南、标准和关键设备可靠性适用性评估标准。加快制定政府办公建筑和大型公共建筑能耗限额标准。研究制定基于实际用能状况，覆盖不同气候、不同类型建筑的建筑能耗限额。制定绿色建筑强制性标准，编制绿色建筑区域规划建设指标体系、技术导则和标准体系，制（修）订绿色建筑相关工程建设、运营管理标准和产品标准，研究制定绿色建筑工程定额，完善绿色建筑评价标准体系。制定修订一批建筑节能和绿色建筑相关产品标准，为推进建筑节能提供相关产品技术支撑。省级住房城乡建设部门要制定建筑节能和绿色建筑的相关技术标准、导则和实施细则。鼓励地方制定更加严格的绿色建筑标准和规范。

（六）增强能力建设

会同国家统计局建立健全建筑能耗统计体系，提高统计的准确性和及时性。建立国家建筑节能与绿色建筑监管机构，对各地组织推进绿色建筑发展工作进行指导、监督、检查。加强绿色建筑评价机构能力建设，研究推行第三方评价，严格评价监管。加强建筑节能服务能力建设，在建筑节能运行和改造中大力推行合同能源管理方式，引进和培育专业服务管理公司。加强第三方节能量审核评价及建筑能耗测评机构能力建设，充分运用现有的节能监管及建筑能效测评体系，客观审核与评估节能量。建立产学研一体的技术进步机制，形成机构合理创新能力强的科技队伍。加强建筑规划、设计、施工、评价、运行等机构和人员的培训，将绿色建筑作为专业工程师继续教育培训、执业资格考试和相关企业资质申请的重要内容。加强绿色建筑认证标识体系的建立，研究建立绿色建筑评价职业资格制度。鼓励高等院校开设绿色建筑相关课程。组织规划设计单位、规划设计人员开展绿色建筑规划与设计竞赛活动。

（七）推动技术进步

“十二五”期间，在国家科技支撑计划项目中，开展对绿色建筑、建筑节能的技术研究，实现绿色建筑设计、建造、评价和改造的一条龙技术服务支撑，建设综合性技术服务平台，建立以实际建筑能耗数据为导向的建筑节能技术支撑体系。设立建筑节能与绿色建筑科技发展专项，加快建筑节能与绿色建筑共性和关键技术研发，重点攻克绿色建筑规划与设计、既有建筑节能改造、可再生能源建筑应用、节水与水资源综合利用、废弃物资源化、环境质量控制等方面的技术，加强绿色建筑技术标准规范研究，开展绿色建筑技术的集成示范。开发具有自主知识产权的关键技术、产品和设备，实现重点技术领域的突破，建立完整的技术支撑体系。加强过程管理，建立产学研联合模式与机制、加强与部门和地方的沟通。依托高等院校、科研机构等，按照我国主要气候分区，加快国家绿色建筑工程技术中心建设。编制建筑节能与绿色建筑重点技术推广目录，定期发布技术、产品推广、限制和禁止使用目录。加大与科技部、教育部等相关部委的交流和合作，提高国家科技支撑计划等科技专题对建筑节能的支撑力度。推进全方位、多层次、宽领域的国际合作，学习借鉴国际先进经验，建立适合国情的建筑节能和绿色建筑的技术发展模式。

（八）严格市场监管

加强建筑节能工程全过程的质量监管，加强安全控制，强化对保温材料，计量器具，关键设备、门窗等关键材料产品的质量管理，确保工程质量。充分利用市场机制，大力推进体制机制创新，形成政府推动、社会力量广泛参与的工作局面。加强建筑节能服务市场监管，制定建筑节能服务市场监督管理办法、服务质量标准以及公共建筑合同管理文本。在节能改造明显的领域，鼓励采用合同能源管理的方式进行改造，对投资回收期长的基础改造及难以有效实现节能收益分项的领域，要通过财政资金补助的方式推进改造工作。

（九）加强组织协调

有关管理部门和地方政府要加强对建筑节能和绿色建筑工作的组织领导，统筹安排，明确目标，协调配合，形成合力，增强管理能力。建立住房城乡建设、财政、发展改革、工业和信息化、商务、教育、机关事务管理部门（机构）参加的议事协调机制，统一部署建筑节能和绿色建筑工作中的重大问题。对既有居住建筑节能改造、公共建筑节能监管体系建设与改造、可再生能源建筑应用以及供热计量改革等重点工作，要建立统一部署、分工负责、相互配合的协调机制，扎实推进各项工作。

（十）做好宣传教育

充分利用媒体广泛宣传建筑节能和绿色建筑的法律法规和政策措施，普及节能知识，树立节能意识，促进行为节能。将建筑节能和绿色建筑相关内容纳入全国节能宣传周、科技活动周、城市节水宣传周、世界环境宣传日、世界水日等活动的重要内容。编写绿色建筑和建筑节能科普读物，开展经常性的宣传活动。新闻媒体要积极宣传绿色建筑法律法规、政策措施、典型案例、先进经验，加强舆论监督，营造建筑节能和绿色建筑的良好氛围。

五、组织实施

一是明确规划的实施主体与责任，做好统筹协调。各有关部门按照规划确定的目标和任务，根据各自的职责密切配合，共同实施建筑节能专项规划。将规划目标和任务分解到年，落实到工程和项目，组织编制并实施年度工作计划和项目计划，加强对计划的论证和管理，提高计划的实施质量，并对计划的执行情况进行后评估，切实增强计划编制的科学性和可操作性。通过年度计划的有效实施，确保规划目标与任务的完成。各省级人民政府要部署本地区“十二五”建筑节能工作，进一步明确相关部门责任、分工和进度要求，力求结合地方实际，做好地方规划与本规划提出的发展战略、主要目标和重点任务的协调，特别要加强约束性指标的衔接，制定具体实施方案，确保实现“十二五”建筑节能目标和任务。二是对规划的进度和完成情况进行评估考核。实行综合评价考核，加强规划监测评估。各级政府和有关部门要制定和完善建筑节能和绿色建筑绩效评价考核体系，考核结果作为领导班子调整和领导干部选拔任用、奖励惩戒的重要依据。完善监测评估制度，加强监测评估能力建设，强化对规划实施情况跟踪分析。地方政府和规划实施部门要对约束性指标和主要预期性指标完成情况进行评估，依据客观实际，适时调整计划，确保计划和规划目标的顺利完成。

全国城镇燃气发展“十二五”规划（节录）

（建城[2012]100号　住房和城乡建设部　二〇一二年六月二十七日印发）

一、“十一五”期间全国城镇燃气发展情况（略）

二、“十二五”期间全国城镇燃气发展面临形势

（一）国民经济和社会发展目标要求城镇燃气行业继续保持较快增长

（二）节能减排要求大力发展城镇燃气

节能减排是我国经济社会发展的重要目标，发展城镇燃气是实现这一目标的重要措施之一。2015年我国天然气供应总量将达到2695亿立方米，每使用一万立方米天然气，可减少标煤消耗量12.7吨，减少二氧化碳排放量33吨，节能减排效益可观。因此，扩大城镇燃气应用规模是实现节能减排目标最现实的途径之一。

（三）城镇燃气供应保障要求气源多元化

（四）加强燃气安全工作的重要性越发凸显

（五）城镇燃气行业发展趋于规模化和品牌化

三、全国城镇燃气发展“十二五”规划依据、指导思想、原则

（二）指导思想

以邓小平理论和“三个代表”重要思想为指导，深入贯彻落实科学发展观，以适应城镇化发展、满足城镇居民生产生活、进一步改善民生为目的，坚持深化改革，坚持科技进步和自主创新，优化城镇能源消费结构，促进节能减排，确保供气安全和安全供气，实现城镇燃气行业在“十二五”期间的安全、健康、可持续发展。

（三）原则

1.坚持统筹发展、合理布局的原则

“十二五”期间，城镇燃气行业的发展要根据全国燃气资源总量平衡情况，与国民经济发展和人民生活改善的总体目标相一致、相适应，着重于持续改善人民生活、调整产业结构和投资结构、推进城乡区域协调发展、促进节能减排。要根据各地区的自然条件、资源禀赋、经济发展水平、环境空气质量状况和燃气行业现状，发挥各地区比较优势，因地制宜，合理布局，科学规划，使城镇燃气行业得到有序协调发展。

2.坚持以天然气为主，液化石油气、人工煤气为辅，其他替代性气体能源为补充的气源发展原则

结合我国地区经济社会发展特点、能源资源分布差异和城镇化进程的要求等，因地制宜，统筹考虑，以多种类燃气供应满足当地社会经济发展需求，坚持以天然气为主，液化石油气、人工煤气为辅，其他替代性气体能源为补充，促进城镇燃气行业的健康、稳定发展。

3.坚持节能减排原则

以促进节能减排为出发点，坚持技术研发和自主创新，通过延展城镇燃气行业的服务深度和广度，大力推广天然气分布式能源和燃气汽车等技术，改进能源消费方式，实现能源节约和能源利用效率的提升。

4.坚持积极稳妥引入市场机制的原则

城镇燃气行业作为市政公用事业的一个重要组成部分，在已取得的改革成果基础上，应进一步积极稳妥引入市场机制，加大引进社会资本参与城镇燃气行业建设运营的力度。

5.坚持供气安全的原则

6.坚持技术进步的原则

四、全国城镇燃气发展“十二五”规划目标和主要任务

（一）目标

“十二五”期间，城镇燃气行业坚持科学发展；城镇燃气规划、建设、运营以及管理、技术和服务水平全面提升；城镇燃气普及率明显提高，应用领域范围明显拓宽；城镇燃气管网设施建设与改造工作取得较大进展；城镇燃气的优化能源结构、改善环境质量、促进城镇发展、提高人民生活水平的作用充分发挥。

1.城镇燃气供应规模

到“十二五”期末，城镇燃气供气总量约1782亿立方米，较“十一五”期末增加113%。其中：

（1）天然气供应规模约1200亿立方米；

（2）液化石油气供应规模约1800万吨（按照热值折算为单位天然气，约合232亿立方米）；

（3）人工煤气供应规模约300亿立方米，其他替代性气体能源约50亿立方米。

2.城镇燃气应用规模

到“十二五”期末，城市的燃气普及率达到94%以上，县城及小城镇的燃气普及率达到65%以上。其中：

（1）居民用气人口达到6.25亿以上，用气家庭数达到2亿户，居民用气量达到330亿立方米；

（2）工业、商业及服务企业用气量达到810亿立方米；

（3）交通运输用气量达到300亿立方米；

（4）分布式能源项目用气量达到120亿立方米；

（5）其他用气量达到222亿立方米。

3.城镇燃气管网规模

“十二五”期间，我国新建城镇燃气管道约25万公里，到“十二五”期末，城镇燃气管道总长度达到60万公里。

4.应急气源和设施建设

到“十二五”期末，我国城镇燃气应急气源储备能力提高，城镇应急气源储气设施建设规模约达到15亿立方米。

5.安全和服务水平

“十二五”期间，燃气安全水平明显提高，燃气事故率明显降低。

“十二五”期间，燃气经营者有关用户发展、供气保障、运行维护、安全管理等方面的服务质量明显提高，用户服务电话及时接通率、报修处理及时率和办结率、投诉处理及时率和办结率等服务指标达到燃气服务标准的要求。

6.燃气用具及设备

加强燃气用具的质量监督，提高产品质量整体水平，“十二五”期末，燃气用具综合能源利用效率比“十一五”期末提高5个百分点，基本淘汰高能耗的燃气用具和设备产品。

与燃气设备相关的分布式能源、燃料电池及物联网应用等关键技术有重大突破。

（二）主要任务

1.因地制宜，加快城镇燃气协调发展

“十二五”期间，各地区要根据国家燃气资源总量平衡情况和当地燃气发展特点和需求，因地制宜，推进区域协调发展，大力推进城镇燃气公共服务均等化，逐步缩小区域间的燃气利用水平差距，缩小中心城市与周边城镇的燃气利用水平差距。

——东部地区积极拓展城镇燃气应用领域。除大力发展民用燃气外，积极推进车用燃气、天然气分布式能源的应用发展，优化区域燃气的利用结构；同时，科学规划燃气基础设施的空间布局。

改变城镇燃气行业现有局限于输气、配气、售气的经营模式，推动行业向高效、高附加值的现代能源服务业转变，形成以服务经济为主的产业结构。大力提高燃气在一次能源中的比重，加快实施天然气置换人工煤气的工作，推进天然气在交通运输业和分布式能源领域的应用。统筹城乡发展，促进县城和小城镇的燃气发展，有条件的地区可以延伸到农村居民点。加快储气设施建设，提高安全供气能力，在条件成熟的城市群中，提高燃气设施的区域一体化、燃气资源互补、管网互联互通的程度。

——中部地区完善城镇燃气管网，依托国家主干管网建设，加快区域性支线管网设施建设，促进城镇燃气行业发展。

中部地区各省市依托西气东输管线、川气东送、陕京线等主干管网，抓住机会，推动中心城市高污染、高耗能燃煤、燃油锅炉及相关设备的改造，提升燃气利用规模。以中心城市为核心，规划建设支线管网，提高周边中小城镇的气化水平，有条件的城镇可逐步推进液化石油气、人工煤气的置换工作，边远地区和小县城要结合自身特点，合理利用液化石油气、压缩天然气等多种气源资源。

——西部地区发挥资源优势，扩大燃气资源的利用领域和规模。

西部地区应充分利用燃气资源优势，合理规划、统筹发展、完善设施、保护环境，使城镇燃气获得跨越式发展。其中，四川、重庆、陕西、甘肃、新疆等资源大省进一步完善省内燃气管网布局，经济较好的县镇实现接通管道燃气，边远山区利用压缩天然气、液化天然气、液化石油气等供应方式，形成多元互补的农村燃气保障体系；对新建及规划的工业园区和开发区要做好燃气近期和中长期规划，并分步实施；推广压缩天然气汽车等燃气汽车的应用，降低汽车污染物排放；鼓励城市工业园区、旅游集中服务区、生态园区、大型商业设施等采用天然气分布式能源技术，并为进一步推广积累经验。

广西、贵州、云南等地区结合西气东输二线、三线、广西液化天然气项目、新疆煤制天然气外输管道、缅气以及广西沿海液化天然气接收项目建成通气时间和供气量，做好天然气利用规划，同时结合高原地区城镇化建设特点，探索液化石油气小型储罐供气等气源的利用，完善本地区的燃气基础设施建设，构建高效、完善、区域一体、城乡统筹的燃气基础设施网络，进一步鼓励民间资本进入城镇燃气行业，构建科学的燃气建设运营管理模式，提高燃气利用水平。

——东北地区依托国家东北天然气干网，积极开拓和引进省外气源，逐步完善东北地区天然气输送管网。加快城市天然气配套工程建设速度，形成比较完备的天然气清洁能源体系。

东北地区省市依托大庆、吉林、辽河、松南气田、二连油田的天然气供应体系，积极引进省外气源和国外液化天然气，为东北地区振兴提供有力保障。统筹城乡天然气基础设施建设，合理布局市县域城镇和中心村天然气设施建设，全面提高乡镇天然气水平。优化用气结构，推进发展天然气热电联产、燃气汽车等。积极发展可中断用户，发展天然气高附加值用户。

2.加快设施建设，提高城镇燃气调峰、应急、储备能力

各地应从保障燃气供应和运行安全出发，因地制宜、合理布局、明确重点地配套建设相应储气设施，可灵活采用高压管网、液化天然气储气、发展可中断用户等多种方式，削峰填谷，增强调峰应急能力，确保燃气供应。在城市群较为集中的地区，可探索建立跨省市的区域性应急保障机制；也可通过与天然气开采和液化石油气生产等企业合作，结合储气调峰设施建设，统筹考虑解决应急储备问题，从而不断提高城镇燃气调峰、应急、储备能力。

3.拓展燃气应用领域，促进燃气高效利用

“十二五”期间，各地应结合国家节能减排、城镇能源转型发展的要求，不断提高燃气在城镇一次能源利用中的结构比例，大力拓展燃气应用领域，引导天然气合理高效利用，结合国家节能减排政策的实施，积极拓展天然气在热电联产、工业锅炉、煤改气工程、分布式能源和天然气汽车等领域的应用。

4.引导液化石油气市场整合，推进现代服务供应

根据液化石油气供应特点和市场发展趋势，“十二五”期间液化石油气仍然是城镇燃气的重要气源之一，其市场供应将逐步由天然气管网覆盖地区向未覆盖地区转移，因此各地应统筹考虑液化石油气的发展规模和市场结构，构建现代供应模式，合理规划、整合、建设液化石油气供应设施，推进信息化管理手段，实现气源资源、储配资源和站点资源的合理配置，建立和完善符合城镇液化石油气行业特点和需求的企业储备和商业储备机制。积极探索和研究液化石油气作为城镇天然气管网应急气源的方案。

5.加强城镇燃气安全工作，确保安全供气

6.制定燃气服务标准，提高行业整体服务水平

7.推动科技创新，促进行业发展

鼓励科技创新，积极开发、研制一批安全、节能、高效、环保的燃气新技术、新工艺、新产品。以关键技术突破和标准制定为切入点，积极培育天然气分布式能源、燃气汽车、智能燃气表等新兴产业，开展燃气物联网关键技术和燃气器具新产品的研发及应用示范，实现燃气安全、节能、高效应用。

——进一步加强天然气分布式能源技术研发，提高天然气综合利用效率。

——加快推动燃气汽车研发、应用示范和产业化等方面的工作，重点加强液化天然气汽车的自主研发、产业化生产和规模化应用。提高燃气汽车加气站加气系统集成装备技术国产化水平，重点开展液化天然气加气站、城市中压管网加气等技术研发与应用示范。

——加强燃气标识、检测、快速抢修、液化石油气小型储罐等技术研究。重点开展管道防腐、阀门、调压等领域和相关新材料技术攻关。

——提高高能效等燃气用具的生产、使用比例，建立和完善燃气用具能效等级标准体系，逐步淘汰低能效燃气用具产品，加快采用新技术的燃气用具的推广和使用；不断提高高安全等级燃气用具和设备的应用水平，大力推进技术创新和设备革新，完善我国燃气用具和设备相关技术标准规范体系。

8.加强教育培训，提高从业人员素质

（三）政策措施

1.完善法律法规体系，深化燃气行业改革

贯彻《城镇燃气管理条例》，落实规划编制、经营许可、从业人员培训考核、应急抢险、安全事故统计分析等各项制度；加强燃气行业标准体系建设和相关标准的制定、修编工作。

深化燃气行业改革，鼓励社会资本参与城镇燃气设施建设运营；鼓励通过兼并、重组、合资合作等方式，形成规模化经营。

2.完善价格机制，加强成本监审

建立天然气上下游价格联动机制。研究差别性气价政策，引导天然气合理消费，提高天然气利用效率。强化燃气经营成本监审，推进燃气产品和经营、服务成本公开，严格控制供应损耗和产销差率。

3.加大城镇燃气设施投资力度，促进城镇燃气行业发展

加大城镇燃气设施建设的投资。政府投资建设的燃气设施，要按建设计划解决建设资金；社会投资建设的燃气设施，投资者和经营者可通过多种融资渠道，落实燃气设施建设资金。

4.提升政府监管能力，提高监管水平

加强政府对城镇燃气行业的监管，理顺监管体制，完善监管机制，健全监管机构，落实监管职能和监管人员，提高监管水平，建立以安全监管、质量监管、服务监管和技术监管等为核心内容的监管体系。

5.加强燃气供应调控，强化需求侧管理

提高燃气调度管理水平。针对不同时段、季节峰谷差大的问题，适时调整用气结构，优化用能方式，削峰填谷，缓解供需矛盾，提高用气效率，降低用气成本。加强需求侧管理，支持节能服务业发展，鼓励采用合同能源的管理方式。

低碳农业编

中国低碳年鉴

主编单位：农业部科技教育司

主　　编：王衍亮　农业部科技教育司副司长

副 主 编：李　波　农业部科技教育司资源环境处处长

闫　成　农业部科技教育司资源环境处调研员

执行副主编：曹子祎　陈　明　韩允垒　郝先荣　仲鹭勍　黄　涛

于秀娟　张　勇　陈建光　黎光华

言论

扎实推进农业和农村节能减排（节录）

张桃林

“十一五”以来，按照《节能减排综合性工作方案》的部署和要求，我部积极完善相关政策，大力推广先进适用的农业和农村节能减排技术，稳步推进农村生产生活节能、农村可再生能源开发、农业面源污染防治等工作，取得了显著成效。

一是制定与完善了相关政策措施。为做好农业和农村节能减排工作，专门成立了农业部应对气候变化及节能减排领导小组，负责统筹协调农业和农村节能减排工作。印发了《农业部关于加强农业和农村节能减排工作的意见》，发布了《农业和农村节能减排十大技术》。同时，成立了农业部重点流域农业面源防治联席会议制度，负责协调指导农业面源污染防治工作，下发了《关于进一步加强重点流域农业面源污染防治工作的意见》。组织编制和修订农业和农村节能减排相关标准105项，其中已经颁布实施的标准有77项。

二是农业面源污染防治进展顺利。“十一五”期间，中央累计投入资金212亿元，发展户用沼气、小型沼气和大中型沼气。到目前为止，全国沼气用户达到4000万户，建成沼气工程7.2万处，生活污水净化沼气工程19万处。测土配方施肥项目县（场）达到2498个，技术推广面积达到11亿亩以上，累计减少不合理施肥580万吨。严格限制高毒、高残留农药的使用，大力推广高毒农药替代技术。全面禁止甲胺磷等5种高毒农药在农业上使用。中央累计投入资金112亿元，对生猪、奶牛规模养殖场（小区）进行标准化改造。启动畜禽养殖标准化示范创建活动，带动养殖场对包括粪污处理设施在内的基础设施进行标准化改造。在全国17个省（区、市）建成1200多处农村清洁工程示范点，开发出了一系列较为成熟的生活垃圾、污水、人畜粪便处理工艺与配套设备。

三是农村生产生活节能成效显著。推进老旧农业机械报废更新，发布了拖拉机、联合收割机报废与禁用标准，专门下发了《农业部办公厅关于做好农机节能减排工作的通知》，发布了《农机维修节能减排十项技术》，严格限制高能耗、高污染产品进入《国家支持推广的农业机械产品目录》。筛选并推广渔船节能技术与节能产品，开展水产节能减排技术示范。全国累计推广应用省柴节煤炉灶炕1.8亿户，形成年节约7000万吨标准煤的节能能力。

这些措施不仅有效促进了农业和农村节能减排，改善了农村生产生活条件，而且促进了农业增效、农民增收，受到了当地政府和群众的普遍欢迎。

“十二五”期间，农业和农村节能减排工作要按照建设资源节约型、环境友好型社会的总体要求，在保证粮食安全和主要农产品有效供给的同时，把农业和农村节能减排作为转变农业生产与农民生活方式的重要抓手，以提高农业资源利用率为关键环节，以节肥、节药、节水、节能和农村废弃物资源化利用技术推广为工作重点，通过减量化、再利用、资源化等手段，建立清洁的生产生活方式，生产、生活、生态一体推进，大力发展生态农业、循环农业，资源化利用农村废弃物，降低能源消耗，减少污染排放，提升农业可持续发展能力，实现农业和农村经济又好又快发展。

力争到2015年，农业源化学需氧量排放总量比2010年降低8%，氨氮排放总量比2010年降低10%；测土配方施肥覆盖率达到60%，化肥利用率提高3个百分点；大力推进病虫害专业化统防统治，力争主要粮食作物病虫害统防统治率达到30%；推进病虫害绿色防控，淘汰一批高毒、高残留农药；推广节能减排型种植制度，减少高耗能低效率的种植环节；50%以上的规模化畜禽养殖场配套建设废弃物处理利用设施；农村沼气用户达到5500万户，年产沼气216亿立方米，形成年开发3400万吨标准煤的能力；淘汰一批高能耗高污染的老旧农机和渔船，对乡镇企业进行节能改造，农村生产用能效率得到提高。

“十二五”期间，农业和农村节能减排工作将主要从三个方面入手：

一是深入开展农村生产生活节能。推进农业机械和渔船节能，加强节能农业机械和农产品加工设备的推广应用，加快落后农业机械和渔船及其装备的更新换代，研究淘汰高耗能、高排放农机、渔船的经济补偿方式。推广应用复式联合作业农业机械，减少作业环节和次数，推进农机标准化、规模化作业，降低农业机械单位能耗。推进种植制度高产节能，加强农作物高产种植措施的集成配套，减少高能耗、低效率的种植环节，建立节能型高产种植制度。推进乡镇企业节能，加强乡镇企业能源消耗管理和节能设备更新改造，推广立窑水泥节能节电技术，炼焦清洁型回收余热发电、炉门密封技术，新型铸造熔炼技术，空心砖、新型节能型砖窑、窑炉密封制砖技术等。在中西部地区重点推广太阳能果蔬干燥技术。推进农村生活节能，加快省柴灶、节能炕升级换代，在农村地区推广应用太阳能、风能、微水电等可再生能源和产品，推广应用保温、省地、隔热新型建筑材料，引导农民建设节能型住房。

二是积极防治农业面源污染。围绕建设“高产、优质、高效、生态、安全”的现代农业目标，推广节肥节药节水技术，大力发展生态农业、循环农业和精准农业。推广测土配方施肥、减排种植制度和节水农业技术，实施保护性耕作，鼓励农民增施有机肥、种植绿肥，科学施用化肥，提高肥料利用率。科学合理使用高效、低毒、低残留农药和先进施药机械，建立多元化、社会化病虫害防治专业服务组织，实行综合防治和统防统治。大力发展滴灌、喷灌等节水灌溉技术，推广水肥一体化技术。推广畜禽生态养殖技术，加快畜牧业生产方式转变，推行农牧结合和生态养殖模式。推广集约、高效、生态畜禽养殖技术，发展草食畜牧业，大力推进秸秆养畜。积极推进畜禽适度规模养殖，加强畜禽养殖排泄物治理，推广雨污分流、干湿分离和设施化处理技术。推广水产健康养殖技术，合理调整养殖布局，科学确定养殖密度，优化养殖生产结构。加快推进养殖池塘标准化改造，加强标准化水产示范场（区）建设，积极发展生态健康养殖。推广应用节水、节能、减排型水产养殖技术和模式。

三是大力推进农村废弃物资源化利用。大力发展农村沼气，在适宜地区加大户用沼气建设力度，推广“四位一体”和“猪－沼－果”等能源生态模式，在集约化养殖场和养殖小区以及秸秆资源丰富的地区，建设大中型沼气集中供气工程。推进农村清洁工程建设，扩大规模和范围，资源化利用人畜粪便、生活垃圾、污水。推进秸秆综合利用，实现秸秆肥料化、能源化、饲料化、基料化利用。推进废旧地膜回收利用，严格限制使用超薄地膜，鼓励和引导农民回收利用地膜，逐步建立地膜使用、回收、再利用等相互衔接的废旧地膜回收利用机制。

（张桃林：农业部副部长，2012年1月25日接受媒体采访）

总结经验 凝心聚力
努力开创农村沼气建设新局面（节录）

张桃林

一、肯定成绩，全面总结农村沼气建设的成功经验与做法

党中央、国务院始终高度重视农村沼气建设。自2004年起，每年中央一号文件都对发展农村沼气提出明确要求。《国民经济和社会发展“十二五”规划纲要》也明确提出：加强农村能源建设，大力发展沼气、农作物秸秆等生物质能。2003-2012年，中央累计安排315亿元用于农村沼气建设。在中央投资带动下，经过各地共同努力，农村沼气发展进入了大发展、快发展的新阶段。截止到2011年底，全国户用沼气达到3996万户，占乡村总户数的23%，10年间增长了近3倍，受益人口达1.5亿多人；中央支持建成了2.4万处小型沼气工程和3690多处大中型沼气工程，多元化发展的新格局初步形成；全国乡村服务网点由无到有，目前已达到9万个、县级服务站800多个，服务沼气用户3000万户左右，覆盖率达到75%，服务体系不断完善，服务能力显著提升；以沼气设计、沼气施工、沼气服务、沼气装备和“三沼”综合利用为主要内容的产业化体系初步建立。农村沼气从小工程做成大产业，把小环境变成大生态，由小项目形成大事业，正从多方面、多角度、多环节发挥着重要作用，已成为新时期重要的农村民生工程和新农村建设的一大亮点。

一是推动了农业发展方式转变。农村沼气上联养殖业，下促种植业，不仅有效防止和减轻了畜禽粪便排放和化肥农药过量施用造成的面源污染，而且对实现农业节本增效、循环发展，提高农业综合生产能力和竞争力发挥了重要作用。据统计，农村沼气年处理粪污10多亿吨，沼肥利用可减少20%以上的化肥和农药施用量，为农民增收节支480多亿元。

二是增强了应对气候变化和保障能源安全的能力。发展农村沼气等可再生能源是国家节能减排的重要内容，对于减少化石能源消耗，改善农村用能结构，应对气候变化发挥了不可替代的作用。2011年，全国沼气生产量为150多亿立方米，约为全国天然气消费量的10%，相当于年替代化石能源2500多万吨标准煤，减少二氧化碳排放6000多万吨。

三是改善了农业农村生产生态环境。发展农村沼气，配套改厨、改厕、改圈，实现了粪便、秸秆、有机垃圾等农村主要废弃物的无害化处理、资源化利用，使困扰新农村建设的诸多“脏乱差”环境问题得到了有效解决，清洁了家园、田园、水源，提高了农民生活质量。

多年来，为推动沼气建设，中央和各地采取了一系列行之有效的做法，促进了农村沼气事业的持续健康发展，概括起来，主要有以下几个方面：

一是坚持统筹规划，推动科学发展。农业部会同国家发改委等有关部门认真贯彻中央精神，把农村沼气建设放在农业农村乃至国民经济社会发展全局中统筹考虑，制定发布农村沼气建设规划，明确目标任务、建设重点和保障措施。各地根据资源情况、气候条件和经济社会发展水平，因地制宜制定本地区规划。通过各级规划的制定和落实，加强了统筹指导，优化了布局结构，提升了建设效益，提高了发展水平。特别是近年来，我们针对新农村建设不断推进、畜禽养殖形式发生重大变化的实际情况，不断调整投资结构和布局，大中型沼气工程和联户沼气投资比例由2008年的7.2%逐年上升至去年的22.8%。

二是多方增加投入，保障建设资金。坚持按照中央引导、地方配套、农户自筹的多元投入机制，筹集农村沼气建设资金，对推动农村沼气建设发挥了重要保障作用。据统计，2003～2012年，在中央投资的带动下，地方配套139亿元、农户自筹464亿元，“十一五”期间，地方配套超过5亿元的省份有8个。为应对沼气建设成本快速上升的情况，2011年，东、中、西部地区中央补助标准分别提高到1300元、1600元和2000元，提高幅度普遍达到30%以上。

三是加强宣传引导，调动农民积极性。农民是农村沼气建设的主力军和受益主体，农民的参与对农村沼气发展至关重要。多年来，各地坚持把政策宣传、典型引导、规范服务作为调动农民积极性的关键举措。通过报刊杂志、广播电视等多种媒体，广泛宣传农村沼气补助政策、实施要求，通过典型引路、效益引导，让农民看到实实在在的效果和好处；通过加强服务体系建设，创新服务机制，让农户安全方便地使用沼气，充分调动了农民的积极性。

四是加强科技支撑，严格质量管理。着力强化科研攻关，开展沼气新技术、新工艺、新产品、新材料的研发，提升沼气建设科技含量和技术水平。加强沼气全程质量监管，重点把好“三关”：严把就业准入关，实行技术人员持证上岗；严把招标采购关，对主要建材和配套设备实行统一招标采购；严把标准执行关，认真按照标准施工，确保建设规范化、标准化。沼气工程明确设计、施工和监理单位的资质要求，严格执行项目法人制、招投标制、工程监理制和合同制，确保工程质量。

五是强化综合利用，实现循环发展。各地立足沼气的能源、肥料、卫生三大功能，按照循环经济的理念，把沼气建设与种植业和养殖业发展紧密结合，形成了以户用沼气为纽带的“猪沼果”、“四位一体”、“五配套”等综合利用模式，以规模化畜禽养殖场沼气工程为纽带的生态农业模式，实现了种植业、养殖业和沼气产业的循环发展，产生了显著的综合效益。

农村沼气建设取得的突出成效，得益于各级领导的高度重视和大力支持，得益于各有关部门的开拓创新，扎实工作，得益于广大群众的广泛参与、积极建设，更离不开长期奋斗在农村能源战线上的广大干部职工的无私奉献和忘我工作。在此，我代表农业部向大家表示诚挚的慰问和衷心的感谢！

二、分析形势，准确把握农村沼气发展方向和重点

党的十八大明确提出，要大力推进生态文明建设，把生态文明建设放在突出的地位，努力建设美丽中国，给子孙后代留下天蓝、地绿、水净的美好家园。这次中央农村工作会议进一步强调，要推进农村生态文明建设，继续改善农民生产生活条件，增进农民福祉，实施农村清洁工程，开展宜居村镇建设，这些都对新时期农村沼气工作提出了更高要求，指明了发展方向，也带来了新的机遇。我们要深入分析统筹城乡发展和社会主义新农村建设面临的新形势，准确把握大力推进生态文明建设和“四化同步”提出的新要求，确保满足广大农民群众的新期待，坚持与时俱进，巩固建设成果，转变发展观念，拓展沼气功能，提高建设质量，实现农村沼气事业的持续健康快速发展。这里，我对关系农村沼气下一步发展的几个重大问题讲几点意见。

（一）结构上要由户用沼气为主向沼气多元化发展转变。近年来，农村沼气发展的外部客观条件发生了变化。一是户用沼气经过多年的快速发展，部分地区已得到了大面积推广普及。二是以家庭为单元的传统分散养殖农户大幅减少，畜禽粪便原料不足，而丰富的农作物秸秆和其他有机废弃物资源却大量废弃。三是随着新农村建设的不断推进和城乡一体化进程的加快，村庄集并力度加大，农村用能结构发生变化，对农村沼气提出了更高要求。四是规模化养殖场和养殖小区快速发展，粪污的集中无害化处理和资源化利用迫在眉睫。形势的变化，导致对沼气多元化发展的需求日益旺盛。这就要求我们因地制宜，调整优化投资结构，科学布局，大力发展以畜禽粪便、秸秆等农村废弃物为原料的村级沼气集中供气站和规模化沼气生产厂，不断增加沼气用户数。

（二）功能上要由生活为主向生活生产生态一体化转变。农村沼气具有多功能性，解决农民生活用能是初衷，综合利用是拓展，改善农民生活环境是提升。近年来，各地开展了一批试点，探索了一些模式，取得了一定的成效。但是总的看，技术研究还不够深入，综合利用规模还不大，利用方式还比较粗放。要进一步把握好发展沼气与农民生活、农业生产和农村生态文明建设的关系，拓展利用领域，不断提高农村沼气的综合效益。要加强技术研究，完善改进发酵工艺，切实提高沼气的周年用气率。规模化沼气生产厂要配套建设沼气和沼肥利用设施，鼓励和支持农村沼气建设与无公害农产品、绿色食品、有机食品生产相结合，发展生态农业、循环农业。

（三）服务上要由建站布点为主向注重可持续运营转变。当前，农村沼气服务网络已具备了一定规模，在为农户服务方面发挥了重要作用，但还受到服务机制不适应、服务能力不强、长期稳定运行难度大等问题的困扰。当前，服务体系建设要在继续抓好建站布点的基础上，把工作重点转变到提档升级、增强活力上来，确保各级各类服务网点的可持续运营。要安排专项资金用于补贴服务网点进料出料、故障维修等运行费用和人员工资，进一步完善政府花钱买服务的做法。探索把沼气服务纳入农村"一事一议"财政奖补范畴，研究企业承包沼气建设、运营、服务的新途径，因地制宜推广全托管和建管用一条龙等市场化运营机制。要根据服务半径和服务需要，优化整合乡村沼气服务网点。鼓励以沼气服务为主，开展多种经营，增强自我发展能力。加强沼气后续服务人才队伍建设，强化技能培训，壮大服务实体。

（四）政策上要由前端建设补助向前端建设补助和终端产品补贴相结合转变。2003以来，在中央基本建设投资的带动下，我国户用沼气池和沼气工程数量达到了相当的规模。但由于补贴政策不够完善和缺乏效益拉动的可持续发展机制，部分地区户用沼气使用率不高、一些沼气工程处于亏损、沼渣沼液二次污染压力日益加大。保证现有农村沼气健康持续运行，是当前和今后一个时期农村沼气发展必须认真对待的问题。适应新阶段农村沼气发展的实际需要，借鉴发达国家的成功经验，在政策上要研究建立农村沼气发展补贴的新机制，落实可再生能源补贴政策，由前端建设补助向前端建设补助和终端产品补贴相结合转变，争取将沼气和沼渣沼液利用纳入财政补贴范畴（参照太阳能光伏产业等补贴），盘活现有农村沼气资产，提高项目建设效益，巩固建设成果。

（五）建设上要由新建为主向新建与巩固并重转变。传统的户用沼气池是用混凝土和砖建造而成，使用一定年限后，出现了池体内表面腐蚀、管件破损、线路老化等问题，导致沼气池漏气漏水，运行不正常，产气效果下降，影响沼气使用率，也存在安全隐患。在抓好农村沼气建设的同时，要依托沼气服务体系，研究探索老旧池维护、病池修复的技术和方法。在有条件的地区开展试点，对农户有使用意愿、原料来源有保证、池型合理、主体结构完好的老旧病池进行修复维护，恢复和提升其使用效益。

三、多措并举，努力开创农村沼气工作新局面

当前和今后一个时期，农村沼气建设的总体思路是，以邓小平理论、"三个代表"重要思想和科学发展观为指导，深入贯彻落实党的十八大精神，按照大力推进生态文明建设、资源节约型和环境友好型社会、社会主义新农村建设的总体要求，"调结构、优布局、提标准、建体系、强能力、创机制"，不断探索新形势下农村沼气建设、管理、运营、服务的新机制、新模式、新举措，逐步建立农村沼气产业化发展、市场化经营、科学化管理和社会化服务的新格局。要在尊重农民意愿和需求的前提下，重点在丘陵山区、老少边穷和集中供气无法覆盖的地区，因地制宜发展户用沼气，提高建池补助；在农户集中居住、新农村建设等地区，建设村级沼气集中供气站，探索业主经营、市场化运作、产业化发展；进一步强化服务网点建设，提高服务能力，保证农村沼气全年365天24小时连续供气；现有的大中型沼气工程，要打破沼气工程与养殖场（养殖小区）、发酵原料与畜禽粪便的"两个捆绑"，坚持高标准、高投入、高产出，加大规模化沼气生产厂的建设力度，鼓励和引导社会力量参与建设和运营。积极争取建立沼气和沼肥产品补贴制度，实现前期建设补助和终端产品补贴相结合。重点抓好以下几方面工作：

（二）完善扶持政策。农村沼气建设是一项系统工程，需要建立从前段到终端、从建设到运营的一揽子配套扶持政策，才能保证农村沼气事业的长期、稳定、健康发展。要加强中央与地方的协同配合，统筹安排、集中使用中央补助、地方配套和其他渠道资金。进一步加大投入，减轻经济欠发达地区和边疆少数民族地区尤其是困难群众的自筹压力。同时，要实事求是、量力而行，不能为追求数量而不切实际，宁可少建，也要确保质量，确保建一个、成一个、用好一个，让农民真正得到实惠。争取有关部门支持，安排相应的工作经费，确保监督管理到位。打破"两个捆绑"，推进建设主体和原料多元化。将沼气建设纳入农业项目管理，使其在用地、用电、用水、税收、信贷等方面得到相应政策支持。

（四）加快科技创新。围绕制约农村沼气发展的最紧迫、最关键的瓶颈问题，加大研发攻关力度，加快新工艺、新材料、新设备的更新换代，重点给予支持，优先开展试点示范。对沼气发展的共性关键技术在科研项目安排上给予重点支持，增强沼气科技支撑能力。加大秸秆预处理、混合原料发酵、沼气提纯罐装、高效保温等技术研发投入，全面提升沼气技术装备水平。鼓励引导基层的技术革新和创造，调动社会力量开展沼气科技创新的积极性，切实加快成果转化。

（五）推进多能互补。在抓好农村沼气建设的同时，各地要因地制宜推广太阳能、风能、地热能等技术，加强秸秆能源化利用，开展省柴节煤炉灶炕的升级换代，启动能源生态村建设试点示范，多渠道、多途径、多形式地满足农民对清洁能源的需求，把农民的能源和农业的生态问题解决在农业生产和农村生活内部。

（六）强化宣传培训。

（七）搞好安全生产。

（张桃林：农业部副部长，在全国农村沼气工作会议上的讲话，2012年12月25日）

在全国草原工作会议暨草原监理工作会议上的讲话（节录）

高鸿宾

一、总结新成绩新经验，坚定做好草原保护建设工作的信心

2009年，农业部召开全国草原工作暨草原监理工作会议。四年来，我们以饱满的工作热情、舍我其谁的责任意识、咬定青山不放松的执着精神，直面挑战，抢抓机遇，扎实工作，一步一个脚印，全力推进“三牧”和“三生”工作迈上新台阶。可以说，这四年，草原工作年年有突破，草原这篇大文章终于破题了，我们在建设生态文明和美丽中国的宏伟蓝图上书写了浓墨重彩的一笔。

一是草原认识定位达到新高度。草原既是陆地生态系统的主体，又是农牧民群众最基本的生产生活资料。长期以来，受农畜产品短缺时期优先发展生产的影响，强调草原生产功能多，重视草原生态功能少；强调草原开发利用多，重视草原保护建设少。草原超载过牧和严重退化沙化，不仅导致生态环境日益恶化，而且损害了草原畜牧业的根基，制约了农牧民收入提高和牧区经济社会可持续发展。针对这种情况，我们深入草原，反复调查，科学论证，提出了新时期草原牧区工作必须坚持“生产生态有机结合、生态优先”的基本方针，树立保护和建设好草原就是保护牧区发展基础、维护农牧民福祉的理念，着力加强草原生态保护建设，实现草原生态的良性循环。这一基本方针，与党的十八大提出的“树立尊重自然、顺应自然、保护自然的生态文明理念”，“坚持节约优先、保护优先、自然恢复为主的方针”，是高度一致的。草原认识定位的明晰和统一，为我们制定出台草原牧区发展扶持政策奠定了坚实的思想认识基础。

二是草原政策投入取得新突破。2011年，国务院出台了促进牧区又好又快发展的文件，召开了全国牧区工作会议，对做好新时期草原牧区工作作出了全面部署，提出了涵盖牧区生态、牧业生产和牧民生活各个方面的一系列政策措施，草原牧区政策实现了由点及面的全面突破。这一年，中央财政投入136亿元资金，在内蒙古等8省区全面启动实施草原生态保护补助奖励机制政策；2012年起，中央财政草原补奖资金增加到150亿元，实施范围进一步扩大，将黑龙江等5省所有牧区半牧区县涵盖其中。这项政策不仅是草原牧区政策的重大突破，也是强农惠农富农政策的丰富和完善，是新中国成立以来在草原牧区实施的一项资金规模大、涉及面积广、受益牧民多的大政策。退牧还草工程继续实施并更加突出针对性，京津风沙源草原治理工程二期顺利启动，草原防火、草原监测、牧草保种、治虫灭鼠、飞播种草等项目继续深入实施。2012年，中央财政草原总投入超过220亿元，是2009年的5倍多，创历史新高。

三是草原法制建设和执法监督取得新进展。《草原法》修订颁布实施后，我们组织修订了《草原防火条例》，2009年起正式实施，强化了草原防火行政首长负责制和防扑火队伍建设、应急响应、法律责任等方面的规定，草原火灾防控依法推进，巩固了草原建设成果。2010年，财政部和国家发改委印发了关于征收草原植被恢复费的文件，标志着草原植被恢复费征收管理制度正式建立。2012年，《最高人民法院关于审理破坏草原资源刑事案件应用法律若干问题的解释》颁布实施，明确了破坏草原资源犯罪行为的定罪量刑标准，实现了《草原法》与《刑法》的有效衔接，为依法追究破坏草原资源犯罪行为的刑事责任提供了重要依据。草原执法监督力度不断加大，近四年每年查处草原违法案件2万余起。草原承包和草原禁牧、草畜平衡、基本草原保护等制度继续深入推进，目前全国落实承包草原面积41亿亩，占可利用草原面积的82%；禁牧草原面积14亿亩，草畜平衡面积26亿亩，划定基本草原9.3亿亩。

四是草原畜牧业生产实现新发展。

五是农牧民收入实现新提高。

草原工作取得骄人的成绩实属不易，是用辛勤和汗水换来的。这几年，全体草原工作者，在各级党委政府的重视和支持下，抓大事、谋长远，打基础、建体系，转作风、强落实，把工作主战场放在草原上，把政策着力点聚集在草原上，踏石留印，抓铁留痕，经验值得认真总结和长期坚持。概括起来讲，草原工作做到了“五个始终坚持”，一是始终坚持将推动扶持政策出台作为加强草原工作的根本依靠，不断完善草原牧区扶持政策；二是始终坚持将完善法规制度作为加强草原监理工作的基础保障，不断健全执法监督体系；三是始终坚持将科技创新推广作为加强草原畜牧业发展的内生动力，不断提升科技支撑水平；四是始终坚持将夯实基础设施建设作为加强草原防灾减灾的重要抓手，不断增强应急反应能力；五是始终坚持将内部联动和外部协作作为推动工作的有效途径，不断凝聚事业发展合力。

总的看，草原新政已为牧区发展打下了坚实基础。面向未来，牧区发展任务更加艰巨，对草原工作也提出了更高要求。

第一，建设美丽中国，对草原生态保护建设提出了新要求。党的十八大报告把建设生态文明提高到五位一体总布局的高度，提出了要努力建设美丽中国。我国有60亿亩草原，约占国土面积的2/5。显然，没有美丽草原，没有美丽牧区，就没有美丽中国。草原作为我国陆地面积最大的绿色生态屏障，在防风固沙、保持水土、涵养水源、调节气候、固氮储碳、维护生物多样性等方面具有极为重要的战略地位，是生态文明建设的主阵地。建设生态文明，要求我们必须从生态立国、生态兴邦的大局出发，切实把保护草原生态作为生态文明建设的重要任务奋力推进，加快推进草原生态修复，为建设美丽中国创造更好生态条件。

第二，发展现代农业，对加快发展现代草原畜牧业提出了新要求。坚持走中国特色新型工业化、信息化、城镇化、农业现代化道路，促进“四化同步”的基础和难点在于加快推进农业现代化。这既是转变经济发展方式、全面建成小康社会的重要内容，也是提高农业综合生产能力、增加农民收入的必然要求。作为现代农业重要组成部分的现代草原畜牧业，目前正处于转型关键期，我们必须按照科学发展的要求，用现代的经营理念指导产业发展，用现代的技术手段提升生产水平，用现代的设施设备改善经营条件，用现代的科学文化知识武装农牧民头脑，推动草原畜牧业向劳动生产率高、资源利用率高、运行质量高、社会经济生态效益好的现代产业方向转变。具体来说，就是要加快推进草原畜牧业实现牲畜良种化、饲养科学化、生产组织化、经营产业化，坚定不移地走生产、生活、生态和谐的质量效益型发展道路。

第三，全面建成小康社会，对加快解决“三牧”问题提出了新要求。

第四，依法治国和建设法治社会，对加强草原法制建设和依法治草提出了新要求。

三、明确思路，坚定目标，切实做好草原保护建设重点工作

新时期草原保护建设工作要以邓小平理论、“三个代表”重要思想、科学发展观为指导，认真贯彻落实党的十八大精神，坚持“生产生态有机结合、生态优先”的基本方针，以实现草原生态持续改善、现代草原畜牧业持续健康发展和农牧民持续增收为目标，以完善草原承包经营制度和落实草原补奖政策为核心，以落实草原保护制度和强化草原执法监督为保障，以实施草原生态建设项目和加强草原基础设施建设为抓手，加快推进草原生态修复，加快推进草原畜牧业生产方式转变，为实现草原牧区又好又快发展、全面建成小康社会、建设生态文明和美丽中国作出积极贡献。发展目 标是，力争到2015年，基本完成草原确权承包和基本草原划定工作，初步实现草畜平衡，草原生态环境明显改善，草原畜牧业生产方式加快转变。到2020年，全面实现草畜平衡，草原生态步入良性循环轨道，草原畜牧业向质量效益型转变取得重大进展，牧区经济结构进一步优化，农牧民生产生活条件全面改善，基本实现全面建成小康社会的目标。

当前和今后一段时期，要重点抓好以下几方面的重点工作：

（一）明确草原权属，进一步完善草原承包经营制度。这是落实草原各项政策的前提。要切实按照“权属明确、管理规范、承包到户”的要求，扎实推进草原承包经营落实和完善工作。要按照面积、地块、证书、合同“四到户”的原则，进一步规范草原承包管理，加快划定基本草原。继续推进草原管理信息化建设，开展草原承包经营权确权登记试点，推进草承包确权登记工作。探索建立严格的工商企业租赁牧户承包草原的准入和监管制度，保护农牧民合法承包草原的权益。

（二）加快落实进度，确保草原补奖政策实施效果。今年是草原补奖政策实施的第三年，也是政策落实第一个周期的承上启下的一年。各地要坚决贯彻落实已确定的禁牧任务5年一个周期的规定，不能随意解禁，确保禁牧封育成效。要不折不扣地将各项补助资金兑现到草场牧户，调动牧民草原保护的自觉性和积极性，真正实现“禁得了、退得下、稳得住”。要加大对草原禁牧、草畜平衡制度落实情况的监督检查力度，对违反有关管理规定的行为坚决予以纠正，切实巩固政策落实取得的成果。要抓紧开展政策实施效果评估，及时提出强化政策的建议。

（三）转变发展方式，加快推进现代草原畜牧业发展。要抓住加快建设现代畜牧业的机遇，建设饲草基地，调整饲养方式，促进天然放牧向舍饲、半舍饲转变，推动农牧结合，形成牧区繁育、半牧区和农区育肥的生产格局。要着力改善饲养条件，推进标准化生产和适度规模经营，加强牧业科技自主创新和先进适用技术推广，强化科技支撑和服务保障，提高草原畜牧业的生产水平。要加快培育养殖大户、家庭牧场、牧业专业合作组织等新型经营主体，积极引导龙头企业在牧区发展特色养殖基地，提升草原畜牧业的经营管理水平。要加快完善防灾减灾体系，提高草原畜牧业抗风险能力，最大限度减轻灾害对草原畜牧业的影响。

（四）强化执法监督，依法打击草原违法犯罪行为。

（五）夯实基础建设，提高草原监测和防火防灾能力。

（六）创新发展思路，加大南方草地保护建设力度。我国南方草地面积约10亿亩。与北方草原一样，南方草地也是我国草原资源的重要组成部分，南方草地的保护建设也是生态文明建设的重要内容。与北方的“以草定畜”不同，南方草地保护建设要“反弹琵琶”，走“以畜带草”的路子，通过大力发展草食畜牧业、合理开发利用草地，达到保护生态环境、促进农牧民增收的“双赢”。南方各地要积极争取政府支持，切实开展草原资源调查工作，摸清本地区草地资源分布状况，明确草地权属，将草地资源的开发利用列入当地的发展规划，切实加大保护建设力度。

四、创新机制，强化落实，以更加扎实的作风开创草原保护建设工作新局面

我国草原工作的内外部环境已发生了深刻变化，总体形势对加强草原保护建设十分有利，草原工作迎来了新的发展机遇期。但是，草原工作面临的是艰苦恶劣的自然环境条件，面向的是文化传统各异的各族农牧民群众，面对的是错综复杂的人口、资源和环境矛盾，没有高度的责任感和使命感，没有顽强坚韧的意志力和战斗力，没有真诚的投入，是无法想象的。因此，各地要清醒认识草原工作的重要性、艰巨性和复杂性，增强推进草原工作的自觉性、前瞻性和预见性。以为民务实清廉为主要内容的教育实践活动即将开展，这就要求我们狠抓作风建设，狠抓工作落实，狠抓机制创新，以更加昂扬的精神和坚实步伐，扎实推进草原工作再上新台阶。

（高鸿宾：农业部副部长，2013年5月28日）

发展报告

2012年农业应对气候变化和低碳发展

农业部科技教育司

2012年，农业部继续推广普及测土配方施肥、农作物病虫害绿色防控、保护性耕作等节约型农业生产技术，大力推进农业废弃物综合利用，深入开展农业节能减排行动，推动农业发展方式转变，农业应对气候变化和低碳发展取得显著成效。

一、大力实施农村能源建设

2012年，全国农村能源建设成效显著，农村沼气发展迅速，沼气数量稳步增长、功能不断拓展、服务体系日益完善。目前，全国沼气用户已达4241.82万户，沼气工程9.2万处，年总产气量157.62亿立方米；农村太阳能热水器推广面积达到6801.8万平方米、太阳房2353.04万平方米，太阳灶220.72万台；推广省柴节煤炉灶炕1.77亿台，还开展了秸秆沼气集中供气、秸秆气化和秸秆固化成型示范。通过这些技术的推广，年节能能力相当于1亿吨标准煤，可减排二氧化碳2.3亿吨。农村能源建设取得了显著的经济、社会和生态环境效益，受到社会各界的广泛关注和农民群众的普遍欢迎，已经成为发展低碳农业、推动农村生态文明建设和创建“美丽乡村”的重要抓手。

二、推广普及测土配方施肥

针对我国化肥过量施用、化肥利用率低的问题，2005年国家启动实施了测土配方施肥补贴项目。围绕“测、配、产、供、施”五个环节，开展取土化验和肥效试验，科学制定施肥方案，推广应用配方肥，普及科学施肥技术。2012年，中央财政安排补贴资金7亿元，支持2463个项目县（场、单位）开展测土配方施肥。农业部启动实施“百县千乡万村”测土配方施肥整建制推进行动，开展农企合作推广配方肥试点工作。农业部确定100家全国农企合作推广配方肥企业，为100个整建制县生产供应配方肥；省级、县级农业部门确定的农企合作推广配方肥企业为1000个示范乡、10000个示范村对接，生产供应配方肥。各地根据《农业部办公厅 财政部办公厅关于印发〈2012年全国测土配方施肥补贴项目实施指导意见〉的通知》等文件要求，细化实施方案，强化措施落实，大力实施整村整乡整县等整建制推进，在抓好粮棉油糖等大宗作物测土配方施肥的同时，向果树、蔬菜等园艺作物拓展，全面开展测土配方施肥普及行动，取得显著成效，为促进粮食稳定增产、农业节本增效和农民持续增收发挥了重要作用。

据统计，2012年建立示范片12.1万个，技术示范面积达8350万亩，技术推广面积13.5亿亩，免费为1.8亿农户提供测土配方施肥技术服务。全国有831家肥料企业参与了农企合作推广配方肥工作，推广应用配方肥800多万吨（折纯），推广应用面积5.6亿亩。2012年测土配方施肥示范区与农民习惯施肥相比，小麦、水稻、玉米分别增产5.6%、5.6%、6.3%，一般每亩减少不合理施肥量1-2公斤（折纯），亩均节本增收超过35元。果树、蔬菜等园艺作物测土配方施肥技术推广取得突破，示范区亩均节本增收80元以上。全国减少不合理施肥150多万吨，据测算相当于节约燃煤400万吨、减少二氧化碳排放量约1000万吨，节能减排效果明显。项目实施8年来，中央财政已累计投入64亿元，基本覆盖所有农业县，测土配方施肥技术推广面积达到13亿亩，惠及1.8亿农户，累计减少不合理施肥800多万吨（折纯）。

为了深入推进测土配方施肥工作，充分发挥政策效应，各级农业部门采取积极措施，强化监督管理和组织实施，确保各项指标任务圆满完成。一是开展取土化验，为农民进行耕地“体检”。“按照三年一轮回”的原则，开展取土化验，为农民免费进行了耕地“体检”，初步摸清了14.8亿亩耕地土壤养分状况，为农民实施配方施肥提供科学依据。二是制定施肥配方，为庄稼提供“营养套餐”。在县级取土化验、田间试验的基础上，分区域、分作物研制施肥配方，方便农民按方施肥、肥料企业按方供肥。三是开展农企合作，扩大配方肥推广应用。层层组织召开配方肥产需对接座谈会，落实供肥企业、供肥区域和供肥模式，为农民生产供应配方肥。引导大中型肥料企业建立乡村直销网点，开展配方肥连锁配送服务，方便农民购肥。引导企业建立乡村智能化配肥供肥服务网点，为农民开展现场智能化混配服务。四是发展农化服务，帮助农民施肥到田。利用农机购置补贴政策，积极引导农民购买施肥机械，组建农机专业服务队或专业合作社，探索机械施肥专业化服务模式，帮助农民解决一家一户无人施肥、无机械施肥的难题。改进粗放施肥方式，推广化肥深施、种肥同播、水肥一体化等施肥技术，促进肥料高效利用。五是强化监督指导，把实事办好办实。推动施肥方案上墙、示范方到村、培训班进田、配方肥下地，打通测土配方施肥技术进村入户到田左后“一公里”。开展工作督导和绩效考评，对各省目标任务完成情况、配方肥推广应用情况进行监督和考评，推动各项措施落到实处。

2012年全国农村沼气工作会议

三、推进农作物病虫害绿色防控

2012年，农业部大力推进农作物病虫害绿色防控工作，建立国家级农作物病虫害绿色防控技术集成示范区110个，带动全国各级植保部门建立绿色防控示范区1600多个，带动全国绿色防控示范面积达到了1.3亿亩次，全方位、多层次地带动植保新技术、新成果和新产品的推广与应用。据不完全统计，全国绿色防控技术推广应用面积8.6亿亩次，其中，非化学农药防治面积近7亿亩次。

在农业部和全国各地的共同努力下，全国绿色防控工作取得了显著进展，为我国实现粮食生产“九连增”，保障农产品质量安全，保护农业生态安全做出了突出贡献。一是有效保障了我国粮食增产。在各地各有关部门的共同努力下，绿色防控技术推广范围不断扩大，示范区的带动辐射作用进一步增强，为有效控制农业生物灾害、减少病虫危害损失、保障粮食增产，发挥了积极作用。据调查，黑龙江省2012年完成玉米螟绿色防控1335万亩，挽回粮食损失达12.01亿斤；北京市小麦“一喷三防”采用绿色防控技术，病虫害防治效果为92.8%，小麦平均增产10.1%，增加总产量686.8万公斤。二是促进了农产品质量安全。通过大力推广农作物病虫害绿色防控技术，促进了农药安全使用，显著减少了化学农药用量，提高了农产品质量。据各地抽检结果表明，绿色防控区农产品农药残留检测均低于农残检测标准，全部符合无公害农产品、绿色食品标准。2012年，陕西果树核心示范区较果农自防区农药使用量减少20-30%，防治成本降低20%，其中用药次数减少1-2次，用药种类减少1/3，每种农药用量减少20%以上，亩施用农药商品药用量减少30%以上。三是保护了生态环境安全。绿色防控技术属于资源节约型和环境友好型措施，对全国绿色防控示范区农药使用情况统计表明，2012年绿色防控示范区比农民自防区一般可减少农药使用量30-50%，不仅显著减少农业面源污染，而且减少了对有益生物的杀伤，保护了农业生态环境。如山西省经济作物示范区平均减少农药用量3-5次，天敌和数量增加15-20%，绿色防控技术的推广应用，对有效减轻农业面源污染负荷，保护农田生态环境具有重要作用。四是显著提高了经济和社会效益。通过采取绿色防控技术措施，农产品质量明显提高，产品价格显著提升，有利农民增加收入，具有较好的经济、社会效益。以贵州省都匀市2012年河阳水稻示范区为例，示范区水稻平均单产比农民自防区增收稻谷46.1公斤，亩增产值133.69元；示范区亩防治成本投入减少57.75元，平均每亩节本增收191.44元。另外在示范区开展稻鸭共育，养鸭子收入亩达800-1000元，经济效益十分显著。通过绿色防控技术的宣传培训，示范区农户自觉减少了化学农药使用，环境保护意识显著增强，进一步减少了环境污染，社会、环境效益日益凸显。

四、实施保护性耕作

保护性耕作是在地表有作物秸秆或根茬覆盖情况下，通过免耕或少耕方式播种的一项先进农业技术。2002至2012年，中央财政连续安排专项资金，开展保护性耕作技术示范推广，2010年，国家发展改革委、农业部启动《保护性耕作工程建设规划（2009～2015年）》，累计投入12.07亿元。截至2012年底，在黄土高原一年一熟区、西北干旱绿洲农业区、华北一年两熟区、东北垄作区、内蒙古农牧交错区、南方水稻种植区，共建设保护性耕作技术推广和工程建设项目县（团、场）733个。我国保护性耕作技术推广面积不断扩大，由一年一熟区推广到一年两熟区，由北方地区推广到西南季节性旱作区，由小麦/玉米轮作区逐步推广到稻（油）/麦轮作区，由主要粮食作物推广到其他经济作物和牧草的种植，保护性耕作面积达到9677万亩。

2012年，中央资金投入3.3亿元，建设保护性耕作技术推广和工程建设项目县（团、场）110个。

各地保护性耕作试验及其效果监测表明，保护性耕作具有显著的节本增效、减少土壤侵蚀、保护农田、缓解沙尘天气危害、改善生态环境等多种效果。一是减少了作业工序，进而通过减少燃油消耗实现废气排放减少。平均常规作业亩耗油11.3千克，保护性耕作可以减少油耗10%～20%。9677万亩保护性耕作，每年可节省燃油10.9-21.8万吨。二是减少风蚀、水蚀，保护耕地。保护性耕作使农田扬尘降低50%以上，减少水蚀80%左右，是最有效的农田防护治理技术措施。根据试验，每亩保护性耕作可减少风蚀量500千克。9677万亩保护性耕作地，估算可以减少农田风蚀4838万吨，减少扬尘1161万吨以上。三是减少CO_2排放。保护性耕作与传统耕作相比，农田土壤含碳量可增加20%，每年减少CO_2等温室气体排放量达0.61-1.27吨/公顷。9677万亩实施保护性耕作的农田可减少排放393.6-819.5万吨。

五、推进农作物秸秆饲料化利用

2012年，中央财政支持秸秆养畜项目资金1.44亿元，建设示范项目138个。全国饲用秸秆总量达到2.1亿吨，其中经青贮、氨化处理的秸秆9800万吨，秸秆处理利用率达到46.7%。秸秆养畜项目的实施，从两个方面直接促进碳减排。一方面，通过项目实施推动草食动物养殖业发展，每年可新增约100-150万吨秸秆饲用量，减少直接焚烧排放150-220万吨CO_2。另一方面，反刍动物排放的甲烷占人类活动总排放量的近30%，通过项目实施可以进一步提高秸秆处理利用率，与直接饲喂干秸秆相比，经过青贮、氨化处理后饲喂可使反刍动物甲烷排放量减少约10%。

六、开展畜禽养殖废弃物综合利用

畜禽养殖污染是农业面源污染的重要来源，农业部高度重视畜禽养殖污染防治工作，通过制定完善法律法规，大力促进畜禽标准化规模养殖，积极推广畜禽粪污治理技术，积极推动解决畜禽养殖污染问题。

一是配合制定《畜禽养殖污染防治条例》。积极配合国务院法制办制定《畜禽养殖污染防治条例》，推动畜禽养殖污染防治工作的法制化和规范化，为畜禽养殖污染防治提供法律依据。

二是加大畜禽养殖废弃物综合利用的投入力度。2012年，中央继续实施生猪、奶牛、肉牛肉羊标准化规模养殖场（小区）建设项目，启动实施扶持“菜篮子”产品生产项目，投入资金38亿元，支持规模养殖场的标准化改造，重点加大畜禽贮粪池、排粪污管网等的建设力度，废弃物利用设施建设是重点建设的内容之一。

三是推广应用畜禽养殖废弃物综合利用技术。2012年，我部继续开展畜禽养殖标准化示范创建活动，并把粪污无害化作为示范创建的重要内容来抓，组织验收了1069个畜禽标准化示范场，带动周边养殖场（户）开展标准化生产。针对畜禽养殖“粪污处理难”等突出问题，组织开展了专门调研，总结推广各地在畜禽养殖废弃物综合利用方面的有效模式和成功做法，促进畜禽养殖废弃物的无害化处理和资源化利用。

七、大力推动渔业节能减排

2012年，农业部以组织实施渔业节能减排项目为重点，结合渔船更新改造升级工作，渔业节能减排取得一定成效。

一是继续推广渔船节能技术与产品。在辽宁、山东、浙江、江苏等省开展渔船节能试点示范，研发设计13种玻璃钢及3种钢质标准化渔船新船型，分别建造21艘玻璃钢、24艘钢质标准化渔船，推广节能型柴油机等渔船节能装置346台套，节约燃油7500吨。同时，按照发展“安全、环保、经济、节能、适居”要求，研究渔船的优化修改方案，进行船型有关情况调研、船型技术经济特征分析。

二是积极推进渔船升级更新改造。组织编制了《渔船及装备升级更新重大工程建设方案》，提出了拟组织实施远洋渔船更新升级、三沙海域渔船更新改造、海洋渔船标准化更新改造等工程。2012年，国家累计投资40.344亿元用于支持海洋渔船更新改造。资金的下达，将对拓展我国海洋渔业发展空间、推进渔业节能减排起到重要作用。配合工信部开展了海洋渔业装备系列活动，提出要加快研发节能环保绿色海洋渔船，推广应用节能环保型渔船用柴油机，大力发展工厂化循环水养殖，推动水产养殖向高效、节能方向发展。

江苏省“十二五”开始启动“万艘海洋捕捞渔船标准化改造工程”。至2012年已改造近200艘标准化渔船，每船可综合节能约15%，年可节约燃油10t。200艘年可节约燃油2000t，减少CO2排放约5600t。

三是完善水产养殖节能减排模式。在广东、山西两省分别开展了海水和淡水养殖节能减排试点示范，探索和完善了水产养殖节能减排技术新模式。其中海水高位池循环水养殖模式得到完善，示范范围不断扩大，节水和经济效益显著，养殖水循环利用率90%以上，养殖对虾平均亩产2000多斤，亩产最高达到2900斤；淡水池塘养殖节能技术集成示范项目，每亩池塘电费较传统养殖减少30%以上，每亩效益平均增加800多元，同时病害明显下降，成活率平均提高4%。稻田养鱼（虾、蟹、鳖等）以及池塘养殖底部微孔增氧替代叶轮式增氧技术、池塘鱼、菜共生技术都取得了良好的节能减排效果。

2012年全国草原工作会议

四是开展渔业节能减排宣传与研究。在重点渔区、养殖场举办了各种渔船节能及养殖减排技术培训，培训渔民等1400多人次。收集整理国内渔业节能减排信息，组织编印了4期《渔业节能减排通讯》和《日本挪威渔船现状与管理》专辑。研究提出了木质渔船状况与更新淘汰政策建议。在中国渔业装备与工程科技信息网上开设“节能减排专栏”，已发布有关政策法规和国内外动态信息共计300余条。南海节能渔船研究被工业和信息化部和财政部批准立项，列入《2012年高技术船舶科研项目计划》。继续组织实施农业行业科研专项“渔业重大节能关键技术与装备研究”和“淡水池塘工程化改造与环境修复”等项目，在节能船型研究、船型标准化、节能产品技术评价体系研究以及池塘精准投喂技术等方面取得了新进展。

八、促进农村二三产业低碳发展

2012年，农业部深入推进农村二三产业转变发展方式，大力推动农产品产地初加工、太阳能干燥技术、高耗能乡镇企业转产升级，农村二三产业低碳发展成效明显。

一是启动实施农产品产地初加工补助项目，大大降低了农产品的产后损耗。我国粮食、马铃薯、水果和蔬菜的产后损失率分别高达7%-11%、15%-20%、15%-20%和20%-25%，每年的经济损失超过3000多亿元，相当于1.5亿亩耕地的投入和产出被浪费掉，导致农产品有效供给减少，品质品相下降，环境污染和安全隐患突出。针对这一问题，2012年我国新启动实施了农产品产地初加工补助项目，按照不超过单个设施平均建设造价30%的定额补助标准，采取“先建后补”方式，扶持马铃薯、苹果、柑橘和特色果蔬主产区的农户和农民专业合作社，建设农产品储藏、保鲜、烘干等产地初加工设施。

2012年，中央财政安排资金5亿元，扶持河北、内蒙古、辽宁、吉林、河南、四川、云南、陕西、甘肃、宁夏、新疆11个省（区）和新疆生产建设兵团的农户和农民专业合作社建设马铃薯贮藏窖、果蔬冷藏库和果蔬烘干房。其中马铃薯贮藏窖、果蔬通风库都属于低碳环保设施，是利用主产区昼夜温差大的特点，通过自然通风，实现贮藏窖（库）控温、保湿、通风等要求。项目区当年共建设马铃薯储藏窖21070个、果蔬通风库1356个，新增马铃薯贮藏能力50万吨，果蔬贮藏能力5万吨。

二是积极推广太阳能农产品干燥技术装备示范项目，取得节能减排的明显效果。太阳能农产品干燥技术是以太阳能为热源，集除尘、清洗、杀菌、干燥于一体的新型节能减排加工技术。从2007年至今，农业部一直致力于太阳能干燥农产品技术及装备的研究与开发，以改善我国农产品脱水加工企业生产设备陈旧、技术含量低、资源利用率低、产品档次低、能源污染高、环境污染严重等状况。该设备目前已在河北、甘肃、新疆、宁夏等地进行了示范推广。利用10t型该设备对豆角、番茄、茄子、辣椒、菜花、葫芦条等农产品进行了生产型干燥，干燥时间约为5～7小时，耗电量仅为30～42度。而采用传统的燃煤蒸汽锅炉进行干燥，每吨干制品需要消耗4～6吨标煤，耗电1000～1200度。相比传统的燃煤蒸汽锅炉，该技术设备节煤率达到100%，节电率在95%以上。有效解决了传统干燥方式干燥农产品所造成的资源浪费、污染严重、产品营养损失和成本高等问题，节能减排、循环利用效果十分明显，具有显著的经济效益，社会效益和生态效益，对发展绿色农业、增加农民收入具有重要意义。

三是积极引导高耗能和落后产能乡镇企业转产和升级，积极发展新兴产业和节能减排技术。以转型升级为核心，积极引导乡镇企业调整优化产业结构，不断提高集聚水平，各具特色推动发展。2012年在乡镇企业总产值中，农产品加工业和第三产业占比均达到四分之一左右，中西部和东北地区占比上升了0.63个百分点，乡镇企业产值来

山东省威海中复西港船艇有限公司在传统玻璃钢船型的基础上，通过优化设计，科学验证，研发建造的SDB8101型21.3米玻璃钢拖网渔船，采用潍柴重机股份公司生产的低油耗、低排放的“蓝擎”WP10型140kW船用柴油机，具备阻力小（线性优、表面光滑、重量轻）、低能耗、低排放、安全性能高、使用寿命长（是用生命达50年，是木质渔船的3倍、钢质渔船的2倍以上）的特点。与相同尺度的木质渔船相比，节约燃油20%以上，节约冰30%以上。

自工业园区的比重达到28%。江苏、浙江、广东等省引导企业加强自主创新，做大做强高成长性企业；山东、湖北等省着力打造特色板块经济，园区经济比重进一步扩大。安徽、江西、河南等省优化投资环境，加大承接产业转移力度；北京、天津、重庆等市扩大基金和专项资金规模，培育发展农商直供和楼宇经济等新增长点。山西、河北、内蒙古等省区在淘汰过剩产能过程中，一方面引导企业转向农产品加工业和休闲农业等涉农产业，另一方面加快构建煤、焦、铁、铸等循环经济产业链，依法关闭破坏环境和不具备安全生产条件的乡镇企业，调低高耗能、高污染产业规模和比重。

九、推进垦区低碳农业发展

2012年农垦通过免耕技术、大规模造林绿化、降低农机能耗、沼气和农林废弃物气化技术、乳品加工节能等多途径发展低碳农业。

在免耕技术方面。黑龙江垦区、内蒙古海拉尔垦区通过推广免耕技术200万公顷来增加土壤碳汇，同时年减少小麦玉米秸秆焚烧90万吨，相当于减少二氧化碳排放125万吨、二氧化硫1.15万吨、烟尘8000吨。

在大规模造林绿化方面。通过防护林、生态林和公益林建设来增加生物质碳汇。2012年，黑龙江垦区全面实施林业生态护农工程、林业产业富民工程和农垦城镇森林靓化工程，完成造林绿化24万亩，建设百亩以上森林公园52个，完善和新建绿色城堡597个、绿色通道862公里，完成绿色屏障2567条，见缝插绿2630块，使城镇暨管理区绿化覆盖率提高1个百分点，达到38%，区域森林覆盖率达18.4%。

在降低农机能耗方面。一些大垦区从国外大批量引进智能化大型农业机械，这些现代农业机械集卫星定位、自动导航、精量播种、变量施肥于一体，一次完成深松、浅翻、整地、播种、和璃、镇压等六项作业。2012年黑龙江垦区农机更新总投入30亿元，新增国内外各类机械5万余台（件）；田间作业综合机械化率达到97.5%，航化作业面积超过100万公顷，新建旱田现代农机装备作业区20个，使垦区现代农机装备区总数超过371个，负担旱田耕地面积达到120万公顷以上。经不完全测算，农垦的现代农业机械与农村现有机械相比，节省燃油20%，亩均节约作业成本2—3元，增产5-10%，亩均增收100元以上。

在沼气和农林废弃物气化技术方面。开发新型能源，发展循环畜牧业。2012年在黑龙江垦区的富裕农场、克山农场、尾山农场，广东垦区的时代农场、建设农场、红五月良奶牛场等农场建成6个大型沼气工程。垦区还加快用材林、薪碳林基地建设，大力开发生物质能源，推广日光温室、新型节能建筑，综合利用地热能、太阳能技术，建立以低碳为特征的能源消费模式。

在乳品加工节能减排方面。北京垦区把三元乳品一厂、六厂、八厂及华冠厂搬迁到大兴工业园区，建成日处理鲜奶1200吨的低碳乳品加工厂。上海垦区将光明乳品二厂、乳品八厂搬迁至马桥新厂，新厂将建设成为低碳乳品厂，集“现代化、集约化、园林化”于一身，日产2000吨液态奶。上述乳品新厂综合能源消耗比国家行业准入标准下降30%-50%，即综合能耗为4.2-5.9万吨标煤，减排二氧化碳6.2-10.3万吨，减少工厂新鲜水用量，使产品耗水比国家标准降低20%-40%。

十、深入开展草原生态保护建设

2012年，全国草原保护建设成效显著。草原承包和草原禁牧、草畜平衡、基本草原保护等制度继续深入推进，全国落实承包草原面积2.73亿公顷，占可利用草原面积的82%；禁牧草原面积0.93亿公顷，草畜平衡面积1.73亿公顷，划定基本草原0.62亿公顷。

一是草原生态保护补助奖励机制政策实施范围进一步扩大。2012年，中央财政草原补奖资金增加到150亿元，政策实施范围从内蒙古等8省区进一步扩大了黑龙江、吉林、辽宁、河北、山西等5省，578个县、68个兵团团场和11个农垦牧场，覆盖了全国13个省区所有牧区半牧区县，受益牧民达4690多万人。截至2012年底，内蒙古、新疆、甘肃、青海、宁夏、西藏、云南、四川及新疆生产建设兵团各项补奖政策任务基本完成，补奖资金发放到户率超过95%，政策落实工作进展顺利。政策实施两年来，牧区草原生态发生了可喜的变化，草原碳储量增加，草原生态系统服务价值有所提升。

二是草原保护建设工程深入实施。2012年，中央投入资金20亿元，在内蒙古、黑龙江、四川、贵州、云南、西藏、甘肃、青海、宁夏、新疆等10省（区）和新疆生产建设兵团实施退牧还草工程，安排围栏建设任务440.4万公顷，退化草原补播改良146.07万公顷。在北京、河北、山西等3省（市）实施京津风沙源草地治理工程，中央财政投入0.69亿元资金，治理草原3.64万公顷，建设牲畜舍饲棚圈20万平方米，为农牧民配置饲草料加工机械4630台（套）。在贵州和云南省实施西南岩溶地区草地治理试点工程，石漠化治理3.73万公顷。继续实施游牧民定居工程，截至2012年累计定居游牧民户数达到35万户，占游牧民总户数的80%，牧民群众的生产生活水平大幅提高。

三是草原执法监督取得新进展。2012年，全国各类草原违法案件发案18651起，立案18060起，结案17670起，结案率为97.8%。全年草原违法案件共破坏草原8008.3公顷，买卖或者非法流转草原7181.3公顷。与2011年相比，全年发案数量增加1406起，增加8.2%；立案数增加了1552起，上升了9.4%；立案率为96.8%，提高1.1个百分点，结案率为97.8%，提高0.2个百分点。破坏草原面积减少4108.8公顷，下降了33.9%。2012年，《最高人民法院关于审理破坏草原资源刑事案件应用法律若干问题的解释》颁布实施，明确了破坏草原资源犯罪行为的定罪量刑标准，实现了《草原法》与《刑法》的有效衔接，为依法追究破坏草原资源犯罪行为的刑事责任提供了重要依据。

四是草原防灾减灾能力稳步提高。2012年，全国共发生草原火灾110起，其中一般草原火灾88起，较大草原火灾17起，重大草原火灾3起，特大草原火灾2起。受害草原面积127133公顷，死亡2人、受伤8人，牲畜损失20989头（只），经济损失10990.9万元。与2011年相比，全国草原火灾次数增加27起，受害草原面积增加109659.6公顷，增加重特大草原火灾4起。2012年，全国草原鼠害危害面积为3691.5万公顷，约占全国草原总面积的9.2%，较上年减少4.7%；全国草原虫害危害面积为1739.6万公顷，占全国草原总面积的4.3%，危害面积较上年减少1.5%。

2012年全国草原植被总体长势属偏好年份，全国草原综合植被盖度为53.8%，比2011年提高了2.8个百分点；鲜草产量10.5亿吨，较上年增加4.7%；重点天然草原牲畜超载率23%，较上年下降了5个百分点，取得了显著的生态、社会和经济效益。特别是退牧还草等工程建设成效显著，与非工程区相比，工程区草原植被盖度提高10个百分点以上，牧草高度提高40%以上，鲜草产量提高50%以上。

十一、实施农村清洁工程示范建设

为从根本上解决农村生活垃圾、污水、农作物秸秆和人畜粪便造成的农村环境污染问题，2005年农业部启动了农村清洁工程师范建设。截至2012年，在北京、天津、湖南、四川、重庆、河北等24个省份建设农村清洁工程示范村1500余个，开发了一系列较为成熟的生活垃圾、污水、人畜粪便处理工艺与配套设备，开展田园清洁、家园清洁和村级公共清洁等设施建设，将人畜粪便、生活垃圾和污水、作物秸秆进行无害化处理和资源化利用。通过农村清洁工程建设，部分示范村农田化肥、农药减施在20%以上，秸秆资源化利用率达80%以上，生活污水资源化处理利用率、农田废弃物收集率和人畜粪便处理利用率均达90%以上，有效减缓了农业面源污染，大大美化了农村环境，成为建设“美丽乡村”的重要抓手。

政策规章

国家农业节水纲要（2012—2020年）

（国办发 〔2012〕55号 国务院办公厅2012年11月26日印发）

水资源是基础性的自然资源和重要的战略资源。我国是一个水资源严重短缺的国家，水资源供需矛盾突出仍然是可持续发展的主要瓶颈。农业是用水大户，近年来农业用水量约占经济社会用水总量的62%，部分地区高达90%以上，农业用水效率不高，节水潜力很大。大力发展农业节水，在农业用水量基本稳定的同时扩大灌溉面积、提高灌溉保证率，是促进水资源可持续利用、保障国家粮食安全、加快转变经济发展方式的重要举措。为贯彻落实《中共中央 国务院关于加快水利改革发展的决定》（中发〔2011〕1号）和《国务院关于实行最严格水资源管理制度的意见》（国发〔2012〕3号）精神，把节水灌溉作为经济社会可持续发展的一项重大战略任务，全面做好农业节水工作，特制定本纲要。

一、总体要求

（一）指导思想。以邓小平理论、“三个代表”重要思想、科学发展观为指导，按照中央关于加快水利改革发展、推进农业科技创新的决策和部署，以改善和保障民生为宗旨，以提高农业综合生产能力为目标，以水资源高效利用为核心，严格水资源管理，优化农业生产布局，转变农业用水方式，完善农业节水机制，着力加强农业节水的综合措施，着力强化农业节水的科技支撑，着力创新农业节水工程管理体制，着力健全基层水利服务和农技推广体系，以水资源的可持续利用保障农业和经济社会的可持续发展。

（二）基本原则。

——坚持科学规划，统筹兼顾。编制全国性、区域性的农业节水相关规划，以供定需，量水而行，因水制宜，合理确定农业节水发展目标和建设重点。

——坚持因地制宜，分区实施。根据各地水土资源条件、农业生产布局等实际情况，抓住影响农业用水效率和效益的关键环节，分区采取适宜的农业节水措施，兼顾节水的经济效益、社会效益和生态效益，促进农业增产和农民增收。

——坚持突出重点，示范推广。突出抓好重点区域、主要农作物的节水技术应用，集中连片建设农业节水工程，实行规模化发展。建设旱作节水农业示范工程，加快节水技术推广。

——坚持政府主导，多方参与。建立政府调控、市场引导、公众参与的农业节水机制。充分尊重农民意愿，加大公共财政投入，明确各方职责，调动和发挥广大农民以及社会力量的积极性。

——坚持建管并重，深化改革。在加强农业节水工程建设的同时，建立健全工程管理体制和运行机制，推行用水总量控制和定额管理，深化农业水价综合改革，完善农业节水产业支持、技术服务、财政补助等政策措施。

（三）发展目标。到2020年，在全国初步建立农业生产布局与水土资源条件相匹配、农业用水规模与用水效率相协调、工程措施与非工程措施相结合的农业节水体系。基本完成大型灌区、重点中型灌区续建配套与节水改造和大中型灌排泵站更新改造，小型农田水利重点县建设基本覆盖农业大县；全国农田有效灌溉面积达到10亿亩，新增节水灌溉工程面积3亿亩，其中新增高效节水灌溉工程面积1.5亿亩以上；全国农业用水量基本稳定，农田灌溉水有效利用系数达到0.55以上；全国旱作节水农业技术推广面积达到5亿亩以上，高效用水技术覆盖率达到50%以上。

二、建立农业节水体系

（四）优化配置农业用水。通过建设骨干水源工程和实施区域水资源配置工程，进一步优化用水结构，缓解重点农业生产区的用水压力。充分利用天然降水，合理配置地表水和地下水，重视利用非常规水源，提高农业用水总体保障水平。在渠灌区因地制宜实行蓄水、引水、提水相结合。在井渠结合灌区实行地表水和地下水联合调度。在井灌区严格控制地下水开采。在不具备常规灌溉条件的地区，利用当地水窖、水池、塘坝等多种手段集蓄雨水，解决抗旱播种和保苗用水。

（五）调整农业生产和用水结构。根据各地水资源承载能力和自然、经济、社会条件，优化配置水、土、光、热、种质等资源，合理调整农业生产布局、农作物种植结构以及农、林、牧、渔业用水结构。在水资源短缺地区严格限制种植高耗水农作物，鼓励种植耗水少、附加值高的农作物。在规划建设商品粮、棉、油、菜等基地时，要充分考虑当地水资源条件，避免加剧用水供需矛盾。积极发展林果业和养殖业节水。

（六）完善农业节水工程措施。优先推进粮食主产区、严重缺水和生态环境脆弱地区节水灌溉发展。除有回灌补源要求的渠段以外，对渠道要进行防渗处理。要平整土地，合理调整沟畦规格，推广抗旱坐水种和移动式软管灌溉等地面灌水技术，提高田间灌溉水利用率。在井灌区和有条件的渠灌区，大力推广管道输水灌溉。在水资源短缺、经济作物种植和农业规模化经营等地区，积极推广喷灌、微灌、膜下滴灌等高效节水灌溉和水肥一体化技术。因地制宜实施坡耕地综合治理、雨水集蓄利用等措施。

（七）推广农机、农艺和生物技术节水措施。合理安排耕作和栽培制度，选育和推广优质耐旱高产品种，提高天然降水利用率。大力推广深松整地、中耕除草、镇压耙耱、覆盖保墒、增施有机肥以及合理施用生物抗旱剂、土壤保水剂等技术，提高土壤吸纳和保持水分的能力。在干旱和易发生水土流失地区，加快推广保护性耕作技术。

（八）健全农业节水管理措施。加强水资源统一管理，强化农业用水管理和监督，严格控制农业用水量，合理确定灌溉用水定额。明确农业节水工程设施管护主体，落实管护责任。完善农业用水计量设施，加强水费计收与使用管理。完善农业节水社会化服务体系，加强技术指导和示范培训。积极推行农业节水信息化，有条件的灌区要实行灌溉用水自动化、数字化管理。加强技术监督，规范节水材料和设备市场。

三、实行分区指导

（九）东北地区。包括辽宁、吉林、黑龙江三省以及内蒙古自治区东部。西部要根据水资源承载能力，大力推广高效节水灌溉技术，积极采用深松整地、抗旱坐水种等措施，合理施用生物抗旱剂和土壤保水剂；合理发展膜下滴灌、喷灌，在有规模化耕作条件的地区集中连片发展大、中型机械化行走式喷灌。东部要加大现有灌区续建配套与节水改造力度，新建灌区应达到节水灌溉工程规范要求，大力推广水稻控制灌溉技术。

（十）西北地区。包括陕西、甘肃、青海、宁夏、新疆五省（区）和内蒙古自治区中西部以及山西省西部，要严格按照水资源配置总量，控制灌溉发展规模。在灌区重点发展渠道防渗，在适宜地区大力推广膜下滴灌、喷灌技术。在水资源条件允许的地区，适度发展大、中型机械化行走式喷灌，兼顾发展小型移动机组式喷灌和管道输水灌溉；在具有水力自流条件的地区优先发展自压喷灌、微灌和管道输水灌溉。在内陆河区优先发展高效节水灌溉，维护生态安全。要加强土地平整，改进沟畦灌水技术，推广垄膜沟灌、覆盖保墒等技术，配套施用长效、缓释肥料及抗旱、抗逆制剂。根据水资源条件，在草原牧区积极发展节水灌溉饲草料地。大力实施小流域、坡耕地综合治理和黄土高原淤地坝等工程建设，有效改善农业生产条件和生态环境。

（十一）黄淮海地区。包括北京、天津、河北、山东、河南五省（市）和山西东部以及江苏、安徽两省北部。在井灌区重点发展管道输水灌溉，积极发展喷灌、微灌和水肥一体化，推广用水计量和智能控制技术。在渠灌区、井渠结合灌区重点发展渠道防渗，因地制宜发展低压管道输水灌溉，推广水稻控制灌溉技术。在地下水超采区严格控制新增灌溉面积，大力提倡合理利用雨洪资源、微咸水、再生水等。

（十二）南方地区。包括长江沿岸及其以南的各省（区、市），要以渠道防渗为主，重点加快灌排工程更新改造，适当发展管道输水灌溉，大力发展水稻控制灌溉。在丘陵山区兴建小水窖、小水池、小塘坝、小泵站、小水渠等“五小水利”工程，积极推广节水灌溉技术，提高抗旱减灾能力；搞好水土保持和生态建设，推广坡耕地综合治理，采取覆盖等农艺措施，提高土壤蓄水保墒能力。东南沿海经济发达地区要采取各类节水综合措施，提高灌溉保证率，率先实现农田水利现代化。

四、推进重点工程

（十三）大中型灌区节水改造工程。优先安排粮食主产区、严重缺水和生态环境脆弱地区的灌区续建配套与节水改造，着力解决工程不配套、渠（沟）系建筑物老化、渗漏损失大、计量设施不全、管理手段落后等问题。加强末级渠系建设，加快解决“最后一公里”问题。

（十四）高效节水灌溉技术规模化推广工程。以东北、西北、黄淮海地区为重点，选择农业生产急需、发展条件好、农民积极性高的地区，集工程、农艺、农机和管理等措施于一体，建设一批高效节水灌溉技术规模化推广工程，为周边农户开展技术咨询和培训，让实用节水技术进村入户到人，努力做到节水效果明显、经济效益显著、示范作用较大。

（十五）旱作节水农业技术推广示范工程。建设旱作节水农业示范县，突出工程措施与农艺措施集成配套，旱作节水农业技术与区域优势产业发展相结合，完善田间基础设施，发展补充灌溉和微水灌溉，推广改土、覆盖、倒茬、平整土地和秸秆还田、土壤墒情监测等技术，提高降雨入渗量，增强田间蓄墒能力。

（十六）农业节水技术创新工程。积极发挥科研单位、大专院校的优势，建立企业、用水户广泛参与、产学研相结合的农业节水技术创新和推广机制。注重引进、消化和吸收国外先进节水技术，集成和再创新形成适应我国不同地区的农业节水模式。加强主要农作物高效用水基础科学研究，开展节水灌溉技术标准、灌溉制度、新产品与新技术研发和综合节水技术集成模式等方面的联合攻关，在喷灌、微灌关键设备和低成本大口径管材及生产工艺等方面实现新突破，推广具有自主核心知识产权的智能控制和精量灌溉装备。开展灌区自动化控制、信息化管理等应用技术研究，逐步建立农田水利管理信息网络。重视发挥节水材料和设备生产、销售骨干企业在农业节水技术创新与集成中的主体作用，落实相关财税优惠政策，完善其售后服务网络。

（十七）山丘区“五小水利”工程。以西南地区为重点，在具有一定降水条件的地区大力推进“五小水利”工程建设，实现人均占有半亩以上具有补充灌溉条件的基本农田，使中等干旱年生产生活用水有保障、粮食不减产，严重干旱年生活用水有保障、粮食少减产。积极发挥人工增雨（雪）的抗旱减灾作用。

五、健全体制机制

（十八）完善法规政策。积极推进农田水利立法工作。各地区要实行最严格水资源管理制度，加强水资源论证和取水许可管理，加大水行政执法力度，规范农业节水工程建设和管理。针对农村劳动力大量外出、农业比较效益下降等实际情况，研究支持农田水利特别是发展节水灌溉的长效机制。进一步完善占用农业灌溉水源和灌排工程设施补偿制度。

（十九）推行节水灌溉制度。建立取用水总量控制指标体系，逐级分解农业用水指标，落实到各地区和各灌区。各地区要发布适合本地区条件的主要作物灌溉用水定额。有条件的地区要逐步建立节约水量交易机制，构建交易平台，保障农民在水权转让中的合法权益。

（二十）增加农业节水投入。进一步加大中央和地方对大型和中型灌区节水改造、高效节水灌溉和旱作节水农业示范等投入力度；增加中央和省级小型农田水利设施建设补助专项资金规模；全面落实从土地出让收益中提取10%用于农田水利建设政策，抓好中央统筹资金的使用管理，重点向粮食主产区、中西部地区和革命老区、少数民族地区、边疆地区、贫困地区倾斜，大力发展节水灌溉。农业发展银行要在风险可控的前提下，为发展节水灌溉提供中长期政策性贷款支持。加大节水灌溉研发投入，提高科技装备水平。扩大节水和抗旱机具购置补贴范围。

（二十一）发挥农民的主体作用。农民是开展农业节水和受益的主体，要充分尊重农民意愿和首创精神，鼓励农民建立用水户协会等多种形式的农民用水合作组织，让农民广泛参与农业节水工程的建设和管理，对用水节水中的问题进行民主协商、自主决策。通过政策引导、项目带动、“一事一议”财政奖补、技术指导、制度约束、信息服务等多种形式，调动农民节水积极性，让农民得到实实在在的经济利益。

（二十二）完善技术服务体系。建立健全以乡镇或小流域为单元的基层水利服务机构、专业化服务队伍和农民用水合作组织“三位一体”的基层水利服务体系。强化基层水利服务机构水资源管理、防汛抗旱、农田水利建设、水利科技推广等公益性职能，按规定核定人员编制，充实技术力量，经费纳入县级财政预算；加强与农机、农业技术服务机构等的合作，在节水灌溉技术模式、设备选型与运行维护等方面为农民提供指导。充分发挥灌溉试验站、抗旱服务组织、节水灌溉公司等专业化服务队伍在节水灌溉、抗旱减灾、设备维修、技术推广等方面的作用。大力扶持农民用水合作组织发展。组织开展针对基层水利技术人员、农技推广人员、农民的技术培训，提高其管水、用水的能力。重视解决基层水利技术人员和农技推广人员在生产生活中的实际困难。

（二十三）深化工程管理体制改革。明晰农业节水工程产权，落实管护主体责任和管护经费，逐步建立职能清晰、权责明确、管理规范的运行机制。深化水管单位管理体制改革，落实公益性、准公益性水管单位基本支出和维修养护经费。以产权制度改革为核心，采取租赁、承包等方式，不断创新工程管理模式，大力推行用水户参与管理，逐步形成小型农业节水工程良性运行机制。

（二十四）推进农业水价综合改革。按照促进节约用水、降低农民水费支出、保障灌排工程良性运行的原则，建立科学合理的农业用水价格形成机制，合理确定农业水价。在渠灌区逐步实现计量到斗口，有条件的地区要计量到田头；在井灌区推广地下水取水计量和智能监控系统。重视利用经济杠杆促进农业节水，探索实行农民定额内用水享受优惠水价、超定额用水累进加价的办法，农业灌排工程运行管理费用由财政适当补助。强化农业水价制定、水费计收与使用监管，增加工作透明度，坚决制止中间环节搭车收费和截留挪用。

六、组织实施

（二十五）加强组织领导。地方各级人民政府要将农业节水摆在重要位置，及时研究解决工作中遇到的突出问题，在政策制定、资金安排等方面发挥主导作用。各省（区、市）要根据本纲要，结合本地区实际，制定具体实施办法。水利、农业、发展改革、财政、国土资源、科技、林业、气象等部门要各司其职，密切配合，共同做好农业节水工作。

（二十六）制订相关规划。地方各级水利、农业等部门要根据经济社会发展的总体目标和水资源承载能力，制订节水灌溉、旱作节水农业等相关中长期发展规划和年度实施计划，经各方面专家论证、审查和政府审批后，作为安排农业节水补助资金和整合相关资金的重要依据。规划要与流域、区域的水资源开发利用和总量控制指标相适应，与抗旱、农村土地整治、农业发展、资源能源节约、生态环境保护、节水型社会建设等规划相衔接。

（二十七）加强监督检查。结合落实最严格水资源管理制度，对农业节水目标和任务完成情况进行考核，并将考核结果与下年度项目和投资计划安排相挂钩。对在发展农业节水中作出优异成绩的单位和个人按照国家有关规定进行表彰；对严重破坏农业节水设施、违反节水有关规定、扰乱用水秩序的行为依法追究责任。建立农业用水和农业节水监测评估制度，进行年度监测和定期评估，确保工程长期发挥效益，避免对环境造成不利影响。

（二十八）强化宣传教育。充分运用广播、电视、报刊、网络等多种媒体，大力宣传节水的重要性和紧迫性，不断扩大水情宣传教育覆盖面，营造节水的良好社会氛围，形成全社会治水兴水的强大合力。围绕水与生命、水与粮食、水与生态等主题，大力普及农业节水知识和先进实用节水方法，广泛宣传和交流各地开展农业节水取得的成效、经验和做法。

农业部关于做好2012年农业农村经济工作的意见（节录）

（农发〔2012〕1号　二〇一二年一月十一日印发）

21.强化农业生态环境建设。推进农村沼气建设，支持发展户用沼气、养殖小区和联户沼气、大中型沼气、乡村服务网点等。编制沼肥综合利用规划，启动秸秆综合利用等重点工程和项目，加快农村废弃物的能源化、资源化利用。继续实施农村清洁工程，开展农业清洁生产示范，加快农业面源污染治理。进一步加大农产品产地环境保护力度，加强农产品产地土壤重金属污染监测和修复治理。加大农业野生植物保护和利用力度，加强外来入侵物种防控。继续实施天然草原退牧还草工程，扩大退牧还草工程实施范围，支持草原围栏、饲草基地、牲畜棚圈建设和重度退化草原改良。加强牧区半牧区草原监理工作。推动实施南方草地保护建设和牧区防灾减灾工程。推进渔业节能减排，强化水生生物资源养护，加大渔业增殖放流、海洋牧场和水生生物保护区建设，严格实施休渔禁渔制度。

农业部关于推进节水农业发展的意见

农发〔2012〕1号

各省、自治区、直辖市、计划单列市农业（农牧、农村经济）、农机、农垦厅（委、局），新疆生产建设兵团农业局：

我国水资源严重紧缺，农业用水矛盾日渐凸显。发展现代农业，转变农业发展方式，推进防灾减灾，实现农业稳产增产，必须大力发展节水农业。为贯彻落实今年中央1号文件和党中央、国务院领导同志关于大力发展节水农业的指示精神，加快推进节水农业又好又快发展，特制定本意见。

一、充分认识发展节水农业的重大意义

农业以土而立、以肥而兴、以水而旺。水是最短缺的农业重要资源之一，也是制约农业可持续发展的关键因素。各级农业部门要充分认识节水农业对于保障国家粮食安全、转变农业发展方式的重要意义，切实增强责任感和紧迫感，抓住机遇，加快推进节水农业发展。

（一）农业用水资源紧缺矛盾越来越突出。我国水资源总量仅占世界的6%，人均不足世界平均水平的四分之一。农业用水量约3600亿立方米，用水比重从1997年的69.7%下降到当前的61.3%左右，减少了200亿立方米。随着人口增长，特别是工业化、城镇化进程的加快，工农之间、城乡之间用水矛盾进一步加大，保障农业灌溉用水的难度不断增加。目前，全国农田灌溉面积9.05亿亩，灌溉用水缺口300多亿立方米。根据国家水资源发展规划，未来15年农业可用水量将维持零增长，农业缺水形势日益严峻。

（二）干旱对农业生产的威胁越来越大。随着全球气候变暖，我国旱灾发生频率越来越高、范围越来越广、程度越来越重，干旱缺水对农业生产的威胁越来越大，旱情已成为影响粮食和农业生产发展的常态，农业可持续发展面临严重威胁。近10年来，全国平均每年旱灾发生面积4亿亩左右，是上世纪50年代的两倍以上，平均每年成灾面积2亿多亩，因旱损失粮食600亿斤以上。因此，必须把发展节水农业作为一项革命性措施，探索一条合理用水、高效节水的水资源利用途径。

（三）发展节水农业的潜力越来越显现。目前，在全国9.05亿亩灌溉面积中，工程设施节水面积仅占44.3%；在23亿亩农作物播种面积中，农艺节水面积仅占17.4%。我国农业用水利用率比发达国家低20个百分点，据有关专家测算，通过推广农田节水技术，在灌区小麦和水稻生产上具有节水360亿立方米的潜力，相当于新增灌溉面积8200万亩，按每亩增产300斤粮食计算，可新增粮食生产能力246亿斤。在旱作区提高自然降水利用率，具有260亿立方米的潜力。同时，通过推广农田节水技术，将灌溉水的粮食生产效率提高0.1公斤/立方米，旱作区每毫米降水的粮食生产效率提高0.1公斤/亩，可增加粮食生产能力1000亿斤以上，相当于国家新增千亿斤粮食产量目标。

（四）发展节水农业的政策越来越有力。党中央高度重视节水农业工作，近几年出台了一系列扶持政策推进节水农业发展。面对前年西南大旱，安排3亿元用于地膜覆盖技术推广，去年又安排5亿元用于西北地膜覆盖。各地积极响应，整合资源，加大投入，统筹协调，形成合力。据不完全统计，全国每年全社会投入节水农业的资金高达50亿元以上。节水农业发展形势越来越好、氛围越来越浓、政策越来越有力，全膜覆盖、膜下滴灌等农业节水技术模式日益成熟，为谋划大项目、建设大示范区、大面积推广应用节水农业新技术创造了难得的机遇和条件。

二、准确把握发展节水农业的指导思想与目标任务

各级农业部门要结合实际，进一步理清发展节水农业的工作思路，明确目标任务，突出区域特点，加快推进发展。

（五）指导思想。坚持以科学发展观为指导，按照建设资源节约型、环境友好型社会以及加快转变农业发展方式的要求，牢固树立“节水增产、节水增效”的理念，针对作物需水规律和农业水资源利用特点，综合运用工程、农艺、生物、管理等措施，加快技术集成，以示范区建设为平台，在更大规模和更高层次上示范推广节水农业技术；建立以政府为主导、社会各界广泛参与的投资机制，大幅增加农田节水资金投入；进一步强化职能和手段建设，建立和完善全国土壤墒情监测网络体系，建立和完善基层节水农业推广服务体系。逐步形成节水农业政策体系、技术体系和工作体系，加强分类指导，提高水资源优化配置能力和水分生产效率，为保障粮食安全和农业发展方式转变提供强有力的支撑。

（六）发展目标。按照优化布局、整体推进的原则，“十二五”期间，结合国家现代农业示范园区创建，全国建设100个有特色、成规模的节水农业核心示范区，新增节水农业技术示范推广面积1亿亩，灌溉水和自然降水生产效率提高10%。通过大力发展节水农业，实现“一个促进、两个缓解、三个提高”的总体目标，即：促进粮食增产和农民增收；缓解农业生产缺水矛盾，缓解干旱对农业生产的威胁；提高水分生产力，提高农业抗旱减灾能力，提高耕地综合生产能力。

（七）基本原则。立足田间，综合配套。节水农业的关键环节在田间，抓住农田节水就抓住了节水农业的根本。加强工程、设备、农艺、生物、化学和管理等措施在田间的集成应用，建立“蓄-集-保-节-用”综合节水技术体系。突出重点，展示示范。突出节水农业的重点区域、主推模式、主导作物和关键技术，强化集成组装、展示示范和辐射带动，力求产生规模效应，逐步形成效益明显、各具特色的节水农业发展新格局。因地制宜，分类指导。根据水资源状况、作物布局和耕作制度等，因地制宜制定节水农业发展规划和工作计划。按照耕地土壤类型、气候特点、作物需水规律等，加强分类指导和科学管理。政府主导，多方参与。充分发挥政府在发展节水农业中的主导作用，加强政策扶持和资金投入，统筹多项资源，发挥项目资金综合效应。鼓励企业、农民和社会各界积极参与，形成多层次、多渠道推进节水农业发展的良好局面。

三、因地制宜确定区域主推技术模式

发展节水农业要集成关键技术，明确主推模式，实现重点突破。

（八）“三北”地区技术模式。西北、华北、东北地区资源性缺水严重，降水量少，蒸发量大，干旱缺水成为农业发展的主要瓶颈，年际间产量因旱波动较大。这些地区主要通过推广应用节水农业技术，积极发展玉米、马铃薯、棉花等大宗作物。在没有灌溉条件的地区，坚持蓄水和保墒并举，通过保护性耕作、深松耕、土壤改良，营造土壤水库，提高蓄水保水能力；合理开发抗旱小型水源，推广抗旱坐水种，科学应用抗旱剂、保水剂，解决春季抗旱保苗问题；大力推广地膜、秸秆覆盖技术，实现集雨保墒；在有灌溉条件的地区，大力发展膜下滴灌、微灌、喷灌、集雨补灌、水肥一体化、旱作节水机械化等高效节水技术。

（九）黄淮海小麦主产区技术模式。黄淮海小麦主产区资源性缺水和工程性缺水并存，缺水与浪费并存，大水漫灌较为普遍，地下水严重超采，用水矛盾日益突出。重点是推广测墒节灌技术，改善灌溉制度，优化输水、灌水方式。通过开展土壤墒情监测，科学制定灌水方案，重点推广应用“小白龙”输水、“小地龙”喷灌、长畦改短畦等技术模式。围绕水果、蔬菜等园艺作物生产，大力推广微灌水肥一体化技术。在适宜地区，实施保护性耕作，采

取深松镇压、划锄、覆盖等保墒措施，提高土壤蓄水保墒能力。

（十）南方地区技术模式。南方地区降水量充沛，但时空分布不均，且地形复杂，工程性缺水比较突出。近几年季节性干旱发生的频率越来越高，干旱缺水对农业生产的威胁越来越大。季节性干旱地区重点是加强坡改梯以及田间集雨、灌排设施建设，增强蓄水调水能力，围绕玉米、马铃薯等作物，主推地膜覆盖、生物覆盖和集雨补灌等技术。在经济园艺作物上发展以现代微喷灌、水肥一体化为核心的高效节水技术。在水田推广水稻浅湿薄晒灌溉、控制灌溉等技术，促进水肥耦合。

四、切实做好节水农业重点工作

“十二五”期间，各级农业部门要立足现有基础，从设施建设、技术推广、合理种植和科学抗旱等方面推进节水农业发展。

（十一）加强基础设施建设。抓住国家高度重视农田水利建设有利时机，整合资源，加强田间节水农业基础设施建设。与高标准农田建设结合，加强耕地质量建设，改善农田水源保障条件，配套田间节水基础设施，形成蓄、保、集、节、用一体化的节水农业新格局。与全国新增千亿斤粮食生产能力田间工程、旱作节水农业示范工程和旱作农业科技推广等项目组织实施相结合，加强田间节水微工程和配套设施建设，提高农田蓄水保墒能力。与农田水利建设、农业综合开发等相结合，全面提升农田抗灾减灾和耕地持续增产能力。

（十二）加快技术示范推广。深入开展节水农业示范活动，建立示范展示平台。充分利用粮棉油糖高产创建和园艺作物标准园创建等平台，针对不同地区的生产条件、资源特点和耕作制度，突出优势农作物，强化农田节水示范区建设，集成示范一批新的简便实用节水技术模式，开展节水技术装备推广应用。狠抓技术试验示范，做到县县有示范、村村有样板，不断扩大示范规模。加强示范主体的培育，重点扶持、服务和指导粮食生产大户、科技示范户和专业合作社，树立样板，带动周边农户，切实发挥示范带动作用。

（十三）推行适应性种植方式。针对不同区域水资源状况，统筹规划，因水布局，合理安排农作物种植结构，促进水资源可持续利用。调整优化种植作物和品种结构，充分利用自然降雨，使作物生长需水期与雨季同步，变被动抗旱为主动避旱。培育、推广高产耐旱品种，改进耕作栽培制度，提高作物水分利用效率，实现节水增产和节水增效目标。

（十四）做好科学抗旱减灾。统筹规划，未雨绸缪，研究制定抗旱减灾应急预案，积极做好抗旱技术、物资和工作组织、运行机制等方面的准备，提高应对旱灾的能力。建立健全土壤墒情监测网络体系，充分利用现代信息技术，优化监测方法，提高墒情监测时效性、针对性和科学性。完善信息发布机制，及时为农业生产和抗旱减灾工作提供科学依据。

五、不断强化发展节水农业的保障措施

（十五）加强组织领导。各级农业部门要充分认识发展节水农业对于保障国家粮食安全、转变农业发展方式的重大意义，切实加强组织领导，认真履行“运用工程设施、农艺、农机、生物等措施发展节水农业”的职责，发展壮大专业人员队伍，推进节水农业制度建设，为加快节水农业发展提供组织和制度保障。

（十六）加大投入力度。加强与有关部门的沟通合作，整合资源，形成合力，建立以政府为主导、社会共同参与的投入机制。充分利用好农田水利建设、旱作节水、地膜覆盖、全国新增千亿斤粮食生产能力规划、旱作节水农业示范工程、旱作农业科技推广财政专项和保护性耕作等项目资金，积极引导地方政府和社会各界加大对节水农业的投入力度，加强田间节水工程和配套设施建设，提高节水农业科技和装备水平。

（十七）强化基础支撑。加强节水农业技术体系建设，改善服务手段，提高服务能力。编制“十二五”节水农业发展规划，明确发展思路、目标任务、区域布局和主推模式，科学指导节水农业发展。强化教学、科研和推广的对接，加快现代高新技术的应用，研发推广简便易行、经济实用的新技术和新产品，为发展节水农业提供科技支撑。积极借鉴国外节水农业技术、经验和管理方式，结合生产实际，指导节水农业发展。

（十八）广泛宣传培训。各地要采取多种形式，通过各种媒体开展节水农业宣传，争取领导重视和部门支持，形成全社会关心、支持、参与节水农业发展的良好氛围。通过科技下乡、示范观摩、印发资料和现场培训等方式，宣传普及节水农业技术，提高农民节水意识，促进节水农业可持续发展。

二〇一二年一月三十一日

国家发展改革委 农业部关于进一步加强农村沼气建设的意见

发改农经[2012]589号

有关省、自治区、直辖市和计划单列市、新疆生产建设兵团、黑龙江农垦总局发展改革委、农业（农牧、农林）厅（委、局），广西壮族自治区林业厅，湖南省人民政府农村工作办公室：

为贯彻中央领导批示要求，进一步搞好农村沼气项目建设，我们在对农村沼气项目检查总结的基础上，特提出如下加强农村沼气建设的意见：

一、科学规划农村沼气发展。根据“十二五”规划纲要的要求，并按照“科学规划、优化结构，建管并重、保证质量，加强服务、巩固成果，综合利用、提高水平”的原则，根据新情况，进一步完善《农村沼气“十二五”建设规划》，明确发展目标、重点区域、建设任务和工作重点。各地在安排各类农村沼气建设项目时，必须坚持充分尊重农民意愿的观念不动摇，加强服务意识，创新管理模式，出台扶持政策，健全保障措施，促进沼气事业又好又快发展。

二、拓宽沼气原料来源。对于不养猪的农户，要采取多种方式由养殖场向农户供应原料，或者将秸秆粉碎进行发酵处理后作为原料。在粮食主产区农民居住集中的村庄建设一批以秸秆为原料的大型沼气集中供气工程，向农户供气。以高值综合利用为目标，充分利用粪便、秸秆、生物垃圾等多种原料，发展大型沼气工程。

三、提高工程建设质量。针对一些地方出现的工程建设质量不高问题，进一步完善有关建设标准、技术标准和验收标准，加强工程设计、施工技术和技工培训的工作，建立和完善工程质量责任追究制。地方要安排必要的管理经费，并加强项目监管和验收等工作。

四、健全沼气服务体系运行机制。一是在户用沼气的安排上，要相对集中连片，形成一定规模，并配套完善服务网点的硬件和软件，促进集中管理和专业化服务。二是在继续加强服务体系建设的同时，创新服务机制，总结和推广内蒙古等地方政府花钱买服务的经验，鼓励地方安排专项资金用于补贴服务网点进料出料、故障维修等运行费用和人员工资。因地制宜，推广“全托式”和建管用“一条龙”，以及服务体系市场化运营等成功的服务模式，基层农技推广体系建设也要进一步与沼气服务体系相结合，多措并举提高服务质量。三是针对一些地方老旧病池多，使用率偏低的问题，督促地方支持乡村服务网点，对有使用需求和维修价值的老旧病池有计划的进行维修或改造，并纳入其日常工作。

五、加快发展大中型沼气工程。适应养殖业发展和农民生产生活方式的变化趋势，在继续支持户用沼气建设的同时，进一步加强向农户供气的大中型沼气工程和秸秆沼气集中供气工程建设，并探索可持续的运营模式，提高向农户供气率和沼渣沼液的利用率。参考借鉴国外先进经验，建设一批技术装备水平高、推广应用潜力大的示范工程。

六、加强沼气科技支撑体系建设。在认真总结沼气科技支撑试点项目建设的基础上，围绕提高沼气工程产气率、发酵原料多元化、沼气设备升级换代、沼气发电和提纯罐装、沼肥综合利用等，加强科技攻关和技术研发，进一步加大沼气的科技投入，不断开发新材料、新工艺、新产品、新设备，提升沼气科技和装备的整体水平。

七、完善沼气发展支持政策。一是2011年国家已经适当提高了户用沼气的中央补助标准，今后地方政府也要加大对农村沼气的投入力度。二是优化项目建设布局，向适宜地区、群众积极性高及工作得力、成效显著的地区倾斜，把地方是否安排沼气运行费用和落实网点人员工资作为安排中央项目的重要参考因素之一。三是研究制定超大型沼气工程补贴标准，鼓励高值利用。四是建立农村沼气建设和使用考核评价体系，把资金安排与项目完成情况、考核验收情况挂钩，对建后运营不善的限期整改，进一步提高政府资金的综合效益和农民满意度。

促进农村沼气又好又快发展任务艰巨，意义重大。各地要根据本意见要求，进一步细化加强农村沼气建设的政策措施，切实搞好农村沼气项目建设。省级发展改革和农村能源部门要把落实意见情况及时向国家发展改革委和农业部报告。

二〇一二年三月八日

关于做好2012年渔业节能减排项目实施工作的通知

农办渔[2012]60号

为了贯彻落实《农业部关于推进渔业节能减排工作的指导意见》（农渔发［2011］34号）有关要求，进一步推进渔业节能减排工作，2012年，我部将以渔船节能和养殖减排为重点，继续组织实施渔业节能减排项目。为确保项目实施工作取得成效，现将有关事项通知如下：

一、项目目标和主要内容

通过项目实施，普及渔业节能减排知识，提高全行业节能减排意识，推广节能船型、机型和船用节能装置，推进渔船标准化改造和木质渔船玻璃钢化，完善并推广循环水养殖模式，实现节油、节电、节水、减排，取得一定的社会、经济和生态效益。

（一）举办渔业节能减排技术培训、现场推广会等活动，培训渔民1500人次，印制渔业节能减排宣传材料，渔业节能减排知识得到普及，渔业管理者和生产者节能减排意识有所提高，促进建立渔业节能减排工作队伍。

（二）节能型渔船与柴油机、玻璃钢渔船、渔船节能装置得到示范应用，单船节约燃油消耗15%，实现单船节油2吨以上，推广200台套节能环保型柴油机和渔船节能装置。

（三）节能环保型养殖模式推广，节电、节水、减排效果明显，示范区内水体循环利用率达90%以上，养殖废水氮、磷去除率提高30%以上。

（四）编印渔业节能减排通讯4期，宣传国家节能减排方针政策和相关知识，介绍国内外渔业节能减排相关工作动态。

（五）提交渔业标准化改造规划草案、渔船标准化改造状况与扶持政策建议和木质渔船状况与更新淘汰政策建议，推进渔业节能减排工作的深入开展。

二、任务及分工

（一）渔船节能试点示范。在部分沿海省进行渔船节能试点示范，试点推广标准化节能船型、机型和船用节能装置，重点推广玻璃钢渔船、节能型柴油机和新型渔船节能技术与产品，并对使用效果进行技术评价。任务由农业部渔业船舶检验局、辽宁省海洋与渔业厅、山东省海洋与渔业厅和江苏、浙江渔业船舶检验局承担。

（二）养殖节能减排试点示范。推广循环水养殖技术，开展高位虾池循环水养殖减排和池塘养殖节能减排模式试点，并逐步扩大示范品种和应用范围，推广节电、节水、减排养殖新技术、新设备。任务由全国水产技术推广总站、山西省水产技术推广站和中国水产科学研究院南海水产研究所承担。

（三）节能减排基础性工作。开展渔业节能减排宣传、调研、研讨、培训活动，编印渔业节能通讯，研究渔业节能减排、渔船标准化改造扶持政策，研究木质渔船更新淘汰政策，渔船标准化改造规划编制、论证，对项目执行情况进行检查、总结、验收等。任务由中国水产学会、中国渔船渔机渔具行业协会、中国水产科学研究院渔业机械仪器研究所承担。

具体任务分工见附件1。

三、工作要求

（一）提高认识，切实加强组织领导。各有关单位要高度重视项目实施工作，把其作为贯彻落实《农业部关于推进渔业节能减排工作的指导意见》的一项重要措施抓紧抓好。要切实加强领导，落实责任制，明确相应的承办处室和联系人。省级主管部门要组织省内管理、科研、教学、推广、船检等单位组成项目工作小组，负责项目实施管理工作。承担相关任务的部属渔业单位也要成立相应的工作小组，做好项目实施管理等工作。

（二）完善方案，明确具体目标任务。各项目承担单位要根据附件1确定的重点任务和考核指标，进一步完善项目实施方案，明确项目实施的具体目标、任务、进度安排和保障措施等，并与我部渔业局签订项目委托协议书（格式见附件2）。委托协议书（一式四份）于2012年6月1日以前报我部渔业局。

（三）抓好落实，取得实实在在成效。各项目承担单位要按照委托协议书确定的内容，抓好落实，达到考核指标要求。要通过编印节能减排资料，举办研讨、培训和现场交流等形式，广泛宣传渔业节能减排的重大意义，提高广大渔业管理者和渔民的节能减排意识。要注重示范内容的可推广性，及时收集整理分析项目技术资料，总结出适于在全国或区域范围内推广应用的渔业节能减排技术和模式。

（四）用好资金，加强项目监督检查。各项目承担单位要按照财政资金使用相关规定，严格执行项目预算，加强项目资金管理，做到专款专用，同时积极争取地方财政支持，增加渔业节能减排经费来源，扩大项目实施效果。本项目纳入了2012年财政绩效评价范围，我部将组织有关人员年底将对项目的实施情况进行绩效评价，请各承担单位按照《财政部关于印发<财政支出绩效评价管理暂行办法>的通知》（财预[2011]285号）做好绩效评价各项准备工作。项目实施期间，我部将根据工作需要，组织项目主管部门对项目执行情况和资金使用情况进行监督检查。

（五）认真总结，全面完成项目任务。各项目承担单位要认真总结项目执行情况，于2012年底前将项目总结报告和有关技术报告报我部渔业局，并抄送本项目主管部门，同时发送电子邮件。总结报告包括主要做法、成效、经验、资金使用情况、存在问题和有关建议等，技术总结报告要有情况、有对比、有分析、有建议。我部将对项目执行情况进行验收。

附件：（略）

二〇一二年五月二十二日

新修订的《中华人民共和国农业法》（节录）

《（全国人民代表大会常务委员会关于修改〈中华人民共和国农业法〉的决定》已由中华人民共和国第十一届全国人民代表大会常务委员会第三十次会议于2012年12月28日通过，现予公布，自2013年1月1日起施行。

第八章 农业资源与农业环境保护

第五十七条 发展农业和农村经济必须合理利用和保护土地、水、森林、草原、野生动植物等自然资源，合理开发和利用水能、沼气、太阳能、风能等可再生能源和清洁能源，发展生态农业，保护和改善生态环境。

县级以上人民政府应当制定农业资源区划或者农业资源合理利用和保护的区划，建立农业资源监测制度。

第五十八条 农民和农业生产经营组织应当保养耕地，合理使用化肥、农药、农用薄膜，增加使用有机肥料，采用先进技术，保护和提高地力，防止农用地的污染、破坏和地力衰退。

县级以上人民政府农业行政主管部门应当采取措施，支持农民和农业生产经营组织加强耕地质量建设，并对耕地质量进行定期监测。

第五十九条 各级人民政府应当采取措施，加强小流域综合治理，预防和治理水土流失。从事可能引起水土流失的生产建设活动的单位和个人，必须采取预防措施，并负责治理因生产建设活动造成的水土流失。

各级人民政府应当采取措施，预防土地沙化，治理沙化土地。国务院和沙化土地所在地区的县级以上地方人民政府应当按照法律规定制定防沙治沙规划，并组织实施。

第六十条 国家实行全民义务植树制度。各级人民政府应当采取措施，组织群众植树造林，保护林地和林木，预防森林火灾，防治森林病虫害，制止滥伐、盗伐林木，提高森林覆盖率。

国家在天然林保护区域实行禁伐或者限伐制度，加强造林护林。

第六十一条 有关地方人民政府，应当加强草原的保护、建设和管理，指导、组织农（牧）民和农（牧）业生产经营组织建设人工草场、饲草饲料基地和改良天然草原，实行以草定畜，控制载畜量，推行划区轮牧、休牧和禁牧制度，保护草原植被，防止草原退化沙化和盐渍化。

第六十二条 禁止毁林毁草开垦、烧山开垦以及开垦国家禁止开垦的陡坡地，已经开垦的应当逐步退耕还林、还草。

禁止围湖造田以及围垦国家禁止围垦的湿地。已经围垦的，应当逐步退耕还湖、还湿地。

对在国务院批准规划范围内实施退耕的农民，应当按照国家规定予以补助。

第六十三条 各级人民政府应当采取措施，依法执行捕捞限额和禁渔、休渔制度，增殖渔业资源，保护渔业水域生态环境。

国家引导、支持从事捕捞业的农（渔）民和农（渔）业生产经营组织从事水产养殖业或者其他职业，对根据当地人民政府统一规划转产转业的农（渔）民，应当按照国家规定予以补助。

第六十四条 国家建立与农业生产有关的生物物种资源保护制度，保护生物多样性，对稀有、濒危、珍贵生物资源及其原生地实行重点保护。从境外引进生物物种资源应当依法进行登记或者审批，并采取相应安全控制措施。

农业转基因生物的研究、试验、生产、加工、经营及其他应用，必须依照国家规定严格实行各项安全控制措施。

第六十五条 各级农业行政主管部门应当引导农民和农业生产经营组织采取生物措施或者使用高效低毒低残留

农药、兽药，防治动植物病、虫、杂草、鼠害。

农产品采收后的秸秆及其他剩余物质应当综合利用，妥善处理，防止造成环境污染和生态破坏。

从事畜禽等动物规模养殖的单位和个人应当对粪便、废水及其他废弃物进行无害化处理或者综合利用，从事水产养殖的单位和个人应当合理投饵、施肥、使用药物，防止造成环境污染和生态破坏。

第六十六条　县级以上人民政府应当采取措施，督促有关单位进行治理，防治废水、废气和固体废弃物对农业生态环境的污染。排放废水、废气和固体废弃物造成农业生态环境污染事故的，由环境保护行政主管部门或者农业行政主管部门依法调查处理；给农民和农业生产经营组织造成损失的，有关责任者应当依法赔偿。

最高人民法院关于审理破坏草原资源刑事案件应用法律若干问题的解释

（法释[2012]15号　2012年10月22日最高人民法院审判委员会第1558次会议讨论通过）

为依法惩处破坏草原资源犯罪活动，依照《中华人民共和国刑法》的有关规定，现就审理此类刑事案件应用法律的若干问题解释如下：

第一条　违反草原法等土地管理法规，非法占用草原，改变被占用草原用途，数量较大，造成草原大量毁坏的，依照刑法第三百四十二条的规定，以非法占用农用地罪定罪处罚。

第二条　非法占用草原，改变被占用草原用途，数量在二十亩以上的，或者曾因非法占用草原受过行政处罚，在三年内又非法占用草原，改变被占用草原用途，数量在十亩以上的，应当认定为刑法第三百四十二条规定的“数量较大”。

非法占用草原，改变被占用草原用途，数量较大，具有下列情形之一的，应当认定为刑法第三百四十二条规定的“造成耕地、林地等农用地大量毁坏”：

（一）开垦草原种植粮食作物、经济作物、林木的；

（二）在草原上建窑、建房、修路、挖砂、采石、采矿、取土、剥取草皮的；

（三）在草原上堆放或者排放废弃物，造成草原的原有植被严重毁坏或者严重污染的；

（四）违反草原保护、建设、利用规划种植牧草和饲料作物，造成草原沙化或者水土严重流失的；

（五）其他造成草原严重毁坏的情形。

第三条　国家机关工作人员徇私舞弊，违反草原法等土地管理法规，具有下列情形之一的，应当认定为刑法第四百一十条规定的“情节严重”：

（一）非法批准征收、征用、占用草原四十亩以上的；

（二）非法批准征收、征用、占用草原，造成二十亩以上草原被毁坏的；

（三）非法批准征收、征用、占用草原，造成直接经济损失三十万元以上，或者具有其他恶劣情节的。

具有下列情形之一，应当认定为刑法第四百一十条规定的“致使国家或者集体利益遭受特别重大损失”：

（一）非法批准征收、征用、占用草原八十亩以上的；

（二）非法批准征收、征用、占用草原，造成四十亩以上草原被毁坏的；

（三）非法批准征收、征用、占用草原，造成直接经济损失六十万元以上，或者具有其他特别恶劣情节的。

第四条　以暴力、威胁方法阻碍草原监督检查人员依法执行职务，构成犯罪的，依照刑法第二百七十七条的规定，以妨害公务罪追究刑事责任。

煽动群众暴力抗拒草原法律、行政法规实施，构成犯罪的，依照刑法第二百七十八条的规定，以煽动暴力抗拒法律实施罪追究刑事责任。

第五条　单位实施刑法第三百四十二条规定的行为，对单位判处罚金，并对其直接负责的主管人员和其他直接责任人员，依照本解释规定的定罪量刑标准定罪处罚。

第六条　多次实施破坏草原资源的违法犯罪行为，未经处理，应当依法追究刑事责任的，按照累计的数量、数额定罪处罚。

第七条　本解释所称“草原”，是指天然草原和人工草地，天然草原包括草地、草山和草坡，人工草地包括改良草地和退耕还草地，不包括城镇草地。

规划方案

全国现代农业发展规划（2011—2015年）（节录）

（国发〔2012〕4号　国务院二〇一二年一月十三日印发）

在工业化、城镇化深入发展中同步推进农业现代化，是“十二五”时期的一项重大任务。加快发展现代农业，既是转变经济发展方式、全面建设小康社会的重要内容，也是提高农业综合生产能力、增加农民收入、建设社会主义新农村的必然要求。为贯彻落实《中华人民共和国国民经济和社会发展第十二个五年规划纲要》精神，指导全国“十二五”现代农业建设和发展，编制本规划。

三、重点任务

从加快转变农业发展方式的关键环节入手，重点加强事关现代农业发展全局、影响长远的八个方面建设。

（七）加强农业资源和生态环境保护。

加强农业资源保护。继续实行最严格的耕地保护制度，加强耕地质量建设，确保耕地保有量保持在18.18亿亩，基本农田不低于15.6亿亩。科学保护和合理利用水资源，大力发展节水增效农业，继续建设国家级旱作农业示范区。坚持基本草原保护制度，推行禁牧、休牧和划区轮牧，实施草原保护重大工程。加大水生生物资源养护力度，扩大增殖放流规模，强化水生生态修复和建设。加强畜禽遗传资源和农业野生植物资源保护。

加强农业生态环境治理。鼓励使用生物农药、高效低毒低残留农药和有机肥料，回收再利用农膜和农药包装物，加快规模养殖场粪污处理利用，治理和控制农业面源污染。加快开发以农作物秸秆等为主要原料的肥料、饲料、工业原料和生物质燃料，培育门类丰富、层次齐全的综合利用产业，建立秸秆禁烧和综合利用的长效机制。继续实施农村沼气工程，大力推进农村清洁工程建设，清洁水源、田园和家园。

大力推进农业节能减排。树立绿色、低碳发展理念，积极发展资源节约型和环境友好型农业，大力推广节地、节水、节种、节肥、节药、节能和循环农业技术，淘汰报废高耗能老旧农业机械，加快老旧渔船更新改造，推进形成“资源—产品—废弃物—再生资源”的循环农业方式，不断增强农业可持续发展能力。

五、重大工程

围绕重点建设任务，以最急需、最关键、最薄弱的环节和领域为重点，组织实施一批重大工程，全面夯实现代农业发展的物质基础。

（十二）农村沼气工程。加快户用沼气、养殖小区和联户沼气、大中型沼气工程建设，完善沼气服务和科技支撑体系。

（十三）草原保护与建设工程。加大天然草原退牧还草工程实施力度，加强京津风沙源区草地治理，继续加强三江源等地区草原生态建设，开展草原自然保护区建设和南方草地综合治理，加快实施游牧民定居工程。改良草原3亿亩，人工种草1.5亿亩。

>>>

低碳科技

关于印发“十二五”国家应对气候变化科技发展专项规划的通知

国科发计〔2012〕700号

各省、自治区、直辖市、计划单列市及新疆生产建设兵团有关部门，各有关单位：

为了贯彻落实《国家中长期科学和技术发展规划纲要（2006—2020年）》，配合《国民经济和社会发展第十二个五年规划（2011-2015年）》实施，指导应对气候变化科技发展，科学技术部、外交部、国家发展改革委、教育部、工业和信息化部、财政部、环境保护部、住房和城乡建设部、水利部、农业部、国家林业局、中国科学院、中国气象局、国家自然科学基金委员会、国家海洋局、中国科学技术协会等部门联合制定了《“十二五”国家应对气候变化科技发展专项规划》，现印发你们，请结合本部门、本地区的实际情况贯彻落实。

特此通知。

附件：“十二五”国家应对气候变化科技发展专项规划

科学技术部　外交部　国家发展改革委
教育部　工业和信息化部　财政部
环境保护部　住房和城乡建设部　水利部
农业部　国家林业局　中国科学院
中国气象局　国家自然科学基金委员会
国家海洋局　中国科学技术协会
二〇一二年五月四日

附件：

“十二五”国家应对气候变化科技发展专项规划

一、形势——挑战与机遇

（一）气候变化是全人类面临的重大问题

20世纪以来，全球气候正经历着以变暖为主要特征的显著变化。从1992年的《联合国气候变化框架公约》和1997的《京都议定书》，到2010年的《坎昆协议》，全球气候变化及其影响日益成为世界关注的热点。

自工业革命以来，全球大气二氧化碳浓度已从约280ppm（百万分之一体积比）增加到2010年的389.8ppm。政府间气候变化专门委员会第四次评估报告指出，1906-2005年全球地表平均气温升高了0.74℃，到21世纪末全球平均温度可能上升1.1～6.4℃，海平面将上升0.2～0.6米。气候变化已经并将继续对自然和社会经济系统产生重大影响。以上科学认识已成为国际社会及各国制定气候政策和处理气候变化国际事务的根本出发点。

气候变化是环境问题，同时也是发展问题。气候变化对当今人类社会构成了巨大挑战，国际社会正在为应对气候变化的挑战而采取积极的减缓和适应行动，这些行动不仅是人类规避气候变化灾难性影响的举措，而且提出了如何实现低碳发展的问题，将对未来的经济社会发展构成深远的影响。

（二）应对气候变化是我国实现科学发展的重大需求

气候变化事关国家经济安全和社会可持续发展。近百年来我国气候也经历了变暖过程，气候变化已经给我国地表环境和自然生态系统带来深刻的影响，并影响到社会经济系统。作为经济快速发展的发展中大国，过去30年我国温室气体排放增长迅速，目前的年排放量已位居世界前列。尽管我国单位GDP的能耗和温室气体排放强度呈下降趋势，但能源消耗和温室气体排放总量持续增加的趋势短期内难以扭转。

中国政府高度重视气候变化问题，积极实施应对气候变化的战略和行动。1993年我国成立了国家气候变化协调小组，2007年成立了温家宝总理任组长的国家应对气候变化工作领导小组。2007年，中国共产党第十七次全国代表大会报告中明确提出，要“加强应对气候变化能力建设，为保护全球气候作出新贡献”；同年，发布了《应对气候变化国家方案》。2009年8月，十一届全国人大常委会第十次会议通过了《关于积极应对气候变化的决议》；11月，国务院常务会议决定，到2020年我国单位GDP二氧化碳排放比2005年下降40%～45%，非化石能源占一次能源消费的比重达到15%左右，森林面积比2005年增加4000万公顷，森林蓄积量比2005年增加13亿立方米。

积极应对气候变化，事关我国经济社会发展全局和人民群众切身利益，事关人类生存和各国发展。积极应对气候变化，既是顺应当今世界发展趋势的客观要求，也是我国实现可持续发展的内在需要和历史机遇。应对气候变化涉及许多领域，是复杂的系统工程。必须深入贯彻落实科学发展观，坚持减缓与适应并重，坚持依靠科技进步和技术创新，增强控制温室气体排放和适应气候变化能力；坚持通过结构调整和产业升级促进节能减排，通过转变发展方式实现可持续发展。

（三）应对气候变化需要强大的科技支撑

应对气候变化归根到底要依靠科学技术进步与创新。认识气候变化规律、识别气候变化的影响、开发适应和减缓气候变化的技术、制定妥善应对气候变化的政策措施、参加应对气候变化国际规则的制定等，无不需要气候变化科技工作的有力支撑。

为应对气候变化的挑战，世界主要发达国家和部分发展中国家纷纷制定气候变化综合研究计划并出台相关政策，加强基础研究，推动实用技术研发。

作为国际全球变化研究的发起国和世界上较早开展气候变化研究的国家之一，我国努力实现气候变化领域的科技进步和创新，积极推进相关国际科技合作。《中国应对气候变化国家方案》明确提出要依靠科技进步和创新应对气候变化；《国家中长期科学和技术发展规划纲要（2006－2020年）》把气候变化相关科技研发确定为科技发展的优先领域和优先主题的重要内容；2007年6月，科技部、国家发改委等14个部委联合发布了《中国应对气候变化科技专项行动》。

近30年来，我国气候变化研究及相关的科技取得了重要进展：建立了一批与气候变化研究相关的研究机构和基地，形成了一支颇具规模的研究队伍，初步构建气候变化观测和监测网络框架；在气候变化的规律、机制、区域响应及与人类活动的相互关系等方面开展了一系列研究，取得了一批国际公认的研究成果；发展了一系列可再生能源和新能源技术，形成了一批高效的减缓与适应实用技术。但与国际领先水平相比尚存在差距：应对气候变化科技战略顶层设计不足，科学研究、技术研发与应用之间的协调不够，长期稳定支持的机制建设有待加强；科学研究的国际视野欠缺，自主创新研究不足，前瞻性不强；减缓与适应技术研发滞后，尚不能充分满足国家需求；缺乏有国际影响力的机构，研究队伍有待优化；信息共享机制亟待建立，资源整合有待加强。

为在“十二五”时期加强我国应对气候变化科技工作，服务国家应对气候变化的战略需求，特此制订《“十二五”国家应对气候变化科技发展专项规划》（以下简称《专项规划》）。

二、指导思想与目标

（一）指导思想

以科学发展观为指导，贯彻落实《国家中长期科学和技术发展规划纲要（2006—2020年）》和《国民经济和社会发展第十二个五年规划纲要》，以“全球视野、服务大局，统筹规划、重点突破，交叉融合、自主创新，强化能力、培养人才”为原则，面向国家重大需求和国际科技前沿，提升我国应对气候变化科学研究水平，增强减缓与适应气候变化技术研发的创新能力，发挥科技在应对气候变化中的支撑和引领作用，促进经济发展方式转变和经济社会可持续发展。

（二）基本原则

1. 全球视野，服务大局。按照“加强应对气候变化能力建设，为保护全球气候作出新贡献”的要求，瞄准国际前沿和国家重大需求，服务于国内和国际两个大局，以全球视野凝练战略目标，充分利用全球科技资源，对我国应对气候变化的科技行动进行整体规划布局。

2. 统筹规划，重点突破。坚持在可持续发展框架下积极应对气候变化，统筹考虑减缓与适应、当前利益与长远战略，服务于经济社会发展和生态文明建设。针对薄弱环节，集中力量在关键性、紧迫性、全局性的应对气候变化科技问题上实现重点突破。

3. 交叉融合，自主创新。针对我国应对气候变化的关键科学和技术问题，有效协调和整合各方面科技资源，加强自然科学与社会科学之间的融合，通过学科间的互相推动，促进原始创新，实现应对气候变化科技工作的整体跨越式发展。

4. 强化能力，培养人才。加强气候变化观测、模拟、实验、共享等科技基础设施和减缓与适应气候变化技术研发能力的建设，建立具有较强保障能力的应对气候变化科技支撑体系。加强应对气候变化的各类科技人才的培养，建立现代人才激励与竞争机制，加大海外优秀人才和智力的引进力度。

（三）规划目标

《专项规划》的总体目标是：提升我国在应对气候变化领域的科技实力，缩小与国际领先水平的差距；推动我国减缓和适应气候变化技术创新和推广应用，支撑我国可持续发展战略实施，支撑“十二五”时期和2020年单位

GDP二氧化碳排放、非化石能源占一次能源消费比重、森林覆盖率和蓄积量等目标的实现；健全应对气候变化科技的政策法规，完善应对气候变化科技的国家管理体系。具体目标包括：

1. 气候变化的科学研究水平得到显著提高。具有国际先进水平的气候变化观测、监测平台和地球系统模式初步建立，温室气体浓度监测卫星研发成功并应用，气候变化相关观测系统、高性能计算软件和配套硬件设备的研发水平得到提高；在气候变化事实、机制、归因、模拟、预测，以及影响评估和适应模式等方面的研究水平进入国际先进行列。

2. 应对气候变化的技术创新和科学决策能力得到显著增强。应对气候变化科技创新体系建立并不断完善，低碳技术与适应气候变化技术得到大力发展，碳排放核算、核查与监督的科技支撑体系初步建立，科技与政治、经济、社会、外交、法律、政策的综合研究得到加强，有力支撑我国减缓和适应气候变化以及绿色发展战略思路和对策的提出。

3. 气候变化研究的人才队伍、基地建设与国际科技合作水平得到提升。跨学科、跨领域、国际化的高水平科研队伍基本形成，建成应对气候变化科研基地，科研资源服务和共享能力明显提升，开放型国际科研平台建设得到加强，为提高我国应对气候变化科技研发水平提供有力保障。

4. 应对全球气候变化科技的宏观协调和管理服务能力得到明显加强。对应对气候变化科技工作的支持力度不断加强，对基础研究、技术开发、能力建设和决策支持的统筹得到加强，各领域、各部门应对气候变化科技工作协调配合得到加强，应对气候变化科技的管理效能不断提高。

三、重点方向

（一）科学基础

1.气候变化观测的理论、方法与技术

研究提出准确描述气候变化的基本变量，以及基本变量的有效观测方法和技术，评估与改进现有温度、降雨量、云等基本变量的观测技术、方法，加强大气温室气体浓度等大气成分变化的卫星观测和反演，完善气候变化观测网络与观测规范。

2. 长序列、高精度的过去气候变化重建

发展长序列、高精度过去气候变化重建的新理论、新方法和新技术，研究多种气候变化记录代用资料的有效集成方法、过去气候变化的历史借鉴。

3. 全球气候变化的规律与机理

发展全球气候变化事实的诊断、规律与特征分析，研究自然驱动力自身的变化规律与定量描述、驱动过程与机制，以及驱动力、驱动过程间的交互作用，人类活动对气候的影响方式、特点与量化归因分析，人类活动与自然驱动力的交互作用研究。未来20～50年自然与人为驱动力的变化趋势，气候系统对驱动力变化的响应，即气候系统各圈层的相互作用，气候系统的稳态运行规律、临界阈值与自适应机制，气候系统的非线性特征、突变与触发机制。开展地球工程的相关基础理论探索研究。

4. 全球气候变化数据的综合集成

研究气候系统关键要素观测数据的同化方法、融合与集成技术，包括多源、多尺度数据在同一个演进的地球系统中的一致性表达，不同物理机制下不同模型融合到统一的地球系统模型中。发展多用途数据产品的生成，区域碳收支定量认证及碳汇核算，影响气候的人类活动数据集成，全球气候变化数据网络（库）的设计构建与共享服务。

5. 地球系统模式的发展和气候变化的模拟与预估

推进气候系统模式发展与完善及模拟，研究地球系统模式的设计，关键物理、化学、生物过程的参数化及其不确定性，重要耦合过程（如云－气溶胶－辐射相互作用等）的耦合技术，地球系统模式的高性能集成环境的创建与计算方法的发展，地球系统重要气候事件和过程的模拟，气候变化的可预报性及预测理论、方法与技术。

（二）影响与适应

围绕水资源、农业、林业、海洋、人体健康、生态系统、重大工程、防灾减灾等重点领域，着力提升气候变化影响的机理与评估方法研究水平，增强适应理论与技术研发能力，开展典型脆弱区域和领域适应示范，积极推进应对气候变化与区域可持续发展综合示范。

1. 气候变化影响的机理与评估方法

加强气候变化及极端气候事件影响机理的实验与综合评估模型研究，开展气候变化影响的脆弱性与风险分析，评估已经发生的气候变化以及全球持续升温情景对各领域和区域的综合影响。

2. 适应理论与技术研发

开展我国部门、行业、区域适应理论与方法学研究，开发适应决策支持系统，评估适应资金与技术需求，研发脆弱领域和针对性强的适应技术，开发极端气候事件的防御及防灾减灾技术，构建适应气候变化的技术体系，制定适应气候变化的相关技术标准，加强适应技术的集成与应用推广。

3. 典型脆弱领域和区域适应示范

围绕农业、林业、水资源、人体健康、生物多样性与生态系统、重大工程、防灾减灾等主要领域和水资源脆弱区、自然灾害频发区、农牧交错带、海岸带及生态脆弱区、青藏高原等典型区域，开展适应对策和措施研究，分析适应措施的成本效益，开展适应气候变化的技术和示范。

4. 适应气候变化与区域可持续发展

开展气候变化影响的重点区域、脆弱人群与适应优先事项研究。加强气候变化适应与区域经济社会发展规划、气候变化适应与欠发达地区的经济和社会发展计划与规划的结合研究，开展适应气候变化政策制定和立法研究，以及适应气候变化领域的国际合作研究。

（三）减缓

着力提高减缓温室气体排放和促进低碳经济的科技支撑能力，推动非化石能源和洁净煤技术的创新和市场化推广，加强工业、建筑、交通等重点领域节能和提高能效新技术开发，推进林业碳汇、工业固碳的关键技术研发，着力解决碳捕集、利用和封存等关键技术的成本降低和市场化应用问题，建立二氧化碳排放统计监测技术体系，为完成国家二氧化碳排放强度和能源强度约束性指标提供支撑。

1. 节能和提高能效

以发展循环经济和提高能源利用率为原则，以工业、建筑、交通等主要耗能领域的单项技术、系统集成技术以及共性关键技术为重点，研究开发高耗能行业的能源梯级综合利用技术、工业余能余热高效利用技术、建筑与基础设施节能技术、交通运输工具的节能技术和新能源利用技术。

2. 清洁能源和洁净煤

以支撑清洁能源技术的规模化与经济利用为目标，开发高性价比风力发电技术、太阳光伏电池及利用技术和太阳能光热发电技术，加强燃料电池、生物质能、核能、氢能、地热能、海洋能等的开发利用技术研发。瞄准主力在役能源的清洁和低碳化，加强煤的清洁高效开发利用技术、煤基清洁能源生产技术和非常规天然气规模化开发利用技术。

3. 碳的增汇、捕集利用与封存

研究生物固碳工程技术，研究通过改变土地利用方式和调控农业生产方式以减少温室气体排放的技术，开展二氧化碳捕集、利用与封存技术研究和示范。

4. 碳收支的监测与管理

建立碳源、碳汇的综合监测技术体系，研究符合我国国情的温室气体清单编制标准和方法，研究我国区域、行业碳收支状况核算的方法与技术，构建支持温室气体减排测算、报告和核查的关键技术与管理体系。

（四）经济社会发展

重点加强应对气候变化的重大战略与政策研究，推动我国低碳和可持续发展科技支撑体系建设与综合示范，提高公众参与应对气候变化意识。

1. 国家重大战略与政策

研究建立和完善涉及应对气候变化的相关制度、法律、政策、行动措施和考核体系，研究我国与应对气候变化相适应的国际贸易战略与政策，研究建立我国碳排放权交易市场的技术支撑体系。研究制定气候变化适应战略措施与行动计划，研究提出我国应对气候变化的重大前沿科技发展战略及与区域性气候、资源、环境演变规律和承载能力相协调的区域可持续发展战略。

2. 国际战略与国际合作

研究气候变化背景下的国际政治经济新秩序，分析其对我国经济、贸易、资源、能源和生态安全的影响。研究气候友好技术转移及知识产权保护战略，研究开发气候、经济、社会发展综合分析模型。分析全球及主要国家温室气体长期目标、减排路径、减缓和适应成本及应对气候变化的制度设计，研究与气候变化相关的国际公约的演变和发展趋势，研究完善我国应对气候变化的国际战略，研究气候变化影响下的极地保护与合作战略，积极开展应对气候变化的国际合作研究。

3. 低碳与可持续发展

研究绿色、低碳发展理论，分析我国温室气体减排的潜力、影响与社会经济成本、收益，研究工业化、农业现代化和城镇化进程中的减排策略，提出我国的低碳发展路线图。研究气候变化对社会发展和区域人民生计的影响，开展适应气候变化的区域社会经济布局研究。开展重点领域和区域应对气候变化能力建设与示范，开展基础设施和重大工程适应气候变化的技术和管理研究。开展国家可持续发展实验区应对气候变化的政策、技术综合示范。

4. 公众意识

传播绿色、低碳和可持续发展理念，促进全民绿色、低碳消费行为模式的转变，加强科学普及，推进应对气候变化的教育普及体系和知识传播体系的建设，提高全民积极参与应对气候变化的意识，促进社会组织参与应对气候变化的行动。

四、重点任务

（一）基础研究

1. 全球气候变化的事实、过程和机理研究

研究全球气候变化的事实、成因及多尺度相互作用，探索海陆气相互作用的过程和机理及其与全球气候的关系，研究全球气候变化的敏感性、突变及其变化的可预报性，全球变化敏感区的气候与环境变化规律及其预测，日地关系、地球深部过程对全球变化的影响。

2. 人类活动对气候变化的影响研究

研究建立全球温室气体排放历史、碳转移检（监）测技术体系，开展大尺度土地与近海利用变化对全球气候变化的影响研究，研究人为气溶胶排放对全球气候变化的影响、人类活动对20世纪全球增温的影响。

3. 气候变化的影响及适应研究

研究生物圈的结构功能对气候变化的响应和调控途径，冰冻圈的变化及其影响，气候变化对水资源和海洋环境的影响及人类适应途径，极端天气气候事件演变规律、影响与适应，气候变化对粮食安全和人类健康的影响与适应，气候变化对我国社会经济发展的影响与适应，气候变化经济学、气候系统管理与综合风险防范，气候系统适应全球变化的弹性与阈值。

4. 气候系统综合观测和数据集成研究

开展全球气候变化关键参数和过程的综合观（监）测、高精度遥感器的原理研究和遥感与地面观测资料的校准；研究气候系统多源观测数据的质量控制、同化、融合与集成及共享机制。

5. 地球系统模式发展与数值模拟研究

开展高分辨率气候系统模式的研发与气候预测；开展地球系统模式的研发及其高效并行算法研究与并行耦合器研制，开展气候变化对陆面、海洋、生态和生物地球化学过程的影响及其对气候反馈作用的评估与气候系统变化预估。

（二）减缓与适应技术

选择一批跨部门、跨领域、可操作性强、应用前景广阔的减缓和适应气候变化技术进行重点支持、集中攻关并示范。

重点发展以下十项关键减缓技术：（1）高参数超超临界发电技术；（2）整体煤气化联合循环技术；（3）非常规天然气资源的勘探与开发技术；（4）大规模可再生能源发电、储能和并网技术；（5）新能源汽车技术及低碳替代燃料技术；（6）城市能源供应侧和终端侧的节能减排技术；（7）建筑节能技术；（8）钢铁、冶金、化工和建材生产过程中节能与余能余热规模利用技术；（9）农林牧业及湿地固碳增汇技术；（10）碳捕获利用及封存技术。

重点发展以下十项关键适应技术：（1）极端天气气候事件预测预警技术；（2）干旱地区水资源开发与高效利用、合理配置与优化调度技术；（3）植物抗旱耐高温品种选育与病虫害防治技术；（4）典型气候敏感生态系统的保护与修复技术；（5）气候变化的影响与风险评估技术；（6）人体健康综合适应技术；（7）典型海岸带综合适应技术；（8）应对极端天气气候事件的城市生命线工程安全保障技术；（9）重点行业适应气候变化的标准与规范修订；（10）人工影响天气技术。

针对相关领域和部门发展以下减缓与适应技术：

1. 能源领域

在化石燃料开发与利用方面，发展非常规油气勘探、开发与处理技术，煤炭开发过程中发展甲烷气排放控制技术、煤层气及矿井抽放气开采与利用技术；发展高参数超临界发电关键技术、整体煤气化联合循环技术，发展天然气分布式供能技术，发展煤基低碳替代燃料及化学品生产关键技术。

在可再生能源方面，大力发展水能、风能、太阳能、生物质能高效开发利用的相关技术。水能开发利用方面，发展大型复杂水电站群的优化规划技术、流域梯级水电站群多目标联合运行和优化调度技术、高效水力发电技术；风能开发利用方面，发展大规模风能利用的风场技术、大型海上风电技术、风力资源预测技术；太阳能开发利用方面，发展太阳能光伏发电关键技术、太阳能热利用技术、太阳能热发电技术；生物质能的开发利用方面，发展能源植物培育技术、生物质成型燃料技术、生物燃料生产关键技术和垃圾填埋气、沼气净化与能源化利用技术。开展基于可再生能源的制－储－用一体化燃料电池发电集成示范。

在核能技术方面，研发第四代核能技术的钠冷快堆技术、超高温气冷堆、一体化压水堆技术、先进核燃料关键技术、规模化制氢技术，并开展相关示范。

在能源输送与调配方面，重点发展以大规模间歇式电源友好接入和协调控制技术、电网优化配置资源能力提升技术、电动汽车充换电及规模化储能技术、供电可靠性提升技术、用户双向互动服务技术、信息通信支撑技术为代表的智能电网技术。

在节能技术方面，发展高效通用机械及辅助设备技术、电力电子设备节能关键技术、低温余热发电技术、用户侧节能管理技术等。

2. 工业领域

在钢铁工业领域，发展煤粉的催化强化燃烧及减排关键技术、微波冶金技术、无水装煤炼焦技术、高炉渣余热回收关键技术、低品质热能回收及综合利用技术等。

在建材制造和应用领域，重点研发低碳排放的胶凝材料、生物质材料和节能及太阳能建筑用新型建筑材料等。

在石油与化工领域，发展新型化工过程强化技术、工业排放气高效利用技术等。

在有色金属领域，发展复杂矿物选别与富集技术，研发高效节能采选设备，有色金属冶炼过程节能降耗的控制与优化技术、液态高铅渣直接还原工艺和炉型，优化热法炼镁工艺装备，研发高性能长寿命动力电池用关键材料、余热利用与节能技术、可循环再生有色金属流程装备等。

在先进制造领域，开展低能耗、低排放制造工艺和装备技术开发及应用示范，加强高耗能生产装备的节能优化设计、制造及应用推广，加强制造系统的节能优化运行技术及示范推广，加强资源循环利用关键技术及应用示范等。

3. 交通领域

开发传统汽车节能减排技术、低碳交通替代能源技术、轨道交通和大型综合交通枢纽节能技术，推动新能源汽车、电动汽车重大科技产业化及动力电池突破计划。

发展高效环保航空动力综合能量管理技术、大涵道比涡扇发动机低排放燃烧室设计技术、高效低能耗大涵道比压缩系统耦合设计技术、高效低能耗涡轮气动设计技术、高效通用航空器发动机技术和航空器轻量低阻技术。发展节能船型及其关键装备技术。

4. 建筑与人居领域

开展提高大型热电联产电厂能源利用效率和城市管网热量输送能力的关键技术研发及示范，开发利用热泵改造各种供热锅炉并回收排烟潜热技术、集中供热供冷技术、分布式能源应用技术、LED相关的光源、灯具、控制和新的照明设计方法等建筑节能关键技术，垃圾和污水处理的资源化和低碳化技术；根据北方区域的气候特点，研发针对北方中小城镇的高效集中供热热源方式为主的城市能源供应系统的节能和减排技术、城市集中供热采暖末端的室温调节技术；根据长江流域及以南地区的气候特点，研发住宅的分散式室内环境调控新系统，在适宜地区研发和推广木结构建筑。

研发农村的建筑保温技术，优化北方“炕一灶”系统，研发高效低成本的秸秆压缩成型技术和相应装置、生物质热制气技术和系统，大力推广农村地区沼气生产关键技术和示范。

5. 农业、林业与其他土地利用

在减排技术研发方面，重点发展生产过程中机械节能减排技术、减少反刍动物甲烷排放和动物废弃物资源化利用技术、适合于我国国情的农业秸秆与林业生物质能源生产与利用技术、标准化建设以及CDM方法学。

在适应技术研发方面，加强农业应对极端天气气候事件的监测预警和防灾减灾技术研发与应用推广，完善农田温室气体排放控制技术和检测方法学；加强培育抗逆植物品种的生物学技术和作物结构调整技术研发。

在固碳增汇技术研发方面，加快研发中低产田改造的增产与固碳增汇技术，造林、再造林、森林抚育经营、森林保护与管理技术，森林退化区植被恢复与重建技术，草地、荒漠化地区植被恢复和湿地生态系统恢复与管理工程增汇关键技术，探索碳汇渔业关键技术,构建近海增汇水产养殖模式。

6. 海洋与海岸带

开展近海生态系统碳源汇评估与固碳关键技术，探索海洋能利用技术，开展典型海洋生态系统的保护、修复与适应技术研发与示范，加强与气候变化关系密切的风暴潮、巨浪、赤潮等海洋灾害预警关键技术研发。

7. 水资源

开展气候变化对我国降水、水资源空间分布的影响评估，研发适应区域旱涝的水资源优化与跨流域调水配置方案；研发洪水资源化利用、海水淡化、中水处理和应用技术，以及空中云水资源开发利用技术；研究气候变化对水利工程的影响评估与适应技术，研究制定抗冰冻与抗高温的水工建筑物设计标准，开发高性能混凝土与替代物应用技术；加强重大洪涝和干旱灾害的监测、预警和防御技术。

8. 生态与环境

重点加强气候变化对区域自然生态系统及生物多样性的影响评估技术研发，发展适应气候变化的生态功能恢复关键技术与珍稀濒危动植物保护与恢复技术，加强气候变化引起的外来物种入侵风险评估与监测、防控技术。

重点研发温室气体与主要污染物排放关系的评估技术、区域温室气体排放控制与大气污染协同治理的关键技术，发展重要工业固定源温室气体排放监测技术，以及产品低碳标识和认证技术。

9. 二氧化碳捕集、利用与封存技术开发与示范领域

研发低能耗的燃烧前、燃烧后及富氧燃烧、碳捕集流程工艺及关键技术，研究与建立埋存地址鉴定与选址、地下二氧化碳流动监测与模拟、泄漏风险评估与处理、测量与监测等关键技术，开展二氧化碳强化采油、微藻制油和化工利用等二氧化碳利用技术的研发与示范，开展二氧化碳捕集、利用与封存技术路线图及相关法律法规研究，围绕发电、钢铁、水泥、化工等重点行业开展二氧化碳捕集、利用与封存技术的综合集成与示范。

（三）经济社会可持续发展

1. 应对气候变化的战略研究

研究全球应对气候变化引发的国际经济社会发展模式、竞争力与竞争格局、资源供需格局、贸易规则等的变化及其给我国带来的挑战与机遇，研究气候变化国际谈判中的减缓机制、技术转让机制、资金机制、适应机制与碳市场机制等，提出维护我国国家利益的具体谈判策略和方案；建立适应－减排－发展关系的耦合模型和温室气体排放路径、峰值，支撑我国应对气候变化的宏观决策。开展我国各行业、区域减排潜力和成本效益分析与比较，提出促进我国各行业减排的法规、财政、金融、科技、市场等综合机制与制度安排。

跟踪研究主要国家气候变化科技进展及政策，分析比较我国主要行业低碳技术发展水平与国际先进水平的差距，研究制定低碳技术发展路线图，编制重点行业减排的技术清单和脆弱区域及领域的适应技术清单，研究低碳技术及适应技术发展战略。

2. 重点行业低碳技术综合集成与示范

研究分析重点行业平均能效和排放水平，集成燃煤发电、钢铁、石油、化工、水泥等重点工业行业低成本减排单项技术，形成适合不同地区的减排技术模式并推广应用。示范并推广智能交通技术，在不同气候区域开展建筑、社区方面的节能技术综合示范。

3. 区域适应气候变化和可持续发展关键技术研究与示范

开展气候变化预测研究，以及不同预测结果的比较分析，确定不同区域气候变化的趋势。开展适应气候变化的区域经济布局调整研究，开展农业、林业、水利、海岸带及农牧交错带等气候敏感区适应气候变化的技术集成与示范。开展气候变化对人体健康和经济欠发达地区贫困人群生计影响的监测、评估和预警研究与示范。

4. 碳源和碳汇的监测、统计与评估体系

研究陆地生态系统碳源碳汇实时监测、估算方法与技术，研究并建立温室气体排放的测量、统计与核查方法和技术体系，研究建立能效评估、能效对标、合同能源管理的技术支撑体系，开展节能环保产业技术服务和碳排放交易技术服务在不同区域的试点和示范。

5. 重大工程应对气候变化关键技术综合集成与示范

开展气候变化对三峡水利枢纽、南水北调等水利水电工程的影响评估方法及适应技术研发，开展气候变化对西气东输等能源运输工程的影响评估方法及适应技术研发，开展气候变化对退耕还林还草等重大生态工程影响评估方法及适应技术研发。

6. 城市应对气候变化技术集成与示范

开发城市高效低碳运行的规划设计技术，开发城市改造过程中废旧材料利用技术，开展低碳城市评价体系及经济管理机制研究。研发城市热岛效应控制技术，研发减轻城市内涝和高温雾霾的相关技术，开展城市适应气候变化的综合技术集成与示范。

（四）国际科技合作

通过国家科技计划支持气候变化有关科技工作的国际合作。将应对气候变化作为优先领域纳入双边或多边政府间科技合作协议框架，并作为科技援外的重点领域。鼓励发展与主要国家、国际组织及国外知名研究机构的长期合作关系；有针对性地参与气候变化领域的国际组织和国际研究计划。

1. 参与主要国际组织及国际研究计划

紧密围绕国内需求、重点任务及我国参与联合国气候变化谈判和国际行动的要求，有针对性地参与气候变化领域的国际组织和国际研究计划；适时发起国际研究计划，扩大我国科学家及科研成果在国际上的影响力；鼓励并支持在华创建气候变化领域的国际或区域性科技组织或其分支机构；鼓励并支持我国科学家和科研管理人员在国际组

织及国际研究计划中任职、牵头或承担重要的研究或管理工作。

2. 开展具有中国特色的区域性气候变化合作研究

围绕青藏高原地区、东亚季风区等重点区域，开展以周边国家为重点、有利于提升我国气候变化基础研究能力和国际影响力的合作研究计划。在中国建立气候变化国际/区域研究中心。

3. 基础科学及观测领域的合作

围绕气候变化规律和机理、地球系统模拟、气候预测和预估、气候变化影响与评估等基础研究领域的重点问题，开展有针对性的合作研究，包括气候监测与检测技术、温室气体卫星与航空遥感技术，以及气、海、地、生综合观测技术、气候预测技术、气候系统模式、气候变化影响机制等。

4. 减缓和适应关键技术的引进消化吸收再创新及联合研发

充分利用全球科技资源，加强减缓与适应关键技术的引进消化吸收再创新及联合研发，特别是涉及战略性新兴产业发展及主要行业节能减排的减缓技术，以及脆弱地区和行业的适应技术。通过建立和完善与主要发达国家及重要国际组织的多种合作机制，开展技术合作，鼓励企业在技术合作研发、示范、产业化方面发挥主导作用，建设一批应对气候变化国际科技合作基地；深化和拓展与主要发达国家及国际组织在碳捕集、利用与封存领域的合作，包括研发、示范、能力建设及标准、环境与安全政策等。

5. 国际科技援助及南南科技合作

继续争取国际组织及发达国家的资金和技术援助，积极拓展国际资金渠道，充分利用《联合国气候变化框架公约》及《京都议定书》中的资金、技术转让、能力建设等机制，提高我国减缓和适应技术的引进消化吸收再创新能力。

以区域合作机制和基础四国合作机制等为基础，深化和拓展气候变化领域的南南科技合作；加强与非洲国家、周边邻国、小岛国、最不发达国家在观测、适应和减缓技术转移和示范、人才培训等能力建设领域的合作；推动建立基础四国气候变化技术研发联盟，加强在国际气候制度设计、谈判和履约技术性议题等领域的合作研究；加强在《公约》或其他多边、双边机制下应对气候变化适用技术的合作，建立地区技术合作及适应研究中心或网络。

（五）能力建设

1. 完善基础平台建设

完善现有相关基地平台科学仪器装备，保障其稳定运行和服务，提高现有相关基地平台应对气候变化的研发能力和水平。开发支撑观测和模拟的高性能应用软件及超级计算机系统，完善高分辨率物理气候系统模式，加强生物地球化学模式的研发，构建中国气候变化综合观测与模拟数据共享平台。

2. 优化和完善综合观测监测系统

科学规划重点领域野外研究站、监测站的布局，统一仪器设备观测方法和量值溯源标准，建立数据采集、处理、共享标准，完善应对气候变化的计量及标准体系，加强网络科研环境建设，保障野外站稳定运行，为应对气候变化提供研究场地、实验仪器设备和材料、观测数据等条件支撑。通过基地布局优化，发展新的观测技术，完善我国气候变化综合观测系统，研发数据同化、融合和再分析技术，实现多源数据同化，提高变量估计精度及极端事件的预测和评估水平。

3. 加强联合攻关与技术集成

围绕重大研发目标，加强研究实验基地和平台间的合作，开展联合攻关、专题研发和技术集成活动，科学配置增量资源。通过开展野外观测试验、基础数据积累、科学研究和示范区建设，推进适应与减缓气候变化技术的开发与推广能力，形成新能源利用、固碳减排、二氧化碳利用等多种低碳技术体系，提升我国应对气候变化科学研究原始创新能力。

4. 推动国家应对气候变化科学研究基地建设

依托现有的国家气候变化研究单位和观测（监测）网络，推动跨部门、跨行业开展应对气候变化联合研究和综合研究，协调我国应对气候变化的基础研究和应用研究。鼓励企业成立行业低碳技术联盟，搭建行业开放式技术创新平台，全面提升低碳技术创新能力。

完善气候变化的科学数据平台与资料共享机制，加强气候变化领域科学数据平台建设，推进网络化气候变化科技资源共享体系和机制建设，推进应对气候变化的公共信息发布体系和支撑技术服务网络建设。

5. 加强应对气候变化的人才队伍建设

加强我国应对气候变化相关学科专业建设，加快培养应对气候变化的综合性、专业化的人才队伍；加强青年人才培养，建立气候变化研究后备队伍；加强气候变化研究领域人才培养和引进，结合国家主体科技计划项目的实施聚集科技资源和国际合作资源，结合中组部千人计划等各类高层次人才的培养、引进计划的实施，加大海外优秀人才和智力资源的引进，培育自主创新能力强、有国际影响力的科研领军人才和人才队伍。完善人才培养引进的优惠政策，建立和完善评价体系和激励机制，稳定人才队伍；鼓励我国科学家参与国际研究计划，并积极推荐其在相关国际组织任职，提升国际影响力。

五、保障措施

（一）加强应对气候变化科技工作的协同创新

加强应对气候变化科技的整体布局，加强应对气候变化科技资源的统筹协调，加强应对气候变化科技工作的协同创新，为国家应对气候变化工作提供科技支撑。

国家科技计划加大对应对气候变化科技的投入，引导和吸引社会力量与资源，推动规划实施和规划目标实现。组织开展对基础性、前瞻性应对气候变化科技问题的研究，加强重大关键、前沿技术研发和综合集成；各有关部门结合国家需求和部门或行业特点加强应对气候变化科学和政策研究，强化技术研发、集成示范和推广应用。积极引导、吸引和支持各种社会资源和民间力量支持气候变化科技，积极鼓励各种创业机构、担保机构及民间资本支持应对气候变化相关产业发展。

（二）加强应对气候变化的科学普及与宣传工作

继续组织实施《节能减排全民科技行动方案》。编写应对气候变化相关的科普教材，建立应对气候变化的示范教育基地；以政府为主导，利用电视、网络、图书、期刊、报纸、影视和音像作品等大众传媒进行应对气候变化科学知识的普及和宣传；充分发挥各类科普教育基地作用，加强科普志愿者队伍建设；加强应对气候变化的示范引导，培育气候友好的社会道德和文化。

（三）鼓励和支持地方开展应对气候变化科技行动

各地方结合本地区经济社会发展的实际情况、气候变化影响及节能减排目标，围绕科学发展观的贯彻，统筹各方资源，加大投入，积极开展节能减排技术和适应技术的研发、示范和推广应用，加强地方应对气候变化科技队伍建设，增强地方应对气候变化科技的能力，鼓励东部发达省份在应对气候变化方面发挥带动和示范作用。

智能电网重大科技产业化工程“十二五”专项规划

（国科发计〔2012〕232号　科学技术部二〇一二年三月二十七日印发）

智能电网是实施新的能源战略和优化能源资源配置的重要平台，涵盖发电、输电、变电、配电、用电和调度各环节，广泛利用先进的信息和材料等技术，实现清洁能源的大规模接入与利用，提高能源利用效率，确保安全、可靠、优质的电力供应。实施智能电网重大科技产业化工程，对于调整我国能源结构、节能减排、应对气候变化具有重大意义。

实施智能电网技术研发和示范工程，加快推进智能电网相关产业发展，是服从国家战略、落实科学发展观的重要举措，对于转变经济发展方式、促进产业结构优化升级、加快信息化与工业化融合，具有重要的现实意义。根据国家战略要求和我国经济社会发展需要，为落实《中国应对气候变化国家方案》和《关于发挥科技支撑作用、促进经济平稳较快发展的意见》，培育战略性高技术产业，特制定本《智能电网重大科技产业化工程“十二五”专项规划》。

一、形势与需求

世界范围内智能电网的建设进程已经全面启动，许多国家都确立了智能电网建设目标、行动路线及投资计划，同时结合各自地区的监管机制、电网基础设施现状和社会发展情况，有针对性地拟定了不同的智能电网战略。美国的智能电网计划致力于在基础设施老化背景下，建设安全、可靠的现代化电网，并提高用电侧效率、降低用电成本；欧盟的超级智能电网计划以分布式电源和可再生能源的大规模利用为主要目标，同时注重能源效率的改善和提高，欧洲各国结合各自的科技优势和电力发展特点，开展了各具特色的智能电网研究和试点项目，英法德等国家着重发展泛欧洲电网互联，意大利着重发展智能表计及互动化的配电网，而丹麦则着重发展风力发电及其控制技术；加拿大由于其分省管理的电力体制，目前暂无全国性的智能电网计划，由国家自然资源署进行全国智能电网建设工作的协调，重点放在如何提升电网对大规模可再生能源的接入能力和传输能力；日本智能电网的核心是建设与太阳能发电大规模推广开发相适应的电网，解决国土面积狭小、能源资源短缺与社会经济发展的矛盾；韩国的智能电网研究重点放在智能绿色城市建设上，目前已经在济州岛建设综合性的智能城市示范工程；澳大利亚智能电网建设的目标是发展可再生能源和提高能量利用效率，主要工作集中在智能表计的实施及其相关的需求侧管理方面。

综合世界各地区建设智能电网的进程来看，智能电网的关注热点包括：（1）大规模可再生能源发电的接入技术及其与大规模储能联合运行技术；（2）大电网互联、远距离输电及其相关控制技术；（3）配电自动化和微网；

（4）用户侧的智能表计及需求响应技术。

我国也高度关注智能电网。胡锦涛总书记2010年6月7日在两院院士大会上的讲话中，提出要重点推动的科技发展方向的第一项就是“大力发展能源资源开发利用科学技术”，而“构建覆盖城乡的智能、高效、可靠的电网体系”是其核心内容。温家宝总理2010年3月5日在第十一届全国人民代表大会第三次会议上所做的政府工作报告中明确提出要“大力开发低碳技术，推广高效节能技术，积极发展新能源和可再生能源，加强智能电网建设”。2011年3月发布的《国民经济和社会发展第十二个五年规划纲要》提出的“十二五”期间电力行业转型升级、提高产业核心竞争力的总体任务是“适应大规模跨区输电和新能源发电并网的要求，加快现代电网体系建设，进一步扩大西电东送规模，完善区域主干电网，发展特高压等大容量、高效率、远距离先进输电技术，依托信息、控制和储能等先进技术，推进智能电网建设，切实加强城乡电网建设与改造，增强电网优化配置电力能力和供电可靠性。”科技部于2009年11月24日发布的《关于加快我国智能电网技术发展的报告》中提出了明确的目标和任务。国家电网公司于2009年5月发布了“坚强智能电网”愿景及建设路线图，中国南方电网有限责任公司在2010年7月提出“建设一个覆盖城乡的智能、高效、可靠的绿色电网”。

总结我国能源和电力发展现状，面临两个基本现实：一是能源资源贫乏，难以支撑现在的社会经济发展模式，而且能源资源与用电需求地理分布上极不均衡；二是气候变化催生的低碳社会经济发展模式对电力系统发展的压力迫在眉睫。为适应能源需求和气候变化的压力，各种新能源和可再生能源发电的发展目标是作为传统火力发电的替代电源而非补充电源，而集约化的发展模式带来的并网技术难题远远超越了世界上的其他国家和地区。

建设智能电网，充分发挥电网在资源优化配置、服务国民经济发展中的作用，对我国经济社会全面、协调、可持续发展具有十分重要的战略意义。建设智能电网也是电网领域的一次重大技术革命，是本轮能源技术变革的重要内容，在研究先进输变电技术的基础上，依靠现代先进通信技术、信息技术、设备制造技术，在发电、输变电、配用电以及电网运行控制等各个环节实现全面的技术跨越，在不断提升电网输配电能力的基础上，通过现代先进技术的高度融合，大规模开发和利用新能源和可再生能源、全面提高大电网运行控制的智能化水平，提高电网输电及供电能力、抵御重大故障及自然灾害的能力，提升供电服务能力和水平，实现我国电网的跨越式发展。

建设智能电网有助于解决以下的能源与电力的战略需求：

一是电网支撑大范围优化资源配置能力亟待提高。我国能源资源与用电需求地理分布上极不均衡，决定了我国必须走远距离、大规模输电和全国范围优化能源资源配置的道路。大规模、集中式的水电、煤电、风电、太阳能、核电等能源基地开发，需要电网进一步提升资源配置能力。

二是现有电力系统难以适应清洁能源跨越式发展。我国风资源丰富地区主要集中在东北、华北、西北等区域，这些地区大多负荷水平较低、调峰能力有限，大规模风电就地利用困难，需要远距离大容量输送，在大区以至全国范围内实现电量消纳。同时，我国风电和太阳能发电存在分散接入和规模开发两种形式，大规模接入对电网的规划、调度、运行及安全保障技术提出了新的挑战。

三是大电网安全稳定运行面临巨大压力。我国电网安全稳定运行面临的压力主要来自如下几个方面：其一是电力工业规模迅速扩大，目前我国电网已成为世界上电压等级最高、规模最大的电网之一，2010年底总装机容量位居世界第二，并且仍处于持续、快速增长阶段。其二是电网结构日趋复杂，形成了全国联网的交直流互联大电网。其三是自然灾害频发，冰灾、地震、台风等极端灾害对电网的安全造成了极大的威胁。

四是用户多元化需求对现有电网提出新的挑战。智能配用电环节要满足分布式电源接入、电动汽车充放电、电网与用户双向互动的需求。亟需突破大规模分布式电源接入配电网的关键支撑技术。电动汽车发展已进入产业化发展期，电动汽车充放电技术亟需突破。智能城市和智能家居的发展，开辟了灵活互动的电能利用新模式，迫切需要建立开放的智能用电平台。

五是能源供应结构还需完善，能源利用效率需要进一步提升。当前及未来相当长的时间内，我国能源供应结构中，煤炭一直会占据绝对优势的地位。这种以煤为主的能源结构，使我国在大气污染排放方面成为世界的主要关注对象。此外，随着我国经济的高速发展，对能源的需求还将迅速增加。在这种情况下，推动节能减排、提高能源利用效率将是服务“两型”社会建设，促进经济社会可持续发展的必然趋势。

六是电网发展对关键技术和装备提出更高要求。提高设备运行的安全性及经济性，节约维护费用，需要以智能化的输变电设备为基础，实现设备全寿命周期管理，提高输变电资产的利用效率。提高电网运行的安全性和稳定性，需通过智能化的输变电设备与电网间的有效信息互动，为电网运行状态的动态调节提供有力支撑。同时，电工制造行业及相关产业自主创新和产业升级，需要靠提升输变电设备的智能化水平来推动，以提升科技创新能力和国家竞争能力。

发展智能电网是我国发展大规模间歇可再生能源的重要途径，对发展新能源战略性新兴产业具有重大的支撑作

二、发展思路和原则

“十二五”是电网科技发展的关键时期，必须坚持战略性、前瞻性原则，针对支撑我国智能电网建设的关键技术，集中力量、重点突破，加强高新技术原始创新，超前部署未来电网发展的前沿技术，为“十三五”及未来电力技术发展打下基础。同时，坚持有所为、有所不为的原则，从当前我国建设智能电网的紧迫需求出发，着力突破重大关键、共性技术，支撑电网的持续协调发展。

“十二五”电网科技研发的重点方向选择必须按照“反映国家需求，体现国家目标，凝练重点方向，立足自主创新，实现整体突破”的原则，以建设智能、高效、可靠的电网为基本出发点，以实现智能应用为重要内容，针对新能源及可再生能源发电接入、输变电、配用电等各个环节，充分发挥信息通信技术的优势和潜能，通过大电网智能调度与控制技术实现对电网的协调控制，不断提升电网的输配能力和综合社会经济效益。同时，还要紧跟世界技术发展前沿，针对世界各国电网科技制高点的关键领域，开展电网前沿技术研究，为我国未来电网实现长期可持续的又好又快发展提供技术积累和储备。

智能电网专项规划的总体思路是：结合我国国情、满足国家需求、依靠自主创新、以企业为主体、加强产学研合作、攻克关键技术、形成标准体系、完成示范工程、实施推广应用，加快智能电网产业链和具有国际竞争力企业的形成，取得国际技术优势地位，推动国际标准化工作，促进清洁能源发展，为国家在应对全球气候变化等国际事务中赢得更大主动权和影响力。

三、发展目标

总体目标是突破大规模间歇式新能源电源并网与储能、智能配用电、大电网智能调度与控制、智能装备等智能电网核心关键技术，形成具有自主知识产权的智能电网技术体系和标准体系，建立较为完善的智能电网产业链，基本建成以信息化、自动化、互动化为特征的智能电网，推动我国电网从传统电网向高效、经济、清洁、互动的现代电网的升级和跨越。示范工程和产业培育方面，建成20~30项智能电网技术专项示范工程和3~5项智能电网综合示范工程，建设5-10个智能电网示范城市、50个智能电网示范园区，并通过投资和技术辐射带动能源、交通、制造、材料、信息、传感、控制等产业的技术创新和发展，培育战略性新兴产业，带动相关产业发展，打造一批具有国际竞争力的科技型企业。建设一批拥有自主知识产权和知名品牌、核心竞争力强、主业突出、行业领先的大企业（集团）。

2010年已经先期启动了先进能源技术领域“智能电网关键技术研发（一期）”863重大项目，目前已经完成了智能电网关键技术研究计划的制定，全面启动了关键技术及装备的研发和工程化试点工作。到2015年，在智能电网关键技术和装备上实现重大突破和工业应用，形成具有自主知识产权的智能电网技术体系和标准体系；突破可再生能源发电大规模接入的关键技术，实现可再生能源规模化并网发电的友好接入及互动运行；积极发展储能技术，提高电网对间歇性电源的接纳能力，解决大规模间歇性电源接入电网的技术和经济可行性问题；完成智能输变电示范工程在部分重点城市推广应用，对其用户的供电可靠度达到每年每户停电小于2小时；基本建成智能调度技术支持系统和安全、规范、全覆盖的信息支撑网络；选择适当的地域建设3~5项智能电网集成综合示范工程；形成较为完善的智能电网产业链，打造一批具有国际竞争力的高新技术企业。到2020年，关键的智能电网技术和装备达到国际领先水平，重点解决电网合理布局，高效输配，优化调度，增强保障度，有效降低经济成本等问题；建成符合我国国情的智能电网，使电网的资源配置能力、安全水平、运行效率大幅提升，电网对于各类大型能源基地，特别是集中或分散式清洁能源接入和送出的适应性，以及电网满足用户多样化、个性化、互动化供电服务需求的能力显著提高；全面满足消纳大规模风电、光电的技术需求，为培养新的绿色支柱能源提供畅通的电力传输通道，城市用户的供电可靠度达到每年每户停电小于1小时。

四、重点任务

（一）大规模间歇式新能源并网技术

风电机组/光伏组件随风速或辐照强度的出力特性、出力波动特性与概率分布；风电场、光伏电站集群出力的时空分布和出力特性；风电场、光伏电站集群控制系统；大型风电基地或大型光伏发电基地的集群控制平台系统示范工程。

大规模间歇式能源发电实时监测技术、出力特性及其对调度计划的影响；大规模间歇式能源发电日前与日内调度策略与模型；省级、区域、国家级范围内逐级间歇式能源消纳的框架体系；多时空尺度间歇式能源发电协调调度策略模型及系统示范工程。

大型风电场接入的柔性直流输电系统分析与建模技术；柔性直流输电系统数字物理混合仿真平台；交/直流混合接入的控制方法；柔性直流输电系统故障分析与保护策略；输电工程关键技术及样机；核心装备研制与示范工程。

间歇式电源基础数据、模型及参数辨识技术；间歇式电源与电网的协调规划技术；间歇式电源并网全过程仿真分析技术；间歇式电源接入电网安全性、可靠性、经济性分析评估理论和方法。

适应高渗透率间隙性电源接入电网的综合规划方法；提高区域电网接纳间歇性电源能力的关键技术；时空互补的区域电网间歇性电源优化调度方法和协调控制策略；风、光、储、水等多种电源多点接入互补运行技术；含高渗透率间歇性电源的区域电网防灾技术、应急机制、数字仿真平台和示范应用。

区域性高密度、多接入点光伏系统并网及其与配电网协调关键技术，重点研究屋顶、建筑幕墙与光伏一体化技术，并探索并网运营的商业模式；功率可调节光伏系统与储能系统稳定控制技术、区域性高密度、多接入点光伏系统的电能质量综合调节技术、新型孤岛检测与保护技术、能量管理技术；不同储能系统的高效率智能化双向变流器、新型集中与分散孤岛检测装置、分散计量测控系统和中央测控系统等关键设备。

微网的规划设计理论、方法、综合性能评价指标体系、规划设计支持系统、运行控制技术；微网动态模拟实验平台和微网中央运行管理系统；具有多种能源综合利用的微网示范工程。

大容量储能与间歇式电源发电出力互补机制，储能系统与间歇式电源容量配置技术及优化方法；储能电站提高间歇式电源接入能力应用控制与能量管理技术；储能电站的多点布局方法及广域协调优化控制技术。

多种类型新能源发电集中综合消纳在规划、分析、调度运行、继电保护、安稳控制、防灾应急等领域的关键技术。考虑到我国风光资源丰富区域的电网结构薄弱的特点，发展电源电网综合规划方法，提出时空互补的优化调度方法和协调控制策略，研究高可靠性继电保护与安全稳定协调控制系统，发展防灾技术和应急机制。

不同类型系统故障引起的大型风电场群连锁故障现象，抑制大型风电场群发生连锁故障技术方案，大型风电场群参与系统稳定控制的技术方案，包含系统级的大型风电场群故障穿越综合解决方案及其在大型风电基地上的示范应用。

风电机组、光伏发电系统先进控制技术；新能源发电设备监测与信息化技术；新能源电站的智能协调控制技术与协调控制系统。

含风光储的分布式发电接入配电网控制保护及可靠供电技术、信息化技术；含风光储分布式发电接入配电网的电能质量问题；包含风光储的分布式发电接入配电网示范工程。

综合利用多种技术手段，突破小水电群大规模接入电网的技术瓶颈，减少其对电网安全稳定运行的影响。研究提高小水电群接入消纳能力的电网优化方法和柔性交流、柔性直流输电技术，小水电发电能力预测技术，小水电监测与仿真平台集成技术，小水电与大中型水电站群系统多时空协调控制方法，小水电与风电、火电系统多时空协调控制，提高小水电群接入消纳能力的区域稳定控制理论、控制方法和控制系统。

间歇式能源发电出力的概率分布规律并建立相应的模型，间歇式能源网源协调控制技术，间歇式能源发电系统故障穿越技术，间歇式能源发电系统电气故障诊断及自愈技术。

“风电+抽蓄”的运营模式。设计风电抽蓄联合运行模式，建立包括联合优化模型、联合仿真、安全校核、模拟交易等在内的支撑系统，形成完整的风电抽蓄联合运行管理系统框架。

间歇式电源功率波动特性及其对电网的影响；广域有功功率及频率控制、分层分级无功功率及电压控制技术，电力系统动态稳定性分析及控制技术；机组-场群-电网分级分散协同控制技术；严重故障下新能源电力系统故障演化机理及安全防御策略，考虑交直流外送等方式下的间歇式电源紧急控制、输电系统紧急控制以及其他安控措施的协调控制技术。

含大规模间歇式电源的交直流互联大电网的协调优化运行技术，广域协调阻尼控制技术，状态监测与信息集成技术，实时风险评估技术，智能优化调度和安全防御技术。

（二）支撑电动汽车发展的电网技术

电动汽车电池更换站运行特性，更换站作为分布式储能单元接入电网的关键技术和控制策略；电池梯次利用的筛选原则、成组方法和系统方案；更换站多用途变流装置；更换站与储能站一体化监控系统；更换站与储能站一体化示范工程。

电动汽车充电需求特性和规模化电动汽车充电对电网的影响；电动汽车有序充电控制管理系统；电动汽车有序充电试验系统。

电动汽车与电网互动的控制策略和关键技术；电动汽车智能充放电机、智能车载终端和电动汽车与电网互动协调控制系统；电动汽车与电网互动实验验证系统；电动汽车充放电设施检验检测技术。

电动汽车新型充放电技术；电动汽车智能充放电控制策略及检测技术；充电设施与电网互动运行的关键技术。

规模化电动汽车电池更换技术、计量计费、资产管理技术；充电设施运营的商业模式；基于物联网的智能充换电服务网络的运营管理系统建设方案。

（三）大规模储能系统

基于锂电池储能装置的大容量化技术，包括电池成组动态均衡、电池组模块化、基于电池组模块的储能规模放大、电池系统管理监控及保护等技术；电池储能系统规模化集成技术，包括大功率储能装置及储能规模化集成设计方法、大容量储能系统的监控及保护技术、储能系统冗余及扩容方法、储能电站监控平台。

多类型储能系统的协调控制技术；多类型储能系统容量配置、优化选择准则以及优化协调控制理论体系；基于多类型储能系统的应用工程示范。

单体钠硫电池产品化和规模制备自动化中的关键问题以及集成应用中的核心技术，先进的钠硫电池产业化制备技术，MW级钠硫电池储能电站的集成应用技术。

MW以上级液流电池储能关键技术，5MW/10MWh全钒液流储能电池系统在风力发电中的应用示范，国际领先、自主知识产权的液流电池产业化技术平台。

锂离子电池的模块化成组技术；电池储能系统热量管理技术、状态监控及均衡技术、储能电池检测和评价技术；模块化储能变流技术，及各种不同型式的储能材料与功率变换器的配合原则；基于变流器模块的电池储能规模化系统集成技术，及储能系统电站化技术。

储能系统的特性检测技术；储能系统的应用依据和评估规范；储能系统并网性能评价技术，涵盖电力储能系统的研究、制造、测试、设计、安装、验收、运行、检修和回收全过程的技术标准和应用规范。

（四）智能配用电技术

智能配电网自愈控制框架、模型、模式和技术支撑体系；含分布式电源/微网/储能装置的配电网系统分析、仿真与试验技术；考虑安全性、可靠性、经济性和电能质量的智能配电网评估指标体系；含分布式电源/微网/储能装置的配电网在线风险评估及安全预警方法、故障定位、网络重构、灾害预案和黑启动技术；智能配电单元统一支撑平台技术；智能配电网自愈控制保护设备和自愈控制系统；智能配电网自愈控制示范工程。

灵活互动的智能用电技术体系架构；智能用电高级量测体系标准、系统及终端技术；用户用电环境（特别是城市微气象）与用电模式的相互影响，不同条件下的负荷特性以及对用电交互终端、家庭用电控制设备的影响；智能用电双向互动运行模式及支撑技术。

智能配用电示范园区规划优化和供电模式优化方法。配电一次设备与智能配电终端的融合与集成技术；配电自动化系统与智能用电信息支撑平台及智能配电网自愈控制系统的集成技术；用电信息采集系统与高级量测系统、智能用电互动平台的集成技术；智能用电小区用户能效管理系统与智能家居的集成技术；智能楼宇自动化系统与建筑用电管理系统的集成技术；分布式储能系统优化配置方法和运行控制技术；提高配电网接纳间歇式电源能力的分布式储能系统优化配置方法和运行控制技术，分布式储能系统参与配电网负荷管理的优化调度方法，配电网分布式储能系统的综合能量管理技术；智能配用电示范园区。

主动配电网的网络结构及其信息控制策略，主动配电网对间歇式能源的多级分层消纳模式，主动配电网与间歇式能源的协调控制技术。

智能配电网下新型保护、量测的原理和算法；智能配用电高性能通信网技术；智能配电网广域测量、自适应保护及重合闸等关键技术；开发智能配电网新型量测、通信、保护成套设备，智能配电网新型量测、通信、保护成套设备的产业化。

智能配电网的优化调度模式、优化调度技术，面向分布式电源、配电网络以及多样性负荷的优化调度方法；包括优化调度系统以及新能源管控设备等关键装备；智能配电网运行状态的安全、可靠、经济、优质等指标评价技术。

钢铁企业等大型工业企业电网的智能配用电集成技术。配电自动化系统与智能用电信息支撑平台及智能配电网自愈控制系统的集成技术；用电信息采集系统与高级量测系统、智能用电互动平台的集成技术；分布式储能系统优化配置方法和运行控制技术。

适于岛屿、油田群的能源高效利用的智能配网集成技术，包括信息支撑平台、自愈控制、用电信息采集、高级量测、用电互动、能效管理、储能系统优化配置和运行控制，建设配网综合示范工程。

高效自治微网群的规划设计及评价体系，稳态运行与多维能量管理技术，多空间尺度微网群自治运行控制器样机，统一调度平台软件，多空间尺度高效自治微网群的示范应用。

孤岛型微电网的频率稳定机理与负荷-频率控制方法，孤岛型微电网的电压稳定机理与动态电压稳定控制方法，大规模可再生能源接入孤岛型微电网的技术，孤岛型微电网系统的示范工程建设及现场运行测试与实证性研究。

（五）大电网智能运行与控制

电网智能调度一体化支撑关键技术；大电网运行状态感知、整体建模、风险评估与故障诊断技术；多级多维协调的节能优化调度关键技术等。

在线安全分析并行计算平台的协调优化调度技术，复杂形态下在线安全稳定运行综合安全指标、评价方法和实现架构；大电源集中外送系统阻尼控制技术，次同步谐振/次同步振荡的在线监测分析预警及阻尼控制技术；基于广域信息的大电网交直流智能协调控制和紧急控制技术等。

（六）智能输变电技术与装备

传感器接口及植入技术，电子式互感器（EVT/ECT）的集成设计技术，智能开关设备的技术标准体系及智能化实施方案；具备测量、控制、监测、计量、保护等功能的智能组件技术及其与智能开关设备的有机集成技术；适用于气体介质的压力与微水、高抗震性能的位移、红外定位温度、声学、局部放电信号等传感器及接口技术，各类传感器的可靠性设计技术和检验标准；开关设备运行、控制和可靠性等状态的智能评测和预报技术，智能开关设备与调控系统的信息互动技术，开关设备的程序化和选相合闸控制技术等。

高压设备基于RFID、GPS及状态传感器的一体化识别、定位、跟踪和监控的智能监测模型，输变电设备智能测量体系下的全景状态信息模型；具有数据存储能力、计算能力、联网能力、信息交换和自治协同能力的一体化智能监测装置；基于IEC标准的全站设备状态信息通讯模型和接口体系构架，输变电设备状态信息和自动化信息的集成关键技术，标准化全站设备状态采集和集成设备关键技术；输变电高压设备智能监测与诊断技术，输变电区域内多站的分层分布式状态监测、采集和一体化数据集成、存储、分析应用系统。

（七）电网信息与通信技术

智能配用电信息及通信体系与建模方法；智能配用电系统海量信息处理技术；智能配用电信息集成架构及互操作技术；复杂配用电系统统一数据采集技术；智能配用电业务信息集成与交互技术；智能配用电信息安全技术；智能配用电高性能通信网技术等。

电力通信网络技术体制的安全机理与属性；通信安全对智能电网安全稳定运行的影响；保障智能电网各个环节的通信安全技术与组网模式；广域电网实时通信业务可靠传输技术、支持多重故障恢复的通信网自愈与重构技术；电力通信网络的安全监测及防卫防护技术；电力通信网络安全性能优化技术；电力通信网络安全评价体系；智能电网通信网络综合管理与网络智能分析技术，电力通信网综合仿真与测试平台，电力通信智能化网络管理示范工程。

实用的新型电力参量传感器，以及多参量感知集成的无线传感器网络技术、多测点多参量的光纤传感网络技术；多种传感装置的融合技术；电力传感网综合信息接入与传输平台技术；电力物联网编码技术、海量数据存储、过滤、挖掘和信息聚合技术；新一代高性能电力线载波（宽带/窄带）关键通信技术；电力新型特种光缆及试点工程，新型特种光缆设计、制造、试验、施工、运维等配套支撑技术及基本技术框架，新型特种光缆的应用模式和技术方案；智能电网统一通信的应用模式、部署方式和网络架构，统一通信在支撑调度、应急、用电管理等各环节的应用和解决方案。

智能电网统一信息模型及信息化总体框架；电网海量信息的存储结构、索引技术、混合压缩技术、数据并发处理、磁盘缓存管理、虚拟化存储和安全可靠存储机制等信息存储技术；基于计算机集群系统的并行数据库统一视图和接口、并行查优、海量负载平衡和海量并行数据的备份和恢复技术；海量实时数据与非实时数据的整合检索和利用技术；云计算在海量数据处理中的应用技术；海量实时数据库管理系统；高效存储及实时处理智能信息服务平台示范工程。

电网可视信息的模式识别、图形分析、虚拟现实等技术，可视化支撑技术架构；智能监控系统架构，计算机视觉感知方法、智能行为识别与处理算法等关键技术；智能电网双向互动的信息服务平台技术，桌面终端、移动终端、互动大屏幕等多信息展现渠道；智能电网双向互动的信息服务平台示范工程。

（八）柔性输变电技术与装备

静止同步串联补偿器、统一潮流控制器的关键技术，包括主电路拓扑、仿真分析技术、关键组件的设计制造技术、控制保护技术、试验测试技术，开发工业装置并示范应用；利用柔性交流输电设备的潮流控制和灵活调度技术。

高性能、低成本、安装运维方便的高压大容量新型固态短路限流器，包括新型固态限流装置分析建模与仿真技术、固态限流器主电路设计技术、固态限流器的控制与保护策略，工程化的高压大容量新型固态限流装置研制。

面向输电系统应用的高温超导限流器的核心关键技术，包括超导限流装置的限流机理、主电路拓扑、建模和仿真分析、优化设计方法、控制策略、保护系统、试验测试技术，220kV高温超导限流器示范装置研制。

高压直流输电系统用高压直流断路器分断原理理论分析、模型与仿真、直流断路器总体方案、成套电气与结构、关键零部件、系统集成化、成套试验方法、SF6断路器电弧特性等，15kV级直流断路器样机研制及示范工程。

高压输电系统用高压直流陆上和海底电缆的绝缘结构型式、机械和电学特性、绝缘、结构和导电材料选择、成型工艺、相关测试和试验方法、可靠性试验，±320kV级陆上和海底电缆的研制及相关试验测试。

直流输电系统中的直流电流和电压测量方法和技术，直流输电系统直流电流和电压测试系统方法和技术路线，直流输电系统测量装置计量和标定方法，高电位直流电流和直流电压测试系统，全光直流电流互感器和全学直流电压互感器，满足特高压直流输电和柔性直流输电需求的样机及相关试验、认证和示范应用。

换流器拓扑结构和主回路优化、多端柔性直流供电系统分析、计算和仿真；多端直流供电系统与交流供电系统的相互影响和运行方式，研究多端直流供电系统的控制保护系统架构、电压、潮流和电能质量控制方法；紧凑型、模块化换流站设备及其控制保护系统，它们在城市供电中的示范应用。

直流配电网拓扑结构、基本模型、控制保护方案，直流配网仿真模型和技术，直流配电网设计技术，直流配电网换流站关键装备，直流配电网经济安全指标体系和评估方法，考虑各类分布式电源接入和电动汽车充换电设备与电网互动情况下的直流配电网建设和优化运行方案，直流配电网管理和控制系统，直流配电网示范工程及相关技术、装置和系统的有效验证。

（九）智能电网集成综合示范

在一个相对独立的地域范围，建立一个涵盖发电、输电、配电、用电、储能的智能电网综合集成示范工程，实现智能电网多个领域技术的综合测试、实验和示范，并研究智能电网的可行商业运营模式，形成对未来智能电网形态的整体展示，体现低碳、高效、兼容接入、互动灵活的特点。

智能电网集成综合示范的技术领域包括：

大规模接入间歇式能源并网技术；

与电动汽车充电设施协调运行电网技术；

大规模储能系统；

高密度多点分布式供能系统；

智能配用电系统；

用户与电网的互动技术；

智能电网信息及通信技术。

五、保障措施

我国智能电网科技行动既需要关键技术的攻关和突破，又需要示范工程的落实和建设，是一项复杂的系统工程，涉及政策、资金、科技、人才、管理等方面，需要在政府的组织领导下，协调各方面力量共同推进。

加强组织领导，完善管理机制。建立多部门的协调机制，加强各部门之间、电网与发电企业之间、电网与电力用户之间、国际与国内之间的联动和协调；设立总体专家组，加强科技行动的顶层设计；结合国家清洁能源发展战略和规划的实施，统筹部署智能电网的技术研发和示范应用。

加强技术合作和集成创新，努力营造有利于自主创新的智能电网技术研究开发环境。由国家电网公司和中国南方电网有限责任公司牵头，组织有关设备制造企业、高等学校、科研机构，建立智能电网产业技术创新战略联盟。同时，在有基础的高等院校、科研机构、企业建立国家重点实验室和工程中心，在有条件的地区布局产业化基地。加强与国家重大科技专项和相关科技计划的结合，充分集成现有的创新成果和资源；集成国内优势科研力量，加强与国家重点工程建设的衔接，依托国家重大工程和清洁能源基地开发，开展智能电网的示范建设。

充分发挥国家高新技术产业开发区、国家级高新技术产业化基地的作用，加快成果产业化，推动创新型产业集群建设工程，围绕本专项确定的主要目标，合理选择技术路径和产业路线，采取有效措施，促进产业集群的形成和创新发展。

风力发电科技发展“十二五”专项规划

（国科发计〔2012〕197号　科学技术部二〇一二年三月二十七日印发）

一、现状

“十一五”期间，我国风电产业发展引人瞩目，已成为新能源的领跑者，并具有一定国际影响力。在国家的大力支持下，经过科研机构、风电企业等各方的共同努力，我国在风能资源评估、风电机组整机及零部件设计制造、检测认证、风电场开发及运营、风电场并网等方面都具备了一定的基础，初步形成了完整的风电产业链。在海上风电开发领域，初步解决了海上运输、安装和施工等关键技术，开始积累海上风电场运营经验。在人才培养上，初步形成了一定规模的风电专业人才队伍，风电学科建设也已经起步。

风电设备产业化情况

在“十一五”科技计划的引领下，国内科研机构、企业通过消化吸收引进技术、委托设计、与国外联合设计和自主研发等方式，掌握了1.5～3.0MW风电机组的产业化技术。目前，国产1.5～2.0MW风电机组是国内市场的主流机型，并有少量出口；2.5MW和3.0MW风电机组已有小批量应用；3.6MW、5.0MW风电机组已有样机；6.0MW等更大容量的风电机组正在研制。国内叶片、齿轮箱、发电机等部件的制造能力已接近国际先进水平，满足主流机型的配套需求，并开始出口；轴承、变流器和控制系统的研发也取得重大进步，开始供应国内市场。

截至2010年底，我国具备兆瓦级风电机组批量生产能力的企业超过20家。2010年新增装机容量前五名的风电整机制造企业当年市场份额占全国的70%以上。我国有四家企业2010年新增装机容量进入全球前十名。

风电场建设及资源开发情况

《中华人民共和国可再生能源法》及一系列配套政策的实施，促进了国内风电开发快速增长。2010年，我国风电新增装机容量1890万千瓦，居世界第一位。截至2010年底，我国具备大型风电场建设能力的开发商超过20家，共已建成风电场800多个，风电总装机容量（除台湾省未统计外）4470万千瓦，超过美国，居世界第一位。

“十一五”期间，我国已启动海上风电开发，首个海上项目上海东海大桥风电场安装34台国产3.0MW风电机组，并于2010年6月全部实现并网发电；2010年9月，国家能源局组织完成了首轮海上风电特许权项目招标，项目总容量100万千瓦，位于江苏近海和潮间带地区。

风电科学技术及公共服务发展情况

“十一五”期间，我国在大型风电机组整机及关键零部件设计、叶片翼型设计等风电关键科学技术领域获得了一批拥有自主知识产权的成果，打破了国外对风电科学技术的垄断。在海上风电开发领域，我国自主研究开发了一系列海上风电场设计、施工技术，研制了一批专用的海上风电施工机械装备。

风电产业的飞速发展也促进了风电行业公共服务体系建设。“十一五”期间，我国建立了一批风能领域相关的国家重点实验室和国家工程技术研究中心，并参考国际惯例初步建立了风电标准、检测和认证体系，为我国风电发展提供了技术支撑和保障。

风电人才队伍及学科建设情况

“十一五”期间，我国风电产业的发展推动了风电人才队伍及学科的建设。目前，我国已拥有一批风资源勘测分析、风电机组整机及零部件设计制造、风电场设计、建设及运行维护、风电并网等风电行业各领域的专业人才，形成了风电全产业链的熟练技术人员队伍，并吸引了大量国外优秀的风电人才加盟。在学科建设方面，我国已初步建立了风能与动力工程专业，并开始培养专门化人才。

二、形势与需求

当前形势

通过国家多年的持续支持，我国在风电科技领域取得了长足进步，但与国际先进水平相比，还存在较大差距。基于我国风电产业现状及国内外趋势，我国在风电科技领域仍面临一系列挑战，主要表现在：

1、先进风电装备自主设计和创新能力有待加强。

早期，我国风电机组主要依赖引进国外设计技术或与国外机构联合设计，根据我国风资源等环境条件进行自主设计、研发新型风电机组的能力不足，且缺少自主知识产权的风电机组设计工具软件系统。

在风电零部件方面，我国自主创新能力较弱，制造过程中的智能化加工和质量控制技术比较落后。如齿轮箱、发电机的可靠性有待提高；叶片处于自主设计的初级阶段；为兆瓦级以上风电机组配套的轴承、变流器刚开始小批量生产，控制系统尚处于示范应用阶段。

2、风资源等基础数据不完善，风电场设计、并网及运行等关键技术需要提升。

我国可利用的风能资源评价尚不精细，风电场设计需要的长期风资源数据不完善；风电场设计工具依赖国外软件产品，缺乏具有自主知识产权、符合我国环境和地形条件的风资源评估及风电场设计及优化软件系统；风电并网技术急需深入研究和创新，以提高风电并网消纳水平；尚未形成自主研发的先进运行控制和风电功率预测等风电场运行及优化系统。

3、风电行业公共测试体系刚刚起步，风电标准、检测和认证体系有待进一步完善。

我国已参考国际惯例初步建立了风电标准、检测和认证体系，但鉴于我国特殊的环境条件（如台风、低温、高海拔等）和工业基础与国际上有一定差别，需根据我国国情进一步完善。我国风电行业测试及相关测试系统设计等技术主要依赖国外，制约了我国风电技术的发展，而欧美风电发达国家已建成了完善的国家级风电机组野外测试、地面传动链和叶片测试等公共测试服务体系，为本国风电产业的发展做出了贡献。

4、风电基础理论研究尚待深入，缺乏自主创新；风电学科建设、人才培养亟待加强。

由于风电大规模发展较晚，我国在风电基础理论研究方面积累不够，大多是直接引用或跟踪国外的研究成果，对技术的突破和创新能力不足。风电的科研水平与国外有较大差距，风电科研人员系统培养机制有待加强。

5、中小型风电机组研发和风电非并网接入技术需要进一步提高。

我国小型风电机组生产和使用量均居世界之首，但产品的性能和可靠性有待提高，中型风电机组研发和风电非并网的分布式接入技术研究刚刚起步，在风电微网技术和多能互补利用集成技术方面需要持续研究和示范。

6、风电直接工业应用技术研究需要扩展。

虽然我国风电装机规模迅速增长，但在如何利用规模化储能降低风电的不确定性，以及如何利用风能进行制氢、海水淡化等工业直接应用方面的技术研究刚刚起步，需要进一步扩展。

战略需求

在未来5年，我国风力发电科技要逐步实现从量到质的转变，完善和发展风力发电科技的实力，实现从风电大国向风电强国的转变。

根据我国发布的《国民经济和社会发展第十二个五年规划纲要》，在“十二五”期间，我国规划风电新增装机7000万千瓦以上。从我国能源规划、碳减排目标及产业发展需求来看，我国风力发电科技的战略需求主要体现在：

1、特大型风电场建设的需要

特大型风电场建设是我国风电开发的需求重点，国外无法提供直接的经验。“十二五”期间，国家规划建设6个陆上和2个海上及沿海风电基地，迫切需要在特大型风电场风资源评估、风电场设计、并网消纳与智能化运营管理和大容量、高可靠性、高效率、低成本的风电机组等方面进行科技开发和创新，为我国特大型风电场建设提供技术保障。

2、大规模海上风电开发的需要

我国海上风电已经起步，“十二五”期间潮间带和近海风电将进入快速发展、规模化开发阶段，因此，需要开展海上风电机组研制及产业化关键技术研究，加强工程施工与并网接入等海上（潮间带）风电场开发系列关键技术研究，为大规模海上风电开发提供技术支撑。

3、风电自主创新体系、能力建设与人才培养的需要

“十二五”期间，结合国家能源产业和风电科技发展战略的总体部署，迫切需要建立公共研发测试服务体系，根据我国环境条件和地形条件等开发出具有自主知识产权的风电设计工具软件系统，在整机设计集成与关键部件制造领域实现技术突破，实现产、学、研、用相互结合共同发展，为我国风电装备性能优化及自主设计提供条件和支持，保障我国风电产业的持续、快速和稳定增长。

三、总体思路

指导思想

以科学发展观为指导，贯彻落实《国家中长期科学和技术发展规划纲要（2006-2020年）》和《国民经济和社会发展第十二个五年规划纲要》，以“统筹规划、重点突破、交叉融合、自主创新”为原则，面向风力发电领域国家重大需求与国际科技前沿，发挥科技在风电产业发展过程中的支撑与引领作用，全面提升我国风电产业的核心竞争力，实现我国从风电大国向风电强国的跨越，推动我国风电产业健康可持续发展。

发展原则

重点解决与自主创新能力相关的关键科技问题。立足现状，并面向我国风电发展的趋势，全面推动具有自主知识产权的风电关键技术研究，攻克一批陆上及海上风电机组设计制造和风电并网及非并网接入的关键技术。

加强基础性、共性技术研究。适当整合资源，实现成果共享，避免重复性建设、资源分散和浪费，同时，加强风电产业自主发展的基础研究和科研队伍建设，建立链条紧密、结构合理的科技研发和公共服务体系。

重视企业在技术创新领域的主体地位。以风电场规模化开发带动风电产业化发展，促进产、学、研科研链条的形成和健康发展，以科技推动产业进步。

规划目标

在风电设备设计制造方面，掌握3~5MW直驱风电机组及部件设计与制造，产品性能与可靠性达到国际领先水平，并实现产业化；掌握7MW级风电机组及零部件设计、制造、安装和运营等成套产业化技术，产品性能和可靠性达到国际先进水平，推动我国大容量风电机组的产业化；突破10MW级海上风电机组整机和零部件设计关键技术，实现海上超大型风电机组的样机运行。

在风电场开发及运行方面，掌握大型风电场设计、建设、并网与运营关键技术，提高风电消纳能力，提高风电场的运营管理水平，支撑我国千万千瓦风电基地的建设。

在风电公共服务体系方面，突破从风资源特性到电网接入送出全过程的科学基础问题，推动行业整体进步；建

设风电机组地面传动链测试、叶片测试和风电设计工具软件等一批公共系统，全面提升我国风电行业的整体水平；开发储备一批风电新技术，推动风电技术创新和应用；培育一批高水平的科技创新队伍，系统部署建设一批国家级重点实验室和工程技术研究中心，全面提升我国风电制造企业的国际竞争力。

通过"十二五"风电科技规划的实施，促进我国风电产业的健康、有序和可持续发展，使我国风电产业和风电科技整体上达到国际先进水平，为2020年我国二氧化碳排放强度降低40%-45%、非化石能源占一次能源消费比重15%能源战略目标的实现做出直接重要贡献。

四、重点方向

基础研究类

为推动风电机组和风电场设计技术的发展与完善，解决基于我国气候条件的风能资源基础理论研究和风力发电系统基础理论研究等关键科学问题。

风能资源基础理论研究主要方向包括：陆地及海上大气边界层风特性与模型、复杂地形中尺度数值模式、海上风能资源及台风基本数据的观测理论方法等。

风力发电系统基础理论研究主要方向包括：风力机空气动力学理论、风电机组及关键部件建模和仿真理论、风力发电系统工程理论等。

研究开发类

围绕风电的全产业链，结合国家能源发展战略，研究开发类重点方向涉及公共试验测试系统及测试、适合我国环境特点和地形条件的风电机组整机和关键零部件设计及制造、风电场开发及运营、海上风电场建设施工等主要领域，全面提升我国风电设备的自主设计能力和风电场的设计、施工及运行管理水平。

公共试验测试系统及测试技术主要方向包括：风电公共试验测试系统设计建设、风电测试等。

大容量风电机组整机关键技术主要方向包括：整机设计、制造、检测、认证和运行等技术；独立变桨、新型传动系统、先进控制系统等技术。

风电机组零部件关键技术主要方向包括：零部件设计、制造、检测、认证和运行等技术；零部件抗疲劳、在线监测与故障诊断等技术。

风力机翼型族设计关键技术主要方向包括：先进翼型族设计及应用技术、风力机风洞实验技术及设计工具软件开发技术等。

风电场关键技术主要方向包括：大型风电场设计及优化软件开发技术，海上风电场施工建设、接入系统设计技术，海上基础设计技术，区域多风电场运行控制及智能化管理技术等。

风电并网关键技术主要方向包括：风电并网模型及仿真技术，大规模风电并网接入技术，非并网的分布式接入技术等。

中小型风电机组关键技术主要方向包括：高性价比中小型风电机组设计、制造及并/离网运行技术，中小型风电机组检测认证技术等。

风电应用技术主要方向包括：风电大规模储能技术，风能直接工业应用技术等。

集成示范类

依托示范工程，加强风电全系统集成技术研究，主要方向包括：风电场智能化管理，海上风电场建设，多能互补发电系统，分布式发电系统等。

成果转化类

成果转化类的主要方向包括：先进风力机翼型族的应用；大容量风电机组及其关键零部件产业化；适合我国环境条件的风电机组产业化；先进控制等风电新技术规模化应用等。

五、重点任务

基础研究类

1、风能资源基础理论研究

研究复杂地形下中尺度数值模式的高精度参数化；研究中尺度模式资料四维同化；研究海上风资源及台风的测量及评价；研究卫星对地观测数据用于海上风能资源分析的方法；研究风速在不同海岸线走向、岸边不同地形条件下，由远海-近海-滩涂-陆地的变化机理；研究海上和陆上风速垂直切变、湍流变化等风特性模型及参数确定；研究台风系统的模型和参数化；研究特大型风电场风资源特性等。

2、风力发电系统基础理论研究

研究风力机空气动力设计理论，研究风力机空气动力与结构、机械与电气等之间的耦合机理；研究风电机组建模、验证与仿真理论和方法，研究建立风力发电系统整体动态数学模型的方法。

研究开发类

1、风电机组整机关键技术研究开发

研究10MW级风电机组总体设计技术，包括长寿命（超过20年）及高可靠性设计方案、简单轻量化的新型传动技术、抗灾害性大风的气动和结构设计技术、抗盐雾和防腐蚀材料工艺设计及机械制造工艺设计技术等。

3~5MW永磁直驱风电机组产业化技术研究，包括总体设计、永磁电机的设计制造，机组设计优化、可靠性设计技术、系统控制技术以及装配工艺等。

7MW级风电机组研制及产业化技术研究，包括总体设计技术、载荷确定技术、强度和刚度校核技术、整体动力稳定性计算技术、先进控制技术，机组设计优化技术、可靠性设计技术、整体装配工艺流程与阶段质量控制技术和分体组装技术等。

研究风电机组结构紧凑化、轻量化等新型传动形式设计技术；研究风电机组独立变桨、载荷实时测量分析、激光雷达测速仪辅助控制等先进控制技术；研究新型传动调速技术。

研究耐低温、防沙尘、抗灾害性大风、防盐雾及适合高原地区等各类适合我国环境特点的风电机组整体结构设计技术、安全与先进控制设计优化技术、高性能电气部件设计技术、新型材料工艺设计与应用技术、制造工艺设计技术等。

研究高性价比中小型风电机组设计、制造及并/离网运行控制技术，研究中小型风电机组检测认证技术，制定中小型风电机组相关标准，建立中小型风电机组检测认证体系。

2、零部件关键技术研究开发

研究大容量风电机组齿轮箱载荷谱分析技术，研究复杂载荷下齿轮箱的结构完整性及优化设计技术，研究齿轮箱轮齿传动齿向修正和齿形修形设计技术，研究齿轮箱箱体设计及密封技术，研究齿轮箱齿轮材料低温处理技术，研究齿轮箱轻量化设计技术，研究大容量风电机组齿轮箱产业化技术等。

研究超长叶片气动外形、结构、材料与控制一体化的设计技术，研究叶片气动控制、柔性结构设计技术，研究叶片整体装配工艺流程和结构铺层优化设计技术，研究分段式叶片设计及制造技术，研究碳纤维等先进材料在叶片结构设计中的应用技术，研究风电机组叶片性能仿真分析技术，研究超长叶片产业化技术等。

研究大容量风力发电机先进、高效的冷却技术，研究发电机结构及工艺设计技术，研究发电机电磁方案选择优化技术，研究发电机防腐设计技术，研究大容量风力发电机轻量化设计技术等。

研究大容量风电机组变流器和变桨系统等的模块化设计技术，研究变流器全数字化矢量控制、电磁兼容和中高压变流等技术，研究变桨距与变速控制技术，研究电网失电及系统内外各种故障下安全顺桨技术等；研究轴承、偏航系统等其他零部件设计技术。

3、公共试验测试系统及测试技术研究

研究风力发电公共试验测试系统设计建设关键技术，研制大型风电机组传动链地面测试系统、野外测试风电场，研制叶片、轴承等关键零部件的公共测试系统，研究风电机组在线监测与故障诊断技术，研制大型风电机组在线综合动态测试、分析诊断和优化系统，研制风电机组/风电场并网特性测试系统，研究风电机组整机、传动链、关键零部件、并网等方面的测试技术。

4、先进风力机翼型族设计及应用技术

研究风力机叶片先进翼型设计技术，包括大厚度翼型设计技术、翼型直接优化设计技术、钝尾缘修型方法和钝尾缘翼型减阻技术。

研究高精度风力机翼型大攻角性能仿真技术，包括翼型大攻角流场和气动特性数值模拟技术、翼型动态失速模拟技术、翼型气动噪声数值模拟技术，研究翼型数值模拟方法的软件实现技术。

研究风力机翼型大攻角风洞实验技术，包括翼型大攻角风洞实验洞壁干扰修正技术、翼型大攻角气动特性测试技术、翼型动态失速风洞实验技术、翼型绕流风洞实验技术。

研究风力机翼型在大型风力机叶片上的应用技术，包括翼型气动性能预测技术、二维翼型气动数据三维效应修正技术、翼型在风力机叶片上的优化布置技术、风力机叶片设计工具软件系统开发技术。

5、大型风电场设计、建设及运行关键研究开发

研究高性能测试设备设计开发技术；研究复杂地形下的风能资源分析技术；研究风电场宏观选址、微观选址技术；研究符合我国环境条件和风电场特点的风电场设计、优化系统软件开发技术；研究适合陆上风电场吊装及维护专用设备的设计开发技术。

研究风电场功率预测技术，研究风电场有功/无功控制调节等风电场优化控制策略技术；研究集成功率预测、有功/无功调节的风电场综合监控技术；研究风电场集中解决低电压穿越的关键技术；研究区域多风电场远程故障诊断

系统开发技术；研究风电场维护策略及优化技术；研究连接监控系统和远程诊断的区域风电场资产信息化管理系统开发技术。

研究特大型风电场与电网相互作用；研究大型风电场对局部气候、生态环境等的影响。

研究近海风电运输安装、风电场电力传输、变电及送出技术，研究近海风电场工程建设施工作业方法和技术，研究近海风电场运营维护技术和方法，研究近海风力发电场防腐蚀、抗破坏性大风、绝缘等相关技术；研究多桩式、悬浮式等不同海上风电机组基础设计技术。

6、风电并网关键技术研究开发

研究大型风电场出力及运行特性、电压分层分区控制策略和综合控制技术、风电场支持电网调频的有功控制技术、新能源发电与系统稳定控制技术、风电场并网系统备用容量优化配置和辅助决策技术。

研究风电分布式接入电网的控制技术。

7、储能及风能直接应用关键技术研发

研究新型储能材料，研究大容量、高效率、高可靠性、规模化储能装置和储能装置系统集成技术；研究利用风能进行制氢、海水淡化及高耗能工业领域直接应用技术；研究风电、光伏发电、水电等多能互补发电系统关键技术。

集成示范类

在开展风力发电关键技术研究开发的同时，积极推进集成示范工程建设，形成海上风电机组、特大型风电场、多能互补发电系统和分布式发电系统等标志性示范工程，以进行海上风电机组设计、海上风电机组基础设计及施工、海上风电机组运输及安装、大型风电场运营管理、大型可再生能源多能互补发电系统接入电网特性技术和分布式发电系统直接应用技术等验证工作。

集成示范技术的主要方向如下：

1、百万千瓦以上区域性多风电场的监控与智能化管理。

2、15万千瓦海上及潮间带风电场，包含单机容量7MW级风电机组。

3、风、光、水、储等多能互补发电系统。

4、分布式发电直接应用系统。

成果转化类

衔接“十一五”已有成果，结合“十二五”规划的实施，以整机制造作为重点，将具有创新性的技术成果转移到整个行业，改进风电产品生产制造工艺，提高风电产品性能和可靠性，降低风电开发成本。

成果转化技术的主要方向如下：

1、7MW级风电机组及关键零部件产业化基地。

2、耐低温、防沙尘、抗灾害性大风、防盐雾及适合高原地区等符合我国环境条件风电机组的产业化基地。

3、将新开发翼型族应用于1.5MW及以上风电机组叶片。

4、将独立变桨技术在3.0MW及以上主流风电机组上进行规模化应用等。

公共服务体系建设

建设国家级风力发电公共数据库及信息服务中心，建设国家级公共研发与试验测试中心，研究风力发电测试技术，建立和完善各类风电标准、检测与认证体系，建设风力发电国家重点实验室，国家工程技术研究中心、产业联盟及产业化基地，推动我国风电产业的自主创新能力建设，推动风电技术进步，提高风电机组效率、性能与可靠性，提升我国风电产业的国际竞争力。

1、公共数据库及信息服务中心建设

研究建立我国不同环境、地形与电网条件下风电机组的运行状况、故障以及翼型、标准、专利等各个方面的公共数据库，为我国风电机组设计及优化提供基础数据依据；建立风电公共信息服务中心，收集、分析、发布权威信息，推动数据与信息等资源的共享。

2、标准、检测与认证体系建设

建立完善符合我国具体环境条件、地形条件与电网条件的风力发电标准体系，建立、完善大型及中小型风电产品检测与认证能力，加强检测认证机构能力建设，统一规范认证模式，建立完善的风电设备认证软件工具系统，有效推进并严格实施风电产品检测与认证工作。

3、技术创新平台建设

建设风力发电国家重点实验室，国家工程技术研究中心、产业联盟以及产业化基地等技术创新平台，能够加快新技术和新设备从设计、开发、验证、成果转化和推广的进程，为风力发电技术进步提供强有力的支撑。

人才培养

风力发电是一项综合性很强的高新技术，与众多学科有交叉，涵盖气象、材料、空气动力学、控制与自动化、电气、机械、电力电子、检测认证等多个专业领域。目前我国风电人才严重匮乏，尤其是风电机组研发专业人员、高级管理人才、制造专业人员、高级技工以及风电场运行和维护人员。因此，“十二五”期间必须重视和加强风电人才培养和人才队伍建设，培养从研发、设计、制造、试验到标准、检测认证、质量控制、管理、运行维护、售后服务等各个环节的人才，为我国风电产业的快速发展提供人才储备和支撑。

加强风能科技研究与产业化领域各类人才的培养，着力培育和建设一批专业技术过硬、自主创新能力强、具有国际竞争力和影响力的高水平研究团队；在高校和科研院所等科研教育单位设立风能相关专业，加强学科建设，培养不同层次的专业人才；设立青年人才培养计划，加强人才梯队建设，加大海外优秀人才和智力资源的引进；建立和完善人才培育引进的优惠政策、评价体系和激励机制，稳定人才队伍；积极鼓励和推荐我国科学家参与国际研究计划、并在国际组织机构任职，提升国际影响力。

1、加快培育建设一批高水平研究团队

依托风能领域重大科研项目、重点学科和科研基地以及国际学术交流与合作项目，加大风电学科或学术带头人的培养力度，积极推进创新团队建设，培育一批专业技术过硬、自主创新能力强、具有国际竞争力和影响力的高水平研究团队；进一步完善高级专家培养与选拔的制度体系，培养造就一批中青年高级专家，提高风电自主研发与创新能力。

2、充分发挥学科建设在人才队伍培养中的作用

加强风电科技创新与人才培养的有机结合，鼓励科研院所与高等院校培养研究型人才；支持研究生参与科研项目，鼓励本科生投入科研工作；高等院校要及时合理地设置风能学科及相关专业，开展相关风能资源评估、空气动力学、机械制造、电力电子、电力并网等方面的理论和实验研究，将基础研究与人才培养相结合。加强职业教育、继续教育与培训，培养适应风电产业发展需求的各类实用技术专业人才。

3、支持企业培养和吸引科技人才

鼓励风电企业聘用高层次科技人才，培养优秀科技人才，并给予政策支持；鼓励和引导科研院所和高等院校的科技人员进入市场创新创业；鼓励企业与高等院校和科研院所共同培养技术人才；鼓励企业多方式、多渠道培养不同层次研发与工程技术人才；支持企业吸引和招聘海外科学家和工程师。

4、加大高层次人才引进力度

制定和实施吸引风能领域海外优秀人才回国工作和为国服务计划，重点吸引高层次人才和紧缺人才；加大对高层次留学人才回国的资助力度；加大高层次创新人才公开招聘力度；健全留学人才为国服务的政策措施；实施有吸引力的政策措施，吸引海外高层次优秀科技人才和团队来华工作。

国际科技合作

“十二五”期间，将风能开发与利用国际合作的内容纳入国家科技计划予以安排，列入双边或多边政府间科技合作协议框架，鼓励发展与风能领域主要国家、国际组织、知名研究机构等的长期合作关系。

1、基础科学领域合作

结合我国风电发展对基础科学研究的迫切需求，围绕风能资源测量与评估、风力发电系统工程等研究领域中的基础科学问题，与国外科研机构开展有针对性的合作研究，提升我国风电基础科学领域的研究能力。

2、适应我国环境特点与地形条件的技术开发领域合作

结合我国具体的环境、地形与电网条件，围绕风电机组及关键零部件设计制造、风电场设计及运营、风电并网及非并网的分步式接入、风力发电系统软件等技术开发领域的重点问题，深化与拓展与国外国际组织、科研机构及企业的技术合作，开展有针对性的联合开发或合作研究，开发适应我国实际情况的风电技术与产品。

3、产业公共服务体系与能力建设领域合作

围绕风电公共测试系统设计与建设、风电关键测试技术研究、公共数据库信息服务中心建设等产业公共服务体系的建设和完善，以及标准、检测与认证体系、人才培养体制、政策、环境与安全研究等能力建设领域中的重点问题，与欧美等风电发达国家开展有针对性的合作研究与交流，借鉴国际先进经验，逐步建立、完善和规范我国产业公共服务体系。

4、积极参与国际组织、国际研究计划及国际标准制定

紧密围绕国内需求、重点任务等相关要求，有针对性地积极参与风能领域国际组织和国际间研究计划，积极参与国际标准的研究与制定；适时发起新的由我国主导的国际研究计划，鼓励在华创建风能领域的国际或区域性科技组织；鼓励我国科学家和科研人员在国际组织及国际研究计划中任职或承担重要研究、管理工作，提高我国科研人

员及科技成果的国际影响力。

六、保障措施

根据“基地+人才+项目”的总体建设模式，以企业为创新主体，以学和研为研发主力，采取产、学、研、用相结合的方式，完成科学突破、技术攻关和应用示范，确保“十二五”计划的顺利实施。

通过合理规划研发结构布局及资源配置，有效吸引、大胆使用和着力培养一批具有国际水平和合作精神的科研人才，提高科研项目管理水平，加强公共信息服务中心建设，保护知识产权，推进标准、检测、认证体系建设，最终形成可持续发展的风电产业科研体系。

结合风力发电多学科交叉的特点，打破传统学科和学历界限，广纳物理学、化学、材料学以及工程技术等多方面人才；将人才队伍建设与学科建设和创新体系建设紧密结合；注重队伍结构的合理性，在引进、培养技术/学术带头人的同时，相应地配置高水平的技术支撑人员和管理人员，大力推进团队建设，形成完善的人才培养体系和选拔机制。

充分发挥国家高新技术产业开发区、国家级高新技术产业化基地的作用，加快成果产业化，推动创新型产业集群建设工程，围绕本专项确定的主要目标，合理选择技术路径和产业路线，采取有效措施，促进产业集群的形成和创新发展。

太阳能发电科技发展“十二五”专项规划

(国科发计〔2012〕198号　　科学技术部二〇一二年三月二十七日印发

一、形势——挑战与机遇

（一）国际形势

世界太阳能科技和应用发展迅猛，2008年金融危机后，德国、日本、美国等纷纷调高发展目标。预计太阳能发电将在2030年占到世界能源供给的10%，对世界的能源供给和能源结构调整做出实质性的贡献。

到2010年，世界光伏累计装机容量已接近40GW，近十年平均年增长45%，成为发展速度最快的产业之一。光伏电池生产主要集中在中国、日本、德国、美国等国家，德国、西班牙等国为主要应用市场。晶体硅太阳电池市场份额超过85%，其商业化最高效率已经达到22%，技术向着高效率和薄片化发展，未来10-20年内仍将是市场主流；薄膜太阳电池市场份额约占15%，铜铟镓硒薄膜电池商业化最高效率达到13.6%，技术向着高效率、稳定和长寿命的方向发展。得益于产业发展和技术进步，光伏发电成本将持续下降，2015年光伏电价有望降至0.15美元/kWh。

太阳能热发电近年在欧美地区快速发展。截至2011年4月，全球太阳能热发电累计装机容量为1.26GW，在建的太阳能热发电站超过2.24GW，年平均效率超过12%。面向承担基础电力负荷的“大容量—高参数—长周期储热”是国际太阳能热发电的技术发展趋势。目前，太阳能热发电成本价格在0.2欧元/kWh，到2020年有望降低到0.05欧元/kWh。

在太阳能建筑供能方面，面向区域性建筑供暖是太阳能低温热利用的重要发展方向。目前全球已陆续建成面积万平方米级以上跨季节储能的区域性太阳能建筑供热系统12座。年太阳能保证率超过50%，万立方米规模化储能系统单位建设成本降低到50欧元/m3。

在太阳能中温技术与工业节能应用方面，目前全球已陆续建立了百余个太阳能热利用工业领域应用工程，涵盖了11个工业领域，应用和示范的太阳能空调项目超过300个。

（二）国内形势

我国政府长期以来对太阳能开发利用给予高度重视，近年来太阳能技术、产业和应用取得了全面进步。

2010年，多晶硅实际产量45000吨，自给率从2007年的10%提高到2010年的50%；自2002年以来，我国太阳电池产量均以100%以上的年增长率快速发展，2010年产量 8.7GW，占到世界总产量的50%，连续四年产量世界第一，商业化晶体硅太阳电池光电转换效率已接近19%，硅基薄膜电池商业化最高效率达到8%以上,生产设备也已经从过去的全部引进到现在70%的国产化率。2009年，我国政府开始实施“金太阳示范工程”，通过光伏产品的规模化应用带动国内太阳能发电的商业化进程和技术进步。2010年国内新增光伏装机500MW，累计装机达到800MW，500kW级光伏并网逆变器等关键设备实现国产化，并网光伏系统开始商业化推广，光伏微网技术开发与国际基本同步。

我国太阳能热发电技术研究起步较晚，目前仍无在运行太阳能热发电站。“八五”以来，科技部就关键部件在技术研发方面给予了持续支持，“十一五”期间启动了1MW塔式太阳能热发电技术研究及系统示范。目前，大规模

发电技术已有所突破，部分关键器件已产业化。

在太阳能建筑供能方面，我国的被动太阳能建筑技术已经基本发展成熟。但在区域太阳能建筑供暖技术和应用领域仍为空白。目前在区域太阳能建筑集中供暖的核心技术跨季节储能方面只有小规模的研发，还没有大系统的设计、建设和运行经验。

在太阳能中温技术与工业节能应用方面，我国的太阳能热利用技术在工业领域的应用还几乎是空白。目前仅有几例应用，太阳能空调应用示范项目约50个，缺少大系统的设计、建设和运行经验。

（三）问题和需求

要实现太阳能从补充能源到主要能源，必须大幅度降低成本，为此需要依靠技术进步和大规模的推广应用。目前我国太阳能产业和市场的问题及需求如下：

1、太阳能硅材料及关键配套材料

我国具有自主知识产权的规模化多晶硅生产工艺研发及装备制造仍处于起步阶段，在生产成本、产品质量、综合利用等方面与国际先进水平仍存在明显差距。

我国太阳电池关键配套材料产业的发展也相对落后，一些关键配套材料，如银浆、银铝浆材料、TPT背板材料、EVA封装材料等还大量依赖进口，必须加快技术研发，提高质量，实现关键配套材料的国产化，进一步降低太阳电池生产成本。

2、太阳电池

晶体硅高效电池方面，国际发达国家商业化效率已达20%以上，我国仍处于空白状态；薄膜电池方面，非晶硅/微晶硅叠层电池和国际上有差距，国际上已经产业化的碲化镉薄膜和铜铟镓硒薄膜电池，在我国还没有商业化生产线；新型电池仍然没有掌握国际上已经产业化的薄膜硅/晶体硅异质结电池、高倍聚光电池、柔性电池的中试和生产技术，染料敏化电池也需要向实用产品发展。在全光谱电池、黑硅电池等前沿技术研究方面，也与国际水平存在一定差距。

3、生产装备

晶体硅电池部分关键生产设备性能与国际先进水平存在相当差距，成套生产线自动化程度低；薄膜电池的关键设备和生产线主要依靠进口。缺乏国产化整线集成解决方案。

4、光伏系统

在大型并网光伏电站、光伏微网、区域建筑光伏系统及光伏直流并网系统等光伏大规模利用的设计集成、关键设备、功率预测和并网技术方面与国外先进技术水平有一定差距，综合利用方面还缺少经验。

5、太阳能光热利用

我国目前还没有商业化运营的太阳能热发电站，缺乏系统设计能力和集成技术，高温聚光、吸热和储热技术不成熟。区域太阳能建筑供暖技术、太阳能中温技术与工业节能应用在我国仍为空白。

6、测试及平台

我国在标准电池计量、电池、组件测试等方面需要进一步完善，系统模拟和测试技术能力刚刚起步，大型逆变器的研究测试和室外实证性的研究测试示范基地仍然处于空白。

二、指导思想与目标

（一）指导思想

总体按照“一个目标，二项突破，三类技术、四大方向”的指导思想。一个目标：实现太阳能大规模利用，发电成本可与常规能源竞争;二项突破：突破规模化生产和规模化应用技术；三类技术：全面布局开展晶体硅电池、薄膜电池及新型电池技术研发；四大方向：全面部署材料、器件、系统和装备科技攻关。

（二）基本原则

（1）坚持以降低终端发电成本为中心

针对产业发展瓶颈技术，部署关键技术研发、核心工艺设计和重大装备研制，实现发电成本的持续下降。

（2）坚持技术创新与示范工程相结合

以金太阳示范工程等为牵引，实现以典型示范工程带动前沿关键技术突破、以产品推广应用拉动光伏全产业链快速健康发展。

（3）坚持面向全产业链布局攻关

以材料、电池、系统及装备为经线的太阳能全产业链布局；以晶硅、薄膜和新型电池为纬线的三类太阳电池技术统筹布局。按照研发、示范和推广应用三个层次循序推进。

（4）坚持多层次技术研发和产业服务体系并举

建立包括产业联盟、平台基地、人才机制、标准规范和政策法规的可持续发展支撑体系。

（三）规划目标

"十二五"期间，实现光伏技术的全面突破，促进太阳能发电的规模化应用，晶硅电池效率20%以上，硅基薄膜电池效率10%以上，碲化镉、铜铟镓硒薄膜电池实现商业化应用，装机成本1.2~1.3万元/kW，初步实现用户侧并网光伏系统平价上网，公用电网侧并网光伏系统上网电价低于0.8元/kWh，基本掌握多种光伏微网系统关键部件及设计集成技术，实现示范应用。太阳能热发电具备建立100MW级太阳能热发电站的设计能力和成套装备供应能力，无储热电站装机成本1.6万元/kW；带8小时储热电站装机成本2.2万元/kW，上网电价低于0.9元/kWh。突破太阳能中温热能在工业节能中的应用技术和太阳能建筑采暖的长周期储热技术，并示范应用。初步建立太阳能发电国家标准体系和技术产品检测平台，形成我国完整的太阳能技术研发、装备制造、系统集成、工程建设、运行维护等产业链技术服务体系。

关键指标如下：

（1）实现多晶硅材料生产成本降低30%，配套材料国产化率达到50%；

（2）晶体硅太阳电池整线成套装备国产化，具备自主知识产权的晶硅整线集成"交钥匙"工程能力；

（3）单晶硅电池产业化平均效率突破20%，拥有自主知识产权的非晶硅薄膜电池产业化平均效率突破10%；

（4）突破100MW级并网光伏电站、100MW级城镇多点接入生态居住小区光伏系统技术、10MW级光伏微网系统与10MW级区域建筑光伏系统关键技术及设备；

（5）突破100MW级太阳能热发电关键技术及装备并建立核心产品生产线、测试平台和示范系统；通过系统集成掌握电站设计、优化和运行技术。

（6）突破区域建筑跨季储热供暖技术及设备；

（7）完善太阳能中温热利用技术，并建立工业应用示范；

（8）突破太阳能分布式发电技术；

（9）建成太阳能利用实证性研究示范基地。

（10）在光伏直流并网发电、太阳能热与化石燃料互补发电等创新性研究方面取得进展。

三、重点方向

（一）材料方向

在光伏产业链上，硅材料主要涉及太阳电池用的多晶硅提纯和下游的硅片、单晶和多晶铸锭。发展高效节能低成本多晶硅材料的清洁生产技术和太阳电池关键配套材料制备技术，将有利于降低光伏电池生产成本和实现硅材料生产的环境友好。相关内容包括：改良西门子法、硅烷法、物理、化学冶金法多晶硅材料生产技术，太阳电池用银浆、银铝浆、TPT背板材料、EVA封装材料、薄膜电池用TCO玻璃基板等关键配套材料制备技术等。

（二）器件方向

太阳能发电效率的提高和生产成本的降低将直接影响发电成本。晶体硅电池正朝着高效率、薄片化和低成本三个方向进行改进；低能耗、低成本的薄膜太阳电池技术正朝着高效率、稳定和长寿命的方向努力。相关内容包括：效率20%以上低成本超薄晶体硅电池产业化制造技术，效率10%以上薄膜电池产业化制造技术，高倍率聚光电池及发电关键技术，柔性衬底硅基薄膜太阳电池中试制造技术，非真空电沉积柔性CIGS薄膜太阳电池中试制造技术，量子点电池、热光伏电池、硅球电池、多晶硅薄膜电池、有机电池等新型太阳电池的前沿制备技术, 高温直通式真空管及槽式聚光集热实验平台等。

（三）系统方向

突破光伏规模化利用的成套关键技术与装备，建成多种形式的光伏发电示范工程，能够有效推动光伏发电技术在我国的大规模应用；开展太阳能热利用关键装备和系统集成科技攻关，依托规模化示范工程建设，能够推动太阳能热利用技术与产业发展。相关内容包括：100MW级大型并网光伏电站系统及设备技术，100MW级城镇多点接入生态居住小区光伏系统技术，10MW级光伏微网系统及设备技术，区域性高密度光伏建筑并网系统及设备技术，10MW级次高参数太阳能热发电技术，硅基高可靠光伏建筑一体化关键技术、大型多能互补光伏并网系统技术、光伏直流并网发电技术、分布式太阳能热发电技术，太阳能储热技术，太阳能中温热在工业节能中的应用技术等。

（四）装备方向

太阳能光伏生产设备是贯穿整个产业链的基础，目前亟需突破产业链部分环节核心设备的瓶颈，提升其关键生产设备的性能和成套生产线的自动化程度。相关内容包括：晶体硅太阳电池整线成套装备集成技术，效率10%以上年产能40MW硅基薄膜太阳电池制造技术，效率10%以上年产能30MW碲化镉薄膜太阳电池制造技术，效率8%以上年产能5MW染料敏化太阳电池制造技术，薄膜硅/晶体硅异质结电池中试制造技术，硅基高可靠BIPV系列组件制造

装备技术等。

四、重点任务

（一）重点任务

（1）掌握太阳能材料、器件、系统核心技术和工业生产线的关键工艺及装备；

（2）突破太阳能发电系统规模化利用的关键技术及装备；

（3）建设国家重点实验室、工程中心和产业化基地；

（4）完善太阳能产品及系统的检测技术和认证标准；

（5）集成示范太阳能开发利用的新技术、新设备。

（二）任务分解

“十二五”期间，根据四个研究方向和五项重点任务，在太阳能科技领域分解出19项研究内容，其中：材料方向2项，器件方向8项，系统方向9项，装备方向研究内容分布在前三项中。

1、材料方向

（1）高效节能多晶硅材料大规模清洁生产关键技术研究

提升改良西门子工艺大规模低成本清洁生产技术，突破硅烷法工艺规模化生产，探索物理、化学冶金法等低成本新工艺技术。

（2）太阳电池关键配套材料制备技术研究

突破太阳电池用银浆、银铝浆、TPT背板材料、EVA封装材料、薄膜电池用TCO玻璃基板等关键配套材料制备技术。

2、器件方向

（1）新型太阳电池中试及前沿技术研究

建成年产能2MW的薄膜硅/晶体硅异质结太阳电池中试示范线，中试效率达到18.5%；建成年产能1MW的柔性硅薄膜太阳电池卷对卷制造中试示范线，电池稳定效率达到10%；掌握高倍聚光太阳电池及应用技术，建成年产能5MW的中试线，电池效率超过35%。

（2）效率20%以上低成本晶体硅电池产业化成套关键技术研究及示范生产线

在产业化平均效率指标上，单晶硅电池达到20%，多晶硅电池达到19%，主要新型技术设备实现国产化；晶体硅电池成本降至7元/W，硅片厚度降至160微米；推动高效电池技术在全国范围内的大规模产业化，实现年产能100MW。

（3）规模化铜铟镓硒薄膜太阳电池成套制造工艺技术研发

突破规模化铜铟镓硒（硫）薄膜太阳电池生产线中的关键设备设计与制造瓶颈，开发具有国际水平的成套工艺技术，建成年产能5MW卷对卷式柔性衬底CIGS薄膜电池生产线、MW级柔性铜铟镓硒硫薄膜太阳电池生产线、电化学法沉积CIGS薄膜太阳电池示范生产线、涂覆-热处理法制备CIGS太阳电池示范生产线和集电管式CIGS薄膜太阳电池示范生产线，并形成批量产品。

（4）效率10%以上规模化薄膜太阳电池成套制造工艺技术研发

研制具有自主知识产权的年产能40MW硅基薄膜太阳电池生产线关键设备和年产能30MW碲化镉薄膜太阳电池生产线关键设备，完成硅基薄膜太阳电池和碲化镉薄膜太阳电池成套工艺技术研发，产业化组件效率10%以上，生产成本低于5元/W。

（5）年产能5MW效率8%染料敏化太阳电池组件成套制造技术研发

掌握染料敏化剂、电解质、光阳极等关键材料的批量生产工艺和合成技术，研制染料敏化太阳电池配套材料批量生产的关键设备；解决MW级染料敏化太阳电池关键技术及生产工艺设备，掌握大面积电池产业化制作技术，建成年产能5MW的染料敏化太阳电池生产线。

（6）效率10%以上50MW非晶/微晶硅叠层薄膜太阳电池成套制造工艺技术研发

研究高效电池用非晶硅材料、硅薄膜材料、ZnO透明导电薄膜制备工艺等技术，建成年产能50MW硅非晶/微晶硅叠层薄膜太阳电池生产线，组件稳定效率10%以上，成本低于5元/W。

（7）高倍聚光太阳电池成套制造工艺技术研发及示范

掌握GaInP/GaInAs/Ge三结太阳电池制造工艺技术，建成年产能大于5MW的聚光多结太阳电池中试生产线及聚光电池可靠性测试平台和户外实测平台；掌握1200倍聚光光伏系统设计技术，研制大功率CPV并网逆变器。

（8）太阳能槽式集热发电技术研究与示范

面向商业化槽式聚光集热技术研究，突破高温真空集热管和高精度聚光器成型关键工艺、批量化生产技术和关键装备，建立MW级槽式聚光集热集成实验示范系统。

3、系统方向

（1）大型光伏并网系统设计集成技术研究示范及装备研制

瞄准100MW级大型并网光伏电站技术研究，掌握100MW级并网光伏电站的单元设计集成与工程化技术及关键设备，区域高密度多接入点建筑光伏、双模式建筑光伏系统集成技术及关键设备。安全并网及电能质量调节技术，高海拔地区功率预测和生态环境监测技术，建立实证性研究示范基地。

（2）高稳定性光伏微网系统技术研究与示范

突破包括光伏的多能互补微网的稳定性技术，掌握系统集成与工程技术、稳定控制技术和电能质量调控技术，研制完成微网能量管理系统、电能质量调节系统及微网型光伏电站自动化在线测控系统，建成10MW级光/水互补微网系统、数MW级多能互补的微网系统、100MW级多点接入区域光伏示范系统。

（3）适合于微网运行的大功率光伏控制/逆变器关键技术研究及设备研制

突破自同步电压源逆变器及高效光伏充电控制器的关键技术，掌握自同步电压源逆变器多机稳定并联运行技术及与最大功率跟踪相结合的高效智能光伏充电技术，完成自同步电压源逆变器及高效光伏充电控制器的产品化研究，具备批量化生产能力；提出改进自同步电压源并网逆变器下垂控制器实现方法，完成自同步电压源逆变器及高效光伏充电控制器的产业化研究。

（4）10MW级太阳能塔式热发电技术研究与示范

面向高参数-高效率-稳定输出的太阳能热发电技术研究，突破次高参数熔融盐吸热-储热塔式发电关键技术及设备，建立10MW示范熔融盐塔式示范电站。

（5）大型多能互补光伏并网系统技术研究与示范

面向大型光伏电站与大型风电场、与水电站、与太阳能热电站的互补并网发电应用，突破互补发电系统的设计集成与并网技术，多种电源功率预测技术、联合控制技术、能量优化管理技术，建立多种互补发电系统示范。

（6）硅基高可靠光伏建筑一体化（BIPV）关键技术及示范

瞄准太阳能光伏建筑一体化组件及应用技术，突破硅基高可靠BIPV系列组件制造装备及生产线关键工艺技术，完成系列化BIPV构件产业制造并形成规模应用标准和规范。

（7）分布式太阳能热发电技术

面向100kW级分布式太阳能热发电技术研究，突破有机朗肯、碟式斯特林、单螺杆膨胀机、太阳能热电半导体发电技术等分布式发电重大装备设计与制造技术，并进行实证性试验与示范。

（8）太阳能储热技术研究与规模化应用

掌握低温段（20-95℃）和高温段（450℃以上）储热材料设计、制备、大容量储热系统热损抑制、区域集中供热系统集成、能量输配与管理技术，形成分布式和大容量集中太阳能储热与供热系统示范。

（9）太阳能中温技术与工业应用

面向太阳能中温热利用的实用化和产业化技术研究，突破太阳能80℃-250℃中温集热器、中温储热、太阳能空调和系统集成的技术和装备，建立太阳能中温集热系统工农业生产领域应用示范。

“十二五”期间，还需要在光伏直流并网发电等新技术、新系统方面进行创新性探索研究。

（三）从基础到产业化的全链条规划

太阳能级硅材料方面，重点研究高效节能多晶硅材料的产业化技术。太阳电池方面，重点研究高效、低成本、超薄晶硅太阳电池和高效薄膜太阳电池的产业化技术，着力发展新型太阳电池关键技术。光伏系统及平衡部件方面，重点研究100MW级并网光伏电站、高密度区域建筑光伏系统、光伏微电网系统技术和大型多能互补光伏并网系统技术与关键设备的产业化技术。太阳能热利用方面，重点研究太阳能热发电和太阳能热利用技术与关键设备的产业化技术。

五、保障措施

围绕《专项规划》和“十二五”科技重点发展的部署，制定保障措施，加大实施力度，切实形成有利于自主创新的新体制和新机制。

1、加强科技专项的组织领导和统筹协调。设立计划实施领导小组，强化政府的科技宏观管理能力，实行重点计划重点落实与协调，切实保障计划顺利有效实施；在技术层面，设立总体技术专家组，完善专家管理机制，从系统角度把握科技发展的宏观与微观技术网络，有效提高专项资金使用效率，保证计划的有效推进；成立光伏和光热两个项目办公室，建立科技统计、技术预测、第三方独立评估、信用管理等制度，加强对科技投入的统筹管理，完善项目管理后评价机制及问效问责制，加强对计划实施全过程的监督和绩效评估，从而降低项目风险。

2、加强科技投入力度，鼓励各类社会资本投入。大幅度增加重点项目科技投入，强化重点项目科技投入滚动增长的保障和后评估机制。加大对技术创新平台的支持力度和广度，加强对基础研究、前沿高技术研究、科技基础条件建设、人才培养的支持，引导行业部门、地方政府、产业联盟、企业及其他各类社会资本加大科技投入，建立各类研究开发和服务平台，支持在高等教育中强化太阳能相关学科设置，重点解决太阳能利用未来的重大科技问题。

3、制定和落实促进科技专项实施的各项激励政策。结合科技项目的实施，有计划地推进示范项目与金太阳示范工程的结合，通过工程实施实现对科研成果先进性和有效性的验证；建立产业发展预警机制，充分重视太阳能服务业的发展；同时，鼓励企业充分利用财税、金融、政府采购等政策，以企业投入为主，有针对性地解决产业发展中的重大技术问题，从而打破国外的技术垄断，保障光伏市场的规范性和成果转化的高效性。

4、充分发挥金太阳示范工程的带动作用。以金太阳示范工程带动太阳能开发利用技术的进步；以技术进步推动和保障金太阳示范工程的顺利实施；依托金太阳示范工程建立和完善服务支撑体系。

5、建成第三方的与国际对等的权威检测机构。建立国家级的光伏系统及平衡部件的实证性研究基地和大型光伏并网逆变器的测试平台，用于现场考验光伏组件、平衡部件以及光伏发电系统的实际运行效果，分析评价各类产品与技术的性能及其变化趋势，提升部件及系统的测试、分析和判断能力，为我国未来大型光伏系统新技术提供开放式、公益性的实证基地，为我国光伏产品提供第三方、公正、权威的测试条件。

6、充分发挥国家高新技术产业开发区、国家级高新技术产业化基地的作用，加快成果产业化，推动创新型产业集群建设工程，围绕本专项确定的主要目标，合理选择技术路径和产业路线，采取有效措施，促进产业集群的形成和创新发展。

洁净煤技术科技发展“十二五”专项规划

（国科发计〔2012〕196号　科学技术部二〇一二年三月二十七日印发）

一、形势——需求与发展

（一）洁净煤技术是我国能源可持续发展的重要领域

近年来，随着经济、社会的快速发展，能源需求总量和优质能源需求数量都进入高速增长期。受化石能源资源结构以煤为主（约占96%）的制约，煤炭占我国一次能源生产总量75%，占消费总量70%。预测表明，未来几十年，煤炭在能源生产和消费结构中的主导作用不会改变，同时煤炭生产和利用中引发的环境、碳排放等问题也会日益突出。

长期以来，我国一直将发展洁净煤技术作为先进能源领域的重要技术方向，特别自“十五”开始，通过“国家自然科学基金”、“国家重点基础研究发展计划（973计划）”、“国家高技术研究发展计划（863计划）”、“国家科技支撑计划”等国家科技发展计划的持续部署，开发出一批具有世界领先/先进水平的洁净煤技术，并在我国能源建设中发挥了重要作用。

在《中共中央关于制定国民经济和社会发展第十二个五年规划的建议》中，提出要“培育发展战略性新兴产业”，要“推动能源生产和利用方式变革，构建安全、稳定、经济、清洁的现代能源产业体系。加快新能源开发，推进传统能源清洁高效利用”，要“积极应对全球气候变化。把大幅降低能源消耗强度和二氧化碳排放强度作为约束性指标，有效控制温室气体排放”，给发展洁净煤技术赋予新的目标和要求。

洁净煤技术已经成为我国能源可持续发展的重要领域。

（二）重点洁净煤技术发展概况

1. 先进燃煤发电技术

①在“超超临界发电”方面，国内具备了制造1000MW、25MPa、600℃等级发电机组的基础和能力，预测到2020年，新建机组市场容量达500GW。但是，在高参数大容量机组的设计及制造、系统优化、高温部件材料等方面与发达国家仍有较大差距，建设超600℃大容量等级超临界发电机组系统集成示范、研发超700℃关键材料和技术是今后几年的重要任务。

②在“大型循环流化床”方面，“十一五”科技支撑计划项目“600MWe超临界循环流化床”已完成设计、制造技术研究，有待于通过工业示范集成单项成果，完成工业装备技术和运行考核；另外针对燃用劣质燃料、大型超临界CFB锅炉系列、节能型CFB锅炉也在开展大量新技术研发。

③在IGCC技术方面，“十一五”863计划重大项目“以煤气化为基础的多联产示范工程”所依托的华能天津

250MW级整体煤气联合循环（IGCC）示范工程正在建设，将逐步进入试运行阶段。目前，该项目主要研发内容基本完成。

2. 煤基清洁燃料技术

煤基清洁燃料技术指煤制清洁气体燃料、煤制油和化工品技术。“十五”以来，国家973、863、科技支撑等计划专门立题支持了多项技术内容的开发，在煤制天然气、浆态床费托合成、煤加氢液化、煤制烯烃等方面进行了工业示范，目前国内已投入示范运行的煤制油总规模达到188万吨油当量/年、煤制烯烃115万吨/年、煤制乙二醇20万吨/年；煤制烯烃、浆态床费托合成、煤加氢液化等工业技术达到国际领先或先进水平。

“十一五”期间，863计划在“以煤气化为基础的多联产示范工程”项目中支持了“16万吨合成油－燃气发电联产”课题，另外在“高灰熔点煤加压气化技术开发与工业示范”项目中支持了两个气化技术开发。目前煤气化技术在某些核心技术及装备制造方面仍与发达国家有一定差距，尚有大量基础理论和科学问题有待深入研究，自主开发和优化提高的潜力很大。

3. 燃气轮机技术

“十一五”863计划重点项目中“100KW级微型燃气轮机及其供能系统”课题已完成总体方案设计，开始核心部件的设计与制造，已完成微型燃机整机、燃烧室和永磁电机等工程设计。

“十一五”863计划“重型燃气轮机关键技术及系统”重大项目于2008年9月批复启动，项目设置了“以R0110为载体的中低热值燃料燃气轮机设计研制及在IGCC电站中的工程应用示范”和“F级中低热值燃料燃气轮机关键技术与整机设计研究”两个课题，目前正在实施中，预计2013年底完成。

4. 燃煤污染物控制和治理技术

以煤为主的能源结构和能源消费总量持续增长，使我国污染控制和环境保护依然面临巨大压力。到2020年，如不采取有效措施，即使按照污染物产生量最少的情景预计，二氧化硫、氮氧化物年排放量将分别达到4000万吨和3500万吨。燃煤污染作为能源环境问题，将对经济和社会发展产生重大影响和制约。

“十一五”期间，污染物控制技术主要以“专题”立题给予支持，难以形成大规模开发和工程应用示范。目前急需开发结合过程控制与末端治理、可以实现污染物资源化利用和多种污染物联合脱除的先进技术。

5. 高效燃煤与工业节能

我国燃煤工业锅炉、窑炉用煤超过煤炭消费总量的20%，“十一五”期间科技支撑计划列题支持了“高效燃煤工业锅炉系统技术”，专题项目支持了余能余热利用、过程优化节能等工业节能技术，均取得了显著的技术进步和产业成果。目前，亟待开发解决的重点节能技术有：特殊技术条件下的冶金节能，工业低温余热回收，大容量高效燃煤工业锅炉成套技术及装备，石油、化工、建材等工业过程节能等。初步估算，该类技术的节能潜力超过1.5亿吨标准煤，约占到目前全国一次能源消费总量的5%，推动新型节能产业发展有重大意义。

6. 二氧化碳分离、储存及利用

近年来，我国石油开采、煤电、煤制油化工等行业，在燃煤烟气CO2捕集和提纯利用、富氧燃烧、煤化工高纯CO2地质封存、驱油（EOR）和增采煤层气（ECBM）等方面开展了研究和工业示范，取得了一批成果。

“十二五”期间，将加大在二氧化碳捕捉与封存（CCS）方面的研究和技术开发，进一步开展理论研究与技术攻关，实现自主知识产权核心关键技术突破以及相关标准的制定，逐步缩小与国外差距和实现技术引领。

二、指导思想与目标

（一）指导思想

贯彻科学发展观思想，以《国家中长期科学和技术发展规划纲要（2006－2020年）》为基本指导，贯彻落实《中共中央关于制定国民经济和社会发展第十二个五年规划的建议》精神，以加快新能源建设和推进传统能源清洁高效利用为重点，积极推动建设战略性新兴产业，实现洁净煤技术跨越进步，促进经济社会可持续发展。

（二）基本原则

1. 国家需求、服务产业

结合国家需求和推动实施重大能源开发项目，服务于国内经济发展和建设大局，以全社会视野凝练战略目标，注重科技创新对推动建设国家战略性新兴产业的作用，以基础研究、关键技术开发、系统集成创新为目标，致力洁净煤技术科技创新，全面进行规划部署。

2. 世界一流、国际领先

自主创新，提升煤炭提质与资源综合利用、高效燃煤发电、先进煤基洁净燃料、污染物控制及资源化利用、工业节能、重大装备研制等技术和能力，建立世界一流研发平台，培养世界一流科研队伍，发展世界一流技术，获得世界一流成果。

3. 承先启后、统筹发展

认真总结“十五”、“十一五”取得的成果和存在问题，关注“十二五”及中长期发展需求，统筹国内科技资源，融合跨领域优势能力，发挥产学研结合和产业联合创新机制和大型企业的优势，正确引领技术和产业发展方向。

4. 强化管理、培养能力

结合体制、机制改革，注重“专项规划”实施的可行性和操作性，加强立项、实施和验收的组织管理部署，广泛吸收社会资源，培养和建立一支专兼配合、高水平、高效率的科技管理队伍。

（三）规划框架

根据近年来重点发展方向，结合立项和运行管理机制改革，以依托示范工程为牵头、关键核心技术开发为基础、技术凝练和集成创新为重点，对重点技术方向进行梳理。

框架关系见下图。

洁净煤技术专项规划技术方向框架图

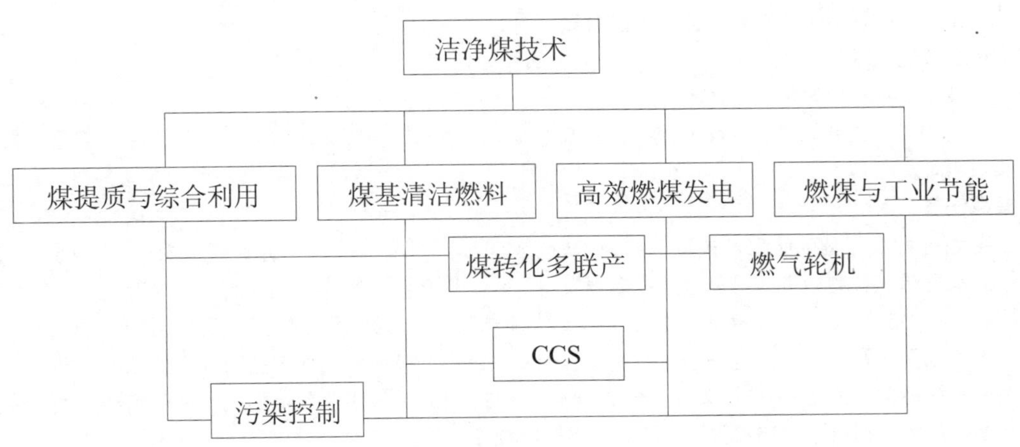

（四）规划目标

在煤炭提质与资源综合利用、高效洁净燃煤发电、煤基洁净燃料、高效燃煤与工业节能、队伍建设和平台建设等方面，突破重点基础和核心关键，开发出一批具有国际领先水平的新工艺、新技术，实现重大系统技术集成，为煤电、煤转化等重点示范工程和建设洁净煤技术战略性新兴产业提供技术支持，达到世界先进、领先水平。

三、重点方向

（一）高效洁净燃煤发电

我国50%的煤炭用于发电，煤电占发电总量的80%以上，燃煤发电技术进步始终是先进能源技术的重点。目前和今后若干年，国内煤电装机增量仍将处于较高发展速度，技术发展趋势是“大型、高参数、洁净”。在此背景下，煤电重要发展方向有以下5个方面：

1. 大型超超临界发电成套技术和高参数超超临界关键技术。

2. 高参数、新型循环流化床燃煤锅炉。

3. 大规模整体煤气化联合循环发电关键单元技术及装备，燃气轮机及其集成示范。

4. 燃煤污染治理，二氧化碳分离、埋藏及利用技术。

（二）先进煤转化

提高煤质是洁净煤技术的源头，2010年我国煤炭消耗33亿吨，高效利用问题比较突出。“十一五”期间在专题中对提升低品质煤质量、提高稀缺煤种利用效率、发展资源综合利用等技术进行了部署，但总体上项目分散、力度偏小。目前，国内有众多企业开发这一方面的技术，但是由于褐煤粉尘分离、煤焦油回收加工、污水净化等关键技术没有得到突破，成为共性技术障碍；“十二五”期间拟加大对该类技术的支持，提升褐煤分级提质转化、褐煤气化等重点技术水平。

先进煤转化技术包括煤制天然气、煤制液体燃料和化工品、先进煤气化等成套工艺和技术。经过近十年来的快速发展，我国已成为先进煤转化技术开发和产业发展的大国。粗略统计，“十一五”期间，全国共计投入约800亿元进行该类技术工业示范。目前，该类技术方向尚有较多关键技术需要科技支持，大规模工业化核心技术和装备的国产化问题有待进一步解决。

重点研究以下技术：

1. 低阶煤综合加工提质技术。

2. 催化气化等新型煤气化技术。

3. 结合实施煤制气体、液体燃料和化工品百万吨级工业示范，开发研究大型合成反应器、高效低成本催化剂、专用设备、油品加工催化剂和新工艺、新型催化合成、副产品综合利用等关键技术。

4. 先进煤转化发电大规模技术集成示范。

（三）先进节能技术

“十五”、“十一五”期间，先进能源技术领域持续部署了能源转化、利用和工业过程的重点节能技术研发，其中工业窑炉余能余热回收利用、工业锅炉高效燃煤等取得了一系列成果。“十二五”期间，将围绕以下几个重点方向开展部署和研发。

1. 工业窑炉余热余能高效回收利用新技术。

2. 高效率、大容量工业锅炉岛成套技术、装备及应用示范。

3. 冶金行业重点节能技术研发示范。

4. 石油、化工、建材等工业过程节能、余能余热利用。

5. 建筑综合节能技术。

（四）污染物控制和资源化利用技术

“十二五”期间，主要针对燃煤NOx控制、超细颗粒物和重金属控制、污染物一体化脱除和资源化利用等技术开展项目部署和研发。

四、重点任务

重点任务划分为重点基础研究、关键核心技术研发、重大技术集成及工业示范等三类，每一类根据技术方向分为“煤提质及资源综合利用”、“高效洁净燃煤发电”、“煤基清洁燃料”、“高效燃煤及工业节能”等部分，“污染物控制”、“二氧化碳分离/存储/利用”、“重大能源装备”等结合其应用划分至上述几个方向。

“十二五”期间，在高参数发电锅炉材料、煤基天然气及高密度航油、狭窄空间高效低氮煤粉燃烧、冶金电炉非稳态废热回收等方面开发出10-15项关键、核心技术，形成约100项发明专利，形成一批达到国际领先或先进水平的技术及装备，整体达到洁净煤技术研发和产业应用国际领先水平。

（一）重点基础研究

1. 煤提质及转化基础研究

针对褐煤、低变质烟煤分级转化、综合利用开展煤质与转化基础研究，如热冲击下褐煤粉化机理研究，毛细水分蒸发条件研究等；多煤种复杂煤质热解、气化、加氢、燃烧转化基础研究；地下水对地下气化影响的基础研究；新型高效催化反应基础研究等。

2. 高效洁净燃煤发电基础研究

开展燃煤高参数超700℃超超临界发电整体热力系统优化、材料体系、燃烧、传热和污染特性等基础研究；以近零排放IGCC为目标的富氢燃烧和富氢燃机的材料和制造技术基础研究；节能型、超低排放循环流化床新型流场模拟研究；燃煤火电机组超细颗粒物过程控制技术基础研究；煤基活性吸附剂制备及再生关键技术基础。

3. 燃气轮机材料及制造技术基础研究

高温材料、复杂制造技术、测试平台、运行管理等技术基础研究。

（二）关键核心技术研发

1. 煤提质及资源综合利用

褐煤、低变质烟煤高效转化、综合利用新工艺，新技术研发及工业示范，开发百万吨级工业装置工艺包；煤中矿物质先进综合利用技术；煤矿大型节能及污染物控制技术。

2. 高效洁净燃煤发电

（1）开展超700℃超超临界发电机组的锅炉、汽机、辅机以及高温材料等关键技术研究，为“十三五”期间实现工程示范打下基础，主要技术指标：蒸汽温度>700℃，压力>30MPa，机组容量600MW；锅炉效率>94%；汽轮机热耗<6950kJ/kWh；发电机额定功率600MW，发电机效率≥99%；机组循环效率≥48.37%。

（2）600MW高参数超超临界循环流化床锅炉工业装备技术研究、制造及工程示范，技术经济指标接近同容量相近燃料煤粉炉机组，达到国际领先水平。开展50～300MW节能、超低排放型CFB锅炉关键技术及装备研究，应用于工业示范。

（3）在IGCC方面，针对高效煤气化、节能制氧、中温脱除污染物、重型燃气轮机设计及制造等关键核心技术进行研发和工业侧线示范。

（4）超600℃/1200MW级超超临界发电关键技术及成套装备研究，并应用于工业示范。

（5）建设3～5万吨级/年CO_2捕集与资源化利用全流程工艺，系统热功率为30MW，主要研究开发和示范富氢或富CO2等非常规燃烧技术。

（6）先进燃煤发电污染控制技术。研发燃煤烟气多种污染物联合脱除关键技术，并在600MW电站锅炉进行工业示范。研究开发燃煤NO_x过程控制关键技术集成及示范，完成适于我国各类煤种、各种燃烧方式的低NO_x燃烧系统的研发和示范，研发适合我国动力燃煤特性的SCR脱硝催化剂，并进行工业示范。

3. 煤基清洁燃料

（1）结合国内工业示范，开发3～5项具有国际先进水平的煤基清洁燃料新技术，完成一批煤制清洁燃料及化工品发明专利，推动建设大规模煤基多联产工业示范，使我国煤基清洁燃气、煤制油、煤制烯烃等工业技术达到国际领先水平。

煤制清洁燃气关键核心技术。开发出合成气完全甲烷化催化剂制备、甲烷化反应器等关键技术和成套工艺，并应用于1000立方米/天、5万立米/天放大试验和工业示范工程；开发出完整的具有自主知识产权的煤制天然气成套工艺技术工艺包，并应用于20亿立方米/年煤制天然气示范工程。

开发出煤低温催化气化、煤加氢气化两种制天然气新工艺关键技术及气化炉等核心装备，形成系统试验室研发平台，建立2.4t/d煤低温催化气化和50t/d煤加氢气化扩大试验装置，进行试验运行，开发出投煤量为千吨级/天的工艺包。

突破地下气化关键技术瓶颈，形成煤炭地下气化过程稳定控制技术和地下水环境监控技术，开发煤地下气化大型成套技术工艺软件包及适于现代化工业生产的大规模合成气净化技术以及污水处理技术，实现煤炭地下气化过程连续稳定生产和地下、地上环境友好。

（2）煤制清洁液体燃料及化工品核心关键技术。开发出煤基费托合成大型化成套技术软件包，开发出大型浆态床反应器及合成油产品加工精制技术；开发节能节水的关键技术和重要装备；在百万吨级/年煤基合成油工业示范工程上应用和验证。

开发出甲醇制汽油大型化成套技术软件包，探索甲醇转化制取大宗能源产品和重要化学品的新技术，在不小于20万吨/年甲醇制汽油工业示范工程中应用和验证。

研究开发煤基液体产物（煤加氢液化生成油、F-T合成油、煤热解油、煤加氢液化残渣热解油等）联合加工的关键单元技术，开展工程化技术研究，开发各单元技术的工艺包，为制定煤基液体产物的联合加工工艺路线提供技术支持，开发出煤基高密度军用航空燃油制备技术。

（3）开发新型煤气化核心技术，并实现对现有落后气化技术的替代。针对我国广泛存在的高灰熔点（1500℃）、黏结性（黏结指数30以上）煤，开发适应煤质的先进高效煤气化技术，实现每天加工煤量500吨级气化装置工业示范。

开发适应于低灰熔点（1100℃左右）、低灰融黏度煤的气化技术，开发出每天加工量1000吨级工业示范气化装置并投入示范运行。

开发出适于高水分含量（20%以上）、高氧含量（10%以上）、低热稳定性、低热值褐煤直接气化新技术和装备，开发出500吨（煤）/天示范装置工艺包。

（4）建成适用于煤制清洁燃料技术通用能效测定与评价平台，研究测定方法标准；针对示范工程，进行工艺优化并确定出合理的工序能耗标准参考值，为节能减排关键技术提供技术方案。

4. 高效燃煤及工业节能减排

开展多煤种复杂煤质研究和燃烧工艺创新基础研究，开发工业锅炉岛、冶金炉窑高效节能关键技术，建成工业示范，能效达到国际先进水平。

（1）清洁燃煤系列化高效工业锅炉岛技术

开发出高效低排放燃煤工业锅炉岛系统技术，包括：运行热效率90%以上的大型（58MW）煤粉工业锅炉岛，运行热效率82%以上的大型（58MW或以上）层燃工业锅炉岛，SO_2、NO_x达到排放标准，粉尘排放浓度$<30mg/m^3$，并形成系列产品；研究与不同煤种相适宜的工业锅炉设计标准；研究工业锅炉烟气低温余热回收关键技术并进行工业示范，形成系列产品；开发煤与生物燃料协同燃烧技术；开发出可实现远程监控和集成管理的工业锅炉自动运行管理系统技术；完成不同容量的工业锅炉工程示范并研究和实施合同能源管理模式。

（2）工业炉窑余能高效回收及梯级利用技术

开发可分别用于高、中、低温三种品质余热回收利用技术，通过工业示范工程建设和运行，系统节能率达到15%~30%。

（3）冶金工业余能高效利用技术

研发基于热管、蓄热、蓄能、低温余热回收等余热高效回收新技术，研发针对炼钢炉、各种矿热炉、炼铁高炉、炼焦炉等大型冶金炉窑的非稳态烟气、炉渣、产品及副产品等余热回收关键技术，建设钢铁工业间歇性余热综合发电示范工程。

研究开发提高低挥发分非炼焦煤配加新工艺，开发新一代煤调湿关键技术，开发焦炉装煤烟尘减排新技术及示范；开发焦化废水有效处理及可资源化回收利用新技术及示范。

（三）重大技术集成及工业示范

1. IGCC－多联产技术工业集成示范

通过对煤基多联产战略技术系统研究，实现适合于多联产系统的新型煤气化及气化岛系统、先进原料气净化和变换工艺、高选择性煤基清洁燃料和化工品合成催化剂、大型燃气轮机设计制造及燃机岛系统、蒸汽轮机及其他辅机系统、发电系统控制及运行等关键技术研发成果集成，建成大规模IGCC－多联产技术工业集成示范。同时探索构成近零排放多联产系统的技术途径。

示范工程规模：400-500MW级电力，100万吨级液体燃料或相同当量级化工品，3000吨/天级气化炉、9F级低热值燃气轮机等。

该项目实施拟依托国内具有发电和煤炭综合产业发展实力的大型国有企业为牵头和实施主体，联合在煤气化、燃气轮机、煤清洁转化等方面具有研发实力和业绩的机构共同承担。

考虑到体制机制对IGCC等大型工业示范项目审批的影响以及“十一五”重型燃气轮机项目执行时间延续，本规划将对相关的工业示范项目采取分步推动的方法。

2. 大规模高效煤基转化多联产技术集成示范

目前，结合国内煤转化大规模产业结构调整和新型煤转化产业工业示范启动，建设以资源综合利用、节能减排、高效低成本为目标、实现大规模高效煤基转化多联产技术集成的示范工程正在受到洁净煤技术领域的关注。

该技术集成包括了大型煤焦化、煤基清洁燃料集成加工、煤气净化与污染物控制及资源化利用、余能回收梯级利用与发电等专项技术，形成数百万吨级煤转化及煤基清洁燃料、数百万兆瓦以上发电规模，达到系统能效提高5%以上、关键产品降低直接能耗10%以上的效果。

该项目对发展具有中国特色的煤高效清洁转化技术具有重要引领意义。

3. 超600℃超超临界发电机组工业示范

集成具有自主知识产权的大容量、高参数超临界600℃/1200MW级发电机组关键技术研发成果，包括系统设计、锅炉设计与制造、汽轮机设计与制造、机组运行与控制、机组集成与示范工程整体设计等核心关键技术。

通过示范，完成600℃/1200MW级发电机组成套技术自主开发与工程建设，全面提升我国该级别超超临界发电技术能力，提升与国外同类技术的竞争力。

4. 重型燃气轮机关键技术集成及应用示范

对F级重型燃气轮机技术，集成热端部件（燃烧室、透平叶片）的设计与制造技术、高效低污染燃烧室设计与制造工艺、适应灵活空分配置的先进高效宽稳定裕度压气机研制、燃气轮机调节系统等研发成果，形成整机制造技术及系统集成优化设计技术。

对E级燃气轮机，集成燃气轮机及联合循环控制、变频启动系统及燃料系统、发电机组轴系分析、燃气轮机辅助系统、联合循环电站成套系统配套设备选型、参数优化及热力循环分析、燃气-蒸汽联合循环发电机组运行调试等技术成果，形成成套系统的设计、研制、调试、运行维护技术。

五、保障措施

（一）加强能源科技战略研究

目前，世界工业发达国家都把能源战略和能源科技战略作为持续、滚动研究的重要课题，以适应经济社会发展对能源供应不断提出的需求以及世界或区域能源生产的变化，同时还要适应生态环境、减少或控制温室气体排放等对能源发展日益提高的要求。同样，我国能源发展以及对能源科技的需求和策略也处于不断变化和调整过程，这样就使得对能源科技发展的战略研究变得更重要。

“十二五”期间，一则需要将能源科技战略研究作为一项重点科研工作，专项启动实施；同时还要建成客观有效的能源科技评价体系，为及时调整和校正项目部署方向、客观准确检验成果提供保障。

（二）积极建设能源公共科技平台

能源科技项目的共性之一是项目大、费用高，与工业示范和成果应用结合紧密，技术研发平台投入大，从国家需求出发，通过项目支持投资建设技术研发公共平台是一件重要的科技推动措施。

“十二五”期间，需要在以下技术领域加大公共科技研发平台建设：高参数超超临界发电技术研发平台，重型燃气轮机开发与整机测试平台，煤基清洁燃料新技术研发、系统能效评估平台，高效燃煤工业锅炉岛成套技术研发与集成示范平台等。

（三）关于体制、机制创新及保障

根据科技部有关科技管理改革的精神和部署，加快先进能源技术领域科技计划项目管理改革。

针对“十二五”洁净煤技术快速发展和科技需求大的特点，积极组织有代表性、综合性和显示度的重大或重点项目，为“十二五”或其后的持续发展提供支持。在“十二五”项目部署和实施中，要突出项目内容的可操作性，加强部委间沟通和协调，项目实施采取分步推进的方法。

加强项目设计、立项、实施、验收等各个环节的部署协调和综合管理，从机制创新入手，择优选取课题第一承担单位，同时形成专业化、企业化和社会化管理三结合，以实现对项目资金申请、使用、研究阶段成果等进行统一管理和监督协调，同时，设立独立专家组进行跟踪协助管理。在课题承担单位选择方面，要选择具备较好的研究基础和具备工程示范能力的企业或科学院所。

充分发挥国家高新技术产业开发区、国家级高新技术产业化基地的作用，加快成果产业化，推动创新型产业集群建设工程，围绕本专项确定的主要目标，合理选择技术路径和产业路线，采取有效措施，促进产业集群的形成和创新发展。

充分发挥地方政府部门宏观管理与政策引导作用，不断完善统筹协调机制，加强政府部门、企业和科研机构在管理、数据共享、联合行动等方面的协调，构建跨部门的交流合作与协调配合平台，形成产学研一体的技术联盟，推动科技与产业化联动发展。

绿色制造科技发展“十二五”专项规划

（国科发计〔2012〕231号　科学技术部二〇一二年四月一日印发）

“十二五”时期是全面建设创新型国家的关键时期，也是我国经济结构战略性调整的重要机遇期。制定《绿色制造科技发展“十二五”专项规划》(以下简称《专项规划》)，是全面贯彻落实《国家中长期科学和技术发展规划纲要(2006-2020年)》、《国民经济和社会发展第十二个五年规划》以及《国家“十二五”科学和技术发展规划》提出的重点任务，加快促进产业技术进步的重要措施，也是加强自主创新工作的重要组成部分。

《专项规划》以“十二五”时期的需求为重点，兼顾我国中长期制造业可持续发展的需求，明确突破绿色设计、节能减排工艺、绿色回收资源化与再制造、绿色制造技术标准等关键共性技术，推动技术、标准、产业协同发展。选择典型示范意义的行业或区域，开展绿色制造技术、工艺装备和产品的推广应用，推动传统制造业绿色化改造，发展资源节约和节能环保的战略性新兴产业，提高我国制造企业竞争力。《专项规划》明确了组织实施发展绿色制造的指导思想和发展目标，确定了重点内容和实施方案，提出了保障措施和技术路线图。《专项规划》是“十二五”时期开展绿色制造工作的重要依据。

一、形势与需求

以“高投入、高消耗、高污染、低水平、低效益”为特征的经济增长方式仍占我国经济发展的主导地位，其中制造业及其产品的能耗约占全国能耗的2/3。高消耗将导致对资源的高依赖，将成为制约中国制造业发展的瓶颈，也给国家的能源和资源安全带来严峻挑战。

绿色制造一种在保证产品的功能、质量、成本的前提下，综合考虑环境影响和资源效率的现代制造模式,通过开展技术创新及系统优化,使产品在设计、制造、物流、使用、回收、拆解与再利用等全生命周期过程中，对环境影响最小、资源能源利用率最高、人体健康与社会危害最小，并使企业经济效益与社会效益协调优化。

《国家中长期科学和技术发展规划纲要(2006-2020年)》明确提出“积极发展绿色制造，加快相关技术在材料与产品开发设计、加工制造、销售服务及回收利用等产品全生命周期中的应用，形成高效、节能、环保和可循环的新型制造工艺，使我国制造业资源消耗、环境负荷水平进入国际先进行列”；《国民经济和社会发展第十二个五年规划》提出建设资源节约型、环境友好型社会作为加快转变经济发展方式的重要着力点;《国家“十二五”科学和技术发展规划》将“绿色制造”列为“高端装备制造业”领域六大科技产业化工程之一，提出“重点发展先进绿色制造技术与产品，突破制造业绿色产品设计、环保材料、节能环保工艺、绿色回收处理等关键技术。开展绿色制造技术和绿色制造装备的推广应用和产业示范，培育装备再制造、绿色制造咨询与服务、绿色制造软件等新兴产业。”这些都对我国发展绿色制造解决当前能源紧缺和环境污染的现状提出迫切要求，为先进制造领域布局和实施绿色制造专项规划提供了指导和依据。

(一)现状与形势

我国制造业资源消耗大、环境污染严重。我国是装备制造业增加值占全国GDP的1/4左右，产值居世界第一，但资源效率与国际先进水平相比尚有较大差距，如单位产品能耗高出国际先进水平 20-30%。有限的资源已难以支撑传统工业粗放型增长方式，这要求装备制造业必须改变经济增长方式和发展模式，体现循环经济的可持续发展理念，走一条科技含量高、经济效益好、资源消耗低、环境污染少的新型工业化道路。

我国面临日益严峻贸易技术壁垒的挑战。在经济全球化的进程中，技术性贸易壁垒(Technical Barriers to Trade，TBT)从早期的安全、标志、性能等方面延伸到资源和能源节约、再生利用、保护环境等领域。例如：欧盟相继制定了机床环境评价与能效检测标准 (ISO/TC39/WG12)、非道路用柴油机排放标准 EU StageⅢA及 ⅢB、家电产品有毒有害物质(ROHS)、回收(WEEE)、能效(EuP)等指令;日本制定了环境保护法规及相应的标准，以及美国的电机、空调能效标准等，对我国机电产品出口贸易带来了严峻的挑战。

世界主要经济体积极推进绿色计划，促进社会的可持续发展。

例如，美国政府提出了可持续制造促进计划(Sustainable Manufacturing Initiative，SMI)，并出台了可持续制造度量标准。欧盟第 7框架计划设立了“未来工厂(The Factories of the Future)”重大项目，开展新型生态工厂模型(NewEco-Factory Model)和绿色产品研发是其中的重要内容。日本公布《绿色革命与社会变革》的政策草案，提出至2015年将环境产业打造成日本重要的支柱产业和经济增长核心驱动力量。绿色制造成为各国重振传统制造业、培育和发展新兴产业的发力点

全球消费市场绿色环保意识日益增强。绿色消费成了一种全球性的现代消费浪潮。在欧盟和美国购买过绿色产品的消费者中，认为绿色产品比普通产品质量要好的消费者分别占 41%和 43%。德国大众汽车集团提出了“ThinkBlue Factory”的生产理念，其目标是提高生产能效，同时显著减少排放、提高资源利用率。美国卡特彼勒公司已在全球建立了 18家再制造工厂。我国也开展了机电产品再制造试点工作。未来 10年后，绝大多数产品将可回收、易拆卸，部件或整机可翻新和循环利用，绿色产品可能成为世界商品市场的主导。

(二)差距与不足

“九五”以来，科技部围绕绿色制造部署了相关研究方向和课题。并在“十一五”期间组织实施了科技支撑计划“绿色制造关键技术与装备”重大项目，针对绿色制造关键共性技术开展研究并在汽车、机床、家电等行业开展了应用示范工作，进行了有益探索并积累了初步经验。但总体而言，我国绿色制造的技术水平和应用与发达国家相比，还存在很大差距，一些亟待解决的主要问题依然突出，主要体现在：

机械装备及产品的绿色设计能力及其软件支持工具薄弱。近几年国内汽车、工程机械、机床虽然在轻量化设计方面已经开展了相关的研究，但在企业的具体应用比较少。以我国自主品牌汽车为例，轿车的自质量比发达国家同类轿车平均重 8%～10%，商用车平均重 10%～15%;载质量为 40吨的牵引车，Volvo FE的整备质量为 7.69吨，而我国同类车型整备质量为 9.95吨，质量超过 20%，差距更加明显。又如同等起重吨位的国产起重设备的总重量比德国同类产品高出 40%以上。我国在汽车轻量化设计和研究工作刚刚起步。

制造过程中的物耗、能耗和废弃物排放严重，机电产品制造工艺与装备水平不高。制造业生产车间粉尘、油烟、水雾、噪声及废弃物排放等对生产人员身体健康和自然环境危害严重。通用性机电产品通常表现为设备效率低、物耗、材耗普遍偏高，在节能产品开发和产品无害化方面差距很大。虽然在近几年在无模铸造、铸型数控加工、近净型锻造工艺、三价铬热处理工艺、干式切削与低温冷却润滑、废弃物排放及回收技术等方面取一定成果，并进行了推广应用，但在热加工工艺方面，单位产品综合能耗、物耗、污染物排放等指标比工业发达国家仍高出许多。

废旧家电、汽车、工程机械等产品和机械装备资源再利用率较低、附加值低二次污染问题严重，难以满足日益快速增加的报废处理和资源循环再利用需求。例如，欧盟、日本等对废旧汽车 100%回收，美国回收 95%以上，并采用自动化装备进行处理和再利用。对废旧电子产品的回收利用，很早就以法律形式规定生产商必须回收。我国废旧机电产品的回收利用率较低，回收与利用工艺与设备落后，再制造还处于起步阶段。

缺乏绿色制造技术规范、标准、法规体系，难以满足制造业绿色制造发展和出口需求。绿色制造基础技术研究不够，基础数据缺乏，标准制定时绿色属性指标难以定量。缺少统一的标准数据及信息，使得绿色设计、绿色评价工作的开展受到制约。

(三)发展需求

我国要成为制造业强国，必须依靠科技创新，从源头上解决资源环境可持续发展的瓶颈问题，摆脱粗放式的增长方式，实现产业结构调整和技术升级。绿色制造是一种社会经济效益显著的生产模式。积极采用和发展绿色制造技术和产品，以产品的全生命周期为主线，从源头开始采用可实现减量化的绿色设计、制造过程的绿色工艺，使用过程的节能降耗、回收过程的绿色拆解、再利用环节的再制造及资源再利用等相关技术与装备，在全球制造业低碳化竞争中赢得主动和优势。为推动我国绿色制造的发展，需在以下方面取得技术突破，以支撑产业的健康发展。

推进绿色设计和全生命周期评价方法研究与应用。产品绿色设计是绿色制造的核心，是形成“从摇篮到再生”过程的基础。产品全生命周期评价技术是实施绿色设计和绿色制造的重要工具，也是实施绿色设计和制造的关键和共性基础技术。产品的设计费用仅占产品全部成本的5%-10%，却决定了产品生产周期80%-90%的消耗。将环境因素、节能减排和预防污染的措施纳入产品设计中，力求产品对环境资源的影响最小。

改进制造工艺和实施清洁生产。一方面需要开发高效、节能、环保和可循环的新工艺和新技术，如净成形工艺、切削加工优化技术、干式切削技术等。另一方面需要提高制造过程中资源和能源利用率、原材料转化率，减少废弃物和污染物的产生，实施清洁生产，最大限度实现少废或无废生产。

推动传统设备节能化改造，研发节能减排产品及设备。推进传统设备以节能降耗为重点的技术创新和改造，开发先进节能、节材产品推广使用环保、节能新型设备。如采用高效电机、系统节能技术造传统设备等。

开发废旧产品回收资源化与再制造技术，推进产业化。开发废旧产品资源化与再处理技术，提高资源利用率，降低环境污染，节约了自然资源。随着我国进入装备、汽车和家用电器报废的高峰期，将促进废旧产品资源化与再制造产业的形成。

加强绿色制造基础数据积累，建立绿色技术规范与标准体系。引导、支撑和规范绿色制造技术的发展和应用，加速绿色制造技术科技成果的转化和推广。

完善绿色制造的相关政策，加强基地和队伍建设。在科研院所、大学和企业大力推广绿色工程教育，加速绿色设计、绿色工艺和再制造等专门化人才的培养。积极推进以企业为主体、产学研相结合的自主创新体系的建立。加快技术升级和产品换代，推进生态工厂建设。发挥政府在政策导向、税收等方面的引导和支持作用。

二、发展思路与原则

(一)发展思路

按照科学发展观和建设创新型国家的要求，“十二五”期间以具有带动性、示范性的典型产品与行业为对象，以推动产业链整体解决方案为主线，坚持“产品导向、重点突破、示范应用、产业提升”的总体思路，重点突破绿色设计、绿色工艺、绿色回收资源化与再制造、绿色制造技术规范与标准等绿色制造关键共性技术，推动绿色技术、标准、装备、产品服务和产业协同发展。选择典型示范意义的行业或区域，开展绿色制造技术和绿色制造装备的推广应用，推动制造业绿色化改造，培育和发展资源节约和节能环保的新兴产业。加强科技引领和政策引导，协调部门、行业与地方相结合共同推进，促进产业结构优化升级。

(二)基本原则

重点突破与示范应用相结合。面向具有广泛带动作用的典型产品、行业与区域，通过产、学、研相结合，集中攻克一批制约产业发展的关键核心技术，突破技术瓶颈，通过应用工程实施与产业示范，提高企业核心竞争力。

机制创新与行业提升相结合。大力开展绿色工程教育和专业培训，开展绿色制造咨询与服务，推进相关产业技术创新战略联盟建设，构建绿色制造应用技术体系、产业创新体系和普及推广体系。以产业结构优化升级的技术需求为导向，加快行业的技术与产品的升级换代，培育和发展废旧产品拆解与资源化、装备再制造等新兴产业，提升重点行业绿色化水平。

三、发展目标

面向汽车、机械、家电、流程工业等国民经济支柱产业以及废旧家电与电子产品拆解与资源化、装备再制造等循环经济新兴产业需求，以制造业绿色化为目标，开展绿色制造基础理论和共性技术研究、典型绿色新产品、新工艺、新装备研制，形成绿色制造理论、技术和标准体系，开发出一批具有典型创新性和示范性的产品、工艺和重点装备，实施应用工程和产业示范，带动传统产业资源节约和环境友好提升，支撑节能环保战略性新兴产业的发展，增强量大面广出口产品跨越绿色贸易壁垒的基础能力。

(一)攻克一批绿色制造关键共性技术

重点突破绿色产品设计、绿色工艺与装备、废旧产品回收资源化与再制造等的关键共性技术，完善绿色制造基础数据研发与积累、技术规范与标准制订以及信息平台建设，为实现节能减排、提高资源的综合利用率提供技术支撑。

预期指标：重点突破一批绿色制造的关键共性技术，取的一批专有技术和发明专利，建立和完善绿色制造技术规范与标准体系。培养造就一支高水平、高素质的科技创新队伍，建设一批高水平的国家重点实验室、工程技术研究中心和示范基地。

(二)提升传统产业能效与资源利用率

围绕具有广泛带动作用的产品与行业，提升我国制造业的绿色产品设计、绿色工艺等技术水平，提高设备与产品的绿色化性能，研发节能减排核心技术，推进清洁生产和精细化能效管理，实现我国制造业绿色化改造。通过应用工程实施与产业示范，推动我国制造业节能、减排以及实现循环经济发展目标。

预期指标：重点突破一批高效、节能、低碳、环保的绿色制造核心技术和工艺，取得发明专利，在100家企业以上实施应用工程和产业示范，原材料损失减少15%以上，单位工业增加值能耗和二氧化碳排放量均降低25%以上。在解决制约重大产业发展的瓶颈问题上取得突破，促进相关行业资源消耗、环境负荷与国际先进水平的差距进一步缩小，部分行业的技术水平进入国际先进行列。

(三)发展和培育绿色化新兴产业

积极发展和培育废旧产品回收拆解、资源化与再制造、新能源应用、绿色制造咨询与服务和绿色制造服务等新兴绿色产业，研发先进的绿色制造技术、工艺与产品，推动我国制造业产业升级和结构调整，形成新的绿色经济与循环经济增长点。

预期指标：突破一批绿色制造新兴产业的核心技术和关键技术，发展和培育50家以上企业实施新兴产业应用和示范，原材料损失减少10-20%，单位工业增加值能耗和二氧化碳排放量均降低25%以上，废旧产品再生利用率达到80%以上，依托骨干企业、科研机构等建设一批国家工程实验室，培育一批具有自主知识产权、自主品牌和国际竞争力的重点企业。

四、重点任务

围绕专项规划发展目标，结合我国绿色制造技术及产业发展需求，“十二五”期间，拟实施的重点任务框架如图1所示，包括绿色制造基础理论与共性技术、提升传统产业能效与资源利用率的技术与装备、发展和培育绿色化新兴产业的支撑技术与装备、面向产业链集群的行业与区域绿色制造产业示范工程、绿色制造人才、基地、联盟建设等方面。

(一)基础理论与共性技术

深入研究绿色制造面临的基础理论和关键共性技术问题，取得源头创新成果，为突破绿色制造基础理论和关键技术瓶颈、提高绿色制造技术水平、推动绿色制造产业发展提供强有力的基础理论与关键共性技术支持。重点突破绿色设计、绿色工艺、绿色回收资源化、再制造、绿色制造技术标准等关键共性技术，推动技术、标准、产品、产业协同发展。

绿色设计与生命周期评价方法及技术。面向节能减排要求，重点研究产品轻量化设计、节能降噪设计、资源节约性设计等面向产品全生命周期的绿色设计方法，建立绿色设计基础数据库和知识库，开发支持生命周期评价技术的绿色设计工具平台，促进绿色产品设计的推广和应用，推动产品资源性能和节能性能的大幅提升。

洁净切削加工理论与技术。针对切削加工过程中切削液的大量使用与排放对环境、人身健康等造成的危害问题，开展干切削、新型绿色切削介质、准干切削等相关切削机理、刀具技术与工艺实现方法研究，实现加工方式从传统的大量使用切削液向绿色少、无切削液使用转变，达到高效切削、节能减排、绿色环保的目标。

绿色制造过程碳效优化理论与关键技术。研究制造过程碳效分析模型及评估，能耗产需预测、测量、监控与评估，以及制造过程资源和能量利用率优化、废弃物排放最小、制造过程碳效协同平衡与综合优化、管网模拟、机电系统能耗测量、节能减排监控及其支持系统等技术。研究成果有助于丰富和发展制造系统高效低碳运行的基础理论和技术，提升我国制造企业竞争和可持续发展能力。

退役产品逆向回收物流与再资源化技术。开展退役产品回收、拆解、分选、回收利用、再制造、废弃物处理在内的逆向物流设施布局、自动分拣与跟踪技术、废旧物资库存控制等逆向回收物流技术研究;对退役产品破碎、材料分选以及破碎残余物的资源化和能源化关键技术进行研究，提高退役产品回收利用率，实现破碎残余物的无污染、低排放、高附加值资源化。

再制造基础理论及关键技术。针对制约再制造技术应用中的关键基础科学和技术瓶颈问题，重点突破再制造对象剩余寿命演变规律，可再制造性评价理论;再制造毛坯绿色清洗技术;再制造成形过程的高效控形、控性理论;再制造产品寿命预测及其可靠服役。构建再制造基础理论方法和关键技术体系，促进我国再制造产业的快速和健康发展。

再制造产品寿命预测与安全服役关键技术。针对再制造产品寿命的不确定性问题，对再制造毛坯的损伤检测技术、再制造零件初始质量评价和控制技术、再制造零件动态健康监测的传感技术、再制造产品在强耦合条件下的服役安全与综合验证技术，开发相关应用装置，在重载车辆及关键部件发动机等典型再制造产品和零部件上进行试验验证。

绿色制造技术标准及信息平台。构建绿色制造技术标准体系，开展绿色制造技术标准研究以及标准协调、标准化服务活动，制订与国际接轨的绿色制造技术规范和标准，针对制造企业产品的设计、制造、使用、回收及再制造等全生命周期的绿色化，建立统一的标准基础数据及信息平台，在汽车、家电等具有代表性的企业开展标准研究。

(二)提升传统产业能效与资源利用率

针对汽车、工程机械、电子电器、机床、印刷机械、矿山机械、石化设备等产业对节能减排要求，突破产品绿色设计、清洁生产工艺、节能环保产品开发等关键技术，支撑制造业节能、减排以及循环经济发展。

面向石油天然气炼制、石油化工、煤化工等流程行业，发展流程工业生产过程绿色化技术、生产绿色化产品及成套设备，通过科技成果转化和产业化示范，促进推广应用以及产业技术升级。

典型产品绿色创新与优化设计。围绕起重设备、工程机械、机床、汽车、电子电器产品等典型产品，突破轻量化设计、节能降噪技术、可拆解与回收技术等核心技术，形成我国机械装备及机电产品的绿色自主创新设计能力，提升产品能效和资源利用率，以及应对国际绿色贸易壁垒能力。

传统产业制造工艺绿色化新技术与装备。面向铸造、锻造、压力成形、焊接、切削加工、表面处理等传统工艺，突破和掌握一批绿色化生产工艺新技术与装备，建立示范线或生产基地，推动我国传统产业制造工艺绿色化进程。

3.新型绿色制造工艺与装备。选取并突破齿轮高速干切削、无油墨印刷、微细通道平行流换热器、高效零排放智能型自动清洗装备等一批创新示范性好、具有显著节能、节材、环境友好特征的新型绿色技术及其制造工艺与装备，并形成示范应用。

节能产品开发与技术。针对电机系统、内燃机、流体机械等开发出一批节能、节油、环保使能产品及技术。面向车间污染物治理、工业废弃物无害化处理，以及环境检测等领域，研发出一批环境治理和无害化使能技术与装备;在机械工业推进节能环保评估与使能提升工程，支持节能环保使能新产品与新技术的推广应用，促进节能环保产品与技术的应用发展。

流程工业传统工艺绿色化新技术与设备。形成天然产物和生物制造业精密智能化单元装备和全流程集成化系统，建立产业化示范线，使我国在微生物大规模培养制造、天然活性物分离技术达到国际先进水平，实现绿色制造目标。

流程工业环保设备、技术及工业示范。改变我国烟气脱硝、脱硫核心技术受制于日本、欧美跨国公司的局面，装备设计和运行控制接近国际先进水平。通过示范应用，推动我国相关产业的可持续发展。

(三)发展和培育循环经济新兴产业的技术领域

以工程机械、汽车、机床、矿山设备、电子及家电产品等典型机电产品为重点，研发绿色回收处理与再制造装备，开发流程行业绿色化新技术、工艺与装备，形成产业发展支撑能力。

面向流程工业典型产品，利用绿色合成、过程强化与集成、工业资源与能源利用的能效分析等技术，构建绿色化新技术、新工艺与新装备，在资源替代工程技术方面取得突破。通过科技成果转化和产业化示范，促进先进成果和技术的推广应用以及新兴产业的发展。

工程机械零部件再制造关键技术与装备。面向工程机械开发成套的再制造工艺及装备，建立行业和部门的拆解及零部件再制造技术规范。通过应用工程与产业示范，为工程机械再制造产业化发展提供技术支撑及工艺与装备保证。

机床再制造性能提升成套技术及产业化。研究大型铸锻基础件的剩余寿命检测及其可再制造性评价技术、床身导轨等关键零部件再制造工艺技术、数控及信息化再制造性能综合提升技术、整机再制造全过程质量控制技术、再制造服役安全可靠性技术等关键技术,制定重型机床再制造技术及质量保证体系与规范，建成重、超重型机床再制造产业化生产基地。

煤矿机械关键零部件的再制造技术与装备。研究煤矿机械零部件接触磨损分析及磨损寿命模型、涂层材料设计与制备技术及工艺优化、剩余寿命评估技术;开发采煤机行走轮与齿轨传动副、刮板输送机链轮链窝与刮板、大功率矿用减速器箱体轴承座孔、传动齿轮类零件、液压支架控制阀与支架立柱等关键零部件高效再制造技术与装备;制定相关技术规范;通过推广应用，建成煤炭机械再制造示范生产线。

汽车回收拆解、高附加值再利用与资源化关键技术与装备。究开发出汽车高效绿色深度拆解流水线装备系统，拆解纲领不低于 10万辆/年，并形成乘用车高附加值再利用、再制造与资源化成套关键技术与装备，通过应用示范，推动我国汽车业回收再利用新兴产业的发展。

家电及电子产品回收、拆解与资源化处理技术与装备。研发家电及电子产品回收、拆解与资源化处理技术与装备，形成废弃电器电子产品回收再利用生产示范基地，通过工艺验证和生产考核，形成相关技术规范和示范应用，促进绿色制造技术在资源再利用领域的应用。

流程工业中新型绿色制造工艺与设备开发。针对流程工业中典型产品的制造，开展创新性强、节能效果显著、环境友好的相关新型绿色制造工艺与设备研究，并形成产业化示范应用。

典型行业的能效、碳效分析。针对离散工业与流程工业的典型行业，开展过程强化与集成、资源与能源利用的能效分析技术等研究，通过技术创新与优化，构建绿色化新工艺与新装备，并提升产品能效和资源利用率。

(四)行业及区域绿色制造产业示范应用工程通过行业及区域绿色制造产业示范工程的实施，带动绿色制造技术成套能力和产业化推广。

1.结合行业需求和区域优势，开展绿色制造示范工程。包括：

装备制造业传统工艺绿色化行业示范、工业装备再制造行业示范、工程机械产业链绿色技术行业示范、汽车回收拆解与再制造区域示范、家用电器与电子产品回收处理与资源化区域示范、煤矿机械再制造区域示范，以及流程工业绿色工艺行业示范等示范应用工程。

2.开发量大面广的节能产品与技术。包括节油型非道路柴油机、高效节能电机及系统节能、轻量化起重设备、发动机再制造、工程机械整机及零部件再制造、家电绿色回收与资源化、机床再制造成套技术等。

(五)绿色制造人才、基地与联盟建设

以项目为依托，培养青年骨干人才，建设绿色制造研发及推广应用基地和创新平台。支持若干绿色制造研发团队、国家级基础技术研究与行业级应用技术开发创新机构的建设，完善“绿色制造产业技术创新战略联盟”运行机制，建立绿色制造咨询服务推广平台。

五、保障措施

(一)完善政产学研用相结合的体制机制

发挥企业作为技术创新主体的积极作用，加强企业绿色制造技术创新能力，支持研发和应用新技术和新工艺，开发与企业结合的绿色制造实用化成套技术和工具平台，为企业提供完善的绿色制造技术解决方案;依托骨干企业、科研机构等建设一批国家工程实验室，形成稳定的人才团队;鼓励建立以企业为主体、高等院校与科研院所参加的多种形式的技术联盟，注重产业链垂直整合，面向设计、制造、销售、维护等环节，通过“项目-人才-基地”的长期支持，形成产学研相结合的有效机制。

(二)加大对绿色制造理念的宣传

推广工业生态学和绿色制造方面的教育，推进绿色设计、绿色工艺和废旧产品资源化和再制造等技术培训，培养和引进专业人才。在大专院校及其他工程技术教育单位建立绿色制造工程实验室和创新设计机构。鼓励企业建立绿色制造工程教育基地，为学生提供工程实践场所。资助建立公益性平台，广泛开展绿色制造咨询服务和环境保护宣传，提高全民的环境意识。

(三)完善绿色制造技术规范和标准

积极开展绿色制造标准的研究和制定工作，建立和完善我国绿色制造标准体系，加速绿色制造技术科技成果的转化和推广，提升绿色制造技术在制造业企业中的普及、应用及产业化。加快国外先进标准向国内标准的转化，形成应对国际贸易壁垒能力;鼓励开发并掌握核心技术，加强对知识产权的保护力度，提高国际竞争能力。

(四)加强与其他专项的衔接

与“智能制造”和“服务机器人”等紧密衔接，互为目标和支撑，即在推进绿色制造过程中注重智能化技术和制造服务模式的应用，而“智能制造”和“服务机器人”专项实施过程中，始终贯彻绿色的理念和原则。可以在基础、研发、应用等层次设立跨专项项目或课题。

(五)发展产业集群促进成果转化

充分发挥国家高新技术产业开发区、国家级高新技术产业化基地的作用，推进绿色制造重点专项的落实，加快成果产业化，着力培育核心竞争力。实施创新型产业集群建设工程，围绕重点专项确定的主要目标，科学确定集群建设的重点方向，合理选择技术路径和产业路线，采取有效措施，促进产业集群的形成和创新发展。

“十二五”绿色建筑科技发展专项规划的通知

(国科发计〔2012〕692号　科学技术部二〇一二年五月二十四日印发)

绿色建筑已成为我国城镇化与城市发展领域的重大课题，也是加强民生科技的重要任务。为全面推进我国绿色建筑科技与产业又快又好发展，依据《国家中长期科学和技术发展规划纲要（2006-2020年）》和《国家“十二五”

科学和技术发展规划》，特编制本规划。

一、形势与需求

（一）发展绿色建筑是实现节能减排目标的重要举措

我国目前建筑活动造成的污染约占全部污染的三分之一，建筑垃圾每年高达数亿吨；每天生成的生活污水达580万m^3。我国建筑能耗占全社会终端能耗的比率已从1978年的10%增长到当前的27.5%，若综合建材生产和建造过程，建筑业相关能耗比例超过40%。建筑运营过程中造成了大量的能源和资源消耗，发展绿色建筑，倡导节能减排，降低建筑能耗与温室气体排放，对我国实现2020年单位GDP二氧化碳排放下降40%～45%的目标有着至关重要的意义。

（二）发展绿色建筑是改善民生的重大需求

我国城镇人口集中、建筑物密集。建筑活动造成的噪声、灰尘、光污染，以及室内环境污染等直接危害人的身心健康。同时，我国居民过于强调个性化装修，由此产生的二次污染和资源浪费十分严重。此外，城镇集中居住区生活垃圾处理、城镇基础设施建设与安全保障、水资源利用与保护、城市交通等突出问题日益受到广大人民群众的关切。大力发展绿色建筑，是改善人居环境，促进民生发展的重要任务。

（三）绿色建筑是转变我国城镇发展模式的战略选择

我国城镇化率已超过51%，既有建筑总面积逾440亿m^2，每年新增建筑面积20亿m^2，约占全世界新建建筑面积总量的一半。随着城镇的大规模建设，建筑产业高消耗、高投入、低收益的问题日益突出，如建筑用水约占可饮用水资源的80%，建筑及附属设施的水泥消耗量约占全球消耗量的40%，成品钢材消耗量占全球消耗量的20%以上，建筑废弃物占社会垃圾总量的45%。发展绿色建筑，是推进我国资源节约型、环境友好型社会建设，转变我国城镇发展模式的战略选择。

（四）发展绿色建筑是传统产业实现跨越发展的引擎

建筑业是一个传统产业。我国是建筑大国，然而建筑、建材与住宅产业总体规模虽大，但生产方式粗放、生产效率低下、建筑用材消耗过高、建筑垃圾回收利用率低、技术和管理手段落后等问题突出。发展绿色建筑，系统推进建筑全寿命期各个环节的规范化、标准化和绿色化，推动绿色建筑新技术、新材料、新产品的应用，对于提升我国建筑业科技创新能力，带动一批相关新兴产业的形成和传统产业的跨越式发展具有重要意义。

二、总体思路、原则与目标

（一）总体思路

“十二五”期间，坚持贯彻落实科学发展观，《国家中长期科学和技术发展规划纲要（2006-2020年）》把建筑节能与绿色建筑作为城镇化与城市发展领域优先主题和发展重点，面向国家节能减排目标和民生需求，围绕转变建筑产业发展方式，解决行业产业发展的突出问题、加强支撑绿色建筑持续发展的技术体系研究，形成具有我国自主知识产权、符合国情的成套绿色建筑技术体系和评价体系，通过构建示范平台、培养创新团队、培育绿色建筑及配套新兴产业的发展，改善人居环境，提升城市建设可持续发展的综合能力。

（二）基本原则

1．坚持自主创新，加强技术集成与示范的原则；

2．坚持建筑全寿命期性能最优的原则；

3．坚持因地制宜、分类实施的原则；

4．坚持标准规范引领，市场化导向的原则。

（三）发展目标

“十二五”期间，依靠科技进步，推进绿色建筑规模化建设，显著提升我国绿色建筑技术自主创新能力，加速提升绿色建筑规划设计能力、技术整装能力、工程实施能力、运营管理能力，提升产业核心竞争力，改变建筑业发展方式。

1．突破一批绿色建筑关键技术。针对不同建筑类型和资源条件，突破建筑节能、绿色建材、建筑环境、绿色性能改造、绿色施工、关键部品与设备开发等技术，形成围绕绿色建筑规划、设计、建造、运营、改造等阶段，研发拥有自主知识产权的成套适用技术。

2．建立较完备的绿色建筑评价技术和标准体系。研发标准化的绿色建筑评估技术，形成涵盖不同建筑类型的绿色建筑评价标准。

3．研发一批绿色建筑新产品、新材料、新工艺及新型施工装备。研发新型建材和废弃物再生建材，开发绿色建筑关键设备产品，完成传统施工技术的绿色化改造。

4．推动绿色建筑规模化应用示范。建设一批具有较大规模、覆盖不同气候区、针对不同建筑类型的绿色建筑示范工程，带动绿色建筑相关产业的健康发展。

5．组建多层级的绿色建筑技术研发平台。形成相对固定、多层级的绿色建筑技术研发中心、绿色建筑技术创新服务平台、绿色建筑产业技术创新战略联盟等，培养一批绿色建筑技术研发和推广应用的人才队伍。

三、重点任务

将绿色建筑共性关键技术体系、绿色建筑产业推进技术体系、绿色建筑技术标准规范和综合评价服务技术体系建设作为绿色建筑科技发展的三个技术支撑重点，积极推进相关技术的研发、标准规范的编制修订与工程应用示范。

（一）绿色建筑共性关键技术研究

面向我国绿色建筑发展需求，整合绿色建筑领域科研力量，建立产学研协调机制，加强绿色建筑全寿命期和多专业集成两个维度的重点关键技术研发，通过自主创新，形成具有自主知识产权的成套适宜技术体系，力争在绿色建筑核心技术和产品上取得突破性进展。

1．绿色建筑规划与设计技术研究

（1）研究我国不同地域、不同类型、不同规模的绿色建筑规划与设计技术、设计标准规范。

（2）研究能源与资源优化配置及节约利用的绿色建筑设计技术，包括可再生能源的高效利用、土地节约利用、水资源及本地资源的综合利用，以及绿色交通与建筑室外环境优化配置技术等。

（3）绿色建筑规划与设计模拟技术及软件研发。研究建立区域及建筑群能源资源消耗、物理与生态环境的预测和诊断技术；研究基于地理信息系统和建筑信息模型的综合规划技术和绿色建筑集成设计方法。

2．绿色建筑节能整装配套技术研究

（1）绿色建筑能效提升关键技术研究。重点包括建筑群集中冷热源综合优化配置、能源梯级利用及余热回收、绿色建筑设备系统优化与能效提升、建筑供热与空调系统节能及计量等技术研究与设备开发。

（2）绿色建筑节能新技术与产品研发。研发适用于绿色建筑的绿色建材、空调与采暖系统、照明装置、节能电梯及生活热水制备技术和产品。

（3）不同气候区绿色建筑节能适宜技术集成与示范。研究适合当地气候和经济条件的建筑围护结构、可再生能源耦合系统的集成技术；研究不同气候区村镇绿色建筑节能成套技术；开展不同气候区绿色建筑节能集成技术的应用示范。

3．绿色建筑室内外环境健康保障技术

（1）研究绿色建筑社区环境综合控制与改善技术。开展绿色建筑社区环境质量综合评价技术及标准研究，建筑室外环境维护与改善技术研究，包括社区绿化、水系养护、水循环利用与节水、生活垃圾减量与资源化利用等。

（2）绿色建筑室内环境质量健康保障关键技术研究。重点研究建筑室内环境评价与监控技术，室内环境质量对人体健康影响评价技术，集中通风空调系统对室内空气质量监控技术等。

（3）建筑室内复合污染防控技术及产品研发。重点研究建筑室内化学污染物检测、监控技术与产品，室内装饰装修设计及施工控制技术。开发建筑室内防止复合污染的材料和产品，研发相应的污染暴露模拟及预测仿真软件，研究净化系统优化设计和产品工程化应用技术。

4．村镇绿色建筑适宜技术研究与示范

（1）村镇绿色建筑本地资源利用技术研究与示范。研究利用草、沙、秸秆、污泥、石材、木材等本地资源的村镇房屋设计、建造成套技术，研发相关建材的标准化生产技术和专用设备，进行技术集成示范。

（2）村镇绿色建筑被动式节能设计技术与应用。研究不同地区村镇建筑太阳能利用、自然通风、植物绿化、围护结构保温隔热等被动式节能设计技术，传统民居节能技艺继承和改良技术。

（3）村镇可再生能源利用技术研究与示范。研究适宜偏远村镇经济实用的太阳能、低品位能和生物质能高效利用技术。

（二）绿色建筑产业化推进技术研究与示范

针对我国绿色建筑关联产业之间技术和产品接口配套性差，各类建材与产品质量良莠不齐，建造工业化程度低，关键技术和产品自主创新能力不足，部分核心设备与产品对外依存度高的突出问题，以节约、降耗、增效为重点，研究建筑全寿命期内建筑设计、绿色施工、运营管理等产业链条相互衔接的协同技术，新型建筑材料部品化、标准化的生产技术及标准，提升绿色建筑产业技术创新能力。

1．绿色建造与施工关键技术研发

（1）绿色建造规范和标准体系研究。研究制定绿色建造与施工技术规范，研究预制装配式建筑的设计及建造技术标准，研究建筑拆除绿色施工技术规范及标准。

（2）绿色建造新型预制装配集成技术研究。研究预制装配式建筑结构体系，研发预制构件工厂化制作技术与设备，研究装配式构件连接、防水及保温隔热技术，形成预制装配式建筑的建造集成技术体系。

（3）绿色建造与施工技术研究。重点研究适用于不同结构特点和保温要求的围护结构施工技术，研究建筑围护结构模板与保温板一体化、现浇混凝土夹芯板施工及质量控制技术，研究绿色建造工程仿真技术、设计与施工信息协同利用技术。

（4）绿色建造环境保障技术研究与示范。研究绿色建造过程环境影响评价体系，研究建造现场废弃物减量化及再生利用技术，研究工程降水与地下水环境保护技术，开发满足绿色施工要求的低排放和低噪声施工装备和机具，开展绿色建造与绿色施工技术工程示范。

2．既有建筑绿色化改造技术研究

（1）既有建筑群绿色化改造规划与设计技术。重点研究我国不同地域、不同气候区和不同类型建筑群绿色化改造集成设计技术，研究建筑群区域环境改善设计技术，研究施工现场减轻、降低扬尘、噪声、污水、建筑垃圾等技术，研究建筑群中不同类型建筑的资源配置与运营管理技术，研究建筑群综合性能诊断与检测评定技术，建立绿色化改造项目性能与效益的综合评价模型。

（2）既有建筑绿色化改造集成技术。研究既有建筑绿色化改造结构加固和修缮适宜技术，研究室内外环境改善和综合节能技术，研究既有工业建筑使用功能转变与绿色化改造技术，研究中心城区既有建筑地下空间开发技术和设计方法。

（3）既有建筑绿色化改造施工协同关键技术研究与示范。建立建筑性能改造绿色施工评价指标体系，开发绿色化改造专用设备和施工安全保护设备，研究改造免拆除等维修新技术，开展既有建筑绿色化改造技术集成应用工程示范。

3．绿色建筑材料成套应用技术研究

（1）适用于绿色建筑的节能防火高耐久性功能建材产品研发。重点开发集防火、保温、降噪等多种功能于一体的新型建筑墙体和屋面系统等绿色建材。研究提升绿色建筑环境质量的功能材料，高性能快速修复材料，开发具备抗菌、防污、自洁净等特殊功能的建材产品，研究绿色建材的标准、评价、认证体系和检测技术及仪器。

（2）建筑材料模块化技术。研究建筑装修、装饰材料模块化选取与搭配技术，研究新型建筑材料的模块化制备与应用技术，研究新型建筑材料部品化、标准化生产技术，研究制定建筑材料模块化技术标准。

（3）利用废弃物制造建材产品成套技术研究与装备开发。研究利用建筑垃圾、污泥等城市废弃物规模化制造新型建材成套技术，研究利用电厂脱硫石膏、粉煤灰、冶金尾矿等工业废弃物规模化制造新型建材成套技术，开发相应的生产装备。

（三）绿色建筑技术标准规范和综合评价服务体系研究

目前，我国《绿色建筑评价标准》无法满足不同建筑类型新技术发展的要求，绿色建筑信息共享服务平台尚不完善，面向行业领域的科技服务能力薄弱，急需建立成套的绿色建筑技术经济等综合评价标准规范体系。"十二五"期间，要加强绿色建筑评价技术与标准研究、开发基础数据库、建设绿色建筑信息资源共享技术平台，促进绿色建筑综合评价与技术服务向专业化、科学化转变，加速绿色建筑技术成果的推广应用。

1．绿色建筑基础信息数据库开发

研究开发绿色建筑用材、部品、设备的技术、经济、环境评价方法与数据库，建立涵盖不同地域、多种类型绿色建筑全寿命期能源、资源消耗与碳排放强度数据库，研究建立不同地区、不同类型的绿色建筑工程信息数据库。

2．绿色建筑评价技术与标准研究

建立更具扩展性的评价标准框架体系，研究编制针对不同建筑类型、可扩展的国家标准或行业标准，实现对不同气候区、不同类型建筑的评价和指导。研究绿色建筑评价标准体系，研究制定不同类型的绿色建筑评价标准及与绿色建筑相关的材料、部品、设备标准，研究新建建筑集成技术综合评价方法与指标体系，研究不同类型既有建筑绿色性能综合评价方法，研究绿色建筑后评估技术与指标体系。

3．绿色建筑技术信息服务系统研究

研究绿色建筑运营能耗、资源消耗监测的信息化系统，开发建材与成套装备技术物联网信息平台，开发绿色建筑工程装备运行与安全监管信息化技术平台，研究绿色建筑运营管理信息系统，研究建立绿色建筑技术研发、咨询、评估与展示服务平台和成果推广应用服务体系。

四、保障措施

（一）加强机制建设和领导协调

建立由国家科技主管部门、行业主管部门和相关机构参与的绿色建筑科技工作协调和推进机制，建立绿色建筑科技专项领导小组和项目实施管理办公室；加强专家支持系统建设，组建由多学科、多领域专家参与的绿色建筑专家顾问委员会，为规划的实施、计划立项提供技术咨询和指导；充分发挥各级政府的组织和协调作用，营造推动绿色建筑科技发展的政策和社会环境。

（二）加强绿色建筑科技支撑条件平台建设

积极创建绿色建筑领域国家重点实验室、国家级企业技术创新服务平台，培养具有自主创新能力的绿色建筑科技团队；推动国家绿色建筑领域工程技术研究中心建设，开展绿色建筑关键技术和产品研发、工程化成果转移和推广应用，成为带动行业和绿色建筑产业发展的国家级技术平台和工程化技术转移中心；加强科研院所、高校、企业等科研力量的协同，通过国家科技计划项目，支持绿色建筑关键技术研发入;在国家可持续发展实验区开展绿色建筑技术成果和产品应用示范。

（三）建立绿色建筑科技推进体系

鼓励和支持企业开展绿色建筑应用技术研究和工程示范，影响和带动一批相关产业发展，提升绿色建筑产业化发展技术支持能力；从产业发展的实际需求出发，推动建立产学研相结合的绿色建筑产业技术创新战略联盟，整合产业技术创新资源，提升绿色建筑产业技术创新能力和核心竞争力；培育面向应用领域的绿色建筑技术服务机构，为中小建筑企业提供技术支持。

（四）加强科普宣传提高公众的意识和能力

在社会各界广泛开展绿色建筑科普宣传活动，提高公众对绿色建筑的认知，倡导节约和绿色消费理念。依托国家可持续发展实验区建立绿色建筑科技示范基地，开展绿色建筑消费理念进社区、进家庭活动，积极推进绿色建筑建设和既有建筑绿色化改造。宣传和强化建筑行业企业的社会责任意识，鼓励其依靠科技开展绿色建造、使用绿色建材、进行绿色施工、营造绿色环境。

（五）加强绿色建筑科技领域的国际交流与合作

进一步拓展绿色建筑科技领域的国际合作渠道,探讨建立双边或多边建筑节能与绿色建筑国际科技联盟组织机构与合作机制，学习和借鉴发达国家发展绿色建筑的成功经验，整合资源，组织开展建筑节能与绿色建筑国际科技合作项目，结合国情引进、消化、吸收国外先进技术，提升我国绿色建筑科技水平和能力。

（六）建立绿色建筑科技发展的长效机制

加大国家财政对绿色建筑科技的投入力度，研究推动绿色建筑科技发展的相关政策，推动建立激励机制，引导和支持企业优先应用绿色建筑技术和产品；国家行业管理部门要制定相关政策，加速推进绿色建筑技术标准和规范的认定和推广工作，加强刚性约束和监督管理；建立国家各相关部门和地方的协调机制，鼓励地方政府将发展绿色建筑列入地方城市总体规划，制定相关地方性法规条例，保障绿色建筑技术和产品的推广应用。

国家防灾减灾科技发展“十二五”专项规划（节录）

（国科发计〔2012〕693号　　科学技术部二〇一二年五月二十四日印发）

根据《中华人民共和国国民经济和社会发展第十二个五年规划纲要》、《国家中长期科学和技术发展规划纲要（2006－2020年）》、《国家“十二五”科学和技术发展规划》和《国家综合防灾减灾规划（2011-2015年）》，为全面提高国家防灾减灾能力，充分发挥科技创新对防灾减灾工作的支撑和引领作用，确保防灾减灾国家目标的实现，特制定本规划。

一、国家战略需求

（一）我国自然灾害形势依然严峻

（二）防灾减灾是实现经济社会可持续发展的重要保障

（三）建立和完善防灾减灾科技支撑体系任重道远

二、科技发展现状与趋势

（一）我国防灾减灾科技发展现状与进展

1. 自然灾害预测预报技术研究及技术体系建设取得积极进展。
2. 自然灾害灾情和风险评估体系初步形成。
3. 国家自然灾害防治工程体系逐步建立。
4. 应对重大灾害的科技支撑能力明显提高。

（二）我国防灾减灾科技发展的薄弱环节

1．防灾减灾科技基础性工作仍然薄弱。

2．综合防灾减灾关键技术研发与推广不够。

3．灾害风险评估体系有待完善。

4．防灾减灾科技支撑平台建设亟待加强。

（三）国际防灾减灾科技发展趋势

1．防灾减灾战略做出重大调整。

2．强化自然灾害的预测预报研究。

3．构建灾害监测预警技术体系。

4．加强灾害风险评估技术研究。

三、发展思路和战略目标

（一）发展思路

以邓小平理论和“三个代表”重要思想为指导，全面贯彻落实科学发展观，紧紧围绕《中华人民共和国国民经济和社会发展第十二个五年规划纲要》提出的防灾减灾国家目标，根据《国家中长期科学和技术发展规划纲要（2006-2020年）》规划的科技发展任务，针对《国家综合防灾减灾规划（2011-2015年）》提出的科技需求，稳定支持基础研究，加强应用技术开发、防灾减灾装备研制和集成示范，强化科技条件平台、研究基地和人才队伍建设，充分发挥科技创新对防灾减灾的支撑作用。

（二）规划原则

1．以人为本，聚焦民生。把保障人民生命财产安全作为防灾减灾科技发展的出发点，依靠科技，最大限度减少自然灾害损失，降低自然灾害风险，实现人与自然和谐共处，促进社会经济可持续发展。

2．夯实基础，强化应用。在“十一五”防灾减灾科技发展的基础上，稳定支持防灾减灾基础研究，进一步加强应用技术研发、技术集成和成果应用，推进“科学到技术、技术到能力、能力到服务、服务到效益”的转化，强化科技在防灾减灾中的支撑作用。

3．面向需求，突出重点。针对国家防灾减灾紧迫需求，聚焦重点领域和重点区域，集中力量研发一批先进适用的关键技术和装备，增强防灾减灾相关社会管理和公共服务的科技水平。

4．整合资源，有效集成。强化机制创新，有效集成部门、地方、企业、社会的科技资源，形成部门协调、资源共享和联合推进的创新机制，推进国家防灾减灾能力的整体提升。

（三）战略目标

1．总体目标

全面提升重大自然灾害风险评估、工程防治、应急救援、决策指挥、恢复重建等各个环节的科技水平，推动高水平的国家防灾减灾科研和实验基地建设，培养高素质科技人才队伍，进一步增强公民防灾减灾意识，缩小防灾减灾科技方面与发达国家和地区的差距，全面形成与“十二五”国家防灾减灾目标相适应的科技支撑能力。

2．具体目标

（1）进一步提高重大自然灾害的基础研究水平。重点研究揭示地震、地质、山洪、气象、生态、环境、海洋等重大突发性自然灾害及灾害链的形成机理，提高预测预报科技水平。

（2）攻克防灾减灾若干关键技术，提升应急救援装备支撑能力。研发并集成一批高效实用的应急救援装备；编制和修订一批防灾减灾技术标准、规范和技术指南，促进科技成果转化为防灾减灾能力。

（3）进一步提升重大自然灾害应急决策的科技支撑能力。研发防灾减灾相关数据快速获取、远程传输等技术，建立和充实重大自然灾害综合数据库和综合灾害风险数据库，进一步推进国家应急平台建设，为国家防灾减灾决策指挥提供科技支撑。

（4）建设一批重大自然灾害防灾减灾科技示范基地。建立监测预警、风险评估、灾害防治、恢复重建技术示范基地，完善防灾减灾科学普及与教育培训基地，逐步形成国家防灾减灾科技示范网络。

（5）新建3-5个防灾减灾国家重点实验室、国家工程技术研究中心，完善国家重大自然灾害野外观测站网系统，推进防灾减灾科技相关的学科建设，加强防灾减灾紧缺人才队伍建设和领军人才培养。

四、重点任务

（一）重大自然灾害的基础研究

针对我国地震地质灾害、气象水文灾害、生物灾害、海洋灾害、环境灾害等主要自然灾害种类，揭示主要自然灾害的发生机理、动力过程、作用强度与时空分布规律，研究各种自然灾害对社会系统、基础设施、生产系统和生态环境等方面的危害方式、程度和范围，研究地震地质灾害、台风暴雨洪涝、干旱风沙、低温雨雪冰冻等重大自然灾害及灾害链过程的形成机理及其在全球气候变化背景下的发生发展趋势，为自然灾害的预测预报、监测预警和风险防范提供科学依据；重视对巨灾及巨灾灾害链形成机理和过程、全球气候变化与环境风险关系及其适应性范式等方面的基础研究。

（二）重大自然灾害预测预报与监测预警技术研究

通过对主要自然灾害的观测和数据采集，建立基于物理过程的灾害预报模型，开发精确、实用的数值预报系统和数据处理技术，提高对突发性自然灾害频率、强度的短期、中期和长期预测能力。结合自然灾害的形成规律、发展演化机理，开展灾害事件的实时动态诊断分析，探索地震应力环境探测技术，提高全国重大自然灾害隐患的预测水平。完善地震地质灾害、气象水文灾害及海洋灾害等主要自然灾害的监测预警关键技术，开发全方位自然灾害信息获取技术、多尺度动态信息分析处理和优化决策技术，构建国家和地区重大自然灾害的早期监测、快速预警技术平台。加强对特大地震危险区识别及危险性评价方法、大地震中长期危险性判定及地震大形势预测关键技术、暴雨型地质灾害监测预警技术、山洪灾害监测研究关键技术、地质灾害光纤传感监测技术的研究与示范。

（三）重大自然灾害灾情与综合风险评估技术系统研发

开发地震地质灾害、气象海洋灾害等重大自然灾害损失定量评估模型，加快基于GIS空间分析技术、遥感动态监测技术、数字化观测技术、GPS精确定位技术和模型一体化的灾情快速评估技术系统的开发，为重大自然灾害灾情快速评估提供技术方法。开展自然灾害危险性评价技术研究，确定灾害发生的概率、强度和区域分布；开展区域承灾体易损性评价，确定不同承灾体在各种自然致灾环境下的脆弱性。研发重大工程扰动区、高烈度区等不同区域的综合灾害风险评价模型，进行自然灾害风险评估；开发综合灾害风险分析、模拟与决策系统，实现主要自然灾害风险控制的系统集成，构建综合自然灾害风险管理与综合应急信息决策支撑平台。

（四）重大自然灾害应急救助与决策指挥关键技术研发

针对重大自然灾害应急救援的特点，研发灾害应急响应技术体系和应急救助技术系统，重点研发灵活、快速、多途径的应急通讯技术，提高自然灾害信息传输的可靠性和及时性；加强重大自然灾害应急数据快速获取、处理与共享服务系统建设，研究卫星导航定位系统综合应用技术和卫星遥感数据获取的关键技术，建立综合航天遥感数据快速集成处理系统，实现重大自然灾害的天、空、地遥感数据一体化快速集成处理，为灾区应急救助和应急指挥提供实时直观的基础地理信息数据，实现应急地理信息的三维可视化服务；加强国家应急救灾物资调度协调系统建设，开展生活必需品一体化应急保障技术、智能化机动式应急救灾安置综合体关键技术研究与示范，建立和完善应急保障标准体系；研发自然灾害应急指挥和辅助决策系统，开发自然灾害应急救助预案演练技术系统；建立多部门联动的区域性自然灾害应急技术体系或指挥平台。

（五）灾后恢复重建技术体系研发

围绕灾区恢复重建过程，开展基础设施安全快速诊断与重建、生态环境修复与重建、工农业恢复与重建、生命线与生产线恢复、水源安全分析测试、灾后环境污染评估与治理、恢复重建动态监测与效果评估等方面技术研发，研发简便易行、安全可靠、经济合理、适于推广的灾后恢复重建关键技术，加强工业和民用建筑、重大基础设施和生命线工程等的自然灾害设防标准研究。

（六）重大自然灾害防治和生态修复技术研发

针对地震、地质、洪涝、干旱、台风、风暴潮、雪灾、暴雨等重大突发性自然灾害，研发自然灾害综合防治的关键技术和受损生态系统的快速修复技术,增强区域和主要产业部门应对重大突发性自然灾害的能力。针对土地沙漠化、水土流失、地面沉降、生态环境恶化等缓发性自然灾害，深入研究地表干旱化、植被退化、风蚀沙化、水土流失、盐渍化以及湿地退化等演化过程，深化对土地退化过程中生物多样性减少、土壤侵蚀加速、土地生产力下降、生态资产降低、生存条件恶化、灾害风险增大等过程和机理的认识。加强系统的土地退化防治技术和生态系统修复技术研究，构建不同区域自然灾害综合防治的技术模式。

（七）防灾减灾新材料、新工艺、新装备的研制

研制防灾减灾新型实用产品，在结构、材质、工艺等方面进行重点研究，提高产品性能或功能。研发具有自主知识产权、对防灾减灾能力有较大推动作用的监测装备、通讯装备、救援装备、防控装备和结构抗灾装备，开发和试制先进实用的生命探测、机器人救援、大型障碍物破除、抢修抢建、滑坡快速排水、放射性核素污染防控、生活保障等装备，促进防灾减灾材料、工艺和装备的技术革新，为提高防灾减灾效率、减少资源消耗和改善环境提供技术支撑。

（八）国家综合防灾减灾科技基础条件平台建设

建设综合防灾减灾科学仪器设备和研究实验基地、科学数据和文献资源共享服务网络、科技成果转化公共服

务平台等防灾减灾科技条件支撑系统。建设国家野外站网、国家重点实验室和国家工程技术研究中心，加强国家灾害风险科学重点学科建设和科普培训基地建设。运用信息、网络等现代技术，对防灾减灾科技基础条件资源进行优化，促进防灾减灾科技资源高效配置和综合利用。

（九）重点区域综合防灾减灾技术集成与示范

结合我国快速城镇化进程，加强中东部城市人口经济高密集区、沿海重要经济区、新兴城市群规划区等的防灾减灾能力建设。开展地震高危险区、重大工程扰动区、地质灾害和台风暴雨洪涝及海洋灾害频发区重大自然灾害和巨灾隐患的早期识别、风险评估、监测预警、工程防治、应急救援与灾后恢复重建等的技术集成示范与成果推广应用。针对西部欠发达地区的自然灾害特点，加大对自然灾害严重的革命老区、民族地区、边疆地区、贫困地区、重点流域及重点开发区域防灾减灾能力建设的技术集成与示范，结合当地实际情况，建立专业监测预警和群测群防相结合的防灾减灾模式，形成面向公众的综合防灾减灾技术示范基地。

五、保障措施

（一）加强领导，联动推进防灾减灾科技工作

（二）加大投入，建立多渠道投入机制

（三）整合科技资源，统筹支持防灾减灾科技工作

（四）加强学科建设，推动防灾减灾科技知识普及

（五）加强国际合作，借鉴先进防灾减灾理念和技术

半导体照明科技发展“十二五”专项规划(节录)

（科学技术部　二○一二年七月三日印发）

为加快推进半寻体照明技术进步和产业发展，依据《国家中长期科学和技术发展规划纲要（2006-2020年）》、《国务院关于加快培育和发展战略性新兴产业的决定》和《国家“十二五”科学和技术发展规划》等相关要求，制定本专项规划。

一、形势与需求（略）

二、指导思想、发展原则

（一）指导思想

深入贯彻落实科学发展观，根据《国家中长期科学和技术发展规划纲要（2006-2020年）》、《国家“十二五”科学和技术发展规划》确定的发展重点和《国务院关于加快培育和发展战略性新兴产业的决定》，紧密围绕基础研究、前沿技术、应用技术到产业化示范的半导体照明全创新链，以增强自主创新能力为主线，以促进节能减排、培育半导体照明战略性新兴产业为出发点，以体制机制和商业模式创新为手段，整合资源，营造创新环境，加速构建半导体照明产业的研发、产业化与服务支撑体系，支撑“十城万盏”试点工作顺利实施，提升我国半导体照明产业的国际竞争力。

（二）发展原则

坚持统筹规划与市场机制相结合。加强统筹规划，推进相关部门的工作协调，形成产业创新发展的合力；突出市场需求，以企业为主体，通过产业技术创新战略联盟优化协同创新体制机制，加快推进技术创新、产品开发、示范应用和产业发展，形成一批龙头品牌企业。

坚持系统布局与重点突破相结合。系统布局半导体照明技术创新链和产业链，优化创新体系和发展环境；重点突破核心装备和商业推广模式两大瓶颈，形成具有自主知识产权的核心技术；将技术创新与示范应用相结合，支撑“十城万盏”，形成区域特色优势明显、配套体系齐全的产业集群。

坚持平台建设与人才培养相结合。建立具有自主知识产权并具备持续创新能力的创新体系和公共研发平台，为半导体照明产业的可持续发展提供支撑；鼓励高等院校开设相关学科，探索专业化的职业资格培训和认证，为产业人才供给提供保障。

坚持立足国内与面向国际相结合。统筹国内国际两种资源、两个市场，积极参与国际标准的制订，加强国际科技合作和开放创新；加强应用领域的创新突破，积极开拓国际市场，提升产业的国际竞争力。

三、发展目标

（一）总体目标

到2015年，实现从基础研究、前沿技术、应用技术到示范应用全创新链的重点技术突破，关键生产设备、重要原材料实现国产化；重点开发新型健康环保的半导体照明标准化、规格化产品，实现大规模的示范应用；建立具有国际先进水平的公共研发、检测和服务平台；完善科技创新和产业发展的政策与服务环境，建成一批试点示范城市和特色产业化基地，培育拥有知名品牌的龙头企业，形成具有国际竞争力的半导体照明产业。

（二）具体目标

1、技术目标：产业化白光LED器件的光效达到国际同期先进水平(150-200 lm/W)，LED光源/灯具光效达到130 lm/W；白光OLED器件光效达到90 lm/W，OLED照明灯具光效达到80 lm/W；硅基半导体照明、创新应用、智能化照明系统及解决方案开发等达到世界领先水平；形成核心专利300项。

2、产品目标：80%以上的LED芯片实现国产化，大型MOCVD（金属有机物化学气相沉积）装备、关键原材料实现国产化，形成新型节能、环保及可持续发展的标准化、规格化、系统化应用产品，成本降低至2011年的1/5。OLED材料、基板、导电层、封装、测试和灯具的国产化程度达到60%。

3、产业目标：产业规模达到5000亿元，培育20-30家掌握核心技术、拥有较多自主知识产权、自主品牌的龙头企业，扶持40-50家创新型高技术企业，建成50个“十城万盏”试点示范城市和20个创新能力强、特色鲜明的产业化基地，完善产业链条，优化产业结构，提高市场占有率，显著提升半导体照明产业的国际竞争力。

4、能力目标：培育和引进一批学科带头人、创新团队和科技创业人才，建立国际化、开放性的国家公共技术研发平台，完善我国半导体照明标准、检测和认证体系，发挥产业技术创新战略联盟的作用，推动产学研用深度结合，切实保障我国半导体照明产业的可持续发展。

（三）指标体系

表1 “十二五”科技发展主要指标

类别	序号	指标	属性
科技	1	白光LED产业化光效达到（150-200 lm/W），成本降低至1/5	约束性
	2	白光OLED器件光效达到90 lm/W	
	3	实现核心设备及关键材料国产化	
	4	LED芯片国产化率达80%	
	5	建立公共技术研发平台及检测平台	
	6	申请发明专利300项	
	7	发布标准20项	
经济	1	2015年，国内产业规模达到5000亿元	预期性
	2	形成20～30家龙头企业	
	3	国家级产业化基地20个，试点示范城市50个	约束性
社会	1	LED照明产品在通用照明市场的份额达到30%	预期性
	2	实现年节电1000亿度，年节约标准煤3500万吨	
	3	减少CO_2、SO_2、NO_X、粉尘排放1亿吨	
	4	新增就业200万人	

四、重点任务

（一）基础研究

解决宽禁带衬底上高效率LED芯片的若干基础科学问题，研究高密度载流子注入条件下的束缚激子及其复合机制；探索通信调制功能和LED照明器件相互影响机理。重点研究方向：

1、超高效率氮化物LED芯片基础研究

研究大注入条件下LED的发光机理，建立功率LED器件的基本物理模型，研制高质量氮化物半导体量子阱材料和超高效率氮化物LED芯片并完成应用验证，提出提高氮化物LED发光效率的新概念、新结构、新方法，突破下一代白光LED核心技术。

2、新型微纳结构半导体照明

研究微纳材料和技术对白光LED效率的作用机理，掌握提高LED量子效率的方法，突破下一代白光照明核心微纳技术。研究纳米图形衬底的制备原理及对外延材料的影响机理；研究表面等离子体结构对半导体照明器件量子效率的提升作用；研究微纳结构的作用机理和出光效率的提升方法。

3、短距离光通信与照明结合的新型LED器件基础研究

重点开展载流子复合通道和寿命的关联性、掺杂机理、电流通路高速响应机制、外延芯片封装结构对照明及通信质量的调控、器件级通信质量分析验证、LED芯片与探测器单片集成机理和工艺、高速短距离光通信单元组件等研究。开展新型LED器件相关物理问题的研究，研制出通信、、照明两用的高速调制的创新型LED通信照明光源。

4、超高效OLED白光器件基础研究

重点开展载流子注入和激子复合机理、金属电极等离子体淬灭机理及其应对方法、表面等离子局域发光增强机理和方法、出光提取、新型发光材料和主体材料的设计、蓝色磷光材料的退化机理、高效长寿命叠层白光OLED器件等研究；力求制备出1000尼特条件下光效超过120 lm/W的有机白光器件。

（二）前沿技术研究

突破白光LED专利壁垒，光效达到国际同期先进水平；研究大尺寸Si衬底等白光LED制备技术，加强单芯片白光、紫外发光二极管（UV-LED）、OLED等新的白光照明技术路线研究；突破高光效、高可靠、低成本的核心器件产业化技术；提升LED器件及系统可靠性；实现核心装备和关键配套原材料国产化，提升产业制造水平与盈利能力。重点研究方向：

1、半导体照明用衬底制备技术研究

大尺寸蓝宝石衬底的制备及图形衬底加工工艺；高质量SiC单晶的生长、切割和晶片加工技术；GaN同质衬底制备技术，同质衬底半导体照明外延及器件制备技术；高质量AlN、ZnO等宽禁带衬底制备关键技术。

2、外延芯片产业化关键技术研究

大尺寸Si、蓝宝石、SiC等衬底的外延生长、器件制备技术；LED器件结构设计和内量子效率提升技术；基于图形衬底的高效LED器件关键技术；垂直结构LED产业化制备技术；高压交/直流（AC/HV）LED外延、芯片及系统集成技术；高空穴浓度P型氮化物材料制备技术；高电流密度、大电流LED技术开发；基于氧化锌透明导电层的高效LED芯片技术；高效绿光LED外延、芯片技术；高显色指数白光LED用高效红光、黄光LED外延、芯片技术；结合集成电路工艺的LED芯片级光源技术；多片式MOCVD、新型多片HVPE（氢化物气相外延）及ICP（等离子刻蚀）等生产型设备国产化关键技术。

3、封装及系统集成技术研究

高效白光LED器件封装关键技术、设计与配套材料开发；三维封装和多功能系统集成封装技术；有机硅、环氧树脂、固晶胶、固晶共晶焊料等封装材料与相关工艺开发；陶瓷、高分子、石墨等封装散热材料开发；LED封装及集成系统的加速测试技术；高光效、高(小)色区集中率的荧光粉及其涂覆技术；嵌入式照明材料及技术研究。

4、照明系统关键技术研究

综合考虑照明系统的功能、易用性、兼容性、可替换性、可升级性和成本条件下，系统架构、界面及其优化方法研究；低成本、高可靠性、易于集成的环境与用户存在、位置、情感和视觉感知技术及其集成方法研究；具有前瞻性、通用性、低成本高可靠性的通信技术与色温实时、动态控制算法研究；照明与应用环境相结合并突出被照物特点的最佳色彩、色温、显色指数的照明配方与实现方法研究；以软件服务为导向的照明系统技术实现方法研究；以软件服务为导向的照明系统技术与解决方案研究。

5、OLED半导体照明关键技术研究

高效、高可靠性、低成本OLED材料的成套性、创新性开发及其纯化技术；白光OLED器件及大尺寸OLED照明面板开发；高亮度OLED照明器件效率、显色指数、稳定性以及大面积均匀性等技术研究；新型透明电极开发；柔性基片发光器件及其封装技术；装备国产化研究。

6、探索导向类白光半导体照明研究

高Al组分AlGaN材料的外延生长研究，深紫外LED芯片制备和器件封装技术；无荧光粉白光LED技术开发；类太阳光谱白光LED照明器件开发。

7、其他相关技术研究

高纯MO源、氨气等原材料制备技术；高效、高可靠、低成本LED驱动芯片关键技术；半导体照明光度、色度和健康照明研究，半导体照明产品亮度分布、眩光、显色性及中间视觉等光品质评价技术研究；半导体照明在农业、医疗和通讯等创新应用领域的非视觉照明技术及照明系统研究；半导体照明材料、器件、灯具及系统可靠性技

术，可靠性设计及加速测试方法研究。

（三）应用技术研究

以抢占创新应用制高点为目标，以工艺创新、系统集成和解决方案为重点，开发高光色品质、多功能创新型半导体照明产品及系统，实现规模化生产；开发出具有性价比优势的半导体照明产品，替代低效照明产品；开展办公、商业、工业、农业、医疗和智能信息网络等领域的主题创新应用。重点研究方向：

1、高效、低成本LED驱动技术开发

高效、低成本、高可靠的LED驱动电源开发，驱动电源产品优化设计、制造工艺关键技术；高集成度、低成本、高可靠的LED驱动电源芯片开发；驱动电源系统和电源内部器件的失效机理研究、失效分析模型开发。

2、LED室外照明光源、灯具及系统集成技术研究

大功率室外LED照明灯具系统集成技术，完善LED灯具结构、散热、光学系统设计，提高灯具的效率、散热能力和可靠性；多功能的新型LED室外照明灯具及散热材料开发；室外LED照明灯具的防水、防震、防电压冲击、防紫外、防腐蚀、防尘等技术研究；LED光源、灯具模块及控制设备化、标准化、系列化研究；规模化生产工艺及在线检测技术；环境及用户感知器件集成技术；加速测试的加速因子及测试方法研究。

3、LED室内照明光源、灯具及系统集成技术研究

高效、低成本、替代型半导体照明光源技术，针对现代照明的调光控制和驱动技术；适合发挥LED优点的高光色品质、多功能新型照明灯具及系统开发；LED模块化封装产业化关键技术；二次光学系统开发；高效率、高稳定性荧光材料及涂敷工艺开发；新型塑料、陶瓷、石墨、金属等灯具散热材料及散热结构开发，与封装工艺兼容的粘接材料开发；光源模块、电源模块等接口标准化研究。

4、OLED室内照明灯具及系统集成技术研究

高效、长寿命OLED灯具的设计与开发；显色指数大于90、无频闪、无紫外光的节能护眼读写作业台灯开发；超薄OLED灯具开发；透明装饰灯具开发；暖色健康夜灯开发；OLED灯具驱动技术研究。

5、智能化、网络化LED照明系统开发

LED的集群照明应用技术与可变色温的模组化LED照明系统开发；LED照明系统自动配置技术研究及开发；降低照明节能管理与维护管理成本的系统集成技术研究；照明系统网络拓扑及网络性能优化技术研究；智能化照明控制系统的控制协议与标准开发；照明系统可靠性模型及优化方法研究；基于互联网及云技术的公共照明管理系统开发；基于物联网的半导体照明控制系统及节能管理系统开发；照明系统与住宅、办公楼宇、交通等控制系统结合、集成的方法及技术研究；半导体照明系统可靠性评估及自修复技术。

6、LED创新应用技术研究

LED特种功能性照明产业化技术；影视舞台、剧场等演艺场所用LED灯具及照明系统开发；LED在航空、航天、极地等特殊领域应用技术；LED防爆照明灯具开发；超高亮度LED光源关键技术；LED在现代农业、养殖、医疗、文物保护、微投影与微显示等领域应用技术及照明系统开发；远程光纤传输分布式照明系统开发；超越传统照明形式的LED灯具、控制系统及解决方案的设计开发；LED灯具与系统的生态设计。

7、半导体照明检测技术开发

半导体照明外延与芯片测试方法及标准光源研究；高功率半导体照明产品光辐射安全研究；半导体照明光源及灯具耐候性、失效机理和可靠性研究；半导体照明灯具在线检测、光谱分布与现场测试方法及设备研究；加速检测设备及检测标准研究；半导体照明产品和照明系统检测技术和设备的研究及开发；照明控制设备的检测技术研究与设备开发；半导体照明产品检测与质量认证平台建设。

（四）共性技术平台建设

以创新的体制机制建立开放的、国际化的公共研发平台，加强共性关键技术研发；探索以企业为主体，政府、研究机构及公共机构共同参与的技术创新投入与人才激励机制，促进半导体照明前沿技术及产业化共性关键技术的研发与应用，支撑产品的创新应用和产业的可持续发展。

1、国家重点实验室

依托半导体照明产业技术创新战略联盟，围绕产业技术创新链构建，推动产学研合作和跨产业联合攻关，通过契约式手段、所有权与使用权相结合以及产业界联合参与的投入方式，建立联合、开放和可持续发展的联合创新国家重点实验室。实验室在开展基础性、前沿性技术研究，抢占下一代白光核心技术制高点的同时，立足于解决产业急需的光、电、热、机械、智能化以及创新应用等共性关键技术，加强测试方法研究，建设成为产业的技术创新中心、人才培养中心、标准研制中心和产业化辐射中心，支撑技术规范和标准制定，引领产业发展。

2、国家工程技术研究中心

围绕衬底材料、外延及芯片制备、LED光源及照明应用、检测方法及设备等半导体照明技术创新链，建设国家工程技术研究中心，加强推进科技成果向生产力转化；面向企业规模生产的需要，推动集成、配套的工程化成果向相关行业辐射、转移与扩散；培养一流的工程技术人才，建设一流的工程化实验条件，形成我国技术创新的产业化基地。

（五）产业发展环境建设

支撑示范应用，推动“十城万盏”试点工作顺利实施，促进技术研发和产业链构建，完善产业发展环境。研究测试方法及开发相关测试设备，引导建立检测与质量认证体系，参与国际标准制定；开展知识产权战略研究，提升我国半导体照明产业专利分析和预警能力；积极探索EMC（合同能源管理）等商业推广模式。

1、半导体照明产品检测与质量认证平台建设

LED光谱检测设备开发；LED外延及相关辅助原材料测试分析技术，LED器件、模块、组件测试评价技术及标准光源开发，逐步建立量值传递体系；半导体照明产品性能评价方法研究，光生物安全性研究；失效评测技术研究；建立检测与质量认证平台与认证网络，开展检测数据共享机制研究；试点示范工程评估体系研究；建设企业与产品数据库，定期发布合格产品目录和合格供应商目录；建立一批半导体照明展示体验中心。

2、加快行业标准检测体系建设

研究并完善半导体照明标准体系，推动技术创新与标准化同步。加快研究制定标准和技术规范，支撑“十城万盏”示范应用；会同国家相关主管部门，加强分工合作，在产业链空白环节筹建标准化技术委员会，支撑相关标委会对不同环节标准的制、修订工作；发挥我国在应用领域和市场规模方面的优势，研究并推进国际标准的制订。

3、加强知识产权战略研究和商业推广模式研究

研究半导体照明知识产权战略，建立专利分析预警系统，通过集成技术部署专利战略；加强与国外专利组织的合作。促进及推动以软件、服务、解决方案为中心的商业模式，通过广泛调研和实际案例分析等探索EMC等商业推广模式；集中建立EMC展示交易服务平台，统一发布试点城市示范工程信息；编制“十城万盏”示范工程合格节能服务商推荐目录。

五、保障措施

（一）加强政策引导与产业促进

联合有关部门，统筹规划，出台技术创新与产业发展相关政策。共同推进试点工作，出台推广应用指导意见，落实半导体照明应用产品中央财政补贴政策，促进中央与地方以及试点城市间的互动。继续加强半导体照明产业技术创新战略联盟建设。推进EMC模式在“十城万盏”城市的应用。

（二）促进公共研发平台建设

加大研发投入，创新体制机制，建立健全联合创新国家重点实验室、国家工程技术研究中心等国家公共技术研发平台，促进产学研用各方加强实质合作；形成可持续发展的开放性的公共创新体系，支撑产品的创新应用、产业的可持续创新发展。

（三）培育龙头品牌企业

重点支持有一定规模和技术实力，特别是拥有自主知识产权的企业，通过技术创新扩大生产规模，提升核心竞争力和产业化水平，支持优势企业兼并重组，提高产业集中度和规模化水平，培育形成一批龙头企业和知名品牌。

（四）统筹标准检测认证工作

联合相关部门，从国家层面加快完善标准检测认证体系。加强标准检测认证工作的组织协调，推动半导体照明技术相关标委会的建设工作。结合“十城万盏”试点示范城市区域产业特色，协调国家级和地方检测机构，加强测试结果比对工作，建立网络式、不同层级的检测平台。加强试点示范工程评估评价，建立试点示范工程效果评估体系。

（五）加强国际交流与合作

加强研发、标准检测、应用等实质性的两岸及国际合作；支持国际半导体照明联盟建设，搭建国际化的创新技术平台和标准检测平台，主动参与国际标准制订；通过技术交流、标准对话、示范应用、创新大赛等手段，拓展国际交流与合作的广度和深度。

（六）开放式培养创新人才和团队

鼓励海外专家参与国内研究工作，加强海外人才及创新资源的引进工作；抓好创新人才与创新团队建设，支持高等院校、职业学校、研究机构开设相关学科教育；探索培育高端人才等方面的新机制与新模式，形成一整套可操作的标准化产业人才培养与供给方法，开展职业培训与认证；鼓励形成创新人才开发模式，为产业大规模输送创新创业人才，提升从业人员的整体素质和创新能力。

蓝天科技工程“十二五”专项规划（节录）

（国科发计〔2012〕719号　科技部、环境保护部二〇一二年七月十日印发）

一、形势与需求

“十五”以来，我国在能源清洁转化利用技术、工业清洁生产技术、污染排放控制技术等方面开展了大量研究和开发，取得了许多成果，对于我国大气污染防治发挥了重要的作用。其中，燃煤烟气除尘脱硫技术研发及产业化进展显著，除尘技术不仅满足了国内市场需求，还出口到30多个国家和地区；二氧化硫控制技术逐步占领国内市场，有效支撑了节能减排及酸雨控制区防治工作；机动车尾气净化技术及材料推广应用到54% 的国产品牌汽车。区域性大气污染防治研究取得了重要进展，在珠三角地区建立了我国首个城市群大气复合污染监控技术系统，为开展区域联防联控提供了技术支撑。

“十二五” 时期是我国加快构建资源节约型和环境友好型社会的重要时期，节能减排和大气环境保护工作将不断深入和加强，对实施蓝天科技工程，加快大气污染防治技术研发与转化应用，提出了更高更迫切的要求。《国家中长期科学和技术发展规划纲要（2006-2020 年）》将“区域大气复合污染防治”列为环境领域优先主题。《国民经济和社会发展第十二个五年规划纲要》将解决空气污染问题列为环境保护的重点任务。《国家“ 十二五” 科学和技术发展规划》提出了实施蓝天科技工程的要求。根据工作部署与实际需求，特制定《蓝天科技工程“十二五”专项规划》。

二、指导思想、基本原则和主要目标

（一）指导思想

深入贯彻落实科学发展观，努力提高生态文明水平，全面落实《国家中长期科学和技术发展规划纲要（2006-2020 年）》部署，统筹国内外科技资源，加强大气环境基础理论与科学问题研究，突破大气污染防治技术瓶颈，培养蓝天科技创新领军人才与队伍，推进产学研用相结合的创新机制建设，为改善环境空气质量、深化节能减排和引领节能环保产业发展提供科学技术支撑。

（二）基本原则

——坚持把让人民群众呼吸上清洁空气作为本质要求。把实施蓝天科技工程与人民群众最关心的大气环境问题紧密结合，统筹技术研发、示范应用、人才培养、基地建设、成果转化等创新活动，提高科技进步与创新对区域大气环境质量改善的支撑能力，使科技成果更多的惠及广大人民群众。

——坚持把提高自主创新能力作为根本任务。瞄准国际大气环境理论及技术前沿，部署基础理论和前沿技术研究，提升原始创新能力；瞄准我国大气污染防治重大技术瓶颈，着力突破多污染物协同控制和多目标空气质量调控重大技术，强化国际合作与技术交流。

——坚持把培育节能环保产业作为战略重点。针对大气污染主要来源，突破和掌握污染物减排与控制核心关键技术，完善产业技术创新链，推动具有导向作用重大技术的产业化，培育和发展节能环保战略性新兴产业，为改善大气环境质量提供物质基础。

——坚持把产学研协同创新作为发展动力。统筹落实国家对科技、人才、产业等重大部署措施，培养以领军人才为统领的科技创新队伍。强化完善创新与产业示范基地建设，推动大气环境科技与多学科共同创新与协同创新，促进科技与管理、政策、市场等融合。

（三）主要目标

蓝天科技工程“十二五”发展的总体目标是：以改善空气质量和保障公众健康为核心，大幅提升大气环境保护自主创新能力，基本形成适合国情的涵盖大气环境科学理论、污染控制技术、监测预警技术、决策支撑技术的大气污染防治技术创新体系，基本建成蓝天科技创新人才培养与技术成果转化服务体系。努力实现以下主要目标：

——蓝天科技创新的基础理论研究与前沿技术创新显著提升。基本认清京津冀、珠三角和长三角等重点区域大气复合污染基础科学问题与控制机理，未来5-10 年减排约束性及对人体影响重大的污染物控制技术研发得到实质性突破。

——蓝天科技创新对节能减排的贡献进一步增大。主要污染物控制技术产业化创新明显加强，带动环保技术市场合同交易总额新增1000亿元，科技进步对约束性污染物减排贡献率提高10% 。

——蓝天科技创新显著提升环保公共服务能力。区域大气污染防治技术集成创新能力显著增强，先进适用技术转化应用取得重大进展，为10个左右重点区域和大中型城市大气污染防治提供技术方案与示范实践。

——蓝天科技创新能力再上新台阶。面向国家蓝天科技资源共享与服务体系建设，建立50个蓝天科技创新基地与人才培养基地，构建完善的国家级蓝天科技创新技术服务平台。

——蓝天科技创新投入持续增加。各类科技计划对蓝天科技创新的年度投入持续增加，企业研发投入强度明显提升，科技成果转化应用资金渠道进一步拓展。

三、优先领域与重点任务

（一）大气环境监测与预警技术

针对我国大气环境监测与预警的需求，重点突破天、空、地一体化监测、多污染物智能监测、空气质量预报等关键技术设备，满足今后我国环境空气质量监测及预警预报业务化的需求。

专栏1：大气环境监测与预警技术

——大气污染源排放监测技术与设备。研发新一代多参数烟气污染源连续自动监测技术，便携式多参数烟气污染监测技术，以及有毒有害气体远距离快速遥测设备，温室气体及挥发性有机物监测技术，特殊空间主要污染物在线监测技术等。

——大气环境质量监测预警技术。研究大气环境质量自动监测技术，地基大气污染时空分布监测技术，机载大气污染遥测技术，三维立体监测耦合技术，大气污染源监测网、空气质量监测网和天气气象监测网的信息融合技术等；研发大气细粒子和化学组成粒径谱在线监测技术，大气挥发性有机污染物和重金属全参数在线监测技术，远程控制和数据传输技术，数据分析方法和应用软件系统等。

——大气环境质量预报技术。研究光化学、灰霾等主要大气污染的多手段模拟技术，研究不同尺度污染相互作用以及污染与气象双向反馈机理，构建多尺度大气化学-气象过程耦合的区域空气质量多模式预报预警业务化系统，开展重点地区环境空气质量业务化试验预报。

——大气边界层探测技术。研发大气边界层气象要素探测、大气边界层理化结构探测和大气湍流扩散强度测量等技术，地基高分辨率大气边界层气象要素垂直分布探测技术，球载高精度高时间分辨率气象参数传感器，云高、云量和云状自动观测技术。

——大气污染物源清单技术。研发主要污染源排放因子和成分谱测量技术与建模建库技术，源解析技术以及分散污染源（生物质燃烧源、生活面源、农业面源、非道路流动源）排放因子测试技术，构建国家污染源清单。

（二）重点排放源污染预防和控制技术

围绕电力、冶金、化工、交通等主要污染源节能减排的需求，以氮氧化物、细粒子、挥发性有机物和重金属等为主要控制对象，重点突破燃煤烟气控制技术、机动车尾气净化技术、工业废气源头减量和过程减排技术等，大力开发清洁生产技术，构建完善的产业技术创新链，推进重大技术产业化和转化应用。

专栏2：重点污染排放源控制技术

——燃煤锅炉排放污染控制技术。针对燃煤电站锅炉和工业锅炉污染物排放，研发燃煤发电新技术，脱硫脱硝脱汞协同控制技术，超细粉尘高效捕集技术，脱硝催化剂生产和再生技术，中低温脱硝技术，重金属及有机污染物脱除技术，汞高效氧化及吸收/吸附技术，废料资源化利用技术等。

——工业窑炉排放污染控制技术。研发钢铁、有色、建材、化工等工业窑炉烟气多污染物协同控制技术，烟气细粒子高效捕集技术，烟气重金属控制及有机物回收技术，烟气氮氧化物控制技术，烟气二氧化硫资源化技术，二噁英类污染物催化降解技术等。

——交通运输排放污染控制技术。研发车船用柴油发动机排放氮氧化物净化技术，颗粒物捕集技术及其联用技术等；汽油发动机排放污染物高性能三效催化技术，前置吸附-催化技术等；研发替代燃料车船尾气排放多污染物机内和机外净化技术等。研发适用于不同类型发动机排放污染控制系统匹配集成和车载在线检测与诊断等技术等。

——挥发性有机物排放控制技术。研发石化、包装印刷、装备制造、制药等行业排放挥发性有机物（包括有机气溶胶）的高效过滤、分离、吸附、催化、燃烧、生物法等控制技术和集成设备。

——大气污染与温室气体协同减排技术。研发炭黑颗粒物减排和控制技术，甲烷资源化回收与催化燃烧技术，一氧化二氮直接催化分解技术，不同排放源污染物和温室气体协同效应定量分析技术，温室气体及污染物双减排最优化技术等。

（三）环境空气质量改善技术

针对典型区域改善室内外空气质量的技术需求，集成区域大气环境质量改善共性技术，突破室内及特殊空间室内空气净化技术，强化大气污染防治及室内空气净化技术、产品和设备的集成研究，开展大气复合污染区域联防联控技术示范。

专栏3：环境空气质量改善集成技术

——区域大气环境质量改善共性技术。紧密结合我国区域大气污染防治特点，研究复合污染表征指标体系，多维环境目标设计技术，大气复合污染来源解析技术，多维空气质量模型，情景控制方案，污染源排放控制技术筛选方法，污染防治效果评估技术等。

——东部城市群大气污染防治集成技术。针对以臭氧和细粒子污染为特征的区域大气复合污染问题，研究污染源排放控制最佳适用技术，酸沉降监测预警技术，气象化学预测预报技术，空气质量立体监测预警技术，工业与能源优化配置方案，大气污染健康效应评估技术，大气污染控制情景设计技术及其费效评估技术等，构建高效实用的空气质量管理技术体系。

——中西部能源基地大气污染防治集成技术。针对以煤烟型和沙尘为主的大气污染特征，研究除尘、脱硫、脱硝等协同控制技术，沙尘暴遥感监测预警技术，大气环境质量实时监控技术，大气污染源解析技术，大气环境模拟技术及污染控制情景评估技术，构建中西部能源基地大气污染防治集成技术。

——京津冀城市大气环境质量改善集成技术。针对城市污染源与气象因素影响显著的城市（如北京市）大气环境质量改善的迫切需要，研究大气环境监测预警与调控技术，交通运输工具废气控制与提标技术，清洁能源利用技术、城市扬尘污染控制技术，中小型燃煤锅炉智能控制技术等在重点地区开展新能源汽车示范应用，构建重大项目区空气质量应急保障和污染联防联控技术体系。

——室内空气污染物净化技术。研发居室及公共场所、人防设施等室内挥发性有机物、有毒有害微生物和超细颗粒物净化的新型抗菌、吸附和催化材料，以及强化集成技术与协同净化组件，研发低浓度气体污染物、细颗粒、微生物、生化气溶胶等在线检测技术与风险评价技术，研制具有净化功能的单体空调技术及高效空调系统。

——密闭或特殊空间低浓度污染物净化技术。针对交通、运输等行业及不具备通风措施的密闭或特殊空间空气污染净化需求，研发低浓度有机/ 无机气体污染物、细颗粒复合污染物、有毒有害化学物质，以及细菌、真菌、病原微生物的净化材料与配套控制技术装备，研发高原、极地、深井、工事等特殊环境空气质量保障技术与专用装备等。

（四）大气环境管理决策支撑技术针对我国大气环境质量保障重大决策的需求，重点突破多源排放控制与区域空气质量改善的响应技术、区域大气的健康-生态- 气候联合效应评估技术、大气污染防治国家区划技术，构建适合我国国情的空气质量管理技术体系，制定国家大气污染防治路线图。

专栏4：环境空气质量保障决策支撑技术

——多源排放控制与区域空气质量改善响应技术。研究能源利用与大气环境质量的动态响应关系模型，大气污染源及温室气体清单及控制技术目录，区域空气质量改善决策模型技术，区域多污染物非线性协同控制削减量指标分配技术，基于环境效应的污染减排分配优化模型等。

——区域大气污染影响综合评估技术。研究大气污染健康-生态-气候多维效应的综合评估指标，建立大气复合污染及其多维效应的响应模型及验证技术，建立大气污染控制方案的费用效应、健康风险、生态影响以及气候效应的综合评估技术方法。

——大气污染防治国家区划技术。研究我国大气复合污染区域特征及其演变趋势，构建综合考虑大气复合污染特征、地理气象特征及社会经济条件的国家大气污染防治区划技术，集成国家大气污染防治区划与分区分级分期管理和监督保障技术。

——空气质量管理技术体系。研究以大气污染防治法为核心的大气污染防治政策法规框架，构建适应大气复合污染防治新要求的空气质量评价技术、污染源排放标准制定技术、污染源减排监测与核查技术，提出国家大气复合污染防治技术路线图。

（五）大气复合污染防治理论研究

围绕我国区域性大气复合污染防治的需求，重点突破大气复合污染形成机理、区域性污染环境风险和气候效应、多目标多污染物空气质量调控原理等重大科学问题，基本形成大气复合污染防治理论体系。

专栏5：基础理论与前沿技术

——大气二次污染形成的基础理论研究。研究大气二次污染形成机理和控制因子，大气自由基和二次颗粒物在线检测技术，复合污染条件下自由基化学及新粒子形成机制，挥发性有机物的化学行为及降解机理，二次细粒子的化学组成特征及来源，大气颗粒物界面反应过程机理等。

——大气复合污染的人群健康与生态风险研究。研究大气污染物健康效应，大气污染长期暴露-人群健康效应的剂量响应关系，主要大气污染物对生态系统功能衰退的作用机理，典型生态系统与大气的物质与能量交换通量，大气复合污染暴露的临界负荷，我国主要大气污染物的环境基准和标准等。

——大气复合污染形成机制与调控原理。研究我国大气环境条件下复合污染形成的关键化学机制，区域二次污染形成与前体物控制的非线性关系，不同时空尺度污染的相互作用，大气污染与气候变化的反馈机制等重大科学问

题，提出城市群空气质量改善对策和路线图。

（六）人才培养与创新能力建设

落实创新人才推进计划与国家技术创新工程，充分发挥市场配置资源的基础性作用，加强高层次创新人才与工程技术人员的培养，加快面向应用的技术创新平台与基地建设，推动多领域协同创新局面的形成，建立企业主导的蓝天技术创新体制机制。

专栏6：人才培养与创新能力建设

——创新人才队伍。建立 20 个相关蓝天科技工程高新技术创新人才培养基地，形成 10 个蓝天科技工程高新技术研发团队。

—— 技术创新服务平台。建立蓝天科技工程技术创新服务平台，形成开放式、网络化的技术服务机制，为先进技术转化应用和中小企业污染控制提供技术服务。

——产业化创新基地。建立 20 个蓝天科技工程高新技术产业示范基地，推动以企业为主体，联合高校、科研院所的蓝天技术创新体系建设。

——国际科技合作基地。推动蓝天科技工程国际科技合作基地建设，推进国内外大气污染防治技术研究与交流。

四、实施机制与保障措施

（一）加强组织与领导

充分发挥科技主管部门与相关业务主管部门的组织领导与协调作用，各部门和各地方要依据蓝天科技创新的专项规划部署，做好重大任务的分解和落实。各级科技管理部门要加强对专项规划的贯彻宣传，做好协调服务和实施指导，调动和增强社会各方面参与的主动性、积极性，确保规划重点任务落到实处。发挥省部会商机制作用，完善区域联防联控机制，落实好区域和城市环境空气质量改善技术与示范工作。

（二）加大科技投入

优先将专项规划有关工作纳入各类科技计划并给予重点支持，同时多渠道、多层次筹集社会资金，增加投入。实施蓝天科技工程重点专项，加大相关科技计划对环境空气质量改善技术研发与示范的支持。积极利用金融及资本市场，将科技风险投资引入节能环保领域；积极鼓励国内社会各界为大气环境保护公益活动提供资金支持。开展专业化企业贷款风险补偿、技术研发后补助、高技术企业股权质押贷款等试点工作。

（三）优化科技创新环境

健全布局完整、分工合理的政产学研用相结合的蓝天科技创新体系；加强对大气环境保护相关科技政策、措施和推进机制的研究，制定先进大气环境保护技术目录，进一步优化大气环境保护技术创新与技术转化的政策环境；加强政策研究成果与技术成果的转化，充分发挥企业在技术创新中的主体作用，要求企业（特别是主要排污企业或制造企业）牵头研发相关监测预警与控制技术，实施示范工程。

（四）加强绩效评估与宣传普及

建立健全专项规划监测评估制度和动态调整机制，通过监测评估，定期分析专项规划落实情况。特别是对本规划提出的重大任务的执行情况要进行制度化、规范化的检查评估，为专项规划的动态调整提供依据。加强对大气环境科技创新先进人物、单位的表彰与宣传，推广普及先进科技成果，提高社会公众的大气环境保护意识。

（五）加强国际科技合作与交流

广泛开展大气环境保护国际科技合作。建立多边、双边等形式的大气环境保护国际科技合作机制，积极引进国外先进的技术，成熟的做法和经验，积极组织实施相关国际合作项目，不断拓宽大气环境保护国际合作的领域和范围。

五、蓝天科技发展路线图（略）

国家鼓励的循环经济技术、工艺和设备名录（第一批）

（国家发展改革委公告 2012年 第13号）

为贯彻落实《循环经济促进法》，推广先进技术、工艺和设备，提升循环经济发展技术支撑能力和装备水平，提高资源产出率，我们组织编制了《国家

鼓励的循环经济技术、工艺和设备名录（第一批）》，现予公布。

本名录涉及减量化、再利用和再制造、资源化、产业共生与链接四个方面、共42项重点循环经济技术、工艺和

设备。

附件：《国家鼓励的循环经济技术、工艺和设备名录（第一批）》（略）

国家发展改革委 环境保护部
科技部 工业和信息化部
二〇一二年六月一日

关于发布《2012年国家先进污染防治示范技术名录》和《2012年国家鼓励发展的环境保护技术目录》的公告

（环境保护部公告 2012年 第39号）

为贯彻落实《国务院关于加强环境保护重点工作的意见》（国发〔2011〕35号），加快环保先进技术示范、应用和推广，我部组织编制了《2012年国家先进污染防治示范技术名录》和《2012年国家鼓励发展的环境保护技术目录》，现予发布。

《国家先进污染防治示范技术名录》所列的新技术、新工艺在技术方法上具有创新性，技术指标具有先进性，已基本达到实际工程应用水平。《国家鼓励发展的环境保护技术目录》所列的技术是已经工程实践证明的成熟技术。

2010年发布的《国家先进污染防治示范技术名录》和《国家鼓励发展的环境保护技术目录》同时废止。

附件：1.2012年国家先进污染防治示范技术名录（略）

2.2012年国家鼓励发展的环境保护技术目录（略）

二〇一二年七月五日

《国家重点节能技术推广目录（第五批）》公告

（2012年 第42号）

为贯彻落实《中华人民共和国节约能源法》、《国务院关于加强节能工作的决定》和《国务院关于印发“十二五”节能减排综合性工作方案的通知》，加快重点节能技术的推广普及，引导用能单位采用先进的节能新工艺、新技术和新设备，提高能源利用效率，我们组织编制了《国家重点节能技术推广目录（第五批）》，现予以公告，在国家发展改革委网站（www.ndrc.gov.cn）上发布，请有关部门、单位及企业到网站查阅、下载。

第五批目录涉及煤炭、电力、钢铁、有色、石油石化、化工、建材、机械、轻工、建筑、交通、通信等12个行业，共49项重点节能技术。

附件：国家重点节能技术推广目录（第五批，技术报告附后）（略）

国家发展改革委
2012年12月13日

天津子牙循环经济产业区

天津子牙循环经济产业区（以下简称：园区），是经国务院批准的首家以循环经济为主导产业的“国家级经济技术开发区”。是目前中国最大的循环经济园区，是中日循环型城市合作项目。先后被国家发改委、财政部、工信部、环保部和教育部等批准为“国家循环经济试点园区”、“国家‘城市矿产’示范基地”、“国家级废旧电子信息产品回收拆解处理示范基地”、“国家新型工业化产业示范基地”、“国家进口废物‘圈区管理’园区”、“中国国际青少年活动中心（天津）”和“国家循环经济教育示范基地”。

园区规划图

地理位置优越、区位优势明显。园区位于天津市西南部，地处渤海之滨，位居京津冀和环渤海双重经济圈腹地。距离天津市区 60 公里，距离北京市区 150 公里，距离天津滨海国际机场 60 公里，距离天津新港 90 公里。京沪高速连接园区快速路，并与京九、京广、天津机场、天津新港形成了立体式、综合化、现代化交通运输网络。

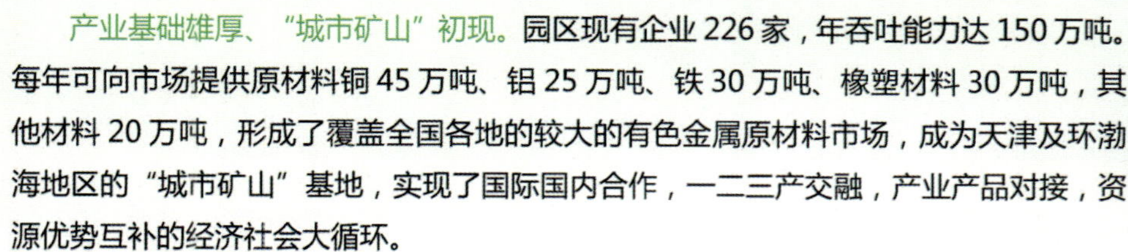

产业基础雄厚、“城市矿山”初现。园区现有企业 226 家，年吞吐能力达 150 万吨。每年可向市场提供原材料铜 45 万吨、铝 25 万吨、铁 30 万吨、橡塑材料 30 万吨，其他材料 20 万吨，形成了覆盖全国各地的较大的有色金属原材料市场，成为天津及环渤海地区的“城市矿山”基地，实现了国际国内合作，一二三产交融，产业产品对接，资源优势互补的经济社会大循环。

便捷子牙——园区路网

基础设施完善、环保设施齐全。园区水、电、路、通讯等基础设施达到了“九通一平”标准。区内建有大型公用工程岛，统一建设集污水处理、中水回用、雨水收集、废弃物处理等为一体的综合节能环保系统。水资源循环利用率、废弃物无害化处理率、绿色建筑普及率等均达到 100%。产业区以“厂在林下、林在厂中”为理念，林下经济带及周边绿化总面积达到三千万平方米，形成绿林碧水蓝天的园区生态景观。

便捷子牙 - 海关、检验检疫

科研体制完善，行业技术领先。园区建有再生资源研究所、循环经济科技研发中心和青少年循环经济教育培训基地等。围绕发展循环经济、生态环境建设、清洁生产技术、资源综合利用等课题开展科技研发和教育培训，逐步形成了产学研结合的一体化、产业管理的信息化和规模经济的科技化。

生态子牙——林下种植

服务功能高效、投资程序快捷。园区建有综合管理服务大厦，对各类建设项目实行集中审批、限时办理、一条龙服务。并设有工商、公安、税务、海关、检验检疫等派驻机构，形成了海关、检验检疫、环保、园区“四位一体”的联合监管体制。

现代物流畅通、经营环境优良。园区建有“无水港”、保税仓库和专门用于进出口运输的海关监管车队及铜、铝、橡塑等原材料交易市场。园区建有“智慧子牙”信息化

生态子牙——农业循环经济观光

中心，以信息化管理、市场化运作，形成了辐射滨海新区到环渤海地区的现代化物流网络。

总体规划科学，产业布局合理。园区总体规划面积 135 平方公里，近期开发建设 50 平方公里。以工业区、林下农业循环经济示范区、科研居住服务区构成了“三区联动”循环发展的经济格局。重点发展废旧机电产品拆解加工业、废弃电器电子产品处理加工业、报废汽车拆解加工业、废旧橡塑再生利用业、精深加工再制造业、节能环保新能源和林下种植、林下养殖、生态旅游、文化教育等产业，形成了“静脉串联”、“动脉衔接”、产业间“动态循环”的循环经济发展“子牙模式”。

开展理念教育，普及循环经济。园区建设国家循环经济教育示范基地，配套建设工业循环经济企业观光基地、农业循环产业基地、国际青少年活动中心等现代化服务设施，开展国家青少年循环经济、绿色能源教育与交流，推进循环经济教育深入普及，开辟一个集循环经济展览、工业观光、农业实践、兴趣培养、清洁生产教育、军训、团队合作和科技创新于一体的教育示范基地，逐步将园区建成循环经济教育的摇篮、创新实践的沃土。

子牙园区正站在新的起点上，实现新的跨越。在科学发展中，实践“循环子牙”；在绿色文明中，创建“生态子牙”；在创新建设中，塑造“智慧子牙”；在和谐社会中，构筑“宜居子牙”；在全球经济一体化中，打造“便捷子牙”。最终把子牙园区真正建设成为整体布局科学、产业结构合理、产品结构优化、高新技术支撑的现代化、生态型国际一流的国家级循环经济示范区。

宜居子牙——配套商务

宜居子牙——子牙新城

智慧子牙——科研服务大厦

智慧子牙——信息化中心

循环经济展厅

循环子牙——木塑产品生产线

循环子牙——报废汽车拆解线

循环子牙——再生铝锭

循环子牙——再生铜杆

地址：天津子牙循环经济产业区北京道 9 号
电话：022-68856050
传真：022-68856272
网址：www.ziya.gov.cn
邮箱：ziya@ziya.gov.cn

拉法基瑞安水泥有限公司

大力发展循环经济　节约资源能源

拉法基集团1833年成立于法国巴黎，是当今世界建材领域的领袖企业，其水泥、骨料与混凝土业务均居世界领先地位。拉法基集团多年来始终致力于可持续发展，大力推行将专业技术与生产经营、创造价值、尊重员工和当地文化、保护环境、保护自然资源和能源相结合的发展战略。拉法基集团于1994年进入中国，2005年11月与香港瑞安建业有限公司合资组建拉法基瑞安水泥公司，总部设于北京，目前拥有约8000名员工，30个水泥工作场所，4个混凝土工作场所，1个骨料工作场所，2012年水泥产能3000万吨，混凝土产能200万立方米，是中国特别是西南地区水泥行业的领军企业。

截至2013年底，拉法基瑞安已有10家工厂开始使用可替代燃料（城市生活垃圾，生物质，市政污泥等），累计合共处置了不少于50万吨的固体废弃物，在大量的减少了甲烷或二氧化碳等温室气体排放的同时，协助当地政府处置废弃物的同时有效延长了填埋场的使用寿命。所有工厂均使用可替代原料 (粉煤灰，脱硫石膏，废铁矿石，钢渣，电石渣，磷渣，煤矸石，硫铁矿，炉渣/底渣等)，为公司节约了1700万的能源采购成本。

拉法基瑞安重庆分公司下属的南山工厂，地维工厂和特水工厂利用水泥窑协同处置城市污水处理厂污泥，年处置能力近10万吨，不仅解决了填埋相应污泥的占地难题，而且避免了污泥处理系统的投资、煤耗和二恶英污染，并减少了相应的二氧化碳排放，得到了当地政府和社区的好评。已经为重庆无害化处置污泥达16万余吨。2010年，拉法基瑞安重庆分公司地维工厂的有机物污染土壤协同处置项目建成，处置污染土壤3万多吨，为城市的“净地”供应提供了保障。2012年，拉法基瑞安所有日产熟料2000吨以上的水泥生产线均已全部配备余热发电设施，每条线平均年减排二氧化碳7-9万吨。同时，有超过一半以上的水泥厂在生产中使用了替代燃料和替代原材料，从而降低了相应的煤耗与物耗。拉法基瑞安在中国首个垃圾衍生燃料（RDF）项目在贵州省遵义市建成投产，每年资源化利用生活垃圾近3万吨，年节约原煤消耗近2万吨，实现了城市及社区实现生活垃圾的减量化、资源化和无害化处置，实现了良好的社会、环境和经济效益，并在2013年获得贵州省政府在“贵州省推行水泥窑协同处置生活垃圾项目（第一批）”中11个项目中的2个名额。预计协助政府每天处理约1200吨生活垃圾。

构建循环经济是拉法基集团2020可持续发展远景三大目标之一，拉法基瑞安将全面推行循环经济，为实现吨水泥二氧化碳33%削减率，水泥厂非化石燃料50%替代率以及20%的混凝土产品使用可回用及回收利用的原料的目标不懈努力。目前拉法基瑞安正在循环经济项目上积极推动，与云南，四川，重庆以及贵州等政府洽谈水泥窑协同处置固体废弃物的项目，寄望在不久的将来为中国西南地区城市的环境卫生改善项目以及固体废弃物资源化利用项目上做出更多的贡献。

拉法基瑞安南山工厂市政污泥协同处置项目

拉法基瑞安地维工厂污染土壤处置项目

一、率先探索低碳城市建设

进入21世纪以来，能源短缺日趋严重，生态环境不断恶化。在这种情况下，保定市在2006年首次提出建设“保定•中国电谷”的概念，并制定了大力发展新能源产业的战略决策；2007年又提出建设“太阳能之城”的目标，加快推进太阳能产品在城市生产、生活等领域的应用。“中国电谷”和“太阳能之城”建设取得阶段性成果，新能源和能源设备制造业不断壮大，新型能源在城市基础设施和市民文化设施中的应用不断扩展。2008年初，联合国最大的非政府环保组织——世界自然基金会（WWF）确定我市为“中国低碳城市发展项目”试点城市（另一个为上海市），之所以选择保定，是因为我市“中国电谷”的新能源产业发展迅速。以此为契机，市政府正式出台了《关于建设低碳城市的意见》（2008年12月）。2010年8月，我市被国家发改委确定为国家低碳城市试点（国家发改委确定的低碳省区和低碳城市试点共五省八市，除我市外，分别为广东、云南、陕西、辽宁、湖北、天津、重庆、南昌、杭州、厦门、贵阳、深圳），这为我市提供了“先行先试”的难得机遇，2010年10月市委、市政府出台了《关于建设低碳城市的指导意见》，全面开展低碳城市的建设工作。为加强对试点工作的科学指导，我市与清华大学合作编制完成了《保定市低碳城市发展规划》，并在全市发布实施。2011年12月《保定市低碳城市建设实施方案》获得国家发改委批复，这标志着我市低碳城市建设进入崭新的阶段。

二、低碳城市建设的主要内容

我市低碳城市建设的内容可以概括为一个理念、三个主要任务和十项重点工程。

一个理念：就是探索一条城市经济以低碳产业为主导、市民以低碳生活为理念和行为特征、政府以低碳社会为建设蓝图的符合保定发展实际，节能环保、绿色低碳的生态文明发展之路。

三个主要任务：一是发展低碳经济，培育低碳产业。主要是加快新能源和能源设备制造业发展，进一步完善太阳能光伏发电、风力发电、高效节电、新型储能、输变电和电力自动化等六大产业体系，打造“中国电谷”，构建低碳城市的产业支撑体系。二是树立低碳理念，建设低碳社会。主要是通过各种活动，在各级部门和广大市民中树立低碳意识和理念，推进生活方式低碳化和城市建设低碳化。三是加强低碳化管理，强化节能减排。主要是强化工业企业节能减排、抓好农村节能、推进建筑节能、强化城市交通运输节能减排和推进商贸流通业节能减排。

十大工程：

1、**“先进制造业基地建设工程”**。围绕新能源、汽车、电子信息等具有保定特色和优势的先进制造业，打造保定•中国电谷（新能源和能源装备制造基地）、华北轻型汽车城（汽车及零部件制造基地）和电子信息产品制造基地。

2、**“现代服务业基地建设工程”**。充分发挥毗邻京津的区位优势，打造京南现代物流基地、休闲旅游基地和文化创意基地。

3、**“绿色农业基地建设工程”**。加快发展现代农业，全面普及现代农业生产技术，提高农业生产的规模化、集约化水平，实现农业大市向农业强市的转变。

4、**“传统产业改造工程”**。重点推进电力热力、纺织化纤、建筑材料等能耗较高产业的节能改造，淘汰落后产能，加大节能降耗工作力度。

5、**“新型能源开发利用工程”**。重点推进太阳能光伏发电、生物质能利用、垃圾发电、水力发电等新型可再生能源的发展，提高新能源在能源消费中的比重。

6、**"建筑节能改造工程"**。加快对现有建筑的节能改造，降低建筑采暖、空调、热水供应、照明等方面的能源消耗。

7、**"城镇集中供热建设工程"**。在主城区和重点镇加快实施集中供热，提高采暖用能利用效率。

8、**"农村节能普及工程"**。围绕农村住宅节能和沼气、太阳能、生物质能等新型能源的开发和利用，逐步建立符合农村生产、生活环境特点的节能体系。

9、**"交通节能工程"**。提倡步行和自行车出行，适度控制小汽车出行比例的原则，积极调整交通能源结构，大力推进新能源车辆的普及和推广，建立绿色、低碳的城市交通体系。

10、**"碳汇工程"**。结合创建国家级森林城市，大力开展全民植树造林活动，提高森林覆盖率和绿色植被汇集、固化二氧化碳的能力。

2011年5月20日，保定低碳发展研究院成立

"6.5世界环境日"举办"酷中国——低碳生活进社区"巡展

三、试点工作进展情况

（一）加强组织领导，努力实现试点目标任务。为统筹指导各项试点工作，全面完成试点目标任务，我市成立了低碳城市试点工作领导小组，由市长任组长，发改、工信、环保、住建、交通、财政等27个职能部门主要负责同志为成员。领导小组统筹指导试点工作，制定年度低碳试点行动计划，分解下达目标任务，协调解决各种重大问题，确保了试点工作扎实推进。根据上级部署，我市"十二五"期间节能降碳目标是万元GDP综合能耗累计降低16%，万元GDP二氧化碳排放量累计下降18%。通过各级不懈努力，我市节能降碳工作实现了良好的开端，2012年比2010年万元GDP综合能耗累计降低8.13%，万元GDP二氧化碳排放量累计下降10.25%。根据初步预测，我市有望提前完成"十二五"节能降碳总目标。

（二）制定政策措施，加强对试点工作的指导。市委、市政府高度重视低碳城市建设工作，以国家低碳城市试点为契机，先后研究制定了《关于建设低碳城市的指导意见》、《保定市低碳城市试点工作实施方案》、《保定市城市公交长途客运车辆推广使用液化天然气实施方案》、《关于推进绿色建筑发展、促进低碳城市建设的实施意见》等一系列文件。以政策为引领，切实加强对低碳试点工作的宏观指导，在生产生活领域全面深入地开展低碳城市建设工作。

（三）完善体制机制，加强低碳试点能力建设。我市按照国家发改委要求，结合自身实际，不断完善低碳试点工作的体制机制建设。一是开展了温室气体排放清单编制工作。从2011年开始，经过两年多的摸底调查，我市碳排放指标体系研究工作已基本完成，初步掌握了以2005年为基期的碳排放状况，以及各行业、各区县和重点企业的碳排放量，确定了试点期内的碳排放量减排指标，为碳排放指标的统计、监测和考核工作奠定了基础。二是探索研究碳交易体系和制度建设。组织开展了碳交易制度和参与交易的应对措施研究，本着先易后难、循序渐进的原则，推进基于项目的温室气体自愿减排交易，通过经验的积累，将逐步建立和规范我市的碳交易体系和制度。三是加强低碳发展研究队伍建设。相继成立了保定市低碳城市研究会和保定低碳发展研究院，发挥我市高校较多的优势，依托华北电力大学、河北大学、河北农业大学等高校的人才智力资源，开展相关的低碳课题研究，为我市低碳城市建设和试点工作提供持久、有效的科研技术支撑。

（四）加强低碳经验交流，广泛开展国际国内合作。近年来，我市先后与世界自然基金会（WWF）签署了全面合作框架协议，与瑞士发展合作署签订了《应对气候变化对话与合作备忘录》，与丹麦桑德堡市签订了《低碳城市发展合作框架协议》，国际交流合作不断加强。与清华大学合作，共同编制了《保定市低碳城市发展规划》；今年8月份，邀请北京大学博士团到我市调研，对我市低碳城市建设的政府激励、项目争取、加强第三产业发展等，提出了非常有针对性的意见和建议。通过与国际国内各方面的广泛交流合作，我市低碳城市建设思路更加清晰，目标更加明确，有力促进了低碳试点工作深入开展。

（五）积极调整产业结构，加快发展方式转变。为加快发展方式的转变，进一步优化产业结构，我市出台了加快新能源及能源装备、汽车及零部件、航空航天及新材料、节能环保等12个产业发展的实施方案，充分发挥保定特色产业和毗邻京津的区位优势，积极推进“先进制造业基地”和“现代服务业基地”等工程建设。2013年，全市汽车行业实现增加值241.6亿元，增长23.4%。整车产销分别完成85.03和85.74万辆，增长14.3%和16.4%，高于全国平均水平10个百分点以上。长城汽车公司产销62.4万辆，在国内同行业销量排名第8位。经过多年发展，我市新能源和能源设备制造业已经形成了光电、风电、节电、储电、输变电和电力自动化六大产业体系，2013年销售收入达到209.5亿元。作为我市新能源产业旗舰的英利集团，在全行业普遍亏损的情况下，逆境中顽强生存，产量跃居世界第一。“现代服务业基地建设工程”方面，我市充分发挥毗邻京津的区位优势，打造京南现代物流基地、休闲旅游基地和文化创意基地。2013年服务业增加值850.8亿元，占GDP比重不断提高，达到32%。

（六）开展新能源应用示范，推进重点工程建设。充分发挥我市新能源产业和地热资源优势，广泛开展了太阳能、风能、地热能示范项目建设。一是积极推进太行山区新能源示范工程。利用西部太行山脉“浅山、低丘、缓坡”的地势特点，开展风电、光电项目建设。目前正在涞源、易县、曲阳等县建设的风电和光电项目，总装机容量达到931兆瓦，预计2020年达到2000兆瓦以上。二是开展金太阳工程建设。利用成片建筑的屋顶和向阳面，安装太阳能组件，进行光伏发电集中应用示范。金太阳工程总投资17亿元、总面积300万平方米、总装机容量100兆瓦。源盛嘉禾小区作为河北首个光伏发电社区，光伏电池板总面积8000平方米，总发电容量788千瓦，年可发电80万千瓦时，所发电量为居民区内电梯间、地下车库、走廊等公用区域提供免费清洁电能。三是不断探索家用分布式光伏发电方式。2013年4月，我市第一个家庭屋顶太阳能电池板发电项目——史庄街项目顺利并入华北电网，成为河北首个家用分布式光伏发电项目，该项目采用自发自用、余电上网的模式，总装机容量为19千瓦，年可发电2.17万度，节约标准煤8.69吨，减排二氧化碳22.6吨。四是科学开发利用地热资源。作为全国18个“中国温泉之城”之一，依托雄县等县（市）丰富的地热资源，通过与冰岛等国家的交流和与中石化新星公司等企业的合作，不断加快地热能开发利用。截至2013年底，我市有地热井、泉186眼，其中已使用127眼，用于供暖的地热井119眼，供暖面积达596.5万平方米。

（七）大力发展低碳交通，推进交通清洁化。保定是“全国首批低碳交通试点城市”，结合“气化保定”和“万城千辆”试点工程，我市积极调整交通能源结构，建立绿色、低碳的城市交通体系。目前，市区主要交通路口的信号灯全部完

源盛嘉禾小区是河北省首个光伏发电社区，光伏电池板总面积8000平方米，总发电容量788千瓦，年可发电80万千瓦时。

市区主要交通路口、主次干道和所有公园、绿地全部完成了太阳能改造。

国内首家光伏建筑一体化消防站——保定乐凯北大街消防站是一座集消防值班、备勤、业务训练、体育活动等功能于一身的建筑。

中国首座利用太阳能光伏玻璃幕墙与建筑相结合的建筑——保定电谷低碳国际酒店

成了太阳能改造，1100辆液化天然气新能源公交车和长途客车投入运营，液化天然气加气站已建成7座，99%的出租车实施了燃气改装，京昆高速隧道和服务区已完成LED节能照明系统改造，照明系统使用比率达80%。

（八）深入推动低碳建筑发展，实现建筑绿色化。为进一步转变城乡建设发展模式，缓解城镇化进程中资源环境约束，最大限度地节约资源、保护环境，我市出台了《关于推进绿色建筑发展、促进低碳城市建设的实施意见》，力争到2014年，政府投资的公益性建筑和保障性住房全面执行绿色建筑标准；到2015年，绿色建筑在新建建筑中的比重达25%，新增绿色建筑面积100万平方米以上。2013年，我市完成既有居住建筑供热计量及节能改造100万平方米，可再生能源建筑应用率达40%。

（九）开展综合治理，改善城市生态环境。为进一步改善城市生态环境，实施了“蓝天行动”、“碧水计划”和“森林固碳”行动。通过改造和取缔燃煤锅炉，实现污水、垃圾处理场（厂）全覆盖，开展全民植树造林等措施，不断改善城市生态环境。特别针对今年以来京津冀地区雾霾多发的恶劣天气形势，实施了空气环境质量综合治理五大攻坚战：一是燃煤削减攻坚战，力争两年、确保三年全部改造淘汰分散燃煤锅炉，改用清洁能源。二是机动车控制攻坚战，严控机动车保有量，确保增速不超过全省平均水平。三是土小企业整治攻坚战，坚决关停淘汰“两高一资”生产企业。四是挥发性有机物污染治理攻坚战，对排放挥发性有机物的企业进行高层次深化治理，无法治理的坚决停产搬迁。五是城市环境治理攻坚战。集中力量开展了以“整理、整顿、清扫、清洁、素养、节约”为主要内容的城市管理6S行动，城市生态环境质量得到改善。

（十）加强低碳宣传，提高市民低碳意识。为进一步提高公众的低碳意识，通过报纸、电台、电视、网络等多种形式广泛宣传低碳知识，开展低碳宣传进家园、进校园、进社区、进企业活动。2009年我市成为中国大陆首个以政府名义参加“地球一小时”活动的城市，到今年已是第5次参加。今年“6.5世界环境日”，和“6.17全国低碳日”，分别举办了“酷中国—低碳生活进社区”巡展和低碳知识集中宣传活动。通过这些活动，培养公众的低碳环保意识，倡导人们在日常生活的衣、食、住、行、用等方面，自觉地从传统的高碳模式向低碳模式转变，减少二氧化碳排放。

四、发展愿景

随着京津冀区域一体化进程的加快，京津冀城市群融合发展的条件已经成熟，保定与首都北京同城化步伐加快。京石高速铁路已经正式通车，北京到保定只需40分钟。津保铁路预计今年通车，天津到保定仅30分钟。正在筹备建设的首都第二机场，吞吐量8000万人次，距离保定市区仅1小时车程、东北部地区半小时，将大大拉近保定与世界的距离。下一步，我们将积极发挥保定在大北京城市圈中的核心区位优势，瞄准先进制造业、高端服务业、精品农业三大领域，全力打造中国电谷、低碳之城，建设京畿强市、绿色低碳保定。

低碳城市建设是一个全新的课题，是一个城市科学发展的必然选择，当前低碳的发展之路在保定已深入人心，低碳产业已经成为蓬勃的事业，低碳追求已成为城市的共识，低碳城市建设将不断取得新的成绩。

在市场建设方面，按照国家主管部门在应对气候变化、促进节能减排、加强环境保护方面的总体部署，在天津市委市政府的大力支持下，交易所积极推动国家和区域碳市场、建筑能效市场和主要污染物市场的建设，参与有关课题研究和实践。作为国家发改委确定的低碳省市试点、温室气体排放清单编制试点、碳排放权交易试点城市，天津市已确立天津排放权交易所为天津区域碳排放权市场、建筑能效市场和主要污染物市场的指定交易平台。在天津区域碳排放权市场长达两年的酝酿和研究中，天津排放权交易所在主管部门指导下参与了市场的总体设计和各项配套制度建设，天津区域碳排放权市场将于2013年底正式启动交易。

在自愿碳交易方面，交易所是国家指定的温室气体自愿减排交易备案交易机构。同时，交易所推出了碳中和综合服务模式，并组织了一系列创新性试点交易。

在合同能源管理服务方面，按照国家“关于进一步改善金融服务，推广合同能源管理、支持节能产业发展”的要求，交易所着力打造EPC综合服务平台，为具有节能减排需求的企业、节能服务公司、金融机构提供项目开发、融资咨询、法律合规、减排测量等综合性专业服务，截止2013年9月，已与近70家节能服务公司和近20家金融服务机构建立业务合作关系，开发形成六种融资模式，包括保证保险、节能项目保理、收益买断、抵押贷款、融资租赁、信托计划，并分别启动试点项目，形成投资规模近70亿元的项目储备，总节能投资规模超过60亿元。

- 2008年12月23日组织中国首笔基于互联网的SO_2排放指标电子竞价交易
- 2009年11月17日组织中国首笔基于碳足迹盘查的碳中和交易
- 2009年12月27日签署中国首笔通过排放权交易市场达成的合同能源管理项目
- 2010年2月9日启动中国首个基于强制能效目标的排放权交易体系
- 2011年6月10日组织中国大陆首笔基于PAS2060标准的碳中和交易

联系我们

地址：天津经济技术开发区第三大街51号W3-A-2 邮编：300457

电话：0086-22-66370691 66224928

传真：0086-22-66370691 66224916

邮箱：tcx@mailtcx.com

网址：www.天津排放权交易所.com www.chinatcx.com.cn

广元市：

创新思路，积极实践，努力探索后发地区低碳发展之路

广元市委书记马华在市委六届七次全会上提出生态立市思路和低碳发展战略

广元古称利州，地处四川北部、嘉陵江上游，是中国历史上唯一的女皇帝武则天的出生地，是川陕革命根据地的重要组成部分，素有“川北门户、蜀道咽喉”和“千里嘉陵第一城”之美誉。辖利州、昭化、朝天三区和苍溪、旺苍、剑阁、青川四县，全市总人口312万，幅员面积1.63万平方公里，境内有丰富的天然气、水能、太阳能、地热和森林资源。

通过近几年的持续努力，广元市低碳发展取得了显著成效，先后荣获“低碳中国贡献城市”、“低碳发展突出贡献城市”等称号，2012年11月，广元市被国家发改委确定为第二批国家低碳试点城市，成为四川首个国家低碳试点城市。

——产业结构加速转型。低碳工业加快发展。2012年，广元市战略性新兴产业规模以上工业总产值达89.4亿元、同比增长29.4%，万元工业增加值能耗同比下降6.1%，高载能工业在全市工业中的比重比2007年下降15.4个百分点，每千瓦时工业用电量带动创造的工业增加值比2007年提高2.9元。低碳农业初具规模。以猕猴桃、核桃、茶叶、油橄榄等特色种植业为重点的循环农业、生态农业、低碳农业、有机农业发展迅速。目前，已建成低碳农业万亩示范片14个、面积16万余亩，认定绿色食品原料基地14万亩。全年推广测土配方施肥300万亩次，免耕覆盖51万亩，秸秆还田14万亩，建立绿色防控示范区25个，面积达25万亩，带动推广150万亩。低碳旅游发展迅速。全市已建成13个国家4A级旅游景区，4A级景区个数居全国地级城市第五位，四川省第二位，已建成3个低碳示范景区。

——能源结构不断优化。清洁能源在能源消费结构中的比重不断增

广元生态茶园

广元市市委书记（右三）、市委副书记、市长王菲（左二）调研低碳城市建设

广元市国家低碳城市试点工作启动会

加。水电开发步伐加快，截止2013年9月，水电装机容量达到215.3万千瓦，占全市电站总装机容量的98.4%。3个总装机容量11.6万千瓦的风电项目顺利推进。生物质发电项目加快推进，总装机容量6万千瓦的苍溪佰能、朝天凯迪生物质发电项目2013年底将建成投产。“气化广元”成效显著，目前已发展民用天然气26.2万户、气化率超过80%，新建CNG和LNG加气站31座，CNG汽车和LNG汽车超过万辆。全市累计建设沼气池达到35.85万口，占宜建农户总数的75%，被四川省政府命名为沼气化市。

——人居环境持续改善。全市森林覆盖率达54%，活立木蓄积量超过5000万立方米。城乡环境明显改善，城市道路绿化率达93%，人均公园绿地面积达10.5平方米，城镇污水和生活垃圾无害化处理率分别达80%、90%，全市饮用水源地水质全部达标，环境空气质量优良天数稳定在360天以上。全市湿地、城镇绿地、乡村绿化通道和水系等生态系统年均吸收固定二氧化碳达2400万吨以上。

——低碳生活渐成时尚。广元市已连续4年成功举办“广元低碳日”活动，通过宣传和引导，塑料购物袋等一次性用品明显减少，生活垃圾分类程度不断提高，企业、机关无纸化办公逐渐普及，居民步行、选择自行车和乘坐公交出行人数明显增加。目前，全市已建立低碳示范学校15所、节能减排示范社区20个、低碳示范家庭1000户、低碳文明交通家庭1000户，评选低碳生活创新明星100个。

国家发展改革委应对气候变化司蒋兆理处长（左二）、中国社科院城市环境与发展究所朱守先副研究员（左一）在剑阁县调研低碳旅游产业发展

第四个“广元低碳日”活动暨“低碳示范社区”创建启动仪式

淘汰原五洲工业公司水泥厂

新增便民自行车

苍溪三井低碳农业示范园区

神华准能集团公司

神华准能集团有限公司（正在设立）为中国神华能源股份有限公司（以下简称股份公司）以管理为主要职能的全资子公司，在股份公司授权下，负责统一管理股份公司在准格尔地区已设立的神华准格尔能源有限责任公司、中国神华哈尔乌素煤炭分公司、神华准能资源综合开发公司和神华准池铁路公司。负责制订在准格尔地区产业发展战略，统筹煤炭、铁路、循环经济等业务发展规划及拓展，研究协调解决煤炭、铁路、循环经济一体化发展过程中遇到的问题，推进区域经济发展模式的不断创新。截止2012年12月份，集团总资产317.9亿元,在册员工16000余人。

准格尔煤田位于内蒙古自治区鄂尔多斯市准格尔旗，地处蒙、晋、陕交界处，东临黄河，北距首府呼和浩特市120公里。煤田已探明地质储量267.6亿吨（我公司拥有煤炭资源储量30.98亿吨），煤层平均厚度32.8米，属低硫、特低磷、高灰熔点、较高挥发份和较高发热量的长焰煤，应用基底位发热量为4000-5600大卡/千克，是优质动力和气化及化工用煤，以低污染而闻名，被誉为“绿色煤炭”。

目前，公司主营业务有煤炭开采、坑口电厂发电、铁路运输。随着公司粉煤灰提取氧化铝项目的积极推进，公司将煤炭开采、电厂发电、铁路运输一体化的产业结构模式延伸为由煤炭开采、铁路运输、循环经济一体化的产业结构模式。建立循环经济工业园区是准能公司转变经济发展方式的重大举措，是公司调整产业结构的重点建设目标，形成“煤炭开采—劣质煤及煤矸石发电—粉煤灰提炼氧化铝—电解铝”的产业链，实现煤炭资源的综合利用，大力发展循环经济，充分挖掘废弃物资源利用价值，打造环保新型的战略型产业，实现企业效益最大化。

万吨列车

公司拥有年生产能力2500万吨的黑岱沟露天煤矿、洗选能力为2500万吨的选煤厂；受神华集团公司委托管理年生产能力2000万吨的哈尔乌素露天煤矿及配套的选煤厂和全长16.187公里的点（岱沟）-南（坪）运煤铁路专线;装机容量2×100MW的坑口发电厂、装机容量2×150MW和2×330MW的煤矸石发电厂；正线全长264公里、年运输能力7000万吨的大（同）—准（格尔）电气化铁路专用线。2010年开工建设粉煤灰提取氧化铝工程中试工厂，目前工艺流程已全面贯通，正在筹备建设年产100万吨氧化铝示范厂；还有配套的供电、供水、通讯、计算机网络、污水处理等生产辅助设施。

公司目前拥有的年产4000吨的氧化铝中试厂。准格尔矿区产出原煤，通过运用已有的采矿及洗选加工控制技术，燃烧后产生粉煤灰中氧化铝含量可达50%左右，同时富含镓及硅资源。基于高铝富镓准格尔地区煤炭资源，中国神华从2004年开始自主研发粉煤灰制取氧化铝“酸碱联合法”、“水酸联合法”、“一步酸溶法”等工艺技术及镓、硅提取技术。2010年10月18日，以“一步酸溶法”工艺技术为核心的循环流化床粉煤灰生产4000吨/年氧化铝工业化中试装置正式开工建设，工艺系统流程已于2011年8月25日一次性全面贯通，同年底在达产的同时品质达到国家冶金氧化铝一级品标准。公司煤炭伴生资源综合利用研发及工程示范中心为公司研发机构。主要进行循环流化床粉煤灰酸法生产氧化铝工艺系统参数进一步优化，煤粉炉粉煤灰生产氧化铝工艺技术深入研究，粉煤灰酸法生产的氧化铝电解工艺技术研究，以及镓系列产品、硅系列产品工艺技术研究等工作。

2012年，公司全年完成煤炭生产完成6383万吨，发电43.98亿度；铁路运输7769万吨。两公司主营业预计总收入195.84亿元，总利润46亿元，缴纳税费47亿元。

当前，公司鲜明的提出“4+3”七彩准能发展战略。“4”是四项产业，是公司发展的硬实力，即：黑色煤炭产业、白色氧化铝循环经济产业、金色铁路运输物流网络、绿色生态农牧业。“3”是三项工程，是公司发展的软实力，即：橙色管理提升再造工程、蓝色幸福员工工程、红色企地和谐共赢工程。探索一条煤炭企业“科技引领、绿色发展、低碳高效、综合利用、和谐共赢”的科学可持续工业化发展道路。最终形成国家转变经济发展方式形势下的准格尔煤炭开采、循环经济、铁路运输一体化区域经济升级模式，彰显准格尔区域经济一体化管理的竞争优势，为国家经济社会的发展做出新的更大的贡献。

露天煤矿矿区

兴隆热带花园

兴隆热带花园始建于1992年，占地约5800亩，地处海南省东南部，著名的万宁市兴隆温泉华侨旅游度假区内，紧临滨海度假胜地石梅湾。热带花园以两大旅游区为依托，在海南万宁东南部海岸线上与石梅湾、日月湾、南燕湾、神州半岛等形成了一个旅游接待的整体区域优势。

兴隆热带花园中心位于北纬18°1'30"，东经110°13'07"，为世界三大热带区之一的印尼——马来热带区北缘，是目前海南东线上离海岸最近的保护较完好的低海拔热带雨林区。

热带花园以植物为载体，致力于恢复本地区的生物多样性，重建并完善该地区的生态结构，使之形成良性循环的生态环境。经过近20年的坚持，在各级政府、有关部门和兴隆华侨农场的积极配合下，使园区初步呈现热带雨林原生态景观，开发创造恢复保护自然环境与园林艺术环境的事例，实现人与自然环境的完善融合，在热带雨林旅游方面摸索出人与自然和谐共存的发展道路。

兴隆热带花园作为一种企业行为，突破传统的经济模式，树立"环境主业"的全新理念，创建了一个融自然、人文、园艺、园林与环境生态保护为一体，聚科普、环保教育、健康休闲、旅游度假为一身的大型综合性景区，为保护森林、保护生态环境，做出了相当显著的贡献，开创了一种雨林旅游的新模式。

在这里可以领略热带雨林的壮丽景色（雨林日出、日落、云海、雾海等等奇妙景观），可以了解热带雨林的丰富结构，直观认识热带的花、草、树、果，感受植物形态的神奇与美。可以认识热带雨林中的生物链、能量流，了解破坏环境、毁灭物种将造成生物链断裂、能量流转换不畅，引发环境破坏的多米诺骨牌效应。通过参观游览，让每一个游客从思维和行为方式上，自觉自律地保护环境，保护生态，并将这种观念传播开来。

热带花园保护恢复热带雨林的同时，引进了大量的热带珍稀植物花卉，现有植物4000多种，其中珍稀濒危植物有65种。在这些珍稀濒危的植物中，被列入《中国植物红皮书》的有27种（如：坡垒、琼棕、矮琼棕、粘木、海南大风子、海南石梓、野山茶等），许多面临灭绝命运的植物得到迁地保护、繁殖并形成群落。

在这里，可以尽情欣赏各种珍稀植物的神秘与植物在自然界中的生存法则，欣赏人文园艺和自然的融合，观赏鸟类、昆虫及各种小动物自由自在的生态意趣。

游客还可以在园区内通过对大型水库景观、植物园区景观、橡胶园景观、果园景观、苗圃、农田、农舍等景观的游览，了解兴隆的归国华侨（兴隆地区聚居了21个国家和地区的归国华侨）与当地原住民的融合，体验本地独特的人文风情，感受多元旅游文化元素的多姿多彩。

热带花园所处的地区面临南海，冬无严寒，夏无酷暑，光照充足，雨量充沛，年平均气温为24.4℃，年降雨量高达2141.4mm，年平均相对湿度为85%，大气中负离子含量充足，空气清新。独特的地形地貌，为各种生物的繁衍生息提供了优越的自然条件，是热带生物多样性保护最有潜力的地区之一。

花园地形属于丘陵，海拔100米以下，地形多起伏变化。园内有南旺水库（面积600多亩），水面宽阔，波光潋滟，又有多处雨林沟谷，潺潺流水蜿蜒曲折，形成多类型水景和大面积湿地。

1992年，爱国华人郑文泰先生个人出资，自己规划设计，在这片既有老化橡胶园、丢荒耕地，同时又有残留沟谷雨林的土地上，开始了兴隆热带花园的建设历程。本着保护和恢复热带雨林资源，优化生态环境，促进海南旅游业可持续发展的初衷，进行热带雨林的原结构恢复和保护工作，并对许多珍稀热带雨林物种进行迁地保护。

热带花园建园初期，以封山育林、严禁砍伐、禁止狩猎等措施，保护基地内现存的自然林和各种生物，尤其是乡土树种，并铺种草皮以保持水土，促进了当地植物资源的恢复。

随后，采取在不同种群内引种的办法，对许多特有树种、珍稀濒危植物如海南苏铁、桫椤、琼棕、海南龙血树、降香檀、青皮树、长叶竹柏等进行迁地保护，移植到园内适当区位。

同时，为促进生物多样性的保护和发展，营造适合各种微生物、昆虫和动物如蝴蝶、鸟类及狐、野猪、猴等小型野生动物的繁衍生息的环境，种植了大量的蜜粉及花粉源、浆果、坚果类以及爬藤、荫生、兰科、蕨类、地衣等多种植物。

随着热带雨林的保护和恢复，热带花园的发展向着成为一个生态环境达到最优化及人与自然和谐共处的示范基地的目标迈进。园内生态环境日益改善，生物量不断增加。现在的热带花园拥有4000多个植物品种，近百万株。景区分为六个游览区，分别是：热带植物观赏区、热带雨林观赏区、生物哺育区、再造热带雨林区（名人植树区）、园艺观赏区、森林野营区。同时，热带花园还成为野生动物的保护区，各种鸟类的栖息地。

热带花园本身已是一个巨大的造氧基地，同时还坚持推广低碳旅游，减少一切可以减少的碳排量。园中全部使用节能环保的电瓶车，房屋建筑充分利用自然风和流水系统以及林荫降温，园内的灌溉系统都是尽可能依山势而建的多条自流水道。

当人们置身兴隆热带花园，会看到热带雨林遮天蔽日，珍稀植物数不胜数，蝴蝶在花丛中飞舞，鸟鸣声随处可闻，山清水秀，白云缭绕，是一个神秘而令人陶醉的地方。

园区在建设发展的过程中，得到了许多国家领导人及国外一些国家领导人、社会各界友好人士的高度关注，多次到园区视察游览并植树留念，对园区给予了高度的评价和支持。

兴隆热带花园多年来获得很多荣誉，其中包括：

1995年 全国旅游重点建设项目

1997年 海南省青少年生物知识教育基地

海南省生物多样性保护基地及青少年环境知识教育基地

2002年 中国侨联命名“科教兴国示范基地”

2003年 中国政府向联合国推荐的全球“环境500佳”评选项目

“热带雨林恢复”国家级引智推广基地

2006年 中国国际经济发展研究中心行业定点研究单位

中国亚太经济发展研究中心行业定点研究单位

中华爱国先进示范 单位

海南省文明风景旅游区

2007年 海南省诚信单位

海南省游客满意十佳旅游景点

海南省优质服务十佳示范单位

2008年 国务院侨办列入“侨爱工程项目”——侨爱热带花园

海南省环境友好型企业

游客喜爱的海南岛特色品牌景区

2010年 海南省农业厅授予休闲农业示范单位

2010年 海南省商务厅授予“海南国际旅游岛建设与发展特色旅游 十大楷模”

2011年 海南省工信厅授予“自主创新型十大知名景区”称号

行车路线：

1. 海南东线高速公路石梅湾出口下，沿兴梅大道向兴隆方向行驶，约3公里，路边有标牌。

2. 海南东线高速公路莲花出口下，沿莲兴路向兴隆方向，到兴梅大道左转向石梅湾方向行驶，约1.8公里，路边有标牌。

联系方式：

兴隆热带花园网址：www.tropicalgarden.cn

博客地址：http://blog.sina.com.cn/u/1781895922

售票处电话：0898-62571666

营销部电话：0898-62571668

办公室电话：0898-62571890

传真：0898-62571890

邮箱：tropicalgarden@sina.cn

QQ： 652774953

AVIC
中航工业

源于航空 服务能源
ORIGINATE FROM AVIATION
SERVICE FOR ENERGY

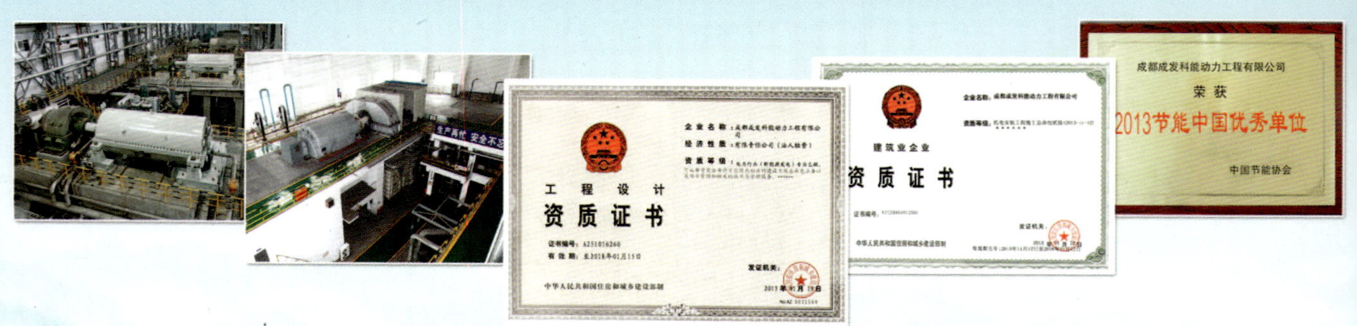
工程设计
资质证书
建筑业企业
资质证书
成都成发科能动力工程有限公司
荣获
2013节能中国优秀单位
中国节能协会

真正的节能专家

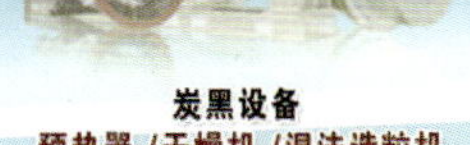

成都成发科能动力工程有限公司隶属于中国航空工业集团公司，依托航空发动机技术，长期致力于节能环保事业。公司资质齐全并拥有省级技术中心，秉承“为客户节资、为国家节能、为环境减排、为社会造福”的服务理念，始终以客户为关注焦点，以灵活多样的商业模式、深厚扎实的技术功底和周到专业的售后服务，为客户量身打造能源解决方案。成为行业知名、管理规范、效益良好、股东满意、受人尊敬的工业余能核心动力系统驰名制造商和优秀的服务商。

◇高炉煤气余压透平发电装置TRT
◇轴流压缩机及转炉子午加速轴流风机
◇高效烟气轮机
◇余热透平发电装置
◇炭黑设备
◇水泥纯低温余热发电工程总承包
◇煤气燃烧发电工程总承包
◇冶金制氧（吸附制氧、深冷制氧）工程总承包
◇石灰窑纯低温余热发电工程总承包
◇螺杆泵余热发电工程总承包
◇烧结余热发电工程总承包
◇转炉余热发电工程总承包
◇干熄焦余热发电工程总承包
◇炭黑线及尾气余热发电工程总承包
◇联合循环发电（CCPP）工程总承包

地　址：中国•四川•成都市新都区蜀龙大道成发工业园
传　真：(028) 8935 7099　电子信箱：tanhei@cfkn.cn
网　址：www.avic-cfkn.com　www.cftrt.com

ADD: Chengfa Industrial Park, Shulong Road, Xindu District, Chengdu, Sichuan, China　Pc:610503
Tel: +86 28 8935 7165/7099　Fax: +86 28 8935 7099
Email: tanhei@126.com　Website:www.cftrt.com

杭州桐庐洪风新技术新燃料开发有限公司

国务院参事、国家科技部原秘书长石定寰教授来公司考察HF节能环保重油、柴油以及汽油、柴油节能剂

HF燃油乳化技术成果应用鉴定会现场

杭州桐庐洪风新技术新燃料开发有限公司创建于1993年，是一家主要从事研制、开发、生产经营节能与环保高新技术系列产品，以及配套的乳化合成自动化成套设备的科技型实体企业。主要技术产品有：

一、HF节能环保柴油

由俞正良研究员研制的HF节能环保柴油，是以0#柴油为主，加入多种不同性能、不同作用的软水介质和化学添加剂、催化剂、助燃剂，用科学的方法调和反应而成的一种环保乳化新燃油。其颜色基本与0#柴油相同，洁净透明，其使用性能优于0#柴油。油品内含有强力催化、助燃、清洁、润滑、分散等高效作用的有效成分，HF节能环保柴油有消除发动机积碳、提高燃烧值、清洁燃油喷咀和燃油系统、延长各种机器部件寿命等功能。在各种汽车上正常应用，经国家权威部门对比测试，节油率达到16~20%，车辆尾气排放净化率达76%以上，降低和减少汽车排出的PM2.5 25%以上，目前该项节能环保产品在汽车上产业化应用多年，已在三万三千多辆次汽车上正常使用，为用户创造了多种效益，仅经济效益就达6%以上，取得了广大用户的一致肯定和好评。

二、HF节能环保重油

HF节能环保重油，是以180#、250#重油、渣油为主，加入多种不同性能、不同作用的软水介质和化学添加剂、催化剂、助燃剂，用科学的方法调和反应而成的一种节能环保新燃油。其颜色基本与普通重油相同，使用性能优于普通重油。油品内含有强力催化、助燃、清洁、润滑、分散等高效作用的有效成分，有消除喷咀积碳、提高燃烧值、清洁燃油喷咀和燃油系统、延长各种机器设备寿命等功能。

经权威部门的对比检测，并经广大用户分别在各种炉窑上对比燃烧，以及在电站锅炉、发电机组等实际使用后得出：该产品连续使用于工业产业化的节油率为13~20%。国家科技部组织“专家组”进行多个工况的对比检测得出的平均节油率为12.3%，且产品在3~5年内不分离、不沉淀、不变质，能保持与普通180#、250#重油和渣油基本相

荣获2011节能中国十大新技术应用奖

美国美中友好协会、美国联合基金会授予俞正良先生“为国际事业做出杰出贡献的企业家”国际荣誉证书

荣获2010“中国节能贡献奖”证牌

同的质量效果。其各项理化指标与普通180#、250#重油、渣油基本无大区别，能降低烟气含硫量排放55%以上，以及能降低氮氧化物等有害物25%以上，有显著的环保效益，可降低用户的燃油成本8%以上。

以上两项高效“节能减排”技术成果，属国家发改委公布的国家“十一五”十大重点节能工程实施意见“节约和替代石油资源”的推广项目之一，并列入“国家重点火炬计划产业化项目”、交通运输部“十二五”期第一批全国重点推广公路水路交通运输节能技术（产品）、环保部（2011）环境经济政策配套环境友好工艺综合名录、浙江省“十一五”重大科技专项重点项目、浙江省经贸委第二批节能产品推广目录项目。2008年12月1日被中国企业联合会、中国企业家协会组织专家评审为“中国企业新纪录节能减排双十佳企业”的国家荣誉，并对其进行了表彰。2009年被全国节能监测管理中心收录为“全国节能产品数据库”节油类节能减排产品。2010年5月，荣获“中国节能贡献奖”的国家级荣誉。2010年6月获得“2010年中国上海世博会联合国馆高新技术产品”的国际荣誉。2011年5月，荣获“2011节能中国十大新技术应用奖”的国家荣誉。2012年12月荣获“2012年全国节能减排与环境保护突出贡献单位”荣誉。2008年以来已成功申报发明专利三项。专利发明人俞正良研究员被美国美中友好协会、美国联合基金会授予“为国际事业做出杰出贡献的企业家”国际荣誉。

“十二五”期第一批全国重点推广
公路水路交通运输节能产品（技术）

公布证书

CERTIFICATE OF ENERGY SAVING PRODUCT (TECHNOLOGY) FOR TRANSPORT

产品名称：HF节能环保柴油
型号/商标：—/HF
企业名称：杭州桐庐洪风新技术新燃料开发有限公司

根据《关于公布“十二五”期第一批全国重点推广公路水路交通运输节能产品（技术）目录的通知》（厅政法字［2011］134号），颁发此证书。

发证单位：交通运输部节能减排与应对气候变化工作办公室
证书有效期：2011年06月27日至2013年06月26日

交通运输部“十二五”期第一批全国重点推广公路水路交通运输节能技术产品公布证书

三、TG02型汽油节能剂、SL03型柴油节能剂

该项汽油、柴油节能环保产品是由多种精细化学制剂合成的一种有色液体，内含有强力催化、助燃、清洁、润滑、分散等高效作用的有效成分，加入汽油、柴油中可立即改善燃油雾化、提高燃烧值、增加动力、节能燃油、消除积碳、清洁燃油系统、增强机器润滑性、延长机器寿命、降低排烟度值、减少对社会的环境污染等。

该系列节能环保技术产品经在我国部分地区的各种汽车、公交车、轮船、锅炉等进行试用和长期应用的结果表明：产品应用节油率达到12~20%，平均节油率为16%以上，降低车辆排烟量76%，各种车辆的发动机噪音下降20%以上，汽车最大输出功率提高20%以上，爬坡提高一至二个档位，每燃用一吨汽油、柴油，采用该项节能技术产品能降低燃油成本8%以上，且经济效益和社会效益十分可观。

2009年，SL03型柴油节能剂被国家交通部公布为“全国重点推广营运车船节能产品（技术）”，在全国范围内进行推广。

荣誉证书

授予：

中国 杭州桐庐洪风新技术新燃料开发有限公司 研制生产的“HF绿色高效乳化重油/HF节能环保柴油”为2010年中国上海世博会联合国馆推荐高新技术产品

特发此证

上海世博会联合国馆

上海世博会联合国馆授予HF燃油乳化技术产品为“2010年中国上海世博会联合国馆高新技术产品”国际荣誉

上述多项重点高效节能减排技术产品，已形成较好的产业化生产和应用，分别在我国十多家大、中型企业用户的工业炉窑和民用汽车上加工生产使用了120多万吨HF节能环保油，已为国家节约紧张的石油资源十五万吨以上，降低和减少二氧化硫的排放一万多吨，取得了较好的社会效益和经济效益，对国家的节能减排事业起到了很大的推动和促进作用。

2013年6月18日，中国化工学会受国家科技部有关部门的委托，组织了以中国石油化工科学研究院、国家科技部火炬高技术中心、中石化科学技术部、国家化工科技研究总院、国家环保部机动车污染监控中心、中国化工集团、国家化工行业生产力中心等国家科研部门的行业权威专家组成的鉴定委员会，在北京中国科技会堂对HF燃油乳化节能环保技术成果进行了应用鉴定，经专家讨论一致认定：该项技术达到国际先进水平，取得了鉴定专家委员会高度评价。HF燃油乳化技术成果发展前景一片大好。

荣誉证书

杭州桐庐洪风新技术新燃料开发有限公司：

经各级政府主管部门、行业组织、新闻媒体推荐、社会公示、专家评议、综合评定，荣获2011-2012年度：

中国新兴产业最具创新力企业

二〇一二年六月

中国新兴产业最具创新力企业（荣誉证书）

重咨集团

发挥智库作用 助推重庆低碳发展

重庆国际投资咨询集团有限公司（以下简称“重咨集团”）是经重庆市政府批准并出资，归重庆市国资委管理，是重庆市政府及相关部门重要的决策咨询机构。集团是国际咨询工程师联合会（FIDIC）协会会员，中国工程咨询协会常务理事单位。集团资产逾亿元，荟萃了一批具有较高理论水平和丰富实践经验的各方面专业人才，具有高级职称人员占总人员的30%。

发展低碳经济，积极应对气候变化已经成为我国社会各界的共识。重庆市作为国家首批“低碳试点城市”和“碳排放权交易试点城市”，在经济社会发展的各个领域积极探索，促进重庆低碳发展的同时为国家低碳发展提供参考。

作为打造“重庆智库”、“国企软实力平台”的重要组成部分，本着更好的服务经济社会发展的目的，重咨集团在整合集团原有智力资源的基础上，积极在全国范围内引进专业人才，成立低碳发展咨询处，通过各种渠道吸纳国内外专家，打造“低碳智库”。目前重咨集团是重庆市低碳协会常务副会长单位，有专业从事低碳咨询工作人员9名，博士2名，硕士7名。低碳专家库拥有专家近百名，其中：国际权威专家20余名，国内知名专家30余名，重庆市专家50余名。

目前，重咨集团已成为我市低碳经济主要研究机构，取得了卓有成效的业绩。在重庆市应对气候变化主管部门的指导下，在中国清洁发展机制基金、联合国开发计划署等国内外机构的资助下，重咨集团围绕促进低碳转型开展多方面的工作，得到了国家和重庆市应对气候变化主管部门的好评和认可，为重庆市低碳经济发展提供了重要智力支撑。一是编制重庆市温室气体清单。摸清全市温室气体总量，夯实了重庆应对气候变化和低碳经济发展的基础；二是建立重庆市碳排放权交易市场。国家发展改革委《关于开展碳排放权交易试点工作的通知》（发改办气候（2011）2601号）同意重庆等七个试点城市开展碳排放权交易试点，探索用市场机制引导减排。重咨集团作为牵头单位，协同国内其他三家专业机构共同承担此项工作；三是受市发展改革委的委托，承担了重庆市71家碳排放权交易试点企业的碳核查工作；四是开展重庆市低碳产品认证试点工作。国家发展改革委同意率先在重庆市和广东省开展低碳产品认证试点工作，旨在倒逼生产型企业低碳转型，逐步引导全社会建立绿色低碳生活方式和消费模式，同时为在全国范围推广提供参考；五是编制重庆市低碳产业园区发展规划。产业园区是经济社会发展的重要组成部分，也是发展低碳经济的重要载体，通过编制低碳产业园区发展规划，指导园区经济低碳转型；六是编制重庆市适应气候变化实施方案。适应气候变化是应对气候变化工作的重要组成部分，通过方案的编制，指导重庆市在卫生健康、生态、水资源、农业和城市建设等方面加强适应气候变化能力。

随着应对气候变化各项工作的不断推进，重咨集团将在实践中不断强化自身实力，加强“低碳智库”的建设，与各级政府、部门、低碳相关研究机构和致力于低碳发展的企业共同应对气候变化，促进低碳发展。

2012年11月，重庆市、广东省低碳产品认证项目启动会

2013年9月 重庆市碳排放权交易模拟交易培训会

北京现代循环经济研究院
竭诚为推进绿色循环低碳发展服务

北京现代循环经济研究院是国家工商和民政部门正式注册的从事绿色发展、循环发展和低碳发展的理论研究与实践推动的科研机构。国家发展和改革委员会重点联系单位，由北京市社会科学联合会主管。研究院的200多名研究团队人员主要来自钢铁、煤炭、有色、石化、农业、环保、建材、电力、航空、建筑、再生资源等领域，以及中国科学院、中国工程院、清华大学、北京大学等科技教育机构。其中两院院士、外籍院士21人，博士生导师40人。研究院2011年被北京市民政部门评估为4A级中国社会组织单位。

在“中国应对气候变化和低碳发展十大新闻发布会暨《中国低碳年鉴2011》首发式”上，国家发改委应对气候变化司司长苏伟致词

北京现代循环经济研究院以诚信为本、智力服务为宗旨，在循环经济和低碳发展中，竭诚为各级政府当“助手”，为企业、园区、城镇、乡村当“向导”。以智力优势和对实体经济的技术和管理优势为依托，开展循环经济、低碳发展和规划方案制定、项目咨询、技术推介、信息交流、理念宣传普及等服务。

北京现代循环经济研究院业务范围：以应用研究为主，重点设计制订适于绿色循环低碳经济发展的模式和规划方案、组织相关咨询、论证、评估；技术交流、经验推介以及组织大中型论坛、研讨会、讲座、学术报告等进行理论探讨和学术交流，沟通交流经验信息，普及相关知识；培育、引进、推广支持绿色循环低碳各种先进和适用技术；编著出版相关书刊。

组织和参与国家循环经济试点单位的试点方案制订和评审是研究院的主要业务之一，建院近10年来，先后承担完成了国家发改委和园区、企业委托的《钢铁企业发展循环经济模式研究》、《东营方圆有色金属有限公司循环经济试点实施规划》、《北京市产品包装现状分析与实施减量化、回收再利用、可循环的对策》、《广东清远国家循环经济试点实施方案》和《石家庄市再生资源回收利用体系国家循环经济试点实施方案》、《 山东东营市经济技术开发区有色金属为业规划》等20多个国家和省、市、园区、企业的循环经济、低碳经济重大课题研究、规划与方案制订。

研究院合作主办和承办了“首届再生资源与循环经济发展论坛”、“中国·武汉（青山）循环

北京现代循环经济研究所承办的2012"城市矿产"产业高峰论坛

经济发展论坛"、"2012年"城市矿产"产业高峰论坛"等多个大型循环经济论坛和研讨会。

研究院先后编著出版了《循环经济要情》（250多期）、《循环经济要览》、《产业循环经济》（马凯主任作序）、《区域循环经济》（曾培炎副总理作序）、《人类共同的选择：绿色低碳发展》等书籍。2011年8月，研究院与中国循环经济发展中心共同创办了《中国现代循环经济》杂志（已编辑出版18期）。从2008年起承担由国家发改委解振华副主任主编的我国第一部大型循环经济典籍《中国循环经济年鉴》（已编辑出版2008、2009、2010、2011、2012、2013共6卷）的编辑出版工作。从2011年开始，研究院承担由全国人大、全国政协、国务院十部委领导和主管司局、省区市发改委的支持下、国家发改委应对气候变化司指导编辑出版《中国低碳年鉴》（已出版2010、2011、2012、2013共4卷）的编辑出版工作。在国家发改委气候司等十部委指导下，北京现代循环经济研究院、《中国低碳年鉴》编委会和中国经济导报社等相继开展的"2010、2011、2012年中国应对气候变化和低碳发展十大新闻评选活动"，每次近100家媒体报道，产生了广泛影响，并写入由国务院新闻办组织发布的国家发改委《中国应对气候变化的政策与行动年度报告》中。

北京现代循环经济研究院编制的规划方案、编写、编辑出版的《中国循环经济年鉴》、《中国低碳年鉴》及有关杂志和书籍

地址：北京东城区安外大街138号A座611　邮编：100011
电话：010-84110359/9673/4231/9310（年鉴编辑部）/3306
传真：010-84110359/9310（年鉴编辑部）
http://www.riore.org E-Mail:riore@126.com

河海大学低碳经济与技术研究所

河海大学是一所拥有百年历史，以水利为特色，工科为主，理、工、经、管、文、法多学科发展的教育部直属全国重点大学。河海大学现为国家“211工程”、“111计划”、“985工程优势学科创新平台”重点建设高校，也是国家56所研究生院高校之一。其水利及支撑学科人才梯队的综合实力处于国内一流地位，为中国水利最高学府。

河海大学低碳经济与技术研究所成立于2010年9月，通过整合学校教学与科研资源，凝聚高水平教学团队，成为我国培养低碳经济高层次人才的教学科研机构，在低碳经济发展政策、低碳城市规划、低碳国际贸易、碳关税和循环经济方面形成有一定影响力的成果。现有研究人员20名，所长田泽教授，副所长马海良博士。专职研究人员有王普查教授，史安娜教授，杜栋教授等，聘请包括著名学者薛进军教授、李安定研究员和陈新平研究员等兼职教授。

研究所承担了20多项国家社科基金、国家自然基金项目和部省级的科技项目，在服务地方企业和社会、开展政产学研合作方面也取得了重要成绩。与常州天合光能、中国节能、双良集团、红豆集团、佳讯光伏、卓润风电等企业，与常州国家高新区和武进开发区等建立了良好的产学研合作关系。

近年来，在国内外重要刊物发表学术论文70 多篇，公开出版学术著作10多部。获得各类科技进步奖励26项。

河海大学低碳经济学研究生专业

硕士专业名称	低碳经济学	授予学位	经济学硕士
上级机构	河海大学		
学科负责人	田泽		
专家	李安定，薛进军，陈新平，史安娜，王普查，安文，杜栋，庞庆华，刘奇洪，杨志明，吴庆平，潘江波，马海良，熊锋，吴兆丹，徐升艳博士		
学科内涵	低碳经济学是关于低碳经济的原理、低碳增长模型、低碳计量与指标方法、低碳国际贸易、碳关税、低碳能源、低碳发展战略与政策等的一门系统的新兴交叉学科。它研究低碳技术进步与经济增长关系、低碳技术资源优化配置，低碳经济理论与政策，以促进经济社会可持续发展。		
培养目标	培养从事低碳经济教学与科研工作的高级研究人才，培养为宏观经济管理和企业经营需要的，具有战略眼光和组织协调能力的低碳经济及管理高级人才。		
研究领域和方向	1.低碳经济理论与方法 2.低碳城市与产业规划 3.低碳技术经济评价		
网址	www.//bs.hhuc.cn/；www.//kejib.hhuc.edu.cn		
电话	0519-85191811		

大连松木岛化工园区

一、园区概况

大连松木岛化工园区是以大化集团搬迁改造为契机成立的专业化工园区，始建于2005年下半年。是大连“一个中心，四大基地”重要组成部分，是大连市“一岛十区”重点园区。2007年 11月，被确定为全国第二批循环经济试点单位。2009年7月1日，纳入辽宁沿海经济带国家战略重点发展和支持区域。2010年4月合并至大连普湾新区。

化工园区产业区总规划面积35平方公里，分三期建设：起步区7.8平方公里、二期8.2平方公里、三期19平方公里，总建设期为15年。

二、发展定位

松木岛化工园区作为大连市化工企业搬迁的重要承接地，大力发展医药中间体、农药、催化剂、涂料、染料、添加剂等精细化工产业和以综合利用为特色的海洋化工产业。

三、发展优势

1.地理位置优势。园区坐落在大连普湾新区北部，南距大连50公里，北距沈阳290公里；海上西距秦皇岛港84海里、天津港170海里，南距大连港85海里，北距长兴岛港40海里，具备发展临港工业区的天然条件。同时，园区周边有大面积废弃盐田，可供继续拓展。

2.交通运输优势。园区东距沈海高速公路0公里;省级滨海公路、皮长高速公路均经过园区；园区自备9.8公里专用铁路线已建成并投入运营；松木岛港是大连重点港区之一，总体规划已通过交通部和辽宁省共同审查，现规划泊位（万吨以下）23个，1个3000吨级散杂货泊位投入运营，5个5000吨级泊位正在建设中。

3.产业及其链条优势。由于化工行业链条紧密，因此极易形成化工企业的集聚，有利于资源合理利用，有利于企业间优势的互补。

4.扶持政策优势。入驻园区的化工企业均享受“辽宁沿海经济带”、大连市重点园区、普湾新区招商引资扶持政策。

5.环保治理优势。园区十分重视环境治理工作：一是严格履行环评审批手续；二是投巨资建设污水处理厂，在企业初级处理的基础上对排放污水集中处理，并实行在线监控；三是建设固体垃圾处理场。

四、园区建设及项目进展情况

目前，园区已开发土地面积13平方公里，其中起步区7.8平方公里已实现“七通一平”，累计签约企业达79家，协议投资总额330亿元，已完成固定资产投资167亿元，其中基础设施建设投资15亿元。开工建设企业51家，其中有30家企业已处于生产或试生产状态，日处理能力达10万吨的净水厂、污水处理厂已投入运营。园区变电、供电工程已竣工，特勤消防站、集中供热（汽）项目可正常运行。

五、发展目标

到2015年，园区基本形成精细化工、海洋化工等产业链条,预计实现产值500亿元；到2020年，化工园区将成为千亿级的化工产业集群

大连嘉盛新材料有限公司

大连锦源石化有限公司

>>>

试点示范

关于开展第二批国家低碳省区和低碳城市试点工作通知

（发改气候【2012年】3760号　　国家发改委2012年11月26日印发　详见本年鉴第199页）

详见本年鉴第199页

关于开展低碳交通运输体系建设第二批城市试点工作的通知

（厅政法字[2012]19号　交通运输部办公厅二〇一二年二月二日印发　详见本年鉴第356页）

详见本年鉴第356页

天津市低碳城市试点工作实施方案

（津政办发〔2012〕33号　天津市人民政府二〇一二年三月十九日印发）

二、总体要求

（一）指导思想。深入贯彻落实科学发展观，以科学发展为主题，以加快转变经济发展方式为主线，以调整优化经济结构为主攻方向，加快体制机制创新和科技创新，节约能源，提高能效，优化能源结构，增加森林碳汇，倡导绿色消费模式和低碳生活方式，努力探索特大型城市低碳发展道路。

（二）基本原则。坚持规划先行、重点推动、循序渐进；坚持科技引领、大胆创新、勇于实践；坚持政府推动、市场导向、公众参与；坚持立足市情、统筹兼顾、务实求效。

（三）行动目标。到2015年，万元生产总值能耗比2010年降低18%；单位生产总值二氧化碳排放比2010年降低19%；服务业增加值占天津市地区生产总值的比重达到50%；非化石能源占一次能源消费比重提高2个百分点；林木覆盖率达到23%。低碳城市理念纳入各级政府的决策和规划；温室气体数据统计和管理体系初步建立，政府引导和市场运作相结合的促进低碳发展体制机制初步形成；以低碳排放为特征的产业体系和能源体系建设取得初步进展；低碳消费理念和行为方式得到全社会认同；建设一批低碳示范试点；以低碳城市试点为契机推动城市综合竞争力提升的作用初步显现。

远期到2020年，单位生产总值二氧化碳排放强度在2005年基础上降低45%以上。促进低碳发展的体制机制基本完善，经济发展方式进一步转变，低碳消费理念和行为方式成为城市文化的一部分，低碳城市格局初步形成。

三、主要任务

（一）建立以低碳为特征的产业体系和消费模式。将低碳发展纳入天津市产业发展总体战略，加快产业空间布局和结构优化调整，大力发展战略性新兴产业，延伸高端产业链条；加快淘汰落后产能，以先进适用技术带动冶金、电力、石化等传统产业低碳化升级改造；努力培育知识产业、生产性服务业等高附加值、低能耗、低污染产业，加速发展现代服务业。增强居民低碳意识，合理引导居民选择绿色出行方式、低碳生活方式，全面推动居民低碳消费模式的建立。

（二）推进能源结构优化和节能降耗。以培育新能源产业、优化能源结构为出发点，大力发展太阳能和地热利用，积极支持和引导光伏发电、风力发电和生物质能发电，加快开展新能源的科技研发和产业化应用，壮大新能源产业；拓展天然气气源和应用领域，优化火电项目，提高热电联产比例，推进煤炭清洁化利用，继续实施燃煤锅炉改燃或拆除并网；继续推进节能降耗，提高工业能效水平，推广绿色节能建筑，构建绿色低碳交通体系，进一步挖掘节能空间。

（三）构建促进低碳发展的能力支撑体系。开展产业、能源、建筑、交通、技术等重点领域和园区、社区、小城镇低碳示范建设，研究制定实施方案，为全市低碳发展提供典范和经验；研究建立具有天津特色的低碳城市评价指标体系，引领低碳城市建设；加快制定促进低碳发展的地方技术规范和标准，研究并推广低碳产品标识和认证；研究设立天津市低碳城市建设专项资金，加大对重点项目、低碳技术研发和能力建设的支持力度；组建促进低碳发展的科技创新机构和平台，增强自主创新能力。

（四）提高城市碳汇能力。继续搞好“三北”防护林、沿海防护林建设和京津风沙源治理工程；大力开展植树造林，因地制宜营造成片林地；加快实施道路、河流两侧绿色通道建设，提高林木覆盖率，增加林业碳汇总量。加强对现有林地的管护，改造低效林和灌木林，培育适宜的林木种苗，增强林业碳汇能力。

（五）建立完善温室气体统计、核算、考核体系。根据《“十二五”控制温室气体排放工作方案》（国发〔2011〕41号）要求，逐步建立温室气体基础统计制度和核算体系，及时掌握气候变化动态及影响情况；编制完成天津市2005年和2010年温室气体清单；推动完成各区县温室气体清单编制工作，逐步建立区县碳排放控制指标分解和考核体系，分解落实碳排放控制目标。

（六）创新政府引导和市场运作相结合的体制机制。创新政府引导体制机制。将应对气候变化和促进低碳发展纳入国民经济和社会发展“十二五”规划纲要，作为经济社会发展的重大战略；编制实施天津市应对气候变化与低碳经济发展“十二五”规划，细化低碳发展目标任务；鼓励区县及产业功能区编制低碳发展规划，落实责任；成立低碳发展协调机制和专门机构，组织落实试点工作；完善促进低碳发展的政策法规体系，逐步建立实施效果跟踪评价机制；研究建立低碳发展绩效评估考核机制，建立健全社会共同参与和监督机制。探索建立市场运作机制。开展碳排放权交易试点，制定试点实施方案，建立自愿碳减排交易体系，形成符合天津实际的碳交易市场体系；鼓励专业化公司参与低碳示范试点的建设和运营；创新能源产品价格机制，促进非化石能源开发利用和化石能源的清洁高效利用。

四、重点行动和工作分工

（一）推动产业低碳化发展。

1．大力发展战略性新兴产业。依托现有产业基础，积极抢占低碳发展制高点。大力发展航空航天、新一代信息技术、生物技术与健康、新能源、新材料、节能环保、高端装备制造等低能耗、低碳排放的战略性新兴产业；发展壮大八大优势支柱产业。到2015年，战略性新兴产业占天津市工业总产值的比重达到30%左右，八大优势支柱产业占天津市工业总产值的比重保持90%以上。

2．促进传统产业低碳化升级改造。加快淘汰电力、钢铁、化工、水泥、印染等行业的落后产能；加强对冶金、电力、化工、石油石化等高耗能、高碳排放行业的节能监管，充分利用能源审计和清洁生产审核手段，抓好重点用能企业的节能降耗工作，推动产业低碳化升级改造。

3．优先发展现代服务业。继续巩固和推动生产性服务业（现代物流、金融保险、科技和信息服务、中介服务等）发展，提升生活性服务业（商贸餐饮、旅游休闲、房地产、社区服务、家庭服务等）的层次和水平，大力发展新兴服务业（创意产业、会展经济、总部经济和楼宇经济、服务外包等）。到2015年，服务业增加值占天津市地区生产总值的比重达到50%。

4．积极发展低碳农业。以农业园区为载体，农业高新技术为引领，沿海都市型现代农业为重点，发展绿色低碳农业。提高农业综合生产能力，因地制宜，及时调整农业种植结构和布局，加强农田水利基础设施建设，选育推广抗逆品种，研发推广农业新技术。加大农村秸秆、畜禽粪污等农业废弃物资源化利用示范工程推广力度。

5．优化产业空间布局。按照产业集群化、用地集约化的思路，优化产业空间布局，促进产业低碳化发展。着力打造临港装备、南港石化、航空航天等十大产业集聚区，加快建设一批具有较高专业化水平的特色产业集群，形成“两带集聚、多极带动、周边辐射”的工业总体空间布局。加快形成“两核两轴两带”的服务业空间布局。构筑滨海高端、环城高端、中部特色、北部休闲观光等四个农业功能区。

（二）优化能源结构。

1．优先发展非化石能源。加快蔡家堡、塘沽、东疆保税港区、沙井子及马棚口二期等沿海及海上风电项目的建设；鼓励太阳能开发利用，推动中新天津生态城等光伏发电项目建设；继续加大地热利用的推广力度；推进先进的地（水）源热泵、生物质能利用等新能源相关技术的综合开发和应用。到2015年，非化石能源占一次能源消费比重提高2个百分点。

2．提高天然气利用比例。巩固和稳定现有天然气供应，积极开拓新气源；完善天然气门站、管线、储气设施等配套工程；继续拓展天然气在居民燃气、汽车、电厂、供热等领域的应用，稳步增加天然气供应量和使用量。到2015年，天然气在一次能源结构中的比例达到8%以上。

3．调整优化火电项目。继续实施“上大压小”政策，结合电源建设的发展环境和总体要求，有序推进热电联产机组的建设，加快北疆电厂二期、南疆热电厂、北郊热电厂、北塘热电厂等热电联产项目建设，到2015年新增热电联产电力机组800至1000万千瓦，集中供热系统中热电联产比重达到40%以上。依托北疆电厂、临港经济区和南港工业区绿色煤电项目，大力发展超超临界、整体煤气化燃气-蒸汽联合循环（IGCC）等先进燃煤发电技术。

4．推进燃煤锅炉改燃或拆除并网工程。推进城市集中供热，加强城镇供热锅炉并网，逐步实现天津市供热锅炉改燃或热电联产替代；落实陈塘庄热电厂外迁和第一热电厂、永利电厂等小火电关停工程；继续推进10吨及以下单体燃煤锅炉改燃或拆除并网工程；推进和平区无燃煤区试点建设。

（三）提高能源利用效率。

1．提高工业能效水平。进一步加强和完善天津市固定资产投资项目合理用能评估和审查工作，严把项目能耗准入门槛，从源头防止高耗能低水平项目的建设；加大先进适用节能技术的推广和支持力度，推进冶金、电力、石化等重点耗能行业的技术升级改造；通过政策引导、资金扶持，鼓励工业企业开展合同能源管理，提高能效水平。

2．大力推广绿色节能建筑。严格执行新建建筑节能强制性标准和合理用能评估制度；以“平改坡”、供热计量和节能改造为重点，推进既有建筑节能改造；制定政府机构和大型公共建筑能耗定额，建设分项计量和远程传输数据采集平台，逐步建立完善的能耗统计、能源审计、能效公示制度；启动农村地区低碳建筑试点工作；鼓励能源服务公司进入节能建筑改造市场。

3．构建低碳交通体系。优化城市用地结构和功能布局，完善要素资源配置，探索紧凑型城市发展道路，促进绿色低碳交通体系建设。发展公共交通，加快城市轨道交通建设，建成地铁2、3、5、6、9号等线路，启动建设地铁4、7、10号及Z1、Z2、Z4、B2等线路；加大政府对公共交通的投入和补贴力度，增加运营车辆，优化公交线路，提高服务水平；开展机动车黄绿标管理，全面推行汽油车国Ⅳ以上、柴油车国Ⅲ以上排放标准；大力发展节能与新能源汽车；开展港口能效考核和节能指标管理，推广应用节能新产品、新技术，提高清洁和可再生能源应用比例。

（四）培育低碳生活方式。

1．引导绿色出行方式。巩固自行车出行比例高的优势，完善自行车和步行道路系统，营造良好的自行车、步行空间环境；增加对公共交通的投入，合理引导市民选择“自行车/步行＋公交/地铁”的绿色出行模式。

2．培养低碳消费习惯。充分利用各种社会媒体广泛宣传低碳消费理念，编写市民低碳行为导则和能源资源节约公约，发挥水、电等资源类消费品的价格杠杆作用，增强居民节约能源资源和低碳意识，引导合理消费，逐步形成以低碳消费为时尚的消费习惯。

（五）开展低碳示范建设。

1．低碳产业示范。以天津经济技术开发区新材料和新能源低碳产业试验区为依托，重点开展风力发电设备、绿色电池、太阳能电池、电动汽车、发光二极管（LED）等新能源新材料产业示范项目。

2．低碳能源示范。充分发挥空港经济区太阳能、地热能和非常规水源热能应用经验丰富的优势，在公共建筑推广光伏发电技术，扩展地（水）源热泵、地热井等地热资源利用方式，提高利用效率，扩大使用规模，构建以太阳能、地热能和非常规水源热能利用为特色的低碳型能源利用体系。

3．低碳建筑示范。

（1）低碳楼宇建设示范：以绿色建筑设计为基础，以“零碳排放”为目标，采用先进的低碳技术，在天津经济技术开发区建设低碳大楼示范工程。

（2）绿色建筑认证示范：推进空港经济区办公区A地块和研发区B地块开展美国绿色建筑评估体系（LEED）认证工作，推广认证经验，鼓励其他园区或企业参与LEED认证，提升天津市绿色建筑水平。

4．低碳交通示范。在中新天津生态城构建以公共交通和非机动化交通为主导的绿色智能交通体系，建设人性化的绿色交通设施和环境，制定完善的交通管理政策，建立智能化交通管理系统，引导绿色出行，减少个体机动化交通。

5．低碳技术示范。

（1）碳捕获与封存（CCS）技术示范：联合临港经济区、南港工业区绿色煤电IGCC项目和大港油田，开展碳捕获与封存技术研发和示范。

（2）智能电网示范：以中新天津生态城智能电网综合配套工程为示范，探索研究区域智能电网构建技术，提高配电网对供需信息变化的反应能力和消纳可再生能源发电量的能力。

6．低碳园区示范。

（1）天津经济技术开发区：以国家级低碳产业综合试验区建设为重点，以天津泰达低碳经济促进中心为平台，组织开展低碳技术推广；利用滨海新区先行先试的政策优势，开展低碳发展政策、体制、机制创新。

（2）中新天津生态城：以低碳型宜居示范新城建设为重点，发展文化创意、科技研发、现代服务等低碳产业；优先发展可再生能源，构建智能电网，建设无燃煤区；永久性建筑全部达到绿色建筑标准；倡导绿色出行方式。

（3）于家堡中心商务区：以低碳示范城镇建设为重点，以绿色建筑优化设计及低碳先进适用技术集成为支撑，通过低碳理念的城市环境规划和绿色建筑设计，实现综合体内的全面低碳排放，建设局部区域“零碳排放”试点。

（4）滨海高新区：以国家级生态工业示范园区建设为基础，建立以新能源和环保产业为主的节能低碳产业体系，积极开展地热能、太阳能等可再生能源开发利用，鼓励引导低碳节能关键技术攻关，充分发挥滨海高新区科技创新辐射作用。

（5）空港经济区：以打造低碳经济先进区域为目标，大力引导低碳发展，建立低碳型能源利用体系，建设分布式能源站；推广合同能源管理，培养低碳示范企业；优化能源管理制度，开展能源信息化管理，组建低碳节能联盟。

7．低碳社区示范。以低碳理念为指导，以低碳技术为基础，分别在天津经济技术开发区西区和南港生活区建设低碳社区示范项目，以点带面，促进城市居民价值观念和生活、消费方式的变革。

8．低碳小城镇示范。以太阳能、地热能、浅层地能、工业余热等能源利用和建筑节能为重点，在静海县大邱庄镇开展低碳小城镇示范建设，实现新城镇可再生能源建筑应用比例达到60%以上，安置区新建建筑100%为绿色建筑。

（六）构建促进低碳发展的能力支撑体系。

1．建立低碳发展相关标准和评价制度。采取自上而下和自下而上相结合的方式，研究建立具有天津特色，系统、科学、合理的低碳城市评价指标体系，引领天津市低碳城市试点工作；鼓励企业或相关机构根据国家、行业和地方标准的要求，研究制定天津市节能低碳相关技术规范、标准，探索建立低碳产品标识并推动低碳产品认证。

2．搭建自主创新平台。组建低碳城市发展专家咨询委员会和天津市低碳发展研究中心，为低碳城市建设和发展提供技术指导和支持；鼓励有条件的企业建立低碳技术研究所；研究设立重大科技专项，加大对低碳领域相关技术创新的支持力度。

3．建立低碳服务体系。加大对企业低碳服务机构的支持力度，鼓励低碳技术、低碳产品等服务公司发展，充分发挥其对经济社会低碳发展的服务作用；构建碳信息数据分析系统、基于网络的气候变化信息共享平台，及时更新和分析研究，为低碳发展服务。

（七）增加城市碳汇。

1．增加林业碳汇。依托京津风沙源治理工程、“三北”防护林工程、沿海防护林工程，实施高速公路、河流两侧、农田林网、城市周边及村镇绿化建设工程。在蓟县、武清区等立地条件较好的西北和北部区域、地段，因地制宜营造成片林地，增加森林面积；强化道路、河流景观绿化建设，在高速公路、铁路、国道、省道、区县级道路、乡村公路、河流两侧实施造林绿化，内侧实施景观设计，形成较宽生态林带。2011至2015年累计造林4.9万公顷，到2015年，林木覆盖率达到23%。

2．提高林业碳汇能力。加强现有林地管护，提高林业碳汇能力。加强对蓟县山区现有森林保护和工程区管护，建立稳定的护林队伍；加强森林防火防御体系和林业病虫害预防体系建设；对低效林和灌木林进行健康和近自然经营，并补植改造；优化林木种苗建设，重点培育适合天津自然条件的抗性强、耐盐碱树种。

（八）建立完善温室气体统计、核算、考核体系。

1．建立温室气体排放数据统计、核算和管理体系。及时跟进国家温室气体排放统计核算进程，依托当前经济、产业、能源、森林、土地、环境、气象、海洋等监测、统计和管理体系，形成符合天津实际的温室气体排放数据统计、核算和管理体系。

2．编制2005年和2010年温室气体清单。按照《省级温室气体清单编制指南（试行）》，编制完成天津市2005年和2010年温室气体清单，推动完成各区县温室气体清单编制工作，为制定温室气体排放控制方案提供基础数据支撑。

3．探索区县碳排放控制指标分解和考核体系。以天津市温室气体清单为依据，分解落实碳排放控制目标，将控制指标科学、合理地分配到各区县，研究并逐步建立区县温室气体排放控制考核体系。

（九）探索建立市场运作机制。

1．开展碳排放权交易试点。加强组织领导，研究制定符合地方实际情况、体现地方工作特色的碳排放权交易试点工作实施方案，加快建立包括总量目标、配额管理、监测报告核查、交易、政策法规和市场监管等要素的基本框架体系，有效推进碳排放权交易支撑体系建设，力争在2013年实现碳排放权交易试点工作的试运行，扎实做好碳排放权交易试点工作，探索形成符合天津市社会经济特点的碳排放权交易体系。

2．建立自愿碳减排交易体系。积极开展自愿碳减排交易体系建设，逐步建立规范的自愿碳减排管理体制，建立健全配套的登记结算、信息发布、核证认证等制度，积极开发交易产品，完善交易服务，培育交易市场。

（十）创新完善政府引导体制机制。

1．编制实施天津市应对气候变化与低碳经济发展“十二五”规划。从减缓温室气体排放和增强适应气候变化能力两方面，全面谋划“十二五”时期天津市应对气候变化与低碳经济发展战略，细化目标任务，为建设低碳城市，完成温室气体控制目标，实现低碳发展、绿色发展奠定基础。

2．研究建立低碳发展绩效评估考核机制。逐步建立和完善低碳发展绩效评估考核体系，落实各区县人民政府、市人民政府各部门低碳发展的目标责任，评估控制温室气体排放政策措施的有效性，披露考评信息，建立健全社会共同参与和监督机制。

3．完善促进低碳发展政策法规体系。充分利用滨海新区综合配套改革试验区先行先试的优势，用好用足国家相关优惠政策，加快制定出台促进天津市低碳发展的政策和措施，逐步完善相关政策法规，并通过建立实施效果跟踪评价机制，适时予以调整和修订，保障和促进低碳城市试点建设。

重庆市“十二五”控制温室气体排放和低碳试点工作方案（节录）

（渝府发〔2012〕102号　重庆市人民政府2012年9月8日印发）

一、总体要求

坚持以科学发展为主题，以加快转变经济发展方式为主线，牢固树立绿色、低碳发展理念。把控制温室气体排放工作作为我市实施“一统三化两转变”战略的一项重要举措。以控制温室气体排放、增强可持续发展能力为目标，坚持走新型工业化道路，合理控制能源消费总量，综合运用优化产业结构和能源结构、节约能源和提高能效、增加碳汇等多种手段，推进控制温室气体排放工作。完善体制机制和政策体系，健全激励和约束机制，更多地发挥市场机制作用，加强低碳技术研发和推广应用，加快建立以低碳为特征的工业、能源、建筑、交通等产业体系和消费模式，促进我市经济社会又好又快发展。

二、工作目标

到2015年，全市单位地区生产总值二氧化碳排放比2010年下降17%以上。单位地区生产总值能耗比2010年下降16%，非化石能源在一次能源消费中的比重达到13%。全市森林覆盖率提高到45%，新增森林面积和蓄积量分别为900万亩和3000万立方米。控制温室气体排放的体制机制和政策体系进一步完善，温室气体排放统计核算体系基本建立，碳排放权交易市场形成，建成一批低碳园区和低碳社区，建成西南地区绿色低碳发展示范城市和全国低碳发展先导示范区。

三、工作措施

（一）加快调整产业结构，打造低碳产业体系。

1．推动产业结构低碳化。进一步提高高耗能、高排放和产能过剩行业准入门槛，严格控制新上项目。实施重点行业调整和振兴计划，推动产业结构调整和优化。大力发展战略性新兴产业和现代服务业，到2015年，战略性新兴产业增加值占地区生产总值比重提高到20%以上，服务业增加值在“十二五”期间年均增长14%以上。

2．推进低碳产业园区建设。依托两江新区、高新技术开发区、经济技术开发区和市级特色工业园区等建设一批低碳产业园区。采用合理用能技术、能源资源梯级利用技术、可再生能源技术和资源综合利用技术，优化产业链和生产组织模式，加快改造传统产业，建设以低碳、清洁、循环为特征，以低碳能源、物流、建筑为支撑的低碳园区，推动形成低碳产业集群。

3．打造战略性新兴产业核心集聚区。依托两江新区，重点发展笔记本电脑、离岸数据开发处理、轨道装备、新能源、新能源汽车、环保装备、仪器仪表、生物医药及高技术服务业，努力建成国家信息产业基地重要集聚区、国家高新技术服务产业基地、生物产业基地核心区以及创新研发总部，加快建设国内最大的“云计算”试验区；依托西永微电子产业园区，重点发展笔记本电脑及核心零部件、通信设备、高端集成电路、软件、服务外包等，基本建成国内最大的笔记本电脑生产基地。

4．促进制造业低碳化发展。重点发展风电成套设备、轨道交通设备、智能装备、节能环保装备、船舶及零部件、航空航天装备、能源装备、安全装备、内燃机、大型铸锻件及关键基础件等10大高端装备产业集群。运用节能、清洁、资源综合利用等技术，加快化工、冶金、建材、轻纺等传统产业改造，减少生产过程温室气体排放。调整产品结构，延伸产业链，提高资源产出率，降低单位产品碳排放水平。加强高排放产品节约和替代。开展碳捕集试验，建设一批示范工程。

5．加快服务业低碳集约发展。积极发展金融、物流、商务、科技、咨询、工业设计、服务外包等高端生产性服务业。提升文教、卫生、商贸、旅游、餐饮、住宿、家政等生活性服务业发展水平。推进国家现代服务业综合改革试点和服务业标准化试点工作。推动服务业集约化布局，打造国家级服务业集聚示范区。创新组织和管理模式，运用信息化、智能化、节能化技术，加大低碳改造力度。

6．大力发展低碳农业。推广生态循环农业技术，提高农业资源利用率。加快农业标准化技术推广，改进传统农业生产方式。推进测土配方施肥，鼓励使用缓释肥、有机肥替代传统化肥，倡导保护性耕作，增强农田土壤有机质和固碳能力。加强节电、节油农业机械、渔船装备和农产品加工设备及农业节水、节肥、节药技术推广。因地制宜发展农业及农村可再生能源。

（二）积极发展低碳能源，构建低碳能源体系。

1．合理控制能源消费总量。根据国家合理控制能源消费总量的工作要求，编制全市控制能源消费总量工作实施方案。将国家下达给重庆市的“十二五”控制能源消费总量指标分解下达，明确重点任务、保障措施和考核机制，确保顺利完成全市能源消费总量控制目标。

2．优化发展煤炭利用体系。优化发展煤炭发电，大力促进煤炭绿色生产与清洁利用，鼓励洁净煤技术和煤炭高效利用技术的应用。加大煤炭结构调整力度，合理调控煤炭消费，限制发展高耗煤产业，降低对煤炭的依赖，减轻煤炭生产、运输压力和环境问题。

3．加快实施水电开发项目。挖掘水电开发潜力，新增水电装机容量300万千瓦。创新水电开发机制，推进流域精细化开发，规范小水电流域开发秩序，做好生态环境保护。优化水电站开发方案和工程总体布置，开展老旧电站扩能技改，有效扩增发电规模。

4．推进非水可再生能源利用。有效利用风能资源，合理规划风电项目，大力推进风电场建设。推进生物质能发电和燃料乙醇等生物质液体燃料示范应用；发展规模化畜禽养殖场、工业和城市污水等沼气能源化利用；积极推进垃圾填埋场沼气回收发电及垃圾焚烧发电项目。推广应用江水源和污水源集中供冷供热技术。鼓励与农村经济发展关系密切的太阳能、小水电、沼气、生物质气化等分布式能源发展。

5．有序推进热电联产和天然气发电。按照国家产业政策，规范热电联产项目建设。鼓励在运行和拟建的热电项目并网运行，缓解电力供应压力。在具备条件的情况下鼓励现有小火电机组改造为热电联产。推进天然气发电项目建设，支持两江新区云计算中心天然气发电项目，有序发展天然气分布式能源。

6．积极推进智能电网建设。优化电网布局，确保电网和电源协调发展。积极推进智能电网建设，实现电能资源优化配置。优化和健全外来电力输入通道，增加受电来源，控制单个通道送电规模，降低电网风险。从发输变配用及调度各环节和通信信息平台，全面加强智能电网建设，实现电力流、信息流和业务流的统一融合，将重庆电网建设成坚强自愈、集成优化、兼容互动、清洁经济的国内一流智能电网。

（三）推进资源节约与综合利用，促进节能降耗。

1．大力发展循环经济。研究制定循环经济条例和“十二五”循环经济专项规划。加强大宗工业废弃物综合利用，实施资源综合利用“双百”工程。推行清洁生产。完善再生资源回收体系，加快“城市矿产”基地项目建设。推进园区循环化改造。加快主城区餐厨废弃物资源化利用和无害化处理示范项目建设。

2．大力推进节能降耗。完善节能法规和行业用能标准，强化节能目标责任考核。加强固定资产投资项目节能评估审查。加快淘汰落后生产能力，完善落后产能退出机制，实施好重点行业“十二五”淘汰落后产能方案和年度计划。实施“十大节能工程”。推广合同能源管理。完善公共机构节能组织体系和政策体系，在六大领域实施“十项重点项目”。

（四）植树造林，努力增加碳汇。

1．推进沿江防护林建设。实施长防林三期工程，促进森林结构优化，森林生态功能不断增强，“十二五”期间改造低效林300万亩。实施三峡库区生态屏障工程，改善三峡库区生态环境，“十二五”期间新造林240万亩，改造低效林40万亩。

2．继续实施退耕还林。按照国家要求，与助农增收计划相结合，做好退耕还林工程建设规划，不断探索巩固退耕还林工程建设成果措施，加大后续产业的扶持力度，“十二五”期间，争取实施退耕还林工程建设400万亩。

3．开展石漠化综合治理。按照遵循自然规律、科学治理、突出重点、先易后难、保护与治理并重的原则，因地制宜，林、灌、草相结合，恢复和增加林草植被，科学推进石漠化综合治理工作，“十二五”期间，完成造林约100万亩。

4．因地制宜搞好城乡绿化。围绕城市、农村、通道、水系、苗圃等，统筹做好城乡绿化造林，着重加强长江干流及一级支流、琼江、涪江流域生态建设，“十二五”期间，森林工程实施新造林300万亩，低效林改造532万亩，新建苗圃基地10万亩。

5．强化森林经营管护。继续加强天然林保护，“十二五”期间，对全市工程区内1857万亩国家重点公益林和

2372万亩地方公益林进行全面保护，营造公益林500万亩。开展森林可持续经营，努力提高整体经营水平和森林资源质量，不断强化林业经营成效，着力增强森林碳储能力，“十二五”期间，抚育中幼林1000万亩。

（五）推进社区建设和生活消费低碳化，建设绿色低碳城市。

1．科学制定城市规划。将低碳发展理念纳入城市规划和建设，规划紧凑化的城市空间，实施填充化的开发模式。规划建设低碳示范社区。在生产、消费、交通、建筑、市政等领域推广低碳发展模式，逐步实现城市碳排放与碳处理的动态平衡。

2．发展低碳交通。实施公共交通优先发展战略，快速推进轨道交通建设，构建一体化公共交通体系。推广应用节能和新能源汽车，鼓励优先使用节能汽车推广目录中的车型。推进城市公路和隧道半导体照明应用示范和推广普及。推进智能交通网络体系建设。在有条件的区域建立由自行车和步行构成的慢行交通体系。实施内河船型标准化工程。

3．发展低碳建筑。编制低碳建筑标准，为低碳建筑和低碳社区认定提供技术依据。推广新型节能墙体材料和新型节能建材。优化建筑设计，推行绿色施工。实施电力系统、空调系统、卫生设备等建筑运行节能。推广应用浅层热泵技术，推进可再生能源建筑示范工程。

4．发展低碳市政。推广绿色照明，新建道路、桥梁、隧道、公共景观等优先采用高效节能照明系统，积极推行智能化管理。加强市政照明系统节电低碳改造。加强城市生活垃圾、餐厨垃圾、建筑垃圾、废弃电器及电子信息产品等固体废弃物低碳无害化处理和资源化利用。优化城市垃圾收运系统布局，提高运行节能水平。

5．引导低碳生活方式和消费模式。利用多渠道广泛宣传，在全市范围内开展低碳常识普及教育，努力增强社会公众的绿色低碳意识，倡导低碳生活方式和消费模式。发挥公共机构示范作用，加快设施低碳化改造，推进低碳理念进机关、校园和场馆。建立低碳产品标准、标识和认证制度，制定低碳产品认证和管理办法，引导低碳消费。培育公众低碳意识，逐步减少一次性用品，抑制商品过度包装，限制使用塑料购物袋，鼓励家庭和公共场所节能。针对商场、宾馆、餐饮机构、旅游景区等商业设施，通过改进营销理念，加强节能、可再生能源等新技术和产品应用，加强资源节约和综合利用，加强对顾客消费行为的引导，显著减少商业机构二氧化碳排放。

（六）强化科技支撑，推动低碳技术创新。

1．强化智力保障。由市发展改革委会同相关部门研究组建重庆市应对气候变化专家委员会，成立重庆市应对气候变化战略研究和技术中心，为全市应对气候变化及低碳发展工作提供战略政策研究和技术支撑，抓紧培育相关咨询、服务机构。

2．加强科技基础研究。推进实施重大基础科技支撑项目研究，在石油、化工、电力、交通、建筑、冶金等领域加强科技创新，完善相关激励机制。

3．研发推广清洁加工技术。重点推广煤炭提质加工、城市废弃物处理、油气资源和煤层气的高附加值转化、清洁高效燃煤发电、新型煤化工、新能源与可再生能源利用等技术。

4．研发推广节能减碳技术。开展传统工艺节能改造、资源综合利用、尾气减排、低碳电力技术（高效发电、智能电网等）、碳捕获、碳封存、碳循环、碳综合利用等技术研发工作。

5．研发推广低碳农业技术。重点推广垄作免耕、灌溉节水、有机施肥、病虫害防治、农作物育种、农田固碳、沼气工程、秸秆利用等技术。

6．打造科技推广平台。完善技术创新的公共服务平台，增强企业自主创新能力。打造科技信息平台，实现科技资源共享共用。加强低碳技术的知识产权保护，推动低碳技术物化为生产力，为低碳发展提供强大动力。

（七）加快建立低碳制度体系，推动碳排放交易市场建设。

1．建立温室气体排放统计制度。按照国家有关碳排放统计工作的要求，在统计报表“一套表”制度改革的基础上，研究制定便于监测、易于考核的指标体系和数据报表制度。健全重点排放单位温室气体排放和能源消费的台账记录。建立重点排放单位温室气体排放报告制度和管理系统。

2．加强温室气体排放核算和核查体系建设。依据国家《省级温室气体排放清单编制指南（试行）》，编制完成我市2005年和2010年的温室气体排放清单，形成重庆市温室气体排放的年度信息通报制度。研究制定企业温室气体排放核算指南和核查规则，加强第三方核查机构资质管理。

3．开展碳排放权交易试点。按照国家碳排放权交易试点要求，建立基于总量控制和配额交易的碳交易市场。制定相应法规和管理办法，研究提出温室气体排放权分配方案，建立碳排放权交易登记注册系统、交易平台和监管体系，形成区域性碳排放权交易体系。鼓励我市企业和单位参与温室气体自愿减排交易活动。

（八）切实抓好41项行动计划和28项示范工程。

在打造低碳产业体系、构建低碳能源体系、推进资源节约和综合利用、增加碳汇、建设绿色低碳城市、推动低碳技术创新、建立低碳制度体系、创新低碳市场机制等方面重点实施41项行动计划和28项示范工程，逐一明确牵头部门和责任单位。对于41项行动计划，牵头部门要会同相关部门根据每项行动计划的要求，每年研究提出行动计划年度工作内容。对于28项示范工程，牵头部门要细化子项工程，加快项目前期工作，加强向国家有关部委汇报衔接，对接中央政策，落实建设条件，加快项目实施。

陕西省低碳试点工作实施方案（节录）

（陕西省人民政府办公厅二〇一二年四月二十八日）

二、总体要求

（三）发展目标。

到2015年，实现单位生产总值能耗比2010年降低16%，单位生产总值二氧化碳排放比2010年降低17%；第三产业占经济总量比重提高到42%左右；森林覆盖率达到43%；非化石能源占一次能源消费比重达到10%左右。建成若干低碳示范区，建立较完善的低碳发展政策支撑体系、技术创新体系和激励约束机制，初步完成低碳试点任务。

到2020年，实现单位生产总值能耗比2015年降低13%，单位生产总值二氧化碳排放比2015年降低15%，努力实现全省单位生产总值二氧化碳排放在2005年基础上降低45%左右的目标；第三产业在经济总量中的比重达到45%左右；森林覆盖率提高到45%；非化石能源占一次能源消费比重达到15%左右。经济发展方式明显转变，基本形成以低碳排放为特征的产业体系，低碳生活方式和消费模式基本普及，低碳社会初具雏形。

三、主要任务

（一）调整能源结构，提高非化石能源比重。以建设国家新能源基地为目标，大力发展水电，进一步扩大陕南水电基地规模，增强发展实力。加快发展风力发电产业，建设全国重要的风电基地。培育壮大光伏产业，积极推广和扩大太阳能热应用。科学开发生物质能，加快发展生物柴油，拓展沼气使用范围。稳步开发地热能。

（二）调整经济结构，加快建立低碳产业体系。大力发展物流、信息、研发设计等生产性服务业，加快培育旅游、金融、文化、会展等现代服务业，不断提高服务业的比重，使服务业增加值年均增长15%以上。突出发展生物医药、节能环保和新材料等战略性新兴产业，尽快形成一批产业基地和骨干企业。到2015年，战略性新兴产业增加值占生产总值比重达到15%以上。加速能源化工产业低碳化深加工，着力开发高端产品和精细产品，延长产业链，提高附加值，努力实现“高碳产业”低碳转型。

（三）强化节能降耗，实施深度转化。在合理控制能源消费总量的同时，突出重点区域、重点行业、重点企业，实施节能技术改造和重大示范工程。大力推广普及节能设备，加快推行合同能源管理和清洁生产审核，积极发展节能服务产业。大力推进能源的深度转化，促进能源结构由以一次能源为主向一二次能源并举转变，能源开发由以化石能源为主向化石和非化石能源开发并举转变，着力降低温室气体排放，提高能源利用效率。

（四）加快技术创新，增强低碳发展技术支撑能力。加强低碳发展共性和关键技术攻关，力争在煤气联合循环发电技术、能源清洁利用技术以及碳捕捉、封存和转化利用技术研究等方面取得重大突破。加快已有低碳技术的推广应用，围绕高耗能行业减碳和能源深度转化，实施重大技术专项、重大示范工程。积极引进消化吸收国外先进低碳技术，推动技术联合研发，提高研发水平和创新能力。

（五）加强生态建设，增强森林固碳能力。大力实施生态建设工程，全面推进“生态陕西”建设。进一步加大植树造林力度，加强天然林和湿地保护，巩固退耕还林成果。积极建设公路、铁路两侧“千里绿色长廊”和城市林带，增强森林生态系统整体碳汇功能。

（六）积极探索创新，形成低碳发展长效机制。加强低碳发展的统计、核算、考核体系建设，建立完善的数据收集和核算系统。进一步健全完善低碳发展政策法规体系，建立低碳生产标准体系和认证制度，探索开展自愿或强制性减排管理和交易试点。

四、重点行动

（一）能源优化行动。

加速风能、水能、太阳能等新能源开发利用。加快陕北百万千瓦级风电基地建设，加速推进定边张家山、繁食沟，靖边龙洲等大型风电工程建设。启动实施一批关中风电场项目。在渭北地区建设一批风光互补发电示范项目。到2015年风电装机容量达到200万千瓦。加快推进陕南水电基地建设，启动旬河、白河、黄金峡水电站以及镇安抽水蓄能电站等一批水电项目建设。积极推进黄河北干流梯级电站开发。到2015年，新增水电装机138万千瓦，总装机规模达到394万千瓦。推进大型并网光伏电站建设，建成“金太阳”示范工程及国华靖边20兆瓦光伏发电特许权等一批项目。推进西安、咸阳、渭南、宝鸡、延安、榆林等地光电建筑一体化项目建设。推广太阳能集中供热水系统，实施太阳能采暖、太阳能制冷工程，加快靖边光伏产业园建设。到2015年，太阳能发电装机容量力争达到100万千瓦，建成一批以太阳能应用为主的新能源示范城市，全省太阳能热水器系统集热面积达到1000万平方米。

稳步发展生物质能及其他能源。提高生物质能利用的规模和水平，大力实施生活垃圾发电、生物质第二代燃料乙醇和生物柴油等项目，推广集中养殖场沼气工程和生物质气化示范项目，到2015年，生物质发电装机容量达到50万千瓦，生物质液体燃料年利用量达到200万吨，生物质固体成型燃料年利用量达到220万吨。全省户用沼气总量达到200万口，秸秆能源化利用率达到50%以上。在地热资源富集地区发展地热供暖、供热水技术和热泵技术，努力扩大地热供暖规模。到2015年，地热能供暖面积达到600万平方米，地热能供热水300万吨。

稳步推进天然气、煤层气的开发利用。全面实施“气化陕西”工程，加大勘探开发力度，积极开拓新气源；完善天然气输气管网和配套设施，扩大输气管网覆盖面，力争2015年市级城市气化率达85%以上，县级城市气化率平均达到60%，重点乡镇气化率平均达到40%，总气化人口1500万人，占城镇人口的68%。在榆阳、靖边等天然气采区，建设以天然气分布式能源为主的能源项目，逐步降低工业对煤炭的过度依赖。加快煤层气、石油伴生气的勘探、开发、利用进度，建设彬长、韩城、铜川矿井瓦斯综合利用基地，将彬长矿区建设成瓦斯“零排放”矿区。）

优化煤电结构。加快发展新型高效清洁煤发电技术，加快大容量循环流化床电站（CFBC）等示范项目建设。常规骨干电厂全部采用单机60万千瓦以上超超临界空冷发电机组，优先采用单机100万千瓦发电机组。热电联产和煤矸石综合利用电厂采用单机30万千瓦以上发电机组。到2015年，单机30万千瓦以上发电机组达到90%，单机60万千瓦以上机组达到60%。火电平均发电标准煤耗304克/千瓦时，较2010减少10克。

加快煤炭综合清洁利用。采用先进的选煤技术，加大煤炭洗选力度，充分利用煤矸石、煤泥等资源发电或制造建材，减少煤炭运输和原煤直接燃烧利用。到2015年，全省原煤入洗率平均达到70%以上，煤矸石、煤泥利用处置率达到100%。

（二）产业培育行动。

大力发展高端制造业。以西飞、宝钛、比亚迪等骨干企业为核心，发展航空航天、卫星应用、高性能复合材料、新能源汽车等产业，组织实施大型飞机、插电式混合动力汽车等重点产业工程。依托节能环保技术优势，加快发展节能环保技术研发与设备制造等产业。依托西电集团等重点龙头企业，大力发展高压超高压输变电设备、智能电网监控设备、大型风电设备等装备制造业，重点实施西电特高压超高压输变电设备产业化、陕开智能化低压电器基地、西安船舶大功率风力发电机组等项目，建成全国先进制造业基地。（省发展改革委、省工业和信息化厅、省科技厅等牵头负责）

加快发展现代服务业。扶持电子商务、连锁经营等新型服务业态发展。加快建设西安浐灞金融商务区和以西安为中心的会展经济圈，着力发展工程设计、信息咨询、服务外包、文化创意、低碳咨询服务等产业，全力打造具有国际一流水平的服务外包基地和全国创意产业示范基地。做大做强曲江文化、广电网络、西部电影等一批文化产业龙头企业。全面提升关中人文游、陕南山水游和延安红色旅游的知名度和竞争力，不断提高服务业在经济总量中的比重。

积极发展低碳农业。依托杨凌示范区，大力发展生态农业、观光农业、设施农业等现代新兴农业模式，推广规模化、集约化、标准化养殖，降低设施农业能耗。积极发挥农作物吸碳固碳作用，合理布局豆类作物，适度增加种植面积，提高农作物固碳容量。积极推广共栖互惠技术，提高农田立体多层吸碳能力，全方位发挥农业的碳汇功能。

（三）节能减碳行动。

强化工业领域节能减碳。继续实施好燃煤锅炉（窑炉）改造、余热余压利用、电机系统节能、能量系统优化、节约和替代石油等技术改造项目。加强高耗能行业和重点用能单位管理，积极开展重点耗能企业节能减碳行动。

大力推行低碳节能建筑。以大兴新区为依托，试验制定绿色建筑标准。严把新建建筑节能准入关，实施建筑能效专项测评，强化新建建筑从规划、设计、施工到验收全过程执行低碳节能标准的监督管理。鼓励新建建筑采用新型结构体系、新型墙体材料和可再生能源，建设一批低碳建筑示范工程。完善既有建筑节能改造激励机制，加强既有建筑的节能改造。“十二五”期间，实施既有建筑节能改造200万平方米，可再生能源建筑规模化应用500万平方米。

加强交通运输节能。优先发展城市公共交通系统，提高公共交通平均出行分担率。积极推广节能环保汽车和新型清洁燃料，大力引进使用混合动力和纯电动绿色公交车辆。建立和完善智能交通管理体系，优化线网功能结构，提高车辆通行效率。完善西安都市圈城市地铁、轻轨和公共汽车等公共交通的对接功能。

积极推动公共机构节能。加强政府机关、公用设施、学校医院等公共机构既有建筑节能改造，推广采用高效节能空调、照明系统和办公自动化系统。到2015年，政府机关办公建筑和大型公共建筑单位面积平均电耗下降18%。

（四）林业碳汇行动。

加强秦岭“碳汇库”建设。围绕保护秦巴山区植被覆盖，采取封山育林、人工造林、飞播造林和小流域综合治理等措施，加强森林资源的保护和管理，修复自然生态环境功能。加大秦岭生态保护力度，提高单位面积森林蓄积，增加碳汇蓄积量。

加强防护林体系建设。继续推进天然林资源保护、长江防护林二期和“三北”防护林体系建设。建设榆林沙区、黄土高原水土流失区、关中—天水经济区、秦巴山区四个百万亩防护林基地。继续发展平原林业和高效经济林，加快绿色通道、园林城市建设，加强农田防护林网、河流护岸林和森林公园建设，提高城乡森林覆盖率。

强化重点区域绿化工程。重点建设长江、黄河、渭河、洛河、无定河流域绿化带。实施陕北能源化工基地所有企业“建一片厂房，绿一块植被”计划，提高陕北工业区和生活区植被覆盖率。持续加强陕北生态脆弱地区治理，每年春、秋两季集中组织开展全省大规模植树造林行动，确保每年完成400万亩造林任务。

（五）科技创新行动。

着力突破低碳关键核心技术。组织专业性强、实力雄厚的科研单位和企业，采取联合攻关、集中突破、单项研究等形式，围绕低碳发展重点领域和重大课题开展技术攻关，努力在新型储能技术、智能电网应用和扩展、煤炭高效清洁梯级综合利用、新一代生物燃料、新能源汽车技术等低碳关键技术上取得重大突破。力争在试点期间推出3—5项在国际上领先的低碳新技术。

加快低碳新技术的研发和推广。实施一批重大技术产业化示范项目，在高效清洁燃烧、工业余热利用、高效机电节能、建筑节能等重点领域开发100项潜力大、应用面广的先进技术，推广应用可再生能源利用、大型密闭电石炉、高固气比水泥悬浮预热预分解及余热发电等适用技术。加强排放监控技术和重点行业清洁生产技术的开发与应用。加快高能效空调、新型节能建材、太阳能光热等新产品的推广。

加快二氧化碳收集转化技术的推广应用。积极推广榆林天然气化工公司自主研发的二氧化碳收集转化技术，继续推动延长石油集团自主研发的低碳技术合成甲醇方法及装置推广应用。积极引进和研发生物固碳技术及固碳工程技术，加快推进与美国、荷兰等国家进行的二氧化碳捕集、地质封存和综合利用科技合作项目。全面推广延长石油集团的二氧化碳驱油技术，支持榆林云化绿能公司二氧化碳加工转化，促进二氧化碳利用链条延伸，形成较为完整的二氧化碳收集、转化、加工、储运产业链。

探索制定低碳技术标准。充分发挥科研院所和龙头企业的技术、人才优势，参照国际和国家有关标准规范，研究制定促进低碳发展的相关技术政策、技术标准和技术规范，为国家低碳发展标准的建立提供依据。

（六）试点示范行动。

建设关中低碳示范区。发挥关中—天水经济区的科技优势，以建设低碳城市为目标，积极采用低排放、低污染的规划理念与标准，从建筑、交通、能源、市政、绿化景观等多个层次全面推进，加快西安高新区、西咸新区、宝鸡高新区、杨凌示范区、渭南高新区向高效低碳的生态示范区转型的步伐，努力构建新型低碳示范区。

加快低碳县区、低碳园区、低碳企业建设。依托渭南市、凤县等7个试点市县，从低碳产业、低碳能源、低碳建筑、低碳交通、低碳技术、低碳生活推广等方面开展试验探索，推进区域低碳发展及经济结构和生产生活方式的转变；依托西安浐灞生态区、榆横工业园区等5个低碳试点园区，按照国际低碳产业、低碳企业的标准，推进产业聚集区的低碳化发展。依托陕重汽、榆林云化绿能等15家低碳试点企业，从低碳技术创新、低碳产业培育、低碳产品营销、碳汇交易等方面，探寻企业低碳化发展的方式方法。通过不同层次、各类单位的试验，探索形成试点带动、点面结合、全面推进的低碳发展新格局。

（七）能力建设行动。

开展低碳知识技术培训。依托大专院校、科研院所和低碳专业研究机构，广泛持续地开展应对气候变化和低碳发展知识技术培训，积极参与国际交流合作和国家组织的相关培训，开展低碳软科学、软项目研究，多途径提高低碳发展能力。（省发展改革委牵头负责）

加强人才引进和培养。加强低碳发展学科建设，加大对开设低碳专业的高等教育、职业技术教育和继续教育机构的扶持力度，为低碳发展提供人才保障。大力引进一批高端人才和学术带头人，建设一支业务精、能力强的低碳发展骨干队伍。

（八）创新低碳发展的体制机制。

研究建立碳排放权交易体制机制。积极尝试“碳税”和碳排放权交易试点，探索开展跨区域合作和碳金融业务，探索建立碳交易机制，启动碳汇交易和碳汇造林补偿研究，积极开展碳汇补偿试点。

建立温室气体排放统计监测和管理体系。探索建立陕西省温室气体排放监测中心，加强温室气体排放的统计、核算、考核体系建设，建立完善的数据收集和核算系统，逐步形成完备的监测预警标准体系。

上海市人民政府关于本市开展碳排放交易试点工作的实施意见

沪府发〔2012〕64号

各区、县人民政府，市政府各委、办、局，各有关单位：

为贯彻落实国家“十二五”规划纲要中关于逐步建立国内碳排放交易市场的要求，推动运用市场机制以较低成本实现本市节能低碳发展目标，促进本市“创新驱动、转型发展”，根据国务院印发的《“十二五”控制温室气体排放工作方案》以及《国家发展改革委办公厅关于开展碳排放权交易试点工作的通知》的要求，现就本市开展碳排放交易试点工作(以下简称“试点工作”)提出以下实施意见：

一、指导思想和基本原则

（一）指导思想

建立政府指导下的市场化碳排放交易机制，引导企业实现较低成本的主动减排，推动本市碳排放强度的持续下降和节能低碳发展目标的实现，促进本市“碳服务”关联产业的发展和专业人才队伍、机构能力建设，为本市进一步发展创新型碳金融市场、建设全国性碳排放交易市场和交易平台、推动“四个中心”建设进行探索和实践。

（二）基本原则

一是政府指导，市场运作。加强政府对试点工作的总体部署和对试点中出现的新情况、新问题的统筹协调，充分发挥市场机制作用，有效降低区域减排成本。

二是控制强度，相对减排。以降低碳排放强度为目标，在推动企业转型发展的基础上，合理确定企业排放配额，促进企业碳减排目标的实现。

三是聚焦重点，区别对待。以碳排放规模大、强度高或增长快的行业为重点，对鼓励行业与非鼓励行业、现有企业和新增企业区别对待。

二、主要目标

建立本市重点碳排放企业碳排放报告和核查制度、企业碳排放配额分配制度，建立碳排放登记注册、交易和监管等基础支撑体系。到2015年，初步建成具有一定兼容性、开放性和示范效应的区域碳排放交易市场，为碳排放交易的全面推行和全国碳交易市场的建设先试先行。

三、主要安排

（一）试点范围

本市行政区域内钢铁、石化、化工、有色、电力、建材、纺织、造纸、橡胶、化纤等工业行业2010年—2011年中任何一年二氧化碳排放量两万吨及以上（包括直接排放和间接排放，下同）的重点排放企业，以及航空、港口、机场、铁路、商业、宾馆、金融等非工业行业2010年—2011年中任何一年二氧化碳排放量一万吨及以上的重点排放企业，应当纳入试点范围（这些企业以下简称“试点企业”）。试点企业应按规定实行碳排放报告制度，获得碳排放配额并进行管理，接受碳排放核查并按规定履行碳排放控制责任。

目前及2012年-2015年中二氧化碳年排放量一万吨及以上的其他企业，在试点期间实行碳排放报告制度（这些企业以下简称“报告企业”），为下一阶段扩大试点范围做好准备。

试点期间，可根据实际情况，在本市重点用能和排放企业范围内适当扩大试点范围。

（二）试点时间

2013年至2015年。

（三）交易参与方

交易参与方以试点企业为主，符合条件的其他主体也可参与交易。研究并适时引入投资机构参与交易。

（四）交易标的

以二氧化碳排放配额为主，经国家或本市核证的基于项目的温室气体减排量为补充。积极探索碳排放交易相关产品创新。

（五）配额分配

原则上，基于2009年-2011年试点企业二氧化碳排放水平，兼顾行业发展阶段，适度考虑合理增长和企业先期节能减排行动，按各行业配额分配方法，一次性分配试点企业2013年-2015年各年度碳排放配额。对部分有条件的行业，按行业基准线法则进行配额分配。试点期间，碳排放初始配额实行免费发放。适时推行拍卖等有偿方式。

（六）登记注册

建立登记注册系统，对碳排放配额的发放、持有、转移、注销等实行统一登记管理。

（七）交易及履约

碳排放配额交易在本市交易平台上进行。试点企业通过交易平台购买或出售持有的配额，并在每年度规定时间内，上缴与上一年度实际碳排放量相当的配额，履行碳排放控制责任。试点期间，试点企业碳排放配额不可预借，可跨年度储存使用。

（八）碳排放报告和第三方核查

建立企业碳排放监测、报告和第三方核查制度。试点企业与报告企业应于规定时间内提交上一年度企业碳排放报告；第三方核查机构对试点企业提交的碳排放报告进行核查。

（九）交易平台

依托上海环境能源交易所，建立本市碳排放交易平台，建设交易系统，组织开展交易。

（十）监督管理

建立碳排放交易监管体系，明确监管责任，对交易参与方、第三方核查机构、交易平台等进行监督管理。

四、主要任务

（一）制定本市碳排放试点交易管理办法。明确碳排放交易市场体系规则，规范、有效地推进各项试点工作。同时，开展相关地方立法前期研究。

（二）确定企业名单。在本实施意见所确定的试点范围基础上，明确试点企业和报告企业名单，组织开展碳排放交易试点各项工作。

（三）制定核算方法，科学核定企业碳排放。根据本市的实际情况，制定企业碳排放核算指南，并针对试点企业所属行业特点，界定行业碳排放报告边界和核算方法，开展企业碳排放初始盘查。

（四）制定分配方法，开展配额分配。根据本市节能减排工作要求和碳强度下降目标，测算并确定试点企业碳排放控制目标。研究制定分行业配额分配方法，对试点企业进行配额分配。

（五）建设登记注册系统。建设登记注册系统，对碳排放配额进行统一管理；明确登记注册系统管理职责，加强系统的运行、维护、管理。

（六）建设培育交易平台。研究制定交易相关各项规则，明确交易平台工作职责；建设交易系统，完善交易平台各项功能；支持交易平台做大做强，为建设全国性交易平台做好准备。

（七）培育市场，适度调控。政府可持有部分配额，用于市场调控，适度引入补充机制、退出机制等手段，促进减排成本合理下降，引导碳排放交易市场良性发展，促进相关金融、服务产业的形成。

（八）构建碳排放交易基础管理制度。建立企业年度碳排放报告制度，明确企业碳排放报告规则等；建立第三方核查制度，完善核查机构管理体系等；建立相关监管体系，加强对试点各参与方的监管。

五、工作进度

（一）2012年，完成各项试点前期准备工作和基础支撑体系建设。包括科学设定试点碳排放总量控制目标，确定试点企业名单、配额分配方法和企业碳排放核算指南,完成试点企业碳排放初始盘查和配额分配；建立配额登记注册系统和交易结算系统；制定和颁布相关试点规范性文件；明确监管措施和监管职责。

（二）2013年-2015年，启动并正式开展试点交易，维护并确保交易体系的正常运行。试点企业在本市交易平台上开展场内交易，政府相关管理部门加强对交易体系运行情况的适时跟踪分析、评价和完善。

2015年以后，对试点工作进行整体分析评估，根据国家统一部署推进碳排放交易工作。

六、保障措施

（一）加强组织领导。成立市碳排放交易试点工作领导小组，负责试点工作的总体指导和协调。由分管市领导任组长,市发展改革委、市经济信息化委、市商务委、市财政局、市建设交通委、市国资委、市统计局、市旅游局、市交通港口局、市质量技监局、市政府法制办、市金融办等部门相关负责人为成员。

领导小组下设办公室，设在市发展改革委，具体负责试点工作推进落实，依托相关专业机构负责试点日常工作，落实各项试点任务。市发展改革委负责人担任办公室主任。

组建本市碳排放交易专家委员会，邀请国内及本市低碳和应对气候变化等领域及相关行业专家组成，提供专业指导、技术支持和决策咨询。

市发展改革委及各相关部门要加强协调，根据各自职责分工，做好试点相关工作（部门和单位具体分工附后）。

（二）强化企业责任。试点企业要明确相关责任人，落实责任部门，配备相应人员，加强本企业碳排放相关的监测、计量、统计体系建设；主动、及时、真实提交本企业碳排放数据，配合做好企业盘查和核查等工作；遵守各项交易制度，积极参与交易试点，履行碳排放控制责任。报告企业要加强本企业碳排放报告基础工作，按照企业碳排放报告制度要求履行报告义务。

（三）研究建立相关激励与约束机制。研究相关财政和金融等支持政策，制定相关行政、经济、法律等措施，鼓励试点企业和相关机构积极参与碳排放交易，规范交易参与方的交易活动，约束试点企业的碳排放行为。

（四）加大资金支持力度。安排市级财政资金，支持企业碳排放监测报告能力和开展碳排放交易相关能力建设，支持试点政策及制度研究、试点方案设计、开展碳排放初始盘查和第三方核查，支持建立温室气体排放统计监测体系，支持登记注册系统、交易平台等基础支撑体系的建设和运行。

（五）加强能力建设。加强试点企业和相关机构的专业人才队伍建设。组织开展培训，全面提高试点企业碳排放监测报告和管理能力、第三方机构核查能力、交易平台运行能力和管理机构监管能力等。加强与国际国内相关机构的合作交流。支持碳排放交易相关机构的发展。

（六）加强舆论宣传。加强对试点工作重要意义和政策措施的宣传，增强试点企业社会责任意识，为本市开展试点工作营造良好的氛围。

上海市人民政府

二〇一二年七月三日

广东省碳排放权交易试点工作实施方案

（粤府函〔2012〕264号　广东省人民政府2012年9月7日印发）

根据国务院《“十二五”控制温室气体排放工作方案》、《广东省国民经济和社会发展第十二个五年规划纲要》的有关要求和国家发展改革委开展碳排放权交易试点的工作部署，为扎实做好我省碳排放权交易试点工作，推动运用市场机制以较低成本完成控制温室气体排放目标，制定本方案。

一、指导思想和工作目标

（一）指导思想。

围绕加快转型升级、建设幸福广东核心任务，加强政府引导和市场运作，进一步提高企业和社会各界控制温室气体排放的意识。充分发挥市场机制对完成“十二五”节能、减碳约束性指标和能源消费总量控制目标的重要作用，创新促进产业转型升级和区域协调发展的体制机制。借鉴国内外经验，结合我省实际，完善制度设计，为国家建立碳排放权交易市场探索经验。

（二）工作目标。

到2015年，基本建立碳排放权在市场主体之间和地区之间合理配置的管理工作体系，初步形成适应省情、制度健全、管理规范、运作良好的碳排放权交易机制和在全国有重要地位的区域碳排放权交易市场。

到2020年，省内碳排放权交易机制不断成熟完善，省际碳排放权交易机制基本建立。

二、总体安排

（一）交易产品。

我省碳排放权交易产品以碳排放权配额为主，即由政府发放给企业等市场主体量化的二氧化碳排放权益额度。经国家或我省备案，基于项目的温室气体自愿减排量作为补充交易产品，并积极探索创新交易产品。

（二）交易主体。

我省碳排放权交易主体是政府纳入控制碳排放总量的企业（以下简称控排企业），积极探索引入投资机构和其他市场主体参与交易。政府向控排企业发放碳排放权配额，对控排企业碳排放进行监督管理。控排企业按照所获配额履行控制碳排放责任，并可通过配额交易获得经济收益或排放权益。

（三）交易平台。

我省碳排放权交易平台是广州碳排放权交易所，碳排放权交易活动通过交易平台进行。

（四）工作阶段。

我省碳排放权交易试点工作分三期安排，第一期（2012年-2015年）为试点试验期，第二期（2016年-2020年）

为试验完善期，第三期（2020年后）为成熟运行期。

三、主要任务

逐步建立健全政府对企业等市场主体碳排放的监督管理机制，形成碳排放权交易促进节能、减碳约束性指标完成和产业结构调整的市场机制，保障碳排放权交易的顺利开展。

（一）建立碳排放信息报告和核证机制。

1．建立企业碳排放信息报告制度。参照重点用能单位范围，合理确定要求报告碳排放信息的重点企业（以下简称报告企业），并逐步扩大范围。所有控排企业均纳入实施碳排放信息报告的范围。

2．建立控排企业碳排放信息核证制度。培育并委托具备相关资质的第三方专业机构，对控排企业报告的碳排放信息进行核证。

3．建设碳排放信息报告核证系统。建设相应电子信息系统，为企业报告和第三方专业机构核证碳排放信息提供便利。

（二）建立碳排放权配额管理机制。

1．加强碳排放总量管理。按照碳排放强度逐年降低、碳排放总量增幅逐年降低和相关约束性指标的要求，结合经济社会发展实际，科学合理确定全省、各地市碳排放总量目标，为碳排放权配额管理提供依据。

2．科学合理发放碳排放权配额。综合考虑经济社会发展趋势和重大项目建设情况，合理确定政府可监管的年度碳排放权配额总量指标。制定相应规则，向控排企业发放碳排放权配额，并将符合规模要求的有关新建固定资产投资项目纳入配额指标管理。推动相关企业建立碳资产管理制度。

3．建设碳排放权配额注册登记系统。建设相应电子信息系统，用于注册配额账户和登记配额，详细记录配额发放、变更、注销等有关情况。

（三）建立碳排放权交易运作机制。

1．规范建设广州碳排放权交易所。按照国家有关规定，将广州碳排放权交易所建设成为我省和全国的碳排放权交易平台，为我省和全国碳排放权交易市场做好服务。

2．制定碳排放权交易的业务规则。制定并不断完善碳排放权交易过程涉及的交易撮合、价格形成、配额交割、审查核证、资金清算、信息披露、风险控制、委托代理、争议调解等方面的业务规则，并按此开展交易活动。碳排放权交易活动应遵循公开、公平、公正的原则。

3．建设碳排放权交易系统。建设相应电子信息系统，实现碳排放权配额网上竞价交易、交易账户注册、交易信息登记等功能，为碳排放权交易活动开展提供完备的硬件和软件环境。

4．建立碳排放权交易监管机制。加强对碳排放权交易活动和碳排放权交易所运营的监督管理，碳排放权交易所要对交易过程进行监督管理。

（四）开展温室气体自愿减排交易。

按照国家《温室气体自愿减排交易管理暂行办法》规定，积极推动省内机构、企业、团体和个人参与国家温室气体自愿减排交易。

（五）探索建立省际碳排放权交易机制。

探索与其他省（市）建立省际碳排放权交易机制，争取国家支持，在条件成熟时启动实施。

四、保障措施

（一）加强组织领导。

在省开展国家低碳省试点工作联席会议框架下建立省碳排放权交易试点专责协调领导小组，由省发展改革委主任担任组长，广州市政府和省发展改革委负责同志担任副组长，省经济和信息化委、财政厅、林业厅、国资委、统计局、物价局、质监局、法制办、金融办，广州市发展改革委、金融办、广州碳排放权交易所负责同志为成员，领导小组办公室设在省发展改革委。省发展改革委作为全省碳排放和碳排放权交易的主管部门，负责统筹协调碳排放权交易试点工作。成立省碳排放权交易机制研究设计工作小组，省内有关专家作为成员，邀请国家级专家担任顾问。省、市各有关单位要加强协调配合，细化工作任务，加快工作进度。

（二）加强相关法规制度建设。

制定我省碳排放权管理和交易暂行办法，明确碳排放权交易的主体范围、报告核证、配额发放、交易机构、监管责任等规定。根据试点情况，及时总结经验，提出应对气候变化或碳排放管理相关立法计划，适时启动立法程序。

（三）加强能力建设。

加强碳排放权交易相关基础研究，不断完善工作思路和方法。务实开展对外交流合作，学习借鉴国内外先进经

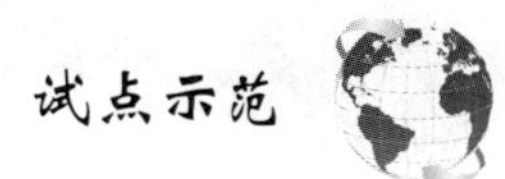

验。推动碳排放权交易相关咨询、核证等专业服务机构发展并加强管理。广泛开展碳排放权交易专题培训。

（四）加大资金支持力度。

省低碳发展专项资金要按照有关规定，大力支持符合条件的碳排放权交易体制机制研究以及工作体系等项目建设。

（五）加强宣传引导。

广泛宣传碳排放权交易的原理、规则和相关政策措施，引导企业等市场主体积极落实控制温室气体排放责任，参与碳排放权交易。

五、试点试验期（2012年–2015年）主要安排

（一）实施碳排放信息报告的企业范围。

报告企业范围是我省行政区域内2011年-2014年任一年排放1万吨二氧化碳（或综合能源消费量5000吨标准煤）及以上的工业企业，具体名单由省发展改革委会省有关部门研究确定，并根据工作进展情况和所属行业特点，分期、分步组织上述企业报告碳排放信息。研究将交通运输、建筑行业的重点企业纳入碳排放信息报告范围。

（二）实施碳排放总量控制和配额交易的企业范围。

控排企业范围是我省行政区域内电力、水泥、钢铁、陶瓷、石化、纺织、有色、塑料、造纸等工业行业中2011年-2014年任一年排放2万吨二氧化碳（或综合能源消费量1万吨标准煤）及以上的企业，具体名单由省发展改革委会省有关部门研究确定，并根据工作进展情况和所属行业特点，分期、分步组织上述企业实施碳排放总量控制，开展配额交易。“十二五”期末力争将交通运输、建筑行业的相关企业纳入碳排放总量控制和配额交易范围。

（三）配额发放。

省发展改革委要根据控排企业2010年-2012年二氧化碳历史排放情况，结合所属行业特点，一次性向控排企业发放2013年-2015年各年度碳排放权配额。根据宏观经济形势，参考企业报告的上一年度碳排放情况，适时对企业当年度碳排放权配额进行合理调整。实行碳排放权有偿使用制度，碳排放权配额初期采取免费为主、有偿为辅的方式发放。

省发展改革委要对节能审查结果为年综合能源消费量1万吨标准煤及以上的新建固定资产投资项目进行碳排放评估，并根据评估结果和全省年度碳排放总量目标，免费或部分有偿发放碳排放权配额。此类项目是否获得与碳排放评估结果等量的碳排放权配额，可作为各级投资主管部门履行审批手续的重要依据。

（四）配额使用。

省发展改革委要在每年度规定时间内将控排企业配额账户中与上一年度实际（经核证）碳排放量相等的碳排放权配额扣除，抵消企业上一年度实际碳排放量。控排企业年度配额剩余部分可出售或结转至下一年度（2015年截止）使用，但配额不足部分应在规定时间内购买补足，以履行控制碳排放责任。综合运用经济、法律、技术和必要的行政手段，切实加强对相关企业履行控制碳排放责任的监督管理。新建项目业主所获碳排放权配额在项目建成投产前不得交易流通，待项目建成投产后可按照有关规定核转为可流通配额。

（五）补充机制。

省发展改革委要会省有关部门结合我省实际，参照国家有关要求，对林业碳汇等项目类型制定“广东省核证（温室气体）自愿减排量”备案规则和操作办法。省内项目经国家备案的“中国核证自愿减排量”或我省备案的“广东省核证自愿减排量”可按规定纳入碳排放权交易体系。

（六）工作进度。

我省碳排放权交易试点第一期着重在部分重点行业开展建立碳排放权交易机制的试点试验，分为三个阶段开展。

1．筹备阶段（2012年-2013年上半年）。启动基于项目的温室气体自愿减排交易。制定相关规范性文件和业务规则，建立碳排放信息报告核证、碳排放权配额注册登记、碳排放权交易监督管理等工作体系，正式挂牌成立碳排放权交易所。

2．实施阶段（2013年下半年-2014年）。启动基于配额的碳排放权交易，不断完善碳排放权管理和交易体系。开展建立省际碳排放权交易机制的前期研究，加强建立省际碳排放权交易机制的工作协调。

3．深化阶段（2015年）。推动温室气体自愿减排交易、省内碳排放权交易顺利开展，力争率先启动省际碳排放权交易试点工作。开展碳排放权交易试点工作总结评估，研究“十三五”碳排放权交易工作思路和实施方案。

试点示范单位名单

国家低碳省低碳城市试点名单

第一批（经国务院领导同意，国家发展和改革委员会二〇一〇年七月十九日公布）：
广东省 辽宁省 湖北省 陕西省
云南省 天津市 重庆市
深圳市 厦门市 杭州市
南昌市 贵阳市 保定市

第二批（国家发展和改革委员会二〇一二年十一月二十六日公布）：
北京市 上海市 海南省
石家庄市 秦皇岛市 晋城市 呼伦贝尔市
吉林市 大兴安岭地区 苏州市 淮安市
镇江市 宁波市 温州市 池州市 南平市
景德镇市 赣州市 青岛市
济源市 武汉市 广州市 桂林市 广元市
遵义市 昆明市 延安市 金昌市 乌鲁木齐市

碳排放权交易试点名单

（国家发展改革委办公厅二〇一一年十月二十九日公布）

北京市 天津市 上海市
重庆市 广东省 湖北省
广东省 深圳市

交通运输部低碳交通运输体系建设城市试点名单

第一批（二〇一一年二月公布）：
天津市 重庆市 深圳市 厦门市 杭州市
南昌市 贵阳市 保定市 武汉市 无锡市

第二批（二〇一二年二月公布）：
北京市 昆明市 西安市 宁波市 广州市
沈阳市 哈尔滨市 淮安市 烟台市 海口市
成都市 青岛市 株洲市 蚌埠市 十堰市 济源市

全国试点示范绿色低碳重点小城镇名单（第一批）

（财政部 住房城乡建设部 国家发展改革委二〇一一年九月二十六日公布）

北京市密云县古北口镇 天津市静海县大邱庄镇
江苏省苏州市常熟市海虞镇 安徽省合肥市肥西县三河镇
福建省厦门市集美区灌口镇 广东省佛山市南海区西樵镇
重庆市巴南区木洞镇

工信部“两型”企业创建试点企业名单（第一批）

（工业和信息化部、财政部、科技部二〇一〇年十二月七日公布）

钢铁
首钢京唐钢铁联合有限责任公司 天津钢管集团股份有限公司
唐山钢铁集团有限责任公司 宝山钢铁股份有限公司
山东钢铁集团有限公司 湖南省华菱湘潭钢铁有限公司
安阳钢铁股份有限公司 江苏沙钢集团有限公司 马鞍山钢铁股份有限公司
江阴兴澄特钢有限公司 酒泉钢铁（集团）公司 太原钢铁（集团）有限公司
武汉钢铁股份有限公司 鞍钢股份有限公司

有色金属
阳谷祥光铜业有限公司 江西铜业集团公司 宁波金田铜业（集团）股份有限公司
中国铝业股份有限公司广西分公司 云南铝业股份有限公司 信发集团有限公司
怡球金属资源再生（中国）股份有限公司 株洲冶炼集团股份有限公司 四川宏达股份有限公司
云南驰宏锌锗股份有限公司 金川集团有限公司 宝钛集团有限公司
厦门钨业股份有限公司、江苏中能硅业科技发展有限公司
内蒙古电力冶金有限责任公司、青海百通高纯材料开发有限公司

化工石化
中国石油独山子石化分公司 中国石油天然气股份有限公司抚顺石化分公司
中海石油化学股份有限公司 中海沥青股份有限公司 中国石化海南炼油化工有限公司
新疆天业（集团）公司 内蒙古亿利资源集团 宁夏英力特化工有限公司 宁夏大地化工有限公司
云南云天化股份有限公司 内蒙古伊东煤炭集团 翁福（集团）有限责任公司
宜昌兴发集团有限责任公司 金昌化工集团公司 甘肃刘化（集团）有限责任公司
浙江皇马化工集团有限公司 上海焦化有限公司 山西焦化集团有限责任公司
烟台万华聚氨酯股份有限公司 新疆华泰重化工有限责任公司 华勤橡胶工业集团
软控股份有限公司 福建环科集团三明市高科橡胶有限公司 青岛天盾橡胶有限公司 江苏安邦电化有限公司

建材
北京新北水水泥有限责任公司 北新集团建材股份有限公司 铜陵海螺水泥股份有限责任公司
上海市建筑材料集团水泥有限公司 江西亚东水泥有限公司 巨石集团有限公司
四川峨胜水泥股份有限公司 华新水泥（宜昌）有限公司 徐州中联水泥有限公司
吉林亚泰集团建材投资有限公司 新疆天山水泥股份有限公司 瑞泰科技股份有限公司
广东蒙娜丽莎有限公司 唐山惠达陶瓷（集团）股份有限公司 江苏华尔润集团有限公司
泰山石膏股份有限公司 天津国环页岩制品有限公司

轻工
北京燕京啤酒股份有限公司 青岛啤酒第五有限公司 广州珠江啤酒股份有限公司

四平金士百啤酒股份有限公司 华泰集团有限公司 湖南泰格林纸有限责任公司
浙江景兴纸业股份有限公司 金东纸业（江苏）股份有限公司 新疆博湖苇业有限公司
牡丹江恒丰纸业集团有限责任公司 贵州茅台酒股份有限公司 福建福人木业有限公司
安徽古井贡酒股份有限公司 广西湘桂糖业集团有限公司 黄山永新股份有限公司
成都蓉生药业有限责任公司 广西金源生物化工实业有限公司 宁夏伊品生物科技股份有限公司
重庆市涪陵榨菜集团股份有限公司 安徽丰原生物化学股份有限公司
中粮生化能源（榆树）有限公司 深圳市美盈森环保科技股份有限公司

纺织

江苏恒力化纤有限公司 鲁泰纺织股份有限公司 青岛即发集团股份有限公司
四川宜宾惠美线业有限责任公司 新乡白鹭化纤集团公司 浙江华峰氨纶股份有限公司

电子信息通信

中国移动通信集团公司 上海贝尔股份有限公司 艾默生网络能源有限公司
深南电路有限公司 深圳长城开发科技股份有限公司

汽车

一汽解放有限公司 东风汽车有限公司 重庆长安汽车股份有限公司 广汽丰田汽车有限公司
郑州日产汽车有限公司、陕西法士特汽车传动集团公司

机械装备

山西太重集团公司 上海外高桥造船有限公司 青岛北海船舶重工有限责任公司
新疆金风科技股份有限公司 陕西陕鼓动力股份有限公司 中国一拖集团公司
中国第二重型机械集团公司 长春轨道客车股份有限责任公司 保定天威保变电气股份有限公司
宁夏长城须崎铸造有限公司

工信部“两型”企业创建试点企业名单（第二批）

（工业和信息化部、财政部、科学技术部二〇一二年年七月十六日公布）

钢铁

内蒙古鄂尔多斯电力冶金股份有限公司 有色金属金川集团有限公司

化工

山西焦化集团有限公司 内蒙古伊东集团东方能源化工有限责任公司 亿利资源集团有限公司
上海焦化有限公司、浙江皇马化工集团有限公司 宜昌兴发集团有限责任公司
中国石化海南炼油化工有限公司 甘肃金昌化工（集团）有限责任公司
甘肃刘化（集团）有限责任公司 宁夏大地化工有限公司 新疆华泰重化工有限责任公司
中国石油独山子石化分公司 中国石油天然气股份有限公司抚顺石化分公司 风神轮胎股份有限公司

建材

唐山惠达陶瓷（集团）股份有限公司 吉林亚泰集团建材投资有限公司 江苏华尔润集团有限公司
徐州中联水泥有限公司 巨石集团有限公司 泰山石膏股份有限公司 四川峨胜水泥股份有限公司
新疆天山水泥股份有限公司

轻工

中粮生化能源（榆树）有限公司 黄山永新股份有限公司
中粮生物化学（安徽）股份有限公司（安徽丰原生物化学股份有限公司）
福建福人木业有限公司 深圳市美盈森环保科技股份有限公司 广西金源生物化工实业有限公司
成都蓉生药业有限责任公司

纺织

新乡白鹭化纤集团有限责任公司

汽车

广汽丰田汽车有限公司

机械装备

长春轨道客车股份有限公司 中国第二重型机械集团公司

新疆金风科技股份有限公司 中国一拖集团有限公司

国家生态工业示范园区名单

（环境保护部发布 截至2012年12月）

苏州工业园区国家生态工业示范园区 苏州高新技术产业开发区国家生态工业示范园区

天津经济技术开发区国家生态工业示范园区 无锡新区国家生态工业示范园区

烟台经济技术开发区国家生态工业示范园区 山东潍坊滨海经济开发区国家生态工业示范园区

上海市莘庄工业区国家生态工业示范园区 日照经济技术开发区国家生态工业示范园区

昆山经济技术开发区国家生态工业示范园区 张家港保税区暨扬子江国际化学工业园国家生态工业示范园区

扬州经济技术开发区国家生态工业示范园区 上海金桥出口加工区国家生态工业示范园区

北京经济技术开发区国家生态工业示范园区 广州开发区国家生态工业示范园区

南京经济技术开发区 天津滨海高新技术产业开发区华苑科技园国家生态工业示范园区

上海漕河泾新兴技术开发区 上海化学工业经济技术开发区

山东阳谷祥光生态工业园区 临沂经济技术开发区

国家生态工业（制糖）示范园区一贵港 南海国家生态工业建设示范园区暨华南环保科技产业园

包头国家生态工业（铝业）建设示范园区 长沙黄兴国家生态工业建设示范园区

山东鲁北企业集团 抚顺矿业集团有限责任公司

大连经济技术开发区 贵阳市开阳磷煤化工（国家）生态工业示范基地

郑州市上街区生态工业示范园区 包头钢铁生态工业园

山西安泰集团 青岛新天地静脉产业园

福州经济技术开发区 绍兴袍江工业区

青岛高新区市北新产业园 昆明高新技术产业开发区

萧山经济技术开发区 上海张江高科技园区

南昌高新技术产业开发区 宁波经济技术开发区

温州经济技术开发区 西安高新技术产业开发区

江苏常州钟楼经济开发区 合肥高新技术产业开发区

重庆永川港桥工业园 上海闵行经济技术开发区

郑州经济技术开发区 合肥经济技术开发区

东营经济技术开发区 南通经济技术开发区

株洲高新技术产业开发区 宁波国家高新技术产业开发区

太原经济技术开发区 南昌经济技术开发区

江阴高新技术产业开发区 长沙经济技术开发区

武汉经济技术开发区 杭州经济技术开发区

贵阳经济技术开发区 南京高新技术产业开发区

徐州经济技术开发区 常熟经济技术开发区

常州国家高新技术产业开发区 广州南沙经济技术开发区

上海市北高新技术服务业园区 肇庆高新技术产业开发区

天津港保税区暨空港经济区 沈阳经济技术开发区

沈阳高新技术产业开发区 吴江经济技术开发区

淮安经济技术开发区 青岛经济技术开发区

江苏省武进高新技术产业开发区 长春经济技术开发区

长春汽车经济技术开发区 江苏武进经济开发区

国家级生态乡镇名单

(2010—2012年度)

第一批命名（33个）
北京市：延庆县
内蒙古：敖汉旗
辽宁省：盘锦市 盘山县 新宾县 沈阳市苏家屯区 大连金州区
吉林省：东辽县和龙市
黑龙江省：拜泉县 虎林市 庆安县 省农垦总局291农场
江苏省:扬中市 大丰市 姜堰市 江都市 宝应县
浙江省:绍兴县 临安市 磐安县
安徽省:砀山县 池州地区
江西省：共青城
山东省:五莲县
河南省:内乡县
湖北省:当阳市 钟祥市
湖南省:江永县
广东省:珠海市
海南省:三亚市
宁夏区:广夏征沙渠种植基地
新疆区:乌鲁木齐市沙依巴克区

第二批命名（49个）
北京市:平谷县
天津市：蓟 县
河北省 围场县
山西省：壶关县
内蒙古:科左中旗
黑龙江省：穆棱市 延寿县 同江县 饶河县 宝泉岭分局
上海市：崇明县
江苏省：溧阳市 兴化市 邳州市 高淳县 丰县 仪征市 高淳县 盱眙县 泗洪县
浙江省：开化县 泰顺县 安吉县
安徽省：黄山区 马鞍山市南山铁矿 金寨县 涡阳县
福建省：建阳市 建宁县 华安县
江西省：信丰县 东乡县 宁都县
山东省：桓台县 莘县 枣庄市峄城区 栖霞市 寿光市
河南省：淇 县 内黄县
湖北省：老河口市
湖南省：浏阳市
广西区：恭城瑶族自治县 龙胜各族自治县
四川省：温江县 郫县 都江堰市
贵州省：赤水市
云南省：通海县

第三批命名（84个）

北京市：密云县
天津市：宝坻区
河北省：平泉县 怀来县 迁安市 阜城县
山西省：侯马市 晋中市榆次区 安泽县 武乡县 五寨县 清徐县
内蒙古：呼伦贝尔市奈曼旗
辽宁省：海城市 沈阳市东陵区 大连市旅顺口区 建平县 宽甸满族自治县 清原满族自治县
吉林省：集安市 长春市双阳区 长春市净月潭开发区 天桥岭林业局
黑龙江省：省农垦总局红兴隆分局 省农垦总局建三江分局 省农垦总局牡丹江分局 省农垦总局绥化分局 嘉荫县 克山县
江苏省：常熟市 张家港市 昆山市 苏州市吴中区 太仓市 吴江市 海门市 扬州市邗江区 句容市 溧水县 如东县 如皋市 睢宁县 盐城市盐都区 滨海县 金湖县
浙江省：丽水市 宁海县 象山县 德清县 海宁市 桐乡市 平湖市 淳安县
安徽省：霍山县 岳西县 绩溪县
福建省：长泰县
江西省：武宁县
山东省：章丘市 青州市 鄄城县 胶南市 胶州市 青岛市 城阳区
河南省：新县 固始县 罗山县 商城县 泌阳县
湖北省：十堰市 武汉市 东西湖区 远安县
湖南省：望城县 长沙市岳麓区 长沙县 石门县
广东省：中山市 南澳县
广西区：环江毛南族自治县
重庆市：大足县
四川省：蒲江县
云南省：西双版纳傣族自治州
新疆区：乌鲁木齐市水磨沟区

第四批命名（67个）
北京市：朝阳区
重庆市：巫山县
山西省：右玉县
内蒙古：阿鲁科尔沁旗 杭锦后旗
辽宁省：抚顺县 桓仁县 丹东市振安区 大洼县 康平县
吉林省：安图县
江苏省：扬州市 南京市 江宁区浦口区 江阴市 启东市 通州市 海安县 泰兴市 靖江市 金坛市 东台市 射阳县 阜宁县 建湖县 响水县 沭阳县 洪泽县 沛县
浙江省：江山市 常山县 建德市 嘉善县 海盐县 温岭市 文成县
江西省：资溪县
山东省：东营市 日照市 青岛市崂山区黄岛区 即墨市 平度市 莱西市 临朐县
河南省：信阳市 信阳市 浉河区平桥区 潢川县 光山县 息县 淮滨县 桐柏县 伊川县 栾川县
湖南省：长沙市 天心区雨花区开福区芙蓉区 祁阳县 桃源县
广东省：深圳市龙岗区 始兴县
贵州省：荔波县 湄潭县
陕西省：延安市宝塔区 杨凌农业高新技术产业示范区

第五批命名（87个）
北京市：海淀区 大兴区
天津市：大港区 西青区 武清区
河北省：遵化市 迁西县 唐海县 涿州市 平山县 邢台县 隆化县 巨鹿县

山西省：芮城县 沁水县 陵川县
内蒙古：扎鲁特旗 阿尔山市
辽宁省：沈阳市沈北新区 于洪区 辽中县 法库县 长海县 北镇市
吉林省：德惠市
黑龙江省：农垦总局 齐齐哈尔分局 北安分局 九三分局 哈尔滨市松北区 五常市 铁力市 萝北县 宝清县 依兰县
江苏省：南京市六合区 宜兴市 常州市武进区 东海县 赣榆县 涟水县 盐城市亭湖区 镇江市丹徒区 宿迁市宿豫区 泗阳县
浙江省：衢州市 衢州市柯城区 衢江区 龙游县 宁波市镇海区 嵊泗县 桐庐县 天台县 洞头县
安徽省：临泉县 舒城县
福建省：柘荣县 泰宁县
江西省：安义县
山东省：威海市 平阴县 聊城市东昌府区 东阿县
河南省：嵩县 鲁山县
湖北省：鄂州市
湖南省：宁乡县 平江县
广西区：阳朔县 兴安县 灵川县 资源县 武鸣县 马山县 隆安县 上林县
四川省：雅安市 邛崃市 大邑县 崇州市 苍溪县 彭山县 九寨沟县
贵州省：余庆县 凤冈县
云南省：玉溪市红塔区
新疆区：哈密市

第六批命名（69个）
北京市：门头沟区 怀柔区
天津市：宁河县 汉沽区
河北省：文安县 蔚县 涿鹿县 秦皇岛市北戴河区 灵寿县 正定县
山西省：沁源县 左云县 朔州市平鲁区
内蒙古:宁城县 突泉县
吉林省:九台市 农安县 榆树市
黑龙江:大兴安岭地区 哈尔滨市阿城区 北安市 桦南县 集贤县 绥滨县
江苏省:灌南县 灌云县 淮安市楚州区 淮安市淮阴区 丹阳市
浙江省：舟山市 舟山市定海区 舟山市普陀区 岱山县
安徽省:祁门县 休宁县
福建省:东山县 明溪县
江西省:南丰县
河南省:西峡县 孟州市 修武县 鄢陵县 范县 南乐县 濮阳市华龙区 郑州市惠济区
湖南省:新宁县 绥宁县
广西区:北海市 合浦县 临桂县 荔浦县 平乐县 昭平县 大新县 崇左市江州区 横县 宾阳县 蒙山县
四川省:珙县 金堂县 丹棱县 洪雅县
贵州省:绥阳县
云南省:澄江县
陕西省:太白县 礼泉县 宜君县 宁陕县

第七批命名（139个）
北京市:顺义区 昌平区 通州区
河北省:景县 栾城县 曲周县 固安县 宁晋县 涉县 冀州市 涞水县 饶阳县 易县
深州市
山西省:祁县 平陆县
黑龙江省:双城市 方正县 木兰县 黑河市爱辉区 巴彦县 杜尔伯特蒙古族自治县 尚志市 林口县

五大连池市　桦川县　汤原县　东宁县　富裕县　讷河市　望奎县　抚远县　富锦市　兰西县
江苏省: 铜山县
浙江省: 慈溪市　嵊州市
安徽省: 宁国市　颍上县　南陵县　黟县
福建省: 永泰县　南平市　南靖县　平和县
江西省: 芦溪县　南昌县　崇义县　大余县　婺源县　新干县　吉安县
山东省: 安丘市　乐陵市　禹城市　沂南县　博兴县　济阳县　临沭县　临沂市河东区　临沂市兰山区
蒙阴县　郯城县　枣庄市山亭区　微山县　夏津县　邹平县　沂水县　山东新汶矿区
河南省: 濮阳县　台前县　清丰县　尉氏县　新蔡县　遂平县　柘城县　濮阳市　登封市
湖南省: 怀化市洪江区　沅陵县　溆浦县　通道县　新晃侗族自治县　怀化市　怀化市鹤城区　中方县
张家界市武陵源区　靖州县　会同县　芷江县　洪江市　资兴市　麻阳苗族自治县　城步苗族自治县　隆回县
广东省: 连平县
广西壮族自治区: 灌阳县　全州县　永福县
重庆市: 北碚区
四川省: 沐川县　遂宁市
贵州省: 贵阳市花溪区　榕江县　黎平县　金沙县　毕节市
云南省: 江川县　楚雄市　普洱市思茅区　曲靖市麒麟区　易门县　华宁县
陕西省: 留坝县　勉县　商洛市商州区　麟游县　西乡县　彬县　淳化县　陇县　岐山县　镇巴县: 佛坪县
旬阳县　南郑县　眉县　宝鸡市陈仓区　宝鸡市渭滨区　宝鸡市金台区　旬邑县: 千阳县　凤县　吴起县
洛川县　西安市临潼区　周至县　汉中市汉台区
甘肃省: 平凉市

国家低碳生态城示范区

（住房城乡建设部与江苏省无锡市人民政府共建　2012年7月公布）

无锡太湖新城

国家低碳生态示范市

（住房和城乡建设部与深圳市人民政府共建　二〇一一年一月三十一日公布）

深圳市

全国林业碳汇交易试点名单

（经国家林业局同意，由中国绿色碳汇基金会与华东林业产权交易所二0　一一年十一月启动）

浙江义乌

全国低碳旅游示范区

（中华环保联合会和中国旅游景区协会2012年9月16日公布）

安徽•黄山风景区　陕西•华山风景区　陕西曲江大雁塔•大唐芙蓉园
江苏水乡•周庄景区　江苏南京•夫子庙秦淮风光带　江苏古淮河文化生态景区
江苏常州•春秋淹城景区　江苏无锡太湖鼋头渚风景区　上海野生动物园
四川青城山•都江堰风景区　四川•九寨沟风景区　四川峨眉山•乐山大佛风景区
山西•平遥古城　山东威海•刘公岛风景区　广东深圳•观澜湖旅游度假区
河南•嵩山少林寺风景区　吉林•通榆向海风景区　黑龙江伊春•梅花河山庄度假村　宁夏•沙湖旅游区

上海市低碳发展实践区

（上海市发展和改革委员会二〇一一年五月公布）

虹桥商务区　崇明县　长宁区虹桥地区
临港地区（包括产业区和主城区）
卢湾区中南部地区　徐汇区滨江地区
金桥出口加工区　奉贤区南桥新城

天津首批低碳示范建设单位

（天津市发展和改地委员会二〇一二年三月十九日公布）

一、低碳产业示范

天津经济技术开发区新材料和新能源低碳产业试验区

二、低碳能源示范

空港经济区

三、低碳建筑示范

低碳楼宇建设示范：天津经济技术开发区建设低碳大楼示范工程。
绿色建筑认证示范：空港经济区办公区A地块和研发区B地块

四、低碳交通示范

中新天津生态城

五、低碳技术示范

碳捕获与封存（CCS）技术示范：联合临港经济区、南港工业区绿色煤电IGCC项目和大港油田
智能电网示范：中新天津生态城智能电网综合配套示范工程

六、低碳园区示范

天津经济技术开发区　中新天津生态城　于家堡中心商务区　滨海高新区　空港经济区

七、低碳社区示范

天津经济技术开发区西区和南港生活区建设低碳社区示范项目

八、低碳小城镇示范

静海县大邱庄镇

江苏省低碳经济试点单位

（江苏省发展和改革委员会二○一○年九月公布）

一、低碳试点城市

无锡市 淮安市 如皋市 溧阳市

二、低碳试点园区

南京江宁经济技术开发区 江苏宜兴经济开发区

徐州经济技术开发区 新沂—无锡工业园

金坛光伏产业 园 苏州工业园区　昆山国家高新技术产业开发区

江苏盐城环保产业园 扬州经济技术开发区 泰州医药高科技术产业开发区

三、低碳试点企业

江苏高淳陶瓷股份有限公司　江苏花厅酒业有限公司

常州天合光能有限公司　江苏恒盛化肥有限公司

江苏沙钢集团有限公司　江苏九九久科技股份有限公司　连云港三吉利化学工业有限公司

江苏淮河化工有限公司　江苏丹阳富丽华有限公司　江苏绿陵润发化工有限公司

江西省低碳发展试点县（市、区）

（江西省发展和改革委员会二○一○年四月三十日公布）

贵溪市 浮梁县 共青城 婺源县 分宜县 袁州区 芦溪县 吉安市吉州区 大余县 资溪县

广东省第一批低碳试点示范单位

（广东省发展和改革委员会二○一一年十一月二十九日公布）

广州市　珠海市　河源市　江门市　珠海市横琴新区　佛山市禅城区　佛山市顺德区

韶关市乳源县　河源市和平县　梅州市兴宁市　梅州市大埔县　云浮市云安县

湖北省首批省级低碳试点示范单位

（湖北省发展和改革委员会二○一一年十一月二十五日公布）

襄阳市　咸宁市　东湖新技术开发区　黄石经济开发区黄金山工业园

武汉市百步亭社区　鄂州市长港镇峒山社区

海南省低碳发展试点示范单位

（海南省人民政府二○一○年十一月三十日公布）

一、　低碳城市试点

海口市 三亚市

二、低碳城镇试点

保亭黎族苗族自治县 海口市秀英区永兴镇 博鳌乐城太阳与水示范区

三、低碳园区试点

澄迈老城经济开发区 三亚创意产业园为试点园区

四、低碳景区试点

保亭黎族苗族自治县呀诺达热带雨林景区

陕西省首批省级低碳试点单位名单

（陕西省发展和改革委员会二〇一一年十一月二十五日公布）

一、低碳试点市、县

渭南市 凤县 彬县 安塞县 靖边县 西乡县 镇安县

二、低碳试点园区

西安浐灞生态区 西安市大兴新区 商丹循环工业经济园区 宝鸡高新技术产业开发区 榆横工业园区

三、低碳试点企业

陕西重型汽车有限责任公司 青岛啤酒西安汉斯集团有限公司 陕西交运运输集团有限公司
西安市宝润实业发展有限公司 陕西东岭集团股份公司 宝鸡市海浪锅炉设备有限公司
陕西宝鸡第二发电有限责任公司 彬长新生能源有限公司 榆林云化绿能有限公司
神木晶元清洁发展有限公司 陕西奥维加能焦电化工有限公司 府谷镁业集团
延长油田股份有限公司 汉川机床集团有限公司 陕西春光生物质能源开发有限公司

地方低碳

2012年北京市应对气候变化和低碳发展报告

北京市发展和改革委员会

“十一五”时期特别是2008年成功举办“绿色奥运”以来，北京市以科学发展观为指导，认真落实国家应对气候变化工作的战略部署，将节能减碳作为转变经济发展方式的重要抓手，大力调整产业结构，积极推广应用新技术、新产品，组织实施一批重点工程，应对气候变化工作取得显著成效，全市碳排放强度持续降低,能源利用效率大幅提高。万元GDP能耗由2008年的0.57降至2012年的0.41吨标准煤,五年累计降低19.6%，能耗下降率和能效水平均居全国前列，现将有关工作情况总结如下：

一、主要做法和成效

（一）建立和完善应对气候变化基础能力

1.建立管理体系。成立北京市应对气候变化及节能减排工作领导小组，由市长任组长，32个相关部门主要领导为小组成员，负责统一部署全市应对气候变化和节能减排工作，协调解决重大问题。正式设立应对气候变化处，增加应对气候变化专职工作人员；成立北京市林业碳汇工作办公室，加强森林碳汇管理工作；成立北京市应对气候变化专家委员会，加强对应对气候变化工作科学决策支撑；筹建北京市应对气候变化战略研究中心，强化应对气候变化工作支撑保障能力；率先建立市级和区县节能监察执法队伍。

2.完善法规政策标准体系。制定《北京市实施<中华人民共和国节约能源法>办法》、《北京市森林资源保护管理条例》等地方法规和《应对气候变化方案（2010-2012年）》、《绿色北京行动计划》、《十二五节能降耗及应对气候变化规划》等10多个规划计划；发布《“十二五”节能降耗及应对气候变化综合性工作方案》、《北京市应对气候变化领域对外合作管理实施细则》、《北京市节能减排奖励暂行办法》等政策方案；制定修订工业能耗水耗指导指标、《绿色建筑评价标准》、机动车京V排放标准等近50项地方标准。

3.创新工作机制。健全目标责任考核机制，将降低二氧化碳排放强度纳入全市经济社会发展规划、年度计划，进行年度考核。2011年，在全国率先实施能源消费总量控制和“条块结合”节能目标分解机制。试点开展碳排放权交易，探索以市场机制促进碳减排。率先编制上报试点实施方案，并获得批复。积极推进低碳试点，编制并上报《北京市低碳城市试点工作实施方案（2012—2015年）》，探索特大型城市低碳发展路径。

4.建立温室气体排放统计核算体系。按照满足温室气体核算的统计要求，细化能源统计品种，开展建筑、交通等重点领域能耗、温室气体排放和可再生能源利用统计制度研究。完成全市温室气体排放清单编制，结合本市特大型消费城市特点，对交通运输、供热领域温室气体排放进行系统研究。全面推进能源计量器具标准化、规范化配置，推动全市、行业、区县统筹联动的“1+4+N”节能监测服务平台建设。建立重点用能单位管理岗位备案和能源利用状况报告制度，率先将非工业企业纳入能源利用状况报告范围，并实行公报。

5.强化科技支撑。在市属高校建立北京应对气候变化研究和人才培养基地。组织开展低碳城市发展路径和试点建设、空间结构规划与低碳北京建设、森林生态系统增汇技术研究与推广示范等基础科学和政策研究。支持高能效低温空气源热泵、兆瓦级塔式太阳能热发电等一批关键技术及装备的研发攻关。2008年，华能北京热电厂年设计捕获能力为3000吨的CO_2捕集示范工程投运。搭建“北京市节能低碳发展创新服务平台”，公开征集800余项节能低碳技术（产品）。连续5年制定发布节能低碳技术产品推荐目录。采取政府采购、项目示范、专场推介会等方式，推广冷热电三联供分布式能源、高效电机等百余项新技术和产品，促进供需对接。创新节能家电推广渠道，开展高效节能家电促销试点，销售高效节能家电104.6万台，创建“节能产品示范店”19家，建设节能产品超市门店17家。

（二）深入推进节能降耗工作

1.优化产业结构。培育壮大战略性新兴产业，启动建设中关村科学城，加快CBD、国际传媒产业集聚区等重点文化功能区建设，“两城两带”和“六高四新”的产业空间格局进一步确立。加快培育绿色产业，全市新能源和节能环保产业总收入规模达到1800亿元左右，产业规模实现翻番。目前，我市第三产业比重达到77%左右。

2. 狠抓重点领域。加快搬迁淘汰高耗能产业，首钢钢铁主流程全面停产，北新建材完成整体搬迁，全面关停年产能20万吨以下水泥生产企业，关停石灰厂。工业生产过程温室气体排放大幅降低，2010年较2008年降低近20.5%。加快建设公共交通体系，促进交通碳排放减量。全市轨道交通运营总里程由2007年末的142公里增加到2012年的442公里，基本实现地铁线路网络化运行。以增加公共交通供给与引导绿色出行等措施相结合，中心城公交出行比例达到44%。大力推进既有建筑节能改造，推广绿色低碳建筑。2012年节能建筑占既有民用建筑比例达到

61%。实施“绿色照明工程”，启动白炽灯淘汰工程，推广高效照明产品3700万只，在全国率先实现居民家庭及公共机构绿色照明全覆盖。

（三）大力优化能源结构

一是全面推进燃煤替代。实施“煤改气”、“煤改电”、推进城区3.2万户居民实现“煤改电”，城六区20蒸吨以下燃煤锅炉清洁能源改造，建设四大燃气热电中心，建成30个新城集中供热中心，全市天然气、电力等清洁能源消费比重稳步提高，达到76%左右，煤炭占一次能源消费总量比重逐步降低。二是推广太阳能等新能源，2012年，全市新能源与可再生能源占能源消费总量的比重达到4.3%左右。三是推动未来科技城智能电网、分布式能源等示范工程建设。通过能源利用结构和方式的不断改善，促进了单位能耗温室气体排放不断降低。

（四）控制其他领域温室气体排放

加强耕地质量建设，广泛推广测土平衡施肥技术和生物防治技术，针对畜禽养殖，完成128家规模化畜禽养殖场（养殖小区）的温室气体减排深度治理。大力推进固体废弃物减量化、资源化和无害化。加快资源回收体系和固废资源化处理设施建设，减少垃圾填埋量。完成2400个居住小区垃圾分类达标试点建设和百余单位生活垃圾“零废弃”管理。生活垃圾产生量实现负增长，新建一批垃圾处理项目。2012年，生活垃圾资源化率提高到45%，完成1000余个非正规填埋场陈腐垃圾治理，固体废弃物填埋甲烷排放逐年降低。

（五）不断提升碳汇能力

完成京津风沙源治理项目一期工程、持续实施关闭矿山的生态修复、森林系统改造、重点通道绿化等工程，建设滨河森林公园、城市休闲公园，实施百万亩平原造林工程，完成平原造林25.5万亩。实施碳汇造林近5000亩。实施野鸭湖、汉石桥、长沟等湿地保护和恢复面积4000多亩。2012年全市林木绿化率达到55.5%，森林覆盖率达到38.6%，人均公共绿地面积达到15.5平方米，较2008年分别增长3.4%、2.1%和13.9%。2008年至今，共新增造林面积50550公顷，活立木蓄积量增加约369.37万立方米，森林蓄积量增加约107.3万立方米，固定二氧化碳能力逐年上升。

（六）逐步提升适应气候变化能力

积极利用冬季变暖的条件发展设施农业，改进设施建设标准，提高农业管理水平。重视气候干暖化以及越冬作物减少带来的部分农田风蚀沙化风险，推广越冬替代作物、残茬覆盖与免耕技术。落实最严格的水资源管理制度，深化节水型社会建设。加快推进非常规水源应用，2012年，再生水利用率达到61%。科学开发和利用空中云水资源能力不断提升，人工增雨相对增雨率达到16%，人工防雹保护面积增加10%。合理规划城市绿地和水体面积，结合地区风向预留风廊，缓解城市内部热岛效应。加强城市运行保障，调整提高电网、地下管线埋藏深度等城市生命线系统的安全防护标准，保证灾害天气下安全稳定运行，提升应对极端气候能力。

（七）加强交流合作和宣传动员。

加强与瑞典、德国、日本、美国、韩国、英国、联合国开发计划署、世界粮农组织以及世界自然基金会等国家、国际组织开展技术引入、决策研究、信息交流、宣传培训等方面合作。

开展多层次、多形式的宣传培训活动。2012年，邀请解振华副主任为全市约800名局处级干部作“气候变化国际谈判进展与我国的绿色低碳发展”专题报告，进一步增强了各级领导应对气候变化意识。实施《北京市“十二五”节能减排全民行动计划》。举办4届节能环保展览会，连续5年组织节能宣传周活动。开展“北京市节约型示范学校”、“绿色低碳家庭”评选活动，塑造一批低碳典范。出版《低碳行为指导手册》、《低碳生活你我他》等宣传手册，制作《绿色北京 低碳生活》系列宣传动画。充分发挥报纸、广播、电视等传统媒体和互联网、手机等新媒体的作用，开展应对气候变化宣传教育，低碳发展理念逐步深入人心，全社会自觉参与内生动力显著增强。

（撰稿：林淦，北京市发展和改革委员会资源节约和环境保护处（应对气候变化处））

2012年天津市应对气候变化和低碳发展报告

天津市发展和改革委员会

积极应对气候变化，推进绿色低碳发展，是加强生态文明建设的重要内容，也是实现经济社会永续发展的重要举措。2012年，天津市以加快国家低碳城市试点和区域碳排放权交易试点为重点，不断完善工作体制机制，全面加强应对气候变化能力建设，推动形成积极应对气候变化、推进绿色低碳发展的良好局面。

一、加强能力建设，夯实工作基础

（一）编制应对气候变化规划

积极组织编制《天津市应对气候变化和低碳经济发展“十二五”规划》，认真落实《国家发展改革委办公厅关于印发地方应对气候变化规划编制指导意见的通知》要求。规划坚持减缓与适应并重，以超额完成碳排放强度下降约束性指标，提高适应气候变化能力为主要目标，从能源利用效率提高、产业结构调整、燃煤总量控制、低碳技术创新、生态环境保护、适应能力建设等方面，进一步明确应对气候变化和低碳发展的优先领域和重点工作。经国家发展改革委审定后，规划于2012年12月报送市政府批准实施。

（二）顺利完成温室气体清单

在国家发展改革委气候司和能源研究所的指导下，采取统一部署、全面行动、集中核算、分块校验的方式，经过一年多的努力，较高质量编制完成了2005年全市清单，在2012年7月率先通过国家课题组组织的审核验收。根据全市清单编制工作的统一安排，还同步完成了2010年市级清单初稿，区县2010年清单全部完成后续报审工作，为低碳发展工作提供基础数据支持。在全面分析需求的基础上，还制定了温室气体排放数据分析系统建设方案，并到辽宁、广东等地进行调研学习，进一步完善方案，进入系统开发阶段。

（三）做好碳排放强度下降指标分析

围绕到2020年碳排放强度比2005年下降45%以上的目标，积极开展碳排放强度下降指标分析。结合清单编制成果对“十一五”时期指标完成情况进行测算，分设不同情景对“十二五”时期强度下降潜力进行预测，并对“十三五”时期应完成的指标任务进行展望，指导全市绿色低碳发展。按照2012年单位地区生产总值能耗下降5.12%、电力净调入量与2010年和2011年平均值相近、一次能源消费结构与2011年基本相同的情况进行测算，2012年全市万元地区生产总值二氧化碳排放比2011年下降约5.14%，超额完成4.13%的年度下降目标。

二、完善工作机制，推动绿色低碳发展

（一）探索建立碳排放权交易市场

按照国家相关要求，我市成立了碳排放权交易试点工作小组，加强组织协调，加快推进碳排放权交易市场建设。组织专家团队，深入企业走访调研，深化关键问题认识，加快编制“天津市碳排放权交易试点工作实施方案”。经多次修改完善，实施方案上报国家发展改革委审核，于2012年11月获得批复同意。同时，认真落实《国家发展改革委关于印发<温室气体自愿减排交易管理暂行办法>的通知》（发改气候〔2012〕1668号）要求，加强天津排放权交易所管理制度和硬件设施建设，认真做好自愿减排交易机构备案工作，推动开展温室气体自愿减排交易。

（二）组织开展区县碳排放强度下降指标分解

为贯彻落实《国家“十二五”控制温室气体排放工作方案》，确保完成全市碳排放强度下降目标，学习借鉴兄弟省市工作经验和能源强度下降指标分解方法，提出了全市碳强度下降指标分解思路。依据全市及区县清单编制结果，综合考虑温室气体排放影响因素及区县差异，逐步形成碳排放强度下降指标区县分解方案（试行），并在2012年10月正式下达。根据国家相关工作部署，结合全市整体工作进展，抓紧研究碳排放强度下降指标考核办法，发挥考评制度在促进绿色低碳发展中的积极作用。

（三）推动形成低碳发展部门协调机制

2012年3月，《天津市低碳城市试点工作实施方案》经市政府同意印发全市实施。为深入推进低碳城市建设，市发展改革委印发《关于报送天津市低碳城市试点工作落实方案的通知》，组织有关部门和相关单位制定低碳城市试点重点任务落实方案，进一步明确行动计划和举措安排，探索建立低碳发展跟踪分析评估机制，形成部门协调推进低碳发展的良好氛围。

三、开展示范试点，探索积累低碳发展经验

（一）加强低碳园区示范建设

选择园区为试点建设优先领域，支持天津经济技术开发区、中新天津生态城、于家堡中心商务区、天津高新区和空港经济区，研究制定适合自身特点的低碳发展实施方案，推动低碳技术研发应用，加快建立以低碳排放为特征的产业体系，培育建设低碳示范园区。年内，各园区均已编制完成方案初稿，其中经济技术开发区方案已通过专家评审。

（二）开展低碳社区示范建设

结合循环经济示范试点建设，将绿色发展、循环发展、低碳发展理念纳入社区建设。2012年8月，天津经济技术开发区的福瑞社区和泰丰社区被列入第四批市级循环经济示范试点，分别编制了绿色低碳社区建设实施方案，探索建立绿色循环低碳社区发展模式。

（三）加快推进碳排放权交易试点

抓紧制定碳排放权交易管理暂行办法，认真组织总量测算、配额分配、登记注册、监管核证、交易体系等课题研究，初步确定了参与试点行业和纳入企业范围，提出了配额分配思路，完成了碳排放权交易监督管理实施细则和企业碳排放报告指南等初稿。经专家研讨、征求意见、汇报验收等多轮修改，完成了碳排放权交易管理暂行办法初稿，并纳入2013年市政府规章审议项目。组织开展企业碳排放初始填报准备工作，加快交易系统和登记注册系统开发建设，推进碳交易试点工作向操作实施层面深化。

（四）积极争取绿色供应链管理试点

结合地方绿色低碳发展工作安排，2012年11月，市发展改革委向中国环境与发展国际合作委员会申请开展“天津绿色供应链管理试点”政策示范项目，并获得批复。根据相关要求，相关部门制定了《天津市绿色供应链管理试点实施方案》，探索建立低碳消费模式。

（五）建设低碳成果展示中心

采取部门和区县合作共建的形式，在滨海新区建立节能环保技术超市及低碳成果展示中心，宣传近年来我市在绿色发展、循环发展、低碳发展等领域的工作重点及成果，展示相关企业、高校及科研院所开发的低碳节能新技术和新产品，构建服务企业、服务社会的交流平台，示范带动绿色低碳发展。

四、强化工作落实，提升低碳发展成效

（一）促进产业转型升级

坚持把结构调整作为加快转变经济发展方式的关键环节，狠抓大项目好项目建设，高端化高质化高新化的低碳产业体系逐步形成。2012年，全市地区生产总值实现12885亿元，服务业比重上升到47%。航空航天、石油化工、装备制造、电子信息等八大优势支柱产业占全市工业比重超过90%。国家级高新技术产业基地达到20家，高新技术产业产值比2011年增长14.3%。

（二）切实提高能效水平

加强节能降耗目标管理和责任评价考核，实行能源消费强度和能源消耗总量双重控制，将节能目标任务向区县、行业、重点集团和重点监控耗能企业分解，并将节能作为全市经济工作目标的重要内容，及时向社会公告考核结果。进一步加大节能投入，市节能专项资金由4000万元增加到了5000万元。严格执行固定资产投资项目节能评估和审查制度，细化评审制度和流程，规范审查内容和标准。

（三）优化调整能源结构

印发《天津市“十二五”期间合理控制燃煤增量实施方案》和《天津市“十二五”燃煤增量目标责任评价考核暂行办法》，对全市50家重点耗煤企业、各区县和市供热主管部门进行燃煤增量考评，确保控制燃煤增量工作取得实效。积极推动华电武清分布式能源、华电北辰分布式能源、华能天津临港燃气热电联产、杨柳青热电厂五期扩建工程等一批项目开工建设或开展前期工作，积极拓展天然气在发电（热电联产）、供热、分布式能源、天然气汽车等领域的应用。预计2012年全市天然气消费总量约为28.8亿立方米，比上年增长13%。同时，推动新能源和可再生能源开发利用，不断提高非化石能源利用比重。

（四）加快建设低碳交通体系

地铁1、2、3、9号线实现联网运营，5、6号线开工建设，轨道交通通车里程达到130公里。优化公交线路54条，基本实现与地铁站点的零距离换乘，城市公共交通分担率达到33%。加快淘汰老旧、高耗能车辆，积极推广新能源汽车，发展集约高效的物流运输组织模式。公交行业新能源车辆（纯电动车、混合动力车、燃气车）及欧三排放标准以上的车辆占运营总数的85%以上，全国公路甩挂运输试点项目达到4个。

（五）大力增加森林碳汇

大力实施道路、河流、农田林网、成片林地、城镇及园区等市级重点绿化工程，开展高速公路高标准绿化，积极推进京津风沙源治理等国家林业重点工程，启动郊野公园建设，林木绿化率达到22.1%。同时，加大防控管护力

度，确保林地面积和林业碳汇持续增加。

五、完善工作举措，积极适应气候变化

（一）提高农业综合适应能力

在武清、宁河、宝坻实施秸秆腐熟还田27.05万亩，提高秸秆资源综合利用率，在减少化学肥料施用的同时，有效提升土壤有机质含量。全市主要作物土壤墒情监测网络初步建立，8个农业区县监测点达到64个，指导农田科学灌溉和农业节水技术应用。加强水肥一体化等先进适用技术的示范应用，积极推进农业产业化和现代化。2012年，全市建成现代农业示范园区21个、现代畜牧业示范园区100个，优势水产品养殖示范园区55个，设施农业累计达到60万亩，农业龙头企业发展到440个，其中国家级和市级龙头企业达到152个，进入产业化体系的农户比重达到90%。

（二）加强海洋和海岸带防灾能力建设

制定实施《天津市海域海岛海岸带整治修复和保护规划（2011-2015）》，推进海岸带整治修复和海洋生态环境保护修复工作。在滨海新区汉沽大神堂村南部海域建立总面积为3400公顷的牡蛎礁国家级海洋特别保护区，积极推进海域生物资源恢复和生态环境整治修复。启动了塘沽、汉沽和大港沿海地区三个海洋环境监测观测站建设，以及天津古海岸与湿地国家级自然保护区七里海湿地核心区信息化监测、监视系统二期项目建设，建立完善基础海洋环境及海洋灾害监测预警体系，积极开展沿海警戒潮位核定工作。

（三）提高气象灾害监测预警应急能力

建成集多普勒天气雷达、地面自动气象站、风廓线雷达、微波辐射计、大气电场仪、闪电定位仪等为一体的高空、地面观测体系，海洋气象观测网和环境、交通、人工影响天气等专业气象观测站网建设进一步完善。地面自动气象站网平均站点间距城区小于4千米，郊区小于8千米。积极开展全市定量降水、灾害性天气的精细预报和潜势预报，以及雷电、大风、冰雹、暴雨等强对流天气落区短临预报业务。初步建立市级—区县—乡（镇）—村（街）四级气象灾害防御示范体系，推进由灾害性天气预报向灾害风险预报转变。加强气候可行性论证能力建设，积极参与重大项目气候变化论证，对重点项目建设和运行过程中可能出现的气象灾害进行评估，提出规避和减轻灾害的建议。

（四）强化卫生与健康工作

先后制定了《关于印发天津市卫生系统洪涝灾害救灾防病工作预案的通知》、《关于印发天津市雨雪冰冻灾害应急预案的通知》等应对极端天气卫生工作应急预案，下发《关于做好自然灾害卫生应急工作的紧急通知》、《关于做好高温中暑卫生应急工作的通知》、《关于做好冬季极端天气卫生应急工作的通知》等文件，对极端天气下的卫生应急工作进行全面部署。针对天津地区环境和疾病流行特点，深入开展空气污染、气候变化与健康等方面的科研工作，形成了《天津市空气污染、气象同相关疾病发生、死亡关系的分析》等报告，指导卫生与健康领域积极应对气候变化。

（撰稿：高迎春，天津市发展和改革委员会环资气候处）

2012年河北省应对气候变化和低碳发展报告

河北省发展和改革委员会

近年来，河北省委、省政府认真落实党中央、国务院关于应对气候变化的决策部署，将应对气候变化工作纳入经济社会发展全局，作为转变发展方式、调整经济结构的重大机遇，作为建设经济强省、和谐河北的重大举措，抓住关键、完善措施、健全机制，应对气候变化工作平稳起步。

为确保全省实现“十二五”节能减排约束性目标，缓解资源环境约束矛盾，应对气候变化，促进我省调结构、转方式，实现可持续发展，依据《河北省国民经济和社会发展第十二个五年规划纲要》和国家节能减排规划（2011-2015年）要求，制定河北省节能减排“十二五”规划总体目标，提出到2015年，全省万元GDP能耗比2010年下降18%（比2005年下降34.49%），单位GDP二氧化碳排放量比2010年下降19%，实现节能6620万吨，减排二氧化碳1.65亿吨，能耗总量得到有效控制；化学需氧量、氨氮、二氧化硫和氮氧化物排放总量分别控制在128.3万吨、110.14万吨、125.5万吨和147.5万吨以内，比2010年分别减少9.88%、12.7%、12.7%和13.9%。

2012年，2012年全省单位GDP能耗同比下降6.46%，超过计划目标2.8个百分点。”

一、全力以赴攻坚，强化节能支撑作用

一是严格跟踪督导。坚持规模以上工业用能月分析、全社会用电月会商、全省节能目标完成情况季通报制度，责令形势严峻的地区制定预警调控方案并适时启动，避免年底出现拉闸限电现象。2011年11月，省政府对完成全年任务难度较大的5个设区市给予了黄牌警示，对保障全省完成年度节能目标起到了重要作用。

2012年对“双三十”单位节能减排目标进行考核，参加考核的116个新老“双三十”单位全部完成节能目标任务，106个单位完成减排目标任务，其中新老“双三十”重点县(市、区)全部完成节能和减排目标任务。10家企业没有完成减排目标(包括新“双三十”单位8个，老“双三十”单位2个)，占参加考核重点企业数量的18%。从全年目标完成情况看，2012年度“双三十”单位共完成节能项目381项，实现节能量336.3万吨标准煤;完成减排项目1039项，削减化学需氧量40208.16吨、氨氮3568.99吨、二氧化硫52970.28吨、氮氧化物28632.22吨，扣除新增排放量后，与上年相比分别下降4.4%、4.85%、6.24%和5.94%。

二是实施重点工程。深入实施“双三十”节能减排示范工程，实行新老“双三十”单位统一推进、统一调度、统一考核，促其走在全省前列。组织制定《千家企业节能低碳行动方案》，开展专项节能监察行动，提升企业能源利用效率。谋划实施3255循环经济示范工程，选取3个设区市、20个县（市、区）、50家园区和50家企业开展循环经济试点，探索循环经济发展模式和有效途径。

三是抓好重点领域。组织“十佳绿色建筑”、“十佳绿色小区”评选表彰活动，开展“车、船、路、港”低碳交通专项行动，实施公共机构零待机能耗、绿色照明等工程，扎实推进建筑、交通、公共机构等重点领域节能降耗。2011年，共完成既有建筑节能改造项目1695.25万平方米，可再生能源建筑应用947.8万平方米。

二、加快调整步伐，优化产业、能源结构

一是严把准入关口。实行能耗增量控制，对拟建的没有能耗增量来源的高耗能项目，各级投资主管部门一律不得审批、核准和备案，所有新上工业项目必须采用国内最先进的技术工艺，必须按照循环经济理念考虑产业链延伸，必须达到同行业能耗先进水平，必须将能耗增量控制在核定范围内。

二是培育新兴产业。制定《河北省人民政府关于加快培育和发展战略性新兴产业的意见》，组织实施新能源及应用示范工程、信息产业升级工程等八大重点工程，着力提高战略性新兴产业对全省经济的支撑引领作用。2012年，全省规上高新技术产业增加值增速达15.6%，高于规模以上工业2.2个百分点，高新技术产业增加值达1301亿元，是2008年的2.5倍。

三是淘汰落后产能。2008年以来，共淘汰炼铁落后产能4131万吨、水泥落后产能11460万吨、炼钢落后产能2554万吨、平板玻璃落后产能4052万重量箱、焦炭落后产能882万吨,均完成或超额完成了国家下达的淘汰任务。

四是改善能源结构。大力发展新能源和可再生能源，组织实施大型风电基地建设、太阳能利用、生物质能开发利用、智能电网建设、煤炭清洁能源综合利用、新能源科技装备等八大工程，增加非化石能源占一次能源消费比重。2012年，全省风电、生物质（含垃圾）、水电发电量分别完成126.5亿千瓦时、18.1亿千瓦时、13.5亿千瓦时。可再生能源发电装机容量占全省装机容量比重达到15.8%。高参数大容量机组装机达到2991万千瓦，占全省火电装机容量比重达到74.8%。

三、点面有机结合，统筹协调推进

一是调低年均经济增速。囿于偏重的产业结构，河北经济增速与单位生产总值能耗和二氧化碳排放量之间存在着明显的“跷跷板”效应。为给节能降碳、调整转型提供必要空间，省政府将“十二五”生产总值增速由拟定的9%调低至8.5%，有效缓解了碳减排压力。

二是精心谋划思路措施。省政府印发实施了《河北省“十二五”控制温室气体排放工作方案》，明确控制温室气体排放的总体要求和主要目标，提出了强化统计核算、调整产业结构等八项重点任务，力促应对气候变化工作尽快开展起来。

三是抓好国家低碳试点城市建设。2011年，保定低碳试点市已拥有新能源企业200余家，销售收入达500亿元，被国家列为中国节能减排20佳城市。指导石家庄市、秦皇岛市编制了低碳试点工作实施方案，明确了低碳发展路线图和时间表，扎实推进低碳试点工作，两市已被列入国家第二批低碳试点城市，我省低碳城市试点数量也居全国前列。2012年扎实推进保定市、石家庄市、秦皇岛市国家低碳城市试点工作，选择11个小城镇、11个园区、11个社区、22家企业开展省级低碳试点，示范引领全省低碳经济发展。

四、完善体制机制，提升能力建设水平

一是健全领导体制。针对省节能减排和应对气候变化工作领导小组组长、副组长及成员单位主要负责同志变动等情况，及时调整和充实领导小组成员，建立了联系会议制度，为工作顺利开展提供了有力保障。

二是创新管理机制。深化企业能耗对标，发布《河北省部分用能行业能效对标指南》，在钢铁、水泥、电力、玻璃、焦化、合成氨、烧碱7个行业中，分行业、分类型各选3-5家企业开展“能效领跑企业”创建活动，引领行业能效水平的提高。建立气象灾害预警机制，在全省88个县政府印发了“气象灾害防御预案”，建立了汛期业务值班制度、气象灾害防御机制以及防灾联席制度。

三是开展理论研究。完成了《气候变化对华北水资源影响评估报告》、《气候变化对华北农业生产影响评估报告》和《河北省气候变化评估报告》，全面分析了气候变化对我省的影响，提出了有针对性的政策建议，为研究适应气候变化重大问题、制定政策措施提供理论支撑。

（撰稿：河北省发展和改革委员会资源节约和环境保护处）

2012年山西省应对气候变化和低碳发展报告

山西省发展和改革委员会

山西省是全国以高碳产业为特征的资源型经济的典型代表，应对气候变化工作面临巨大压力和严峻挑战。省委、省政府高度重视应对气候变化工作，把积极应对气候变化作为关系全省经济社会发展全局的重大议题纳入经济社会发展中长期规划，以建设“国家资源型经济转型综合配套改革试验区”为契机，围绕“转型跨越发展，再造一个新山西”的宏伟目标，努力转变经济发展方式，积极推进绿色低碳发展。

一、2012年应对气候变化工作

（一）出台政策法规，建立体制机制

出台《山西省“十二五”控制温室气体排放工作方案》，明确了“十二五”时期推进应对气候变化工作的总体要求和主要目标，分解下达各市控制温室气体指标，进行重点工作部门分工，提出控制温室气体排放的主要措施。成立了由省长任组长、30个部门主要领导为成员的“山西省应对气候变化工作领导组”，办公室设在省发改委，负责统筹协调和归口管理全省应对气候变化工作。省级相关部门建立了应对气候变化工作机制，负责本领域开展应对气候变化工作；各市县发改系统建立了应对气候变化工作的上下沟通机制。

（二）摸清家底，编制温室气体排放清单

启动省级温室气体清单编制工作，成立了清单编制工作组，制定了清单编制工作方案，明确了任务和要求。完成山西省2005和2010年温室气体清单初稿。

（三）先行先试，推动低碳发展试点示范

争取国家发改委正式批准晋城市为全国第二批低碳试点城市，并获得中国清洁发展机制基金250万元赠款。晋城市依托无烟煤和煤层气资源优势，积极推动煤层气开发和利用。太原市围绕改善省城生态环境特色化推进低碳示范工作，在全国首创引入大型企业参与城郊森林公园建设新模式，强力推进集中供热全覆盖、气化太原、城中村整村拆迁改造、污染企业搬迁、水污染治理等五大工程，狠抓工业污染治理、机动车尾气污染控制、扬尘污染控制、商品交易市场和饮食行业环境整治、垃圾和秸秆焚烧污染控制五项整治，温室气体排放大幅下降，有效促进了全社会低碳发展。

（四）突出重点领域，推进清洁发展机制项目开发

截止2012年底，国家发改委批准山西清洁发展机制项目共185个，预计年减排量达5569万吨二氧化碳当量；成功注册项目90个，预计年减排量为2863万吨二氧化碳当量；已签发项目共26个，预计年减排量为1878万吨二氧化碳当量。进一步加大了新能源和可再生能源类项目的开发力度，全年共有38个项目获得国家发改委批准，预计年减排量399.7万吨二氧化碳当量。

（五）加大支持力度，提升温室气体观测能力

为了更好地掌握全省不同区域温室气体浓度的时空变化，逐步建立全省温室气体浓度变化数据库，提高应对气候变化科学决策水平，省煤炭可持续发展基金投入800多万元支持了太原、临汾、大同三个温室气体观测站点的建设，同时，积极筹建五台山、晋城、朔州三个温室气体观测站点，推动全省温室气体观测站点11个市全覆盖。

（六）开展专项研究，夯实应对气候变化工作基础

启动了《建立山西省碳排放基础统计制度》课题研究，为逐步建立和完善碳排放统计核算体系奠定基础。开展了山西省2005和2010年省级温室气体清单、山西省应对气候变化规划思路和山西干旱缺水区适应气候变化对策和山西省煤层气开发利用控制温室气体排放方案等课题研究，为制定应对气候变化相关政策措施奠定了基础。

（七）立足长远，全面提高适应气候变化能力

加强流域管理和水资源调度工作，全面启动“两纵十横、六河连通”大水网建设工程；加强农田水利等基础设施建设，推进大型灌区改造、山区“一村一井”和粮食高产创建，加快发展现代农业；制定了《山西省气象灾害防御规划（2011-2020年）》，进一步建立健全气候变化监测与评估系统，加强对气候变化和极端气候事件的监测；组织实施健康山西战略，改善城乡生态环境，加强食品药品安全监管，积极发展体育运动，不断提高人民群众的生活质量和健康水平。

（八）加大培训力度，提高各级干部低碳发展能力素质

组织召开了全省应对气候变化工作培训会，主要就应对气候变化背景、气候变化科学与影响、我国应对气候变

化的国家战略和政策措施、国务院“十二五”控制温室气体排放工作方案解读等内容进行培训，为全面推进应对气候变化工作打下了良好基础。

二、2013年应对气候变化工作思路

2013年，山西省应对气候变化工作将围绕高碳产业低碳发展、黑色煤炭绿色发展、资源型产业循环发展的要求，认真落实《山西省“十二五”控制温室气体排放工作方案》中各项任务，重点抓好以下工作：

（一）强化规划引导，细化完善应对气候变化政策措施

按照国家要求，立足国际和国内大局，针对山西经济社会发展实际，抓紧完成山西省2010-2020年应对气候变化规划编制工作，梳理出未来十年全省应对气候变化及低碳发展思路。完成《山西省2005和2010年省级温室气体清单》，摸清全省温室气体排放家底。制定《山西省应对气候变化办法》及《山西省“十二五”控制温室气体排放工作方案》实施方案，稳步推进控制温室气体排放工作。

（二）突出比较优势，进一步深化全省低碳发展试点示范工作

以晋城市建设国家低碳试点城市为契机，努力将晋城市打造成全省低碳发展的模板，依托太原市率先发展的政策优势，强力推动低碳发展，发挥示范作用，并逐步扩大省级低碳城市试点范围。结合各地实际，突出比较优势，重点从低碳城市、低碳产业园区和企业、低碳社区、低碳商业等四个层面组织开展全省低碳试点示范工作，争取在全省形成一批特色鲜明的低碳市（县），建成部分具有典型示范意义的低碳园区（企业）和低碳社区，推广具有良好减排效果的低碳技术和产品，提升带动全社会绿色低碳发展水平。

（三）积极探索，加快建立碳排放交易市场建设步伐

按照国家发改委《温室气体自愿减排交易管理暂行办法》的有关规定，协调交易所按照有关规定筹集注册资本金，组织交易所及相关技术支持单位制定温室气体减排交易细则，积极向国家发改委申报备案，适时推动全省碳排放权交易活动的开展。

（四）加强监督管理，扎实做好应对气候变化基础课题研究

重点推进山西省煤层气开发利用控制温室气体排放方案研究、山西省主要工业行业碳减排方案设计及监管机制研究、山西省温室气体排放数据库建设研究、350MW富氧燃烧发电碳排放利用封存（CCUS）工程可行性研究等中国清洁发展机制基金赠款项目，加快建立山西省碳排放基础统计制度等重点课题实施进度。

（五）加强低碳宣传，倡导绿色低碳生活

以“全国低碳日”为契机，宣传低碳理念和低碳行动。充分利用报纸、电视、网络、户外平面广告等媒体普及低碳知识，传播生态文明，引导城乡居民树立绿色低碳的价值观、生活观和消费观，鼓励大家践行低碳生活方式，营造良好的舆论氛围和社会环境。加强以应对气候变化为主题的相关培训，提高各级政府领导干部、企事业单位决策者的应对气候变化意识，建立和培养具有较高应对气候变化意识的干部队伍。

（撰稿：武东升、李琳、王浩、胡惠东，山西省发展和改革委员会应对气候变化处）

2012年内蒙古自治区应对气候变化和低碳发展报告

内蒙古自治区发展和改革委员会

内蒙古自治区党委、政府高度重视应对气候变化工作，将应对气候变化工作作为经济社会发展全局的重要内容，纳入经济社会发展中长期规划，以创新驱动、转型发展为着力点，树立绿色、低碳发展理念，采取有力措施，积极应对气候变化，增强可持续发展能力，应对气候变化和低碳发展工作取得了积极进展。

一、2012年前内蒙古应对气候变化和低碳发展简况

（一）建立应对气候变化工作组织机构

按照国家的统一部署和安排，为了推进应对气候变化工作，自治区人民政府于2007年成立了由自治区主席任组长，分管副主席任副组长，26个相关部门为成员单位的自治区应对气候变化工作领导小组，办公室设在自治区发展改革委，办公室主任由自治区发展改革委主任兼任，副主任由内蒙古气象局局长兼任。主要负责组织贯彻落实国家应对气候变化的重大战略、方针和政策，统一部署自治区应对气候变化工作，统筹协调解决自治区应对气候变化工作中的重大问题。

（二）制定相关政策性文件

为了加强对全区应对气候变化工作的指导，自治区人民政府相继印发了《内蒙古自治区应对气候变化实施方案》、《内蒙古自治区“十二五”节能减排综合性工作方案》、《内蒙古自治区“十二五”气象事业发展规划》、《内蒙古自治区环境保护“十二五”规划》、《内蒙古自治区重金属污染防治“十二五”规划》，这些文件的出台为应对气候变化工作提供了行动指南。启动了《内蒙古自治区“十二五”应对气候变化规划》编制工作。

（三）发展可再生能源

依托丰富的风能资源，内蒙古加快调整优化能源消费结构，降低能源消费的二氧化碳排放，加大新能源和可再生能源开发力度。出台了《内蒙古自治区“十一五”风力发电发展规划及2020年远景目标》、《内蒙古“十二五”风电发展及接入电网规划》、《内蒙古风能资源开发利用管理办法实施细则》风电装机容量和发电量快速增长。至2011年底，内蒙古并网大型风力发电装机容量突破1456万千瓦，居全国第一。积极打造蒙西、蒙东两个千万千瓦级风电基地，在太阳能资源富集地区建设一批兆瓦级并网太阳能光伏发电基地，提高非化石能源发电比重。研究开展分散式能源试点，就地消纳，解决边远地区用能问题。

（四）控制温室气体排放

强化对工业生产过程、农业活动、废弃物处理等领域的温室气体排放控制。加大了燃煤锅炉脱硫改造力度，全区火电机组（含燃用低硫煤机组）率先在全国实现了全部脱硫；对全区火电机组烟道路旁挡板实行了铅封，按照国家主要污染物总量减排的有关要求逐步取消烟气旁路，切实杜绝了二氧化硫的直排、偷排现象。在农牧区大力推广沼气技术，2011年，全区沼气用户累计达到57.6万户。

（五）发展循环经济

内蒙古依托资源优势，着力推进产业多元、产业延伸和升级，发展循环经济。以贯彻实施《中华人民共和国循环经济促进法》、《中华人民共和国清洁生产促进法》、《中华人民共和国节约能源法》和《国务院关于加快发展循环经济的若干意见》等法律、法规和文件为出发点，研究探索循环经济发展路径及由高碳向低碳发展思路，加快转变经济发展方式，逐步由资源型经济向非资源型经济发展，加大产业结构调整力度，以重点行业和领域为突破口，抓好存量的改造升级和增量的示范带动作用。截至2011年底，全区共有62个循环经济试点园区（企业），其中，国家级循环经济试点单位7个，自治区级循环经济试点单位55个，1个循环经济示范城市。

（六）推进清洁发展机制项目

内蒙古除了拥有丰富煤炭、天然气等常规能源外，风能、太阳能资源也非常丰富，温室气体减排潜力较大,开展CDM合作的市场前景广阔。为此内蒙古以风能为重点，积极推进清洁发展机制项目，参与国际温室气体减排交易。截至2011年底，内蒙古共有285个清洁发展机制(CDM)项目获得国家发展改革委批准，其中有182个项目在联合国获得注册，73个项目获得签发“经核证的减排量”(CER)。

二、2012年内蒙古应对气候变化和低碳发展情况

（一）调整内蒙古自治区应对气候变化工作领导小组

面对新形势、新任务，2012年自治区政府根据实际工作需要适时对自治区应对气候变化工作领导小组组成人员

进行了调整，确保了全区应对气候变化各项工作的有序开展。

（二）召开全区应对气候变化工作电视电话会议

为了控制温室气体排放，加强应对气候变化工作，推进低碳发展，自治区人民政府于2012年4月20日召开了“全区应对气候变化工作电视电话会议”。自治区领导对2012年以及“十二五”时期的应对气候变化和低碳发展工作做出了重要部署，要求全区各盟市、各部门充分认识做好应对气候变化工作的重要意义，将应对气候变化作为经济社会发展的一项长期战略性任务来抓，切实加强对应对气候变化工作的组织领导，认真贯彻落实好国家和自治区对应对气候变化和低碳发展工作的要求，进一步提高工作能力和水平，做好重点领域具体工作，确保完成我区“十二五”碳排放下降16%的目标任务。

（三）抓好规划编制工作

按照以“科学发展，富民强区”为中心任务，以“调结构、转方式”为主线，以机制创新和科技创新为动力的总体思路，围绕全面打造清洁能源基地、新型化工基地、有色金属生产加工基地和绿色农畜产品生产加工基地，培育循环经济产业链，建设循环经济集聚群，发展循环经济典型特色模式，建立政府推动、市场引导、企业实施、公众参与的循环经济发展长效机制的目标，积极推进《内蒙古自治区“十二五”循环经济发展规划》编制工作，努力构建资源节约型和环境友好型社会，促进内蒙古经济社会又好又快发展。争取到2015年，实现初步建立起循环经济发展法规政策体系、科技支撑体系；培育一批循环经济试点示范企业、园区和城市，逐步形成以循环经济模式为核心的农牧业、工业、服务业新型产业体系，基本形成公众广泛参与的循环型发展的社会氛围；能源和资源保障能力提高，生态环境得到改善，资源利用水平显著提高，可持续发展能力增强，主要资源产出率比“十一五”末提高15%。

《内蒙古自治区“十二五”应对气候变化规划》编制工作已于2011年正式启动，在统筹我区当前与长远发展、经济社会发展与应对气候变化工作两个方面，坚持减缓与适应并重的原则下，确定调整产业结构、优化能源结构、逐步构建低碳产业体系、促进低碳消费、增加碳汇、增强适应气候变化能力为重点任务，以重点工程为依托，以科技进步和制度创新为动力，以建立应对气候变化政策法规体系等为保障，探索具有地区特色的低碳发展道路，有效控制温室气体排放。到2015年，逐步实现产业结构优化升级，非资源型产业比重显著提高，电力、冶金、建材等资源型产业逐步转型升级，服务业占地区生产总值比重提高到40%以上；能源结构得到优化，原煤产量控制在10亿吨，非化石能源占一次能源消费比重达到5%；节约能源取得明显成效，全社会节约能源6000万吨标准煤左右，既有建筑供热计量和节能改造达到5000万平方米以上；能源效率得到提高，单位地区生产总值能耗下降15%；碳排放强度下降，到2015年万元国内生产总值二氧化碳排放下降16%；森林、草原和湿地碳汇功能得到增强，全区森林覆盖率达到 21.5%，活立木蓄积量达到14.1亿立方米，草原植被盖度达45%以上，新增湿地自然保护区面积约375万亩，建成区绿化覆盖率达到35%。

（四）完成内蒙古自治区温室气体清单编制工作

围绕控制温室气体排放这一中心任务，自治区应对气候变化工作领导小组办公室积极发挥协调员的岗位作用，召集领导小组各有关各成员单位，不定期召开成员单位协调会，积极开展工作，共同推进内蒙古自治区温室气体清单编制工作。目前，清单编制工作基本完成，等待国家验收。清单编制工作的完成，为我区有效控制温室气体排放，实现到2015年单位地区生产总值二氧化碳排放比2010年下降16%的目标任务，奠定了坚实的理论和数据基础。建立温室气体排放清单数据库，整理和汇编内蒙古自治区温室气体清单数据，加强温室气体排放统计核算工作，逐步建立温室气体排放基础统计制度，将温室气体排放基础统计指标纳入政府统计指标体系。

（五）推进低碳试点工作

抓住国家进一步扩大低碳省区和城市试点范围的有利时机，积极探索具有本地区特色的低碳发展模式。编制完成了《呼伦贝尔市低碳试点工作实施方案》，呼伦贝尔市被确定为国家第二批低碳试点城市，开展试点工作；加快建立以低碳为特征的工业、建筑、交通体系，自治区人民政府于2012年批准建设乌海经济开发区低碳产业园。推动低碳产业园区、低碳社区、低碳商业试点示范工作。

为了进一步探索低碳发展经验，理清低碳发展思路，推动区域低碳发展研究，开创具有地区特色的低碳发展道路，按照国家发展改革委的要求，积极推动我区额尔古纳市申报中国低碳发展宏观战略案例研究县。自治区政府着力将额尔古纳市打造成为“生态、低碳、绿色、可持续发展的高端旅游城市”。2012年3月18日至21日，亚洲最大的生态低碳湿地城市发展专家会议在额尔古纳市召开。来自世界各地和国际组织的近30位权威专家对额尔古纳市城市总体规划进行了论证和探讨，通过并发布了“额尔古纳宣言”。会议围绕绿色低碳建筑设计、整合土地使用与总体规划、水资源与环境保护生态技术、生物多样性及湿地保护、可持续城市发展等议题进行了深入研讨。

（六）开展应对气候变化宣传、倡导绿色循环低碳发展利用一年一度的节能宣传周和“世界环境日”主题活动，充分发挥媒体的舆论导向和监督作用，大力宣传和普及节能低碳知识，推广高效节能低碳技术和产品，全方位，多角度宣传绿色、低碳的生产、消费模式。

积极参加由国家发展改革委牵头组织在青岛市举办的第二届中国国际循环经济成果交易博览会。本届博览会内蒙古以“循环低碳，内蒙古腾飞”为主题，制定了参展方案，分设了煤基产业新模式、矿业开发新跨越、生态农业新发展、再生资源利用新突破和稀土产业新提升等五个专业展区，布设了61块展板、3个模型和若干实物，并制作了宣传画册和音像光盘。内蒙古共有7个园区、19家企业参展，集中展示我区依托煤、发展煤、延伸煤的煤基多元发展新战略、发展绿色矿山采选冶炼加工典型模式、推进农牧业现代化进程中工农牧产业链条耦合循环取得的新成果、开展再生资源综合利用取得的新突破，重点展示了稀土这一战略性稀缺资源开发应用的新产品、新技术。从企业小循环、园区中循环、区域大循环全方位诠释内蒙古在经济社会发展中贯彻循环经济理念取得的新成就。本届博览会，内蒙古代表团被组委会授予“优秀组织奖”。通过展示宣传展示，践行了自治区“走出去，引进来”的发展方略，提升了全社会对发展循环经济的认识水平。

（七）强化国际合作

截至2012年底，内蒙古累计共有367个清洁发展机制(CDM)项目获得国家发展改革委批准，其中有332个在联合国注册，156个获得签发“经核证的减排量”(CER)；广泛开展应对气候变化区域合作，参加由英国政府战略规划基金（SPF）资助的“省市级实施气候变化战略能力建设”；参与中英瑞“中国适应气候变化项目”（ACCC），针对气候变化对农业、水资源、草地畜牧、灾害、人体健康的影响，探索适应气候变化的手段和政策措施开展相关研究活动，加强气候变化对粮食生产、畜牧业、沙漠化、湿地、水资源等影响的分析评估研究。

（八）提高重点领域适应能力

1．农业领域。加强农业基础设施建设，改善农业生产条件，我区连续实施百亿斤粮食增产工程、四个千万亩节水灌溉工程、土地整理工程、节水增粮行动，使农业生产条件明显改观；继续转变农牧业增长方式，推进农牧业结构调整和科技进步，进一步提高农牧业综合生产能力，加快灌区节水改造步伐，增强了农业生产的抗灾减灾能力；引进和培育适应结构调整需要、市场需求和适应气候变化影响的优良品种，提高单产，增加总产，优质杂粮和经济作物的品种品质在结构调整中调优调强，为农业增效、粮食增产和农民增收做出了重要贡献，增强了农牧业适应气候变化的能力；继续提高防灾减灾应急能力，准确监测、及时发布预警，及时启动病虫防控应急预案，防控工作效果明显，对稳定农业生产起到了重要的作用。

2．水利领域。防洪减灾体系不断完善。大江大河及主要支流建成堤防近6000公里，建成大中小型水库500多座，建成各类水闸100多座，建设蓄滞洪区10个，为保护人民财产提供了基础保障；抗旱能力不断加强。适应气候变化的科技水平显著提高，编制了内蒙古自治区抗旱规划和实施方案，建成旗县级抗旱服务组织91个，灌溉机电井40多万眼，取水泵站2000多处，总灌溉面积达6000万亩。积极推广旱作节水技术，培育抗旱新品种，加强抗旱水源工程建设，增强农业防灾减灾和综合生产能力。水利适应气候变化能力显著提高。

3．气象领域。《内蒙古自治区“十二五”气象事业发展规划》提出，到2015年初步建成适应需求、结构完善、布局合理、功能先进的气象现代化体系。监测预报的准确性、灾害预警的时效性、气象服务的主动性、防范应对的科学性进一步提高。特色气象服务达到全国一流，气象事业整体发展水平进入全国先进水平的总体目标要求。近年来，在气候变化及影响评估科学研究方面做了大量工作。开展了气候变化对华北区域草原生态及畜牧业影响评估、气候变化对华北农牧交错带影响评估工作；分析了气候变化对内蒙古自治区农业、牧业、森林、水资源、农牧交错带等的影响，完成了气候变化对内蒙古自治区影响评估报告；参加了“中国应对气候变化”项目内蒙古课题组研究工作，编写了“十二五”期间草原牧区应对气候变化政策咨询报告；开展了黄河流域气候变化评估工作，完成了气候变化对黄河流域凌汛期影响的分析工作；开展了气候变暖对内蒙古地区采暖期及能源需求影响研究，建立了“采暖能耗定量影响评价服务平台，并已在我区部分地区推广应用。

4．卫生领域。印发了《内蒙古自治区卫生事业发展第十二个五年规划纲要》（内政发［2012］56号），围绕建立基本医疗卫生制度的目标，按照“公共卫生服务、医疗服务、医疗保障、药品供应保障”四大体系和“管理、运行、投入、价格、监管、科技与人才、信息、法制”八大支撑的总体构架，启动“健康内蒙古”建设工作，着重推进公共卫生服务、基层医药卫生、区域医疗救治、卫生人才队伍、医药卫生信息、蒙中医药服务体系建设。加大对农牧区卫生、社区卫生和精神卫生的投入，加强重大疾病以及突发公共卫生事件预测预警和处置能力建设，健全促进卫生事业发展的长效保障机制。为研究制定适应气候变化的政策和措施提供技术支持。

5．林业领域。“十二五”期间，我区林业生态建设继续以“建设祖国北方重要生态屏障”为目标，坚持生态建设与发展地区经济、促进农牧民增收相结合，以国家天然林保护、退耕还林、京津风沙源治理、三北防护林体系建设、速生丰产林基地建设、野生动植物保护和自然保护区建设以及森林生态效益补偿等林业生态重点工程项目为主体，义务植树和社会造林并举，积极鼓励和支持社会各类主体参与生态建设，不断加大生态建设和保护力度，取得了明显的生态、经济和社会效益。2011-2012年，全区累计完成林业生态建设面积2200多万亩，年均建设任务1000多万亩，约占全国的十分之一。我区森林面积和蓄积持续增长，荒漠化和沙化土地面积持续减少。五大沙漠周边重点治理区域沙漠扩展现象得到遏制，沙漠面积相对稳定；五大沙地林草盖度均有提高，沙地向内收缩。科尔沁沙地、毛乌素沙地生态状况呈现区域性逆转，重点治理的浑善达克沙地生态建设成效显著。一些地方初步形成了乔灌草、带网片相结合的区域性防护林体系，全区近8000万亩农田、1.5亿亩基本草牧场受到林网的保护，2.6亿亩风沙危害面积和1.5亿亩水土流失面积得到了初步治理。

三、当前应对气候变化和低碳发展工作面临的困难和问题

（一）资源环境约束和应对气候变化的压力日益加大

受资源禀赋和所处发展阶段等因素影响，我区经济增长对资源的依赖程度较高，产业结构重型化特征明显，要改变欠发达的基本区情，需要进一步提升综合经济实力，保持经济较快增长。目前我区经济发展方式尚未根本改变，发展的资源成本、环境代价和物质消耗较大，并且随着工业化、城镇化进程的加快、经济总量的不断扩大和居民消费结构持续升级，我区能源消费和温室气体排放将继续增长，资源和环境还将面临更大的压力。对能源消费和碳排放控制提出了更高的要求。

（二）节能减排成本逐渐加大，空间逐渐缩小

“十一五”期间，通过加大政府投入、实行优惠政策、实施重点工程、推进落后产能淘汰和节能技改等一系列强有力措施，圆满完成了节能及安排各项目标任务。目前，主要耗能产业淘汰落后产能任务基本完成，污染减排设施已陆续投入运营，能够很快取得成效的项目很少，进一步拓展节能减排空间的成本会越来越高，难度越来越大，继续提高节能减排水平的空间越来越有限。

（三）重点领域适应气候变化的能力有待进一步加强

我区地处干旱和半干旱地区，受气候变化影响明显。气候变暖和极端气候事件的增多，对森林、草原和湿地等自然生态环境系统、生物多样性、农牧业生产都将产生一定程度的不利影响或威胁，温度升高还将加剧部分地区的水资源紧张状况。平衡经济发展与生态环境保护，坚持人与自然和谐发展，恢复和修复森林、草原、湿地的生态系统功能，增强气候变化适应能力和抵御气候灾害能力，是全区农牧业经济发展需要面对的长期挑战。

（四）政策宣传仍需深入开展，低碳意识和理念有待提升

减缓温室气体排放，适应气候变化，涉及经济社会的许多领域、部门，应对气候变化工作的有效开展离不开各级政府、各有关行业和社会公众的积极支持、配合和参与。尽管，目前利用每年“节能宣传周”和“世界环境日”有关部门组织开展了大量科普宣传和动员活动，各类媒体也做了很多报道，但是很多企业和民众低碳行动的自觉性和主动性不强，全社会的参与度还不够。还需要采取多种渠道和手段开展应对气候变化科学知识的宣传教育，强化学习培训。

（撰稿：迟瑞平、马国爱、苏治国，内蒙古自治区发展和改革委员会资源节约和环境保护处）

2012年辽宁省应对气候变化和低碳发展报告

辽宁省发展和改革委员会

辽宁省作为中国老工业基地，正处于全面振兴的重要战略机遇期，工业化、城镇化步伐不断加快。作为国家首批低碳试点地区，生态环境日益改善。2012年，在省委省政府的正确领导下，在国家发展改革委的大力支持和指导下，全省上下积极努力，应对气候变化和低碳发展工作进展顺利，成效显著。

一、应对气候变化和低碳发展简要回顾

辽宁省作为工业大省、能源消费大省，应对气候变化和低碳发展面临巨大压力，积极推动应对气候变化，加快转变经济发展方式、实现可持续发展是辽宁经济社会发展的一项长期战略任务。

一是建立健全管理体制和工作机制，为全省应对气候变化提供有效的组织保障。2009年9月，辽宁省发展改革委在全国率先设立了应对气候变化处，进一步强化了应对气候变化工作的管理。当年12月，成立了辽宁省应对气候变化及节能减排工作领导小组，由省长任组长，36个省直相关部门为成员单位，统筹组织、协调、部署全省应对气候变化及节能减排工作。2011年2月，组建了由省内相关领域权威科研机构参加的应对气候变化课题组，长期负责温室气体清单编制及相关科研课题研究等技术性工作。

二是陆续出台相关政策文件，为全省应对气候变化提供可靠的政策保障。2009年9月，以省政府文件印发《辽宁省应对气候变化实施方案》，明确了全省应对气候变化的工作目标、主要任务及保障措施等。2011年8月，以省政府办公厅文件印发《辽宁省应对气候变化"十二五"规划》，确定了"十二五"时期全省应对气候变化的发展目标、工作任务及保障措施等。

三是统筹部署全省低碳试点工作，扎实开展低碳试点省建设。2010年7月，辽宁被列为国家首批五省八市低碳试点地区之一。省委省政府高度重视，很快在全省范围内正式启动试点工作，分别以会议和文件形式部署工作，统一认识，积极行动。并于当年10月，在省应对气候变化及节能减排工作领导小组上加挂辽宁省低碳试点工作领导小组牌子，形成由领导小组统一领导，省发展改革委归口管理，成员单位分工负责，各市、行业广泛参与的低碳试点工作机制。精心编制了《辽宁省低碳试点工作实施方案》，对试点工作进行总体部署。确定鞍山市为全省低碳试点城市，推动典型示范建设，并逐步开展低碳园区、社区、企业等的典型示范工作。

四是不断深化基础性工作，夯实工作基础。先后举办5次大型专题培训，覆盖全省14个地级市、100个县（市、区）发展改革系统及省直相关部门300多人次；承办国家发展改革委气候司宏观经济研究院与美国能源基金会开展的"低碳发展方案编制基本原理与方法"项目合作地方官员培训会辽宁专场，邀请国际、国内低碳领域的知名专家进行现场授课。完成了《辽宁省低碳发展规划思路研究》等多项课题研究。

五是积极推进清洁发展机制（CDM）项目建设，促进CDM项目发展。从2006年我省上报第一个CDM项目起，到2011年底，国家批准我省CDM项目共计118个，年减排量总计3025万吨二氧化碳当量。在CDM执行理事会（EB）成功注册的项目59个，获得签发的项目20个，累计签发量4471万吨二氧化碳当量。

二、2012年应对气候变化和低碳发展措施与成效

不断转变经济发展方式，优化产业结构、改善能源结构、推动节能降耗、实施绿化工程，应对气候变化和低碳发展取得良好成效。

（一）产业结构调整取得新进展

面对老工业基地振兴的艰巨任务，辽宁省坚持走科学发展道路，不断加大科技创新力度，引领产业结构升级，努力提升产业丰厚度，结构调整取得新进展。

一是工业结构调整步伐加快。全省规模以上工业增加值增长9.9%。支柱产业发展较快，拉动作用突出，装备制造业增加值增长9.8%，重点产业集群发展较快，销售收入超百亿集群达到75个，超千亿集群达到4个，全年产业集群实现销售收入2.45万亿元，占工业销售收入的比重达到50%。战略性新兴产业加快培育，沈阳国家航空产业基地、本溪生物医药产业基地等建设进展顺利。

二是高技术产业发展态势良好。推进以企业为主体、市场为导向、产学研用相结合的技术创新体系建设，新建省级重点实验室21家、工程技术研究中心35个，新认定8家省级产业技术创新战略联盟。组织开展关键技术攻关，攻克100项重大关键技术，开发出双模式硬岩掘进机等50余项重大产品，有效地推动了创新能力建设。高新技术产业发展加快，高新技术产品增加值增长18.7%。

三是服务业快速平稳增长。2012年服务业增加值占全省生产总值的比重达到37.5%，136个服务业集聚区建设加快推进。以信息传输、计算机服务和软件业，金融业，房地产业，租赁和商务服务业等为代表的现代服务业成为新的增长点。以先进装备制造、电子信息、生物医药、新材料、新能源、汽车关键零部件等新兴技术领域为特色的大批产业基地业已形成，为生产性服务业发展配套提供了有力支撑。

（二）能源开发利用取得新成效

2012年，全省能源领域继续保持良好发展态势，支撑能力进一步提升，非化石能源开发进程加快。

一是大力发展风电。截至2012年底，全省风电装机容量达到475万千瓦，比去年同期增长近20%；风电装机比重达到12%，比去年同期增加1个百分点。全省101万千瓦风电项目列入国家“十二五”第二批风电项目核准计划，列全国第五位。核准并开工建设省内首个风电储能示范项目——龙源法库卧牛石风电场储能示范工程项目。

二是积极开发太阳能、生物质发电。核准并开工建设3个光伏发电金太阳示范工程项目，装机1.35万千瓦。3项生物质发电工程，装机5.1万千瓦竣工投产。加快推进5个光伏发电工程项目的前期工作，装机5万千瓦。

三是安全有序发展核电。红沿河核电一期工程进展顺利，首台机组进入并网调试阶段。红沿河核电二期工程、徐大堡核电一期工程前期工作取得实质性进展，预计在“十二五”期间开工建设。四是绿色能源示范县建设取得重大进展。法库、昌图绿色能源示范县实施方案被列入国家第二批获得批复的绿色能源示范县建设实施方案，共有5项工程被列入中央财政资金支持项目。

（三）节能降耗取得新进步

2012年我省节能减排工作不断加大推进力度，采取了一系列强有力的政策措施，节能减排工作取得显著成效。

一是制定了《2012年全省节能减排工作实施方案》，将节能工作目标任务逐一落实到各市、省直有关部门和重点用能单位。二是印发了《辽宁省“十二五”单位GDP能耗考核体系实施方案》，对各市年度节能目标完成和政策措施落实情况进行了考核。三是全面启动了“万家企业节能低碳行动”。按照国家要求，从工业、交通运输、商贸、教育等领域选取了524户企事业单位，印发了《万家企业节能目标责任考核实施方案》。四是全面实施固定资产投资项目节能评估和审查制度。完成审查节能评估文件371个，审查备案节能登记表1214个。五是积极推进产业结构调整和优化。实施淘汰落后产能，对高耗能行业中的淘汰类和限制类企业实行了差别电价。六是着手建立节能预测预警系统和重点用能单位的能耗在线监测系统，夯实节能基础工作。

（四）生态环境建设实现新突破

在抓好三北、退耕和沿海防护林国家重点生态工程的基础上，全省重点抓好大规模造林规划任务、“小开荒”还林、退坡地还林、阜新200万亩荒山荒坡造林绿化工程、“万村万树”、森林经营和防沙治沙等工程。2012年，全省完成造林绿化作业面积808万亩。2012年全省森林覆盖率达到40.23%，森林蓄积量达到3.01亿立方米。全省已有634块3.68万亩的闭坑矿，132块0.77万亩生产矿场得到有效地治理，效果非常明显，迈出了矿山边开采边治理，先治理后开采的重要一步。铁路、公路建设破坏的山体已由责任主体进行有序治理。全省及12个市成立了青山治理领导机构和工作机构。

三、加强应对气候变化能力建设

辽宁省高度重视应对气候变化基础性工作，不断强化能力建设，夯实工作基础。

（一）完善相关政策规划

一是2012年3月，省政府办公厅印发《辽宁省国家低碳试点工作实施意见》，将国家发展改革委批准的《辽宁省低碳试点工作实施方案》中的目标任务进行了分解落实。二是2012年7月，制定了《辽宁省十二五控制温室气体排放实施方案》，为完成“十二五”碳强度下降约束性指标打下基础。三是编制《辽宁省低碳发展规划》，对试点工作统筹规划，科学布局。

（二）编制温室气体排放清单

一是辽宁省作为国家省级温室气体排放清单编制试点地区之一，在国家发展改革委的统一部署和指导下，编制完成《辽宁省2005年省级温室气体排放清单》，于2012年7月通过国家“973气候变化专项分课题”验收。二是启动2005、2010年市级温室气体排放清单编制工作，现已形成初稿。三是组织编制2010年省级温室气体排放清单，已形成初稿。四是组织相关部门，开发建设辽宁省碳排放信息数据库及数据分析系统，健全温室气体排放数据管理机制，逐步将温室气体排放管理工作常态化。

（三）加强应对气候变化国际合作

一是不断推进清洁发展机制（CDM）项目合作。认真履行CDM项目初审职责。2012年，国家批准我省CDM项目37个，年减排量335万吨二氧化碳当量。在CDM执行理事会成功注册的项目43个，获得签发的项目33个，新增签发量1889万吨二氧化碳当量。开发建设“CDM项目管理系统”，不断完善CDM项目的规范化管理，预计今年年底建成。二是积极参与国际交流与合作。积极参加由国家发展改革委组织、四省参加的与世界银行合作的“中国应对气候变化技术需求评估”项目，借鉴国外先进经验，掌握国际最新动态。开展与意大利阿兹亚环境股份公司在应对气候变化特别是CDM项目开发上的业务交流。此外，还积极参加了国家发展改革委组织的境外业务培训与研讨。

（四）组织课题研究

组织省内外相关研究机构，先后开展了《辽宁省应对气候变化“十二五”规划思路研究》、《辽宁省低碳发展实践路径研究》、《辽宁碳排放权交易机制体系研究》、《辽宁省“十二五”控制温室气体排放目标考核体系研究》等课题。

（五）开展业务培训

2012年，举办了两期专题业务培训。人员涉及全省14个地级市、100个县（市、区）发展改革系统从事应对气候变化工作的主管领导和处科室人员100多人次。内容包括低碳发展思路研讨、温室气体排放清单编制方法等。

（六）扩大宣传普及

一是开展了一年一度的节能宣传周、世界环境日等主题宣传活动，提高全社会的认知度。二是结合应对气候变化的工作需要，辽宁省应对气候变化领导小组办公室不定期出版工作简报，及时报道应对气候变化工作进展情况、最新动态等，不断加强全社会特别是决策部门对应对气候变化的重视度。2012年共出版发行简报10期，每期发送250余份，包括国家相关部门，省内主要领导及相关部门等。针对热点话题，举办相关讲座、报告会等。

四、下一步工作目标

努力推动低碳发展，积极探索符合辽宁发展实际的绿色低碳之路，是全省应对气候变化的突出工作任务。下一步将围绕《辽宁省低碳试点工作实施方案》，不断夯实工作基础，继续完善体制机制，全力推进低碳典型示范建设，积极探索行之有效的低碳发展模式，切实做好国家低碳试点工作。

一是有效实施“十二五”规划。按照《辽宁省应对气候变化“十二五”规划》确定的目标任务，紧密结合国家总体规划的指导方针和工作要求，落实目标责任，组织贯彻实施，促进全省经济结构不断优化，保持经济社会可持续发展。

二是继续深化低碳试点工作。按照国家低碳试点工作要求，不断深化试点工作，逐步探索有利于低碳发展的政策体系、体制机制，加快建立以低碳为特征的产业体系和消费模式，重点推进低碳城市、园区、社区、企业等的典型示范建设。

三是持续加强能力建设。继续开展课题研究，分期举办专门业务培训，不断强化温室气体排放基础数据管理，完成温室气体排放信息数据库开发建设工作，加快形成温室气体排放数据管理工作的制度化、常态化。继续加强应对气候变化国际合作。

四是探索建立碳排放交易体系。借鉴国际和国内碳排放交易体系建设试点地区的经验，结合老工业基地实际，推进碳排放权交易体系探索工作。

（撰稿：杨俊峰，辽宁省发展和改革委员会应对气候变化处）

2012年吉林省应对气候变化和低碳发展报告

吉林省发展和改革委员会

吉林省委、省政府认真贯彻落实党的“十八大”精神，坚持以科学发展为主题，以转变经济发展方式为主线，以提高经济质量为中心，以建设资源节约型和环境友好型社会为目标，不断加大应对气候变化工作力度，突出重点工作、落实目标责任、强化工作措施、加强组织推动、形成工作合力，全面推进我省应对气候变化工作进程，应对气候变化工作取得成效。2012年全省单位GDP二氧化碳排放同比下降7.26%；单位GDP能耗同比下降7.36%；主要污染物化学需氧量、氨氮、二氧化硫及氮氧化物排放量分别同比下降4.51%、3.22%、2.35%、4.77%；单位GDP二氧化碳排放强度同比下降7.29%，超额完成各项目标任务。

一、采取综合措施减缓气候变化

（一）全面落实“十二五”温室气体减排目标

“十二五”期间，国家下达我省单位GDP二氧化碳减排指标为17%，我省高度重视，将这一指标作为约束性指标纳入我省“十二五”规划。省政府将这一指标分年度、分地区下达到我省的九个市（州），并出台了《吉林省“十二五”控制温室气体排放工作实施方案》,对控制温室气体排放工作提出了具体明确要求，对完成二氧化碳减排指标，实现低碳发展起到了推动作用。2013年5月，国家发改委对我省2012年控制温室气体排放目标责任进行了现场评价考核，我省被评价为良好等级。2013年6月26日-7月8日，受省政府委托，由省发改委、省工信厅、住建厅、统计局、交通运输厅、林业厅、环保厅、住建局等部门组成考核组，对全省各市（州）2012年度控制温室气体排放目标责任进行了现场评价考核。经考核，2012年全省九市（州）均完成了省政府下达的减碳目标任务，为全面完成“十二五”单位GDP二氧化碳减排任务奠定了坚实基础。

（二）大力开展节能减排

节能降耗对实现二氧化碳减排具有重要的支撑作用。我省通过大力开展节能减排，努力减缓温室气体排放。一是全面推进结构节能减排，加快淘汰钢铁、水泥、造纸、玻璃等行业落后产能步伐，全省淘汰落后产能任务全面完成。二是有效推进管理节能减排，按照国务院要求，编制了《吉林省“十二五”节能减排综合性实施方案》。同时，严格执行节能评估和审查制度，合理控制能源消费总量。三是扎实推进工程节能减排，重点实施了十大节能工程，形成较为显著的节能能力。加大资金投入力度，省财政每年安排节能减排专项资金1.3亿元，重点支持节能、环保、减碳重点工程建设。四是着力促进工业、建筑、交通、商务流通、农业及机关等重点领域节能减排，以点带面推动全社会实现提高能效，减少排放。特别突出的是“暖房子”工程，实现了美化城市、节能降耗、减少二氧化碳排放、提高人民生活水平的多重目标。截止到2012年底，全省累计新增城市供热能力2.2亿平方米，撤并小锅炉3418座，改造陈旧管网5319公里，既有居住建筑节能改造9200万平方米，累计节约标煤265万吨，减少二氧化碳排放694万吨。

（三） 进一步优化能源结构

我省在节约能源的同时，加大了新能源领域的政策和资金投入，使全省能源结构得到进一步优化。一是大力发展清洁能源。积极在我省风力资源丰富的地区，建设以大安海坨49.5兆瓦、洮南50兆瓦、镇赉30兆瓦为主的一批风力发电项目，推进生物质发电项目，稳步发展水电，截止2012年底，我省风电装机容量329.88万千瓦、生物质发电装机容量13.7万千瓦、水电装机容量442.15万千瓦。二是加快推进新能源重大项目。丰满大坝全面治理工程、敦化抽水蓄能电站完成可研报告审查并上报国家核准。农安、公主岭绿色能源示范县等项目进展顺利，已获得国家授牌。公主岭、农安秸秆发电和四平中科垃圾焚烧发电项目已建成投产运行。宏日林业生物质成型燃料在长春供热面积达100万平方米。三是全面启动“气化吉林”惠民工程。省政府与中石油签署了《战略合作框架协议》，举行了“气化吉林”惠民工程启动仪式，加快推进重点项目建设。截止2012年底全省可再生能源占一次能源的消费比重达到6%左右。

（四）加快发展战略性新兴产业

我省认真贯彻落实国务院《关于加快培育和发展战略性新兴产业的决定》，全面推动战略性新兴产业发展。一是加大战略性新兴产业支持力度，每年省财政安排预算内资金1亿元，专项支持战略性新兴产业发展。二是围绕生物化工、生物医药、光电子等重点领域，壮大产业规模，提升技术水平，巩固优势地位，滚动实施100项重点项目。三是围绕碳纤维、玉米生物化工等强势领域，启动建设一批战略性新兴产业基地和特色产业示范园区，引导产业集聚。四是依托我省碳纤维技术、原料和产业优势，培育新兴领域。五是面向新能源汽车等领域，集中力量突破20项产业关键、共性技术，支撑新兴产业发展。六是围绕生物质能利用、循环经济等领域，滚动实施20项重大应用示范工程。2012年全省战略性新兴产业产值规模3580亿元左右，同比增长20%以上。战略性新兴产业的发展，对实现我省经济高效、低碳、绿色、可持续发展做出了积极贡献。

（五）大力推进低碳试点工作

我省积极组织开展低碳试点，探索开展应对气候变化工作的有效途径。我省吉林市被确定为国家第二批低碳试点城市，吉林市编制的《吉林市低碳城市试点工作初步实施方案》，通过了国家评审。目前吉林市加快进行产业结构调整，启动实施了哈达湾老工业区搬迁和升级改造工程、化工园区循环化改造、国家碳纤维高技术产业基地建设等具有明显产业低碳化的战略性工程，这些工程将在低碳城市建设中发挥重要作用。我省还开展各种类型的省级低碳试点工作，批复了吉林省东丰县低碳工业产业园、吉林省金州鹭鹭湖低碳农业产业园低碳发展规划，试点工作正按照规划要求积极推进。

（六） 努力增加森林碳汇

我省积极开展生态省建设，推进生态环境改善和恢复，开展了天然林资源保护工程、退耕还林工程、三北防护林四期工程、生态草工程、湿地保护工程，开展各类自然保护区的建设，使生态环境大为改观，环境容量进一步提升，全省森林面积从“十五”末期的817.6万公顷，提高到目前的823.8万公顷，森林覆被率达到43.8%，比2010年提高0.2个百分点，进一步增加了森林碳汇储量。

二、采取有效措施适应气候变化

（一）加强农业基础设施建设

吉林省是我国重要商品粮基地，提高适应气候变化能力，对确保国家的粮食安全意义重大。吉林省在稳定提高粮食综合生产能力的同时，加大农业基础设施建设投入力度，大力开展标准农田建设，重点抓好新增千亿斤粮食田间工程、增产百亿斤商品粮能力建设工程、以及农业综合开发和土地整理，全面开展农田水利设施、大规模改造中低产田，农业生产条件得到明显改善，适应气候变化能力不断增强。全省有效灌溉面积达到2778万亩，2012年粮食产量达到668亿斤的历史最高水平。2012年我省还开展了吉林省粮食主产区黑土地适应试点示范工程的研究，组织省农科院等技术单位编制黑土地适应试点示范工程实施方案，提高黑土地的适应能力，为保障国家粮食安全做出贡献。

（二）推动水利基础设施建设

我省水利基础设施建设投入保持较高强度，有力推动了城市防洪、江河堤防、枢纽工程等水利基础设施建设。哈达山水利枢纽工程、引嫩入白供水工程、大安灌区水利工程主体工程完工，老龙口水库竣工，中部引松供水干线开工，部分支线工程完工并实现通水。全面完成193座病险水库除险加固建设，对8座大型灌区和8座中型灌区进行了续建配套与节水改造，开展牧区水利建设，发展草原节水灌溉。开展中小河流治理，每年治理水土流失面积170万亩左右。

（三）发挥各类自然保护区功能

截至2012年末，全省共有各级、各类自然保护区38个，总面积231.41万公顷，占全省国土面积的12.35％。森林公园建设进一步加快，全省森林公园达52个，经营面积219.8万公顷，占全省国土面积的11.7%，为保护生物多样性、维系地区生态平衡、强化生态安全，增强适应气候变化能力发挥了重要的功能作用。

（四）全面建设“生态吉林”

吉林省十次党代会提出加强生态吉林建设，要求“树立绿色低碳发展理念，注重节能减排与结构调整、技术改造、民生改善有机结合，推动资源型城市经济转型，加强低碳产业示范园区建设，确保实现节能减排减碳目标。深入推进重点流域水污染治理，实施第二个十年绿化美化吉林大地、草原湿地保护，黑土地保护、长白山林区生态保护等生态工程，加强城乡环境建设，构筑我国东北生态安全重要屏障”。为此我省重点对东部长白山资源实行了强制性保护，对东中部水资源进行了主动性保护，对中部松辽平原黑土地资源进行了积极性保护，对西部草原、湿地进行了抢救性保护，效果显著，使我省生态环境明显改善，绿色经济不断发展，生态文明普及提高，适应气候变化能力得到加强。

三、加强应对气候变化能力建设

（一）开展温室气体清单编制工作

省级温室气体排放清单编制工作是应对气候变化的一项重要的基础工作，也是分解制定温室气体减排指标的重要依据。按照国家要求，2011年5月，我省启动了2005年省级温室气体清单编制工作，召开了清单编制启动会议，明确任务和要求。我省在国家的指导下，有计划的开展培训、调研、收集资料、数据统计等项工作，全面掌握我省

2005年能源活动、工业生产过程、农业活动、土地利用变化和林业、城市废弃物处理等领域的温室气体排放情况，2012年完成初稿，并征求了国家专家的意见，进行了修改完善，现正在等待国家的验收。2012年我省还完成了2010年温室气体排放清单（初稿）编制工作。

（二）开展应对气候变化的培训工作

我省加强应对气候变化工作业务培训，多次举办了全省应对气候变化工作培训班，2012年还在广东举办了培训班，考察学习了广东试点的经验和做法。我省多次参加国家举办的应对气候变化、清单编制、中意合作项目、中德合作项目培训班，有效提高了工作能力和业务水平，促进了应对气候变化工作的开展。2012年我省还被国家列为中德培训的试点省份，将有利于增强我省应对气候变化的能力建设。

（三）开展应对气候变化研究工作

充分发挥吉林省大专院校、科研院所集中的优势，开展气候变化科学研究和监测、影响评估及对策研究，为吉林省应对气候变化提供科学智力支撑。2012年我省安排《吉林省加强各领域适应措施，积极应对气候变化的研究》等6个研究课题，补助资金140 万元。2013年1月国家发改委下达了2012年清洁发展机制基金项目计划，安排给我省两个课题：《吉林市低碳城市试点项目》（250万元）、《吉林粮食主产区黑土地保护治理适应试点示范治理工程研究》（100万），课题承担单位已全面开展收集资料、调研考察等课题研究工作。通过这项工作，逐步提高我省应对气候变化重大战略和问题的研究水平。

（四）提升气象灾害监测预警应急能力

我省初步建立了中尺度数值天气预报系统、乡镇精细化天气预报系统、短时临近预报预警系统和强对流天气潜势预报业务系统；初步开展了农业气象、交通气象、水文气象和山洪地质灾害等专业气象预报业务；建立了历史灾情库和灾情直报系统；成立了省级气象灾害应急指挥部，建立了省-地-县三级气象灾害应急预案和27部门应急联动机制；建立了气象灾害预警发布系统和省、市级移动应急气象服务系统。气象灾害监测预警应急能力的提高，大大降低了自然灾害造成的损失。

（五）加大应对气候变化工作的宣传力度

我省充分利用吉林电视台、吉林日报等新闻媒体，广泛宣传应对气候变化、发展低碳经济等相关知识，积极倡导居民生活方式向低碳生活和低碳消费转变，提升全民参与节能减排、低碳发展和积极应对气候变化的意识。2012年低碳日活动中，按照国家统一部署，我省加大宣传力度，开展了丰富多彩的宣传活动，统一制作2100条宣传条幅、5000张宣传画、160个宣传展板，分发省直各部门、各市（州）、县（市、区），并在主要街道、场所以及机关办公楼内张贴悬挂。省直有关部门开展了能源紧缺体验日、低碳进社区、低碳进学校等宣传活动，并在《吉林日报》、吉林电视台刊登、播出宣传报道10版（次），全面营造了良好的舆论氛围。

四、工作中存在的困难和问题

目前，我省应对气候变化工作取得了积极进展，但仍存在着一些亟需解决的问题，主要体现在：一是我省正处于工业化中期阶段，二产增速在一定时期仍将高于一产和三产，特别是随着工业化、城镇化和农业现代化统筹推进和消费结构升级，能源资源需求将呈刚性增长，减少二氧化碳排放任务艰巨。二是作为国家老工业基地，我省重化工业比重大，高耗能产品多，相当一批企业技术水平仍然很低，设备陈旧老化严重，能源消耗高，污染排放大，单位GDP能耗高于全国平均水平。三是缺乏低碳技术研发和推广的激励机制，低碳技术研发和推广能力不能适应应对气候变化工作发展需要。四是价格、财政、税收、金融等政策还不完善，应对气候变化工作长效机制尚未形成。

五、下步重点工作

（一）总体思路

认真贯彻落实党的十八大精神，按照“五位一体”总体布局要求国家发改委的部署，切实把应对气候变化工作作为推进生态文明建设的重要抓手，从战略和全局的高度，进一步统一思想、坚定信心，明确目标、突出重点，加强领导、强化措施，确保完成“十二五”碳排放强度下降目标任务，让吉林的山更青、水更绿、天更蓝，实现让城乡人民生活得更加美好的目标。

（二）重点工作

1.尽快印发吉林省应对气候变化中长期规划。按照国家发展改革委办公厅《关于印发地方应对气候变化规划编制指导意见的通知》（发改办气候〔2011〕2552号）要求，我省已编制完成《吉林省应对气候变化中长期规划（2011-2020年）》，并通过国家评审，我们将尽快修改完善并印发实施。

2.积极开展低碳试点工作。2013我省将把开展低碳试点作为推动低碳发展、促进应对气候变化工作的重要手段。一是扎实推进低碳城市试点。重点抓好吉林市低碳试点城市建设，在吉林市率先形成有利于低碳发展的政策体系和体制机制，加快建立以低碳为特征的工业、建筑、交通体系。二是开展低碳产业试验园区试点。继续抓好吉林省东丰县低碳工业产业园、吉林省金州鸑鹭湖低碳农业产业园建设工作，启动长春高新技术产业开发区都市低碳旅游示范区、长白山自然保护区低碳示范区试点工作，建设以低碳、清洁、循环为特征，以低碳能源、物流、建筑为支撑的低碳园区，加快改造传统产业，集聚低碳型战略性新兴产业，培育低碳产业集群。同时按照绿色、便捷、节能、低碳的要求，开展低碳社区建设，积极引导社区居民普遍接受绿色低碳的生活方式和消费模式。

3.组织开展适应气候变化重点工程。“吉林粮食主产区黑土地保护治理适应试点示范治理工程”作为适应气候变化重点工程，列入《国家适应气候变化总体战略》。我省高度重视，启动了黑土地适应试点示范工程实施方案的编制工作，我们将通过开展试点工程建设，保护治理好我省宝贵的黑土地资源，并发挥带动辐射作用。我省将组织长春、四平、吉林、松原等黑土地重点分布区，统筹规划，密切配合，分步实施，开展好适应治理试点示范工程。

4.继续抓好温室气体清单编制工作。按照国家要求，今后至少每两年编制一次温室气体排放清单，清单编制将成为一项常态工作。2013年我省将启动2012年清单编制工作，吉林市也按照国家低碳城市试点的要求编制吉林市温室气体排放清单。

5.开展应对气候变化重大战略和问题的研究。对气候变化工作是一项全新的工作，迫切需要开展应对气候变化重大战略和问题研究。充分调动我省大专院校和科研院所的科技力量，加强应对气候变化理论研究和低碳技术研究，突出重大减缓与适应技术的研发，推进关键低碳技术攻关，扩大低碳技术示范和推广。

（撰稿：王农，吉林省发展和改革委员会应对气候变化处）

2012年黑龙江省应对气候变化和低碳发展报告

黑龙江省发展和改革委员会

2012年，在国家发展和改改委的指导帮助和省委、省政府的领导下，黑龙江省按照国家应对气候变化工作总体要求，认真实施《黑龙江省“十二五”控制温室气体排放工作方案》，扎实推进各项工作，加快经济发展和社会生活向低碳方式转变，控制温室气体排放取得积极成效。

一、积极落实各项控制温室气体排放措施

一是产业结构调整成效明显。加快推进产业优化升级，将战略性新兴产业和高新技术产业作为推动产业项目建设的重点，战略性新兴产业增加值比上年增长15.1%，高于全省规模以上工业增加值增速4.6个百分点，高新技术企业发展到561家，高新技术产业产值突破6000亿元。文化创意、金融、物流、旅游、云计算、物联网等服务业总体呈现加快发展势头，对经济增长形成有力支撑。通过严格节能评估审查、加强监督管理等措施，从源头上遏制了高耗能行业过快增长，全省规模以上六大高耗能行业产值占规模以上工业总产值比重同比下降1.1个百分点。严格淘汰落后产能，全省43户企业的淘汰落后产能项目全部关停。2012年，全省第三产业增加值占GDP比重达到37.4%，比上年提高1.6个百分点。快于“十二五”服务业增加值比重增长目标的年度进度要求。

二是节能工作步伐加快。继续强化节能目标责任考核，积极组织实施重点节能工程，全面加强工业、建筑、交通、商业、公共机构等重点领域和重点用能单位的节能管理，大力推广节能新技术和新机制，在超额完成“十一五”节能目标、全面完成2011年度节能目标的基础上，2012年度节能工作实现了新的突破。年度单位GDP能耗下降4.25%，超额完成年度目标0.75个百分点；“十二五”单位GDP能耗降低率完成进度为45.1%，超额完成进度目标5.1个百分点。

三是可再生能源利用比重稳步提升。积极落实风电、生物质发电项目建设条件，推动可再生能源项目建设，新能源装机规模达到463万千瓦，其中风电投产装机容量323万千瓦，成为全国九个大型风电基地之一。加快绿色能源示范县和金太阳示范工程建设，开展了可再生能源附加补助资金项目审核申报工作。由于目前统计系统缺少非化石能源消费统计数据，仅从我省新能源电能角度分析，2010年发电量为60.68亿千瓦时，2011年发电量为71.71亿千瓦时，2012年发电量为86.88亿千瓦时，平均增长速度为19.7%。

四是森林碳汇不断增加。以大小兴安岭生态功能保护区建设为重点，加快林区经济发展方式转变，实施封山育林，进一步减少木材采伐量，加强重点林区森林抚育保护，改造低产低效林，森林生态系统储碳能力不断提高。平原半平原和城镇村屯绿化工作稳步推进，逐步形成了多林种相结合，生态、社会、经济效益相统一的生态经济型防护林体系。全省2012年造林面积15.7万公顷，比上年增长26.4%；我省木材采伐量已由2010年的822.4万立方米调减为2012年的363万立方米；2012年我省森林覆盖率、森林蓄积量稳步增长。

五是低碳试点工作全面启动。组织大兴安岭行署编制完成了低碳城市试点建设方案，已经通过了国家发展改革委组织的专家评审，正式列入国家第二批低碳试点城市名单。在认真修改完善试点建设方案的同时，大兴安岭行署谋划了14类240个低碳产业项目，并纳入三年产业项目攻坚计划全力推进建设；利用各种媒体广泛宣传低碳试点相关内容，引导公众树立低碳概念，强化低碳意识，参加低碳试点工作。在伊春和大庆组织开展了低碳产业园区建设试点，其中伊春市被纳入国家低碳发展宏观战略研究试点，正在编制具体实施方案，大庆编制完成了低碳产业试验园区建设方案。

二、努力加强基础能力建设

（一）制定落实控制温室气体排放实施方案

按照国务院《“十二五”控制温室气体排放工作方案》要求，结合本省实际编制了《黑龙江省“十二五”控制温室气体排放工作方案》(黑政发〔2012〕57号)。方案明确了“十二五”单位GDP碳排放下降目标和部门分工职责，为落实控制温室气体排放工作任务奠定了基础。有关部门正在对方案的执行情况进行跟踪分析，并将定期开展工作进展评估。

（二）开展温室气体排放核算与考核制度建设

一是编制省级温室气体排放清单。组织省内科研部门开展了黑龙江省温室气体清单的编制工作，相关课题研究在国家发展改革委的指导下稳步推进，目前已经形成中期报告，初步对2005年和2010年我省温室气体排放情况进行了核算。目前国家已完成中期评估，正在修改，尽快形成最终报告。

二是开展控制温室排放工作自评估。《"十二五"单位GDP二氧化碳排放降低目标考核体系实施方案》印发后，我省按照方案要求，对已开展的控制温室气体排放工作进行了认真梳理，形成了自评估报告。三是启动了全省控制温室气体排放考核实施方案和目标分解方案。根据国家发展改革委本次试评价考核下发的《"十二五"单位GDP二氧化碳排放降低目标考核体系实施方案》和二氧化碳排放核算方法，启动了本省考核实施方案和目标分解方案研究制定工作。

（三）强化低碳发展资金保障

一是设立了支持低碳发展的省级节能专项资金。为促进绿色低碳发展，2008年出台了《黑龙江省节能专项资金管理办法》，设立了省节能专项资金，为推动重点节能工程和示范项目建设、推广应用节能低碳新技术新产品和开展相关能力建设提供了有力保障。2012年，省节能专项资金额度为3000万元。二是为低碳试点示范建设制定配套支持政策。重点是优先安排大兴安岭相关项目向国家申报、全面落实国家资源综合利用积极减免政策，利用省节能专项资金对其项目给予支持，利用省级政策性担保机构给予融资担保支持。

（四）加强组织领导，健全工作机制，发动公众参与

一是加强应对气候变化工作组织领导。2007年9月成立了省政府主要领导为组长、省直有关部门主要负责人为成员的黑龙江省节能减排及应对气候变化工作领导小组。领导小组办公室设在省发展改革委。

二是加强应对气候变化机构建设。在省发展改革委"三定"方案中，明确了"组织拟订全省应对气候变化重大战略、规划和政策，负责相关工作"的职责，并确定由地区经济处承担全省应对气候变化工作。各级发展改革部门也落实了应对气候变化工作职责，确定了负责专人，形成了上下协调一致的工作机制。

三是组织开展低碳机关、低碳校园等创建活动。为提高广大机关干部对应对气候变化工作的认识，省直机关工委开设了"应对气候变化大讲堂"，先后举办了以"气候变化与防灾减灾"和"关注气候变化"为主题的专题学习报告会。组织召开了全省公共机构节约能源资源工作电视电话会议，强化能耗统计工作，全省累计投入9000余万元实施公共机构节能改造项目143个，积极开展节约型公共机构示范单位创建工作。2012年度全省公共机构人均能耗较2011年度下降3.23%，单位建筑面积能耗下降3.86%，超额完成了国家下达目标。

四是利用多种形式宣传绿色低碳理念。2012年6月10日至16日组织省直各部门和各地市开展了以"节能低碳、绿色发展"为主题的全省节能宣传周活动，对节能先进单位、企业和成果给予表彰奖励。省直机关开展"珍惜能源从我做起，公共机构要作表率"为主题的能源资源短缺体验日活动，13位省领导带头参加，84万名干部职工参加活动，各大报刊、广播电视媒体和互联网媒体进行了深入报道，各单位、社区等也开展了形式多样的宣传，营造了良好的舆论氛围。新闻媒体在日常宣传中积极普及应对气候变化知识，得到广泛响应，绿色低碳发展理念日益得到社会认同，正在转化为公众的自觉行动。

三、探索绿色低碳发展新思路

2012年，我省积极探索促进绿色低碳发展的市场化机制，合同能源管理、发电权有偿交易等新机制得到有效推广。出台了《黑龙江省合同能源管理财政奖励项目及资金管理暂行办法》，96家节能服务公司通过审核备案。组织实施合同能源管理项目近40个，年增加节能能力15万吨标准煤。发电权交易电量达到42亿千瓦时，对于优化发电资源配置，减少温室气体排放发挥了积极作用。

（撰稿：刘继森，黑龙江省发展和改革委员会地区经济处）

2012年江苏省应对气候变化和低碳发展报告

江苏省发展和改革委员会

近年来，江苏省采取调整产业结构、提高能效、发展新能源、增加碳汇、发展循环经济等综合性措施，有效控制温室气体排放强度，切实提升应对气候变化综合能力，推动绿色循环低碳发展。

一、近年来江苏省应对气候变化工作取得的成效

（一）产业转型升级力度大，结构调整成为推动碳强度下降的重要推动力

近年来，江苏省组织实施“新兴产业倍增、服务业提速和传统产业升级”三大行动计划，促进产业结构调优、调高、调轻，带动全省经济的低碳化转型，结构性降碳成效显著。

一是战略性新兴产业成为拉动全省经济增长的重要力量。江苏确定了新一代信息技术和软件业、医药及生物技术产业、节能和环保产业、物联网和云计算等十大战略新兴作为调结构的主攻方向，产业规模、发展水平上了一个大台阶。2012年全省战略性新兴产业销售收入突破4万亿，高新技术产业产值占规模以上工业产值比重达37%以上。

二是服务业成为促进经济转型升级的重要引擎。近五年来，我省服务业增加值占GDP年均提高1个百分点以上，2012年全省服务业增加值达2.4万亿元，占GDP比重达43.8%，五年共提高6个百分点。

三是传统产业改造升级成推动产业结构调整的重要手段。近年来，江苏以自主创新、技术改造、品牌战略、两化融合、集聚发展、兼并重组、节能减排、淘汰落后等为着力点，实施“万企升级”和“百项千亿”技改工程，2012年工业技改投入达到1.26万亿，其中纺织、冶金、轻工、建材四大传统高耗能、高排放行业占比超过三分之一。

（二）节能和能效提升成效显著，能源领域对降低碳强度作出重要贡献

近年来，江苏省大力推进节能降耗工作。

一是强化目标责任。切实将节能目标任务逐级分解落实到部门、地方和重点用能单位，2011年起在全国首创节能预警制度，按月公布各市节能目标完成进度晴雨表，对能耗增长过快和完成目标进度滞后的地区及时预警并采取暂停高耗能项目审批等措施。出台《江苏省固定资产投资项目节能评估和审查实施办法（试行）》，建立能评制度。对能耗总量3万吨以上的项目由地方政府出具承诺，要求进行等量或减量置换，确保不影响节能目标的实现。

二是推动重点领域节能。五年来，累计组织实施重点节能改造工程1400多项，形成节能能力约2000多万吨标煤，相当于少排放5000万吨二氧化碳。推进1221家企业列入国家万家企业节能低碳行动，对1366家年综合能源消费量在3000吨标准煤以上的企业进行了节能专项监察审计。

（三）能源结构调整迈出新步伐，新能源发展势头良好

近年来，江苏大力调整能源结构，新能源和可再生能源发展迅速。

一是着力优化火电结构。近五年来全省累计关停小火电机组800万千瓦，到2012底全省电力装机规模超过7500万千瓦,其中60万千瓦及以上机组比重已接近50%，平均供电标煤耗320克左右。

二是油气比重不断上升。江苏能源消费以煤为主，提高石油、天然气消费比重，是降低碳强度的重要手段。2012年全省成品油供应达到1800万吨，全省天然气供应量131亿立方米，成为全国天然气利用第一大省，13个省辖市全部通上管道天然气。

三是核电利用实现突破。田湾核电1、2号200万千瓦机组建成投产、3、4号机组开工建设。

四是风电发展成效显著。江苏是国家规划建设的八个千万千瓦级风电基地之一，也是全国唯一的千万千瓦级海上风电基地。到2012年底已建风电装机规模220万千瓦，全国单体规模最大的海上风电项目龙源如东项目建成投运，成为全国海上风电建成规模最

江苏省低碳发展能力建设培训班

大的省份。

五是太阳能利用态势良好。2012年底装机容量达到560兆瓦，其中并网规模达到430兆瓦。我省列入2012年度国家金太阳示范工程支持的项目数量、规模均列全国第一，正实现由光伏制造大省向应用大省的转变。六是有序推进生物质发电。全省建成秸秆发电厂装机规模达到35万千瓦。

（四）循环经济发展取得新成效，循环发展有力促进了绿色低碳发展

作为国家首批循环经济试点省份，江苏近年来切实将发展循环经济作为建设“两型”社会的一项重大战略任务，通过发展循环经济取得了节能降碳的实效。

一是示范试点取得重大进展。9家国家级、190家省级单位循环经济示范试点工作全面推进，覆盖钢铁、冶金、电力、化工、纺织、印染、建材、轻工、食品等重点行业，涉及城市、园区、企业三类载体，通过循环经济试点示范，促进了循环经济技术推广应用，总结了不同特点、各有特色的循环经济发展模式。

二是清洁生产加快推进。围绕太湖、淮河等重点流域和重点行业，分批组织企业开展清洁生产审核。五年全省完成审核企业数6000多家，占规模以上工业企业比重超过10%。

三是资源综合利用规模持续壮大。全省共有2600多家企业被认定为资源综合利用企业，资源综合利用产业规模进一步扩大，形成了一批集回收、拆解、加工利用的资源综合利用集聚区，重要资源综合利用水平位居全国先列。

四是循环经济新兴领域加快发展。园区循环化改造、再制造、“城市矿产”、城市餐厨废弃物资源化利用和无害化处理、循环经济教育示范基地建设等循环经济新兴领域迈出重大步伐。

（五）林业建设跃上新台阶，碳汇能力显著增强

近年来，江苏省高度重视绿色江苏建设，实施了森林资源10年倍增计划，努力增强碳汇能力。“十一五”期间，全省共造林878万亩，增速是全国同期三倍。到2012 年底，全省森林覆盖面积 3411 万亩，林木覆盖率达21.6%，分别比“十一五”末增长234.9万亩和1个百分点，活立木总蓄积达 8700 万立方米以上，森林碳汇增加到15484 万吨，建成一批国家园林城市、国家森林城市和国家级生态市（县、区），全国绿化模范市（县）达26个。生态公益林消长监测和权证管理进一步加强，公益林面积稳步增长，省级以上重点公益林达到了526 万亩，省级以上公益林确权发证率达98%。

（六）低碳行动加快由工业领域向建筑、交通和消费领域延伸拓展，全社会低碳发展的氛围日益浓厚

近年来，我省大力倡导低碳生活，促进低碳消费。

一是大力推进绿色低碳建筑发展。仅2012年全省新建节能建筑15118万平方米，可再生能源建筑应用面积5205万平方米，形成年节约143万吨的节能能力。到2012年底全省共有187项绿色建筑标识项目，面积超过2000万平方米，项目数量位于全国领先位置。全省绿色建筑实现了每年节约445万吨标准煤，减少二氧化碳排放1000万吨的持续减排能力。

二是大力发展绿色交通。推进综合交通运输体系建设，着力发展水运、轨道交通、城市公交等绿色低碳出行方式。南京、苏州等城市地铁建成110公里，全省多个城市BRT系统，全省高速公路开通ETC专用车道200多条，全省10个项目被交通运输部列为行业节能减排示范项目。

（七）适应气候变化工作切实推进，重点领域适应气候变化能力得到增强

在开展减缓气候变化多项行动的同时，我省也在适应气候变化采取了系列行动和措施，取得了积极成效。

一是农业领域。着力推进农村清洁能源工程、农作物秸秆综合利用工程、生态循环农业工程、禽养殖场综合治理工程、农村生活污水生态净化处理以及农业湿地和野生植物等农业资源保护和建设工程。全省共建有农村户用沼气池65万处，规模畜禽场沼气治理工程2263处，秸秆气化集中供气工程150处，年产沼气约1.5亿立方米，折合22.5万吨标煤，可减排二氧化碳当量45万吨。截止2012年底，全省共建设规模循环（有机）农业工程268个，覆盖面积达40多万亩，建设农业湿地综合利用示范项目11个，示范区面积

中英碳交易市场建设研讨会

超过20万亩，建有全国绿色食品原料标准化生产基地 1395.83万亩，“三品”认证累计有效数15497个。全省共有秸秆利用主体2067家，秸秆综合利用量3240万吨，其中多种形式利用量2040万吨，全省秸秆综合利用率达到81%。太湖流域新治理中型规模畜禽养殖场108个，建设畜禽粪便集中处理中心10个，建成发酵床15万平方米，规模畜禽场粪便资源化利用率达82%；建设生态循环农业示范工程60个，覆盖面积达8万多亩，项目区农业有机废弃物利用率达90%以上；建设氮磷流失生态拦截工程390万平方米，集中治理黑臭河塘支浜400多条，建成农村生活污水处理工程337处。

无锡中瑞生态城

二是海洋与海岸带。加强海洋灾害预警与响应能力建设，优化和完善了海洋环境综合监测体系，沿海海洋台站和浮标观测网建设全面推进，海洋预警报服务体系逐步健全。开展了重大工程建设（如条子泥垦区（一期）高涂围垦养殖用海）的海洋灾害风险评估和海洋环境可行性论证工作，提高了适应气候变化的能力。加强了海洋环境保护力度，在沿海开发中，注重海洋、海岸工程环境影响评价。开展海平面变化影响调查评估，以海平面影响调查工作为基础，整编沿海地区基础地理、堤防、海洋工程、地面沉降、海岸侵蚀、海水入侵与土壤盐渍化、咸潮入侵、生态、灾害和社会经济等海平面变化影响信息。统计分析历年台风、风暴潮、巨浪、海岸侵蚀、咸潮入侵、海水入侵与土壤盐渍化等海洋灾害发生与造成损失情况；开展海平面变化与灾害相关分析。大力实施海洋观测台站的建设，“十二五”以来已经建成3个海洋浮标、4个海洋观测平台、3个验潮站、20艘海洋观测志愿船。观测类型多样、点面结合的江苏立体海洋观测网逐步形成，进一步提高海洋公益服务水平。针对江苏岸滩开阔，滩涂、浅海面积大，掩护条件差，海洋环境脆弱，易受海洋灾害侵袭的实际情况，组织编写了并推进实施《江苏省海洋观测网建设规划（2013-2020年）》。为全面落实太湖水环境综合治理的总体部署，结合我省太湖流域渔业发展需要，编制了《江苏省太湖流域池塘循环水养殖工程建设专项规划（2011-2020年）（讨论稿）》。

三是水资源领域。全省已建成了较为完备的跨流域水资源调配工程体系，实现了长江、淮河和太湖三大水系的互调互济，全省水资源综合调控能力和水环境防控能力不断增强，太湖水质持续好转，蓝藻发生强度逐年减弱。突出抓好饮用水源地保护工作，制定水源地达标建设标准，全面启动全省饮用水源地达标建设。认真落实最严格水资源管理制度，以“八大行业”节水行动和载体建设为重点，推进循环用水、中水回用和“零排放”技术推广，建设节水型社会，江苏省有多个城市创建国家级节水型城市，位列全国首位。加快推进水资源管理信息化建设，一期工程建设已基本完成。实现对全省80%以上的非农用水实时监控，全面启动水中长期供求规划编制工作。出台《关于实行最严格水资源管理制度的实施意见》，起草编制了《江苏省节约用水条例》（建议稿）和节水型宾馆考核标准，全省万元GDP用水量降至102立方米，万元工业增加值用水量降至19立方米。

四是气象领域。完成了江苏省风能资源详查和评价工作，主要是风能资源专业观测网的选址和测风数据的质量监控、分析和风能资源监测结果的分析、上报，并负责数值模拟、综合评估和数据库建设三个专项的具体实施工作。建成省级风能资源数据共享系统并投入业务试运行，对12个参证气象站历史资料、风能资源专业观测网观测资料、数值模拟结果和综合评估结果进行了存储管理，实现风能资源数据和产品共享服务功能。开展了江苏省气候变化基本事实分析，建立了江苏省气候变化基础数据集，开展了基本气候要素气候变化事实、高影响天气气候变化事实的分析与研究，形成了江苏省气候变化事实综述，编制了《江苏省气候变化评估报告》。开展了精细化太阳能资源评估系统建设，建立基于ArcGIS精细化太阳能资源评估系统。

二、近年来江苏省应对气候变化工作的主要做法

近年来，江苏省围绕强化面上指导、推进试点示范、健全工作机制、加强能力建设、拓展对外合作等应对气候变化重点领域，形成应对气候变化工作的合力。主要抓了以下几方面工作：

（一）加强面上指导，重大规划和政策性文件相继出台

近年来先后出台一批影响长远、指导性强的重大规划和政策性文件。印发了《江苏省应对气候变化方案》、《关于加强环境保护推动生态文明建设的若干意见》、《江苏省“十二五”控制温室气体排放工作方案》，起草了省级应对气候变化十年规划。科技、交通、住建、气象等部门也推动出台各自领域相关文件，出台了《江苏省低碳

武进低碳示范区

交通三年行动计划》、《江苏省林地保护利用规划（2010-2020年）》等。在政策措施方面，出台了《江苏省节能减排工作实施意见》、《江苏省节能减排科技支撑行动方案（2007-2010年）》、《关于加强建筑节能工作的通知》、《关于加强农业气象服务和农村气象灾害防御体系建设的通知》等一系列有效推进减缓和适应行动的政策举措。

（二）加强试点示范，国家级和省级低碳试点工作积极推进

我省按照国家关于开展低碳试点工作的精神，全面推进国家级和省级等不同层面低碳试点工作。省级低碳试点示范得到全面推进。2011年我省在全国率先启动部署了省级低碳经济试点工作。根据不同地域、不同发展阶段、不同载体的差异和特色，我省共确定了包括4个城市、10家园区和10家企业在内的24家省级低碳试点单位，提出试点任务，编制低碳规划，并切实将目标任务落实到具体行动和实施项目上。批复常州武进高新区为江苏首家低碳示范区，并被国家住建部批准为全国首家绿色建筑示范区。苏州、淮安、镇江3市成为第二批国家级低碳试点城市。常熟海虞镇被列入国家第一批绿色低碳重点小城镇试点示范单位；无锡、淮安被交通运输部列为低碳交通体系建设试点城市，连云港市被交通运输部列为低碳港口建设试点单位；如东等5县（市）获国家绿色能源示范县称号。

（三）加强能力建设，夯实应对气候变化工作基础

围绕低碳技术、低碳规划、温室气体排放清单编制、碳交易、应对气候变化立法等专题，江苏省先后举办了数十场能力培训班和专家研讨会，有针对性地开展了应对气候变化立法、碳排放交易试点框架、产业结构调整对碳减排的贡献等专题研究，全面开展省级温室气体排放清单编制工作，目前已完成2005年和2010年省级清单报告初步成果。镇江市率先建立了城市碳排放管理数据平台，苏州市工业园区建立了园区层面的碳排放管理平台。中国质量认证中心南京分中心在我省建立低碳监测、审计、核查、咨询服务平台，对省内千余家企业完成了ISO14064标准的宣贯，并在输配电设备、机电设备、电线电缆、电子、服装、建材等不同行业分别选取典型企业完成了碳排放核查，开创了碳核查工作的多项全国第一。

（四）加强对外合作，切实推动应对气候变化国际合作

与德国环境部合作，实施为期四年的“江苏省低碳合作项目”，先后开展了数十期低碳发展能力建设培训，并围绕碳排放交易体系建设、全省园区循环化改造、能源管理、低碳建筑发展等应对气候变化关键领域开展有效合作。同时，还与英国外交与联邦事务部、美国可持续发展社区协会（ISC）开展了多个低碳国际合作项目，其中低碳园区指标评价体系已在我省部分园区进行率先试点。

（五）加强制度建设，努力完善应对气候变化的体制机制

积极推动应对气候变化立法，开展了江苏省应对气候变化立法课题研究。加快推进能源消费总量制度的落实，拟订了《江苏省控制能源消费总量实施方案》、《目标考核暂行办法》和《政策措施意见》，印发了《关于切实加强非化石能源统计工作的通知》，切实加强非化石能源的统计。

（撰稿：彭飞，江苏省发展和改革委员会资源节约和环境保护处）

2012年江西省应对气候变化和低碳发展报告

江西省发展和改革委员会

在国家发改委的大力支持和指导下，在江西省委、省政府的正确领导下，江西省应对气候变化工作以科学发展观为统领，坚持减缓和适应并重，科技创新和结构调整并行，以控制温室气体排放，适应气候变化为目标，立足省情，积极探索应对气候变化工作的新思路、新办法，开拓性地开展工作。2012年来，在应对气候变化工作领域取得了一定成绩。

一、2012年前江西省应对气候变化和低碳发展简况

（一）管理体制和工作机制逐步建立

2008年省政府成立了应对气候变化工作领导小组，研究解决全省应对气候变化的重大问题，制定应对气候变化工作的相关政策措施。领导小组办公室设在省发改委，组织实施全省减缓和适应气候变化的各项工作。省发改委设立了应对气候变化处，明确了工作职责，组建了省应对气候变化专家库；2007年成立了江西省清洁发展机制技术服务中心；2009年成立了江西省气候变化监测评估中心；2010年成立了江西省气候变化专家委员会。形成了由省应对气候变化工作领导小组统一领导，省发改委归口管理，各有关部门分工负责，各地、各行业广泛参与的全省应对气候变化工作机制。

（二）产业结构进一步调整

改革开放以来，江西省不断提升发展理念，完善产业政策，转变发展方式，经济总量和发展质量跨上新台阶。三次产业的结构比例由1978年的41.6∶38.0∶20.4转变为2011年的11.9：54.6：33.5，第一产业比重显著下降，第二、三产业比重明显上升。第二产业内部结构发生了积极变化，机械、信息、电子等高技术、高附加值的行业迅速壮大，支撑作用日益明显；电信、旅游、信息服务等行业取得长足发展。这些产业结构的变化，大大增强了经济发展中的节能效益。

（三）能源结构得到优化

自2005年以来，江西新能源产业快速发展。水电开发利用程度位居全国前列，风电、生物质能、太阳能发电开始起步，以光伏为代表的技术装备能力不断提高，新能源产业体系初具雏形。至2010年末，全省新能源利用总量折合标准煤365.105万吨，占全省能源消费总量的5.7 %。

（四）节能降耗及生态建设取得明显成效

经过多年努力，江西省万元GDP能耗由2005年的1.06吨标准煤下降到2011年的0.652吨标准煤，完成了国家下达的节能减排目标。同时，全省森林覆盖率由2005年的60.05%提高到2010年的63.1%。到2010年，全省共有自然保护区195个，其中国家级自然保护区8个，自然保护区总面积达11516平方公里，占全省土地面积6.9%，生态环境不断改善。

（五）低碳发展得到积极推进

2010年国家发改委正式确定南昌为国家级低碳试点城市，同时江西省选择了资溪、婺源、浮梁、芦溪、大余、分宜、共青城、贵溪、袁州区、吉州区十个县（市、区）开展省级低碳发展试点工作。在全省各行业广泛开展丰富多彩的活动，有效地推进了低碳型社会建设。加强国际合作与交流，举办了首届世界低碳与生态经济大会暨技术博览会。积极推进清洁发展机制项目建设，取得较好成效。

（六）相关政策法规不断完善

积极实施可持续发展战略，不断强化应对气候变化相关的政策法规。一是在生态保护和建设方面，出台了《江西省生态公益林管理办法》、《江西省鄱阳湖湿地保护条例》、《江西省森林条例》等；二是在促进资源能源合理利用方面，出台了《江西省资源综合利用条例》、《关于全面落实科学发展观加强资源节约的若干意见》、《江西省实施<中华人民共和国节约能源法>办法》等；三是在应对气候变化工作管理方面，出台了《江西省政府办公厅关于加强应对气候变化归口管理的通知》、《江西省应对气候变化领域对外合作管理实施细则》等。上述政策法规的制定和发布，为增强江西省应对气候变化能力提供了有力保障。

（七）科学研究与技术创新成果丰硕

围绕“用科技创新助推低碳发展”的要求，以科技创新“六个一”工程为抓手，着重从资源环境科技创新、节能减排技术研发、可持续发展实验区建设等方面推动江西省的低碳发展。以主攻10大战略性新兴产业为中心任务，

以创新型企业为实施主体，以实施重大科技项目为主要抓手，以建设国家级创新平台、战略性新兴产业特色基地和优势创新团队为重要支撑，大力提升江西省自主创新能力，带动产业结构优化升级，形成新的产业发展格局。截至2010年底，全省组建了国家级研发平台3个、国家科技城1个、国家高新产业特色基地3个、国家级生产力促进中心2个、国家可持续发展实验区5个，以及省级重点实验室6个和省级工程技术研究中心10个；

二、2012年江西省应对气候变化和低碳发展

（一）政府推动

1.精心部署工作

为加强全省应对气候变化工作的组织领导，2012年3月江西省召开了全省发展改革系统应对气候变化工作会议。会议传达了国家发展改革系统应对气候变化工作会议精神，总结了全省2011年应对气候变化工作，分析了应对气候变化工作面临的新形势，明确了2012年工作重点。通过召开座谈会和一系列培训会，使全省各设区市发改委领导和具体负责这项工作的科室负责人提高了认识，统一了思想，明确了工作职责。

2.强化能力建设

为促进江西省在气候变化科学、应对气候变化重大战略、政策制定、碳排放交易等方面的工作开展，积极发挥江西省应对气候变化专家库和江西省气候变化专家委员会专家学者的作用。2012年，省发改委组织参与国家2011年中国低碳年鉴编制工作，并为国家参与联合国多哈气候大会提供了江西省应对气候变化方面的大量文字及图片素材，展示江西省在促进经济发展与人口、资源、环境相协调取得的成绩。

3.深化国际合作

为推进江西省应对气候变化工作，江西省发改委在国家发改委以及德国国际合作机构（GIZ）的支持下，于今年10月启动了“中德气候伙伴关系能力建设项目”，同时还发布了中德“江西自然保护区和源头保护区应对气候变化管理评估项目”的成果《气候变化背景下生物多样性保护管理方略》一书，在井冈山举办了中德气候伙伴关系能力建设项目第一期培训研讨班。“中德气候伙伴关系”项目是在中德两国政府加强气候变化领域合作的背景下开展的双边合作项目，是一个在中德专家、学者和政策决策者之间交流经验的平台。项目的能力建设试点在江西的实施，为江西省各有关部门及低碳试点单位提升应对气候变化工作能力，提供了一个非常好相互学习与交流的机会。

江西省作为全国四个试点省之一参与了“中德应对气候变化能力建设”项目。该项目是由国家发展改革委应对气候变化司、国家发展改革委应培训中心和德国国际合作机构共同主办的，目标是培训2000名地方政府干部，并采取培训“培训者”和公开发布培训教材的方式进一步扩大影响面。培训课程包括减缓气候变化、适应气候变化、低碳发展的理论与实践、碳交易、温室气体排放的测量报告与核查等内容。，2012年11月项目在湖北开展了第一期培训活动，江西省项目单位派员观摩学习。

江西省作为四个省级评估对象之一参与了“中国应对气候变化技术需求评估”项目。该项目是国家发改委、世界银行和全球环境基金合作开展的赠款项目，将于2012年12月正式启动实施。

（二）政策措施

1.推进低碳试点示范。自国家发改委开展国家低碳试点工作以来，江西省积极主动做好协调指导工作。2012年初，以省政府名义上报《南昌市低碳城市试点工作实施方案》并已得到国家正式批复。2012年6月，按照国家要求，认真组织研究第二批国家低碳试点申报工作。2012年底，国家发改委正式批准景德镇市和赣州市为第二批国家低碳试点城市。

2012年03月21日，江西省应对气候变化全省工作会议在赣州召开

在十个省级低碳试点均已完成实施方案编制的基础上，江西省发改委继续推进省级低碳试点工作，多次组织应对气候变化培训班、研讨会和学习考察活动，提升试点县（市、区）应对气候变化工作能力水平。

2.编制温室气体排放清单。扎实做好江西省温室气体排放清单编制工作，提高温室气体排放清单编制质量，省发

改委积极参与国家召开的温室气体排放清单编制研讨会，同时多次召开会议部署温室气体排放清单编制工作。至今年11月份大致完成全省2005年和2010年能源活动、工业生产过程、农业活动、土地利用变化和林业、城市废弃物处理等领域温室气体排放清单编制工作，为江西省应对气候变化工作奠定了数据基础。

2012年10月15日，中德气候伙伴关系能力建设项目启动仪式暨《气候变化背景下生物多样性保护管理方略》发布会在南昌召开

3.支持清洁发展机制项目。自《清洁发展机制项目运行管理办法（修订）》（第11号令）颁布以来，省发改委认真组织项目申报工作，对申报项目进行严格把关，积极帮助省内相关企业和机构深入了解清洁发展机制（CDM）项目建设情况，掌握国家碳汇市场动态，支持有潜力的企业参与清洁发展机制项目建设。截止2012年底，江西省清洁发展机制项目经国家发改委批准的80个（其中2012年批准18个），预计年减排量约889万吨二氧化碳当量；在联合国CDM执行理事会成功注册的项目有37个（其中2012年注册2个）；已获得经联合国CDM执行理事会签发经核证减排量（CERs）的项目有18个，累计签发减排约121万吨二氧化碳当量。

（三）实践与成效

1.优化产业结构。在经济发展中，江西省不断提升发展理念，完善产业政策，转变发展方式，通过优化农业结构、加强基础设施建设、加快工业结构优化升级、加快发展服务业、优化产业组织结构、加快产、学、研创新体系建设、加强特色工业园区建设，经济总量和发展质量跨上新台阶。三次产业的结构比例2012年为11.7：53.8：34.5。

2.推进节能降耗。全省上下认真贯彻省委、省政府的部署，围绕大力推进鄱阳湖生态经济区建设，把节能减排作为落实科学发展观的重要抓手，加大工作力度，落实政策措施，采取了建立健全目标责任制、加强产业准入管理、突出抓好重点领域和重点行业的节能减排、开展系列专项行动、加大对节能减排的扶持与引导力度、加快淘汰落后生产能力、加强监督管理、建立预测预警应急调控机制、加强宣传教育等措施，确保节能减排目标任务的实现。2012年，全省万元GDP能耗为0.613吨标准煤（生产总值以2010年作为不变价），比上年下降5.92%，超额完成3%的年度节能计划目标。“十二五”前两年，全省万元GDP能耗累计下降8.8%，完成“十二五”节能任务（下降16%）的53%，快于序时进度13个百分点。

3.调整能源结构。积极发展水能、风能、生物质能、太阳能等新能源，在农村推广利用沼气、小水电，进一步优化能源结构，改善生态环境。截至2012年底，江西省水力发电装机容量420.48万千瓦，风电并网装机容量16.65万千瓦，生物质发电装机11.287万千瓦，太阳能发电装机容量3.6万千瓦。2012年，新能源发电项目新增发电装机容量20.38万千瓦，非化石能源占一次能源消费比重达5.95%。

4.增加森林碳汇。2012年，全省投入造林绿化资金约110亿元，完成造林面积298.7万亩。与此同时，采取退耕还林、工程造林、封山育林等举措，大力开展飞播造林、流域治理、水土保持、移民扶贫，有效提高了林业生态系统碳汇能力。

（四）主要经验

1.协同各部门共同推进工作

应对气候变化与调整产业结构、优化能源结构、节能、植树造林和解决大气环境污染问题战略方向一致、政策导向相同、采取的措施可以发挥协同效应。加强与其他部门的协作，是提升应对气候变化工作水平的重要方法。

2.将提高公众意识和工作能力建设放在重要位置

气候变化对自然环境和人类活动的影响巨大，但其后果显现时间长、全球影响不均衡，当代人难以有切身感受。应对气候变化影响范围，专业性强，对工作提出了很高的要求。从这两点来看，提高公众意识和工作能力建设应当被放在重要位置。

（五）存在问题

1.业务培训和指导有待加强

应对气候变化工作涉及面广，科技含量高，具有较强的系统性、复杂性和联动性，特别是适应气候变化工作迫切需要从国家层面加强对地方工作的培训和指导。在温室气体统计核算考核体系建设、碳排放交易市场建设、低碳标准标识推广应用等方面加大对地方从事应对气候变化工作的人员进行培训，提高他们履行本职工作的能力。

2.对低碳试点示范支持力度有待增强

试点工作千头万绪，涉及不同领域，仅靠地方发改委的探索实现低碳发展的路子难以取得好的成效，需要国家发改委加强对试点地区调查研究，加大指导力度。

（六）规划目标

2012年6月15日，江西省政府印发了《江西省“十二五”控制温室气体排放实施方案》，到2015年力争实现以下主要目标：

大幅度降低单位地区生产总值二氧化碳排放，全省单位地区生产总值二氧化碳排放比2010年下降17%。控制非能源活动二氧化碳排放和甲烷、氧化亚氮、氢氟碳化物、全氟化碳、六氟化硫等温室气体排放取得成效。应对气候变化政策体系、体制机制进一步完善，温室气体排放统计核算体系基本建立，碳排放交易市场逐步形成。通过低碳实验试点，形成一批各具特色的低碳县（市、区），建成一批具有典型示范意义的低碳园区和低碳社区，推广一批具有良好减排效果的低碳技术和产品，控制温室气体排放能力得到全面提升。

（撰稿：唐正，江西省发展和改革委员会应对气候变化处）

2012年河南省应对气候变化和低碳发展报告

河南省发展和改革委员会

近年来，河南省认真贯彻落实中央关于应对气候变化的一系列政策措施，把积极应对气候变化作为经济社会发展的重大战略，作为加快转变经济发展方式、调整经济结构和推进新的产业革命的重大机遇，以全面推进中原经济区和生态文明建设为契机，深入推进资源节约和环境保护，大力控制温室气体排放，加强应对气候变化能力建设，使全省应对气候变化工作取得了较好的成效。

一、从发展战略上推进减缓气候变化工作

（一）中原经济区发展战略突出绿色、低碳特征

近年来，河南省成功实现了由传统农业大省向全国重要的经济大省、新兴工业大省和有影响的文化大省的历史性转变，进入了实现中原崛起的新阶段。随着新型工业化、城镇化和农业现代化的快速推进及消费结构的持续升级，我省资源约束日益趋紧、生态环境退化不断加剧的问题愈加凸现，已成为经济社会可持续发展的重大挑战。面对资源环境的严峻形势，河南省委、省政府审时度势，提出了以科学发展观为指导，加快中原经济区建设的战略构想，制定了在推进信息化过程中，坚持走不以牺牲农业和粮食、生态和环境为代价，以新型城镇化为引领，以新兴工业化为主导，以新型农业现代化为基础的“两不三新”三化协调科学发展的道路。这一战略构想得到了中央的大力支持，国务院出台了《关于支持河南省加快建设中原经济区的指导意见》，并批复了《中原经济区规划（2012—2020年）》，从而使中原经济区“两不三新”的绿色低碳发展模式被确立为国家重要的区域经济发展战略，成为河南省推进经济社会可持续发展、积极应对气候变化的重要行动纲领和工作指南。

（二）产业结构向低碳化方向发展

加快运用高新技术和先进实用技术改造钢铁、有色金属、电力、煤炭、建材、化工、纺织等传统产业，促进信息化和工业化深度融合。我省优势产业不断发展壮大，工业结构朝着节能减排、提质增效的方向发展。“十一五”末，全省装备制造业主营业务收入占工业比重提高到17%，原材料工业精深加工水平和行业集中度明显提升，高新技术产业增加值五年增长182.6%。战略性新兴产业快速发展，技术水平不断提高，产业规模不断扩大。“十一五”末，全省战略性新兴产业实现规模以上主营业务收入3266亿元，新一代信息技术、生物、新材料、节能环保产业比重达到80%，在血液制品、生物医药、生物育种、新型合金材料、智能电网装备、生物能源等领域具有一定的技术和产业优势。节能环保产业规模较快扩张，初步形成较为完整的产业体系。“十一五”末，河南省节能环保产业实现总产值920亿元，相当于全省GDP的4%。现代物流体系建设加快推进，文化产业增加值五年翻一番以上，旅游总收入突破2000亿元，金融业也得到了快速发展。服务业发展明显提速，2011年底，全省第三产业的比重提高至28.8%。

（三）能源结构得到优化调整

在能源利用结构中，煤炭消费比例降低，油品、天然气使用量增加，天然气在能源消费中的比重不断上升。“十一五”末，河南省原油、天然气和水电占能源消费总量的比重达到15.7%，比2005年提高2.9个百分点。新能源和可再生能源发展明显加快，南阳、信阳等核电项目前期工作全面推进，南阳核电项目纳入国家规划；非水可再生能源发电装机容量超过40万千瓦，风电和光伏发电实现了零的突破；燃料乙醇和生物柴油产能达到70万吨以上，万吨级秸秆纤维乙醇产业化示范取得重大突破；农村家用沼气五年新增250万户以上。同时，探索并在全国率先开展火电机组“上大压小” 和发电量指标交易工作。截至2011年底，全省30万千瓦及以上机组比重达到76%，较2007年提高16个百分点。

（四）能源利用效率明显提升

能耗强度持续下降，五年来，全省累计关停小火电机组近1000万千瓦，淘汰了一大批水泥、钢铁、造纸、焦炭、电解铝等落后产能，为先进产能的发展腾出了市场空间和能源、环境容量。全省新型干法水泥产量比重达到95%以上，并全部配套建设了余热发电装置；新型墙体材料应用比例超过96%，是全国县级以上城市城区全部实现“禁实”目标的少数省份之一。2008年~2012年，全省单位GDP能耗预计累计下降22.1%，年均能源消费弹性系数由上一个五年的1.08降低至0.58，累计实现节能量5430万吨标准煤，实现了以较低的能耗增速支撑较快的经济增长。

（五）森林碳汇能力持续增长

以创建林业生态省为载体，持续实施天然林保护、退耕还林、重点地区防护林建设等国家林业重点工程，

大力推进山区生态体系、生态廊道网络建设、环城防护林及城郊森林和村镇绿化等一批省级林业重点生态工程。“十一五”期间，全省新增造林面积151.68万公顷，森林覆盖率提高4.42个百分点，对减缓温室效应做出了积极贡献。截止2011年底，全省森林面积达378.77万公顷，森林覆盖率22.7%，森林蓄积量1.36亿立方米，森林总的碳储量已达1.22亿吨。同时，积极增加农田、草地等生态系统碳汇，加强湿地修复恢复，积极探索生物固碳技术。

（六）循环经济、低碳经济发展成效明显

河南省围绕推进国家循环经济试点省建设，组织开展了三批共136个循环经济试点，积极探索社会、园区和企业三个层面循环经济发展模式，鹤壁市资源型城市循环化发展模式、南阳天冠废物综合利用实现零排放企业发展模式被列为全国60个典型循环经济模式案例予以推广，郑州市被列入全国餐厨垃圾资源化利用试点，洛阳市、焦作市、鹤壁市列入全国资源综合利用“双百”基地，长葛大周镇再生金属回收加工区被列入国家“城市矿产”示范基地，南阳天冠还被选为首批全国9个国家循环经济教育示范基地之一。同时，积极推进低碳发展，济源市列入国家第二批低碳试点城市，许昌市制定印发了《许昌市2010－2015年低碳经济发展规划》，郑州、新乡、焦作等市积极探索低碳经济发展模式，启动编制低碳发展规划，明确了发展低碳经济、建设低碳城市的思路。

二、从基础建设上提升适应气候变化能力

（一）农业适应能力得到加强

“十一五”期间，全省完成中低产田改造885万亩，建成高产稳产田207万亩，实施了38座大型灌区续建配套和节水改造，农田有效灌溉面积达到7550万亩，农业灌溉水有效利用系数达到0.57。育种能力不断增强，“十一五”以来全省共培育农作物新品种494个，其中国家审定新品种78个，百农矮抗58、郑麦366两个小麦品种在北方50年难遇的大旱中表现良好。一大批产量高、品质好的粮食新品种被选育推广，优质小麦和优质玉米的供种量居全国第一位。优质专用小麦、杂交玉米、抗虫棉、杂交芝麻等一批优良品种在生产中大面积推广应用。农作物重大病虫害监测预警能力和防控能力显著提高，中、短期预报准确率分别达到75%和90%以上。

（二）林业及生态系统适应能力进一步提高

全省林业有害生物防治工作取得长足进展，已建成各级林业有害生物防治检疫站164个，国家级中心测报点3个，林业有害生物灾害防治率达到90.02%，成灾率控制在5‰以下。全省已建立了11个国家级、18个省级野生动物疫源疫病监测站，224个市（县）级野生动物疫源疫病监测站点，初步形成了省市县三级野生动物疫源疫病监测体系。湿地保护取得重大进展，全省共建立湿地自然保护区17处，湿地公园4处。生物多样性得到有效保护，全省林业系统已建立自然保护区25处，总面积50.47万公顷，占全省国土面积的3.02%，其中国家级9处，面积32.54万公顷，涵盖了全省80%的典型生态系统、75%的国家一、二级重点保护野生动植物物种。全省沙化土地面积逐年减少，山区森林植被逐步得到恢复，丹江口库区、小浪底库区、淮河源头等重点生态区水土流失面积逐步减小，强度减轻，地质灾害明显减少。全省累计治理水土流失面积3.34万平方公里，占水土流失面积的47%。

（三）水资源保障能力不断提高

长期以来，河南省高度重视水利建设，坚持兴利除害并重，不断加大水利基础设施建设力度，为抗御水旱灾害、保护水土资源、改善生态环境提供了重要保障。一大批重点水利工程相继建设，南水北调中线工程河南段全线开工，燕山水库建成并发挥效益，河口村水库开工建设，出山店水库前期工作进展顺利，沙颍河、涡河、小洪河治理基本完成，378座大、中、小型病险水库除险加固工程全部完成，远超“十一五”规划确定的90座建设目标。“十一五”末，全省各类供水工程年供水能力达到264亿立方米，基本形成供水保障体系。积极推进节水型社会建设，全社会的用水效率和节水意识明显提高，万元GDP用水量降至90立方米，万元工业增加值用水量降至46.5立方米。

（四）气象灾害防御能力增强

我省先后出台了《河南省防雷减灾实施办法》、《河南省突发气象灾害预警信号发布办法》、《河南省加强气象灾害防御工作的意见》、《河南省气象灾害防御条例》，成立了河南省气象灾害防御工作领导小组，初步建立了“政府主导、部门联动、社会参与”的气象灾害防御机制。不断加强防灾减灾方面的部门合作，建立了气象防灾减灾多部门联动机制，完善了气象灾害防御体系。制定和规范灾害性天气和气象灾害预警信息的发布工作流程，拓展了气象灾害预警信息发布渠道，加强了农村气象服务和气象灾害防御体系的建设。乡镇气象信息服务站和农村气象信息员队伍建设得到加强，全省建成806个农村气象信息服务站，发展4.1万多名农村气象信息员，开展全省中小学防雷安全隐患排查和整改工作。积极开展气象灾害区划和风险评估，完成全省暴雨洪涝灾害风险区划报告，绘制了全省暴雨洪涝灾害风险区划图。

三、着力提高应对气候变化能力建设

（一）应对气候变化基础工作取得突破

省政府建立了节能减排工作领导小组，制定了推进节能减排、发展循环经济、推进生态省建设等一系列规划、方案和政策措施，强化了应对气候变化工作的组织和领导。我省全面开展了温室气体排放清单编制工作。2011年，省发展改革委起草了《河南省温室气体排放清单编制工作方案》，对清单编制的内容领域、参与部门和机构、时间进度要求及经费保障等进行了统一部署，得到了省主要领导的高度重视。组成了由省政府主管省长为组长，省发展改革委、统计局为副组长，省科技厅、工业和信息化厅等12个厅局为成员的温室气体排放清单工作领导小组。省财政拨出专项经费，全面启动了能源、工业、农业、废弃物处理、土地利用及林业活动等五大领域的温室气体清单编制工作。到2012年底，河南省五大领域温室气体排放清单报告初稿已经完成，正在对清单成果进行评估论证。按照《国务院关于印发"十二五"控制温室气体排放工作方案的通知》要求，省政府于2012年底制定印发了《河南省"十二五"控制温室气体排放工作实施方案》。《实施方案》明确了河南省"十二五"期间控制温室气体排放工作的总体要求和主要目标，细化了河南省控制温室气体排放的主要任务与工作重点，制定了控制温室气体排放的政策措施，对18个省辖市"十二五"控制碳排放强度下降指标进行了任务分解，并将《实施方案》提出的23项重点工作对省直有关部门进行了责任分工，确保完成"十二五"国家下达的控制温室气体排放强度目标。同时，我省已着手编制应对气候变化规划，目前规划已形成初稿。

（二）相关法律法规和标准逐步完善

近年来，我省颁布了《河南省节约能源条例》、《河南省节约用水管理条例》，制定了《关于实行节能减排目标问责制和"一票否决"制的规定》，同时，省政府印发了节能减排统计、监测和考核体系等六个实施办法，对全省18个省辖市、6个扩权县（市）和重点企业实行了节能减排目标问责制和"一票否决"制。省政府出台了加强节能决定、加快节约型社会建设、加快建设节约型机关、节能减排实施方案等规范性文件，建立和完善了能耗指标公报、落后工艺技术淘汰、环境违法企业"黑名单"公布、重点案件挂牌督办以及污染物总量控制等一系列制度。相关部门陆续颁布实施了一批建筑节能、节水、清洁生产审核、重点行业污染物排放、能源计量评定和高耗能行业主要耗能产品能耗限额等节能减排地方标准，对我省应对气候变化工作的开展起到积极的促进作用。

（三）气候变化和气象灾害监测预测体系初步建立

我省建成了强对流天气监测预警、区域性强对流天气诊断分析预报、黄河中下游流域水文气象、冬春季沙尘天气短期预报、灾情直报与信息共享等10余项预报业务服务系统，气象预报预测能力明显提升。建成了省级气候业务系统平台，实时开展气候监测和评估业务。气象预报精细化程度逐步提升，中短期预报空间分辨率向乡镇一级延伸。气象应急处置、综合气象观测和信息处理能力大大增强，建设了气象灾害预警信息发布系统和省级气象信息共享平台，以及综合气象观测系统监控平台等。

（四）低碳技术创新能力增强

近年来，河南省把发展低碳经济的共性及关键技术列入各级重点技术创新和科技攻关计划，重点支持资源能源节约、综合利用新技术、新工艺的研究开发。安排实施了节能减排重大科技专项和科技计划项目，重点开发和推广应用低热值褐煤提质、多金属矿产资源综合利用、低品位余热余压利用、新型阴极结构铝电解、冶金尾矿资源化利用、秸秆生产纤维乙醇、小型分散污水处理等一批关键共性技术，推动组建了节能减排技术与装备产业联盟，培育节能减排科技示范企业60家，建成7个国家级和15个省级可持续发展实验区。同时，通过运用发布技术目录、举办展览和技术交流等形式，加快了低碳经济相关新技术、新产品的推广应用，促使先进技术尽快转化为实际节能减排量，重点在水泥行业推广了纯低温余热发电技术，在化工行业推广"三废混燃炉"、醇烃化代替铜洗等技术，在铝工业行业推广选矿拜耳法、强化烧结法、电解槽不停电检修技术等先进工艺，在食品行业推广高浓度废水处理技术。

（五）基础研究和宣传教育广泛开展

应对气候变化研究工作积极开展，先后开展了《河南省应对气候变化方案思路研究》、《低碳经济对河南省经济社会的影响与对策研究》、《中原经济区绿色低碳发展行动方案》等综合性课题研究，编制完成了《河南省近50年气候变化评估报告》，建立了河南省气候变化标准数据集，开展了气候变化对河南省水资源和河南农业生产影响的研究，完成了《气候变化对大型水利工程影响研究报告》和"省级气候变化检测与影响评估和对策业务系统"建设工作。初步建立了太阳能资源评估系统，开展了风能资源普查、观测和评估，以及气候变化对河南小麦、玉米影响评估和精细化农业气候区划。同时，加大了气候变化教育与宣传力度，充分利用"世界气象日"、"防灾减灾日"、"世界水日"、"世界环境日"、"世界无车日"、"全国节能宣传周"、"科普活动周"等活动，开展了节约能源、气候变化科普宣传和培训，提高了公众的节能环保、绿色低碳和应对气候变化意识。

四、应对气候变化工作存在的主要问题

近年来，河南省应对气候变化工作取得了明显成效，但与先进地区相比，还存在着一些薄弱环节，亟待进一步加强。

（一）部分地方对应对气候变化的重要性认识不足

应对气候变化事关人类生存发展大局、事关经济社会发展大局、事关民生大局。从气候特点看，我省防灾减灾任务艰巨；从经济发展阶段性特征看，我省节能减排任务艰巨；从保障粮食生产稳定增长看，适应气候变化任务艰巨。在具体工作中，部分地方还存在对气候变化问题的现实性、影响的深远性、任务的紧迫性认识不足的问题。

（二）适应气候变化能力建设有待进一步加强

应对气候变化法律法规和制度建设尚需健全，尚未形成专门的应对气候变化工作机构，应对气候变化工作的组织体系亟待建立和完善，缺乏相关的配套政策措施、标准和规范。同时，我省温室气体排放的统计、测算、清单编制体系和目标责任制尚未建立，气候变化科学研究和影响评估等基础工作相对薄弱，监测预警和应急响应能力不足，极端气候事件预测预警和防灾减灾体系有待进一步完善。

（三）技术、资金、人才不足等问题突出

我省应对气候变化技术支撑能力不强，减缓和适应重点领域的关键技术以及低碳技术等研发能力不足，部分关键技术缺乏。应对气候变化多元化投融资渠道尚未形成。应对气候变化领域职业化教育培训体系尚未建立，专业人才匮乏，人才队伍建设、从业人员业务水平和素质有待进一步加强。

五、下一步工作思路及重点

（一）工作思路

今后一个时期，河南省应对气候变化工作的总体思路是：坚持以科学发展观为指导，以建设生态文明为导向，以加快转变经济发展方式为主线，以科技创新和制度创新为动力，紧紧围绕推进中原经济区建设，把积极应对气候变化作为经济社会发展的重大战略和稳增长、调结构、促转型的重要战略机遇，坚持控制温室气体排放和适应气候变化能力并重，把控制能源消费和碳排放总量、大幅降低能源消耗强度和碳排放强度作为重要着力点，综合运用调整结构、节能减排、增加碳汇等多种手段，完善政策，健全机制，加快建立以低碳为特征的产业体系、城镇体系、技术创新体系和消费体系，着力推进绿色发展、循环发展、低碳发展，促进人口资源环境相均衡、经济社会生态效益相统一，在保持经济社会持续健康较快发展的基础上，全面提升应对气候变化的综合能力。

（二）工作重点

围绕上述工作思路，坚持应对气候变化与推进可持续发展相互促进、制度创新和科技创新同步推进、统筹全局与突出重点紧密结合、政府引导和社会参与协调联动等原则，在扎实做好省级应对气候变化规划、省级温室气体排放清单编制及建立长效机制等工作的基础上，重点做好以下几项工作：

1.着力构建“五大体系”。贯彻绿色低碳导向，积极推动低碳体系建设，加快构建以低碳为特征的低碳产业、低碳交通、低碳建筑、生态碳汇和低碳消费体系，大力推进生态文明建设。同时，坚持把产业结构和能源结构调整优化作应对气候变化的重要抓手，推进经济转型升级、促进绿色可持续发展。

2.不断强化“三大支撑”。围绕提升全省应对气候变化基础能力，进一步强化体制机制创新、科技创新和人才建设三大支撑体系。建立完善省级应对气候变化领导和协调机构，逐步建立温室气体排放统计核算和考核体系，研究建立碳排放交易体系，完善市场激励机制，逐步完善应对气候变化相关的产业、财税、金融、技术和消费政策，推进专项立法工作取得一定进展。加强基础理论研究、关键技术自主研发和技术示范推广工作，重点支持操作性强、应用前景广阔的减缓和适应气候变化技术。不断提高区域气候变化科学研究、观测和影响评估水平，努力增强重点领域和生态脆弱地区适应气候变化能力，不断壮大气候变化领域人才队伍，提高人才素质，优化人才结构。

3.组织实施重点工程。按照技术先进适用、示范带动效应明显的原则，在节能环保、可再生能源、生态保护和建设、低碳技术示范和产业化、低碳试点示范、应对气候变化能力建设等6大领域，实施一批重点工程和项目，为全省应对气候变化提供有力支撑。组织实施八大节能重点工程，合理控制能源消费总量，主要节能减碳指标达到国内先进水平。同时，有序推进低碳城市、低碳园区、低碳社区、低碳商业、低碳产品等领域的试验试点工作，实施“5511”低碳试点示范工程，即建成5个低碳示范城市、50个低碳产业示范园区、100个低碳示范社区、100家低碳示范企业。

（撰稿：张志祥，河南省发展和改革委员会资源节约与环境保护处）

2012年湖北省应对气候变化和低碳发展报告

湖北省发展和改革委员会

2012年，是湖北省应对气候变化工作取得显著成效的一年。一年来，湖北将应对气候变化工作作为贯彻落实科学发展观、实现可持续发展、建设生态文明的重要内容，从适应和减缓气候变化两个层面入手，紧紧围绕低碳省区试点、碳排放权交易试点开展工作，控制温室气体排放取得积极成效，适应气候变化能力不断增强。主要表现在以下方面：

一、努力控制温室气体排放

通过调整产业结构和能源结构，节约能源、提高能效，增加森林碳汇等手段，湖北经济在快速发展的同时，努力减缓温室气体排放增速，取得了积极成效。2012年，全省单位生产总值二氧化碳排放量比上年下降4.0%。

一是调整优化产业结构。三次产业结构比例由2011年的13.1:50.1:36.8调整为2012年的12.8:50.3:36.9。大力发展先进制造业，重点培育新兴产业，加快发展新一代信息技术、高端装备制造、新材料等优势产业和生物技术、节能环保等特色产业。促进现代服务业加快发展，重点发展关联性强、拉动作用大的现代物流、金融、科技、信息和中介服务业；同时，加快发展软件、服务外包、创意设计、通用航空等新兴服务业。2012年，全省服务业增加值8210.94亿元，同比增长10.8%，占地区生产总值的比重为36.9%。

二是全面推进重点领域的节能降耗。2012年，全省单位生产总值能耗比上年下降4.3%。2012年，共淘汰水泥产能393万吨、炼钢产能287.6万吨、炼铁及铁合金产能70.8万吨、平板玻璃产能590万重量箱、造纸产能30.7万吨、酒精产能1.5万吨、制革产能3万标张、印染产能29925万米、铅蓄电池产能596.5万千伏安时、煤炭产能135万吨，全面超额完成了国家下达的目标任务；全省规模以上工业增加值能耗比上年下降8.41%。大力推动全省绿色建筑发展，实施既有建筑节能改造，严格执行新建建筑施工阶段节能强制性标准，加强公共建筑节能管理。2012年，全省开展绿色建筑创建269万平方米，实施既有建筑节能改造183万平方米；全省城镇新建建筑设计阶段节能标准执行率100%，竣工验收阶段节能标准执行率98%，比2011年上升1个百分点；完成既有公共建筑节能改造112万平方米，既有居住建筑节能改造72万平方米。开展“车船路港”千家企业低碳交通运输专项行动，实施机场、码头、车站节能改造。2012年，营运车辆单位运输周转量能耗比上年下降1.1%，其中营运客车、营运货车分别下降0.07%和1.3%；营运内河船舶单位运输周转量能耗下降1.6%；港口生产单位吞吐量综合能耗下降0.08%。组织全省重点商业集团开展以“推广使用节能产品，促进扩大消费需求”为主题的节能行动，严格用能管理，引导消费行为。组织实施公共机构办公区节能改造，积极推进节约型公共机构示范单位建设，省交通运输厅、省机关事务管理局等28家单位列入全国节约型公共机构创建示范单位。

三是高效利用资源，循环经济卓有成效。组织开展循环经济试点，逐步建立循环经济发展模式，不断提高资源综合利用水平。全省先后组织开展了两批循环经济试点，共确定了65家企业、12个园区和5个县市为试点单位。建设了一批循环经济关键链接项目，区域、园区和企业的循环经济发展模式逐步建立。已经形成了以宜化、兴发为代表的化工循环经济发展模式，以武钢为代表的钢铁循环经济发展模式，以华新、葛洲坝为代表的建材循环经济发展模式，以格林美为代表的再生资源回收利用模式，以东风康明斯、千里马为代表的再制造发展模式。

四是改善能源结构，加快发展清洁能源。能源结构逐步优化，可再生能源和新能源快速发展，预计2012年全省非化石能源占能源消费量的比重由2011年的12.2%上升为12.4%。2012年，全省水电总装机达3595万千瓦，占水电经济可开发量90%以上；已建、在建和正在开展前期工作的新能源建设项目总装机超过110万千瓦。其中，利川齐岳山一期等5个风电场、当阳等7个秸秆发电项目、江夏等4个垃圾发电项目、武汉火车站等8个光伏发电项目建成投产；利川齐岳山二期、随县黑石垛、大悟五岳山等风电项目，江夏梁子湖、黄石黄金山等太阳能项目，谷城、老河口等生物质发电项目建设进展顺利；一大批新能源项目正在开展前期工作。通山、大悟、谷城、鹤峰、利川、房县等6个县（市）被授予“国家首批绿色能源示范县”称号。

五是碳汇建设加强。加快植树造林，先后实施天然林保护工程、退耕还林工程、湖北华中林业生态屏障工程、三峡库区森林生态工程、湿地保护与修复工程等，碳汇建设初见成效。2012年，全省共完成营造林1037.8万亩，超计划3.78%，其中人工造林287.5万亩、封山育林150.3万亩、中幼林抚育600万亩，完成率分别为121.8%、150.3%和100%。在10个县（市、区）推进碳汇造林试点建设，累计造林面积约1.2万亩。

二、不断完善制度框架体系

管理体制和工作机制逐步健全，先后成立了节能减排（应对气候变化）工作领导小组和应对气候变化专家委员会，形成了政府主导、多部门参与、专家咨询的决策管理体制机制。分别出台了《中共湖北省委 湖北省人民政府关于加强应对气候变化能力建设的意见》、《湖北省人民政府关于发展低碳经济的若干意见》、《湖北省应对气候变化行动方案》、《湖北省低碳省区试点工作实施方案》、《湖北省“十二五”控制温室气体排放工作实施方案》、《湖北省应对气候变化领域对外合作管理实施暂行办法》等一系列纲领性文件，为控制温室气体排放工作提供了政策保障。组织编制了《湖北省低碳发展规划》和《湖北省应对气候变化规划》。编制了2005年和2010年省级温室气体清单，摸清温室气体主要排放源，了解排放状况，增强温室气体排放清单的完整性和准确性，为逐步建立温室气体排放的统计监测和考核体系奠定基础。合理分解碳强度下降目标。

综合考虑经济发展水平、产业结构、能源结构、新能源发展状况和森林碳汇等因素，结合节能目标与分解情况，将全省碳强度下降目标分解到各市（州）。实施评价考核制度。省政府每年年初将年度目标任务分解到各市（州），并与各市（州）政府主要负责同志签订目标责任书，年终进行考核，考核结果纳入市（州）政府工作评价体系。

三、切实增强适应气候变化能力

湖北是农业大省，同时也是气候变化敏感区域。为适应气候变化带来的影响，加强了适应气候变化与应对极端天气、气候事件的能力建设，加大了对水利设施、水资源、农业等敏感行业和领域适应能力的建设，适应气候变化明显增强。

农业领域。大力推进生态农业建设，加强农田水利等农业基础建设，提升农业综合生产能力。实施农业面源污染防治工程，推广测土配方和合理使用农药技术，推广环保型化肥和秸秆还田，减少农田氧化亚氮排放。2012年，全省建立测土配方施肥核心示范区6000万亩，辐射带动全省实施8000万亩次，肥料利用率提高3-5个百分点，亩平节省化肥纯养分1.5-2kg，肥料养分当季利用率平均提高4.5%。狠抓了大中型灌区续建配套节水改造和粮食主产区的灌排骨干工程建设，开展了田间节水灌溉示范与推广。近5年来，全省共完成1924座大中型和重点小型水库出险加固，大规模疏浚河道530公里，推进了32个大型灌区、和25 个节水示范项目建设。

水资源领域。大力推进节约用水和节水型社会建设，加大水资源治理和管理，水资源得到有效保护。确立了严格管理水资源的总体思路，推动水资源管理法规建设，重点审查项目对水功能区的影响。在全省开展“节水型企业”、“节水型灌区”创建活动。狠抓了节水型社会建设，制定出台了《湖北省节水型社会建设规划》、《武汉城市圈节水型社会建设规划》。鄂州市、襄阳市、孝昌县、武汉市、宜昌市节水型性社会建设取得积极进展。以重要湖泊水生态修复工程建设为重点，以点带面，全面推动水生态修复工作。开展对梁子湖、“四湖”流域等湖泊的综合治理。汉阳六湖连通工程全面完成，咸宁淦河、黄冈长河、十堰泗河、黄石磁湖、鄂州洋澜湖、孝感澴东湖泊等城市水生态保护与修复项目稳步推进。近五年累计完成水土流失治理面积 8492平方公里。

气象领域。充分发挥了气象灾害的预警预报作用，为应对气候变化变化提供科技支撑。启动了气象灾害防御规划编制工作，完善了气象灾害监测网络，全省20个县120加密观测站基本建设完成，神农架、襄阳、麻城3部新一代天气雷达工程进展顺利。加强气象灾害应急体制机制建设，提升气象灾害预警预报能力，预警信息快速发布绿色通道建成。深化气候变化科学研究，加强主要极端天气气候事件及重大气象灾害的监测评估关键技术研究，发布了55期极端气候事件监测报告。

四、大力推进低碳试点示范建设

一是发挥引领作用，推进试点示范。为推进低碳省区试点工作，开展低碳城市、低碳园区和低碳社区三级试点建设，探索低碳发展经验，推进低碳绿色发展。试点示范地区大胆探索，努力彰显地方特色，试点建设特色各展。

二是加大资金投入，实施重点工程。设立了低碳经济发展专项资金，规模达3.7亿元，充分发挥专项资金的撬动和倍增作用，重点支持低碳经济发展、节约能源、新能源产业发展、低碳试点、淘汰落后产能、建筑节能等工作，其中低碳试点专项资金2000万元，主要用于支持低碳试点示范和能力建设项目，包括低碳生态艺术展示中心、太阳能路灯示范项目、社区地源热泵、慢行系统、沼气工程示范项目、二氧化碳捕集封存工程项目以及能力建设等项目。

三是大力完善标准体系。逐步建立和完善碳核查、绿色建筑、低碳交通等标准体系。根据国际碳核查标准的主要内容和要求，编制完成了《温室气体排放量化、核查、报告和改进的实施指南（试行）》，并获国家标准委备案。研究制定了《湖北省绿色建筑评价标准（试行）》、《道路运输车辆燃料消耗量检测和准入管理暂行办法》等实施细则。这些标准的建立为科学、准确、高效、规范推进全省低碳试点工作奠定了坚实基础。

四是开展碳标识和低碳认证试点。为有效推动碳标识和低碳认证工作，积极组织在水泥、浮法玻璃、汽车行业的相关企业开展碳标识和低碳认证试点。

五、稳妥推进碳排放权交易试点工作

湖北是全国碳排放权交易试点省市之一。为推进试点工作，在配额分配、交易平台建设、制度设计等方面先行先试，建立组织健全、交易规范、制度完善的区域性碳排放权交易市场。《湖北省碳排放权交易试点工作实施方案》获省政府批准，《湖北省碳排放权交易管理办法》、《湖北省碳排放交易监测、量化和报告指南》等30余个规章制度抓紧编制。为做好与企业沟通衔接工作，分别对武钢、东汽、华新水泥、葛店化工等30多家企业进行了实地调研和问卷调查，摸清企业排放状况，了解企业意愿。

六、加强国际合作，推广技术研发

积极推进与欧盟等地区和国家的合作，学习借鉴发达国家先进的低碳技术、成熟的管理经验和碳排放交易机制。分别召开了中欧碳交易圆桌会议、开展中英政府合作框架协议低碳备忘录项目、中德应对气候变化能力建设项目，推进武汉城市圈中法城市可持续发展合作试点。

清洁发展机制项目有效推进，截至2012年底，共有112个清洁发展机制项目获得国家发改委批准；55个项目在联合国清洁发展机制执行理事会注册，签发项目17个，预计年减排量158.9万吨二氧化碳当量。

加强低碳技术的研发，低碳技术推广应用得到加强，技术改造投资占工业投资的比重保持在40%以上。国家能源天然气长输管道技术装备研发（实验）中心、华中科技大学国家能源煤炭清洁发电技术研发（实验）中心等4个能源研究中心落户湖北，数量和集中度居各省市之首。其中，华中科技大学二氧化碳捕集技术在全国处于领先地位。

七、探索低碳消费模式，营造低碳发展氛围

积极引导绿色消费、绿色包装和回收再利用等，推动低碳消费方式的形成。2011-2012年，武汉、荆门新建了10家以“出售低碳商品、废旧家电回收和二手商品寄售”为主要功能的低碳超市。目前，湖北已设立低碳超市和低碳柜台约50多家（个）。采取多种形式，加强宣传引导，着力营造上下齐心、各界努力、人人参与的氛围。低碳生活方面，开展“酷中国-全民低碳行动”湖北巡回展活动。低碳交通方面，以“免费自行车服务网络”为代表的慢行交通系统进一步完善，武汉市免费自行车已达9万辆，每天使用近20万人。企业行动方面，华彬集团计划投资100亿元在咸宁打造国内一流、华中首家低碳产业示范区。东风汽车公司、神州生物质能源发展有限公司分别在恩施市、当阳市出资营造碳汇林。中国移动湖北公司开展“低碳新生活 湖北会更好”大型社会责任工程等。

八、强化基础工作，加强能力建设

研究建立温室气体排放统计核算体系。湖北省作为温室气体排放清单编制试点省份，已编制完成2005年、2010年温室气体排放清单，2005年、2010年清单分别通过了国家、本省评审。开展清单对比分析工作，形成客观、科学、全面的研究成果作为决策依据。开展温室气体排放统计核算体系建设研究，具备一定的工作基础。组织和参加各种学习培训，抓好能力建设。组织开展湖北碳排放权交易试点动员培训会、中英低碳规划研讨会、中德能力建设培训会等活动，印发了《低碳发展规划编制指南》、《低碳试点材料》、《应对气候变化资料汇编》等学习宣传资料。

2012年广东省应对气候变化和低碳发展报告

广东省发展和改革委员会

2012年9月11日，国家发展改革委副主任解振华、广东省省长朱小丹、广东省常务副省长徐少华、广州市委书记万庆良、广东省政协副主席覃卫东等领导出席广东省碳排放权交易试点启动仪式，并共同为广州碳排放权交易所揭牌。

一、主要工作情况

（一）努力探索低碳发展体制机制，碳排放权交易筹备工作基本就绪

全面启动碳排放权交易试点。省委、省政府对试点工作高度重视，将开展碳排放权交易作为低碳试点的重要抓手。省政府正式印发了《广东省碳排放权交易试点工作实施方案》，对碳排放权交易试点工作做出了具体部署。2012年9月，省政府举行碳排放权交易试点启动仪式，朱小丹省长宣布我省碳排放权交易试点启动，国家发展改革委解振华副主任、徐少华常务副省长出席仪式并讲话。组织有关高校、研究机构的专家和业务骨干进行了交易机制的系统研究。

基本完成碳排放权交易市场建设前期工作。制定碳排放权管理和交易办法，并正式上报以省政府规章形式出台，为我省开展碳排放权交易提供基本依据和制度保障。组织首批年水泥、电力、钢铁、石化重点企业进行碳排放信息报告核查工作，并已基本完成，为将有关重点企业纳入碳排放权配额管理打好基础。结合企业投资管理体制改革要求，研究制定碳排放权配额分配和管理规则。广州碳排放权交易中心和深圳排放权交易所正式设立，并都已获得国家发展改革委温室气体自愿减排交易机构备案，具备碳排放权交易的硬件和软件条件。正在组织建设碳排放权管理和交易信息系统。

（二）加强组织领导，初步建立管理工作体系

完善统筹协调机制。在省应对气候变化及节能减排工作领导小组框架下，省政府又建立了省低碳试点工作联席会议制度，并于2013年进行了成员优化调整。加大资金扶持力度，省财政安排了低碳发展、节能循环经济、低碳技术创新与示范等领域专项资金。支持和推动4个省低碳试点城市和8个省低碳试点县（区）开展相关工作。

推动工作任务落实。省政府先后印发《广东省低碳试点工作实施方案》、《“十二五”控制温室气体排放工作实施方案》、《“十二五”节能减排综合性工作方案》等政策文件，贯彻落实国家节能、减碳工作部署，落实地方、部门工作分工，将“十二五”控制温室气体排放约束性指标分解落实到各地级以上市政府。对各市政府落实节能目标加强责任考核，监督检查重点耗能企业节能措施实施情况。

2012年以来，广东省认真贯彻落实中央关于应对气候变化和推进生态文明建设的各项决策部署，扎实做好国家低碳试点和碳排放权交易试点工作，取得了明显成效。

（三）积极减缓气候变化，推动绿色低碳发展

初步核算，2012年全省单位生产总值二氧化碳排放同比下降5.68%，“十二五”前两年累计下降9.2%，超额完成进度目标。

调整优化产业结构。建设现代产业体系，加快发展现代服务业、先进制造业和战略性新兴产业。2012年，广东三次产业结构为5.0:48.8:46.2，先进制造业增加值10529.64亿元，增长8.3%；现代服务业增加值15036.65亿元，增长9.5%。实施产业和劳动力“双转移”战

略，已认定省级产业转移工业园36个，转移就业人数97.6万人。

认真做好节能工作。2012年全省单位生产总值能耗同比下降5.38%，“十二五”前两年累计下降8.96%，超额完成进度目标。印发《“十二五”广东省万家企业节能低碳行动实施方案》，推动重点用能单位强化节能低碳管理。严格实施固定资产投资项目节能评估和审查制度，推动一批重大项目通过国家节能审查。推广实施合同能源管理和电力需求侧管理，编制发布节能技术、设备（产品）推荐目录。

积极调整能源结构。加快关停落后小火电机组，大力发展新能源和可再生能源。初步核算，2012年全省非化石能源占一次能源消费消费比重为16.52%，比2010年提高了2.52个百分点。截至2012年底，全省核电装机容量达到610万千瓦，建成岭澳核电站二期，阳江核电和台山核电建设进展顺利；风电投运容量达到137万千瓦；已建成太阳能光伏发电装机容量 8万千瓦。

发展低碳建筑。颁布实施《广东省民用建筑节能条例》，制定《科技促进建筑节能减排实施方案》和《广东省建筑节能“十二五”规划》。推进规划用地用电指标试点，从源头遏制高能耗建筑。开展绿色建筑评价标识工作，截至2012年底，全省共有108个项目获得了绿色建筑评价标识。加强建筑全周期节能的监督管理，2012年全省城镇新建建筑施工阶段节能强制性标准执行率达到98%。

发展低碳交通。配合国家实施千家企业低碳交通运输专项行动，广州、深圳列入国家交通运输行业低碳试点城市。实施“绿色货运”项目，开展甩挂运输试点，推进“铁水联运”，完善城市公共客运服务。广州快速公交（BRT）项目继2011年获“国际可持续交通奖”后，又荣获联合国“2012年应对气候变化灯塔项目”。

积极增加森林碳汇。加快建设林业生态省，稳步推进森林进城围城工程。至2012年底，全省森林覆盖率达到57.7%，各市全部建成国家或省级园林城市；已建设生态景观林带2720公里，完成森林碳汇工程350万亩，建成珠三角省立绿道2372公里、城市绿道4978公里。

（四）努力适应气候变化，提高抵御气候风险的水平

加强生物多样性保护。完善对自然保护区的监督管理，提升自然生态功能。建立生物多样性保护联席会议制度，组织开展生物多样性保护评价和自然保护区基础调查，编制《广东省生物多样性保护战略与行动计划》。组织开展广东省生态环境十年变化遥感调查与评估。

加强海洋适应气候变化工作。加快海洋功能区划编制，修编海洋环境保护规划，规范海洋环境监管。开展海洋生态环境修复，创建国家级海洋生态文明示范区。建设海洋与渔业保护区，全省海洋与渔业保护区总数达到98个。建设人工鱼礁和海洋牧场，保护和恢复海洋渔业资源。建设海洋可再生能源研发及示范工程，率先在全国建立用海项目海洋灾害风险评价制度。

实行最严格水资源管理制度。在全国率先出台最严格水资源管理制度实施方案和实行最严格水资源管理制度考核暂行办法，落实水资源开发利用控制、用水效率控制、水功能区限制纳污等“三条红线”。大力推进节水型社会建设，2012年全省人均综合用水量为428立方米、万元生产总值用水量为75立方米，万元工业增加值用水量为46立方米，连续多年呈下降态势。开展重要河湖健康评估和重要饮用水水源地达标建设，加强入河排污口管理和水功能区管理。

强化气象工作对经济社会发展的服务。广东已被列为全国率先基本实现气象现代化的四个试点省市之一。开展城市内涝、暴雨洪涝、热带气旋、干旱、寒冷等气象灾害影响的定量化评估，完善气候监测和影响评估。开展温室气体监测平台建设前期工作，发布大气成分公报。加强气候资源开发利用，推进重大项目气候可行性论证。建立突发灾害性天气应急技术研究中心，提升突发灾害性天气应急处置能力。

加强公共卫生适应气候变化工作。制定和完善《广东省突发公共卫生事件应急预案》、《广东省突发公共事件医疗卫生救援应急预案》、《广东省低温冰冻天气灾害卫生应急预案（试行）》、《广东省应对气象条件引发公共卫生安全问题合作机制》等文件，提高预警和应急能力。全面建设公共卫生应急体系，重点完善监测预警系统、信息与指挥系统、应急队伍和物资保障。开展气候变化对健康影响的适应性政策研究，加强气候变化导致的健康风险评估。

（五）开展对外交流合作，学习借鉴先进经验

与英国初步建立应对气候变化合作机制。在中英应对气候变化和低碳合作总体框架下，广东积极推进与英国在低碳规划、碳排放权交易机制建设、低碳技术研发等方面的务实合作，双方保持高层会晤交流。2012年，英国议会能源及气候变化特别委员会蒂姆·叶奥主席先后两次访问广东，与朱小丹省长、徐少华常务副省长就低碳领域合作深

入探讨并达成基本共识；省发展改革委领导带队赴英国考察欧盟碳排放权交易机制，取得较大收获。省发展改革委与英国驻广州总领事馆建立了应对气候变化日常交流合作机制。英国繁荣战略基金对广东低碳研究项目给予了资金支持。

与美国加州初步建立应对气候变化合作机制。在中美加强气候变化、能源和环境合作的总体框架下，2013年4月，省发展改革委与美国加州环境保护署签订了关于加强低碳发展合作的谅解备忘录，明确双方将在低碳规划制定、节能、发展清洁能源、发展低碳交通、发展低碳建筑和碳排放权交易等方面开展合作。

与香港初步建立应对气候变化合作机制。在粤港合作联席会议框架下，2011年，省发展改革委与香港环境局共同成立了粤港应对气候变化联络协调小组，并签署粤港应对气候变化合作协议。联络协调小组已经召开了两次正式会议，并设立了减缓气候变化与适应气候变化两个专责工作小组，在气象、可再生能源、电动车技术等方面开展了交流合作。

与世界先进企业和非政府组织加强应对气候变化领域合作。省发展改革委、住房城乡建设厅与西门子公司签署了谅解备忘录，深化发展低碳绿色建筑领域的合作。省发展改革委与美国能源基金会签署了谅解备忘录，在基础研究、发展清洁能源、发展低碳建筑、发展低碳交通、节能和提高能效等方面开展项目合作。

（六）加强能力建设，营造良好氛围

加强基础研究。组建省低碳发展专家委员会，为生态文明建设和低碳发展工作提供政策咨询和智力支持。坚持政产学研结合，发挥高校、科研机构和专家学者作用，在低碳发展思路、温室气体清单编制、碳排放权交易机制等方面取得多项研究成果，为省委、省政府科学决策提供了强有力支撑。

广泛开展宣传。以“低碳生活·从我做起”为主题组织首个全国低碳日公众宣传活动，通过各种浅显易懂、互动体验的形式向市民普及应对气候变化和低碳生活知识，广大市民积极参与，反响热烈。协调新闻媒体对低碳发展工作进行系列报道，编印了广东低碳发展年度报告。制作广东低碳发展宣传片并在南非德班联合国气候大会上播放，取得较好效果。

组织专题培训。组织全省发展改革系统低碳发展战略专题培训，支持交易机构举办有关企业参加的温室气体自愿减排交易管理暂行办法宣讲研讨会。2013年2月，根据碳排放权交易试点工作部署，省发展改革委举办了重点企业碳排放信息报告动员大会暨专题培训，保障了相关工作顺利开展。

举办会议展览活动。连续两年承办中国国际绿色创新产品技术展广东国家低碳试点省展区，宣传和展示广东低碳发展工作和成效，得到了国家和省有关领导的好评。支持专业机构举办广东低碳发展国际论坛。2012年8月，在国家发展改革委气候司支持下，省发展改革委发起召开了碳排放权交易机制设计交流会，将相关研究成果提交试点省市研讨。

二、下一步工作

做好当前和今后一个时期广东应对气候变化和低碳发展工作，要认真贯彻落实党的十八大和习近平总书记视察广东重要讲话精神，紧紧围绕“三个定位、两个率先”的总目标，大力推进生态文明建设，继续扎实推进国家低碳省试点和碳排放权交易试点。重点抓好以下六项工作：

（一）调整产业结构，建设以低碳为特征的现代产业体系

以现代产业500强项目为抓手，优先发展现代服务业，提升发展先进制造业，培育发展战略性新兴产业，改造提升传统产业，加快淘汰落后产能。大力发展循环经济，创建一批新型工业化产业示范基地、省循环经济工业园、省市共建循环经济产业基地，培育一批“城市矿产”、“再制造”、餐厨废弃物资源化利用和无害化处理等试点示范单位和资源综合利用龙头企业。

（二）优化能源结构，构建现代能源供应保障体系

积极发展新能源和清洁能源，着力构建安全、稳定、经济、清洁的现代能源供应保障体系。进一步优化火电发展布局和结构，大力发展风电，稳步发展核电。因地制宜建设太阳能光伏发电项目和沼气利用工程，合理布局建设一批高环保标准的垃圾发电项目，推进已落实资源的农林生物质发电项目。

（三）完善工作制度，推进节能和提高能效

研究制定能源消费总量控制实施方案，实施节能重点工程，推动重点用能单位强化节能管理。修订完善固定资产投资项目节能评估和审查实施办法，建立重点耗能行业能效“对标”体系。推广合同能源管理模式，培育节能服务产业。推进实施低碳产品认证制度，鼓励使用获得低碳认证的产品。大力发展低碳建筑和低碳交通。

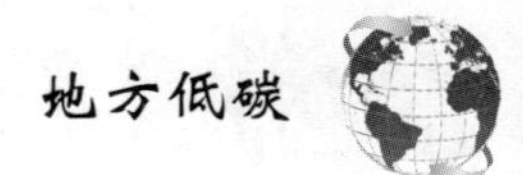

（四）打造生态工程，建设绿色广东

推进新一轮绿化广东大行动，着力建设生态景观林带、森林碳汇造林项目和森林进程围城工程，构建区域生态安全体系。加强绿道建设，有序延伸现有绿道网络，充分发挥绿道改善城乡生态环境的作用。加强生态系统修复与保护，重点保护森林、湿地和海洋生态系统。抓好污染减排，严格实行污染物排放总量前置审核制度，完善环境影响评价制度。开展探索建立“生态发展机制”专题调研，推进生态文明制度建设。

（五）积极研究探索，推进碳排放权交易

积极探索利用碳排放权交易机制推动产业转型升级、区域协调发展和节能减碳目标完成。尽快颁布实施广东省碳排放权管理和交易办法，在全省启动基于配额的碳排放权交易。部署和启动陶瓷、纺织、有色、塑料、造纸行业以及公共建筑、公共交通领域的碳排放信息报告和核查工作。建立碳排放权配额分配和管理制度，建成碳排放权管理和交易信息系统。

（六）加强组织协调，确保各项工作顺利推进

按照国家要求相应建立对各地级以上市控制温室气体排放目标责任评价考核制度，对低碳发展工作进行“十二五”中期评估。加大对各地级以上市尤其是省低碳试点城市、县（区）的工作指导和政策支持，开展低碳园区、社区试点。充分发挥省低碳发展专家委员会作用，进一步加强基础研究和能力建设。组织开展广东低碳发展战略研究，为制定“十三五”和中长期低碳发展战略打好基础。

（撰稿：陈斌，广东省发展和改革委员会资源节约与环境气候处）

2012年海南省应对气候变化和低碳发展报告

海南省发展和改革委员会

在国家发展改革委的支持下，海南省委、省政府高度重视应对气候变化工作，并始终将应对气候变化作为深入贯彻落实科学发展观、全面推进国际旅游岛建设的重要抓手，积极采取有效措施，不断加大工作力度。应对气候变化的能力建设不断加强，工作局面不断开拓，手段措施不断丰富，工作成效较为突出。

一、主要做法和工作

海南作为一个岛屿型省份，生态系统脆弱，采取多种措施，积极应对气候变化，逐渐形成上下共识，积极展开各项工作。

1.建立健全组织保障。在统筹协调方面，我省应对气候变化工作已形成省发展改革委牵头、各市县、部门积极参与的工作机制。特别是在低碳发展工作方面，确定了省发展改革委全面统筹、协调、决策的工作机制，并按省政府部门职责分工，部门全力配合。在能力建设方面，逐步建立专家咨询顾问团队和不同领域专家小组，对低碳发展方向、重点产业、重要课题与重大技术、低碳发展指标体系等问题提供研究、咨询。

2.建立健全法律、法规和政策体系。陆续出台一系列法律、法规和政策体系，支持应对气候变化工作。颁布《海南省公共机构节能管理办法》，推动公共机构进一步发挥节能表率作用，促进公共机构节能工作有效开展。颁布实施了《海南省人民政府关于低碳发展的若干意见》（琼府[2010]82号），对我省产业结构调整、发展清洁能源、推进节能工作、加强碳汇建设、加强低碳试点等工作提出任务。出台《海南省人民政府关于加快培育和发展战略性新兴产业的实施意见》，重点发展生物、新能源、新材料、新一代信息技术、高端装备制造、节能环保、新能源汽车等产业。出台《海南省建设绿色照明示范省总体方案》，用2至3年时间，使主要旅游区、风景区、开发区、交通干道和公共机构等大型公共建筑的新建照明系统和照明系统节能改造的能源利用效率达到国内先进水平。出台海南省太阳能热水系统建筑应用管理办法、太阳能热水系统建筑应用管理办法、公共机构节能管理办法、建筑节能检测办法、绿色建筑评价标准等；出台《海南省“十二五”控制温室气体排放工作方案》,有效指导控制温室气体排放工作。

3.加大资金投入。在国家发改委支持我省300万元资金启动《海南省应对气候变化规划（2011-2020年）》和《海南省温室气体清单编制》编制基础上，我省在财政极为困难的情况下，挤出120万元用于低碳发展规划和清单的启动工作。全省共安排1.8亿元节能资金用于节能灯推广、节能改造、资源综合利用项目建设等，安排7063万元淘汰钢铁、水泥、造纸等落后产能；安排2.15亿元可再生能源建筑应用资金用于推广全省2470万平方米建筑太阳能热应用；为有效保护天然林、海防林、红树林等重要生态系统，共投入11.386亿元（森林生态效益补偿基金6.618亿元、天然林保护工程资金4.768亿元）用于生态补偿。

4.培养省内专家队伍。建立了一支较为稳定的队伍，形成了由省发展改革委牵头，部门配合、大学和科研院所提供技术支撑的科学工作机制。海南低碳经济政策与产业技术研究院（简称“低碳院”，挂靠我委）自2010年初成立以来，围绕海南低碳发展、新能源及节能减排技术、低碳生活模式设计、课题研究等做了大量的工作。低碳院承担《海南省应对气候变化规划（2011-2020年）》和《海南省温室气体清单编制》课题，正在开展我省2005-2010年六年温室气体清单编制及清单总报告的编制、海南省低碳试点方案制定等工作。

5.加强基础性工作。一是固定资产能评工作。我省固定资产投资项目节能评估和审查办法规定：1.年综合消费量2000吨标准煤以上的工业项目;2.年综合能源消费量1000吨标准煤以上或者年用电量为300万千瓦时的其他行业项目;3.其他需要节能评估的项目需要进行节能评估和审查。与国家发布的《固定资产投资项目节能评估和审查暂行办法》要求（年综合能源消费量3000吨标准煤以上的固定资产项目，编制节能评估报告书，1000至3000吨煤以下的固定资产投资项目，单独编制节能评估报告表）相比，我省在固定资产投资项目节能评估标准的设置上执行更加严格。

二是清单编制基础性工作。“十二五”国家下达我省碳排放降下降约束性指标为11%，并将对地方政府进行考核。为摸底数，我省建立了省发展改革委牵头、各相关单位密切配合的工作机制，形成了较为稳定的领导队伍、专家队伍。对外：加强技术沟通和交流，多次赴省外参加各种培训和会议，提高能力。对内：邀请专家来琼讲座，兴办培训班，召开会议进行面对面交流等。完成2005-2010年温室气体排放清单编制工作，预计2013年6月完成并报国家发展改革委。

三是出台海南省控制温室气体排放工作实施方案。为落实《国务院关于印发“十二五”控制温室气体排放工作方案的通知》（国发[2011]41号）精神，有效控制温室气体排放，我省印发《关于控制温室气体排放工作实施方案的通知》（琼府办[2012]168号），已把“十二五”时期单位GDP二氧化碳排放下降11%指标分解到各市、县、区，将各项任务分解到各厅局。目前，正在细化各市县政府、省内有关部门的控温方案，为下一步控温考核做准备。

二、进展及成效

应对气候变化是一项涉及面极广，手段和措施、目标和效益均具有一定弹性的工作，需政府主导，社会各方全力配合，共同行动。五年来，我省的应对气候变化工作进展及成效主要体现在：

1.调整产业结构，构建低碳化产业体系。积极构建具有岛屿特色的产业体系，结构调整扎实推进，低碳产业基础得到加强，三次产业结构由2007年的28.8:29.0:42.2调整为2012年的24.9:28.2:46.9。2012年，以旅游业为龙头的现代服务业迅速发展，金融业、保险业、文化产业等现代服务业蓬勃发展，旅游收入是2007年的2.2倍，金融业增加值是2007年的2.9倍，服务业增加值是2007年的2.4倍；新能源、新材料、电子信息和生物制药等战略性新兴产业快速崛起，工业增加值是2007年的1.6倍；热带特色现代农业的质量和效益明显提升，热带农业增加值是2007年的2.0倍；海洋渔业、滨海旅游、海洋运输等支柱产业初步形成，海洋经济增加值是2007年的2.2倍。

2.优化能源结构，稳步推进低碳能源建设。一批低碳新能源项目先后落地，为海南全力探索低碳绿色发展之路，建成低碳绿色岛奠定基础。2012年，全省积极发展太阳能、风能、生物质能、水能等非化石能源，年减少二氧化碳排放约196.7万吨，非化石能源、清洁能源占能源消费总量比重分别为6.5%、31%。

稳妥推进核电建设。昌江核电一期2台65万千瓦已于2010年开工建设，建成后，年发电量可达90亿度，年减少二氧化碳排放约780万吨。

加大太阳能开发利用。全省太阳能装机容量45兆瓦，年减少二氧化碳排放约4.7万吨。为促进省内光伏发电应用，积极申报国家金太阳示范工程项目，现已有15万千瓦装机成功列入国家金太阳示范工程，如老城经济开发区及海南金盛达建材商城集中联片光伏发电项目、两岸新能源合作海南航天智能微网光伏发电示范项目一期等。

加快风电开发和使用。全省并网运行风电厂共有7个，装机容量30.27万千瓦、占统调总装机比例6.82%，年减少二氧化碳排放约45万吨。华能文昌风电场二期4.95万千瓦、大唐新能源临高海上6兆瓦试验风电机组获得核准；临高风光互补示范工程6兆瓦风电项目获准开展前期工作。

推进生物能源建设。沼气建设方面，全省使用沼气农户达39.9万户、占宜建农户的65%，建设大中型沼气工程1124处、四级沼气服务网点1338个；建成沼气池271.44万立方米，年减少二氧化碳排放约74万吨。城市生活垃圾焚烧发电方面，已有海口、琼海、文昌三个生活垃圾焚烧发电厂和一个垃圾填埋沼气发电厂投入运行，装机容量3.5万千瓦，年发电量1.75亿度，年减少二氧化碳排放约13万吨。三亚市生活垃圾焚烧发电厂获得核准。

加大水电项目建设。水电装机容量达40万千瓦、占统调总装机比例9.27%，年减少二氧化碳排放约60万吨。现正在建设红岭水库枢纽，是一项以灌溉、供水为主，兼顾防洪和发电等综合利用的大型工程，建成后，年发电量9920万度，年减少二氧化碳排放约7万吨。

启动联网二期前期工作。目前正在对联网二期工程项目投资回收机制进行深入分析。

开展抽水蓄能电站建设。作为昌江核电的配套调峰电源-3×20万千瓦琼中抽水蓄能电站，正在办理核准手续。

3.深入挖掘节能减排潜力。加快技术进步、深入挖掘节能减排潜力，提高能源利用效率，在工业、建筑等主要节能领域实施一批节能降耗工程。

工业节能。全省共安排7063万元（中央5723万元、省财1340万元）淘汰落后产能资金，淘汰小火电机组23.8万千瓦、炼铁10万吨、小炼钢94万吨、立窑水泥408万吨、水泥粉磨能力61万吨、小造纸3.2万吨、实心黏土砖约5亿标块，全部淘汰以废纸为原料年产1万吨及以下的造纸生产线。目前，按照国家淘汰落后产能标准，我省淘汰落后产能已基本完成。

建筑节能。2007年，省政府印发《关于加强建筑节能工作的通知》，明确建设主管部门牵头建立建筑节能工作机制。积极推广太阳能热水系统应用项目。全省共安排2.15亿元（中央1.55亿元、省财0.6亿元）可再生能源建筑应用专项资金支持太阳能热水系统建筑应用项目。目前，全省太阳能热水系统应用面积达2470万平方米，年减少二氧化碳排放约10万吨。全省公共建筑和十二层以下住宅基本建成太阳能热水系统。新建建筑执行建筑节能强制性标准率显著提高。新建建筑节能强制性标准设计阶段执行标准率达98%以上，施工阶段执行标准达95%以上，新型墙体材料占应用比例达到65%以上。建立民用建筑能效信息公示和能效测评标识制度。开展建筑能效测评和标识工作，检测太阳能热水系统应用建筑面积60多万平方米。

交通节能。优化路网结构。一是建成东环高铁、海口绕城高速、三亚绕城高速、海口-屯昌高速公路、文昌清澜江大桥；二是对环岛高速东线段、西线段进行改造；三是推进县道砂土路、农村公路连通工程等农村公路建设；四是主要城市新开辟多条公交线路，海口市、三亚市已分别开通公交线路85条、35条。发展使用清洁能源的公共交通工具。2010年，海口被列为国家“十城千辆”节能与新能源汽车第二批试点示范城市，截止2012年底，投放节能与新能源汽车1044辆、占全市公交车总数80%，年减少二氧化碳排放约1100吨。严格执行营运车辆燃料消耗量限值标准。加强达标车型燃料消耗量监督管理，建立工作目标责任制，对未列入《达标车型表》的车辆，不予办理营运手续。

绿色照明。推广节能灯。共推广752万只节能灯，年节电约7亿度，年减少二氧化碳排放约54万吨。推广合同能源管理模式在城市照明节能改造中的应用。全省共投入2423万元，建设绿色照明示范省，完成全省城镇节能路灯改造7.3万盏。积极推广应用风光互补路灯。三亚市已完成3186盏风光互补照明设施建设，其他市县在火车站等重要路段采用风光互补、LED、陶瓷金卤灯、无极灯路灯试点，合计3922盏。

4.努力增加森林碳汇。2007年，我省第五次党代会提出生态立省战略，5年来，共出台64项生态法规，用于环保建设资金达上百亿元，生态环境质量继续保持全国一流水平。

实施生态补偿政策。为保护海南良好的生态环境，建立稳定增长的生态补偿机制，公益林管护补助标准由每亩5元提高到20元，累计投入生态补偿资金11.39亿元。

努力增加森林碳汇。全省累计造林面积258万亩，完成海防林造林18.8万亩，实施退塘还林1.9万亩，新造、改造海防林980公里。全省森林面积从2007年的2904万亩增加到2012年的3150万亩，活立木蓄积量从1.19亿立方米增加到1.27亿立方米，森林覆盖率从57.1%增长到61.5%，碳汇量达310万吨。其中，从2012年开始，全省实施“绿化宝岛”行动，全省共完成投资18.4亿元，完成造林绿化面积66.7万亩。

5. 扎实推进国家低碳试点省工作。2012年，经过全省上下的积极努力，海南被列入全国第二批低碳试点省，目前我省正按照国家的六要求,将低碳试点与十八大“推进生态文明建设”相结合，务求实效，扎实推进。一是进一步协调资源、能源、环境、发展与改善人民生活的关系，合理调整空间布局，不断完善政策措施，加快形成绿色低碳发展的新格局。二是编制海南省低碳发展十年规划，发挥规划综合引导作用，调整产业结构、优化能源结构、节能增效、增加碳汇等。三是结合海南产业特色和国际旅游岛发展战略，发展低碳的战略性新兴产业和现代服务业，逐步建立以低碳、绿色、环保、循环为特征的产业体系。四是探索建立重大新建项目温室气体排放准入门槛制度。五是建立温室气体排放数据统计和管理体系。六是建立控制温室气体排放目标责任制等。

6.继续推进省内低碳试点工作

一是推进海口低碳城市试点。出台《海口市低碳发展规划（2011-2020年）》、《海口市环境保护“十二五”规划》、《海口市循环经济“十二五”规划》、《海口市“十二五”节能减排总体实施方案》等。进一步优化产业结构。大力发展服务业、高新技术产业等低碳产业，三次产业结构由2007年的7.4:28.1:64.5调整为2012年的7.0:24.6:68.4，产业结构进一步优化。强化工业节能。共拆除24门以下轮窑及全部开口窑共30座，淘汰实心黏土砖约2亿块标砖，节约能耗3.3万吨标煤、减少二氧化碳排放约8.5万吨。推进建筑节能。全市既有、在建、报建的太阳能热水系统建筑应用项目122个，建筑应用面积141.6万平方米。构建低碳交通体系。2012年，海口列入低碳交通运输体系建设第二批试点城市，完成《海口市低碳交通运输体系建设城市试点实施方案》。推广低碳出行方面。推广新能源汽车1323辆；出台《海口绿色慢行休闲系统规划》，建成100多公里慢行绿道、4个公共自行车租赁点。

二是推进三亚低碳城市试点。推进新能源建设。利用太阳能发电装机约3兆瓦，年减少二氧化碳排放约2000吨。建成农户沼气池2.28万个，年减少二氧化碳排放约3.7万吨。亚龙湾冰蓄冷区域供冷项目一期工程向5家星级酒店供冷，年供冷约1万吨，年转移电网峰值电量700万度，年减少二氧化碳排放约8.4万吨。开展绿色照明建设。LED照明改造更换灯具5000套，年节电约50万度，年减少二氧化碳排放约300吨；新建全国规模最大的风光互补路灯群海棠湾1028盏风光互补LED灯；在市郊区共安装景观灯、太阳能球场灯、太阳能磁悬浮风光互补路灯约2000套。

三是推进澄迈老城经济开发区低碳园区试点。开发区已开发建设面积20平方公里，入驻企业176家，形成高新制造业、软件产业和电子信息制造业、旅游产业等低碳产业体系，2012年，实现地方生产总值92亿元。开发区通过开展能源综合利用、新能源利用、资源综合利用等，促进低碳发展。

能源综合利用方面，通过对企业生产过程的余热资源进行回收利用及实行热电联供等方式，实现能源梯级利用和节能减排，其中，海南中航特玻材料有限公司配置4台余热锅炉利用生产过程中的余热进行发电，总装机容量1.2万千瓦，年节约标煤28133吨、年减少二氧化碳排放约7万吨；华能海口电厂对2台33万千瓦机组进行供热改造，年节约标煤量13.15万吨，年减少二氧化碳排放约30万吨。

新能源利用方面，开发区内海南生态软件园、中新塑料、中航特玻等企业15万平方米屋顶建设约10兆瓦的光伏发电系统，年发电量约1300万度，年减少二氧化碳排放约1万吨。

资源综合利用方面，开发区通过对市政污泥、香蕉秸秆、市政有机垃圾、工业废弃物等进行再处理，实现资源综合利用，实现日产3万立方米车用沼气，折合节能量达1.26万吨标煤、减少二氧化碳排放3万吨；垃圾焚烧发电厂通过处理城市垃圾，年发电量约1.58亿度，年节约标煤7.2万吨、年减少二氧化碳排放约18万吨。

四是推进保亭呀诺达热带雨林低碳景区试点。2012年，景区被中国旅游协会授予"全国低碳旅游试验区"。在低碳发展上，景区采取了一系列的措施：修建生态栈道，保护景区植被。建设18公里长的生态木栈道，使游客能轻松亲近雨林；采用低碳交通工具。投入运营环保电瓶车达60多辆，景区禁止其他车辆进入，达到低碳出行。引进高科技电子导游器。替代纸质导游宣传册，减少资源消费。景区内建筑尽量采用低碳化材料。照明系统全部安装节能灯、窗户安装透明玻璃、大堂利用自然风控温等。加强全员低碳环保意识的培训，积极倡导生态、环保、低碳旅游方式。创立"绿色宣言三字经"活动，使游客通过宣誓，亲身参与到雨林生态保护。

7.应对气候变化能力建设不断加强

过去五年，在应对气候变化能力培训、课题研究、提高公众应对气候变化意识等方面取得实质性进展，全省应对气候变化能力不断增强。

二氧化碳排放源及排放总量基本摸清。初步完成2005年-2010年清单编制工作，基本摸清我省温室气体排放现状，识别温室气体主要排放源，我省的温室气体只有二氧化碳、甲烷、氧化亚氮和六氟化硫四种，其中二氧化碳占温室气体排放总量的比重从2006年的58.9%增加到2010年的70.5%。2010年，全省二氧化碳净排放量约为3700万吨（其中能源活动排放量占二氧化碳净排放量87%），二氧化碳排放总量（包括土地利用变化和林业）约为3400万吨；碳汇主要来自于土地利用变化与林业，2010年吸收二氧化碳约300万吨。

开展一系列课题研究。申请820万元清洁发展机制（CDM）基金赠款用于开展低碳课题研究。其中用于编制省级温室气体清单200万元，制定《海南省应对气候变化规划（2011-2020年）》100万元，开展海南岛气候变化及未来趋势预估研究120万元，开展低碳旅游、第二产业温室气体排放的评价制度研究、碳排放下降指标分解方案和考核评价办法、森林碳汇、能力建设等400万元。目前部分资金已到位，规划、课题全面启动，进展顺利，成果将对我省低碳发展提供坚实基础。

能力建设不断提高。提高市县政府对应对气候变化和低碳发展工作的认识，五年来我省自行组织了十多次能力培训，培训人数近5000人次，涉及政府领导及市县政府领导。部门领导及具体负责同志，市县发展改革委负责同志、相关企事业单位、大中专院校等，内容涉及应对气候变化基础知识、森林碳汇报、低碳经济、清单编制、碳排放强度指标内涵及做大分母、做小分子措施等。2012年借助国家发展改革委在琼举办培训时机再次对全省市县发改委负责同志进行培训和交流，反映良好。通过增培训，进一步提升了低碳发展工作能力，提高了认识。

公众应对气候变化意识增强。我省积极利用图书、报刊、广播、电视、网络等媒介，宣传和普及气候变化知识，增强全社会对气候变化的认识。开展节能宣传周活动、交通运输行业节能宣传周、"十二五"节能减排工作展望、节能技术产品展、节能进企业、社区、学校等，广泛宣传节约能源、提高能效的重要性，形成浓厚的低碳社会氛围。

国际合作进展顺利。清洁发展机制（CDM）项目是应对气候变化的一个积极措施。截至2012年12月底，我省24个CDM项目得到国家发改委批准、注册16个CDM项目，签发9个CDM项目、年减排61万吨二氧化碳当量。

适应气候变化能力不断增强。海南热带岛屿省份的独特地理特征，决定了把适应气候变化放在优先位置,为此我省主要在农业、林业、水资源、海洋等领域开展适应气候变化建设。

一是农业领域的总体适应能力。加强农田水利等基础设施建设，完成病险水库的除险加固工程，实施农村居民饮水安全工程、松涛灌区续建配套和节水改造工程、节水灌溉等项目建设，正在建设大广坝水利水电二期（灌区）、红岭水利枢纽一批重大水利工程，提升农业综合生产能力，提高灾害应对能力。完善农业气象监测与预警系统。培育产量高、品质优良的抗旱、抗涝、抗高温、抗病虫害等抗逆品种，扩大良种种植面积，加大农作物良种补贴力度，加快推进良种培育、繁殖、推广一体化进程，提高农业适应气候变化能力水平。

二是加强森林、湿地等生态系统的保护。出台《海南省林业发展"十二五"及中长期规划》，大力开展造林绿化，巩固和扩大退耕还林成果，加强生态脆弱区的生态治理与功能恢复；构建林业适应技术，提高森林抗逆性、稳定性和适应性；强化森林资源保护，严格控制森林采伐，禁止采伐原始林、生态重要区天然林，提高林业适应气候变化功能

三是提高水资源保护力度。加强重点水土流失地区和生态脆弱河流的综合治理；加强水资源调蓄和配置工程建设，构建全省水资源总体配置格局和区域水资源配置格局；开展水土流失重点治理工程、江河治理工程等项目建设；拟出台《海南省饮用水水源保护条例》。加强城镇污水、垃圾处理等基础设施建设，全省建成并投运的已建成29座污水处理厂，是全国第七个实现污水处理能力覆盖所有市县的省份，日污水处理能力达105.9万吨、污水处理率达75%。

四是建设覆盖全省的海洋环境监测网络。沿海市县建立海洋环境监测站，配置海洋环境现场监控、监测设备，及时发布各类海洋环境监测通报和海洋环境质量状况公报，提高预警预报能力，有效降低各类海洋灾害造成的人员伤亡和财产损失。全面开展海域海岸带和重点海岛整治修复工作。

五是提高应对突发公共卫生事件应急反应能力。出台《海南省“十二五”卫生事业发展规划》，坚持加强传染病的监测和防控，降低重大传染病发病率和病死率。进一步加强卫生应急管理体系和预案体系建设，健全突发公共卫生事件决策指挥、预警和信息报送系统，提高卫生应急管理能力和应对各类突发事件的能力。

六是加强气象基础保障能力建设。出台《海南省“十二五”气象事业发展规划》，统筹构建公共气象服务体系、完善预报预测体系、健全综合观测体系和台站建设等。建成覆盖海南岛及南海部分岛屿的各类自动气象站425个，可提供每10分钟一次的观测数据，为提高气象预测预报能力、防灾减灾能力和开发利用气候资源能力奠定基础。

七是加强防灾减灾能力建设。出台《海南省综合防灾减灾“十二五”规划》、《海南省气象灾害防御规划（2010～2020年）》。加强自然灾害监测预警、风险信息管理、防范防御等能力建设，加强区域和城乡基层防灾减灾能力建设，加强减灾科技能力、社会动员能力、人才、专业队伍建设等。

三、基本经验

应对气候变化是全新工作，与经济发展、百姓生活密切相关，但因认识度不高，推动较难，过去5年的工作实践看，哪个地方领导认识度高，重视程度高，推动起来就容易，海南省也不例外。主要有如下经验。

（一）省委省政府重视是最重要的推动力

2009年10月底,时任省委书记卫留成就“海南建立低碳经济示范省”作了重要批示：“如果能作为省级低碳经济试验示范区对推动海南可持续发展会有极大的好处，也会得到中央层面甚至国际组织层面的支持……”。2010年底，海南省人民政府率先出台《关于低碳发展的若干意见》（琼府[2010]82号），扶持低碳产业发展。2012年4月，在海南省第六次党代会上，现任省委书记罗保铭明确提出，海南要走“科学发展，绿色崛起”之路，要建设“以人为本、环境友好、集约高效、开放包容、协调可持续发展”的“绿色低碳岛”。2012年7月，省政府蒋定之省长对申请全国第二批低碳试点省工作高度重视，分别做出两次指示：“请积极争取列入第二批试点省”；“列入全国第二批低碳试点省，对我省意义重大，一定要努力争取”。2012年9月，谭力常务副省长主持省政府专题会议，研究控制温室气体排放有关问题。省委省政府主要领导对低碳发展工作的高度重视，成为推进低碳发展的有效保障。

（二）资金人才保障是低碳发展推动的基石

应对气候变化是从零开始的工作，没有资金、没有人才，应对气候变化和低碳发展工作寸步难行。近几年，海南是应对气候变化工作虽取得一定成效，得益于省里聚集了一定的资金支持，也得益于省里逐步成长起的人才队伍，虽然还不够完善，但经过几年摸索，也积累了一定经验，取得一定成效，事实证明，资金、人才是推动应对气候变化的基石。

（三）有效的考核问责机制是控制温室气体排放的有效手段

碳排放强度指标是约束性指标，没有一定的考核问责，难于形成压力，相比于节能减排工作，控制温室气体排放工作力度明显不足，因此要推动控制温室气体排放、促进碳强度指标完成，必须从上到下建立有效的考核问责机制，促进碳强度指标的完成。

（四）突出抓好重点领域是实现全省节能目标的重要支撑

33家重点企业能耗是全省工业总能耗的96.2%，重点抓好33家重点耗能企业节能任务，有效支撑全省节能目标完成。

四、困难与问题

尽管我省应对气候变化工作取得一定的成绩，但仍存在一定的问题。

（一）正处于发展的上升期

我省目前尚属欠发达地区，且处于发展上升期，经济快速发展必将带来能耗的高消耗，导致二氧化碳排放量上升。目前，海南省城镇化率达50.1%，城镇化进程在未来几年中还会不断加速，城市建设的需要、工业企业的增多以及外来旅游人口的增多都会导致对资源与能源消耗加剧。此外，随着人们生活水平不断提高，居民生活用能仍将保持较高的增长速度；随着机动车辆数量的迅速增长，交通运输能耗也会出现不降反升的趋势。以上因素都给应对气候变化工作带来一定挑战。

（二）以煤为主的能源结构短时期内不会改变

参照我省温室气体排放清单编制结果，当前我省85%以上的二氧化碳排放源自一次能源消费（煤、石油、天然气，其中以煤为主），可再生能源只占整个能源消费总量 6.5%，且较长时期内将维持以一次能源为主，我省完成碳

排放下降11%的目标面临较大的困难。

（三）低碳技术、人才缺乏

与发达省份相比，我省服务业、建筑节能和环保设备等低碳产业发展相对落后，差距明显。技术和人才是应对气候变化工作的重要方面，我省能源综合利用、节能环保和新能源产业等领域技术储备不足，一些核心技术难以突破，低碳积水水平总体偏低，创新不足；高层次研发人才缺乏，管理型人才相对不足。

五、下一步工作计划

2012年11月，我省被列入全国第二批低碳试点，为扎实推动低碳试点省工作，将根据《关于开展全国第二批低碳试点省区和低碳城市试点工作的通知》（发改气候[2012]3760号）精神，结合海南实际，启动以下工作：

（一）出台相关规划

按照国家第二批低碳试点省的要求，各试点要编制低碳发展规划，我省已启动低碳规划、应对气候规划编制工作，尽快出台《海南省低碳发展规划（2011-2020年）》、《海南省应对气候变化规划（2011-2020年）》。

（二）推进低碳产业体系建设

结合我省产业特色和发展战略，采取鼓励措施，加快低碳技术研发示范和推广应用。推广绿色节能建筑，建设低碳交通网络。发展低碳型战略性新兴产业和现代服务业。探索建立新建重大项目温室气体排放准入门槛制度。

（三）规范省内低碳试点

进一步探索省内低碳试点城市、试点园区、试点旅游景区、试点城镇建设规范、评价标准、考核办法，有序指导省内低碳试点工作。

（四）制定考核办法，完善奖惩机制

目前，国家的控制温室气体考核办法近日将下发地方执行，为此我省亦将制定符合海南实际的考核办法，建立科学合理的低碳发展评价考核体系，明确责任分工和奖惩标准，将约束性指标考核落到实处。

（五）编制全省温室气体清单

完成《海南省2005年-2010年清单编制工作总报告》；帮助市县完成县级清单编制；帮助重点碳排放企业建立内部监测、统计体系。进一步了解我省历史排放数据，为有效控制温室气候排放提供依据。

（六）建立温室气体排放数据统计体系

启动我省温室气排放统计工作，建立完整的基础数据收集和核算系统。

（七）建立控制温室气体排放目标责任制

根据国务院《关于控制温室气体排放工作方案》（国发[2011]41号）及海南省政府办公厅《海南省“十二五”控制温室气体排放工作实施方案的通知》（琼府办[2012]168号），“十二五”时期国家下达我省单位GDP二氧化碳排放下降指标为11%，已按要求将指标分解到19个市、县、区，下一步将制定考核办法，开展跟踪检查、中期评估、考核等一系列工作。

（八）开展相关课题研究

围绕低碳试点省建设，努力完成低碳旅游、第二产业温室气体排放的评价制度研究、碳排放下降指标分解方案和考核评价办法、森林碳汇、能力建设等课题研究，积极申请国家清洁发展机制（CDM）基金开展如碳交易支撑体系研究、碳排放足迹、低碳产品认证等课题研究。围绕适应气候变化工作，重点抓好海南岛气候变化及未来趋势预估、适应气候变化战略、海南省应对气候变化立法研究等课题。

（九）加强能力建设

低碳发展是一项全新工作，政府领导层、百姓的认知度不高，有些还尚未入门，需做大量培训、普及和规范工作。

（十）加强宣传

制定一揽子宣传计划，通过报刊、电视、广播等宣传，推动个人和家庭践行绿色低碳生活理念。引导适度消费，抑制不合理消费，减少一次性用品使用。倡导公共交通、共乘交通、自行车、步行等低碳出行方式。

（十一）建立省级低碳发展资金，促进低碳工作有效开展

申请省级低碳发展资金2000万元，重点支持应对气候变化能力建设、低碳工程及项目、低碳技术应用、省内低碳试点建设等。

（撰稿：时丽艳，海南省发展和改革委员会区域经济和环资处）

2012年重庆市应对气候变化和低碳发展报告

重庆市发展和改革委员会

一、2012年我市应对气候变化工作开展情况及成效

重庆地处西部，经济社会发展处于欠发达地区和欠发达阶段，在推进城乡统筹和加快工业化、城镇化、农业现代化过程中，市委、市政府将应对气候变化作为新时期经济社会发展的重大战略、促进生态文明建设和探索可持续发展的重要途径、转变经济发展方式和结构调整的重大机遇，明确绿色、循环、低碳发展的政策导向，把应对气候变化工作和碳强度下降目标任务纳入了“十二五”规划纲要，在经济社会发展中加以落实。市政府成立以市长为组长的应对气候变化领导小组，加强组织领导，运用行政、经济、法律等多种手段，强力推进应对气候变化工作，取得了初步成效。突出表现在以下方面：

（一）产业体系向低碳化加快转变

按照绿色发展、循环发展、低碳发展要求，我市着力调整产业结构，打造低碳产业体系，三次产业结构调整为8.2:53.9:37.9。

一是着重调整工业结构。全力发展战略性新兴产业，“十二五”以来年均保持40%以上的增速，到2012年底产值突破1650亿元，增加值接近450亿元，占比提高到4%，带动全产业增加值占比提高到13.5%。特别是电子信息产业快速发展，笔记本电脑产业从无到有，形成了品牌商、代工商、零部件加工等垂直整合的“5+6+700”高效生产体系，2012年各类智能终端产量突破6000万台（件），形成了国内最大的笔电生产基地。重拳出击淘汰落后产能，清理整顿“五小”工业，关停小火电40万千瓦、小水泥2200万吨、小钢材350万吨、小煤窑550万吨、小造纸42万吨。对主城区206家能耗高、排放大、污染重的重点企业进行环保搬迁和换代升级，优化生产工艺，调整空间布局，企业平均能耗降低64%，污染排放减少67%，平均产能增长50%，其中重庆钢铁集团环保搬迁的节能减排效果更加显著。采用行政和经济措施，强化工业集聚和集群发展，全市已形成了“1+2+7+36”国家和省级园区发展平台，2012年工业园区总产值已占全市工业总值的72%，提高了工业集中度，有效推进了资源循环化利用。通过调整工业结构，到2012年规模以上工业总产值达到13104亿元，比2007年增长3倍，工业结构也由原来以重化工为主，调整为汽摩25%，电子信息20%，装备9.5%，化医8%，材料15%，能源8%，轻纺14.5%，形成了多元支撑的产业结构，其中：汽车产业形成了“1+6+1000”的体系，不断优化壮大；工业能耗大幅下降，能效显著提高，万元工业增加值能耗从2007年的2.41吨标准煤下降到2012年的1.2，降幅超过50%。

二是加快发展服务业。“十二五”以来年均增速达到20.4%，比“十一五”提高了7.6个百分点。特别是金融业得到快速提升，增加值占比从2007年的5.3%提高到8%，成为我市经济的支柱产业之一。

三是努力提高农业产出率。因地制宜推进农业产业化，构建现代农业体系，都市区大力发展精品农业、设施农业和休闲观光农业，三峡库区和渝东南地区大力发展林果业，减少了农业生产排放，提高了农业效益。

（二）能源生产和消费结构持续优化

能源既是制约我市经济发展的瓶颈，又是降低碳排放的工作重点之一。我们按照总量平衡，优化结构，优先开发和外购非化石能源的原则，促进构建低碳能源体系。

我国首条低碳环保高速公路渝蓉高速重庆段通车

一是大力发展水电。充分利用我市水资源优势，加快水电设施建设，先后建成了乌江水电站、嘉陵江水电枢纽等大型水电工程及一批中小水电和农村小水电工程，并加快建设我市目前最大的水电项目长江小南海水电站（装机超过200万千瓦）以及抽水蓄能电站等大中型水电工程。

二是因地制宜发展风电。国内首个山地风力发电项目武隆四眼坪风电场投入运行，石柱狮子坪风电场基本建成，7个风电项目32万千瓦纳入国家

"十二五"风电项目核准计划，并同时推进7个风电项目35万千瓦前期准备工作。

三是加强生物质能源开发利用。建成了丰都生物质发电厂，4个生物质发电项目11.4万千瓦获得国家核准；建成第二座垃圾焚烧发电厂，基本实现了主城区生活垃圾焚烧发电的全覆盖；推进农村沼气建设，已建成农村沼气156万户，大中型沼气工程140余处。

四是推广清洁能源。完成主城区燃煤改天然气工程，关闭近800台燃煤锅炉，实施全市天然气"县县通"工程，加快实施天然气发电项目，减少煤炭消费。2012年我市电力装机总容量中，非化石燃料装机占42%；能源消费总量中，非化石能源占一次能源消费比重提高到11%以上，有效减少了我市碳排放。

（三）节约能源与资源综合利用深入推进

推进节能工作，发挥节能对控制温室气体排放的主渠道作用。在国家支持下，获批国家节能减排财政政策综合示范城市，建设了一批重大示范项目。在工业、建筑、交通等重点领域，全面实施"十大重点节能工程"。继续加强重点用能单位管理，实施千家企业节能行动和万家企业节能低碳行动。完善节能管理体系，建立了固定资产投资项目节能评估和审查制度，强化节能统计、监测和考核工作。运用经济手段和市场机制推进节能工作，推动合同能源管理向更多领域发展，大力推广节能产品惠民工程，其中：我市累计有38款车型进入了国家节能汽车推广目录，占比18%，名列全国第一。大力发展循环经济，争取国家支持和安排市级资金，促进4个国家试点单位和23个市级试点单位发展循环，加快推进永川港桥工业园区国家"城市"矿产示范基地建设，启动双桥经开区再生资源产业园区、长寿区产业废物综合利用示范基地，支持一批园区循环化改造项目，推进不同行业开展循环经济试点示范，建成一批循环经济和综合利用示范工程，总结循环经济典型模式。通过五年的努力，我市能源使用效率不断提高，经济增长质量的持续改善，2007-2012年，单位地区生产总值能耗累计下降23%，超额完成国务院下达的目标任务，能源消费弹性系数比2007年下降约50%，2012年我市规模以上企业度电产出率达到26.9元，同比增长13%；主要资源产出率逐步提升，工业固体废物综合利用率从76.7%提高到80%以上。

（四）努力增加绿色碳汇

以三峡库区为重点，大力实施长江两岸绿化、巩固退耕还林成果、天然林资源保护、石漠化治理等重点生态建设工程，在绿化库区和保护生态的同时，不断增加森林碳汇。2007-2012年，新增森林面积约1200万亩，森林覆盖率从32%提高到41%，新增森林蓄积量近2000万立方米，碳汇量大幅增加，每年固碳量约为580万吨，折合二氧化碳2127万吨。以主城区为重点，开展绿化行动，成功创建国家森林城市和园林城市。建成区绿地率从27%提高到37.6%，人均公共绿地面积增加10平方米以上。

（五）加快建设绿色低碳城市

以交通、建筑、市政为重点，建设绿色低碳城市，促进全社会低碳发展。

一是推进交通运输绿色低碳化。大力发展公共交通，启动国家"公交都市"建设试点，提速建设轨道交通，营运里程从17公里增加到143公里，处于西部领先地位；实施公共交通清洁能源改造工程，主城区公交车辆全部使用液化天然气；依托国家"十城千辆"节能与新能源汽车示范推广应用工程，上线运行新能源汽车累计超过850辆；争取国家支持，实施了长江水陆甩挂系统、内河船型标准化改造等一批交通运输节能减排示范工程。

二是推进建筑绿色低碳化。组织实施"冬冷夏热"地区既有建筑节能低碳改造示范工程，首期面积达到近50万平方米；开展可再生能源建筑应用城市示范建设，江北城CBD区域江水源热泵集中供冷供热项目二期等20个项目形成了230万平方米建筑供冷供热能力；推进巫溪、云阳县、两江新区水土片区全国可再生能源建筑应用示范县及全国可再生能源建筑应用集中连片示范区建设；大力发展绿色建筑和绿色生态住宅小区，制定了低碳建筑标准。

三是推进市政设施绿色低碳化。开展市政绿色照明示范，实施北碚、渝北等市政道路绿色照明改造；完善城市废弃物综合利用和无害化处理系统，餐厨垃圾、建筑垃圾、电子废弃物处理等一批项目加快建设；优化城市垃圾收运系统布局，加快主城区生活垃圾二次转运站建设。

快速充电纯电动客车

四是培育社会低碳意识。开展过度包装和限制使用塑料袋等专项治理行动。

（六）不断推动应对气候变化技术创新

我市高度重视技术创新对应对气候变化工作的驱动和支撑作用。

一是加强组织领导和落实保障措施。市政府出台了《重庆市应对气候变化科技专项行动纲要》，建立了应对气候变化科技专项行动专家委员会，设立了应对气候变化科技基金。

二是推进节能减排和低碳技术研发创新。组织实施了低浓度矿井瓦斯气能源化技术及装置、垃圾焚烧发电关键技术研究及产业化等项目；研制了国内首台具有自主知识产权的2MW变速恒频风力发电机并成功应用；生产了具有国内先进水平的混合动力轿车；掌握了机床再制造与综合提升成套技术；开展了江水源和污水源集中供冷供热技术的集成研制和示范应用，山区高速公路隧道节能型照明系统研究与应用、船舶内燃机节能应用；建成合川双槐电厂碳捕集系统开发与应用等项目。

三是推动低碳技术产业化。开展了低碳技术征集工作，启动了低碳技术创新及产业化专项工程，初步建立“技术研发—测试—应用—产业化”的对接机制。

（七）积极创新低碳市场机制

在发挥传统行政手段优势的同时，我市积极探索运用经济手段和市场机制以较低成本实现控制温室气体目标。

一是加快推进碳排放权交易试点。制定了碳排放权交易试点方案，初步完成了碳排放权交易管理暂行办法、相关实施细则及碳排放核算指南等技术标准（规范）研究和拟订工作，抓紧建设企业碳排放电子报告平台、登记簿系统和交易平台。

二是开展多层次、宽领域的低碳示范工作。结合园区循环化改造推进低碳产业园区建设，编制了低碳产业园区评价指标体系和建设方案编制指南，制定了支持低碳产业园区建设的政策措施，选择万州经开区、涪陵工业园区作为第一批试点并完成了建设方案编制工作。推进低碳产品认证试点，目前已制定低碳产品认证试点实施方案和实施细则，编制了摩托车、玻璃纤维、半导体照明等3个产品的低碳评价标准及认证实施细则，待国家政策出台后实施。出台了《重庆市绿色低碳生态城区评价指标体系（试行）》，编制了低碳社

区评价指标体系，两江新区悦来低碳生态城总体规划获得市政府批准，正在抓紧实施。启动了零售业节能低碳示范工作，选择了一批零售企业创建示范店。获批全国低碳交通运输体系试点城市，加快推进重大试点项目建设。实施巴南区木洞镇全国绿色低碳重点小城镇试点示范，取得了初步成效。

（八）积极适应气候变化

坚持减缓和适应气候变化并重，不断增强适应气候变化能力。在农业领域，实施大中型灌区配套改造与节水灌溉工程，不断提高农业灌溉用水有效利用系数；各级政府购买病虫防控物资并组织开展植保专业化防治，大力宣传和推广病虫测报防治新技术；组织实施可持续低碳农业示范项目；增强农业防灾减灾能力，近年来，自然灾害和生物灾害面积、灾害频次、灾害程度比以往明显减轻。在水资源利用领域，大力推进水利基础设施建设，建设38个骨干水源工程、24个城市防洪工程和7个大中型灌区工程，防汛抗旱和应急供水能力不断增强；水环境质量稳步改善，集中式饮用水源保护达标率为100%。在自然生态系统保护领域，加强自然保护区管理，制定和实施了《重庆市生物多样性实施计划策略与行动计划》，加强丰都等地湿地系统保护；加强水土流失治理和岩溶地区石漠化治理，自然生态系统恶化趋势得到遏制。在卫生健康领域，我市卫生健康领域适应气候变化示范工程纳入国家适应气候变化总体战略；加快三峡库区公共卫生实施建设，逐步达到气候变化对公共卫生服务的要求；完善了与气候变化相关的职业病救治设施体系建设；启动了三峡库区消落区媒传疾病防控体系建设系统和气候变化对人体健康影响监测预警研究工作。在气象领域，加强和完善气候监测能力建设；完成了国家综合气象干旱指标的本地化应用及比对工作；开展了气候资料均一性检验与订正技术研究；完成了西南地区和三峡库区极端气候事件预估研究。

低碳示范楼

（九）建立健全应对气候变化制度和保障体系

一是加强组织领导和落实责任。2009年，市政府出台了《重庆市应对气候变化方案》，成立了以市长为组长的应对气候变化领导小组，办公室设在市发展改革委。2012年，按照国务院和国家发展改革委要求，市政府印发了《重庆市“十二五”控制温室气体排放和低碳试点工作方案》，明确了41项行动计划和28项示范工程，将国务院下达的“十二五”碳排放强度下降目标分解到各区县（自治县）。

二是建立工作机制。市政府将低碳试点工作纳入了市应对气候变化领导小组统筹组织，明确由我委牵头协调，并建立了年度推进工作机制。

三是做好基础性工作。正在抓紧编制《重庆市应对气候变化规划（2011-2020年）》。初步完成2005年和2010年温室气体清单编制工作。

四是逐步落实保障措施。正在衔接组建重庆市应对气候变化战略研究和技术中心和抓紧落实低碳发展专项资金。

五是加强对外合作。通过英国繁荣基金、联合开发计划署、中英低碳合作备忘录等渠道争取资金支持我市应对气候变化相关战略和课题研究。推动清洁发展机制项目合作，国家已批准我市71个CDM项目，40个项目在CDM执行理事会注册，19个项目实现履约。

六是开展宣传培训。成立了重庆市低碳协会，作为我市应对气候变化宣传和培训的平台。开展了深化节能减排家庭社区行动、“宜居重庆•低碳家庭•时尚生活”和“绿色低碳地产•和谐宜居重庆”、“低碳重庆•万人签名”等主题活动或巡展活动。编印了《低碳生活50招》宣传手册，获得企业和社会普遍好评。开展了10余场应对气候变化及低碳发展专题培训会，努力提高政府部门和企业人员的意识和能力。

二、面临的主要困难和问题

尽管我市应对气候变化工作取得了阶段性成效，但从经济社会发展趋势、自然资源禀赋条件、应对气候变化工作基础等方面分析，还面临诸多困难和问题，主要表现在：

一是由于目前我市仍处于欠发达阶段，属于欠发达地区，推进新型工业化和城镇化，统筹城乡加快发展，全面建设小康社会，是当前及未来一段时期我市经济社会发展的主要任务，面对资源能源需求的刚性增长，控制温室气体排放面临严峻的形势。

二是从产业发展规律分析，由于我市目前还处于工业化中期，相当一段时期内制造业在三次产业的比重还会上升，服务业尽管增速较快，但比重预计将持续下降，从而与国家要求形成较大的差距。

三是由于我市除水资源外，其他可再生能源匮乏，在水电资源开发接近饱和的情况下，要满足经济社会发展对能源的需求，煤电装机容量将在未来一段时间大幅上升，从而导致能源生产和消费结构的逆向调整。

四是应对气候变化属于新生事物，目前大多数工作还处于制度设计阶段，尚未形成系统的抓手，更多地依赖于其他领域产生的溢出效应，影响了工作的主动性。

五是应对气候变化工作开展时间不长，许多基础性工作还在积累过程中，基层发展改革系统人员和技术力量配置不足，缺乏过硬的工作手段，外部智力体系尚未形成有效支撑，工作推进难度大。

六是应对气候变化工作目前尚未形成系统的法规政策规划体系，应对气候变化工作缺乏法律法规依据和政策规划指导，保障性不高，影响了相关工作的推进。

三、下一步工作考虑

下一步我市将按照党的十八大关于生态文明建设的总体要求，以“314”总体部署为总纲，围绕“科学发展、富民兴渝”的总任务，将应对气候变化作为贯彻落实“一统三化两转变”战略的重要措施，以城镇化和园区为重要载体，综合采用结构调整、工程建设、监督管理、技术进步、政策激励等措施，力争建设成为全国绿色低碳发展示范城市推动我市建设成为长江上游生态文明示范区。

（一）下一步工作要点

按照国务院《“十二五”控制温室气体排放工作方案》和市政府《重庆市“十二五”控制温室气体排放和低碳试

重庆鱼嘴千亿汽车城正在打造成低碳产业基地。除了将低碳绿色的小排量汽车和新能源汽车为主要产品外，汽车城的设计和运行也非常低碳。

点工作方案》要求，大力推进国家低碳试点城市建设，统筹抓好各项工作，到2015年碳排放强度比2010年下降17%以上。

一是继续推进工业结构调整。完成“十二五”淘汰落后产能目标任务，优化生产力布局，工业园区产业集中度达到85%以上。大力发展战略性新兴产业，产业增加值占比达到10%左右，带动全产业增加值占比达到20%。加快发展服务业，产业增加值“十二五”年均增速14%以上。

二是加快发展可再生能源和清洁能源。优化能源消费结构，到2015年非化石能源装机容量保持在35%左右，非化石能源占一次能源消费比重达到13%以上。

三是推进节能和循环经济。重点围绕工业、建筑、交通等领域节能，到2015年单位地区生产总值能耗比2010年下降16%。大力发展循环经济，构建循环型工业、农业、服务业体系，推进全社会循环发展，实施循环经济示范行动，主要资源产出率比2010年提高15%以上，工业固体废物综合利用率保持在80%以上。

四是大力推进林业工程建设，提高森林管护质量，森林覆盖率提高到44%，“十二五”期间新增森林面积和蓄积量分别为900万亩和3000万立方米。

五是建设绿色低碳城市。全面完成国家低碳交通运输体系试点建设任务，推进一批交通运输节能减排工程。开展既有建筑节能低碳改造，推进国家可再生能源建筑示范城市和低碳市政示范工程。

六是推动低碳技术创新。建立低碳技术目录，推进一批低碳技术创新及产业化示范工程建设。

七是创新低碳市场机制。开展碳排放权交易和低碳产品认证试点，实施低碳产业园区建设等试点示范。

八是完善应对气候变化体制和保障体系。力争成立应对气候变化相关机构，落实低碳发展专项资金，推进应对气候变化国际合作，加强应对气候变化宣传培训。

（二）2013年主要工作

重点抓好应对气候变化自身12项工作：一是出台《重庆市应对气候变化专项规划（2011-2020年）》，加强对全市应对气候变化工作的指导。二是初步建立碳排放强度下降目标核算、统计和考核体系。根据国家下发的统计体系，配合市统计局完善我市相关统计口径和指标，加强统计基础能力建设。按照国家下发的考核办法，会同相关部门制定我市评价考核方法，并严格执行。三是完善低碳试点支撑体系建设，力争成立重庆市应对气候变化战略研究和技术中心，设立低碳发展专项资金，组建全市应对气候变化专家委员会，培育形成低碳试点智力体系，指导重庆市低碳协会发展。四是建立重点企业碳排放报告制度，对重点企业碳排放数据和信息实行系统化管理。五是正式开展碳排放权交易试点工作，不断完善相关制度设计、支撑体系和能力建设。六是推动低碳产业园区建设，出台低碳产业园区评价指标体系和政策措施，结合园区循环化改造政策启动低碳产业园区项目建设。七是开展低碳产品认证试点工作，将更多产品纳入低碳评价体系，快速扩大认证范围和规模。八是制定低碳社区评价指标体系，力争正式启动低碳社区示范创建工作，继续推进悦来低碳生态城建设。九是会同相关部门开展低碳商业试点示范研究，力争在工作层面取得较大突破。十是会同相关部门研究制定低碳技术目录，结合有关专项资金对产业化工程给予支持。十一是根据国家适应气候变化总体战略，编制《重庆市适应气候变化实施方案》，启动卫生健康领域适应气候变化示范工程。十二是做好应对气候变化能力培训和宣传工作，加强对外合作和交流，进一步提高重庆应对气候变化电和低碳试点的形象和知名度。

（撰稿：董晓川、刘强，重庆市发展和改革委员会资源环境和应对气候处）

2012年四川省应对气候变化和低碳发展报告

四川省发展和改革委员会

四川地处长江上游，生态安全战略地位重要。近年来，四川在深入实施西部大开发战略、加快建设西部经济发展高地的实践中，坚持把应对气候变化作为贯彻落实科学发展观、调整经济结构、实现经济发展方式转变和可持续发展的重要抓手，紧紧围绕实现国家确定的控制温室气体行动目标和省委、省政府提出的“科学发展、加快发展”的经济发展总体取向，致力于建设长江上游生态屏障，加快应对气候变化工作从能力建设阶段向实施阶段的转变，在经济结构调整、节能减排、绿色低碳和生态环境保护等方面开展了大量工作，取得了明显成效。

一、统筹规划，科学分解下达碳强度目标

一是根据国家发展改革委“十二五”规划编制的有关要求和省政府领导指示精神，组织编制了《四川省应对气候变化“十二五”规划》，从总体和战略层面，明确了我省应对气候变化工作的指导思想、主要目标、总体部署、重点任务和政策导向。

二是认真贯彻落实国务院“十二五”控制温室气体排放工作方案，组织制定《全省“十二五”控制温室气体排放工作方案及重点工作部门责任分工》，安排部署全省控制温室气体排放工作重点任务，明确省级部门分工，落实目标责任。成立由我委牵头的部门间协调机制，统筹“十二五”控制温室气体排放工作方案的贯彻落实工作，会同有关部门做好跟踪和督促检查。

三是围绕国务院确定我省“十二五”单位国内生产总值二氧化碳排放下降指标为17.5%的目标，组织专家对各市州碳强度下降指标进行测算研究，参照国家的分解方法并结合四川实际，根据规划期各地区能源消费结构的变化及电力跨地区调度等因素，并考虑个别特殊情况和市州间的平衡，科学提出了全省“十二五”各市州碳强度下降目标分解建议方案。

二、试点探索，积极加强低碳城市建设

一是本着“因地制宜，突出特点，注重实效，重点推进”的原则积极开展省级低碳城市试点，重点对一些低碳建设项目给予政策倾斜和资金支持。以制定支持绿色低碳产业发展的配套政策、构建以低碳排放为特征的产业体系、建立温室气体排放数据统计和管理体系，倡导绿色低碳生活方式和消费模式等四个方面为主要内容，以发展低碳建筑、低碳交通、低碳社区和低碳产业为重点，先行先试，总结经验，探索符合四川特色的低碳绿色发展之路。

二是针对不同发展水平和区域特点，2011年确定成都市（特大中心城市和全国统筹城乡综合配套改革试验区）、广元市（地震恢复重建和川北丘陵山区中等城市）、宜宾市（川南老工业城市）为我省首批省级低碳试点城市。2012年，我省在低碳城市试点取得积极成效的基础上，又将遂宁市（新兴产业经济快速发展的人居环境范例城市）和雅安市（全国生态示范市）纳入省级低碳城市试点，力争低碳发展取得更大成绩。

三是积极申报广元市为国家第二批低碳城市试点城市。广元市拥有较丰富的水能、天然气、风能、太阳能等清洁能源资源，森林覆盖率达53.6%，具有明显的低碳资源优势。设立了市低碳发展局，编制了《广元市“十二五”低碳经济发展规划》，推动全市绿色低碳发展。大力发展电子、食品饮料等等优势产业，产业低碳化特征比较突出，综合能源效率逐步提高。成立了市环境交易所，积极探索开展碳交易。广元市先后成功实施“中国四川西北部退化土地的造林再造林”、“广元市农业温室气体减排”等碳交易项目。

三、摸清家底，认真编制温室气体排放清单

一是根据国家发改委关于编制温室气体排放清单工作要求，抓紧向省政府汇报落实，加强各部门协调，解决地方配套资金。制定了《四川省温室气体清单编制工作方案》。确定了我省清单编制的方法、领域和温室气体种类，明确了工作进度安排。

二是为加快推进全省温室气体排放清单编制工作，成立由省级相关部门人员组成的清单编制协调工作组，负责相关资料数据的收集整理、咨询研究和指导决策等任务，保证经济活动数据的科学性和真实可靠。落实了清单编制主要领域承担单位和技术牵头人。参与单位包括省科技促进发展研究中心、省农科院等7家单位，同时明确了主要领域清单编制负责人和技术专家，并研究制定了各领域编制计划。

三是建立健全会商检查制度，定期召开清单编制工作会议，检查清单各领域技术单位工作进度和进展情况，对存在的问题和困难进行研究探讨，寻求解决方案，加快推进编制工作。加强学习交流和培训，采取多种形式，紧扣实际，力求实效，有针对性地开展学习培训和交流工作。

四、加强研究，提升绿色低碳创新水平

一是在国家的统一部署下，坚决落实省政府领导指示精神，加强重大课题的前瞻性、战略性研究，形成有序推进应对气候变化工作的体制机制和政策措施。编制完成《四川省绿色低碳发展调研报告》。启动《四川省应对气候变化规划思路研究》，提出我省应对气候变化工作的总体思路。

二是研究建立四川省绿色低碳发展指标体系。研究制定《四川省绿色低碳发展指导意见》，在总体部署、产业结构调整、重大项目实施、关键技术突破、低碳产品推广以及实施进程和保障措施等方面提出指导性意见。同时做好适应气候变化战略研究，完善有关政策，推动项目实施，力求取得实效。

三是我省高等院校和科研机构相继组建应对气候变化和绿色低碳研究机构，金融、会计、质量标准等业界积极开展相关研究，进行低碳技术的研发和推广、绿色低碳发展的途径和前景、碳交易市场建立、低碳产品标准和认证等多方面的研究和探索。目前，成都环境交易所将碳减排指标纳入交易范围，积极研究制定碳交易标准和规则；四川省注册会计师协会根据国家财政部要求，积极探索开展企业碳排放计量认证工作，着手对宜宾五粮液集团、成绵乐高铁、成都地铁2号线等企业和工程项目开展碳排放认证示范。四川大学成立了低碳技术和经济研究中心，并组建低碳技术研究实验室，开展碳捕捉和封存科研攻关。这些研究机构的建立和研究项目的开展，提升了四川绿色低碳科技创新水平，为推进四川应对气候变化和绿色低碳发展工作打下了良好基础。

五、对外合作，推进应对气候变化项目实施

一是积极参加我国与国际组织和政府间开展的有关应对气候变化和低碳技术、项目、管理方面的国际合作交流，积极开展国际间务实交流合作，目前，《可推广的四川低碳城市发展的范式及行动计划研究》，已获得中英繁荣基金项目支持。

二是发挥我省中小水电、提高能效、森林碳汇、农村沼气、农业耕作技术改良、浅层地温能开发利用等低碳资源优势，开展清洁发展机制（CDM）项目的国际合作。截至2012年7月，国家批准我省的清洁发展机制（CDM）项目累计达404个，每年可减少温室气体排放7650万吨二氧化碳当量。2011年度，我省清洁发展机制（CDM）项目个数和减排量分别约占全国的1/10，在各省市区中分别居第二和第一位。按每吨二氧化碳当量8欧元计算，我省目前已在联合国执行理事会（EB）注册的152个项目实现的年减排量达3194万吨二氧化碳当量，均居各省市区第三位。

三是按国家发改委的要求，引导和推进温室气体自愿减排项目的实施。积极支持，大力开展国内、省内的各类节能减碳、清洁生产、低碳发展相关项目的实施力度。目前，我省与国际机构实施的以免耕、滴灌、测土配方、沼气为合作内容的农村温室气体自愿减排交易项目进展顺利。

六、强化保障，深入推进应对气候变化能力建设

一是根据《国家发展改革委关于印发〈应对气候变化领域对外合作管理暂行办法〉的通知》，起草了《四川省应对气候变化领域对外合作管理实施细则》，规范我省应对气候变化工作对外合作管理。

二是会同省法制办、省气象局研究制定《四川省应对气候变化办法》，强化应对气候变化工作组织领导，严格办事程序，加强信息沟通，建立和完善多部门参与的决策协调机制，形成政府推动、企业实施、全社会参与低碳建设的共同行动，进一步增强了四川应对气候变化的组织和实施能力。

三是探索建立温室气体排放统计核算体系。抓紧开展温室气体排放统计核算前期研究工作，研究建立我省温室气体排放数据信息系统，积极推行重点行业、企业温室气体排放的计量和核算，探索建立温室气体排放核算统计体系。在现有合同能源管理项目、财奖节能项目和自愿减排项目开展碳计量监测和核查之外，鼓励支持大中型企业和主要碳源企业建立碳计量监测系统，开展碳计量和碳核查，推进广大企业节能减碳。

七、全民参与，全面提升公众应对气候变化意识

积极开展国家机关、事业单位、团体组织等公共机构节能，在省级机关等系统推进低碳节能示范项目。大力开展各种形式的训传培训工作，继续办好“低碳日”等活动，宣传低碳生活典型，倡导绿色低碳、健康文明的生活方式和消费方式，使低碳理念广泛深入人心，成为全社会的共识和自觉行动，营造良好的舆论氛围和社会环境。

（撰稿：陈敬一，四川省发展和改革委员会资源节约与环境保护处）

2012年云南省应对气候变化和低碳发展报告

云南省发展和改革委员会

云南省被列为国家首批低碳试点省之后，按照国家发展改革委《关于开展低碳省区和低碳城市试点工作的通知》和《关于同意云南省低碳省区试点工作实施方案的通知》的要求，狠抓工作落实、积极推进低碳发展先行先试，取得了一些成绩，也积累了一些经验。

一、主要做法

（一）抓好低碳规划编制，明确目标任务

编制低碳发展规划是推动低碳发展工作的第一抓手。2011年5月，省人民政府率先印发了《云南省低碳发展规划纲要（2011-2020年）》，2012年底，全省16个州市低碳发展规划全部编制完成，并由当地州市人民政府印发实施。2013年1月，省人民政府印发了《云南省“十二五”控制温室气体排放工作实施方案》；2013年10月，省人民政府印发了《云南省“十二五”应对气候变化规划》。规划先行，指明了全省低碳试点工作的方向和目标任务。

（二）发展林业碳汇，推进“森林云南”建设

发展森林碳汇不但可以提高生态多样性功能，同时还可以发挥林业减缓气候变化的功能。一是大力开展植树造林，持续推进退耕还林、天然林保护、防护林体系建设和石漠化治理等生态建设重点工程；二是启动实施陡坡生态治理工程，加大荒山荒地造林和封山育林力度；三是加强森林抚育经营和可持续管理，强化现有森林资源保护，加快推进低效林改造，提高森林生长率和蓄积量；四是加强城市绿地碳汇建设，提高城市园林绿化水平，增加城市碳汇。

（三）大力发展可再生能源，提升低碳能源发展水平

发展可再生能源，提高非化石能源消费比重，是有效控制二氧化碳排放的有效途径。一是加快水电资源的开发利用，建设以水电为主的清洁能源基地，加大金沙江、澜沧江干流水电开发力度；二是积极推进太阳能的多元化利用，加快石林大型光伏发电示范工程建设，在永仁、宾川等太阳能资源优势地区发展光伏发电，推进与建筑结合的太阳能光热利用；三是加强生物质能开发，积极发展生物柴油原料种植业，推进燃料乙醇、生物柴油、生物质固体成型燃料项目建设；四是有序推进风能的开发，在风能资源丰富，资源条件较好，不影响环境的区域布局风电场；五是完善电网布局，推进分布式能源、微电网建设示范项目。

（四）调整产业结构，加快构建低碳产业体系

转变发展方式、调整产业结构是低碳试点工作的重点任务之一。“十二五”以来，我省积极优化产业结构和布局，推进产业发展从低碳和零碳方向发展。发展现代农业，调优一产；加快云南特色新型工业化，调强二产；推动服务业，发展调快三产。按照"调优、调强、调轻"的目标调整工业结构，着力调整优化轻、重工业内部结构；进一步提高高耗能、高排放和产能过剩行业准入门槛，坚决贯彻落实《产业结构调整指导目录》。

在加快构建低碳产业方面，一是加快发展以旅游业等为重点的服务业。充分发挥云南特色民族文化、历史文化、地域文化与自然资源优势，拓展旅游产品服务体系，提升旅游文化品牌，加快旅游“二次创业”，实现由旅游大省向旅游经济强省的跨越；重点发展商贸流通业、金融服务业和信息服务业等现代服务业，建设以滇中城市经济圈为中心的国际商贸枢纽，探索推进沿边金融综合改革试验区建设。二是大力发展以生物产业和光电子产业基地为特色的战略性新兴产业，发展生物医药、生物育种、生物制造和生物技术，争取把云南建成国家重要的生物产业基地；培育光伏、红外及微光夜视、半导体照明三条完整产业链，打造全国一流的光电子产业基地。三是积极推进传统产业的低碳化转型、升级和改造，提升传统产业技术水平，延伸产业链，提高产品附加值。

（四） 强化节能降耗，提高能源利用效率

进一步强化新建项目节能评估审查，确保固定资产投资项目能耗水平达到能效限额标准，严控高耗能行业和过剩产能过快增长；制定并落实钢铁、有色金属、建材和化工等重点行业“十二五”淘汰落后产能实施方案，按年度分解到各州市、企业，确保完成国家下达我省淘汰落后产能任务；突出抓好重点行业和重点企业节能降耗。以工业、建筑、交通、公共机构、商业、农业为重点，开展万家企业节能低碳行动，千方百计提高能源利用效率。一是加强工业节能，重点抓好钢铁、煤炭、建材、化工、有色金属、电力等重点行业能效提升工作，推行重点行业、重点企业的能耗目标责任制，强制开展能源审计；二是推动建筑节能，健全和完善建筑节能标准和节能监管，推进新型建筑节能材料的应用；加快太阳能等可再生能源及新能源与建筑一体化的应用，加强城市绿色照明改造；三是推动交通运输节能，实施“公交都市”建设示范和新能源节能汽车推广工程，组织建设低碳交通运输体系试点工作。四是加强公共机构节能，开展了一批节约型公共机构示范单位建设。

（六）创新碳排放管理体制机制，提高基础能力

建立温室气体排放统计核算和考核制度是低碳发展重要的基础性工作，我省在全国率先开展了温室气体排放统计核算考核试点工作。一是作为全国省级温室气体清单编制试点省，编制完成了2005年和2010年省级温室气体清单报告，建立了碳信息管理数据库；二是作为国家统计局温室气体排放相关研究试点地区，开展了《云南省建立温室气体排放基础数据统计、核算、考核制度研究》，开发了云南温室气体能源活动水平数据统计分析处理软件，组织开展了低碳发展基础数据和资源产出率统计试点工作，已初步建立了温室气体排放基础数据统计报表制度。三是在全国率先开展了地市州目标分解及评价考核工作。2011年4月，省人民政府与16个州市人民政府签订了低碳节能减排目标责任书，把“十二五”期间碳强度下降目标分解到16个州市，并从当年开始，把低碳发展目标完成情况列为省委考评办常态化考核项目，开展了2011年和2012年全省州市低碳发展目标完成情况考评工作。四是在全国率先探索林业碳汇交易相关制度建设。开展了碳汇交易体制机制方面相关课题的研究，开发了退化土地上的竹子造林碳汇计量方法学；成立了西南林业碳汇计量监测中心，启动了林业碳汇计量监测体系建设工作；开展了全省300个不同森林类型样地的生物量和土壤有机碳含量调查及数据整理工作；组织开展了碳汇造林示范项目。

（七）设立专项资金，推动低碳示范项目建设

推进低碳示范项目建设，探索不同领域低碳发展的有效模式，促进全社会低碳发展。我省是全国率先设立了低碳发展专项资金的省份之一，在“十二五”期间省人民政府每年安排3000万元作为省级低碳发展专项引导资金，主要用于低碳发展先行先试示范项目建设。今年，我省组织编制完成了低碳社区、低碳产业园区、低碳学校、低碳旅游区创建评价指标体系和考核办法；组织开展了低碳产业园区、低碳旅游区、低碳学校、低碳交通、低碳建筑、低碳能源等示范项目建设，目前示范项目均已编制了实施方案。

二、主要成效

（一）超额完成了碳强度下降预期目标

国家下达云南省“十二五”单位生产总值二氧化碳排放（碳强度）目标任务是较2010年下降16.5%，年度下降目标是3.6%。初步核算，2012年云南累计完成“十二五”目标进度的50.3%。同时，我省控制温室气体排放工作完成情况还被今年国家控制温室气体试评价考核组评定为“优秀”等级。

（二）持续增强了碳汇能力

国家在森林资源管理与造林综合实绩检查中下达云南“十二五”森林碳汇目标任务是：新增森林面积2885万亩，年新增577万亩；新增森林蓄积量7628万立方米，年新增1525万立方米。2012年我省新增人工造林743万亩，新增森林蓄积量3000万立方米，超额完成国家下达年度新增的目标任务。据2012年云南省森林资源连续清查第六次复查成果统计，我省林业用地面积为3.75亿亩，森林覆盖率达到54.64%，森林蓄积量增加到16.93亿立方米，森林蓄积量年均净增量为2656万立方米；截至2012年底，全省建成区绿地率达28.15%，绿化覆盖率达33.06%，人均公园绿地面积达8.66平方米。

为发挥碳汇优势，开展基于项目的森林碳汇交易试点工作取得了初步成效，我省营造了3900公顷的碳汇试验林，目前已有5万吨碳汇量在国际自愿市场上完成交易，1.68万吨碳汇量在北京自愿市场上完成交易，1.78万吨碳汇量在省内自愿市场上完成交易。

（三）提前完成了“十二五”可再生能源发展目标

云南省“十二五”规划纲要提出：到2015年，非化石能源占一次能源消费比重达到29.6%。截至2012年底，全省电力装机容量达到5042万千瓦，清洁能源与火电装机比例达到73:27，其中：水电3499万千瓦，新能源153万千瓦，水电占一次能源生产的比重由“十五”末期的26.6%上升为2012年的42.5%，全省农村沼气池超过300万户，年产沼气12亿立方米，居全国前列；非化石能源占一次能源消费比重从2010年的27.6%提高到2012年的30.7%，提前三年完成了我省“十二五”目标任务。

（四）进一步优化了产业结构

云南省“十二五”规划纲要提出：到2015年，以文化、旅游、物流为重点的三产占生产总值比重提高2个百分点以上。2012年，我省第三产业增加值占GDP的比重是41.1%，较2010年的40%提高1.1个百分点，第三产业增加值2011年较2010年增长11.8%，2012年较2011年增长11.4%；2012年，战略性新兴产业全年主营收入2159亿元，年均增长20%以上，增加值占全省GPD的比重达到7.3%；2012年全省旅游累计接待海外旅游者886.4万人次，国内旅游者1.96亿人次，旅游总收入达1702亿元，年均增长30%以上。

（五）清洁发展机制项目开发成绩突出

我省清洁发展机制项目在联合国执行理事会签发成功的项目总数一直位居全国前列，截至2013年11月，云南清洁发展机制项目获国家发展改革委批准482个，居全国第二；获联合国清洁发展机制执行理事会注册367个，居全国第一；获联合国清洁发展机制执行理事会签发140个，居全国第二。

（撰稿：寸文娟，云南省发展和改革委员会应对气候变化处）

2012年贵州省应对气候变化和低碳发展报告

贵州省发展和改革委员会

2012年，贵州省大力推进经济发展方式转变和产业结构调整，努力控制和减缓温室气体排放，提高适应气候变化能力，取得了较好成绩。

一、减缓气候变化的政策与行动

（一）优化调整产业结构和能源结构

加快产业调整步伐，一是优化工业结构。严格执行环保、节能、减碳、安全等准入条件，严控高耗能产业发展，轻重工业比由2011年的1:2调整到1:1.66，工业结构进一步优化。二是加快发展服务业。初步核算，2012年我省三次产业结构调整为13.1:39.0 :47.9，其中全省服务业实际增加值3256.79亿元，同比增长12.1%，对全省经济增长的贡献率为47.9%，较上年增加3.1个百分点。

积极调整和优化能源结构。在做好生态保护和移民安置的基础上深度发展水电，加快开发水电能源；因地制宜大力发展风电，推进威宁、赫章、盘县、台江、黄平、龙里、普安、贞丰、遵义、正安等重点地区风能开发利用，加快贵州韭菜坪风电一期，大唐四格风电场建设。截止2012年底，全省共有6000千瓦及以上电厂合计167个，装机容量3824.53万千瓦。其中水电厂81个，装机容量1562.60万千瓦，火电厂77个，装机容量2165.47万千瓦，风电场9个，装机容量96.46万千瓦。风电、水电装机容量合计1659.06万千瓦，占总装机容量比例达到了43.4%。

（二）顺利完成二氧化碳下降考核年度目标

国家下达我省“十二五”控制温室气体排放目标任务为“单位生产总值二氧化碳排放比“十一五”下降16%”。经测算，2010年我省单位地区生产总值二氧化碳排放量为4.3191吨（根据国家要求未考虑工业领域、城市废弃物和农业领域排，只考虑煤炭、石油、天然气消费量及电力调出，地区生产总值以2010年不变价计算）。2011年，我省单位地区生产总值二氧化碳排放为4.1709tCO_2/万元GDP，比2010年下降了3.43%，初步核算，2012年我省单位GDP二氧化碳排放目标下降为3.80%，均超额完成了年度下降目标任务，累计完成我省“十二五”控制温室气体排放目标进度任务的44.42%。今年4月已顺利通过了国家对我省的目标考核。

（三）努力增加森林碳汇

2011年，全省森林面积731.6万公顷，森林覆盖率41.53%，活立木蓄积3.66亿立方米，森林蓄积3.58亿立方米，新增森林碳汇2111.38万吨二氧化碳。初步统计，2012年全省森林面积749.2万公顷，森林覆盖率42.53%，活立木蓄积3.97亿立方米，森林蓄积3.69亿立方米。与2011年相比，森林面积增加17.65万公顷，森林蓄积增加1097万立方米，森林覆盖率增长一个百分点，森林碳汇增加2203.95万吨二氧化碳。从目前的情况看，森林资源稳步增长，可顺利实现“十二五”全省森林覆盖率达到45%的目标。

（四）制定控制温室气体排放实施方案

为确保我省“十二五”控制温室气体排放目标顺利实现，根据《国务院关于印发“十二五”控制温室气体排放工作方案的通知》（国发[2011]1号）精神，省发改委牵头起草了《贵州省“十二五”控制温室气体排放实施方案》，《方案》围绕“十二五”全省单位地区生产总值二氧化碳排放比2010年下降16%的目标，要求大力开展节能降耗，优化能源结构，努力增加碳汇，加快形成以低碳为特征的产业体系和生活方式，努力控制温室气体排放。目前方案已由省人民政府印发各地区、各部门执行。

（五）扎实推进低碳试点城市建设

贵阳市是国家发改委批准的第一批低碳试点建设城市。目前作的主要工作有：一是完成《贵阳市低碳发展中长期规划》的编制工作。《规划》对贵阳市当前碳排放实际和今后一段时间的发展重点进行了认真分析，按行业开展了碳排放源的分类，对贵阳当前和将来一段时间碳排放的重点领域、主要困难和问题进行了分析，提出实施碳减排的预期目标、重点领域、主要途径以及保障措施等。《规划》已由贵阳市政府通过，并下发至市直有关部门、各区市县政府执行。二是开展了相关绿色低碳政策措施的制定工作。开展了应对气候变化（低碳发展）的地方立法研究，组织省、市有关专家及市低碳办有关人员成立了《贵阳市应对气候变化条例》编制组。目前，正在开展条例大纲起草及相关资料收集工作。三是进一步完善了促进低碳发展的组织管理机构。成立了以市长为组长，市政府相关副市长为副组长，市相关部门主要负责人为成员的贵阳低碳城市建设领导小组，并设领导小组办公室在市发展改革委；建立了贵阳市低碳试点工作部门联席会议制度，会议负责定期研究全市低碳发展目标的实现程度，安排部署有关工作，以全方位推进贵阳低碳城市建设。四是创新低碳发展的体制机制。制定了《贵阳市低碳发展专家咨询委员会及低碳发展研究中心组建方案》，组建了贵阳市低碳发展协会和低碳发展研究中心。

（六）先行先试推进低碳产业园区和低碳社区建设

低碳产业园区建设。2012年，配合年贵阳市启动了《贵阳高新区低碳示范区发展规划》前期研究工作。贵阳国家高新技术产业开发区是全国88个国家级高新区之一，也是贵州省内唯一的国家级高新技术产业开发区。经过近20年的发展，现已形成“一区三园”的布局（新天高新技术工业园、金阳科技产业园、沙文生态科技产业园）。高新区在贵阳市低碳试点城市工作推动下，取得了初步成效。高新区规模以上工业企业单位工业增加值能耗、人均摊排放均低于贵阳市平均水平。具备了低碳产业园区建设的基础条件。目前正在积极准备申报国家第一批低碳工业园区试点。

低碳社区建设。在2011年把贵阳市乌当区的"碧水人家"小区作为首个低碳试验社区基础之上，我们提炼出了具有贵阳特色的“G模式”（贵阳模式）改造，即“科技带动低碳，低碳改变习惯，习惯促成减排，减排引领未来”，打造“低成本、低投入、效果佳”的低碳社区之路。目前，该小区已经实现安装太阳能路灯、打造绿色阳台、垃圾分类箱、住户家里更换节能灯、节水阀、电管家等低碳化改造。通过打造绿色阳台，小区公共绿化面积从5000平方米增加到6000平方米，绿化率达到46%；通过小区庭院景观灯改造，每年节电可实现减排二氧化碳约15.6吨；通过用电管家和节水阀对小区住户进行节能减排改造，每年可节电约15万度，节水约789吨，减排二氧化碳约146.4吨。小区每年产生250吨生活垃圾，其中有机物垃圾约120吨，在合理分类回收下，每年可减排二氧化碳约11.4吨。今后将在以往工作基础上，进一步完善统计办法，充实创建内容，通过排放源盘查和碳中和的方式进一步改造低碳社区，实现“零碳”排放；通过社区的排放源盘查和居民问卷调查，建立贵阳市低碳社区评价指标体系，为低碳社区建设和改造提供可以量化的评价标准。

二、适应气候变化的政策与行动

在适应气候变化方面主要开展了以下工作，并取得了明显成效。

一是重点骨干水源工程建设取得突破性进展。“十二五”以来，开工建设20座中型水库。黔中水利枢纽工程顺利实现大江截流，正式启动大坝主体工程建设。“滋黔”一期工程完成投资30.38亿元，9个中型水库工程完工并发挥效益，新增库容1.25亿立方米。

二是农田水利基本建设加强，粮食生产综合能力提高。继续实施全国新增千亿斤粮食生产能力规划，重点建设田间工程和农技服务体系。实施大型灌区续配套和节水改造项目、节水灌溉示范项目，新增有效灌溉面积107.27万亩。稳步推进重点退耕还林地区基本口粮建设。继续实施种养业良种工程、动植物疫病防控、农产品质量检验检测体系等建设。

三是生态环境建设进一步加强。贵州全省88个县（区、市）有78个县列入国家制定的《石漠化综合治理规划（2008-2015）》。首期治理任务启动时贵州有55个试点县纳入。2011年，国家发改委在全国第二批新开100个石漠化工程综合治理试点县，其中包括贵州剩余的23个县。至此，贵州在全国率先实现了石漠化治理试点县工程措施全覆盖。完成石漠化治理面积1115平方公里。全省林业投入大幅度增加，总投资超过38亿元；完成营造林414万亩，森林覆盖率达到41.5%；林权改革继续深化，森林保险、造林补贴等试点启动；林业基础设施建设得到加强。

四是进一步加强了对水资源的管理。按照贵州省人民政府批准的《贵州省水功能区划》实施水资源管理和保护，严格控制入河湖排污总量。积极推行以水资源保护为主要内容，由地方政府领导负总责的“河长制”，全面推进乌江三岔河流域试点。在黔东南、黔南州清水江流域建立了水生态、水环境补偿机制。启动实施《贵州省实施最严格的水资源管理制度总体工作方案》及贵州省实施用水总量控制、用水效率控制、水功能区限度纳污“三条红线”等实施方案，制定了我省“三条红线”控制目标，并建立考核制度、控制手段和保障措施，对全省县级以上城市90个集中式供水水源地水质水量实施动态监测，全面及时掌握突发性污染事件的基本情况和发展趋势，积极应对水污染突发事件。加强取水许可管理，强化以取水制度为核心的水资源权属管理，建立了取水许可年审制度，通过取水许可调控手段，促进水资源优化配置、节约用水和水资源保护工作。并于2011年8月以地方标准的形式发布实施了《贵州省行业用水定额》。

三、取得面临的主要困难及下一步工作打算

（一）近年来应对气候变化工作取得的主要成效

通过近几年来的努力，我省应对气候变化工作取得了一定的成效。一是产业结构进一步优化，节能减碳成效明显。三次产业结构由2006年的16.8：43.2：40调整为2012年的13：39：48，产业结构得到了进一步优化。万元GDP能耗由2005年的2.813吨标准煤下降到2011年的1.714吨标准煤，能耗下降39.06%，相当于累计减少二氧化碳排放约在8000万吨以上。二是能源结构进一步优化，非化石能源比重呈逐年上升趋势。其中水电装机容量由2005年的385.8

万千瓦提高到“十一五”末的992.5万千瓦，增长157.3%。风电总计安装单机容量为1500千瓦的风力发电机组63台，年上网电量约16419万千瓦时。三是加强生态保护和建设，增加森林碳汇。2012年森林覆盖率达到42.53%，活立木蓄积3.97亿立方米。四是务实开展国际合作，积极推进清洁发展机制项目活动。到2012年底，我省共有151个CDM项目获得了国家发改委批准，其中有66个CDM项目成功注册，32个项目已获得碳核证减排量(CERs)的签发，预计年减量为250万二氧化碳。五是加强组织领导，初步建立了应对气候变化管理体系。

（二）面临的主要困难

根据国家“十二五”控制温室气体排放目标责任评价考核指标、评分标准及完成情况自评下来，我省得分84分，属“良好”等次；单位GDP二氧化碳排放年度下降目标也完成较好，但从经济社会发展趋势、自然毅然资源禀赋条件、应对气候变化工作基础等方面分析，还面临着许多困难和问题。主要体现在:一是当前我省正处于经济社会快速发展阶段，工业化、城镇化都处于加快发展时期，发展经济、改善民生的任务十分繁重，能源消耗仍处于爬坡阶段，短时间内不可能根本扭转温室气体排放继续增长的势头，控制温室气体排放形势严峻。二是从产业发展规律分析，由于我省仍处于工业化初期，相当一段时期第二产业在三次产业的比重还会上升，服务业尽管增速较快，但比重预计将可能下降，从而与国家要求形成较大差距。三是应对气候变化是一项新工作，目前大多数工作还处于制度设计阶段，尚未形成系统的抓手，没有设立相应的专项资金，更多地依赖于其他领域产生的溢出效应。四是应对气候变化工作开展的时间不长，许多基础性工作还在积累过程中，基层发展改革系统人员和技术力量配置不足，缺乏过硬的工作手段，工作推进难度大。

（三）下一步工作打算

在下一步工作中，我们将按照《国务院“十二五”控制温室气体排工作方案》和《贵州省“十二五”控制温室气体排放工作实施方案》，统筹抓好各项工作，大力推进贵阳市、遵义市低碳试点城市工作，大幅度降低我省单位生产总值二氧化碳排放，到2015年全省单位地区生产总值二氧化碳排放比2010年下降16%。一是继续推进工业结构调整，淘汰落后产能，优化产业布局，加快发展服务业。二是加快发展可再生能源和清洁能源，优化能源结构，到“十二五”末天然气、水电、风能、太阳能等清洁能源比重提高到 15 %。三是大力推进林业工程建设，提高森林管护质量，森林覆盖率到“十二五”末提高到45%，森林蓄积量增加到3.8亿立方米以上。四是推动低碳技术创新，设立低碳技术目录，推进一批技术创新及产业化示范工程建设。五是完善应对气候变化体制和保障体系，落实低碳发展专项资金，加强应对气候变化国际合作，加强应对气候变化宣传培训。

（撰稿：雷电，贵州省发展和改革委员会应对气候变化处）

2012年西藏自治区应对气候变化和低碳发展报告

西藏自治区发展和改革委员会
西藏自治区气象局

西藏地处中国西南边疆，是青藏高原的主体，国土总面积约为120.22万平方公里，平均海拔4000米以上，有“世界屋脊”之称。受特殊地理位置、复杂的地形条件和天气气候的影响，西藏高原是气候变化的敏感区、气象灾害的重灾区、生态环境的脆弱区。加强应对气候变化能力，发展低碳经济对于落实科学发展观，实现社会经济跨越发展和长治久安，推动小康西藏、平安西藏、和谐西藏、生态西藏建设，具有十分重要的意义。

一、应对气候变化能力建设

（一）相关法律法规不断完善

自治区颁布实施了《西藏自治区气象灾害防御办法》、《西藏自治区人工影响天气管理办法》、《西藏自治区气候资源条例》、《西藏自治区实施<中华人民共和国防洪法>办法》、《西藏自治区实施<中华人民共和国森林法>办法》、《西藏自治区林地管理办法》、《西藏自治区湿地保护条例》、《西藏自治区实施<天然林资源保护工程管理办法>实施细则》等。这些法规的制定和实施为西藏应对气候变化事业提供了法制保障。

（二）建设生态安全屏障，提高固碳能力

实施了《西藏生态安全屏障保护与建设规划（2008～2030年）》。在全国率先启动草原生态保护奖励机制试点，建立了森林生态效益补偿制度，建立各级各类自然保护区与生态功能保护区，实施了一批生态环境保护与建设重大工程，全面启动了农村薪柴替代工程和“绿色拉萨”工程，促进了生态系统抗御气象灾害和气候变化不利影响的能力，提高了生态系统的碳储量。

（三）不断完善基础设施，提高农业应对气候变化能力

落实提高了粮油单产行动、种养业良种推广、秸秆微贮养畜、家畜品种改良、舍饲与半舍饲养等综合措施，实施了动植物良种补贴、草原生态补助奖励机制等政策。实施了牧区草原建设、天然草原退牧还草、农村沼气、种养业良种工程等重大建设项目。农牧业适应气候变化能力得到提高，农田、草地固碳能力增强，能源替代减排力度增大。

（四）水利发展取得了巨大成就，防洪抗灾能力得到提升

大规模开展水利基础设施建设，重点江河治理、病险水库除险加固、城市防洪、重点大中型灌区续建配套与节水增效改造、农村饮水安全、水土流失治理与生态建设等水利基础设施建设全面展开，防洪减灾能力大大增强。

（五）公共气象服务再上新水平，防灾和应对气候变化能力提高

“十一五”期间，出台了气象灾害应急预案，初步建立了气象防灾减灾体系；强化了人工影响天气中心、防雷中心和农牧经济信息网络中心等机构的建设；围绕农牧、水利、林业、国土、旅游、交通等行业需求，开展了各类专项气象服务；推动了气象综合观测系统建设，提升了气象灾害监测能力。

（六）全面推进大中型水电项目建设，减少化石燃料温室气体排放

完成了拉萨河直孔水电站、林芝巴河雪卡水电站、阿里狮泉河水电站、林芝巴河老虎嘴水电站建设。完成了扎曲、玉曲水电规划及审批，完成了雅鲁藏布江中游、金沙江上游、澜沧江上游水电规划编制，开展了雅鲁藏布江下游、怒江上游、那曲、象泉河、尼洋河、帕隆藏布、朋曲、察隅曲等河流水电规划工作，开展预可行性和可行性研究的水电项目有32个，装机总容量达到2654.8万千瓦。

（七）农牧区清洁能源建设取得初步成效，传统能源替代率显著提高

推广太阳灶、被动式太阳房、阳光温室、太阳能热水器、太阳能光电户用系统等新能源使用，建设户用沼气及大中型沼气池。城镇及农牧区传统能源替代率显著提高，薪柴、畜粪等传统能源消费量占能源消费总量的比重大幅度降低。

二、减缓气候变化的政策与行动

（一）大力开发可再生能源，优化能源结构

优先发展水能和新能源，有效提高非化石能源在能源消费中的比重，加快河流水电规划及规划环评报告，尽快取得国家审查批复；完善太阳能资源评价和利用规划，建设太阳能光伏（光热）电站、太阳能屋顶并网光伏系统，积极推广使用被动式太阳房和太阳灶，开展太阳能发电并网和对电网的电能质量、安全稳定、运行经济性和调试运

行等方面影响的研究，推进太阳能利用有序发展；加强地热资源勘探，研究、应用地热发电新技术，积极开展地热在工业、养殖（种植）业、旅游业等产业的热利用，拓宽地热利用领域；开展风能资源调查和评价，选址风电开发站址，编制风能利用规划，落实开工条件并适时开工建设；加强农牧区能源建设，通过建设小水电站、离网太阳能光伏（风光互补发）电站、太阳能户用系统和实施“金太阳”工程、发放户用小型发电机等方式解决无电地区群众用电问题；优化农牧区用能结构，实施农牧区传统能源替代工程。

（二）调整产业结构，大力发展现代服务业

根据国家《产业结构调整指导目录》，尽快出台《西藏自治区产业结构调整指导目录》，严格控制新开高耗能项目。加大产业政策引导和行业规划指导，大力发展高技术产业和先进加工制造业，加快发展现代服务业，提高服务业在国民经济中的比重，逐步形成以能耗低、污染少的服务经济为主导的产业结构。

（三）推动重点领域的节能

严格限制高耗能企业发展，鼓励重点领域的节能，推广应用节能环保的新工艺、新技术、新设备、新材料；严格节能标准，实行节能奖励，落实节能目标责任评价考核制度。大力推进建筑节能减排，制定和完善建筑节能的优惠政策措施和技术规范标准，建立健全建筑能耗统计、建筑能效认证、建筑节能性能测评与标识等制度，形成有效的建筑节能行政监管体系。完善节能项目的评估与考核。

（四）其他减缓政策与行动

改善牲畜饲养与管理方式，减少温室气体排放；大力开展林业生态建设，促进碳吸收；开展耕地质量监测和推广测土配方施肥。

三、适应气候变化的政策与行动

（一）自然生态系统

构建国家重要生态安全屏障，大力开展植树造林和迹地更新工程，加大封山育林力度；加强对大江大河源头区和湿地的保护，实施生态系统功能恢复工程；加强对生物多样性的保护，加强生物多样性关键区域保护和监管，开展重点地区物种资源调查，启动生物多样性保护示范区试点建设，制定西藏自治区生物多样性保护战略与行动计划；加强生态环境基础保障能力建设，不断提升监管能力和水平。

（二）农牧业

加强农牧业生态保护与建设，加强以草地资源保护与建设为主要内容的生态环境保护工作，大力实施《西藏生态安全屏障保护与建设规划（2008-2030年》；推进草原生态保护补助奖励机制，提升农牧业科技水平，加强农牧业防灾减灾工作。

（三）水资源

继续实施小型农田水利设施建设；治理中小河流域和防治山洪灾害，开展中小河流域治理和山洪地质灾害防治；加强水利管理与改革，加强防洪抗旱减灾应急管理。

（四）气候变化和气象灾害风险管理

强化综合观测系统建设，加强西藏气象观测空白区和气象灾害高影响区、气候敏感区、重点生态保护区、重要交通线、山洪灾害易发区、电网和旅游景区气象观测系统建设，加强对极端天气和气候事件的监测，实施青藏高原（西藏）气候变化监测系统工作和西藏高原区域气候系统关键观测区观测站建设工程，形成覆盖整个西藏、功能完善的地面观测和卫星遥感监测相结合的气候变化监测网。增强气象预报预测能力， 推进气象服务系统建设，完善山洪、泥石流、草原（森林）火灾等衍生灾害气象等级预报业务系统，加强交通、旅游、水利、能源等专业气象服务系统建设；提高公共气象服务效益；增强青藏高原气候变化科学研究和影响评估能力，加强气象防灾减灾和应对气候变化科普宣传，提高广大公众特别是农牧民群众防灾避险自救及适应气候变化的意识和能力。

（五）其他领域

加强青藏铁路和公路沿线气候和冻土以及其他环境要素的监测，进一步研究冻土变化与气候变化之间的关系，及时监视路况，确保安全运营；对季节冻土区其他线性工程，如输油管线工程、输变电线路工程等，应考虑土体的冻胀对工程的影响；加强冰川、湖泊等自然风光旅游区的环境监测，建立完善区气候与灾害预报预警系统。

（撰稿：罗永彬，西藏自治区发展和改革委员会资源节约和环境保护处；马鹏飞，西藏自治区气象局）

2012年甘肃省应对气候变化和低碳发展报告

甘肃省发展和改革委员会

2008年以来，在国家发展改革委的大力支持和帮助下，我委加大统筹协调力度，重点开展应对气候变化规划编写、2005年省级温室气体清单编制、清洁发展机制项目开发的同时，通过强化组织领导、理顺工作机制、支持科学研究、做好宣传教育等措施，推进应对气候变化工作取得了积极进展。

一、主要做法

（一）加强组织领导，做好统筹协调。2010年，省政府根据工作需要，调整了省应对气候变化及节能减排工作领导小组，将办公室设在省发展改革委，明确省发展改革委牵头组织开展应对气候变化工作。省政府每年召开了省应对气候变化及节能减排工作领导小组会议，对全省应对气候变化工作作了全面部署。根据领导小组会议精神，我委加强与省直部门的沟通协调，建立由省发展改革委牵头，有关部门紧密配合，全社会共同参与的应对气候变化工作机制。

（二）完善有关气候变化法规制度。省政府制定了《甘肃省实行最严格的水资源管理制度办法》，修订了《甘肃省行业用水定额》，基本建立了最严格的水资源管理制度框架和指标体系。严把项目管理关，全面启动实施了《甘肃省固定资产投资项目节能评估和审查暂行办法》，努力从源头控制温室气体排放。颁布实施了《甘肃省循环经济促进条例》。

（三）突出重点领域规划部署和项目支撑。在制定全省“十二五”气象、水利、林业、农业、能源等重点领域规划时，对提高应对气候变化适应能力，及减缓温室气体排放等内容均予以体现。省政府设立节能环保、循环经济发展等专项资金支持有关气候变化适应及减缓项目建设。同时，积极争取国家资金支持我省项目建设。

（四）重视科学研究，加大宣传力度。组织开展了甘肃干旱生态环境对全球气候变暖的响应及减灾技术等研究。利用节能宣传周、3.23世界气象日、5.12防灾减灾日等活动，印发宣传资料，向社会公众普及气候变化的科学知识。会同工信、环保、商务、工商、质监等部门积极落实“限塑令”，开展了限塑专项检查。切实引导树立绿色低碳生产生活方式。

二、进展与成效

（一）做好规划指导工作。完成“十二五”应对气候变化规划（送审稿）。将尽快上报国家发展改革委。规划全面分析全省应对气候变化总体形势，提出应对气候变化工作重点领域及目标，明确主要工作任务与保障措施。编制完成了“十二五”温室气体减排工作方案（送审稿），提出了减排目标任务及工作措施。

（二）形成2005年省级温室气体排放清单（送审稿）。根据国家发展改革委办公厅《关于启动省级温室气体排放清单编制工作有关事项的通知》精神，我委在组织完成相关培训及调研、基础数据获取及筛选、测算等大量工作任务后，形成甘肃省2005年能源活动、工业生成过程、农业活动、土地利用变化及林业、废弃物处理五大领域省级温室气体清单报告（送审稿），将于近期组织评审后上报。

（三）继续推进清洁发展机制项目开发。根据国家《清洁发展机制项目运行管理办法》（修订），开展了清洁发展机制项目初步审查申报工作。对于项目推进中存在的问题和困难，给予积极指导和协调帮助，截止2012年底，累计争取批复项目达250项。

（四）着手开展了低碳试点工作。争取国家发展改革委已将金昌市列为第二批低碳试点城市。此外，积极申报中国清洁发展机制基金2012年度赠款项目，组织完成2个项目的申报工作。

（五）重点领域气候变化适应和减缓工作取得积极进展

农业方面。重大农业开发项目建设进展顺利，全省粮食总产达到1110万吨，基层动物防疫体系、农产品质量安全检测检验体系进一步健全。动植物良种繁育及推广、畜禽标准化规模养殖、全膜双垄沟播、灌区高效节水等先进适用技术集成推广。启动实施国家级旱作农业示范区建设。累计解决了752.62万农村人口和110.32万农村中小学师生的饮水安全问题。完成117座病险水库除险加固和86条中小河流综合治理。新增农村户用沼气66.19万户，定居游牧民1.37万户。新修标准梯田491万亩，累计达到2382万亩；新增灌溉面积117万亩，累计达到2145万亩；新增节水灌溉面积450万亩，累计达到1261万亩；新增农村小水电装机89.5万千瓦；完成营造林面积81.37万公顷，全省森林覆盖率达到15%；新增水土流失治理面积1.02万公顷；各类自然保护区面积达到890.78万公顷。

工业方面。加大淘汰落后产能力度，全省淘汰炼铁、焦炭、铁合金、电石、水泥等落后产能2057万吨。酒钢集团通过系列结构调整项目的实施，初步实现了钢铁产品由以碳钢为主向以碳钢与不锈钢并重、以线棒材为主向以板带材为主的转变；兰铝、连铝、华鹭铝业、东兴铝业实施了一批改造项目；围绕河西新能源基地建设，启动了新型高载能产业项目。积极推动战略性新兴产业发展。设立战略性新兴产业专项资金，用于支持新材料等5大领域关键技术研发、创新成果产业化、应用示范。已构建起了新材料等高技术产业体系，形成了以相关技术为主的高技术企业群体。中科院兰州化物所精细化工工程研究中心等一批国家及省级创新平台已成为在全国有较大影响的研发基地。以上项目的实施和技术的研究应用，促进了重点行业企业生产过程中的温室气体减排。新能源和可再生能源快速发展，新能源和可再生能源装机占全省电力总装机的的比重由2008年的39.4%上升到46.2%。建成兰州黄河河口水电站等一批水电站，水电装机达到720.295万千瓦；2009年启动并开工建设国内第一个千万千瓦级风电基地酒泉千万千瓦级风电基地，目前全省风电装机570.16万千瓦，相比2008年年底新增装机512.9万千瓦，增长854.9%；全国首个容量最大的光伏发电特许权招标项目中广核敦煌10兆瓦光伏发电特许权招标项目于2010年年底建成并网，全省太阳能发电装机达到28.5万千瓦。

此外，气象、水文、地质灾害监测预警系统不断完善，县级以上应急救援队伍全部组建并建立了防灾减灾责任体系。

三、主要经验

（一）高度重视循环经济发展。我省发展循环经济起步较早，早在2007年就为被列为全国循环经济试点省之后，以试点示范带动，从企业、园区和社会三个层面推进循环经济体系建设。2009年12月国务院批复了《甘肃省循环经济总体规划》，我们紧紧抓住这一机遇，加快建设国家循环经济示范区，形成了区域金昌模式、园区天水高新模式、工业企业白银模式、节水型工农业复合定西模式，发展循环经济取得了显著成效，促进了应对气候变化工作。全省万元GDP能耗下降至2011年的1.757（2005价）吨标煤。全省万元GDP取水量、单位工业增加值用水量较2005下降至278立方米和80立方米。农业灌溉水有效利用系数提高到2012年的0.52。能源资源利用效率大幅提高，资源环境压力得到缓解，气候变化适应和减缓能力有了一定的提升，为我省进一步推进气候变化工作奠定了基础。

（二）大力推进节水工作。针对甘肃资源性缺水严重的现状，大力推进节水型社会建设。张掖、敦煌、武威、庆阳市被列为国家级节水型社会建设试点，分市州选取43个县区作为省级试点。加强重点企业节水管理、产业结构调整、实施节水项目等工作。同时，抓好种植结构调整、节水灌溉技术推广、实施灌区节水改造、发展日光温室、建设旱作基本农田和集雨补灌工程、集约化节水型养殖技术应用等工作。城市节水方面，推广应用节水型设备和器具，开展节水型城市创建活动，加强计划用水管理。水资源利用效率和水平得到大幅度的提升，提高了水资源领域气候变化适应水平。

四、存在的困难和主要问题

今后一段时间是甘肃全面建设小康社会的关键阶段，工业化、城市化加快发展阶段，改善民生和发展经济任务艰巨。全省既要充分发挥有色冶金优势产业快速增长的带动作用，又要加快推进低碳产业发展。同时，自然条件严酷，经济发展水平低，省内支持绿色低碳发展的资金十分有限。下一步推进应对气候变化存在较大困难及问题。

（一）结构性问题依然突出，跨越式发展的总体目标对碳减排工作提出了更高要求。工业能耗占全社会能耗的70%以上，其中八大高耗能行业占规模以上工业能源消费量的90%以上。煤炭仍是我省能源消费的主要品种。我省仍将进一步加快陇东煤电化建设，发展重点仍以石油加工、化工、电力、钢铁、冶金、建材等我省传统支柱和高载能产业为主。因此，我省不仅要克服结构偏重带来的困难，还要控制增量、削减存量，为跨越式发展腾出空间，任务非常艰巨。

（二）管理基础薄弱。市、基层工作人员对应对气候变化政策、专业方面缺乏系统全面了解。应对气候变化减缓和适应工作没有取得重大突破。温室气体减排统计指标、监测和考核体系尚待建立。低碳技术研发与推广亟待加强。

（三）对气候变化认识淡薄。无论企业、居民还是政府领导，对绿色低碳发展和应对气候变化意识需要提高。各级政府总体上对节能减排认识有了较大提高，但大部分企业对绿色低碳发展任务的长期性、紧迫性、艰巨性认识仍然不足，在具体工作中还存在重开发、轻节约的问题。

（四）工作抓手需要进一步明确。目前尚未建立起一套完善的、行之有效的覆盖领域控制温室气体排放调控体系，碳强度下降目标责任制和评价考核制度具体实施办法尚未制定。激励机制与措施还需健全。

五、下一步重点工作

一是做好规划或方案实施。在气候司审核同意的基础上，报请省政府印发实施应对气候变化规划，控制温室气体排放工作方案。

二是继续做好清洁发展机制项目宣传推广、开发，同时配合国家做好审核工作。

三是统筹协调绿色低碳发展。着手开展金昌市低碳城市试点工作。着力协调推进风能等清洁能源开发，加大森林碳汇建设，发展装备制造等低碳产业，加快淘汰落后产能等工作。

四是在上报完成2005年省级温室气体排放清单（送审稿）的基础上，认真总结工作经验，积极尝试编制今后年度能源活动、工业生成过程、农业活动、土地利用变化及林业、废弃物处理五大领域温室气体清单。

五是及时了解国际政策变化，并在此基础上提出我省推进应对气候变化工作的政策建议。

六是积极争取国家发展改革委进一步支持我省开展应对气候变化研究和能力培训等工作。不断推进应对气候变化工作能力建设，构建较为完整的工作体系。

（撰稿：赛勇，甘肃省发展和改革委员会资源节约和环境保护处）

2012年青海省应对气候变化和低碳发展报告

青海省发展和改革委员会

2012年，青海省以科学发展观为指导，大力实施“生态立省”战略，全面落实国家及省委、省政府低碳发展及应对气候变化各项工作部署，减缓与适应气候变化的政策与行动不断深入，公众应对气候变化的意识不断加强。现将有关情况总结如下：

一、总体思路与做法

（一）强化控制温室气体排放工作落实

为全面贯彻落实国务院印发的《“十二五”控制温室气体排放工作方案》，大力开展节能降耗，优化能源结构，努力增加碳汇，加快形成以低碳为特征的产业体系和生活方式，确保实现青海省“十二五”单位国内生产总值二氧化碳排放下降10%的目标，根据青海省各部门工作职责，制定了《青海省关于贯彻实施“十二五”控制温室气体排放工作方案及部门分工意见》，2012年10月经省政府批准实施。进一步明确了全省控制温室气体排放工作总体要求、主要目标、具体措施等，提出了各有关部门、各地区应对气候变化的工作重点和职责分工，为实现我省“十二五”控制温室气体目标提供了政策保障。

（二）科学谋划和整体部署应对气候变化工作

为全面推动青海省绿色、循环、低碳发展，统筹谋划应对气候变化各项工作，按照国家发展改革委办公厅《地方应对气候变化规划编制指导意见》要求，积极组织开展《青海省应对气候变化规划》编制工作。成立了应对气候变化和循环经济规划编制工作领导小组，经多次修改完善后，完成送审稿。《规划》突出青海省经济社会发展实际及自然环境特点，提出了“十二五”及2020年前青海省应对气候变化工作的总体思路、目标、方向、重点任务、重点工程及保障措施等，对构建资源节约和环境友好型社会将发挥重要的支撑作用。此外，组织编制《青海省低碳经济发展规划》并顺利通过专家评审，提出了青海省发展低碳经济的指导思想、基本原则、发展目标、工作任务、重大工程及保障措施。组织编制《西宁市低碳发展规划》，已完成初稿。

（三）积极组织编制温室气体排放清单

按照国家及省上的安排部署，积极开展全省温室气体排放清单的编制工作。一是成立了由省工程咨询中心总牵头，省统计局、省气候中心、省环境科学院、青海高原生态科技服务有限公司、青海大学有关人员组成的项目组。二是在前期开展资料搜集、数据核查与统计、人员培训等工作基础上，组织召开了温室气体排放清单编制工作安排会议，研究部署了工作任务，明确了编写单位及责任分工。三是各领域分别开展了大量调研和基础数据统计工作，完成《青海省温室气体排放清单基础数据统计》编制，为温室气体排放清单编制提供了基础数据支撑。在前期各项工作基础上，经过努力，已完成2005年、2010年青海省温室气体排放清单初稿的编制。

（四）广泛开展交流与培训

通过组织召开交流座谈会、参加各级各类培训班等，切实增强了青海省应对气候变化工作人员的管理、科研及业务水平。以“3.23”世界气象日、科技活动周、全国科普日等活动为契机，通过推出宣传折页、口袋书、科普光盘、科普挂图和展板等宣传品，采取电视、广播、报刊、图书、网络等手段，向全省广大干部和群众开展应对气候变化科普知识宣传，大力倡导低碳、绿色的消费理念，全社会低碳发展的意识进一步得到加强。

二、减缓气候变化方面

（一）大力发展循环经济

2012年，面对复杂多变的宏观经济环境，在国务院各部委的积极支持下，在省委、省政府的坚强领导下，青海省牢牢把握科学发展主题和加快转变经济发展方式的主线，大力推进农业、工业、服务业循环经济全面发展，不断增强园区的发展动力。具体工作方面，一是省政府批复实施《柴达木循环经济试验区主导产业体系规划》，进一步明确了试验区主导产业体系发展思路和目标、总体布局和发展路径、产业链延伸与融合、项目与投资规模、效益及配套支撑体系建设等内容。二是组织开展园区循环化改造工程，及时分解下达了园区循环化改造中央补助资金3.66亿元，实施了一批产业发展、基础设施和服务平台建设项目。三是继续加大循环经济资金支持，省级循环经济专项资金安排下达12.16亿元，主要用于园区融资平台、基础设施建设和产业项目升级改造，引导和带动了全省循环经济加快发展。四是在全省大力实施科技支撑和振兴重点产业的“123”工程、生态农牧业重大科技支撑工程、“十二五”节能减排科技行动等，循环经济领域科学研究、成果转化和推广能力不断增强。五是充分发挥重大项目的示范带动作用，通过项目实施，在做强做精产业、做实做大园区上迈出了坚实步伐，促进了循环经济产业的协同、有序、高效发展。六是继续推动餐厨废弃物资源化利用和无害化处理工作，西宁餐厨废弃物收运率及处理率达90%以上，有效改善了城市卫生环境，保障了广大人民群众身体健康。

通过努力，盐湖化工、油气化工、金融冶金、煤炭综合利用等产业不断发展壮大，新能源、新材料、特色生物产业得到培育，高原生态旅游业形成规模，有效带动了商贸、物流、文化等产业协同发展。全省重点产业园区水、电、路等配套基础设施不断完善，产业聚集度及资源综合利用效率不断提高。柴达木循环经济试验区、西宁经济技术开发区内的青海洁神环境能源产业有限公司被国家发展改革委评为全国循环经济工作先进单位。

（二）积极开展节能减排

“十二五”期间，国家下达我省节能减排指标为：单位国内生产总值能耗比2010年下降10%；化学需氧量、氨氮、二氧化硫和氮氧化物四项主要污染物排放总量在2010年基础上分别增长18%、15%、16.7%和15.3%。我省及时分解下达节能减排指标，不断强化目标责任评价考核，通过调整优化产业结构，加快实施节能减排重点工程，加强重点用能单位节能管理，严格控制高耗能、高排放项目违规建设等措施，深入推动节能降耗和污染减排工作。历史遗留铬渣处置任务提前完成。《湟水流域水环境综合治理规划》正式发布。节能降耗和主要污染物排放基本实现年度控制目标。

（三）加强清洁发展机制项目的受理及初审

严格落实《清洁发展机制项目运行管理办法》，积极推动青海省范围内清洁发展机制（CDM）项目的初审和受理工作。截止2012年12月，由省发改委受理初审并上报国家发改委的CDM项目有20项。青海省经国家发改委批准的CDM项目有62项。CDM项目开发由单纯的水利发电逐步向光伏、风能发电、余热利用等多领域拓展。通过CDM项目的实施，对于有效控制温室气体排放、推动能源利用方式转变等方面发挥了积极作用。

（四）努力增加森林草原碳汇

2012年，通过深入实施退耕还林、天然林保护、三北防护林建设、野生动植物保护等工程，全省共完成营造林155.8万亩，森林覆盖率达5.2%，有效增加了林业碳汇。在草原牧区落实草畜平衡和禁牧、休牧、划区轮牧等草原保护制度，控制草原载畜量，遏止草原退化，提高了草地覆盖度，增加了草原碳汇。同时，积极开展碳汇造林工作。省政府批准成立了青海省林业碳汇办公室。在前期规划设计、土地合格性认证、基线调查、模型建立等工作基础上，碳汇造林项目已完成造林任务2.05万亩。启动实施林业碳汇计量监测体系建设试点工作，已进入野外调查阶段。

三、适应气候变化方面

（一）水资源领域

编制完成《青海水利发展战略规划》并经省政府印发实施，科学设计谋划了一批重大水利项目。通过实施引大济湟、重点水源保护、农牧区饮水安全等工程，努力实现对水资源的合理配置，减小气候变化对水资源的不利影响。湟水北干渠一期工程全线开工，李家峡、公伯峡、拉西瓦水库等灌溉工程全面推进。不断加大节水型社会建设，大力开发利用空中水资源。通过各项工程的实施，在抗御水旱灾害，保障工农业生产和人民生命财产安全，促进经济社会持续快速发展方面发挥了重要作用。

（二）生态建设领域

大力推进“三江源”、青海湖等地区生态保护治理和建设项目，通过人工种草、合理灌溉、围栏封育等措施，有效应对气候变化对生态环境带来的不利影响。通过努力，“三江源”地区生态系统宏观结构局部改善，草地退化趋势初步遏制，湿地生态功能逐步提高。青海湖流域生态环境状况得到好转，在国际重要湿地评价中评为优等。一系列生态建设工程的实施，有效改善和扭转了部分草场、林区、重点流域生态环境状况，初步形成了布局较为合理、类型较为齐全、功能较为完备的生态环境保护体系。

（三）气象领域

以应对气候变化及气象防灾减灾工作为重点，加快建设青海省现代气象业务体系，不断加强气候变化综合观测系统建设，完成全省气候变化代表性站点的选择和数据资料整理工作。制定了全省极端天气气候事件指标体系，完善了防灾减灾联席会议日常工作机制。组织编制并发布了《青海省气候变化评估报告》及针对全省水资源、生态建设等重点领域的《气候变化监测评估专题报告》，提出重点领域适应气候变化的对策建议。加强了气候资源详查和评价有关工作，相继完成火电厂工程机组空冷气象条件对比分析、输电线路工程气象专题研究等项目。

（四）农业领域

针对气候变暖对农业带来的影响，全省各地区充分利用农业气候资源，不断加大农业产业结构调整，积极发展设施农业、节水农业，加强了适应气候变化农业优良品种的培育，加大了农业病虫害的防治力度。在自然灾害频发的情况下，实现了粮油产量稳中有增，蔬菜供应能力不断提升，畜牧业健康发展，农牧民收入较快增长，农业领域适应气候变化的能力不断增强。

（五）卫生健康领域

以改善民生健康为己任，以提高人民群众健康水平为基础，不断强化医疗卫生服务水平，防御气候变暖引发各类疾病的能力有了较大提高。印发了《关于做好医疗卫生机构防灾减灾工作的通知》，不断完善突发公共卫生事件应急管理体制和运行机制，通过开展突发公共卫生事件危险因素分析评估和风险隐患排查、加强应急值班和应急物资储备、强化卫生应急队伍培训等措施，卫生应急意识和处置能力明显增强。

四、下一步目标任务及政策行动

（一）抓好应对气候变化基础性工作

加快推进《青海省应对气候变化规划》及全省温室气体清单的编制工作，为全省减缓和适应气候变化，落实"十二五"控制温室气体排放目标责任打好基础。

（二）完善应对气候变化工作体制机制

充分发挥青海省节能减排及应对气候变化工作领导小组的作用，加强部门间的沟通和合作，提高全省应对气候变化工作效率。进一步落实《青海省应对气候变化办法》，依法开展应对气候变化工作。

（三）努力提高应对气候变化业务能力

加强气候变化综合观测系统建设，强化观测资料的收集、整理及应用。进一步开展气候变化的事实分析和对重点领域、行业的影响评估，为应对气候变化提供科学依据。努力推进气候变化的培训与交流，不断增强我省应对气候变化工作人员的管理、业务水平。

（四）加强清洁发展机制项目管理

依据《清洁发展机制项目运行管理办法》，继续强化CDM项目的受理及初审工作，鼓励和引导企业开展CDM项目的申报，促进全省CDM项目规范、有序发展。

（五）增强应对气候变化宣传工作力度

充分利用全国低碳日、节能宣传周等活动，通过广播、电视、网络、报刊等媒体及组织编写气候变化科普读物等，开展内容丰富、形式多样的气候变化宣传教育和科普活动，扩大宣传途径，增强宣传力度，努力提高全省广大干部及人民群众低碳生产、低碳生活的意识。

（撰稿：杨鑫光，青海省发展和改革委员会资源节约和环境保护处）

2012年新疆维吾尔自治区应对气候变化和低碳发展报告

新疆维吾尔自治区发展和改革委员会

2012年，在党中央、国务院坚强领导下，在国家发展改革委指导下，新疆维吾尔自治区党委和政府深入贯彻落实科学发展观，锐意进取，开拓创新，围绕跨越式发展和长治久安战略要求，以建设和谐新疆、繁荣新疆、开放新疆、绿色新疆和魅力新疆为导向，牢固树立“环保优先、生态立区”理念，坚持把生态文明建设的理念、原则、目标等深刻融入和全面贯穿到经济、政治、文化、社会建设的各方面和全过程。坚持走资源开发可持续、生态环境可持续的发展道路。着力推进绿色发展、低碳发展、循环发展。以绿色、低碳、生态理念为指导，科学把握发展规律，主动适应气候与环境变化，以加快转变经济发展方式为主线，以新型工业化为动力，以农牧业现代化为基础，以体制创新为先导，积极推动绿色低碳循环发展，开启建设繁荣富裕和谐稳定美好新疆的新征程。

一、政府推动

（一）加强组织领导，健全工作机制

成立了由自治区领导任组长，自治区发展改革委、环保厅等17个部门为成员的应对气候变化领导小组，研究制定应对气候变化的战略、方针和政策，协调解决工作中的重大问题，形成了统一领导、分工负责、广泛参与的工作机制。

（二）加强对外交流与合作

1．开展国际交流，促进项目合作。积极参与应对气候变化领域的国际交流合作，充分利用外国政府、国际组织提供的资金，支持我区应对气候变化领域的基础性研究与技术开发，争取更多的低碳发展项目获得国外资金支持。积极引进国外先进的节能、环保、新能源等先进技术。在上海合作组织框架内，积极开展全球气候变化背景下中亚生态环境与应对气候变化技术指导与专项合作。积极培育CDM项目，推动企业参与清洁发展机制的国际互惠交易活动。

2．抓住战略机遇，开展“低碳”援疆。积极利用全国十九省市援疆的大好机遇，加强与国内低碳试点省市的经验交流与合作，推进新疆与其他省市在资源能源与产业低碳发展方面的多方位合作，加强高层次人才引进、交流与培养。

（三）加强舆论宣传

多渠道开展应对气候变化与低碳发展的舆论宣传活动，大力宣传典型，倡导绿色、低碳消费理念。结合节能宣传周，开展低碳日主题活动，提高应对气候变化的公众参与度。推动低碳城市、低碳企业和低碳社区的创建活动。发挥民间社会团体和非政府组织的作用，深度参与应对气候变化和低碳经济发展。建立新疆应对气候变化公共信息服务平台。

二、政策措施

科学制定政策法规，加强规划引导。为科学推进应对气候变化工作，进一步增强政策方案的指导性和可操作性，我区积极开展了相关法规、专项规划、实施方案的制定、修编和完善工作。修订颁布了《新疆维吾尔自治区环境保护条例》、《新疆维吾尔自治区实施<公共机构节能条例>办法》、《自治区固定资产投资项目节能评估和审查暂行办法》、《自治区2012年主要污染物排放总量控制计划》、《2012年自治区整治违法排污企业保障群众健康环保专项行动实施方案》、《新疆维吾尔自治区合同能源管理项目及财政奖励资金实施办法（暂行）》、《关于加快发展服务业的若干意见》、《关于加快发展服务业若干政策措施的实施意见》、《加快发展高技术服务业的指导意见》，编制完成《新疆维吾尔自治区应对气候变化规划（2011-2020）》（初稿）。印发实施《自治区“十二五”控制温室气体排放实施方案》、《自治区“十二五”节能减排工作实施意见》、《新疆维吾尔自治区加快培育和发展战略性新兴产业总体规划纲要》等一系列政策文件。

三、实践与成效

（一）优化产业结构

1.合理控制高耗能、高排放行业，加快淘汰落后产能。严格执行国家、自治区土地、节能、环保、信贷等相关政策制度，建立健全落后产能退出机制。重点对钢铁、焦炭、铁合金、焦化、电石、电解铝、铜冶炼、铅冶炼、水泥、玻璃、造纸、酒精、皮革、印染、化纤、电力等16个行业落后产能进行淘汰。

2.培育和发展新兴产业。立足新能源资源优势，以技术开发为重点，推动风能、太阳能、生物质能等新能源开

发与应用。巩固风力发电装备、太阳能光伏发电及光热应用、输变电装备制造业等先进能源装备制造业在国内的领先水平。

3. 大力发展服务业，提升服务业在国民经济中的比重。服务业增加值占我区生产总值比重由2010年的32.5%上升到2012年的35.2%。三次产业比例由2010年的19.8：47.7：32.5调整为2012年的17.5:：47.3：35.2。

（二）扎实推进节能减碳

1.充分发挥公共机构在全社会节能中的表率作用。举行自治区公共机构节约能源资源工作电视电话会议，推动公共机构节能，提高公共机构能源资源利用效率。推进交通运输节能减排。对于完成节能减排目标的项目承担单位给予一次性最高补助1000万元。

2.整体推进建筑节能。自2012年1月1日起执行自治区工程建设标准《严寒和寒冷地区居住建筑节能设计标准实施细则》，此外，新疆还将实行房屋销售节能明示制度，进行建筑能效检测和能效标示。建立建筑节能的奖励考核机制，把节能量纳入本地单位GDP能耗降低的考核目标体系，将节能管理目标及任务分解落实到各级管理机构及工作人员，纳入绩效考核范围，将各地工作进展情况作为全区建筑节能专项检查和专项考核评价的重要内容。目前，新疆县级以上城市目前已全部执行建筑节能设计标准，执行率达到100%，建立绿色建筑、低能耗建筑、建筑节能改造、可再生能源应用等示范项目30多项，其中有19项被列为国家级示范项目。

（三）优化能源结构

1.加快发展天然气等清洁能源。大力开发天然气，推进煤改气工程，2012年，自治区政府计划投资71亿元，完成对城区所有集中、分散和居民自采暖燃煤小锅炉的天然气改造，工程共改造燃煤供热锅炉房183座，新增燃气供热锅炉915台，实现新增天然气代替煤炭供热面积4905万平方米。

2.积极开发利用非化石能源。通过国家政策引导和资金投入，加强水能、风能和光能的开发与利用。截止2012年底，全区风电、太阳能累计开发规模分别达到1050万千瓦、387万千瓦，提前超额完成“十二五”规划目标。全区可再生能源电力装机累计达695万千瓦，其中：水电385万千瓦、风电292万千瓦、光电18万千瓦。

3.加大对生物质能开发与利用。制定《自治区农村沼气项目实施管理办法（试行）》，优化农村能源结构。新疆农村户用沼气已在83个县市推广，58万户、200多万农牧民受益。推进农作物秸秆能源化利用和秸秆还田，开展农田废旧地膜污染综合治理示范项目，北疆一些地区采用机械回收地膜，回收率为50%～60%左右。

（四）控制非能源活动温室气体排放

1.水泥。淘汰落后水泥，应用电石渣替代石灰石生产水泥熟料等原料替代技术。目前，疆内已建成PVC配套100%电石渣水泥生产线8条，水泥生产能力达655万吨

2.石灰。对石灰产业，实行严格的备案和公示制度。先进的节能环保型石灰窑产能比重达40%以上，处于全国领先水平。

3.推广新型墙材。通过典型示范、资金扶持、认证管理等措施，大力推广新型墙材。

（五）增加碳汇能力

1. 增加森林碳汇。开展应对气候变化林业专项行动。统筹城乡绿化，积极推进全民义务植树，建设园林城市，加强绿洲内部农田林网化建设，搞好退耕还林，积极开展荒山造林。强化对天然林、河谷次生林、荒漠林等森林资源保护，切实加强森林抚育经营和低效林改造，提升经济林碳汇能力。做好森林防火和林业有害生物防治，减少毁林排放，提高森林质量。完善林地保护利用制度和政策。实施一批林业重点工程。森林覆盖率由2010年的4.02%提高到2012年的4.24%。

2. 增加草原碳汇。大力推行草畜平衡和禁牧、休牧、划区轮牧等草原保护制度，落实草原生态保护奖补政策。对1.5亿亩退化严重或不适合作为放牧利用的草原，从2011年开始实施禁牧。对5.4亿亩草畜平衡区草原，3年内完成减畜任务，基本实现草畜平衡。继续实施退牧还草、草地治理等生态工程建设，加强草原灾害防治。控制草原载畜量，遏制草场退化，提高草原覆盖度和产草量。

（六）积极推动低碳试点城市示范建设

2012年，乌鲁木齐市列入国家第二批低碳试点城市，我区积极借鉴第一批低碳试点省市经验，立足乌鲁木齐市大气污染治理成效，研究制定《乌鲁木齐市建设低碳城市工作方案》，以降低碳排放为重点和突破口，扎实推进低碳试点城市示范建设工作。优先发展风电、光伏、新材料、生物制药和节能环保等战略性新兴产业，逐步形成以低碳排放为特征的产业体系。合理控制能源消费总量，提升天然气、可再生能源等清洁能源开发利用比重，热电联产和天然气等清洁能源供热比例达到100％。重点在乌鲁木齐经济技术开发区、高新技术开发区等园区开展低碳示范区建设，提高能源资源综合利用水平。突出抓好产业、能源、建筑、交通、消费等领域的低碳化建设，开通BRT城市快速公交系统，启动实施推动低碳城市建设“十大工程”。

（七）适应能力增强

1.农业

增强种植业适应能力。按照自治区种植业规划布局，进一步优化农业区域布局，加快调优农业结构，促进优势农产品向优势产区集中，形成优势农产品产业带。大力发展高效生态农业，实行农技、农艺结合，改革耕作制度，推行多熟高效种植模式，提高资源利用率和土地产出率。大力培育和推广抗旱、抗病虫草害等抗逆品种，推行病虫害生物防治技术。持续推进测土配方施肥，提倡施用有机肥，减少农业生产对化肥的过度依赖。加大盐碱地改良、低产田改造力度。

增强林业适应能力。加强森林资源的保护。对人工纯林进行改造，提高森林抚育经营技术。加强森林火灾、野生动物疫源疾病、有害生物防控体系建设。调整防火期与火险标准，科学构建森林防火预警系统、基础设施与林火阻隔系统，提高森林火灾防控能力。加强森林病虫鼠害监测预警防控工作，推广森林有害生物的生态防控技术，调整适宜防治期与天敌培育释放期。积极推进特色林果业提质增效，建设以特色林果业为重点的林业产业体系，着力培育特色林果产业、森林旅游产业、种苗花卉产业、沙产业、野生动植物资源培育产业和木材产业，使富民兴林与适应气候变化相辅相成、良性互动。

增强畜牧业适应能力。坚持草畜平衡，合理确定载畜量，推行定量放牧、休牧及轮牧模式。改造提升传统畜牧业，变四季游牧为冬春舍饲、夏秋放牧。创新发展现代畜牧业，在农区大力推行标准化规模化养殖。实施草原生态保护工程，逐步恢复草原生态功能。改良草场。优化人工草地管理和水资源配置，推广节水灌溉技术，积极建设人工饲草料基地。进一步提升牧民定居点规划内的饲草料基地建设水平。加强饲草料应急储备库和保温棚圈等畜牧基础设施建设。

2.加强水资源管理和利用

优化水资源配置。水资源的安全、保护、开发和永续利用是新疆主动适应气候变化的重要工作。进一步强化水资源统一规划、配置、管理，实现水资源管理转型升级。实施最严格的水资源管理制度，坚决执行用水总量控制、用水效率控制和水功能区限制纳污三条红线。深化重要流域工程管理体制和末级用水管理体制改革，建立和完善水利建设与管理良性运行机制，探索启动水权置换试点。不断提高水资源的利用效率和效益，有效保护冰川、河流、湖泊、湿地等重要水资源。积极推进节水型社会建设，实现水资源的可持续利用。

加快水利工程设施建设。加强重大水利基础设施建设，着力解决水资源时间分布不均，防洪、抗旱、保障供水控制调节能力不足问题。建设一批山区控制性水利工程、跨流域调水工程及标准化堤防工程，继续加强重点城市、乡镇和重点河段的防洪基础设施建设，增强水利防御自然灾害的能力，提升水资源配置和防灾减灾能力。启动一批流域综合治理工程。加强以高效节水为重点的农田水利建设，加快灌区配套和节水改造，推进高标准农田水利建设。加快山区人工增雨（雪）工程建设，大力开发空中水资源。全区新增高效节水面积370万亩，累计达到1770万亩，农业高效节水的标准化和规范化建设取得突破。

3.推进生态功能区建设

天然林保护工作进一步加强，公益林管护工作力度进一步加大，防沙治沙工作取得突破性进展。《塔里木盆地周边防沙治沙工程建设规划（2010—2015年）》获得国家发展改革委批复。通过了国务院工作组对我区“十一五”省级政府防沙治沙目标责任考核。首次召开了自治区防沙治沙工作会议，明确了“十二五”新疆防沙治沙工作的基本思路，提出了“十二五”新疆防沙治沙多业一体化的发展道路。草原生态保护补助奖励机制及定居兴牧工程全面展开

4.卫生健康

新疆维吾尔自治区党委和政府始终把保障各族人民健康作为重要任务，加快构建公共卫生服务体系。建立大气污染对健康影响的监测网络，加快开展气候变化相关疾病的流行特点、发展规律、原因以及适应策略和技术研究，探索气候类型、空气污染与气候变化等多因素交互作用对居民健康的影响。完善健康危害预警系统、应急预案和干预措施，提高应急处置能力、医疗救治能力、防疫防病能力、心理应对能力。普及气候变化对人类健康影响相关知识，提高公众的自我保护意识，切实增强公众适应气候变化的能力。建立80岁以上老年人生活补贴和免费体检制度。组织开展饮用水卫生、空气污染健康影响、气候因素相关传染病监测及气候变化对媒传寄生虫病、介水传染病影响等研究与宣传。

5.加强气象灾害应急体制机制建设

加密观测网络，保护气象台站探测环境和基础设施，加强气象灾害预报预警、应急保障、预警信息发布等能力建设，提高全社会防范和应对极端天气事件的能力和水平。建设基层气象信息员预警应急体系，建设灾害应急通信保障系统工程。开展灾害防御知识宣传教育，加强对灾害减灾对策研究。中国气象局和新疆维吾尔自治区政府组织

实施《新疆维吾尔自治区空中运水资源综合开发工程》。通过实施该项目，新疆人工增雨(雪)和防雹作业面积将由17万平方公里增加到57万平方公里，作业区年增加的降水量也将提升5至6倍。“政府主导，气象牵头，部门联动，社会参与”的气象防灾减灾机制已初步形成。

(八)加强能力建设

1.加强机构和人才队伍建设

自治区建立开展应对气候变化的基础研究专门机构。在高校和科研院所设立应对气候变化和低碳发展相关专业和机构。建立专家委员会，发挥专家咨询机构的作用。充分调动和整合部门、行业及科研院所、高校和企业等相关科技资源，加强相关人才队伍建设，着力培育和建设一批自主创新能力强、专业特长突出、在国内有一定影响力的气候变化科学研究团队，提升应对气候变化技术创新和科技支撑能力。利用各类人才计划，着力引进一批应对气候变化和低碳发展领域的高科技领军人才。健全相关支撑和服务机构。发挥专业服务机构在应对气候变化工作中的作用，加强应对气候变化技术推广，实现科技成果产业化。组建低碳政策研究中心，加强温室气体排放清单编制专业人才交流与培养，提升自治区应对气候变化基础能力，为全区应对气候变化工作开展提供决策支持和技术指导。

2.完善温室气体排放统计核算体系

建立温室气体排放基础统计制度。将温室气体排放基础统计指标纳入自治区政府统计指标体系，建立健全涵盖能源活动、工业生产过程、农业、土地利用变化与林业、废弃物处理等领域、适应温室气体排放核算要求的基础统计体系。重点排放行业企业要健全能源消费和温室气体排放原始记录和统计台账。探索实行重点企业直接报送能源和温室气体排放数据制度。

加强温室气体排放核算工作。完善地方温室气体清单编制指南，规范清单编制方法和数据来源。研究制定重点行业和重点企业温室气体排放核算指南。建立健全温室气体排放数据信息系统。定期编制国家和省级温室气体清单。加强对温室气体排放核算工作的指导，做好年度核算工作。开展和加强相关排放因子的实测。加强温室气体排放基础数据质量控制确保数据的准确性。

建立健全温室气体统计核算工作机制。构建自治区、地州市、企业三级温室气体排放基础统计和核算工作体系。规范自治区、各地州市清单编制方法和数据来源。做好年度核算工作，定期编制省级温室气体清单。加强温室气体清单编制能力建设，实行重点企业直接报送能源和温室气体排放数据制度，联合相关的科研院所建立负责温室气体排放统计核算的专职队伍，为未来开展低碳试点以及碳交易提供技术支撑。

3．加强基础研究和重大技术研发

加强气候变化领域科技工作的宏观管理和政策引导工作，加强气候灾害监测预警技术、气候变化观测事实检测及归因分析、气候变化情景预估、气候变化综合影响评估和气候变化应对区域对策的研究，积极鼓励和支持气候变化科技领域的创新，强化对节能、发展低碳经济、循环经济、资源综合利用等战略性、全局性和宏观性的重大问题研究。着眼新疆融雪型洪水发生频次增多、洪峰流量增大的特殊性区域气候，积极开展了新疆融雪型洪水灾害综合防治领域的科学研究、观测和影响评估，从而增强自身适应区域性气候变化的能力。

四、规划目标

到2015年，确保实现控制温室气体排放行动目标，适应气候变化能力明显提升，基础能力建设显著加强，体制机制进一步完善。

（一）控制温室气体排放目标

单位地区生产总值二氧化碳排放下降11%，单位地区生产总值能耗下降10%，水风电等非化石能源消费量提高60%，新增森林面积1250万亩，全区森林覆盖率达到4.5％，绿洲森林覆盖率达到28.5%，森林蓄积量达到3.2亿立方米。

——调整产业结构。三次产业结构由19.9:46.8:33.3调整到2015年的12:53:35。以能源为主的工业经济结构得到优化，战略性新兴产业的增加值比重提升到8%，比2010年提高5%。

——优化能源结构。2015年，煤炭占能源消费量比重在72%以下，天然气占能源消费量比重由2010年的13%提高到14%；2015年非化石能源比重达到4%以上。至2015年，水电总装机容量达到550万千瓦，新增245万千瓦；风电装机容量达到1000万千瓦，新增913万千瓦；太阳能光伏电站装机容量新增200万千瓦。

——强化节能，提高能效。2015年能源消费总量控制在1.3亿吨标煤。规模以上工业增加值能耗下降15%。

——积极发展碳汇。到2015年新增森林面积1250万亩，全区森林覆盖率达到4.5％，绿洲森林覆盖率达到28.5%。

——低碳试点示范取得明显成效。支持低碳发展试验试点的配套政策和评价指标体系逐步完善，乌鲁木齐市先行完成自治区低碳城市试点。到2015年，建成20家低碳产业示范园区或试验区、100家低碳商业试点、100个低碳示范社区。

（二）适应气候变化目标

重点领域和生态脆弱地区适应气候变化能力显著增强。水资源利用效率和效益明显提高；高效节水农业快速发展；草原生态持续恶化趋势得到遏制；综合防洪抗旱减灾体系逐步完善，气象防灾减灾能力进一步增强。到2015年，新增高效节水灌溉面积1500万亩；农业新技术高效节水灌溉面积占农业灌溉面积比重达到50%左右，灌溉水利用系数提高到0.52，农业用水比重降到92%以下；继续加强重点城镇和重点河段的防洪基础设施建设，完成157座病险水库除险加固任务。气象灾害对地区生产总值的影响率在现有基础上减少15%。公共气象服务信息城市覆盖率达到98%，农村覆盖率达到75%，公众服务社会满意度85%以上。

（三）基础能力建设目标

应对气候变化的法规体系基本形成，基础理论研究、技术研发和示范推广取得明显进展。区域气候变化科学研究、观测和影响评估水平不断提高。人才队伍不断壮大。应对气候变化相关统计核算和考核体系进一步完善。

（四）体制机制建设目标

应对气候变化管理体制和政策体系更加完备，全社会广泛参与的工作机制逐步形成。温室气体排放总量和碳强度“双控”制度逐步健全，新疆碳排放交易市场逐步形成。气候变化科学知识得到普及，公众应对气候变化的意识普遍增强。

五、体会

虽然我区应对气候变化取得了一定成效，但是距离国家要求还有一定差距。主要由于我区总体处于工业化发展初期，正值大建设、大开发、大发展的后发赶超阶段，围绕尽快建成国家大型油气生产加工基地、大型煤炭煤电煤化工基地、大型风电基地和国家能源资源陆上大通道，倚重倚能的产业结构在短时期内难以改变，应对气候变化面临严峻挑战和艰巨任务。着眼应对气候变化长期性、系统性、紧迫性的特点，我们深切地感受到，持续开展好此项工作需要把握好以下四个方面。

1．领导高度重视是推进工作的重要前提。需要高层强力推动，把节能减碳作为加快转变经济发展方式的倒逼机制予以不断强化。

2．系统谋划是推进工作的关键所在。需要早调查、早谋划、早部署、早实施，统筹设计、有序推进。

3．加强协同是推进工作的有力支撑。需要政府各部门之间、政府与企业之间、地方与中央之间、政府与社会大众之间的协同配合。

4．因地制宜是推进工作的重要保障。需要各地在贯彻落实国家政策的基础上，结合本地经济发展、资源禀赋、社会现状等方面实际，选择适合自身的重点工作方向，实施切实可行的政策措施。

六、几点建议

应对气候变化对于我区加快转变经济发展方式、促进经济社会可持续发展、推进新的产业革命具有重要意义。为此，希望国家发展改革委能够在以下三个方面给予支持。

加强支持。省级应对气候变化工作开展相对较晚，建议国家发改委在机构能力建设、技术研发、项目建设等方面进一步给予资金和技术支持。同时，进一步加大对应对气候变化工作人员的培训力度，夯实工作基础。

加强指导。应对气候变化具体工作主要集中在工业、环保、水利等行业及相应职能部门，地方发展改革委作为应对气候变化工作的归口管理和综合协调部门，需要国家发展改革委在如何选择好工作切入点和抓手等方面，加强统筹、合力开展应对气候变化工作的指导。

加强交流。各地区域气候不同，采取措施各有侧重，希望国家发展改革委能够为地方发展改革委搭建更多的学习交流平台，在学习交流中不断吸取好的经验、做法，增强推进应对气候变化工作的能力。

（撰稿：徐卫新，新疆维吾尔自治区发展和改革委员会地区经济处）

2012年新疆生产建设兵团应对气候变化和低碳发展报告

新疆生产建设兵团发展和改革委员会

新疆生产建设兵团（以下简称“兵团”）分布于新疆维吾尔自治区境内各地州，是新疆政治、社会稳定和经济发展的重要力量。兵团现辖14个师，175个农牧团场，人口264万，土地总面积7.46万平方公里，灌溉面积2070万亩，现有耕地1695万亩。兵团农牧团场成立之初由于历史和政治原因，多布局在流域下游、沙漠戈壁边缘、边境地区，自然、地理条件较差，现有121个团场地处两大沙漠的前沿地带，部分团场深入沙漠腹地，生产、生活环境恶劣。兵团成立至今，一直致力于治理和改善区域内生态环境，经过几代人的努力，垦区内部生态环境得到有效改善，为新疆生态环境建设和保护做出了巨大贡献。兵团认真贯彻落实中央重大决策和方针政策，提出了“发展促节能，节能促发展”的工作思路。采取一系列政策措施，在实施优势资源转换战略，加快新型工业化、农业现代化和城镇化的进程中，坚持把节能减排工作作为调整经济结构、转变经济发展方式、推动科学发展的重要抓手和突破口，大力推进循环经济和清洁生产，提高资源综合利用率，积极推进减缓和适应气候变化，加强适应能力建设，应对气候变化各项工作取得了积极进展。

一、兵团应对气候变化主要工作和成效

（一）加强组织机构

2012年10月兵团成立了以副司令员于秀栋为组长，兵团分管副秘书长刘以雷、兵团发改委主任朱新祥担任副组长。成员由兵团统计局、兵团财务局、兵团工信委、兵团科技局、兵团公安局、兵团国土资源局、兵团建设局、兵团交通局、兵团农业局、兵团国资委、兵团质监局、兵团气象局分管领导担任的“兵团应对气候变化工作领导小组”，领导小组办公室设在兵团发改委资源节约和环境保护处（应对气候变化处）。

（二）完善工作机制

2012年6月兵团根据节能减排和促进清洁发展机制项目工作需要，在机构改革中确定兵团发改委成立应对气候变化处。明确了由兵团发展改革委负责应对气候变化工作的协调和推进职能，工业、能源、农业（林业）、建设（环保）等各有关部门通力合作、各负其责、密切配合。为应对气候变化，发展循环经济，控制温室气体排放，保护生态环境提供了组织保障。

（三）强化应对气候变化规划指导

为加强兵团经济社会的绿色低碳和可持续发展，积极落实科学发展观，精心谋划发展思路，指导全兵团应对气候变化工作的开展。编制出台兵团“十二五”规划《纲要》，首次将单位二氧化碳降低指标作为约束性指标纳入规划；对25个重点专项规划进行评估和审批，以兵办名义印发城镇化、工业、农业现代化、天山北坡、边境经济带等11个规划。加强与自治区总体规划的对接，使兵团的发展纳入自治区发展大局中。修改完善《兵团主体功能区规划》，并上报国家发展改革委。编制完成了《“十二五”污水处理设施建设规划》、《“十二五”城镇垃圾处理设施建设规划》、《兵团“十二五”秸秆资源综合利用规划》、起草了《关于科学合理配置水资源，推进兵团经济协调发展的意见》，认真贯彻落实国家产业调整振兴规划，出台了鼓励纺织、食品、农用装备工业振兴措施，突出延伸产业链建设，促进了产业调整和升级。为兵团应对气候变化工作打下了坚实基础。

（四）落实国家方案

兵团在《国家方案》指导下出台了《新疆兵团“十二五”控制温室气体排放实施方案》，按照应对气候变化工作的指导思想、总体目标和重点任务，抓紧落实，扎实推动应对气候变化的各项工作，促进经济社会协调可持续发展。兵团各部门认真贯彻兵团实施方案，落实国家有关节能、可再生能源、循环经济、环境保护、防洪、气象等法律法规，加快制定实施细则；依法建立严格的监管制度，加大监督检查力度。建立和完善节能减排标准体系，着手研究气象灾害防御、预警和影响评估标准，落实建筑、电力、交通等气候变化敏感行业标准，逐步推行重大工程建设项目可行性研究中增加气候影响和自然灾害风险评估。加快能源和资源价格改革，加大差别电价和水价实行力度。执行和完善重点行业能耗准入标准、主要用能产品和建筑物能效标准，健全强制淘汰高耗能、落后工艺、技术和设备制度，推行强制性能效标识制度和节能产品认证制度，进一步加大节能监督管理力度；研究建立节能减排量交易制度和温室气体清单编制制度。

（五）开展固定资产投资项目节能评估和审查

2012年兵团发改委共完成固定资产投资项目节能评估书（表）审查32份，固定资产投资项目节能评登记表90

份，各师发改委认真开展节能评估和审查工作，从源头上把住能耗水平，为行业对标提供了依据，促进企业向行业标准和国际先进水平看齐。开展了合同能源管理财政奖励资金需求情况调查及节能服务公司推荐工作，2012年实施了28个合同能源管理财政奖励项目，节约能源6万吨标煤。有序推进温室气体清单编制工作，签定中国清洁发展机制基金赠款项目合同，组建编制机构，编写编制工作方案，收集整理编制基础数据和资料。按照国家对各省二氧化碳排放指标的预分解方案，加强与自治区的衔接和对接，以编制兵团各师二氧化碳强度指标的预分解为抓手，指导兵团应对气候变化工作向前推进。

（六）抓好节能降耗

各级、各部门认真贯彻落实党中央、国务院和兵团党委的决策部署，把节能减排作为调整经济结构、转变经济发展方式、推动科学发展的重要突破口，采取有效措施，并取得一定成效。一是节能减排长效工作机制逐步确立。建立健全了兵、师两级均成立了主要领导任组长的节能减排工作领导小组，统筹协调解决节能减排工作中的重大问题。建立节能减排评价考核制度，按照《“十二五”节能减排综合性工作方案》中确定的目标任务，综合考虑各师经济发展水平、产业结构、节能潜力、环境容量及产业布局等因素，将2012年目标任务分解落实到各师和重点企业，对各师节能减排指标完成情况现场评价考核。二是认真贯彻落实全国节能减排电视电话会议精神，加强对节能减排工作的组织领导，召开兵团节能减排电视电话会议，制定《兵团“十二五”节能减排综合性工作方案》，明确了“十二五”兵团节能减排工作目标和工作措施。三是加强重点领域的节能减排。继续在建材、化工、电力、煤炭、轻工等行业推出一批节能减排重点工程，实施燃煤工业锅炉（窑炉）、余热余压利用、电机系统节能和能量优化等节能项目，开展焦炉尾气、粉煤灰、煤矸石、电石渣综合利用。2012年在自治区经济和信息化委员会建筑材料行业管理办公室开展的“新疆水泥行业能效对标活动”中，根据考核结果，在全疆兵团的水泥企业单位产品能耗综合指标处于领先，成为新疆水泥行业节能减排的排头兵，排名前三位的企业是：库车青松水泥有限责任公司、和田青松建材有限责任公司、青松建化（集团）股份有限公司新型干法分公司；水泥单位产品综合能耗降幅排名前三位的企业是：哈密南岗建材有限责任公司、和田青松建材有限责任公司、库车青松水泥有限责任公司。自治区建材行办给予以上企业各2万元奖励，进行了通报表彰。

（七）推进技术进步

鼓励节能技术的研发与推广，引进和吸收先进节能技术，建立和推行节能新机制，重点加强电力、化工、建材、食品、纺织等行业和年综合耗能在5000吨标准煤以上的用能企业节能减排，围绕燃煤锅炉改造、能量系统优化、电机系统节能、余热余压利用、污染减排等领域实施技术改造。在节约能源资源的同时，降低了SO2、COD等污染物排放量。继续在重点用能企业开展与国际、国内同行业先进水平的能效对标活动，推动企业加大技术改造力度，提高节能减排管理水平。落实节能减排目标责任制，加快高效照明产品推广工作，通过广泛开展能源综合利用，取得了较好的节能效果。兵团万元工业增加值用水量由205立方米降低到165立方米，降低了20%。

（八）发展循环经济

2012年兵团提出“发展循环经济是突破瓶颈、化解矛盾的重要路径和手段，循环经济是兵团经济可持续健康发展的生命线”。由兵团发改委牵头，各相关部门配合绘制兵团工业、农业、畜牧业、人居和自然环境循环发展路线图。各师各企业按照兵团部署积极推进资源利用减量化、再利用、资源化，从源头和生产过程减少温室气体排放。兵团资源利用率和资源保障能力明显提高，循环经济得到较快发展，可持续发展能力逐步增强。加快推进经济发展方式的转变，开发热电联供、水泥余热回收等技术，淘汰落后水泥生产技术和设备，提高了能源资源利用率。石河子市循环经济试点城市和新疆天业集团循环经济试点工作取得初步成效。石河子市抓住循环经济试点城市的有利机遇，以重化工业为主的北工业园区和以氯碱化工为主的天业集团作为试点，坚持科技创新，不断突破循环经济的关键技术，废水、废气、废渣得到综合利用，构建了园区和企业循环经济发展模式。新疆天业集团依托优势资源转化战略，通过产业间的“大循环”和产业内部“小循环”有机结合，大力推行清洁生产，创新发展循环经济关键支撑技术，循环经济发展效果显著。

（九）发展可再生能源

优化能源结构，加快水电、太阳能、风能、生物质能等可再生能源的开发和利用，以能源可持续发展保障兵团经济社会的可持续发展。重点建设了阿拉山口风电、古尔图河水电站等项目，实施了兵团农网完善及其配套工程。2012年全兵团电力装机容量561.15万千瓦，其中水电、风电、太阳能等清洁可再生能源装机容量50.13万千瓦，占电力装机总量的8.9%。目前拥有各类水电站80座，装机容量36.95万千瓦，通过实施“送电到乡”工程建设太阳能光伏电站61座，农牧区户用太阳能发电系统4230套，太阳能集热设施服务人口达到10万户，建设了大中型沼气站28座，沼气用户3.33万户。

（十）开展植树造林种草，增加碳汇能力

加强区域生态环境共同建设、共同保护和共同治理，推进重点生态区建设，加强生态工程建设，着力建设生态安全屏障，以农田防护林为主体的生态防护林体系已初见成效。加强常规造林建园，突出抓好绿色通道、农田防护、居民点绿化美化和边境绿色屏障等人居生态环境综合治理工程，建设准噶尔盆地南缘“三北”防护林、绿洲基干、农田和边境防护林体系。2012年完成造林17705公顷，其中防护林14270公顷，经济林2768公顷，用材林667公顷，森林资源总量达到2928.69万立方米，森林覆盖率达到20.4%，提前超额完成兵团五年规划目标任务。特色经济林发展迅速，在国家和兵团对发展经济林的优惠政策推动下，兵团确定了南疆以红枣、北疆以葡萄发展为主的指导思想，出台了《关于加快推进兵团红枣产业发展的意见》。坚持适地适树原则，加快优势资源转变，加快了标准化建园步伐，红枣、葡萄、香梨、核桃等特色林果基地已具相当规模，促进了特色林果业加快发展。

（十一）推进农业发展方式转变，减少农业温室气体排放

兵团灌区多处在生态环境极为恶劣的“三边”（沙漠边缘、边境一线、绿洲边缘）地带，生态环境十分脆弱。要保护好人工绿洲生态，迫切需要在兵团灌区进一步发展高效节水工程。我们以节水灌溉为抓手，依靠农业科技进步，推行农业标准化生产，科学使用化肥、农药，加强生态环境保护，积极发展生态农业。一是严格控制水土资源开发，坚持以水定地，建设稳产高产农田。2012年兵团高新节水灌溉面积达1155万亩，占到农作物总播面积70%以上；农业用水有效利用系数由2000年的0.40提高到了0.544，灌溉定额由1000立方米/亩下降到了650立方米/亩，单方水产值翻了一番，实现年节水10多亿立方米，节约的水量及时满足了工业、城镇和生态发展的需要。二是推广先进的农业生产技术。制定棉花种植成本控制方案，探索最佳投入产出种植模式；切实统一棉花主栽品种，棉花品种多乱杂等问题初步得到解决。创新直播建园、密植丰产、简化栽培、长短结合的栽培技术模式，推进了南疆以红枣为主、北疆以葡萄为主的特色林果业发展。兴建各类畜禽专业化养殖及规模化养殖小区，加快牲畜品种改良，向发展现代畜牧业转型。三是推广测土配方施肥、缓释氮肥、生物防治病虫害等适用技术，减少了农田氧化亚氮排放。兵团围绕节水灌溉技术已形成了设计、生产、施工、管理等一整套完整的体系。从服务地方和内地省市发展节水灌溉的角度，兵团派出技术干部赴地方乡镇挂职，赴内地省市进行技术指导。兵团的节水产品和技术模式已遍及全国十几个省市，发挥了节水示范基地的作用，为新疆及全国推广节水灌溉技术，减少农业温室气体排放做出来贡献。

（十二）推进全民节能行动

按照国家《关于深入开展全民节能行动的通知》，广泛动员全民节能。兵团各级普遍开展了节能减排全民行动，组织开展了节能宣传周、“六·五”世界环境日等专题宣传活动，机关、学校、企事业单位及新闻媒体广泛参与节能减排行动，特别是兵师机关从自身做起，认真贯彻实施《中华人民共和国节约能源法》及《兵团关于开展增收节支工作的意见》，在办公、用车、设备采购等方面，更加注重节能降耗，起到了良好的示范带动作用，全社会节能减排意识明显增强。加大节能宣传周活动力度，围绕“推广节能产品，促进扩大消费需求”活动主题，制定方案，在全兵团范围内开展了节能宣传周活动。加强新闻媒体广泛宣传，形成很好的宣传声势，通过媒体宣传普及应对气候变化知识，提高公众气候意识，推进全民应对行动。

（十三）开展CDM项目申报工作

为有效促进可再生能源发展和节能降耗工作，按照国家发改委等四部委11号令精神，结合兵团实际，积极开展清洁发展机制项目兵团初审受理。加强水利、环保、工业、能源、农业、建设（环保）等有关部门通力合作，完善工作机制，为应对气候变化，发展循环经济，控制温室气体排放，保护生态环境提供了组织保障。建立和完善了部门协调机制，逐步建立与节能减排目标责任制和评价考核体系相一致的温室气体控制体系。2012年完成了第六师京能五家渠光伏发电一期20mwp、京能五家渠光伏发电二期20mwp申请CDM项目进行了初审上报，可减排二氧化碳（当量）48万吨。

（十四）兵团2005年温室气体清单编制工作

以温室气体清单编制指南为指导，进一步摸清2005年兵团温室气体排放情况，找准主要排放源，在今年启动温室气体排放清单编制的基础上，扎实开展清单编制工作。初步完成了兵团2005年能源活动、工业生产过程、农业活动、土地利用变化和城市废弃物处理等领域温室气体排放清单编制工作（初稿），增强和夯实对应对气候变化基础性工作。

二、应对气候变化能力建设主要工作及成效

（一）发挥领导小组作用

兵团应对气候变化领导小组成立时，建立了部门联席会议协调机制，各部门确定了联络员。领导小组统一领导和协调兵团应对气候变化各项工作，负责研究确定兵团应对气候变化的发展战略、方针和对策，协调解决应对气候变化工作中的重大问题。领导小组成立后数次召开部门间联席会议，商讨兵团应对气候变化工作专题，积极推动了兵团2005年温室气体清单编制工作。

（二）落实国家“十二五”控制温室气体排放工作方

兵团发改、工信、环保、监察等部门相互配合积极落实国家方案，用“发展促节能，节能促发展”的工作思路引导企业发展方向，用最严格的措施要求企业落实排放制度，用最有效的手段促进节能减排工作。两年多来，兵团经过努力，重点排放单位都建立了能源消费的台账记录。对六家没有按照国家环保要求，生产废水未经处理排放、未配套建设固体废弃物处置和污水处理设施及环境监管不到位、未按规定配套建设烟气脱硫脱硝设施、在线监测设备不完善的企业进行了约谈，分别对约谈企业进行了罚款、停产、限期整改的处罚并在媒体曝光，有力地促进了兵团控制温室气体排放工作。

（三）加大宣传力度，增强公众参与能力

利用广播电视、互联网、出版物等多种手段开展宣传教育，增进社会对气候变化的了解和认识。每年都组织开展了节能宣传周、“六·五”世界环境日等专题宣传活动。普遍开展了节能减排全民行动，制定了宣传周活动工作方案，以展览、板报、讲座等多种形式开展节能宣传周、世界环境日、节水日、土地日等活动，深入企业、社区、商场、学校。同时，兵团日报、兵团电视台等新闻媒体广泛参与，加大宣传报道力度，发挥了媒体对节能减排的舆论引导和监督作用，形成了更加浓厚的节能减排社会氛围，全社会节能减排意识进一步提高。采取灵活多样的形式，宣传国家和自治区、兵团应对气候变化各项方针政策，加强应对气候变化教育培训和科普宣传，促进广大公众和社会各界参与减缓全球气候变化的行动。拓展公众参与和监督，完善信息渠道，提高社会应对气候变化的意识。

总体来看， 兵团应对气候变化工作取得积极成效，但是兵团仍处于综合经济实力不强，经济发展水平较低，第二产业尤其是工业快速发展趋势明显，单位二氧化碳排放强度高于全国平均水平，2012年全年化学需氧量、氨氮、二氧化硫、氮氧化物四项主要污染物排放量分别比上年增加0.65%、1.62%、26.93%和15.63%。控制温室气候排放空间与经济快速发展所致排放增量逆向发展趋势进一步明显，控制温室气体排放面临极大挑战，应对气候变化工作任重而道远。面对新形势，兵团将尽最大的努力，采取积极的政策和行动，促使应对气候变化工作取得新进展。

（撰稿：高瑞，新疆生产建设兵团发展和改革委员会环资处（应对气候变化处））

2012年厦门市应对气候变化和低碳发展报告

厦门市经济发展局

2012年，自厦门市低碳城市试点建设启动以来，市委、市政府高度重视，精心部署，狠抓落实。市低碳办认真贯彻《厦门市低碳城市试点工作实施方案》（以下简称《实施方案》），制定2012年工作行动计划及任务分工，全年20项工作任务均基本按照序时进度完成年度计划。积极探索具有厦门特色的低碳发展模式，亮点突出，在编制低碳发展规划、制定支持低碳绿色发展配套政策、建立以低碳排放为特征的产业体系、探索建立温室气体排放数据统计核算体系、倡导低碳绿色生活方式、低碳交通和低碳消费模式、推进重点领域节能减碳等方面取得了显著的工作成效并受到了国家发改委的肯定。

2012年，厦门市碳排放强度相对2010年下降6%，低碳试点工作主要情况：

一、落实规划驱动，加强政策机制引导

2012年重点在产业、新城、建筑、交通等四个领域，启动、完成了多个专项规划和低碳行动实施方案的编制工作，并开展了一系列低碳发展相关重大课题研究。在探索建立有利于低碳发展的政策体系，完善低碳发展运行机制体制方面，取得了一定成效。

（一）低碳产业方面

一是落实《厦门市重点用能单位节能目标“红黄绿”分类监管暂行办法》，全面实行重点用能企业“三色”节能监管制度。二是将省、市政府下达的淘汰落后产能年度实施方案分解到各部门，并做好企业调研、动员等工作。三是公布并实施《厦门市百家企业节能低碳行动实施方案》。四是加快科技创新园及火炬产业区等低碳产业园区规划建设，开展科技创新园《低碳生态规划研究》、《低碳生态规划实施管理办法》、《低碳生态规划建设激励暂行办法》等编制工作。

（二）低碳新城建设

一是开展集美新城、翔安新城等低碳生态指标体系编制工作，编制完成《厦门市集美新城低碳生态城市指标体系研究》、《厦门市集美新城核心区低碳生态地块开发控制指引研究》。二是开展《集美新城低碳实施方案》编制工作。

（三）低碳建筑方面

一是编制完成《厦门市绿色建筑与可再生能源建筑应用“十二五”专项规划》。二是开展绿色建筑实施方案编制工作。三是开展我市大型公共建筑能耗监测及平台建设设计方案编制工作。四是编制完成住建部《建筑节能改造示范城市申请方案》等。五是发布《厦门市建筑节能设计指导意见》（2012年版）。六是完成《绿色建筑评价标准》初稿编制工作。七是编制完成《厦门市公共建筑引入碳排放权交易机制的实施方案》。

（四）低碳交通

一是推进轨道交通规划建设，规划获国务院批复。二是推进慢行交通系统规划建设。厦门市被列入全国第二批城市步行和自行车交通系统示范城市之一，完成环筼筜湖步行系统、闲置铁路带状公园步行系统和湖里高新技术园步行自行车系统三个示范项目规划编制，开展步行和自行车系统规划设计导则的编制工作。

（五）构建温室气体统计核算体系

一是编制完成我市2005-2009年碳排放清单，完成2010年碳排放清单初稿编制工作。二是起草我市碳排放指标分解初步方案，目前方案初稿正在修改中。

（六）探索运用市场机制推动温室气体减排

积极与国内外权威碳核证机构进行合作，推动我市碳交易体系的建设。初步建立自愿减排项目交易操作流程，2012年成功举办了首场自愿碳交易竞价会。

（七）完善促进低碳发展政策法规体系

2012年1月，《厦门市低碳城市建设规划》正式颁布实施；2012年6月5日，《厦门经济特区机动车排气污染防治条例》正式实施，《厦门经济特区建筑节能条例立法调研报告》、《厦门经济特区建筑节能条例（草案）》编制完成。

二、推进示范带动，着力重点领域减碳

（一）强化节能降耗，力促产业低碳发展

1.加快推进工业节能工程。实行重点用能单位名录管理制度，公布年度市重点用能单位名单，推动我市重点用

能单位加强节能工作，下达170家重点用能单位“十二五”期间节能指标；组织实施重点节能工程，评选第五批节能示范工程；征集并评选我市第六批节能技术和产品推荐目录，共24项节能技术和产品入选；全年组织81家企业开展清洁生产工作；依法淘汰落后产能，按期完成同安路桥水泥厂、同安水泥磨粉厂、龙麟凤山建材公司、顺建水泥厂等四家企业淘汰落后产能计划并梳理我市七个涉及淘汰落后产能的行业产能结构情况上报省和国家；开展固定资产投资项目节能评估和审查工作，全年完成固定资产投资项目节能评估与审查234项，其中能耗1000吨标准煤以上项目47项，通过能评工作，共可节能2.467万吨标准煤。

2.加快推进低碳产业园区的建设。科技创新园完成五个规划和两个工可方案的编制。基础设施建设全面启动各项前期工作，同时，策划生成一批低碳新兴产业招商项目，开展国内外招商推介。

（二）建设低碳新城，推进建筑节能

1.建设低碳生态新城。集美新城、翔安新城公建设施率先采用节能模式，规划建设慢行交通系统，推广使用太阳能、海水源热泵等可再生能源。一批按新的节能低碳标准规划设计的新城基础设施项目开工建设。

2.开展PCDM试点项目。完成我市首个CPA（清洁发展机制规划活动）项目—灌口市民中心一期的节能优化设计，目前已上报联合国审核机构审核。

3.实施新建建筑节能促进工程。建立建筑节能施工图审查与备案制度，2012年共办理民用建筑节能设计审查备案项目940项，其中公共建筑549项、居住建筑391项；严格实施《建筑节能工程施工质量验收规范》，2012年办理民用建筑节能专项验收备案475项，其中公共建筑205项、居住建筑270项；全面开展建筑能效测评与标识工作。2012年我市完成大型公共建筑和大型居住小区的能效测评项目36项。

4.实施既有建筑节能改造。按照国家建筑节能监管体系要求，完成359栋大型公共建筑能耗统计工作，36栋大型公共建筑能源审计工作；完成建设大厦、大西洋天虹商场、中银大厦等项目节能改造工作，会展三期、罗宾森购物广场、江头电信、汇腾天虹合同能源管理项目正在实施或方案编制中。

5.大力推动绿色建筑发展。积极推进绿色建筑示范工程的实施，共有8个项目获得绿色建筑评价标识，总建筑面积超过150万平方米。完成4个项目的绿色建筑评价标识，总建筑面积约66.5万平方米，其中二星级绿色建筑项目3个，一星级绿色建筑项目1个。完成洋塘居住区保障性安居工程（A09地块）和翔城国际限价房的绿色建筑评价标识。积极推进太阳能光热、海水源热泵等可再生能源建筑应用项目的实施，可再生能源建筑应用面积超过200万平方米。

6.完成“十城万盏”应用示范试点工程任务。截止2012年6月我市成功实施7.5万盏LED应用照明灯具。示范项目运行质量良好，节能减排效果显著，?LED路灯示范工程节能达50%以上，部分室内及地下停车场工程节能效果达65-80%左右，共实现年节电约1150万度电。我市LED应用产品技术、工艺水平处于全国领先地位，成为我国LED照明应用创新示范城市。

（三）发展低碳交通，鼓励低碳出行

1.加快轨道交通前期工作。中咨公司已出具“可研”评估报告；国土部批复关于1号线一期工程建设用地预审意见；住建部批复1号线一期工程建设项目通过鼓浪屿—万石山风景名胜区外围保护地带选址意见。

2.推进慢行交通系统建设。推动环筼筜湖步道系统尽快进入立项、实施过程；提升改造闲置铁路带状公园步行系统；加快实施湖里高新技术园步行自行车慢行系统。

3.推动实施机动车环保检验标志管理。机动车环保检验合格标志首次核发已经完成;年度检测换发标志等日常工作有序推进,环保标志限行成效显著。至2012年底完成环保标志核发（包括年检换标）超过73万枚，处罚限行违规车辆14349辆。机动车排气检测于6月5日取得实验室资质认证，成为全省第一家获得省级资质的工况法检测单位。至2012年底,已经检测延期使用车辆7163辆，外地转入车辆3123辆，为我市环保用车提供了有力的监测能力保障。实施机动车环保审核，至2012年底共审核外地转入车辆4898辆,全部达到国三及以上排放标准。审核本市转移登记车辆30305辆。

4.加快推进“十城千辆”节能与新能源汽车示范推广试点工作。2012年，全市共更新投放公交车辆587辆（其中，油电混合动力新能源公交车260辆，CNG清洁能源公交车12辆，传统能源公交车（符合国IV排放标准）315辆），完成全年计划（500辆）的117.4%。报废更新出租车2197辆，全部采用油气双燃料车型，同时对未到期的841辆出租车实施了“油改气”工程，我市油气双燃料出租车型已占全部出租车（共4957辆）的99%以上。

（四）推进垃圾综合利用，促进资源利用更加高效

1.推进建筑垃圾资源综合利用。完成厦门市建筑垃圾资源综合利用选址意见书。同时，有2家建筑垃圾资源综合利用企业投产，年消耗建筑垃圾30万立方米。

2.推进生活垃圾资源化。全力推进后坑、东部、西部三个垃圾发电厂建设。后坑发电厂完成入厂垃圾量约

169039.97万吨，发电量约3951.01万度；西部发电厂进入试运行，2012年累计垃圾入厂量约101331.05吨，发电量1901.51万度；东部发电厂进入调试阶段；西部垃圾焚烧发电厂渗滤液处理及排放项目一期工程日处理垃圾渗滤液和生产废水250立方米；翔安环能热电厂项目方案设计已完成，正在办理选址和申请立项。

三、改善生态环境，提升城市碳汇能力

大力实施中心城区绿化工程、生态风景林工程、绿色景观生态长廊工程等，提升城市碳汇能力。全市共完成造林绿化面积29790亩，造林绿化合格面积28128.1亩，超额完成省里下达的任务。2012年完成新增城市园林绿地600公顷，创建绿色乡镇9个，绿色村庄15个。积极推动绿色通道和绿色屏障建设。下潭尾湿地公园已完成一期工程的1-4号岛筑岛建设及红树林种植任务，面积约30公顷，目前正在进行5号岛的筑岛施工。

四、加强宣传引导，促进交流合作

（一）开展低碳发展合作交流

成功举办“第九届厦门人居环境展示会暨中国（厦门）国际建筑节能博览会”，成为中国南方地区建筑节能产业国际性交流合作平台。

（二）宣传倡导低碳生活和消费方式

一是结合“植树节”、“地球熄灯一小时”、“节能周”等重要活动，以报刊杂志、广播电视等多渠道广泛开展低碳宣传，为我市低碳试点工作营造良好的舆论氛围。二是教育系统开展主题教育周活动，指导中小学把低碳生活等环保知识和教学要求结合到相关学科的教学内容之中，通过学校网站、宣传栏和发放宣传手册等形式倡导“绿色生活、低碳出行”，开展家校互动工作，延伸节能低碳领域。

（撰稿：林斌忠，厦门市发展循环经济工作领导小组办公室）

2012年深圳市应对气候变化和低碳发展报告

深圳市发展和改革委员会

深圳市把应对气候变化和低碳发展工作作为经济社会发展的重大战略和加快转变经济发展方式、调整经济结构的重大机遇，以建设国家低碳试点城市和碳排放权交易试点城市为契机，以规划为统领，强化组织领导，建立健全法规体系，大力推进体制机制创新，继续发挥特区的窗口和试验田作用，积极探索碳减排的市场化机制，努力打造低碳发展的综合试验区。

一、主要工作

2012年，在国家发改委的指导和支持下，我委认真贯彻落实国家关于应对气候变化和低碳发展的决策部署，重点开展了如下几个方面的工作：

（一）加强组织领导，建立健全政策法规

调整市节能减排工作领导小组为应对气候变化及节能减排工作领导小组，由市长任组长，全面统筹协调低碳发展工作，决策低碳发展重大事项，及时解决发展过程中出现的问题。领导小组办公室设在我委，负责低碳发展的日常管理工作，协调各相关部门，形成低碳发展合力，共同推动应对气候变化工作。

根据国家和广东省“十二五”控制温室气体排放工作方案的要求，抓紧编制了《深圳市“十二五”控制温室气体排放工作方案》，明确了控制温室气体排放工作的总体要求、主要目标和重点任务，并将各项任务细化落实到各区各部门。同时，还将省政府下达我市“十二五”期间单位生产总值二氧化碳排放下降21%的约束性指标分解落实到各区，确保完成本市目标任务。

以建设国家低碳城市试点为契机，制定了《深圳市低碳发展中长期规划（2011—2020年）》，明确了全市未来5—10年低碳发展的总体思路、目标和重点任务，成为今后指导全市低碳绿色发展的纲领性文件。出台了《深圳市低碳试点工作实施方案》，确定了构建低碳绿色发展的政策法规体系，明确了以低碳排放为特征的产业体系，倡导低碳绿色生活方式和消费模式，全面开展试点示范，研究建立温室气体排放统计、核算和考核制度，创新有利于低碳发展的体制机制等6大任务、56项重点行动。

（二）积极开展碳交易试点工作，努力探索有特色的碳交易体系

我市是国家发改委2011年确定的全国七个碳交易试点省市之一，在国家发改委应对气候变化司的指导下，围绕2013年上线交易这一目标，开展了大量筹备工作。一是出台了我国首部规范碳排放权交易的地方法规《深圳经济特区碳排放管理若干规定》，为开展碳排放权交易提供了法律基础。二是结合我市“十二五”期间碳强度下降21%的约束性指标、能源消费总量控制目标及我市经济社会发展情况，合理确定纳入碳排放交易体系的碳排放总量目标。三是完成了2005-2011年各年度城市碳清单和行业碳清单的编制工作，启动了635家工业企业和110家建筑物的碳核查工作。四是结合行业特点，研究采用多种方法进行碳排放权配额分配。五是基本完成了注册登记簿系统、碳排放权交易系统、碳排放权交易管理系统等信息支撑系统的开发建设和调试工作。

（三）突出试点示范重点，努力打造低碳发展升级版

在全市全方位践行低碳发展理念基础上，重点推进深圳国际低碳城项目建设，努力探索碳排放约束条件下实现经济又好又快发展的新模式，为低碳新型城镇化建设摸石探路。目前，深圳国际低碳城已上升为中欧可持续城镇化合作伙伴旗舰项目和国家节能减排财政政策综合示范奖励项目，也是深圳市十大重点推进的战略发展地区之一。在推进深圳国际低碳城规划建设过程中，我们注意积极利用国内和国际两种资源，努力融合多元化低碳发展和改造模式，突出“以人为本、绿色低碳、循环高效、集约发展、智能优化”的理念，实践低碳产业发展与低碳城市化建设相结合、新建建筑与旧城改造相结合、国内建设与国际经验相结合、技术集成与机制创新相结合、发展建设与碳排放权交易相结合的创新发展模式。

自2012年8月21日正式启动建设以来，我们加快1平方公里启动区的改造建设和5平方公里拓展区的土地整备。重点开展了启动区低碳能源综合利用、绿色建筑、丁山河整治等十大工程，争取早日实现启动区5个100%，即清洁能源使用100%、新能源交通使用100%、新建绿色建筑100%、垃圾无害化处理100%和污水深度处理100%。规划到2020年，万元GDP碳排放小于0.32吨/万元，人均碳排放低于5吨/人，低碳发展达到国际先进水平。

（四）务实推进国际合作，广泛吸纳低碳发展高端资源

在国家发改委应对气候变化司苏伟司长和深圳市政府唐杰副市长的见证下，我委与深圳市绿色低碳发展基金

会、美国环保协会于2012年11月签署为期3年的合作备忘录，共同推动深圳低碳城市和碳交易试点相关研究、培训工作及相关公益项目，并开创性地将深圳市移动排放源碳交易机制研究作为重点合作内容。我们以国际低碳城项目为载体，加强学习和引进荷兰在城市化战略、城市规划和清洁能源等方面的先进经验，与荷兰方面举办了多次低碳城规划工作坊，并组织开展合作项目对接活动。

（五）精心筹备首届深圳国际低碳城论坛，积极营造促进低碳城开发建设的良好氛围

为展现深圳改革开放以来，尤其是近年来绿色发展成绩，提升深圳国际低碳城影响力，营造低碳发展的良好社会氛围，我委积极组织市特区建发集团、清华大学深圳研究生院、市建科院、市排放权交易所等多家单位，拟于2013年6月17日至18日举办首届深圳国际低碳城论坛，并作为国家首个全国低碳日活动的重要组成部分。

（六）加强能力建设，提升应对气候变化工作水平

制定城市温室气体排放清单编制指南，规范清单编制方法和数据来源，开展清单编制工作，基本摸清了全市温室气体排放总体情况。规范企业碳排放统计、报告与核查工作，率先制定了《深圳市组织温室气体排放量化和报告规范及指南》和《深圳市组织温室气体排放的核查规范及指南》，为完善温室气体统计核算和考核体系奠定了基础。加强第三方核查机构管理，规范和培育碳核查市场。

组织开展全市节能宣传周活动、公共机构节能高峰论坛系列活动、公共机构节能成果宣传展览，依托电视、广播、报纸、互联网等媒体，广泛宣传低碳理念，提倡科学生活消费方式，大力推行低碳公务、低碳商务、低碳市民，全面提升公众低碳意识，初步形成了“政府引导、全民参与”的良好氛围。

二、工作成效

在国家发改委的指导和支持下，经过全市上下共同努力，2012年我市应对气候变化和低碳发展工作取得了一定成效。

（一）产业低碳特征更加鲜明

一是高技术含量、高附加值和低消耗、低排放成为深圳产业体系的突出特点。服务业增加值比重由2008年的50.3%提高至2012年的56%，现代服务业增加值占服务业比重由2008年的65.7%提高至2012年的68%。2012年，高新技术产业和金融、物流、文化等现代服务业等四大支柱产业，增加值占GDP的比重超过60%。二是战略性新兴产业成为低碳发展新引擎。出台生物、互联网、新能源、新一代信息技术等六大战略性新兴产业振兴发展规划，完善相关配套政策，战略性新兴产业增加值占GDP的比重由2008年的10.94%大幅提高至2012年的超过25%，2012年，战略性新兴产业总体增速为经济增速 2 倍以上。三是对“三高”产业的管理更加严格。严控项目市场准入与淘汰落后产能并举。加强固定资产投资项目的审核、备案工作， 严格高能耗、高污染、高排放项目市场准入关；积极推进“三高”的企业的关停迁转工作，有序引导引导低端制造环节向市外转移。先进制造业增加值占规模以上工业增加值的比重由2008年的67.2%提升至2012年的接近70%。

（二）资源能源利用更加高效

单位面积GDP由2008年的3.91亿元/平方公里提升到2012年超过1亿美元/平方公里，高于全国第二名城市近一倍。万元GDP能耗由2008年的0.544吨标准煤下降至2012年的0.452吨标准煤，为全国平均水平的1/2。万元GDP水耗由2008年的23.66立方米下降到2012年的15立方米（初步估计）。尤其值得一提的是，在经济总量取得突破的同时，2012年资源能源消耗首次出现了“三个总量下降”，用水总量、汽柴油销售量和制造业用电量分别下降0.61%、1.79%和1.06%。应对气候变化和转变经济发展方式取得了较好成效。

（三）能源结构更加优化

一是新能源和可再生能源发电量和供给比例持续提高。继续加大新能源和可再生能源开发力度，扩大装机规模。2012年，我市境内发电装机容量1277.5万千瓦，清洁电源装机1093.5万，占85.60%；可再生能源发电量5.1亿千瓦时，同比增长6.25%。 二是我市天然气多气源供应保障格局逐步形成。大力实施以引进天然气为主的石油替代战略，拓展天然气资源供应渠道，在原有广东大鹏LNG接收站基础上，2012年8月西气东输二线广深支干线正式供气，迭福LNG接收站、西气东输二线LNG应急调峰站等一批供气项目加快建设。

（四）交通和建筑领域的低碳化进一步凸显

一是新能源汽车示范项目加快推进。加大推广力度，充分发挥示范项目的放大示范效应，2012年推广新能源汽车2100辆，累计超过5000辆，成为全球新能源汽车推广力度和应用规模最大的城市。2012年实现碳减排3.7万吨。自2009年新能源汽车投入使用以来，累计实现碳减排8万吨。二是公共建筑节能技术难题率先突破。本着先行先试的精神，创造性地解决了国家机关办公建筑和大型公共建筑节能监管体系建设关键环节的技术难题，建立了全国首个建筑能耗监测平台，先后完成了2007-2011年度民用建筑能耗统计、750栋建筑能源审计、500栋建筑能耗监测和182栋能耗公示等工作。三是绿色建筑强力推进。2012年新建绿色建筑292万平方米，累计达1265万平方米，居全国前

列。2012年实现新增建筑碳减排约120万吨。

（五）城市生态环境更加优化

坚持紧凑型城市规划、组团式布局和低冲击开发，全市面积50%划作生态保护区，公园之城建设大力推进，公园总数达841个。森林覆盖率由2008年的39.2%提高至2012年的41.22%。人均公园绿地面积由2008年的16.2平方米提高至2012年的16.6平方米。 2012年新增和整理绿道1012公里，全市绿道总长度超过2000公里，密度居全国前列。大面积绿地和生态廊道构成了城市生态安全体系。城市碳汇功能进一步增强。

三、下一步重点工作

（一）优化低碳发展政策环境

一是研究制定促进低碳发展的相关法规、规章；加快制定《深圳市政府绿色采购目录》，引导全社会积极研发、生产和消费低碳绿色产品。二是加大资金扶持力度。研究制定促进低碳发展的财政政策，加快设立低碳发展专项资金，创新支持方式，重点支持低碳关键技术研发、重大产业创新、试点示范和创新能力建设等；进一步拓宽融资渠道，支持金融机构开展绿色信贷。

（二）创新低碳发展新机制

一是以2013年6月正式启动碳排放权交易为契机，打造具有深圳特色、接轨国际国内市场的碳排放权交易平台，探索一条通过市场手段建立节能减排长效机制的有效途径，发挥碳排放权交易市场对转变经济发展方式、调整经济结构的重要作用，为全国碳排放权交易市场的建立积累实践经验。二是研究建立低碳组织认证、低碳产品认证和碳标识制度，鼓励企业开展低碳产品认证，选择重点领域开展低碳产品认证和碳标识试点，引导和鼓励企业，加快向低碳生产模式转变。三是加快建立低碳发展统计、核算和考核制度。研究构建市、区、企业三级温室气体排放基础统计和核算工作体系，实行重点企业直接报送能源和温室气体排放数据制度;研究建立深圳市各区政府单位生产总值二氧化碳排放降低目标责任评价考核制度，督促各区各部门切实加强控制温室气体排放的措施和工作。

（三）争创国家低碳发展试验区

一是加快编制国际低碳城空间、交通、能源、绿色建筑、基础设施等专项规划，抓紧向国家发改委报批《深圳国际低碳城总体发展规划》。二是积极引进一批符合低碳标准的龙头产业入驻，推动低碳产业集聚，带动低碳城产业发展。进一步加大土地整备力度，创新园区开发模式，拓宽国际低碳城建设的融资渠道，引导社会资金投入。

（撰稿：马少强，深圳市发展和改革委员会珠纲办）

\>>>

统计资料

2012年国家统计局统计数据

（国家统计局提供）

一、自然资源

表1-1　土地状况

项目	面积 (万平方公里)	占总面积 (%)
总面积	960.00	100.00
#耕地	121.72	12.80
园地	11.79	1.24
林地	236.09	24.83
牧草地	261.84	27.54
其他农用地	25.44	2.68
居民点及独立工矿用地	26.92	2.83
交通运输用地	2.50	0.26
水利设施用地	3.65	0.38

注：本表数据来源于国土资源部，为2008年底数据。

表1-2　主要河流基本情况

名称	流域面积(平方公里)	河长(公里)	年径流量(亿立方米)
长　江	1782715	6300	9857
黄　河	752773	5464	592
松花江	561222	2308	818
辽　河	221097	1390	137
珠　江	442527	2214	3381
海　河	265511	1090	163
淮　河	268957	1000	595

注：本表数据由水利部提供，为2002年至2005年进行的第二次水资源评价数据。

表1–3　河流流域面积

流域名称	流域面积(平方公里)	占外流河、内陆河流域面积合计
合计	9506678	100.00
外流河	6150927	64.70
黑龙江及绥芬河	934802	9.83
辽河、鸭绿江及沿海诸河	314146	3.30
海滦河	320041	3.37
黄河	752773	7.92
淮河及山东沿海诸河	330009	3.47
长江	1782715	18.75
浙闽台诸河	244574	2.57
珠江及沿海诸河	578974	6.09
元江及澜仓江	240389	2.53
怒江及滇西诸河	157392	1.66
雅鲁藏布江及藏南诸河	387550	4.08
藏西诸河	58783	0.62
额尔齐斯河	48779	0.51
内陆河	3355751	35.30
内蒙内陆河	311378	3.28
河西内陆河	469843	4.94
准嘎尔内陆河	323621	3.40
中亚细亚内陆河	77757	0.82
塔里木内陆河	1079643	11.36
青海内陆河	321161	3.38
羌唐内陆河	730077	7.68
松花江、黄河、藏南闭流区	42271	0.44

注：本表数据由水利部提供，为2002年至2005年进行的第二次水资源评价数据。

表1-4　主要矿产基础储量

项目		2012
石油	(万吨)	333258.33
天然气	(亿立方米)	43789.88
煤炭	(亿吨)	2298.86
铁矿	(矿石，亿吨)	194.77
锰矿	(矿石，亿吨)	20938.18
铬矿	(矿石，亿吨)	405.01
钒矿	(万吨)	877.49
原生钛铁矿	(万吨)	21088.22
铜矿	(铜，万吨)	2734.41
铅矿	(铅，万吨)	1454.65
锌矿	(锌，万吨)	3490.74
铝土矿	(矿石，万吨)	90589.97
镍矿	(镍，万吨)	260.88
钨矿	(WO_3，万吨)	233.78
锡矿	(锡，万吨)	117.51
钼矿	(钼，万吨)	651.37
锑矿	(锑，万吨)	45.01
金矿	(金，吨)	1866.74
银矿	(银，吨)	37034.42
菱镁矿	(矿石，万吨)	156499.26
普通萤石	(矿物，万吨)	3712.6
硫铁矿	(矿石，万吨)	134285.39
磷矿	(矿石，亿吨)	30.74
钾盐	(KCl，万吨)	57774.78
盐矿	(NaCl，亿吨)	2070.25
芒硝	(Na_2SO_4，亿吨)	92.75
重晶石	(矿石，万吨)	3585.62
玻璃硅质原料	(矿石，万吨)	198929.86
石墨	(矿物，万吨)	4879.39
滑石	(矿石，万吨)	9211.7
高岭土	(矿石，万吨)	38143.46

注：本表资料由国土资源部提供。其中，石油和天然气的数据为剩余技术可采储量(下表同)。

表1–5 各地区主要能源、黑色金属矿产基础储量（2012年）

地区	石油 (万吨)	天然气 (亿立方米)	煤 炭 (亿吨)	铁 矿 (矿石,亿吨)	锰 矿 (矿石,万吨)	铬 矿 (矿石,万吨)	钒 矿 (万吨)	原生钛铁矿 (万吨)
全 国	333258.33	43789.88	2298.86	194.77	20938.18	405.01	877.49	21088.22
北 京			3.73	1.24				
天 津	3034.52	278.78	2.97					
河 北	26934.54	315.37	39.51	24.23	7.05	4.64	10.51	290.07
山 西			908.42	12.82	12.90			
内蒙古	8517.07	8344.30	401.66	15.58	567.88	56.29	0.77	
辽 宁	16946.82	178.54	31.92	54.98	1386.46			
吉 林	18304.08	776.22	9.82	3.82	0.40			
黑龙江	50137.48	1381.51	61.64	0.35				
上 海								
江 苏	3061.03	24.35	10.82	1.78			4.83	
浙 江			0.43	0.31			3.75	
安 徽	260.06	0.30	80.38	8.39	7.77		6.07	
福 建			4.44	3.56	133.41			
江 西			4.11	1.46			6.52	
山 东	34302.35	345.90	79.73	8.90				645.79
河 南	5160.24	75.08	99.09	1.56	0.82			0.52
湖 北	1328.70	49.68	3.25	5.83	721.27		25.16	1053.23
湖 南			6.61	1.29	1958.37		2.86	
广 东	7.90	0.30	0.23	1.08	75.23			
广 西	139.00	1.24	2.08	0.29	8590.40		171.49	
海 南	297.50	-1.29	1.19	0.81				2.69
重 庆	158.63	1928.31	19.85	0.22	1678.45			
四 川	804.63	9351.09	54.53	29.66	97.74		547.03	19049.87
贵 州		5.44	69.39	0.13	3559.77			
云 南	12.21	2.24	59.09	4.29	1029.47		0.07	
西 藏			0.12	0.17		173.69		
陕 西	31397.94	6376.26	108.99	3.85	281.82		8.40	
甘 肃	19184.32	224.58	34.08	3.84	259.04	124.83	89.87	
青 海	6499.44	1281.60	15.97	0.06		1.38		
宁 夏	2299.47	294.96	32.34					
新 疆	56464.74	9324.37	152.47	4.27	569.93	44.18	0.16	46.05
海 域	48005.65	3230.75						

表1–6　各地区主要有色金属、非金属矿产基础储量（2012年）

地区	铜矿(铜,万吨)	铅矿(铅,万吨)	锌矿(锌,万吨)	铝土矿(矿石,万吨)	菱镁矿(矿石,万吨)	硫铁矿(矿石,万吨)	磷矿(矿石,亿吨)	高岭土(矿石,万吨)
全国	2734.41	1454.65	3490.74	90589.97	156499.26	134285.39	30.74	38143.46
北京	0.02							
天津								
河北	13.23	20.65	78.19	2.57	882.34	1136.62	1.97	58.30
山西	160.09	0.55	0.34	13263.71		1058.11	0.81	160.20
内蒙古	370.49	391.07	735.15			16325.13	0.02	1085.36
辽宁	32.55	9.45	44.31		140583.97	1879.12	0.81	525.00
吉林	20.19	12.02	18.02		1.10	730.70		49.08
黑龙江	112.05	6.37	32.77			48.20		
上海								
江苏	3.86	10.53	18.21			335.95	0.13	700.52
浙江	6.11	8.45	19.58			519.85		803.42
安徽	175.61	10.84	13.48			14925.81	0.20	155.81
福建	55.78	32.33	77.53			1120.36		5528.72
江西	662.09	55.12	78.77			15280.38	0.61	3127.78
山东	15.40	0.28	0.34	158.90	14793.34	3.18		366.30
河南	9.49	47.33	45.94	15080.21	2.12	6021.10	0.03	22.27
湖北	108.69	5.22	20.49	502.87		3933.81	8.30	460.43
湖南	7.57	55.98	77.29	311.43		805.22	0.23	2021.23
广东	30.94	138.17	244.04			16226.41		5455.93
广西	3.29	25.30	101.07	41529.43		837.06		15123.20
海南	3.59	6.62	16.96					1923.20
重庆		5.56	18.35	5611.47		1453.10		9.00
四川	70.71	85.13	218.59	14.40	186.49	40990.95	3.60	56.10
贵州	0.30	4.43	68.96	12628.85		5532.66	6.87	16.05
云南	300.76	213.14	889.46	1485.24		4944.86	6.50	402.30
西藏	274.36	46.92	13.99					
陕西	20.02	31.10	75.90	0.89		108.30	0.05	81.10
甘肃	159.46	79.82	323.95			1.00		
青海	35.70	73.41	140.94		49.90	50.07	0.60	
宁夏							0.01	
新疆	82.06	78.86	118.12			17.44		12.16
海域								

二、土地利用与生态

表2-1 各地区土地利用情况（2008年）

单位：万公顷

地区	土地调查面积	农用地			建设用地			
			园地	牧草地		居民点及工矿用地	交通运输用地	水利设施用地
北 京	164.1	109.6	12.0	0.2	33.8	27.9	3.3	2.6
天 津	119.2	69.3	3.5	0.1	36.8	28.1	2.2	6.5
河 北	1884.3	1308.2	70.5	79.9	179.4	154.5	12.0	12.9
山 西	1567.1	1014.3	29.5	65.8	86.9	77.3	6.3	3.3
内蒙古	11451.2	9523.0	7.3	6560.9	149.2	123.9	16.0	9.3
辽 宁	1480.6	1122.8	59.6	34.9	139.9	115.9	9.2	14.8
吉 林	1911.2	1639.3	11.5	104.4	106.5	84.2	6.7	15.6
黑龙江	4526.5	3792.4	6.0	220.8	149.2	116.1	11.9	21.2
上 海	82.4	36.7	2.1		25.4	23.0	2.1	0.2
江 苏	1067.4	671.6	31.6	0.1	193.4	161.0	13.1	19.3
浙 江	1054.0	867.2	66.1		104.9	81.7	9.5	13.8
安 徽	1401.3	1119.0	33.9	2.8	166.2	133.4	10.1	22.7
福 建	1240.2	1073.1	62.9	0.3	64.7	50.7	7.9	6.1
江 西	1668.9	1416.4	27.8	0.4	95.4	67.5	7.5	20.5
山 东	1571.3	1156.6	100.7	3.4	251.1	209.3	16.3	25.5
河 南	1655.4	1228.1	31.4	1.4	218.7	188.3	12.2	18.2
湖 北	1858.9	1465.2	42.4	4.4	140.0	100.9	9.2	30.0
湖 南	2118.5	1789.8	49.0	10.4	139.0	108.8	10.4	19.8
广 东	1798.1	1489.1	100.8	2.7	179.0	145.7	12.1	21.1
广 西	2375.6	1786.6	53.9	71.6	95.4	71.0	8.8	15.5
海 南	353.5	282.3	53.2	1.9	29.8	22.3	1.4	6.1
重 庆	822.7	692.0	24.0	23.7	59.3	48.9	4.8	5.5
四 川	4840.6	4239.8	71.6	1371.1	160.3	136.6	13.5	10.2
贵 州	1761.5	1524.6	12.1	159.8	55.7	45.7	6.1	4.0
云 南	3831.9	3176.0	84.2	78.2	81.6	62.8	10.0	8.8
西 藏	12020.7	7760.6	0.2	6444.1	6.7	4.2	2.4	0.1
陕 西	2057.9	1847.8	70.6	306.4	81.7	71.0	6.6	4.0
甘 肃	4040.9	2387.9	20.0	1261.3	97.7	88.2	6.6	2.9
青 海	7174.8	4372.4	0.7	4034.7	32.7	24.7	3.2	4.8
宁 夏	519.5	417.4	3.4	226.4	21.2	18.6	1.9	0.7
新 疆	16649.0	6308.5	36.4	5111.4	124.0	99.3	6.3	18.4

表2-2　各地区森林资源情况

地　区	林业用地面积(万公顷)	森林面积(万公顷)		森林覆盖率(%)	活立木总蓄积量(万立方米)	森林蓄积量(万立方米)
			#人工林			
全　国	30590.41	19545.22	6168.84	20.36	1491268.19	1372080.36
北　京	101.46	52.05	35.65	31.72	1291.29	1038.58
天　津	14.22	9.32	8.88	8.24	277.01	198.89
河　北	705.37	418.33	212.27	22.29	10183.91	8374.08
山　西	754.58	221.11	102.74	14.12	8846.96	7643.67
内蒙古	4394.93	2366.40	303.91	20.00	136073.62	117720.51
辽　宁	666.28	511.98	283.03	35.13	21174.91	20226.85
吉　林	848.73	736.57	148.94	38.93	88244.21	84412.29
黑龙江	2184.16	1926.97	235.68	42.39	165191.60	152104.96
上　海	7.46	5.97	5.97	9.41	275.20	100.95
江　苏	128.64	107.51	104.15	10.48	5022.59	3501.75
浙　江	667.97	584.42	267.44	57.41	19382.93	17223.14
安　徽	439.40	360.07	209.87	26.06	16258.35	13755.41
福　建	914.81	766.65	359.18	63.10	53226.01	48436.28
江　西	1054.92	973.63	291.87	58.32	45045.51	39529.64
山　东	342.12	254.46	244.38	16.72	8627.99	6338.53
河　南	502.02	336.59	217.39	20.16	18051.16	12936.12
湖　北	822.01	578.82	167.01	31.14	23121.55	20942.49
湖　南	1234.21	948.17	464.04	44.76	38177.20	34906.67
广　东	1073.07	873.98	503.18	49.44	32160.74	30183.37
广　西	1496.45	1252.50	515.52	52.71	51056.78	46875.18
海　南	208.73	176.26	125.29	51.98	7940.93	7274.23
重　庆	400.18	286.92	76.20	34.85	13803.63	11331.85
四　川	2311.66	1659.52	415.65	34.31	168753.49	159572.37
贵　州	841.23	556.92	199.86	31.61	27911.53	24007.96
云　南	2476.11	1817.73	326.77	47.50	171216.68	155380.09
西　藏	1746.63	1462.65	3.36	11.91	227271.36	224550.91
陕　西	1205.80	767.56	183.27	37.26	36144.16	33820.54
甘　肃	955.44	468.78	80.77	10.42	21708.26	19363.83
青　海	634.00	329.56	4.44	4.57	4413.80	3915.64
宁　夏	179.03	51.10	10.38	9.84	625.93	492.14
新　疆	1066.57	661.65	61.75	4.02	33914.50	30100.54

注：1.本表为第七次全国森林资源清查（2004—2008)资料。

2.全国总计数包括台湾省和香港、澳门特别行政区数据。

表2-3 造林面积

单位：公顷

年份 地区	造林 总面积	按造林方式分			按林种用途分				
		人工造林	飞播造林	无林地和疏林地新封山育林	用材林	经济林	防护林	薪炭林	特种用途林
2000	5105138	4345008	760130		1218461	1350277	2430834	82338	23228
2001	4953038	3977324	975714		905518	1068540	2913538	45611	19831
2002	7770971	6896041	874930		898736	964211	5828810	59144	20070
2003	9118894	8432486	686408		1175812	797318	7087319	37070	21374
2004	5598079	5018885	579194		871132	456691	4210768	49966	9522
2005	3647942	3231556	416386		607547	337816	2678214	16074	8291
2006	2717925	2446122	271803		481629	403322	1824687	4837	3450
2007	3907711	2738521	118671	1050519	610367	478417	2790172	7993	20762
2008	5354387	3684913	154065	1515409	782109	850774	3697812	4020	19672
2009	6262330	4156293	226337	1879700	801317	1002555	4407654	23705	27099
2010	5909919	3872762	195948	1841209	809937	1110896	3943432	18887	26767
2011	5996613	4065693	196931	1733989	1019320	1218281	3688827	36805	33380
2012	5595791	3820704	136409	1638678	774398	1101053	3650842	41145	28353
北 京	35752	22171		13581		574	34090		1088
天 津	5357	5357			984	976	3397		
河 北	312360	209013	20002	83345	28806	31267	251258	402	627
山 西	302851	225253	2333	75265	1733	61739	226194	13185	
内蒙古	781617	357339	65071	359207	9820	13300	756364	2133	
辽 宁	246667	140000		106667	13362	17851	215423		31
吉 林	28166	27833		333	4135	300	23731		
黑龙江	162299	108960		53339	13891	4052	142708	46	1602
上 海	1168	1168				155	1013		
江 苏	57341	57341			10116	10015	36824		386
浙 江	43923	34473		9450	5327	11209	25783	435	1169
安 徽	43786	32162		11624	10022	5842	27449	154	319
福 建	98042	98042			57402	11758	23249		5633
江 西	138645	127031		11614	66682	32379	37853	545	1186
山 东	197956	195875		2081	25178	49195	122277		1306
河 南	228292	205968		22324	45506	34538	147818		430
湖 北	198578	140174		58404	67624	45534	84343	217	860
湖 南	404239	236487		167752	125068	48051	230908		212
广 东	107512	94919		12593	27786	6050	72617		1059
广 西	148878	124443		24435	99553	20785	26965		1575
海 南	17734	17734			2520	11052	3113		1049
重 庆	206215	135414	10000	60801	43561	32934	124768	3338	1614
四 川	112159	58828		53331	26829	18940	66390		
贵 州	147704	70400		77304	22529	48989	70352	4911	923
云 南	544466	495424		49042	53697	404887	84407	1195	280
西 藏	72432	38395		34037	3042	2823	65092	1475	
陕 西	320287	215684	39003	65600	4856	80827	234604		
甘 肃	177330	110789		66541		28233	141076	1200	6821
青 海	135644	33387		102257		1567	125477	8600	
宁 夏	94814	53430		41384		9006	85808		
新 疆	210244	133877		76367	4369	56225	146158	3309	183

注：2012年全国合计造林面积中包括军事管理区13333公顷退耕还林工程荒山荒地造林。根据造林技术规程(GB/T 15776-2006)，自2006年起将无林地和疏林地新封山育林面积计入造林总面积。

表2-4 部分地区湿地面积

地区	湿地面积(千公顷)	天然湿地	近岸及海岸	河流	湖泊	沼泽	人工湿地	湿地面积占辖区面积比重(%)
全国	38485.5	36200.6	5941.7	8207.0	8351.6	13700.3	2285.0	4.01
北京	34.4	5.0		5.0			29.4	1.93
天津	171.8	133.7	58.1	55.1	12.3	8.2	38.1	14.95
河北	1081.9	1042.3	278.8	319.3	307.2	136.9	39.6	5.82
山西	499.9	462.2		454.1	8.1		37.7	3.19
内蒙古	4245.0	4200.8		607.5	495.2	3098.1	44.3	3.66
辽宁	1219.6	1106.8	738.1	252.2	6.3	110.2	112.9	8.37
吉林	1203.4	1016.4	5.8	581.4	74.5	354.7	187.0	6.37
黑龙江	4314.8	4182.8		460.7	401.9	3320.3	132.0	9.49
上海	319.7	319.4	305.4	7.2	6.8		0.3	53.68
江苏	1674.7	1651.1	843.5	203.3	604.2		23.6	16.32
浙江	802.2	695.9	574.3	118.5	3.0	0.1	106.3	7.88
安徽	653.9	590.0		239.5	350.5		63.9	4.73
福建	443.0	421.2	370.6	31.1	19.5		21.8	3.65
江西	998.8	872.9		314.9	443.2	114.8	125.9	5.99
山东	1784.1	1681.4	1210.9	301.1	165.5	3.9	102.7	11.72
河南	624.1	482.2		472.7	2.6	6.9	141.9	3.74
湖北	927.3	730.5		377.4	294.7	58.4	196.9	4.99
湖南	1226.9	1047.5		683.1	359.3	5.1	179.5	5.79
广东	1398.1	1252.0	1017.8	231.7	1.5	1.0	146.0	7.86
广西	656.1	567.5	348.4	219.1			88.6	2.76
海南	311.5	256.6	190.0	38.3	17.3	11.0	54.9	9.13
重庆	43.2	31.9		31.6	0.3		11.3	0.52
四川	961.7	919.5		563.9	13.4	342.3	42.1	1.98
贵州	79.4	65.9		58.0	2.3	5.7	13.5	0.45
云南	235.3	220.3		119.8	96.5	4.0	15.0	0.61
西藏	5232.0	5231.5		231.1	2538.6	2461.7	0.5	4.26
陕西	292.9	277.2		252.1	7.3	17.8	15.7	1.42
甘肃	1258.1	1131.4		565.6	44.3	521.5	126.7	2.80
青海	4126.0	4087.7		107.5	1232.0	2748.1	38.3	5.72
宁夏	255.6	252.4		104.1	148.3		3.2	3.85
新疆	1410.2	1264.6		200.2	694.9	369.5	145.5	0.86

注：本表为中国首次湿地调查（1995—2003)资料，不包括台湾省、香港和澳门特别行政区；湿地面积不包括水稻田湿地。

表2-5　各地区草原建设利用情况(2012年)

单位：千公顷

地区	草原总面积	可利用草原面积	累计种草保留面积	当年新增种草面积	草原鼠害		草原虫害		草原火灾
					危害面积	治理面积	危害面积	治理面积	受害面积
全国	392832.7	330995.4	19812.6	6945.1	36914.9	7223.3	17396.3	5080.2	127.1
北京	394.8	336.3	24.3	22.5					
天津	146.6	135.4	7.4	6.7					
河北	4712.1	4085.3	599.7	132.6	459.6	208.0	470.2	258.0	
山西	4552.0	4552.0	408.2	167.6	462.6	132.0	371.2	97.3	
内蒙古	78804.5	63591.1	4409.0	1930.7	5700.2	1286.0	7552.7	1996.7	121.5
辽宁	3388.8	3239.3	651.5	319.4	287.0	216.7	299.6	172.0	
吉林	5842.2	4379.0	651.1	255.0	409.3	332.0	395.3	105.5	1.6
黑龙江	7531.8	6081.7	828.9	360.3	668.7	109.3	597.3	116.7	
上海	73.3	37.3	1.3						
江苏	412.7	325.7	34.8	25.7					
浙江	3169.9	2075.2	50.5	34.9					
安徽	1663.2	1485.2	121.6	73.4					
福建	2048.0	1957.1	54.6	30.3					
江西	4442.3	3847.6	239.1	140.8					
山东	1638.0	1329.2	178.4	79.5					
河南	4433.8	4043.3	213.5	42.9					
湖北	6352.2	5071.5	220.5	89.2					
湖南	6372.7	5666.3	209.0	36.2					
广东	3266.2	2677.2	30.8	18.7					
广西	8698.3	6500.3	89.2	23.9					
海南	949.8	843.3	18.3	0.3					
重庆	2158.4	1867.2	102.0	48.0					
四川	20380.4	17753.1	2065.3	730.1	3039.8	904.0	834.7	370.7	2.7
贵州	4287.3	3759.7	603.0	141.3					
云南	15308.4	11925.6	819.8	294.6					
西藏	82051.9	70846.8	175.1	80.0	5933.3	228.0	31.4	14.0	
陕西	5206.2	4349.2	822.7	145.8	630.7	191.3	374.0	68.0	
甘肃	17904.2	16071.6	2707.2	530.3	4873.3	494.0	1335.9	322.7	
青海	36369.7	31530.7	1011.9	359.9	8628.2	1162.0	1996.1	316.7	0.5
宁夏	3014.1	2625.6	696.3	237.4	364.0	550.0	651.1	100.0	
新疆	54504.2	45902.2	1550.1	550.3	5167.3	1235.3	2064.5	966.0	0.7
新疆兵团	2754.6	2104.6	217.5	36.6	290.8	174.7	422.1	176.0	0.1

表2-6 林业投资完成情况(2012年)

单位：万元

地 区	本年完成投资	生态建设与保护	林业支撑与保障	林业产业发展	林业民生工程	其他投资
全 国	33420880	16041174	2228758	8207093	2454630	4489225
北 京	1470847	1119355	49784	79473	4475	217760
天 津	53355	42385	2423			8547
河 北	663921	398888	46342	124393	41307	52991
山 西	1025047	721516	29928	9487	14095	250021
内蒙古	1333975	871280	150936	390	119803	191566
辽 宁	1456896	1219579	68256	107788	23248	38025
吉 林	714638	262790	79066	30367	265713	76702
黑龙江	1742134	712293	45921	5247	916943	61730
上 海	96870	87941	5437	496		2996
江 苏	928670	748529	75847	78950	16201	9143
浙 江	807782	480940	59974	144507	47304	75057
安 徽	452501	309546	28474	52014	25978	36489
福 建	2215019	665809	4290	1232902		312018
江 西	760416	335116	67889	131026	50814	175571
山 东	2513677	1270794	509902	620178	22900	89903
河 南	976351	624222	19771	203383	32665	96310
湖 北	533859	294476	37834	89877	45657	66015
湖 南	1279005	635021	48980	370813	93760	130431
广 东	636673	380195	85521	25825	37707	107425
广 西	6903848	1089122	390249	3761113	189131	1474233
海 南	142492	74891	12034	14730	25013	15824
重 庆	516676	386252	28966	22085	23326	56047
四 川	1773551	676745	48765	676222	50500	321319
贵 州	380000	337116	9353	800	5019	27712
云 南	850074	456436	66697	74562	70428	181951
西 藏	165894	137169	8707	9466	2686	7866
陕 西	749288	518325	56733	60306	51098	62826
甘 肃	756920	375675	46857	101114	63823	169451
青 海	227158	152390	10686	39213	2263	22606
宁 夏	138955	115963	8744	4313	9727	208
新 疆	663078	366027	46409	132125	28430	90087
大兴安岭	395075	144351	58448	3039	174384	14853

表2–7 林业投资资金来源情况(2012年)

地区	林业投资本年资金来源	上年末结余资金	本年资金来源						
				国家预算资金	国内贷款	债券	利用外资	自筹资金	其他资金
全国	33664456	655239	33009217	15563528	3283945	32549	316427	10648742	3164026
北京	1369070	157168	1211902	1175681		670	531	19905	15115
天津	53355		53355	49288					4067
河北	663921	7223	656698	446878	89171		3924	88951	27774
山西	1025047		1025047	417841			192	607014	
内蒙古	1355222	5119	1350103	1230701			400	102528	16474
辽宁	1442337	1145	1441192	902002	4500		2185	479289	53216
吉林	783681	69602	714079	500952	1342	1101	3639	122322	84723
黑龙江	1746785	6128	1740657	1287388	305			444070	8894
上海	80214		80214	74944				25	5245
江苏	854958	1939	853019	222871	1420			600666	28062
浙江	791731	4246	787485	491026	151538		4284	131096	9541
安徽	410617	3053	407564	186821	35214		3843	139018	42668
福建	2434145	794	2433351	262356	1951870		124512	89404	5209
江西	763176		763176	499087	32856		12119	141008	78106
山东	2468838	5838	2463000	918060	39009		7800	1321404	176727
河南	976351		976351	159521	230000		1100	337260	248470
湖北	538442	7997	530445	292634	15468		4370	162501	55472
湖南	1227186	8839	1218347	482910	134894		2216	533072	65255
广东	733679	21872	711807	630765	4047		6182	33015	37798
广西	6615642	30434	6585208	348398	293860	29050	116235	4249680	1547985
海南	184249	37176	147073	123429		620		13191	9833
重庆	502771	1499	501272	465261	13608	9		18677	3717
四川	1845707	32597	1813110	874793	106365		5251	435424	391277
贵州	380000		380000	380000					
云南	1132476	77927	1054549	826543	48857	1099		73211	104839
西藏	165894		165894	165894					
陕西	680481	6230	674251	514598	1300			82524	75829
甘肃	756920	2240	754680	596809	93695		16572	31349	16255
青海	221647		221647	193614	15198		984	316	11535
宁夏	143679	260	143419	131674				320	11425
新疆	797767	75657	722110	437421	19428		88	256972	8201
大兴安岭	372334	15489	356845	224510				132335	

注：全国合计数包含国家林业局直属单位的固定资产投资数据(下表同)。

表2-8 各地区自然保护基本情况（2012年）

地 区	自然保护区个 数(个)	#国家级	自然保护区面 积(万公顷)	#国家级	自然保护区占辖区面积比重 (%)
全 国	2669	363	14978.7	9414.6	14.9
北 京	20	2	13.4	2.6	8.0
天 津	8	3	9.1	3.8	8.1
河 北	43	13	69.3	25.4	3.6
山 西	46	6	116.1	10.7	7.4
内蒙古	184	25	1368.9	404.9	11.6
辽 宁	105	14	267.4	100.7	12.4
吉 林	39	16	232.9	100.3	12.4
黑龙江	224	28	675.2	271.6	14.9
上 海	4	2	9.4	6.6	5.2
江 苏	30	3	56.7	33.6	4.1
浙 江	32	10	19.7	14.7	1.5
安 徽	104	7	52.4	13.9	3.8
福 建	93	13	46.4	21.8	3.1
江 西	200	11	126.0	18.4	7.6
山 东	86	7	108.2	22.0	4.7
河 南	34	11	73.5	42.6	4.4
湖 北	65	13	95.5	28.3	5.1
湖 南	129	18	128.5	51.8	6.1
广 东	368	13	355.3	29.5	6.7
广 西	78	17	145.3	33.4	6.0
海 南	50	9	273.5	10.7	7.0
重 庆	57	5	85.0	24.1	10.3
四 川	167	27	897.4	283.3	18.5
贵 州	129	8	95.2	24.4	5.4
云 南	159	19	285.4	148.0	7.5
西 藏	47	9	4136.9	3715.3	33.9
陕 西	57	17	116.3	52.7	5.7
甘 肃	59	17	734.7	491.0	16.2
青 海	11	5	2182.2	2025.2	30.2
宁 夏	14	6	53.6	42.7	10.3
新 疆	27	9	2149.4	1360.6	13.0

三、能源

表3–1 能源生产总量及构成

年份	能源生产总量(万吨标准煤)	占能源生产总量的比重 (%)			
		原煤	原油	天然气	水电、核电、风电
1978	62770	70.3	23.7	2.9	3.1
1980	63735	69.4	23.8	3.0	3.8
1985	85546	72.8	20.9	2.0	4.3
1990	103922	74.2	19.0	2.0	4.8
1991	104844	74.1	19.2	2.0	4.7
1992	107256	74.3	18.9	2.0	4.8
1993	111059	74.0	18.7	2.0	5.3
1994	118729	74.6	17.6	1.9	5.9
1995	129034	75.3	16.6	1.9	6.2
1996	133032	75.0	16.9	2.0	6.1
1997	133460	74.3	17.2	2.1	6.5
1998	129834	73.3	17.7	2.2	6.8
1999	131935	73.9	17.3	2.5	6.3
2000	135048	73.2	17.2	2.7	6.9
2001	143875	73.0	16.3	2.8	7.9
2002	150656	73.5	15.8	2.9	7.8
2003	171906	76.2	14.1	2.7	7.0
2004	196648	77.1	12.8	2.8	7.3
2005	216219	77.6	12.0	3.0	7.4
2006	232167	77.8	11.3	3.4	7.5
2007	247279	77.7	10.8	3.7	7.8
2008	260552	76.8	10.5	4.1	8.6
2009	274619	77.3	9.9	4.1	8.7
2010	296916	76.6	9.8	4.2	9.4
2011	317987	77.8	9.1	4.3	8.8
2012	331848	76.5	8.9	4.3	10.3

注：电力折算标准煤的系数根据当年平均发电煤耗计算(下表同)。

表3-2 能源消费总量及构成

年 份	能源消费总量(万吨标准煤)	占能源消费总量的比重 (%)			
		煤 炭	石 油	天然气	水电、核电、风电
1978	57144	70.7	22.7	3.2	3.4
1980	60275	72.2	20.7	3.1	4.0
1985	76682	75.8	17.1	2.2	4.9
1990	98703	76.2	16.6	2.1	5.1
1991	103783	76.1	17.1	2.0	4.8
1992	109170	75.7	17.5	1.9	4.9
1993	115993	74.7	18.2	1.9	5.2
1994	122737	75.0	17.4	1.9	5.7
1995	131176	74.6	17.5	1.8	6.1
1996	135192	73.5	18.7	1.8	6.0
1997	135909	71.4	20.4	1.8	6.4
1998	136184	70.9	20.8	1.8	6.5
1999	140569	70.6	21.5	2.0	5.9
2000	145531	69.2	22.2	2.2	6.4
2001	150406	68.3	21.8	2.4	7.5
2002	159431	68.0	22.3	2.4	7.3
2003	183792	69.8	21.2	2.5	6.5
2004	213456	69.5	21.3	2.5	6.7
2005	235997	70.8	19.8	2.6	6.8
2006	258676	71.1	19.3	2.9	6.7
2007	280508	71.1	18.8	3.3	6.8
2008	291448	70.3	18.3	3.7	7.7
2009	306647	70.4	17.9	3.9	7.8
2010	324939	68.0	19.0	4.4	8.6
2011	348002	68.4	18.6	5.0	8.0
2012	361732	66.6	18.8	5.2	9.4

表3–3 综合能源平衡表

单位：万吨标准煤

项 目	1990	1995	2000	2005	2010	2011
可供消费的能源总量	96138	129535	142605	232225	339687	362842
一次能源生产量	103922	129034	135048	216219	296916	317986
回收能		2312	1760	2939	5143	
进口量	1310	5456	14334	26952	55736	62262
出口量(-)	5875	6776	9633	11448	8846	8447
年初年末库存差额	-3219	-491	1097	-2436	-9262	-8959
能源消费总量	98703	131176	145531	235997	324939	348002
在总量中：						
农、林、牧、渔、						
水利业	4852	5505	3914	6071	6477	6759
工 业	67578	96191	103774	168724	231102	246441
建筑业	1213	1335	2179	3403	6226	5872
交通运输、仓储和						
邮政业	4541	5863	11242	18391	26068	28536
批发、零售业和						
住宿、餐饮业	1247	2018	3048	4848	6827	7795
其他行业	3473	4519	5762	9255	13681	15189
生活消费	15799	15745	15614	25305	34558	37410
在总量中：						
终端消费	94289	124252	139008	225690	305010	333127
#工业	63239	89473	97597	158767	211626	231963
加工转换损失量	2264	3634	2461	3823	11073	5691
#炼焦	905		525	702	1480	1679
炼油	326		781	1305	2142	2064
损失量	2150	3289	4062	6483	8857	9183
平衡差额	-2565	-1641	-2926	-3772	14748	14840

注：1.电力、热力按等价热值折算，因此加工转换损失量中不包括发电、供热损失量。
村办工业包括在工业中(下表同)。
2.进口量包括我国飞机、轮船在国外加油量；出口量包括外国飞机、轮船在我国加油量。

表3-4 石油平衡表

单位：万吨

项 目	1990	1995	2000	2005	2010	2011
可供量	11435.0	16072.7	22631.8	32539.1	44178.4	45659.2
生产量	13830.6	15005.0	16300.0	18135.3	20301.4	20287.6
进口量	755.6	3673.2	9748.5	17163.2	29437.2	31593.6
出口量(-)	3110.4	2454.5	2172.1	2888.1	4079.0	4117.0
年初年末库存差额	-40.8	-151.0	-1244.6	128.8	-1481.2	-2105.0
消费量	11485.6	16064.9	22495.9	32537.7	43245.2	45378.5
在消费量中：						
农、林、牧、渔、						
水利业	1033.6	1203.2	788.5	1451.7	1382.5	1466.3
工 业	7321.6	9349.3	11248.5	14245.1	17448.8	18005.0
建筑业	327.3	242.8	840.6	1502.2	3045.1	2521.8
交通运输、仓储						
和邮政业	1683.2	2863.6	6399.0	10709.5	14870.3	16021.0
批发、零售业和						
住宿、餐饮业	77.6	333.9	247.0	375.6	481.0	500.0
其他行业	757.8	1390.3	1635.9	1969.2	2556.7	2880.5
生活消费	284.5	682.0	1336.5	2284.4	3460.8	3983.9
在消费量中：						
终端消费	9304.7	13676.3	19950.1	29191.6	40393.7	42727.3
#工 业	5180.4	7095.5	8860.0	11027.5	14757.8	15463.9
中间消费						
(用于加工转换)	1630.4	2230.0	2352.9	3190.7	2657.1	2469.5
发 电	1234.4	1358.5	1178.2	1602.0	459.1	319.8
供 热	356.3	399.9	427.0	407.6	593.1	525.7
制 气	39.7	51.6	25.9	14.4		
炼油损失量	295.8	420.1	721.9	1166.7	1604.8	1624.1
损失量	254.7	158.6	192.9	155.4	194.4	181.7
平衡差额	-50.6	7.8	135.8	1.4	933.3	280.7

注：1.生产量为原油产量。

2.进口量包括我国飞机、轮船在国外加油量；出口量包括外国飞机、轮船在我国加油量。

表3–3 煤炭平衡表

单位：万吨

项 目	1990	1995	2000	2005	2010	2011
可供量	102221.1	133461.7	136794.5	226941.0	319772.0	360561.5
生产量	107988.3	136073.1	138418.5	234951.8	323500.0	351600.0
进口量	200.3	163.5	217.9	2617.1	16309.5	18209.8
出口量(-)	1729.0	2861.7	5506.5	7172.4	1910.4	1465.8
年初年末库存差额	-4238.5	86.8	3664.7	-3455.4	-8127.2	-7782.5
消费量	105523.0	137676.5	141091.7	231851.1	312236.5	342950.2
在消费量中：						
农、林、牧、渔、						
水利业	2095.2	1856.7	933.4	1513.8	1711.1	1756.6
工 业	81090.9	117570.7	127806.7	215493.3	296031.6	326230.0
建筑业	437.6	439.8	536.8	603.6	718.9	781.8
交通运输、仓储						
和邮政业	2160.9	1315.1	882.2	811.2	639.2	645.9
批发、零售业和						
住宿、餐饮业	1058.3	977.4	1314.6	1674.4	1969.9	2211.7
其他行业	1980.4	1986.7	1161.0	1715.9	2006.6	2112.2
生活消费	16699.7	13530.1	8457.0	10039.0	9159.2	9212.0
在消费量中：						
终端消费	60205.9	66156.1	55913.1	75382.7	84350.9	86416.3
#工 业	35773.8	46050.3	42628.0	59024.9	68146.1	69696.0
中间消费						
(用于加工转换)	41257.8	69487.6	85178.6	156468.4	227885.6	256534.0
#发 电	27204.3	44440.2	55811.2	103263.5	154542.5	175578.5
供 热	2995.5	5887.3	8794.1	13542.0	15253.1	16834.2
炼 焦	10697.6	18396.4	16496.4	33167.1	47150.4	52959.9
炼油及煤制油					213.4	345.7
制 气	360.4	763.7	960.0	1277.0	1040.1	870.5
洗选损耗	4059.3	2032.8	3191.2	4982.1	9484.6	9723.4
平衡差额	-3302.0	-4214.8	-4297.2	-4910.0	17535.5	17611.3

注：生产量为原煤产量。

表3–4 电力平衡表

单位：亿千瓦小时

项 目	1990	1995	2000	2005	2010	2011
可供量	6230.4	10023.4	13472.7	24940.8	41936.5	47002.7
生产量	6212.0	10077.3	13556.0	25002.6	42071.6	47130.2
水 电	1267.2	1905.8	2224.1	3970.2	7221.7	6989.5
火 电	4944.8	8043.2	11141.9	20473.4	33319.3	38337.0
核 电		128.3	167.4	530.9	738.8	863.5
风 电				·	446.2	703.3
进口量	19.3	6.4	15.5	50.1	55.5	65.6
出口量(-)	0.9	60.3	98.8	111.9	190.6	193.1
消费量	6230.4	10023.4	13472.4	24940.3	41934.5	47000.9
在消费量中：						
农、林、牧、渔、						
水利业	426.8	582.4	533.0	776.3	976.5	1012.9
工 业	4873.3	7659.8	10004.6	18521.7	30871.8	34691.6
建筑业	65.0	159.6	159.8	233.9	483.2	571.8
交通运输、仓储						
和邮政业	105.9	182.3	281.2	430.3	734.5	848.4
批发、零售业和						
住宿、餐饮业	76.2	199.5	418.7	752.3	1292.0	1503.1
其他行业	202.4	234.2	623.2	1340.9	2451.8	2753.1
生活消费	480.8	1005.6	1452.0	2884.8	5124.6	5620.1
在消费量中：						
终端消费	5795.8	9278.9	12535.7	23233.8	39366.3	44300.2
#工 业	4438.7	6915.3	9067.9	16815.2	28303.5	31990.9
输配电损失量	434.6	744.5	936.7	1706.5	2568.2	2700.7

表3–3　能源生产弹性系数

年 份	能源生产比上年增长 (%)	电力生产比上年增长 (%)	国内生产总值比上年增长 (%)	能源生产弹性系数	电力生产弹性系数
1985	9.9	8.9	13.5	0.73	0.66
1990	2.2	6.2	3.8	0.58	1.63
1991	0.9	9.1	9.2	0.10	0.99
1992	2.3	11.3	14.2	0.16	0.80
1993	3.6	15.3	14.0	0.26	1.09
1994	6.9	10.7	13.1	0.53	0.82
1995	8.7	8.6	10.9	0.80	0.79
1996	3.1	7.2	10.0	0.31	0.72
1997	0.3	5.1	9.3	0.03	0.55
1998	-2.7	2.7	7.8		0.35
1999	1.6	6.3	7.6	0.21	0.83
2000	2.4	9.4	8.4	0.28	1.12
2001	6.5	9.2	8.3	0.79	1.11
2002	4.7	11.7	9.1	0.52	1.29
2003	14.1	15.5	10.0	1.41	1.55
2004	14.4	15.3	10.1	1.43	1.51
2005	10.0	13.5	11.3	0.88	1.19
2006	7.4	14.6	12.7	0.58	1.15
2007	6.5	14.5	14.2	0.46	1.02
2008	5.4	5.6	9.6	0.56	0.58
2009	5.4	7.1	9.2	0.59	0.77
2010	8.1	13.3	10.4	0.78	1.28
2011	7.1	12.0	9.3	0.76	1.29
2012	4.4	5.8	7.7	0.57	0.75

注：国内生产总值增长速度按不变价格计算(下表同)。

表3–4　能源消费弹性系数

年 份	能源消费比上年增长 (%)	电力消费比上年增长 (%)	国内生产总值比上年增长 (%)	能源消费弹性系数	电力消费弹性系数
1985	8.1	9.0	13.5	0.60	0.67
1990	1.8	6.2	3.8	0.47	1.63
1991	5.1	9.2	9.2	0.55	1.00
1992	5.2	11.5	14.2	0.37	0.81
1993	6.3	11.0	14.0	0.45	0.79
1994	5.8	9.9	13.1	0.44	0.76
1995	6.9	8.2	10.9	0.63	0.75
1996	3.1	7.4	10.0	0.31	0.74
1997	0.5	4.8	9.3	0.06	0.52
1998	0.2	2.8	7.8	0.03	0.36
1999	3.2	6.1	7.6	0.42	0.80
2000	3.5	9.5	8.4	0.42	1.13
2001	3.3	9.3	8.3	0.40	1.12
2002	6.0	11.8	9.1	0.66	1.30
2003	15.3	15.6	10.0	1.53	1.56
2004	16.1	15.4	10.1	1.60	1.52
2005	10.6	13.5	11.3	0.93	1.19
2006	9.6	14.6	12.7	0.76	1.15
2007	8.4	14.4	14.2	0.59	1.01
2008	3.9	5.6	9.6	0.41	0.58
2009	5.2	7.2	9.2	0.57	0.78
2010	6.0	13.2	10.4	0.58	1.27
2011	7.1	12.1	9.3	0.76	1.30
2012	3.9	5.9	7.7	0.51	0.77

表3–3　按行业分能源消费量（2011年）

行　业	能源消费总量(万吨标准煤)	煤炭消费量(万吨)	焦炭消费量(万吨)	原油消费量(万吨)	汽油消费量(万吨)
消费总量	348001.66	342950.24	38163.27	43965.84	7395.95
农、林、牧、渔、水利业	6758.56	1756.63	54.06		185.98
工业	246440.96	326229.97	38052.08	43860.44	604.81
采掘业	20024.66	26141.48	237.03	1000.63	68.41
煤炭开采和洗选业	11566.47	24629.90	30.15		22.52
石油和天然气开采业	3934.36	559.72		1000.57	22.46
黑色金属矿采选业	1920.70	211.23	185.35	0.06	8.13
有色金属矿采选业	1146.53	107.90	13.92		9.22
非金属矿采选业	1173.91	632.73	7.61		6.06
其他采矿业	282.70				0.02
制造业	200403.37	128297.11	37791.36	42857.70	504.66
农副食品加工业	2663.79	1719.05	13.72	0.14	32.70
食品制造业	1517.97	1187.05	2.54		11.83
饮料制造业	1197.41	801.38	0.80		8.77
烟草制品业	272.31	109.11			0.85
纺织业	6269.05	2261.68	3.92		21.20
纺织服装、鞋、帽制造业	753.44	211.90	5.20	0.05	13.59
皮革、毛皮、羽毛(绒)及其制品业	371.37	68.97	0.91	0.09	6.85
木材加工及木、竹、藤、棕、草制品业	1097.31	433.54	0.61	0.13	7.99
家具制造业	201.99	33.89	1.74		5.70
造纸及纸制品业	3983.51	4466.51	1.92	0.04	8.81
印刷业和记录媒介的复制	389.60	32.00	0.30	0.03	6.02
文教体育用品制造业	232.76	15.07	3.59	0.03	3.14
石油加工、炼焦及核燃料加工业	17057.01	34087.24	83.93	39157.70	41.44
化学原料及化学制品制造业	34713.14	16177.17	2271.62	3696.04	45.15
医药制造业	1523.16	776.27	0.74		10.39

表3–3 按行业分能源消费量（2011年）（续一）

行业	能源消费总量(万吨标准煤)	煤炭消费量(万吨)	焦炭消费量(万吨)	原油消费量(万吨)	汽油消费量(万吨)
化学纤维制造业	1530.40	651.14	2.33		1.33
橡胶制品业	1521.16	468.39	2.34	0.04	8.24
塑料制品业	2016.73	353.14	3.88	0.08	15.60
非金属矿物制品业	30014.96	25031.84	553.50	2.03	33.72
黑色金属冶炼及压延加工业	58896.58	29971.15	32906.33	0.18	11.13
有色金属冶炼及压延加工业	13991.13	6227.18	583.44	0.62	9.05
金属制品业	3533.37	281.42	65.12	0.14	22.94
通用设备制造业	3823.13	399.21	982.11	0.05	48.15
专用设备制造业	1887.05	559.55	78.19	0.02	25.24
交通运输设备制造业	3995.63	798.64	175.99	0.16	48.09
电气机械及器材制造业	2276.48	519.06	24.83	0.10	29.24
通信设备、计算机及其他电子设备	2623.39	164.04	2.09	0.02	15.28
制造业					
仪器仪表及文化、办公用机械	318.39	21.95	4.39	0.01	5.59
制造业					
工艺品及其他制造业	1641.89	456.11	2.54		6.02
废弃资源和废旧材料回收加工业	89.29	13.45	12.75		0.61
电力、煤气及水生产和供应业	26012.93	171791.38	23.69	2.11	31.74
电力、热力的生产和供应业	24372.14	170744.15	7.63	2.11	25.23
燃气生产和供应业	604.71	1003.78	15.76		2.98
水的生产和供应业	1036.08	43.46	0.30		3.53
建筑业	5872.16	781.81	4.81		282.77
交通运输、仓储和邮政业	28535.50	645.85	0.09	105.40	3373.52
批发、零售业和住宿、餐饮业	7795.38	2211.71	9.24		177.14
其他行业	15189.15	2112.21	1.94		1313.17
生活消费	37409.94	9212.06	41.08		1458.56

表3–3　按行业分能源消费量（2011年）（续二）

行　业	煤油消费量(万吨)	柴油消费量(万吨)	燃料油消费量(万吨)	天然气消费量(亿立方米)	电力消费量(亿千瓦小时)
消费总量	1816.72	15635.11	3662.80	1305.30	47000.88
农、林、牧、渔、水利业	1.47	1271.91	1.31	0.56	1012.90
工业	34.21	1824.25	2260.15	839.95	34691.55
采掘业	3.22	614.87	30.09	131.93	2245.23
煤炭开采和洗选业	2.30	212.42	1.12	5.10	818.57
石油和天然气开采业		192.24	28.71	126.04	374.81
黑色金属矿采选业	0.16	113.38	0.08	0.05	436.58
有色金属矿采选业	0.64	36.06	0.02	0.10	311.97
非金属矿采选业	0.12	60.55	0.16	0.65	214.27
其他采矿业		0.22			89.03
制造业	30.96	1120.39	2186.41	483.07	25526.84
农副食品加工业	0.29	49.52	6.40	1.13	471.04
食品制造业	0.09	26.00	6.38	4.21	198.18
饮料制造业	0.04	15.26	5.75	2.41	145.57
烟草制品业		4.13	1.02	0.81	51.84
纺织业	0.31	34.66	14.76	1.96	1378.82
纺织服装、鞋、帽制造业	0.52	26.02	7.41	0.47	163.70
皮革、毛皮、羽毛(绒)及其制品业	0.23	8.53	3.85	0.09	88.37
木材加工及木、竹、藤、棕、草制品业	0.05	14.43	0.17	0.44	236.15
家具制造业	0.02	9.20	0.64	0.55	45.83
造纸及纸制品业	0.13	22.37	13.38	2.27	580.38
印刷业和记录媒介的复制	0.10	7.41	1.51	0.84	102.50
文教体育用品制造业	0.04	6.59	1.39	0.25	61.79
石油加工、炼焦及核燃料加工业	2.46	25.44	1191.77	68.33	607.06
化学原料及化学制品制造业	2.94	79.89	452.00	233.48	3528.32
医药制造业	0.25	13.82	4.91	3.70	240.88

表3–3　按行业分能源消费量（2011年）（续三）

行　业	煤油消费量(万吨)	柴油消费量(万吨)	燃料油消费量(万吨)	天然气消费量(亿立方米)	电力消费量(亿千瓦小时)
化学纤维制造业	0.02	7.92	9.52	0.51	322.36
橡胶制品业	0.05	7.10	6.11	1.35	358.92
塑料制品业	0.17	30.96	10.93	1.92	532.40
非金属矿物制品业	3.48	248.73	312.08	63.76	2917.93
黑色金属冶炼及压延加工业	0.31	84.14	9.13	28.56	5248.27
有色金属冶炼及压延加工业	1.80	60.76	79.03	13.94	3501.80
金属制品业	1.07	44.98	12.42	4.87	959.48
通用设备制造业	3.75	63.44	4.61	8.33	714.18
专用设备制造业	0.56	38.07	2.55	7.24	361.84
交通运输设备制造业	11.44	99.63	17.95	18.55	861.41
电气机械及器材制造业	0.34	40.44	4.11	5.42	584.42
通信设备、计算机及其他电子设备制造业	0.16	29.98	3.29	6.44	737.83
仪器仪表及文化、办公用机械制造业	0.16	6.65	0.43	0.51	83.70
工艺品及其他制造业	0.18	10.07	1.75	0.63	424.25
废弃资源和废旧材料回收加工业		4.25	1.16	0.10	17.62
电力、煤气及水生产和供应业	0.03	88.99	43.65	224.95	6919.48
电力、热力的生产和供应业	0.02	84.89	43.40	215.90	6512.12
燃气生产和供应业	0.01	2.11	0.22	8.87	90.21
水的生产和供应业		1.99	0.03	0.18	317.15
建筑业	10.79	518.63	30.60	1.28	571.82
交通运输、仓储和邮政业	1646.35	9485.20	1345.16	138.35	848.42
批发、零售业和住宿、餐饮业	32.18	212.31	9.34	33.64	1503.08
其他行业	68.24	1428.07	16.23	27.14	2753.05
生活消费	23.48	894.74		264.38	5620.06

表3–4 能源加工转换效率

单位：%

年 份	总效率	发电及电站供热	炼 焦	炼 油
1983	69.93	36.94	91.18	99.16
1984	69.16	36.95	90.08	99.17
1985	68.29	36.85	90.79	99.10
1986	68.32	36.69	90.63	99.04
1987	67.48	36.75	90.46	98.81
1988	66.54	36.34	90.77	98.76
1989	66.51	36.74	90.30	98.57
1990	66.48	37.34	91.28	90.19
1991	65.90	37.60	89.90	98.10
1992	66.00	37.80	92.70	96.80
1993	67.32	39.90	98.05	98.49
1994	65.20	39.35	89.62	97.48
1995	71.05	37.31	91.99	97.67
1996	70.19	36.63	94.07	97.46
1997	69.76	35.89	94.01	97.37
1998	69.28	37.09	94.97	96.41
1999	69.25	37.04	96.13	97.51
2000	69.04	37.36	96.21	97.32
2001	69.34	37.63	96.48	97.92
2002	69.04	38.73	96.63	96.71
2003	69.40	38.83	96.13	96.80
2004	70.91	39.46	97.55	96.43
2005	71.55	39.87	97.57	96.86
2006	71.24	39.87	97.77	96.86
2007	70.77	40.24	97.56	97.17
2008	71.55	41.04	97.75	97.17
2009	72.01	41.73	97.38	96.63
2010	72.83	42.43	96.44	96.86
2011	72.32	42.44	96.41	97.01

表3–5 平均每天能源消费量

能源品种	1990	1995	2000	2005	2009	2010	2011
合计 (万吨标准煤)	270.4	359.4	397.6	646.6	840.1	890.2	953.4
煤炭 (万吨)	289.1	377.2	385.5	635.2	810.5	855.4	939.6
焦炭 (万吨)	18.9	29.4	29.6	68.8	87.3	92.3	104.6
原油 (万吨)	32.2	40.8	58.0	82.4	104.5	117.5	120.5
燃料油 (万吨)	9.2	10.2	10.6	11.6	7.8	10.3	10.0
汽油 (万吨)	5.2	8.0	9.6	13.3	16.9	18.9	20.3
煤油 (万吨)	1.0	1.4	2.4	3.0	3.9	4.8	5.0
柴油 (万吨)	7.4	11.8	18.6	30.1	37.7	40.1	42.8
天然气 (亿立方米)	0.4	0.5	0.7	1.3	2.5	2.9	3.6
电力 (亿千瓦小时)	17.1	27.5	36.8	68.3	101.5	114.9	128.8

表3–6 生活能源消费量

能源品种	1990	1995	2000	2005	2009	2010	2011
合计 (万吨标准煤)	15799	15745	15614	25305	33843	34558	37410
煤炭 (万吨)	16700	13530	8457	10039	9122	9159	9212
煤油 (万吨)	105	64	72	26	19	19	24
液化石油气 (万吨)	159	534	858	1329	1496	1457	1607
天然气 (亿立方米)	19	19	32	79	178	227	264
煤气 (亿立方米)	29	57	126	145	166	167	146
热力 (万百万千焦)	8972	12637	23234	52044	67000	67410	70044
电力 (亿千瓦小时)	481	1006	1452	2885	4872	5125	5620

表3–7　人均生活能源消费量

年 份	平均每人生活消费能源(千克标准煤)	煤 炭(千克)	电 力(千瓦小时)	煤 油(千克)	液化石油气(千克)	天然气(立方米)	煤 气(立方米)
1983	106.6	127.7	13.4	1.2	0.6	0.1	1.5
1984	113.5	134.9	15.3	1.4	0.6	0.4	1.6
1985	126.7	148.7	21.2	1.2	0.9	0.4	1.3
1986	127.3	148.3	23.2	1.3	1.1	0.6	1.3
1987	132.1	152.1	26.4	1.2	1.1	0.7	1.6
1988	141.0	159.1	31.2	1.1	1.2	1.4	1.6
1989	139.3	152.4	35.3	1.1	1.4	1.5	2.4
1990	139.2	147.1	42.4	0.9	1.4	1.6	2.5
1991	139.0	143.0	47.2	0.8	1.8	1.6	3.2
1992	134.2	126.9	54.9	0.7	2.1	1.8	4.4
1993	133.5	123.2	62.5	0.6	2.5	1.5	4.6
1994	129.3	109.5	72.7	0.6	3.2	1.7	6.3
1995	130.7	112.3	83.5	0.5	4.4	1.6	4.7
1996	120.5	83.0	87.7	0.5	5.9	1.7	6.4
1997	119.3	77.2	98.6	0.5	6.2	1.7	8.9
1998	119.0	73.1	104.2	0.6	6.9	1.9	9.7
1999	121.8	69.9	108.6	0.6	6.8	2.1	9.3
2000	123.7	67.0	115.0	0.6	6.8	2.6	10.0
2001	127.2	66.1	126.5	0.6	6.7	3.3	9.4
2002	134.0	65.7	138.3	0.3	7.6	3.6	9.8
2003	153.4	69.9	159.7	0.3	8.6	4.0	10.2
2004	175.7	75.4	184.0	0.2	10.4	5.2	10.7
2005	194.1	77.0	221.3	0.2	10.2	6.1	11.1
2006	211.8	76.6	255.6	0.2	11.1	7.8	12.7
2007	233.8	74.1	308.3	0.1	12.4	10.9	14.1
2008	240.8	69.1	331.9	0.1	11.0	12.8	13.9
2009	254.2	68.5	365.9	0.1	11.2	13.3	12.5
2010	258.3	68.5	383.1	0.1	10.9	17.0	14.5
2011	278.3	68.5	418.1	0.2	12.0	19.7	10.9

注：计算消费量所使用的人口数为平均人口数计算。

表3-8 分地区电力消费量

单位：亿千瓦小时

地 区	1995	2000	2005	2010	2011	2012
北 京	261.74	384.43	570.54	809.90	821.71	874.28
天 津	178.99	234.05	384.84	645.74	695.15	722.48
河 北	602.68	809.34	1501.92	2691.52	2984.90	3077.73
山 西	399.16	501.99	946.33	1460.00	1650.41	1765.79
内蒙古	186.83	254.21	667.72	1536.83	1864.07	2016.76
辽 宁	622.81	748.89	1110.56	1715.26	1861.53	1899.88
吉 林	267.60	291.37	378.23	576.98	630.15	637.00
黑龙江	409.38	442.28	555.85	747.84	801.87	827.91
上 海	403.27	559.45	921.97	1295.87	1339.62	1353.45
江 苏	684.80	971.34	2193.45	3864.37	4281.62	4580.90
浙 江	439.59	738.05	1642.31	2820.93	3116.91	3210.55
安 徽	288.97	338.93	582.16	1077.91	1221.19	1361.10
福 建	261.28	401.51	756.59	1315.09	1515.86	1579.50
江 西	181.21	208.15	391.98	700.51	835.10	867.67
山 东	741.07	1000.71	1911.61	3298.46	3635.26	3794.55
河 南	571.48	718.52	1352.74	2353.96	2659.14	2747.75
湖 北	414.99	503.02	788.91	1330.44	1450.76	1507.85
湖 南	374.76	406.12	674.43	1171.91	1293.44	1345.22
广 东	787.66	1334.58	2673.56	4060.13	4399.02	4619.41
广 西	220.77	314.44	510.15	993.24	1112.21	1153.42
海 南	32.00	38.37	81.61	159.02	185.28	208.08
重 庆		307.61	347.68	626.44	717.03	723.03
四 川	582.85	521.23	942.59	1549.03	1751.44	1830.70
贵 州	203.70	287.78	486.97	835.38	944.13	1046.72
云 南	223.71	273.58	557.25	1004.07	1204.07	1315.86
西 藏				20.41	23.77	27.76
陕 西	239.68	292.76	516.43	859.22	982.47	1066.75
甘 肃	241.06	295.33	489.48	804.43	923.45	994.56
青 海	69.02	109.10	206.56	465.18	560.68	602.22
宁 夏	92.38	136.17	302.88	546.77	724.54	741.79
新 疆	119.67	182.98	310.14	661.96	839.10	1090.80

注：2000年及以后为电力企业联合会数据。

表3–7　分地区能源消耗指标（2011年）

地 区	万元地区生产总值能耗(等价值)		万元工业增加值能耗上升或下降	万元地区生产总值电耗
	指标值(吨标准煤/万元)	上升或下降	(规模以上，当量值)	上升或下降
北 京	0.459	-6.94	-18.50	-6.10
天 津	0.708	-4.28	-7.48	-7.48
河 北	1.300	-3.69	-6.68	-0.36
山 西	1.762	-3.55	-5.82	0.03
内蒙古	1.405	-2.51	-4.39	4.38
辽 宁	1.096	-3.40	-5.02	-3.15
吉 林	0.923	-3.59	-4.19	-3.90
黑龙江	1.042	-3.50	-5.17	-4.43
上 海	0.618	-5.32	-7.33	-4.42
江 苏	0.600	-3.52	-5.41	-0.14
浙 江	0.590	-3.07	-2.40	1.41
安 徽	0.754	-4.06	-9.54	-0.15
福 建	0.644	-3.29	-1.16	2.73
江 西	0.651	-3.08	-6.87	2.30
山 东	0.855	-3.77	-7.67	-0.58
河 南	0.895	-3.57	-8.60	1.27
湖 北	0.912	-3.79	-6.88	-4.20
湖 南	0.894	-3.68	-8.61	-2.10
广 东	0.563	-3.78	-5.13	-1.46
广 西	0.800	-3.36	-6.13	-0.28
海 南	0.692	5.23	12.53	3.94
重 庆	0.953	-3.81	-5.31	-1.63
四 川	0.997	-4.23	-7.78	-1.87
贵 州	1.714	-3.51	-8.02	-1.70
云 南	1.162	-3.22	-9.92	5.47
西 藏				
陕 西	0.846	-3.56	-5.60	0.38
甘 肃	1.402	-2.51	-1.96	2.07
青 海	2.081	9.44	9.62	6.24
宁 夏	2.279	4.60	14.72	18.36
新 疆	1.631	6.96	9.28	14.69

注：计算消耗指标所使用的地区生产总值和工业增加值按2010年价格计算。

表3-8　农村水电建设和发电量

年 份	本年完成投资额(万元)	年末发电设备容量(千瓦)	#本年新增发电设备容量	在建电站规 模(千瓦)	#当年新开工电站规模	发电量(万千瓦时)
1990	348848	13978100	791000			4181100
1991	476529	14942700	1009100			4066800
1992	594081	15728195	964769	4170000		4818494
1993	792747	16622781	995124	9600000		5841049
1994	1020937	17566675	1163873	10500000		5771834
1995	1321689	18721073	1207854	10760000		6316247
1996	1442828	20095552	1408342			6496723
1997	1452004	21771773	1780352			7221270
1998	1585787	23390300	1741631			7560916
1999	1833853	25562760	2344285	8717000	386000	7715124
2000	2220993	27487791	2060127	7459500	2384000	8755014
2001	2133741	28787476	1714454	3547500	1462800	9490187
2002	2393195	31044576	1883648	5680800	1419000	10366868
2003	3006249	34157792	2702834	10850143	6385500	10966512
2004	3762995	38655048	4363322	16652425	5362090	11045527
2005	4343826	43090145	4964672	17727677	4284511	13571702
2006	4604296	47196651	6403520	20653424	4501575	14835889
2007	5117926	53855597	6578193	20944545	4498420	16346041
2008	4568884	51274371	4194106	21239258	3787365	16275902
2009	4563240	55121211	3807072	12890100	2194445	15672471
2010	4398453	59240191	3793551	13700560	2425973	20444256
2011	4243988	62123430	3277465	10309266	1585709	17566867
2012	3671548	65686071	3399616	9947388	1658258	21729246

表3-8 农村水电建设和发电量（续一）

地区	本年完成投资额(万元)	年末发电设备容量(千瓦)	#本年新增发电设备容量	在建电站规模(千瓦)	#当年新开工电站规模	发电量(万千瓦时)
北京		42920				2418
天津		5800				1972
河北	3827	381693	2220	29930		50475
山西	5954	179166	4075	66890	2390	35689
内蒙古		87525	7500	9900		16481
辽宁	13187	387573	10309	48195	925	112062
吉林	47940	498565	46500	257845	16975	163304
黑龙江	21907	294425		113220	14320	60376
上海						
江苏		61090	12220			7087
浙江	50452	3829931	118410	105910	4800	1174390
安徽	26556	974653	57000	52040	12280	219308
福建	9669	7261407	19080	33850	800	2824686
江西	55637	2905410	122603	207310	8180	942758
山东		83790	2188			14653
河南	33643	461217	67020	11630	4400	106298
湖北	326847	3226864	337325	507110	37180	762624
湖南	208601	5572159	135665	389670	92310	1956985
广东	42548	7157124	110546	168960	11645	2174508
广西	303450	4055129	89758	501978	5505	1257162
海南	3929	367795	11060	31010	7500	126683
重庆	266820	2007619	440420	390152	59350	541896
四川	766208	8142326	523470	2752062	346433	3269403
贵州	254642	2592661	284950	779316	139885	819356
云南	669746	9637151	546652	1956160	600280	3065809
西藏	25169	163601	9380	2500	15470	37023
陕西	96813	1086697	75070	204270	21000	373664
甘肃	226031	2020105	225485	863580	132900	747596
青海	67393	865535	44850	254680	22160	380411
宁夏		5440				1900
新疆	80233	922515	90900	189240	81590	311425
新疆兵团	64346	295285	4960	19980	19980	114826
水利部						
直属		112900				56018

注：本表由水利部农村水电及电气化发展局提供。农村水电是以小水电为主体，直接为农村经济社会发展服务的水电站及其供电网络。2008年起，对农村水电统计范围进行了调整，有关数据作了相应调整。

四、气候变化

表4-1 主要城市平均气温(2012年)

单位：摄氏度

城 市	1月	2月	3月	4月	5月	6月	7月	8月	9月	10月	11月	12月	年平均
北京	-3.6	-1.3	5.9	16.2	22.8	25.0	27.4	26.0	21.1	14.6	4.3	-4.2	12.9
天津	-3.8	-2.2	5.2	15.6	22.6	24.7	27.2	25.2	20.7	14.6	4.5	-3.9	12.5
石家庄	-2.2	0.5	7.6	17.9	23.8	26.6	28.0	25.8	20.8	15.6	5.3	-2.2	14.0
太原	-5.4	-2.2	4.8	14.7	20.9	22.8	24.5	22.7	16.7	10.9	2.1	-4.7	10.7
呼和浩特	-10.8	-7.7	0.7	11.5	18.4	20.6	23.7	21.6	14.3	7.2	-3.7	-10.0	7.2
沈阳	-14.0	-8.8	-0.4	10.5	18.6	21.6	24.8	23.0	17.7	9.4	-0.4	-12.9	7.4
长春	-16.1	-11.9	-3.5	8.7	17.2	20.4	23.5	22.1	17.0	7.0	-4.9	-16.7	5.2
哈尔滨	-18.3	-12.4	-3.3	7.8	16.4	21.3	23.9	21.8	16.4	6.4	-5.2	-19.4	4.6
上海	4.7	4.4	9.5	17.5	21.3	24.3	29.7	29.0	23.7	19.8	12.2	6.3	16.9
南京	2.9	3.0	9.0	17.9	21.9	25.5	29.4	28.1	22.3	18.3	10.0	3.5	16.0
杭州	4.3	4.3	10.1	19.0	21.8	25.1	30.8	28.7	23.4	19.7	12.1	6.0	17.1
合肥	3.1	3.5	9.6	18.8	22.7	26.7	30.6	28.2	22.7	18.6	10.0	3.4	16.5
福州	10.0	10.6	14.6	20.0	23.0	26.5	29.9	28.8	25.8	22.4	17.7	12.8	20.2
南昌	5.0	5.5	11.3	19.5	23.4	26.5	31.0	29.6	24.5	20.9	12.5	6.6	18.0
济南	-1.1	0.9	7.1	17.6	23.8	27.0	28.1	24.7	20.9	17.3	7.1	-1.3	14.3
郑州	0.3	2.9	9.1	18.5	23.8	27.8	28.9	25.9	21.9	17.3	8.6	0.5	15.5
武汉	2.8	4.1	9.4	18.2	22.3	26.6	30.3	28.0	22.9	17.8	10.1	3.9	16.4
长沙(望城)	4.1	5.4	10.6	19.2	22.9	27.1	30.9	28.7	24.5	19.6	12.2	5.9	17.6
广州	11.4	14.0	17.9	23.1	26.8	27.6	28.1	28.1	26.0	23.2	19.2	14.6	21.7
南宁	9.8	12.1	17.2	24.0	27.1	27.5	28.2	27.9	25.8	23.8	19.2	14.4	21.4
海口	16.4	17.8	22.1	26.6	28.3	28.4	28.5	28.1	27.6	26.1	24.5	20.6	24.6
重庆(沙坪坝)	7.2	8.7	14.0	20.0	22.5	24.5	28.5	29.8	23.2	18.4	13.4	9.4	18.3
成都(温江)	5.0	6.0	11.2	17.7	21.2	22.5	24.8	26.0	20.9	17.2	11.0	6.8	15.9
贵阳	0.7	2.5	9.6	17.1	19.2	19.8	22.8	23.0	18.2	15.6	10.2	5.1	13.7
昆明	9.9	13.1	14.4	17.9	20.8	20.7	20.5	20.5	18.3	16.5	13.9	9.5	16.3
拉萨	-1.1	3.8	6.6	8.9	15.1	18.1	16.9	16.7	15.2	9.9	3.8	1.4	9.6
西安(泾河)	-0.9	2.0	8.3	17.8	21.6	26.7	27.6	25.5	19.8	15.0	6.4	0.2	14.2
兰州(皋兰)	-10.1	-5.3	3.1	11.3	15.7	20.4	21.4	21.1	14.0	8.0	-1.5	-7.6	7.5
西宁	-10.3	-6.3	1.0	8.4	12.4	15.4	17.2	16.4	11.9	5.8	-2.8	-6.5	5.2
银川	-8.5	-4.7	4.5	13.5	19.3	23.1	24.8	23.7	16.3	10.1	0.8	-5.2	9.8
乌鲁木齐	-15.0	-12.0	0.5	14.0	18.7	23.7	24.6	23.7	18.1	8.9	-3.9	-12.6	7.4

注：从2004年1月份开始成都站被温江站替代、兰州站被皋兰站替代；从2006年1月份开始重庆被沙坪坝站替代、西安站被泾河站替代(以下相关表同)。

表4–2　主要城市平均相对湿度（2012年）

单位：%

城 市	1月	2月	3月	4月	5月	6月	7月	8月	9月	10月	11月	12月	年平均
北京	44	30	40	39	43	60	71	71	60	54	51	49	51
天津	57	43	48	49	49	65	70	73	63	58	55	54	57
石家庄	55	32	42	45	52	55	71	74	65	54	57	54	55
太原	52	36	45	36	39	50	68	67	64	57	48	52	51
呼和浩特	43	30	44	25	30	46	56	57	59	55	61	56	47
沈阳	65	51	61	53	53	78	81	84	81	72	73	70	69
长春	59	48	60	44	45	72	74	71	70	62	80	71	63
哈尔滨	64	51	59	47	54	74	77	75	79	68	81	77	67
上海	69	73	72	67	69	79	70	73	67	63	66	66	70
南京	66	68	68	64	66	69	68	72	71	64	70	71	68
杭州	73	74	72	64	71	80	64	76	73	62	71	69	71
合肥	74	68	71	68	72	73	74	80	76	70	76	75	73
福州	84	81	75	80	79	79	70	74	71	61	74	74	75
南昌	78	76	82	80	83	86	70	75	74	63	80	78	77
济南	58	37	46	48	47	46	68	84	69	49	51	59	55
郑州	62	41	47	51	54	45	64	68	62	50	43	51	53
武汉	83	79	84	80	85	82	76	81	79	83	83	82	81
长沙(望城)	80	79	81	75	80	76	65	76	69	75	80	81	76
广州	82	81	85	87	84	84	82	82	79	75	80	78	82
南宁	84	82	80	75	78	82	80	79	76	78	83	80	80
海口	89	94	84	81	81	80	78	80	78	74	81	83	82
重庆(沙坪坝)	77	70	66	63	75	78	70	61	74	79	75	73	72
成都(温江)	82	76	76	69	76	81	83	78	82	81	77	76	78
贵阳	92	91	82	68	82	88	85	79	83	88	90	87	85
昆明	60	47	52	52	65	77	81	78	81	75	69	65	67
拉萨	23	16	21	39	30	44	60	54	47	29	20	19	34
西安(泾河)	71	54	62	51	63	51	67	70	74	68	54	56	62
兰州(皋兰)	63	48	47	35	57	49	68	63	74	65	59	61	57
西宁	57	52	52	39	61	61	72	72	69	66	56	51	59
银川	63	39	40	36	43	45	58	56	60	47	44	45	48
乌鲁木齐	77	77	65	32	30	39	43	35	40	49	70	80	53

表4-3　主要城市降水量（2012年）

单位：毫米

城 市	1月	2月	3月	4月	5月	6月	7月	8月	9月	10月	11月	12月	全年
北京	0.1		9.2	53.5	31.3	103.9	284.0	59.9	81.2	21.4	81.1	7.6	733.2
天津			6.0	54.4	6.8	76.9	320.4	131.8	67.9	21.7	58.0	11.4	755.3
石家庄	1.1		7.8	64.4	19.4	103.1	207.4	107.0	98.4	6.5	25.7	8.6	649.4
太原	1.1	0.3	8.7	18.4	11.1	56.1	195.0	28.1	83.4	11.6	8.9	5.1	427.8
呼和浩特			23.0	8.9	43.4	65.8	225.8	45.7	58.7	39.5	33.7	6.9	551.4
沈阳	0.7	10.9	23.3	40.9	59.6	105.3	102.5	241.6	56.3	93.8	29.8	21.3	786.0
长春	0.7	14.8	39.2	56.4	33.8	128.9	133.9	161.7	61.0	25.6	50.0	12.3	718.3
哈尔滨		1.7	19.9	38.1	28.8	154.7	129.9	214.7	81.9	25.3	32.1	13.7	740.8
上海	47.0	91.8	120.3	58.2	131.7	78.2	108.7	163.6	77.9	22.6	118.5	85.2	1103.7
南京	21.0	73.3	79.3	56.2	62.4	17.8	176.4	198.3	68.7	54.6	42.8	66.4	917.2
杭州	148.5	125.7	223.8	99.3	169.1	303.2	52.9	239.8	107.8	35.4	94.9	128.4	1728.8
合肥	14.5	52.1	84.2	57.3	110.3	68.9	86.4	220.5	100.7	60.0	34.4	47.1	936.4
福州	158.6	165.4	86.5	251.9	264.5	251.8	52.8	282.5	163.5	14.8	158.2	62.9	1913.4
南昌	90.1	102.6	241.2	212.5	403.2	153.1	89.9	245.0	118.3	47.3	191.4	165.2	2059.8
济南	2.4	0.5	16.6	63.4	13.1	44.6	175.9	149.2	40.9	11.2	22.0	29.3	569.1
郑州	1.8		16.9	53.3	12.4	7.2	89.1	174.1	105.2	18.0	11.6	9.1	498.7
武汉	26.8	41.9	109.4	108.4	238.4	192.1	245.6	131.7	107.8	131.1	30.6	51.7	1415.5
长沙(望城)	109.6	74.7	159.7	208.7	391.7	173.1	161.6	76.2	86.6	58.7	134.1	95.3	1730.0
广州	72.6	70.8	63.9	365.2	291.1	302.9	136.6	184.0	69.4	42.8	168.8	45.8	1813.9
南宁	75.6	18.7	33.2	35.6	159.8	97.9	109.2	253.4	56.4	148.7	53.2	45.1	1086.8
海口	55.0	23.0	17.2	232.4	324.6	422.1	324.1	203.4	285.4	142.4	40.5	24.2	2094.3
重庆(沙坪坝)	31.5	15.3	29.7	55.9	230.0	149.1	85.2	106.5	278.2	80.3	31.4	11.3	1104.4
成都(温江)	13.6	6.3	26.2	17.6	118.8	74.9	143.1	64.1	76.7	57.0	9.7	2.9	610.9
贵阳	19.6	24.2	41.0	25.8	251.1	211.9	270.0	111.0	135.6	82.6	35.6	18.0	1226.4
昆明	16.1		35.9	14.4	146.9	141.9	155.2	137.5	131.8	13.5	8.9		802.1
拉萨			0.7	10.2	21.5	91.6	132.5	82.4	24.8	1.5			365.2
西安(泾河)	7.3	0.1	14.3	13.3	69.6	20.8	54.5	84.6	92.5	15.3	11.9	1.1	385.3
兰州(皋兰)	1.6		0.6	9.6	36.7	25.1	62.4	28.3	47.6	15.1	3.5	0.7	231.2
西宁	3.0	2.2	8.1	6.9	76.4	58.6	147.7	61.8	57.4	20.2	3.1	0.7	446.1
银川	2.3		2.0	25.9	10.0	48.9	143.4	23.8	34.2	2.2			292.7
乌鲁木齐	9.2	18.4	25.6	5.9	25.9	24.9	27.6	10.1	34.2	32.3	44.2	28.6	286.9

表4−4 主要城市日照时数（2012年）

单位：小时

城 市	1月	2月	3月	4月	5月	6月	7月	8月	9月	10月	11月	12月	全年
北京	168.6	218.8	222.6	235.8	265.7	172.1	166.3	214.3	233.9	231.0	187.3	133.8	2450.2
天津	148.7	193.0	186.3	211.9	234.0	167.1	165.8	159.9	211.3	189.0	170.4	137.0	2174.4
石家庄	105.8	169.6	190.7	244.3	233.8	200.9	178.7	195.3	228.7	246.9	180.0	113.5	2288.2
太原	185.0	188.1	202.0	279.0	295.1	255.7	202.0	229.2	227.3	226.2	187.7	141.3	2618.6
呼和浩特	182.8	217.0	220.2	260.3	293.7	268.0	245.7	256.6	226.1	212.3	181.8	113.3	2677.8
沈阳	210.0	230.2	233.9	236.6	308.8	166.0	209.9	229.4	206.7	231.1	142.4	172.2	2577.2
长春	174.5	230.3	240.9	243.3	304.0	177.3	182.3	255.7	207.3	199.8	101.1	121.8	2438.3
哈尔滨	125.9	178.9	176.3	183.0	230.5	167.5	135.7	203.8	155.8	152.5	37.3	26.6	1773.8
上海	73.6	64.7	127.4	168.3	170.5	90.9	207.9	187.2	158.3	178.1	137.2	112.6	1676.7
南京	100.5	87.9	128.8	189.2	198.0	141.6	244.8	197.9	183.5	184.2	154.4	128.3	1939.1
杭州	37.5	55.9	113.7	158.6	144.4	64.3	240.5	171.8	130.5	172.0	127.8	103.5	1520.5
合肥	91.0	93.5	136.1	198.9	185.1	185.9	251.5	176.5	172.8	160.5	152.9	108.1	1912.8
福州	14.6	34.9	101.3	95.3	76.4	97.1	227.9	175.0	134.0	188.0	76.1	70.7	1291.3
南昌	33.7	42.0	89.1	122.0	138.6	97.7	292.7	243.7	185.2	159.2	119.1	99.0	1622.0
济南	123.7	166.0	164.6	250.2	265.3	219.2	177.0	125.7	153.4	194.6	168.0	138.3	2146.0
郑州	88.8	105.0	152.6	176.3	194.9	215.2	202.6	166.2	176.4	169.6	144.8	91.3	1883.7
武汉	48.2	58.5	88.4	127.2	125.1	145.5	246.4	193.9	164.6	120.6	136.4	99.1	1553.9
长沙(望城)	26.9	31.7	76.4	120.3	123.5	147.6	298.9	204.1	175.3	121.6	92.4	74.9	1493.6
广州	60.2	37.9	70.2	61.7	137.1	130.2	218.1	182.5	192.2	199.3	88.2	93.6	1471.2
南宁	2.9	11.8	34.5	137.5	173.8	107.6	189.2	186.3	179.6	151.4	59.2	61.9	1295.7
海口	26.0	38.9	118.0	181.3	221.4	123.1	245.9	219.4	215.2	203.7	117.0	56.5	1766.4
重庆(沙坪坝)	12.1	10.8	56.1	115.2	56.4	48.4	147.8	193.4	83.8	34.9	17.0	36.1	812.0
成都(温江)	26.2	21.6	78.1	115.8	68.6	63.6	73.7	141.0	57.4	44.9	44.1	45.6	780.6
贵阳	4.1	2.4	55.9	83.8	34.7	30.5	82.3	134.3	94.3	63.6	44.2	51.5	681.6
昆明	261.5	287.4	258.4	286.6	225.8	96.1	113.0	185.5	121.5	207.2	269.3	241.9	2554.2
拉萨	256.6	238.8	285.9	255.0	329.8	253.3	210.4	232.3	259.9	303.5	275.5	261.9	3162.9
西安(泾河)	52.6	72.2	144.0	224.6	193.7	239.8	214.9	182.4	165.7	142.5	164.7	124.9	1922.0
兰州(皋兰)	173.2	190.9	205.0	268.6	231.5	270.5	204.2	233.6	210.4	230.8	194.8	186.7	2600.2
西宁	177.9	194.4	229.3	282.0	237.7	253.7	184.2	216.1	233.9	235.1	207.5	203.4	2655.2
银川	140.6	174.1	220.0	261.2	285.5	312.0	270.6	272.4	249.2	234.4	179.3	129.0	2728.3
乌鲁木齐	116.0	115.4	220.4	302.9	337.7	300.7	312.7	346.8	273.8	256.6	151.5	130.1	2864.6

表4-5 分地区自然灾害损失情况(2012年)

单位：千公顷

地区	农作物受灾面积合计		旱灾		洪涝、山体滑坡、泥石流和台风		风雹灾害		低温冷冻和雪灾		人口受灾		直接
	受灾	绝收	受灾	绝收	受灾	绝收	受灾	绝收	受灾	绝收	受灾人口(万人次)	死亡人口(含失踪)(人)	经济损失(亿元)
全 国	24962.0	1826.3	9339.8	374.0	11220.4	1095.3	2780.8	213.4	1617.8	142.9	29421.7	1530	4185.5
北 京	71.2	6.0			57.6	4.8	13.4	1.2	0.2		95.2	79	171.1
天 津	133.6	13.9			117.5	13.9	16.1				88.4		32.5
河 北	1329.0	123.0	430.3	25.0	375.6	49.2	268.7	11.5	254.4	37.3	2112.1	72	397.2
山 西	931.0	70.1	403.9	5.4	261.4	48.4	123.4	11.7	142.3	4.6	546.7	42	64.9
内蒙古	2060.7	378.0	453.6	10.5	965.5	283.6	243.5	20.7	398.1	63.2	668.9	64	152.8
辽 宁	355.4	27.0			323.3	27.0	32.1				569.1	19	206.6
吉 林	632.8	15.8	303.8	9.3	270.4	2.5	51.7	3.6	6.9	0.4	712.4	5	52.1
黑龙江	2429.4	134.9	1200.0	63.2	1042.9	33.3	186.5	38.4			796.2		69.9
上 海	14.7	1.9			14.7	1.9					42.0	4	5.2
江 苏	697.5	43.4	366.7	9.3	296.6	34.1	34.2				1492.9	10	107.8
浙 江	554.2	42.0			523.5	41.4	0.6	0.1	30.1	0.5	1126.7	10	309.9
安 徽	1152.5	59.2	616.1	21.5	513.2	36.7	21.9	1.0	1.3		2206.3	26	87.2
福 建	159.3	11.4			141.5	11.3	17.1	0.1	0.7		225.6	4	47.3
江 西	673.5	47.5			448.4	37.1	84.1	2.2	141.0	8.2	775.9	41	113.3
山 东	1822.6	89.8	673.3	7.4	934.2	75.3	215.1	7.1			1940.3	16	244.8
河 南	1388.8	22.6	1001.5	2.7	367.1	19.4	20.2	0.5			1232.1	14	26.8
湖 北	1718.7	112.3	939.2	39.5	667.2	63.6	38.2	5.1	74.1	4.1	1703.6	64	131.7
湖 南	1233.9	65.6			757.7	55.0	335.9	9.3	140.3	1.3	1622.8	62	149.1
广 东	417.2	22.1			387.7	21.8	29.3	0.3	0.2		499.5	52	75.7
广 西	575.0	22.6	77.1	2.5	489.5	19.4	7.4	0.7	1.0		844.1	44	45.6
海 南	60.5	12.0			47.6	12.0	12.9				197.5	7	15.5
重 庆	405.4	45.4	61.9	1.0	329.0	43.0	14.5	1.4			795.4	36	56.0
四 川	943.9	47.5	222.0	16.7	644.4	24.5	47.1	6.1	30.4	0.2	3655.1	222	402.4
贵 州	542.1	42.6	132.5	1.7	301.0	31.2	88.2	9.7	20.4		1194.8	51	65.8
云 南	1578.3	142.4	1072.7	106.7	390.5	26.2	72.5	7.8	40.2	1.0	1760.0	242	164.2
西 藏	14.4	2.5			6.5	1.1	6.8	1.4	1.1		49.0	23	2.9
陕 西	508.9	39.9	227.6	6.5	209.3	28.1	62.7	4.5	9.3	0.8	733.2	58	86.4
甘 肃	1016.5	69.9	498.1	15.6	195.4	33.9	220.3	17.0	102.7	3.4	1185.2	126	134.0
青 海	154.9	7.8	33.3	1.1	36.0	2.1	49.4	4.6	36.2		172.7	13	15.1
宁 夏	260.3	10.1	104.0		60.5	4.7	35.5	5.1	60.3	0.3	144.6	12	8.3
新 疆	1125.8	97.1	522.2	28.4	44.7	8.8	431.5	42.3	126.6	17.6	233.4	66	91.3

表4–6 地质灾害及防治情况

年份 地区	发生地质灾害数量(处)	#滑坡	#崩塌	#泥石流	#地面塌陷	人员伤亡(人)	#死亡人数	直接经济损失、(万元)	地质灾害防治项目数(个)	地质灾害防治投资(万元)
2000	19653	13431	2945	1958	347	27697	1179	494201	429	33197
2001	5793	3034	583	1539	554	1675	788	348699	999	44639
2002	40246	31247	3097	4976	521	2759	853	509740	1595	110022
2003	15489	10240	2604	1549	574	1333	767	504325	1815	166514
2004	13555	9130	2593	1157	445	1407	734	408828	2247	175231
2005	17751	9367	7654	566	137	1223	578	357678	3179	166860
2006	102804	88523	13160	417	398	1227	663	431590	2914	193570
2007	25364	15478	7722	1215	578	1123	598	247528	3492	244885
2008	26580	13450	8080	843	454	1598	656	326936	5325	529939
2009	10580	6310	2378	1442	326	845	331	190109	28061	542368
2010	30670	22250	5688	1981	478	3445	2244	638509	28106	1159813
2011	15804	11504	2445	1356	386	413	244	413151	20871	928085
2012	14675	11112	2152	952	364	636	293	625253	26882	1024183
北京	18	3	12		2	5	3		7	4222
天津	15	4	9	2					9	1243
河北	36	6	10	10	6	1		430	123	16833
山西	18	9	7		2	14	12	345	120	38753
内蒙古	3	1	1		1			612	26	5589
辽宁	2970	2853	9	74	32			235235	83	26916
吉林	19	2	9	7	1			429	10	8009
黑龙江	2	1	1						10	2850
上海									1	6319
江苏	25	20	2		3			642	117	23864
浙江	747	490	191	61	5	1	1	11361	1123	44954
安徽	350	170	157	13	10	5	3	4601	524	26370
福建	130	82	43	1	4	6	5	364	1043	50792
江西	636	358	246	3	29	5	3	3035	101	44815
山东	31	7	6	6	11			591	108	22190
河南	50	16	7	1	26			898	5	7852
湖北	573	416	99	18	35	21	12	9275	287	38883
湖南	3407	3037	262	35	56	42	19	41697	536	37226
广东	231	101	103	7	20	33	21	4308	7146	82293
广西	396	103	238	4	49	44	11	10044	1231	37992
海南	7	2	5					13	76	2959
重庆	588	449	116	13	10	28	21	13571	761	59341
四川	3149	2267	403	466	11	197	78	125017	9062	192232
贵州	181	117	45	6	10	25	12	5564	1445	42189
云南	571	318	70	102	33	145	46	29282	2418	107618
西藏	59	13	11	35				2459	14	10683
陕西	240	170	42	21	2	13	8	6516	210	24469
甘肃	144	70	29	36	5	12	7	15241	256	34911
青海	30	18	10	2		5	3	55	15	17340
宁夏	5	2	2					28	1	2097
新疆	44	7	7	29	1	34	28	103639	14	2378

表4-7 森林火灾情况(2012年)

地区	森林火灾次数(次)					火场总面积(公顷)	受害森林面积(公顷)	伤亡人数(人)	其他损失折款(万元)
		一般火灾	较大火灾	重大火灾	特别重大火灾				
全国	3966	2397	1568	1		43171	13948	21	10801.5
北京	1	1				3	1		
天津	11	11				46	6		2.0
河北	83	73	10			2112	221		50.6
山西	20	10	10			480	95		102.1
内蒙古	57	26	31			4464	650		92.6
辽宁	51	27	24			374	120		37.6
吉林	41	26	15			178	58	1	207.9
黑龙江	49	40	9			1046	235		
上海									
江苏	30	30				6	1		3.4
浙江	139	14	125			2091	906		
安徽	81	57	24			307	86	1	20.1
福建	92	6	86			1078	700		5077.9
江西	46	12	34			1154	412		248.1
山东	8	6	2			15	8		2.4
河南	328	286	42			738	192		39.2
湖北	385	356	29			1205	236		1.2
湖南	922	416	506			8079	4653	5	1142.1
广东	65	25	40			821	361	3	439.0
广西	289	147	142			4329	780		363.0
海南	23	14	9			57	29		1.8
重庆	38	29	9			236	95	3	28.9
四川	486	394	92			3082	815	7	468.0
贵州	275	210	65			2557	502		199.7
云南	299	83	216			7902	2501		2194.2
西藏	13	6	6	1		182	135	1	7.7
陕西	67	30	37			390	16		3.4
甘肃	11	7	4			85	8		0.4
青海	6	6				131	108		22.3
宁夏	9	9				4	4		
新疆	41	40	1			19	17		45.9

表4–8　森林病虫鼠害防治情况

单位：万公顷

年份 地区	合计			森林病害		森林虫害		森林鼠害	
	发生面积	防治面积	防治率(%)	发生面积	防治面积	发生面积	防治面积	发生面积	防治面积
2000	851.86	574.19	67.4	93.45	61.95	669.28	456.59	89.12	55.65
2001	839.03	587.29	70.0	80.50	58.29	668.38	459.27	90.15	69.74
2002	841.25	571.96	68.0	74.50	57.12	679.23	451.23	87.52	63.61
2003	888.74	582.92	65.6	75.75	55.25	718.46	463.33	94.53	64.34
2004	944.84	639.52	68.0	75.79	56.71	744.03	494.85	125.02	87.96
2005	961.03	640.75	66.7	101.20	70.62	726.09	498.51	133.73	71.62
2006	1100.67	735.47	66.8	103.87	71.80	829.87	557.20	166.93	106.47
2007	1209.68	801.20	66.2	110.95	85.88	887.72	604.53	211.02	110.79
2008	1141.84	783.96	68.7	116.83	90.48	843.19	590.23	181.81	103.25
2009	1141.97	819.38	71.8	103.12	81.88	850.30	638.14	188.55	99.36
2010	1164.24	812.36	69.8	129.06	89.56	852.32	628.70	182.86	94.11
2011	1168.14	728.50	62.4	119.72	79.23	845.91	546.58	202.51	102.69
2012	1176.90	782.59	66.5	131.16	84.26	846.29	572.93	199.45	125.41
北京	4.03	4.03	100.0	0.24	0.24	3.79	3.79		
天津	4.96	4.96	100.0	0.71	0.71	4.25	4.25		
河北	53.60	41.63	77.7	2.98	2.72	49.49	38.04	1.14	0.87
山西	23.92	14.97	62.6	0.34	0.22	19.00	12.61	4.58	2.14
内蒙古	120.33	62.15	51.7	14.58	3.24	75.45	42.67	30.30	16.24
辽宁	66.69	58.85	88.2	6.48	5.13	59.91	53.41	0.30	0.30
吉林	26.32	20.91	79.4	1.91	1.83	21.78	17.25	2.62	1.83
黑龙江	43.75	38.65	88.3	4.39	3.59	17.64	15.94	21.72	19.12
上海	0.55	0.54	98.0	0.09	0.09	0.46	0.45		
江苏	11.67	8.66	74.2	1.03	0.88	10.64	7.78		
浙江	6.34	5.27	83.1	1.27	1.08	5.07	4.19		
安徽	38.82	31.58	81.4	5.21	3.56	33.61	28.02		
福建	19.90	10.51	52.8	1.13	0.85	18.77	9.66		
江西	30.53	25.58	83.8	5.69	4.43	24.84	21.14		
山东	52.14	47.64	91.4	10.91	9.59	41.23	38.06		
河南	53.84	44.80	83.2	11.05	9.45	42.79	35.34		
湖北	32.52	21.18	65.1	3.16	2.13	29.07	18.98	0.28	0.07
湖南	29.00	14.69	50.7	4.75	1.42	24.22	13.23	0.03	0.03
广东	33.73	12.95	38.4	1.43	1.17	32.30	11.78		
广西	36.31	5.54	15.2	2.93	0.11	33.39	5.43		
海南	0.94	0.56	59.3	0.004	0.003	0.94	0.56		
重庆	28.24	17.87	63.3	2.10	2.08	21.46	12.85	4.68	2.95
四川	72.70	55.82	76.8	9.59	5.80	58.80	46.63	4.30	3.38
贵州	20.82	14.46	69.4	1.61	1.16	18.31	12.68	0.90	0.62
云南	29.95	26.92	89.9	4.29	3.98	25.48	22.78	0.17	0.17
西藏	27.32	15.38	56.3	7.61	4.64	14.68	8.63	5.03	2.11
陕西	41.39	28.46	68.8	3.49	2.10	27.01	18.19	10.89	8.17
甘肃	29.97	14.57	48.6	6.23	4.06	15.75	5.46	7.98	5.05
青海	27.87	16.36	58.7	3.76	1.30	10.77	7.16	13.34	7.90
宁夏	32.28	12.30	38.1	0.01		14.88	2.69	17.39	9.61
新疆	164.44	101.26	61.6	10.16	6.38	87.23	52.15	67.04	42.72
大兴安岭	12.04	3.58	29.7	2.02	0.29	3.28	1.16	6.75	2.13

表4-9 突发环境事件情况(2012年)

地 区	突发环境事件、次数(次)	特别重大环境事件	重大环境事件	较大环境事件	一般环境事件
全 国	542		5	5	532
北 京	21				21
天 津	5				5
河 北	10				10
山 西					
内蒙古	10				10
辽 宁	15		1	1	13
吉 林	1				1
黑龙江					
上 海	192				192
江 苏	77				77
浙 江	23				23
安 徽	20				20
福 建	4				4
江 西	1				1
山 东	3				3
河 南	14				14
湖 北	4				4
湖 南	3		1	1	1
广 东	23		1		22
广 西	20		1	3	16
海 南	2				2
重 庆	25				25
四 川	16				16
贵 州	4		1		3
云 南	1				1
西 藏					
陕 西	23				23
甘 肃	8				8
青 海	4				4
宁 夏					
新 疆	13				13

表4–10　主要海洋灾害情况

灾 种	发生次数(次)	人员死亡、失踪(人)	直接经济损失(亿元)
合 计	138	68	154.95
风暴潮	24	9	126.29
赤 潮	73		20.15
海 浪	41	59	6.96
海 冰			1.55

五、水资源和废水处理

表5–1 水资源情况

年份/地区	水资源总量(亿立方米)	地表水资源量	地下水资源量	地表水与地下水资源重复量	人均水资源量(立方米/人)
2000	27700.8	26561.9	8501.9	7363.0	2193.9
2001	26867.8	25933.4	8390.1	7455.7	2112.5
2002	28261.3	27243.3	8697.2	7679.2	2207.2
2003	27460.2	26250.7	8299.3	7089.9	2131.3
2004	24129.6	23126.4	7436.3	6433.1	1856.3
2005	28053.1	26982.4	8091.1	7020.4	2151.8
2006	25330.1	24358.1	7642.9	6670.8	1932.1
2007	25255.2	24242.5	7617.2	6604.5	1916.3
2008	27434.3	26377.0	8122.0	7064.7	2071.1
2009	24180.2	23125.2	7267.0	6212.1	1816.2
2010	30906.4	29797.6	8417.0	7308.2	2310.4
2011	23256.7	22213.6	7214.5	6171.4	1730.2
2012	29526.9	28371.4	8416.1	7260.6	2186.1
北 京	39.5	18.0	26.5	4.9	193.2
天 津	32.9	26.5	7.6	1.2	238.0
河 北	235.5	117.8	164.8	47.1	324.2
山 西	106.2	65.9	88.3	48.0	295.0
内蒙古	510.3	349.2	258.4	97.4	2052.7
辽 宁	547.3	492.4	147.4	92.5	1247.8
吉 林	460.5	387.3	147.0	73.8	1674.5
黑龙江	841.4	695.7	289.8	144.1	2194.6
上 海	33.9	27.4	9.7	3.2	143.4
江 苏	373.3	279.1	110.2	16.0	472.0
浙 江	1444.8	1427.1	273.5	255.8	2641.3
安 徽	701.0	640.6	159.3	99.0	1172.6
福 建	1511.4	1510.1	349.3	347.9	4047.8
江 西	2174.4	2155.8	462.3	443.7	4836.0
山 东	274.3	182.2	164.2	72.1	283.9
河 南	265.5	172.7	161.8	68.9	282.6
湖 北	813.9	783.8	262.8	232.7	1411.0
湖 南	1988.9	1981.3	417.9	410.3	3005.7
广 东	2026.5	2017.5	485.8	476.7	1921.0
广 西	2087.4	2086.4	587.3	586.3	4476.0
海 南	364.3	360.2	92.6	88.5	4130.8
重 庆	476.9	476.9	97.8	97.8	1626.5
四 川	2892.4	2891.2	614.9	613.8	3587.2
贵 州	974.0	974.0	253.3	253.3	2801.8
云 南	1689.8	1689.8	583.2	583.2	3637.9
西 藏	4196.4	4196.4	951.9	951.9	137378.1
陕 西	390.5	368.0	130.2	107.7	1041.9
甘 肃	267.0	259.0	139.1	131.1	1038.4
青 海	895.2	879.2	400.5	384.5	15687.2
宁 夏	10.8	8.5	21.6	19.2	168.0
新 疆	900.6	851.6	557.0	508.0	4055.5

注：2012年相关数据为各地初步上报数据，未与第一次全国水利普查数据衔接(下表同)。

表5-2 供水用水情况

年份 地区	供水总量 (亿立方米)				用水总量 (亿立方米)					人均用水量 (立方米/人)
		地表水	地下水	其他		农业	工业	生活	生态	
2000	5530.7	4440.4	1069.2	21.1	5497.6	3783.5	1139.1	574.9		435.4
2001	5567.4	4450.7	1094.9	21.9	5567.4	3825.7	1141.8	599.9		437.7
2002	5497.3	4404.4	1072.4	20.5	5497.3	3736.2	1142.4	618.7		429.3
2003	5320.4	4286.0	1018.1	16.3	5320.4	3432.8	1177.2	630.9	79.5	412.9
2004	5547.8	4504.2	1026.4	17.2	5547.8	3585.7	1228.9	651.2	82.0	428.0
2005	5633.0	4572.2	1038.8	22.0	5633.0	3580.0	1285.2	675.1	92.7	432.1
2006	5795.0	4706.8	1065.5	22.7	5795.0	3664.4	1343.8	693.8	93.0	442.0
2007	5818.7	4723.9	1069.1	25.7	5818.7	3599.5	1403.0	710.4	105.7	441.5
2008	5910.0	4796.4	1084.8	28.7	5910.0	3663.5	1397.1	729.3	120.2	446.2
2009	5965.2	4839.5	1094.5	31.2	5965.2	3723.1	1390.9	748.2	103.0	448.0
2010	6022.0	4881.6	1107.3	33.1	6022.0	3689.1	1447.3	765.8	119.8	450.2
2011	6107.2	4953.3	1109.1	44.8	6107.2	3743.6	1461.8	789.9	111.9	454.4
2012	6141.8	4963.0	1134.2	44.6	6141.8	3880.3	1423.9	728.8	108.8	454.7
北 京	35.9	8.0	20.4	7.5	35.9	9.3	4.9	16.0	5.7	175.5
天 津	23.1	16.0	5.5	1.7	23.1	11.7	5.1	5.0	1.4	167.1
河 北	195.3	41.3	151.3	2.8	195.3	142.9	25.2	23.4	3.8	268.9
山 西	73.4	31.8	38.8	2.8	73.4	42.7	15.5	11.8	3.3	203.7
内蒙古	184.4	89.6	93.0	1.7	184.4	135.4	23.5	10.4	15.1	741.6
辽 宁	142.2	77.5	61.3	3.3	142.2	91.5	23.0	23.4	4.4	324.3
吉 林	129.8	85.9	43.3	0.6	129.8	84.7	27.1	12.0	6.0	472.1
黑龙江	358.9	197.4	161.5		358.9	294.9	41.7	16.3	6.0	936.1
上 海	116.0	115.9	0.1		116.0	17.5	72.9	24.9	0.7	490.6
江 苏	552.2	542.4	9.8		552.2	305.4	193.1	50.5	3.3	698.2
浙 江	198.1	193.9	3.3	0.8	198.1	91.3	60.7	41.6	4.5	362.2
安 徽	292.6	257.4	34.4	0.9	292.6	157.9	99.3	30.9	4.6	489.5
福 建	200.1	192.8	6.6	0.7	200.1	92.8	75.7	28.5	3.1	535.8
江 西	242.5	233.2	9.4		242.5	155.7	58.7	26.1	2.1	539.4
山 东	221.8	126.1	89.3	6.4	221.8	154.2	28.1	32.8	6.7	229.6
河 南	238.6	100.5	137.2	0.9	238.6	135.5	60.5	32.0	10.6	253.9
湖 北	299.3	288.2	10.1	1.0	299.3	146.4	121.6	30.9	0.3	518.9
湖 南	328.8	310.3	18.5		328.8	188.0	98.1	40.3	2.5	496.9
广 东	451.0	432.4	17.0	1.6	451.0	227.6	121.6	95.4	6.5	427.5
广 西	303.0	291.4	11.0	0.6	303.0	211.9	51.5	36.6	3.0	649.8
海 南	45.3	42.0	3.3	0.1	45.3	34.7	3.8	6.6	0.2	514.0
重 庆	82.9	81.2	1.6	0.1	82.9	25.2	39.4	17.5	0.8	282.9
四 川	245.9	222.8	18.6	4.6	245.9	145.8	54.7	42.9	2.5	305.0
贵 州	100.8	98.1	1.1	1.7	100.8	47.7	39.7	13.1	0.3	290.0
云 南	151.8	145.3	5.4	1.1	151.8	103.8	27.8	19.2	1.0	326.9
西 藏	29.8	26.3	3.5		29.8	27.1	1.7	1.0		975.9
陕 西	88.0	54.0	33.4	0.6	88.0	58.2	13.3	14.8	1.7	234.9
甘 肃	123.1	95.9	25.7	1.5	123.1	95.1	15.7	9.3	3.0	478.7
青 海	27.4	23.8	3.5	0.1	27.4	22.5	2.5	2.2	0.2	480.3
宁 夏	69.4	63.8	5.5	0.2	69.4	61.4	4.9	1.6	1.5	1078.0
新 疆	590.1	477.9	110.9	1.4	590.1	561.7	12.4	12.0	4.0	2657.4

注：1.生态用水仅包括部分河湖、湿地人工补水和城市环境用水。
2.2012年起，生活用水量中的牲畜用水量调整至农业用水量中。

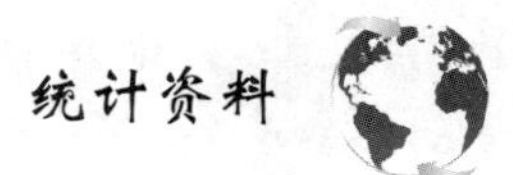

表5–3　分地区废水中主要污染物排放情况（2012年）

地区	废水排放总量(万吨)	废水中主要污染物排放量											
		化学需氧量(万吨)	氨氮(万吨)	总氮(万吨)	总磷(万吨)	石油类(吨)	挥发酚(吨)	铅(千克)	汞(千克)	镉(千克)	六价铬(千克)	总铬(千克)	砷(千克)
全国	6847612	2423.73	253.59	451.37	48.88	17493.9	1501.3	99358.8	1223.4	27249.9	70533.6	190079.1	128493.8
北京	140274	18.65	2.05	3.26	0.44	51.5	0.5	215.9	0.5	17.9	325.8	460.1	21.3
天津	82813	22.94	2.54	3.29	0.36	138.2	1.2	1004.6	3.7	9.6	169.3	453.8	19.4
河北	305773	134.91	11.07	36.04	3.86	986.0	120.3	377.8	5.0	26.6	2870.8	5963.6	66.3
山西	134298	47.68	5.69	8.45	0.81	1202.0	727.2	453.6	5.8	799.0	466.2	501.2	574.0
内蒙古	102424	88.39	5.27	26.70	2.07	798.3	216.8	3050.0	77.0	415.7	4.1	35.2	5081.8
辽宁	238769	130.59	10.75	20.53	2.76	714.6	30.1	557.2	10.8	56.9	513.4	742.0	350.3
吉林	119509	78.75	5.63	12.90	1.58	301.5	5.0	198.9	5.4	26.6	109.7	162.2	1015.4
黑龙江	162589	149.88	9.28	24.75	2.37	293.4	6.5	31.0	1.6	4.1	369.7	376.3	4.1
上海	219244	24.26	4.74	1.55	0.18	649.7	4.0	321.3	4.0	15.3	1011.0	2815.4	99.9
江苏	598211	119.70	15.31	17.47	1.86	1205.3	52.1	2322.9	113.9	38.7	4542.1	11340.0	584.1
浙江	420961	78.62	11.23	9.23	1.06	684.2	23.9	498.1	10.4	212.9	9364.8	19520.0	199.4
安徽	254329	92.43	10.61	18.12	2.01	739.3	5.6	1737.5	9.0	132.2	2297.2	3547.5	5062.4
福建	256263	66.00	9.32	9.57	1.21	434.5	9.4	3093.0	27.5	347.4	2774.3	11769.3	1230.5
江西	201190	74.83	9.11	11.38	1.36	579.0	10.9	6750.4	95.6	2219.5	17155.7	17438.7	8712.1
山东	479100	192.12	16.86	56.27	6.10	1086.8	38.6	735.7	15.4	1012.4	533.3	7104.2	2192.3
河南	403668	139.36	14.98	41.86	4.81	1147.2	136.4	4670.4	20.2	1318.3	1007.5	32604.5	1374.0
湖北	290200	108.66	12.89	19.46	2.34	972.4	17.0	3292.3	219.1	656.4	11567.2	12484.8	9595.1
湖南	304214	126.34	16.13	22.05	2.37	784.5	19.9	38607.3	236.9	13516.8	2098.9	18168.9	53524.9
广东	838551	180.29	22.41	19.46	2.50	691.0	11.3	4855.1	33.7	794.9	8972.9	28454.0	758.3
广西	245578	78.03	8.26	11.59	1.34	285.9	15.0	5418.4	46.7	1405.5	727.3	1769.7	6639.2
海南	37103	19.74	2.25	4.12	0.50	4.2	0.3	15.8	1.0	4.6	0.3	136.1	18.6
重庆	132430	40.28	5.34	5.41	0.64	354.5	9.5	88.4	0.7	2.6	204.8	513.1	1362.4
四川	283657	126.87	14.07	22.14	2.52	423.9	1.7	1645.7	72.8	147.2	843.9	3604.6	2642.2
贵州	91455	33.30	3.87	4.68	0.45	461.8	1.1	289.0	26.2	123.6	80.6	172.3	560.6
云南	154010	54.86	5.86	7.61	0.74	410.0	3.9	8916.2	12.6	1655.2	27.2	94.3	10495.3
西藏	4683	2.58	0.32	0.57	0.04	0.6		3.2	0.1	0.6		1.3	8943.2
陕西	128749	53.62	6.19	8.58	0.75	741.3	2.7	1692.9	31.2	631.2	306.8	1727.2	655.7
甘肃	62813	38.93	4.10	4.75	0.38	264.4	2.5	6792.7	89.8	1303.7	381.1	5026.3	3751.1
青海	21994	10.38	0.98	0.67	0.05	316.0	1.4	724.8	9.9	120.1	7.4	14.7	1452.7
宁夏	38948	22.80	1.74	2.73	0.21	179.0	10.6	92.1	4.3	24.2	110.1	340.3	168.7
新疆	93810	67.92	4.72	16.21	1.19	593.1	15.8	906.7	32.6	210.1	1690.3	2737.5	1338.6

注：2011年环境保护部对统计制度中的指标体系、调查方法及相关技术规定等进行了修订，统计范围扩展为工业源、农业源、城镇生活源、机动车、集中式污染治理设施5个部分。

表5-4　主要城市废水中主要污染物排放情况（2012年）

城市	废水排放总量（万吨）	废水中主要污染物排放量											
		化学需氧量（万吨）	氨氮（万吨）	总氮（万吨）	总磷（万吨）	石油类（吨）	挥发酚（吨）	铅（千克）	汞（千克）	镉（千克）	六价铬（千克）	总铬（千克）	砷（千克）
北京	140274	18.65	2.05	3.26	0.44	51.46	0.52	215.91	0.49	17.90	325.84	460.10	21.34
天津	82813	22.94	2.54	3.29	0.36	138.21	1.24	1004.64	3.74	9.64	169.28	453.78	19.37
石家庄	59696	22.91	1.57	4.55	0.46	147.58	4.16	15.17	0.75	0.91	3.69	2035.30	1.52
太原	21202	2.58	0.46	0.40	0.04	27.77	0.16	91.21	3.20	13.33	154.65	171.12	32.48
呼和浩特	13733	13.24	0.48	2.33	0.17	1.51	0.00	7.54	1.27				2.00
沈阳	42130	26.05	2.25	5.18	0.63	60.52	13.58	39.53	1.66	1.09	87.05	87.09	1.44
长春	26097	18.33	1.39	3.33	0.47	26.36	0.25	15.48		0.03	88.46	95.26	0.08
哈尔滨	40050	31.47	2.28	4.87	0.49	38.42	0.43	20.80	0.18	1.01	41.48	44.38	
上海	219244	24.26	4.74	1.55	0.18	649.74	3.98	321.25	4.00	15.34	1010.97	2815.44	99.86
南京	72205	10.89	1.75	0.85	0.09	204.27	8.88	20.32	2.63	8.95	328.71	404.30	51.79
杭州	95385	10.48	1.38	1.00	0.12	40.63	18.02	32.34	0.05	0.31	2318.14	2780.64	1.00
合肥	43542	12.53	1.09	1.59	0.22	25.21	0.00	20.03	0.31	2.70	6.69	12.80	2.85
福州	36837	10.68	1.59	1.45	0.21	26.04	0.11	27.49	12.99	2.47	454.44	469.40	7.01
南昌	43708	8.87	1.12	1.31	0.16	76.77	3.14	51.63	0.76	8.58	16869.59	16900.10	5.16
济南	33338	11.58	0.96	2.74	0.28	78.00	6.80	6.57	0.27	1.54	85.99	128.35	43.25
郑州	57900	9.81	1.30	1.91	0.25	177.82	0.69	20.72	0.19	6.19	44.06	52.07	27.29
武汉	82408	15.91	1.86	1.52	0.19	111.50	0.63	122.89	2.19	4.30	1193.84	1270.40	209.46
长沙	44385	12.30	1.39	1.62	0.19	14.78	0.02	63.99	0.16	11.57	133.09	169.71	1.98
广州	152831	17.91	2.39	1.32	0.18	94.71	1.12	105.98	0.40	15.40	1669.55	2509.56	32.17
南宁	38312	12.37	1.32	1.93	0.24	6.35	10.60	16.91	5.22	3.66	17.25	42.53	24.09
海口	11521	1.69	0.46	0.51	0.07	3.32		0.28	0.00	0.11	0.00	131.28	0.47
重庆	132431	40.28	5.34	5.41	0.64	354.48	9.51	88.43	0.66	2.65	204.84	513.11	1362.39
成都	88104	19.84	2.30	3.12	0.35	34.91	0.06	16.32	0.22	2.31	100.17	229.77	97.70
贵阳	23009	4.36	0.51	0.40	0.04	60.96	0.04	2.71	0.11	0.88	3.79	5.20	0.70
昆明	52631	2.82	0.72	0.75	0.10	76.36	1.44	4933.12	1.01	1063.34	0.45	17.17	3641.00
拉萨	2337	0.99	0.12	0.14	0.01	0.27	0.02	2.57	0.06	0.51		1.09	
西安	40085	11.83	1.38	1.18	0.12	273.37	0.06	49.21	1.31	5.73	93.58	207.41	8.24
兰州	18318	4.96	0.86	0.36	0.04	69.02	0.40	8.74	0.32	1.24	2.05	24.42	2.97
西宁	10563	4.29	0.46	0.19	0.01	38.83	0.66	291.58	2.77	78.37	7.26	12.73	209.62
银川	19678	5.10	0.65	0.84	0.07	53.57	4.90	11.03	0.07	0.31	6.74	80.47	36.97
乌鲁木齐	24268	3.13	0.63	0.27	0.02	55.84	4.27	28.21	14.43	42.46	129.58	187.58	122.08

表5-3　全海域未达到第一类海水水质标准的海域面积（2012年）

单位：平方公里

项 目	第二类水质海域面积	第三类水质海域面积	第四类水质海域面积	劣于第四类水质海域面积
总 计	46910	30030	24700	67880
渤 海	12330	11040	4690	13080
黄 海	12890	3450	7540	16530
东 海	12800	7540	8820	33970
南 海	8890	8000	3650	4300

六、废气排放及处理

表6-1 分地区废气中主要污染物排放情况（2012年）

单位：万吨

地 区	二氧化硫	氮氧化物	烟(粉)尘
全 国	2117.63	2337.76	1235.77
北 京	9.38	17.75	6.68
天 津	22.45	33.42	8.41
河 北	134.12	176.11	123.59
山 西	130.18	124.40	107.09
内蒙古	138.49	141.89	83.30
辽 宁	105.87	103.63	72.63
吉 林	40.35	57.59	26.48
黑龙江	51.43	78.06	69.93
上 海	22.82	40.16	8.71
江 苏	99.20	147.96	44.32
浙 江	62.58	80.88	25.40
安 徽	51.96	92.13	46.21
福 建	37.13	46.72	25.26
江 西	56.77	57.71	35.74
山 东	174.88	173.90	69.53
河 南	127.59	162.59	59.98
湖 北	62.24	64.00	34.97
湖 南	64.50	60.72	34.07
广 东	79.92	130.34	32.83
广 西	50.41	49.83	29.97
海 南	3.41	10.34	1.66
重 庆	56.48	38.27	18.23
四 川	86.44	65.90	29.58
贵 州	104.11	56.35	29.45
云 南	67.22	54.43	39.06
西 藏	0.42	4.43	0.66
陕 西	84.38	80.81	46.21
甘 肃	57.25	47.34	20.76
青 海	15.39	12.61	15.64
宁 夏	40.66	45.54	19.83
新 疆	79.61	81.95	69.61

表6–2 主要城市废气中主要污染物排放情况（2012年）

单位：万吨

城市	二氧化硫	氮氧化物	烟(粉)尘
北京	9.38	17.75	6.68
天津	22.45	33.42	8.41
石家庄	18.89	27.98	11.23
太原	13.31	14.25	7.62
呼和浩特	10.40	19.24	2.58
沈阳	11.12	13.07	6.79
长春	7.64	15.14	5.45
哈尔滨	11.28	15.02	14.31
上海	22.82	40.16	8.71
南京	12.18	15.62	4.37
杭州	8.69	11.69	3.71
合肥	4.80	10.24	4.96
福州	7.75	10.77	4.02
南昌	4.42	5.90	1.49
济南	11.45	11.27	6.28
郑州	11.95	21.61	3.90
武汉	10.58	15.58	3.39
长沙	2.36	4.80	1.67
广州	7.08	12.65	2.12
南宁	3.94	7.14	3.37
海口	0.19	1.04	0.19
重庆	56.48	38.27	18.23
成都	6.13	10.63	2.83
贵阳	9.88	4.75	2.72
昆明	11.86	11.12	6.10
拉萨	0.17	1.37	0.15
西安	10.36	9.16	3.19
兰州	8.04	10.70	3.60
西宁	7.83	6.69	5.54
银川	11.14	11.00	3.30
乌鲁木齐	12.46	17.27	6.63

表6–3　主要城市空气质量指标（2012年）

单位：毫克/立方米

城　市	可吸入颗粒物(PM10)	二氧化硫(SO_2)	二氧化氮(NO_2)	空气质量达到及好于二级的天数(天)	空气质量达到二级以上天数占全年比重(%)
北　京	0.109	0.029	0.052	281	76.8
天　津	0.105	0.048	0.042	305	83.3
石家庄	0.098	0.058	0.040	322	88.0
太　原	0.080	0.056	0.026	324	88.5
呼和浩特	0.091	0.051	0.037	348	95.1
沈　阳	0.092	0.058	0.036	329	89.9
长　春	0.087	0.030	0.044	339	92.6
哈尔滨	0.094	0.036	0.047	319	87.2
上　海	0.071	0.023	0.046	343	93.7
南　京	0.102	0.033	0.051	317	86.6
杭　州	0.087	0.035	0.053	336	91.8
合　肥	0.098	0.019	0.027	331	90.4
福　州	0.060	0.008	0.035	364	99.5
南　昌	0.088	0.045	0.039	330	90.2
济　南	0.104	0.055	0.041	324	88.5
郑　州	0.105	0.051	0.046	319	87.2
武　汉	0.097	0.030	0.054	321	87.7
长　沙	0.088	0.028	0.044	332	90.7
广　州	0.069	0.022	0.049	360	98.4
南　宁	0.069	0.019	0.033	352	96.2
海　口	0.034	0.006	0.019	366	100.0
重　庆	0.090	0.037	0.035	340	92.9
成　都	0.119	0.033	0.051	293	80.1
贵　阳	0.073	0.031	0.028	351	95.9
昆　明	0.067	0.034	0.036	365	99.7
拉　萨	0.049	0.008	0.024	364	99.5
西　安	0.118	0.040	0.042	306	83.6
兰　州	0.136	0.041	0.039	270	73.8
西　宁	0.105	0.035	0.026	315	86.1
银　川	0.099	0.044	0.037	329	89.9
乌鲁木齐	0.145	0.058	0.068	292	79.8

表6-4　按地区类别及路边情况划分的大气质量（2012年）

单位：微克／立方米

地区类别及路边	全年平均大气污染浓度			
	二氧化硫	二氧化氮	总悬浮粒子	可吸入悬浮粒子
市区①	12	60	62	42
新市镇②	10	47	59	42
郊区③	11	11	–	38
路边④	10	118	83	53

注：①包括葵涌、中西区、深水、观塘、东区及荃湾。

②包括大埔、沙田、元朗及东涌。

③包括塔门。

④包括铜锣湾、中环及旺角。

七、固体废物与生活垃圾处理利用

表7−1 部分地区固体废物处理利用情况（2012年）

单位：万吨

地 区	一般工业固体废物产生量	一般工业固体废物综合利用量	一般工业固体废物处置量	一般工业固体废物贮存量	一般工业固体废物倾倒丢弃量	危险废物产生量	危险废物综合利用量	危险废物处置量	危险废物贮存量
全 国	329044.26	202461.92	70744.82	59786.32	144.21	3465.24	2004.64	698.21	846.91
北 京	1104.05	871.73	219.49	12.83		13.41	4.50	8.91	
天 津	1820.00	1816.50	6.80			11.47	3.96	7.51	
河 北	45575.83	17360.83	7439.07	21210.42		49.18	27.03	21.91	0.32
山 西	29031.50	20235.33	7132.32	1758.69	16.12	18.53	13.33	5.09	0.16
内蒙古	24225.63	10924.83	10943.21	2425.55	5.46	69.99	41.65	39.84	7.81
辽 宁	27279.74	11861.83	11654.99	3948.11	10.40	73.21	49.46	30.54	0.35
吉 林	4730.89	3197.50	540.66	992.73		71.21	67.01	4.20	0.02
黑龙江	6312.55	4646.01	808.40	918.13		21.33	4.20	16.99	0.14
上 海	2198.81	2140.36	55.86	9.59	0.25	54.96	30.34	24.60	0.14
江 苏	10224.44	9341.57	630.40	302.87	0.01	208.59	109.98	97.64	2.79
浙 江	4461.42	4082.76	314.34	67.35	0.40	80.58	27.94	51.56	1.97
安 徽	12022.34	10265.97	1704.90	895.47		24.74	18.32	6.21	0.29
福 建	7719.54	6887.40	764.27	83.83	0.16	10.36	4.62	5.73	0.17
江 西	11133.60	6071.25	387.80	4692.32	2.46	30.56	25.22	5.10	0.33
山 东	18342.59	17072.86	1061.33	487.40		820.31	761.13	66.14	6.29
河 南	15250.47	11597.47	3204.26	559.62	2.11	50.10	42.29	7.81	0.42
湖 北	7610.94	5736.89	1561.22	376.95	1.06	63.50	39.86	23.70	0.41
湖 南	8115.92	5188.28	2143.95	954.67	0.66	267.48	207.65	41.66	21.37
广 东	5965.49	5198.30	814.48	252.54	3.12	130.17	67.01	62.82	0.40
广 西	7963.96	5369.24	2217.85	1063.08	0.41	78.79	55.45	22.89	7.61
海 南	385.72	238.15	58.98	116.04	0.05	1.53	0.10	1.56	0.03
重 庆	3114.89	2569.02	475.38	97.45	4.69	49.03	37.18	11.80	0.05
四 川	13187.30	6052.28	5099.01	2278.51	2.14	110.44	63.14	46.63	0.90
贵 州	7835.25	4838.75	2067.44	938.46	14.05	33.87	13.91	0.36	19.61
云 南	16037.59	7938.01	4766.65	3512.74	43.14	208.04	97.44	53.13	76.47
西 藏	365.98	5.90	26.52	348.56					
陕 西	7215.11	4421.94	1457.34	1359.54	2.24	30.65	11.54	12.11	7.63
甘 肃	6671.17	3593.44	2109.73	991.53	0.37	29.09	13.04	11.44	10.07
青 海	12301.16	6831.06	5.63	5482.81	0.05	404.34	61.30	0.12	347.51
宁 夏	2960.67	2043.78	539.92	397.98		5.62	3.66	0.80	1.17
新 疆	7879.72	4062.72	532.63	3250.56	34.86	444.17	102.39	9.40	332.49

表7–2 主要城市固体废物处理利用情况（2012年）

单位：万吨

城市	一般工业固体废物产生量	一般工业固体废物综合利用量	一般工业固体废物处置量	一般工业固体废物贮存量	一般工业固体废物倾倒丢弃量	危险废物产生量	危险废物综合利用量	危险废物处置量	危险废物贮存量
北京	1104.05	871.73	219.49	12.83		13.41	4.50	8.91	0.00
天津	1820.00	1816.50	6.80	0.00		11.47	3.96	7.51	0.00
石家庄	759.49	743.45	8.59	7.46		19.69	3.99	15.51	0.26
太原	2787.39	1499.32	1258.51	20.46	10.36	4.85	2.07	2.78	0.01
呼和浩特	1121.96	401.04	715.97	4.95		0.17	0.14	0.03	0.00
沈阳	703.75	667.87	138.26	40.44		6.91	4.25	2.62	0.04
长春	469.55	468.57	0.98			3.03	0.18	2.85	0.00
哈尔滨	571.18	572.82	2.88			2.71	1.23	1.49	
上海	2198.81	2140.36	55.86	9.59	0.25	54.96	30.34	24.60	0.14
南京	1615.95	1126.57	362.50	128.05		32.52	20.46	11.85	1.12
杭州	706.84	655.81	50.97	0.17	0.02	12.65	4.58	8.04	0.09
合肥	1076.85	1011.72	7.19	59.15		2.86	1.21	1.65	0.01
福州	728.40	655.15	65.56	11.58		2.20	1.16	1.12	0.01
南昌	186.32	183.89	1.96	0.01	0.47	2.47	2.00	0.47	0.00
济南	1012.21	1010.54	0.41	1.26		6.14	4.16	6.19	0.03
郑州	1500.23	1140.20	330.39	32.41		0.58	0.23	0.35	0.01
武汉	1381.30	1364.26	61.95	6.46		20.74	16.51	4.23	0.00
长沙	103.51	94.69	3.36	6.46	0.00	0.30	0.11	0.16	0.07
广州	614.96	589.09	22.26	4.19		29.78	12.11	17.68	
南宁	356.49	326.20	140.03	13.21	0.00	0.94	0.01	0.16	0.77
海口	6.15	5.64	0.51			0.21	0.01	0.20	0.00
重庆	3114.89	2569.02	475.38	97.45	4.69	49.03	37.18	11.80	0.05
成都	585.27	577.36	7.91	0.00		13.24	1.96	11.26	0.03
贵阳	1122.38	663.78	444.38	16.93		0.80	0.77	0.03	0.00
昆明	3002.68	1356.02	1604.29	106.34	0.04	65.74	50.03	15.68	0.03
拉萨	314.79	5.86	26.27	297.66					
西安	258.22	248.53	8.38	1.54	0.01	0.92	0.05	0.86	0.00
兰州	627.88	623.54	23.19	1.66		6.14	1.14	5.06	0.00
西宁	504.66	511.08	2.37	9.56	0.05	14.90	15.02	0.12	4.35
银川	728.72	591.59	28.87	116.59		4.07	2.24	0.66	1.17
乌鲁木齐	1299.70	1157.47	135.35	6.86	0.01	16.41	7.27	0.97	8.17

表7–3 按种类划分的日均产生的固体废物量

单位：吨 (每日计)

种 类	2008	2009	2010	2011
于堆填区弃置的固体废物				
都市固体废物①				
家居废物②	6080	6020	6140	5970
商业废物③	2280	2320	2350	2360
工业废物④	660	630	630	660
小计	9020	8960	9110	9000
整体建筑废物①⑤	3090	3120	3580	3330
特殊废物⑥	1390	1240	1120	1130
总计	13500	13330	13820	13460
已回收都市固体废物⑦	8590	8720	9870	8270

注：①都市固体废物包括运往弃置设施的家居废物、商业废物及工业废物，但不包括建筑废物及已回收都市固体废物。

②家居废物包括使用后的住宅固体废物，及由公共洁净服务收集的废物。

③商业废物包括所有类型的商业活动产生的固体废物。

④工业废物包括由工业活动产生的固体废物，但不包括化学废物及建筑废料。自2007年开始运往堆填区处置并包括在工业废物类别的废弃混凝土已被重新归类于整体建筑废物，有关的数量已从工业废物类别中扣除。

⑤建筑废物包括由建筑及拆卸活动所产生的废物，但不包括可运往公众填土区作填海用途的物料。在堆填区弃置的整体建筑废物包括来自建筑地盘的建筑废物，以及在建筑地盘以外设立的混凝土配料厂和水泥/砂浆生产厂所产生的废弃混凝土。

⑥特殊废物包括弃置于堆填区的动物尸体、屠房废物、报废货物、滤水厂及污水处理后的污泥、污水处理厂的隔滤物、禽畜废物、医疗废物及化学废物。

⑦都市固体废物回收后会在本地或香港以外地方循环再造。

八、城市建设

表8-1 城市公用事业基本情况

本表各项指标按全社会范围计算。

项目		1990	1995	2000	2010	2011	2012
城市建设							
城区面积	(平方公里)	1165970	1171698	878015	178692	183618	183039
建成区面积	(平方公里)	12856	19264	22439	40058	43603	45566
城市建设用地面积	(平方公里)	11608	22064	22114	39758	41861	45751
城市人口密度	(人/平方公里)	279	322	442	2209	2228	2307
城市供水、燃气及集中供热							
全年供水总量	(亿立方米)	382.3	481.6	469.0	507.9	513.4	523.0
#生活用水		100.1	158.1	200.0	238.8	247.7	257.2
人均生活用水	(吨)	67.9	71.3	95.5	62.6	62.4	62.7
用水普及率	(%)	48.0	58.7	63.9	96.7	97.0	97.2
人工煤气供气量	(亿立方米)	174.7	126.7	152.4	279.9	84.7	77.0
#家庭用量		27.4	45.7	63.1	26.9	23.9	21.5
天然气供气量	(亿立方米)	64.2	67.3	82.1	487.6	678.8	795.0
#家庭用量		11.6	16.4	24.8	117.2	130.1	155.8
液化石油气供气量	(万吨)	219.0	488.7	1053.7	1268.0	1165.8	1114.8
#家庭用量		142.8	370.2	532.3	633.9	632.9	608.1
供气管道长度	(万公里)	2.4	4.4	8.9	30.9	34.9	38.9
燃气普及率	(%)	19.1	34.3	45.4	92.0	92.4	93.2
集中供热面积	(亿平方米)	2.1	6.5	11.1	43.6	47.4	51.8
城市市政设施							
年末实有道路长度	(万公里)	9.5	13.0	16.0	29.4	30.9	32.7
每万人拥有道路长度	(公里)	3.1	3.8	4.1	7.5	7.6	7.7
年末实有道路面积	(亿平方米)	10.2	16.5	23.8	52.1	56.3	60.7
人均拥有道路面积	(平方米)	3.1	4.4	6.1	13.2	13.8	14.4
城市排水管道长度	(万公里)	5.8	11.0	14.2	37.0	41.4	43.9
城市公共交通							
年末公共交通车辆运营数	(万辆)	6.2	13.7	22.6	38.3	41.3	43.2
每万人拥有公交车辆	(标台)	2.2	3.6	5.3	11.2	11.8	12.1
出租汽车数	(万辆)	11.1	50.4	82.5	98.6	100.2	102.7
城市绿化和园林							
城市绿地面积	(万公顷)	47.5	67.8	86.5	213.4	224.3	236.8
人均公园绿地面积	(平方米)	1.8	2.5	3.7	11.2	11.8	12.3
公园个数	(个)	1970	3619	4455	9955	10780	11604
公园面积	(万公顷)	3.9	7.3	8.2	25.8	28.6	30.6
城市环境卫生							
生活垃圾清运量	(万吨)	6767	10671	11819	15805	16395	17081
粪便清运量	(万吨)	2385	3066	2829	1951	1963	1812
每万人拥有公厕	(座)	3.0	3.0	2.7	3.0	2.9	2.9

注：1.2006年以前“城区面积”为“城市面积”。

2.计算人均和普及率指标所使用的人口数2006年以前为城市人口，2006年起为城区人口与城区暂住人口之和，以公安部门的户籍统计和暂住人口统计为准。

表8-3 部分地区城市建设情况（2012年）

地 区	城区面积 (平方公里)	建成区面积 (平方公里)	城市建设用地面积 (平方公里)	本年征用土地面积 (平方公里)	城市人口密度 (人/平方公里)
全 国	183039.4	45565.8	45750.7	2161.5	2307
北 京	12187.0	1261.1	1445.0	42.2	1464
天 津	2334.5	722.1	722.1	55.7	2782
河 北	6611.2	1738.9	1609.3	19.7	2411
山 西	3427.2	1013.8	944.1	26.8	3028
内蒙古	8501.0	1132.8	1198.8	17.9	1032
辽 宁	13966.5	2329.1	2261.3	194.8	1624
吉 林	3956.6	1293.8	1209.8	56.0	2878
黑龙江	2718.3	1725.5	1747.7	39.7	5054
上 海	6340.5	998.8	2904.3	42.0	3754
江 苏	13957.0	3655.1	3701.9	245.9	2002
浙 江	10515.2	2296.3	2246.7	115.2	1786
安 徽	5569.1	1696.0	1682.0	128.6	2401
福 建	4500.9	1203.1	1126.1	72.5	2388
江 西	1949.6	1077.6	1034.3	65.9	4663
山 东	21421.5	3927.0	3854.4	150.7	1349
河 南	4628.0	2219.1	2083.4	44.7	4964
湖 北	9052.3	1889.6	2126.7	34.3	2004
湖 南	4623.5	1465.1	1430.2	69.1	3030
广 东	15984.1	5026.4	4083.4	286.3	2927
广 西	6067.4	1083.6	1029.8	88.9	1528
海 南	1149.1	265.6	253.4	11.2	2079
重 庆	6105.7	1051.7	859.5	75.3	1832
四 川	6205.0	1901.7	1855.6	71.1	2866
贵 州	1816.6	586.1	555.5	17.1	3324
云 南	2143.8	859.9	846.6	62.5	4029
西 藏	337.0	119.7	111.0		1655
陕 西	1504.4	863.5	776.2	28.7	5483
甘 肃	1292.4	681.6	642.7	52.9	4369
青 海	512.3	122.1	122.0	2.9	2674
宁 夏	2103.2	399.6	332.9	10.7	1251
新 疆	1558.5	959.6	954.1	32.4	4312

表8–4　部分地区城市燃气情况（2012年）

地 区	人工煤气生产能力(万立方米/日)	管道长度(公里)			全年供气总量			用气人口(万人)		
		人工煤气	天然气	液化石油气	人工煤气(万立方米)	天然气(万立方米)	液化石油气(吨)	人工煤气	天然气	液化石油气
全 国	2656.2	33538	342752	12651	769686	7950377	11148032	2442.3	21207.5	15682.9
北 京			18656	414		924763	418156		1366.9	416.9
天 津			13627	184		256241	49105		637.2	12.2
河 北	88.1	3224	10250	346	89595	214451	205388	187.6	981.6	421.5
山 西	92.2	4713	5107	412	87787	213502	90534	236.6	584.1	167.2
内蒙古	164.0	507	5437	176	2786	113040	98496	46.2	347.1	347.2
辽 宁	254.6	5465	10160	690	59736	85701	516426	556.7	956.6	665.0
吉 林	80.0	1814	5170	108	17086	69697	220874	188.5	387.2	443.1
黑龙江	121.9	709	6651	26	8185	88191	206057	80.9	637.6	427.2
上 海	567.4	3596	21283	516	90438	631126	392514	197.7	1320.9	861.8
江 苏	43.0	768	43799	821	4889	691763	735757	27.5	1743.6	1006.5
浙 江	1.8	112	18151	2668	463	191322	776396	4.3	703.8	1160.6
安 徽			13192	254		171251	537160		911.8	353.1
福 建	8.0	305	6328	437	3080	95325	288978	19.4	294.6	745.7
江 西	157.3	1755	6479	465	48497	41910	204258	80.3	322.0	455.9
山 东	58.1	1429	31146	817	21316	518344	511489	88.3	1865.6	921.8
河 南	226.1	1394	15442	19	85359	241272	234450	120.5	1095.1	575.0
湖 北		275	15244	643	5100	240807	386152	12.4	945.0	768.0
湖 南		425	9111	20	2707	161274	201279	30.7	562.2	686.6
广 东	14.6	8	17421	2809	2509	1174509	3872441		1154.7	3287.4
广 西	10.6	425	5094	76	4423	16904	326110	45.6	186.8	632.0
海 南			1725	18		17664	55344		104.9	115.3
重 庆			12674			324965	93315		934.0	109.6
四 川	511.0	550	25896	201	159925	568317	180447	48.7	1382.7	132.8
贵 州	187.0	2903	486	135	34167	9853	66101	176.1	54.8	200.0
云 南	13.6	2656	672	214	37653	1207	174936	265.2	33.0	275.9
西 藏				103			25918			16.6
陕 西			7842			221162	31516		644.3	131.9
甘 肃	10.8	393	1701		1658	112098	151392	18.6	252.0	168.8
青 海			949			111917	6834		108.4	18.5
宁 夏		42	3089		137	179132	17086	3.6	141.3	64.7
新 疆	46.0	71	9972	81	2190	262670	73123	7.0	547.7	94.6

表8–5　部分地区城市集中供热情况（2012年）

地区	供热能力		供热总量		管道长度		供热面积(万平方米)
	蒸汽(吨/小时)	热水(兆瓦)	蒸汽(万吉焦)	热水(万吉焦)	蒸汽(公里)	热水(公里)	
全国	86452	365278	51609	243818	12690	147390	518368
北京	450	38298	289	35222	44	11031	52555
天津	3463	21063	1757	10244	564	16190	30000
河北	9244	26129	6490	16197	1199	9092	44670
山西	2639	20706	1767	12295	342	6879	36056
内蒙古	1135	29489	778	19145	158	6673	32921
辽宁	13038	62826	6320	42748	2259	24787	87108
吉林	1537	36536	420	20189	208	15019	38296
黑龙江	4789	38743	2454	27815	370	15553	48336
上海							
江苏							
浙江	5442	75	5713		832		8575
安徽	3846	182	2868	43	511	15	2966
福建							
江西							
山东	24678	33450	14759	24018	3982	24070	67423
河南	5856	6204	3053	3139	1187	3149	13006
湖北	1816	278	891	43	183	10	1682
湖南							
广东							
广西							
海南							
重庆							
四川							
贵州							
云南							
西藏							
陕西	5795	6682	2293	3465	546	918	12308
甘肃	384	12758	305	7569	125	3825	12943
青海		258		199		114	304
宁夏	381	7927	151	4794	25	2690	7373
新疆	1959	23675	1302	16691	155	7376	21844

表8–6 部分地区城市公共交通情况（2012年）

地 区	年末公共交通车辆运营数(辆)	公 共汽、电车	轨 道交 通	运营线路总长度(公里)	公 共汽、电车	轨 道交 通	公共交通客运总量(万人次)	公 共汽、电车	轨 道交 通	出租汽车(辆)
全 国	432021	419410	12611	551794	549736	2058	7887914	7014989	872925	1026678
北 京	25831	22146	3685	19989	19547	442	761578	515416	246162	66646
天 津	9031	8405	626	12871	12732	139	129951	118721	11230	31940
河 北	16493	16493		18812	18812		203954	203954		49130
山 西	7851	7851		13369	13369		124838	124838		29700
内蒙古	5586	5586		10650	10650		96349	96349		37778
辽 宁	20968	20500	468	21521	21384	137	428367	401457	26910	79868
吉 林	10912	10532	380	11255	11200	55	170561	165336	5225	55457
黑龙江	14364	14364		15087	15087		223956	223956		62651
上 海	19825	16695	3130	23658	23190	468	507933	280360	227573	50683
江 苏	30956	30380	576	49903	49793	110	470233	427578	42655	47269
浙 江	23060	22892	168	40606	40558	48	311024	310463	561	34165
安 徽	11992	11992		10535	10535		212719	212719		37142
福 建	11823	11823		15627	15627		224703	224703		18325
江 西	7852	7852		11648	11648		127961	127961		11998
山 东	32869	32869		44682	44682		398268	398268		58758
河 南	18137	18137		18337	18337		263718	263718		45518
湖 北	16982	16670	312	17354	17298	56	338901	330613	8288	33520
湖 南	13148	13148		14132	14132		272165	272165		24031
广 东	53089	50729	2360	87797	87384	413	1003098	739359	263739	62243
广 西	7430	7430		9323	9323		142505	142505		15015
海 南	2614	2614		5600	5600		43306	43306		4998
重 庆	8540	7982	558	8959	8828	131	201331	176968	24363	15520
四 川	19628	19388	240	19180	19140	40	357333	347025	10308	31818
贵 州	5031	5031		5305	5305		132200	132200		13266
云 南	8187	8187		16329	16329		148409	148409		17302
西 藏	396	396		834	834		7139	7139		1379
陕 西	10948	10840	108	9207	9187	20	254599	248687	5912	22657
甘 肃	5214	5214		4907	4907		102846	102846		19324
青 海	2067	2067		1937	1937		39135	39135		7119
宁 夏	3042	3042		4813	4813		37441	37441		13107
新 疆	8155	8155		7568	7568		151397	151397		28351

表8–7　部分地区城市绿地和园林（2012年）

地 区	城市绿地面积(公顷)		公 园(个)	公园面积(公顷)	建成区绿化覆盖率(%)
		#公园绿地			
全 国	2367842	517815	11604	306245	39.6
北 京	65540	21178	236	11356	46.2
天 津	22319	6846	84	1801	34.9
河 北	73517	22320	446	14966	41.0
山 西	35653	11224	258	7831	38.6
内蒙古	46727	13618	200	10440	36.2
辽 宁	118297	24710	338	12222	40.2
吉 林	38781	12486	161	5093	33.9
黑龙江	73820	16142	304	9372	36.0
上 海	124204	16848	157	2217	38.3
江 苏	247001	38069	783	16465	42.2
浙 江	122723	23420	1015	14803	39.9
安 徽	79592	15941	287	9881	38.8
福 建	54544	13004	495	10256	42.0
江 西	46874	12817	285	8104	46.0
山 东	176342	47318	686	25023	42.1
河 南	77038	21202	280	11083	36.9
湖 北	68803	19042	295	10356	38.9
湖 南	51822	12366	190	9251	37.0
广 东	401669	74029	3032	61787	41.2
广 西	66964	10585	179	7481	37.5
海 南	50668	2871	48	1824	41.2
重 庆	47156	20275	276	9973	42.9
四 川	83179	19188	408	10630	38.7
贵 州	32948	5666	59	4112	32.8
云 南	35313	9007	564	6434	39.3
西 藏	3432	524	64	681	32.4
陕 西	30990	9552	152	3488	40.4
甘 肃	18548	5373	97	2629	30.0
青 海	4033	1344	26	895	32.5
宁 夏	19833	4132	60	2110	38.4
新 疆	49512	6718	139	3681	35.9

注：公园绿地面积包括综合公园、社区公园、专类公园、带状公园和街旁绿地。

表8-8 部分地区城市设施水平（2012年）

地 区	城市用水普及率(%)	城市燃气普及率(%)	每万人拥有公共交通车辆(标台)	人均城市道路面积(平方米)	人均公园绿地面积(平方米)	每万人拥有公共厕所(座)
全 国	97.16	93.15	12.15	14.39	12.26	2.89
北 京	100.00	100.00	23.43	7.57	11.87	3.24
天 津	100.00	100.00	17.34	17.88	10.54	1.84
河 北	99.96	99.79	11.29	17.84	14.00	4.18
山 西	97.64	95.18	8.47	11.79	10.82	3.09
内蒙古	94.43	84.39	7.05	17.67	15.52	5.08
辽 宁	98.45	96.02	11.11	11.55	10.89	2.46
吉 林	92.38	89.46	9.75	12.61	10.96	3.67
黑龙江	94.14	83.39	11.26	11.83	11.75	5.14
上 海	100.00	100.00	11.91	4.08	7.08	2.66
江 苏	99.70	99.43	13.36	22.35	13.63	3.59
浙 江	99.88	99.49	13.96	17.88	12.47	4.18
安 徽	98.02	94.61	10.14	18.47	11.92	2.32
福 建	99.13	98.60	12.16	14.13	12.10	2.69
江 西	97.67	94.40	10.01	14.99	14.10	2.25
山 东	99.85	99.48	12.76	24.70	16.37	1.99
河 南	91.76	77.94	8.60	11.08	9.23	3.12
湖 北	98.24	95.09	11.25	15.85	10.50	2.59
湖 南	96.42	91.33	10.38	13.49	8.83	2.34
广 东	97.62	94.93	13.42	13.42	15.82	2.06
广 西	95.30	93.26	9.18	14.74	11.42	2.33
海 南	97.74	92.15	11.60	18.85	12.01	1.92
重 庆	93.84	93.32	9.00	10.67	18.13	1.78
四 川	92.04	87.96	13.34	12.72	10.79	2.89
贵 州	92.07	71.35	8.80	6.80	9.38	2.09
云 南	94.32	66.46	10.25	11.92	10.43	2.79
西 藏	75.39	29.79	8.59	14.22	9.40	0.77
陕 西	96.15	94.11	15.58	14.71	11.58	3.48
甘 肃	92.77	77.81	10.04	12.56	9.52	2.36
青 海	99.90	92.65	16.60	11.17	9.81	4.32
宁 夏	92.30	79.67	12.46	17.56	15.71	2.30
新 疆	99.13	96.60	13.91	14.16	10.00	3.22

注：人均和普及率指标按城区人口与暂住人口之和计算，以公安部门的户籍统计和暂住人口统计为准。

九、交通运输

表9-1　交通运输业基本情况

指　标	2009	2010	2011	2012
运输线路长度　(万公里)				
铁路营业里程	8.55	9.12	9.32	9.76
公路里程	386.08	400.82	410.64	423.75
#高速公路	6.51	7.41	8.49	9.62
内河航道里程	12.37	12.42	12.46	12.50
定期航班航线里程	234.51	276.51	349.06	328.01
管道输油(气)里程	6.91	7.85	8.33	9.01
客运量总计　(万人)	2976898	3269508	3526319	3804035
铁路	152451	167609	186226	189337
公路	2779081	3052738	3286220	3557010
水运	22314	22392	24556	25752
民航	23052	26769	29317	31936
旅客周转量总计　(亿人公里)	24834.9	27894.3	30984.0	33383.1
铁路	7878.9	8762.2	9612.3	9812.3
公路	13511.4	15020.8	16760.2	18467.5
水运	69.4	72.3	74.5	77.5
民航	3375.2	4039.0	4537.0	5025.7
货运量总计　(万吨)	2825222	3241807	3696961	4099400
铁路	333348	364271	393263	390438
公路	2127834	2448052	2820100	3188475
水运	318996	378949	425968	458705
民航	445.5	563.0	557.5	545.0
管道	44598	49972	57073	61238
货物周转量　(亿吨公里)	122133	141837	159324	173771
铁路	25239	27644	29466	29187
公路	37189	43390	51375	59535
水运	57557	68428	75424	81708
民航	126.2	178.9	173.9	163.9
管道	2022	2197	2885	3177
民用汽车拥有量　(万辆)	6280.61	7801.83	9356.32	10933.09
#私人汽车	4574.91	5938.71	7326.79	8838.60
其他机动车拥有量　(万辆)	10489.01	11305.55	11549.16	11322.30
民用运输船舶拥有量　(艘)	176932	178407	179242	178591
机动船	149367	155624	157950	158309
驳船	27565	22783	21292	20282
沿海规模以上港口货物吞吐量　(万吨)	475481	548358	616292	665245

注：1.2004年起内河航道里程为内河航道通航里程数(以下各表同)。
2.2005年起公路里程包括村道(以下各表同)。
3.2008年公路、水路运输量统计口径有调整(以下各表同)。
4.从2009年起，沿海规模以上港口统计范围为年吞吐量1000万吨以上的沿海港口，内河规模以上港口统计范围为年吞吐量200万吨以上的内河港口(以下各表同)。
5.2011年起民航航线里程改为定期航班航线里程(以下各表同)。

表9-1　运输线路长度

单位：万公里

年　份	铁路营业里　程	#国家铁路电气化里程	公　路里　程	#高速公路	内河航道里　程	定期航班航线里　程	#国际航线	管道输油(气)里程
1978	5.17	0.10	89.02		13.60	14.89	5.53	0.83
1980	5.33	0.17	88.83		10.85	19.53	8.12	0.87
1981	5.39	0.17	89.75		10.87	21.83	8.28	0.97
1982	5.33	0.18	90.70		10.86	23.27	9.99	1.04
1983	5.46	0.23	91.51		10.89	22.91	9.99	1.08
1984	5.48	0.30	92.67		10.93	26.02	10.74	1.10
1985	5.52	0.41	94.24		10.91	27.72	10.60	1.17
1986	5.58	0.44	96.28		10.94	32.43	10.76	1.30
1987	5.60	0.46	98.22		10.98	38.91	14.89	1.38
1988	5.62	0.57	99.96	0.01	10.94	37.38	12.83	1.43
1989	5.70	0.64	101.43	0.03	10.90	47.19	16.64	1.51
1990	5.79	0.69	102.83	0.05	10.92	50.68	16.64	1.59
1991	5.78	0.78	104.11	0.06	10.97	55.91	17.74	1.62
1992	5.81	0.84	105.67	0.07	10.97	83.66	30.30	1.59
1993	5.86	0.89	108.35	0.11	11.02	96.08	27.87	1.64
1994	5.90	0.90	111.78	0.16	11.02	104.56	35.19	1.68
1995	6.24	0.97	115.70	0.21	11.06	112.90	34.82	1.72
1996	6.49	1.01	118.58	0.34	11.08	116.65	38.63	1.93
1997	6.60	1.20	122.64	0.48	10.98	142.50	50.44	2.04
1998	6.64	1.30	127.85	0.87	11.03	150.58	50.44	2.31
1999	6.74	1.40	135.17	1.16	11.65	152.22	52.33	2.49
2000	6.87	1.49	167.98	1.63	11.93	150.29	50.84	2.47
2001	7.01	1.69	169.80	1.94	12.15	155.36	51.69	2.76
2002	7.19	1.74	176.52	2.51	12.16	163.77	57.45	2.98
2003	7.30	1.81	180.98	2.97	12.40	174.95	71.53	3.26
2004	7.44	1.86	187.07	3.43	12.33	204.94	89.42	3.82
2005	7.54	1.94	334.52	4.10	12.33	199.85	85.59	4.40
2006	7.71	2.34	345.70	4.53	12.34	211.35	96.62	4.81
2007	7.80	2.40	358.37	5.39	12.35	234.30	104.74	5.45
2008	7.97	2.50	373.02	6.03	12.28	246.18	112.02	5.83
2009	8.55	3.02	386.08	6.51	12.37	234.51	91.99	6.91
2010	9.12	3.27	400.82	7.41	12.42	276.51	107.02	7.85
2011	9.32	3.43	410.64	8.49	12.46	349.06	149.44	8.33
2012	9.76	3.55	423.75	9.62	12.50	328.01	128.47	9.01

十、环境污染治理投资

表10–1 环境污染治理投资

指 标	2008	2009	2010	2011	2012
环境污染治理投资总额(亿元)	4937.0	5258.4	7612.2	7114.0	8253.5
#城镇环境基础设施建设投资	2247.7	3245.1	5182.2	4557.2	5062.7
#燃气	199.2	219.2	357.9	444.1	551.8
集中供热	328.2	441.5	557.5	593.3	798.1
排水	637.2	1035.5	1172.7	971.6	934.1
园林绿化	823.9	1137.6	2670.6	1991.9	2380.0
市容环境卫生	259.2	411.2	423.5	556.2	398.6
工业污染源治理投资	542.6	442.6	397.0	444.4	500.5
建设项目“三同时”环保投资	2146.7	1570.7	2033.0	2112.4	2690.4
环境污染治理投资总额占国内生产总值比重(%)	1.57	1.54	1.90	1.50	1.59

注：城镇环境基础设施建设投资中增加了县城基础设施建设投资。

表10—2 工业污染治理投资完成情况

年份 地区	工业污染治理完成投资(万元)	治理废水	治理废气	治理固体废物	治理噪声	治理其他
2000	2347895	1095897	909242	114673	13692	214390
2001	1745280	729214	657940	186967	6424	164734
2002	1883663	714935	697864	161287	10464	299113
2003	2218281	873748	921222	161763	10139	251408
2004	3081060	1055868	1427975	226465	13416	357336
2005	4581909	1337147	2129571	274181	30613	810396
2006	4839485	1511165	2332697	182631	30145	782848
2007	5523909	1960722	2752642	182532	18279	606838
2008	5426404	1945977	2656987	196851	28383	598206
2009	4426207	1494606	2324616	218536	14100	374349
2010	3969768	1295519	1881883	142692	14193	620021
2011	4443610	1577471	2116811	313875	21623	413831
2012	5004573	1403448	2577139	247499	11627	764860
北京	32840	3012	24652	1011	40	4125
天津	125559	11306	42459	1301	1208	69284
河北	236290	52178	181167	86		2858
山西	323269	30523	170665	40201	239	81642
内蒙古	189715	38699	123391	18197	5	9424
辽宁	119447	27777	56168	2354	111	33038
吉林	57269	14702	30422	1095	350	10700
黑龙江	39287	7350	27661	2501		1776
上海	115915	5336	55455	432	560	54131
江苏	390144	73572	265739	12989	323	37521
浙江	283023	101840	138422	1457	1405	39899
安徽	127350	21476	100711	2335	183	2645
福建	237635	102883	107725	7576	382	19069
江西	39478	16575	17576	1624	16	3688
山东	670633	263797	303865	35350	1306	66316
河南	148347	30452	77995	3952	425	35522
湖北	148964	35376	75490	1476	1114	35508
湖南	179561	48312	78513	4157	280	48298
广东	280996	57889	190207	17348	755	14797
广西	85644	43969	25546	8782	2	7344
海南	48279	25043	21207	180		1850
重庆	38226	17510	16531	1471	309	2405
四川	110608	53646	48615	2892	474	4980
贵州	124663	21041	67346	2363	1034	32879
云南	197259	101066	56598	5733	575	33287
西藏	1775	922	174	615		64
陕西	271266	112221	112464	11406	480	34695
甘肃	210984	29510	62220	53499	51	65706
青海	21880	3263	14130	1514		2974
宁夏	69160	14298	43543	3601		7717
新疆	79106	37905	40483			718

国家发展改革委批准的CDM项目

（2012年1月6日～2013年1月13日）

4925 湖北堵河小漩水电站项目
4924 福建华安水电站扩建工程项目
4923 国电电力格尔木二期20兆瓦并网光伏发电项目
4922 德令哈30兆瓦光伏发电项目
4921 九龙县大海子、三道桥和石头沟打捆小水电项目
4920 九龙县辞秋水电站项目
4919 芙蓉江浩口水电站项目
4918 河北省保定市兴县、涞水县、易县、涿州市和廊坊市大城县（HB17)农村户用沼气项目
4917 河北省唐山市滦县（HB20）农村户用沼气项目
4916 诺华川西南林业碳汇、社区和生物多样性造林再造林项目
4915 大唐江山天然气热电联产项目
4914 西北热电中心大唐国际北京高井燃气热电项目
4913 中天钢铁集团有限公司低温余热发电工程项目
4912 侯甲煤矿瓦斯发电项目
4911 湖北松滋硫磺制酸低温位热能回收利用项目
4910 大唐吴江汾湖燃机热电联产项目
4909 赤峰松山区上地风电场天润鑫能新能源有限公司4.95万千瓦风电项目
4908 赤峰市天润鑫能新能源有限公司赤峰松山区蔡家沟风电场49.5兆瓦项目
4907 中国永州湘祁水电项目
4906 重庆市巫溪县玉山 4.8兆瓦水电项目
4905 甘肃张掖盈科7.2兆瓦小水电项目
4904 甘肃肃南6.3兆瓦寺大隆一级水电项目
4903 甘肃张掖8.0兆瓦石庙二级水电项目
4902 贵州攀极二号盘县瓦斯综合利用项目
4901 金沙一号瓦斯综合利用项目
4900 贵州盘江煤矿瓦斯发电项目
4899 贵州盘江低浓度煤矿瓦斯发电项目二期
4898 淄博腾飞生物质热电有限公司1×15兆瓦秸秆发电项目
4897 甘肃省腊子口二级5.1兆瓦水电项目
4896 湖南省张家界山羊溪水电站项目
4895 全州柳铺水电项目
4894 宁夏贺兰山风电场（头关）达力斯49.5兆瓦风电项目
4893 宁夏太阳山风电场神鹏49.5兆瓦工程项目
4892 浙江东南发电股份有限公司萧山发电厂天然气发电工程项目
4891 浙江省镇海电厂油改建燃气发电工程项目
4890 唐山三友集团东光浆粕有限责任公司污水沼气回收利用项目
4889 天成玉米开发有限公司淀粉污水沼气回收利用项目
4888 辽宁铭笙纸业有限公司造纸污水沼气回收利用项目
4887 河北航宇集团有限公司造纸污水处理综合利用项目
4886 贵州省白果树6.4兆瓦小水电项目
4885 湖北省竹山县深河4兆瓦水电项目

4884 吉林省延边朝鲜族自治州安图县古洞河一级水电项目
4883 内蒙古汇通能源卓资巴音锡勒风电场48兆瓦工程项目
4882 江苏东凌风电场项目
4881 遵化市秸秆发电工程
4880 甘肃省陇南市武都区石门12.6兆瓦水电项目
4879 江苏国信东凌风力发电有限公司东凌风电场二期（48兆瓦）工程
4878 中国65兆瓦大孤山水电项目
4877 甘肃张掖黑河龙汇小水电项目
4876 甘肃黑河宝瓶河水电项目
4875 协合宿州埇桥符离风电场项目
4874 宿州萧县协合官山风电场项目
4873 永仁县干巴拉并网光伏发电项目
4872 宾川县盘口菁一级电站
4871 舟曲县博峪四级水电站项目
4870 冕宁县三合水电站工程
4869 盐源县黑水河二级水电站工程
4868 大唐托克逊风电场三期49.5兆瓦工程
4867 朔城牛家岭风力发电项目
4866 四川省越西县尔普水电项目
4865 福建云霄青径风电场项目
4864 广西华电南宁华南城分布式能源项目
4863 郴州桂阳桥市风电场项目
4862 汉能邳州市太阳能发电有限公司30兆瓦光伏电站项目
4861 天润夏县泗交镇49.5兆瓦风力发电项目
4860 天润哈密十三间房风电场三期49.5兆瓦风电项目
4859 天润布尔津风电场二期49.5兆瓦风电项目
4858 天润富蕴风电场49.5兆瓦风电项目
4857 哈密东南部风区200万千瓦风电项目烟墩第二风电场项目
4856 广东汉能光伏有限公司10兆瓦光伏发电项目
4855 陕西省镇巴县楮河田坝水电站项目
4854 马鬃山第二风电场A区项目
4853 湖南省中方县三角滩电站扩容技改工程项目
4852 贵州乌江沙沱水电站项目
4851 凉山州水洛河固滴水电站项目
4850 雅安市西河出居沟水电站项目
4849 宜州市佑岸拉稿水电站项目
4848 俄洛沟流域俄洛水电站项目
4847 贵州北盘江董箐水电站项目
4846 土右旗20兆瓦太阳能光伏发电项目
4845 长安垃圾填埋气体综合利用（CDM）项目
4844 广西壮族自治区玉林市北流市、陆川县、容县和钦州市浦北县（GX7）农村户用沼气项目
4843 广西壮族自治区钦州市浦北县和灵山县（GX8）农村户用沼气项目
4842 广西壮族自治区崇左市宁明县、扶绥县、大新县和天等县（GX9）农村户用沼气项目
4841 广西壮族自治区崇左市凭祥市、江州区和防城港市上思县、防城区（GX10）农村户用沼气项目
4840 广西壮族自治区百色市平果县、田东县和田阳县（GX11）农村户用沼气项目
4839 广西壮族自治区百色市田阳县、凌云县、田林县和河池市天峨县（GX12）农村户用沼气项目
4838 广西壮族自治区桂林市平乐县、恭城县和阳朔县（GX13）农村户用沼气项目

4837 广西壮族自治区河池市金城江区、宜州市、环江县和柳州市融水县（GX14）农村户用沼气项目
4836 广西壮族自治区河池市大化县和南宁市马山县（GX15）农村户用沼气项目
4835 广西壮族自治区桂林市阳朔县和来宾市武宣县、兴宾区（GX16）农村户用沼气项目
4834 河北省邯郸市临漳县（HB9）农村户用沼气项目
4833 河北省石家庄市行唐县、新乐市和正定县（HB10）农村户用沼气项目
4832 河北省石家庄市灵寿县和正定县（HB11）农村户用沼气项目
4831 河北省石家庄市栾城县和邢台市柏乡县、任县（HB13）农村户用沼气项目
4830 河北省石家庄市晋州市、辛集市（HB14）农村户用沼气项目
4829 河北省辛集市和衡水市武邑县（HB15）农村户用沼气项目
4828 河北省唐山市迁西县（HB18）农村户用沼气项目
4827 河北省唐山市遵化市和乐亭县（HB19）农村户用沼气项目
4826 广西壮族自治区与河北省“十二五”期间户用沼气建设规划类清洁发展机制项目
4825 太原市侯村城市生活垃圾卫生填埋场沼气精制燃气项目
4824 江苏徐塘发电有限责任公司4、5号机组汽轮机通流改造项目
4823 甘肃兰州腾达西北铁合金有限责任公司矿热炉余热自备发电一期项目
4822 广东粤电雷州红心楼风电场49.5兆瓦项目
4821 中海油气电集团珠海高栏港经济区天然气热电联产项目
4820 上海丸九电机系统能效提高规划项目
4819 广东省LNG公交车推广规划类项目
4818 青海省太阳能光伏发电项目规划
4817 联和能源水煤浆项目规划活动
4816 南方电网水电优化调度技术改造项目
4815 陕西华电靖边王渠则风电场一期项目
4814 河南百川畅银实业有限公司垃圾填埋场填埋气发电规划方案
4813 甘肃华电嘉峪关西戈壁滩9MW并网光伏发电项目和讨赖河北岸9MW并网光伏发电项目
4812 昭阳区核桃树水电站工程项目
4811 昭阳区银盘水电站工程项目
4810 昭阳区岔河水电站工程项目
4809 昭阳区小地沟水电站工程项目
4808 宁夏盐池风电场（王乐井乡牛毛井）武汉凯迪49.5MW工程
4807 上海丸九太阳能与余热回收联合供热系统
4806 四川农村中低收入家庭户用沼气建设规划类清洁发展机制项目CPA030
4805 四川农村中低收入家庭户用沼气建设规划类清洁发展机制项目CPA031
4804 四川农村中低收入家庭户用沼气建设规划类清洁发展机制项目CPA032
4803 四川农村中低收入家庭户用沼气建设规划类清洁发展机制项目CPA033
4802 四川农村中低收入家庭户用沼气建设规划类清洁发展机制项目CPA034
4801 四川农村中低收入家庭户用沼气建设规划类清洁发展机制项目CPA035
4800 四川农村中低收入家庭户用沼气建设规划类清洁发展机制项目CPA036
4799 四川农村中低收入家庭户用沼气建设规划类清洁发展机制项目CPA037
4798 四川农村中低收入家庭户用沼气建设规划类清洁发展机制项目CPA038
4797 四川农村中低收入家庭户用沼气建设规划类清洁发展机制项目CPA039
4796 四川农村中低收入家庭户用沼气建设规划类清洁发展机制项目CPA040
4795 四川农村中低收入家庭户用沼气建设规划类清洁发展机制项目CPA041
4794 四川农村中低收入家庭户用沼气建设规划类清洁发展机制项目CPA042
4793 四川农村中低收入家庭户用沼气建设规划类清洁发展机制项目CPA043
4792 四川农村中低收入家庭户用沼气建设规划类清洁发展机制项目CPA044
4791 四川农村中低收入家庭户用沼气建设规划类清洁发展机制项目CPA045

4790 四川农村中低收入家庭户用沼气建设规划类清洁发展机制项目CPA046
4789 四川农村中低收入家庭户用沼气建设规划类清洁发展机制项目CPA047
4788 四川农村中低收入家庭户用沼气建设规划类清洁发展机制项目CPA048
4787 四川农村中低收入家庭户用沼气建设规划类清洁发展机制项目CPA049
4786 四川农村中低收入家庭户用沼气建设规划类清洁发展机制项目CPA050
4785 四川农村中低收入家庭户用沼气建设规划类清洁发展机制项目CPA051
4784 四川农村中低收入家庭户用沼气建设规划类清洁发展机制项目CPA052
4783 四川农村中低收入家庭户用沼气建设规划类清洁发展机制项目CPA053
4782 乌拉特中旗三期49.5兆瓦风电项目
4781 中电投塔城玛依塔斯风电场二期49.5兆瓦风电项目
4780 中电投和田二期20兆瓦光伏并网发电项目
4779 新疆哈密烟墩第一风电场项目
4778 华电天津北辰风电园分布式能源站
4777 白龙江喜儿沟水电站工程
4776 北京华电昌平12.8兆瓦光伏发电项目
4775 新疆巴里坤县丰源三塘湖49.5兆瓦风电项目
4774 新疆晋商风祥达坂城风电场一期49.5兆瓦风电项目
4773 甘肃金川区50兆瓦并网光伏发电项目
4772 华润广灵月明山一期49.5兆瓦风电项目
4771 烟墩第五风电场项目
4770 云南云县大寨河一级水电项目
4769 云南云县大寨河二级水电项目
4768 宁夏发电集团有限责任公司定边冯地坑风电场一期工程项目
4767 宁夏贺兰山风电场宁夏发电集团六期49.5兆瓦风电项目
4766 宁夏电投灵武风电场一期49.5兆瓦项目
4765 宁夏发电集团太阳山光伏并网电站三期30兆瓦工程项目
4764 宁夏发电集团头营光伏并网电站10兆瓦工程项目
4763 昭通市牛栏江黄角树水电站项目
4762 锦屏县六洞河扒勤水电站项目
4761 黑水县二古鲁水电站项目
4760 甘孜州霍曲河达阿果水电站项目
4759 永州江华大路铺风电场项目
4758 云南省昭通市牛栏江陡滩口水电站项目
4757 安徽省龙源滁州明光鲁山风电场项目
4756 四川理县文泰水电项目
4755 四川理县八角碉水电项目
4754 大理巨龙山风电场项目
4753 华电新疆哈密苦水第二风电场工程
4752 国电山西洁能有限公司平鲁北山风电场二期49.5兆瓦风力发电项目
4751 国电山西洁能有限公司宁武谢家坪49.5兆瓦风力发电项目
4750 新疆哈密东南部风区200万千瓦风电项目烟墩第四风电场项目
4749 大理州祥云县白鹤厂风电项目
4748 天润哈密20兆瓦光伏并网发电项目
4747 新疆哈密东南部风区200万千瓦风电项目烟墩第三风电场项目
4746 湖南省双牌水电站扩机项目
4745 甘肃金塔正泰40兆瓦光伏并网发电项目
4744 广西融安水电站工程

4743 贵州北盘江马马崖一级水电站项目
4742 苦水第四风电场项目
4741 三峡新能源吐鲁番鄯善一期20兆瓦光伏并网发电项目
4740 三峡新能源格尔木发电有限公司格尔木二期20兆瓦并网光伏发电项目
4739 三峡新能源和田皮山一期20兆瓦光伏并网发电项目
4738 新疆哈密东南部风区200万千瓦风电项目苦水第一风电场项目
4737 大唐哈密一期20兆瓦光伏并网发电项目
4736 大唐吐鲁番市一期20兆瓦光伏并网发电项目
4735 大唐巴州博湖一期20兆瓦光伏并网发电项目
4734 福建松溪县松源一级和二级打捆小水电项目
4733 福建政和县龙潭溪一级、二级和三级打捆小水电项目
4732 福建政和县范屯洋小水电项目
4731 京能五家渠光伏发电一期20兆瓦项目
4730 京能五家渠光伏发电二期20兆瓦项目
4729 三峡新能源利川汪营风电场工程
4728 山西瑀丰败虎堡49.5兆瓦风力发电项目
4727 宁武盘道梁风力发电项目
4726 山西新荣二期风力发电项目
4725 四川省凉山州德昌县李家坝风电场项目
4724 红河州泸西县永三风电场工程
4723 房县瓦房坪水电站二期工程项目
4722 福贡县拉木甲河水电站工程
4721 岚皋县洞河龙板营水电站项目
4720 贵州省沿河县官坝水电站项目
4719 航天万源盖州徐屯风电场工程项目
4718 航天万源盖州塔子沟风电场工程项目
4717 勃利县双星风电开发有限责任公司勃利县驼腰子风电场工程项目
4716 雅安市天全河锅浪跷水电站项目
4715 肃北县党河上游一级水电站项目
4714 肃北县党河上游二级水电站项目
4713 贵州省六盘水地区农村沼气利用项目I
4712 贵州省遵义地区农村沼气利用项目I
4711 贵州省毕节地区农村沼气利用项目I
4710 安徽省、江苏省和云南省养殖场粪便处理沼气工程规划项目
4709 淄博浩源生物质能发电厂项目
4708 徐州宜丰三堡生物质热电项目
4707 北京海淀区六里屯垃圾填埋场填埋气发电项目
4706 海淀区六里屯垃圾填埋场二期填埋区填埋气治理项目
4705 连江县生活垃圾焚烧发电项目
4704 自贡市垃圾焚烧发电厂项目
4703 内蒙古盛乐国际生态示范区林业碳汇项目
4702 雄县地热区域供热项目
4701 昆明市轨道交通首期工程
4700 昆明市轨道交通3号线工程
4699 云南解化清洁能源开发有限公司解化化工分公司硝酸装置氧化亚氮减排项目
4698 北京京能未来科技城燃气热电联产项目
4697 北京东北热电中心京能燃气热电厂工程

4696 杭州华电下沙天然气热电联产项目
4695 山西国际电力集团有限公司太原嘉节煤层气热电联产项目
4694 浙能萧山天然气热电联产工程项目
4693 镇海9E燃机油改气工程
4692 四川省凉山州林区微水电规划类项目
4691 中国重庆农村户用小沼气推广规划方案
4690 江西华电九江分布式能源站项目
4689 四川广金坝水电项目
4688 甘肃大夏河地乌尔卡加曼和甫黄二级捆绑小水电项目
4687 四川省黑水县力威水电站项目
4686 江苏邳州生物质发电项目
4685 湖北溇水江坪河水电站
4684 宁夏小规模太阳能光伏并网发电规划类项目
4683 金凤山风电场一期工程
4682 茅草坝风电场一期工程
4681 合川盐井矿区瓦斯利用项目
4680 河北省动物粪便管理系统温室气体减排规划方案——CPANo.002
4679 河北省动物粪便管理系统温室气体减排规划方案——CPANo.003
4678 山阴织女泉风电场一期49.5兆瓦风力发电项目
4677 华能义县后尖山风力发电项目
4676 北京天润义县留龙沟风力发电项目
4675 山东省烟台市海阳垛山风电场49.5兆瓦风电项目
4674 四川省会理县老鹰岩水电项目
4673 珙县石碑口水电站工程
4672 叙永县海涯寨水电站工程
4671 布拖县大田坝水电站项目
4670 平陆风口风电场二期49.5兆瓦风电项目
4669 内蒙古送变电察右中旗大板梁风电场4.95万千瓦风电项目
4668 河北尚义中广核东山风电场
4667 阿鲁科尔沁旗巴拉奇如德风电场45MW风电项目
4666 北票小塔子风电场项目
4665 广控惠东东山海黄埠风电场项目
4664 仙游草山风电场项目
4663 云南云县大寨河三级水电项目
4662 四川省昭觉县达普和越西县永兴一级、永兴二级打捆水电项目
4661 青海京能格尔木光伏电站工程
4660 华能定边狼尔沟分布式示范风电场项目
4659 华能乌拉特后旗乌力吉风电场一期4.95万千瓦风电项目
4658 华能繁峙小庄（砂河二期）49.5兆瓦风力发电项目
4657 特变电工哈密一期20兆瓦光伏并网发电项目
4656 云南省永胜县双河水电站项目
4655 华能通榆团结D风电场工程项目
4654 华能通榆团结E风电场工程项目
4653 小金县结斯沟二级水电站项目
4652 利川市毛滩河水电站项目
4651 新疆乌什县河口水电项目
4650 新疆乌恰县纵横小水电项目

4649 贵州剑河县城景水电项目
4648 云南福贡县亚目河三级水电项目
4647 甘肃省渭源县太阳灶推广项目
4646 甘肃省永登县太阳灶推广项目
4645 华电哈密40兆瓦光伏并网发电项目
4644 甘孜州三岩龙河三岩龙水电站项目
4643 木里县拉吉水电站项目
4642 木里县莫嘎水电站项目
4641 东方民生巴里坤三塘湖风电场一期49.5兆瓦风电项目
4640 东方民生巴里坤三塘湖风电场二期49.5兆瓦风电项目
4639 东方民生巴里坤三塘湖风电场三期49.5兆瓦风电项目
4638 东方民生巴里坤三塘湖风电场四期49.5兆瓦风电项目
4637 云南腾冲永兴河一级水电站
4636 云南腾冲永兴河二级水电站
4635 利川市峡口塘水电站工程
4634 江苏省如东潮间带风电场示范项目增补容量项目
4633 内蒙古乌兰察布市四子王旗二期60MWp光伏发电项目
4632 内蒙古阿拉善左旗巴彦浩特20MWp光伏电站工程项目
4631 内蒙古乌拉特后旗呼和温都尔40MWp光伏并网发电项目
4630 大安来福风电场四期工程项目
4629 粤水电布尔津县城南风电场一期49.5兆瓦风电项目
4628 惠水县龙塘山风电场一期项目
4627 大唐利用屋顶建设8.9MW光伏电站项目
4626 沽源闪电河风电场一期工程
4625 国电电力哈密石城子一期20MWp并网光伏发电站项目
4624 农十三师国电电力三塘湖风电场一期49.5MW工程建设项目
4623 宁夏海原风电场（脱列堡）华电49.5MW风电项目
4622 宁夏海原风电场（宋家窑）华电49.5MW风电项目
4621 山西省节能灯发放规划类项目
4620 湖南省节能灯发放规划类项目
4619 甘洛县吉乃窝呷水电站项目
4618 甘洛县吉乃窝呷一级水电站项目
4617 宁夏中卫香山风电场国电砖瓦子淌49.5MW工程项目
4616 宁夏中卫（宣和）光伏并网电站国电一期20MWp工程项目
4615 国电右玉高家堡风电场三期（49.5MW）项目
4614 四川省若尔盖县白龙江流域降扎梯级下石门小水电项目
4613 四川省若尔盖县白龙江流域降扎梯级尼巴和热陇捆绑小水电项目
4612 云南白水河二级30MW水电项目
4611 木里县卡卓水电站项目
4610 木里县小沟水电站项目
4609 木里县布昌水电站、陈昌水电站打捆项目
4608 粤能房县生物质发电项目
4607 粤能石首生物质发电项目
4606 海安县生活垃圾焚烧发电项目
4605 河南省同力水泥有限公司65万t/a P.O42.5水泥生产中增加混合材料项目
4604 洛阳黄河同力水泥有限责任公司P•C32.5水泥中增加混合材技术改造项目
4603 驻马店市豫龙同力水泥有限公司P•C32.5水泥生产中增加混合材项目

4602 杭州华电半山天然气热电联产工程项目
4601 浙能宁波镇海动力中心天然气热电联产工程
4600 中国石油西部管道新疆输油分公司鄯善原油首站热媒炉燃烧介质油改气项目
4599 乌鲁木齐首站、鄯善站原油综合热处理余热回收改造项目
4598 辽宁昊晟法库沼气发电项目
4597 北京草桥燃气联合循环热电厂二期工程
4596 中盈长江云南小水电PoA项目
4595 山东省太阳能光伏发电项目规划
4594 中山嘉明电力有限公司天然气热电冷联产工程项目
4593 国泰热电循环水余热利用项目
4592 贵州省小水电规划项目
4591 达茂旗石宝镇分散式风电项目
4590 云南省硕多岗河吊江岩水电站项目
4589 四川南部生物质发电项目
4588 贵州省省柴炉替换传统炉灶规划项目
4587 安徽宿松西湖圩华港风电项目
4586 四川省阿坝县安羌水电站改扩建项目
4585 现代牧业（肥东）有限公司大型沼气资源综合利用工程
4584 现代牧业（通辽）有限公司大型沼气发电资源综合利用工程项目
4583 张家口塞北现代牧场有限公司大型沼气发电综合利用工程项目
4582 尚志现代牧场有限公司大型沼气资源综合利用工程项目
4581 华电吐鲁番鄯善一期20兆瓦光伏并网发电项目
4580 吉林扶余三井子一期风电项目
4579 吉林前郭查干湖风电项目
4578 吉林前郭青山头风电项目
4577 抚松县陡沟子、青川二级和靖宇县福生打捆水电站项目
4576 新疆华电沙尔布拉克水电项目
4575 景泰马昌山二期49.5MW风电场项目
4574 金山康平华电上沙金台风力发电项目
4573 金山彰武华电后新秋风力发电项目
4572 思南县七里塘水电站项目
4571 青岛小涧西城市垃圾焚烧厂项目
4570 国电电力内蒙古新能源开发有限公司光伏并网发电规划类项目
4569 广东省仁化县湾头30MW水电项目
4568 四川农村中低收入家庭户用沼气建设规划类清洁发展机制项目
4567 四川农村中低收入家庭户用沼气建设规划类清洁发展机制项目
4566 四川农村中低收入家庭户用沼气建设规划类清洁发展机制项目
4565 四川农村中低收入家庭户用沼气建设规划类清洁发展机制项目
4564 四川农村中低收入家庭户用沼气建设规划类清洁发展机制项目
4563 四川农村中低收入家庭户用沼气建设规划类清洁发展机制项目
4562 四川农村中低收入家庭户用沼气建设规划类清洁发展机制项目
4561 四川农村中低收入家庭户用沼气建设规划类清洁发展机制项目
4560 四川农村中低收入家庭户用沼气建设规划类清洁发展机制项目
4559 四川农村中低收入家庭户用沼气建设规划类清洁发展机制项目
4558 四川农村中低收入家庭户用沼气建设规划类清洁发展机制项目
4557 四川农村中低收入家庭户用沼气建设规划类清洁发展机制项目
4556 四川农村中低收入家庭户用沼气建设规划类清洁发展机制项目

4555 四川农村中低收入家庭户用沼气建设规划类清洁发展机制项目
4554 四川农村中低收入家庭户用沼气建设规划类清洁发展机制项目
4553 四川农村中低收入家庭户用沼气建设规划类清洁发展机制项目
4552 四川农村中低收入家庭户用沼气建设规划类清洁发展机制项目
4551 四川农村中低收入家庭户用沼气建设规划类清洁发展机制项目
4550 四川农村中低收入家庭户用沼气建设规划类清洁发展机制项目
4549 四川农村中低收入家庭户用沼气建设规划类清洁发展机制项目
4548 四川农村中低收入家庭户用沼气建设规划类清洁发展机制项目
4547 四川农村中低收入家庭户用沼气建设规划类清洁发展机制项目
4546 四川农村中低收入家庭户用沼气建设规划类清洁发展机制项目
4545 四川农村中低收入家庭户用沼气建设规划类清洁发展机制项目
4544 四川农村中低收入家庭户用沼气建设规划类清洁发展机制项目
4543 四川农村中低收入家庭户用沼气建设规划类清洁发展机制项目
4542 四川农村中低收入家庭户用沼气建设规划类清洁发展机制项目
4541 四川农村中低收入家庭户用沼气建设规划类清洁发展机制项目
4540 四川梭罗沟二级水电项目
4539 云南元江县清龟小水电项目
4538 云南峨山县土库房、成华，元江县漫莱、德聪打捆小水电项目
4537 大唐滁州来安龙山风电场项目
4536 大唐新能源滁州南谯沙河风电场项目
4535 恭城西岭风电场工程项目
4534 大唐鄂尔多斯杭锦旗太阳能光伏发电项目
4533 扶余长寿山风电场一期工程项目
4532 门源县大通河石头峡水电站
4531 福清鲤鱼山风电场项目
4530 华能赫章县五里风电场项目
4529 华能威宁县高峰风电场项目
4528 华能云龙县白龙庙风电场项目
4527 华能威宁县雪山灼圃风电场项目
4526 华能威宁县雪山仙水坡风电场项目
4525 华能赫章县石头寨风电场项目
4524 大庆二连风电场项目
4523 大庆银光风电场项目
4522 大庆先锋风电场项目
4521 林甸红旗风电场项目
4520 天润莱西南墅风电场工程项目
4519 四川大渡河安谷水电站项目
4518 雅安市宝兴河民治水电站项目
4517 绵阳涪江干流古城水电站项目
4516 广西贺州市上程（大田）水电站项目
4515 黑龙江五顶山风电场项目
4514 青铜峡（沙石墩梁）风电场宁夏大唐国际48MW风电项目
4513 宁夏固原风电场盾安寨科48MW项目
4512 盾安伊吾淖毛湖风电场一期48兆瓦风电项目
4511 内蒙古盾安光伏电力有限公司乌拉特后旗巴音宝力格10MWp光伏并网发电项目
4510 围场杉源49.5兆瓦风电场工程
4509 甘肃迭部达拉河勾洁寺水电项目

4508 内蒙古自治区节能灯发放规划类项目
4507 贵州省节能灯发放规划类项目
4506 江西省节能灯发放规划类项目
4505 黑龙江省节能灯发放规划类项目
4504 河南省节能灯发放规划类项目
4503 大庆九间房风电场项目
4502 大庆风云风电场项目
4501 河北承德围场御道口如意河风电场
4500 马边彝族自治县金河二级水电站项目
4499 彝良渔井一级水电站项目
4498 彝良渔井二级水电站项目
4497 四川省德昌县安宁河谷阿月风电场项目
4496 陕西凤县马头滩风电场工程项目
4495 云南省陆良县龙潭风电场项目
4494 云南省剑川县金公山风电场项目
4493 云南省剑川县甸南风电场项目
4492 贵州省威宁县龙河风电场项目
4491 贵州省威宁县麻窝山风电场项目
4490 青海省龙源格尔木三期20兆瓦并网光伏发电项目
4489 安徽省龙源滁州定远大金山风电场项目
4488 玉龙县格子河一级水电站和格子河二级水电站打捆项目
4487 中国水电灰腾梁二期4.95万千瓦风电项目
4486 贵州三都县白梓桥水电站项目
4485 宁夏固原风电场天润三营49.5MW工程项目
4484 阿拉善盟阿右旗风电场4.95万千瓦项目
4483 金风天翼达坂城49.5兆瓦试验风电场项目
4482 中国水电北票王子山风力发电项目
4481 华电布尔津城南风电场二期49.5兆瓦风电项目
4480 宁蒗县火木梁风电场项目
4479 锡林郭勒盟正蓝旗大敖包风电场嘉耀风电有限公司4.95万千瓦风电项目
4478 九龙县铁厂河杉树坪水电站
4477 九龙县正源电站
4476 阿坝州茂县吉鱼水电站项目
4475 马边彝族自治县三河口水电站项目
4474 华祺养殖场沼气工程规划项目
4473 玉门疏勒河月亮湾一级水电项目
4472 金平县克思口一级水电站
4471 永仁县维的并网光伏电站项目
4470 国电中山民众天然气热电联产工程项目
4469 陕西铜川焦坪矿区乏风氧化项目
4468 平定县扬德煤层气利用有限公司汇能煤业12兆瓦瓦斯发电项目
4467 reculture生活垃圾资源再生示范工程
4466 格尔木20兆瓦并网光伏发电项目
4465 农村地区小水电规划类项目（四川）
4464 盂县京德煤层气利用有限公司圣天宝地清城煤矿18兆瓦瓦斯发电项目
4463 内蒙古贵邦圣泰投资有限公司察右后旗辉腾锡勒5号风场——万德泉风电场一期49.5MW风电项目
4462 国电陕西吴起一期49.5MW风电场工程

4461 国电陕西吴起二期49.5MW风电场工程
4460 国电巴里坤三塘湖风电场一期49.5兆瓦风电项目
4459 国电吐鲁番大河沿河渠首以下梯级电站工程
4458 华电尚义王悦梁风电场一期项目
4457 海南恒基伟业光伏电力有限公司共和20兆瓦并网光伏发电项目
4456 宁夏同心（韦州）风电场天洁一期49.5MW风电项目
4455 华润惠来三清山风电场工程项目
4454 九龙县出龙沟水电站项目
4453 国投敦煌光伏并网发电一、二期打捆项目
4452 天融滨州沾化风电场一期工程
4451 包头达茂旗百灵庙风电场申能4.8万千瓦风力发电项目
4450 大唐莱州驿道风电场一期工程
4449 大唐平度风电场一期工程
4448 大唐新能源昌乐北岩风电场工程
4447 大唐新能源昌乐乔官风电场工程项目
4446 大唐新能源昌乐鄌郚风电场工程
4445 大唐新能源肃州区东洞滩并网光伏发电项目
4444 国电电力东源蝉子顶风电场项目
4443 国电电力台山紫罗山风电场项目
4442 国电桦川（大青背山）二期风电场项目
4441 国电电力宁海茶山风电场项目
4440 河北围场庙子沟49.5MW风电项目
4439 尚义县花尔台风电场48兆瓦工程
4438 甘肃敦煌正泰50MWp光伏电站项目
4437 正泰青海格尔木20MWp并网光伏发电项目
4436 甘肃天润瓜州柳园二期49.5MW风电场项目
4435 威海鼎能泽库风电场一期工程49.5MW项目
4434 哈密天润十三间房风电场二期49.5兆瓦项目
4433 贵州乌江思林水电站
4432 四川省凉山州越西县漫滩水电站
4431 四川省通江县洪口水电站项目
4430 四川省通江县石洞口和碧溪水电站打捆项目
4429 云南省绿汁江雨果水电站项目
4428 甘肃文县丹堡河韩家沟和古坪沟捆绑小水电项目
4427 国能临沂生物质发电项目
4426 国能宁阳生物质发电项目
4425 山东惠民生物质发电项目
4424 辽宁省节能灯发放规划类项目
4423 广西壮族自治区节能灯发放规划类项目
4422 陕西省节能灯发放规划类项目
4421 甘肃酒泉瓜州干河口北48兆瓦风力发电项目
4420 甘肃酒泉瓜州干河口南48MW风力发电项目
4419 环县南湫二期49.5MW风电场项目
4418 新疆哈密十三间房风电场一期49.5兆瓦风电项目
4417 新疆鲁能小草湖风电场一期49.5兆瓦风电项目
4416 贵州省威宁县贵家营风电场项目
4415 国电新疆塔城玛依塔斯风电场一期49.5兆瓦风电项目

4414 云南省陆良县马塘风电场项目
4413 华能铁岭大兴风力发电项目
4412 中广核敦煌二期9兆瓦光伏并网发电项目
4411 中广核金塔红柳洼9兆瓦光伏并网发电项目
4410 华能繁峙上狼涧（砂河一期）49.5兆瓦风力发电项目
4409 万邦达坂城风电场49.5MW风电项目
4408 特变电工阿瓦提县20兆瓦光伏并网发电项目
4407 乌兰20兆瓦并网光伏发电项目
4406 四川省凉山州西苏角河互助水电站项目
4405 宁夏贺兰山风电场（头关）达力斯49.5MW风电项目
4404 怒江州听命河水电站项目
4403 永平县大湾塘一级水电站项目
4402 环县南湫49.5MW风电场项目
4401 华电正镶白旗乌宁巴图风电场一期49.5MW风电项目
4400 江西大岭扩建风电场项目
4399 临湘海螺水泥有限责任公司9MW水泥窑纯低温余热发电改造项目
4398 广宗生物质发电工程
4397 蛟河凯迪生物质能发电厂工程
4396 松滋凯迪生物质能发电厂工程
4395 四川佰能生物发电有限公司苍溪秸秆热电厂2×15MW秸秆直燃发电项目
4394 南八天然气处理厂及系统配套工程项目
4393 浙江乐清电厂二期"上大压小"工程
4392 现代牧业（察北）有限公司大型沼气发电综合利用工程项目
4391 山西省、贵州省和内蒙古自治区养殖场粪便处理规划项目
4390 广西金川有色金属加工项目160万t/a硫酸工程低温位热综合利用项目
4389 河北省邯郸市魏县HB7农村户用沼气项目
4388 广西壮族自治区河池市都安县GX5农村户用沼气项目
4387 广西壮族自治区贺州市八步、平桂和钟山GX6农村户用沼气项目
4386 贵州索风营水电站
4385 阿坝州岷江姜射坝水电项目
4384 四川阿坝州汶川县杂谷脑河桑坪水电站
4383 内蒙古阿拉善20MWp光伏并网发电特许权项目
4382 黄石市生活垃圾焚烧发电工程项目
4381 山西省中阳荣欣焦化有限公司高家庄煤矿高浓度瓦斯发电项目
4380 山西省中阳荣欣焦化有限公司高家庄煤矿低浓度瓦斯发电项目和乏风氧化项目
4379 国电朔州平鲁虎头山风电场24.9万千瓦工程项目
4378 黑龙江省哈拉海风电场项目
4377 特变电工吐鲁番大型风光互补并网电站示范项目
4376 国华神木敦梁风电项目
4375 九龙县湾坝二台子水电站项目
4374 华能甘肃华家岭49.5MW风电项目
4373 黑龙江金跃集团有限公司10MW太阳能发电项目
4372 乾安腾字B风电场项目
4371 乾安腾字风电场二期工程
4370 牛栏江象鼻岭水电站项目
4369 盐源县马颈子水电站项目
4368 寻甸县清水海风电场项目

4367 山西雁门关风力发电科技有限公司代县风电场项目
4366 密山潘家店风电场项目
4365 密山临河风电场项目
4364 华电伊吾淖毛湖风电场一期49.5兆瓦风电项目
4363 玉门三十里井子北一48MW风电场项目
4362 云南省巧家县红山保坪水电站
4361 洮河小族坪水电站项目
4360 华润随州二妹山风电场工程项目
4359 国投巴里坤三塘湖风电场一期49.5兆瓦风电项目
4358 宁夏同心风电场（张家塬乡苏台）惠风工程项目
4357 宁夏同心风电场（张家塬乡海棠湖）惠风工程项目
4356 大唐新能源临高海上6兆瓦试验风电机组工程项目
4355 液力耦合变矩电励磁同步风力发电机组民勤县红沙岗49.5兆瓦试验风电场项目
4354 白水江屈家河口水电站项目
4353 广西郁江老口枢纽工程
4352 大安海坨风电场三期工程
4351 大安海坨风电场四期工程
4350 白龙江汉王水电站项目
4349 那坡县百都水电站扩建增容工程项目
4348 禄劝县铁索桥水电站项目
4347 贡山县丹珠河二级水电项目
4346 福建高飒水电站
4345 中宁长山头风电场天润49.5MW风电项目
4344 咸丰县田寨河水电站工程
4343 永平县大湾塘二级水电站项目
4342 辽宁国力阜新王四营子风电场项目
4341 甘肃迭部桑坝三级小水电项目
4340 甘肃白马峪河李子坝、西沟生态和芝麻山捆绑小水电项目
4339 甘肃达坂小水电项目
4338 内蒙古自治区阿拉善盟李井滩生态移民示范区10MWp光伏并网发电项目
4337 中广核达茂旗百灵庙光伏电场一期20MW工程项目
4336 江西乐安县东岸小水电项目
4335 内蒙古黄河工贸集团千里山煤焦化有限责任公司CDQ技改工程
4334 内蒙古黄河工贸集团有限责任公司千峰水泥分公司4800t/d熟料#1生产线技改项目
4333 内蒙古黄河工贸集团有限责任公司千峰水泥分公司4800t/d熟料#2生产线技改项目
4332 云南禄丰县仙人洞风电场项目
4331 中广核托克逊风电场一期49.5兆瓦风电项目
4330 中广核达坂城风电场一期49.5兆瓦风电项目
4329 巫山县后溪河水电站工程
4328 开县盛山水电站项目
4327 京能赛汗风电场三期49.5MW风电项目
4326 山西朔州平鲁天瑞风电项目
4325 朔州天汇平鲁区大山台二期49.5兆瓦风力发电项目
4324 平陆天润张店镇49.5兆瓦风力发电项目
4323 华润阳高长城49.5MW风电项目
4322 华润电力风能凌海双井风电项目
4321 华润电力风能凌海白台子风电项目

4320 四川省大渡河枕头坝一级水电站项目
4319 四川省大渡河沙坪二级水电站项目
4318 青海昱辉新能源有限公司乌兰20兆瓦并网光伏发电项目
4317 赤峰黄岗梁49.5MW风电场项目
4316 赤峰市克什克腾旗老虎洞49.5MW风电场项目
4315 康保郝家营风电场项目
4314 康保马家营风电场项目
4313 乌兰花风电场二期49.5MW风电项目
4312 吉林安白高速乐胜风电场二期工程项目
4311 云南礼社江大湾水电站项目
4310 宁夏太阳山风电场神鹏49.5MW工程项目
4309 中广核云南牟定大尖峰风电场
4308 新疆哈密市石城子一、二级水电打捆项目
4307 宁夏正泰石嘴山二期10MWp光伏发电项目
4306 韶关市韶能生物质发电项目
4305 敦煌9兆瓦并网光伏发电项目
4304 建德海螺水泥有限责任公司二期纯低温余热发电项目
4303 泉头集团枣庄金桥旋窑水泥有限公司水泥生产中增加混材项目
4302 新乡平原同力水泥有限责任公司P.O42.5水泥中增加混合材技术改造项目
4301 骏马化工硝酸系统氧化亚氮减排项目
4300 山西省泓翔煤业瓦斯发电项目
4299 枣阳生物质发电工程项目
4298 中国黑龙江农垦远达生物质热电联产项目
4297 深圳市华美钢铁有限公司钢铁加热炉能源介质改造项目
4296 云南省大勐统河大寨子水电站项目
4295 华能云龙县漕涧梁子风电场项目
4294 大唐巴里坤三塘湖风电场一期49.5兆瓦风电项目
4293 大唐达坂城风区柴窝堡风电场一期49.5兆瓦风电项目
4292 凉山州盐源县永宁河四级水电站项目
4291 江苏盱眙低风速电场一期49.5兆瓦项目
4290 云南省新平县锦裕、锦源和腰村二级打捆小水电项目
4289 平鲁败虎堡风力发电一期工程扩容项目
4288 山西败虎堡二期49.5MW风力发电项目
4287 广西合众能源股份有限公司10万吨生物柴油项目
4286 河北尚义朝力盖风电场49.5MW工程
4285 河北尚义磨石山风电场49.5MW工程
4284 中广核博山岳阳山风电场工程项目
4283 苏尼特风电场四期49.5MW风电项目
4282 贡山县其琪水电站项目
4281 昌黎大滩风电场48MW工程
4280 四川省盐源县甲米二级水电站工程
4279 寻甸高本山风电场项目
4278 国电邵阳新宁风雨殿风电场项目
4277 三峡新能源开原威远风电场工程项目
4276 四川省阿坝州白水江多诺水电站
4275 大安海坨风电场二期工程
4274 内蒙古克旗骆驼台子风电场30万千瓦风电项目

4273 烟台汉唐牟平姜格庄风电场工程
4272 中广核招远张星风电场工程项目
4271 华能昭觉县特口甲谷风电场项目
4270 内蒙古兴安盟科右中旗额木庭高勒49.5MW风电场一期
4269 南昏河四级站羊街水电站项目
4268 黑龙江饶河大顶子山风电项目
4267 福建莆田南日岛四期风电场项目
4266 甘肃矿区三十里井子49.5兆瓦风电场项目
4265 内蒙古和林石门子49.5MW风电项目
4264 国投青海都兰路南村风电场工程49.5兆瓦项目
4263 四川省仁和区塘坝河水电项目
4262 理县梭罗沟一级水电站项目
4261 锡铁山10兆瓦并网光伏发电项目
4260 宁夏京能太阳山光伏并网电站一期10MWp工程
4259 中节能甘肃武威太阳能发电有限公司凉州区南大滩20MW并网光伏发电项目
4258 中节能吴忠太阳山光伏发电有限责任公司太阳山光伏并网电站三期50MWp工程项目
4257 中节能青海大柴旦太阳能发电有限公司锡铁山二期20兆瓦并网光伏发电项目
4256 中节能太阳能（酒泉）发电有限公司玉门昌马9兆瓦并网光伏发电项目（风光互补）
4255 中节能东台太阳能发电有限公司一期和二期地面滩涂光伏打捆项目
4254 中广核高州高坡风电场
4253 中广核高州中间坑风电场
4252 右玉杨千河铁山堡风电场49.5兆瓦风力发电项目
4251 盐池风电场（王乐井孙家楼）马斯特49.4MW工程
4250 盐池风电场（王乐井牛记圈）马斯特49.98MW工程
4249 盐池风电场（麻黄山史家湾）马斯特49.4MW工程
4248 盐池风电场（麻黄山史家湾）哈纳斯49.4MW工程
4247 华能盖州青石岭风力发电项目
4246 镇赉黑鱼泡风电场三期工程项目
4245 镇赉黑鱼泡风电场四期工程项目
4244 内蒙古大唐万源新能源兴和航天示范风电场49.5MW风电项目
4243 华电内蒙古通辽市开鲁县富裕风电场49.5MW项目
4242 双辽莲花山风电场一期工程
4241 国华双辽莲花山风电场二期工程
4240 锡林郭勒盟灰腾梁风电场国华公司风电项目
4239 广西大新县下雷水电站项目
4238 云南盈江县滚朋羊小一级水电站项目
4237 建平万家营子风电项目
4236 北方龙源乌拉特后旗乌力吉风电场4.95万千瓦风力发电项目
4235 华能甘肃金昌20兆瓦并网光伏发电项目
4234 宿迁协合新能源有限公司利用屋顶建设9.3MW光伏电站项目
4233 彭水凯迪生物质能发电厂工程
4232 天门凯迪生物质能发电厂工程
4231 永顺凯迪生物质能发电厂工程
4230 凯迪永新生物质发电工程
4229 凯迪德安生物质发电工程
4228 齐泓盐津电石炉余热发电项目
4227 全椒海螺水泥有限责任公司2×4500t/d新型干法水泥生产线低温余热发电项目

4226 青铜峡铝业股份有限公司350系列电解槽优化改造项目
4225 福建漳州蒲姜岭生活垃圾焚烧发电项目
4224 永成薛湖煤矿通风瓦斯（乏风）回收利用项目
4223 会宁县太阳灶项目
4222 河北冀衡赛瑞化工有限公司硝酸装置一号N_2O减排项目
4221 河北冀衡赛瑞化工有限公司硝酸装置二号N_2O减排项目
4220 宿迁市生活垃圾焚烧发电项目一期工程
4219 镇江市生活垃圾焚烧发电项目
4218 苏州市生活垃圾焚烧发电项目三期工程
4217 内蒙古太阳能光伏并网发电规划类项目
4216 黑龙江大庆绿色草原风电场工程
4215 黑龙江克东爱华风电场工程
4214 山东龙源滨州沾化五机部风力风电项目
4213 内蒙古兴和官村49.5MW风电项目
4212 青铜峡光伏并网电站10MWp工程项目
4211 云南省富民县百花山风电场项目
4210 上海青草沙风力发电项目
4209 贵州盘县四格风电场一期工程项目
4208 中广核盖州沙岗子风力发电项目
4207 民勤县红沙岗咸水井西49.5MW风电场
4206 国电北票陶家沟风力发电项目
4205 北票北四家子风力发电项目
4204 国电潍坊滨海风电场二期工程
4203 49.8MW华润电力风能（青岛）隆鑫风电场二期项目
4202 云南丘北县赶马路风电场项目
4201 大唐玉门昌马第一（东）风电场48MW项目
4200 大唐玉门昌马第一（北）风电场48MW项目
4199 大唐郏县云阳风电场工程
4198 张掖市寺大隆二级三级打捆水电站项目
4197 内蒙古上都一期49.5MW风电项目
4196 内蒙古商都风电场49.5MW风电项目
4195 新疆龙源巴里坤三塘湖风电场二期49.5兆瓦风电项目
4194 新疆龙源巴里坤三塘湖风电场三期49.5兆瓦风电项目
4193 新疆龙源巴里坤三塘湖风电场四期49.5兆瓦风电项目
4192 内蒙古呼伦贝尔额尔古纳葫芦头49.5MW风电项目
4191 云南省石林县支锅山风电场项目
4190 云南省剑川县雪邦山风电场项目
4189 云南省剑川县金华风电场项目
4188 云南省剑川县百山母风电场项目
4187 新疆国电阿拉山口风电场三期49.5兆瓦风电项目
4186 安徽凤阳曹家店风电场项目
4185 吉林省公主岭龙山风电场一期工程项目
4184 甘肃平山湖49.5MW风电项目
4183 甘肃肃北马鬃山公婆泉49.5兆瓦试验风电场项目
4182 内蒙古龙源满洲里高尔真风电场49.5MW风电项目
4181 四川省普格县小兴场二级水电站项目
4180 哈密天润十三间房风电场一期49.5兆瓦风电项目

4179 鄂尔多斯市杭锦伊和乌素风场49.5MW风力发电项目
4178 湖南临武三十六湾48MW风电场项目
4177 甘肃省迭部县腊子口三级5.7MW水电项目
4176 山阳县宽坪一级及宽坪二级小水电打捆项目
4175 新疆和田玉龙喀什河达克曲克水电站项目
4174 四川雅安葫芦坝水电站
4173 瓦屋山水电站工程
4172 芙蓉江沙阡水电站项目
4171 云阳县沙市水电站工程
4170 尚义万石沟风电场49.5兆瓦工程
4169 华能新疆巴里坤三塘湖风电场二场一期49.5MW风电项目
4168 华电大安风水山风电场三期工程项目
4167 东宁瑞信风电场项目
4166 山西华能原平段家堡风电场二期49.5兆瓦项目
4165 河北围场御道口牧场西北部200MW风电场项目
4164 青海海南州沙珠玉风电场一期工程
4163 华能大庆五棵树风电场项目
4162 华能大庆新立风电场项目
4161 华能大庆敖包风电场项目
4160 华能大庆和平风电场项目
4159 华能同江江胜风电场项目
4158 华能同江临江风电场项目
4157 华能昌图太平风电场项目
4156 海南东方高排风力发电场一期工程
4155 乌拉特后旗获各琦风电场一期49.5MW风电项目
4154 青海格尔木小灶火风电场一期49.5MW项目
4153 国华沽源坝缘10万千瓦风电场工程
4152 川井风电场四期49.5MW风电项目
4151 马尔康县沙尔水电站项目
4150 射洪县打鼓滩电航工程项目
4149 华能赫章大韭菜坪风电场项目
4148 贵阳海螺盘江水泥有限责任公司9MW纯低温余热发电工程项目
4147 遵义海螺盘江水泥有限责任公司18MW纯低温余热发电工程项目
4146 贵定海螺盘江水泥有限责任公司9MW纯低温余热发电工程项目
4145 平凉海螺18MW纯低温余热发电项目
4144 山东正大纸业有限公司造纸废渣焚烧与锅炉系统改造节能项目
4143 河北吴桥生物质发电项目
4142 山东平原县30MW生物质能热电联产项目
4141 桂城桂澜路以东LED路灯改造项目
4140 福建晋江金井风电项目
4139 四川小沟河杉平、水塘沟和宏水沟打捆水电项目
4138 松潘县镇江关水电站项目
4137 松潘县红土水电站项目
4136 新疆金圣胡杨化工有限公司硝酸1号线装置氧化亚氮（N_2O)减排项目
4135 新疆金圣胡杨化工有限公司硝酸2号线装置氧化亚氮（N_2O)减排项目
4134 新疆金圣胡杨化工有限公司硝酸3号线装置氧化亚氮（N_2O)减排项目
4133 四川金象赛瑞硝酸3号线氧化亚氮（N_2O）减排项目

4132 四川金象赛瑞硝酸4号线氧化亚氮（N_2O）减排项目
4131 陕西兴化化学股份有限公司硝酸装置（五号线）氧化亚氮减排项目
4130 四川省农村高效生物质炉规划项目
4129 辽宁法库经济开发区陶瓷窑炉能效提高规划方案
4128 四川省广元市朝天区西北乡芳地坪风电场
4127 华能大连瓦房店赵屯风电项目
4126 河南省和陕西省养殖场粪便处理规划项目
4125 甘孜州九龙县溪古水电站项目
4124 丹珠河水电站项目
4123 迭部县阿夏那盖水电站项目
4122 江苏大丰风电项目（龙源）
4121 青海水泥股份有限公司公司电石渣综合利用项目
4120 大唐招远金岭风电场一期工程
4119 大唐海阳徐家店风电场一期工程
4118 大唐栖霞苏家店风电场一期工程
4117 黑龙江带岭东山风电项目
4116 江西省养殖场沼气工程规划项目——CPA-TP
4115 大唐乌兰新能源有限公司茶卡小水桥风电场49.5兆瓦工程项目
4114 宁夏宁东风电场（灵武长流水）大唐昂立49.5MW工程项目
4113 宁夏宁东风电场（灵武沙沟）大唐昂立49.5MW工程项目
4112 国华巴彦淖尔乌拉特后旗乌力吉风电场二期49.5MW风电项目
4111 国华荣成（四期）风力发电工程
4110 国华荣成（五期）风力发电工程
4109 国电陕西靖边祭山梁49.5MW风电场工程
4108 国电靖边祭山梁二期49.5MW风电场工程
4107 国电靖边祭山梁三期49.5MW风电场工程
4106 四川巴塘县朗达河水电站项目
4105 四川潘松大姓水电项目
4104 四川省泸定县飞水沟水电站项目
4103 福建莆田忠门风电场项目
4102 河北承德围场五乡梁风电项目
4101 河北尚义龙源麒麟山风电场二期工程项目
4100 河北围场潮水海49.5兆瓦风电项目
4099 辽宁龙源康平沙金台风力发电项目
4098 辽宁龙源康平西关风力发电项目
4097 江西禾坑口水电项目
4096 河北张家口康保屯垦风电场二期项目
4095 华能神池县太平庄风电场49.5兆瓦风力发电项目
4094 华能五台峨岭风电场49.5兆瓦风力发电项目
4093 陕西省丹凤县宝仓小水电项目
4092 陕西省丹江干流魏家湾水电站项目
4091 湖南郴州湘电鲁（塘）荷（叶）金（江）48MW风电场项目
4090 广西壮族自治区融水县锦洞水电站项目
4089 华润电力风能内蒙古巴音锡勒风电场二期49.5MW风电项目
4088 内蒙古察右后旗辉腾锡勒5号风场-红木脑包风电场一期49.5MW风电项目
4087 宁夏昂立灵武光伏并网电站工程项目
4086 中广核阿勒泰青河一期20兆瓦光伏并网发电项目

4085 中广核哈密一期20兆瓦光伏并网发电项目
4084 中广核喀什英吉沙一期20兆瓦光伏并网发电项目
4083 北京华电密云20兆瓦光伏发电项目
4082 华电阿克塞当金山二期49.5MW风电场项目
4081 国华榆林靖边20MWp光伏并网发电项目
4080 中节能太阳山二期20MWp光伏并网发电项目
4079 华电威海乳山崖子镇风电场项目
4078 华能东营河口风电场六期工程项目
4077 华能东营河口风电场五期工程项目
4076 华能海阳郭城风电场一期项目
4075 华电铁岭心田堡风电场项目
4074 华能河北怀来49.5MW风电场项目
4073 华电沽源风电场二期100.5MW工程
4072 华电哈密十三间房风电场二期49.5兆瓦风电项目
4071 山西华电广灵甸顶山风电场三期49.5兆瓦风力发电项目
4070 甘肃金昌西滩风电项目
4069 甘肃永昌水泉子风电项目
4068 三峡新能源格尔木发电有限公司格尔木10兆瓦并网光伏发电项目
4067 新疆叶尔羌河喀群三级水电站工程项目
4066 阜新石金皋风力发电项目
4065 大唐长清风电场二期工程
4064 大唐平阴风电场一期工程
4063 大唐突泉老爷岭风电场二期风电项目
4062 大唐文登风电场二期工程
4061 国华东营河口风电场六期工程项目
4060 国华东营河口风电场五期工程项目
4059 国华诸城三期风力发电工程
4058 国华诸城四期风力发电工程
4057 平武县泗耳河一级水电站项目
4056 东义河益地水电站项目
4055 绵阳市平武县泗耳河三级水电站项目
4054 新疆阜康市33MW煤矿瓦斯综合利用发电项目
4053 贵州盘江煤层气开发利用有限责任公司煤矿瓦斯发电项目（三期）
4052 安徽寿县生物质发电项目
4051 吉林长岭生物质发电项目
4050 兰州快速公交项目
4049 锡铁山三期60兆瓦并网光伏发电项目
4048 绿春县勐曼河勐曼二级水电站项目
4047 绿春县勐曼河勐曼三级水电站项目
4046 元谋黑马井风电场工程
4045 四川省宝兴县巴斯沟一级水电站
4044 四川省马边彝族自治县高卓营水电站
4043 阳泉煤业（集团）有限责任公司晋中矿区新建煤矿乏风氧化处理项目
4042 阳泉煤业（集团）有限责任公司阳泉矿区新建矿井乏风氧化处理项目
4041 元氏生物质热电改造工程
4040 鄯善非创精细余热发电有限公司压气站燃气机余热发电项目
4039 河南晋开化工投资控股集团有限责任公司双加压硝酸装置3号线氧化亚氮（N2O)减排项目

4038 河南晋开化工投资控股集团有限责任公司双加压硝酸装置4号线氧化亚氮（N2O)减排项目
4037 蒙江上尖坡水电站项目
4036 蒙江冗各水电站项目
4035 湖南省农村户用沼气小规模PoA规划项目
4034 泸水县隔界河水电站
4033 纳雍樱孜渡水电站工程项目
4032 国华沽源西营子49.5兆瓦风电场工程
4031 化德县华仪电气股份有限公司三胜风电场（49.5MW）工程项目
4030 银川市东部4×200MW级联合循环热电冷联产工程项目
4029 景洪市勐宋水电站项目
4028 榆林基泰阳光兰碳尾气回收利用项目
4027 陕西恒源焦炉煤气集中净化回收利用项目
4026 神木县朱概塔资源综合利用发电有限公司兰炭尾气回收利用技术改造项目
4025 四川省马尔康县年克水电站项目
4024 结尾电站项目
4023 内蒙古大漠杭锦旗乌吉尔一期风力发电项目
4022 河北丰宁万胜永风电场项目
4021 大安来福二期风电场工程
4020 大安来福三期风电场工程
4019 包头达茂旗乌兰敖包风电场天润49.5MW风力发电项目
4018 华电小草湖风电场二场二期49.5MW风电项目
4017 华能陕西靖边龙洲风电场二期项目
4016 京能北京八达岭太阳能综合试点工程
4015 龙里风电场一期（草原）项目
4014 龙里风电场二期（坪子）项目
4013 国电乐亭大清河风电场工程
4012 国电招远夏甸风电场一期工程
4011 广西干捞水电站项目
4010 大唐平度新河风电场工程
4009 大唐招远毕郭阜山风电场一期工程
4008 华电内蒙古固阳县红泥井二期49.5MW风电场项目
4007 华电云南蒙自朵古风电场工程项目
4006 华电内蒙古乌兰察布市玫瑰营风电场二期200MW风电项目
4005 国华胶南风电场一期工程项目
4004 国华东营广饶风电场二期工程项目
4003 国华诸城风电场一期工程
4002 国华诸城风电场二期工程
4001 国华呼伦贝尔市新巴尔虎左旗巴彦查干风电场49.5MW项目
4000 国华呼伦贝尔市陈巴尔虎旗呼和诺尔风电场49.5MW风电项目
3999 玉门三十里井子北二48MW风电场项目
3998 黑龙江省海林市大杨木水电站
3997 龙胜南山风电场二期工程项目
3996 宾县大顶山风电场项目
3995 宁夏同心风电场嘉泽康家湾49.5MW风电项目
3994 宁夏同心风电场嘉泽田家岭49.5MW风电项目
3993 宁夏红寺堡风电场嘉泽青山49.5MW风电项目
3992 恩菲新能源（中卫）有限公司太阳能光伏并网发电30MWp工程项目

3991 陕西靖边20MW光伏并网发电项目
3990 山西马军峪瓦斯发电项目
3989 江西原生源化工有限公司酒精废液沼气发电项目
3988 国电北镇架子山风电场项目
3987 内蒙古自治区巴彦淖尔市乌力吉二期风电场项目
3986 丽江市五郎河梯级水井水电站建设项目
3985 丽江市五郎河梯级大坪水电站建设项目
3984 甘肃华电玉门黑崖子西48MW风电场工程
3983 华电徐闻黄塘风电场工程项目
3982 山西华电阳高南顶山风电场48MW风力发电项目
3981 永胜县朝阳水电站
3980 永胜县红星桥水电站
3979 临沧市临翔区琅琊河水电站
3978 康定县前溪水电站项目
3977 康定县楼上沟水电站项目
3976 阿坝州抚边河杨家湾水电站项目
3975 河北省博德玉龙四期49.5MW风电项目
3974 吉林省大安乐胜风电场项目
3973 张北大囫囵二期49.5MW风电项目
3972 蔚县东杏河风电场49.5MW工程
3971 蔚县利华尖风电场49.5MW工程
3970 酉阳县细沙河流域水电梯级开发细沙口水电站
3969 酉阳县细沙河流域水电梯级开发龙家坝水电站
3968 酉阳县细沙河流域水电梯级开发小咸井水电站
3967 云南龙陵帕掌河一级和帕掌河二级水电打捆项目
3966 盈江县古里卡河水电站项目
3965 大唐渭河发电厂热电联产技改（2×300MW）工程配套热网工程
3964 山东正大纸业有限公司造纸制浆系统技改优化减排项目
3963 国能德惠生物质发电项目
3962 吉林公主岭生物质发电项目
3961 内蒙古阿刀亥煤矿瓦斯利用项目
3960 木垒县远亨煤化工有限责任公司尾气发电资源综合利用工程
3959 清新水泥18MW纯低温余热发电项目
3958 重庆海螺水泥有限责任公司2×4500/d新型干法水泥生产线项目余热发电工程
3957 衡水泰达故城生物质能发电项目
3956 丰达电力有限公司电厂油改气工程
3955 贵州盘江煤层气开发利用有限责任公司金佳低浓度瓦斯提纯利用工业化项目
3954 内蒙古兆鑫能源集团生物质能热电联产项目
3953 成都市祥福生活垃圾焚烧发电厂项目
3952 内蒙古鄂尔多斯50MWp槽式太阳能热发电示范项目
3951 重钢长寿新区CDQ余热回收利用项目二期工程
3950 重钢长寿新区CCPP余热回收利用项目二期工程
3949 重钢长寿新区CDQ余热回收利用项目
3948 重钢长寿新区CCPP余热回收利用项目
3947 凉山州木里河俄公堡水电站项目
3946 山东亿兆能源有限公司10MW光伏发电项目
3945 新疆库玛拉克河小石峡水电站项目

3944 贵州省铜仁市芦家洞水电站项目
3943 汕头市澄海洁源垃圾发电厂项目
3942 上海金山永久生活垃圾综合处理工程项目
3941 贵州省息烽县和修文县农村沼气利用项目
3940 贵州省贵阳市乌当区、花溪区农村沼气利用项目
3939 贵州省清镇市农村沼气利用项目
3938 贵州省松桃苗族自治县、铜仁市、万山特区河玉屏侗族自治县农村沼气利用项目
3937 贵州省沿河土家族自治县、德江县和印江土家族苗族自治县农村沼气利用项目
3936 贵州省思南县和石阡县农村沼气利用项目
3935 呼伦贝尔市达来东风电场国华4.95万千瓦风电项目
3934 国电朔州海丰风力发电有限公司虎头山一期49.5MW风力发电项目
3933 盐源县巴基河三级电站项目
3932 宁夏红寺堡石板泉风电场国电二期49.5MW工程
3931 华润电力风能北票向阳风电场49.5MW工程
3930 新平县丫味河水电站项目
3929 讨赖河三道湾水电站项目
3928 大唐定边张家山风电场二期工程
3927 河北崇礼长城岭风电场工程项目
3926 新疆新华布尔津风力发电场工程
3925 雅安市周公河梯级电站扩机工程项目
3924 云南省盈江县洒水河二级电站和富宁县清华洞电站打捆项目
3923 安徽龙源大港风电项目
3922 甘肃玉门三十里井子南32.5兆瓦大型风电机组示范风电场项目
3921 新疆龙源巴里坤三塘湖风电场一期49.5兆瓦风电项目
3920 新疆龙源塔城老风口风电场一期49.5兆瓦风电项目
3919 陕西凤县观日台风电场工程项目
3918 浙江舟山金塘一期风电项目
3917 新疆温宿县台兰河一级水电站项目
3916 甘肃张掖10MW并网光伏发电项目
3915 江西省峡江水利枢纽工程
3914 河北省博德玉龙三期49.5MW风电场
3913 双辽秀水风电场一期工程
3912 大唐德令哈新能源有限公司德令哈10兆瓦并网光伏发电项目
3911 淄博腾飞生物质热电有限公司1×15MW秸秆发电项目
3910 湘潭九华示范区20MW光伏屋顶及智能微电网示范项目
3909 湖北省农村户用沼气规划项目
3908 云南省文山州富宁县西洋江那柳水电站
3907 华电达坂城一期49.5MW风电项目
3906 大安海坨风电场一期工程
3905 四平山门风电场二期工程
3904 国电潍坊滨海风电场一期工程
3903 华能偏关黑家庄风电场二期49.5兆瓦风力发电项目
3902 华能天镇武家山风电场二期49.5兆瓦风力发电项目
3901 勐海县帕顶梁子风电场项目
3900 四川省冕宁县沱洛河一级和沱洛河二级打捆水电项目
3899 盈江县芒缅河水电站项目
3898 永胜县新田水电站项目

3897 瓜州大梁东47.5兆瓦大型风电机组示范风电场项目
3896 瓜州大梁北47.5兆瓦大型风电机组示范风电场项目
3895 广西瓦村水电站项目
3894 彝良县白水江上白水水电站
3893 彝良县白水江文角水电站
3892 彝良县白水江柳溪水电站
3891 彝良县白水江牛路水电站
3890 四川广元白龙江昭化水电站项目
3889 国网新源达坂城风电场一期49.5兆瓦风电项目
3888 大唐集贤太平风力发电场项目
3887 齐齐哈尔碾子山风电场项目
3886 中电投南阳方城风电场二期工程
3885 河北沽源白土窑风电场项目
3884 吉林通榆乌兰花F风电场项目
3883 吉林通榆新发D风电场项目
3882 青海德令哈协合光伏发电项目
3881 肃南县西营河一级与二级水电站打包项目
3880 甘肃党河上游五级水电站项目
3879 卢氏县鸦鸠河4.8MW水电项目
3878 桂阳县天塘山49.9MW风电场项目
3877 新疆霍尔果斯压气站尾气余热发电项目
3876 柳州市立冲沟生活垃圾填埋场沼气治理与循环利用项目
3875 平泉生物质发电工程
3874 江西赣县生物质发电项目
3873 东平光源热电有限责任公司秸秆生物质能热电联产技术改造项目
3872 安徽淮化股份有限公司年产27万吨硝酸装置氧化亚氮减排项目
3871 河南省南召县太阳灶推广项目
3870 河南省社旗县太阳灶推广项目
3869 河南省唐河县太阳灶推广项目
3868 河南省建筑领域地源热泵应用规划类CDM项目
3867 广西壮族自治区北海市合浦县GX3农村户用沼气项目
3866 广西壮族自治区贺州市富川县、昭平县GX4农村户用沼气项目
3865 湖北省养殖场粪便处理规划项目
3864 饶平海山风电场工程项目
3863 南京轿子山填埋场填埋气发电项目
3862 河南恒友牧业发展有限公司农村生态能源利用亚行贷款项目
3861 湖北龙感湖风电场工程项目
3860 冀中能源张家口矿业集团有限公司宣东煤矿乏风氧化利用项目
3859 震宇液体硫磺制酸及余热回收利用项目
3858 古城区黑白水河天生桥水电站项目
3857 湖北龙潭嘴水电项目
3856 四川省甘孜州九龙县麻窝沟二级水电站
3855 四川省甘孜州九龙县三四沟水电站项目
3854 射阳县临港工业区地面滩涂建设20MW光伏电站项目
3853 江苏华电尚德东台沿海20MW光伏发电项目
3852 乌兰察布市商都大脑包风电场天润4.95万千瓦风电项目
3851 宁安镜泊头道岭风电项目

3850 宁安镜泊二道岭风电项目
3849 茂名电白岭门风电场
3848 龙胜南山风电场一期项目
3847 富川龙头山风电场一期项目
3846 民勤红沙岗陈家前井南井49.5MW风电场项目
3845 大唐科左后旗哈日乌苏风电场4.95万千瓦风电项目
3844 呼伦贝尔市扎罗木得风电场大唐4.95万千瓦风电项目
3843 大唐延安新能源有限公司安塞王家湾风电场工程项目
3842 大唐靖边新能源有限公司元梁山风电场工程项目
3841 吉林洮南新立风电场二期（49.5MW）工程
3840 宁夏中宁长山头风电场中广核大战场49.5MW工程
3839 甘孜州硕曲河乡城水电站项目
3838 甘孜州硕曲河洞松水电站项目
3837 阿坝州沃日河春堂坝水电站项目
3836 甘孜州湾东河湾东水电站项目
3835 稻城县夹依龙巴水电站项目和稻城县往子沟水电站项目打捆水电站项目
3834 赤峰市翁牛特旗杨树沟风电场大唐4.95万千瓦风电项目
3833 赤峰市翁牛特旗长汗沟风电场大唐4.95万千瓦风电项目
3832 黑龙江集贤太阳山风电场项目
3831 元阳县杨系河三级水电站工程
3830 贵州省独山县黑神河梯级水电站项目
3829 湖北省赤壁市陆水河节堤航电枢纽工程项目
3828 湖南省石门县渫水第三级水电项目
3827 青海省民和县湟水河峡口水电站项目
3826 甘洛县达子水电站工程项目
3825 云南永德县忙令河二级、三级打捆小水电项目
3824 云南永德县忙海河六级、七级打捆小水电项目
3823 云南永德县德党河三级水电项目
3822 资源金紫山风电场二期工程项目
3821 固安中德利华石油化学有限公司年产10万吨生物柴油项目
3820 山西潞安集团高河煤矿乏风氧化利用项目
3819 大唐南皮生物质发电项目
3818 国能固镇生物质发电项目
3817 内蒙古西泰水泥电石渣制水泥熟料工程
3816 安徽国祯生物质电厂改造项目
3815 盈江县勐乃河新二级水电站项目
3814 贡山县普拉水电站项目
3813 泸水县腊门嘎二级水电站项目
3812 湖北十堰龙背湾水电站
3811 青海玛沁格曲二级水电站工程
3810 新疆阿勒泰柯赛依水电项目
3809 华能玉门桥湾第三北一48兆瓦大型风电机组示范风电场项目
3808 华能洮北风电场四期工程
3807 国电围场风光电一体化项目
3806 云南省姚安县梅家山风电场项目
3805 云南省姚安县尖山梁子风电场项目
3804 四川省阿坝州松潘县白草河白羊水电站项目

3803 山西灵丘县白草湾49.5MW风电项目
3802 青海德令哈尕海风电场一期项目
3801 新疆开都河小山口二级水电站工程项目
3800 新疆开都河小山口三级水电站工程项目
3799 贡山县双拉河水电站
3798 夏河县安顺15MW小水电项目
3797 禄劝县白水河三级水电项目
3796 洛泽河格闹河水电站项目
3795 福建斜滩水电站
3794 国电陕西丹江干流月亮湾水电站项目
3793 国电陕西丹江干流金华湾水电站项目
3792 格尔木并网光伏发电项目
3791 商丘市生活垃圾卫生填埋场填埋气发电项目
3790 鄂州市生活垃圾填埋场填埋气发电项目
3789 宜昌百川畅银有限公司黄家湾垃圾填埋场沼气发电项目
3788 中节能山东德州10MWp光伏并网电站项目
3787 贵州攀极二号盘县瓦斯综合利用项目
3786 宁德城市生活垃圾焚烧发电厂
3785 中国太阳能与余热回收联合供热系统
3784 崇阳凯迪生物质能发电厂工程
3783 河南晋开化工投资控股集团有限责任公司双加压硝酸装置1号线氧化亚氮（N2O)减排项目
3782 河南晋开化工投资控股集团有限责任公司双加压硝酸装置2号线氧化亚氮（N2O)减排项目
3781 宁波万华硝酸装置一期CDM项目
3780 大安安白高速新艾里风电场一期工程项目
3779 吉林通榆瞻榆F风电场49.5MW工程
3778 云南省富宁县郎恒河一级水电站项目
3777 陕西宋家堰西水街黑峡子打包小水电项目
3776 河北省动物粪便管理系统温室气体减排规划方案
3775 张北乌登山风电二期项目
3774 四川甘洛县龙杠子小水电项目
3773 四川甘洛县腊莫岱二级、莫岱三级小水电打捆项目
3772 贵州普安县吟路一级水电站项目
3771 湖南高家坝水电项目
3770 云南省元阳县芒铁河二级水电站项目
3769 云南元阳逢春岭一级小水电项目
3768 云南元阳逢春岭二级小水电项目
3767 云南省临沧市镇康县南捧河大丫口水电站工程项目
3766 宣恩县双溪水电站项目
3765 美姑县斯利聘水电站项目
3764 湖南省桑植县迷水河小水电项目
3763 四川宝兴县蚂蝗沟一级水电项目
3762 宣恩县观音坪水电站项目
3761 中广核北票长皋风电场
3760 西乡县曲江洞水电项目
3759 四川丹巴县独狼沟一级、二级打捆小水电项目
3758 四川丹巴县奎拥沟一级水电项目
3757 湖南桂阳县大滩水电项目

3756 湖南新宁县大兴一级、二级打捆小水电项目
3755 湖南蓝山县钟野、永州市零陵打捆小水电项目
3754 中节能张北单晶河风电场二期工程
3753 中节能乌鲁木齐托里200MW风电场二期49.5MW风电项目
3752 内蒙古通辽奈曼旗东兴风盈永兴风电场一期49.6MW风电项目
3751 国电桦川（大青背山）一期风电场项目
3750 国电桦川（宝山）风电场项目
3749 云南省德钦县春多乐水电站
3748 华能定边狼尔沟风电场项目
3747 华能宁夏青铜峡光伏发电项目
3746 四川养殖场沼气工程规划类清洁发展机制项目
3745 辽宁仙人岛风电项目
3744 甘肃白水江横丹水电站项目
3743 党河上游三级水电站项目
3742 四川丹巴县小金川关州水电站项目
3741 阿坝州马尔康县龙头滩水电站
3740 甘孜州丹巴县革什扎河吉牛水电站项目
3739 乐山青衣江毛滩水电站项目
3738 国投石嘴山20MWp（二期）光伏并网电站项目
3737 东营光伏7MWp并网电站项目
3736 华能格尔木二期光伏发电项目
3735 河北省唐山市乐亭县、滦南县（HB1）农村户用沼气项目
3734 河北省唐山市丰南区和滦南县（HB2）农村户用沼气项目
3733 河北省唐山市遵化市和滦南县（HB3）农村户用沼气项目
3732 河北省石家庄市平山县和行唐县（HB4）农村户用沼气项目
3731 河北省石家庄市新乐市和藁城市（HB5）农村户用沼气项目
3730 河北省石家庄市栾城县和藁城市（HB6）农村户用沼气项目
3729 广西壮族自治区百色市乐业县、隆林县、田林县（GX2)农村户用沼气项目
3728 广西壮族自治区河池市大化县（GX1）农村户用沼气项目
3727 甘肃省武威市凉州区10MWp并网光伏电站项目
3726 四川省七市州农村户用沼气规划项目
3725 宁夏京能灵武新火风力发电项目
3724 宁夏大唐国际青铜峡光伏并网电站二期20MWp工程
3723 安仁生物质能发电厂工程
3722 贵阳市轨道交通1号线工程
3721 天津贯庄垃圾焚烧综合处理项目
3720 湖北华电龙感湖沼气发电项目
3719 广西横县嘉辉木薯淀粉生产线技改和生产废水生化处理项目
3718 广西金源木薯深加工综合废水处理及沼气回收发电技改工程项目
3717 山东天和纸业有限公司废水深度处理及废物资源化利用项目
3716 府谷县亚博兰炭镁电有限公司30MW兰炭尾气发电项目
3715 府谷县溟源镁业煤化有限责任公司30MW兰炭尾气发电项目
3714 陕西省洁能二期100MW兰炭尾气发电工程
3713 神木县德润炭质还原剂有限公司60MW兰炭尾气发电项目
3712 华电二连浩特市风光互补城市供电系统示范项目
3711 青海茶卡49.5MW一期风电项目
3710 格尔木200MW并网光伏发电项目

3709 国电蓬莱虎山风电场一期项目
3708 临高20MW并网光伏电站项目
3707 福建厦门东部燃气电厂项目
3706 登封裕洲君鑫瓦斯发电项目
3705 登封裕洲丰阳瓦斯发电项目
3704 海南省乐东县南中河四级小水电项目
3703 舟山市定海小沙风电场工程
3702 宁夏青铜峡光伏发电项目
3701 上海临港天然气发电项目
3700 宁夏中卫香山风电场中电投范家寨49.5MW工程项目
3699 国电朔州海丰风力发电有限责任公司平鲁区虎头山二期49.5风力发电项目
3698 国电朔州海丰风力发电有限责任公司刘家窑49.5MW风力发电项目
3697 河南泌阳中天风电项目
3696 广东信宜钱排风电项目
3695 大唐丘北羊雄山风电场工程项目
3694 河南豫西燕山风电项目
3693 托克逊风电场二期项目
3692 云南洱源骑龙山风电项目
3691 云南洱源丰乐风电项目
3690 西乌旗巴彦乌拉49.5MW风电项目
3689 大唐突泉老爷岭风电一期项目
3688 国电电力胶南子罗风电场工程
3687 国电电力威海山马于风电场工程
3686 国电电力文登紫金山风电场工程
3685 吉林乾安水字风电场一期工程
3684 云南省富川水电项目
3683 云南省德钦县三岔河一级水电项目
3682 云南省德钦县三岔河二级水电项目
3681 青岛隆鑫风电场一期项目
3680 华电吉林双辽那木斯49.5MW风电场工程
3679 华电内蒙古辉腾锡勒2#（库伦）风电场扩建工程项目
3678 华电海原武塬风电场二期49.5MW工程
3677 华电宁夏海原大南沟49.5MW风电项目
3676 华电宁夏海原夏家窑49.5MW风电项目
3675 华电宁夏海原大咀49.5MW风电项目
3674 华电宁夏海原杠杆梁49.5MW风电项目
3673 阿巴嘎旗灰腾梁风电场一期49.5MW CDM项目
3672 乌兰察布市四子王旗40MWp光伏发电CDM项目
3671 山西右玉平鲁打包太阳能发电项目
3670 汉能宁夏太阳山光伏一期20MWp发电项目
3669 新疆哈密5#、6#机组供热节能技术改造工程
3668 甘肃省户用小型养殖场沼气工程规划项目
3667 甘肃省养殖场沼气工程规划项目
3666 华能大理清水沟风电场项目
3665 中电投塔城玛依塔斯风电场一期49.5MW风电项目
3664 龙源宁夏宁东风电场（白土岗乡新火）工程
3663 黑龙江黄团岭风电项目

3662 吉林通榆兴隆山2C风电项目
3661 内蒙古赤峰岗子风电项目
3660 陕西繁食沟二期风电场CDM项目
3659 国电新疆吐鲁番大河沿风电项目
3658 新疆萨尔塔木风电项目
3657 山西神池县黄花母49.5兆瓦风力发电项目
3656 内蒙古达茂旗满都拉诺尔风电项目
3655 吉林农安永安风电项目
3654 黑龙江克山曙光风电项目
3653 黑龙江桦南长寿山49.5MW风电项目
3652 黑龙江云雾山风电项目
3651 黑龙江伊春小白山风电项目
3650 黑龙江老白山风电项目
3649 黑龙江黑河大黑山风电项目
3648 黑龙江黑河小黑山风电项目
3647 依兰夹信山风电场
3646 丹巴县燕窝沟一级水电站项目
3645 丹巴县燕窝沟二级水电站项目
3644 茂县牟托水电站项目
3643 凉山州木里县撒多水电站项目
3642 九龙县色者水电站项目
3641 小金县汗牛河流域汗牛河水电站项目
3640 甘孜州金汤河金元水电站项目
3639 甘孜州金汤河金平水电站项目
3638 甘孜州吉珠沟葛达水电站项目
3637 江西省养殖场沼气工程规划项目
3636 满洲里深能北方灵泉风电场项目
3635 伊犁库克苏河库什塔依水电站项目
3634 四川理县芦杆桥水电站
3633 凉山州越西县茶园一级水电站小水电项目
3632 青海龙源格尔木二期并网光伏发电项目
3631 玉桥南里和竹木厂集中供热项目
3630 山西汾西煤层气开发有限责任公司瓦斯发电站项目
3629 府谷京府煤化有限责任公司30MW兰炭尾气发电项目
3628 四川硕曲河去学水电站
3627 辽宁昌图天桥山风电场项目
3626 山西耀元煤层气开发有限公司煤层气（煤矿瓦斯）综合利用（南峪）项目
3625 襄樊市生活垃圾焚烧发电项目

2012年在CDM执行理事会成功注册的中国CDM项目

（到2012年底累计：2980个）

2980 福建省宁德市蕉城区三涧溪水电站
2979 贵州省威宁县贵家营风电场项目
2978 盐源县马颈子水电站项目
2977 国华诸城四期风力发电工程
2976 盐池风电场（王乐井牛记圈）马斯特49.98MW工程
2975 盐池风电场（麻黄山史家湾）马斯特49.4MW工程
2974 吉林亚泰双阳水泥18兆瓦纯低温余热发电项目
2973 甘肃矿区三十里井子49.5兆瓦风电场项目
2972 黑龙江五顶山风电场项目
2971 新疆金圣胡杨化工有限公司硝酸2号线装置氧化亚氮（N2O)减排项目
2970 新疆金圣胡杨化工有限公司硝酸3号线装置氧化亚氮（N2O)减排项目
2969 新疆金圣胡杨化工有限公司硝酸1号线装置氧化亚氮（N2O)减排项目
2968 新疆龙源巴里坤三塘湖风电场四期49.5兆瓦风电项目
2967 宁夏正泰石嘴山二期10MWp光伏发电项目
2966 内蒙古乌拉特后旗呼和温都尔40MWp光伏并网发电项目
2965 青海省龙源格尔木三期20兆瓦并网光伏发电项目
2964 国电围场风光电一体化项目
2963 建平万家营子风电项目
2962 福建诏安梅岭风电场项目
2961 华能昭觉县特口甲谷风电场项目
2960 马边彝族自治县金河二级水电站项目
2959 华电小草湖风电场二场二期49.5MW风电项目
2958 云南昭通文家河二级小水电项目
2957 九龙县正源电站
2956 重庆平翔煤层气利用项目
2955 云南省大勐统河大寨子水电站项目
2954 宁夏盐池麻黄山风电场（王乐井）哈纳斯一期工程
2953 云南盈江县滚朋羊小一级水电站项目
2952 包头达茂旗百灵庙风电场申能4.8万千瓦风力发电项目
2951 海南恒基伟业光伏电力有限公司共和20兆瓦并网光伏发电项目
2950 青海格尔木小灶火风电场一期49.5MW项目
2949 镇赉黑鱼泡风电场三期工程项目
2948 会宁县太阳灶项目
2947 华能昌图太平风电场项目
2946 国华呼伦贝尔市新巴尔虎左旗巴彦查干风电场49.5MW项目
2945 国华呼伦贝尔市陈巴尔虎旗呼和诺尔风电场49.5MW风电项目
2944 大唐乌兰新能源有限公司茶卡小水桥风电场49.5兆瓦N_2O项目
2943 河南晋化投资集团双加压硝酸装置4号线氧化亚氮（N2O）减排项目
2942 河北冀衡赛瑞化工有限公司硝酸装置一号N2O减排项目
2941 四川省马尔康县年克水电站项目
2940 河南晋化工投资集团双加压硝酸装置3号线氧化亚氮（N_2O)减排项目
2939 黑龙江省哈拉海风电场项目
2938 陕西兴化化学股份有限公司硝酸装置（五号线）氧化亚氮减排项目

2937 云南省陆良县马塘风电场项目
2936 大唐新能源肃州区东洞滩并网光伏发电项目
2935 锡铁山三期60兆瓦并网光伏发电项目
2934 贵州自强18MW水电项目
2933 骏马化工硝酸系统氧化亚氮减排项目
2932 新疆开都河柳树沟180MW水电站项目
2931 河南省洛阳市洛宁县南部（HN5）农村户用沼气项目
2930 白水江屈家河口水电站项目
2929 液耦变矩电励磁同步风电机组民勤县红沙岗49.5兆瓦试验风电场项目
2928 宁夏太阳山风电场神鹏49.5MW工程项目
2927 资源金紫山风电场二期工程项目
2926 马边彝族自治县三河口水电站项目
2925 九龙县出龙沟水电站项目
2924 安徽凤阳曹店风电场项目
2923 宁夏同心风电场（张家塬乡苏台）惠风工程项目
2922 大庆风云风电场项目
2921 华润电力风能凌海白台子风电项目
2920 国电电力胶南子罗风电场工程
2919 冀中能源张家口矿业集团有限公司宣东煤矿乏风氧化利用项目
2918 巫山县后溪河水电站工程
2917 河北承德围场御道口如意河风电场
2916 彝良县白水江文角水电站
2915 环县南湫49.5MW风电场项目
2914 甘肃肃北马鬃山公婆泉49.5兆瓦试验风电场项目
2913 四川丹巴县奎拥沟一级水电项目
2912 河北围场潮水海49.5兆瓦风电项目
2911 四川宝兴县蚂蝗沟一级水电项目
2910 九龙县铁厂河杉树坪水电站
2909 云南元江县清龟小水电项目
2908 威海鼎能泽库风电场一期工程49.5MW项目
2907 河南省洛阳市洛宁县北部（HN4）农村户用沼气项目
2906 湖南蓝山县钟野、永州市零陵打捆小水电项目
2905 华电河北蔚州甄家湾49.5MW风电场工程
2904 中广核通榆新发B风电场项目
2903 湖南新宁县大兴一级、二级打捆小水电项目
2902 化德县华仪电气股份有限公司三胜风电场（49.5MW）工程项目
2901 国网新源达坂城风电场一期49.5兆瓦风电项目
2900 大唐栖霞苏家店风电场一期工程
2899 大唐海阳徐家店风电场一期工程
2898 江苏大丰风电项目(龙源)
2897 湖南桂阳县大滩水电项目
2896 四川丹巴县独狼沟一级、二级打捆小水电项目
2895 大安海坨风电场二期工程
2894 黑龙江大庆绿色草原风电场工程
2893 云南峨山县土库房、成华，元江县漫莱、德聪打捆小水电项目
2892 华电云南蒙自朵古风电场工程项目
2891 吉林省大安乐胜风电场项目
2890 清新水泥18MW纯低温余热发电项目
2889 华电吉林双辽那木斯49.5MW风电场工程

2888 理县梭罗沟一级水电站项目
2887 四川罗尔沟一级和罗尔沟二级打捆水电项目
2886 大唐文登风电场二期工程
2885 华能东营河口风电场五期工程项目
2884 府谷京府煤化有限责任公司30MW兰炭尾气发电项目
2883 安徽省舒城生物质发电项目
2882 甘肃敦煌正泰50MWp光伏电站项目
2881 宾县大顶山风电场项目
2880 甘肃白水江横丹水电站项目
2879 四川省广元市朝天区西北乡芳地坪风电场
2878 大唐平阴风电场一期工程
2877 神木县德润炭质还原剂有限公司60MW兰炭尾气发电项目
2876 江西赣县生物质发电项目
2875 国华内蒙古苏尼特右旗风电场一期项目
2874 新疆阿勒泰柯赛依水电项目
2873 吉林通榆瞻榆F风电场49.5MW工程
2872 华能东营河口风电场六期工程项目
2871 托克逊风电场二期项目
2870 国电潍坊滨海风电场二期工程
2869 雷波县马拉水电站
2868 四川省盐源县甲米二级水电站工程
2867 甘肃西大河水电项目
2866 天融滨州沾化风电场一期工程
2865 青海玛沁格曲二级水电站工程
2864 临沧市临翔区琅琊河水电站
2863 甘肃天润瓜州柳园二期49.5MW风电场项目
2862 甘肃冶木河联柱桥、小河口捆绑小水电项目
2861 湟水湟惠水电站项目
2860 国电靖边祭山梁二期49.5MW风电场工程
2859 兰考县秸秆热电项目
2858 陕西宋家堰酉水街黑峡子打包小水电项目
2857 湖南临武三十六湾48MW风电场项目
2856 中节能太阳能（酒泉）发电玉门昌马9兆瓦并网光伏发电项目（风光互补）
2855 国电靖边祭山梁三期49.5MW风电场工程
2854 华润电力风能北票向阳风电场49.5MW工程
2853 国电陕西靖边祭山梁49.5MW风电场工程
2852 平陆天润张店镇49.5兆瓦风力发电项目
2851 湖北省赤壁市陆水河节堤杭电枢纽工程项目
2850 结尾电站项目
2849 伊犁库克苏河库什塔依水电站项目
2848 华电达坂城一期49.5MW风电项目
2847 青岛隆鑫风电场一期项目
2846 甘肃酒泉瓜州干河口北48兆瓦风力发电项目
2845 蒙江上尖坡水电站项目
2844 陕西靖边20MW光伏并网发电项目
2843 松滋凯迪生物质能发电厂工程
2842 木里河上通坝水电站工程
2841 河北康保屯垦风电项目
2840 龙胜南山风电场二期工程项目

2839 湖北华电龙感湖沼气发电项目
2838 蒙江冗各水电站项目
2837 华电海原武塬风电场一期49.5MW工程
2836 内蒙古阿拉善盟孪井滩生态移民示范区10MWp光伏并网发电项目
2835 寻甸高本山风电场项目
2834 黑龙江人和生物质热电联产项目
2833 华电二连浩特市风光互补城市供电系统示范项目
2832 甘肃酒泉瓜州干河口南48MW风力发电项目
2831 银川市东部4×200MW级联合循环热电冷联产工程项目
2830 宁夏同心风电场（张家塬险崖子）大唐风电项目
2829 青海华电格尔木光伏发电项目
2828 甘肃省迭部县腊子口三级5.7MW水电项目
2827 吉林农安永安风电项目
2826 中节能张北单晶河风电场二期工程
2825 乾安腾字B风电场项目
2824 宁夏同心风电场（马高庄赖家洼）大唐风电项目
2823 玉门三十里井子北二48MW风电场项目
2822 平武县泗耳河一级水电站项目
2821 乾安腾字风电场二期工程
2820 云南省富宁县郎恒河一级水电站项目
2819 大唐靖边新能源有限公司元梁山风电场工程项目
2818 福建莆田南日岛四期风电场项目
2817 上海青草沙风力发电项目
2816 内蒙古呼伦贝尔额尔古纳葫芦头49.5MW风电项目
2815 云南省楚雄市不管河四级水电工程项目
2814 广西桂林冲口垃圾填埋气回收及利用项目
2813 辽宁仙人岛风电项目
2812 张北大囫囵风电场一期工程
2811 湖南株洲硬质合金集团有限公司锅炉系统节能技术改造项目
2810 衡水泰达故城生物质能发电项目
2809 福建南平峡阳水电站
2808 池州海螺水泥股份有限公司2*18MW余热发电工程
2807 吉林通榆兴隆山1F风电场工程
2806 格尔木200MW并网光伏发电项目
2805 阿坝州岷江姜射坝水电项目
2804 四川阿坝州汶川县杂谷脑河桑坪水电站
2803 哈密天润十三间房风电场二期49.5兆瓦项目
2802 大唐长清风电场二期工程
2801 中广核博山岳阳山风电场工程项目
2800 稻城县夹依龙巴水电站和稻城县往子沟水电站打捆水电站项目
2799 大唐新能源临高海上6兆瓦试验风电机组工程项目
2798 四川省仁和区塘坝河水电项目
2797 湖南株洲中材水泥9MW余热利用项目
2796 贵州省乌图河一级25兆瓦水电项目
2795 潍坊山水水泥有限公司纯低温余热发电项目
2794 新疆库玛拉克河小石峡水电站项目
2793 新疆华电哈密风电十三间房一期工程49.5MW风电项目
2792 福建晋江金井风电项目
2791 宁夏京能太阳山光伏并网电站一期10MWp工程

2790 开县盛山水电站项目
2789 沅陵县怡溪（五级）水电站
2788 咸丰县田寨河水电站工程
2787 茂名电白岭门风电场
2786 河南省南召县太阳灶推广项目
2785 朔州天汇平鲁区大山台二期49.5兆瓦风力发电项目
2784 西乡县曲江洞水电项目
2783 凉山州木里河俄公堡水电站项目
2782 新疆哈密十三间房风电场一期49.5兆瓦风电项目
2781 福建永安丰海水电站
2780 湖北龙潭嘴水电项目
2779 内蒙古通辽奈曼旗东兴风盈永兴风电场一期49.6MW风电项目
2778 云南龙陵帕掌河一级和帕掌河二级水电打捆项目
2777 平泉生物质发电工程
2776 云南省石林县支锅山风电场项目
2775 山西雁门关风力发电科技有限公司代县风电场项目
2774 新疆鲁能小草湖风电场一期49.5兆瓦风电项目
2773 河北尚义龙源麒麟山风电场二期工程项目
2772 江西乐安县东岸小水电项目
2771 云南南龙河水电打捆项目（零级和二级水电站）
2770 云南省富民县百花山风电场项目
2769 蛟河凯迪生物质能发电厂工程
2768 贵定海螺盘江水泥有限责任公司9MW纯低温余热发电工程项目
2767 山西朔州平鲁天瑞风电项目
2766 四川峨眉山佛光水泥有限公司纯低温余热发电项目
2765 湖南高家坝水电项目
2764 环县南湫二期49.5MW风电场项目
2763 甘肃永昌水泉子风电项目
2762 民勤县红沙岗咸水井西49.5MW风电场
2761 龙里风电场一期（草原）项目
2760 江西于都峡山35.1MW水电项目
2759 甘肃金昌西滩风电项目
2758 大安来福三期风电场工程
2757 大安来福二期风电场工程
2756 茂名中坳风电场一期工程
2755 福建斜滩水电站
2754 华能玉门桥湾第三北一48兆瓦大型风电机组示范风电场项目
2753 山西平鲁白玉山风电场项目
2752 福建屏南园坪水电站16MW项目
2751 新疆叶尔羌河喀群三级水电站工程项目
2750 国电电力威海山马于风电场工程
2749 中广核象山涂茨风电场工程项目
2748 四川省宝兴县巴斯沟一级水电站
2747 四川省马边彝族自治县高卓营水电站
2746 湖北洞沟水电项目
2745 迪庆州德钦县相多河一级电站
2744 贵阳海螺盘江水泥有限责任公司9MW纯低温余热发电工程项目
2743 大唐招远金岭风电场一期
2742 华能镇赉马力风电厂二期项目

2741 昌黎大滩风电场48MW工程
2740 国电桦川中伏风电场项目
2739 大唐延安新能源有限公司安塞王家湾风电场工程项目
2738 永胜县新田水电站项目
2737 云南洱源丰乐风电项目
2736 惠安县生活垃圾焚烧发电项目
2735 中广核沙沟风电场一期工程项目
2734 华电四川木里河卡基娃水电站项目
2733 汕头市澄海洁源垃圾发电厂项目
2732 福安潭头水电项目
2731 海南东方高排风力发电场一期工程
2730 华电四川木里河立洲水电站项目
2729 镇江市生活垃圾焚烧发电项目
2728 国电招远夏甸风电场一期工程
2727 华电河北蔚州黄花梁49.5MW风电场工程
2726 云南礼社江大湾水电站项目
2725 华电沽源风电场三期49.5MW工程
2724 汉能宁夏太阳山光伏一期20MWp发电项目
2723 隆回凯迪生物质能发电厂工程
2722 广西柳州鹿寨县洛清江西岸水电站项目
2721 云南省剑川县百山母风电场项目
2720 陕西韩城瓦斯乏风项目
2719 四川省汶川县草坡河口15MW水电站工程
2718 甘肃华电民勤10MWp光伏电站
2717 国电北镇架子山风电场项目
2716 中电投塔城玛依塔斯风电场一期49.5MW风电项目
2715 阿拉善左旗国电电力5MW光伏电站和神舟光伏呼和浩特市土默特左旗5MW太阳能光伏发电打捆项目
2714 党河上游三级水电站项目
2713 中宁长山头风电场天润49.5MW风电项目
2712 云南永德县忙海河六级、七级打捆小水电项目
2711 云南永德县德党河三级水电项目
2710 华能康保风电场一期49.5MW工程项目
2709 中节能山东德州10MWp光伏并网电站项目
2708 云南永德县忙令河二级、三级打捆小水电项目
2707 云南省万家口子水电站项目
2706 张北大囫囵二期49.5MW风电项目
2705 雷波县长河水电站
2704 乌兰察布市商都大脑包风电场天润4.95万千瓦风电项目
2703 云南省德宏州盈江县那邦水电站
2702 鄂尔多斯市杭锦伊和乌素风场49.5MW风力发电项目
2701 四川省达县九节滩水电项目
2700 元谋黑马井风电场工程
2699 国投石嘴山20MWp（二期）光伏并网电站项目
2698 黑龙江带岭东山风电项目
2697 宁夏中卫香山风电场中电投三期49.5MW工程项目
2696 河南省洛阳市汝阳县西南部（HN7）农村户用沼气项目
2695 云南省剑川县金华风电场项目
2694 河南省洛阳市栾川县西部（HN8）农村户用沼气项目
2693 四川甘洛县腊莫岱二级、莫岱三级小水电打捆项目

2692 四川甘洛县龙杠子小水电项目
2691 湖北十堰龙背湾水电站
2690 新疆龙源巴里坤三塘湖风电场一期49.5兆瓦风电项目
2689 大唐玉门昌马第一（北）风电场48MW项目
2688 彝良县白水江柳溪水电站
2687 福建莆田忠门风电场项目
2686 迪庆州德钦县施坝河一级电站
2685 饶平海山风电场工程项目
2684 龙里风电场二期（坪子）项目
2683 盈江县芒缅河水电站项目
2682 内蒙古鄂尔多斯50MWp槽式太阳能热发电示范项目
2681 京能北京八达岭太阳能综合试点工程
2680 华能同江江胜风电场项目
2679 内蒙古上都一期49.5MW风电项目
2678 华电宁夏海原大南沟49.5MW风电项目
2677 内蒙古赤峰安庆生物质热电联产项目
2676 黑龙江老白山风电项目
2675 河北张家口康保屯垦风电场二期项目
2674 新疆龙源塔城老风口风电场一期49.5兆瓦风电项目
2673 新疆通力塔格拉克一、二级17MW打捆水电站项目
2672 盈江县古里卡河水电站项目
2671 德钦县茨中河水电站项目
2670 三峡新能源格尔木发电有限公司格尔木10兆瓦并网光伏发电项目
2669 四川小沟河杉平、水塘沟和宏水沟打捆水电项目
2668 玉桥南里和竹木厂集中供热项目
2667 黑龙江桦南长寿山49.5MW风电项目
2666 湖南洞潭水电项目
2665 呼伦贝尔市达来东风电场国华49.5万千瓦风电项目
2664 奎屯河六级水电站项目
2663 铜陵上峰水泥股份有限公司纯低温余热发电项目（二期）
2662 遵化市秸秆发电工程
2661 禄劝县白水河三级水电项目
2660 贡山县普拉水电站项目
2659 夏塔河山口水电站项目
2658 景洪市勐宋水电站项目
2657 江西省信丰五洋水电项目
2656 西乌旗高力罕49.5MW风电场项目
2655 枞阳海螺水泥股份有限公司18MW余热发电工程
2654 宁夏中卫香山风电场中电投范家寨49.5MW工程项目
2653 四川省杂谷脑河薛城水电项目
2652 34独山县黑神河梯级水电站项目
2651 宁夏同心风电场（马高庄李鲜崖子）大唐风电项目
2650 三河亿能环境技术有限公司沼气应用项目
2649 古城区黑白水河天生桥水电站项目
2648 贵州普安县吟路一级水电站项目
2647 龙胜南山风电场一期项目
2646 永胜县红星桥水电站
2645 华电内蒙古辉腾锡勒2#（库伦）风电场扩建工程项目
2644 雪山沟水电站项目

2643 唐山三友集团东光浆粕有限责任公司污水沼气回收利用项目
2642 大唐景泰沙塘子风电项目
2641 青铜峡光伏并网电站10MWp工程项目
2640 大安海坨风电场一期工程
2639 国华荣成（五期）风力发电工程
2638 国电北票陶家沟风力发电项目
2637 国电乐亭大清河风电场工程
2636 分宜海螺水泥有限责任公司9MW余热发电工程
2635 陕西省白土岭49MW水电项目
2634 北票北四家子风力发电项目
2633 甘孜州九龙县溪古水电站项目
2632 华电大安风水山风电场二期项目
2631 国华河口（二期）风力发电工程
2630 国华双辽莲花山风电场二期工程
2629 彭水凯迪生物质能发电厂工程
2628 四川雷波乐都一级水电项目
2627 凯迪德安生物质发电工程
2626 双辽莲花山风电场一期工程
2625 青海格尔木一线天8MW小水电项目
2624 洛阳张落坪市生活垃圾填埋场填埋气发电项目
2623 甘肃玉门三十里井子南32.5兆瓦大型风电机组示范风电场项目
2622 四川省中心沟、611林场和615林场小水电打捆项目
2621 内蒙古龙源满洲里高尔真风电场49.5MW风电项目
2620 凯迪永新生物质发电工程
2619 中电投南阳方城风电场二期工程
2618 国华开鲁太平沼风电项目
2617 华电宁夏海原大咀49.5MW风电项目
2616 内蒙古鄂尔多斯冶金有限责任公司大型集群电炉低温烟气余热资源综合利用项目（一期）
2615 双峰海螺水泥有限公司18MW余热发电工程
2614 四川理县芦杆桥水电站
2613 盐池风电场（大水坑）哈纳斯二期项目
2612 江苏海丰奶牛场粪便处理和沼气利用项目
2611 宁夏中卫香山风电场中电投刘家山49.5MW工程项目
2610 吉林通榆兴隆山1B风电场工程
2609 盐池风电场（麻黄山）马斯特二期工程
2608 陕西凤县观日台风电场工程项目
2607 湖北龙感湖风电场工程项目
2606 丽江市五郎河梯级大坪水电站建设项目
2605 中电投哈密20MW光伏并网发电项目
2604 四川省康定县谢家沟水电站工程项目
2603 白龙江锁儿头水电站
2602 齐齐哈尔碾子山风电场项目
2601 安徽淮化股份有限公司年产27万吨硝酸装置氧化亚氮减排项目
2600 大唐集贤太平风力发电场项目
2599 新疆天山电力股份有限公司达坂城风力发电厂一期（49.5MW）工程
2598 北京华电密云20兆瓦光伏发电项目
2597 内乡宝天曼7.5MW水泥余热发电项目
2596 国电电力右玉高家堡风电场二期49.5MW工程
2595 兰溪市热电有限公司燃煤锅炉和利用生物质能技改项目

2594 国电朔州海丰风力发电有限责任公司刘家窑49.5MW风力发电项目
2593 山东亿兆能源有限公司10MW光伏发电项目
2592 盐源县塔尔堤水电项目
2591 民勤红沙岗陈家前井南井49.5MW风电场项目
2590 安徽龙源大港风电项目
2589 浙江舟山金塘一期风电项目
2588 华电宁夏海原夏家窑49.5MW风电项目
2587 华能同江临江风电场项目
2586 大唐景泰乾丰风电项目
2585 青海省民和县湟水河峡口水电站项目
2584 南阳市丹江口水库太阳灶推广项目二期
2583 华能洮北风电场四期工程
2582 山西华电阳高南顶山风电场48MW风力发电项目
2581 辽宁昌图天桥山风电场项目
2580 云南省盈江县洒水河二级电站和富宁县清华洞电站打捆项目
2579 凉山州西昌市安宁河洼垴33兆瓦水电站
2578 云南省德钦县春多乐水电站
2577 华能陕西靖边龙洲风电场二期项目
2576 蚌埠涂山热电有限公司工业废水沼气回收利用项目
2575 辽宁龙源康平沙金台风力发电项目
2574 青海共和30MW光伏发电项目
2573 中国广东省怀集县莫湖17MW水电项目
2572 黑龙江集贤太阳山风电场项目
2571 山西右玉平鲁打包太阳能发电项目
2570 宁夏红寺堡石板泉风电场国电一期49.5MW工程
2569 大唐威海汪疃一期风电项目
2568 酉阳县细沙河流域水电梯级开发龙家坝水电站
2567 石门海螺水泥有限责任公司18MW余热发电工程
2566 内蒙古辉腾梁B区III期风电项目
2565 桂阳县天塘山49.9MW风电场项目
2564 河北崇礼长城岭风电场工程项目
2563 山东济矿民生热能有限公司焦炉煤气综合利用项目
2562 安徽池州25MW生物质发电项目
2561 甘肃敦煌市西域矿业硫化钠焙烧炉尾气余热利用节能改造项目
2560 广东信宜钱排风电项目
2559 新疆新华布尔津风力发电场工程
2558 蔚县东杏河风电场49.5MW工程
2557 大唐突泉老爷岭风电一期项目
2556 双辽秀水风电场一期工程
2555 四川珊瑚沟水电站项目
2554 大唐科左后旗哈日乌苏风电场4.95万千瓦风电项目
2553 四川华能飞仙关水电项目
2552 洛泽河格闹河水电站项目
2551 湖南会同长寨水电项目
2550 河南扶沟生物质能发电项目
2549 黑龙江依兰鸡冠砬子山风力发电项目
2548 四川宁南16兆瓦依补河五级水电项目
2547 彬县瓦斯乏风项目
2546 湖北房县三里里坪70MW水电项目

2545 安徽潜山九井岗20MW水电
2544 勐海县帕顶梁子风电场项目
2543 奎屯河十级水电站和奎屯河2#水电站打捆项目
2542 莆田后海风电场二期项目
2541 云南省临沧市镇康县南捧河大丫口水电站工程项目
2540 安徽国祯生物质电厂改造项目
2539 内蒙古兴安盟天源风电场一期项目
2538 攀枝花攀煤联合焦化有限责任公司攀枝花干熄焦余热回收项目
2537 蔚县利华尖风电场49.5MW工程
2536 辽源市巨峰生化科技有限责任公司污水沼气回收利用项目
2535 天门凯迪生物质能发电厂工程
2534 茂县牟托水电站项目
2533 华电宁夏海原杠杆梁49.5MW风电项目
2532 国华荣成（四期）风力发电工程
2531 彝良县熊沟小水电项目
2530 中广核林口青山风电场项目
2529 山西广灵甸顶山二期风电场项目
2528 华能云南洱源大龙潭风电场项目
2527 宁夏宁东风电场（灵武沙沟）大唐昂立49.5MW工程项目
2526 华电黑龙江汤原渠首风电场项目
2525 中广核宁安老爷岭风电场项目
2524 吉林乾安水字风电场一期工程
2523 辽宁龙源康平西关风力发电项目
2522 宁夏同心风电场大唐新能源一期项目
2521 吉林梅河口生物质热电联产项目
2520 宁夏同心风电场（张家塬）项目
2519 国华胶南风电场一期工程项目
2518 丽江市五郎河梯级水井水电站建设项目
2517 沧州垃圾发电厂项目
2516 大唐玉门昌马第一（东）风电场48MW项目
2515 瓜州大梁北47.5兆瓦大型风电机组示范风电场项目
2514 吉林通榆兴隆山1C风电场工程
2513 富川龙头山风电场一期项目
2512 四平山门风电场二期工程
2511 金平县荞菜坪二三级水电站打捆项目
2510 华电徐闻黄塘风电场工程项目
2509 乌拉特后旗获各琦风电场一期49.5MW风电项目
2508 四川九寨沟马家水电站项目
2507 四川九寨沟县松柏水电站项目
2506 云南普洱市勐野江水电站项目
2505 广西壮族自治区融水县锦洞水电站项目
2504 恩菲新能源（中卫）有限公司太阳能光伏并网发电30MWp工程项目
2503 肇源新龙顺德风电项目
2502 尚义韩家庄风电场一期工程
2501 云南丽江宁蒗牦牛坪49.5MW风电场项目
2500 云南丹达河水电项目
2499 瓜州大梁东47.5兆瓦大型风电机组示范风电场项目
2498 新疆华能托克逊白杨河风电场二期工程
2497 林口胜利风电项目

2496 黑龙江依兰鸡冠山二期风电场项目
2495 宜昌百川畅银有限公司黄家湾垃圾填埋场沼气发电项目
2494 鄂州市生活垃圾填埋场填埋气发电项目
2493 华能云南洱源干海子风电场项目
2492 商丘市生活垃圾卫生填埋场填埋气发电项目
2491 湖南沅江华顺漉湖风电项目
2490 国华尚义炕塄风电场一期项目
2489 华能通辽科左后旗哈伦呼都嘎风电场项目
2488 江西老爷庙风电项目
2487 华电内蒙古乌兰察布市玫瑰营风电场二期200MW风电项目
2486 华能通辽努古斯台景观风电场项目
2485 临澧凯迪生物质能发电厂工程
2484 大唐郏县云阳风电场工程
2483 华电徐闻前山风电场工程项目
2482 赤峰翁牛特旗五分地风电场工程
2481 盐池（大水坑）风电场银仪二期49.5MW工程项目
2480 玉环县生活垃圾焚烧发电工程
2479 永胜县朝阳水电站
2478 中宁风电场（大战场）银星能源二期49MW工程
2477 宁夏红寺堡风电场嘉泽二期项目
2476 青铜峡牛首山风电场宁夏发电集团一期49.5MW工程项目
2475 盐池（大水坑）风电场银仪一期49.5MW工程项目
2474 河北康保处长地一期49.5兆瓦风电工程项目
2473 中电投和田20MW光伏并网发电项目
2472 青铜峡牛首山风电场宁夏发电集团二期49.5MW工程项目
2471 华润新能源连州燕喜49.8MW风电项目
2470 四川娘拥水电项目
2469 中电投吐鲁番20MW光伏并网发电项目
2468 大花水180MW水电项目
2467 洛宁生物质能热电厂项目
2466 河南省唐河县太阳灶推广项目
2465 四川雷波县围子坪和三望坡水电项目
2464 广东省湛江市徐闻县角尾灯楼角风电场项目
2463 华能山西原平段家堡风电场工程
2462 甘肃张掖10MW并网光伏发电项目
2461 华电内蒙古克旗乌套海一期风电项目
2460 信阳大别山风电场项目
2459 广西柳州钢铁（集团）公司50MW干熄焦余热回收发电项目
2458 华电莱州风电有限公司金城风电场一期48MW工程
2457 四川沐川县火谷水电项目
2456 台吉营风电项目
2455 龙海隆教风电场
2454 内蒙古兴安盟科右中旗额木庭高勒49.5MW风电场一期
2453 信阳天目山风电场项目
2452 京能内蒙古科右中旗一期49.5MW风电项目
2451 成都市祥福生活垃圾焚烧发电厂项目
2450 宁夏太阳山风电场京能二期49.5MW工程
2449 湖南郴州湘电鲁（塘）荷（叶）金（江）48MW风电场项目
2448 四川省冕宁县大马乌水电项目

2447 华能山东沂水马站一期风电项目
2446 河南省社旗县太阳灶推广项目
2445 河南焦作岩鑫4.5+7.5兆瓦水泥余热发电项目
2444 福建金牛水泥余热发电项目
2443 元阳县杨系河三级水电站工程
2442 宣恩县观音坪水电站项目
2441 华能阜北良官营子风力发电场项目
2440 内蒙古乌力吉二期风电项目
2439 中广核安丘城顶山风电场工程
2438 华能通辽科左中旗达古拉风电场项目
2437 华能甘肃桥湾第三风电场北（三北）项目
2436 华能贵州赫章韭菜坪风电场二期工程
2435 常山南方水泥18MW余热利用项目
2434 厦门西部垃圾焚烧发电项目
2433 湾田煤矿瓦斯综合利用项目
2432 山东开泰生物质热电联产项目
2431 华能大庆新立风电场项目
2430 兰州快速公交项目
2429 龙源宁夏宁东风电场（白土岗乡新火）工程
2428 吉林通榆新发A风电场工程
2427 陕西繁食沟二期风电场CDM项目
2426 华能大庆五棵树风电场项目
2425 华能大庆敖包风电场项目
2424 华能大庆和平风电场项目
2423 宁波鄞州垃圾填埋场填埋气发电项目
2422 依兰夹信山风电场
2421 吉林通榆兴隆山1A风电场工程
2420 河北灵达垃圾转化热电站二期工程项目
2419 赤峰市翁牛特旗长汗沟风电场大唐4.95万千瓦风电项目
2418 甘肃瓜州桥湾第二风电场项目
2417 四川硕曲河去学水电站
2416 华能铁岭平顶堡风电场项目
2415 海南南圣河水电打包项目
2414 福建惠安小岞风电项目
2413 满洲里深能北方灵泉风电场项目
2412 福建连江北茭风电项目
2411 盐池风电场（惠安堡）哈纳斯二期工程
2410 国华荣成风力发电三期项目
2409 中电投江苏大丰20MW光伏发电项目
2408 安阳广源能源生物质能热电项目
2407 大唐东平风电场工程项目
2406 贵州省开阳县15100口农村沼气利用项目
2405 河北省博德玉龙三期49.5MW风电场
2404 河北省博德玉龙四期49.5MW风电项目
2403 大唐平度新河风电场工程
2402 国华东营广饶风电场二期工程项目
2401 国华广饶风电场一期工程
2400 凉山州跑马坪水电站项目
2399 四川凉山州普格县鲁溪河二级水电站项目

2398 中节能甘肃玉门昌马大坝南48MW风电项目
2397 大瓦龙水电站项目
2396 定曲河正斗水电站项目
2395 四川省冕宁县沱洛河一级和沱洛河二级打捆水电项目
2394 国电山西静乐娑婆风力发电项目
2393 甘肃32兆瓦白水江石鸡水电项目
2392 元谋县雷应山风电场项目
2391 中节能甘肃玉门昌马大坝北48MW风电项目
2390 云南省腾冲县小田河水电站
2389 大唐德令哈新能源有限公司德令哈10兆瓦并网光伏发电项目
2388 黑龙江黑河大黑山风电项目
2387 云南省普西桥水电项目
2386 宁夏京能灵武白土岗风力发电项目
2385 内蒙古达茂旗满都拉诺尔风电项目
2384 四川省甘洛县阿呷水电站项目
2383 华能长春生物质电厂项目
2382 江苏国信东凌风力发电有限公司东凌风电场二期（48MW）工程
2381 云南洱源骑龙山风电项目
2380 京能镶黄旗文贡乌拉风电场4.95万千瓦风力发电项目
2379 华能云南洱源黄草坡风电场项目
2378 丰都凯迪生物质能发电厂工程
2377 青海省湟水河金星24MW水电项目
2376 双峰生物质能发电厂工程
2375 凉山州越西县茶园一级水电站小水电项目
2374 临海市垃圾焚烧发电工程
2373 通辽市建华2号300MW风电场项目
2372 四川达县木头水电站
2371 来凤凯迪生物质能发电厂工程
2370 河北华丰焦炉煤气发电工程项目
2369 盐池风电场（惠安堡）马斯特二期工程
2368 国水投达坂城风电场一期49.5兆瓦风电项目
2367 中节能乌鲁木齐托里200MW风电场二期49.5MW风电项目
2366 河南晋开化工投资控股集团有限责任公司双加压硝酸装置1号线氧化亚氮（N2O)减排项目
2365 宁波万华硝酸装置一期CDM项目
2364 四川昭觉县打捆水电站项目
2363 河南晋开化工投资控股集团有限责任公司双加压硝酸装置2号线氧化亚氮（N2O)减排项目
2362 青海德令哈尕海风电场一期项目
2361 新疆伊犁喀什河萨里克特水电站
2360 新疆伊犁喀什河塔勒德萨依水电站
2359 新疆伊犁喀什河尼勒克一级水电站
2358 湖南省桑植县迷水河小水电项目
2357 崇阳凯迪生物质能发电厂工程
2356 国家风光储输示范工程大河光伏储能电站
2355 酉阳县细沙河流域水电梯级开发细沙口水电站
2354 黑龙江克山曙光风电项目
2353 华能乌江源百草坪风电场项目
2352 昆明石林光伏电站项目
2351 华能通辽开鲁建华风电场项目
2350 古尔图河梯级水电站四级站工程

2349 四川省大渡河泸定水电站项目
2348 昭苏夏塔水电开发有限公司夏塔河东都果尔水电站项目
2347 新疆伊犁河南岸干渠雅玛渡水电站
2346 安徽省安庆市24兆瓦生活垃圾焚烧发电项目
2345 四川杂谷脑河狮子坪195MW水电项目
2344 华电内蒙古固阳县红泥井二期49.5MW风电场项目
2343 内蒙古化德四台房子49.5MW风电项目
2342 西宁爱源垃圾填埋气回收发电项目
2341 华能乌江源海柱风电场项目
2340 华能大理五子坡一期风电场项目
2339 阜新石金皋风力发电项目
2338 酉阳县细沙河流域水电梯级开发小咸井水电站
2337 国电电力宁波穿山45MW风电项目
2336 辽宁法库二期风电场项目
2335 通辽扎鲁特旗阿日昆都楞风电场二期49.5MW风电项目
2334 内蒙古通辽市扎鲁特旗阿日昆都楞三期49.5MW风电项目
2333 四川雷波乐都二级水电项目
2332 国家风光储输示范工程小东梁风电场
2331 国家风光储输示范工程孟家梁风电场
2330 湖北省房县范家垭水电站
2329 尼勒克县孟克特水电投资有限公司孟克特水电站项目
2328 信阳鸡公山风电场项目
2327 华电固原月亮山风电场一期49.5MW工程项目
2326 国电潍坊滨海风电场一期工程
2325 信阳黄柏山风电场项目
2324 云南省宾川县清水河新田水电站项目
2323 卢氏县鸦鸠河4.8MW水电项目
2322 湖北堵河潘口水电站项目
2321 夏河县安顺15MW小水电项目
2320 大唐吉林大通49.5MW风电项目
2319 中广核上川岛分水岭风电场
2318 贵州省六志3.2兆瓦水电项目
2317 云南省姚安县梅家山风电场项目
2316 宁夏同心风电场嘉泽田家岭49.5MW风电项目
2315 甘肃疏勒河青羊沟水电站工程
2314 贵州省遵义市垃圾填埋气回收及利用项目
2313 贵州北盘江善泥坡水电项目
2312 科左后旗花灯二期49.5MW风电项目
2311 华能湛江南三（海丰）风电场项目
2310 国投白银捡财塘风电场二期49.5MW项目
2309 青岛胶南生活垃圾厌氧发酵沼气发电项目
2308 华能内蒙古陈巴尔虎旗大良风电场项目
2307 辽宁大唐国际瓦房店安台风电场新建工程项目
2306 辽宁大唐国际昌图红山风电场新建工程项目
2305 国电黑山芳山风力发电项目
2304 国电黑山杨屯风力发电项目
2303 华能阳江东平风电场项目
2302 华能阳江新洲风电场项目
2301 甘洛县达子水电站工程项目

2300 四川雅安大金坪水电站项目
2299 湖南会同高椅水电项目
2298 华能通辽宝龙山风电场四期项目
2297 四川尼日河玉田水电站项目
2296 华能义县老龙口风力发电项目
2295 华能武川后湾兔风电场项目
2294 界牌河一级和腰村一级打捆小水电项目
2293 双鸭山锅盔山风电场
2292 赤峰市翁牛特旗杨树沟风电场大唐4.95万千瓦风电项目
2291 双鸭山杨木岗风电场
2290 浙江唐村32MW水电项目
2289 双鸭山老平岗风电场
2288 宁夏红寺堡风电场(大河乡小井子)嘉泽49.5MW工程
2287 中广核北票长皋风电场
2286 维西县岩瓦24MW水电站工程
2285 宁夏红寺堡风电场（大河乡磨脐子）嘉泽49.5MW工程
2284 美姑县斯利聘水电站项目
2283 华能格尔木二期光伏发电项目
2282 大唐宁夏宁东风电场（白土岗乡长流水）项目
2281 国华东营河口风电场四期工程
2280 大唐宁夏宁东风电场（白土岗乡勒水沟）项目
2279 云南功果桥水电项目
2278 云南省万马河一级水电项目
2277 甘肃玉门月亮湾二级水电站项目
2276 云南省红河县永兴二级5MW小水电项目
2275 青海龙源格尔木二期并网光伏发电项目
2274 宁夏同心风电场嘉泽康家湾49.5MW风电项目
2273 云南省姚安县尖山梁子风电场项目
2272 福建照口水电站
2271 国电蓬莱虎山风电场一期项目
2270 华润电力风能（莒县）东宏风电场一期工程
2269 乌兰察布市四子王旗40MWp光伏发电CDM项目
2268 舟山市定海小沙风电场工程
2267 托克逊风电场一期项目
2266 老港生活垃圾卫生填埋场填埋气体回收发电工程项目
2265 山西神池县黄花母49.5兆瓦风力发电项目
2264 定边张家山风电场一期工程
2263 黑龙江黑河小黑山风电项目
2262 甘肃景泰兴泉本地化试验风电场
2261 雷州东里49.5MW风电项目
2260 安徽黄山里石亭垃圾填埋气回收和利用项目
2259 辽宁铭笙纸业有限公司造纸污水沼气回收利用项目
2258 陕西城固双溪小水电项目
2257 云南浪格洛河水电项目
2256 宁夏电投太阳山光伏电站一期10MWp工程项目
2255 宁夏红寺堡风电场嘉泽青山49.5MW风电项目
2254 四川华电西溪河水电开发有限公司联补水电站项目
2253 内蒙古自治区巴彦淖尔市乌力吉二期风电场项目
2252 深圳南天LNG发电项目

2251 国电电力五莲于里风电场一期工程
2250 华能阜西扎兰山风力发电场项目
2249 华能内蒙古满洲里东湖风电场项目
2248 昆山市垃圾焚烧发电厂二期工程项目
2247 国电电力莒县风电场一期工程
2246 吉林通榆兴隆山2C风电项目
2245 宁夏中宁长山头风电场中广核大战场49.5MW工程
2244 临高20MW并网光伏电站项目
2243 山西天镇大梁山风电场一期工程
2242 华电铁岭李家屯风电场项目
2241 烟台润丰庄子风电场项目
2240 四川雅安水津关水电站
2239 安仁生物质能发电厂工程
2238 大唐长清风电场一期工程
2237 阿巴嘎旗灰腾梁风电场一期49.5MW CDM项目
2236 陕西华能靖边风电工程
2235 大唐平阴风电场二期工程
2234 国华赤城马营孤山风电场项目
2233 阳春市丰园粉厂甲烷回收项目
2232 新平县丫味河水电站项目
2231 梅河口市海山纸业有限公司造纸污水沼气回收利用项目
2230 大唐定边张家山风电场二期工程
2229 四川阿坝黑水打捆水电站项目
2228 抚宁县城区集中供热改造工程
2227 华能上海崇明前卫风电场扩建项目
2226 四川省甘洛县瓦古脚水电站项目
2225 大唐昌邑风电场一期工程
2224 讨赖河三道湾水电站项目
2223 北镇五峰米业10MW生物质发电项目
2222 中广核新兴风电场
2221 中广核罗定亚婆髻风电场
2220 国华东营河口风电场三期工程
2219 华能山西宁武东马坊风电场二期项目
2218 国华尚义北石甥风电场一期项目
2217 甘肃省敦煌10MWP光伏发电项目
2216 大唐喀左公营子风力发电场工程
2215 新疆龙源哈巴河萨尔塔木一期49.5兆瓦风电项目
2214 黑龙江伊春小白山风电项目
2213 内蒙古赤峰岗子风电项目
2212 华能通榆新华1E风电场项目
2211 宁夏同心风电场（马高庄乡马原山）龙源49.5MW风电项目
2210 荆州市垃圾焚烧发电项目
2209 黑龙江黄团岭风电项目
2208 华能通榆新华1D风电场项目
2207 华能通榆新华1F风电场项目
2206 临颍县南街生物质能热电项目
2205 呼伦贝尔市扎罗木得风电场大唐4.95万千瓦风电项目
2204 西乌旗巴彦乌拉49.5MW风电项目
2203 张北乌登山风电二期项目

2202 大唐丘北羊雄山风电场工程项目
2201 上海崇明北沿风电项目
2200 河南豫西燕山风电项目
2199 四川省阿坝州松潘县白草河白羊水电站项目
2198 朔城利民一期49.5MW风电场工程
2197 山西灵丘县白草湾49.5MW风电项目
2196 四川英雄坡56兆瓦二级水电站项目
2195 四川秀观水电站项目
2194 宁夏同心风电场龙源风电一期49.5MW工程
2193 大石桥市集中供暖项目
2192 南陵生物质能发电厂工程
2191 宁夏红寺堡风电场嘉泽一期项目
2190 黑龙江云雾山风电项目
2189 天津大港沙井子风电场二期49.5兆瓦项目
2188 黑龙江兴凯湖蜂蜜山风电场项目
2187 华能四平鑫丰风电场二期工程
2186 华能四平鑫丰风电场四期工程
2185 华能乌江源大法风电场项目
2184 黑龙江密山林场柳毛风电场项目
2183 天长高邮湖风电场项目
2182 山东栖霞唐山风电场项目
2181 重庆市綦江县珠滩水电项目
2180 国电吐鲁番大河沿风电场一期49.5兆瓦风电项目
2179 四川宁南6.4兆瓦依补河四级小规模水电项目
2178 宁夏太阳山风电场大唐三期项目
2177 辽宁阜新后查台风电项目
2176 大连驼山风电项目
2175 湖北省建始县野三河水电站项目
2174 湖北罗坡坝30MW水电项目
2173 内蒙古赤峰西大梁风电项目
2172 贵州威宁马摆大山风电项目
2171 武汉市江北西部（新沟）垃圾焚烧发电项目
2170 云南玉河水电项目
2169 吉林洮南新立风电场二期（49.5MW）工程
2168 永康市垃圾焚烧发电厂项目
2167 河南省叶县马头山风电场
2166 内蒙古东豪风电场一期项目
2165 天津龙源大港二期风电项目
2164 云南省兰坪县罗松场河一级水电站项目
2163 宁波万隆食用酒精有限公司环保治理综合利用技改项目
2162 建平石营子风电场工程
2161 云南省泸西县东山风电项目
2160 四川九龙县踏卡水电站
2159 云南省泸西县东华风电项目
2158 四川小金木坡水电项目
2157 马边彝族自治县黑阳水电站项目
2156 云南油房沟水电项目
2155 内蒙古京能辉腾锡勒风电场二期项目
2154 华电阿克塞当金山二期49.5MW风电场项目

2153 河南太阳石5MW水泥余热发电项目
2152 营口经济开发区集中供暖项目
2151 辰能方正县胡铁岭风电项目
2150 中广核民勤红沙岗咸水井风电场
2149 中宇方正县高楞风电项目
2148 陕西繁食沟风电项目
2147 镇雄县桐坪水电项目
2146 辽宁固本风电场项目
2145 宁夏宁东风电场（灵武）龙源一期49.5MW工程项目
2144 富民马英山40.5MW风电项目
2143 四川省甘孜州九龙县龙溪沟二级水电站
2142 四川马边小水电打捆项目
2141 吉林省长白县宝泉小水电项目
2140 四川越西瓦岩一级5.0MW、二级3.2MW水电打捆项目
2139 福清嘉儒风电场二期工程项目
2138 四川华电西溪河水电开发有限公司洛古水电站项目
2137 南阳市丹江口水库太阳灶推广项目一期
2136 国投青海省格尔木二期30兆瓦并网光伏发电项目
2135 黑龙江东宁大架子山和西大岗风力发电项目
2134 木里县烟岗水电站
2133 华能乌江源祖安山风电场项目
2132 云南省德钦县三岔河一级水电项目
2131 国电桦川（大青背山）一期风电场项目
2130 云南省德钦县三岔河二级水电项目
2129 山西神池南桦山风电项目
2128 福建青峰风电项目
2127 福建永泰县梧桐25MW水电项目
2126 黑龙江依兰合作林场二期风电项目
2125 江苏大丰风力发电项目
2124 宁夏太阳山风电场大唐二期项目
2123 四川省杂谷脑河古城168MW水电项目
2122 湖南沅水桃源水电站
2121 国华富裕风电场二期49.5MW工程
2120 吉林省图们市磨盘山16兆瓦水电站项目
2119 华润围场御道口百花坡风电场(49.5MW)工程
2118 江西于都跃洲水电项目
2117 陕西省地洞河8兆瓦水电项目
2116 云南大理铁川桥水电项目
2115 白石风电场项目
2114 内蒙古奈曼旗一期49.5MW风电项目
2113 贵州威宁西凉山风电项目
2112 大唐新能源察右后旗韩勿拉风电场项目
2111 山东太平山风电场项目
2110 大唐喀左双庙风电项目
2109 新疆阿瓦提生物质发电项目
2108 乾安网新才字乡风电场一期工程
2107 福建福清高山二期风电项目
2106 山东阳信金缘生物质热电联产项目
2105 内蒙古汇通能源卓资巴音锡勒风电场48MW工程项目

2104 中电投大连驼山风电项目
2103 临洮县安家咀水电站项目
2102 华电宁夏宁东四期49.5MW风电场项目
2101 湖北恩施宝山电站和核桃湾电站小水电打捆项目
2100 国华通辽科左中旗后四井风电场项目
2099 陕西隆鑫一级和二级打捆水电项目
2098 绥滨吉成风电场项目
2097 云南岔河三级水电项目
2096 河南泌阳中天风电项目
2095 大唐华银南山风电项目
2094 阜新凯迪台喇嘛东山风电项目
2093 大唐胶南六汪风电场一期项目
2092 大唐胶南六汪风电场二期项目
2091 四川科光二级水电项目
2090 国华赤城摩天岭风电场项目
2089 国电桦川（宝山）风电场项目
2088 国电山西右玉曹家山二期风力发电项目
2087 国电山西平鲁北山一期风力发电项目
2086 张家口市桥西区集中供热工程
2085 中国四川三叉河一级和二级打捆水电项目
2084 中国四川头道桥10MW水电项目
2083 华能鄂温克旗辉河风电场项目
2082 国华沽源小二号风电场项目
2081 黑龙江依兰富强风电项目
2080 中广核青海锡铁山二期30MWp光伏电站项目
2079 安徽中广源水泥9MW余热利用项目
2078 宁夏盐池青山风电场国电一期49.5MW工程
2077 云南省元阳县逢春岭三级小水电项目
2076 华能鄂温克旗伊敏苏木风电场项目
2075 辽宁阜新前查台风电项目
2074 济源市生活垃圾填埋场填埋气发电项目
2073 华润电力风能（海阳）东方风电场一期工程
2072 四川省乐山市峨边县金岩水电站
2071 内蒙古化德牛家房子49.5MW风电项目
2070 烟台龙骏招远风电场一期工程
2069 华润新能源陆丰成美风电场工程
2068 大唐浑源密马鬃梁二期49.5兆瓦风力发电项目
2067 大唐浑源密马鬃梁一期49.5MW风力发电项目
2066 内蒙古二连浩特一期49.5MW风电场项目
2065 硅铁冶炼烟气余热发电项目
2064 四川省德昌县安宁河峡谷风电场（一期）示范工程
2063 厦门东部垃圾焚烧发电项目
2062 库伦旗额勒顺南良少若风电场项目
2061 内蒙古兴安盟科右前旗风电项目
2060 大唐清源二期风电项目
2059 中广核吉林大安来福风电场一期项目
2058 江西乐平矿务局低浓度煤层气发电项目
2057 甘肃肃南捆绑小水电项目
2056 城步县老寨水电项目

2055 黑龙江万源生物质热电联产项目
2054 云南省巧家县治乐河二级、三级梯级水电项目
2053 兆山新星集团浙江云石水泥有限公司4.5MW纯低温余热发电项目
2052 莆田石井风电场二期工程
2051 中广核云南牟定风电场
2050 富源县戛达煤矿瓦斯综合利用项目
2049 四川省黑水县德石窝二级20.6兆瓦水电项目
2048 内蒙古辉腾梁A区Ⅰ期风电项目
2047 内蒙古辉腾梁A区II期风电项目
2046 马龙河三级水电站工程
2045 山东招远夏甸一期风电项目
2044 蒙阴县太阳灶项目
2043 国华沽源盘道沟风电场项目
2042 山东牟平风电场一期项目
2041 华能山东蓬莱大柳行风电项目一期工程
2040 张北乌登山风电一期项目
2039 华能山东乳山风电二期三期打包项目
2038 张家口桥东区集中供热工程
2037 四川大发水电项目
2036 国华东台风电场二期项目
2035 浙江省庆元县龙井8MW水电站项目
2034 光大光伏能源（镇江）利用废弃宕口建设3.5MW薄膜光伏电站项目
2033 杭州市第二垃圾填埋场沼气发电厂项目
2032 黑龙江佳木斯尖山风电项目
2031 宝鸡市陵塬垃圾填埋场沼气收集利用发电项目
2030 霍林河东山风电项目
2029 内蒙古呼和浩特大元山风电项目
2028 禄劝县江边水电站工程项目
2027 黑龙江依兰晨光风电项目
2026 山东裕升生物科技有限公司污水沼气回收利用项目
2025 内蒙古化德车力勿素49.5MW风电项目
2024 内蒙古化德尔力格图49.5MW风电项目
2023 四川省冕宁县长兴水电站项目
2022 黑龙江伊春小城山风电项目
2021 大唐科右中旗奈曼铺和好腰风电场项目
2020 大唐海派东岗风电场工程
2019 光大宿迁、怀宁太阳能发电项目
2018 株洲市垃圾填埋场填埋气体发电项目
2017 四川乡城县玛依河二级跌水电站项目
2016 云南省尼汝河金汉拉扎水电站（58MW）项目
2015 舟山市垃圾焚烧发电工程项目
2014 内蒙古化德和平49.5MW风电项目
2013 内蒙古化德牛家村49.5MW风电项目
2012 禹功河24兆瓦水电项目
2011 国水投资集团调兵山泉眼沟风电场新建工程项目
2010 河北张北喜顺沟风电场项目
2009 山西五路山三期风电项目
2008 河南邓州生物质电厂项目
2007 中广核塔城玛依塔斯风电场一期49.5MW风电项目

2006 黑龙江牡丹江小锅盔风电项目
2005 北流凯迪生物质能发电厂工程
2004 上海临港新城风力发电项目
2003 洮河上川水电站项目
2002 阜蒙古力本皋风电场工程项目
2001 富民大风丫口33MW风电项目
2000 华电内蒙古通辽开鲁街基风电场项目
1999 华电固原月亮山风电场二期49.5MW工程
1998 山西介休市国泰绿色能源有限公司2×15MW生物质发电项目
1997 大唐栖霞臧家庄花园风电场项目
1996 天成玉米开发有限公司淀粉污水沼气回收利用项目
1995 中广核内蒙古乌力吉风电场二期项目
1994 华润围场御道口羊百顺风电场(49.5MW)工程
1993 中广核辽宁泡崖大北山风电项目
1992 中广核苏尼特右旗朱日和风电场三期项目
1991 湖南大兴小水电项目
1990 宁夏太阳山风电一期项目
1989 四川科光一级水电项目
1988 贵州省盘县英武大山小水电项目
1987 黑龙江海林威虎山风电
1986 黑龙江桦南横岱山东二期风电场项目
1985 莱芜钢铁集团有限公司燃气－蒸汽联合循环发电（CCPP）项目
1984 徐州协鑫光伏电力有限公司20兆瓦光伏发电项目
1983 宁夏石嘴山10MW光伏发电并网项目
1982 湖北省十堰市竹溪县白沙河水电站
1981 宁夏太阳山风电场宁夏电投一期49.5MW工程项目
1980 云南曲靖朗目山一期风电项目
1979 陕西省紫阳县八庙梁和下关田捆绑小水电项目
1978 漳平华口水电站项目
1977 临潭县青石山水电站增容项目
1976 中广核敦煌10MW并网光伏发电项目
1975 平鲁区大山台风电场一期工程
1974 江苏华电灌云风电场项目
1973 九龙县斜卡水电站项目
1972 佛山市南海垃圾焚烧发电二厂项目
1971 枣庄山水水泥有限公司纯低温余热发电项目
1970 湖南长沙桥驿垃圾填埋气发电项目
1969 云南临沧仟信河小水电项目
1968 康保照阳河风电场项目
1967 华能托克逊白杨河三期49.5MW风电项目
1966 四川阆中市保宁水电站
1965 四川越西县团结水电站项目
1964 国华乌拉特后旗赛乌素风电场一期49.5MW项目
1963 甘肃金塔光伏发电项目
1962 内蒙古大唐国际红牧风电场二期工程项目
1961 宁夏青铜峡并网光伏电站中广核一期10MWp工程项目
1960 深能北方科右前旗风电场一期项目
1959 山东省海阳市峨山风电项目
1958 湖南省桃江县白竹洲水电站

1957 甘肃省肃南县白泉门一二级捆绑小水电项目
1956 重庆市巫溪县玉山4.8MW水电项目
1955 中广核吉林四平山门风电场一期工程
1954 涞源黄花梁风电项目
1953 湖南省溆浦县朱溪江10MW水电项目
1952 涞源东团堡风电项目
1951 马龙河二级水电站工程
1950 广西玉林大容山25.5MW风电项目
1949 镇雄县坪子水电站工程
1948 四会骏马水泥余热发电项目
1947 国华通辽科左中旗前四井风电场项目
1946 国电北镇杨家店风电场项目
1945 天水凯迪生物质能发电厂工程
1944 辽宁铁岭台子山风电场工程
1943 浙江淳安县云溪梯级电站项目
1942 黑龙江大白山风电项目
1941 内蒙古化德三道沟49.5MW风电项目
1940 广西马山酒精废水处理项目
1939 云南基独河四级水电项目
1938 内蒙古赤峰翁根山风电场京能49.5MW工程
1937 宁夏自治区石嘴山10MWP光伏发电项目
1936 甘肃黑河宝瓶河水电项目
1935 四川呷榴河一级、二级电站打捆项目
1934 冕宁县龙家沟水电站项目
1933 宁蒗县沈家村水电站项目
1932 宁夏盐池青山风电场国电二期49.5MW工程
1931 大唐鞍子山风电项目
1930 山西怀仁柴沟煤矿通风瓦斯处理项目
1929 内蒙古和林49.5MW风电项目
1928 安阳市塘沟生活垃圾卫生填埋场填埋气发电项目
1927 焦作市周流城市生活垃圾卫生填埋场填埋气发电项目
1926 山东五莲东风风电场一期工程
1925 青海锡铁山中广核一期10MW光伏电站项目
1924 山东东兴风电场二期项目
1923 福建省上杭县涧头水电站
1922 浙江龙泉东坑小水电打捆项目
1921 满洲里深能北方风电场项目
1920 金沙一号瓦斯综合利用项目
1919 陕西草山梁风电项目
1918 蒙江流域灰洞水电项目
1917 内蒙古大唐国际卓资风电场Ⅳ期
1916 满洲里深能源风电场项目
1915 云南省盈江县香柏河芦山水电站项目
1914 广东粤电徐闻勇士风电场工程项目
1913 云南保山等壳水电项目
1912 甘肃省肃南县白泉门三四级捆绑小水电项目
1911 黑龙江望云峰风电项目
1910 黑龙江桦川苏家店风电项目
1909 辽宁建平龙岗风电场项目

1908 云南保山白花树小水电打捆项目
1907 巴彦淖尔市川井风电场国华三期4.95万千瓦风力发电项目
1906 宁夏中卫香山风电场中电投二期49.5MW工程项目
1905 云南施底河一级30兆瓦水电站项目
1904 山东沂水唐王山风电项目
1903 明家庄8兆瓦水电项
1902 江西进贤养猪基地甲烷回收利用CDM项目
1901 内蒙古乌套海南二期49.5MW风电项目
1900 四川省金川县太阳河21MW水电项目
1899 吉林大安红岗子风电场项目
1898 康平郝官49.5MW风电场
1897 长葛市恒光热电有限责任公司生物质能发电项目
1896 华润电力风能蓬莱大辛店一期风电场项目
1895 中广核吉林大安（大岗子）五期42兆瓦风电项目
1894 四川红旗坝小水电项目
1893 长塘小水电项目
1892 鄂尔多斯源丰生物质热电联产项目
1891 山东文登张家产风电项目
1890 四川科光三级水电项目
1889 华能国际化德大地泰泓风电场二期49.5MW工程
1888 中节能内蒙古乌兰察布兴和风电场一期项目
1887 华能格尔木光伏电站项目
1886 中电蓬莱风电一期项目
1885 安徽来安龙头港风电项目
1884 甘肃华电嘉峪关10兆瓦并网光伏发电项目
1883 马龙河一级水电站工程
1882 安徽来安宝山风电项目
1881 吉林延边和龙甄峰风电项目
1880 甘肃永登县龙林梯级水电站项目
1879 华能武川什拉兔风电场项目
1878 甘肃马昌山风电场项目
1877 互助土族自治县太阳灶项目
1876 陕西巨亭40MW水电项目
1875 湖南省张家界市山羊溪水电项目
1874 宁夏青铜峡风电场牛首山国电三期49.5兆瓦工程
1873 华能科右中旗好力风电场项目
1872 河北华电尚义二工地风电场项目
1871 宁夏青铜峡风电场牛首山国电一期49.5兆瓦工程
1870 宁夏青铜峡风电场牛首山国电二期49.5兆瓦工程
1869 华能上海崇明前卫风电场项目
1868 华能科右中旗登高风电场项目
1867 肃南县隆畅河一级5MW小水电项目
1866 上海奉贤海湾风电场扩容工程
1865 贵州省清水河毛家河水电项目
1864 内蒙古商都县吉庆梁风电场二期49.5兆瓦工程

>>>

大事记

中国应对气候变化和低碳发展大事记

（2012年）

1月

1月4日 工业和信息化部印发《关于印发《工业节能“十二五”规划》的通知》（工信部规（[2012]3号）。《规划》提出，将在钢铁、有色金属、石化、化工、建材、机械、轻工、纺织、电子信息等行业，大力推进结构节能。《规划》提出了“十二五”期间工业节能的目标:到2015 年，要实现规模以上工业增加值能耗比2010 年下降21%左右，“十二五”期间预计实现节能量6.7 亿吨标准煤；到2015 年，钢铁、有色金属、石化、化工、建材、机械、轻工、纺织、电子信息等重点行业单位工业增加值能耗分别比2010 年下降18%、18%、18%、20%、20%、22%、20%、20%、18%。

1月4日 住房和城乡建设部、工业和信息化部印发《关于加快应用高强钢筋的指导意见》（建标[2012]1号）。主要目标。加速淘汰335兆帕螺纹钢筋，优先使用400兆帕螺纹钢筋，积极推广500兆帕螺纹钢筋。2013年底，在建筑工程中淘汰335兆帕螺纹钢筋。2015年底，高强钢筋的产量占螺纹钢筋总产量的80%，在建筑工程中使用量达到建筑用钢筋总量的65%以上。在应用400兆帕级螺纹钢筋为主的基础上，对大型高层建筑和大跨度公共建筑，优先采用500兆帕级螺纹钢筋，逐年提高500兆帕级螺纹钢筋的生产和使用比例。对于地震多发地区，重点应用高强屈比、均匀伸长率高的高强抗震钢筋。

1月 6 日 环境保护部发出《关于发布达到国家机动车排放标准的新生产机动车型和发动机型的公告（公告 2012 年 第1号）》。

1 月 6 日 环保部发出《关于进一步加强水电建设环境保护工作的通知》，引导水电全面走向“绿色化”，明确在自然保护区、风景名胜区及其他具有特殊保护价值的地区，原则上禁止开发水电资源。

1 月 6 日 中共中央政治局常委、国务院副总理李克强在与工程科技界院士、专家座谈时强调，我国发展面临的能源资源瓶颈制约日益突出，保障能源资源安全是现代化进程中始终面临的一个重大挑战。要坚持立足国内，推进地质找矿技术创新，加大密度、拓展深度，努力实现新突破，提高能源资源的国内保障水平。要把节能减排当作一场持久战来打，把循环经济的理念转化为各方面的实际行动，不断提高能源资源利用效率。进一步加强空气污染治理，稳步有序推进PM2.5监测标准发布和分期实施工作。

1 月 6 日 国家发展和改革委员会同中宣部等17个单位鼠首联合发出《关于印发“十二五”节能减排全民行动实施方案的通知》（ 发改环资〔2012〕194号）。《“十二五”节能减排全民行动实施方案》从节能减排社区行动、青少年行动、企业行动、学校行动、军营行动、农村行动、政府机构行动、科技行动、科普行动、媒体行动等10个方面提出了要求，倡导“公车少开一天”、开展绿色办公等，以推动“十二五”节能减排的深入开展。

1月6日 工业和信息化部发出《关于加强工业节能减排信息监测系统建设工作的通知 》（工信部节[2012]8号），要求加强组织领导，明确责任部门和责任人，在做好本地区监测工作的同时，积极配合支持全国工业节能减排信息监测系统建设及日常信息填报组织工作。

1月6日 中国气象局在京发布《2011年中国气候公报》，称2011年我国气候具有五大特征：气候总体呈现暖干特征，气候年景正常；全国平均气温偏高，2011年为连续第15个暖年；全国平均降水量为近60年最少；汛期雨带向北推进明显提前；区域性阶段性气象灾害发生频繁。据初步统计，2011年，我国主要气象灾害造成的直接经济损失3030亿元，高于1990年至2010年平均值；因灾死亡或失踪人数1049人，明显少于常年。

1月10～12日 全球变化研究国家重大科学研究计划2012年学术年会在海南召开。会议分全球变化的规律和机理研究、人类活动对全球变化的影响研究、气候变化的影响及适应研究、综合观测和地球系统模式研究四个专题进行了学术研讨和交流，同时以展板的形式展示了各项目最新的研究成果。

1月12日 国务院发出《关于实行最严格水资源管理制度的意见》（国发〔2012〕3号）。这是继2011年中央1号文件和中央水利工作会议明确要求实行最严格水资源管理制度以来，对实行该制度作出的全面部署和具体安排。《意见》明确提出了实行最严格水资源管理制度的指导思想、基本原则、主要目标、管理措施和保障措施。主要目标：确立水资源开发利用控制红线，到2030年全国用水总量控制在7000亿立方米以内；确立用水效率控制红线，到

2030年用水效率达到或接近世界先进水平，万元工业增加值用水量（以2000年不变价计，下同）降低到40立方米以下，农田灌溉水有效利用系数提高到0.6以上；确立水功能区限制纳污红线，到2030年主要污染物入河湖总量控制在水功能区纳污能力范围之内，水功能区水质达标率提高到95%以上。

1月13日 中国绿色碳汇基金会专家座谈会在北京召开。2012年，基金会将与国家林业局造林司合作，安排和落实2012年度的碳汇造林计划10万亩。对全国30片个人捐资造林项目建设进行部署和安排投资，尽快发挥碳汇造林项目的示范带动效应。

1月16日 国务院总理温家宝在阿联酋阿布扎比世界未来能源峰会上发表题为“中国坚定走绿色和可持续发展道路”的讲话指出，中国在大中城市、工业园区和企业广泛开展循环经济试点和低碳经济试点，大力推行清洁生产和资源综合利用，在全国倡导低碳生产方式，推行绿色消费。

1月4日 住房和城乡建设部、工业和信息化部联合出台《关于加快应用高强钢筋的指导意见》，要求在建筑工程中加速淘汰335兆帕级钢筋，优先使用400兆帕级钢筋，积极推广500兆帕级钢筋。到2013年年底，在建筑工程中淘汰335兆帕级钢筋。到2015年年底，高强钢筋产量将达到螺纹钢筋总产量的80%，使用量将达到建筑用钢筋总量的65%以上。高强钢筋是指抗拉屈服强度达到400兆帕级及以上的螺纹钢筋，具有强度高、综合性能优的特点。用高强钢筋替代目前大量使用的335兆帕级螺纹钢筋，平均可节约钢材12%以上。在2010年节材的基础上，每年可再减少使用钢筋约1000万吨，减少铁矿石消耗1600万吨，节能600万吨煤，减少二氧化碳排放2000万吨。

1月18日 国务院印发《工业转型升级规划（2011-2015年）》（国发[2011]47号）。这是改革开放以来第一个把整个工业作为规划对象，并且由国务院发布实施的中长期规划。《规划》提出了工业转型升级的总体思路、主要目标、重点任务、重点领域发展导向和保障措施。《规划》确定，未来五年工业转型升级的主要目标之一是，资源节约、环境保护和安全生产水平显著提升，单位工业增加值能耗较“十一五”末降低21%左右，单位工业增加值用水量降低30%。《规划》强调促进工业绿色低碳发展。大力推进工业节能降耗，促进清洁生产，发展循环经济，积极推广低碳技术，加快淘汰落后产能，提高工业企业本质安全水平。加快淘汰落后产能，推进节能降耗减排，优化产业布局，提高产业集中度，培育发展新材料产业。《规划》的发布和实施，对于指导未来五年工业结构调整和优化升级，加快我国工业发展方式转变，具有重要意义。

1月18日 交通运输部节能减排工作领导小组2012年第一次会议强调，着力打造交通运输节能减排“十百千”工程，即十个低碳交通运输体系建设城市试点、百个交通运输行业节能减排示范项目、千家“车、船、路、港”低碳交通运输专项行动参与企业，确保取得实际成效，为实现国家和行业“十二五”节能减排目标奠定基础。

1月18日 财政部、科技部、国家能源局印发《关于做好2012年金太阳示范工作的通知》（财建[2012]21号），确定了支持范围、、支持条件和补助标准。

1月18日 我国东北首座大型抽水蓄能电站——辽宁蒲石河抽水蓄能电站通过验收，首座机组正式接入东北电网投入运行。总装机容量120万千瓦，总投资4 5亿元。

1月31日 国家发展和改革委、中宣部、教育部、科技部、农业部等17个部门发出《关于印发节能减排全民行动实施方案的通知》（发改环资[2012]194号）。广泛动员全社会参与节能减排，倡导文明、节约、绿色、低碳的生产方式、消费模式和生活习惯。《实施方案》提出开展有节能减排家庭社区行动、节能减排青少年行动、节能减排企业行动、节能减排学校行动、节能减排军营行动、节能减排农村行动、节能减排政府机构行动、节能减排科技行动、节能减排科普行动、节能减排媒体行动。

2月

2月2日 《人民日报》发表《加强马克思主义生态经济理论研究》文章称，在气候变化日益成为全球经济发展制约因素、发展低碳经济成为大势所趋的情况下，我们应更加深入系统地研究马克思主义生态经济理论和自然力经济理论，避免发展中的生态陷阱，努力实现人与自然和谐发展。

2月6日 国务院批复了水利部会同国家发展和改革委、环境保护部拟定的《全国重要江河湖泊水功能区划(2011-2030年)》，为全面落实最严格水资源管理制度，做好水资源开发利用与保护、水污染防治和水环境综合治理工作提供了重要依据。

2月9日 科技部高新司在北京召开储能技术研讨会，参会代表就各自研究的技术方向作了详细介绍，并提出了进一步支持的建议。储能技术是发展智能电网和风能、太阳能等可再生能源应用的重要支撑技术，该方面的突破将促进可再生能源的规模化应用。科技部将储能技术作为能源领域“十二五”期间支持的重要技术方向，力争在化学储能和物理储能方面取得技术突破。

2月9～10日 全国发展改革系统应对气候变化工作会议在厦门召开，国家发展和改革委副主任解振华在讲话，赵家荣出席，苏伟作会议总结。会议围绕实现中央确定的控制温室气体排放行动目标，总结交流了2011年应对气候变化工作，深入分析并研究了当前和今后一个时期应对气候变化工作所面临的形势，并就2012年应对气候变化、推进绿色低碳发展各项工作进行了部署。

2月13日 工业和信息化部、财政部、科学技术部批复《资源节约型环境友好型企业创建试点方案》（工信部联节〔2012〕78号），原则同意首钢京唐钢铁联合有限责任公司等80家企业试点实施方案。

2月13日 财政部与欧洲投资银行签署《中华人民共和国与欧洲投资银行中国林业专项框架贷款协议》。签署的框架贷款协议贷款金额2.5亿欧元，主要用于支持新造防护林、用材林、经济林，以及森林抚育和低效林改造，森林生态系统修复和可持续发展及生物质能源林基地建设等方面。

2月13～14日 国家发展和改革委副主任解振华率团出席“基础四国”第十次气候变化部长级磋商会议。四国部长就德班会议成果、今年及未来谈判中的重要问题充分交换了意见，取得广泛共识，并于会后召开新闻发布会，发表了联合声明。四国商定，下一次“基础四国”气候变化部长级磋商会议将于今年第二季度在南非召开。印度总理辛格于会前会见了四国部长和代表。

2月16日 世界最大屋顶光伏发电项目——广西玉柴机器集团厂区连片并网发电项目在玉林开工，这对开发利用新能源、推广节能发电具有重要意义。该项目装机容量3万千瓦，总投资近4亿元，并网发电后每年可发电超过3800万千瓦时，相当于节约标煤1.38万吨。

2月17日 科技部在北京组织召开“十一五”国家科技支撑计划“棉型织物节水减排印染新技术”重点项目验收会。项目突破了新型改性淀粉浆料的低成本规模化清洁生产关键技术；系统研究开发了淀粉酶、果胶酶、纤维素酶等生物酶的增效复配及高效生物催化精炼技术；攻克了耐双氧水碱性果胶酶、角质酶的量产关键技术，实现了低成本棉型织物生物酶退浆、精炼剂低温漂白的产业化应用。项目实施期间，建立了十个生产示范基地，建成十条示范生产线，节水节能减排效果显著，取得了良好的社会和经济效益，极大地提升了棉型织物浆纱及前处理整体技术水平，对纺织印染行业从源头上实施清洁生产起到了很好的示范作用。

2月19日 “十一五”863计划“节能与新能源汽车”项目“长安混合动力汽车大规模产业化产品技术开发”课题在重庆通过tjrf uk xexkr 验收。通过自主创新，开发出具有完全自主知识产权的中度混合动力系统平台，搭载1.5L汽油机及13KW电机系统，配备6Ah，144V镍氢动力电池；具有怠速启停、加速助力、制动能量回收三大功能，燃油经济性超过20%，排放满足国Ⅵ标准，动力性达到2.0L汽油车水平。

2月22日 “十一五”国家科技支撑计划“人工影响天气关键技术与装备研发”项目通过科技部社发司组织的验收。该项技术填补了我国暖云人工增雨技术的空白，具有推广应用价值。

2月23日 中国参与第四代核能系统国际论坛工作研讨会在深圳召开。介绍了我国一年来参与GIF框架下超高温气冷堆（VHTR）及钠冷快堆（SFR）两个系统安排下的合作进展。GIF联络办公室介绍了工作成果、联络协调机制、未来工作计划及网页设计方案。

2月23日 全国政协副主席、科技部部长万钢到天津参观考察天津力神电池股份有限公司，并出席天津市纯电动汽车运行示范工程座谈会。

2月23-25日 《2012中国国际太阳能光热产业新技术新材料新产品新设备展览会》在北京举行。展会同期举办了“太阳能光热发电论坛”。

2月24日 工业和信息化部发布《太阳能光伏产业“十二五”发展规划》.《规划》提出我国太阳能光伏产业“十二五”发展的经济目标、技术目标、创新目标和成本目标。到2015年形成：多晶硅领先企业达到5万吨级，骨干企业达到万吨级水平；太阳能电池领先企业达到5GW级，骨干企业达到GW级水平；1家年销售收入过千亿元的光伏企业，3-5家年销售收入过500亿元的光伏企业；3-4家年销售收入过10亿元的光伏专用设备企业。

2月24日 中国银监会会发布《绿色信贷指引》。《绿色信贷指引》的发布，将对严控“两高一剩”、“落后产能”信贷投放，促进工业节能减排，推动工业转型升级发挥重要作用。

2月27日 工业和信息化部发布《工业节能“十二五”规划》。提出到2015年，规模以上工业增加值能耗比2010年下降21%左右，实现节能量6.7亿吨标准煤。根据《规划》，钢铁、有色金属、石化、化工、建材、机械、轻工、纺织、电子信息等9大重点行业将成为“十二五”工业节能重点。“十二五”期间，节 能装备产业规模年均增长15%以上，节能服务产业到2015年产值有望突破3000亿元。

2月27日 世界自然基金会发布的一份新报告，中国列该榜单的第13名。

2月29日 国务院总理温家宝主持召开国务院常务会议，同意发布新修订的《环境空气质量标准》，部署加强大气污染综合防治重点工作。新标准增加了细颗粒物（PM2.5）和臭氧（O3）8小时浓度限值监测指标。会议要求

2012年在京津冀、长三角、珠三角等重点区域以及直辖市和省会城市开展细颗粒物与臭氧等项目监测，2013年在113个环境保护重点城市和国家环境保护模范城市开展监测，2015年覆盖所有地级以上城市。

2月 29日 “十一五”国家科技支撑计划“高效节能大型矿山成套设备研制”项目通过验收。该项目着重解决我国固体矿产资源采选装备存在的共性、关键性技术问题，成功研制出智能旋转冲击式钻车等22台套采选装备；共申请国内专利58项，研制制定国家、行业及企业标准10项。

2月 中央文明办、全国绿化委员会、国家林业局、全国总工会、共青团中央、全国妇联联合下发通知，在全国部署开展“关爱自然、义务植树”志愿服务行动。

3月

3月1日 国家林业局局长贾治邦与到国家林业局调研的国家发展和改革委员会副主任解振华一行，就增加林业碳汇、林业应对气候变化相关问题进行了深入探讨，一致认为林业碳汇在应对气候变化中具有特殊作用和巨大潜力，要加强沟通协调，保持密切合作，共同做好林业碳汇这篇大文章。

3月1日 国家电监会发布《关于加强风电安全工作的意见》。

3月5日 国务院总理温家宝在十一届全国人大五次会议上作《政府工作报告》强调，推进节能减排和生态环境保护。节能减排的关键是节约能源，提高能效，减少污染。要抓紧制定出台合理控制能源消费总量工作方案，加快理顺能源价格体系。综合运用经济、法律和必要的行政手段，突出抓好工业、交通、建筑、公共机构、居民生活等重点领域和千家重点耗能企业节能减排，进一步淘汰落后产能。加强用能管理，发展智能电网和分布式能源，实施节能发电调度、合同能源管理、政府节能采购等行之有效的管理方式。

3月5日 国家林业局召开专家研讨会，系统谋划科技支撑林业碳汇应对气候变化工作，以发挥科技支撑和引领作用，为发展林业碳汇，积极应对气候变化提供技术支持。

3月6日 “十一五”国家863计划“节能与新能源汽车”项目“混合动力及燃料电池电动汽车整车性能与排放测试技术研究”在天津通过项目验收。解决了现行发动机测试为基础的重型车排放法规体系无法覆盖混合动力车辆的难题。解决了对插电式混合动力车辆进行准确测试评价的焦点问题。解决了对燃料电池汽车燃料经济性进行准确评价的技术难题。解决了对燃料电池汽车关键部件进行可靠性进行快速评价的技术难题。解决了燃料电池汽车氢泄漏和排放定量测试的技术难题。

3月6日 财政部、国家税务总局、工业和信息化部印发《节约能源 使用新能源车船车船税政策的通知 》（财税[2012]19号，自2012年1月1日起，对节约能源的车船，减半征收车船税；对使用新能源的车船，免征车船税。

3月6～7日 “十一五”国家863计划“节能与新能源汽车”项目“混合动力及燃料电池电动汽车整车性能与排放测试技术研究”在天津通过项目验收。

3月8日 水利部在京召开农村水电增效扩容改造试点工作座谈会，副部长胡四一出席会议并讲话，重庆、浙江、湖北、湖南、广西、陕西等试点省（区、市）水利厅（局）分管领导，以及6省（区、市）水电处（局、中心）主要负责同志共30余人参加了会议，对推进农村水电增效扩容改造试点工作进行了研究部署。

3月9日 全国人大常务委员会委员长吴邦国委在向十一届全国人大五次会议作全国人大常委会工作报告中强调，坚持不懈地推进节能减排，强化法律规范、政策引导，加强重点领域节能减排和生态保护，坚决淘汰落后产能，严格控制高耗能高污染产业盲目扩张，促进清洁生产，发展绿色产业和循环经济，完善生态补偿机制，推动经济增长建立在可持续发展的基础上。

3月9日 “十一五”国家科技支撑计划重大项目“风电机组及关键部件研发及产业化”中的“适应复杂工况的小体积风电机组双馈式发电的研制及产业化”课题通过科技部组织的验收。

3月12日 全国绿化委员会办公室发布《2011年中国国土绿化状况公报》称，全民义务植树运动开展30年来，我国参加义务植树人数累计达133亿人次，义务植树614亿株。

3月13日 住房和城乡建设部开展绿色建筑标识评价和创新评奖活动，推动绿色建筑工作再上新台阶。截至2011年年底，全国总共审定了353项绿色建筑评价标识项目，涉及建筑2647栋、3488万平方米。

3月16日 工业和信息化部印发《2012年工业节能与综合利用工作要点》。

3月19日 国家能源局印发《关于印发“十二五” 第二批风电项目核准计划的通知》（国能新能[2012]82号），核准计划项目共计1492万千瓦。

3月22日 工业和信息化部印发《工业循环经济重大示范工程（第一批）》（工信厅节[2012]62号）。

3月22～28日 第二十五届“中国水周”，活动宣传主题为“大力加强农田水利，保障国家粮食安全”。

3月23日 环境保护部办公厅发出《关于开展“十二五”主要污染物总量减排措施季度调度工作的通知》（环办[2012]46号）。

3月23日 绿色建筑材料国家重点实验室建设项目通过科学技术部组织的专家验收。

3月23日 国家“863”计划先进能源领域“海流能发电与海岛新能源供电关键技术”主题项目启动会在杭州召开。“海流能发电与海岛新能源供电关键技术”主题项目是863计划先进能源领域“十二五”优先启动项目。该项目针对中国海洋战略中新能源发展的重大技术需求，研制开发集海流能、风能、光伏能、储能等海岛新能源的混合供电系统，努力攻克大容量海流能列阵并网技术、电储能调峰调蓄控制技术以及海岛混合电源多模式电网运行控制等关键技术。项目的实施可缩小在海岛能源利用领域与发达国家差距，形成具有完全自主知识产权的海岛新能源混合发电技术体系，提升中国在新能源领域方面的核心竞争力。

3月23日 北京对绿色建筑材料国家重点实验室建通过设科技部组织的验收。建设期间，实验室承担了一批973计划、863计划、科技支撑计划等科研项目，获得了多项国家和省部级科技奖项。

3月24日 由国家发展和改革委应对气候变化司、科技部社会发展科技司、工信部节能司、住房和城乡建设部建筑节能与科技司等国务院主管部门指导，《中国低碳年鉴》编委会和中国经济导报社联合主办、天津排放权交易所协办评选的“2011中国应对气候变化和低碳发展十大新闻”在京发布。国家发展和改革委应对气候变化司司长苏伟作主旨讲话。

“2011中国应对气候变化和低碳发展十大新闻”是：1.“十二五”规划《纲要》突出强调应对气候变化和低碳发展；2.国务院发布《“十二五”控制温室气体排放工作方案》确定到2015年中国控制温室气体排放总体要求和主要目标；3.《中国应对气候变化的政策与行动（2011）》白皮书获国内外高度关注与积极评价；4.中国为联合国气候变化德班会议取得积极成果作出重要贡献，中国加大对发展中国家援助力度；5.全球首台高效直流变频离心机组问世，比普通离心机节能40%以上，机组效率提升65%以上；6.中国全民义务植树30年减少碳排放成效巨大；7.我国首个海上大型风电场示范项目一期建成；8.“酷中国—全民低碳行动”5省10市倡导低碳并在德班大会上引关注；9.七省市开展碳排放权交易试点；10.十二部委联合开展“万家企业节能低碳行动”。

3月27日 国家发展和改革委办公厅印发《关于开展资源综合利用“双百工程”建设的通知》（发改办环资[2012]726号），启动资源综合利用“双百工程”建设。根据通知，到“十二五”末，“双百工程”形成资源综合利用能力将超过2亿吨/年，占全国新增利用能力的30%。示范工程（基地）内的矿产资源总回收率与共伴生矿产综合利用率分别达到40%和45%以上；实现资源综合利用产值超过1000亿元，吸纳就业人员超过200万人，培育一批资源综合利用上市企业和具有国际竞争力的大型集团公司。“双百工程”将包括三大建设领域：一是矿产资源综合利用，即共伴生矿产及尾矿资源综合利用（煤层气发电除外）；二是产业废物综合利用，即煤矸石、粉煤灰、工业副产石膏、冶炼渣、建筑废物综合利用（煤矸石发电除外）；三是废旧资源综合利用。

3月27日 科学技术部印发《太阳能发电科技发展“十二五”专项规划》（国科发计〔2012〕198号）。规划目标：“十二五”期间，实现光伏技术的全面突破，促进太阳能发电的规模化应用，晶硅电池效率20%以上，硅基薄膜电池效率10%以上，碲化镉、铜铟镓硒薄膜电池实现商业化应用，装机成本1.2～1.3万元/kW，初步实现用户侧并网光伏系统平价上网，公用电网侧并网光伏系统上网电价低于0.8元/kWh，基本掌握多种光伏微网系统关键部件及设计集成技术，实现示范应用。太阳能热发电具备建立100MW级太阳能热发电站的设计能力和成套装备供应能力，无储热电站装机成本1.6万元/kW；带8小时储热电站装机成本2.2万元/kW，上网电价低于0.9元/kWh。突破太阳能中温热能在工业节能中的应用技术和太阳能建筑采暖的长周期储热技术，并示范应用。初步建立太阳能发电国家标准体系和技术产品检测平台，形成我国完整的太阳能技术研发、装备制造、系统集成、工程建设、运行维护等产业链技术服务体系。

3月27日 科学技术部印发《电动汽车科技发展“十二五”专项规划》（国科发计〔2012〕195号），提出了技术平台“一体化”、车型开发“两头挤”、产业化推进“三步走”的我国电动汽车科技创新发展的路线图和“十二五”电动汽车科技发展重点任务：紧紧围绕电动汽车科技创新与产业发展的三大需求，继续坚持“三纵三横”的研发布局，突出“三横”共性关键技术，着力推进关键零部件技术、整车集成技术和公共平台技术的攻关与完善、深化与升级，形成“三横三纵三大平台”（三纵：混合动力汽车、纯电动汽车、燃料电池汽车；三横：电池、电机、电控；三大平台：标准检测、能源供给、集成示范）战略重点与任务布局。

3月27日 科技部印发《风力发电科技发展“十二五”专项规划》。规划目标：在风电设备设计制造方面，掌握3～5MW直驱风电机组及部件设计与制造，产品性能与可靠性达到国际领先水平，并实现产业化；掌握7MW级风电机组及零部件设计、制造、安装和运营等成套产业化技术，产品性能和可靠性达到国际先进水平，推动我国大容量风电机组的产业化；突破10MW级海上风电机组整机和零部件设计关键技术，实现海上超大型风电机组的样机运行。在风电场开发及运行方面，掌握大型风电场设计、建设、并网与运营关键技术，提高风电消纳能力，提高风电场的运营管理水平，支撑我国千万千瓦风电基地的建设。在风电公共服务体系方面，突破从风资源特性到电网接入送出全过程的科学基础问题，推动行业整体进步；建设风电机组地面传动链测试、叶片测试和风电设计工具软件等一批公共系统，全面提升我国风电行业的整体水平；开发储备一批风电新技术，推动风电技术创新和应用；培育一批高水平的科技创新队伍，系统部署建设一批国家级重点实验室和工程技术研究中心，全面提升我国风电制造企业的国际竞争力。

3月27日 科学技术部印发《智能电网重大科技产业化工程“十二五”专项规划》（国科发计〔2012〕232号）。总体目标是：突破大规模间歇式新能源电源并网与储能、智能配用电、大电网智能调度与控制、智能装备等智能电网核心关键技术，形成具有自主知识产权的智能电网技术体系和标准体系，建立较为完善的智能电网产业链，基本建成以信息化、自动化、互动化为特征的智能电网，推动我国电网从传统电网向高效、经济、清洁、互动的现代电网的升级和跨越。示范工程和产业培育方面，建成20～30项智能电网技术专项示范工程和3～5项智能电网综合示范工程，建设5-10个智能电网示范城市、50个智能电网示范园区，并通过投资和技术辐射带动能源、交通、制造、材料、信息、传感、控制等产业的技术创新和发展，培育战略性新兴产业，带动相关产业发展，打造一批具有国际竞争力的科技型企业。建设一批拥有自主知识产权和知名品牌、核心竞争力强、主业突出、行业领先的大企业（集团）。

3月27日 科学技术部印发《洁净煤技术科技发展“十二五”专项规划》（（国科发计〔2012〕196号）。规划目标：在煤炭提质与资源综合利用、高效洁净燃煤发电、煤基洁净燃料、高效燃煤与工业节能、队伍建设和平台建设等方面，突破重点基础和核心关键，开发出一批具有国际领先水平的新工艺、新技术，实现重大系统技术集成，为煤电、煤转化等重点示范工程和建设洁净煤技术战略性新兴产业提供技术支持，达到世界先进、领先水平。

3月28日 北京市碳排放权交易试点启动，国家发展和改革委副主任解振华与北京市市长郭金龙共同启动北京市碳排放权交易电子平台系统。北京市应对气候变化专家委员会、北京应对气候变化研究及人才培养基地、北京市碳排放权交易企业联盟、北京市碳排放权交易中介咨询及核证机构联盟、北京市绿色金融机构联盟同时成立。

3月29日 国家发展和改革委主办的“应对气候变化立法国际研讨会”在京召开。研讨会共分为“目标原则与框架体系”、“管理体制与制度”、“市场机制与碳交易”、“激励与保障措施”、“能力建设与公众参与”五个主题单元，近40位专家学者发言。

3月29日 “第八届国际绿色建筑与建筑节能大会暨新技术与产品博览会”在北京国际会议中心举行。在综合论坛上，仇保兴作了题为《我国绿色建筑发展和建筑节能的形势与任务》的主题报告。在25个分论坛上，来自国内外的200多名政府官员、专家学者和企业界人士围绕“绿色建筑设计理论、技术和实践”、“绿色建筑智能化与数字技术”、“既有建筑节能改造技术及工程实践”、“太阳能在建筑中的应用”等题目发表了演讲。

3月29日 中国住房和城乡建设部与加拿大联邦政府自然资源部签署了关于生态城市建设技术合作谅解备忘录，双方将在中国北方城市共同感兴趣的领域开展合作。

3月29日 以“绿色经济—增长新动力”为主题的由澳门特别行政区政府主办的“2012年澳门国际环保合作发展论坛及展览”在澳门举行。万钢、解振华出席并作主旨发言。论坛涵盖绿色建筑、清洁能源、电动车、低碳城市计划及环保城市、可持续性旅游、能源效率等内容。

3月29日 工业和信息化部召开淘汰落后产能考核工作动员部署会议。此次考核分10个组，分别由工业和信息化部、发展改革委、监察部、财政部、安全监管总局、能源局司局级负责同志带队，主要考核各地2011年淘汰落后产能目标任务完成情况和政策措施落实情况。

3月29日 由共青团中央主办的“关爱自然、义务植树”保护母亲河青年志愿服务行动示范活动在山东东营举行。山东团省委将发动100万青少年，在重点流域、水系、青少年绿化基地、城市社区、农村庭院等开展植绿护绿活动，计划植树造林10万亩。

3月29日 由国家发展和改革委主办的“应对气候变化立法国际研讨会”在京召开。国家发展和改革委解振华副主任、全国人大环资委副主任委员王庆喜、国务院法制副主任办甘藏春、英国驻华大使馆吴思田等出席会议并致辞。来自国家相关部门、地方发改委以及国际组织、研究机构、企业、金融机构、驻华使馆的代表近百人参加了此次研讨会。研讨会共分为“目标原则与框架体系”、“管理体制与制度”、“市场机制与碳交易”、“激励与保障措施”、“能力建设与公众参与”五个主题单元。

3月31日 “地球一小时”拉开帷幕。随着北京八达岭长城、国贸三期及国贸建筑群、奥林匹克公园鸟巢、水立方等标志性建筑在晚8时30分一齐熄灯。中国以及全球其他146个国家和地区的5000座城市展开熄灯接力，共同宣布为地球可持续发展而行动的决心。2012年参与“地球一小时”的中国城市共有124座中国加城市入活动，并公开其环保承诺。同时，全国有超过1400家企业注册加入“地球一小时”。

3月 科技部会同重庆市科委共同组织编制完成了《中国地热能利用技术及应用》宣传册编制工作。

4月

4月1日 科学技术部印发《绿色制造科技发展“十二五”专项规划》（国科发计〔2012〕231号 ）。发展目标：面向汽车、机械、家电、流程工业等国民经济支柱产业以及废旧家电与电子产品拆解与资源化、装备再制造等循环经济新兴产业需求，以制造业绿色化为目标，开展绿色制造基础理论和共性技术研究、典型绿色新产品、新工艺、新装备研制，形成绿色制造理论、技术和标准体系，开发出一批具有典型创新性和示范性的产品、工艺和重点装备，实施应用工程和产业示范，带动传统产业资源节约和环境友好提升，支撑节能环保战略性新兴产业的发展，增强量大面广出口产品跨越绿色贸易壁垒的基础能力。

4月1日 住房和城乡建设部、财政部印发《关于推进夏热冬冷地区既有居住建筑节能改造的实施意见》（建科〔2012〕55号）。工作目标：“十二五”期间，夏热冬冷地区力争完成既有居住建筑节能改造面积5000万平方米以上。积极探索适用夏热冬冷地区的既有建筑节能改造技术路径及融资模式，完善相关政策、标准、技术及产品体系，为大规模实施节能改造提供支撑。

4月1日 科学技术部印发《印发高速列车科技发展“十二五”专项规划》（ 国科发计〔2012〕230号）。《规划》要求，“十二五”期间，我国高速铁路科技工作将沿如下四个重大技术方向展开：高速铁路体系化安全保障技术；高速列车装备谱系化技术；高速铁路能力保持技术；高速铁路可持续性技术。《规划》提出，围绕高速列车科技发展“十二五”专项规划重大技术方向，将分别从3个方向设置了11项主要研究任务。

4月3日 中共中央总书记、国家主席胡锦涛参加首都义务植树活动。胡锦涛强调，开展全民义务植树活动，是应对气候变化、改善生态环境、实现绿色增长的有效途径。我们要年复一年地把全民义务植树活动开展下去，广泛动员干部群众，充分发挥科技作用，积极扩大绿化面积，努力巩固植树成果，为祖国大地披上美丽绿装，为科学发展提供生态保障。

4月5日 住房和城乡建设部办公厅、工业和信息化部办公厅印发《推广应用高强钢筋示范工作方案》。

4月5日 2012年“酷中国—全民低碳行动计划”在北京举行，将围绕“低碳社区”这一主题，结合国家发展和改革委应对气候变化司的课题研究和“全国低碳日”等活动，在城市社区中进行调研工作，为课题提供支持。同时开展低碳社区的倡导活动，逐步引导社区居民接受绿色低碳的生活方式和消费模式。

4月 海南省发展和改革委组织编制完成《海南省省级温室气体排放清单》通过国家组织的统一验收。

4月5日 联合国教科文组织（UNESCO）批准在北京理工大学设立的“应对气候变化南南科技合作”教席启动仪式在北京理工大学举行，为该教席主持人及合作主持人颁发了聘书。

4月6日 工业和信息化部印发《高耗能落后机电设备（产品）淘汰目录（第二批）》。本目录共12大类135项设备（产品）。

4月9日 住房和城乡建设部办公厅印发《2011年全国住房城乡建设领域节能减排专项监督检查建筑节能检查情况通报》。

4月9～10日 全国发展改革系统资源节约和环境保护工作会议在昆明召开。国家发展和改革委副主任解振华做了题为《统一思想 狠抓落实 扎实推进资源节约和环境保护工作》的工作报告，强调2012年要扎实做好七个方面的重点工作。一是做好综合协调，加强节能减排宏观指导；二是节能提高能效，确保完成年度目标任务；三是壮大循环经济，努力提高资源产出率；四是加强环境保护，着力解决突出环境问题；五是发展节能环保产业，加快培育新的增长点；六是加强项目管理，切实提高中央投资效益；七是进一步加强干部队伍建设。

4月10日 “2012年中华环保世纪行宣传活动”启动仪式在人民大会堂举行，全国人大常委会副委员长陈至立出席并宣布活动启动。全国人大环资委主任委员汪光焘主持启动仪式。2012年，中华环保世纪行宣传活动以"科技支撑、依法治理、节约资源、高效利用"为主题，重点宣传节约资源保护环境基本国策，促进水资源、矿产资源保护与可持续利用，进一步增强全社会珍惜资源、节约资源和保护资源的意识。

4月10日 “十一五”863计划“太阳能热发电实验平台建设”课题通过验收。该项目致力于建设一套高水平的太阳能热发电示范系统，填补国内太阳能热发电的空白，为我国太阳能热发电技术的发展奠定坚实基础。本课题主要围绕聚光子系统和吸热子系统建立相关的试验设施，包括光学测量仪器、定日镜风力负荷测试台、熔融盐和水工质吸热器热工水力性能测试台等，形成一套从聚光到吸热的完整测试系统和装置，为项目总体目标的实现和今后我国太阳能热发电技术的可持续发展提供基本手段。4月12日 环境保护部发布2012年第27号公告，公布《“十二五”主要污染物总量减排目标责任书》要求2012年完成的重点减排项目的公告。对重点减排项目未按目标责任书落实的地区和企业，环境保护部将根据《国务院关于印发“十二五”节能减排综合性工作方案的通知》规定，实行阶段性环评限批。

4月12日 住房和城乡建设部、工业和信息化部在云南省昆明市召开全国推广应用高强钢筋工作会议。确定到“十二五”末期，建筑工程中高强钢筋使用量至少要达到钢筋总用量65%，实现这一推广应用目标的技术路线为：加快淘汰335MPa、优先使用400MPa，积极推广500MPa螺纹钢筋。

4月13日 国务院总理温家宝主持召开国务院常务会议强调，加快推进产业转型升级。加大对企业创新和优化升级的支持力度，着力加强企业技术改造。全面落实“十二五”节能减排综合性工作方案，大力推进资源节约和环境保护。

4月13日 科技部、发展改革委、工业和信息化部、环境保护部、住房城乡建设部、商业部、中国科学院等联合制定的《废物资源化科技工程十二五专项规划》印发。《规划》提出了“十二五”期间我国依靠科技创新推进废物资源化的总体思路、基本原则和发展目标，明确了“十二五”期间废有色金属、机电产品再制造、电子废弃物、废旧高分子材料等再生资源、工业固废、垃圾和污泥等废物资源化科技工程发展的优先领域和重点任务，提出了在废物资源化领域科技发展应取得的重大突破和预期重大标志性成果，具有较强的指导性。对推动废物资源化技术的发展、深入实施节能减排、缓解资源短缺瓶颈和发展节能环保战略性新兴产业具有重要意义。

4月16日 国家发展和改革委、财政部联合印发《关于推进园区循环化改造的意见》，就推进园区循环化改造进行部署。《意见》提出了“十二五”期间园区循环化改造的目标：一是50%以上的国家级园区和30%以上的省级园区实施循环化改造；二是培育百个国家循环化改造示范园区，示范、推广一批适合我国国情的园区循环化改造范式、管理模式；三是循环化改造后园区的主要资源产出率、土地产出率大幅度上升，固体废物资源利用率、水循环利用率、生活垃圾资源利用率显著提高，主要污染物排放量大幅度降低，基本实现“零排放”。《意见》要求推进现有各类园区进行循环化改造，实现“七化”，即空间布局合理化、产业结构最优化、产业链接循环化、资源利用高效化、污染治理集中化、基础设施绿色化、运行管理规范化。《意见》提出了支持园区循环化改造的政策措施。

4月19日 国务院总理温家宝主持召开国务院常务会议，讨论通过《节能与新能源汽车产业发展规划》。会议指出，加快培育和发展节能与新能源汽车产业，对于缓解能源和环境压力，推动汽车产业转型升级，培育新的经济增长点，具有重要意义。要以纯电驱动为汽车工业转型的主要战略取向，当前重点推进纯电动汽车和插电式混合动力汽车产业化，推广普及非插电式混合动力汽车、节能内燃机汽车，提升我国汽车产业整体技术水平。争取到2015年，纯电动汽车和插电式混合动力汽车累计产销量达到50万辆，到2020年超过500万辆；2015年当年生产的乘用车平均燃料消耗量降至每百公里6.9升，到2020年降至5.0升；新能源汽车、动力电池及关键零部件技术整体上达到国际先进水平。

4月24日 全国公共机构节约能源资源工作会议要求以节约型公共机构建设为主线，坚持全面推进和重点突破相结合、政策引导与市场推动相结合、源头控制与存量优化相结合，切实抓好《公共机构节能“十二五”规划》的实施，重点抓好建筑及用能系统节能、公车治理和节油、资源节约和综合利用、管理制度建设、计量统计考核、资金技术支撑、宣传教育等工作，努力推动公共机构节约能源资源工作取得更大成效。

4月24日 国家能源局发出《关于加强风电并网和消纳工作有关要求的通知 》（国能新能〔2012〕135号），要求把保障风电运行作为当前风电管理的重要工作；认真落实并网接入等风电场建设条件；进一步做好风电场运行调度管理工作；着力提高风电场建设和运行水平。

4月25日 中国科技部部长万钢率团出席在英国伦敦召开的第三届清洁能源部长级会议（CEM 3）。

4月25日至26日 第三届清洁能源部长级会议（CEM 3）在英国伦敦召开。中国科技部副部长曹健林率团与会并发言强调，中国十分重视清洁能源领域的科技合作，欢迎国外企业、科技界参与中国清洁能源事业的发展。

4月26～27日 中国气象局召开政府间气候变化专门委员会（IPCC）《管理极端事件和灾害风险推进气候变化适应特别报告》北京区域宣讲会。会议对适应气候变化尤其是极端气候事件风险管理的理念、政策措施进行宣讲。东亚地区以及国内与气候变化相关的部委、高校、研究机构、非政府组织等单位专家近200人参加。

4月27日 第一期广东绿道讲坛在北京召开。住房和城乡建设部副部长仇保兴出席并作主旨报告。来自美国、法国和北京、香港、广东等地国内外众多知名专家，住房城乡建设系统相关负责人和专业技术人员，围绕“绿道功能综合开发”的主题，共谋绿道可持续发展之路。

4月27日 财政部、住房和城乡建设部印发《关于加快推动我国绿色建筑发展的实施意见》（财建[2012]167号）。《意见》提出，将通过建立财政激励机制、健全标准规范及评价标识体系、推进相关科技进步和产业发展等多种手段，到2020年，绿色建筑占新建建筑比重超过30%，建筑建造和使用过程的能源资源消耗水平接近或达到现阶段发达国家水平。到2014年政府投资的公益性建筑和直辖市、计划单列市及省会城市的保障性住房全面执行绿色建筑标准，力争到2015年，新增绿色建筑面积10亿平方米以上。

4月27日 “十一五”国家科技支撑计划“大型煤炭基地高效集约化开采关键装备与技术”项目通过科技部组织的验收。该项目开展了年产千万吨级大采高综采成套装备与技术、近水平中厚煤层短壁机械化开采工艺与装备、中大断面半煤岩巷和岩巷快速掘进技术与装备以及无轨胶轮辅助运输技术等研发工作。该项目建成了西山、晋城、平溯、神东煤机装备应用示范基地，提升了我国煤机装备制造的整体技术水平。

4月30日 环境保护部印发《国家生态建设示范区管理规程》。

4月 科技部组织召开2011年863计划先进能源技术领域项目启动会。2011年度863计划先进能源技术领域共立项10个项目93个课题，涉及能源领域“洁净煤技术”、“智能电网”、“太阳能发电”3个科技专项和“可再生能源”、“洁净煤技术”、“氢能与分布式供能”、“核能”、“电力电子”5个主题方向。

5月

5月3日 中欧能源安全联合声明发布，双方将在包括在发展再生能源、清洁能源、低碳城市能源系统、清洁城市交通以及城市建筑等方面开展合作。

5月3日 国家发展和改革委和美国国务院在北京钓鱼台国宾馆共同举办中美绿色合作伙伴计划签字仪式。美国国务卿希拉里、国家发展和改革委副主任解振华出席仪式并分别致辞。5对新的绿色合作伙伴签署了结对文件，正式加入绿色合作伙伴计划。新增上述五个结对后，绿色合作伙伴的总数达到18对。

5月4日 科学技术部、外交部、国家发展和改革委、教育部、工业和信息化部、财政部、环境保护部、住房和城乡建设部、水利部、农业部、国家林业局、中国科学院、中国气象局、国家自然科学基金委员会、国家海洋局、中国科学技术协会等十六个部门联合发布了《“十二五”国家应对气候变化科技发展专项规划》。这是我国第一部专门的应对气候变化科技发展规划，对我国进一步依靠科技应对气候变化将起到重要的指导作用。《专项规划》深入分析了当前我国应对气候变化科技发展面临的挑战与机遇，明确提出了“十二五”期间应对气候变化科技发展的指导思想与目标、重点方向,提出了十大关键减缓技术、十大关键适应技术等重点任务，提出了加强应对气候变化科技工作的协同创新、加强应对气候变化的科学普及与宣传工作、鼓励和支持地方开展应对气候变化科技行动等保障措施。

5月9日 天津市十五届人大常委会第三十二次会议通过了《天津市节约能源条例》和《天津市建筑节约能源条例》，将于今年7月1日起实施。

5月9日 住房和城乡建设部印发《“十二五”建筑节能专项规划》。《规划》提出，到“十二五”期末，建筑节能形成1.16亿吨标准煤节能能力的目标。其中包括：发展绿色建筑，加强新建建筑节能工作，形成4500万吨标准煤节能能力；深化供热体制改革，全面推行供热计量收费，推进北方采暖地区既有建筑供热计量及节能改造，形成2700万吨标准煤节能能力；加强公共建筑节能监管体系建设，推动节能改造与运行管理，形成 1400万吨标准煤节能能力；推动可再生能源与建筑一体化应用，形成常规能源替代能力3000万吨标准煤等七大具体目标。规划提出了九项重点任务。

5月10～11日 以“绿色发展•美好生活”为主题的“2012绿色经济遂宁会议”在四川省遂宁市举行。全国政协人资环委主任委员张维庆宣读了中央政治局常委、全国政协主席贾庆林发来的贺信。全国政协副主席、民盟中央第一副主席张梅颖在开幕式上讲话。2012绿色经济遂宁会议在遂宁市举行。会议由四川省人民政府、全国政协人口资源环境委员会、国土资源部、环境保护部、住房和城乡建设部等主办。

5月11日 国家发展和改革委、教育部、 科技部、工业和信息化部、环保部等14个部门发出《关于2012年全国节能宣传周活动安排的通知》，定于今年6月10日至16日，由国家发展和改革委等14部门联合举办主题为“节能低碳，绿色发展”的2012年全国节能宣传周活动。

5月12日 国家发展和改革委发布“万家企业节能低碳行动”企业名单及节能量目标（2012年第10号公告）。

5月13～19日 主题为“倡导低碳绿色生活，推进城镇节水减排”的“2012年全国城市节约用水宣传周”活动（第21个）在全国范围内开展。

5月14日 住房和城乡建设部发出“关于印发《绿色超高层建筑评价技术细则》的通知》”，作为现阶段开展绿色超高层建筑评价，指导绿色超高层建筑的规划设计、施工验收和运行管理的依据。

5月14～25日 中国代表团出席在德国波恩召开的《联合国气候变化框架公约》长期合作行动特设工作组第15次

会议、《京都议定书》附件一国家进一步承诺特设工作组第17次会议、加强行动德班平台特设工作组第1次会议、公约附属履行机构和公约附属科技咨询机构第36次会议。会议围绕加强公约和议定书的实施、落实德班会议一揽子平衡成果相关的50多项议题进行了谈判。中国代表团积极建设性地全面参与了各议题的磋商。

5月16日 水利部在全国范围内开展了水资源专项执法活动，加大了对违法取水和设置入河排污口等行为的查处力度，严格督促违规项目整改，加快水资源执法机制建设，为实行最严格的水资源管理制度提供有效的执法保障。

5月16日 国务院总理温家宝主持召开国务院常务会议强调，要深入开展“节能减排全民行动”，倡导节约、绿色、低碳消费理念。 会议研究了促进节能家电等产品消费的政策措施，决定安排财政补贴265亿元，启动推广符合节能标准的空调、平板电视、电冰箱、洗衣机和热水器，推广期限暂定一年；安排22亿元支持推广节能灯和LED灯；安排60亿元支持推广1.6升及以下排量节能汽车；安排16亿元支持推广高效电机。

5月16 日 中国质量认证中心向浙江阳光照明电器集团股份有限公司等7家企业颁发了首批节能灯环保认证证书，我国节能灯行业迎来新一轮的改革和发展。

5月18日 全球首家低碳主题大型科技馆落户杭州。集低碳科技普及、绿色建筑展示、低碳学术交流与低碳信息传播等服务功能于一体，以“低碳生活，人类必将选择的未来”为主题，设置了“碳的循环”、“全球变暖”、“低碳城市”、“低碳科技”、“低碳生活”、“低碳未来”、“儿童天地”等七个常设展厅。

5月18日 光伏科学与技术国家重点实验室在天合光能常州总部落成启用。这是全国首批获准建设的两家光伏技术国家重点实验室之一，其多晶组件发电量和转换效率再创世界纪录。

5月18日 亚洲开发银行和中国银行联合举办“发展碳金融、实现可持续增长”论坛。截至2011年底，中国银行支持节能减排及绿色信贷余额为2494亿元，涉及项目1902个。

5月22～23日 全国农村水电工作会议在长沙召开，会议强调，将着力打造绿色水电。

5月23日 国务院总理温家宝主持召开的国务院常务会议要求，抓紧落实扩大节能产品惠民工程实施范围，支持自给式太阳能等新能源产品进入公共设施和家庭，加快普及光纤入户，加大对保障性住房和农村危房改造支持力度。

5月23日 山东胜利油田宣布，将利用中国石化南化集团研究院技术在2015年建成100万吨/年二氧化碳(CO2)捕集装置，该装置建成后将成为全球最大的二氧化碳捕集装置，同时利用捕集的CO_2驱油，油田的采收率可以提高10至15个百分点。

5月24日 科技部印发《“十二五”绿色建筑科技发展专项规划》（国科发计〔2012〕692号），提出了“十二五”绿色建筑科技发展目标和重点任务。“十二五”期间，将依靠科技进步，推进绿色建筑规模化建设，显著提升我国绿色建筑技术自主创新能力，加速提升绿色建筑规划设计能力、技术整装能力、工程实施能力、运营管理能力，提升产业核心竞争力，改变建筑业发展方式。

5月24日 科学技术部印发《国家防灾减灾科技发展“十二五”专项规划》。总体目标：全面提升重大自然灾害风险评估、工程防治、应急救援、决策指挥、恢复重建等各个环节的科技水平，推动高水平的国家防灾减灾科研和实验基地建设，培养高素质科技人才队伍，进一步增强公民防灾减灾意识，缩小防灾减灾科技方面与发达国家和地区的差距，全面形成与“十二五”国家防灾减灾目标相适应的科技支撑能力。

5月25日 财政部、国家发展和改革委、工业和信息化部联合印发《节能产品惠民工程高效节能平板电视推广实施细则》和《节能产品惠民工程高效节能房间空气调节器推广实施细则》，明确将采取财政补贴方式，支持高效节能平板电视和节能空调的推广使用，此举旨在贯彻落实国务院常务会议关于促进节能家电等产品消费的决定。三部门初步预计，推广高效节能平板电视和节能空调将拉动消费1350多亿元，实现年节电约120亿千瓦时，折合标准煤400万吨。

5月25日 国家能源局印发《关于申报新能源示范城市和产业园区的通知》 国能新能〔2012〕156号，新能源示范城市和产业园区建设工作启动。

5月28日 财政部、国家税务总局、工业和信息化部印发《节约能源使用新能源车辆减免车船税的车型目录（第二批）》。自2012年1月1日起，对节约能源的车辆，减半征收车船税；对使用新能源的车辆，免征车船税。

5月29日 “高速列车科技创新国际论坛”在北京召开，中国高速列车技术在“十二五”期间，将逐步实现“谱系化、智能化、绿色化”的目标。科技部副部长曹健林出席论坛。论坛围绕高速列车科技创新、高速列车技术现状、发展趋势以及各国高速列车科技创新模式进行了广泛交流。

5月30日 国务院总理温家宝主持召开国务院常务会议，讨论通过《“十二五”国家战略性新兴产业发展规划》，提出了包括节能环保产业、新能源产业、能源汽车产业在内的七大战略性新兴产业的重点发展方向和主要任务。

6月

6月1日 国家发展和改革委、财政部、工业和信息化部公告《节能产品惠民工程高效节能平板电视推广目录（第一批）》，自发布之日起开始实施。财政补贴推广高效节能平板电视和节能空调活动正式启动，推广期暂定一年，中央财政每台家电补贴资金100元至400元不等。

6月4日 国家发展和改革委、工业和信息化部、财政部公告《"节能产品惠民工程"高效节能电冰箱、洗衣机、热水器推广目录》。47家企业2321个型号的高效节能电冰箱，29家企业1410个型号的高效节能洗衣机，15家企业147个型号高效节能燃气热水器，20家企业371个型号高效太阳能热水器，31企业488型号的高效节能空气源热泵热水器入围推广目录。

6月5日 水利部以现行《水法》修订颁布10周年为契机，将水资源节约保护作为2012年度的水利普法重点内容，加大宣传教育力度，增强公众珍惜水、爱护水、保护水的意识。

6月5日 工业和信息化部副部长、国家原子能机构主任陈求发与俄罗斯国家原子能集团公司总经理基里延科签署《中国国家原子能机构与俄罗斯国家原子能集团公司核领域合作路线图》。中俄核领域合作路线图涵盖核电、快堆、核燃料、空间核动力等领域，是中俄核领域合作的重要指导性文件。

6月5日 由环境保护部、共青团中央、全国妇联、联合国环境规划署共同主办的2012"6•5"世界环境日文艺晚会——"绿色消费你我同行"在北京展览馆剧场举行。

6月5日 由中国林业科学研究院、中国绿色碳汇基金会、四川省林业厅和保护国际基金会联合主办的中国林业碳汇产权研讨会在四川省绵阳市举行。

6月7日 由国家发展和改革委、工信部、环保部、国务院国资委、国务院新闻办、北京市政府指导，中国新闻社、中国新闻周刊主办的第三届"低碳发展•绿色生活"公益影像展开幕式暨2012"中国低碳榜样"颁奖典礼在京举行。中共中央委员、全国政协副主席阿不来提•阿不都热西提出席活动并致辞。本次活动还评选出"2012中国低碳榜样"企业。"低碳发展•绿色生活"公益影像展至今已举办三届。

6月8日 "十一五"国家科技支撑计划"主要农林生态系统固碳减排技术研究与示范"项目课题通过科技部组织的验收。项目实施三年来成效显著，初步创建了林地、草地、农田、湿地和农林复合等生态系统温室气体减排和增汇的技术支撑体系，形成了中国农田生态系统提高固碳量、减少温室气体减排的技术方案，建设了一批固碳减排效果明显的示范区，提高了我国农业生态系统温室气体减排与增汇技术的整体研究水平，为实现农业节能减排目标、有效应对气候变化、提高农业综合生产能力和促进农业和国民经济又好又快发展提供了技术支撑。

6月8日 联合国环境规划署—同济大学环境与可持续发展学院发布了首部《中国低碳经济蓝皮书》。该蓝皮书分析了中国低碳发展的状态和制约因素，提出了未来10～20年中国低碳化道路的目标选择、行动领域及政策建议。

6月10日 国家发展和改革委、北京市人民政府共同主办的"2012中国北京国际节能环保展览会'在北京展览馆开幕，国内外300多家企业参展。汪光焘、郭金龙、解振华出席开幕式。节展会设置了清洁能源、工业节能、建筑节能、清洁空气、循环经济等8个专业展区，以及低碳之家、"水•生命之源"等4个互动体验区。

6月10日 由国家发展和改革委等14个部委共同主办的2012年全国节能宣传周10日在京启动。全国节能宣传周期间（6月10日至16日），各地围绕"节能低碳，绿色发展"的主题，宣传国家推进节能减排、发展循环经济取得的成果，推动全社会树立绿色低碳发展理念，推广低碳技术，形成文明、节约、绿色、低碳的消费模式和生活方式。到今年，全国节能宣传周已连续举办了22届。

6月12日 国家发展和改革委副主任解振华主持召开中国低碳发展宏观战略研究项目领导小组和专家委员会会议，讨论通过项目实施方案和项目管理办法，安排部署下一步工作。会议强调，要充分发挥各方面优势和积极性，切实做好低碳发展宏观战略研究，为我国未来长远发展提出大思路、大政策。中国低碳发展宏观战略是国家发展和改革委同有关部门针对经济社会发展重大需求,组织开展的重大战略研究项目。国家发展和改革委同有关部门于6月启动的"中国低碳发展宏观战略研究项目"，集中政府部门、研究机构、高等院校等权威专家，从宏观经济、产业发展、低碳能源、碳交易、政策体系、公共宣传等低碳发展等方面，研究我国未来低碳发展战略，提出我国到2050年低碳发展的阶段性目标、任务和政策措施，为制定我国低碳发展路线图奠定基础。

6月12日 由科技部国际合作司主办的第三届"中亚太阳能开发利用技术国际培训班"在新疆乌鲁木齐开班，来自俄罗斯、哈萨克斯坦、塔吉克斯坦、吉尔吉斯斯坦、乌兹别克斯坦的19 名从事太阳能开发利用技术研究、太阳能产品生产和贸易的学员参加了培训。

6月12日 中国首座330千伏等级智能变电站——新盛变电站在陕西西安正式投入运行，这标志着中国依靠自主创新成功地在智能电网科研、设计、设备制造、施工、运行维护技术上取得了新突破。

6月12日 由中宣部、全国人大环资委、全国政协人资环委、环境保护部、文化部、国家广电总局、共青团中央、中国人民解放军环保绿化委员会等主办为“2010-2011绿色中国年度人物”获奖者（集体）举行颁奖仪式举行。联合国环境规划署相关负责人出席颁奖仪式并为获奖者颁奖。9位“绿色英雄”和一个集体荣获“绿色中国年度人物奖”。在颁奖典礼现场，还开展了“行动兑现环保承诺•大爱呼唤绿色英雄”绿色手印签名墙揭幕、种树植草等环保主题活动。

6月13日 由国家发展和改革委与美国能源部共同举办的“第三届中美能效论坛”在北京举行，国家发展和改革委副主任解振华和美国能源部代理副部长桑德罗出席论坛开幕式并致辞，美国驻华大使骆家辉到会演讲。论坛讨论了中美两国能效领域有关政策；双方与会代表深入探讨了两国在上述领域的成功案例、最佳实践和合作机会。国家节能中心、旧金山市政府等中美双方有关机构、地方政府和企业签署了四份合作协议。

6月13日 国家发展和改革委印发《温室气体自愿减排交易管理暂行办法》。《暂行办法》明确了自愿减排交易的交易产品、交易场所、新方法学申请程序以及审定和核证机构资质的认定程序，解决了国内自愿减排市场缺乏信用体系的问题。此项办法的出台，在规范了国内自愿减排交易市场的同时，将会促进国内碳市场的发展，是中国碳交易体系和市场建设的重要一步。

6月14日 “煤炭利用重大节能技术研发与应用研讨会”在京举行。研讨会就煤炭分级发电、高温工业煤气余热利用、工业锅炉先进燃烧等技术及应用进行了研讨。

6月14日 “十一五”国家科技支撑计划“用于环保节能的纳米催化材料开发及产业化技术研究”重点项目通过科技部组织的验收。项目针对我国汽车工业发展亟待解决的尾气减排和合成氨工业节能降耗问题，研制出具有高性能的催化材料和催化剂，实现了能满足欧Ⅳ、欧Ⅴ排放限值的汽车尾气催化净化器的产业化，建成了新一代低钌氨合成催化剂产业示范工程。净化器在汽车行业的推广应用，取得了较好的经济和环保效益；氨合成催化剂在合成氨生产装置上进行了试用，节能降耗和增产效果明显。

6月15日 交通运输部举行第五批交通运输行业节能减排示范项目授牌暨全国道路客运节能减排达标竞赛启动仪式。交通运输部副部长高宏峰为示范项目单位授牌并发表讲话。至此，交通运输行业节能减排示范项目总计已达100个，形成了一个覆盖公路水路交通运输领域的较为全面的示范项目体系。

6月16日 国务院印发《“十二五”节能环保产业发展规划》（国发[2012]19号）。《规划》提出，到2015年我国节能环保产业总产值达4.5万亿元，增加值占国内生产总值的比重为2%左右的总体目标；明确了政策机制驱动、技术创新引领、重点工程带动、市场秩序规范、服务模式创新的基本原则；并提出了七个方面的政策措施。“十二五”时期，为加快节能环保产业发展，我国将实施重大节能技术与装备产业化、半导体照明产业化及应用、“城市矿产”示范、再制造产业化、产业废物资源化利用、重大环保技术装备及产品产业化示范、海水淡化产业基地建设、节能环保服务业培育等八大重点工程，必将推动战略性新兴产业的快速发展。

6月18日 由住房和城乡建设部、福建省政府主办的以“绿色引领生活”为主题的“第六届海峡绿色建筑与建筑节能博览会”在福州举行.

6月19日 国家发展和改革委、国家标准化管理委员会在京召开“百项能效标准推进工程”启动会。“百项能效标准推进工程”重点围绕支撑高效节能产品推广、节能评估审查制度、万家企业节能低碳行动、绿色建筑行动、淘汰落后产能等重点节能工作，在今明两年发布100项重要节能标准，重点是终端用能产品能源效率标准和单位产品能耗限额标准。

6月20日 中国21世纪议程管理中心和联合国开发计划署（UNDP）在联合国可持续发展大会成功举办“中国的绿色转型：努力、成就与未来”主题边会。大会中国筹委会代表团副团长、科学技术部王伟中副部长，联合国开发计划署能源与环境局局长维尔勒•范德维尔德女士出席边会并致辞。

6月20日 国务院总理温家宝在里约热内卢出席联合国可持续发展大会，发表《共同谱写人类可持续发展新篇章》的演讲表示，应当积极探索发展绿色经济的有效模式，因地制宜，把发展绿色经济作为各国推动可持续发展、促进世界经济复苏的有效途径；应当完善全球治理机制，充分发挥联合国的领导作用，更好统筹经济发展、社会进步和环境保护三大支柱。

6月20日 中国、印度、巴西、南非“金砖”四国农业与气候变化研讨会在京召开。农业已经成为气候变化关注的一个重要议题，同时农业作为缓解气候变化的重要渠道，潜力巨大。

6月25日 页岩气发展规划（2011-2015年）贯彻落实会议召开。研究了进一步推动页岩气勘探开发的支持政策，安排部署了今后一段时期规划实施的具体要求。

6月26日 “2012年应对气候变化与绿色低碳发展研修班结业典礼”在京举行。来自20多个发展中国家的56名学员、部分发展中国家驻华大使出席了此次活动，体现了我国对最不发达国家、小岛屿国家和非洲国家应对气候变化提供的实实在在的帮助。

6月28日 国务院印发《节能与新能源汽车产业发展规划》。新能源汽车产业发展将以纯电驱动为新能源汽车发展和汽车工业转型的主要战略取向，当前重点推进纯电动汽车和插电式混合动力汽车产业化。此外，规划还对新能源汽车产业发展目标做出了具体要求。到2015年，纯电动汽车和插电式混合动力汽车累计产销量力争达到50万辆；到2020年，纯电动汽车和插电式混合动力汽车生产能力达200万辆、累计产销量超过500万辆。到2015年，纯电动乘用车、插电式混合动力乘用车最高车速不低于100公里/小时，纯电驱动模式下综合工况续驶里程分别不低于150公里和50公里。当年生产的乘用车平均燃料消耗量降至6.9升/百公里，节能型乘用车燃料消耗量降至5.9升/百公里以下。7月10日，工业和信息化部会同发展改革委、科技部、财政部组织召开宣贯会议。

6月 “十一五”国家科技支撑计划“新型高效规模化沼气工程”项目课题通过科技部部组织的验收。该项目以提高大中型沼气工程工艺技术及装备整体水平、实现沼气能源化利用、改善生态环境为目标，围绕我国目前规模化沼气工程中存在的关键问题和技术瓶颈，开展从原料到产品全过程、多层次的研究、开发和示范工作。项目设置了18个课题，清华大学、中国农业大学、农业部沼气科学研究所等70多个单位参与了该项研究工作。通过该项目的实施，在沼气工程技术工艺和成套设备方面取得了一系列科研成果。通过项目成果在我国不同区域沼气工程中大面积的应用示范，提高了沼气工程原料转化率及工程的整体效益，促进了农业废物资源化利用，优化了我国能源结构，改善了我国农村环境，有显著的能源、环境、经济及社会效益。

7月

7月4日 经过10多年的安装、调试，世界装机容量最大水电站三峡电站32台机组全部投产，三峡工程发电效益全面发挥。表明国产巨型蒸发冷却机组的设计、制造、安装及调试趋于成熟。这是我国具有完全自主知识产权的“定子绕组常温自循环蒸发冷却”技术，世界上首次在巨型水轮发电机组上成功应用，为蒸发冷却技术的推广奠定了基础。

7月5日 国家发展和改革委、财政部、国务院机关事务管理局发出《关于印节约型公共机构示范单位创建工作方案的通知》（发改环资[2012]1982号），组织开展节约型公共机构示范单位创建活动。

7月5日 环境保护部发布《2012年国家先进污染防治示范技术名录》和《2012年国家鼓励发展的环境保护技术目录》（环境保护部公告 2012年 第39号）。《国家先进污染防治示范技术名录》所列的新技术、新工艺在技术方法上具有创新性，技术指标具有先进性，已基本达到实际工程应用水平。《国家鼓励发展的环境保护技术目录》所列的技术是已经工程实践证明的成熟技术。

7月7日 国家能源局印发《太阳能发电发展“十二五”规划》（国能新能〔2012〕194号 ）。发展总目标是：通过市场竞争机制和规模化发展促进成本持续降低，提高经济性上的竞争力，尽早实现太阳能发电用户侧“平价上网”。加快推进技术进步，形成我国太阳能发电产业的技术体系，提高国际市场持续竞争力。建立适应太阳能发电发展的管理体制和政策体系，为太阳能发电发展提供良好的体制和政策环境。到2015 年底，太阳能发电装机容量达到2100 万千瓦以上，年发电量达到250 亿千瓦时。

7月9日 住房和城乡建设部、国家发展和改革委、财政部印发《关于做好2012年中国城市无车日活动有关工作的通知》（建城〔2012〕102号），对无车日活动做了具体部署，正式启动了今年的“以关爱城市•绿色出行”为主题的无车日活动相关工作。

7月9日 国务院印发《“十二五”国家战略性新兴产业发展规划》（（国发〔2012〕28号 ）。《规划》提出，重点发展方向和主要任务包括、高效节能产业、先进环保产业、资源循环利用产业、轨道交通装备产业、智能制造装备产业、核电技术产业、风能产业、太阳能产业、生物质能产业、新能源汽车产业。实施重大节能技术与装备产业化工程、重大环保技术装备及产品产业化示范工程、重要资源循环利用工程、先进轨道交通装备及关键部件工程、新能源集成应用工程、新能源汽车工程。

7月10日 科技部、环境保护部印发《蓝天科技工程“十二五”专项规划》（国科发计〔2012〕719号）。规划总体目标是：以改善空气质量和保障公众健康为核心，大幅提升大气环境保护自主创新能力，基本形成适合国情的涵盖大气环境科学理论、污染控制技术、监测预警技术、决策支撑技术的大气污染防治技术创新体系，基本建成蓝天科技创新人才培养与技术成果转化服务体系。

7月11日 温家宝总理主持召开国务院常务会议讨论通过《节能减排“十二五”规划》，要求形成加快转变经济发展方式的倒逼机制，建立健全有效的激励和约束机制，大幅度提高能源利用效率，显著减少污染物排放，确保到

2015年实现单位国内生产总值能耗比2010年下降16%，化学需氧量、二氧化硫排放总量减少8%，氨氮、氮氧化物排放总量减少10%的约束性目标。

7月11日 国家发展和改革委办公厅发出《关于印发万家企业节能目标责任考核实施方案的通知》，明确把各地区组织开展万家企业节能目标责任考核情况纳入对省级人民政府节能目标责任评价考核内容。

7月11日 工业和信息化部印发《关于进一步加强工业节能工作的意见》（工信部节[2012]339号），要求各级工业主管部门必须充分利用当前高耗能产品市场需求放缓、高耗能行业能耗增幅下降的有利时机，进一步增强使命感和责任感，切实加大工作力度，坚决采取有效措施，从根本上扭转工业能源消耗高、增长快的被动局面，促进工业转型升级和绿色发展；进一步加强高耗能和产能过剩行业新建项目管理；加快建立和实施超能耗限额企业惩罚性电价政策；加强节能减排技术改造；强化重点用能企业节能管理；实施更加严格的能效标准；加强节能降耗监督检查；加快建设工业园区能源集中供应设施；积极支持工业企业余热余压发电上网。

7月11日 科技部发布了《关于印发半导体照明科技发展"十二五"专项规划的通知》，制定了半导体照明产业发展的总目标，强调了五项重点任务。提出到2015年：LED照明产业规模达到5000亿元，LED照明产品占通用照明的30%;重点培育20-30家龙头企业，建成20个国家级产业基地和50个“十城万盏”试点示范城市，这表明了政府对LED产业的期待、关注与重视。

7月12～13日 由电动汽车科技发展“十二五”重点专项总体专家组、电动汽车产业技术创新战略联盟、科技日报社共同主办2012’电动汽车科技创新国际论坛在北京召开。科技部副部长曹健林出席论坛并讲话。

7月13日 “2012电动汽车科技创新国际论坛”在北京举行。中外代表围绕电动汽车产业发展的政策环境、标准体系、关键技术、示范推广、基础设施建设等方面展开了广泛深入的交流，共同探讨了电动汽车产业目前存在的问题以及发展前景。国家科技部副部长曹健林称，未来5年，我国电动汽车产业将重点做好突破核心技术、加强示范推广与深化国际交流三个方面的工作。

7月16日 国家能源局印发《可再生能源发展“十二五”规划》。发展总体目标：到2015年，可再生能源年利用量达到4.78亿吨标准煤，其中商品化可再生能源年利用量达到4亿吨标准煤，在能源消费中的比重达到9.5%以上。各类可再生能源的发展指标是：到2015年，水电装机容量达到2.9亿千瓦，其中常规水电2.6亿千瓦，抽水蓄能电站3000万千瓦；累计并网运行风电达到1亿千瓦，其中海上风电500万千瓦；太阳能发电达到2100万千瓦，太阳能热利用累计集热面积4亿平方米；生物质能年利用量5000万吨标准煤；各类地热能开发利用总量达到1500万吨标准煤，各类海洋能电站5万千瓦。

7月18日 国内首批22辆太阳能光伏发电新能源客车在黑龙江龙华汽车有限公司下线。

7月18～20日 “十一五”国家863计划重点项目“MW级并网光伏电站系统”中“高倍MW级聚光型（CPV）并网电站及关键设备研制”和“西藏高原MW级和高压电网并网的荒漠集中光伏示范电站及关键设备研制”两个课题通过科技部组织的验收。“MW级并网光伏电站系统”重点项目旨在攻克我国MW级并网光伏系统的关键技术，开发具有自主知识产权的光伏发电关键技术和成套模块化设备，设计并建成高压并网、低压并网、聚光发电三种不同形式的MW级并网光伏电站系统，为我国光伏产业发展提供有力的技术支撑。“高倍MW级聚光型（CPV）并网电站及关键设备研制”课题针对我国CPV光伏发电技术及国外实践，提出并设计了玻璃基硅胶复眼式聚光器，研制了玻璃基电路板、聚光型太阳电池组件及自适应太阳跟踪系统，并建成多个光伏示范工程。

7月19日 “十一五”国家科技支撑计划“清洁生产与循环经济关键技术开发与应用”重大项目通过科技部组织的验收。项目对我国当前突出的资源、能源和环境问题，重点突破了20多项重污染行业清洁生产工艺集成技术、固体废物资源化关键技术以及循环经济集成技术与亘大装备，开展了6个典型的城市和园区的综合示范，研究制定了促进循环经济发展的标准、政策等支撑保障体系，形成重点行业和区域的循环经济发展技术模式，取得的主要科技成果包括：开发了铬盐清洁生产关键技术与新工艺，实现资源转化率接近100%；开发了氧化铝和氧化钛清洁生产关键技术与工艺，实现资源总体利用率提高10%；突破稀土清洁生产关键技术，使稀土钸和伴生资源氟、钍回收率大于90%；开发了硫化锌清洁冶炼新工艺，固体排放物减量50%；开发的碳酸二甲酯绿色生产关键技术与工业示范装置，单程收率大于70%；突破皮革清洁生产关键技术及构建绿色产业链，实现综合经济效益提高20%～25%；开发了苎麻清洁生产工艺集成技术，苎麻废物综合利用率大于85%；开发了再生纤维素清洁生产关键技术与工艺，能耗降低40%以上；开发了废轮胎1万吨/年热解反应炉，实现废轮胎资源接近100%利用；开发纸铝塑废弃包装材料回收再生新工艺，材料回收率超过90%。通过重点行业清洁生产工艺和典型废物资源化关键技术的突破，带动了产业结构调整与产业技术升级。通过构建农药、精细化工、酒精化工以及大型钢铁联合企业为代表的园区工业共生耦合网络，开发了不同循环经济工业园区构建技术系统和模式，提升了企业群和园区的节能减排能力。通过构建苏州、青岛2个城市层面循环经济共性技术体系与应用示范，对单位GDP能耗和污染物排放总量优于“十一五”国家目标水平做出了贡献，提高了城市的物质代谢效率。通过研发典型产品的生态设计方法和评价指标体系，完成了多种建材、化工产品的生态评价，研制了清洁生产与循环经济相关的技术标准和政策，为我国制定循环经济发展相关政策和法规提供了重要支撑。

项目组经过5年的努力进行了清洁生产与循环经济关键技术的系统研究和联合攻关，开发了多项具有自主知识产权的核心技术或重大装备，完成重大示范工程12项，建成中试线160项，申请国内专利331项，其中122项获授权；申请国外专利6项，其中3 项获授权；完成新产品、新装置、计算机软件等 86 项；起草国家标准35项，行业标准31项；发表科技论文788篇，出版科技著作24部；科技成果获得省部级和行业协会二等奖以上12项。

项目研究成果形成了适合我国国情、涵盖多层面循环经济集成技术体系，并进行了综合系统创新示范，具有重大推广应用价值，为促进我国循环经济发展和转变经济发展方式提供了有力的科技支撑，对解决国家重要领域节能减排与循环经济发展的实际需求做出了重要贡献。

7月21日 全国林业厅局长会议把生态和民生作为林业的一体两翼，坚持以人为本、统筹兼顾、全面协调可持续发展。

7月23日 我国首个区域级碳盘查标准“湖南省地方标准《区域温室气体排放计算方法》”通过专家评审，填补了国内区域温室气体排放计算标准的空白。

7月24日 国家能源局印发《生物质能发展“十二五”规划》。《规划》提出，到2015年，生物质能年利用量超过5000万吨标准煤。其中，生物质发电装机容量1300万千瓦、年发电量约780亿千瓦时，生物质年供气220亿立方米，生物质成型燃料1000万吨，生物液体燃料500万吨。到“十二五”末，生物质能产业将新增投资1400亿元，生物质能产业年销售收入可达到1000亿元，生物质能产业将初具规模，成为带动农村经济发展的新型产业。

7月25日 由中华家庭低碳环保公益活动是由中国关心下一代工作委员会、全国人大环资委、环保部宣教中心、全国妇联等部门共同主办的“中华家庭低碳环保行”公益活动在北京启动，于2012年和2013年在北京、天津、石家庄等十城市开展低碳环保教育示范活动。顾秀莲出席仪式并讲话。该活动通过大力倡导家庭低碳生活，充分交流家庭节能减排的有益经验，不断提高家庭成员的环境意识，对少年儿童进行环境资源教育。

7月27～28日 由全国政协人口资源环境委员会、科学技术部、环境保护部、住房和城乡建设部、北京大学和贵州省人民政府共同主办的2012生态文明贵阳会议召开。环境保护部部长周生贤出席并作《生态文明建设与可持续发展》主旨发言。

7月27日 中国船舶重工集团公司自主研制的5兆瓦海上风电机组样机在重庆海装风电总装生产基地成功下线，结束了此前我国主要依赖引进技术的历史。该机组是目前同类机型中“风轮直径最大、机头重量最轻、发电量最高”的机组。下线后将运往江苏如东黄海风场安装，于年内实现并网发电。

7月28日 以“森林碳汇与低碳城市”为主题的“森林碳汇论坛”在贵州省贵阳市举行。

7月30日 国务院总理温家宝主持召开国务院常务会议，鼓励民间投资加快推广国内外先进节能、节水、节材技术和工艺，提高能源资源利用效率，提高成熟适用清洁生产技术普及率。

7月31日 上海市发布《上海市人民政府关于本市开展碳排放交易试点工作的实施意见》，将依托上海环境能源交易所，建立上海市碳排放交易平台，建设交易系统，组织开展交易。此次纳入上海碳排放交易试点的行业，包括钢铁、石化、化工、有色、电力、建材、纺织、造纸、橡胶、化纤等工业行业，以及航空、港口、机场、铁路、商业、宾馆、金融等非工业行业。

7月31日 工业和信息化部印发《轮胎翻新行业准入条件》和《废轮胎综合利用行业准入条件》。

7月31日 由国家发展和改革委应对气候变化司主办的“里约峰会后的气候变化”研讨会在北京举行。会议交流了对气候变化演变历程和未来国际合作的回顾与展望和对中国应对气候变化工作的建议。

7月 “十一五”国家863计划重点项目“低成本高效太阳能户用光伏电源关键技术研发”中“跟踪式高效太阳能户用集成电源系统研究与开发”和“系列化便携式户用太阳光伏电源关键技术的研究与开发”两个课题通过科技部组织的验收。课题“跟踪式高效太阳能户用集成电源系统研究与开发”开发了适用于户用光伏的高效凸轮跟踪装置，研制了5个系列的跟踪式太阳能户用电源系统，提出了跟踪式户用光伏发电系统在不同应用方式下的集成方案，相关成果已在国内多个地区和马来西亚进行了应用。

8月

8月3日 陕西省举行首次化学需氧量和氨氮排污权竞买交易会，9家企业经环保部门审核后参加交易。这标志着陕西省在全国率先将4项主要污染物全部纳入排污权有偿使用及交易。

8月3日 环境保护部在京召开2012年上半年主要污染物总量减排核查核算视频会议。环境保护部副部长张力军部署2012年上半年主要污染物总量减排核查核算工作。

8月5日 财政部、民航局印发《民航节能减排专项资金管理暂行办法》。

8月6日 国务院印发《节能减排“十二五”规划》（国发〔2012〕40号）。《规划》确定节能减排“十二五”总体目标：到2015年，全国万元国内生产总值能耗下降到0.869吨标准煤（按2005年价格计算），比2010年的1.034吨标准煤下降16%（比2005年的1.276吨标准煤下降32%）。“十二五”期间，实现节约能源6.7亿吨标准煤。2015年，全国化学需氧量和二氧化硫排放总量分别控制在2347.6万吨、2086.4万吨，比2010年的2551.7万吨、2267.8万吨各减少8%，分别新增削减能力601万吨、654万吨；全国氨氮和氮氧化物排放总量分别控制在238万吨、2046.2万吨，比2010年的264.4万吨、2273.6万吨各减少10%，分别新增削减能力69万吨、794万吨。《规划》提出了节能改造、节能产品惠民、合同能源管理推广、节能技术产业化示范、城镇生活污水处理设施建设、重点流域水污染防治、脱硫脱硝、规模化畜禽养殖污染防治、循环经济示范推广、节能减排能力建设等十大重点工程和保障措施。

8月6日 由国家林业局主办的“林业应对气候变化南南合作国际研讨班”在北京开班。来自18个国家及驻华使馆等近60名代表参加了“林业应对气候变化南南合作国际研讨班”开班仪式。

8月6日 由中国国家发展和改革委、中国商务部、驻日本使馆与日本经济产业省、日中经济协会共同举办的“第七届中日节能环保综合论坛”在日本东京举行。中国国家发展和改革委主任张平、中国商务部国际贸易谈判代表兼副部长高虎城、驻日本大使程永华，日本经济产业省大臣枝野幸男、环境省大臣细野豪志、日中经济协会会长张富士夫等出席论坛并分别发表演讲。论坛期间，张平主任和枝野幸男大臣举行了双边会谈。双方交换了47个节能环保签约项目的文本。

8月6日 环境保护部印发《综合类生态工业园区标准》（HJ274-2009）修改方案。

8月6日 国家能源局在北京召开可再生能源发展“十二五”规划实施工作座谈会。

8月6日 财政部、科技部、工业和信息化部、国家发展和改革委发出《关于扩大混合动力城市公交客车示范推广范围有关工作的通知》（财建[2012]633号）。经国务院批准，四部委决定，将混合动力公交客车（包括插电式混合动力客车）推广范围从目前的25个节能与新能源汽车示范推广城市扩大到全国所有城市。推广目标为3000～5000辆。

8月9日 北京延庆八达岭太阳能热发电实验电站经过六年的艰苦努力，首次太阳能热发电实验在系统贯通后获得成功。电站建成后，每年的发电量将达到270万度，相当于1100余吨标准煤产生的电量，可减排二氧化碳2300余吨、二氧化硫21吨、氮氧化合物35吨。标志着我国成为继美国、德国、西班牙之后，世界上第四个掌握集成大型太阳能热发电站有关技术的国家。通过863计划等项目的实施，在延庆基地建成了占地300亩的国际一流大型太阳能热发电技术研发基地和一批重要科学实验平台，为我国太阳能热发电技术的发展奠定了坚实的基础。

8月10日 中科院合肥物质研究院宣布，中国新一代“人造太阳”实验装置EAST顺利结束2012年度物理实验，创造了两项托克马克运行的世界纪录：获得超过400秒的两千万度高参数偏滤器等离子体；获得稳定重复超过30秒的高约束等离子体放电。这分别是国际上最长时间的高温偏滤器等离子体放电、最长时间的高约束等离子体放电，标志着中国在稳态高约束等离子体研究方面走在国际前列。为未来国际热核聚变实验堆提供了一条高效实现高约束放电的新途径。

8月10日 全球首台采用超级电容储存电能为主动力能源的“储能式电力牵引轻轨车辆”原型车在湖南株洲下线。该型储能式电力牵引轻轨车辆利用乘客上下车的时间，在站台30秒内快速完成充电，一次充电能连续行驶2公里。

8月10日 我国首个区域级碳盘查标准“湖南省地方标准《区域温室气体排放计算方法》”通过专家评审。

8月11～12日 由国家发展和改革委应对气候变化司和联合国环境规划署共同执行的全球环境基金“增强对脆弱发展中国家气候适应力的能力、知识和技术支持”项目启动会在京举行。本项目为期4年，获得全球环境基金气候变化特别基金赠款500万美元，是我国利用国际资金开展的第一个适应气候变化南南合作项目，将重点在最不发达国家、小岛屿国家和非洲国家开展知识共享、技术转让和能力建设活动，帮助发展中国家提高适应气候变化的能力。

8月13日 国务院总理温家宝对我国并网风电装机总量跃居世界第一和国家电网公司促进风电等新能源发展工作作出批示；李克强、张德江副总理等领导也分别作出批示。

8月14日 国家能源局下发《国家能源局关于申报新能源示范城市和产业园区的通知》，正式启动新能源示范城的申报。根据《通知》，明确了新能源示范城市申报的条件和建设的目标，即新能源占一次能源消费总量的比重由2010年的3%提高到2015年的6%以上。

8月14日 “十二五”国家科技支撑计划“机电产品节能与示范”项目在京启动。本项目围绕量大面广的船用柴油机、机床、冰箱、空调等产品，以及航空航天大型薄壁结构件、汽车发动机活塞等典型生产工艺开展节能技术研究与应用示范，以提高我国机电产品节能化水平。

8月14日 国家发展和改革委办公厅发出《关于进一步加强万家企业能源利用状况报告工作的通知》（发改办环资[2012]2251号），要求万家企业要于每年3月31日前将上一年度的能源利用状况报告报送当地节能主管部门。

8月15日 国家电网公司宣布，我国已取代美国成为世界第一风电大国。到2012年6月，我国并网风电达到5258万千瓦，已超过美国跃居世界第一。国家电网调度范围达到5026万千瓦，成为全球并网风电规模最大、发展最快的电网。

8月16日 国家能源局召开光伏产业发展座谈会，交流当前国内光伏产业发展形势，研究我国光伏产业发展的主要问题，讨论扩大国内光伏应用市场和应对光伏制造企业经营困难的途径和对策。

8月16日 工业和信息化部产业政策司在济南组织召开了山东、江苏、浙江、安徽等15省（区、市）淘汰落后产能工作经验交流会。部总工程师朱宏任出席会议并讲话，会议部署了下一步重点工作。

8月16日 由常州地区百家企业参加的全国首家节能俱乐部正式成立。成员单位按行业分，机械30家、化工18家、冶金17家、纺织10家、电子9家、建材和热电各8家。

8月16日 上海市碳排放交易试点工作正式启动，200家企业被纳入试点范围。这是继今年3月28日北京市启动碳排放权交易试点后，第二个启动试点工作的省市。

8月16日 中国商用飞机有限责任公司与美国波音公司在北京昌平正式启动总投资为25亿元的航空节能减排技术中心。其首个研究项目为探索使用废弃食用油（国内俗称为地沟油）提炼航空生物燃料。

8月21日 住房城乡建设部召开2012年北方采暖地区供热计量改革工作电视电话会议。会议指出，2011年，北方采暖地区新建建筑安装分户供热计量装置的比例达到72%，既有居住建筑供热计量及节能改造完成面积1.32亿平方米，累计实现供热计量收费5.36亿平方米，供热计量收费工作稳步推进。会议要求，各地要进一步创新机制，强化措施，细化政策，从5个方面扎实推进供热计量收费工作。

8月21日 财政部、住房和城乡建设部发出《关于完善可再生能源建筑应用政策及调整资金分配管理方式的通知》（财建[2012]604号）。一是稳定可再生能源建筑应用示范市县政策，更好地发挥示范带动作；二是大力推进集中连片推广，更好地发挥政策整体效应；三是支持可再生能源建筑应用省级推广，加快规模化推广进程。

8月21日 深圳国际低碳城核心区项目启动，正式拉开总规划面积约57平方公里的深圳国际低碳城开发建设的序幕。作为中欧可持续城镇化合作项目，深圳国际低碳城将建设成为全球标杆性低碳发展综合示范区。示范区集成先进的“低碳规划”与“绿色建筑”技术，形成“一核四区”的“项目群落”布局。

8月21日 国务院办公厅发出《关于印发国家环境保护“十二五”规划重点工作部门分工方案的通知》（国办函〔2012〕147号），要求各部门要认真贯彻落实《国务院关于印发国家环境保护“十二五”规划的通知》（国发〔2011〕42号）精神，把环境保护摆在更加重要的位置，加强领导，明确责任，各司其职，抓出成效。

8月22日 主题为“迈向绿色经济—全球可持续发展框架下的商业变革”的“第三届全球绿色经济财富论坛”在京举行，全国政协副主席张梅颖致开幕词。在论坛上，中国绿色碳汇基金会和北京第二外国语学院附属中学联合发布了全国第一本有关气候变化的中学校本课程教材《林业碳汇与气候变化》。

8月26～27日 国务院在山西省朔州市召开三北四期工程总结表彰暨五期工程启动大会。国务院副总理回良玉在会上强调，要深刻认识三北防护林体系建设的重要性和艰巨性，大力保护和扩大林草植被，努力走出一条生产发展、生活富裕、生态良好的文明发展道路。三北防护林工程30多年来，累计造林保存面积2647万公顷，10年来森林覆盖率的提高量和活立木蓄积的增长量都大大超过之前23年的总和，以黄土高原为主的水土流失危害得到有效控制，成功实现了由“沙进人退”向“人进沙退”的历史性转变。

8月31日～9月2日 “2012中国汽车产业发展（泰达）国际论坛”在天津滨海新区举行，工业和信息化部副部长苏波作题为“以转型促发展，加快建设汽车强国”的主题演讲。

8月 高倍聚光光伏发电技术集成示范项目在阿左旗腾格里沙漠天鹅湖旅游区正式建成并开始发电运行，首期新建的10.8千瓦高倍聚光光伏发电组在阿左旗沙漠和荒漠地区开展高倍聚光光伏发电技术的集成示范。工程计划装机容量150千瓦，工程设计运行期限为20年，总投资558万元。

9月

9月1日 以碳市场与低碳发展为主题的第三届“地坛论坛”举行。国家发展和改革委副主任解振华在致辞中指出,碳市场建设是项长期而艰巨的任务，需要把碳市场的建设与实现节能减排目标相结合，科学合理地分配碳排放配额，逐步培育和完善碳市场，并做好相关的支撑能力建设。

9月4日 全国政协副主席、科技部部长万钢考察国家风光储输示范工程。该工程为国家“金太阳”工程重点项目，采用了世界首创的建设思路和技术路线，建成了国内首个智能网源友好型电厂、国内容量最大的功率调节型光伏电站、世界上规模最大的多类型化学储能电站，实现了风电、光电由不稳定电力向安全、可靠、优质绿色能源的转变。

9月5日 住房和城乡建设部、发展改革委、财政部印发《关于加强城市步行和自行车交通系统建设的指导意见》（建城[2012]133号）。发展目标：大城市、特大城市发展步行和自行车交通，重点是解决中短距离出行和与公共交通的接驳换乘；中小城市要将步行和自行车交通作为主要交通方式予以重点发展。到2015年，城市步行和自行车出行环境明显改善，步行和自行车出行分担率逐步提高。

9月6日 欧盟公开对华光伏企业反倾销立案决定。此次反倾销调查申请范围涵盖来自中国的全部太阳能产品，总量近万亿人民币，接近于2011年中国从欧盟进口汽车整车的总额。欧盟反倾销一旦成立，不仅中国光伏企业将失去超200亿美元的出口额，而且会造成超过3500亿人民币的产值损失。

9月6日 工业和信息化部在合肥市召开的“第六届中国（合肥）国际家用电器博览会”上为“能效之星”标志揭幕。同日，工业和信息化部发布了《“能效之星”产品目录（2012年）》，对列入《目录》的5大类节能家电18种类型的75个型号产品授予“能效之星”称号。

9月初 经国务院批准，财政部、国家发展和改革委、工信部决定在消费品领域新增高效节能台式计算机和高效节能单元式空调，在工业品领域新增风机、水泵、压缩机、变压器4类节能产品，这6类节能产品被纳入推广范围，推广政策执行期暂定为一年。

9月11日 广东省碳排放权交易试点启动，广州碳排放权交易所揭牌。广东省省长朱小丹出席仪式并宣布广东省碳排放权交易试点启动。国家发展和改革委副主任解振华为广东省碳排放权一级市场正式启动鸣锣。广东将力争在2013年启动省级碳排放权交易机制，建立国内首批碳交易区域市场。

9月12日 国家电网印发《太阳能发电发展“十二五”规划》。《规划》提出，到2015年底，我国太阳能发电装机容量达到2100万千瓦以上，这意味着未来3年我国光伏发电装机容量有望扩大6倍以上。

9月11日和9月13日 由农业部科技教育司主办的全国农村妇女沼气使用知识竞赛分别在呼和浩特和武汉举行。此次全国农村妇女沼气使用知识竞赛共有28支代表队84名选手参加了分区决赛，参与选拔的农村妇女达1.2万人。2003年以来，中央累计投资314亿元，支持建设户用沼气池1730多万户、小型沼气工程2.4万处和大中型沼气工程近3700处，建成乡村服务网点近9万个、县级服务站800多个，服务沼气用户3000万户左右，覆盖率达到75%。截止到2011年底，全国沼气用户达到4000多万户，占适宜农户数的34%，受益人口达1.5亿人。

9月13日 集产学研一体化的太阳能综合应用科技工业园在山东力诺集团建成。园区现已实现15.8MW的太阳能光电综合应用规模，年均上网电量1888.1万度，每年可节省标煤6458吨，减排二氧化碳约15800吨，减排灰渣约4740吨，减排二氧化硫约474吨。

9月14日 国家能源局印发《关于申报分布式光伏发电规模化应用示范区的通知 》（国能新能〔2012〕298号），分布式光伏发电规模化应用示范区工作启动。

9月14日 科技部在北京组织召开“十一五”863计划节能与新能源汽车重大项目验收会。科技部部长万钢出席。通过5年国家科技计划引领，攻克了一大批节能与新能源汽车关键技术，已有各类新能源汽车350余款进入国家汽车公告目录，在25个示范城市有超过1.9万辆自主研发的电动汽车产品产业化推广；突破了一批代用燃料汽车关键技术，带动形成国内140万辆天然气汽车保有规模；成功开展了集中化、高强度、大规模的电动汽车示范运行，取得了良好的国际影响；制定电动汽车国家和行业标准59项，基本满足电动汽车科技研发和产业化需求；建成15个国家重点实验室和工程技术研究中心，形成电动汽车研发平台48个；项目成果获得国家科技进步二等奖10项，省部级科技进步一等奖22项；累计申请专利2011项，其中，发明专利1015项。

“十一五”期间，该项目按照“三纵三横”的研发布局，在节能与新能源汽车关键零部件、动力系统、整车集成、测试平台、示范推广以及标准政策研究等方面安排课题270项，以整车集成为载体、动力系统为核心，重点突破关键零部件瓶颈技术，支撑产业化示范推广，总投入75亿，国内整车及零部件企业、研究机构、大学院校等432家单位1.46万科技人员参与研发工作，构建了我国电动汽车产学研联合研发创新体系。

9月16日 由山西省、商务部、科技部、能源局主办的主题为“转型跨越、创新驱动、绿色发展”的“中国（太原）国际能源产业博览会暨高峰论坛”在太原举行。中共中央政治局常委、国务院副总理李克强致贺信，全国人大常委会副委员长华建敏宣布博览会开幕。高峰论坛对能源产业发展趋势和面临的形势、新能源产业发展策略、能源

产业和能源基地绿色发展进行了广泛交流和深入研讨。

9月17日 国务院副总理李克强在中南海会见联合国气候变化多哈会议主席阿卜杜拉•阿提亚时说，气候变化需要国际社会携手合作应对。各国应在促进世界经济复苏的过程中，加快结构调整，推动节能环保和发展低碳经济，同时，要坚持联合国气候变化框架公约的原则和规定，特别是公平原则和“共同但有区别的责任”原则，充分考虑发展中国家所处发展阶段和未来发展空间，优先落实已达成的共识。

9月17日 “省级气候变化立法研究—以江苏省为例”项目启动会在北京召开。继青海、山西之后，作为东部沿海省份的江苏开展省级应对气候变化立法工作,对于推动中国应对气候变化立法进程具有重要意义。

9月19日 国务院总理温家宝主持召开国务院常务会议，听取退耕还林工作汇报，讨论通过《京津风沙源治理二期工程规划（2013—2022年）》。为普及气候变化知识，宣传低碳发展理念和政策，鼓励公众参与，推动落实控制温室气体排放任务，会议决定自2013年起，将每年 6 月全国节能宣传周的第三天设立为“全国低碳日”，普及气候变化知识，宣传低碳发展理念和政策，鼓励公众参与，推动落实控制温室气体排放任务。

9月21日 “2012中国西部国际太阳能风能高峰论坛暨中国清洁能源并网峰会”在兰州举行。

9月21～22日 由国家发展和改革委、住房和城乡建设部、天津市、中国国际经济交流中心共同主办的“第三届中国（天津滨海）国际生态论坛暨博览会”举行。国家发展和改革委副秘书长赵家荣作题为《推进绿色低碳发展，提高城市生态文明水平》的主旨发言。11个国际国内生态城市在展会上交流了经验，138家国内外知名企业参展。

9月22日 “2012年度的中国城市无车日”。全国共有149个城市开展无车日活动.

9月22 日 工业和信息化部公布《2012年工业行业淘汰落后产能企业名单（第二批）》，其中涉及炼铁、炼钢、水泥（熟料和磨机）、平板玻璃、造纸等15个领域的182家公司。

9月25日 东北首座核电站红沿河核电站将于2012年底并网发电，为辽宁省清洁、稳定、安全的电力供应目标增添更坚强的保障。红沿河核电站位于辽宁省大连瓦房店地区，是中国“十一五”期间首个批准开工建设的核电项目，也是东北地区第一个核电厂和最大的能源建设项目。6台机组全部投产后，与同等功率的火电站相比，每年可节约燃煤1800万吨，减排二氧化碳4400万吨。

9月25日 由中石化主导的全国首个页岩油气产能建设项目——梁平页岩油气勘探开发及产能建设示范区8个钻井平台在重庆市梁平县全面开钻。预计到2015年可年产页岩气3万～5万立方米。重庆市的页岩气资源潜力为12.75亿立方米，占全国的9.49%；可采资源潜力为2.05亿立方米，占全国的8.17%，两项指标仅次于四川和新疆。

9月26日 由国务院机关事务管理局、国家发展和改革委和财政部联合召开的节约型公共机构示范单位创建工作会议在，并举行中央国家机关新能源电动公务用车试点示范工作启动仪式。根据部署，2012年至2013年，中央、省、市、县四级要创建约1000家管理科学精细、资源利用高效、崇尚勤俭节约、践行绿色低碳的节约型公共机构示范单位。

9月27日 商务部流通发展司在辽宁省大连市召开废旧商品回收利用宣传暨流通领域节能减排工作座谈会。会议就做好废旧商品回收利用宣传及流通领域节能减排工作进行了部署。

9月27日 我国严寒和寒冷地区绿色建筑联盟成立。住房城乡建设部副部长仇保兴出席成立大会暨第一届绿色建筑技术论坛，并作题为《北方地区绿色建筑行动纲要》的主旨演讲。

9月28日 由中国科学院电工研究所牵头承担的“十一五”国家863计划重点项目“MW级并网光伏电站系统”通过科技部组织的验收。通过项目的实施，使我国掌握了3种不同类型的MW级并网光伏电站系统集成技术，具备了关键设备的研发与生产能力，为推动我国光伏发电的规模化应用提供了有力的技术支撑。

9月28日 《山西省气候资源开发利用和保护条例》获省十一届人大常委会第三十一次会议表决通过，12月1日起施行。

9月 根据《万家企业节能低碳行动实施方案》要求，国家发展和改革委环资司组织开展了万家企业节能低碳行动培训工作。分别在四川成都、吉林长春、江苏南京成功举办了三期万家企业节能低碳行动教师培训班，对全国31个省（自治区、直辖市）和新疆建设兵团负责万家企业节能的工作人员及其选派的省级教师350余人进行了集中培训。

9月 国家发展和改革委批准设立陕西延长石油延安国家级陆相页岩气示范区。标志着首个页岩气勘探开发的国家级示范区成立。国家批复的示范区面积4000平方公里，“十二五”期间规划探明地质储量1500亿立方米以上，建成产能5亿立方米以上。

9月 中国石油化工股份有限公司和空中客车公司跨行业合作，共同推动环保型航空燃料（即航空生物燃料）在我国的生产和应用，并首次在我国建立完整的航空生物燃料生产体系。

10月

10月8日 由哈尔滨电气集团生产的世界首台AP1000三代125万千瓦等级核电汽轮机的最后一套低压内缸在秦皇岛重装基地顺利装船启运发往三门核电站，标志着哈电集团哈尔滨汽轮机厂有限责任公司制造的三门1号汽轮机组主设备全部制造完成。

10月8日 由山东龙力生物公司生产的首批2500吨燃料乙醇交付中石化和中石油的山东分公司销售，标志着往汽油里添加的燃料乙醇生产技术已在我国实现重大突破。

10月8日～9日 中国国家能源局副局长刘琦出席在哥本哈根召开的“全球绿色增长论坛（3GF）”，介绍了我国绿色增长、能源转型和可再生能源发展，并对进一步加强全球合作、推动可再生能源发展、实现绿色增长提出三点意见。

10月9日 财政部、国家发展和改革委、工业和信息化部发出《关于认真做好节能家电推广工作的通知 》（财建[2012]779 号）。经国务院批准，自今年6月份起，财政部、国家发展和改革委、工业和信息化部启动了高效节能平板电视、空调、冰箱、洗衣机、热水器5大类家电的推广工作。

10月10日 国务院总理温家宝主持召开常务会议，研究部署在城市优先发展公共交通。会议提出，必须树立公共交通优先发展理念，将公共交通放在城市交通发展的首要位置。要按照“方便群众、综合衔接、绿色发展、因地制宜”的原则，加快构建以公共交通为主，由轨道交通网络、公共汽车、有轨电车等组成的城市机动化出行系统，同时改善步行、自行车出行条件。会议确定了优先发展公共交通的八项重点任务。

10月10日 亚洲最大的垃圾填埋气发电项目在上海老港正式并网，满负荷生产后每年可向上海电网输送“绿色电力”约1.1亿千瓦时，解决约10万户居民的日常用电。

10月14日 国家发展和改革委印发《天然气利用政策》，鼓励、引导和规范天然气下游利用领域。市场目标是：优化能源结构、发展低碳经济、促进节能减排、提高人民生活质量，统筹国内外两种资源、两个市场，提高天然气在一次能源消费结构中的比重，优化天然气消费结构，提高利用效率，促进节约使用。

10月17日 世界单机容量最大水轮机组向家坝水电站右岸电站进入有水调试、试运行阶段。这台完全由我国自主制造的80万千瓦巨型机组。

10月17日 由国家发展和改革委、商务部、海关总署、国家工商总局、国家质检总局、国务院机关事务管理局联合主办的“告别白炽灯泡 点亮绿色生活”政府在行动主题宣传活动在中国工程院举行。解振华、罗黛琳、周济出席等出席。“告别白炽灯泡 点亮绿色生活”系列宣传活动，包括政府在行动、城市在行动、农村在行动、流通领域在行动、微博接力以及网站招贴画宣传等六部分内容。活动自2012年9月份启动以来，已经陆续在全国各地开展。

10月17日 国家发展和改革委副主任解振华等考察中国工程院节能科技楼，听取了中国工程院关于节能科技楼建设情况的汇报，实地察看了楼宇节能管理系统、能量梯级利用、餐厨垃圾处理利用、太阳能光伏发电、太阳能光热利用、雨水收集利用、中水利用等。中国工程院节能科技楼以系统集成的方式，综合运用各种节能技术，取得了良好的节能效果。如果这些技术在全国加以推广，对于实现我国节能减排目标将起到重要的作用。

10月18日 国家科技支撑计划“重点行业节能减排技术评估与应用研究”项目通过科技部社会发展司在北京组织的验收。该项目是实施全民节能减排科技专项行动重点任务之一，提出了节能减排技术分类和评估指标体系框架，开发出多属性综合评估、生命周期评价、成本效益分析和专家辅助综合评估等4种定量化评估方法，完成了钢铁等11个重点行业600余项节能减排先进适用技术的筛选与评估，编制了《节能减排先进适用技术目录》、《节能减排先进适用技术指南》、《节能减排先进适用技术应用案例》等指导性材料，为相关行业开展节能减排技术遴选、评估及使用提供技术支撑和实用案例。在此基础上，项目组开发了工业节能减排技术信息管理平台，该平台包括11个重点行业节能减排先进适用技术数据库、应用企业案例库和行业节能减排专家库，构建了技术初筛系统、辅助评估系统，可实现技术信息管理、技术定量评估、技术比选和统计分析等功能，已实现业务运行，将为工业节能减排技术遴选与评估、信息与服务提供管理系统平台支撑。

10月18日 农业部农业生态与资源保护总站在京成立，农业部副部长张桃林为总站揭牌。目前全国有各级农村能源和农业资源环境保护管理与技术推广机构1.2万个，从业人员近25万人，90%以上的县都建立了专门的机构。

10月20日 中亚天然气管道哈萨克斯坦2号压气站两台机组加载运行，标志着中亚天然气管道A/B线全线每年300亿立方米设计输气能力建设全部完成，日输气能力提升至8900万立方米。

10月21日 三峡枢纽10年发电7600多亿千瓦时，照亮中国半壁河山。 三峡枢纽10年发电7600多亿千瓦时，相当于从源源不断的长江中捞起了约2.5亿吨标准煤。

10月22日 财政部、国家能源局、国家煤矿安全监察局印发《关于支持煤炭行业淘汰落后产能的通知》（财建〔2012〕818号）。“十二五”期间，中央财政将安排专项资金对经济欠发达地区淘汰煤炭落后产能工作给予奖励。

10月24日 主题为“立体绿化治理PM2.5；碳汇建筑使生态低碳宜居城市更美好”的2012年世界屋顶绿化大会在杭州召开。大会研讨了屋顶绿化、墙体绿化、屋顶农业、雨水收集利用等一系列使城市中心区增加绿量、优化环境，特别是治理PM2.5的新技术、新理念，交流行业的新理念、新技术、新政策。

10月24日 国务院总理温家宝主持召开国务院常务会议，讨论通过《能源发展“十二五”规划》，讨论并通过《核电安全规划（2011—2020年）》和《核电中长期发展规划（2011—2020年）》。决定按照“稳妥恢复正常建设，合理把握建设节奏，稳步有序推进，科学布局项目”，重启核电建设。

10月24日 国务院新闻办发布的《中国的能源政策（2012）》白皮书。白皮书明确提出，鼓励民间资本参与能源资源勘探开发、石油和天然气管网建设、电力建设，鼓励民间资本发展煤炭加工转化和炼油产业，继续支持民间资本全面进入新能源和可再生能源产业。加强和规范煤炭勘探开发权管理，逐步取消重点合同煤和市场煤价格双轨制，完善煤炭与煤层气协调发展机制。深化电力体制改革，稳步开展输配分开试点。积极推进电价改革，逐步形成发电和售电价格由市场决定、输配电价由政府制定的价格机制。理顺煤电价格关系。探索建立可再生能源配额交易等制度。成功实施成品油价税费联动改革，运用税收手段合理引导能源消费。不断完善理顺成品油价格形成机制，开展天然气价格形成机制改革试点。完善能源市场体系，发展现货、长期合约、期货等交易形式。

10月25日 国家发展和改革委、国家能源局在江苏连云港组织召开2012年全国天然气工作会议，分析研判天然气发展形势，宣传贯彻《天然气发展“十二五”规划》，部署迎峰度冬供应保障及促进产业健康协调发展各项重点工作。我国天然气产业进入快速发展阶段。目前已累计建成天然气主干管线约5万公里；产量连续多年保持两位数增长，近2亿人享受到了清洁高效能源带来的便利。预计2015年我国天然气消费量为2300亿立方米左右，用气普及率将进一步提高，供应能力将超过2600亿立方米（包括煤层气、页岩气及煤制天然气等非常规天然气和进口天然气）。

10月26～28日 由国家能源局主办的中国国际太阳能峰会暨中国国际太阳能十项全能竞赛（SD）培训在山西大同举办。与会代表们结合我国光伏产业的现状困境和现阶段欧美的贸易壁垒就机制创新、应用前景和国际合作三个方面展开研讨。

10月26日 国家电网举行加强分布式光伏发电并网服务新闻发布会，将对外发布《分布式光伏发电并网管理工作意见》、《分布式光伏发电并网服务工作意见》和《分布式光伏发电接入配电网相关技术规定》，大力支持分布式光伏发电并网，提出未来将对符合条件的分布式光伏项目提供系统方案制订、并网检测、调试等全过程服务，不收取费用，富余电力全额收购，11月1日起正式实施。

10月29日 全国城市公共交通工作会议在深圳市开幕，会议提出全面实施城市公交优先发展战略，强调发展智能绿色公交。

10月29日 国家发展和改革委、财政部决定继续组织实施园区循环化改造示范试点工作。

10月29日 环境保护部、国家发展和改革委、财政部印发《重点区域大气污染防治“十二五”规划》（环发[2012]130号）。规划目标：到2015 年，重点区域二氧化硫、氮氧化物、工业烟粉尘排放量分别下降12%、13%、10%，挥发性有机物污染防治工作全面展开；环境空气质量有所改善，可吸入颗粒物、二氧化硫、二氧化氮、细颗粒物年均浓度分别下降10%、10%、7%、5%，臭氧污染得到初步控制，酸雨污染有所减轻；建立区域大气污染联防联控机制，区域大气环境管理能力明显提高。京津冀、长三角、珠三角区域将细颗粒物纳入考核指标，细颗粒物年均浓度下降6%；其他城市群将其作为预期性指标。

10月30日 农业部召开全国秸秆循环农业现场会。全国已累计建设秸秆固体成型加工点超过100处、年产成型燃料30万吨以上，秸秆沼气集中供气工程150多处，秸秆热解气化站近900处，生物质直燃发电项目40多个、总装机容量约82万千瓦。据测算，秸秆新型能源化开发利用量约640万吨。

10月30日 国家发展和改革委、财政部关于印发《中国清洁发展机制基金赠款项目管理办法》的通知（发改气候[2012]3407号）。

10月30日 《深圳经济特区碳排放管理若干规定》正式实施。这是我国首部规范碳排放权交易的地方法规，使困扰我国碳排放权交易的诸多法律困局得以突破。《规定》明确六项基本制度,包括实行碳排放管控制度、碳排放权交易制度、核查制度和处罚机制，超出排放配额进行碳排放的单位，将由政府主管部门根据违规排放量，以市场均价的3倍进行处罚。

10月30日 中国第一个1.5兆瓦太阳能热发电项目在海南三亚竣工投产。该项目采用华能集团自主研发的菲涅尔式太阳能光热发电技术，是中国首次利用太阳能集热技术产生超过400℃的过热蒸汽。

10月31日 国家高技术研究发展计划（“863”计划）重大项目中国实验快堆工程顺利通过科技部组织的专家验收。实验快堆的建成，标志着我国核能发展“压力堆—快堆—聚变堆”三步走发展战略中的第二步取得了重大突破，也标志着我国在四代核电技术研发方面进入国际先进行列，已成为世界上少数几个拥有快堆技术的国家之一。中国实验快堆项目由中国原子能科学研究院具体承担。原子能院组织国内几百家产、学、研单位参与了研发。

10月 国家发展和改革委应对气候变化司印发《2012中国区域电网基准线排放因子》。

11月

11月1日 财政部、国家能源局发出《关于出台页岩气开发利用补贴政策的通知》（财建[2012]847号），中央财政安排专项资金，支持页岩气开发利用。补贴标准：中央财政对页岩气开采企业给予补贴，2012～2015年的补贴标准为0.4元/立方米，补贴标准将根据页岩气产业发展情况予以调整。

11月 1 日 国家电网公司规定，从即日对适用范围内的分布式光伏发电项目提供系统接入方案制订、并网检测、调试等全过程服务，不收取费用。同时，对分布式光伏发电项目所发的富余电量，国家电网公司将按照有关政策全额收购。

11月5日 面对来自欧美贸易保护主义的层层围堵，中国商务部正式将欧盟光伏补贴歧视性措施诉至WTO。与双反调查不同，多边争端解决机制下的诉讼将直指欧盟政策核心。

11月5日 国家发改委副主任解振华带队赴天津市调研中新天津生态城创建国家绿色发展示范区和北疆发电厂循环经济发展的有关情况。科技部、财政部、环保部、住建部、文化部、商务部和人民银行、税务总局等有关部门负责人和院士专家参加。

11月 5 日 我国自主制造的世界最大水轮机组——单机容量80万千瓦的向家坝水电站 7 号机组正式投入商业运营，这标志着我国第三大水电站向家坝水电站开始投产发电。

11月6日 国家发展和改革委办公厅印发《关于印发资源综合利用“双百工程”示范基地和骨干企业名单（第一批）及有关事项的通知》（发改办环资[2012]3309号），选出50家单位作为首批资源综合利用“双百工程”示范基地和骨干企业。

11月8日 中共中央总书记胡锦涛在中国共产党第十八次全国代表大会上的报告中，把大力推进生态文明建设纳入社会主义现代化建设总体布局。《报告》提出，建设生态文明，是关系人民福祉、关乎民族未来的长远大计。坚持节约资源和保护环境的基本国策，坚持节约优先、保护优先、自然恢复为主的方针，着力推进绿色发展、循环发展、低碳发展，形成节约资源和保护环境的空间格局、产业结构、生产方式、生活方式，从源头上扭转生态环境恶化趋势，为人民创造良好生产生活环境，为全球生态安全作出贡献。《报告》还强调，要坚持共同但有区别的责任原则、公平原则、各自能力原则，同国际社会一道积极应对全球气候变化。

11月8日 美国对中国光伏产品“双反”终裁落地，美方将针对中国相关生产和出口企业征收介于18.32%至249.96%的反倾销关税，以及介于14.78%至15.97%的反补贴关税。

11月10日 由电监会主办的“绿色电力创新国际论坛”在广州举行。论坛的主题是，分享绿色电力政策机制及技术创新经验，探讨绿色电力发展面临的机遇与挑战。

11月10日 国家发展和改革委员会同财政部、税务总局在广州市召开合同能源管理政策宣贯暨经验交流会。

11月11日 当选中共中央总书记的习近平在党的十八届一中全会上讲话强调，我们要继续推进生态文明建设，坚持节约资源和保护环境的基本国策，把生态文明建设放到现代化建设全局的突出地位，把生态文明理念深刻融入经济建设、政治建设、文化建设、社会建设各方面和全过程，从根本上扭转生态环境恶化趋势，确保中华民族永续发展，为全球生态安全作出我们应有的贡献。

11月15日 科学技术部、中国气象局和中国科学院在京联合召开《第二次气候变化国家评估报告》发布暨专家解读会。《报告》全面、系统汇集了我国应对气候变化有关科学、技术、经济和社会研究成果，客观地反映了我国科学界在气候变化领域的研究进展。报告编写领导小组组长、国务院参事刘燕华介绍了《报告》编写过程。主要内容，包括中国的气候变化、气候变化的影响与适应、减缓气候变化的社会经济影响评价、全球气候变化有关评估方法的分析、中国应对气候变化的政策等5部分，共40章。编制工作于2008年12月启动，10余个部委组成的编写领导小组组织具体实施。

11月15～16日 国家发展和改革委应对气候变化司、培训中心和德国国际合作机构主办的中德应对气候变化能力建设项目第一次培训活动在武汉举行。培训课程包括减缓气候变化、适应气候变化、低碳发展的理论与实践、碳交

易、温室气体排放的测量报告与核查等内容。项目的最终目标是培训2000名地方政府干部。

11月19日 国家发展和改革委办公厅印发《关于印发半导体照明应用节能评价技术要求（2012年版）的通知》（发改办环资[2012]3233号）。《技术要求》包含了道路、隧道灯具和室内灯具等LED照明产品应用的节能评价技术要求，以及机场、铁路车站、城市轨道交通等场所的LED照明工程技术要求等内容。

11月19～20日 “基础四国”第十三次气候变化部长级磋商会议在北京举行。中国国家发展和改革委员会副主任解振华率团出席会议。四国就多哈会议成果和气候变化国际谈判中的重要问题进行磋商，取得广泛共识，并发表了联合声明。部长级会议前还举行了“基础四国”专家研讨会和谈判代表会议，会后举行了新闻发布会。

11月19日 大型电视纪录片《环球同此凉热》首播，解振华等国家发展和改革委、财政部、国务院新闻办、气象局、中央电视台等部门领导出席首播仪式。《环球同此凉热》共12集，是我国第一部全景式人文生态纪录片，该片以气候变化为主题，深入探讨了人类文明发展与气候变化的关系，全面展现了我国积极应对气候变化的政策和行动，对宣传气候变化知识、提升公众应对气候变化意识具有积极作用。该片于11月19日晚在中央电视台纪录片频道首播。

11月19日 装机640万千瓦、年均发电量308亿千瓦时的金沙江向家坝水电站实现首批两台机组全部并网发电目标。此举标志着我国已建和在建的第三大水电站开始发挥发电效益。

11月20日 国家能源局印发《可再生能源发电工程质量监督体系方案》。

11月21日 国务院新闻办举行新闻发布会，发布《中国应对气候变化的政策与行动2012年度报告》。中国应对气候变化的政策与行动》2012年度报告，介绍中国2011年以来应对气候变化采取的政策与行动及取得的成效。国家发展和改革委副主任解振华在新闻发布会上介绍《中国应对气候变化的政策与行动2012年度报告》相关情况时称：绿色低碳发展是世界经济社会发展的潮流。中国走绿色发展、低碳发展、循环发展之路，是中国根据自己的国情，实现科学发展、可持续发展的一个必然选择。“十二五”期间，中国应该抓住机遇大力发展低碳技术、低碳产业，争取在今后的竞争中占据一席之地。

《报告》共分七个部分，包括减缓气候变化、适应气候变化、开展低碳发展试验试点、加强能力建设、全社会广泛参与、积极参加国际谈判、加强国际交流与合作等。全文约２万字。 根据《报告》，中国通过调整产业结构、节能提高能效、优化能源结构、增加碳汇等措施减缓气候变化，并在农业领域、林业及生态系统、水资源领域、海洋领域、卫生健康领域、气象领域、减灾防灾体系建设采取应对措施适应气候变化。2011年以来，中国相继发生了南方低温雨雪冰冻灾害、长江中下游地区春夏连旱、南方暴雨洪涝灾害、沿海地区台风灾害、华西秋雨灾害和北京严重内涝等诸多极端天气气候事件，给经济社会发展和人民生命财产安全带来较大影响。2011年全年共有4.3亿人次不同程度地受灾，直接经济损失高达３０９６亿元。《报告》指出，中国政府高度重视气候变化问题。应对气候变化作为重要内容正式纳入国民经济和社会发展中长期规划。2011年全国人大审议通过的中国国民经济和社会发展第十二个五年规划纲要将单位ＧＤＰ能源消耗降低16%、单位GDP二氧化碳排放降为约束性指标，明确了中国应对气候变化的目标任务和政策导向，提出了控制温室气体排放、适应气候变化影响、加强应对气候变化国际合作等重点低17%、非化石能源占一次能源消费比重达到11.4%作任务。《报告》强调，在气候变化国际谈判中，中国继续发挥积极建设性作用，推动德班会议取得积极成果，为应对全球气候变化作出了重要贡献。

11月22日 国家“863”计划项目“重庆市混合动力汽车运行试验与技术考核”课题通过验收，765辆混合动力轿车及客车示范运行。

11月23日 住房和城乡建设部下发通知开展节能减排监督检查。此次专项监督检查将分10个检查组，根据国务院明确的住房城乡建设领域节能减排任务，检查建筑节能、供热计量改革、城市照明节能及城镇污水处理、生活垃圾处理设施建设运行管理方面的情况。

11月23日 “2012中国节能与低碳发展论坛”在北京举行。全国人大常委会财经委主任委员石秀诗主持会议，第十届全国人大常委会副委员长顾秀莲出席开幕式并致辞，工业和信息化部副部长苏波出席论坛并作了主题演讲。

11月23日 全国规模最大的海上风电场——龙源江苏如东150MW海上（潮间带）示范风电场全部投产发电，总装机容量可达到182MW，年上网电量约3.75亿千瓦时。

11月23日 民间环境保护组织“自然之友”在京正式启动低碳家庭“宜居要好房，好房要节能”活动。2012～2013年，计划招募30户家庭参与低碳家庭节能改造，通过民间团体、公民行动、专家指点、社区参与的多方合作模式，继续在市民群体中累积低碳节能改造实践的案例。到2015年，计划完成总数达100户家庭的节能改造。

11月26日～12月8日 为期两周的联合国气候大会多哈会议（《联合国气候变化框架公约》第十八次缔约方会议和《京都议定书》（以下简称《议定书》）第八次缔约方会议）在卡塔尔首都多哈召开。多哈会议确定了《京都议定书》第二承诺期，完成了巴厘行动计划的谈判，对德班平台的谈判进行了初步规划，坚持了“共同但有区别的责任”原则，维护了公约和议定书的基本制度框架。以解振华为团长的中国代表团本着积极、务实、开放的精神，全面、深入地参加了多哈会议各个议题的谈判磋商，从不同层面广做各方工作，为多哈会议取得成功作出了不懈努力，发挥了重要推动作用。

11月26日 国家发展和改革委印发《关于开展第二批低碳省区和低碳城市试点工作的通知》(发改气候[2012]3760号)，确定在北京市、上海市、海南省和石家庄市、秦皇岛市、晋城市、呼伦贝尔市、吉林市、大兴安岭地区、苏州市、淮安市、镇江市、宁波市、温州市、池州市、南平市、景德镇市、赣州市、青岛市、济源市、武汉市、广州市、桂林市、广元市、遵义市、昆明市、延安市、金昌市、乌鲁木齐市开展第二批国家低碳省区和低碳城市试点工作。这是2010年7月启动第一批国家低碳省区和低碳城市试点工作以来，探寻不同类型地区控制温室气体排放路径、实现绿色低碳发展的重要举措。《通知》提出了试点工作的6项具体任务。

11月26日 国务院办公厅印发《国家农业节水纲要（2012—2020年）》(国办发〔2012〕55号)。发展目标。到2020年，在全国初步建立农业生产布局与水土资源条件相匹配、农业用水规模与用水效率相协调、工程措施与非工程措施相结合的农业节水体系。基本完成大型灌区、重点中型灌区续建配套与节水改造和大中型灌排泵站更新改造，小型农田水利重点县建设基本覆盖农业大县;全国农田有效灌溉面积达到10亿亩，新增节水灌溉工程面积3亿亩，其中新增高效节水灌溉工程面积1.5亿亩以上;全国农业用水量基本稳定，农田灌溉水有效利用系数达到0.55以上;全国旱作节水农业技术推广面积达到5亿亩以上，高效用水技术覆盖率达到50%以上。

11月26日 商务部办公厅发布《关于公布第一批流通领域节能环保“百城千店”示范工程企业名单的通知》（商办流通函[2012]1150号），确定了全国共259家流通企业为第一批流通领域节能环保“百城千店”示范企业。

11月27日 《四川省“十二五”节能减排工作目标考核问责办法》印发实施。根据《办法》，对未按规定完成节能减排目标任务的地方人民政府以及未完成本系统、本部门及所牵头负责行业节能减排目标任务的政府部门，将予以通报批评，责令限期整改。对其主要负责人和分管负责人，情节较轻的，责令作出书面检查并取消年度评先评优资格；情节较重的，按照干部管理权限，依据有关规定实行问责。对未完成节能减排目标任务的企业，予以通报批评，责令限期整改。对国有企业主要负责人和分管负责人，按照管理权限，依据有关规定、程序予以组织处理，对其业绩考核予以“一票否决”。

11月28日 国家发展和改革委 、国家认监委发出《关于加强万家企业能源管理体系建设工作的通知》（发改环资[2012]3787号），要求加强万家企业能源管理体系建设工作指导；积极推动万家企业加强能源管理体系建设；开展万家企业能源管理体系建设效果评价。

11月29日 国家能源局发出《关于增补部分省、自治区“十二五”风电核准计划项目的通知》（国能新能[2012]385号），同意将112个项目列入“十二五”风电项目增补计划，总规模521万千瓦。

11月29日 由中国绿色碳汇基金会主办的联合国气候变化多哈大会“中国角边”——“应对气候变化‘林业碳汇’研讨会”在卡塔尔首都多哈国家会议中心举行。会上正式发布了中国竹子碳汇造林方法学，是中国首个也是世界领先的竹子碳汇项目方法学。来自国际竹藤组织、美国、荷兰、德国、英国、澳大利亚、印度、尼日利亚、厄瓜多尔、中国等国家和国际组织的90多名代表参加了会议。

11月29日 贵州省第十一届人民代表大会常务委员会第三十一次会议通过《贵州省气候资源开发利用和保护条例》，2013年1月1日施行。

11月30日 财政部、科技部、工业和信息化部 国家发展和改革委发出《关于开展节能与新能源汽车示范推广试点总结验收工作的通知》（财建便函[2012]105号），决定从2012年12月中下旬开展实地核查方式验收。

11月30日 以“创新能源应用、发展低碳产业”为主题的“2012中国（宁波）节能环保技术与产品博览会（能博会）”在宁波举行，集中展示了节能环保、资源综合利用、新能源等领域的先进技术、产品和设备。

11月30日 第三届工业企业合同能源管理（EPC）推进会在天津召开，会议以工业合同能源管理模式推广及节能改造技术交流等内容为主，广泛开展了以成熟节能技术推广、推进热处理行业节能改造的对话交流。

12月

12月3日 国家环保部发布公告称，自2013年1月1日起，所有生产、进口、销售和注册登记的气体燃料点燃式发动机与汽车必须符合国五标准的要求，相关企业应及时调整生产、进口和销售计划。对超标车辆，环境保护部会同有关部门依法予以处罚。

12月4日 中共中央总书记习近平主持召开中共中央政治局会议，作出中央政治局关于改进工作作风、密切联系群众的八项规定，提出“厉行勤俭，严格执行待遇规定”的规定。“八项规定”和习近平总书记的重要讲话，有力地推动了人们自觉地认真贯彻落实节约优先、节约资源的基本国策，节约集约利用有限的能源与自然资源，大力倡导珍惜资源、节约资源，促进绿色发展、循环发展、低碳发展的文明理念和消费模式，加快建设资源节约型社会。从中央对党员干部提出的新要求，到网民发起的用餐“光盘行动”，全社会掀起节约优先、节约资源的新风。

12月4日 国家核安全局印发《关于批准颁发华能山东石岛湾核电厂高温气冷堆核电站示范工程建造许可证的通知》，批准核岛基础浇注第一罐混凝土。这是日本福岛核事故爆发后，我国首个获准开建的核电项目——山东石岛湾核电高温气冷堆示范工程。石岛湾核电站项目是全球第一座具有第四代核能系统安全特性的高温气冷堆示范电站，也是“十二五”我国获批的第一个核电项目。大型先进压水堆及高温气冷堆核电站科技重大专项是《国家中长期科学技术发展规划纲要（2006-2020年）》确立的16个重大专项之一。高温气冷堆示范工程是专项的主要任务之一，其目标是以已建成运行的10兆瓦高温气冷实验堆为基础，攻克高温气冷堆工业放大与工程实验验证技术、高性能燃料元件批量制备技术，建成具有自主知识产权的20万千瓦级模块式高温气冷堆商业化示范电站。高温气冷堆是具有第四代核能系统安全特征的先进核电堆型，我国自主研发的这项技术在全球长期保持着领先优势。示范工程的开工将继续巩固我国在这一领域的领先基础，对促进我国进入四代核电技术前沿、推动核电制造企业加大科研攻关力度、吸引凝聚核电人才具有重要意义。

12月5日 住房城乡建设部发出《关于印发夏热冬冷地区既有居住建筑节能改造技术导则（试行）的通知》。

12月6日 中国工业节能与清洁生产协会、河北省工业和信息化厅共同主办了全国节能服务进万家河北站活动启动仪式暨工业节能经验技术交流会。

12月11日 财政部、科技部和国家能源局公布《2012年第二批金太阳示范项目目录》,通过的光伏项目装机容量为2834.795MW。

12月12日 国务院总理温家宝主持召开国务院常务会议，研究部署发展循环经济。会议讨论通过《循环经济发展战略及近期行动计划》。《行动计划》明确了发展循环经济的主要目标、重点任务和保障措施。在全国范围内推广循环经济典型模式，构建循环经济产业体系（循环型工业体系、循环型农业体系、循环型服务业体系），开展循环经济示范行动，实施“十百千”示范工程（十大工程，百个循环经济示范市县，千家循环经济示范企业和园区），创建示范城市，培育示范企业和园区。

12月12日 中共中央政治局常委、国务院副总理、中国环境与发展国际合作委员会主席李克强在北京出席国合会2012年年会开幕式讲话指出，推进生态文明建设，需要改革和制度创新。要加快价格、财税、金融、行政管理、企业等改革，完善资源有偿使用、环境损害赔偿、生态补偿等制度，健全评价考核、行为奖惩、责任追究等机制，切实加强法制建设，以体制激励和约束企业，用法律调节和规范行为，使改革这个最大的“红利”更多地体现在生态文明建设和科学发展上。

12月12日 国家“863”计划研究开发示范基地成立大会12日在天津滨海新区的华能IGCC示范电站召开。该电站是我国首座IGCC示范电站，采用具有华能自主知识产权的世界首台两段式干煤粉加压纯氧燃烧气化炉以及多项新技术新工艺，污染物排放接近天然气电站排放水平，发电效率相比同等规模的常规燃煤电站提高6-8个百分点，将目前成为我国最环保高效的燃煤电站。电站的投产，标志着我国洁净煤发电技术取得了重大突破。

12月13日 中华人民共和国国家发展和改革委发出 2012年 第42号公告，公布《国家重点节能技术推广目录（第五批）》。第五批目录涉及煤炭、电力、钢铁、有色、石油石化、化工、建材、机械、轻工、建筑、交通、通信等12个行业，共49项重点节能技术。

12月15日，中共中央总书记习近平主持召开的中央经济工作会议确定，要把生态文明理念和原则全面融入城镇化全过程，走集约、智能、绿色、低碳的新型城镇化道路。

12月18日 国家发展和改革委员会发布2012年 第51号公告，公告对各地区2011年度节能目标完成情况和节能措施落实情况进行的现场评价考核结果：超额完成的地区有北京、天津、河北、山西、上海、山东、河南、湖北、四川、贵州10个省（市）；完成的地区有吉林、黑龙江、安徽、湖南、广西、重庆、云南、陕西8个省（区、市）；完成了年度节能目标但落后于“十二五”节能目标进度的地区有内蒙古、辽宁、江苏、福建、江西、广东6个省（区）；未完成的地区有浙江、海南、甘肃、青海、宁夏、新疆6个省（区），其中青海因玉树地震灾害的影响未完成年度节能目标。

12月19日 国务院总理温家宝主持召开国务院常务会议，研究确定了促进光伏产业健康发展的积极应对政策措施：加快产业结构调整和技术进步，规范产业发展秩序，积极开拓国内光伏应用市场，完善支持政策；充分发挥市场机制作用，减少政府干预，禁止地方保护；完善电价定价机制和补贴效果考核机制，提高政策效应。发挥行业组织作用，加强行业自律，引导产业健康发展。会议要求各有关部门抓紧制定完善配套政策，确保落实到位。

12月19日 国内首台利用海洋潮流发电的新型永磁直驱式发电装置在山东省胶州市的青岛海斯壮铁塔有限公司问

世。该设备通过船舶投放到近海海域16米至40米左右的距离，只要潮流满足0.6米/秒到1.3米/秒的流速即可发电，对于远离大陆，无法铺设电缆的海上岛屿尤其适用。

12月21日 位于青岛市市北区同德路82号的夹岭沟小区分布式光伏电源成功并入青岛电网，这标志着全国首个居民用户分布式光伏电源正式并网。该项目为个人居民用户申请在所住居民楼楼顶建设的光伏发电项目，装机总容量2kW，并网电压为380/220V，采用电量自发自用，余量上网方式并入电网。系统设计每年发电2600千瓦时，主要用电设备为日常家用电器。

12月25日 中共中央办公厅、国务院办公厅就做好2013年元旦、春节期间有关工作发出通知，要求大力宣传节约、绿色、低碳消费，积极倡导健康文明节日文化理念。

12月27日 商务部在北京召开废旧商品回收体系建设部际联席办公室会议。会议总结了2012年各部门开展废旧商品回收体系工作情况，并就2013年拟开展的重点工作安排进行了充分讨论。

12月27日 全国林业厅局长会议召开。国家林业局局长赵树丛作了题为《全面提升生态林业和民生林业发展水平为建设生态文明和美丽中国贡献力量》的讲话提出：要科学分析我国林业建设新形势，深刻认识大力推进生态文明建设的战略意义；要紧紧围绕生态文明建设目标任务，切实担当起林业在生态文明建设中的重大职责；要科学谋划林业工作总体思路，着力构建推进生态文明建设六大体系；要着力抓好林业推进生态文明建设重点工作，全面提升生态林业民生林业发展水平。

12月29日 国务院印发《关于印发生物产业发展规划》（国发〔2012〕65号）。《规划》提出：开辟多元途径，促进生物能源商业化发展。积极拓展非粮生物质原料来源和途径，加快先进生物液体燃料的研发与应用示范，积极推动生物质燃气和成型燃料的规模化应用，因地制宜发展生物质发电产业，有力推进分布式能源并网标准和管理体系建设，进一步完善生物能源定价机制和激励机制，推进生物能源规模化、专业化、产业化发展。到2015年，生物能源年利用总量超过5000万吨标准煤，可减排二氧化碳9500万吨，生物能源产业年产值达到1500亿元。

12月31日 工业和信息化部、国家发展和改革委、科学技术部、财政部发布《工业领域应对气候变化行动方案（2012－2020年）》。《行动方案》明确我国工业领域应对气候变化的目标和任务，全面提升应对气候变化能力，推动工业低碳发展。《行动方案》提出到2015年将全面落实的国家温室气体排放控制目标：单位工业增加值二氧化碳排放量比2010年下降21%以上，到2020年，单位工业增加值二氧化碳排放量比2005年下降50%左右，基本形成以低碳排放为特征的工业体系。并明确了钢铁、有色金属、石化、化工、建材、机械、轻工、纺织、电子信息等重点行业单位工业增加值二氧化碳减排目标。